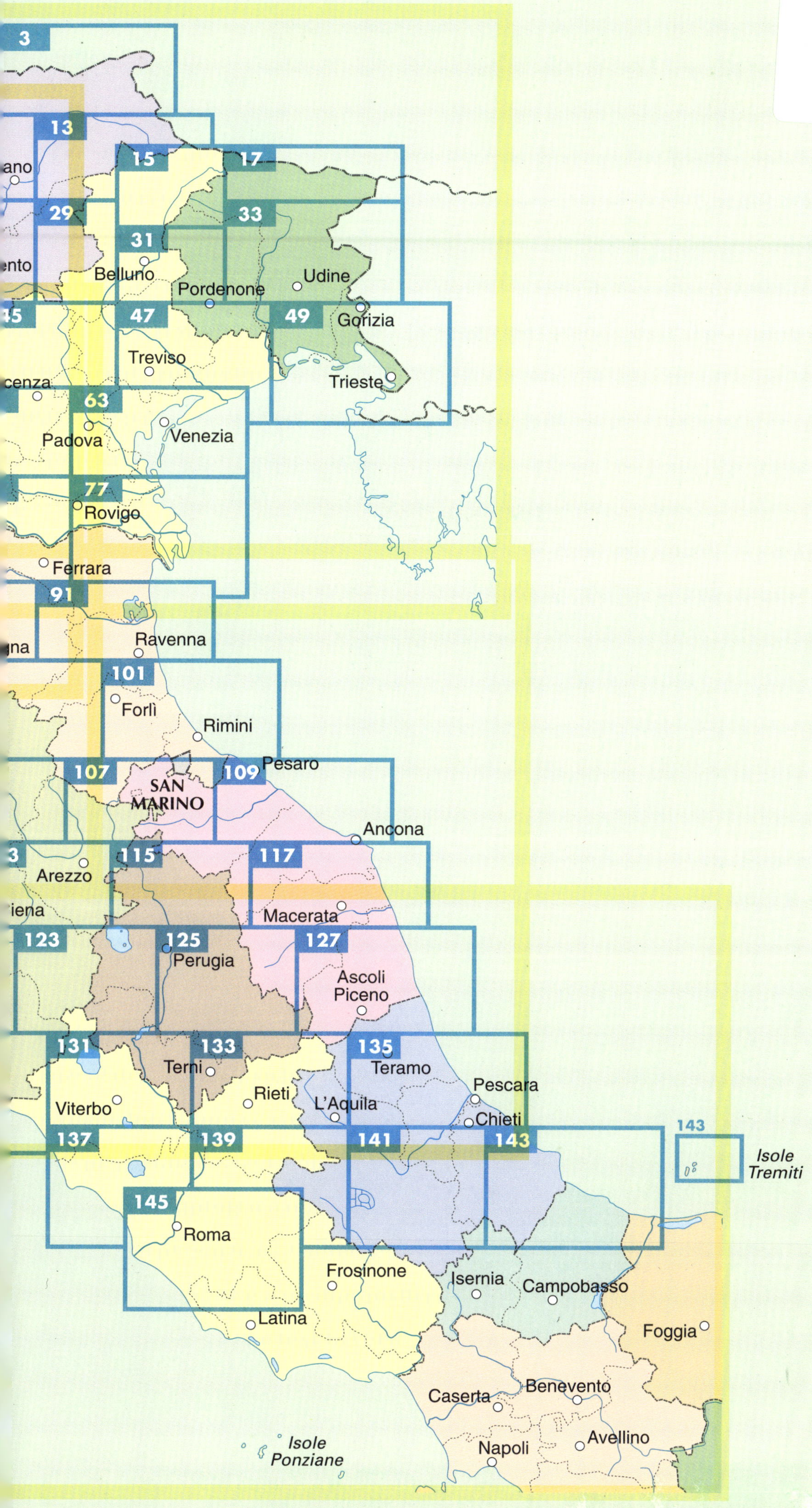
3
13
ano
15
17
29
33
31
ento
Belluno
Udine
Pordenone
45
47
49
Gorizia
Treviso
cenza
Trieste
63
Padova
Venezia
77
Rovigo
Ferrara
91
Ravenna
gna
101
Forlì
Rimini
107
109
Pesaro
SAN MARINO
Ancona
3
115
117
Arezzo
iena
Macerata
123
125
127
Perugia
Ascoli Piceno
131
133
135
Teramo
Terni
Pescara
Rieti
L'Aquila
Viterbo
Chieti
137
139
141
143
143
Isole Tremiti
145
Roma
Frosinone
Isernia
Campobasso
Latina
Foggia
Benevento
Caserta
Avellino
Napoli
Isole Ponziane

ATLANTE STRADALE

ITALIA

NORD-CENTRO
1: 200 000

ISTITUTO GEOGRAFICO
DeAGOSTINI

SOMMARIO

Contents - Sommaire - Inhaltsverzeichnis

Cartografia stradale 1 : 1 000 000

Segni convenzionali

I-X Quadro d'unione

Cartografia stradale 1 : 200 000

Segni convenzionali

1-146 Italia 1:200 000

147-148 Distanze chilometriche

Città e aree urbane

149-150 Quadro d'unione e segni convenzionali

151-191 Città e aree urbane

Indice dei nomi

192-247 Indice dell'atlante stradale

Road maps 1 : 1 000 000

Legend

I-X Key to maps

Road maps 1 : 200 000

Legend

1-146 Italy 1:200 000

147-148 Road distances

Towns and urban areas

149-150 Key to maps and legend

151-191 Towns and urban areas

Names index

192-247 Index (road maps section)

Caporedattore: Fabio Pelliccia

Coordinamento grafico e copertina: Luca Finessi

Redazione cartografica: Maria Vaghi (coordinamento), Cristina Burlone, Paolo Craviolini, Cecilia Pagani

Produzione cartografica: Maria Grazia Quaglia (coordinamento), Paola Fornara, Alessandro Mortarino *in collaborazione con* Lorenza Cecconi, Gian Luigi Cella, Cristina Ciapparelli, Massimo De Grandis, Marco Dromo, Giorgio Francese, Luca Ghezzi, Pietro Lugato, Erica Paese, Michela Pisoni, Remo Poletti

Indice: Silvio Causetti (coordinamento), Tiziana Tomasini

Coordinamento tecnico: Paolo Bobbio

Cartes routières 1 : 1 000 000
Légende
I-X Tableau d'assemblage

Cartes routières 1 : 200 000
Légende
1-146 Italie 1:200 000
147-148 Distances routières

Villes et aires urbaines
149-150 Tableau d'assemblage et légende
151-191 Villes et aires urbaines

Index des noms
192-247 Index (section cartes routières)

Straßenkarten 1 : 1 000 000
Zeichenerklärung
I-X Kartenübersicht

Straßenkarten 1 : 200 000
Zeichenerklärung
1-146 Italien 1:200 000
147-148 Straßenentfernungen

Städte und Zufahrtskarten
149-150 Kartenübersicht und Zeichenerklärung
151-191 Städte und Zufahrtskarten

Namenverzeichnis
192-247 Index (Straßenkartenteil)

Pubblicazione a diffusione periodica
Direttore responsabile: Ada Mascheroni
Registrazione Tribunale di Novara n. 31 in data 4.6.2002
Catalogo 202903 ISBN 88-511-0333-X

Stampa: Officine Grafiche De Agostini, Novara - 2003
Legatura: Legatoria del Verbano

Comunicazioni stradali · Road communications
Communications routières · Straßenverbindungen

⊙ ○	Città principali	Main towns	Villes principales	Wichtigste Städte
▲	Capisaldi significativi	Other localities or significant points	Autres localités ou points significatifs	Sonstige Ortschaften oder wichtige Punkte
	Autostrade	Motorways	Autoroutes	Autobahnen
	Strade	Roads	Routes	Straßen
35 25 20	Distanze in chilometri	Distances in kilometres	Distances en kilomètres	Entfernungsangaben in Kilometern

Cartografia stradale 1: 1 000 000

Road maps - Cartes routières - Straßenkarten

Quadro d'unione e segni convenzionali • Key to maps and legend • Tableau d'assemblage et légende • Kartenübersicht und Zeichenerklärung

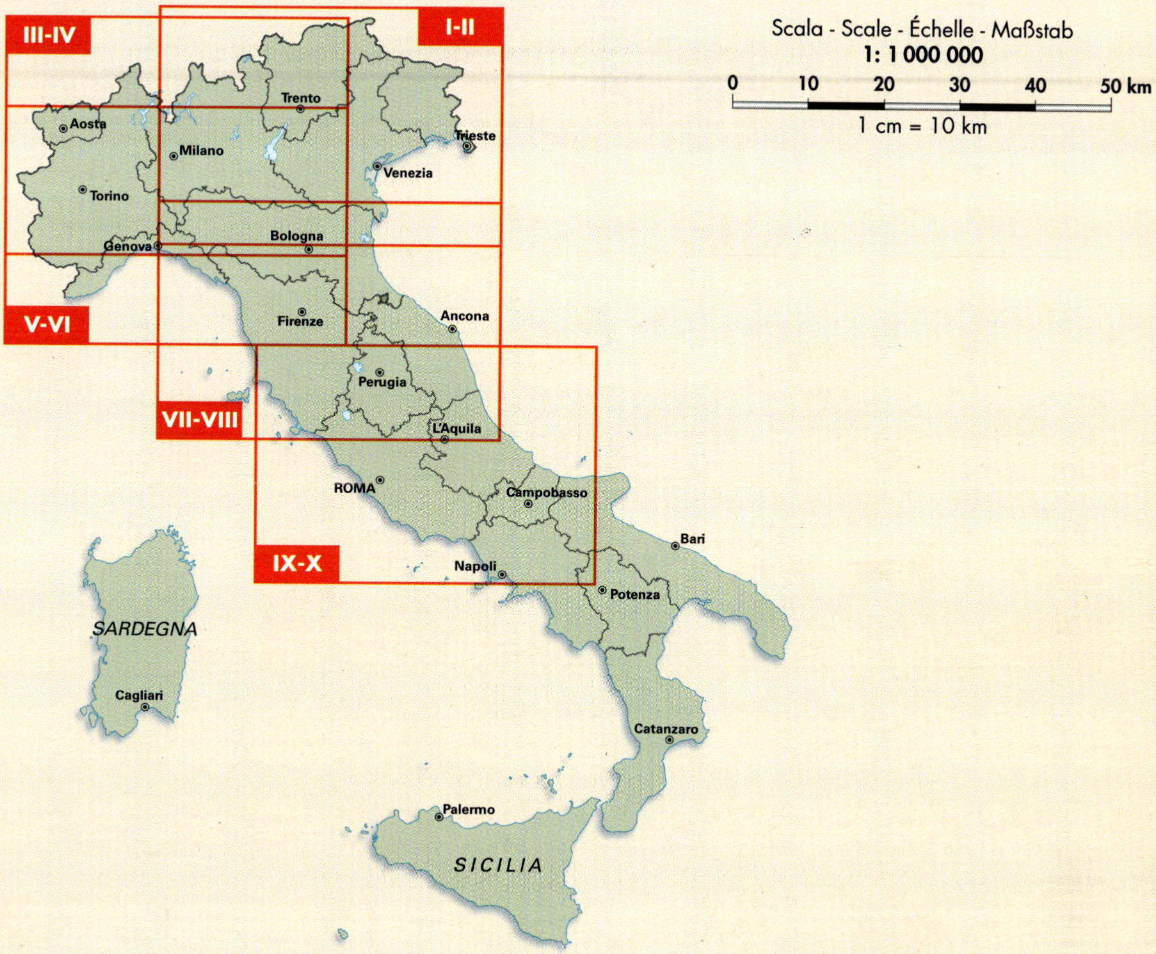

Italiano	English	Français	Deutsch
Autostrade e raccordi autostradali	Motorways and motorway connections	Autoroutes et liaisons d'autoroutes	Autobahnen und Anschlussstellen
Numero di autostrada	Number of motorway	Numéro d'autoroute	Autobahnnummer
Ingressi autostradali	Motorway with access points	Autoroute avec accès	Autobahn mit Einfahrten
Distanze autostradali in chilometri	Distances in kilometres along the motorways	Distances en kilomètres le long des autoroutes	Entfernungen in Kilometern auf den Autobahnen
Distanze stradali in chilometri	Distances in kilometres along the roads	Distances en kilomètres le long des routes	Entfernungen in Kilometern auf den Straßen
Strade di grande comunicazione	Principal trunk roads	Routes à grande circulation	Hauptverbindungsstraßen
Strade d'importanza regionale	Regional throughroutes	Routes de transit régional	Regionalstraßen
Strade d'interesse locale	Secondary roads	Routes secondaires	Nebenstraßen
Gallerie stradali, passi o valichi	Road tunnel, pass	Route avec tunnel, col	Straßentunnel, Pass
Trasporto auto per traghetto e tempo medio	Car ferry and average time	Bac pour automobiles et temps moyen	Autofähre und mittlere Fahrtzeit
Dogane di frontiera	Frontier customs	Douanes de frontière	Grenzzollämter
Aeroporto	Airport	Aéroport	Flughafen
Area archeologica	Archaeological site	Centre archéologique	Archäologische Stätte
Parco nazionale	National park	Parc national	Nationalpark
Confine di Stato	National boundary	Frontière d'État	Staatsgrenze

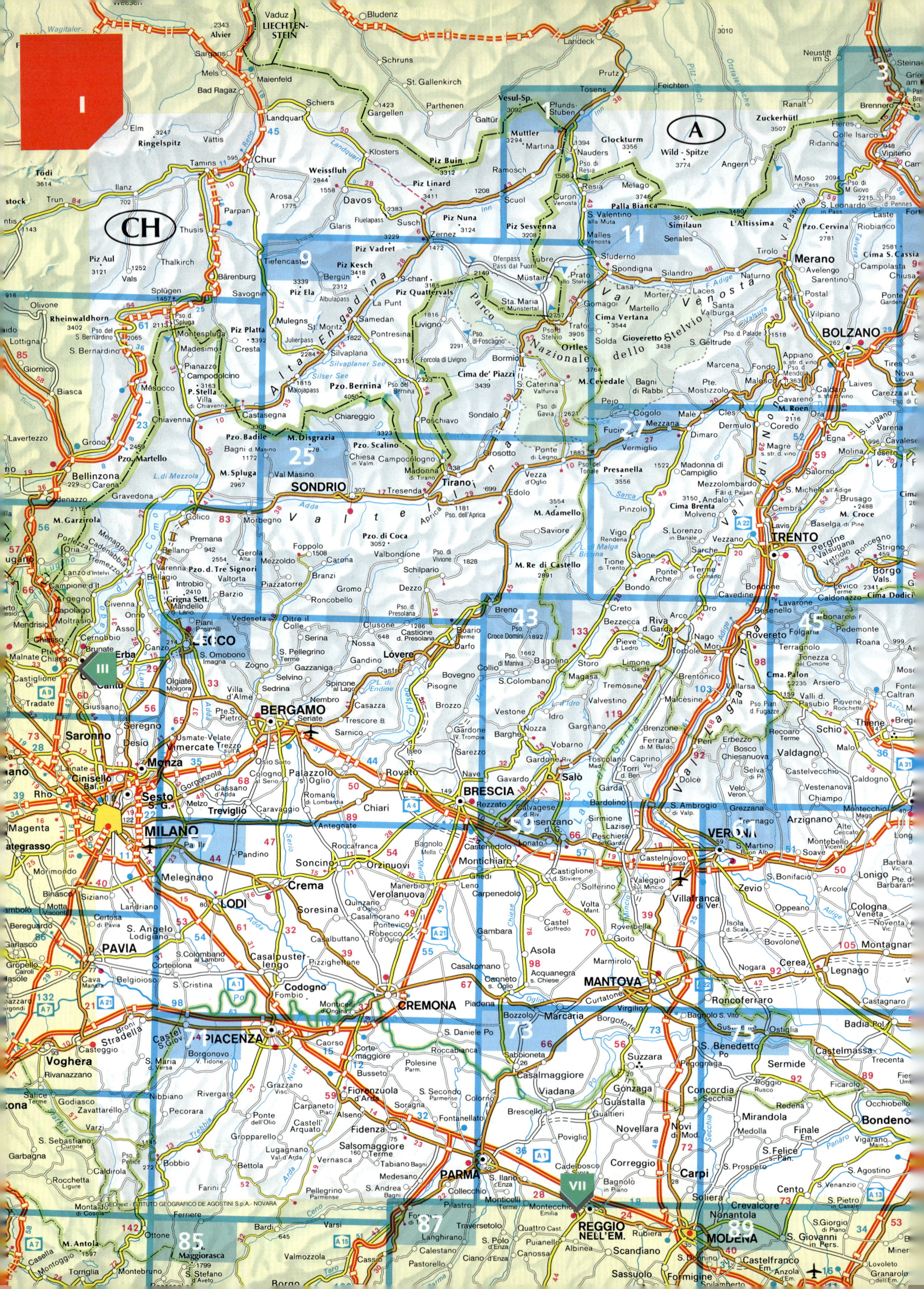
I
CH
A
Vaduz
LIECHTENSTEIN
Bludenz
Landeck
Chur
Davos
Merano
BOLZANO
TRENTO
Rovereto
SONDRIO
Tirano
LECCO
BERGAMO
BRESCIA
MILANO
Monza
Sesto S.G.
Saronno
Como
Lodi
Crema
Cremona
PAVIA
Voghera
PIACENZA
PARMA
REGGIO NELL'EM.
MODENA
MANTOVA
VERONA
Legnago
Carpi
Sassuolo
Bellinzona
Mendrisio
Chiasso
Fidenza
Salò
Desenzano
Riva d. Garda
L. di Garda
Val Venosta
Alta Engadina
Valtellina
Parco Nazionale dello Stelvio
Ortles
Piz Bernina
Adamello
Presanella
Cima Brenta
III
VII
3
9
11
25
27
43
45
59
61
73
75
77
85
87
89
© De Agostini S.p.A. - ISTITUTO GEOGRAFICO DE AGOSTINI S.p.A. - NOVARA

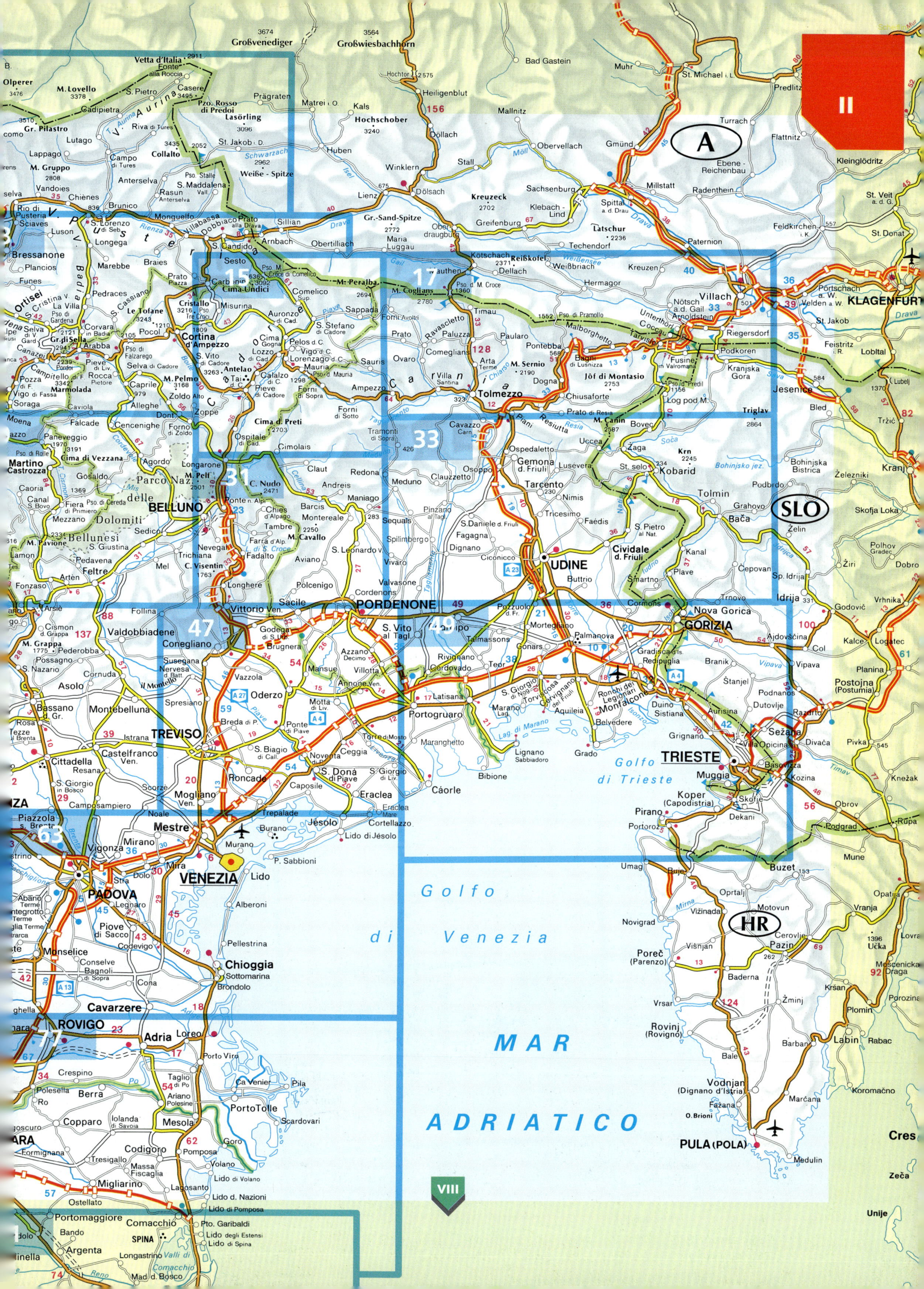
II
A
SLO
HR
15
17
31
33
47
49
63
77
VIII
Großvenediger
Großwiesbachhorn
Bad Gastein
Muhr
St. Michael i. L.
Heiligenblut
Mallnitz
Kals
Hochschober
Döllach
Obervellach
Gmünd
Turrach
Flattnitz
Kleinglödnitz
Ebene-Reichenbau
Millstatt
Radenthein
Sachsenburg
Spittal a.d. Drau
Kreuzeck
Greifenburg
Dölsach
Lienz
Winklern
Stall
Huben
Matrei i. O.
Prägraten
Lasörling
St. Jakob i. D.
Weiße - Spitze
Vetta d'Italia
Olperer
M. Lovello
S. Pietro
Casere
Pzo. Rosso di Predoi
Cadipietra
Gr. Pilastro
Riva di Tures
Lutago
Campo di Tures
Collalto
Lappago
M. Gruppo
Vandoies
Chienes
Anterselva
S. Maddalena
Rasun Anterselva
Brunico
Monguelfo
Villabassa
Dobbiaco
Prato alla Drava
Sillian
Obertilliach
Arnbach
S. Candido
Sesto
Luson
Longega
Rio di Pusteria
Sciaves
Bressanone
Plancios
Funes
Marebbe
Braies
Prato Piazza
Cima Undici
Comelico Sup.
M. Peralba
Sappada
Kötschach
Mauthen
Reißkofel
Dellach
Weißbriach
Techendorf
Latschur
Feldkirchen i. K.
St. Veit a. d. G.
St. Donat
Paternion
Kreuzen
Hermagor
Villach
Nötsch a.d. Gail
Arnoldstein
Unterthörl
Coccau
Tarvisio
Fusine in Valromana
Riegersdorf
Podkoren
Kranjska Gora
Jesenice
Bled
Pörtschach a. W.
Velden a. W.
KLAGENFURT
St. Jakob
Feistritz
Loiblat
Lubelj
Tržič
Kranj
Ortisei
S. Cristina
La Villa
Corvara in Badia
Gr. di Sella
Arabba
Pedraces
S. Cassiano
Le Tofane
Cristallo
Misurina
Auronzo di Cad.
Cortina d'Ampezzo
Pocol
S. Vito di Cadore
Antelao
Tai
Calalzo di C.
Pieve di Cadore
Lozzo di C.
Pelos d.C.
Vigo d.C.
Lorenzago d.C.
Mauria
S. Stefano di Cadore
Sauris
Forni Avoltri
Prato
Ovaro
Ravascletto
Paluzza
Comeglians
Timau
M. Coglians
Villa Santina
Arta Terme
Paularo
Pontebba
Malborghetto
M. Sernio
Bagni di Lusnizza
Jôf di Montasio
Dogna
Chiusaforte
Tolmezzo
Log pod M.
Triglav
Marmolada
Selva di Cadore
Caprile
Alleghe
M. Pelmo
Zoldo Alto
Forno di Zoldo
Zoppé
Forni di Sopra
Forni di Sotto
Ampezzo
Cima d. Preti
Ospitale di Cad.
Cimolais
Tramonti di Sopra
Cavazzo Carn.
Resiutta
Prato di Resia
M. Canin
Bovec
Uccea
Žaga
Krn
Kobarid
Tolmin
Grahovo
Bača
Bohinjska Bistrica
Železniki
Škofja Loka
Moena
Falcade
Cencenighe
Paneveggio
Cima di Vezzana
Agordo
Gosaldo
Parco Naz. delle Dolomiti Bellunesi
Martino di Castrozza
Caoria
Canal S. Bovo
Fiera di Primiero
Mezzano
M. Pavione
BELLUNO
Sedico
S. Giustina
Pedavena
Feltre
Arten
Fonzaso
Longarone
C. Nudo
Ponte n. Alpi
M. Pelf
Claut
Andreis
Redona
Meduno
Clauzzetto
Osoppo
Gemona d. Friuli
Ospedaletto
Tarcento
Nimis
Lusevera
St. selo
Faèdis
Tricesimo
Cividale d. Friuli
S. Pietro al Nat.
Kanal
Plave
Cepovan
Idrija
Spodnja Idrija
Žiri
Dobrovo
Chies d'Alpago
Tambre
Barcis
Montereale
Maniago
Sequals
Pinzano al Tagl.
S. Daniele d. Friuli
Fagagna
Spilimbergo
Dignano
Ciconicco
UDINE
Buttrio
Farra d'Alp.
Nevegal
Fadalto
L. di S. Croce
M. Cavallo
Trichiana
Mel
C. Visentin
Longhere
Aviano
S. Leonardo
Polcenigo
Vivaro
Valvasone
Cordenons
PORDENONE
Sacile
Vittorio Ven.
Follina
Valdobbiadene
Conegliano
Arsie
Cismon del Grappa
M. Grappa
Pederobba
Possagno
S. Nazario
Asolo
Cornuda
Susegana
Nervesa d. Batt.
Il Montello
Godega di S. Urb.
Brugnera
Vazzola
Oderzo
Spresiano
Montebelluna
Bassano d. Gr.
Rosà
Tezze sul Brenta
Cittadella
Castelfranco Ven.
Istrana
TREVISO
Resana
S. Giorgio in Bosco
Camposampiero
Mogliano Ven.
Breda di P.
Ponte di Piave
Motta di Liv.
Mansue
Azzano Decimo
Annone Ven.
Villotta
S. Vito al Tagl.
Codroipo
Rivignano
Cordovado
Latisana
Portogruaro
Talmassons
Pozzuolo d. Fr.
Mortegliano
Palmanova
Gonars
Teor
S. Giorgio di Nog.
Torviscosa
Cervignano del Friuli
Aquileia
Marano
Lag. di Marano
Lignano Sabbiadoro
Grado
Ronchi dei Legionari
Monfalcone
Belvedere
Duino
Sistiana
Gradisca d'Is.
Redipuglia
Cormons
Nova Gorica
GORIZIA
Ajdovščina
Col
Vipava
Branik
Štanjel
Podnanos
Dutovlje
Aurisina
Sežana
Razdrto
Divača
Postojna (Postumia)
Planina
Logatec
Kalce
Vrhnika
Godovič
Pivka
Obrov
Kozina
Basovizza
Villa Opicina
TRIESTE
Golfo di Trieste
Muggia
Koper (Capodistria)
Škofije
Dekani
Pirano
Portorož
Umag
Buje
Buzet
Podgrad
Rupa
Mune
Oprtalj
Motovun
Vižinada
Novigrad
Poreč (Parenzo)
Višnjan
Baderna
Pazin
Cerovlje
Učka
Vranja
Opatija
Lovran
Mošćenička Draga
Kršan
Plomin
Rabac
Labin
Barban
Žminj
Vrsar
Rovinj (Rovigno)
Bale
Vodnjan (Dignano d'Istria)
Fažana
O. Brioni
Marčana
PULA (POLA)
Medulin
Koromačno
Cres
Zeča
Unije
Maranghetto
Torre di Mosto
Ceggia
Noventa
S. Donà di Piave
S. Giorgio di Liv.
Eraclea
Eraclea Mare
Caorle
Bibione
Roncade
S. Biagio di Call.
Caposile
Trepalade
Jesolo
Cortellazzo
Lido di Jesolo
Noale
Mestre
Burano
Murano
P. Sabbioni
VENEZIA
Lido
Alberoni
Pellestrina
Chioggia
Sottomarina
Brondolo
Golfo di Venezia
MAR ADRIATICO
Mirano
Vigonza
Stra
Dolo
Mira
PADOVA
Abano Terme
Montegrotto Terme
Legnaro
Piove di Sacco
Codevigo
Monselice
Conselve
Bagnoli di Sopra
Cona
Cavarzere
ROVIGO
Adria
Loreo
Porto Viro
Taglio di Po
Ariano Polesine
Ca Venier
Pila
Porto Tolle
Scardovari
Crespino
Polesella
Berra
Ro
Copparo
Iolanda di Savoia
Mesola
Goro
Codigoro
Pomposa
Formignana
Tresigallo
Massa Fiscaglia
Volano
Lido di Volano
Lagosanto
Migliarino
Lido d. Nazioni
Lido di Pomposa
Ostellato
Portomaggiore
Comacchio
Pto. Garibaldi
Lido degli Estensi
Lido di Spina
SPINA
Bando
Argenta
Longastrino
Valli di Comacchio
Mad. d. Bosco
Reno

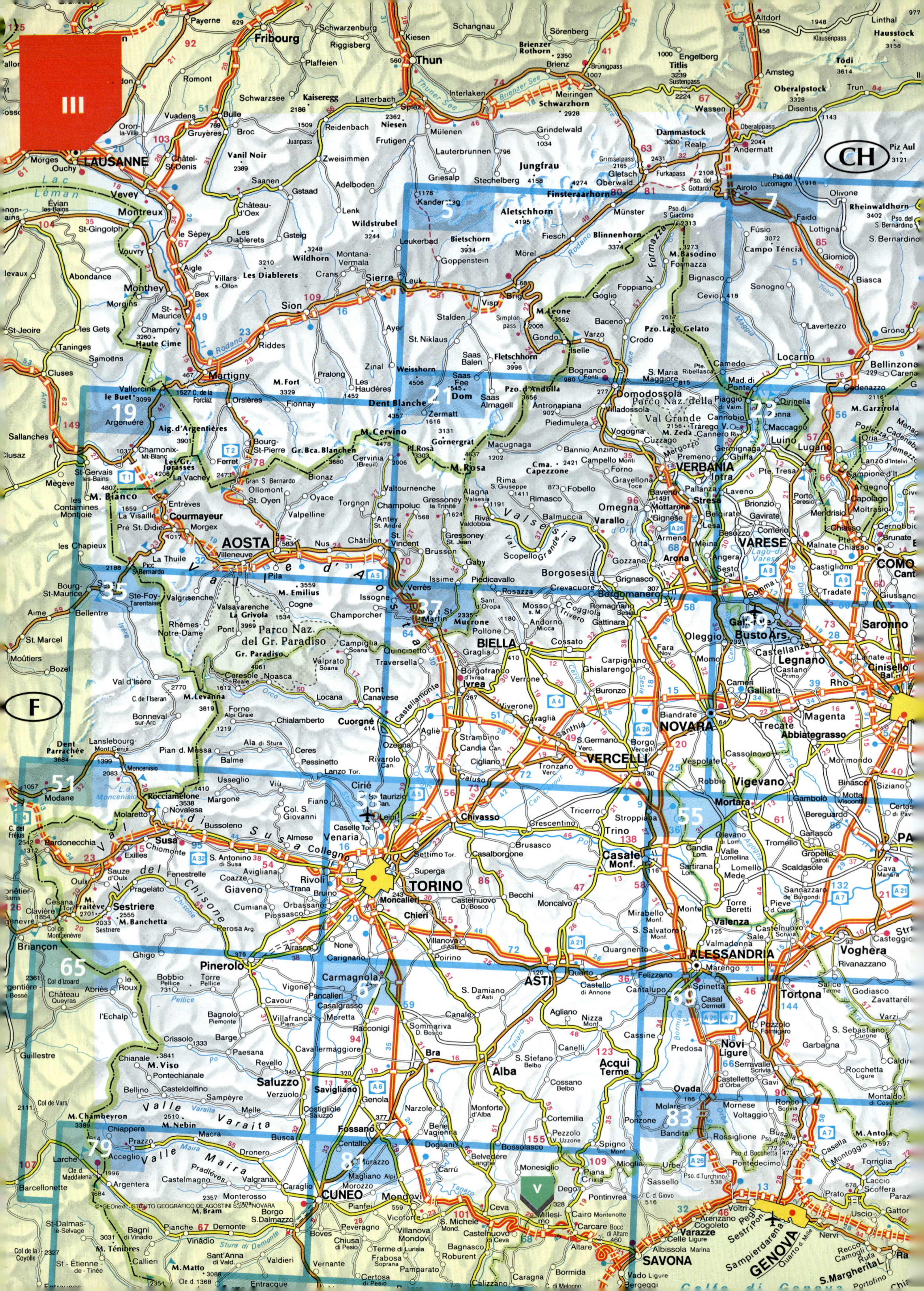
III
CH
F
LAUSANNE
Fribourg
Thun
Montreux
Vevey
Sion
Sierre
Martigny
AOSTA
Courmayeur
M. Bianco
M. Cervino
Zermatt
Domodossola
VERBANIA
Locarno
Lugano
Bellinzona
COMO
VARESE
Busto Arsizio
Legnano
Saronno
NOVARA
VERCELLI
BIELLA
Ivrea
Chivasso
TORINO
Moncalieri
Chieri
Pinerolo
Susa
Briançon
Carmagnola
ASTI
Alba
Bra
Savigliano
Saluzzo
Fossano
CUNEO
Mondovì
ALESSANDRIA
Casale Monf.
Valenza
Vigevano
Mortara
Tortona
Voghera
Novi Ligure
Ovada
Acqui Terme
SAVONA
GENOVA
Magenta
Abbiategrasso
Borgomanero
Gozzano
Arona
Stresa
Varallo
Parco Naz. del Gr. Paradiso
Parco Naz. della Val Grande
Gr. Paradiso
Valle d'Aosta
Val di Susa
Valsesia
Valle Varaita
Valle Maira
Lago Maggiore
Lac Léman
Jungfrau
Finsteraarhorn
Dent Blanche
M. Rosa
M. Viso

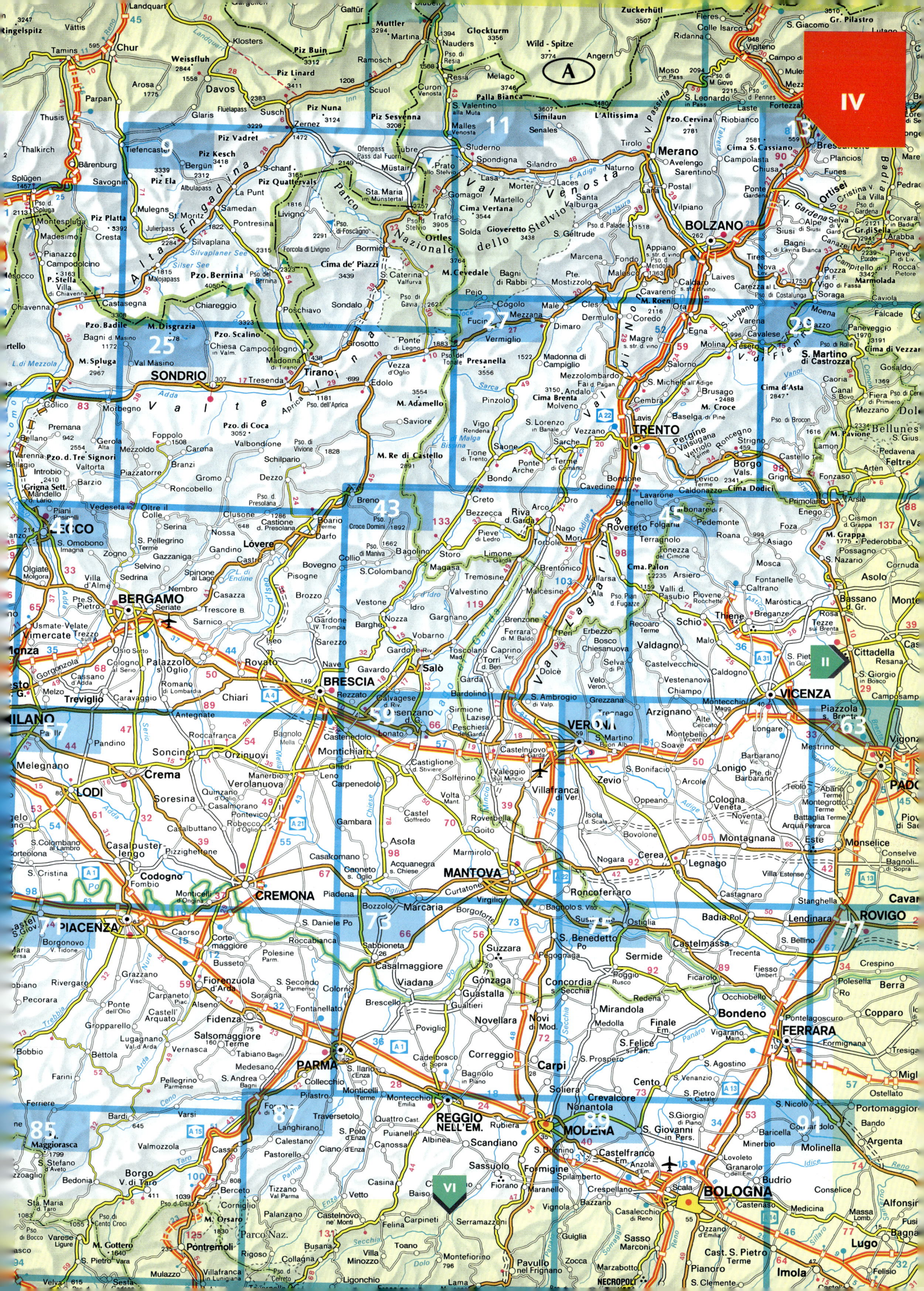

IV
A
Chur
Davos
Piz Bernina
Sondrio
Tirano
Bormio
Ortles
Merano
Bolzano
Bressanone
Ortisei
Trento
Rovereto
Riva d. Garda
Lecco
Bergamo
Brescia
Salò
Verona
Vicenza
Cittadella
Milano
Lodi
Crema
Cremona
Piacenza
Mantova
Legnago
Rovigo
Ferrara
Parma
Reggio nell'Em.
Modena
Carpi
Bologna
Imola
Lugo
Pontremoli
II
VI
Valtellina
Val Venosta
Parco Nazionale dello Stelvio
Alta Engadina
Val di Non
Val Lagarina
Val di Fiemme

V
AOSTA
Courmayeur
Valle d'Aosta
Parco Naz. del Gr. Paradiso
Gr. Paradiso
M. Emilius
Ivrea
BIELLA
VERBANIA
VARESE
COMO
Busto Ars.
Saronno
Legnano
NOVARA
VERCELLI
Magenta
Abbiategrasso
Vigevano
Mortara
Chivasso
Ciriè
Venaria
Susa
Valle di Susa
Bardonecchia
Modane
Sestriere
Briançon
Rivoli
TORINO
Moncalieri
Chieri
Casale Monf.
Trino
Valenza
ALESSANDRIA
Tortona
Voghera
Pinerolo
Carmagnola
ASTI
Alba
Bra
Saluzzo
Savigliano
Fossano
Acqui Terme
Novi Ligure
Ovada
Valle Varaita
Valle Maira
M. Viso
CUNEO
Mondovì
Ceva
SAVONA
Varazze
GENOVA
Golfo di Genova
Riviera di Ponente
S. Margherita L.
Portofino
Albenga
Alassio
IMPERIA
San Remo
Ventimiglia
Mentone
Monte-Carlo
MONACO
NICE
Antibes
CANNES
Grasse
Fréjus
MAR LIGURE
F
35
37
39
51
53
55
65
67
69
79
81
83
93

VI
43
45
63
73
75
77
85
87
89
91
95
97
99
105
107
111
113
IV
I
VII
VII
BERGAMO
BRESCIA
MILANO
LECCO
Monza
LODI
Crema
CREMONA
PIACENZA
Codogno
MANTOVA
VERONA
VICENZA
ROVIGO
FERRARA
Bondeno
PARMA
REGGIO NELL'EM.
MODENA
Carpi
BOLOGNA
Imola
Lugo
Faenza
PISTOIA
PRATO
FIRENZE
LUCCA
PISA
LIVORNO
Viareggio
CARRARA
MASSA
LA SPEZIA
Pontremoli
Empoli
Legnago
Este
Monselice
Rovereto
Schio
Thiene
Valdagno
Bassano
Cittadella
Treviglio
Chiari
Rovato
Salò
Fidenza
Salsomaggiore
Sassuolo
Scandiano
Mirandola
Cento
Budrio
Medicina
Firenzuola
Borgo S. Lorenzo
Pontedera
Cascina
S. Miniato
Fucecchio
Poggibonsi
Colle di V. d'Elsa
Volterra
Rosignano
Cecina
Castiglioncello
I. di Gorgona (Prov. di Livorno)
Parco Nazionale dell'Arcipelago Toscano
Parco Naz. delle Cinque Terre
Lerici
Sarzana
Levante
Moneglia
Sestri
Arezzo

VII
85
87
89
95
97
99
103
105
111
113
119
121
129
V
I
IX
MAR
LIGURE
Corse
F
Parco Nazionale dell'Arcipelago Toscano
Parco Naz. delle Cinque Terre
Riviera di Levante
PARMA
REGGIO NELL'EM.
MODENA
BOLOGNA
Carpi
Correggio
Sassuolo
Formigine
Castelfranco Em.
S. Giovanni in Pers.
Pavullo nel Frignano
Fidenza
Salsomaggiore Terme
Fiorenzuola d'Arda
Busseto
Casalmaggiore
Viadana
Guastalla
Novellara
Mirandola
Bondeno
Finale Em.
Cento
Borgo V. di Taro
Bedonia
Pontremoli
Aulla
Fivizzano
Chiavari
Rapallo
Sestri Levante
S. Margherita L.
Portofino
Camogli
Recco
Nervi
LA SPEZIA
Lerici
Portovenere
I. Palmaria
Sarzana
CARRARA
MASSA
Montignoso
Seravezza
Pietrasanta
Camaiore
Forte dei Marmi
Viareggio
Massarosa
Torre d. Lago Puccini
LUCCA
Bagni di Lucca
Barga
Castelnuovo di Garf.
M. Cimone
Abetone
PISTOIA
PRATO
Montecatini Terme
Pescia
FIRENZE
Sesto Fior.
Fiesole
Empoli
Vinci
Signa
Impruneta
S. Casciano in Val di Pesa
Greve
Figline Vald.
S. Giovanni Valdarno
Montevarchi
Borgo S. Lorenzo
Firenzuola
Barberino di Mugello
PISA
S. Giuliano Terme
Cascina
Pontedera
S. Miniato
Fucecchio
Castelfiorentino
Certaldo
Poggibonsi
Colle di V. d'Elsa
S. Gimignano
Volterra
LIVORNO
Collesalvetti
Rosignano Maritt.
Castiglioncello
Cecina
Marina di Cecina
Bibbona
Bolgheri
Donoratico
Castagneto Carducci
S. Vincenzo
Suvereto
Campiglia Maritt.
Venturina
Populonia
Piombino
Follonica
Massa Marittima
Gavorrano
Castiglione della Pescaia
Marina di Grosseto
GROSSETO
Roselle
Vetulonia
SIENA
Monteriggioni
Castellina in Chianti
Castelnuovo Berardenga
Montalcino
Roccastrada
Civitella Paganico
Scansano
Magliano in Toscana
Talamone
Orbetello
Albinia
Porto S. Stefano
Porto Ercole
Ansedonia
COSA
I. del Giglio
Giglio Castello
Giglio Porto
Formiche di Grosseto
I. di Gorgona (Prov. di Livorno)
I. Capraia (Prov. di Livorno)
Capraia
I. d'Elba (Prov. di Livorno)
Portoferraio
Marciana
Marciana Marina
M. Capanne
Procchio
Marina di Campo
Rio Marina
Pto. Azzurro
Cavo
I. Pianosa (Prov. di Livorno)
Pianosa
I. di Montecristo (Prov. di Livorno)
Scoglio d'Affrica (Formica di Montecristo)
G. di Follonica
Capo Corso
Macinaggio
Luri
Sta. Severa
Pino
Golfe de St-Florent
St - Florent
Nonza
Bastia
Erbalunga
Oletta
Olmeta
Murato
Casamozza
Étang de Biguglia
Vescovato
Campile
Morosaglia
Monte S. Petrone
Moriani-Plage
Cervione
Valle-d'Alesani
Piedicorte
Bustanico
Omessa
© ISTITUTO GEOGRAFICO DE AGOSTINI S.p.A. - NOVARA

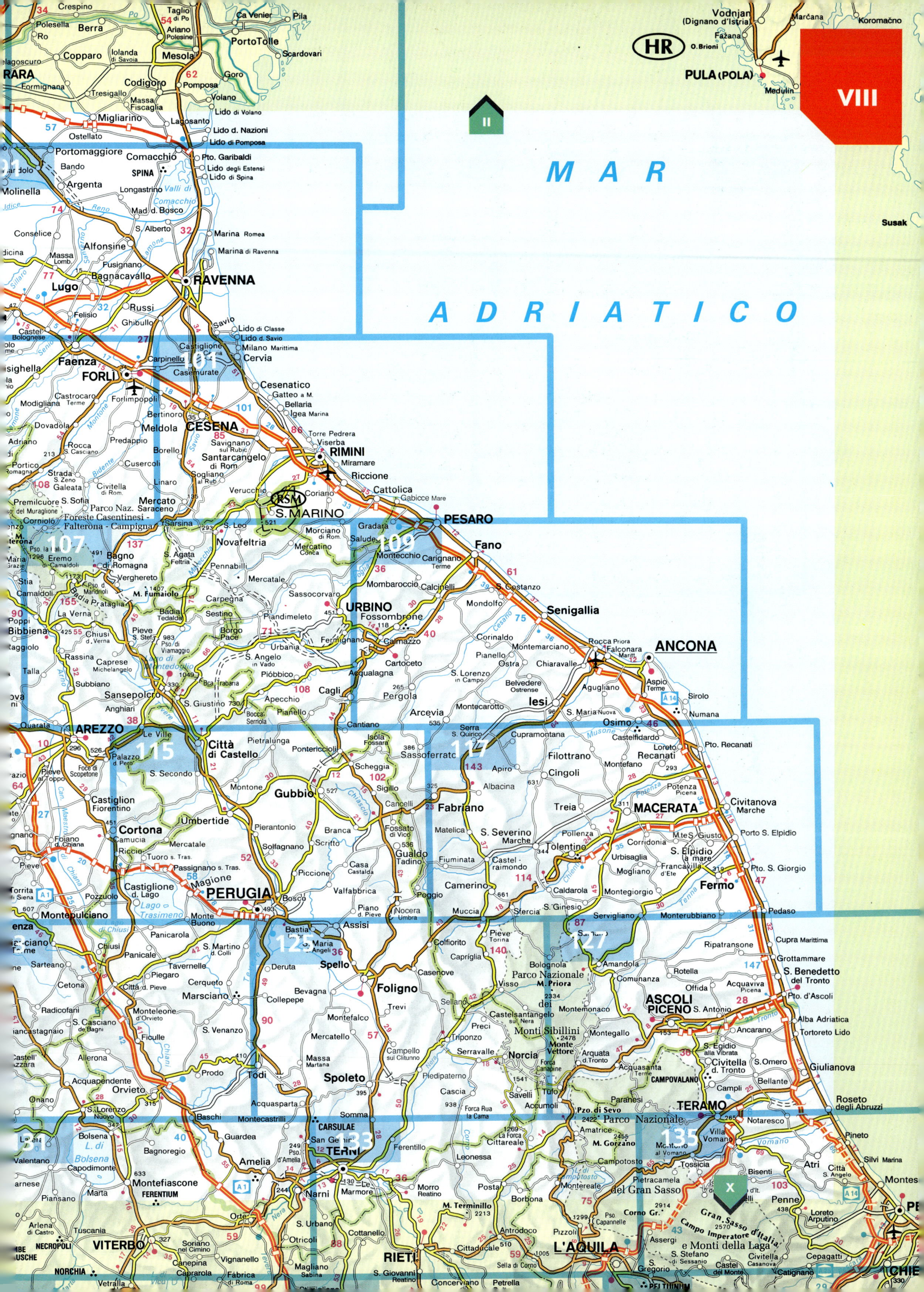
VIII
HR
MAR
ADRIATICO
II
X
Vodnjan (Dignano d'Istria)
Fažana
O. Brioni
PULA (POLA)
Medulin
Marčana
Koromačno
Susak
Crespino
Polesella
Berra
Ro
Taglio di Po
Ariano Polesine
Ca Venier
Pila
Porto Tolle
Scardovari
Copparo
Iolanda di Savoia
Mesola
Goro
Codigoro
Pomposa
Formignana
Tresigallo
Massa Fiscaglia
Volano
Lido di Volano
Migliarino
Lagosanto
Lido d. Nazioni
Lido di Pomposa
Ostellato
Portomaggiore
Comacchio
Pto. Garibaldi
Lido degli Estensi
Lido di Spina
Bando
SPINA
Argenta
Longastrino
Valli di Comacchio
Molinella
Mad. d. Bosco
Reno
S. Alberto
Marina Romea
Marina di Ravenna
Conselice
Alfonsine
Massa Lomb.
Fusignano
Bagnacavallo
Lugo
RAVENNA
Russi
Felisio
Ghibullo
Savio
Lido di Classe
Lido d. Savio
Milano Marittima
Cervia
Castel Bolognese
Faenza
FORLÌ
Castiglione
Carpinello
Casemurate
Cesenatico
Gatteo a M.
Bellaria
Igea Marina
Castrocaro Terme
Forlimpopoli
Bertinoro
CESENA
Modigliana
Dovadola
Meldola
Torre Pedrera
Viserba
RIMINI
Miramare
Riccione
Savignano sul Rubic.
Santarcangelo di Rom.
Predappio
Rocca S. Casciano
Cusercoli
Borello
Sogliano al Rub.
Verucchio
Coriano
Cattolica
Gabicce Mare
Portico di Romagna
Strada S. Zeno
Galeata
Civitella di Rom.
Linaro
Mercato Saraceno
RSM
S. MARINO
PESARO
Premilcuore
S. Sofia
Parco Naz. Foreste Casentinesi - Monte Falterona - Campigna
Sarsina
S. Leo
Morciano di Rom.
Gradara
Saludecio
Mercatino Conca
Novafeltria
Montecchio
Fano
Carignano Terme
Pso. la Calla
Eremo di Camaldoli
Bagno di Romagna
S. Agata Feltria
Pennabilli
Mercatale
Verghereto
M. Fumaiolo
Sassocorvaro
Mombaroccio
Calcinelli
Mondolfo
S. Costanzo
Senigallia
Stia
Camaldoli
Badia Prataglia
Carpegna
Sestino
URBINO
Fossombrone
Badia Tedalda
Piandimeleto
Poppi
Bibbiena
La Verna
Chiusi d. Verna
Pieve S. Stefano
Pso. di Viamaggio
Borgo Pace
Urbania
Fermignano
Calmazzo
Corinaldo
Montemarciano
Rocca Priora
Falconara Maritt.
ANCONA
Rassina
Caprese Michelangelo
S. Angelo in Vado
Piobbico
Cartoceto
Piagge
Ostra
Chiaravalle
Talla
Subbiano
Bca. Trabaria
Acqualagna
S. Lorenzo in Campo
Belvedere Ostrense
Agugliano
Aspio Terme
Sirolo
Numana
Sansepolcro
S. Giustino
Apecchio
Cagli
Pergola
Jesi
Anghiari
Bocca Serriola
Pianello
Arcevia
Montecarotto
S. Maria Nuova
Osimo
Castelfidardo
Quarata
AREZZO
Le Ville
Cantiano
Serra S. Quirico
Cupramontana
Pto. Recanati
Loreto
Recanati
Palazzo d. Pero
Città di Castello
Pietralunga
Isola Fossara
Sassoferrato
Filottrano
Montefano
Pieve al Toppo
Foce di Scopetone
S. Secondo
Pontericcioli
Scheggia
Apiro
Cingoli
Potenza Picena
Montone
Gubbio
Sigillo
Albacina
Castiglion Fiorentino
Cancelli
Fabriano
Treia
MACERATA
Civitanova Marche
Umbertide
Pierantonio
Chiascio
Branca
Fossato di Vico
Matelica
S. Severino Marche
Pollenza
Corridonia
M.te S. Giusto
Porto S. Elpidio
Cortona
Camucia
Foiano d. Chiana
Mercatale
Solfagnano
Scritto
Gualdo Tadino
Castel-raimondo
Tolentino
Urbisaglia
S. Elpidio a mare
Riccio
Tuoro s. Tras.
Passignano s. Tras.
Casa Castalda
Fiuminata
Pto. S. Giorgio
Pieve
Castiglione d. Lago
Lago Trasimeno
PERUGIA
Piccione
Valfabbrica
Camerino
Mogliano
Francavilla d'Ete
Fermo
Torrita di Siena
Pozzuolo
Magione
Bosco
Caldarola
Montegiorgio
Montepulciano
Monte Buono
Piano d. Pieve
Nocera Umbra
Poggio
Mucciа
Sfercia
S. Ginesio
Servigliano
Monterubbiano
Pedaso
Bastia
S. Maria d. Angeli
Assisi
Colfiorito
Pieve Torina
Cupra Marittima
Chiusi
Panicarola
S. Martino d. Colli
Deruta
Spello
Capriglia
Amandola
Ripatransone
Grottammare
Sarteano
Panicale
Tavernelle
Piegaro
Città d. Pieve
Cerqueto
Marsciano
Collepepe
Bevagna
Foligno
Casenove
Visso
Bolognola
Parco Nazionale dei Monti Sibillini
M. Priora
Comunanza
Rotella
Offida
Acquaviva Picena
S. Benedetto del Tronto
Cetona
Trevi
Sellano
Montemonaco
ASCOLI PICENO
S. Antonio
Pto. d'Ascoli
Radicofani
S. Casciano dei Bagni
Monteleone d'Orvieto
S. Venanzo
Montefalco
Castelsantangelo sul Nera
Preci
Montegallo
Alba Adriatica
Tortoreto Lido
Ancarano
Piancastagnaio
Ficulle
Mercatello
Triponzo
Monte Vettore
Arquata d. Tronto
Norcia
S. Egidio alla Vibrata
Civitella d. Tronto
S. Omero
Giulianova
Allerona
Massa Martana
Campello sul Clitunno
Serravalle
Forca Canapine
Acquasanta Terme
Castell'Azzara
Prodo
Todi
Spoleto
Piedipaterno
Savelli
Tufo
CAMPOVALANO
Campli
Bellante
Acquapendente
Orvieto
Onano
Acquasparta
Cascia
Forca Rua la Cama
Accumoli
Paranesi
TERAMO
Roseto degli Abruzzi
S. Lorenzo Nuovo
Baschi
Montecastrilli
Somma
Pzo. di Sevo
Amatrice
Parco Nazionale del Gran Sasso e Monti della Laga
Notaresco
Bolsena
L. di Bolsena
Guardea
CARSULAE
San Gemini
TERNI
Ferentillo
La Forca
Cittareale
M. Gorzano
Montorio al Vomano
Villa Vomano
Vomano
Pineto
Valentano
Capodimonte
Bagnoregio
Amelia
Pso. d'Amelia
Leonessa
Campotosto
Tossicia
Bisenti
Atri
Silvi Marina
Città S. Angelo
Montesilvano
Marta
Montefiascone
FERENTIUM
Narni
Marmore
Morro Reatino
Posta
Montereale
Lago di Campotosto
Penne
Piansano
Borbona
Loreto Aprutino
Arlena di Castro
Tuscania
Orte
S. Urbano
M. Terminillo
Pso Capannelle
Corno Gr.
Campo Imperatore
Gran Sasso d'Italia
Cepagatti
NECROPOLI
VITERBO
Soriano nel Cimino
Otricoli
Cottanello
RIETI
Cittaducale
Antrodoco
Pizzoli
L'AQUILA
Assergi
Castel del Monte
Civitella Casanova
Catignano
NORCHIA
Canepina
Caprarola
Vignanello
Fabrica di Roma
Magliano Sabina
S. Giovanni Reatino
Concerviano
Sella di Corno
Petrella
S. Gregorio
S. Stefano di Sessanio
Vetralla
PELTUINUM
CHIETI
Rocca Priora
107
109
115
117
125
127
133
135
101

IX
VII
121
125
129
131
133
137
139
145
SIENA
Cortona
PERUGIA
Gubbio
Umbertide
Castiglion Fiorentino
Montepulciano
Sinalunga
Pienza
Montalcino
Assisi
Spello
Foligno
Deruta
Bevagna
Montefalco
Trevi
Spoleto
Todi
Marsciano
Orvieto
Chiusi
Cecina
Piombino
Follonica
Massa Marittima
Roccastrada
Gavorrano
Campiglia Maritt.
Venturina
Populonia
Cavo
Rio Marina
Pto. Azzurro
G. di Follonica
Punta Ala
Castiglione della Pescaia
GROSSETO
ROSELLE
Marina di Grosseto
Scansano
Magliano in Toscana
Talamone
Orbetello
Albinia
Porto S. Stefano
Ansedonia
Porto Ercole
COSA
Giglio Castello
Giglio Porto
I. del Giglio
(Prov. di Grosseto)
I. di Giannutri
(Prov. di Grosseto)
Parco Nazionale dell'Arcipelago Toscano
Formiche di Grosseto
Manciano
Pitigliano
Saturnia
Sorano
M. Amiata
Abbadia S. Salv.
S. Fiora
Radicofani
Acquapendente
Bolsena
L. di Bolsena
Valentano
Capodimonte
Marta
Montefiascone
FERENTIUM
Bagnoregio
CASTRO
VULCI
TOMBE ETRUSCHE
NECROPOLI
NORCHIA
VITERBO
Tuscania
Canino
Montalto di Castro
Montalto Marina
Tarquinia
Lido di Tarquinia
Marina Velca
CENCELLE
M. le Grazie
Tolfa
Allumiere
Civitavecchia
C. Linaro
S. Marinella
S. Severa
Furbara
Ladispoli
Cerveteri
Palidoro
Maccarese
Fregene
Fiumicino
Lido di Ostia
Ostia Antica
LAURENTUM
Tor Vaianica
Pomezia
Ardea
Aprilia
Lido dei Pini
Lavinio Lido di Enea
Anzio
Nettuno
Bgo. Sabotino
Bgo. Montello
Bgo. Podgora
Bgo. Piave
Velletri
Genzano di Roma
Ariccia
Albano Laz.
Cast. Gandolfo
Marino
Frascati
Grottaferrata
Rocca di Papa
Nemi
Lanuvio
Artena
Colli Albani
Zagarolo
Tivoli
Guidonia
Bagni di Tivoli
Mentana
Monterotondo
Palombara Sabina
ROMA
CITTÀ DEL VATICANO
M. Mario
VEIO
Bracciano
L. di Bracciano
Anguillara Sab.
Manziana
Trevignano Romano
Campagnano di Roma
Sutri
Nepi
Civita Cast.
Monterosi
FALERI NOVI
Ronciglione
Caprarola
Vignanello
Soriano nel Cimino
Vetralla
Orte
Amelia
Narni
TERNI
CARSULAE
Marmore
Otricoli
Magliano Sabina
S. Urbano
RIETI
Poggio Mirteto
Stimigliano
Nazzano
M. Soratte
S. Oreste
Rignano Flam.
Fara in Sab.
Capena
Torricella in Sabina
M. Pellecchia
Civita Castellana
Acquasparta
Montecastrilli
Guardea
Baschi
Ficulle
Allerona
Cetona
Sarteano
Chianciano Terme
Castiglione d'Orcia
S. Quirico d'Orcia
Seggiano
Piancastagnaio
Castell' Azzara
Triana
Semproniano
Roccalbegna
Arcidosso
Cinigiano
Sasso d'Ombrone
Civitella Paganico
Batignano
Vetulonia
Tirli
Pian d'Alma
Montemerano
Fonteblanda
Nunziatella
M. Bellino
Farnese
Piansano
Arlena di Castro
Orbetello
Castiglione d. Lago
Lago Trasimeno
Magione
Passignano s. Tras.
Tuoro s. Tras.
Panicale
Piegaro
Città d. Pieve
Monteleone d'Orvieto
Fabriano
Gualdo Tadino
Nocera Umbra
Valfabbrica
Bastia
Collepepe
Massa Martana
Campello sul Clitunno
MAR
TIRRENO
I. Palmarola
Parco Nazionale del

X
MAR
ADRIATICO
VIII
127
135
143
MACERATA
Civitanova Marche
Porto S. Elpidio
S. Severino Marche
Tolentino
Treia
Pollenza
Corridonia
Urbisaglia
Mogliano
Francavilla d'Ete
S. Elpidio a mare
Pto. S. Giorgio
Fermo
Caldarola
Montegiorgio
S. Ginesio
Sfercia
Servigliano
Monterubbiano
Pedaso
Cupra Marittima
Grottammare
S. Benedetto del Tronto
Pto. d'Ascoli
Ripatransone
Amandola
Rotella
Acquaviva Picena
Offida
Bolognola
Parco Nazionale dei Monti Sibillini
M. Priora
Visso
Comunanza
ASCOLI PICENO
S. Antonio
Montemonaco
Castelsantangelo sul Nera
Montegallo
Alba Adriatica
Tortoreto Lido
Ancarano
Norcia
Monte Vettore
Arquata d. Tronto
Acquasanta Terme
S. Egidio alla Vibrata
Civitella d. Tronto
S. Omero
Giulianova
CAMPOVALANO
Campli
Bellante
Savelli
Accumoli
Paranesi
Roseto degli Abruzzi
TERAMO
Pzo. di Sevo
Parco Nazionale
Notaresco
Amatrice
M. Gorzano
Cittareale
La Forca
Montorio al Vomano
Villa Vomano
Pineto
Campotosto
Tossicia
Atri
Città S. Angelo
Silvi Marina
Montereale
Pietracamela
del Gran Sasso
Isola del Gr. Sasso d'It.
Castelli
Bisenti
Montesilvano
Borbona
Penne
PESCARA
Corno Gr.
Gran Sasso d'Italia
Campo Imperatore
e Monti della Laga
Loreto Aprutino
Francavilla al Mare
Pizzoli
Pso. Capannelle
Antrodoco
L'AQUILA
Assergi
S. Stefano di Sessanio
Civitella Casanova
Cepagatti
Ortona
Tollo
Sella di Corno
S. Gregorio
Castel del Monte
Catignano
CHIETI
Vito Chietino
Petrella Salto
Fiamignano
Torninparte
PELTUINUM
Alanno
Bucchianico
Manoppello
Lanciano
Orsogna
Fossacésia Marina
P. d. Penna
I. San Dómino
Rocca di Cambio
Fontecchio
Capestrano
Navelli
S. Valentino in Abr. Citeriore
Tocco da Casauria
Castel Frentano
Vasto
Marina di Vasto
Borgorose
Rocca di Mezzo
M. Velino
Ovindoli
Molina Aterno
Popoli
Caramanico Terme
Parco
S. Eufemia a Maiella
Maiella
Guardiagrele
Casalbordino
Scerni
Cupello
Magliano de' Marsi
M. Sirente
Celano
Corfinio
M. Amaro
Pacentro
Lama d. Peligni
Casoli
Atessa
Carsoli
Tagliacozzo
Cappelle
Avezzano
Piana del Fucino
Forca Caruso
Pratola Peligna
Sulmona
Nazionale
Tornareccio
Bomba
S. Salvo
Termoli
Campomarino
Cervara di Roma
Capistrello
Trasacco
Pescina
Anversa d. Abruzzi
Torricella Peligna
Furci
Montenero di Bisaccia
Guglionesi
Marina di Chieuti
Subiaco
Civitella Roveto
Luco dei Marsi
Gioia dei Marsi
Campo di Giove
della Maiella
Palena
Villa S. Maria
Palmoli
Filettino
M. Viglio
Scanno
Pescocostanzo
Carunchio
Acquaviva Collecroce
Portocannone
Clitemia Nuova
Lesina
Lago di Lesina
Olevano Romano
Pso. del Diavolo
Villavallelonga
Parco
M. Marsicano
Roccaraso
Ateleta
Castiglione Messer Marino
Capracotta
Larino
Serracapriola
Piglio
Fiuggi
S. Vincenzo Valle Roveto
Pescasseroli
Balsorano
Opi
Castel di Sangro
Agnone
Trivento
Apricena
Guarcino
Anagni
Collepardo
Alatri
Ferentino
Veroli
Sora
Fca. d'Acero
Nazionale
Villetta Barrea
Alfedena
S. Donato Val di Comino
Alvito
PIETRABBONDANTE
Salcito
Civitacampomarano
Casacalenda
S. Croce di Magliano
S. Paolo di Civitate
San Severo
FROSINONE
Isola d. Liri
Arpino
d'Abruzzo
Lazio e Molise
Rionero Sann.
Pescolanciano
S. Biase
Torremaggiore
Colletorto
Casalnuovo Monterotaro
Ripi
Mte. S. Giov. Camp.
Arce
Casalvieri
S. Biagio Saracinisco
ISERNIA
Torella d. Sannio
Frosolone
Castropignano
S. Elia a Pianisi
Carlantino
Carpineto Romano
Sulpino
M. Semprevisa
Pofi
Ceccano
Ceprano
Atina
S. Elia Fiumerapido
Colli a Volturno
Carpinone
CAMPOBASSO
Castelnuovo d. Daunia
Volturara Appula
Motta Montecorvino
Lucera
Sezze
Roccasecca
Abbazia di Montecassino
Cantalupo nel Sannio
Vinchiaturo
Gildone
Gambatesa
Alberona
FOGGIA
Priverno
Roccasecca d. Volsci
S. Giovanni Incarico
Castro d. Volsci
Cassino
Venafro
Capriati a Volt.
Boiano
M. Miletto
Riccia
M. Saraceno
S. Bartolomeo in Galdo
Michele
Fontinia
Sonnino
Pico
Pontecorvo
Cervaro
Mignano Monte Lungo
Letino
Pratella
L. di Matese
Sepino
Foiano di Valfortore
Biccari
Troia
Bgo. Vodice
TEMPIO DI GIOVE ANXUR
Fondi
S. Giorgio a Liri
Esperia
Presenzano
S. Gregorio Matese
Pso. di Miralago
Piedimonte Matese
Colle Sannita
Morcone
Pietraroia
Roseto Valf.
Faeto
Orsara di Puglia
Terracina
CIRCE
S. Felice Circeo
Itri
Sperlonga
Castelforte
Minturno
Terme di Suio
Sessa Aurunca
Marzano Appio
Roccamonfina
Marzanello
Alife
Cerreto Sannita
Pontelandolfo
Guardia Sanfram.
S. Marco d. Cavoti
S. Giorgio la Molara
Castelfranco in Miscano
Greci
Bovino
Deliceto
Gaeta
Formia
Scauri
MINTURNÆ
Teano
Calvi Risorta
Dragoni
Volturno
Amorosi
Telese
Pesco Sannita
Paduli
Montecalvo Irpino
Accadia
G. di Gaeta
Carinola
Pignataro Magg.
Caiazzo
Solopaca
BENEVENTO
S. Vito
Ariano Irpino
Mondragone
S. Andrea
Capua
Calore
S. Agata de' Goti
Apice
Grottaminarda
Cancello ed Arnone
S. Prisco
CASERTA
Montesarchio
S. Maria C. Vet.
Marcianise
Maddaloni
Vallata
Bisaccia
Lacedonia
I. Zannone
Casal di Principe
Frignano
Cervinara
Altavilla Irpina
Sant. di Montevergine
S. Nicola Baronia
Aquilonia
Pinetamare
Villa Literno
Aversa
Caivano
S. Antimo
Marigliano
Avella
Mirabella Ecl.
Paternopoli
Pratola Serra
Montemarano
Castelfranci
Guardia Lomb.
Giugliano in C.
Afragola
Casoria
Nola
Atripalda
AVELLINO
S. Angelo dei Lombardi
Calitri
Isole Ponziane (Prov. di Latina)
NAPOLI
CUMA
Pomigliano d'A.
Somma Vesuviana
Ottaviano
Palma C.
Serino
Nusco
Bagnoli Irpino
Montella
Pescopagano
S. Andrea di Conza
Pozzuoli
S. Giorgio a Cremano
Portici
Bacoli
Anast.
Vesuvio
S. Giuseppe Ves.
Sarno
Solofra
Caposele
Ercolano
Parco Naz. del Vesuvio
Mercato S. Severino
Croci di Acerno
M. Cervialto
Laviano
I. Ventoténe
Casamicciola T.
I. di Procida
Torre del Greco
Scafati
Angri
Baronissi
Castiglione del Genovesi
Acerno
M. Marzano
Muro Lucano
Lacco Ameno
Forio
Serrara
Ischia
Barano d'I.
I. d'Ischia
Torre Annunziata
Pompei
Pagani
Nocera Inf.
Montecorvino Rovella
Senerchia
M. Ogna
Castellamm. di St.
Cava de' Tirreni
SALERNO
Campagna
Bagni di Contursi
Ricigliano
G. di Napoli
Vico E.
Gragnano
Ravello
Maiori
Vietri
Eboli
Buccino

Cartografia stradale 1: 200 000

Road maps - Cartes routières - Straßenkarten

	Segni convenzionali	Legend	Légende	Zeichenerklärung
	Autostrade	Motorways	Autoroutes	Autobahnen
CORMANO	Caselli d'ingresso; caselli d'accesso agli interporti	Access points; access to freight villages	Points d'accès; accès aux centres logistiques de fret	AB-Zufahrten; Zufahrten zu Güterverkehrszentren
	Barriere di pedaggio	Toll barriers	Barrières de péage	Mautstellen
LAMBRO P	Aree di servizio; aree di parcheggio	Service areas; parking areas	Stations-service; parcs de stationnement	Tankstellen; Parkplätze
	Gallerie; svincoli	Tunnels; junctions	Tunnels; échangeurs	Tunnels; Anschlussstellen
AP. 2005	Autostrade in costruzione (anno di apertura prevista)	Motorways under construction (scheduled opening year)	Autoroutes en construction (année d'ouverture prévue)	Autobahnen in Bau (voraussichtliches Fertigstellungsjahr)
A1 T1	Numeri di autostrada e traforo	Numbers of motorway and tunnel	Numéro d'autoroute et tunnel	Autobahn- und Tunnelnummer
2.5 1 1.5	Distanze in km	Distances in kilometres	Distances en kilomètres	Entfernungsangaben in Kilometern
	Strade a doppia carreggiata	Dual carriageway roads	Routes à chaussées séparées	Zweibahnige Schnellstraßen
	Gallerie; svincoli	Tunnels; junctions	Tunnels; échangeurs	Tunnels; Anschlussstellen
	Strade di grande comunicazione	Highways	Routes de liaison principale	Hauptverbindungsstraßen
	Strade d'interesse locale	Secondary roads	Routes de liaison locale	Nebenstraßen
	Strade soggette a possibile chiusura invernale	Roads with possible winter closure	Routes avec possible fermeture d'hiver	Straßen mit möglicher Wintersperre
	Strade a traffico limitato	Roads with traffic restriction	Routes à trafic limité	Straßen mit Verkehrsbeschränkung
	Strade a pedaggio	Toll roads	Routes à péage	Straßen mit Gebühr
	Strade praticabili con difficoltà	Roads practicable with difficulty	Routes praticables avec difficulté	Schwierig befahrbare Straßen
	Pendenze (7-12%; oltre 12%)	Gradients (7-12%; over 12%)	Pentes (7-12%; plus de 12%)	Steigungen (7-12%; über 12%)
Pso. dei Giovi 472	Valico, quota altimetrica in metri	Pass, height in metres	Col, altitude en mètres	Pass, Höhe in Metern
AP. 2005 AP. 2007	Strade in progetto e in costruzione (anno di apertura prevista)	Roads projected and under construction (scheduled opening year)	Routes en projet et en construction (année d'ouverture prévue)	Straßen in Planung und in Bau (voraussichtliches Fertigstellungsjahr)
E 62 33 211	Numero di strada europea, statale e regionale	Number of european, national and regional road	Numéro de route européenne, nationale et régionale	Europastraßennummer, Staatsstraßennummer, Regionalstraßennummer
2.5 1 1.5	Distanze in km	Distances in kilometres	Distances en kilomètres	Entfernungsangaben in Kilometern
	Ferrovia con stazione e galleria	Railway with station and tunnel	Chemin de fer avec gare et tunnel	Eisenbahn mit Bahnhof und Tunnel
	Trasporto auto per ferrovia	Railway ferry for cars	Transport des autos par voie ferrée	Autoverladung per Bahn
	Funivia; seggiovia	Cableway; chair-lift	Téléphérique; télésiège	Seilbahn; Sessellift
	Funicolare, tramvia, cremagliera	Funicular, tramway, rack-railway	Funiculaire, tramway, crémaillère	Schwebe-, Straßen-, Zahnradbahn
	Tratti fluviali navigabili (naviglio da trasporto e turistico oltre 300 t)	Navigable rivers (transport and passenger ships over 300 t)	Voies navigables (navires de fret et passagers supérieurs à 300 t)	Schiffbare Flusswege (Fracht- und Passagierschiffe über 300 T)
2h 30'	Traghetto; traghetto con trasporto auto e tempo di percorrenza	Ferry; car ferry and crossing time	Bac; bac pour automobiles et temps de traversée	Fähre; Autofähre und Fahrzeit
	Confine di Stato	State boundary	Limite d'État	Staatsgrenze
	Confine di Regione	Regional boundary	Limite de Région	Regionsgrenze
	Confine di Provincia	Provincial boundary	Limite de Province	Provinzgrenze
	Parco nazionale; Parco naturale	National park; Natural park	Parc national; Parc naturel	Nationalpark; Naturpark
*	Riserve, oasi, biotopi protetti	Nature reserves, oasis, protected areas	Réserves naturelles, oasis, espaces protégés	Naturschutzgebiete, Oasen, Schutzbiotope
V i	Centro Visita; Punto Informazioni	Visit Centre; Information Point	Centre-Visite; Point Informations	Besuchzentrum; Auskunftsstelle
	Strade panoramiche	Panoramic routes	Routes panoramiques	Panoramastraßen
GRANDE TRAVERSATA DELLE ALPI	Grandi percorsi escursionistici	Great hiking trails	Sentiers de grandes randonnées	Große Wanderwege

	Segni convenzionali	Legend	Légende	Zeichenerklärung
	Aeroporto principale; aeroporto turistico	Main airport; tourist airport	Aéroport principal; aéroport touristique	Verkehrsflughafen; Flugplatz
	Porto; faro	Harbour; lighthouse	Port; phare	Hafen; Leuchtturm
	Dogana, punto di frontiera	Customs, frontier crossing	Douane, Passage frontière	Zollamt, Grenzübergang
	Rifugio, capanna, bivacco	Refuge, hut, bivouac	Refuge, bivouac	Schutzhütte, Hütte
	Osservatorio astronomico	Astronomical observatory	Observatoire astronomique	Sternwarte
	Terme, fonte naturale	Baths, natural spring	Thermes, source naturelle	Therme, Naturquelle
	Villa d'arte; monumento isolato	Art villa; isolated monument	Villa d'art; monument isolé	Kunstvilla; alleinstehendes Denkmal
	Chiesa, cappella; abbazia, convento	Church, chapel; abbey, monastery	Église, chapelle; abbaye, couvent	Kirche, Kapelle; Abtei, Kloster
	Castello; torre	Castle; tower	Château; tour	Schloss; Turm
	Cimitero di guerra, sacrario	War cemetery, memorial chapel	Cimetière militaire, monument aux morts	Soldatenfriedhof, Gedenkstätte
	Dolmen; menhir, stele	Dolmen; menhir, stele	Dolmen; menhir, stèle	Dolmen; Menhir, Stele
	Rovine, ruderi; antichità	Ruins; antiquity	Ruines; antiquité	Ruinen; Ausgrabung
	Tomba, necropoli; incisioni rupestri	Tomb, necropolis; rock engravings	Tombe, nécropole; gravures rupestres	Grab, Nekropolis; Felszeichnungen
	Nuraghe; villaggio nuragico	Nuraghe; nuraghic village	Nuraghe; village nuragique	Nuraghe; Nuragendorf
	Curiosità naturale; grotta	Natural sight; cave	Curiosité naturelle; grotte	Natursehenswürdigkeit; Grotte
	Parchi tematici; località balneari (Bandiere Blu 2002)	Thematic parks; seaside resorts (Blue Flag Awards 2002)	Parcs thématiques; localités balnéaires (Pavillon Bleu 2002)	Themenparks; Badeorte (Blaue Flagge 2002)
GENOVA	Principali località turistiche	Main tourist towns	Localités touristiques principales	Wichtigste Touristenorte
Pienza	Importanti località turistiche	Important tourist towns	Localités touristiques importantes	Bedeutende Touristenorte
Aquiléia	Altre località turistiche	Other tourist towns	Autres localités touristiques	Andere Touristenorte

Scala - Scale - Échelle - Maßstab
1: 200 000

0 2 4 6 8 10 km

1 cm = 2 km

1
Furgler
Serfaus
im Oberinntal
Roter Schrofen
Vergötschen
Mühlbach
Gsallkopf
Hexenkopf
Steinbrücken
Feichten
Grasse
Tösens
Boden
Karl-Sp.
Kupphof
Schöneck
Verpeilspitze
Lafairs
Birkach
Hohes Riff
Rifen
Watzespitze
Pfroslkogel
Am See
Pfunds
Pfunds-Stuben
Pfunds-Dorf
BERGLERTAL
Bergler bach
Rostitzkogl
Riffsee
Compatsch
Spiss
Laret
Plan
Ravaisch
SAMNAUN
Samnaun
VAL
RADURSCHLTAL
Radurschlbach
Glockhaus
Hochjoch
Habmesköpfe
Ht. Raut
Inn
Hochfinstermünz
Finstermünz Paß
Stausee-Gepatsch
KAUNERTAL
Bliggspitze
Taschachbach
Piz Mundin
VAL SAMPUOIR
Radurschlalpe
KAISERBERGTAL
Hint. Brunnen
Mitta
CH
Muttler
ammerspitz
ilspitz
Schartkopf
Hohenzollernhaus
Glockturm
Gepatschaus
Martina (Martinsbruck)
Nauders
Wildnördererkogl
Hochvernagt-Sp.
Griosch
Tschlin
Nauderer Skihütte
Punta della Gallina (Hennesigl Sp.)
Rauhekopfhütte
Breslauer
Piz Arina
Strada
Arsangsbach
Cima Castello (Bergkastel Sp.)
Monte Cantone (Matscher Winkel K.)
Passo di Melago (Weißseejoch)
Fluchtkogel
Vernagt-H.
Branclа
Vnà
Piz Lat
Cima Mataun
Wiesjagglkops
Punta Lago Bianco (Weißsee-Sp.)
Brandenburger Haus
Ramosch
Passo di Resia (Reschenpaß)
Piz Clopai
VALLE LUNGA (LANGTAUFERER TAL)
Melago (Melag)
Casabella
Piz Russenna
Resia (Reschen)
Resgia
R. Carlino
Karlinbach
Rifugio Pio XI (Weißkugel-H.)
ROFE
Sur En
Inn
Pedros
Caprone (Kapron)
Pta. di Val Benair (Falbanairspitze)
Langtauferer Ferner
Hintereisspitze
Hochjochhospiz
Kreu
Santa Anna Sankt Anna
Curon Venosta (Graun im Vinschgau)
Roia (Rojen)
Belpiano (Schöneben)
Passo di Planol (Planeilscharte)
Pta. della Vedretta Am hintern Eis
ENGADINA
P. S.-chalambert-Dadain
Rojentalhütte
Cima Dieci
L. di Resia (Reschen See)
Palla Bianca (Weißkugel)
Giogo Alto (Hochjoch)
Pta. di Finale Fineil-Sp.
ASSA
VAL D'UINA
Cima Undici (Elfer-Sp.)
Cima Dentrovalle (Danzebell)
Cima d. Corvi (Raben-K.)
Rifugio Bellavista (Shone Aussicht)
Cima di Grion
San Valentino alla Muta (Sankt Valentin a.d. Haide)
Cima Valbella Valvel-Sp.
Forcella del Santo (Bildstöckljoch)
Croda Grigia
Rifugio del Similaun (Similaunhütte)
Piz Lischana
Haiderhalm
Padoll
Cima Pian del Lago
Passo di Rasass (Rasaßer Scharbe)
L. d. Muta (Haider See)
Monteplair (Dörfl)
Pta. di Mezzo (Mittereck)
Knottberghütte
Oberetteshütte
Albergo Corteraso (Sporthotel Kurzras)
Sankt Martin
Serres (Zerzer-B.)
Piavenna (Plawenn)
Kutthütte
Vernago (Vernagt)
Pta. Saldura (Salurn-Sp.)
Madlain
Piz Cristannes
Rifugio Rasass
Mte. Vatles (Watles)
Alsago (Alsack)
R. Puni (Punibach)
Jafaut
Tanai (Thanai)
R. Saldura
Lago di Vernago (Vernagt Stausee)
VAL DI SENALES
Planol (Planeil)
VAL DI PLANOL (PLANEILTAL)
Forcella Ramudla (Rappenscharte)
Rifugio
Giogo Tasca (Taschejöchl)
VAL SLINGIA (SCHLINIGER TAL)
Krieger-Ehrenmal
S-charl
Burgusio (Burgeis)
Giogo Alto (Hohes Joch)
VAL DI MAZIA (MATSCH TAL)
Clemgia
Slingia (Schling)
Abbazia di Mte. Maria Marienberg
Fürstenburg
Pta. di Remes (Remsspitze)
Mte. Alto (Hochalt)
VAL DI SILANDRO (SCHLANDRAUNER TAL)
Pta. della Croce
Senáles (Schnals)
Piz Sesvenna
Monterodes
Klost.
Malles Venosta (Mals im Vinschgau)
Màzia (Matsch)
Clùsio (Schleis)
Pta. d'Alliz (Litzner-Sp.)
Mastaun
Passo della Crocetta (S-charljöchl)
Cima di Tella
Laudes (Laatsch)
Tarces (Tartsch)
Costa Bianca (Weiße R.)
Mte. Cermigna (Zerminiger Sp.)
i Greppi
Sluderno (Schluderns)
Mte. di Corzes (Kortscher Jöchl)
Piz Starlex
Glorenza (Glurns)
Castello Coira (Schl. Churburg)
la Lasta (Köpflplatte)
R. Silandro
R. Vaigarda
Vaigardabach
R. Ram (Rambach)
Tubre (Taufers im Münstertal)
Sankt Johann
Tanas (Tannas)
San Martino al Monte (Sankt Martin a. V.)
Spondigna (Spondinig)
Aliz (Allitz)
Silandro (Schlanders)
Montechiaro (Lichtenberg)
Oris (Eyrs)
San Sisinio (Sankt Sisinius)
Corzes (Kortsch)
Coldrano (Goldrain)
VAL MÜSTAIR
Pontevilla
Mte. Plaganella
Agumes (Agums)
Adige
Lasa (Laas)
Etsch
Müstair
Mte. Cavallaccio (Piz Chavalatsch)
Cengles (Tschengls)
Vezzano (Vetzan)
Lüsai
Montoni di Agumes
R. Solda
Covelano (Göflan)
Laces (Latsch)
Fuldera
Santa Maria im Münstertal
Prato allo Stélvio (Prad am Stilfser Joch)
Bagni di Sgumes (Schgumshof)
Morter
Castello
Stélvio (Stilfs)
VAL VENOSTA
Stephanskapelle
Valchava
Rifugio Fraches
(TRAFOIER T.)
Turettas
Piz Minschuns
Gomagoi
Rifugio Covelano (Göflaner-H.)
Plimabach
Mte. d. Cascata (Wasserfall-Sp.)
Cave di Marmo (Marmorbrüche)
Martello (Martell)
Bagni di Salto (Bad Salt)
Piz Lad
Rifugio Forcola (Furkel-H.)
Croda di Cengles (Tschenglser Hochwand)
Lai da Rims
Pzo. d. Forcola
Trafoi
Monte Forcola
Piz Umbrail
VALLE DI TRAFOI
VAL DI SOLDA (SULDENTAL)
Solda di Fuori (Außersulden)
Rifugio Serristori (Zaytal-H.)
Pta. di Lasa (Laaser Sp.)
la Valle (Tal)
Transacqua (Ennewasser)
Ganda di Martello (Gand)
Mte. Flimm (Flimberg)
l'Orecchio di Lepre (Hasenohr)
Mte. Sumbràida
Giogo di Santa Maria
Pta. Alta (Hochleiten-Sp.)
Santa Geltrude (Sankt Gertraud)
Cima Vertana (Vertain-Sp.)
Pta. Sluder (Schluder-Sp.)
Santa Maria alla Fonderia (Sankt Maria in der Schmelz)
R. Plima
VAL DI MARTELLO (MARTELLTAL)
Bocca del Braulio
Albergo di Sotto (Hot. Franzenshöhe)
Passo dello Stelvio (Stilfser Joch)
Rifugio Payer
PARCO
NAZIONALE
Passo di Soi (Soy Scharte)
Rifugio Livrio
Rifugio Coston
Solda (Sulden)
Torre di Fraele
© GEOnext - ISTITUTO GEOGRAFICO DE AGOSTINI S.p.A. - NOVARA
10
11

2
A
EUROPÄISCHER FERNWANDERWEG E5
Sölden
Zwieselstein
Windau
Pitze
Kaisers
Hochsölden
Angern
Hochgurgl
Poschach
Obergurgl
Gurgltal
Venter Tal
Vent
Winterstall
Niedertal
Lochkogl
Totterschrofen
Aschbach
Windacher Daunkogl
Ht. Daun-K.
Schrankogl
Ruderhof-Sp.
Schaufel-Sp.
Cima Libera (Wilder Freiger)
(Zuckerhütl) Pan di Zucchero
Montarso (Östl.-Feuerstein)
Croda Traversa (Lorenz-Sp.)
Parete Bianca (Weißwand-Sp.)
Tribulàun (Pflerscher Tribulaun)
Wandspitze
Val di Fleres (Pflerschtal)
Forcella di Porto (Portjoch)
Mte. d. Cave (Gruben-K.)
Monte Muro (Maurerspitze)
Cime Bianche di Telves (Telfer Weißen)
Monte Cavallo (Roß-K.)
Val Ridanna (Ridnauntal)
Ridanna (Ridnaun)
Cima dell'Incendio (Zunderspitze)
Monte Tallone Grande (Hohe Ferse)
Racines (Ratschings)
Colle (Bichl)
V. di Racines (Ratschingstal)
Valgiovo (Jaufental)
Vipiteno Sterzing
Tunes (Thuins)
Casateia (Gsteig)
Calice
Mareta (Mareit)
Stanghe (Stange)
Croda Nera (Schwarzwand-Sp.)
Il Capro (Botzer)
Cima Lago Nero (Schwarzseespitze)
Punta d. Massaro (Moarer-Sp.)
San Martino Monteneve (Sankt Martin am Schneeberg)
Monte Rinna (Rinnerspitze)
Corno d. Passo (Jochköpfl)
Passo del Rombo (Timmelsjoch)
Val Passiria (Passeiertal)
Belprato (Schönau)
Corvara in Passiria (Rabenstein)
Monte Drone (Draunsberg)
Moso in Passiria (Moos in Passeier)
Mte. Altacroce (H.-Kreuz-Sp.)
Sassi (Saxner)
Passo di Monte Giovo (Jaufenpaß)
Valtina (Walten)
Lasta Alta (Hochplatte)
Stulles (Stuls)
Gomide
Plata (Platt)
San Leonardo in Passiria (Sankt Leonhard in Passeier)
Cappella A. Hofer (A. Hofer Kap.)
Guardialta (Hohe Warte)
Pta. d. Laste (Plattenspitz)
Monte Rosso
Cno. Bianco (Sarntaler Weißhorn)
Pennes (Pens)
Val di Plan (Pfelderer Tal)
Plan (Pfelders)
Ulfas (Ulfaß)
Pianlargo (Breiteben)
Mte. Principe (Hoher First)
Cima d'Anime (Ht. Seelenkogl)
Mte. d. Capanne (Hitterberg)
San Martino in Passiria (Sankt Martin in Passeier)
Sentiero Europeo E5
Pta. d. Alpetta (Alpler Sp.)
la Clava (Kolben-Sp.)
Mte. Tavolino (Sefiár-Sp.)
l'Altissima (Hohe Wilde)
Parco Naturale Gruppo di Tessa
Cima Nera (Schwarzkopf)
Cima Bianca Grande (Hohe Weiße)
Giogàia di Tessa (Texelgruppe)
Pta. Cervina (Hirzer Sp.)
Monte dei Masi (Gentersberg)
Cima Rodella (Radel-Sp.)
Val di Pennes
Monterosso (Röteck)
Cima Tessa
Pta. Rosa (Rötel-Sp.)
Caines (Kuens)
Rifiano (Riffian)
Tirolo (Tirol)
Lagundo (Algund)
Scena (Schenna)
Merano (Meran)
Parcines (Partschins)
Croda del Tovale (Gfallwand)
Santa Caterina (Katharinaberg)
Val di Fosse (Pfossental)
Val Senales (Schnalstal)
Naturno (Naturns)
Plaus
Marlengo (Marling)
Pco. d'Ivigna (Ilfinger-Sp.)
Merano 2000
Mte. Catino (Großer Mittager)
Avelengo (Hafling)
Sarentino (Sarnthein)
Cima del Camoscio (Gamser)
Lana
Cermes (Tscherms)
Postal (Burgstall)
Verano (Voran)
Gargazzone (Gargazon)
Méltina (Mölten)
Mte. di Méltina (Möltner Joch)
Mte. di Verano (Vöraner Joch)
Giogo d. Croce (Kreuzjoch)
Val Venosta (Vinschgau)
Bosco di Naturno (Naturnser Wald)
Colle Scabro (Rauhe Bühel)
Guardia Alta (Hochwart)
San Pancràzio (Sankt Pankraz in Ulten)
Mte. di Fuori (Außerer Bg.)
Tesimo (Tisens)
Prissiano (Prissian)
Nalles (Nals)
Terlano (Terlan)
Andriano (Andrian)
Settequerce (Siebeneich)
Bolzano
Atesino (Jenesien)
Mte. Luco (Laugenspitze)
Ultimo (Ulten)
Val d'Ultimo
Selva di Prissiano (Prissianer Hochwald)
il Gran Ladro (Hoher Dieb)
il Sasso (Peilstein)
Laghi d. Covolo (Koflraster Seen)
Malga Marzon (Marzoner Alm)
Campolasta (Astfeld)
Val Sarentina
Mte. Villandro (Villanderer)
Castel Regino (Schloß Reineggg)
Terlano
Fiume Adige
Cima Nere (Ht. Schwärze)
Schalfkogl
Hochebenkamm
Mutmalspitze
Vd. Diemkogl
Ramokogl
Gampleskogl
Monte Re. (Königskogl)
Hohe Mut
Nörderkogl
Wannenkogl
Auß Schwarze Schneide
Mittelberg
Puitkogel

3
A
B
C
Mühlbachl
Pfons
Matrei am Brenner
MATREI STEINACH
Navis
Außerweg
Sankt Kathrein
Grünhöfe
Lizumer Reckner
Kreuzjöchl
Gamskar-Sp.
Tettens-J.
Brunnhaus
Madseit
Hintertux
Tuxbach
Zemmbach
Grinberg-Sp.
Dristner
Gams-H.
Blaser
Maria Waldrast
Serles
Trins
Padasterjoch-H.
Steinach am Brenner
Mauern
Bendel-Stn.
Schafseiten-Sp.
Madern
Kasern
Tuxer Joch-H.
Dornauberg
Real-Sp.
Ginzling
Floite
Gschnitzbach
Kirchdachspitze
Pinnis-B.
Wolf
Schmirn-B.
Schmirn
Toldern
Frauen-Wd.
Spannagel-H.
Hoher Riffler
Friesen-berghs.
Roßhag
Teufels-M.
Keller-K.
Floiten B.
Sankt Jodok
Stafflach
Nößlach
NÖSSLACH
Hohe Warte
NATURSCHUTZ-GEBIET
(RISERVA NATURALE)
Geraer H.
Silleskopfl
Pfeiffer
Vals
Valser-B.
Gries am Brenner
Lueg
Olperer
Olperer-H.
Alpeiner-Sch.
Breitlahner-Karls-H.
Gr. Ingent
Feld-K.
Ochsner
Morchen Sc.
ZAMSER TAL
Zemmbach
Gravand-H.
Schlegeis-speicher
Berliner Hütte
Sankt Magdalena
Gschnitz
Leitner-B.
Egg
GSCHNITZTAL
SCHUTZ-
Vinaders
Au
Brennersee
BRENNERSEE
Seezoller
Passo del Brennero (Brenner Paß)
Croda Alta (Hohe Wand-Sp.)
Kreuzjöchl
Obernberg am Brenner
RISERVA NATURALE
GEBIET
Tribulaun-H.
Kl. Tribulaun
Wandspitze
Montecroce (Kreuzjoch)
Brennero (Brenner)
BRENNERO/BRENNER
La Gerla (Kraxentrager)
Zamserbach
Schönbichler Horn
Monte Lavizza (Haupenhöhe)
ZILLERTAL
Obernberger See
Tribulaun (Pflerscher Tribulaun)
Rifugio
Terme di Brennero (Brennerbad)
TERME DI BRENNERO/BRENNERBAD
Spina del Lupo (Wolfendorn)
Passo di Vizze (Pfitscher J.)
Sasso (Stein)
Rifugio
Mesule (Gr. Möseler)
Cima di Campo (Turnerkamp)
Forcella di Porto (Portjoch)
Passo del Santicolo (Sandjöchl)
Malga Zirago (Zirogalm)
Quinzo (Kinzen)
Gran Pilastro (Hochfeiler)
Rifugio Monza (Hochfeiler Hütte)
VAL DI FLERES (PFLERSCHTAL)
Mte. d. Cave (Gruben-K.)
Riva
Camnata (Kematen)
San Giacomo (Sankt Jakob)
VAL DI VIZZE (PFITSCHER TAL)
Flères di Dentro (Innerpflersch)
Brennero (Brenner)
Monte Guardia Alta (Hochwart-Sp.)
Punta Rossa (Rotes Beil)
Rifugio Porro (Neveser Joch-H.)
Monte Muro (Maurerspitze)
Valmigna (Vallming)
Rio di Fleres
Rifugio
Cima Gallina (Rollspitze)
Saletto (Wieden)
Croda della Porta (Torwand)
L. di Neves (Nevesstausee)
Colle Isarco (Gossensaß)
PONTICOLO/BRENNER O.
Val di Vizze
Cima Grava (Grahspitze)
L. Pte. di Ghiaccio (Eisbrugg-S.)
Rifugio
Cime Bianche di Telves (Telfer Weißen)
Novale (Ried)
L. di Novale (Red Stausee)
Sasso Tondo (Ringel-St.)
Ceves (Tschöfs)
(Pfitsch)
Avenes (Afens)
Cima Valmala (Wurmaulspitze)
VAL DI FUNDRES
Scóglio Rosso (Rote Riffl)
VALLE DEI MOLINI
Lappago (Lappach)
RIDNAUNTAL
Monte Cavallo (Roß-K.)
Novale (Ried)
Cima del Cavo (Oberseilspitze)
Picco della Croce (Wilde Kreuzspitze)
R. Fundres
Telves (Telfes)
VIPITENO STERZING
Prati (Wiesen)
Tulve (Tulfer)
Cora (Tshoren)
il Passo (Passenjoch)
Mareta (Mareit)
Tunes (Thuins)
Vipiteno (Sterzing)
Giogo di Trens (Höllenkragen)
L. Selvàggio (Wilder See)
Fundres (Pfunders)
Monte Gruppo (H. Grubbach-Sp.)
(MÜHLWALD)
Nevesbach
Racines (Ratschings)
AUTOPORTO
Stanghe
Casateia (Gsteig)
VALLE ISARCO
Trens
Campo di Trens (Freienfeld)
Malga Fana (Fanealm)
Lago Grande (Großer See)
Le Laste (Schaldern)
Campsorsino (Kammerschien)
Monte Mutta (Mutenock)
Cima (Kr...)
(Bichl)
Castello Tasso (Reifenstein)
TRENS
Calice
VAL DI VÁLLES (VALSER TAL)
Cima Piatta (Plattspitz)
Monte Val di Mezzo (Fallmetzer)
VAL DI FUNDRES (PFUNDERER TAL)
Winnebach
R. Vena
CINES GSTAL
VALGIOVO (JAUFENTAL)
Stilves (Stilfes)
Múles (Mauls)
Rizzolo (Ritzeil)
Passo di Valles (Valser Joch)
Val di Mezzo (Mitterthal)
Cima di Stilves (Zinseler)
Valle sopra (Oberthal)
A22
Cima di Campo (Kampele-Sp.)
Válles (Vals)
Vallarga (Weitental)
Marga Margen
Piramidi di terra
Dosso (Egg)
Monte Eccio
Lasta Alta (Hochplatte)
Le Cave (Grasstein)
Sacco (Sack)
Mezzaselva (Mittewald)
Malga Pirisci (Pirstling)
Vandoies (Vintl)
di sotto (Nieder)
di sopra (Ober)
Terento (Terenten)
Lastra di Den (Ast)
Passiria (Passeier)
Monte Casa
Passo di Pénnes (Penser Joch)
Maranza (Meransen)
Rio di Pusteria (Mühlbach)
Villetta (Dörf)
San Sigismondo (Sankt Sigmund)
Maso Danz (Tarzlhof)
Monghezzo (Getzenberg)
Montaccio di Pénnes (Tatsch-Sp.)
Cno. Bianco (Sarntaler Weißhorn)
Laste (Asten)
Prà di Sopra (Oberau)
San Benedetto (Nauders)
Castelderne (Ehrenburg)
VAL PUSTERIA
Guardialta (Hohe Warte)
Monte Rosso
Pénnes (Pens)
Corno di Tramin (Tagewaldhorn)
Monte Casurra
Fortezza (Franzensfeste)
Spinga (Spinges)
Rodengo (Rodeneck)
Riobianco (Weißenbach)
T. Tálvera (Talfer)
VAL DI PÉNNES (PENSER TAL)
Cima d. Capra (Härtlaner-Sp.)
R. Vallaga (Flagger-B.)
BRESSANONE/BRIXEN
Villa (Vill)
Castel Rodengo
Giogo d'Asta (Astjoch)
Montane (Montha...)
Bagni di Selva (Bad Rahmwa...)
Cima di Quáire (Karnspitz)
L. Valdurna (Durnholzer See)
Cima S. Giacomo (Jakobs-Sp.)
P. di Quáira (Karspitze)
Sciaves (Schabs)
Naz- (Natz-)
Lusón (Lüsen)
Rifugio Prato Croce (Kreuzwiesen-H.)
Corvara (Rabenstein)
Valdurna (Durnholz)
Scalerres (Schalders)
Varna (Vahrn)
Novacella (Neustift)
Selva (Walder)
VAL DI LUSÓN
Monte dei Masi (Gentersberg)
Mte. Livolo (Liffel-Sp.)
PLOSE
Elvas
San Nicola (Sankt Nikolaus)
Passo di Lu (Lusener)
Sonvigo (Oberstückl)
Rio Valdurna
Garedo (Gereuth)
Bressanone (Brixen)
San Leonardo (Sankt Leonhard)
la Plose (Plosebühel)
LUSENER TAL
R. Lasanca (Lasankenbach)
VAL DI PÉNNES
Cima Rodella (Radel-Sp.)
Cima Ghetruna (Getrumjoch)
Mte. d. Pascolo (Königsanger-Sp.)
Mte. Muro (Maurerberg)
Pancrazio (Berger See)
di sotto (Unter-)
(DURNHOLZER TAL)
Cima S. Cassiano (Kassian-Sp.)
Rifugio Chiusa (Klausener-H.)
Pinzago (Pinzagen)
Millan (Milland)
Mte. Telegrafo (Telegraph)
Plose
Mte. Forca (Kl. Gabler)
Antera (Unter...)
Mte. Catino (Ber Mittager)
San Martino (Reinswald)
Scezze (Tschötsch)
Sant'Andrea in Monte (Sankt Andrä)
Rifugio Sass de Putia (Würzjochhaus)
Dosso (Egg)
Mte. Campo (Gampberg)
Moser
Sarnes (Sarns)
Plancios (Palmschoß)
VALDURNA
Mte. Covolo (Gufelreit)
Lazfons (Latzfons)
Velturno (Feldthurns)
Albes (Albeins)
Fores (Afers)
ALTA VIA N°2 DELLE DOLOMITI
Pso. di Eores (Kofel-J.)
Pso. d. Erbe
Campolasta (Astfeld)
Villa (Nordheim)
Mte. Villandro (Villanderberg)
T. Tinna (Thinnebach)
Isarco
VAL DI EORES (AFERER TAL)
Mte. Tullo (Tullen)
Sass de Putia (Peitler Kofel)
Sarentino (Sarnthein)
Castel Regino (Schloß Reinegg)
GEOnext - ISTITUTO GEOGRAFICO DE AGOSTINI S.p.A. - NOVARA
Villandres Alpe (Villanderalm)
Chiusa (Klausen)
Sabiona
Tiso (Teis)
Funes (Villnöss)
Santa Maddalena (Sankt Magdalena)
Rifugio Genova (Schlüter-H.)
Passo Poma (Kreuzkofeljoch)
Cima dei Camosci (Gamser)
Villandro (Villanders)
CHIUSA-VALGARDENA/KLAUSEN-GRÖDEN
Gudon (Gufidaun)
San Pietro (Sankt Peter)
Pradel
VAL DI FUNES
(VILLNÖSSTAL)
Pizzago (Pitzach)
Rifugio Zannes (Zanse Alm-H.)
NATURALE
Bagni Serga (Bad Schörgau)
Tre Chiese (Bad Dreikirchen)
Albions
Bagni Froi (Bad Froi)
Furcia di Medalghes
12
13
2
E 45
A22
49 bis

4
A
ZILLERGRUND
ZILLERTALER ALPEN
Rotkopf 2820
Reichen-Sp. 3303
Schwarzkopf 3045
Windbachtal-Kg. 2843
Unlaßkar-K. 3074
Keeskogel 3291
Schliefer-Sp. 3289
Ahornspitz 2976
Edel-H. 2238
Neuhütten
Speicher Zillergründl
Gr. Magner 2874
Zillerplatten-Sp 3147
Grundschartner 3064
Roßwand-Sp. 3158
Hohe Warte 3097
Mte. Fumo (Rauchkofel) 3250
Vetta d'Italia (Glockenkar-K.) 2911
Testa Gemella Occidentale (Westlicher Zwillingkopf) 2837
Fila. del Picco (Birnlücke) 2667
Warnsdorfer H. 2334
Gr. Geiger 3365
Gross Happ 3350
Defregger Hütte 2960
Gigalitz 3002
Cima Cadini (Napf-Sp.) 3144
Lago della Selva (Waldner See)
Fonte della Roccia (Trinkstein)
Pco. dei Tre Signori (Dreiherrn-Sp.) 3498
Johannis Hütte 2121
Zopet-Sp. 3198
Pta. di Valle (Wollbach-Sp.) 3210
Lago di Gries (Grießbachsee)
Giogo di Mezzo (Mitterjöch)
Pratomagno (Prastmann)
Casere (Kasern)
Predoi (Prettau)
Canova (Neuhaus)
Rifugio Giogo Lungo 2590
Malham-Sp. 3373
Essener-Rostocker-H. 2207
Kreuzspitze 3164
Mte. Lovello (Gr. Löffler) 3378
Cima Falden 2186
San Pietro (Sankt Peter)
Pzo. Rosso di Predoi (Rötspitze) 3495
Giogo Rosso (Rotenmann-J.) 2886
Hinterbichl
Prägraten 1312
Wallhorn
San Giacomo (Sankt Jakob) 1364
AHRNTAL
Pzo. Cucchiaio (Löffel-Sp) 3132
UMBALTAL
Clara-H. 2035
Pebell-A. 1513
Isel
Valle Aurina (Ahrntal)
Cima Forca (Gabel-Sp.) 3076
VALLE AURINA
Costa Molini (Mühleck)
Cadipietra (Steinhaus) 1054
Pta. Nera (Schwarzenspitz) 2862
Pso. di Gola (Klamml-J.) 2288
Schwarzes Törl 2945
Rosen-Sp. 3060
Kriselachspitze 2851
San Giovanni (Sankt Johann)
Cima di Mola (Hirbemock) 3010
Malga dei Dossi (Knutten-A.)
Jagdhaus-A. 2000
Totenkar-Sp. 3133
Lasörling 3096
Stampfles-K. 3074
San Martino (Sankt Martin)
Cima Dura (Durreck) 3130
PARCO NATURALE
Triangolo di Riva (Dreieck-Sp.) 3031
PANARAGEN KAMM
Reichenberger-H. 2586
Alples-Sp. 3149
Lutago di sopra (Oberluttach)
Cresta di Poia 2458
Picco Palù (Gr. Moosnock) 3061
Riva di Túres (Rain in Taufers) 1595
See-Sp. 3021
Trojer Almbach
Kastal 2775
Defereggentörl-Virgentörl 2617
Lutago (Luttach) 971
VEDRETTE DI RIES - AURINA
Sasso Lungo di Collalto (Gr. Lenk-Stn.) 3237
Oberseitsee
Weißes Beil 2766
Campo Túres (Sand in Taufers)
Acereto (Ahornach)
Cascate (Wasserfalle)
Rifugio Roma (Hochgall-H.) 2276
VEDRETTE DI RIES (RIESERFERNERGRUPPE)
Patscher-H. 1685
Sankt Jakob in Defereggen 1389
Mte. Quadra 2887
Barmer-H. 2713
Erlsbach 1555
Mariahilf
VAL DI RIVA
Túres (Taufers)
Bagni di Cantúccio (Winkelbad)
Collalto (Hochgall) 3435
Mte. Nevoso (Ruthner Horn) 3358
Almer-H 2986
DEFEREGGEN
Rinderschinken
Feistritz
Caminata di Túres (Kematen in Taufers)
Cima d. Acqua (Wasserkopf-Sp.)
Lago d'Anterselva (Antholzersee)
Corno Fana Pfann-H.
Langschneid 2687
Ochsenlacke 2363
Molini di Túres (Mühlen)
Cima d. Vento Grande (Gr. Windshar) 3042
Croda Nera (Schwarze Wand) 3105
Pso. di Stalle (Staller Sattel) 2052
Fila. di Casies (Gsieser Törl) 2205
Mte. Altacroce (Hochkreuz-Sp.) 2740
Weiß-Sp. 2962
Degen-H. 2946
Monte Sommo (Sambock) 2417
Villa Ottone (Uttenheim) 833
(NATURPARK RIESERFERNER - AHRN)
Anterselva di Sopra (Antholz Obertal) 1638
Croda Rossa (Rote Wand) 2817
Malga Pudio (Pidig-A.)
ARNTAL
Unterstaller-A 1670
Bagni Riomolino (Mühlbach Bad) 1694
Anterselva di Mezzo (Antholz Mittertal)
Monte Plat (Auf der Platten) 2174
Bel Colle (Schönbichl) 2452
Malga Campobove (Ochsenfelder A.)
S. Anna
Mte. Ripa (Riepen-Sp.) 2774
Riomolino (Mühlbach)
VAL DI TÚRES (TAUFERER TAL)
Villa (Dörfl)
Grumauer- B. 2670
Montone (Rammelstein) 2484
S. Maddalena
Vallalta (Sankt Magdalena) 1398
Gáis 841
Anterselva di Sotto (Antholz Niedertal)
VALLE DI ANTERSELVA
VAL DI QUAIRA (KARBACHTAL)
GSIESERTAL
Lahnberg
San Giórgio (Sankt Georgen) 1022
Villa Santa Caterina (Aufhofen)
Vila di Sopra (Oberwielenbach)
Bagni di Salomone (Bad Solomonsbrunn)
Capáia (Kapaiern)
Pzo. Quáira (Kerlsspitze) 2613
Innervillgraten 1402
Hetzwald
Fálzes (Pfalzen)
Teodone (Dietenheim)
Lunes (Luns)
Rasun Anterselva (Rasen Antholz)
Mte. Novale di Fuori (Eisatz) 2495
Prateria (Preindl)
San Martino (Sankt Martin)
Kalkstein
VILLGRATENTAL
Brunico (Bruneck) 838 810
Montevila (Wielenberg)
Mte. Luta 2145
Roda di Scandola 2448
Valle di Casies (Gsies)
Planca di Sopra (Oberplanken)
Bocchetta di Fana (Pfanntörl) 2511
Perca (Percha) 973
-di Sopra (Ober-)
Rasun-(-Rasen)
-di Dentro (Inner-)
Colle-(-Pichl)
-di Fuori (Ausser-)
Mte. Cavallo (Roßkogel) 2163
Cno. Fana (Pfannhorn) 2663
Rifugio 2307
Pausa Alta (Hochrast) 2436
San Lorenzo di Sebato (St.Lorenzen)
Vila di Sotto (Unt. Wielenbach) 1015
-di Sotto (Nieder-)
Tesido (Taisten)
Prati di Tesido (Wiesen)
Durna in Selva (Durnwald)
VAL DI CASIES
Thurntaler 2407
Santo Stefano (Stefansdorf)
Riscone (Reischach)
-di Sotto (Nieder-)
-di Mezzo (Mitter-)
Valdáora (Olang) 1047
Rienza
Monguelfo (Welsberg) 1087
Sinne
Planca di Sotto (Unterplanken) 1206
Monterota (Randsberg)
VALLE SAN SILVESTRO (SILVESTERTAL)
S. Silvestro (St. Silvester) 1805
Prato alla Drava (Winnebach)
Arnbach
PUSTERIA
Gassl-di Sopra (Ober-)
Novale (Ried)
Villabassa (Niederdorf) 1158
Dobbiaco (Toblach) 1240
Valle San Silvestro (Wahlen)
San Cándido (Innichen)
-di Sotto (Unter-)
Plan de Corones (Kronplatz) 2273
Regola Brusada (Brunstriedel) 2029
Bad Weitlanbrunn
Frena
Bagno di Pervalle (Bad-Bergfall)
Versciaco-Vierschach 1173
Drava
Longega (Zwischenwasser)
Ferrara (Schmieden)
Vallone (Pflung)
ex Bagni di Pianddmáia (Bad Maistatt)
Dobbiaco Nuovo (Neu-Toblach)
Rif. Baranci 1493
-di Sopra (Ober-)
Ferrara (Schmieden)
Mte. Elmo (Helm) 2433
Pieve di Marebbe (Pfarre Enneberg)
Mte. Muro (Maurerkopf) 2567
San Vito (Sankt Veit)
Bráies (Prags) 1122
PUSTERTAL
VAL DI SESTO
Sesto (Sexten) 1317
Marebbe (Enneberg)
2507
Piz da Peres
Bagni di Bráies Vécchia (Bad Altprags)
PARCO NATURALE DOLOMITI DI SESTO
Cima Nove 2851
Mantena (Welschmontal)
VAL DI FORESTA (GRÜNWALDTAL)
Lago di Bráies (Pragser Wildsee)
Lago di Dobbiaco (Toblacher See)
San Giuseppe (Moos)
Piccolino (Picolein)
San Vigilio (Sankt Vigil) 1195
V. DI S. VIGILIO
Rio Fosco (Finsterbach)
Campo Cavallo (Roßkofl) 2559
Alb. Ponticello (Brückele)
VAL DI LANDRO (HÖHLENSTEIN TAL)
Croda d. Baranci (Birkenkofel) 2943
Bagni di San Giuseppe (Bad Moos)
San Martino in Badia (Sankt Martin in Thurn) 1112
PARCO NATURALE FANES-SENNES-BRAIES
Croda d. Becco (Seekofel) 2810
Pco. di Vallandro (Dürrenstein) 2839
Cima Tre Scarperi (Dreischusterspitze) 3145
Rifugio 1626
SEXTENTAL
Costa
Mte. di Rid (Ridberg) 1941
Mte. Pares (Páres-B.) 2397
Mte. Sella di Sènnes 2787
Fila. di Cocodain 2332
Rifugio Biella 2295
Prato Piazza (Plätzwiesen)
(NATURPARK SEXTENER DOLOMITEN)
ALTA VIA N°4 - D. DOLOMITI
Campo Fiscálino (Fischleinboden)
La Valle (Wengen) 1352
Palestron
VAL DI SPESSA (WENGENTAL)
Tamores
Rifugio Sennes (Sennes-H.) 2126
ALTA VIA N°1 D. DOLOMITI
Lago Grande
14
Croda Rossa (Hohe Gaisl) 3146
Landro (Höhlenstein)
Mti. Rudo (Rautkofel) 2826
Fila. di Toblin 2289
Rifugio Locatelli 2405
Cima Undici (Elferkofel) 3092
Mte. Popera (Hochbrunner)
Pederoa
Pso. S. Antonio (Fanesjoch) 2466
Pederu 1540
Fodara Vedla
PARCO NATURALE DELLE DOLOMITI D'AMPEZZO
Malga Ra Stua
Cimabanche
Lago di Landro (Dürrensee)
Tre Cime di Lavaredo (Drei Zinnen) 2998
Rifugio Lavaredo 2344
Rifugio Comici 2224
Valgreit
Santa Croce (Heiligkreuz)
Cima Dieci (Zehner-Sp.)
Carbonin (Schluderbach)
GADERTAL

5
A
B
C
1
2
3
21
CH
Blumlisalph. 2704
3437 Gspaltenhorn
Gletscherhorn 3983
Konkordiaplatz
Fieschergletscher
Blumlisalp 3664
Mutthornh. 2901
Schmadrih. 2263
3762 Grosshorn
Mittaghorn 3897
Konkordiah. 2840
Wasenhorn 3447
Breithorn 3782
Grosser Aletschfirn
Dreieckhorn 3811
Wannenhorn 3906
Kanderfirn
Petersgrat 3207
Tälgletscher
Hollandiah. 3238
4195 Aletschhorn
3062 Setzenhorn
Lötschberg Tunnel
Selden 1552
3243 Birghorn
Fafleralp 1788
3797 Schinhorn
Geisshorn 3740
3026 Strahlhorn
Selkingen
Blitzingen
Biel
Gluringen
3709 Almhorn
2690 Lötschenpass
Blatten 1540
Breithorn 3785
Gr. Fusshorn 3627
2640 Oberaletschh.
Marjelensee
2927 Eggishorn
Fieschertal
Bellwald 1559
1251
1293
Niederwald
Steinhaus 1263
Mühlebach
Wiler
Lonza
Kippel
1374
1380
Ferden
L Ö T S C H E N T A L
Bietschhorn 3934
Stockhorn 3212
3021 Sparrhorn
Grosser Aletschgletscher
Fiesch 1050
Lax
Ernen
Niederernen 1304
Ausserbinn
Wilerhorn 3307
Goppenstein 1216
Bettmeralp
Martisberg
Betten
Goppisberg
1334
Belalp 2137
Riederalp 1919
Greich
Filet
Grengiols
Bel
Blatten
1322
Ried bei Mörel
762 Mörel
Bister 1052
Binn 1401
Breithorn 2599
B I N N T A L
LÄNGTAL
Heiligkreuz 1472
3000 Wiwannihorn
Bitsch
Termen
2993 Bettlihorn
Erschmatt 1105
Bratsch
636
Gampel
Hohtenn
Niedergestein
Sankt German
Ausserberg
Steg
Raron
640
Baltschieder
Eggerberg
Naters 673
Birgisch
Mund
681
Rhône (Rodano)
Turtmann
628
1086 Ergisch
Tumminen
Eischoll
1220
Unterbäch 1221
Bürchen 1281
E62
Lalden
Visp 651
Eyholz
Brigerbad
Gamsen
Brig-Glis
917
Ried bei Brig
Rosswald
Hillenhorn 3181
2764 Pso. Boccareccio
Helsenhorn 3272
Schallberg
Berisal 1524
Glishorn 2525
Saltina
AP. 2004
1371 Zeneggen
Stalden
Bizinen
1336 Vispertermine
Moosalp 2000
Altstafelhorn 2911
Augstbordhorn 2972
1501 Törbel
Stalden
Staldenried 1893
800
Gspon
Schwarzhorn 3202
Gruben 1829
1350
Embd
Kalpetran
Eisten
1086
1619
Grächen
Nieder Grächen
Gaselried
Saaser Vispa
Rothorn 3278
Sankt Niklaus
1116
Spitzhörnli 2726
Simplonpass (Passo del Sempione) 2005
Hospiz 1997
Rothwald
Pta. d'Aurona 2984
Alpe Veglia 1761
Pzo. Moro 2948
E DELL'ALPE
DÈVERO
2431
La Balma
Chaltwasserpass 2770
GALLERIA DEL SEMPIONE m 19824
VALLE CAIRASCA
1410 San Domenico
Mte. Leone 3552
L. d'Avino
Alter Spittel
Krummbach
Engiloch
Hübschhorn 3192
Hohmatte 1959
Pta. Valgrande 2857
Mte. Teggiolo 2385
Trasquera 1100
Gamsa
N A N Z T A L
Böshorn 3268
Rossboden 1932
Eggen
1476 Simplon
Gole di Gondo
Gondo 855
Bugliaga
Iselle
Paglino
VAL D
Gstein - Gabi
Pzo. Giezza 2635
2610 Pzo. Pioltone 2103 Pso. di Monscera
Fletschhorn 3996
Laggin-Biwak 2746
4010 Lagginhorn
LAGGINTAL
1356 Zwischbergen
ZWISCHBERGENTAL
Grosswasser
San Bernardo 1628
Rio Rasiga
2444 Cima Verosso
Graniga
San Lorenzo 980
Fonti
Bognanco
Topalihütte 2674
3610 Barrhorn
3290 Färichhorn
2886 Bordierhütte
Saas Balen 1470
2726
Weissmieshütte
Tamatten
Bifig
Mattsand
Herbriggen
Breitmatten
Matter Vispa
M I S C H A B E L
S A A S T A L
T U R T M A N N T A L
M A T T E R T A L
3838 Bruneggerhorn
Saas Grund 1559
4023 Weissmies
2713 Pzo. Straciugo
T. Bogna
Mischabelhütte 3329
Saas Fee 1790
Plattjen
1672 Saas Almagell
2609 Cima del Rosso
RISERVA NATURALE SACRO MONTE CALVARIO DI DOMODOSSOLA
Lärch
1409 Randa
2928 Domhütte
Nadelhorn 4327
Weisshorn 4506
Wildi
Dom 4545
4491 Täschhorn
Längfluh
Feegletscher
Pzo. d'Andolla 3656
Rif. Andolla 2061
Pzo. Montalto 2705
Cima Camughera 2248
L. Alpe dei Cavalli
Alpe Cheggio 1500
Alpe Campo
Pzo. Ciapè 2394
T. Brevettola
Montescheno
Seppiana
2932 Weisshornhütte
Täsch 1449
Ottavan 2203
TOUR M. ROSA
Zinalrothorn 4221
3200 Rothornhütte
4206 Alphubel
3029 Britanniahütte
Nollenhorn 3185
3487 Pzo. Bottarello
Pta. Turiggia 2811
L. di Camposecco
Antronapiana 908
Antrona-Schieranco
Locasca
Rovesca
L. di Antrona
Schieranco
Rivera
582
557
Viganella
Prabernardo
San Pietro
Prato
Zermettjen
4027 Allalinhorn
Allalingletscher
Pta. di Saas 3193
L. di Campliccioli
2838
L. di Cingino
Antronapass
VAL D'ANTRONA
Mattmarksee
Unterrothorn
Zermatt 1616
3103
Findeln
Zmutt
4199 Rimpfischhorn
Pzo. d'Antigine 3188
Pzo. del Ton 2675
Croce d. Cavallo 1904
Castiglione
Calasca-Castiglione
Antrogna 665
T. Anza
Calasca
Pzo. S. Martino 2733
S.I. COLLEGAMENTO
Findelngletscher
Pso. di Monte Moro 2868
Rif. Città di Malnate
Joderhorn 3034
2995 Pta. Laugera
T. Troncone
Schwarzsee 2582
Riffelalp
Riffelberg
Stockhorn
3130
3532
Weissthor 3609
Corno Rosso 3230
2786
3804
3029 Rifugio
Rattel
San Carlo
Roletto
Vanzone con San Carlo
Pontegrande
549
© GEOnext - ISTITUTO GEOGRAFICO DE AGOSTINI S.p.A. - NOVARA

6
7
22
CH
D
E
F
G
Obergesteln
Ulrichen
Geschinen
Pzo. Rotondo
Bedretto
Ussasco
Airolo
Piotta
Ambri
Orlascio
Lurengo
Pzo. Gallina
Ponc. di Vespero
Passo di Naret
Capanna Cristallina
Lago di Naret
Rotten (Rodano)
Agenetal
All'Acqua
Villa
Ronco
Fiume Ticino
Val Bedretto
Val Sambuco
Val Lavizzara
Val Pèccia
Maggia
Uberrotte
Brudelhorn
Pso. d. Novena
Cap. Corno-Gries
Pso. di S. Giacomo
Lago di Cavagnoo
Lago Bianco
Lago Sambuco
Cristallina
Pizzo di Röd
Fúsio
Pizzo Campolungo
Capanna Campo Tencia
Pizzo Gana
Pizzo di Campo Tencia
Griessee
Pso. d. Gries
Pta. Elgio
Rif. Città di Busto
Rif. Maria Luisa
L. del Toggia
Punta del Termine
L. di Robiei
Capanna Basodino
Lago Nero
Poncione di Braga
Mogno
Piumogna
Blinnenhorn
Rif. Morès
Rif. Somma Lombardo
Val di Morasco
Riale
L. di Morasco
L. Castel
Monte Basódino
Pizzo Castello
San Carlo
Veglia
Pizzo Barone
Mittaghorn
L. d. Sabbione
Albergo Cascata
Piano di Pèccia
Pèccia
Prato
Sornico
Monti di San Carlo
Lago Barone
Pta. d. Sabbione
Cascata del Toce
Sotto la Frua
la Frua
Val Formazza
Pta. d'Àrbola
Rif. Margaroli
L. Sruer
Canza
Grovella
Ponte
Pizzo Fiorera
Lago Grande
Roseto
Sonlerto
Foróglio
Pizzo Malora
Pizzo Brunescio
Bróglio
Corona di Redorta
Bocchetta d'Àrbola
L. Vannino
Formazza
Valdo
S.I. Collegamento
Laghi della Crosa
Val Bavona
Menzónio
Fontana
Brontallo
M. Figascian
L. Busin inferiore
Mte. Giove
San Michele
Chiesa
Monte Zucchero
a di Valdeserta
Rif. Busin
Frácchie
Parco
L. Codelago o Dévero
L. Busin superiore
Fondovalle
Pizzo Biela
Cavergno
Bignasco
Pizzo Ràsia
Pta. della Rossa
Natur.
Antillone
Foppiano
L. Superiore
Pizzo Orsalia
Pizzo delle Pècore
Pta. di Tanzonia
Chioso
Case Cini
Rivasco
Madone di Cámedo
La Marcia
Mte. Rizo
Bosco/Gurin
Cèvio
Camanoglio
Linéscio
Mte. del Sangiatto
Passo
Valle d'Osola
Valle
Veglia
L. Agaro
Salècchio
Cerentino
Collinasca
Boschetto
Vísletto
Riveo
Someo
Valle Dévero
Ausone
Cadarese
San Rocco
Corona di Groppo
Campo
Niva
Val di Campo
Pizzo Piancàscia
Zazzola
Góglio
Mte. Forno
Piedilago
F. Toce
Pzo. d. Croselli
Cimalmotto
Rovana
Piano
Pizzo Alzasca
Cimetta di Cattogno
Giumáglio
Cóglio
Ésigo
Osso
Cristo
Madone
Diei
Cróveo
Baceno
Prémia
Rosso di Ribbia
Pizzo Cramalina
Lódano
Màggia
Mte. Cistella
Verampio
Pioda
Orridi di Uriezzo
Crego
Pzo. d. Forno
Pizzo Lago Gelato
Moghegno
Cravegna
Campieno
Pso. d. Forcoletta
Monte Madaro
Piano delle Cascine
Vallascia
Gresso
Pizzo Peloso
Aurigeno
Gordévio
Villa
Alpe Solcio
Viceno
Mózzio
Valle Antigorio
Cruppo
Magliòggio
Agarina
Ribo
Vergeletto
Grotti
Sméglio
Crodo
Mte. Larone
Pilone
Comologno
Vocàglia
Crana
Berzona
Salmone
Avegno
Varzo
Bagni di Crodo
Alpiano Superiore
Vegno
Molinetto Sup.
Rèncio Inf.
Valle dell'Isorno
L. di Larècchio
S. Pantaleone
Spruga
Russo
Mosogno
Loco
Auréssio
Riceno
Cippata
Bagni di Craveggia
Val Onsernone
Caviglianò
Tegna
Brè
Mognata
Pioda di Crana
Madonna del Rosario
Cima del Sassone
Intragna
Verscio
Ossola
Albiona
Pontemàglio
Pzo. la Scheggia
Pizzo di Ruscada
Borgnone
Lionza
Verdàsio
T. Melezzo
Golino
Losone
Bisogno
Oira
Altoggio
Arvogno
Piana di Vigezzo
Becch. di Sant'Antonio
Camedo
Centovalli
Ascona
Lido di Ascona
Campeglia
Montecrestese
Mte. Loccia di Peve
Crevoladossola
Cima la Sella
Olgia
Ponte Ribellasca
Palagnedra
Ronco S. A.
Fontana Martina
Pte. di Crevola
Pontetto Roldo
Albogno
Buttogno
Toceno
Vocogno
Craveggia
Zornasco
Dissimo
Préglia
Menogno
Cóimo
Villette
Folsogno
Caddo
Masera
Paiesco
Druogno
Santa Maria Maggiore
Re
Gridone
Brissago
Cisore
Melezzo Occidentale
Gagnone Orcesco
Malesco
Melezzo Orientale
Rovere
Piodina
Trontano
Verigo
Marone
Val Vigezzo
Madonna di Ponte
Vagna
Domodossola
Cròppo
Patquesio
Finero
La Cima
Monte Torriggia
Cúrsolo-Orasso
Monte Zuccaro
Piággio di Valmara
San Bartolomeo
Zenna
Pino sulla Lago Maggiore
Tronzano Lago Maggiore
Ranzo
Pzo. Ragno
Cosasca
Cosa
Mte. Tógano
Cannobino
Gurro
Sólgia
Spóccia
Cavaglio-Gurrone
Spoccia
Tàppia
Pzo. Tignolino
Béura-Cardezza
Le Fornaci
Pzo. d. Diosi
Falmenta
Lunecco
Crealla
Santa Agata
Cannobio
Ris. Nat. Orientata Monte Mottàc
Pzo. Mottàc
Mte. Torrione
S.I. Collegamento
Cavaglio
S. Anna
Socràggio
Traffiume
Valle Cannobina
Cardezza
Pta. Pozzolo
Parco
Cima d. Laurasca
La Piota
Cùzzego
Nazionale
Cima Pedun
Monte Vadà
Monte Bavarione
Carmine
Maccagno
Agra
Carale
Prata
Pzo. d. Rossola
Della
Monte Zeda
Passo Folungo
Monte Spalavera
Tràrego-Viggiona
Castelli di Cannero
Colmegna
Pzo. Marona
Pzo. Proman
Oggiogno
Il Colle
Dónego
Cánnero Riviera
Pte. del Masone
Cippo a Geo Chavez
Ponte di Masone
Vogogna
Premosello-Chiovenda
Colloro
Dresio
Cuzzago
Val Grande
Ris. Nat. Integr. del Pedum
Colle di Nibbio
Nibbio
Piaggia
Pian Cavallone
Rifugio
Intragna
Aurano
Manegra
Oggebbio
Pieggio
Gonte
Germignaga
Luino
Barbè Sup.
Cicogna
Vergonte
Loro
Rumianca
Bèttola
Cava di marmo (fabb. d. Duomo)
Rif. A. Fantoli
Albo
Esio
Novaglio
Caprezzo
Pala
Miazzina
San Bernardino
Voldomino
Creva
F. Toce

VAL CADLIMO
Passo del Lucomagno
62
VAL DI CAMPO
Campo Blénio
Ghirone
Lago di Luzzone
Guralätsch
Passo di Soreda
Zervreilerhorn
Capanna Cadagno
Pizzo dell'Uomo
Costa
Acquacalda
VAL PIORA
Pizzo Sole
VALLE SANTA MARIA
Dötra
Piera
Scona
Marzano
Olivone
Piz Cassimoi
Furggeltihorn
KANALTAL
Kirchalphorn
Ronco
Déggio
Quinto
Lago Chièra
Lurengo
Passo Predelp
Campério
Pizzo Jut
Güferhorn
Lorenzhorn
Ambri
VARENZO
18
Vigera
Osco
Tarnolgio
Pta. di Larescia
Largário
Áquila
Zapporthütte
Ospizio
Passo di San Bernardino
Fiesso
Rodi
Faido
Mairengo
Calpiogna
Croce
Campello
Molare
Pizzo Molare
Ponto Valentino
Dàngio
Torre
Rifugio Adula
Rheinwaldhorn
Pizzo Moèsola
Pizzo Massari
Lago Tremorgio
Prato
Dalpe
Rossura
Tengia
Marolta
Traversa
Castro
Vogelberg
Zapporthorn
Chiggiogna
Lottigna
Simano
Pizzo Campolungo
Gribbio
FAIDO
Prugiasco
Acquarossa
Pizzo di Muccio
Capanna Campo Tencia
Leóntica
Cima di Gana Rossa
Fúsio
Pizzo Gana
Piumogna
Calónico
Lavorgo
Culpiana
Anzónico
Corzoneso
Dándrio
Madra
Fil Rosso
Passo Passit
Mogno
Pizzo Forno
Nivo
Dóngio
Cima dei Cogn
Pizzo di Campo Tencia
Chirónico
Cavagnago
Motto
VAL MALVÁGLIA
Rifugio Alpe Sponda
Fim
Grumo
Ludiano
Ronge
Pizzo Barone
VAL CHIRÓNICO
Giornico
Matro
Orino
Passo di Remolasco
Fil di Remia
Valbella
PRATO
Laghetto
Ronzano
Sobrio
Semione
Malváglia
Sornico
E35
N2
Monti di San Carlo
Lago Barone
Bódio
Pontirone
Fontana
Broglio
Verzasca
Corona di Redorta
Seccada
Madone Grosso
34
Personico
Pollegio
Lodério
Passo di Giumella
Rossa
Augio
Fiume Ticino
Biasca
Capanna Cava
Forcarella di Lago
Pedemonte
BIASCA
Monte Zucchero
Sonogno
VAL D'AMBRA
Torrente Alto
Santa Doménica
Frasco
Pizzo Rásia
Pizzo delle Pécore
Cima di Gagnone
Iragna
Cauco
Lorentino
Cima di Rierna
CH
Osogna
Landarenca
Selma
Pizzo di Grove
La Marcia
VAL VERZASCA
Rodaglio
Bódio
Gerra
Brággio
VALLE D'OSOLA
Bolastro
Lodrino
Arvigo
Someo
6
Brione Verzasca
Poncione d'Alnasca
Poncione Rosso
Cresciano
Pizzo di Claro
Antiglio
Norantola
Pizzo Piancáscia
RIVIERA
Buseno
VAL CALANCA
Maggia
Giumáglio
Chiosetto
Motta
Aquino
Poncione dei Laghetti
Prosito
Móleno
Molina
Santa Maria in Calanca
Verdabbio
Cóglio
Madone di Giove
Rancoi
Claro
Cássero
Pizzo di Molinera
Castaneda
Lodano
Lavertezzo
Scubiago
Torrazza
Preonzo
Grono
Leggia
MÁGGIA
San Vittore
Roveredo
Moghegno
Corippo
Pizzo di Vogorno
Madone
Lumino
Castione
VALLE
Pizzo Peloso
Aurigeno
Ronchini
Gordévio
Villa
San Bartolomeo
Vogorno
Rifugio d'Albagno
Gnosca
BELLINZONA N.
Fiume Moesa
Laura
Madone
Mergóscia
Benitti
Berzona
Gorduno
Arbedo
Berzona
Salmone
Auréssio
Pizzo Trosa
Rivapiana
Lago di Vogorno
Cima Sassello
Carasso
Molinazzo
Bellinzona
Loco
Avegno
Grotti
Contra
Monte Carasso
Artore
Corno di Gesero
Mosogno
ONSERNONE
Cavigliano
Tegna
Brè
San Bernardo
Orselina
Brione
Scalate
Górdola
Sementina
Alpe di Gesero
Intragna
Verscio
Minusio
Gerre
Prógero
Gudo
Giubiasco
Ravecchia
Sant'Antonio
Melera
Carena
Monte Marmontana
Golino
Losone
Tenero
Muralto
Locarno
PIANO DI MAGADINO
Cugnasco
BELLINZONA S.
F. Ticino
Camorino
Pianezzo
Carmena
Vellano
T. Melezza
CENTOVALLI
Ascona
Ponte
Contone
Cadenazzo
Sant'Antonino
Passo di San Iorio
Ronco S. A.
Lido di Ascona
Vira
Quartino
Magadino
Robasacco
Fontana Martina
San Nazzaro
Passo Monte Ceneri
Isone
Torrente Vedéggio
Camoghè
Motto della Tapa
Gridone
Rovere
Brissago
Gerra
Vairano
Casenzano
Piazzogna
RIVIERA
Soresina
Bírónico
Medéglia
Monte Garzirola
Pizzo di Gino
Piodina
Ronco
Rivera
Monte Bar
Madonna di Ponte
Sant'Abbondio
Caviano
Monte Paglione
Monte Tamaro
Capidogno
Camignolo
Sant'Ambrogio
Vegna
Passaggio di Valmara
San Bartolomeo
Zenna
Scaiano
Rifugio
Vira
Corticiasca
Scareglia
Signora
Colla
Cavargna
San Nazzaro Val Cavargna
Pino sul Lago Maggiore
Tronzano Lago Maggiore
Bassano
Biegno
Indémini
Mezzovico
Monte Bigório
Lélgio
Bogno
Valcolla
San Bartolomeo Val Cavargna
Lago Delio
Veddasca
Lozzo
Monte Gradiccioli
Sigirino
Tesserete
Bidogno
Piandera
Certara
Cimadera
Búggiolo
Sora
Santa Agata
Cavaglio
Armio
Graglio
Forcora
Maccagno
Monteviasco
Curiglia con Monteviasco
Torricella
Taverne
23
Sala
Cagiallo
Lugaggia
Sonvico
Cusino
Cannobio
S. Anna
Cadero
Giona
Monte Magno
Bedano
Origlio
Vaglio
Villa Luganese
Sasso Grande
Cime di Fiorina
Val Rezzo
Carlazzo
Traffiume
Campagnano
Garabiolo
3 VALLI VARESINE
Mugena
Arosio
Lamone
Dino
Cadro
Corrido
Molzano
Albergo
Vézio
Gravesano
Cureglia
Comano
Davesco
VALSOLDA
Dásio
Porlezza
S. Pietro
Carmine
Monte Gradisca
Monte Lema
Fescóggia
Breno
Vesetto
© GEOnext - ISTITUTO GEOGRAFICO DE AGOSTINI S.p.A. - NOVARA

CH
Splügen
Medels im Rheinwald
Nufenen
S. Bernardino
Passo dello Spluga
Montespluga
Lago di Montespluga
Pizzo Tambò
Cima de Val Loga
Pizzo Spadolazzo
Passo d'Emet
Pizzo Timun
Pizzo Motta
Surettahorn
Innerferrera
Ausserferrera
Val Ferrera
Piz Grisch
Gurschus
Piz Arblatsch
P. Arlos
Piz Forbesch
Mulegns
Sur
Marmorera
Oberhalbstein
Bivio
Piz Neir
Piz d'Agnel
Piz Lagrev
Julierpass
Campsut
Cröt
Avers
Cresta
Juf
Weissberg
Piz Platta
Mazzarspitz
Stallerberg
Wängenhorn
Tscheischhorn
Val di Lei
Lago di Val di Lei
Cima dei Rossi Nuovi
Schiahorn
Schwarzseehorn
Madrisertal
Piz Grevasalvas
Septimerpass
Cadlägh
Sils
Passo del Maloja
Piz Piot
Piz Duan
Gletscherhorn
Casaccia
Roticcio
Vicosoprano
Borgonovo
Stampa
Bregaglia
Soglio
Coltura
Promontogno
Bondo
Castasegna
Piz Badile
Pizzo Cacciabella
Cima di Castello
Pizzo Cengalo
Passo di Trubinasca
Pizzo del Ferro
Rifugio Allievi
Monte Sissone
Cima di Rosso
Sentiero Roma
Cima del Cavalcorto
Bagni del Màsino
San Martino
Cima d'Arcanzo
Val Màsino
Filorera
Cataéggio
Valbiore
Pizzo Mercantelli
Búglio in Monte
Villapinta
Ardenno
Màsino
Talamona
Tartano
Morbegno
Regoledo
Cosio Valtellino
Rogolo
Traona
Mello
Civo
Caspano
Roncaglia
Dàzio
Cercino
Cino
Mantello
Dubino
Nuova Olonio
Piano di Spagna
Sórico
Gera Lario
Dongo
Gravedona
Domaso
Cólico
Curcio
Piantedo
Delébio
Andalo Valtellino
Monte Pecoraro
Monte Legnone
Monte Rosetta
Pizzo Berro
Pedesina
Rasura
Bema
Albaredo per San Marco
Monte Lago
Monte Gavet
Parco delle Orobie
Gerola Alta
Fenile
Pizzo Mellasc
Pizzo Rotondo
Premana
Pagnona
Valle Varrone
Monte Croce di Muggio
Dervio
Santa Maria Rezzónico
Bellano
Corenno Plinio
Dorio
Colico
Lago di Como
Piona
Madésimo
Isola
Pianazzo
Motta
Pizzo Gróppera
Passo di Angeloga
Corno di Blese
Pizzo di Lago
Pizzo Peloso
Pizzo Stella
Passo di Lei
Campodolcino
Fraciscio
Starleggia
Gallivaggio
Lirone
San Giacomo Filippo
Val San Giacomo
Pizzo Alto
Chiavenna
Prosto
Piuro
Borgonuovo
Villa di Chiavenna
Santa Croce
Val Bregaglia
Menarola
Mese
Prata Camportáccio
Gordona
Pizzo Grillo
Monte Congen
Monte Gruf
Pizzo di Prata
San Cassiano Valchiavenna
Piano di Chiavenna
Samólaco
Era
Val Codera
Codera
Novate Mezzola
Campo
Verceia
Lago di Mezzola
San Fedele
Valle dei Ratti
Monte Spluga
Sentiero Lombardia
Cima del Desénigo
Monte Sciesa
Pizzo Lígoncio
Pizzo Cavregasco
Pizzo Ledù
Valle di Livo
Monte Berlinghera
Pizzo Sasso Canale
Pizzo Martello
Valle Bodengo
Sasso di Castello
Pizzo Roggione
Monte Cardinello
Monte Duria
Via dei Monti Lariani
Mte. Torresella
Livo
Péglio
Vercana
Trezzone
Montemezzo
Consiglio di Rumo
Monte Cortafon
Garzeno
Stazzona
Germasino
Sentiero Italia
Mesocco
Pizzo di Montagnia
Pizzo Quadro
Pizzo Truzzo
Pizzo Pombi
Pizzo Torto
Pizzo Camoscie
Pizzo di Campello
Passo della Forcola
Pizzo della Forcola
Pizzo Piodella
Valle Dárbora
Pizzo Ferrè
Pizzi dei Piani
M. Cardine
Pizzo di Curciusa
Passo di Balniscio
Valle Febbraro
Cima di Barna
Pizzo della Lumbreda
Pizzo Cavriola
Guggernüll
Seehorn
Hüreli
Mesolcina
Lostallo
Soazza

9
A
B
C
1
2
3
8
25
CH
Bühlenhorn 2808
Filisur
Leidbachhorn
Bocktenhorn
Hoch Ducan 3066
Ducanfurca 2666
Sertigpass 2739
Scalettapass 2606
Fourcla da Grialetsch
Chamanna da Grialetsch
Pta. Durezza 2909
Pta. Sarsura 3177
Piz Vadret 3229
Zernez 1472
Inn
VAL DAL SPÖL
Barentritt
Albula
Bellaluna
Stugl
P. Plattaroggia
Tours Davant 2955
Chants
Latsch
VAL TOURS
Bergün/Bravuogn 1386
Chamanna digl-Kesch 2632
Flla. Fontauna
Viluoch 3042
Piz Kësch 3421
SUSAUNA
Susauna 1682
Brail
Cinuos-chel 1611
Chamanna-Cluozza 1882
P. Terza 2682
(PARCO NAZIONALE)
PARC NAZIUNAL
Piz Quattervals 3154
Piz dal Diavel 3062
Monte Serra 3093
Piz Mitgel 3159
Piz d'Ela 3339
ALBULA
Piz Ürtsch 3271
P. Belvair 2822
S-chanf 1667
Zuoz 1712
Madulain 1681
La Punt-Chamues-ch 1700
Preda
Naz
Crap Alv
Ospiz
Albulapass 2316
Crasta Mora 2937
VAL CHASCHAUNA
Arpiglia
P. Mezzaun 2966
Pizzo Fier 3058
Cima Cavalli 2991
Baita di Motto
Savognin
Tinizong 1232
Rona 1408
A. d'Err 2177
P. Bleis Martscha 3128
VAL BEVER
Beverin
Spinas 1818
Bever 1708
EN GADIN
En (Inn)
Pizzo Cassana 3007
Passo di Cassana 2694
Piz d'Err 3378
Piz Ot 3250
Samedan 1721
Piz Uter 2971
Muottas Muragl 2453
P. Vaüglia 2974
Passo del Levrone
Pizzo del Leverone 2823
VALLE FEDERIA
Livigno 1816
Sant'Antonio
Vetta Blesaccia 3052 2796
Sur 1616
Albergo 1976
Chamanna Jenatsch 2652
Piz d'Agnel 3205
Celerina (Schlarigna) 1729
P. Nair 3057 2480
Corn Suvretta 3074
P. Vadret 3199
VAL CHAMUERA
Monte Cotschen 3104
ZONA EXTRA DOGANALE
Marmorera 1634
St.Moritz 1822
Piz Julier 3384
Piz Muragl 3169
Pontresina 1805
Piz Languard 3255
Monte Campaccio 3007
Piz Neir 2910
Julierpass 2284
Champfer 1829
St. Moritzer See
St. Moritz Bad
VAL BERNINA
VAL ROSEG
P. la Stretta 3104
La Stretta 2476
Alpe Vago
Corna di Capra 3133
Bivio 1769
Silvaplana 1815
Champferer See
Surlej
Piz Rosatsch 3123
Munt Arlas 3127
Piz Chalchagn 3154
Bernina Suot
Piz Minor 3049
Forcola di Livigno 2315
Monte Vago 3067
Stallerberg 579
Piz Lagrev 3164
Silvaplaner See
OBERALTA ENGADIN
Fuorcla Surlej 2755
Piz Misaun 3254
Morteratsch
Boval 2495
Diavolezza 2973
Lago Nero
Passo del Bernina
Ospizio 2323
Piz Paradiso 3302
Corno di Campo 3232
La Motta 1878
La Rosa
Punta Grevasalvas 2932
Sils im Engadin/Segl 1809
Baselgia
Maria
Fex
Septimerpass 2311
Cadlägh 2780
Piz Lunghin
Maloja
Passo del Maloja 1815
Lago di Sils
Isola
Piz Corvatsch 3458
VAL FEX
Curtins 1973
Tschierva 2583
Coaz 2610
Piz Morteratsch 3754
Lago Bianco
2234
Rifugio Saoseo 1985
Casaccia
Maira
Lòbbia
Röivan
P. da la Margna 3159
BERNINA
Pizzo Bernina 4050
Pizzo Palü 3906
Albergo Grüm
Pisciadello
SENT. ITALIA VAR. SVIZZERA
Pizzo Roseg 3936
Rifugio Marco e Rosa 3597
3996
Pizzo Zupò
Bivacco Parravicini 3183
Vedretta di Fellaria
Cavaglia 1694
Angeli Custodi
Pizzo Verona 3453
Vetta Sperella 3075
P. Glüschaint 3594
Piz Bacun 3244
Pizzo Muretto 3104
Piz Güz 3169
Pizzo Tremoggia 3441
Monte del Forno 3214
Sasso di Fora 3345
Rifugio Marinelli 2813
Monumento degli Alpini 2744
Passo Confinale 2628
Poschiavo 1019
Privilasco
San Carlo
Raviscè
Pizzo Sassalbo 2855
Lago da l'Albigna
Capanna del Forno
Monte Rosso 3088
Rifugio Longoni 2417
Rifugio Carate 2636
Rifugio Bignami 2385
Lago di Alpe Gera
Lago Campo Moro
Sant'Antonio 994
Cologna
Prada
Pizzo Cacciabella 2980
Cima di Castello 3378
Chiareggio 1612
Lago Pirola
Bráccia
Sasso Nero 2734
Sasso Moro 3108
Rifugio Zoia 2021
Passo di Canciano 2464
Le Prese
Lago di Poschiavo
Cima di Rosso 3369
Rifugio Crispo
Rifugio Del Grande Camerini 2550
San Giuseppe
Lago Palù
Rifugio 1921
Franscia
VALMALENCO
Monte Sissone 3331
Rifugio Gerli 1965
Cima del Duca 2953
Vallascia 1279
Monte Motta 2336
Rifugio Cristina 2287
Pizzo di Canciano 3103
Pizzo del Ferro 3287
Rifugio Allievi 2385
Bivacco Manzi 2538
Bivacco Molteni Valsecchi
SENTIERO ROMA
Valbrutta
Tornadri-Vetto
Pizzo Scalino 3323
Monte Disgrazia 3678
Primolo
Lanzada 983
Vetto
VAL DI POSCHIAVO
Miralago 962
Cavalcorto
VALLE DI MELLO
Pizzo Cassandra 3226
Chiesa in Valmalenco 960
Caspóggio 1098
Monte Cavaglia 2728
Passo Forame 2833
A. Campiáscio 1680
Pizzo Sareggio 2779
Brusio 780
Passo Cecilia 2890
Santa Elisabetta
Monte Palino 2686
Pizzo Painale 3248
San Martino 923
Rifugio Ponti 2559
Rifugio Desio 2836
Corni Bruciati 3114
T. Torreggio
Rifugio Bosio 2086
Ciapanico
VAL DI TOGNO
T. Antognasco
Vetta di Ron 3136
Pian del Cavalli 1548
VAL FONTANA
Campascio
Campocologno
Cima d'Arcanzo 2714
Màsino
Torre di Santa Maria 772
Spriana 754
Corno Mara 2807
Campello
Monte Combolo 2902 2417
Monte Caldenno 2669
Rifugio Bosio
2743
A. Colina 1811
Monte Canale 2522
Bedóglio
Prato Valentino 1701
P.so del Mèden
Monte Canale 2435
Madonna di Tirano
Pizzo Mercantelli 2070
Villa di Tirano 406
Prati Gaggio
Monastero
A. Caldenno
RISERVA NAT. PIRAMIDI DI POSTALESIO
Postalesio
Castione Andevenno
Forcola
Ligari
Arquino
Mussini
SONDRIO
Ponchiera
Colda
Montagna in Valtellina
Poggiridenti
San Bernardo
Prasomaso
Ponte in Valtellina 500
Castionetto
San Lorenzo
Piazzeda
Bianzone 433
Fiume
Búglio in Monte 577
Pedemonte
VALTELLINA
Tirano
Stazzona

Piz Plavna Dadaint
3050
P. Laschadurella
Piz Sesvenna
Slingia (Schlinig)
Abbazia di Mte. Maria (Klost. Marienberg)
Malles Venosta (Mals im Vinschgau)
Passo della Crocetta (S-charljochl)
Monterodes 2358
Clúsio (Schleis)
Cima di Tella 2527
Laudes (Laatsch)
Tarces (Tartsch)
Sluderno (Schluderns)
Castello Coira (Schl. Churburg)
NATIONALPARK
Il Fuorn
Piz Nair
Piz Tavrü
Piz d'Astras
i Greppi
Piz Starlex
Glorenza (Glurns)
Tubre (Taufers im Münstertal)
Sankt Johann
R. Valgarola
TUNNEL MUNT LA SCHERA
La Schera
M. Chavagl
Pass dal Fuorn (Ofenpass)
VAL MÜSTAIR
Piz Terza
Pontevilla
Spondigna (Spondinig)
Oris (Eyrs)
San Sisinio (Sankt Sisinius)
Fiume Adige
Mte. Plaganella
Mte. Cavallaccio (Piz Chavalatsch)
Montechiaro (Lichtenberg)
Agumes (Agums)
Cengles (Tschengls)
Bagni di Sgumes (Schgumshof)
Tschierv
Lü
Müstair
Piz Daint
Fuldera
Lüsai
Santa Maria im Münstertal
Montoni di Agumes
Prato allo Stélvio (Prad am Stilfser Joch)
Ponte del Gallo
Alpe del Gallo
Grasso del Larice
Piz Dora
Valchava
Stélvio (Stilfs)
Rifugio Fraches
Cima Paradiso
Cima del Serraglio
Piz Turettas
CH
Piz Minschuns
Gomagoi
Pta. d. Cascata (Wasserfall-Sp.)
Cave di Marmo (Marmorbruch)
Monte Cassa del Ferro
Grasso del Pra Grata
Cima la Casina
Piz Lad
Rifugio Forcola (Furkel-H.)
Trafoi
Croda di Cengles (Tschenglser Hochwand)
Monte Forcola
Lai da Rims
Pzo. d. Forcola
Passo di Fraele
S. Giacomo di Fraele
Piz Tea Fondada
Piz Umbrail
Giogo di Santa Maria
VALLE DI TRAFOI
VAL DI SOLDA (SULDENTAL)
Solda di Fuori (Außersulden)
Rifugio Serristori (Zaytal-H.)
Passo di Alpisella
Lago di San Giacomo
Mte. Sumbráida
Pta. Alta (Hochleiten-Sp.)
Rifugio Payer (Payer-H.)
Santa Geltrude (Sankt Gertraud)
Cima Vertana (Vertain-Sp.)
Pta. Sluder (Schluder-Sp.)
Sorgenti dell'Adda
SENTIERO ITALIA
Lago di Cancano
Bocca del Braulio
Passo dello Stelvio (Stilfser Joch)
Albergo di Sotto (Hot. Franzenshöhe)
PARCO
Rifugio Coston (Hintergrat-H.)
Solda (Sulden)
NAZIONALE
Trepalle
Madonna del Soccorso
Passo di Val Trela
Cime di Plator
A. Trela
Rifugio Livrio (Livrio-H.)
Ortles (Ortler)
Passo Madriccio (Madritsch)
Rif. Giover (Zufritt-H.)
Monte Rocca
Monte Trela
Passo Torre di Fraele
Fiume Adda
VALLE DI FRAELE
VALLE DEL BRAULIO
Pta. d. Chiodo (Gr. Nagler-Sp.)
Bivacco
Rif. Città di Milano (Schaubach-H.)
Rifugio Borromeo (Borromeo-H.)
Passo di Foscagno
Vezzola
Valdidentro
Ristorante Cantoniera
Semogo
Isolaccia
Pedenosso
Bagni Vecchi
Bagni di Bormio
Bagni Nuovi
Giardino Botanico Alpino Rezia
Cresta di Réit
Cime di Campo
Cima di Trafoi (Trafoier Eiswand)
Rifugio Corsi (Zufall-H.)
Gran Zebrù (Königsspitze)
VALLE DELLO ZEBRÙ
Baite del Zebrù
Rifugio Casati
Passo del Cevedale (Langenferner-J.)
Cima Venezia (Venezia-Sp.)
STELVIO
DELLO
Monte Foscagno
Pece
Turripiano
Premadio
San Carlo
RIS. NAT. PALUACCIO DI OGA
Bormio
San Nicolò
Valfurva
Baita del Pastore
Mte. Forcellino
Cima dei Forni
Rifugio Pizzini
SENT. LOMBARDIA DIR. SETT.
La Forcola (Fürkelscharte)
Arnoga
Oga
Sant'Antonio
San Gottardo
Mte. Confinale
Mte. Cevedale (Zufall-Sp.)
Filone
Permoglia
Torrente Viola
Santa Lucia
(STILFSERJOCH)
Rifugio del Cevedale
Valle
A. Caneo
VAL VIOLA
Pizzo Borron
Piatta
La Rocca
VAL FURVA
Albergo Ghiacciaio dei Forni
L. Lungo
SENT. LOMBARDIA DIR. SETT.
Corno di San Colombano
Cepina
Piazza
Santa Caterina Valfurva
Rifugio Branca
Dosso di Vezzia
Malga Mare
Pizzo di Dosdé
Cima de' Piazzi
Valdisotto
Bormio 3000
Mte. Vallecetta
VAL DI FORNI
Mte. Vioz
Val Viola
Corno Dosdè
Rifugio Falck
Santa Maria Maddalena
Tola
Plaghera Alta
Pizzo Tresero
Rifugio Vioz
Peio 3000
SENTIERO LOMBARDIA DIR. SETT.
Monte
Pizzo Coppetto
Monte Mala
Mte. Sobretta
Rifugio Bernasconi
Ghiacciaio del Forno
VAL DE LA MARE
Cima Viola
Costa Sobretta
VAL DI GAVIA
Punta Cadini
Lago Negro
Eita
Pta. S. Matteo
Cime Redasco
Verzedo
Corno di Boério
Rifugio Berni
Rifugio di Gavia
Mte. Gávia
Pejo
VALLE DEL MONTE
Avedo
VAL GROSINA
Le Prese
Frontale
Fumero
Passo di Gavia
Cno. d. Tre Signori
Antica Fonte di Peio
Sasso Campana
VALLE DI REZZALO
L. Negro
Lago Bianco
T. Noce
Fontanino di Cellentino
Foppo
Sanatori
Mondadizza
Pta. di Pietra Rossa
Pta. di Ercavallo
L. di Pian Palù
Cima Forzellina
Comásine
VAL GROSINA
Monte Storile
Sondalo
Rosaco
Pta. Confinale
Fusino
Migiondo
Bolladore
Vernuga
Sontiolo
VAL GRANDE
Santa Apollonia
Case di Viso
Pta. di Albiolo
Vermiglio
Fraviano
Cortina
Supiani
Tiolo
Mte. Coleazzo
Mte. Tonale
Pezzo
Grósio
Ravoledo
Mte. Serottini
Cima Mattaciul
Alpe Alta
Dosso Cornin
Grosotto
Passo di Varadega
Precasaglio
Ponte di Legno
Serodine
Zoanno
Ospizio
VAL VERMIGLIO
Monte Masuccio
Vione
Mazzo di Valtellina
Villa d'Allegno
Canè
Temù
Mon. Ossario
Passo del Tonale
Alveo Presena
Vervio
Passo del Mortirolo
Vione
Valbione
Rif. Corno d'Aola
Passo Paradiso
LA PRESANELLA
Rifugio Denza
L. Vedretta
Rogorbello
Prà Campo
Tovo di Sant'Agata
Mte. Pagano
Passo della Foppa
Vezza d'Oglio
Stadolina
Fiume Oglio
Presena
Cima Busazza
Baruffini
Santa Maria Maddalena
Cno. d'Aola
Pzo. di Lago Scuro
Cima Presena
Cima Presanella
Sernio
Lovero
Cima Cadì
al Solivo
Davena
VAL PAGHERA
Rifugio Mte. Calvo
Coleasca
Cologna
Tirano
Rifugio Mandrone
Rifugio Città di Trento
Rifugio Bedole
Bédole
Corne delle Rocchette
Monno
Passo di Guspessa
Malga Caldea
Laghetto
L. d'Aviolo
Mte. Mandrone
Rifugio Stella Alpina
VAL DI GENOVA
Trivigno
Monte Pádrio
Edolo
Valmazzone
Mte. Avio
L. d. Avio
L. Benedetto
Pta. d. Venerócolo
Lóbbia Alta
Albergo Fontana Bona
Megno
Cortenédolo
Mte. Aviolo
SENTIERO

11
1
10
27
VAL VENOSTA (VINSCHGAU)
PARCO NATURALE
GRUPPO DI TESSA
GIOGAIA DI TESSA (TEXELGRUPPE)
NAZIONALE
STELVIO
NATIONALPARK
VAL DI MÀZIA (MATSCH TAL)
VAL DI SILANDRO (SCHLANDRAUNER TAL)
VAL DI SENÁLES (SCHNALSTAL)
VAL DI FOSSE (PFOSSENTAL)
VAL DI MARTELLO (MARTELLTAL)
VAL D'ULTIMO (ULTENTAL)
BOSCO DI NATURNO (NATURNSER WALD)
VAL DI RABBI
VAL DI BRÉSIMO
VAL DI SOLE
VAL DI NON
VAL DI TÓVEL
VAL MELÉDRIO
VAL DE LA MARE
VALLE DEL MONTE
VAL VERMIGLIO
VALLE DI PEIO
Venosta (Vinschgau)
Sluderno (Schluderns)
Prato allo Stélvio (Prad am Stilfser Joch)
Silandro (Schlanders)
Lasa (Laas)
Laces (Latsch)
Castelbello-Ciárdes (Kastelbell-Tschars)
Naturno (Naturns)
Parcines (Partschins)
Senáles (Schnals)
Madonna (Unser Frau in Schnals)
Certosa (Karthaus)
Martello (Martell)
San Pancrázio (Sankt Pankraz in Ulten)
Santa Valburga (Sankt Walburg)
San Nicolò (Sankt Nikolaus)
Santa Gertrude (Sankt Gertraud)
Ultimo (Ulten)
Solda (Sulden)
Rabbi
Péio
Cógolo
Vermiglio
Ossana
Pellizzano
Mezzana
Dimaro
Malè
Caldes
Cles
Denno
Tuenno
Livo
Revò
Cagnò
Brez
Castelfondo
Proves (Proveis)
Laurégno (Laurein)
Rumo
Bresimo
Commezzadura
Folgarida
Cima Tessa 3317
Cima Bianca Grande
Pta. di Remes (Remsspitze) 3204
Mte. Cevedale (Zufall-Sp.) 3764
Pta. d. Cascata (Wasserfall-Sp.) 2620
Croda di Cengles (Tschenglser Hochwand) 3375
Cima Vertana (Vertain-Sp.) 3544
Mte. Vioz 3644
Punta Cadini 3524
Cima Venezia (Venezia-Sp.) 3385
Dosso di Venezia 3052
Cima Ponte Vecchio 3162
Cima Trenta 2636
Mte. Stanga 2640
Cima Tremenesca 2730
Cima Vegaia 2890
Cima Mezzana 2845
Cima Lac 2431
Cima Zóccolo 2560
Mte. Pin 2419
Mte. Ozol 1559
Mte. Péller 2319
Mte. Corno 1965
Cima Uomo 2543
Cima Sassara 2892
Monte Nambino 2678
Cima Palù 3017
Mte. Vigo 2180
Cima Forzellina 2828
Cima Verdignana 2938
Mte. Sole 2350
Gioveretto (Zufritt-Sp.) 3438
Cime Sternai (Hint. Eggen-Sp.) 3443
Mte. Flim (Flimberg) 2359
l'Orecchia di Lepre (Hasenohrl) 3257
Monte Muta 2658
il Gran Ladro (Hoher Dieb) 2728
il Sasso (Peilstein) 2542
Guardia Alta (Hochwart) 2608
Vedetta Alta (Hochwart) 2626
Mte. Cornicolo 2311
Mte. Ori (Sam) 1877
Dosso Spiel 2178
Mte. d. Olmi (Ilmenspitz) 2656
Stubele 2671
Schrummspitze 2626
Passo di Tarres (Tarscher-Paß)
Passo di Soi (Soy Scharte) 2882
Passo Cercena 2623
Passo di Val di Clapa 2296
P. di Quaira (Karspitze) 2750
L. di Gioveretto (Zufrittsee)
Lago Verde (Grünsee)
L. di Fontana Bianca (Weißbrunnsee)
L. d. Zoccolo (Zoggler Stausee)
Laghi d. Covolo (Kofraster Seen)
L. di Quaira (Arzkersee)
L. Rotondo
L. di Tóvel
L. delle Malghette
S.I. COLLEGAMENTO
R. N. PALÙ LONGIA
PALÙ TREMOLE
PALÙ DI TUENNO
© GEO4MAP ISTITUTO GEOGRAFICO DE AGOSTINI S.p.A. NOVARA

12
58
SENTIERO EUROPEO E 5
Pta. d. Laste (Plattenspitz)
(Sankt Martin in Passeier)
Pta. d. Alpetta (Alpler Sp.)
Corvara (Rabenstein)
Riobianco (Weißenbach)
Cima d. Capra (Härtlaner-Sp.)
Cima di Quàire (Karnspitz)
Cima S. Giacomo (Jakobs-Sp.)
P. di Quàira (Karspitze)
Fortezza (Franzensfeste)
Pta. Cervina (Hirzer-Sp.)
Valdurna (Durnholz)
Monte dei Masi (Gentersberg)
Mte. Livolo (Liffel-Sp.)
Scalerres (Schalders)
Bressanone (Brixen)
Sonvigo (Aberstückl)
Saltusio (Saltaus)
Cima Rodella (Radel-Sp.)
Cima Ghetruna (Getrumjoch)
Cima S. Cassiano (Kassian-Sp.)
Mte. d. Pascolo (Königsanger-Sp.)
Caines (Kuens)
Rifiano (Riffian)
Scena (Schenna)
San Giorgio
L. San Pancrazio (Kratzberger See)
Merano 2000
Pco. d'Ivigna (Ilfinger-Sp.)
Mte. Catino (Großer Mittager)
San Martino (Reinswald)
Mte. Campo (Gampberg)
MERANO (MERAN)
Pso. d. Croce (Kreuzjoch)
Campolasta (Astfeld)
Mte. Covolo (Gufelreit)
Velturno (Feldthurns)
Lazfons (Latzfons)
Santa Caterina (Sankt Kathrein)
Giogo d. Croce (Kreuzjoch)
Mte. Villandro (Villanderberg)
Villa (Nordheim)
Avelengo (Hafling)
Sarentino (Sarnthein)
Castel Regino (Schloß Reinegg)
Villanders Alpe (Villandersalm)
Chiusa (Klausen)
Verdignes (Verdings)
Cermes (Tscherms)
Mte. di Verano (Vöraner Joch)
Cima dei Camosci (Gamser)
Villandro (Villanders)
CHIUSA-VALGARDENA KLAUSEN-GRÖDEN
Lana
Postal (Burgstall)
Verano (Vöran)
Mte. di Méltina (Möltner Joch)
Bagni Serga (Bad Schörgau)
Ponticino (Bundschen)
Tre Chiese (Bad Dreikirchen)
Cno. di Renon (Rittner Horn)
Laion (Lajen)
San Pietro (Sankt Peter)
Rasciesa (Raschötz)
Gargazzone (Gargazon)
Barbiano (Barbian)
Ponte Gardena (Waldbruck)
Castelrotto (Kastelruth)
Méltina (Mölten)
Colma (Kollmann)
Mte. Bullaccia (Puflatsch)
Tesimo (Tisens)
Vilpiano (Vilpian)
Avigna (Afing)
Auna di Sopra (Oberinn)
Renon (Ritten)
Bagno Dolce (Bad Süß)
Longostagno (Lengstein)
Prissiano (Prissian)
Nalles (Nals)
Terlano (Terlan)
Giogo d. Salto (Tschaufernock)
San Genesio Atesino (Jenesien)
Soprabolzano (Oberbozen)
Collalbo (Klobenstein)
Longomoso (Lengmoos)
Campodazzo (Atzwang)
Bagni di Razzes (Bad Ratzes)
Mte. Sciliar (Schlern)
San Costantino (Sankt Konstantin)
Siusi (Seis)
Mte. Salomp (Hofbichl)
Andriano (Andrian)
Settequerce (Siebeneich)
BOLZANO (BOZEN)
BOLZANO NORD/ BOZEN NORD
Fiè allo Sciliar (Völs am Schlern)
PARCO NATURALE DELLO SCILIAR (NATURPARK SCHLERN)
Mte. Macaion (Gantkofel)
Appiano s. Str. d. Vino (Eppan a. d. W.)
BOLZANO SUD/ BOZEN SÜD
Cornedo all'Isarco (Karneid)
Prato all'Isarco (Blumau)
Cima di Terrarossa (Roterd-Sp.)
Mte. Dentro
Cornaiano (Girlan)
Col di Villa (Bauernkohlern)
VALLE D'EGA
Tires (Tiers)
Passo Nigra (Niger-Paß)
Catinaccio d'Anterm (Kessel Kogel)
CATINACCIO (ROSENGARTEN)
San Giacomo (Sankt Jakob)
Montaldo di Nova (Taltbühel)
Nova Levante (Welschnofen)
Penegal
SENTIERO EUROPEO E 5
Lupicino (Wolfl)
Roda di Vael (Rotwand)
Làives (Leifers)
Nova Ponente (Deutschnofen)
Pozza di Fassa
Vigo di Fassa
Caldaro s. Str. d. Vino (Kaltern a.d.W.)
San Nicolò d'Ega (Sankt Nikolaus Eggen)
Passo di Costalunga (Karer-Paß)
Bronzolo (Branzoll)
Monte San Pietro (Petersberg)
Carezza al Lago (Karersee)
S.I. COLLEGAMENTO
Pietralba (Weißenstein)
S. Floriano (Obereggen)
Mte. Latemar
Soraga
Moena
Mte. Pausabella (Schönrast)
Mte. Roen
Aldino (Aldein)
Cno. Bianco (Weißhorn)
Cima di Valsorda
SELVA DI VAL D'EGA (EGGENWALD)
Termeno s. Str. d. Vino (Tramin a. d. W.)
Ora (Auer)
Redagno (Radein)
Pala di Santa
Coste Belle
EGNA-ORA / NEUMARKT-AUER
Montagna (Montan)
Corno Nero (Schwarzhorn)
Trodena (Truden)
Mte. Agnello
Predazzo
Mte. Mulat
Cortaccia s. Str. d. Vino (Kurtatsch a. d. W.)
Egna (Neumarkt)
San Lugano
La Cugola
Stava
Mte. Cucal
Cavalese
Tesero
Pizzanca
Malgola
PARCO NATURALE
MONTE CORNO
Monte Corno (Trudner Horn)
Magrè s. Str. d. Vino (Margreid a. d. W.)
Varena
Daiano
Carano
(NATURPARK TRUDNER HORN)
Panchià
Ziano di Fiemme
Cauria (Gfrill)
Anterivo (Altrei)
Predàia
Castello di Fiemme
Masi di Cavalese
Laghetti (Laag)
Capriana
Molina
Castello-Molina di Fiemme
VAL DI FIEMME
Doss dei Laresi
LAGORAI
Cortina sulla Strada del Vino (Kurtinig an der Weinstrasse)
Dosso d. Colle (Halseck)
2
3
13
28
D
E
F
1
2
3
4

13
Bressanone (Brixen)
Varna (Vahrn)
Sciaves (Schabs)
Naz (Natz)
Lusón (Lusen)
Giogo d'Asta (Astjoch)
San Lorenzo di Sebato (St. Lorenzen)
Plan de Corones (Kronplatz)
Mte. Telegrafo (Telegraph)
Mte. Muro (Maurerberg)
Mte. Forca (Kl. Gabler)
Sass de Putia (Peitler Kofel)
San Martino in Badia (Sankt Martin in Thurn)
VAL BADIA
GADERTAL
Marebbe
San Vigilio (Sankt Vigil)
Piz da Peres
Mte. Pares (Pares-B.)
La Valle (Wengen)
Velturno (Feldthurns)
Chiusa (Klausen)
Villandro (Villanders)
Funes (Villnöss)
VAL DI FUNES
VAL DI EORES (AFERER TAL)
ALTA VIA N°2 DELLE DOLOMITI
Santa Maddalena (Sankt Magdalena)
PARCO NATURALE PUEZ-ODLE (NATURPARK PUEZ-GEISLER)
Pte. d. Puez (Puez-Sp.)
la Gardenaccia (Gardenatscha-H.)
Sassongher
Badia (Abtei)
Pedraces (Pedratschses)
San Leonardo (Sankt Leonhard)
la Villa (Stern)
San Cassiano (Sankt Kassian)
Cima Dieci (Zehner-Sp.)
la Varella
FANES - SENNES - PRAGS
Castelrotto (Kastelruth)
Ortisei (Sankt Ulrich in Gröden)
Santa Cristina Valgardena (Sankt Christina in Gröden)
Selva di Val Gardena (Wolkenstein in Gröden)
VAL GARDENA (GRÖDNER TAL)
Mte. Bullaccia (Puflatsch)
Alpe di Siusi (Seiser Alm)
SASSO LUNGO (LANGKOFEL)
GRUPPO DI SELLA (SELLAGRUPPE)
Passo di Gardena (Grödner Joch)
Colfosco (Kolfuschg)
Corvara in Badia (Corvara)
ALTA VIA N°1 D. DOLOMITI
Lagazuoi
Passo di Valparola
Pralongià
Settsass
Sso. di Stria
Passo di Falzarego
Mte. Sciliar (Schlern)
PARCO NATURALE DELLO SCILIAR (NATURPARK SCHLERN)
Fie allo Sciliar (Völs am Schlern)
Piz Boè
Passo di Sella (Sellajoch)
Passo Pordoi (Pordoijoch)
Livinallongo del Col di Lana
Col di Lana
Arabba
Cima di Terrarossa (Roterd-Sp.)
VAL DI DURON
Campitello di Fassa
Canazei
CATINACCIO (ROSENGARTEN)
Catinaccio d'Antermóia (Kessel Kogel)
Mazzin
Tires (Tiers)
Passo Nigra (Niger-Paß)
Nova Levante (Welschnofen)
Roda di Vael (Rotwand)
Pozza di Fassa
Vigo di Fassa
VALLE DI SAN NICOLÒ
SENT. D. PACE
MARMOLADA
Gran Vernel
Passo di Fedaia
Sass di Roi
Rocca Pietore
Sasso di Valfredda
ALTA VIA N°2 DELLE DOLOMITI
Costabella
Passo di San Pellegrino
Sasso delle Dodici
Vallàccia
VAL DI FASSA
Passo di Costalunga (Karer-Paß)
Carezza al Lago (Karersee)
Latemar
Mte. Latemar
Cima di Valsorda
Moena
Soraga
VALLE DI SAN PELLEGRINO
Col Margherita
Falcade
Caviola
Canale d'Agordo
Vallada Agordina
Cime dell'Auta
Mte. Pezza
Sasso Bianco
San Tomaso Agordino
Cencenighe Agordino
Mte. Alto di Pelsa
Mte. Pradazzo
Passo di Valles
Mte. Palmina
Cima di Pape
FIEMME
Predazzo
Mte. Mulat
Cima d. Focobon
Cima d. Vezzana
SENTIERO DELLA PACE
Forcella Cesurette
Pale dei Balconi
Mte. S. Lucano
VALLE DI SAN LUCANO
Taibon Agordino
Agordo
Tesero
Panchià
Ziano di Fiemme
VALLE TRAVIGNOLO
Bellamonte
Paneveggio
Malgola
DEI LAGORAI
Cima di Cece
Coltorondo
Colbricon
Cima di Bragarolo
Cimon d. Pala
Cima d. Rosetta
San Martino di Castrozza
Pala di San Martino
Mte. Agner
Voltago Agordino
Rivamonte Agordino
Croda Granda
© GEONEXT - ISTITUTO GEOGRAFICO DE AGOSTINI S.p.A. - NOVARA

14
A
Monguelfo Welsberg
Villabassa (Niederdorf)
Dobbiaco (Toblach)
San Càndido (Innichen)
Sesto (Sexten)
Sillian
Karlitsch
Drava
PUSTERTAL
VAL DI LANDRO (HÖHLENSTEINTAL)
PARCO NATURALE DOLOMITI DI SESTO
(NATURPARK SEXTENER DOLOMITEN)
ALTA VIA N°4 D. DOLOMITI
ALTA VIA N°1 D. DOLOMITI
SENNES-BRAIES
PARCO NATURALE DELLE DOLOMITI D'AMPEZZO
Braies (Prags)
Lago di Braies (Pragser Wildsee)
Lago di Dobbiaco (Toblacher See)
Lago di Landro (Dürrensee)
Tre Cime di Lavaredo (Drei Zinnen)
Cima Tre Scarperi (Dreischusterspitze)
Cima Undici (Elferkofel)
Mte. Popera (Hochbrunner Schneid)
Comelico Superiore
VALLE PADOLA
Pso. M. Croce di Comélico (Kreuzbergpaß)
Cortina d'Ampezzo
Misurina
Lago di Misurina
GRUPPO DEI CADINI
Cima Cadini
Piz Popena
Mte. Cristallo
Pomagnon
Pso. Tre Croci
VALLE MARZON
VAL D'ANSIEI
VAL DA RIN
Auronzo di Cadore
Santo Stefano di Cadore
M. Rusiana
Fiume Piave
GRUPPO DELLE MARMAROLE
Cimon d. Froppa
Mte. Ciastellin
VALLE DI SAN VITO
Pta. Sorapiss
Cima Bel Pra
VALLE D'OTEN
Mte. Antelao
Lozzo di Cadore
Lorenzago di Cadore
Domegge di Cadore
Calalzo di Cadore
Pieve di Cadore
Lago di Pieve di Cadore
Valle di Cadore
San Vito di Cadore
Borca di Cadore
Vodo Cadore
Venas di Cadore
Cibiana di Cadore
Perarolo di Cadore
RISERVA NATURALE MONTE PELMO - MONDEVAL
Mte. Pelmo
Pso. Giau
Zoppè di Cadore
Mte. Penna
Sassolungo di Cibiana
Mte. Sfornioi N.
Forno di Zoldo
Lago di Pontesei
VAL DI ZOLDO
Zoldo Alto
Sasso di Bosconero
RISERVA NAT. VAL TOVANELLA
Ospitale di Cadore
Mte. Duranno
Cima Laste
Cima Sella
Cima Cadin
Vigo di Cadore
Lago di Meluzzo
RISERVA NATURALE REGIONALE DOLOMITI FRIULANE
VAL SETTIMANA
Cimolais
Claut
Erto e Casso
Lago del Vajont
Longarone
Castello Lavazzo
Mte. Tamer
Mte. Castello
Cima di Pramper
Spiz di Mezzodì
Mte. Talvena
La Valle Agordina
Mte. Celo
ALTA VIA N°1 D. DOLOMITI

DOLOMITI DI SESTO
Sesto (Sexten)
La Mutta (Hollbrucker-Sp.)
Hocheck
Untertilliach
Rauth
Promegger
Mgna. del Ferro (Eisenreich)
Obstansersee-H.
Mte. Cavallino (Gr. Kinigat)
San Giuseppe (Moos)
Bagni di San Giuseppe (Bad Moos)
SESTENTAL
Casera di Silvella
Forc. d. Cavallino (Filmoor-Stl.)
OBERTILLIACHER TAL
Mte. Cecido (Reiterkarlspitz)
Sonnstein
EBNERTAL
Cima Tre Scarperi (Dreischusterspitze)
Pso. M. Croce di Comélico (Kreuzbergpaß)
Zwölferspitz
D. DOLOMITI
Cma. Tre Scarperi
Fila. di Toblin
Mte. Rudo (Rautkofel)
Col Rosson
Cima Palombino (Porze)
Mte. Vancomune (Hochspitz)
Rifugio O. Sala al Popera
Cima Undici (Elferkofel)
Bagni di Valgrande
VALLE
Pso. Palombino
TRAVERSATA CARNICA
Lago di Landro
Rifugio Locatelli
Tre Cime di Lavaredo (Drei Zinnen)
Rifugio Comici
Mte. Popera (Hochbrunner Schneid)
Comelico Superiore
Mte. Spina
Malga Londo
Crode d. Longerin
Mga. Pra di Fratta
Mte. Peralba
Rifugio Calvi
Carbonin (Schluderbach)
Rifugio Lavaredo
Bivacco Brig. Cadore
Móie
Sega Digòn
Fila. Zovo
Mte. Zovo
Cima Canale
Mte. Rinaldo
Mte. Lastroni
Fiume Piave
Mte. Chiadenis
Rifugio Auronzo
Croda d. Toni (Zwölferkofel)
Rifugio Carducci
Cima d'Ambata
Fila. Ambata
Pádola
PÁDOLA
Mte. Campedelle
VALLE MARZON
Cda. di Ligonto
Mte. Curiè
Candide-Casamazzagno
Costa
San Nicolò di Comélico
Mte. Ferro
Rif. Gosse
Misurina
Col S. Angelo
Cima Cadini
Cda. Da Campo
S. Anna
Valle
Costalta
Rifugio Ferro
Lerpa
Fontana
Forni
Piani di Luzza
GRUPPO DEI CADINI
Col di Vezza
Giralba
Mte. Aiàrnola
Campitello
Presenaio
Cima Sappada
Sappada
Col de Varda
Forc. Maraia
Sant'Antonio
Costalissòio
San Pietro di Cadore
Burrone Acquatona
Granvilla
Tre Croci
Pale di Menotto
M. Rusiana
Reane
Rizziò
Auronzo di Cadore
Pso. del Zovo
Danta di Cadore
Campolongo
Mte. Terza piccola
Pso. d. Digola
Rifugio Mte. Siera
Casa Orsolina
Cosdernòibe
Somprade
VAL DA RIN
Mte. Agudo
Villapiccola
Cella
Mte. Piede
Santo Stéfano di Cadore
Casa
San Marco
Stabiziane
Piazza del Gobo
Lago di Santa Caterina
Santa Caterina
Fienili Tarlisse
Ponte della Lasta
Monte Col
Rifugio Mad. d. Difesa
Pso. di Siera
Palus S. M.
Croda Alta
GRUPPO
Col Vidal
Cima Gogna
Fiume Piave
Mte. Crissin
Mte. Brentoni
Mte. Terza grande
Rifugio De Gasperi
Casera Mimoias
Crostas
Culzèi
Rifugio Vandelli
Bivacco Tiziano
Cimon d. Froppa
Mte. Ciastellin
Bagni di Gogna
Piniè
Vigo di Cadore
Mte. Popera di Valgrande
Casera Lavardêt
Colonia Alpina
VAL PESARINA
DELLE MARMAROLE
Pélos di Cadore
Lággio di Cadore
Fila. Lavardet
Cima Bel Pra
Mte. d'Òten
Rifugio Chiggiato
Lozzo di Cadore
Lorenzago di Cadore
Sella Ciampigotto
Mte. Piéltinis
Rifugio S. Marco
VALLE D'ÒTEN
Col Negro
Po Croda
T. Piova
Mte. Tudaio di Razzo
Casera Razzo
Fila. Rioda
Sella di Razzo
Sáuris-Field
Vallesella
Praciadelan
Rizzios
Stábie
Mte. Crusicalas
Mte. Tiarfin
di sopra
di sotto
Lateis
Resinego
Mte. Claudierona
Mte. Tranego
Grea
Domegge di Cadore
Pso. d. Mauria
la Màina
Mte. Antelao
Croda S. Pietro
Calalzo di Cadore
Roppa
Casera Tragònia
Rifugio Antelao
Valles ella
Col d. Croce
Mte. Miaron
Mte. Varmost
Mte. Bivera
Lago di Sauris
Corte
Tai di Cadore
Pozzale
Lago di Pieve di Cadore
Vodo Cadore
Aunede
Nebbiù
Pieve di Cadore
Sottocastello
Mte. Cridola
Daváras Chiandarens
Vico
Forni di Sopra
Mte. Rancolin
Mte. Brutto Passo
Vallesina
Venas di Cadore
Valle di Cadore
Rifugio Giaf
Cella
Casera Costapaton
Mte. Tinisa
Lago di Vodo
Peàio
Lago di Valle di Cad.
Rifugio Padova
Cima Monfalcon di Montanáia
Andrazza
VAL DI SUOLA
S. Lorenzo
GALLERIA DEL PASSO DELLA MORTE
Rifugio G. Talamini
Masariè
Perarolo di Cadore
Sacco
Picco di Roda
Bivacco Perugini
Fiume Tagliamento
Vico
Forni di Sotto
Sella Corso
Col Duro
Cibiana di Cadore
Caralte
Cima Cadin
Pco. di Mezzodì
Mte. Corno
Ansogne
Mte. Pera
Rifugio Pordenone
Lago di Meluzzo
Pso. Cibiana
Mte. Sassolungo di Cibiana
Macchietto
Peron
Cima Sella
Fila. Lareséit
Pta. del Mezzodì
Cornigian
Mte. Pastegae
Mte. Pramaggiore
Rucorvo
Cima Laste
Mte. Chiarescons
Mte. Sfornioi N.
Rivalgo
Mte. Dof
La Pussa
Sasso di Mezzodì
Cima d. Preti
Mte. Naiarda
Sasso di Bosconero
Ospitale di Cadore
RISERVA NATURALE REGIONALE DELLE
DOLOMITI FRIULANE
VAL SETTIMANA
Mte. Duranno
Fila. d. Spalla
Malga Sette Fontane
RISERVA NAT. VAL TOVANELLA
Mte. Città
Mte. Turlon
Mte. Caserine
Mte. Fràscola
Davestra
Mte. Cornaget
Cima d'Albero
Mte. Lodina
Mte. Vacalizza
Frassanèit
Casoni
Termine
Cast. di Gardona
Cimolàis
Cima Ciol di Sass
Lago di Cà Zul
Mezzocanale
Olántreghe
Castello Lavazzo
San Martino
Pso. di S. Osvaldo
Mte. Dosaip
Fca. d. Meda
Col d. Luna
Podenzoi
Róggia
Casso
Erto
San Martino
Mte. Cornetto
Cláut
Lesis
Mte. Pinzat
Longarone
Erto e Casso
Lago del Vaiónt
Pinedo
Mariae
Basoia
Lago di Cà Selva
Inglagna
Cà Selva
Pirago
Dogna
Fila. Claútana
Mte. Cimon
Provagna
Mte. Toc
Col delle Pitte
Mte. Cavallotto
Faidona
Faè
Mte. Frugna
Cellino
Mte. Resettùm
Ponte Racli
Fortogna
F. Piave
Spiz Gallina
Fila. Bassa
Col Nudo
Contron
Mte. Randelino
Navarons
Lago di Val Gallina
Pso. Valbona
Mte. Cuvil
Poffabro
Casasola
Mte. Raut
Pian delle Mérie
PIAN DI VEDOIA
Soverzene
Crep Nudo
Mte. Arghena
Mte. Lupo
Alcheda
Andréis
Frisanco
Mte. Serva
Sant'Andrea
Pian di Vedòia
Rif. Dolada
Molassa
Bàrcis
Vals
Polpet
Mte. Dolada
San Martino d'Alpago
Armàsio
Bosplans
Forcella di Pala Barzana
Fanna
Ponte nelle Alpi
Soccher
Cassan
ALPAGO
Funes
Mte. Venale
Mte. Laura
Lago di Bàrcis
San Lorenzo
Fratta
Safforze
Pieve d'Alpago
Alpàos
Mte. Messer
Mte. Fara
Maniago
Tarces
Lamosano
© GEOnext ISTITUTO GEOGRAFICO DE AGOSTINI S.p.A. - NOVARA

16
A
Kötschach-Mauthen
Dellach
Kirchbach
Gundersheim
Würmlach
Weidenburg
Nölbling
Grafendorf
Reisach
Stranig
Döbernitzen
Treßdorf
Waidegg
Jenig
Rattendorf
Tröpolach
Watschig
Laas
Oberring
Mattling
Kornat
Podlanig
Sankt Jakob im Lesachtal
Birnbaum
Nostra
Wodmaier
Gentschach
Wetzmann
Höfling
Sankt Daniel
Sattelnock
Reißkofel
Weißbriach
Mösel
Hochwarter Höhe
Jauken Sattel
O B E R G A I L T A L
Creta Verde (Steinwand)
Säbel-Sp.
Plenge
Mooskofel
Polinik
Mte. Chiastronat (Kesselkofel)
Pso. Giramondo (Giramondo-P.)
Mte. Cogliáns (Hohe Wartel)
Höt. Plöcken
TRAVERSATA CARNICA
Cima Avostánis (Blaustein)
Pso. di Mte. Croce Carnico (Plöckenpaß)
Pso. di Promósio (Kronhofer Törl)
Mte. Lodin (Findenig Kofel)
Mte. Cordin (Stranger)
Straniger Alpe
Hochwipfel
Rattendorfer A.
Sella di Val Dolce (Rattendorfer Stl.)
Pso. d. Cason di Lanza
Creta di Aip (Trogkofel)
Naßfeld-H.
Pso. di Pramollo (Naßfeld-P.)
Gartnerkofel
Cima Ombladet
Pierabec
Mte. Floriz
Collina
Collinetta
Timau
Cercevesa
Casera Ramaz
Mte. Crostis
Piz di Mede
Mte. Terzo
Zouf Plan
Mte. Paularo
Mad. in Cima Moscardo
Castello di Valdaier
Mte. Zermula
Casarotta
Mte. Cavallo
Sigilletto
Givigliana
Ludária
Stális
Rigolato
Mte. Valsecca
Mte. Tenchia
Cléulis
Muse
Moscardo
Ravinis
CANALE S. PIETRO
CANALE D'INCAROIO
Mte. Salinchiet
Pontebbana
Magnanins
Valpicetto
Rúnchia
Prato Cárnico
Trúia
Tuália
Solârs
Ravascletto
Zovello
Cercivento Sup. Inf.
Casteons
Naunina
Zenódis
Tausia
Ligosullo
Villamezzo
Treppo Cárnico
Paularo
Casaso
Diérico
Mte. Cullâr
Crete dal Crons
Stúdena-alta
Aupa
Pontebba
PONTEBBA
Sostasio
Pieria
Pradumbli
Avausa
Entrampo
Mieli
Comeglians
Sella Valcalda
Mte. Zoncolan
Sútrio
Paluzza
Rivo
Mte. Tersádia
Pian di Láris
Salino
Saps
Sella di Cereschiatis
Luincis
Ovasta
Clavais
Chialina
Liariis
Priola
Noiáris
Piano d'Arta
Mte. Cucco
Borgo Salanc
Chiáulis
Avosacco
Valle
Trelli
T. Chiarzo
Mte. Forchia
Luint
Mione
Lenzone
Ovaro
Mte. Arvánis
Trischiamps
Borgo Chiusini
Rivalpo
Bevorchiáns
Vit
Arta Terme
Piedim
Lovea
Mte. Sérnio
CANALE D'AUPA
Mte. Chiavals
Pietratagliata
Col Gentile
Agrons
Mte. Cocasit
Val
Forcella di Corce
Fiélis
Zuglio
Cábia
Creta Grauzária
Dordolla
Cludínico
Sezza
Formeaso
Cedárchis
Grauzaria
Sáletto
Zuc dal Bôr
Muina
Mte. Vas
Cazzaso Nuovo
Imponzo
Mte. Palevierte
Mte. Zampin
Oltris
Raveo
Trava
Vináio
Plugna
Allegnidis
Terzo
Illégio
Monticello
Badaiuz
Chiaranda
Prádis
Vidali
17
CARNIA
GORTO
Voltóis
Lúngis
Feltrone
Colza
Maiaso
Esemon
Lauco
Fusea
La Pieve
Mogessa di Lá
Mogessa di Qua
Mte. Pisimoni
Chiusaforte
FERRO
Enemonzo
Fresis
Moia
Villa Santina
Tolmezzo
Mte. Amariana
Campiolo
CAMPIOLO
Aupa di Sopra
Aupa di Sotto
Móggio Udinese
CANALE DEL FERRO
Priuso
Medis
Viaso
Socchieve
Quinis
Invillino
Caneva di Tolmezzo
Villa
Chiáulis
Resiutta
Povici
Oseacco
S. Giórgio
Preone
Chiaicis
Lago di Verzegnis
Intissans
Amaro
Cárnia
Piani
Mte. Ciucis
VALLE DI RESIA
T. Résia
Gniva
Mad. di Peráries
Verzegnis
Cavazzo Cárnico
CARNIA
Tagliamento
Mte. Pláuris
Portis Nuovo
Portis Vecchio
Mte. Lavara
Lischiazze
Mte. Rest
Sella Chiampon
Mte. Verzégnis
Sella Chianzutan
Cesclans
Mena
Somplago
Mte. S. Simeone
Mte. Valcalda
Pózzis
Mte. Faéit
Lago di Cavazzo
Pioverno
Mte. Cadin
Mte. Pionbada
Mte. Piciât
Interneppo
Venzone
PARCO NATURALE REGIONALE
Cuesta Spioleit
Mte. Rovoleit
S. Antonio
T. Palar
T. Venzonassa
Cime d. Mte. Musi
Mte. Cengla
Alesso
Bordano
Mte. Ledis
Fila. Musi
Musi
S. Vincenzo
Marins
San Francesco
Mte. Corgnul
Tramonti di Mezzo
Zuc di Santins
T. Arzino
Oncédis
Mte. Brancot
Ospedaletto
Mte. Chiampón
Mte. Postoncicco
Redónis
T. Leala
Braulins
Molino
Vegli
Sella Foredôr
Pradiélis
Gran Monte
Tramonti di Sotto
Avasínis
Comugne
Cesáriis
Micóttis
Mte. Flagel
Mte. Cuâr
Trasághis
Gemona del Friuli
Pielungo
Mte. Taiêt
Mte. Celant
Campone
Montenars
Flaipano
Musi
Sedronza
Villanova
Zaiama
Casa Pecol
Pert
Maniaglia
Lessi
Isola
San Giorgio
Stella
Sualdin
Cleva
Orton
Fruins
Mte. Pala
Peónis
Cima Pala
Osoppo
RISERVA NATURALE DEL LAGO CORNINO
OSOPPO-GEMONA
Artegna
Magnano in Riviera
Sammardenchia
Chialminis
Mte. Lonza
Montaperta
Mte. Valinis
Gerchia
Pradis di Sotto
Bagni
Mte. Ciaurlec
Zuanes
Clauzetto
Anduins
Forgária nel Friuli
San Rocco
Colas
Zomeais
Sedilis
Torlano di Sopra
Vallemontana
Meduno
Sottomonte
Vito d'Asio
Cornino
Rívoli
Madonna
Urbignacco
Borgo Zurini
Almádis
Manazzons
Castello
Flagogna
Tomba
Búia
Santo Stefano
Ursinis
Tarcento
Sammardenchia
Segnacco
Molinis
Nimis
Pso. di Mte. Croce
32
Maraldi
Ciago
Castello
Toppo
Zancan
Castelnuovo del Friuli
Paludea
Mte. di Ragogna
Muris
Susans
Casasola
Avilla
Zeglianutto
Treppo Grande
Carvacco
Raspano
Collalto
Loneriacco
Fraelacco
Borgo Ponte
Qualso
Zompitta
Attimis
Orgnese
Travésio
Molevana
Usago
Pinzano al Tagliamento
San Pietro
S. Giacomo
San Tommaso
Comerzo
Majano
LEDRA
Mels
Colloredo
Vendoglio
Martignacco
Cassacco
Savorgnano
Solimbergo
Graves
Villuzza
E 55

Kötschach-
-Mauthen
Dellach
Sankt Daniel
Laas
Sankt Jacob im Lesachtal
Birnbaum
Wodmaier
Gentschach
Wetzmann
Podlanig
Mattling
Nostra
Plenge
2372
Säbel-Sp.
2159
Mooskofel
2510
Polinik
2333
Würmlach
Weidenburg
Nölbling
Höfling
Jauken Sattel
Reißkofel
Weißbriach
Gitschtal
Grafendorf
Gundersheim
Hochwarter Höhe
1682
Kreuter Höhe
Lassendorf
Kirchbach
Treßdorf
Waidegg
Jenig
Stranig
Griminitzen
Goderschach
Döbernitzen
Rattendorf
Tröpolach
OBERGAILTAL
Hochwipfel
2185
Rattendorfer A.
Sella di Val Dolce
Rudnig-A.
1621
Naßfeld-H.
Creta di Aip (Trogkofel)
Mte. Chiastronat (Kesselkofel)
Pso. Giramondo (Giramondo-P.)
2005
Mte. Cogliáns (Hohe Wartel)
2780
Hót. Plöcken
TRAVERSATA CARNICA
Cima Avostánis (Blaustein)
Pso. di Mte. Croce Carnico (Plöckenpaß)
1360
Pso. di Promósio (Kronhofer Törl)
Mte. Lodin (Findenig Kofel)
Straniger Alpe
Mte. Cordin (Straniger)
Pso. d. Cason di Lanza
2280
1552
Pierabec
Cima Ombladet
2255
Collina
Collinetta
Rifugio Marinelli
2184
Mte. Floriz
VAL GRANDE
Timau
830
Mte. Terzo
2034
Zouf Plan
1999
Mte. Paularo
2043
Cercevesa
Casera Ramaz
Mte. Zermula
2145
Castello di Valdaier
Mad. in Cima Moscardo
Moscardo
Cléulis
906
Mte. Crostis
2251
Piz di Mede
2094
Givigliana
Ludária
Stális
Rigolato
Mte. Valsecca
1967
Mte. Tenchia
Magnanins
Valpicetto
Rúnchia
Tuális
Solârs
Ravascletto
Zovello
Cercivento
Sup.
Inf.
Casteons
Naunina
Tausia
Ligosullo
Villamezzo
Paularo
Treppo Cárnico
Paluzza
Ravinis
Casaso
Diérico
Mte. Salinchiet
1860
Mte. Cullâr
1764
Crete dal Crons
Aupa
Stúdena-alta
Pontebba
Prato Cárnico
Trúia
Osáis
Piéria
Pradumbli
Avaúsa
Sostasio
Comeglians
Mieli
950
Sella Valcalda
958
Mte. Zoncolan
Sútrio
Rivo
Mte. Tersádia
2190
Pian di Láris
Salino
Entrampo
Luincis
Ovasta
Clavais
Liariis
Chialina
Luint
Mione
Lenzone
Ovaro
525
Mte. Forchia
1901
Col Gentile
2075
1740
Priola
Noiáris
Piano d'Arta
48.4
Mte. Cucco
1804
Borgo Salanc
Chiáulis
Valle
Trelli
Avosacco
Rivalpo
Saps
Sella di Cereschiatis
CANALE D'INCAROIO
Bevorchiáns
Mte. Sérnio
2190
Lovea
Mte. Arvánis
1967
Trischiamps
Borgo Chiusini
Vit
Fiélis
Arta Terme
Piedim
Cabia
Zúglio
Mte. Cocasit
1731
Forcella di Corce
1310
Dordolla
612
Creta Grauzária
2066
Mte. Chiavals
2096
Agrons
Cludínico
Muina
Mte. Vas
1403
Sezza
Formeaso
Cedárchis
CANALE DI GORTO
CARNIA
Mte. Zampin
1445
Oltris
Trava
470
Váinio
823
Avággio
Plugna
Allégnidis
Cazzaso Nuovo
Imponzo
Mte. Palevierte
1785
Grauzaria
Mte. Chiavals
Sáletto
Zuc dal Bôr
2197
Chiaranda
Badaiuz
Monticello
Illégio
576
Terzo
Fusea
Láuco
Raveo
518
Colza
Maiaso
Esemon
Feltrone
Fresis
Enemonzo
Villa Santina
Moia
719
La Pieve
Tolmezzo
Mte. Amariana
1905
Mogessa -di Là -di Qua
532
Prádis
Mte. Pisimoni
1882
VAL D'AUPA
Aupa
Móggio Udinese
-di Sotto
-di Sopra
Chiusaforte
Casasola
Villanova
CANALE DEL FERRO
Ampezzo
Lúngis
Priuso
Forc. di Priuso
Medis
Viaso
Socchieve
Invillino
Caneva di Tolmezzo
Villa
Chiaulis
453
Preone
460
479
660
Caprizi
Campiolo
CAMPIOLO
Amaro
296
Resiutta
316
Povici
Carnia
Piani
Mte. Ciucis
1315
VALLE RESIA
S. Giórgio
Gniva
Mad. di Perâries
Chiaicis
Verzegnis
Lago di Verzegnis
Intissans
Cavazzo Cárnico
280
CARNIA
Tagliamento
Mte. Pláuris
1958
Mte Lavara
1906
Lischiazze
Portis Nuovo
Portis Vecchio
Mte. Verzégnis
1915
Sella Chianzutan
954
Sella Chiampon
790
Pózzis
Mte. Faeit
1351
Cesclans
Mena
Somplago
Mte. S. Simeone
1505
1743
Mte. Pionbada
Mte. Piciât
1617
Lago di Cavazzo
Pioverno
Interneppo
245
Venzone
230
Mte. Cadin
1820
PARCO NATURALE
Cime d. Mte. Musi
1869
Flla. Musi
1012
Musi
633
Mte. Rest
1782
M. Rest
1052
1908
Mte. Valcalda
Roppa Buffon
1690
Tramonti di Sopra
420
Mte. Cengla
1302
1687
Cuesta Spioleit
Mte. Rovoleit
1064
S. Antonio
Marins
389
San Francesco
S. Vincenzo
Alesso
Mte. Corgnul
668
Oncédis
Bordano
224
Mte. Ledis
1055
Tramonti di Mezzo
1310
Zuc di Santins
Redónis
T. Leala
Mte. Brancot
1015
Ospedaletto
Braulins
Comune
Molino
Vegli
Mte. Chiampon
1709
Mte. Postoncicco
1611
Pradielis
Sella Foredôr
1093
Cesáriis
Micótti
Lusévera
Tramonti di Sotto
366
Mte. Celant
1093
Campone
Mte. Taiêt
1369
Pielungo
Mte. Flagel
1455
Mte. Cuâr
1478
Avasínis
Trasaghis
Gemona del Friuli
272
Montenars
472
Flaipano
Vedronza
Villanova
Sualdin
Casa Pecol
Pert
Cleva
Ferrara
Redona
Mte. Valinis
1102
Mte. Ciaurlec
1148
Gerchia
Pradis di Sotto
Zuanes
Clauzetto
558
Orton
Mte. Pala
Fruins
1231
Bagni
553
Anduins
Cima Pala
906
Peónis
Osoppo
184
RISERVA NATURALE DEL LAGO CORNINO
OSOPPO-GEMONA
Maniaglia
Lessi
Artegna
210
Isola
San Giorgio
Magnano in Riviera
Sammardenchia
Stella
Chialminis
Mte. Lonza
863
Sedilis
Meduno
Sottomonte
Castello
Maraldi
Ciago
Toppo
Vito d'Asio
Almádis
Manazzons
Forgária nel Friuli
San Rocco
Cornino
Castello
270
Rivoli
San Floreano
Madonna
Búia
200
Colas
Zomeais
Urbignacco
Borgo Zurini
Tarcento
230
Segnacco
Molinis
Nimis
Zancan
234
Ragogna
Flagogna
Mte. di Ragogna
512
Susans
Tomba
Avilla
Santo Stefano
Ursinis
Zeglianutto
Treppo Grande
Carvacco
Collalto
Loneriacco
Fraelacco
Qualso
Zompitta
Sedegliano
Castelnuovo del Friuli
Travésio
Molevana
Pinzano al Tagliamento
San Pietro
Múris
Comerzo
San Tommaso
S. Giacomo
Majano
Casasola
LEDRA
Mels
Pers
S. Eliseo
Colloredo di Monte Albano
Vendoglio
231
Raspano
Martignacco
Cassacco
Borgo Ponte
Savorgnan del Torre
Orgnese
Usago
Solimbergo
Sequals
Graves
Villuzza
Mistris
239
206
300
226
GEOnext - ISTITUTO GEOGRAFICO DE AGOSTINI S.p.A. - NOVARA

16

33

Weißenbach
Wiederschwing
1640
Auf der Eben
Altenberg
1287
PATERNION-FEISTRITZ
Lansach
556
Weißenstein
Winklern
Laka
Golz
2004
Tscherniheim
Farchtner See
Boden
Klausenbach
Kreuzen
Rubland
Kellerberg
Puch
Drau
Jadersdorf
Spitzegel
Graslitzen
2044
Tschekelnock
1893
Gösbesnock
1819
ERZBERG
Toplitsch
Gummern
Radnig
Oberschach
Obervellach
Förolach
Pressegger See
Windische Höhe
Bleiberg-Kreuth
Bad Bleiberg
Bleiberg ob Villach
VILLACH WEST
Mittewald ob Villach
Fellach
St. Georgen
Untermitschig
Hermagor
Unter-
Sankt Stefan
Sankt Stefan an der Gail
Matschiedl
779
Erlachgraben
Bleiberg-Nötsch
925
Hüttendorf
Heiligengeist
Pogöriach
Göritschach
Micheldorf
Egg
Paßriach
Köstendorf
Görtschach
Kerschdorf
Semering
Hermsberg
VILLACHER ALPE
Gail
Möderndorf
Mellach
Dellach
Latschach
Edling
Tratten
Wertschach
Sankt Georgen im Gailtal
Dobratsch
2166
Ludwig Walter-H.
1543 Otto-H.
Kaserin-H.
Volkendorf
VILLACH (VILLACO)
Vorderberg
Sankt Paul
Labientschach
Saak
2050
Zwölfer Nock
Wabenriegel 1445
Warmbad Villach
VILLACH WARMBAD
Carnitzenbach
Görtschacher B.
1434
Emmersdorf
Nötsch im Gailtal
Förk
Egger Alm
1365
Feistritz a.d. Gail
Plagna (Planja)
UNTERGAILTAL
Dellacher A.
Wildbach
HERMAGOR
Zielkofel
1826
VALLONE
TRAVERS. CARNICA
Pta. Lonas
1784
Mte. Poludnig
Lomsattel
1999
1460
Osternig
2052
Feistritzer
Achomitz
Dreulach
Hohenthurn
672
Nöuhaus
Fürnitz
Göritschach
Finkenstein
Mte. Sagran (Sagran-B.)
1931
Sella di Lom (Lomstl.)
Sella di Bartolo (Bartolo-Stl.)
Göriach
Draschitz
ARNOLDS.
579
Pöckau
Hart
Korpitsch
1210
Rifugio Nordio
1813
Unterthörl
Maglern
Arnoldstein
Lind
Riegersdorf
MALBORGHETTO
VALLE DI UGOVIZZA
Mte. Acomizza (Achomitzer-B.)
1175
E 55
Seltschach
Mte. Sinauz
1999
Mte. Cucco
1598
FORESTA DI
Stabet
1627
1736
Capin di Ponente (Kapin-B.)
Coccau di Sopra
Dreiländer-H. 1508
Krainberg
Wurzenpass
Trupejevo poldne
1932
Ugovizza
775
VALBRUNA
Sella di Camporosso
Camporosso in Valcanale
Tarvisio
Mte. Lelia
1182
1508
Mte. Forno
Koren
1073
1746
1677
Bagni di Lusnizza
Santa Caterina
Malborghetto
721
Fella
816
782
Fusine in Valromana
Laglesie San Leopoldo
UGOVIZZA-TARVISIO
TARVISIO SUD
Rutte
TARVISIO NORD
Fusine Laghi
Rateče
Podkoren
Sava Dolinka
FELLA
VAL TARVISIO
Valbruna
807
Mte. Prisnig
1324
CANALE
Plezzut
Laghi di Fusine
Inferiore
Superiore
924
Kranjska Gora
810
Mte. Schinone
1950
Due Pizzi
2046
Iôf di Miezegnot
2089
Monte Santo di Lussari
817
Riofreddo
929
Smučarski Dom
950
1631 Vitranec
1961
Iôf di Dogna
CANALE DI DOGNA
Sella di Sompdogna
1392
2071
Cima del Cacciatore
VAL DI RIOFREDDO
Pco. di Mezzodì
2062
2274
Ponza Grande (Visoka Ponca)
PLANICA
Malga Saisera
1005
Rifugio Grego
1587
Biv. Stuparich
Chiout
Bivacco Suringar
2753
Iôf di Montasio
Rifugio Pellarini
1499
Cave del Predil
900
Cap. Maddalena
2677
Mangart
Tamar
1108
Mihov Dom
Koča na Gozdu
Kukova špica
T. Dogna
Bivacco Mazzeni
1630
Iôf Fuart
2666
1874
Rifugio Brunner
1432
Predel (Predil)
Preval Vršič (Pso. Moistrocca)
1612
1113 Koča v Krnici
Škrlatica
2740
Mte. Cimone
2380
Mte. Zábus
ALTA VIA ALPI TARVISIANE
Rifugio Corsi
Strmec
TRIGLAVSKI
2547
Prisojnik
Mte. Jovet
814
VAL RIO DEL LAGO
Lago del Predil
1156
Passo del Predil
Zav.pod Špičkom
2064
Izvir Soče (Sorg. dell'Isonzo)
Aljažev Dom
CANALE DI RACCOLANA
Piani di Là
Rio del Lago
Log pod Mangartom (Bretto)
Pri Cerkvi (Santa Maria di Trenta)
2410
Pogačnikov Dom
2050
Raccolana
Stretti
2125
Cima del Lago (Jerebica)
Briceljk
2343
Trenta
Luknja (Pso. Forame)
1766
Pezzeit
Saletto
Tamaroz
1190
Sella Nevea
Na-Logu
622
Zadnjica
Triglav
2864
Triglavski Dom
2515
Pco. d. Mezzodì
1868
2324
Mte. Sart
Rifugio Julia
Mte. Cergnala
2344
Pustina
Kortinica (T. Cortenza)
Grintavec (Mte. Grinta di Plezzo)
2344
TRENTA
2401 Dom Planika
ALTA VIA RESIANA
1850
Rifugio Gilberti
2208
Veliki Vrh (Mte. Rombon)
51
Koča na Doliču (Rif. Cozzi)
2151
Stolvizza
2067
Sella Prevala
1891
Velika Tičarica (Ticerza)
NARODNI
1817 Vodnikov dom
Cernapenc
572
RESIA
2587
Mte. Kanin
Bovec (Plezzo)
Kal (Coritenza di Plezzo)
Malnik
487
Soča (Sonzia)
Soča (F. Isonzo)
Coritis
641
1811
Koča P. Skalarja (Rifugio Timeus)
Plužna
483
Podklanec (Podiclanzi)
Plaski Vogel
2348
2040 V. Štog
Mte. Nisca
1454
CATENE PREALPI GIULIE
1720
Mte. Guarda
Podklopca (Podiluzza)
366
Čezsoča (Oltresónzia)
Lepena
Velika Vrata
1924
1685
Koča pri Triglavskih jezerih
SLO
Zaiaur
Uccea
645
Učeja (R. Uccea)
Podčela (Podicella)
Log Čezsoški (Loga d'Oltresónzia)
1478
2001 Kal
853
Pso. di Tanamea
Žaga (Saga)
346
Polovnik (Polonig)
Krasji Vrh (Mte. Grande)
1767
Vršič
1897
Izvir Save
Pršivec
1761
Monte
Pta. di Montemaggiore
1629
Planina
Srpenica
Soča
1810 Bogatin
Planina na Kraju
1513
Dom Savica
1525
Zlatorog
Bohinjsko
1613
ALTA VIA VALLI D. NATISONE
Gabrovec
Stol
1674
Brezovo
320
2014 Vrata
Krn jezero (L. di Monte Nero)
Dom na Komni
Carnappo
Montemaggiore
712
Breginj (Bergogna)
Trnovo ob Soči (Ternova d'Is.)
Drežniške Ravne
Krn (Monte Nero)
2244
Tolminski Kuk
2085
Vogel
1535
Sambo
Natisone
Stanovišče
Potoki (Potocchi di Creda)
Staro Selo (Sella di Cap.)
Drežnica
Globoka (Pso. Globoca)
1828
Taipana
478
Platischis
Sedlo
Borjana (Boreana)
Kred (Creda)
Kobarid (Caporetto)
Pologar
Koča na planini Razor
1315
1922 Vogel
Logje (Longo)
Sužid
Svino
Ladra
Smast
Libušnje
Idrsko (Idresca d'Isonzo)
457
Prossenicco
1243
Mte. Mia
Vrsno
610
Kamno (Camina)
Mrzli Vrh (Mte. Merzli)
1360
Čadrg (Ciadra)
660
Superiore
1094
Mte. Iàuer
Subit
Robidišče
236
Cantoniera
1641
Mte. Ma
34
Livek
Volarje (Vollária)
Zarobom
Zabče
Tolminka
1124
Mte. Vogu
Stupizza
Montemaggiore
Kuk
1242
Kuk (Mte. Cucco)
876
Gabrje
Kobilja Glava (Mte. Testa di Cavallo)
1475
Forame
Montefosca
201
Mersino
955
KOLOVRAT (COLOVRAT)
Dolje
Tolmin (Tolmino)
Poljubinj
991
Mte. Ioanaz
1167
Erbezzo
500
Cepletischis
Polava
663
752
Drenchia
Volče (Volzana)
Mte. Carnizza
Canébola
Masarólis
Cocianzi
Pulfero
Tuomaz
Cras
Ljubinj
Podmelec (Piedimelze)
225
Modrejce
Strémiz
184
Prapotnizza
Grahovo
46° 30'
46° 20'
13° 20'
13° 30'
13° 40'

F
A
B
C
D
1
2
3
Vallorcine
Col de Balme
les Grandes Autannes
Le Génépi
TOUR DU MONT-BLANC
Champex
Orsières
Six Blanc
Mt. Brûlé
Chandonne
Liddes
le Grenier de Commune
Chalets des Fonds
Mt. Buet
Col des Montets
Le Tour
Montroc-le-Planet
Argentière
Aig. du Chardonnet
Aig. d'Argentière
Aig. du Tour
Le Portalet
Le Châtelet
Tête à l'Ane
Col d'Anterne
L. d'Anterne
Aiguilles Rouges
Aig. du Belvédère
Refuge du Lac Blanc
Lac Blanc
Chalets d'Ayère
Pte. de Platé
Lac Vert
TOUR DU MONT-BLANC
VAL DE CHAMONIX
Planpraz
Le Brévent
Gorges de la Diosaz
Servoz
Chamonix-Mont-Blanc
Les Plans
Le Montenvers
Aig. du Dru
Aig. des Grands Montets
Aig. Verte
Mer de Glace
Glacier d'Argentière
Glacier du Tour
Aig. de Triolet
Mt. Dolent
Tête de Ferret
Col du Gr. Ferret
VAL FERRET
La Fouly
COMBE DE L'A
Bourg-Saint-Pierre
ENTREMONT
La Tsavre
Mts. Telliers
L. des Toules
Bourg-Saint-Bernard
Chedde
Vaudagne
le Prarion
Saint Gervais-les-Bains
Col de Voza
Montivon
les Houches
Bellevue
Mt. Lachat
le Nid-d'Aigle
Le Champel
la Gruvaz
Taconnaz
Les Pélerins
Aig. du Midi
Refuge du Requin
Laboratoire
Gros Rognon
TRAFORO DEL MONTE BIANCO
Mt. Blanc du Tacul
Refuge de l'Aiguille du Goûter
Mt. Maudit
Dôme du Goûter
Aig. de Talèfre
Grandes Jorasses
Dente d. Gigante
Rifugio Torino
Dora di Ferret
FERRET
Guglia Agronettes
Gr. Golliaz
Colle del Gran San Bernardo
TRAFORO DEL GRAN SAN BERNARDO
Saint-Rhémy-en-Bosses
VALLE DEL GRAN SAN
Etroubles
MONTE BIANCO
Aiguilles de Bionnassay
Monte Bianco
Les Contamines-Montjoie
Glacier de Tré-la-Tête
Aig. Noire de Peutérey
Plampincieux
Entrèves
La Palud
la Saxe
Courmayeur
Mt. Chétif
L. di Liconi
Testa di Liconi
Mte. la Varise
Testa di Serena
La Grande Rochère
ALTA VIA N° 1 VAL D'AOSTA
Costone di Mezzodì
Notre Dame de la Gorge
Trè la Tête
Aig. des Glaciers
L. del Miage
L. di Combal
Dolonne
Verrand
Pallusieux
VAL VENY
AP. 2005
Pré-Saint-Didier
Testa d'Arp
Dailley
Morgex
La Salle
Planaval
COMBA DI VERT OSAN
Mte. Fallère
Mte. Rosso
Punta Aouilletta
Mt. Tondu
L. Jovet
Col de la Seigne
Rifugio Elisabetta
du Bonhomme
Ville des Glaciers
TOUR DU MONT-BLANC
Les Chapieux
Pta. Léchaud
Mte. Bérrio Blanc
Mte. Belleface
Mte. Ouille
ALTA VIA N° 2 VAL D'AOSTA
La Thuile
Thovex
Becca Pugnenta
Colle San Carlo
RIS. NAT. MARAIS
Villaret
Derby
Avise
Saint-Nicolas
Saint-Pierre
Arvier
Villeneuve
Introd
Mte. Miravidi
Bec des Rousses
L. Verney
Mte. Belvedere
Mte. Colmet
L. di Pietra Rossa
Cascate del Rutor
Torre d. Tighet
RIS. NAT. LOLAIR
Chamençon
Crêt Bettex
P.te du Lac sans Fond
Colle del Piccolo San Bernardo
Versoye-les-Granges
Mte. Valaisan
L. di Bella Comba
L. del Rutor
Mte. Paramont
Planaval
Dora di Valgrisenche
Becca d. Merlo
Rhêmes-Saint-Georges
la Terrasse
Bonneval-les-Bains
le Châtelard
Grand Assaly
Testa del Rutor
Valgrisenche
Becca di Tos
L. du Retour
Bec Rouge
le lac Noir
Becca du Lac
Rifugio Scavarda
L. di S. Grato
Saint Maurice
Seez
Villard
La Rosière
Longefoy
Montvalezan
Lago di Beauregard
Pta. Bioula
Pta. Bianca
Valsavarenche
Col du Mont
Mte. Ormelune
Becca di Tei
VAL DI RHÊMES
VAL GRISENCHE
Arc 1600
Sainte-Foy-Tarentaise
Villaroger
la Masure
Le Planay
Bon Conseil
Pte. du Fond Blanc
Arc 2000
Arc 1800
Aig. Rouge
Aig. Grive
Landry
Peisey-Nancroix
Col du Lac Noire
Col di Vaudet
Grande Rousse
Rhêmes-Notre-Dame
PARCO
ALTA VIA N° 2 VAL D'AOSTA
N. D. des Vernettes
Mt. Pourri
Refuge du Mt. Pourri
Becca di Suessa
Rifugio Bezzi
Gr. Traversière
Mte. Tout Blanc
Les Bauches
Les Lanches
GEOnext - ISTITUTO GEOGRAFICO DE AGOSTINI S.p.A. - NOVARA

35

Fionnay
Bonatchesse
Mt. Pleureur
3704
2928
Cab. des Dix
Pigne d'Arolla
3796
Arolla
1998
VAL D'AROLLA
Dent de Perroc
3676
3668
Aig. de la Tsa
Cab. de Bertol
3311
Dent Blanche
4357
Obere Gabelhorn
4063
Cab. de la Dent Blanche
3507
Zermatt
Schönbielhütte
2694
Cab. de Panossière
2671
Mauvoisin
1840
Lac de Mauvoisin
Mt. Blanc de Cheilon
3870
3875
La Ruinette
Cab. des Vignettes
3157
Tête Blanche
3724
3357
Col des Bouquetins
Mte. Cervino (Matterhorn)
4478
Solvayhütte
4003
Schwarzsee
2582
Riffelberg
Rotboden
Gornergrat
Gornersee
Gr. Combin
4314
Tournelon Blanc
3707
CH
Pte. d'Otemma
3403
2460
Cab. de Chanrion
Glacier d'Otemma
Glacier de Brenney
3637
Mt. Collon
2781
Rifugio Aosta
Tête de Valpelline
3800
4171
Dent d'Hérens
Rif. Carrel
3830
Rif. Duca d. Abruzzi
2802
3492
Staz. d. Furggen
Cnd. d. Teodulo
3468
Breithorn
4165
4141
Pta. Polluce
4091
3591
Mt. Braoulé
Rif. Col Collon
2813
Gran Becca Blanchen
3680
3750
Bivacco A.Ratti
Les Jumeaux
3872
Breuil-Cervinia
2006
Plan Maison
2548
Colle d. Teodulo
3316
3480
Plateau Rosa
Testa Grigia
Rif. Guide del Cervino
2769
Rif. Bobba
Colle Sup. d. Cime Bianche
2982
3902
Gobba di Rollin
4225
Pta. Castor
3030
de Tête de By
3588
Col de By
Mte. Avril
3347
2979
Rifugio Amiante
3224
2805
Fenêtre de Durand
3519
Mont Gelé
3529
Becca d'Epicoune
L. Mort
Prarayer
2005
Château des Dames
3488
Gran Lago
2900
Rifugio Vuillermoz-Perucca
L. di Place Moulin
la Lechère
3166
Gran Cemetta
Rif. Mezzalama
3004
Rifugio Sella
3585
TOUR M. ROSA
Rca. di Verra
3129
Valtournenche
Crépin
Losanche
Pta. Bettolina
2996
By
2048
Glacier
1549
Mte. Morion
3487
Bionaz
1606
Becca de Luseney
3504
L. Luseney
Pta. Cian
3320
1528
Maën
Paquier
3379
Gr. Tournalin
Fiéry
Colle d. Bettaforca
2672
L. de l'Incliousa
Moulin
1689
Saint-Jacques
2971
Mte. Bettaforca
Vaud
Oyace
1377
Tornalla
ALTA VIA N°1 VAL D'AOSTA
Cima Bianca
3009
Ussin
Frachey
Rey
1356
Ollomont
Chamois
Chatellair
Thoules di Sopra
3205
Mte. Pisonet
2652
Oratorio di Cuney
Buisson
1815
Corgnolaz
Champoluc
Champlan
1568
Testa Grigia
3316
960
Valpelline
Etirol
Fiernaz
Mte. Tantanè
2734
Baby Snow Park
Doues
Allein
1176
Dayllon
Tsaat á l'etsena (la Gran Becca)
2971
3073
Mte. Faroma
Mte. Morion
2709
Triatel
La Magdeleine
1644
Brengon
Antagnod
1699
Lignod
Periasc
Ayas
Cornú
ALTA VIA N°1 VAL D'AOSTA
Corno Vitello
3057
Dialley
Castello
2856
Becca di Viou
Praz
Chatrian
Mongnod
1489
Torgnon
1074
Antey-Saint-André
Cno. Bússola
3024
L. d. Battaglia
870
Roisan
Saint-Barthélemy
1633
2469
Becca d'Aver
Grand Villa
Berzin
Promiod
Mte. Zerbion
2722
Extrepieraz
RISERVA NATURALE TZATELET
Morgonaz
Croce di Fana
2212
Effraz
Lignan
RIS. NAT. LAGO DI LOZON
Champlong
Vollon
Estoul
Variney
ÎLES DE BRISSOGNE
1017
Verrayes
ST.-VINCENT-CHÂTILLON
Saint-Vincent
Colle di Joux
1338
Brusson
Croix
Colle d. Ranzola
2170
Signayes
Porossan
Castello di Quart
Argnod
Eclou
Quart
Trois Villes
Blavy
St.-Denis
Châtillon
549
Moron
1640
2099
Sorreley
Saint-Christophe
Jocteau
619
Villefranche
535
529
Nus
24
Hers
Chambave
809
486
575
Salirod
Graines
AOSTA AOSTE
583
E25
AOSTA
551
Pollein
AUTOPORTO
Gran Brissogne
Brissogne
839
Primaz
Prelaz
625
Saint Marcel
NUS
541
Fénis
Plout
Septumian
Arlier
Prelaz
523
Pontey
Lassolaz
615
Castello d'Ussel
CHÂTILLON ST.-VINCENT
Perral
Testa di Comagna
Arcesaz
Castello di Graines
Allésaz
Sommarese
Emarese
1170
Arbaz
Challand-Saint-Anselme
Ciseran
Eresaz
St. Anselme
Quinçod
1040
Gressan
636
Charvensod
746
Les Fleurs
Peroulaz
RISERVA NATURALE COTE DE ARGANTUA
Pila
1790
RIS. NAT. LES ILES
Seissogne
Chez Croiset
Miseregne
Barche
Bec Curbo
2135
Montjovet
Toffoz
Berriaz
406
Plout
Mte. Père Laurent
2625
1585
Druges
Mte. Barbeston
2482
Viering
Champdepraz
Nabian
Chataignère-Viran
Challand-Saint-Victor
Becca di Vlou
3032
L. Inferiore
L. Lungo
Mte. Emilius
3559
3357
Gr. Roise
L. di Chamolé
L. Superiore
Mte. Corquet
2529
Maisonasse
3006
Mte. Avic
Barbustè
T. Chalamy
523
Villa
744
RISERVA NATURALE LAGO DI VILLA
28.6
Verres
391
VERRES
2563
Pta. de la Pierre
2641
Colle di Chamolé
Pta. d. Valletta
3090
Laghi Lussert
VAL CLAVALITÉ
PARCO NATURALE DEL MONTE AVIC
Bec Gavin
2001
Fleuran
Issogne
La Place
387
Barme
Arnad
Arnad-le-Vieux
361
Vacheres
Mte. Crabun
2710
3240
Mte. Grauson
Gran Lago
Cima Piana
2512
Echallod
Passé
Épinel
1452
Mte. Glacier
3186
Champorcher
Mellier
Chardonney
Château
1427
Salleret
Mte. Charvatton
1787
780
Machaby
Marine
400
Bard
Perloz
661
Donnas
322
Gimillian
VAL DI COGNE
Penne Blanche
3254
3513
Pta. Tersiva
2110
Dondena
T. Ayasse
Trambesère
Pontboset
Hône
364
Crétaz
1534
Cogne
Champlong
ALTA VIA N°2 VAL D'AOSTA
Giardino Alpino Paradisia
Lillaz
1617
Finestra di Champorcher
2826
L. Miserin
2145
Mte. Digny
L. Vercoche
Bec Cormoney
2142
E25
PONT-ST-MARTIN
345
63.4
Rifugio Sella Vittorio
2584
2232
Bardoney
3064
Pta. Nera
Rosa dei Banchi
3164
Rio Fer
Lauson
Valmiana
VALNONTEY
Valnontey
Pta. di. Valmiana
3244
Azaria
Giardino
Mte. Marzo
2756
Mte. Debat
2622
Quincinetto
295
Bioley
NAZIONALE DEL PARADISO
3552
Gran Serra
2872
Bivacco Money
Herbetet
3778
3322
Monveso di Forzo
Pta. Tressi
2865
Pianetto
GTA
2516
Cima di Bonze
QUINCINE
Tavagnasco
VALCHIUSELLA
Tallorno
L. Liamau
Succinto
Valchiusella
Chiara
Mte. Gregorio
1953
Campiglia Soana
Boschietto
1486
Salzetto
Monfandi
2820
Gr. S. Pietro
3692
3408
Pta. di Sengie
Rifugio di Forzo
2292
Roccia Viva
3650
Valprato Soana
1113
21
36
E
F
G
1
2
3

21
CH
MONTE ROSA
Dufourspitze (Punta Dufour) 4637
Zermatt
Täsch
Randa
Saas Fee
Saas Grund
Saas Almagell
Macugnaga
Pecetto
Staffa
Borca
VALLE ANZASCA
PARCO NAT. ALTA VALSESIA
Alagna Valsesia
Riva Valdobbia
Gressoney-la-Trinité
Gressoney-Saint-Jean
Carcoforo
Rima
Rimasco
Fobello
Cervatto
Campertogno
Piode
Scopello
Varallo
VAL SESIA
VAL D'ANTRONA
VALLE DI GRESSONEY
Brusson
Challand-Saint-Anselme
Challand-Saint-Victor
Verrès
Arnad
Bard
Hône
Donnas
Pont-Saint-Martin
Issime
Gaby
Piedicavallo
Rosazza
Campiglia Cervo
Andorno Micca
Sagliano Micca
Oropa
Mte. Mucrone
Trivero
Mosso
Valle Mosso
Portula
Coggiola
Antrona-Schieranco
Bannio-Anzino
Calasca-Castiglione
Vanzone con San Carlo
Ceppo Morelli
Pestarena
Pta. Gnifetti 4559
Rif. Regina Margherita
Lyskamm-occ. 4480
Breithorn-occ. 4165
Pta. Castore 4225
Pta. Polluce 4091
Piramide Vincent 4215
Gornergrat 3130
Gornergletscher
Findelngletscher
Allalinhorn 4027
Alphubel 4206
Rimpfischhorn 4199
Dom 4545
Nadelhorn 4327
Weissmies 4023
Mattmarksee
Pzo. d'Andolla 3656
Cno. d. Teodulo 3316
Plateau Rosa
Testa Grigia 3316
Mte. Tagliaferro
Cima Carnera 2741
Cima d. Croci 2500
Pizzo Tignaga 2653
Cima Lampone 2584
Cima Colmetta 2458
Pzo. Tracciora di Cervatto
Cima Lavaggio 1594
Mte. Cossarello 2691
Pta. Tre Vescovi 2501
Mte. Rosso
Mte. Tovo
Mte. Mars
Cima di Bo 2556
Cima d. Bonom 1877
Mte. Barone 2044
Cima di Foggia 1538
TOUR M. ROSA
GTA
ALTA VIA N°1 VAL D'AOSTA
S.I. COLLEGAMENTO
RISERVA NATURALE LAGO DI VILLA
RIS. NAT. MONT MARS
RIS. NAT. DEL PARCO BURCINA FELICE PIACENZA
RISERVA NATURALE SACRO MONTE CALVARIO DI DOMODOSSOLA
© GEOnext - ISTITUTO GEOGRAFICO DE AGOSTINI S.p.A. NOVARA
5
20
37

Domodossola
Trontano
Santa Maria Maggiore
Malesco
Re
Val Vigezzo
Valle Cannobina
Brissago
Gridone
Monte Torriggia
Monte Zuccaro
Cursolo-Orasso
Finero
La Cima
Pzo. Ragno
Mte. Togano
Pzo. Tignolino
Beura-Cardezza
Cardezza
Pzo. d. Diosi
Mte. Torrione
S.I. Collegamento
Cannobio
Falmenta
Gurro
Spoccia
Lunecco
Crealla
Cavaglio-Spoccia
Gurrone
Socraggio
Ris. Nat. Orientata Monte Mottac
Pta. Pozzolo
Pzo. Mottac
Parco Nazionale della Val Grande
Cima d. Laurasca
La Piota
Mte. Pedum
Monte Vadà
Monte Zeda
Monte Bavarione
Passo Folungo
Monte Spalavera
Trarego-Viggiona
Oggiono
Cannero Riviera
Pizzo Marona
Pzo. d. Rossola
Pzo. Proman
Premosello-Chiovenda
Vogogna
Corni di Nibbio
Nibbio
Cuzzago
Ris. Nat. Integr. del Pedum
Cicogna
Pian Cavallone
Rifugio
Piaggia
Scareno
Intragna
Aurano
Dònego
Barbè Sup.
Luino
Germignaga
Manegra
Oggebbio
Gonte
Piancavallo
Vergonte
Loro
Rumianca
Bettola
Cava di marmo (fabb. d. Duomo)
Albo
Candoglia
Mergozzo
Anzola d'Ossola
Migiandone
Ornavasso
Miazzina
Caprezzo
Ungiasca
Cambiasca
Rovegro
Cossogno
Unchio
Vignone
Bee
Arizzano
Premeno
Esio
Novaglio
Pollino
Ris. Nat. del Sacro Monte SS. Trinità di Ghiffa
Ghiffa
Valtravaglia
Deccio
Ronco
Castelveccana
Pta. dell'Usciolo
Rif. Gravellona Toce
Mte. Massone
Madonna del Boden
Mont'Orfano
San Bernardino Verbano
Santino
Trobaso
Selasca
Intra
Pessina
Nasca
Porto
Campello
Forno
Piana di Forno
Otra
Rosarolo
Préia
Valle Strona
Massiola
Luzzogno
Chesio
Pedemonte
Gravellona Toce
Fondotoce
Ris. Nat. del Fondo Toce
Feriolo
Baveno Stresa
Suna
Pallanza
Verbania
Laveno
Punta della Castagnola
Casale Corte Cerro
Loreglia
Montebuglio
Ramate
Gravellona
Baveno
Isole Borromee
Stresa
Cerro
Mombello
Leggiuno
Caravate
Sasso del Ferro
Cittiglio
Casalzuigno
Cuvio
Brenta
Gemonio
Mte. Nudo
Mte. d. Colonna
Capio
Valstrona
Sambughetto
Fornero
Strona
Germagno
Omegna
Crusinallo
Granerolo
Mte. Zuchero
Mottarone
Campino
Someraro
Levo
Massa del Turlo
Monte Mazzocone
Quarna Sopra
Quarna Sotto
Monte Croce
Mte. Ostano
Cireggio
Giardino Alpinia
Gignese
Vezzo
Brisino
Magognino
Carpugnino
Brovello-Carpugnino
Graglia
Piana
Calogna
Nonio
Brolo
Mte. Mazzarone
Monte del Falò
Madonna d. Luciago
Coiromonte
Belgirate
Lesa
Mte. Cornaggia
Armeno
Sovazza
Pettenasco
Ris. Nat. del Sacro Monte di Varallo
Mte. Piogera
Civiasco
Camasco
Cesara
Arola
Grassona
Ronco
Legro
Orta San Giulio
Pella
Pisogno
Carcegna
Fosseno
Nebbiuno
Massino Visconti
Solcio
Ispra
Brebbia
Malgesso
Travedona-Monate
Ris. Nat. Sacro Monte d'Orta
Madonna del Sasso
Boleto
Isola San Giulio
Miasino
Ameno
Colazza
Pisano
Tapigliano
Ranco
Cadrezzate
Osmate
Ternate
Comabbio
Lago di Monate
Mte. Briasco
Roccapietra
Madonna del Sasso
Vacciago
Lagna
Ris. Nat. del Monte Mesma
Meina
Angera
Varano Borghi
San Maurizio d'Opaglio
Pogno
Bolzano Novarese
Invorio
Arona
Oleggio Castello
Paruzzaro
Mercurago
Taino
Ris. Nat. Canneti di Dormelletto
Lentate Verbano
Mercallo
Lago di Comabbio
Vergiate
Mornago
Quarona
Vico
Breia
Cellio
Valduggia
Gozzano
Briga Novarese
Barquedo
Dormelletto
Parco Nat. dei Lagoni di Mercurago
Lisanza
Sesto Calende
Castelletto sopra Ticino
Borgosesia
Montrigione
Parco Nat. del Monte Fenera
Gargallo
Soriso
Santa Croce
Vergano Novarese
Maggiate
Gattico
Comignago
Dorbiè
Golasecca
Sesto C. Vergiate
Somma Lombardo
Arsago Seprio
Besnate
Serravalle Sesia
Grignasco
Maggiora
Boca
Borgomanero
Veruno
Revislate
Borgo Ticino
Agrate Conturbia
Gagnago
Varallo Pombia
Cavallirio
Cureggio
Arbora
Bogogno
Divignano
Prato Sesia
Romagnano Sesia
Fontaneto d'Agogna
Cressa
Suno
Montecchio
Pombia
Marano Ticino
Gallarate
Cardano al Campo
Aerop. Intercont. d. Malpensa
Vizzola Ticino
Parco
Mte. Fraschéia
Sostegno
Gattinara
Lozzolo
Sant'Antonio Baraggie
Cavaglio d'Agogna
Mezzomerico
Vaprio d'Agogna
Oleggio
Lonate
Ferno
Fiume Ticino
Lago Maggiore
Lago d'Orta
Lago di Mergozzo
Gavirate
Cuveglio
Besozzo
Monvalle
Orino
Cocquio
Bardello
Biandronno
Lago di Varese

CH
Brissago
Cannobio
Luino
Germignaga
Porto Valtravaglia
Monte Tamaro
Monte Gradiccioli
Monte Lema
Monte Bar
Monte Garzirola
Camoghe
Tesserete
Lugano
Paradiso
Massagno
Agno
Magliasso
Ponte Tresa
Lavena-Ponte Tresa
Caslano
Morcote
Melide
Campione d'Italia
Porlezza
Valsolda
Mte. Generoso
Mendrisio
Chiasso
Cernobbio
Como
Brunate
Varese
Malnate
Induno Olona
Arcisate
Bisuschio
Viggiù
Stabio
Ligornetto
Gavirate
Cuveglio
Cittiglio
Laveno
Azzate
Gazzada-Schianno
Castiglione Olona
Tradate
Appiano Gentile
Lurate Caccivio
Olgiate Comasco
Cantù
Fino Mornasco
Cermenate
Mariano Comense
Vergiate
Sesto Calende
Somma Lombardo
Gallarate
Cardano al Campo
Samarate
Busto Arsizio
Castellanza
Legnano
Saronno
Rovello Porro
Lomazzo
Seveso
Cesano Maderno
Limbiate
Lentate sul Seveso
Solaro
Caronno
Fagnano Olona
Olgiate Olona
Gorla Maggiore
Mozzate
Cislago
Turate
Gerenzano
Rescaldina
Uboldo
Carnago
Solbiate Arno
Oggiona con S.Stefano
Cavaria con Premezzo
Jerago con Orago
Besnate
Arsago Seprio
Casorate Sempione
Cassano Magnago
Castelseprio
Venegono Inferiore
Binago
Vedano Olona
Campo dei Fiori
Mte. Martica
Valganna
Cuasso al Monte
Porto Ceresio
Brusimpiano
Marchirolo
Cunardo
Grantola
Mesenzana
Castello Cabiaglio
Brinzio
Orino
Azzio
Cocquio-Trevisago
Comerio
Barasso
Luvinate
Casciago
Lago di Varese
Calcinate del Pesce
Travedona-Monate
Ternate
Inarzo
Bodio-Lomnago
Buguggiate
Daverio
Casale Litta
Mornago
Sumirago
Albizzate
Crosio della Valle
Caronno Varesino
Castronno
Morazzone
Lozza
Cantello
Uggiate-Trevano
Faloppio
Ronago
Bizzarone
Rodero
Valmorea
Cagno
Albiolo
Solbiate
Montano-Lucino
Villa Guardia
Grandate
Luisago
Casnate con Bernate
Capiago-Intimiano
Senna Comasco
Lipomo
Montorfano
Cucciago
Vertemate con Minoprio
Carimate
Novedrate
Bregnano
Lazzate
Misinto
Cogliate
Barlassina
Sasso Gordona
Sentiero Confinale
Monte Bisbino
Moltrasio
Carate-Urio
Blevio
Torno
Nesso
Schignano
Cerano d'Intelvi
Dizzasco
Laino
Ponna
Lanzo d'Intelvi
S. Fedele Intelvi
Pellio d'Intelvi
Via d. Monti Lariani
Valle Intelvi
Sasso Grande
Cima di Fiorina
Val Rezzo
Cavargna
San Nazzaro Val Cavargna
Cusino
Carlazzo
Bene Lario
Lago di Piano
Grotte di Rescia
Claino-Osteno
Monte di Lenno
3 Valli Varesine
Maccagno
Monte Gradisca
Dumenza
Agra
Curiglia con Monteviasco
Veddasca
Tronzano Lago Maggiore
Pino sulla Sponda del Lago Maggiore
Montegrino Valtravaglia
Monte Mezzano
Cadegliano-Viconago
Mte. Piambello
Mte. d. Colonna
Duno
Rancio Valcuvia
Cassano Valcuvia
Ferrera di Varese
Masciago Primo
Bedero Valcuvia
Valganna
Mte. Legnone
Gemonio
Caravate
Brenta
Casalzuigno
Arcumeggia
Malpensa
Parco
Ferno
Lonate
Fiume Ticino
Vizzola Ticino
E 62
E 35
A8
A9
A26

24
Dongo
Musso
Gravedona
Morbegno
Talamona
Cosio Valtellino
Delébio
Piantedo
Andalo Valtellino
Monte Legnone
Monte Rosetta
Pizzo Alto
Pizzo Rotondo
Premana
Pizzo Berro
Monte Lago
Passo di Lemma
Monte Azzarini
San Simone
Passo di San Marco
Pizzo Mellasc
Pescegallo
Lago di Pescegallo
Lago di Trona
Monte Ponteranica
Bocchetta di Trona
Pizzo dei Tré Signori
Cimone di Margno
Pizzo Cornagiera
Valle Varrone
Santa Maria Rezzónico
Crémia
Dervio
Bellano
Menággio
Varenna
Bellágio
Lago di Como
Sentiero Italia
Via d. Monti Lariani
Sent. Lombardia Dir. Merid.
Valsassina
Primaluna
Cortenova
Introbio
Barzio
Cremeno
Moggio
Pasturo
Grigna Settentrionale
Grigna Meridionale
Cima del Palone
Monte Croce
Cima Pelágia
Mandello del Lário
Abbadia Lariana
Ballabio Superiore
Ballabio Inferiore
Culmine San Pietro
Monte Coltignone
Resegone
LECCO
Malgrate
Valmadrera
Pescate
Galbiate
Garlate
Olginate
Calolziocorte
Vercurago
Carenno
Erba
Canzo
Civate
Lago di Annone
Lago di Pusiano
Lago di Alserio
Oggiono
Molteno
Costa Masnaga
Inverigo
Cassago Brianza
Barzanò
Misságlia
Casatenovo
Merate
Olgiate Molgora
Brivio
Cisano Bergamasco
Caprino Bergamasco
Pontida
Calusco d'Adda
Carvico
Robbiate
Paderno d'Adda
Cornate d'Adda
Trezzo sull'Adda
Bernaréggio
Vimercate
Arcore
Lissone
Seregno
Giussano
Carate Brianza
Besana in Brianza
Renate
Briosco
Mapello
Presezzo
Ponte S. Pietro
Almenno San Salvatore
Almenno San Bartolomeo
Almè
Villa d'Almè
Sorisole
Ponteránica
Paladina
Brembate di sopra
Curno
Mozzo
Treviolo
Dálmine
Osio Sotto
Verdello
Stezzano
Grassobbio
Zánica
Azzano San Paolo
Lallio
BERGAMO
Gorle
Capriate San Gervasio
Brembate
Bonate Sopra
Bonate Sotto
Terno d'Isola
Chignolo d'Isola
Sotto il Monte Giovanni XXIII
Val Taleggio
San Giovanni Bianco
San Pellegrino Terme
Zogno
Brembilla
Sedrina
Ubiale-Clanezzo
Valle Imagna
Sant'Omobono Imagna
Corna Imagna
Valtorta
Piazza Brembana
Lenna
Olmo al Brembo
Piazzatorre
Cassiglio
Averara
Ornica
Santa Brigida
Cusio
Val Brembana
Monte Venturosa
Monte Cancervo
Monte Aralalta
Monte Sornadello
Taleggio
Vedeseta
Corno Zuccone
Monte Vaccaregio
Val Parina
Canto Alto
Monte Zucco
Monte Palanzone
Monte Cippei
Vallassina
Asso
Cornizzolo
Parco dei Colli di Bergamo
Parco Montevecchia e della Valle del Curone
Valle Brembana
Autodromo di Monza
Aerop. Internaz. di Orio al Serio
Valle Lesina

25
CH
SONDRIO
Monte Sissone
Cima del Duca
Monte Disgrazia
Pizzo Cassandra
Valmalenco
Caspóggio
Lanzada
Monte Motta
Chiesa in Valmalenco
Torre di Santa Maria
Monte Caldenno
Monte Pizzo Bello
Corni Bruciati
Cima d'Arcanzo
Pizzo Mercantelli
Monte Canale
Spriana
Monte Palino
Corno Mara
Vetta di Ron
Pizzo Painale
Pizzo Scalino
Monte Cavaglia
Pizzo di Canciano
Pizzo Sareggio
Brusio
Campocologno
Madonna di Tirano
Villa di Tirano
Monte Combolo
Monte Cancano
Téglio
Bianzone
Tresenda
Chiuro
Ponte in Valtellina
Poggiridenti
Tresivio
Montagna in Valtellina
Castione Andevenno
Postalesio
Berbenno di Valtellina
RISERVA NAT. PIRAMIDI DI POSTALESIO
Búglio in Monte
Ardenno
Villapinta
Pedemonte
Polaggia
Regoledo
Fusine
Cedrasco
Colorina
Caiolo
Albosággia
Faedo Valtellino
Piateda
Piateda Alta
Valbona
Castello dell'Acqua
San Giacomo
Aprica
Forcola
Sirta
Selvetta
Tártano
Cima d.Zocca
Monte Piscino
ALPI OROBIE VALTELLINESI
Punta della Piada
Pizzo Campaggio
Monte Vespolo
Pizzo Gerlo
Cima Vallocci
Cima Tonale
Monte Gavet
Monte Lago
Punta Santo Stefano
Pizzo di Rodes
Pizzo di Scais
Pizzo di Coca
Pizzo del Diavolo
Monte Torena
Cima Cadin
Monte Lavazza
Cima Soliva
Pizzo di Redorta
Pizzo Recastello
Monte Gleno
Pizzo Tornello
Monte Cimone
Lago di Venina
Lago Publino
Monte Cadelle
Monte Corno Stella
Pzo. dell'Omo
Monte Aga
Monte Masoni
Pizzo del Diavolo
Mte. Masone
Valbondione
Fiumenero
Lizzola
Bondione
Monte Vigna Soliva
Vilminore di Scalve
Schilpario
Fóppolo
Carona
Valleve
Monte Pegherolo
Lago di Sardegnana
Branzi
Lago Marcio
Monte Cabianca
Monte Pradella
Lago Nero
Monte Crapel
Valgóglio
Gromo
Gandellino
Bettuno
Isola di Fondra
Trabuchello
I Tre Pizzi
Piazzatorre
Piazzolo
Olmo al Brembo
Averara
Mezzoldo
Piazza Brembana
Lenna
Valnegra
Roncobello
Capovalle
Monte Valbona
Cima di Menna
Pizzo Arera
Alpe Arera
Cima del Fop
Monte Secco
ALPI OROBIE BERGAMASCHE
Monte Redondo
Ardesio
Cima di Timogno
Pizzo della Presolana
Monte Campo
Monte Ferrante
Colere
Azzone
Passo della Presolana
Monte Taugine
Dorga
Castione d. Presolana
Monte Paré
Villa d'Ogna
Clusone
Rovetta
Fino del Monte
Onore
Songavazzo
Monte Cornet
Cerete
Monte Pora
Angolo Terme
Lago Moro
Monte Lantana
Monte Alto
Rogno
Costa Volpino
Lóvere
Pisogne
Castro
Sóvere
Piánico
Bóssico
Monte Vaccaregio
Oltre il Colle
Zambla
Colle di Zambla
Cima di Belloro
Prémolo
Ponte Nossa
Parre
Gorno
Oneta
Monte Álben
Serina
Dossena
Cornalba
Costa di Serina
Foppa Barbata
Pizzo Formico
Mte. Fogarolo
Mte. Corno
Cima di Cávlera
Monte Suchello
Monte Ceresola
Casnigo
Vertova
Colzate
Gandino
Monte Grione
Endine Gaiano
Solto Collina
Riva di Solto
Monte Agolo
Corna Trentapassi
Zone
RIS. NATURALE VALLE DEL FREDDO
San Pellegrino Terme
Zogno
Ambria
Monte Zucco
Fonte Bracca
Gazzaniga
Fiorano al Sério
Cene
VALLE ROSSA
Albino
Selvino
Monte Podona
Canto Alto
Mte.Passala
Ranzánico
Spinone
Bianzano
Lago di Endine
AP. 2005
Fiume Sério
Fiume Brembo
Fiume Oglio

26
Grosio
2775
Dosso Cornin
Grosotto
590
Monte Masuccio
2816
Mazzo di Valtellina
Vione
Vervio
Rogorbello
Prà Campo
Tovo di Sant'Agata
Baruffini
Santa Maria Maddalena
Lovero
Sernio
Cologna
Tirano
Passo del Mortirolo
1852
Passo della Foppa
2967
Mte. Serottini
Passo di Varadega
2296
Mte. Pagano
2348
Vezza d'Oglio
1080
Stadolina
2833
Cima Mattaciul
3006
Ponte di Legno
Precasaglio
Villa d'Allegno
Zoanno
Pezzo
Serodine
Canè
Temù
Vione
Valbione
Passo del Tonale
Ospizio
Mon. Ossario
Alveo Presena
Passo Paradiso
2585
Pzo. di Lago Scuro
Cima Presena
Cima Busazza
3326
3558
Cima Presanella
PRESANELLA
Fiume Oglio
Rifugio Mte. Calvo
Rif. Corno d'Aola
Cno. d'Aola
2449
Cima Cadi
al Solivo
Incudine
Davena
Monno
Edolo
Passo di Guspessa
Monte Pádrio
2153
Trivigno
Megno
Cortenedolo
Ronco
Galleno
Corteno Golgi
Lombro
Santicolo
Pisognetto
S. Antonio
CORTENO
Aprica
L. d'Aviolo
Valmazzone
Mu
2881
Mte. Aviolo
2962
Mte. Avio
L. Benedetto
Malga Caldea
1584
Laghetto
L. d. Avio
Mte. Mandrone
Pta. d. Venerócolo
Rifugio Mandrone
Rifugio Città di Trento
Rifugio Bedole
Bédole
Corne del Rocchette
3239
Rifugio Stella Alpina
VAL DI GENOVA
SENTIERO ADAMELLO
3331
Cno. Baitone
Lago Gelato
Pantano dell'Avio
Lago Lungo
3554
Adamello
Rifugio Passo Brizio
Lóbbia Alta
3196
Rifugio ai Caduti dell'Adamello
Crozzon di Láres
3354
Albergo Fontana Bona
Ragada
SENTIERO DELLA PACE
L. Garzone
Sonico
Rino
Calzafeirro
Loritto
VAL MALGA
Cno. d. Granate
3108
Rifugio Tonolini
L. Baitone
Cno. Miller
3373
Mte. Fumo
3409
ADAMELLO
Cno. di Cavento
3402
Mte. Fornace
2488
Piz Tri
2309
Lezza
Landò
Malonno
Odeda
Garda
1054
Comparte
T. Remulo
Rifugio
PARCO
3102
Cno. Triangolo
L. Dosazzo
CAMPOVECCHIO
VALLI DI SANT' ANTONIO
RIS. NAT.
Lago di Piccolo
Palone del Torsolazzo
2670
Monte Torsoleto
2708
2753
Lorengo
2628
Pian d. Regina
Mte. Marser
2776
L. di Salarno
Cma. Buciaga
3015
VAL DI FUMO
F. Chiese
Rif. Val di Fumo
Mte. Carè Alto
3462
Rifugio Carè Alto
VAL DI BORZAGO
Berzo-Demo
Forno Allione
Monte
Andrista
Cevo
Saviore dell'Adamello
Fabrezza
1424
Cno. Lendeno
2830
Rif. CAI Lissone
VALLE DI SAN VALENTINO
Cima Cop di Casa
Creper di Stracciola
Cima Cop di Breguzzo
Villa Rendena
Vigo Rendena
Verdesina
Monte Séllero
2743
Paisco
Grumello
Loveno
Cedégolo
Novelle
Fresine
Ponte Valle
la Rasega
Malga Breguzzo
Lago di Bissina
Rifugio Trivena
Monte Venerócolo
Sellero
Mte. Elto
2148
Grevo
VAL DI SAVIORE
Isola
L. d'Arno
Mte. Campélio
2809
Cima di Danerba
VALLE DI BREGUZZO
Mte. Cengledino
2137
Passo del Vivione
RISERVA NATURALE INCISIONI RUPESTRI
PARCO NAZIONALE DELLE INCISIONI RUPESTRI
Scianica
Mte. Colombè
DELL'ADAMELLO
Paspardo
Capo di Ponte
Cimbergo
2899
Mte. Frisozzo
SENTIERO ADAMELLO
Mte. Re di Castello
2891
Stallone
2359
2889
Cima di Valbona
Mte. Comparadur
Mte. Lavetto
Mte. Benna
Bondone
Mte. Corona
la Uzza
VAL DI BONDONE
Concarena
Ono San Pietro
Cerveno
Cima d. Bacchetta
2549
Nadro
Ceto
Badetto
2435
Pzo. Badile Camuno
1224
L. di Malga Boazzo
VAL DI DAONE
Cima di Boazzolo
2561
Limes
Vermongoi
2183
Dosso d. Morti
Fontana
Roncone
Lardaro
Mte. Melino
27
Lozio
Sommaprada
Villa
Colle di Mignone
il Mignone
Laveno
Losine
Braone
Niardo
T. Palobbia
Paghera
Mte. Listino
2746
1246
Sucinva
Mte. Pratotondo
CAMONICA
Cornone di Blumone
Rifugio Rosa
Daone
Praso
Agrone
Pieve di Bono
Strada
Por
Mte. Cadria
Borno
Ossimo
Malegno
Cividate Camuno
Breno
PARCO DEL BARBERINO
Astrio
Mte. Mezzullo
Mte. Alta Guardia
L. d. Vacca
Mte. Frerone
Mte. Bruffione
Mte. Lavanech
T. Ribor
PALÙ DI BONIPRATI
Bersone
Creto
Prezzo
Cologna
Bienno
Prestine
Fonte Minerale di Salice
Mte. Trabucco
Mte. Mattoni
Malga Blumone
Malga Gaver
Albergo
Cima Maresse
Pso. di Bruffione
Castel Condino
Cimego
Cima Palone
VAL DI CAMONICA
Piancogno
Angone
Esine
Berzo Inferiore
Piamborno
Plemo
Sacca
Mte. Fles
Campolaro
Bazena
Pso. di Croce Domini
VAL APERTA
Grotta Rossa
R. Giulis
Brione
Condino
Tiarno di Sotto
Tiarno di Sopra
Boário Terme
Darfo
Montecchio
Mte. Bodrello
S. Glisente
Mte. San Gallo
Mte. Misa
Valle Dorizzo
Ponte Rimal
VALLE DEL CAFFARO
Costone Dolo
Dosso d. Croce
VALLI
Fiume Chiese
Mte. Stigolo
Locanda
VALLE D'AMPOLA
LAGO D'AMPOLA
Cima Caplone
Archeopark
Gianico
Dosso Blussega
Mte. Frà
Dosso Betti
Laghi di Ravenole
Giogo d. Bala
Mte. Bagoligolo
Mte. Matto
Goletto d. Crocette
F. Caffaro
Cà Rossa
Storo
Darzo
Artogne
Mte. Crestoso
Mte. Colombine
Dasdana
Mte. Carena
Riccomassimo
Lodrone
Mte. Lavino
Rif. Garibaldi
Negritella
Camuno
Plan di Montecampione
Mte. Muffetto
Mte Splaza
Mte. Campione
Montecampione
Mte. Maniva
Giogo d. Maniva
Bagolino
Ponte Caffaro
Cima Spessa
Cima del Fratone
Collio
Bondegno
Dosso Alto
Ossario di Monte Suello
Baitoni
Bondone
Cima Tombea
Mte. Caplone
San Michele
Colma di Marucolo
C. Palot
Graticelle
Memmo
San Colombano
MON. NAT. ARENARIA ROSSA DI VERMICO
Sant'Antonio
43
LAGO D'IDRO
PARCO REGIONALE
Bovegno
Fiume Mella
Mte. Visigno
Pezzeda
Corna Blacca
Vaiale
Cima Meghe
Rocca d'Anfo
Anfo
Vesta
Mte. Cingla
Persone
Magasa
Armo
Cádria
Mte. Púria
Stravignino
Pezzaze
Irma
Mte. Ario
Marmentino
Pertica
Presegno
Corna Zeno
Mte. Stino
Valvestino
Cima di Mughera

27
Péio
Cógolo
Celledizzo
Cima Vegaia
Cima Mezzana
L. Rotondo
Terzolás
Cavizzana
Cles
Sanzeno
Tavon
Córedo
Caldes
Malé
Mte. di Cles
Magras
Pondásio
Croviana
Monclassico
Méchel
Rallo
Dermulo
Taio
Smarano
Tres
Montes
Presson
Dimaro
Carciato
Commezzadura
Mezzana
Almazzago
Menas
Termenago
Cusiano
Comásine
Fucine
Vermiglio
Cortina
Fraviano
Pizzano
Pellizzano
Ossana
Marilleva
Folgarida
Mte. Péller
Tuenno
Tassullo
Nanno
Portolo
Segno
Vervò
Térres
Flavon
Cunevo
Denno
Mollaro
Toss
Ton
Castello Thun
Vigo Anáunia
Prió
COLLEGAM
Val Vermiglio
Val di Sole
Val di Peio
Val di Tóvel
Val Meledrio
Val di Genova
Val di Borzago
Valle di San Valentino
Valle di Breguzzo
Val di Bondone
Valle Rendena
Valle di Campiglio
Valle del Chiese
Val d'Algone
Valle dei Concei
Valle di Ledro
Valle d'Ampola
Valle dei Laghi
Valle di Cei
Giudicarie
Malga Fazzon
Cima di Stavei
Cima Palù
Monte Nambino
L. delle Malghette
Rif. Malghette
Rifugio Pradalago
Rifugio Spolverino
Mte. Vigo
Sasso Rosso
Cima Uomo
Mte. Corno
L. di Tóvel
Loverdina
Campodenno
Lover
Cressino
Dercolo
Termon
Sporminore
Spormaggiore
La Rocchetta
Rocchetta
Mezzocorona
Mezzolombardo
Cima Sassara
Passo Campo Carlo Magno
Madonna di Campiglio
Pietra Grande
Rifugio Graffer
Rif. Grosté
Cima di Val Scura
Cima Grostè
Mte. Spinale
Rifugio Vallesinella
Cima Presanella
Rifugio Denza
Presanella
L. Gelato
L. Vedretta
Cima Ginèr
Laghi di Cornisello
L. Ritorto
Rif. Pancugolo
Mte. Ritorto
Rif. Segantini
Cima Busazza
Corne delle Rocchette
Parco Naturale
Mte. di Saródoli
Rifugio Stella Alpina
Bédole
Albergo Fontana Bona
Cascata di Nardis
Carisolo
Sant'Antonio di Mavignola
A. di Grual
Cioca
Rifugio Q. Sella e Tuckett
Rif. Brentei
Cima Brenta
Mte. Fibion
Pizzo Gallino
Cavedago
Fai della Paganella
La Rupe
Nave S. Rocco
Zambana
Zambana Vecchia
Santo Stefano
Albergo Cascata
Pinzolo
San Vigilio
Rif. Rodont
Doss d. Sabion
Rifugio XII Apostoli
Cima Tosa
Rifugi Pedrotti e Tosa
Rif. Croz dell'Altissimo
Rif. la Montanara
Rif. Pradel
Molveno
Alveo d. L. di Andalo
Cortalta
La Rocca
Andalo
Paganella
Malga Fai
Rifugio C. Battisti
Lavis
Lares
Sentiero della Pace
L. Garzone
Adamello
Mte. Fornace
Giustino
San Giovanni
Massimeno
Rifugio Agostini
Rifugio al Cacciatore
Cima di Ghez
L. di Molveno
R. Lambin
L. Santo
Foci dell'Avisio
Canfedin
Monte di Terlago
Trento Nord
L. di Terlago
Terlago
Caderzone
Strembo
Bocenago
Rifugio Ghedina
Cima di Vallon
Gruppo di Brenta
Dosso delle Saette
Nembia
Mte. Gazza
Rifugio Carè Alto
Carè Alto
Spiazzo
Mortaso
San Vigilio
Borzago
Mte. Toff
Cast. d. Camosci
Pelugo
Vigo Rendena
Mte. Irone
Mte. Brugnol
Dorsino
San Lorenzo in Banale
Fraveggio
Lon
Ciago
Cóvelo
Vigolo Baselga
Cadine
Trento
Baselga del Bondone
Vezzano
Padergnone
Sopramonte
Sardagna
Vaneze
Di Casa
Créper di Stracciola
Rifugio Trivena
Villa Rendena
Verdesina
Daré
Binio
Montagne
Larzana
Rágoli
Preore
Coltura
Lago Ponte Pia
Tavodo
Séo
Stenico
Villa Banale
Santa Massenza
Lago di Santa Massenza
Lago di Toblino
Ranzo
Calavino
Castel Madruzzo
Col di Castion
Mte. Cengledino
Mte. Comparadur
Tione di Trento
Zuclo
Bolbeno
Saone
Pso. Durone
Rango
Cima Sera
Bleggio Inferiore
Comighello
Comano Terme
Comano
Ponte Arche
Poia
Campo Lomaso
Vigo Lomaso
Lomaso
Pietramurata
Lasino
la Rosfa
Bondone
Rifugio Viote
Il Palone
Ravina
Mte. Lavetto
Mte. Benna
Bondone
Mte. Pizza
Mte. Solvia
Breguzzo
Bondo
Santa Croce
Cavrasto
Dasindo
Lundo
Bleggio Superiore
Fiavé
Stumiaga
Favrio
Torbiera di Fiavé
L. di Cavedine
Cavedine
Stravino
Brusino
Garniga Terme
Riserva Nat. Tre Cime del Monte Bondone
Romagnano
Cornetto
Cimone
Covelo
Aldeno
Roncone
Fontanedo
Lardaro
Mte. Altissimo
Mte. Maima
Dosso d. Torta
Lomasona
San Giovanni
Ballino
Brento
Marocche di Dro
Drena
Madonna dell'Aiuto
Vigo
Mte. Misone
Dro
Ceniga
Braila
L. di Cei
Albergo
Prà dell'Albi-Cei
Dosso Pagano
Savignano
Pomarolo
Nomi
Besenello
Calliano
Castel Beseno
Praso
Agrone
Pieve di Bono
Strada
Por
Creto
Bersone
Prezzo
la Roda
Rifugio Faggio
Tofino
Mte. Cádria
Palù
Rifugio Pernici
L. di Tenno
Canale
Ville del Monte
Tenno
Varignano
Vigne
Chiarano
Padaro
San Martino
Massone
Arco
Bolognano
Vignole
Mte. Stivo
Rifugio Marchetti
Castellano
Pederzano
Villa Lagarina
Volano
Taio di Nomi
Castel Pietra
Rovereto Nord
Nogaredo
Marano
Isera
Sant'Ilario
Saltaria
Moietto
Mte. Finonchio
Cima Palone
Lenzumo
Concei
Enguiso
Locca
Pranzo
Campi
Varone
Cologna
Cascata del Varone
Bezzecca
Tiarno di Sotto
Tiarno di Sopra
Condino
Pieve di Ledro
Cma. Pari
Mezzolago
Molina di Ledro
Biacesa di Ledro
Cima d'Oro
Albola
Riva del Garda
Monte Brione
Mte. Creino
Varano
Bordala
Ronzo-Chienis
Rovereto
Noriglio
Scottini
L. di Ledro
Legos
Pré
Nago
Tòrbole
Alveo del L. di Loppio
Valle San Felice
Lago di Loppio
Mori Vecchio
Pannone
Nomesino
Mori
Tierno
Lavini di Marco
Marco
Rovereto Sud - L. di Garda Nord
Castel Dante (Ossario)
Lizzana
Moscheri
Senter
Valmorbia
Giazzera
Albaredo
Vanza
Trambileno
Locanda d'Ampola
Stigolo
Cima Casèt
Mte. Tremalzo
Rif. Garibaldi
Mte. Nota
Passo di Nota
Pregasina
Mte. Carone
Dos Remit
Lóppio
Tórbole
Lago di Toblino
Sarche
Tovel
Zambana
Gardolo
Mte. Calisio
Pressano
Spormaggiore
Cima Uomo

Egna (Neumarkt)
Ora (Auer)
Montagna (Montan)
Trodena (Truden)
Salorno (Salurn)
Cortaccia s. Str. d. Vino (Kurtatsch a. d. W.)
Termeno s. Str. d. Vino (Tramin a. d. W.)
Magrè s. Str. d. Vino (Margreid a. d. W.)
Cortina sulla Strada del Vino (Kurtinig an der Weinstrasse)
Aldino (Aldein)
Redagno (Radein)
Cno. Bianco (Weißhorn)
Passo di Oclini (Grimm Joch)
Corno Nero (Schwarzhorn)
Passo di Lavazè (Lavaze-J.)
Pala di Santa
Passo di Pampeago
Cima di Valsorda
Predazzo
Mte. Agnello
Pampeago
La Tresca
Fontane Fredde (Kaltenbrunn)
San Lugano
La Cugola
Varena
Daiano
Carano
Cavalese
Mte. Cucal
Pso. di Pramadiccio
Stava
Tesero
Panchià
Ziano di Fiemme
Pizzanca
Zanon
Malgola
Bellamonte
VALLE TRAVIGNOLO
Castello di Fiemme
Masi di Cavalese
Molina di Fiemme
Castello-Molina di Fiemme
Predaia
Stramentizzo
PALÙ LONGIA
PARCO NATURALE MONTE CORNO
(NATURPARK TRUDNER HORN)
Monte Corno (Trudner Horn)
Anterivo (Altrei)
Cauria (Gfrill)
Laghetti (Laag)
Capriana
Dosso d. Colle (Halseck)
Casatta
L. di Stramentizzo
Valle Valfloriana
Sicina
Gràuno
Grumes
Sover
Montesover
Valda
Mte. Alto
Castion
Mte. Pincaldo
Segonzano
Valcava
Sette Fontane
Cembra
Faver
Piramidi di Segonzano
Bedollo
Brusago
Lisignago
Lona-Lases
Sevignano
Piazze
Rizzolaga
Lases
Albiano
Serraia
Baselga di Pinè
Paludi di Sternigo
Passo del Redebus
Palù del Fersina
Fornace
Santa Agnese
Nogarè
Montagnaga
Miola
Faida
San Orsola Terme
Fierozzo
San Felice
San Francesco
Mala
Frassilongo
Canezza
Kamauss
Vigalzano
Viarago
Serso
Falesina
Roveda
Pergine Valsugana
Vignola
Ischia
Levico Terme
Calceranica al Lago
Caldonazzo
Bosentino
Vattaro
Vigolo Vattaro
Centa San Nicolò
Mte. Cimon
Bertoldi
Lavarone
Chiesa
Gionghi
Cappella
Mte. Rust
Carbonare
Nosellari
Belvedere
Carotte
Pedemonte
Lastebasse
Longhi
Scalzeri
Casotto
Lucca
San Pietro Valdastico
Valdastico
Mte. Campomolon
Tonezza del Cimone
Mte. Tormeno
Mte. Toraro
Mte. Maggio
SENTIERO DELLA PACE
Folgaria
Serrada
Dosso d. Martinella
Becco di Filadonna
Mte. Spizom
Cornetto
Mte. Rovere
Passo di Vezzena
Cima di Vezzena
Cima Manderiolo
Cima Larici
Cma. Portule
Cno. di Campo Verde
Mte. Verena
Cima Cívello
Mte. Erio
Roana
Mezzaselva
Asiago
Canove
Gallio
Campanella
Foza
Enego
Mte. Lisser
Rendole
Cima Echar
ALTOPIANO DEI
VAL D'ASSA
Mte. Zèbio
Mte. Meatta
Mte. Fiara
Mte. Baldo
Mte. Meletta di Gàllio
Mte. Fior
Cima Undici
Cima Dodici
Mte. Ortigara
Mte. Lozze
Mte. Forno
Castelloni di S. Marco
Malga Mandrielle
Cost'Alta
Colle dei Meneghini
Pso. Forcellona
Mte. Civerone
Borgo Valsugana
Roncegno
Novaledo
Marter
Torcegno
Telve
Telve di Sopra
Carzano
Scurelle
Spera
Strigno
Samone
Bieno
Ivano-Fracena
Villa-Agnedo
Castello d'Ivano
Ospedaletto
Cima la Presa
Grigno
Sasso Rosso
Cinte Tesino
Pieve Tesino
Castello Tesino
Pradellano
VAL SUGANA
Fiume Brenta
RIS. NAT. FONTANAZZO
Cle. d. Stanga
VAL DI SELLA
Sella
Mte. Cola
Mte. Gronlait
Mte. Fravort
Sopra Conella
Cima di Sette Selle
Cima Cagnon
VAL DI CALAMENTO
Mte. Ciste
Mte. Salubio
Mte. Croce
Mte. Ruioch
Mte. Fregasoga
Pso. Manghen
Mte. Ziolera
Mte. Val Piana
Cimon del Tres
Cima delle Buse
L. di Stellune
Cima di Lagorai
Flla. di Valsorda
Cimon di Val Moena
Paiom del Cermis
Alpe Cermis
Doss dei Laresi
VAL CADINO
Molina Cadino
Corona Alta
Lastè d. Sute
CATENA DEI LAGORAI
Col del Latte
Cauriol
Cima dei Paradis
Coltorondo
Cima di Cece
Passo Cinque Croci
Cima d'Asta
Rifugio O. Brentari
Col d. Croce
VAL VIOSA
Il Passetto
Mte. Cengello
Rifugio Carlettini
VAL CAMPELLE
Mte. Cenon
L. di Costa Brunella
Cimon Rava
Mte. Castelletto
Mte. Cima
VAL TOLVA
M. Tolva
Pallone d. Cavallara
VAL DONEGA
Mte. Agaro
Lissa
Faedo
Castello di Monreale
S. MICHELE - MEZZOCORONA
Pergine Valsugana
Costasavina
Susa
San Cristoforo al Lago
la Marzola
San Vito
Valsorda
Calceranica al Lago
RIS. NAT. INGHIAIE
CANNETI DI S. CRISTOFORO
L. di Caldonazzo
Mte. Fiara
Caldonazzo
Asiago
Serafini
Tezze
Selva

Cima di Valsorda
Predazzo
Tesero
Panchià
Ziano di Fiemme
VALLE DI FIEMME
Moena
VALLE TRAVIGNOLO
Bellamonte
Malgola
Pizzancia
Zanon
Cavelonte
Corona Alta
CATENA DEI LAGORAI
Coltorondo
Cima di Cece
Cima dei Paradisi
Cauriol
Lastè d. Sute
Col del Latte
Cima di Lagorai
Flla. di Valsorda
VAL CIA
Cima d'Asta
Passo Cinque Croci
Rifugio O. Brentari
Col d. Croce
VAL VIOSA
il Passetto
Mte. Cengello
M. Tolva
VAL TOLVA
Pallone d. Cavallara
Cimon Rava
Mte. Cenon
MASI CARRETTA
VAL DONEGA
Mte. Castelletto
Mte. Cima
Mte. Agaro
Bieno
Samone
Spera
Strigno
Ivano- Fracena
Castello d'Ivano
Agnedo
Villa
Ospedaletto
Cima la Presa
Pieve Tesino
Castello Tesino
Cinte Tesino
Sasso Rosso
Grigno
RIS. NAT. FONTANAZZO
Mte. Ortigara
Castelloni di S. Marco
Mte. Lozze
Forno
Malga Mandrielle
Cost'Alta
Colle dei Meneghini
Barricata
Albergo Marcesina
Pso. Forcellona
Enego
Rendole
Mte. Lisser
Mte. Fiara
il Cimone
Mte. Baldo
Mte. Meletta di Gàllio
Mte. Fior
Gàllio
Asiago
Stoccaredo
Valstagna
Cima Echar
Foza
Lazzaretti
Gavelle
Mte. Spitz
VALLE DI BRENTA
Fiume Brenta
San Marino
Cismon del Grappa
Enego
Primolano
Martincelli
Arsiè
Tovio
Cima di Lan
Mellame
Fastro
San Michele
L. del Corlo
Mte. Roncone
Nuova Gliulat
Rocca
Mte. Cismon
Casere
Col dei Boffat
Mte. Prassolan
Mte. Pèrtica
Col d. Berretta
Mte. Grappa
Rifugio Albergo Bassano
Col Moschin
Carpanè
San Nazàrio
Mte. Coston
Beata Vergine del Còvolo
Valle di San Lucano
Panevéggio
Costazza
SENTIERO DELLA PACE
L. di Forte Buso
L. di Colbricon
Colbricon
Cima di Bragarolo
PANEVÉGGIO - PALE DI S. MARTINO
Cima Tognola
Cima Scanaiòl
Cima Folga
Tognola
Alpe Crel
Passo Rolle
Baita Segantini
Cima d. Focobon
Cima d. Vezzana
Cimon d. Pala
Cima d. Rosetta
Pala di San Martino
San Martino di Castrozza
Sass Maòr
VAL CISMON
L. di Calaita
Col di Cistri
Siror
Tonadico
Transacqua
Fiera di Primiero
Mezzano
Imer
Canal San Bovo
VAL DEL VANOI
Caoria
Raffaei
Passo di Gobbera
Masi di Lozen
Cimon di Fradusta
Sass de Mura
Passo Alvis
L. di Val Noana
VAL NOANA
Mte. Vederna
Mte. Totoga
Cimon di Totoga
Pso. d. Brocon
VAL CORTELLA
Ronco
RISERVA NATURALE MONTE PAVIONE
Aghere
LE VETTE
Mte. Ramezza
RIS. NAT. PIAZZA DEL DIAVOLO
Mte. Pavione
RIS. NAT. VETTE FELTRINE
Monte Croce
Mte. Vallazza
Pso. di Finestra
Col del Toc
Mte. Coppolo
Belloti
Sovramonte
Castel Schener
Zorzoi
Servo
Croce d'Aune
Mte. Palagai
BELLUNESI
DOLOMITI
VALLE DI CANZOI
L. d. Stua
Mte. Tre Pietre
Mte. Colsento
Mte. Pizzocco
RIS. NAT. VALLE SCURA
RIS. NAT. PIANI ETERNI-ERRERA-VAL I
Mte. Agnellezze
Mte. Prabello
Cimon del Piz
Piz di Sagròn
Sagròn
Passo di Cereda
Gosaldo
ALTA VIA N° 2 D. DOLOMITI
Cima d'Oltro
Sant'Andrea
PALE DI SAN MARTINO
Croda Grande
Rifugio Treviso
Passo Canali
Pale dei Balconi
Forcella Cesurette
Mte. Agner
Voltago Agordino
Rivamonte Agordino
Frassenè
Agordo
Taibon Agordino
Mte. S. Lucano
Col di Pra
Listolade
Cencenighe Agordino
Canale d'Agordo
Falcade
Caviola
Fregona
Mte. Pradazzo
Passo di Valles
Mte. Palmina
Cima di Pape
Cimon d. Stia
Malga Venegiotta
Rifugio Volpi
Col Margherita
Cima Bocche
VALLE DI SAN PELLEGRINO
Alpe di Lusia
Passo di Lusia
Baita del Laste
Valbona
Viezzena
Le Cune
Mte. Mulat
Lamon
Sorriva
Faller
Rifugio Lusia
Mte. Avena
Ramen
Fonzaso
L. del Senàiga
Arina
Chiappini
RIS. NAT. SORG. RESENAUOLA
Serafini
Belvedere
Pedavena
Feltre
Facen
Mugnai
Artén
Seren del Grappa
Rasai
Porcen
Tomo
Mte. Tomatico
AP. 2006
Cesiomaggiore
Toschian
Lasen
Vignui
Villabruna
Pullir
Foen
Lentiai
Cesana
Villapiana
Ronchena
Villa-paiera
Zermen
Anzù
Cellarda
Mte. Artent
Canal
F. Piave
Mte. Garda
Caorera
Mte. Santo
Mte. Peuma
Santa Maria
Schievenin
Mte. Fontana Secca
Mte. Solarolo
Col dell'Orso
Alano di Piave
Quero
Vas
Campo
Colmirano
Fener
Segusino
Valdobbiadene
Mte. Zago
Mte. Cesen
Mte. Tomba
Mte. Pallon
Pederobba
Cavaso del Tomba
Possagno
Onigo di Piave
Covolo
Mte. Palmina
Mte. Agaro

30
14
15
31
47
Forno di Zoldo
Longarone
Erto e Casso
Lago del Vajont
Cimolais
Claut
Pinedo
Basoia
Col delle Pitte
Mte. Resettùm
Mte. Cuvil
Àrcola
Bàrcis
Mte. Lupo
PARCO
Mte. Schiara
Mte. Pelf
Mte. Serva
RIS. NAT. SCHIARA OCCIDENTALE
ALTA VIA N°1 D. DOLOMITI
Mte. Tàmer
Mte. Castello
Cima di Pramper
Spiz di Mezzodì
Mte. Mègna
Mte. Talvena
La Valle Agordina
Mte. Celo
La Muda
Ponte d. Muda
Mte. Ferue
Mte. Alto
RIS. NAT. MONTI DEL SOLE
Pala Alta
RISERVA NAT. VAL TOVANELLA
Cima d'Àlbero
Ospitale di Cadore
Termine
Castello Lavazzo
Podenzoi
Dogna
Provagna
Mte. Cimon
Fortogna
Soverzene
Spiz Gallina
Lago di Val Gallina
Mte. Toc
Col Nudo
Crep Nudo
Mte. Arghena
Cimon
Mte. Dolada
Mte. Venale
Mte. Messer
Mte. Laura
ALPAGO
Pieve d'Alpago
Puos d'Alpago
Farra d'Alpago
Chies d'Alpago
Lago di Santa Croce
Tambre
Mte. Guslon
Mte. Cavallo
Piancavallo
Mte. Caseratte
Col Alto
BOSCO DEL CANSIGLIO
Mte. Croseraz
Col Grande
Mte. Candaglia
Col d. Gallina
Polcenigo
Budoia
San Giovanni
Dardago
Costa
Ponte nelle Alpi
BELLUNO
Cusighe
Castion
Sèdico
Limana
Trichiana
Santa Giustina
Mel
Cavessago
Visome
Castoi
Villa di Villa
Mte. Croce
NEVEGAL
Col Visentin
Mte. Pascolet
Fadalto
Nove
Mte. Pizzoc
Valmorel
Agnellezze
Tarzo
Revine Lago
Mte. Cimone
Col de Moi
Mte. Crep
Follina
Cison di Valmarino
Miane
Mte. Moncader
Col. Franchin
Refrontolo
San Pietro di Feletto
Farra di Soligo
Pieve di Soligo
Solighetto
Serravalle
VITTORIO VENETO
Cappella Maggiore
Sarmede
Fregona
Colle Umberto
Godega di Sant'Urbano
San Fior
Orsago
Cordignano
Caneva
Fontanafredda
Sacile
Brugnera
Gaiarine
Codognè
CONEGLIANO
Susegana
Colle di Guarda
Collalbrigo
Vendemiano
San Vendemiano
Santa Lucia di Piave
Cimetta
Fontanelle
Portobuffolè
Mansuè
Pianzano
Bibano
Cittadella
Campomolino
Vallonto
Fontanelle
Sernaglia della Battaglia
Moriago della Battaglia
Mosnigo
Falzè di Piave
Fontigo
Bosco
Mte. Verena
A27
AP. 2004
AP. 2005

BELLUNO
30
PORDENONE
VITTORIO VENETO
CONEGLIANO
46
15
47
Maniago
Montereale Valcellina
Aviano
Cordenons
Sacile
Porcia
Brugnera
Prata di Pordenone
Azzano Décimo
Pasiano di Pordenone
Chions
Pravisdomini
Oderzo
Motta di Livenza
Mansuè
Gaiarine
Codognè
Fontanelle
Vazzola
Santa Lucia di Piave
Mareno di Piave
San Polo di Piave
Cimadolmo
Ormelle
Spresiano
Susegana
San Fior
Godega di Sant'Urbano
Colle Umberto
Orsago
Cordignano
Cappella Maggiore
Sàrmede
Fregona
Tarzo
Cáneva
Polcenigo
Budoia
Fontanafredda
Roveredo in Piano
San Quirino
Vajont
Barcis
Cimolais
Claut
Erto e Casso
Lago del Vajont
Lago di Barcis
Lago di Santa Croce
Lago di Cà Selva
Ponte nelle Alpi
Puos d'Alpago
Farra d'Alpago
Pieve d'Alpago
Chies d'Alpago
Tambre
ALPAGO
BOSCO DEL CANSIGLIO
NEVEGAL
Col Visentin
Mte. Cavallo
Mte. Pizzoc
Mte. Toc
Mte. Cornetto
Mte. Serva
Mte. Resettùm
Mte. Raut
Mte. Fara
Portobuffolè
Meduna di Livenza
Cessalto
F. Piave
T. Cellina
F. Livenza
F. Meduna
AP. 2004
A27
A28
© GEOnext - ISTITUTO GEOGRAFICO DE AGOSTINI S.p.A. - NOVARA

32
Tramonti di Sotto
Mte. Celant
Mte. Taiêt
Pielungo
Mte. Flagel
Mte. Cuâr
Avasinis
Trasàghis
Gemona del Friuli
Sella Foredôr
Cesàriis
Campone
Sualdin
Casa Pecol
Pert
Montenars
Flaipano
Ferrara
Cleva
Frujns
Peònis
Cima Pala
Ospoppo
Maniaglia
Lessi
Isola
San Giorgio
Stella
Mte. Valinis
Gerchia
Pradis di Sotto
RISERVA NATURALE DEL LAGO CORNINO
OSOPPO-GEMONA
Artegna
Magnano in Riviera
Sammardenchia
Mte. Ciaurlec
Zuanes
Clauzetto
Anduins
Forgària nel Friuli
San Rocco
Cornino
Colas
Zomeais
Sedilis
Torlano di Sopra
Meduno
Sottomonte
Vito d'Asio
Castello
Rivoli
San Floreano
Madonna
Urbignacco
Borgo Zurini
Tarcento
Maraldi
Ciago
Toppo
Almàdis
Zancan
Manazzons
Flagogna
Tomba
Búia
Avilla
Santo Stefano
Ursinis
Segnacco
Molinis
Nimis
Castelnuovo del Friuli
Paludea
Mte. di Ragogna
Casasola
Zeglianutto
Buerìs
Treppo Grande
Carvacco
Raspano
Collalto
Loneriacco
Pso. di Mte. Croc
Travèsio
Molevana
Usago
Orgnese
Pinzano al Tagliamento
San Pietro
Múris
Susans
San Tommaso
Comerzo
Majano
LEDRA
Mels
Fraelacco
Qualso
Borgo Ponte
Attimis
Solimbergo
Graves
S. Giacomo
Pers
Vendoglio
Martignacco
Cassacco
Zompitta
Savorgnano del Torre
Sequals
Lestans
Valeriano
Villuzza
Ragogna
Pignano
San Daniele del Friuli
Farla
S. Eliseo
Colloredo di Monte Albano
Tricésimo
Vergnacco
Cortale
Ravosa
Colle
Aonedis
Castello
Entesano
Lauzzana
Ara
Felettano
Leonacco
Valle
Reana del Roiale
Sopra Marsure di Sotto
Arba
Vacile
Superiore
Codugnella
Fontanabona
Tavagnacco
Rizzolo
Gáio
Villanova
Arcano Inferiore
Caporiacco
Brazzacco
Pagnacco
Povoletto
Istrago
Baséglia
Spilimbergo
Gravons
Rive d'Arcano
Pozzális
Moruzzo
Zampis
Adegliacco
San Bernardo
Tesis
Tauriano
Carpacco
Rodeano
Fagagna
Madrisio
Alnicco
UDINE NORD
Torreano
Plaino
Cavalicco
Gódia
Vidulis
Coseano
Rivotta
Ruscletto
Ciconicco
Villalta
Ceresetto
Feletto Umberto
Colugna
Remanzacco
Beivars
San Gottardo
Barbeano
Maseris
Dignano
Cisterna
San Vito di Fagagna
Faugnacco
Rizzi
Martignacco
Provesano
Gradisca
Silvella
Can Ledra
Savalóns
Plasèncis
Nogaredo di Prato
Passons
la Buse dei Veris
UDINE
Laipacco
Bonzicco
Nogaredo di Corno
Pasian di Prato
San Giorgio della Richinvelda
Cosa
Flaibano
Barazzetto
San Marco
Sant'Odorico
Mereto di Tomba
Tomba
Colloredo di Prato
Pozzo
Rauscedo
Redenzicco
Grions
Blessano
Variano
Sant'Osvaldo
Cussignacco
Aurava
Coderno
Bressa
Basaldella
Campofórmido
Paparotti
San Martino al Tagliamento
Domanins
Turrida
Visandone
UDINE SUD
Postoncicco
Pantianco
Rivis
Sedegliano
Villaorba
Basiliano
Zugliano
ZUGLIANO
Terenzano
Cargnacco
Lovaria
Arzenutto
Orgnano
Basagliapenta
Beano
Carpeneto
Lumignacco
Valvasone
San Lorenzo
Gradisca
Nespoledo
Pozzuolo del Friuli
Sammardenchia
Pavia di Udine
Árzene
Murlis
San Lorenzo
San Antonio
Torricella
Casale-Loreto
Pozzo
Sclaunicco
Risano
Lauzacco
Castions
Ponte della Delizia
Bivio Coseat
Goricizza
Villacáccia
Zompicchia
Santa Maria
Lavariano
Chiasottis
Persereano
Casarsa della Delizia
Biauzzo
Galleriano
Lestizza
Tissano
Orcenico Superiore
Versutta
Codróipo
Iutizzo
Rivolto
Pozzecco
Chiasiellis
Santo Stefano Udinese
Sile
San Giovanni
San Floriano
San Vidotto
Villa Manin
Passariano
Lonca
Bertiolo
Mortegliano
Talmassons
Cuccana
Bicinicco
Marzinis
Camino al Tagliamento
Gorizzo
Virco
Flambro
Gris
Ronchis
Prodolone
Rosa
San Pietro
Ligugnana
Bugnins
Glaunicco
San Martino
Muscletto
Sterpo
Flumignano
Sant'Andrât
Morsano di Strada
Felettis
Sottoselva
S. Vito al Tagliamento
Bràida Bottari
Gléris
Stràccis
Gradiscutta
Santa Marizza
Romans
Castions di Strada
Ontagnano
Gónars
Fauglis
Taiedo
Savorgnano
Torrate
Ramuscello
Carbona
Belgrado
Roveredo
Sivigliano
Flambruzzo
Bagnaria Arsa
Vissignano
Bando
Varmo
Cornazzai
Árìis
Torsa
Paradiso
Corgnolo
Castello
GONARS
Braidacurti
San Paolo
Rivignano
Ramuscello Vecchio
Saletto
Madrisio
Roveredo
Porpetto
Marignana
Sacudello
Bagnarola
Morsano al Tagliamento
Mussons
Sella
Teor
S.GIORGIO-PORPETTO
VILLOTTA
Sesto al Réghena
Belvedere
Canússio
Driolassa
Pocenia
Villaggio Roma
Pampaluna
Castions delle Mura
Bagnara
Mure
Cordovado
Campomolle
Chiarmàcis
Casali Franceschinis
San Giórgio di Nógaro
Fornelli
SESTO AL REGHENA
Gruaro
Suzzolins
Villanova
Fraforeano
Muzzana del Turgnano
Zellina
Giai
Boldara
Teglio Veneto
Malafesta
LATISANA
Modeano
Galli
Villanova
Porto Nogaro
Torviscosa
Malisana
Portovecchio
Cintello
Rivarotta
San Gervásio
GRUARO
Segà
PORTOGRUARO
FRATTA
Gorgo
Fratta
Alvisópoli
Palazzolo dello Stella
C. Braida
Carlino
Fossalta di Portogruaro
Crosere
Precenicco
Canale Cormor
Latisana
Piancada
Villa Bruna
Ausa-Corno
F. Ausa
Villa
Summaga
San Giusto
Portogruaro
Strago
Santa Margherita
Villa nova
Vado
San Giorgio al Tagliamento
San Michele
Paludo di Latisana
Stella
Marano Lagunare
16
33
48
49
E 55

33
16
17
32
48
49
38
Mte. Verzégnis
Mte. Valcalda
Mte. Rovoleit
Mte. Pionbada
Mte. Faèit
Mte. Piciàt
Mte. S. Simeone
Mte. Plàuris
Mte. Lavara
Mte. Cadin
Cime d. Mte. Musi
Mte. Ledis
Mte. Cengla
Cuesta Spioleit
Tramonti di Mezzo
Zuc di Santins
Mte. Cornet
Mte. Flagel
Mte. Cuâr
Mte. Taièt
Mte. Celant
Mte. Brancot
Mte. Chiampòn
Mte. Postoncicco
Mte. Pala
Mte. Ciaurlec
Mte. Lonza
Mte. di Ragogna
Cavazzo Càrnico
Cesclans
Mena
Somplago
Lago di Cavazzo
Portis Nuovo
Portis Vecchio
Venzone
Interneppo
Bordano
Alesso
Oncédis
Avasìnis
San Francesco
Redónis
Pielungo
Campone
Sualdin
Casa Pecol
Fruins
Orton
Bagni
Anduins
Clauzetto
Vito d'Àsio
Forgária nel Friuli
San Rocco
Cornino
Peónis
Cima Pala
Osoppo
RISERVA NATURALE DEL LAGO CORNINO
OSOPPO-GEMONA
Trasaghis
Braulins
Comugne
Ospedaletto
Gemona del Friuli
Montenars
Flaipano
Maniaglia
Lessi
Artegna
Isola
San Giorgio
Magnano in Riviera
Sammardenchia
Stella
Chialminis
Lusévera
Vedronza
Villanova
Musi
Fella. Musi
Sella Foredòr
Cesàris
Pradièlis
Micòttis
PARCO NATURALE
Tagliamento
CARNIA
Venzonassa
Meduno
Sottomonte
Maraldi
Ciago
Toppo
Almádis
Zancan
Manazzons
Paludea
Castelnuovo del Friuli
Travèsio
Molevana
Usago
Pinzano al Tagliamento
Flagogna
San Pietro
Mùris
Susans
Comerzo
San Tommaso
S. Giacomo
Rivoli
Tomba
Casasola
Majano
Mels
Búia
Madonna
Avilla
Santo Stefano
Ursinis
Treppo Grande
Carvacco
Urbignacco
Borgo Zurini
Buerìis
Zeglianutto
Ràspano
Vendoglio
Colos
Zomeais
Tarcento
Segnacco
Molinis
Collalto
Loneriacco
Fraelacco
Qualso
Nímis
Sedilis
Torlano di Sopra
Ferrara
Redona
Valinis
Cleva
Gerchia
Pradis di Sotto
Zuanes
Orgnese
Solimbergo
Mistris
Colle
Sequals
Lestans
Valeriano
Villuzza
Ragogna
Pignano
San Daniele del Friuli
Farla
Pers
S. Eliseo
Colloredo di Monte Albano
Cassacco
Martinazzo
Tricésimo
Ara
Felettano
Leonacco
Reana del Roiale
Valle
Vergnacco
Zompitta
Savorgnano del Torre
Cortale
Ravosa
Arba
Vacile
Gáio
Aonedis
Villanova
Superiore
Arcano Inferiore
Arcano
Castello
Entesano
Lauzzana
Codugnella
Caporiacco
Brazzacco
Pagnacco
Fontanabona
Tavagnacco
Molinát
Tesis
Istrago
Baséglia
Spilimbergo
Carpacco
Glavons
Rive d'Arcano
Pozzalis
Madrisio
Moruzzo
Alnicco
Zampis
UDINE NORD
Adegliacco
Povoletto
Tauriano
Rodeano
Fagagna
Ciconicco
Villalta
Torreano
Plaino
Cavalicco
Gódia
Beivars
San Gottardo
Barbeano
Vidulis
Coseano
Rivotta
Ruscletto
Maseris
Dignano
Cisterna
San Vito di Fagagna
Can Ledra
Martignacco
Ceresetto
Faugnacco
Feletto Umberto
Colugna
Rizzi
Provesano
Gradisca
Bonzicco
Silvella
Savalóns
Plasèncis
Nogaredo di Corno
Nogaredo di Prato
Passons
UDINE
Laipacco
San Giorgio della Richinvelda
Cosa
Flaibano
Barazzetto
Mereto di Tomba
San Marco
Pasián di Prato
Colloredo di Prato
Rauscedo
Pozzo
Sant'Odorico
Redenzicco
Grions
Tomba
Blessano
Variano
Bressa
Basaldella
Sant'Osvaldo
Cussignacco
Paparotti
Domanins
San Martino al Tagliamento
Aurava
Turrida
Coderno
Visandone
Campofórmido
Postoncicco
Rivis
Pantianco
Basiliano
Zugliano
ZUGLIANO
Terenzano
UDINE SUD
Arzenutto
Sedegliano
Villaorba
Basagliapenta
Orgnano
Cargnacco
Árzene
Valvasone
San Antonio
Gradiscia
San Lorenzo
Beano
Carpeneto
Sammardenchia
Lumignacco
Pavia di Udine
Murlis
Torricella
Casale-Loreto
Pozzo
Nespoledo
Sclaunicco
Pozzuolo del Friuli
Castions
Ponte della Delizia
Bivio Coseat
Goricizza
Villacáccia
Zompícchia
Santa Maria
Risano
Lauzacco
Casarsa della Delizia
Superiore
Orcenico Inferiore
Galleriano
Lavariano
Chiasottis
Persereano
Versutta
Biauzzo
Codróipo
Iutizzo
Villa Manin
Passariano
Rivolto
Lonca
Pozzecco
Lestizza
Mortegliano
Tissano
Santo Stefano Udinese
Sile
San Floriano
San Vidotto
Camino al Tagliamento
Bertiolo
Talmassons
Chiasiellis
Marzinis
Prodolone
Rosa
Gorizzo
San Pietro
Virco
Flambro
Cùccana
Bicinicco
Ronchiettis
Villanova
Ligugnana
Bugnins
San Martino
Muscletto
Flumignano
Gris
Felettis
S. Vito al Tagliamento
Bráida Bottari
Glaunicco
Santa Marizza
Sterpo
Sant'Andràt
Castions di Strada
Morsano di Strada
Ontagnano
Taiedo
Gléris
Stráccis
Gradiscutta
Romans
Gónars
Fauglis
Savorgnano
Torrate
Ramuscello
Carbona
Belgrado
Varmo
Roveredo
Sivigliano
Flambruzzo
GONARS
Bagnaria Arsa
Campolonghetto
Braida Bottari
Vissignano
Bando
San Paolo
Madrisio
Rivignano
Ariis
Torsa
Paradiso
Corgnolo
Castello
Porpetto
Marignana
Ramuscello Vecchio
Saletto
Sacudello
Bagnarola
Morsano al Tagliamento
Mussons
Sella
Teor
Roveredo
S.GIORGIO-PORPETTO
Sesto al Reghena
VILLOTTA
Bel-vedere
Bagnara
Canùssio
Campomolle
Driolassa
Pampaluna
Villaggio Roma
Cast. delle
©ISTITUTO GEOGRAFICO DE AGOSTINI S.p.A. - NOVARA

ALTA VIA RESIANA
Stolvizza
Sella Prevala
Veliki Vrh (Mte. Rombon)
Mte. Kanin
Bovec (Plezzo)
Kal (Coritenza di Plezzo)
Soča (Sónzia)
Velika Tičarica (Ticerza)
Plaski Vogel
Koča na Doliču (Rif. Cozzi)
Cernapenc
Coritis
Mte. Nisca
Koča P. Skalarja (Rifugio Timeus)
Plužna
PREALPI GIULIE
Log pod Mangartom
Podklanec (Podclanzi)
Velika Vrata
Koča pri Triglavskih jezerih
Mte. Zaiaur
Mte. Guarda
Podčela (Podicella)
Čezsoča (Oltresónzia)
Uccea
Učeja (R. Uccea)
Pso. di Tanamea
Log Čezsoški (Loga d'Oltresónzia)
Polovnik (Polonig)
Krasji Vrh (Mte. Grande)
Vršič
Kal
Pršivec
Zaga (Saga)
Srpenica
Planina
Lepena
Izvir Save
Bogatin
Planina na Kraju
Dom Savica
Zlatorog
Bohinjsk
Pta. di Montemaggiore
Gabrovec
ALTA VIA VALLI D. NATISONE
Stol
Brezovo
Vrata
Krn jezero (L. di Monte Nero)
Dom na Komni
Carnappo
Breginj (Bergogna)
Montemaggiore
Trnovo ob Soči (Ternova d'Is.)
Drežniške Ravne
Krn (Monte Nero)
Tolminski Kuk
Vogel
Sambo
Stanovišče
Potoki (Potocchi di Creda)
Globoka (Pso. Globoka)
Taipana
Sedlo
Borjana (Boreana)
Staro Selo (Sella di Cap.)
Kobarid (Caporetto)
Drežnica
Platischis
Logje (Longo)
Kred (Creda)
Suzid
Svino
Ladra
Smast
Libušnje
Pologar
Koča na planini Razor
Nongruella
Prossenicco
Idrsko (Idresca d'Isonzo)
Vrsno
Kamno (Camina)
Mrzli Vrh (Mte. Merzli)
Čadrg (Ciadra)
Mte. Mia
Mte. Matajur
Robidišče
Cantoniera
Volarje (Vollária)
Mte. Iáuer
Mte. Vogu
Stupizza
Montemaggiore
Livek (Luico)
Kuk (Mte. Cucco)
Gabrje
Zarobom
Tolminka
Zadlaz
Montefosca
Mersino
KOLOVRAT (COLOVRAT)
Dolje
Zatolmin
Tolmin (Tolmino)
Kobilja Glava (Mte. Testa di Cavallo)
Mte. Ioânaz
Erbezzo
Čepletischis
Polava
Drenchia
Poljubinj
Volče (Volzana)
Mte. Carnizza
Canébola
Pulfero
Masarólis
Tuómaz
Cras
Ljubinj
Podmelec (Piedimelze)
Grahovo (Gracova)
Strémiz
Cocianzi
Costa
Savogna
Prapotnizza
Modrejce (Modreuzza)
Čiginj
Canal di Grivò
Mte. Caludranza
Tarcetta
Brischis
Alberone
ALTA VIA VALLI DEL NATISONE
Kozarsče (Cosarsa)
Modrej (Modreai)
Bača (Báccia)
Valle
Costalunga
Spignon
Tiglio
Ponteacco
Clódig
Grimacco
Lombai
Most na Soči (Santa Lucia)
Raschiaccio
Colloredo
Torreano
Biácis
Dolegna
Tribil Superiore
Srednje
Idrija pri Bači
Ponikve (Paniqua)
Campeglio
Prestento
San Pietro al Natisone
Sorzento
Crostú
Merso di Sopra
Iesizza
Stregna
Globočak
Tolminski Lom
Slap (Slappe d'Idria)
Rónchis
Vernasso
Ponte San Quirino
Scrutto
San Leonardo
Tribil Inferiore
Kambreško
Ročinj (Ronzina)
Doblar
Manfredi
Idrijca (F. Idria)
Togliano
Cividale del Friuli
Azzida
Altana
Iáinich
Ajba
Mad. d. Neve
SLO
Veli Vrh
Moimacco
Bottenicco
Sanguarzo
Purgéssimo
Codromaz
Idrija
Bodrež
Avče (Auzza)
Levpa
Kopruše (Coprisca)
Vrh Skopice
D. Trebuša (Trebuša)
Carraria
Podresca
Castelmonte
Kanal (Canale d'Isonzo)
Kanalski Vrh
Kal nad Kanalom
Mte. Lasce
Frata
Grupignano
Rualis
Cialla
Gagliano
Gorenja vas (Gorenja di Canale)
Borgo San Mauro
Fornális
San Pietro Chiazzacco
Kobalar (Cobaler)
Anhovo (Salona d'Isonzo)
BANJŠKA PLANOTA (ALTOP. DELLA BAINSIZZA)
Dol
Orzano
Bodigoi
Firmano
Albana
Lozice (Lásizze)
Deskle (Descla)
Trušnje
Čepovan (Chiapovano)
Premariacco
Paderno
Spessa
Mernico
Prepotto
Kožbana (Cosbana nel Cóllio)
Plave (Plava)
Bate (Battaglia della Bainsizza)
Lokovec
Bojnik
Ipplis
Dolegna del Collio
BRDA (CÓLLIO)
Rávne
Lazna
Gorenja Trebuša
Orsária
Azzano
Craoretto
Lonzano
Krasno (Cresena)
Kuk (Mte. Cucco)
Madoni
Bútrio
Rocca Bernarda
Zabrdo
Vodice
V. Češevik (Mte. Céson)
Villa Morpurgo
Smartno (S. Martino Cóllio)
Skalnica (Mte. Santo)
Grgar (Gargaro)
ČEPOVANSKA DOLINA (VALLONE DI CHIAPOVANO)
Lokve (Lóqua)
Šinkovec
Rosazzo
Corno di Rosazzo
Vencó
Castel Dobra
Dobrovo
Kojsko (Quisca)
Biljana
Mte. Bucovizza
Manzano
Sant'Andrat
Fojana
Kozana
Britof
Sedovec (Sedova)
Nemci
Turski klanec (Pso. dei Turchi)
Dolegnano
Medana
Mte. Sabotino
Sv. Gabrijel (Mte. S. Gabriele)
San Giovanni al Natisone
Visinale
Plessiva
Cerovo
S. Floriano del Collio
Oslávia
Solkan (Salcano)
Trnovo (Tarnova)
Mrzovec (Mte. Frigido)
Percoto
San Lorenzo
Brazzano
Glassico
Ossario
Kromberk (Moncorona)
Rialzo
Bolzano
Cormons
Vipolže
GORIZIA
NOVA GORICA
Pso. d. Prevalo
Trivignano Udinese
Villanova dello Iúdrio
Capriva del Friuli
Mte. Calvario
Ajševica (Aisovizza)
Ozeljan (Ossegliano)
Vitovlje
Carnizza
Medeuzza
Mossa
Markov hrib (Mte. S. Marco)
V. Modrasovec
Borgnano
Angoris
Moraro
S. Lorenzo Isontino
Lucinico
Sempas (Sambasso)
Vrh Rob
Clauiano
Chiópris
Mte. di Medea
Corona
S. Andrea
Užice (Vosizze)
Osek
Viscone
Medea
Mariano del Friuli
Farra d'Isonzo
Savogna d'Isonzo
Vrtojba (Vertoiba)
Volčja Draga
Vogrsko (Ville Montevecchio)
Crnice (Cernizza)
Gojače (Goiaci)
Ostini
Kamnje (Camigna)
Palmanova
Nogaredo al Torre
Fratta
Versa
Gradisca d'Isonzo
Poggio Terza Armata
Bukovica (Boccavizza)
Prvačina (Prevacina)
Dornberk (Montespino)
Potoče (Potocce)
Visco
San Vito al Torre
Románs d'Isonzo
Mte. S. Michele
San Martino del Carso
Gábria
Peči
Miren (Merna)
Bilje (Biglia)
Renče (Ranziano)
Selo
Vipava
Vipavski Križ (Sta. Croce di Aidussina)
Crauglio
Ioannis
Aiello d. Friuli
Tapogliano
Villesse
Sagrado
Fogliano
Redipuglia
Rupa
Fajtji Hrib (Fáiti)
Brdo (Berolo)
Branik (Rifembergo)
Cavenzano
Perteóle
Campolongo al Torre
San Pier d'Isonzo
Polazzo
Marcottini
Visintini
Lokvica (Loquizza)
Seghetti
Kostanjevica (Castagnevizza)
Trstelj (Mte. Tersteli)
Svino (Zavino)
Strassoldo
Alture
Palchisce
Opatje Selo (Opacchiasella)
Lipa
Škrbina (Scherbina)
Messari
Branica

Crêt Bettex
P.te du Lac sans Fond
2885
2188
Colle del Piccolo San Bernardo
Cascate del Rutor
Mte. Paramont
3300
Planaval
Introd
Buillet
Pondel
1568
Versoye-les-Granges
Bonneval-les-Bains
2892
Mte. Valaisan
L. di Bella Comba
L. del Rutor
3174
Grand Assaly
Prariond
la Bethaz
Dora di Valgrisenche
Coveyrand-Vieux
Becca d. Merlo
2961
1218
Rhêmes-Saint-Georges
Frassiney
Chevrère
Molère
Fenille
28
A
B
C
19
Testa del Rutor
3486
Valgrisenche
Planté
1664
3302
Becca di Tos
Pta. Vallett
2793
Villard
la Rosière
L. du Retour
Bec Rouge
2515
Becca du Lac
3396
Rifugio Scavarda
2918
Bonne
le lac Noir
L. di S. Grato
Saint Maurice
Thuile
Vulmix
Sèez
904
Longefoy
Montvalezan
le Miroir
Courbaton
Hauteville-Gondon
Arc 1600
la Masure
Sainte-Foy-Tarentaise
1051
Villaroger
Col du Mont
2639
Lago di Beauregard
Meligonon
Pta. Bioula
3414
Rovenaud
Gr. Nom
Dégioz
1541
Artalle
Carre
3427
Pta. Bianca
Valsavarenche
Pte. du Fond Blanc
2485
le Planay
Montvenix
Mte. Ormelune
3278
L. Blanc
1785
Surier
Becca di Tei
3186
Chanavey
Landry
Arc 1800
Arc 2000
la Thuile
Bon Conseil
Col du Lac Noire
2869
Bruil
1725
Creton
Tignet
1670
Eau Rousse
Peisey-Nancroix
Aig. Grive
2732
Aig. Rouge
3226
2830
Col di Vaudet
Grande Rousse
3607
Rhêmes-Notre-Dame
PARCO
N. D. des Vernettes
1300
la Gurra
Chenal
Rifugio Bezzi
2284
ALTA VIA N° 2 VAL D'AOSTA
Nancroix
Mt. Pourri
3779
Nantcruet
3420
Becca di Suessa
Thumel
Plan Pessey
1771
les Bauches
1550
les Lanches
2456
Refuge du Mt. Pourri
Piperon
Fos
Gr. Traversière
3496
Mte. Tout Blanc
3438
Pont
1970
Rifugio Vittorio Emanuele II
2732
44
2285
Rifugio Benevolo
les Brévières
Grande Sassière
3751
Roche de Mio
2739
3417
Pte. des Pichères
3319
Somm. de Bellecôte
le Chevril
Col de Rhêmes-Golette
3063
L. Rosset
Dora di Nivolet
GRAN
3250
Gran Vaudala
2532
Rifugio Savoia
2534
Rifugio Chivasso
Ciarforon
L. de la Plagne
1810
les Boisses
Tignes
le Saut
L. de la Sassière
2604
Colle del Nivolet
3411
Pta. Foura
L. du Chardonnet
le Lac de Tignes
2100
L. du Chevril
3350
Pta. Calabre
Pta. Basei
3387
Agnel
Chiserette
le Bois
le Dôme
3017
la Daille
L. de Tignes
Orco
Chiapili
1732
Friburge
1510
Laisonnay
3002
Passo di Galisia
L. Serrù
Val Claret
1840
Val d'Isère
le Fornet
Villa
Ceresole Reale
le Joseray
16
Becca Motta
3045
L. de la Glière
L. de l'Ouillette
Grande Aig. Rousse
3483
3386
Col du Carro
Rifugio Jervis
2250
L. di Ceresole
le Manchet
Aig. Pers
3125
Pte. du Golonet
Grande Motte
3656
3041
Pte. des Lessières
Col de l'Iseran
2762
Refuge du Carro
2780
3593
Levanna Occid.
Pte. de la Grande Casse
3852
Levanna Centr.
3619
14
3357
Ouille Noire
3555
Levanna Orient.
Mt. Bochor
2023
1404
2515
Refuge F. Faure
F
VALLON DE LA LEISSE
Pte. de la Sana
3436
Pta. Girard
3262
l'Ecot
3444
Roc du Mulinet
Rifugio Daviso
2280
PARC NATIONAL DE LA VANOISE
Bonneval-sur-Arc
Refuge des Evettes
2629
Pte. de Méan Martin
3330
Rifugio Ferreri
2207
Forno Alpi Graie
1219
VALLON DE LA ROCHEURE
Mt. Pelve
3261
Cima Monfret
3373
Santuario della Madonna di Forno
2718
Monte Malatret
3460
Dôme du Grand Fond
33
3586
Dôme de Chasseforêt
Doron
Refuge du Molard
GRANDE TRAVERSATA DELLE ALPI
3599
Dôme de l'Arpont
la Chavière Chalets
Grand Roc Noire
3582
3479
Pointes du Chatelard
Villaron
Arc
N. D. des Grâces
Punta del Colerin
3475
Uia di Ciamarella
3676
2964
Uia di Mondrone
Bessans
1720
Saint Antoine
la Goula
Dent Parrachée
3697
le Villard
1384
le Collet
Vincendières
Avérole
1830
Uia Bessanese
3592
Rifugio Città di Ciriè
1865
1752
Balme
1432
Molette
Termignon
1300
l'Adroit
Lanslebourg-Mont-Cenis
Lanslevillard
1479
1399
2250
Refuge d'Avérole
2659
Rifugio Gastaldi
Pian della Mussa
Cornetti
la Loza
2350
Sollières-Sardières
Sollières-Envers
Col du Mont Cenis
(Colle del Moncenisio)
2081
Pte. de Charbonnel
3752
L. della Rossa
Monte Servin
3108
Torre d'Ovarda
3075
Monolithe
Sardières
23
le Châtel
le Verney
MASSIF DU MONT CENIS
E 70
Pte. de Ronce
3612
Ouille d'Arberon
3563
3546
Croce Rossa
L. dietro la Torre
Rifugio Cibrario
Pte. Clairy
3173
L. du Mont Cenis
la Grande Felouse
3473
Col de l'Autaret
3072
2616
Bramans
Pte. de Bellecombe
2755
VAL CENISCHIA
Mt. Lamet
3504
Mt. Tour
3385
3355
Mt. Lera
VAL
Crot
Villaretto
Usseglio
1265
Piane
N. D. de la Délivrance
Saint Pierre-d'Extravache
2182
Col du Petit Mont Cenis
Grand-Croix
3394
Pta. Cavalès
2642
Rifugio Tazzetti
Malciaussià
Margone
Perinera
1410
Chiaberto
Benot
Rocciamelone
3528
3538
Cappella-Rifugio Santa Maria
L. di Malciaussià
Moncenisio
1461
Novalesa
2610
Rif. Stellina
Pointe de Longe Côte
3104
le Planay
51
L. Nero
2666
Grand'Ula
2772
Pta. Lunella
B
Giusalet
3313
Bar Cenisio
25
Abbazia di Novalesa
C
Rifugio La Rinosa
Mte. Palon
2965
Roche d'Etache
3083
L. de Savine
Arcàngel
Villaretto
Molaretto
1934
Aig. de Scolette
3505
3378
Rifugio Vaccarone
2747
Costa
604
VENAUS
SUSA
Chianocco
Pavaglione
Bigiardi

36
20
37
52
53
E
F
G
1
2
3
Pila 1790
Mte. Emilius 3559
L. Lungo
Mte. Corquet 2529
Maisonasse
3006 Mte. Avic
PARCO NATURALE DEL MONTE AVIC
Barbustel
T. Chalamy
Villa 744
RISERVA NATURALE LAGO
2563 Pta. de la Pierre
2641
Colle di Chamolé
L. di Chamolé
L. Superiore
3357 Gr. Roise
Laghi Lussert
Pta. d. Valletta 3090
Mte. Grauson 3240
Bec Daguin 2001
Issogne
La Place
VERRES
Verres 391
28.6
Fleuran
Barme
Echallod
Gran Lago
Cima Piana 2512
Mte. Glacier 3186
Champorcher
Mellier
Château 1427
Chardonney
Salleret
Mte. Charvatton 1787
780
Trambesère
Pontboset
Hône 364
Bard 400
Donnas 322
Perloz 661
Épinel 1452
DI COGNE
Penne Blanche 3254
3513 Pta. Tersiva
2110 Dondenaz
T. Ayasse
L. Miserin
Gimillian
Crétaz
1534
Cogne
Champlong
ALTA VIA N°2 VAL D'AOSTA
Finestra di Champorcher 2826
2145 Mte. Digny
Bec Cormoney 2142
Giardino Alpino Paradisia
Lillaz
1617
Rifugio Sella Vittorio 2584
Valnontey
2232 Bardoney
L. Vercoche
Rio Fer
E25
A5
PONT-ST-MARTIN
63.4
Lauson
Valmiana
Pta. di Valmiana 3244
3064 Pta. Nera
Rosa dei Banchi 3164
Azaria
Giardino Alpino
Mte. Marzo 2756
Mte. Debat 2622
2516 Cima di Bonze
Quincinetto 295
Bioley
QUINCINETTO
NAZIONALE DEL PARADISO
3552 Gran Serra
3778
2872 Bivacco Money
Piamprato
GTA
Tavagnasco
3322 Monveso di Forzo
Pta. Tressi 2865
Pianetto
VALCHIUSELLA
Tallorno
Succinto
Mte. Gregorio 1953
Campiglia Soana
Boschietto 1486
Salzetto
Monfandi 2820
L. Liamau
Valchiusella
Chiara
Roccia Viva 3650
Gr. S. Pietro 3692
3408 Pta. di Sengie
Rifugio di Forzo 2292
Valprato Soana
1113
2766 Monte Giavino
T. Chiusella
827 Traversella
ARADISO
2770 Bivacco Ivrea alla Noaschetta
Pta. di Motta 2916
3270 Pta. Gialin
Forzo
Tressi
Scandósio
Ronco Canavese
956
Arcando
Inverso
Vico Canavese 738
Drusacco
3222 Blanc Giuir
3167 Moncimour
L. Gelato
Lasinetto
VALLE SOANA
T. Savenca
Trausella 654
Meugliano 680
L. di Teleccio
Trucco
L. di Valsoera
Bosco
T. Soana
Pta. Verzel 2406
Cima di Bossola 1909
Villanuova
L. Lasin
2448 Mte. Colombo
Mombianco
Pta. di Quinseina 2344
VALLE SACRA
RIS. NAT. DEI MONTI PELATI E TORRE CIVES
Ruéglio
610
Maison
1058 Noasca
L. d'Eugio
VAL D'EUGIO
VALLE DI PIANTONETTO
San Giacomo
Santuario di Prascondu
Rivoira
816 Íngria
Berchiotto
Alice Superiore
Issiglio 485
Pecco 650
Lugnacco
Borno
Grusiner
Fe
Mesonette
San Lorenzo
Talosio
Punta d'Arbella 1879
Tetti 1043
Chiapinetto
Frassinetto
Sant'Elisabetta 1211
Caretto
Castelnuovo Nigra 828
646
Vistrorio 480
Quagliuzzo
Jerener
Rosone
1023
Verlucca
Ribordone
Campo
Vidracco 481
Múriaglio
DELL' ORCO
Lilla
Fornolosa
Casetti
Locana
Boschietto
Bose
Sparone 552
Fasane
451 Pont Canavese
Oltresoana
Chiesanuova 664
540
Cintano 585
Colleretto Castelnuovo
Baldissero Canavese 392
Strambinello 356
Pramónico
Mte. Unghiasse 2939
2193 la Cialma
Piane
613 Bardonetto
Calsazio
Alpette 957
Navetta
Borgiallo
Filia
Gran lago di Unghiasse
Cambrelle
Praie
6.6
Piani
Bisdónio
Vena
Salto
Case Vivario
Torre Canavese 417
Piatour
DI LOCANA
Ronchi Inferiore
Priacco
Cuorgnè 414
Piandema
GRANDE
San Colombano Belmonte
Canischio 550
Spineto
Castellamonte 343
Bairo 360
Madonna di Grazie
Silva
1450
Pialpetta
Mte. Bellavarda 2345
Mte. Soglio 1971
659
Mezzavilla
Prascorsano 590
RIS. NAT. DEL SACRO MONTE DI BELMONTE
Santuario di Belmonte
385
Valperga
Agliè
S. Maria
Breno Mottera
Chialamberto
Stura
Volpetta
851
Bussoni
Valle grande
Lities
Cima dell'Angiolino 2168
Fopa
611 Pratiglione
Pertusio
364
San Ponso
Salassa 349
Vesignano
300 Ozegna
315
Mte. Doubia 2463
Ru
Vrù
749 Menulla
Cantóira
Marsaglia
Pian d'Audi 865
Cimapiásole
Forno Canavese 585
Camagna
347 Ogliánico 326
Rivarolo Canavese 304
Chiamorio
Boschietto
Leitisetto
Ritornato
Bottini Data
392 Rivara
Busano
316
Favria
Ciconio 268
Lusiglié
ALA
Martassina
Bracchiello
Ala di Stura
Chiampernotto
Ceres
Saccona
Mácchia
353
317
S. Antonio
Pasquaro
273
264
Canova
Voragno
Fè
Mecca
Cório 624
Rocca Canavese
421
Levone
Butiotti
Sant'Anna
Feletto 275
San Giusto Canavese
1080
704
Procária
Monastero di Lanzo 742
Vietti
San Pietro
Remondato
Perrero
Gianotti
Barbania 362
Bonaudi
Cresto
Villar
Belfé
Chiaves
Catelli
650
Mezzenile
Murasse
590
Pessinetto
825
Coassolo Torinese
Castiglione
ZONA DI SALVAGUARDIA DELLA STURA DI LANZO
Benne
Piana
Boschi
Inferiore
Argentera
Mastri
Bogliano
Gisola
Lanzo Torinese 515
Balangero
Vauda Canavese
Superiore 375
Front 270
Róggia
1124
Rocca Moross 2135
Pugnetto
Monti
Villa 628 Traves
Bio
Germagnano 485
467
Mathi 410
Ceretti
Grange
RISERVA NATURALE DELLA VAUDA
Boscone
Rivarossa 286
Tornetti
1142
Polpresa
Tese
Plan Bausano
Cafasse
Grosso 394
Baima 370
San Carlo Canavese
Madona Perenro
Lombardore
Chiandusseglio
Viù
Fubina
Balma 774
408
Nole
Ciriè
344
Sédime
268
957 Lémie
Péssinea
Versino
AREA ATTREZZATA DEL PONTE DEL DIAVOLO
Maddalene
Monasterolo
380 Villanova Canavese
372
33.5
Sant'Anna
327 San Francesco al Campo
San Benigno Canavese
213
Stura
Villa
Forno
Fucine
Tóglie
Vallo Torinese 1516
508
Grange di Nole
Borche
Coriasco
Santanni Banni
Col San Giovanni
Richiáglio
Mte. Druina
Fiano
Varisella 521
429
Marságlia
317
S. Maurizio Canavese
T. Bendola
di Grifone
Bertesseno
Mte. Colombano 1658
Truc di Miola
Grange
Vastalla
Rossignoli
Ceretta
292
Malanghero
S. Giovanni
219
Moncolombone
Robassomero
360
AEROP. INT. DI TORINO
Volpiano
1898 Colombardo
Mte. Civrari
Niquidetto
1311
RIS. NAT. MADONNA DELLA NEVE SUL MONTE LERA
PARCO REGIONALE LA MANDRIA
S. Giacomo
Caselle Torinese
277
Leinì
E 612
Cle. d. Lys
Mte. Arpone 1600
1371 Mte. Lera
374
La Cassa
Mompellato
1096
Rivasacco
Castello
Molino di Punta
510
Givoletto
Forrilla
Rubbianetta
254
Borgaro Torinese
Mappano
SETTIMO
1787
Favella
Montelera
398

A
B
C
1
2
3
21
36
53
Mte. Crabun
Mte. Cresto
Mte. Tovo
Mte. Mars
Mte. Mucrone
Mte. Becht
Colma di Mombarone
RISERVA NATURALE STAGNO DI HOLAY
RIS. NAT. DEL PARCO BURCINA-FELICE PIACENZA
Santuario di Graglia
Pont-Saint-Martin
Donnas
Bard
Hône
Carema
Quincinetto
Settimo Vittone
Tavagnasco
Borgofranco d'Ivrea
Montalto Dora
VALCHIUSELLA
Mte. Gregorio
Cima di Bossola
Traversella
Vico Canavese
Brosso
Lessolo
IVREA
Banchette
Fiorano Canavese
Samone
Salerano Canavese
Loranzè
Colleretto Giacosa
Parella
Pavone Canavese
Strambinello
Romano Canavese
Strambino
Bollengo
Chiaverano
Burolo
Cascinette d'Ivrea
Palazzo Canavese
Piverone
Zimone
Viverone
L. di Viverone
Azeglio
Albiano d'Ivrea
Caravino
Settimo Rottaro
Cossano Canavese
Vestignè
Borgomasino
Maglione
Alice Castello
Borgo d'Ale
Cavaglià
Santhià
Tronzano Vercellese
Bianzè
Livorno Ferraris
Cigliano
Villareggia
Moncrivello
Vische
Candia Canavese
L. di Candia
PARCO NATURALE DEL LAGO DI CANDIA
Mazzè
Caluso
Mercenasco
San Giorgio Canavese
Aglié
Castellamonte
Rivarolo Canavese
Ozegna
Feletto
San Giusto Canavese
Foglizzo
Bosconero
Rivarossa
Lombardore
San Benigno Canavese
Montanaro
Volpiano
Leinì
Brandizzo
CHIVASSO
Rondissone
Torrazza Piemonte
Verolengo
Saluggia
Crescentino
Fiume Po
FASCIA FLUVIALE
Lamporo
San Genuario
Fontanetto Po
Trino
BIELLA
Cossato
Candelo
Gaglianico
Sandigliano
Ponderano
Mongrando
Occhieppo Superiore
Occhieppo Inferiore
Graglia
Netro
Sordevolo
Pollone
Camburzano
Zubiena
Cerrione
Salussola
Dorzano
Roppolo
Vigellio
Mottalciata
Benna
Verrone
Massazza
Andorno Micca
Sagliano Micca
Tollegno
Ronco Biellese
Vigliano Biellese
Valle Mosso
Mosso
Trivero
Strona
Valle San Nicolao
Crosa
Quaregna
Cerreto Castello
Bielmonte
OASI FAUNISTICA DI CASCINA BAVA
E 25
E 64
E 612
A4
A5
AP/2006

38
Serravalle Sésia
Boca
Cureggio
Agrate-Conturbia
Gagnago
Varallo Pombia
Lombardo
Azoglio
Santuario della Madonna di Fontana
Gattera
Piane Sésia
Vintebbio
Sostegno
Mte. Fraschéia
Santuario d. Crocifisso
Baraggia
Cavallirio
Marzalesco
Arbora
AGOGNA
BORGOMANERO
Bogogno
Castello di Conturbia
Divignano
Montecchio
Safari Park
Pómbia
Prato Sesia
Romagnano Sésia
RIS. NATUR.
Mauletta
DELLE
Fontaneto d'Agogna
Cressa
Suno
Scit
Imperio
Marano Ticino
Castelnovate
Vizzola Ticino
PARCO
Ferno
Lonate Pozzolo
Fiume Ticino
Casa del Bosco
Villa del Bosco
Lozzolo
Castelletto Villa
San Maurizio
San Giorgio
Santa Maria
Gattinara
Roasio
Forte
Sant'Antonio BARAGGE
Cacciana
Cavaglio d'Agogna
Baraggia
Mezzomerico
Váprio d'Agogna
Fornaci
Oleggio
Loreto
Sant'Antonino Ticino
ROMAGNANO S.-GHEMME
Ghemme
Cavaglietto
T. Agogna
Santuario di Rado
Curavecchia
RISERVA
Caraceto
NATURALE
La Pavona
Rolino
DELLE
BARAGGE
Fiume Sésia
Sizzano
Barengo
Momo
Castelletto
Bellinzago Novarese
Lanca
San Giovanni
NATURALE
Tornavento
Vanzaghello
Lenta
Fara Novarese
Agnellengo
Linduno
Alzate
Badia di Dulzago
Elena
Cástano Primo
Nosate
Bornago
Rovasenda
Carpignano Sesia
Briona
Fornaci
Solarolo
Cascina Mirasole
Sologno
Cavagliano
Galdina
Turbigo
Stazione di Masserano
Ghislarengo
Sillavengo
Proh
Morghengo
Caltignaga
DELLA
Castelletto Cervo
Cagna
Rovasenda
San Giacomo Vercellese
Castellazzo Novarese
San Bernardino
Cesto
Picchetta
Ponte di Turbigo
Mappetta
Garella di Fondo-Isola
Arborio
Landiona
Mandello Vitta
Isarno
Cámeri
Villa Fortuna
Buronzo
T. Marchiazza
Vicolungo
Casaléggio Novara
Nibbia
Vignale
Canale Cavour
Galliate
VILLARBOIT
GREGGIO
BIANDRATE
NOVARA OVEST
Veveri
NOVARA
NOVARA EST
Bastia
San Marco
Balocco
Recetto
Canale Cavour
Mosezzo
Agognate
Romentino
Pernate
RIS. NAT. DELLA GARZAIA DI VILLARBOIT
Greggio
Biandrate
San Pietro
Gionzana
Casalgiate
NOVARA
San Martino
BALOCCO
Lisica
Villarboit
San Nazzaro Sesia
Albano Vercellese
Mad. d. Priera
Casalbeltrame
Marangana
Bicocca
Trecate
Formigliana
T. Cervo
PARCO NAT.
Devésio
Fisrengo
RIS. NATUR. DELLA PALUDE DI CASALBELTRAME
Torrion Quartara
Olengo
Pisnengo
Ponzana
AP. 2004
Lumellogno
Sozzago
Casanova Elvo
Busonengo
LAME D. SESIA
Casalvolone
Pagliate
Garbagna Novarese
Camerona
T. Elvo
Collobiano
Oldenico
Cameriano
Canale Quintino Sella
Orfengo
Monticello
Villata
RIS. NAT. DELL'ISOLONE DI OLDENICO
Granozzo con Monticello
Nibbiola
Trecate
Quinto Vercellese
Olcenengo
Dossi
Casalino
Granozzo
Vespolate
Villanova
Tornaco
Robarello
Strella
Caresanablot
Fiume Sésia
Borgo Vercelli
VERCELLI EST
Vignarello
Germano Vercellese
VERCELLI
Salasco
Selve
Sali Vercellese
Cascine Stra
Pernasca
Torrione
Vinzáglio
Confienza
la Torre
Borgolavezzaro
Montonero
Larizzate
Cappuccini
Bilhemme
Brarola
Madonna d. Neve
Palestro
AGOGNA MORTA
Robbio
Albonese
Parona
Casalrosso
VERCELLI OVEST
Lignana
Veneria
Carengo
SESIA
Prarolo
Nicorvo
Lachelle
Desana
Asigliano Vercellese
Pizzarosto
Rivoltella
Castelnovetto
Madonna del Campo
Mortara
Pezzana
Madonna Venaria
Ceretto Lomellina
Ronsecco
Madonna d'Oropa
LE RISAIE
Rosasco
la Madonnina
Sant'Angelo Lomellina
Darola
Costanzana
GARZAIA DELLA CASCINA ISOLA
GARZAIA DI CELPENCHIO
Castello d'Agogna
PARCO NAT. BOSCO DELLE SORTI DELLA PARTECIPANZA DI TRINO
Tricerro
Pertengo
Stroppiana
Celpénchio
GARZAIA DELLA VERMINESCA
Buscaiolo
Caresana
Langosco
Olévano di Lomellina
Saletta
Canale di Rive
Rive
Robella
Marcova
Fiume Sesia
Ramezzana
Trino
Torrione
Due Sture
S. Paolo
Cozzo
Raina
Zeme
Palazzolo Vercellese
Balzola
Villanova Monferrato
Mantie
Metta de' Conti
Terrasa
Cándia Lomellina
Sant'Alessandro
Marza
GARZAIA DI S. ALESSANDRO
Campalestro
Pobietto
Camino
Morano
DEL
Popolo
Terranova
NORD
GARZAIA DELLA RINALDA
Bordignana
Velezzo Lomellina

39
Lombardo
GALLARATE
Cardano al Campo
AEROP. INTERCONT. D. MALPENSA
Vizzola Ticino
Ferno
Lonate Pozzolo
Sant'Antonino Ticino
Tornavento
Samarate
BUSTO ARSIZIO
Cassano Magnago
Fagnano Olona
Solbiate Olona
Olgiate Olona
Gorla Maggiore
Gorla Minore
Locate Varesino
Mozzate
Cislago
Carbonate
Marnate
Castellanza
LEGNANO
San Giorgio su Legnano
San Vittore Olona
Cerro Maggiore
Rescaldina
Gerenzano
Uboldo
Origgio
Rovellasca
Rovello Porro
Turate
Lazzate
Misinto
Lentate sul Seveso
Barlassina
Seveso
Cogliate
SARONNO
Ceriano Laghetto
Solaro
Caronno-Pertusella
Garbagnate Milanese
LIMBIATE
Cesate
Senago
CESANO MADERNO
Bovisio Masciago
Lainate
Nerviano
Pogliano Milanese
Vanzago
Pregnana Milanese
RHO
Arese
BOLLATE
Novate Milanese
Baranzate
Cormano
Cusano Milanino
Paderno Dugnano
Pero
Cornaredo
Sedriano
Settimo Milanese
Vittuone
Bareggio
Cusago
Cisliano
CESANO BOSCONE
CORSICO
Trezzano sul Naviglio
Buccinasco
Assago
ROZZANO
Zibido San Giacomo
Gaggiano
Vermezzo
Zelo Surrigone
Gudo Visconti
Vigano
Noviglio
Rosate
Binasco
Lacchiarella
Casarile
Vernate
Calvignasco
Bubbiano
Casorate Primo
Motta Visconti
Besate
Trovo
Trivolzio
Bereguardo
Torre d'Isola
Certosa di Pavia
Giussago
PAVIA
San Martino
Carbonara al Ticino
Villanova d'Ardenghi
Zerbolò
Gropello Cairoli
Garlasco
Tromello
Alagna
Borgo San Siro
Gambolò
VIGEVANO
Cilavegna
Gravellona Lomellina
Parona
Mortara
Cassolnovo
Cerano
Trecate
NOVARA
Galliate
Romentino
Cameri
Turbigo
Robecchetto con Induno
Castano Primo
Buscate
Nosate
Vanzaghello
Magnago
Dairago
Arconate
Busto Garolfo
Villa Cortese
Canegrate
Parabiago
Casorezzo
Inveruno
Cuggiono
Mesero
Marcallo con Casone
Ossona
Arluno
S.Stefano Ticino
Boffalora sopra Ticino
Bernate Ticino
Magenta
Corbetta
Robecco sul Naviglio
Cassinetta di Lugagnano
Albairate
ABBIATEGRASSO
Ozzero
Morimondo
PARCO DEL TICINO
PARCO AGRICOLO SUD MILANO
PARCO NATURALE DELLA VALLE DEL TICINO
LOMELLINA
Fiume Ticino
Naviglio Grande
Naviglio di Bereguardo
E 62
E 64
E 35
A4
A7
A8
A9
38
23
55
56
© GEOnext - ISTITUTO GEOGRAFICO DE AGOSTINI S.p.A. - NOVARA

Seregno
Carate Brianza
Albiate
Triuggio
Osnago
Lomagna
Usmate
Velate
Carnate
Bernareggio
Paderno d'Adda
Cornate d'Adda
Solza
Medolago
Terno d'Isola
Chignolo d'Isola
Bonate Sopra
Bonate Sotto
Treviolo
Madone
Dalmine
Lesmo
Arcore
Vimercate
Macherio
Biassono
Lissone
Autodromo di Monza
Vedano al Lambro
Villasanta
Muggiò
Monza
Concorezzo
Agrate Brianza
Burago di Molgora
Bellusco
Mezzago
Busnago
Trezzo sull'Adda
Capriate-San Gervasio
Filago
Osio Sopra
Osio Sotto
Levate
Verdello
Comun Nuovo
Urgnano
Brembate
Boltiere
Verdellino
Spirano
Cavenago di Brianza
Vaprio d'Adda
Grezzago
Trezzano Rosa
Basiano
Pozzo d'Adda
Canonica d'Adda
Ciserano
Arcene
Pontirolo Nuovo
Lurano
Pognano
Nova Milanese
Cinisello Balsamo
Brugherio
Sesto S. Giovanni
Cologno Monzese
Carugate
Caponago
Cambiago
Gessate
Pessano con Bornago
Masate
Inzago
Fara Gera d'Adda
Castel Rozzone
Bussero
Cernusco sul Naviglio
Gorgonzola
Pozzuolo Martesana
Bellinzago Lombardo
Groppello d'Adda
Cassano d'Adda
Treviglio
Pagazzano
Morengo
Ris. Naturale Fontanile Brancaleone
Vimodrone
Cassina de' Pecchi
Pioltello
Vignate
Melzo
Trecella
Albignano
Caravaggio
Casirate d'Adda
Calvenzano
Masano
Segrate
Rodano
Liscate
Truccazzano
Arzago d'Adda
Santuario di Caravaggio
Milano
Mozzanica
Misano di Gera d'Adda
Rivolta d'Adda
Vailate
Parco Sud
Settala
Aeroporto Internaz. di Linate
Peschiera Borromeo
Pantigliate
Comazzo
Merlino
Agnadello
Capralba
Casale Cremasco-Vidolasco
Sergnano
Paullo
Zelo Buon Persico
Spino d'Adda
Pandino
Torlino Vimercati
Quintano
Trescore Cremasco
Casaletto Vaprio
S. Donato Mil.
S. Giuliano Mil.
Tribiano
Mediglia
Mulazzano
Oasi Paradiso
Fiume Adda
Dovera
Palazzo Pignano
Monte Cremasco
Cremosano
Campagnola Cremasca
Vaiano Cremasco
Bagnolo Cremasco
Opera
Locate di Triulzi
Melegnano
Dresano
Casalmaiocco
Vizzolo Predabissi
Cervignano d'Adda
Galgagnano
Boffalora d'Adda
Crespiatica
Chieve
Montanaso Lombardo
Capergnanica
Carpiano
Cerro al Lambro
Tavazzano con Villavesco
Lodi
Lodi Vecchio
Corte Palasio
Abbadia Cerreto
Landriano
Bascapè
San Zenone al Lambro
Casaletto Lodigiano
Salerano sul Lambro
Cornegliano Laudense
San Martino in Strada
Cavenago d'Adda
Vidigulfo
Torrevecchia Pia
Caselle Lurani
Castiraga-Vidardo
Borgo San Giovanni
Massalengo
Pieve Fissiraga
Ossago Lodigiano
Mairago
Turano Lodigiano
Bertonico
Sant'Angelo Lodigiano
Villanova del Sillaro
Borghetto Lodigiano
Secugnago
Brembio
Castiglione d'Adda
Graffignana
San Colombano al Lambro
Livraga
Casalpusterlengo
Miradolo Terme
Inverno Monteleone
Belgioioso
Ospedaletto Lodigiano
Cremona

BERGAMO
TREVIGLIO
Lecco
Valsecca
Calolziocorte
Olginate
Galbiate
Garlate
Vercurago
Carenno
Torre de' Busi
Caprino Bergamasco
Cisano Bergamasco
Brivio
Calco
Olgiate Molgora
Airuno
Valgreghentino
Monte Marenzo
Almenno San Salvatore
Almenno San Bartolomeo
Palazzago
Pontida
Ambivere
Sotto il Monte Giovanni XXIII
Mapello
Presezzo
Ponte S.Pietro
Bonate Sopra
Bonate Sotto
Terno d'Isola
Chignolo d'Isola
Madone
Medolago
Suisio
Calusco d'Adda
Carvico
Villa d'Adda
Imbersago
Robbiate
Paderno d'Adda
Merate
Cernusco Lombardone
Osnago
Verderio
Cornate d'Adda
Bernareggio
Carnate
Sulbiate
Busnago
Trezzo sull'Adda
Capriate-San Gervasio
Filago
Osio Sopra
Osio Sotto
Dalmine
Treviolo
Curno
Mozzo
Lallio
Azzano San Paolo
Stezzano
Grassobbio
Zanica
Orio al Serio
Seriate
Gorle
Scanzorosciate
Torre Boldone
Ranica
Alzano Lombardo
Nembro
Pradalunga
Albino
Villa di Serio
Pedrengo
Albano Sant'Alessandro
Brusaporto
Bagnatica
Costa di Mezzate
Montello
Gorlago
Carobbio degli Angeli
Chiuduno
Telgate
Bolgare
Calcinate
Ghisalba
Mornico al Serio
Palosco
Martinengo
Cividate al Piano
Cologno al Serio
Urgnano
Spirano
Comun Nuovo
Verdello
Verdellino
Levate
Boltiere
Brembate
Ciserano
Arcene
Pognano
Lurano
Pontirolo Nuovo
Canonica d'Adda
Fara Gera d'Adda
Castel Rozzone
Brignano Gera d'Adda
Pagazzano
Morengo
Bariano
Caravaggio
Fornovo San Giovanni
Romano di Lombardia
Cortenuova
Calcio
Covo
Antegnate
Fontanella
Barbata
Isso
Castel Gabbiano
Camisano
Casaletto di Sopra
Sergnano
Cremosano
Vidolasco
Casale Cremasco
Mozzanica
Misano di Gera d'Adda
Vailate
Arzago d'Adda
Calvenzano
Casirate d'Adda
Cassano d'Adda
Inzago
Pozzo d'Adda
Vaprio d'Adda
Trezzano Rosa
Grezzago
Basiano
Masate
Cambiago
Gessate
Pessano con Bornago
Gorgonzola
Bellinzago Lombardo
Pozzuolo Martesana
Truccazzano
Melzo
Cassina de' Pecchi
Liscate
Rivolta d'Adda
Agnadello
Pandino
Spino d'Adda
Dovera
Capralba
Quintano
Torlino Vimercati
Trescore Cremasco
Casaletto Vaprio
Pianengo
Ricengo
Offanengo
Romanengo
Santa Maria della Croce
Campagnola Cremasca
Palazzo Pignano
Scannabue
Zelo Buon Persico
Paullo
Tribiano
Settala
Merlino
Comazzo
Mulazzano
Agrate Brianza
Burago di Molgora
Cavenago di Brianza
Ornago
Roncello
Bellusco
Mezzago
San Pellegrino Terme
Zogno
Brembilla
Sedrina
Ubiale-Clanezzo
Villa d'Almè
Almè
Paladina
Sorisole
Ponteranica
Valbrembo
Selvino
Gazzaniga
Vertova
Fiorano al Serio
Cene
Costa di Serina
Monte Sornadello
Castello Regina
Monte Podona
Canto Alto
Monte Misma
Resegone
VAL TALEGGIO
San Giovanni Bianco
AEROP. INTERNAZ. DI ORIO AL SERIO
Santuario di Caravaggio
RIS. NATURALE FONTANILE BRANCALEONE
Fiume Serio
Fiume Adda
Fiume Brembo

Clusone
Villa d'Ogna
Presolana
Rovetta
Onore
Songavazzo
Monte Cornet
Monte Lantana
Monte Pora
Angolo Terme
Lago Moro
Darfo Boário Terme
Montécchio
Gorzone
Erbanno
Sacca
Mte. Bodrello
Bessimo
Giánico
Artogne
Pian Camuno
Monte Alto
Monte Váltero
Rogno
Costa Volpino
Bóssico
Sóvere
Lóvere
Castro
Pisogne
Mte. Fogarolo
Mte. Corno
Monte Grione
Gandino
Éndine Gaiano
Solto Collina
Riva di Solto
Lago d'Endine
Monasterolo del Castello
Casazza
Fonteno
Monte Pendola
Parzánica
Vigolo
Tavérnola Bergamasca
Berzo San Fermo
Adrara S. Rocco
Adrara San Martino
Monte Bronzone
Predore
Villongo
Sárnico
Iseo
Lago d'Iseo
Zone
Marone
Monte Isola
Sale Marasino
Sulzano
Punta Almana
Monte Rodondone
Corna Trentapassi
Monte Agolo
Dosso Pedalta
Mte. Guglielmo
Punta Tisdel
Colma di Marucolo
Bóvegno
Fiume Mella
Collio
Mte. Muffetto
Mte. Campione
Mte. Visigno
Corna Blacca
Pezzaze
Tavérnole sul Mella
Lavone
Marmentino
Mte. Inferni
Mte. Palo
Marcheno
Lodrino
Mte. Seridondo
Corno di Sonclivo
Gardone Val Trómpia
Val Trompia
Lumezzane
Mte. Prealba
Casto
Vestone
Nozza
Agnosine
Odolo
Sarezzo
Villa-Carcina
Concésio
Mte. Doppo
Caino
Vallio Terme
Mte. Conche
Bovezzo
Mte. Pesso
Mte. Ucia
Nave
M.te Dragoncello
Gavardo
Paitone
Collebeato
Cellática
Gussago
Rodengo-Saiano
Passirano
Prováglio d'Iseo
Corte Franca
Capriolo
Adro
Erbusco
Palazzolo sull'Oglio
Cologne
Coccáglio
Rovato
Cazzago San Martino
Paderno Franciacorta
Castegnato
BRESCIA
Ospitaletto
Travagliato
Roncadelle
Torbole-Casaglia
Chiari
Castrezzato
Castelcovati
Trenzano
Berlingo
Lograto
Castel Mella
Flero
San Zeno Naviglio
Borgosatollo
Rezzato
Botticino
Mazzano
Mte. Maddalena
Castenédolo
Montirone
Poncarale
Azzano Mella
Bagnolo Mella
Dello
Mairano
Comezzano-Cizzago
Pompiano
Orzivecchi
Barbariga
Offlaga
Ghedi
Aeroporto G. D'Annunzio
Fiume Mella
Montichiari

43
26
27
42
59
VALLE DEL CAFFARO
VALLE D'AMPOLA
VAL DI LEDRO
VALLE TOSCOLANO
VAL DEGAGNA
VAL SABBIA
PARCO REGIONALE DELL'ALTO GARDA BRESCIANO
Lago di Garda
Lago d'Idro
Mte. Mezzullo
Cornone di Blumone
Mte. Alta Guardia
Mte. Frerone
Mte. Trabucco
Mte. Mattoni
Mte. Bruffione
Mte. Lavanech
Cima Maresse
Daone
Praso
Bersone
Creto
Prezzo
Castel Condino
Cimego
Condino
Brione
Storo
Bagolino
Collio
Bondone
Lago d'Idro
Magasa
Valvestino
Turano
Idro
Lavenone
Vestone
Provaglio Val Sabbia
Barghe
Preseglie
Sàbbio Chiese
Odolo
Agnosine
Vobarno
Roè
Volciano
Salò
Gardone Riviera
Toscolano-Maderno
Gargnano
Tignale
Tremòsine
Limone sul Garda
Malcesine
Brenzone
Torri del Benaco
Garda
Bardolino
Lazise
Cavaion Veronese
Caprino Veronese
Costermano
Peschiera del Garda
Castelnuovo del Garda
Sirmione
Desenzano del Garda
Lonato
Calcinato
Bedizzole
Rezzato
Mazzano
Castenédolo
Prevalle
Paitone
Gavardo
Villanuova sul Clisi
Vallio Terme
San Felice del Benaco
Manerba del Garda
Moniga del Garda
Padenghe sul Garda
Polpenazze del Garda
Puegnago sul Garda
Soiano del Lago
Calvagese della Riviera
Muscoline
Nuvolento
Botticino
Caino
Nave
Rivoltella
Pozzolengo
Lenzumo Concei
Bezzecca
Tiarno di Sotto
Tiarno di Sopra
Molina di Ledro
Pieve di Ledro
Mte. Tremalzo
Mte. Caplone
Cima Tombea
Mte. Pizzòcolo
Mte. Denervo
Mte. Baldo
Mte. Luppia
Caneva World
Gardaland
GROTTE DI CATULLO

Riva del Garda
Torbole
Nago
Arco
ROVERETO
Mori
Isera
Nogaredo
Volano
Folgaria
Besenello
Pomarolo
Nomi
Terragnolo
Trambileno
Vallarsa
Brentonico
Ala
Avio
Mte. Altissimo di Nago
Mte. Baldo
Valdastico
Arsiero
Laghi
Posina
Pasubio
Valli del Pasúbio
Recoaro Terme
Torrebelvicino
VALDAGNO
Cornedo Vicentino
Trissino
Brogliano
Chiampo
Arzignano
Montecchio Maggiore
Crespadoro
Altissimo
San Pietro-Mussolino
Nogarole Vicentino
Monti Lessini
Parco Naturale Regionale della Lessinia
Selva di Progno
Velo Veronese
Badia Calavena
San Giovanni Ilarione
Tregnago
Montécchia di Crosara
Roncà
Cazzano di Tramigna
Illasi
Colognola
Lavagno
Mezzane di Sotto
Grezzana
Bosco Chiesanuova
Roverè Veronese
Cerro Veronese
Sant'Anna d'Alfaedo
Fumane
Negrar
San Pietro in Cariano
Pescantina
Dolcè
Brentino Belluno
Val d'Adige
Valpolicella
Valpantena
San Mauro di Saline
Sentiero della Pace
Riserva Nat. Campobrun
Pcoseghe
Giazza
Campofontana
Sentiero della Pace
Rif. Papa
Pta. Favella
Cima Palon
Mte. Maggio
Mte. Toraro
Mte. Cimone
Mte. Spitz
Cima di Marana

ALTOPIANO DEI
SETTE COMUNI
Asiago
Gallio
Roana
Rotzo
Valdastico
Arsiero
Cogollo del Cengio
Caltrano
Calvene
Lugo di Vicenza
Fara Vicentino
Salcedo
Marostica
Nove
Tezze sul Brenta
Schiavon
Breganze
Sarcedo
Zugliano
Chiuppano
Carrè
Piovene-Rocchette
Santorso
Schio
Zanè
Thiene
Marano Vicentino
San Vito di Leguzzano
Malo
Monte di Malo
Villaverla
Isola Vicentina
Dueville
Montecchio Precalcino
Sandrigo
Bressanvido
Pozzoleone
Carmignano di Brenta
San Pietro in Gu'
Caldogno
Costabissara
Monticello Conte Otto
Bolzano Vicentino
Quinto Vicentino
VICENZA
Torri di Quartesolo
Grumolo delle Abbadesse
Grisignano di Zocco
Montegalda
Longare
Arcugnano
Altavilla Vicentina
Sovizzo
Creazzo
Monteviale
Gambugliano
Castelgomberto
Cornedo Vicentino
Brogliano
Trissino
Valdagno
Recoaro Terme
Valli del Pasubio
Torrebelvicino
Posina
Laghi
Velo d'Astico
Arzignano
Chiampo
Nogarole Vicentino
San Pietro Mussolino
Altissimo
Crespadoro
Montecchio Maggiore
Montorso Vicentino
Gambellara
Montebello Vicentino
Brendola
Zermeghedo
Montorso
Montecchia di Crosara
Roncà
San Giovanni Ilarione
Pedemonte
Lastebasse
Tonezza del Cimone
Foza
Valstagna
Conco
Lusiana
Molvena
Pianezze
Mason Vicentino
Campolongo sul Brenta
Enego
Rotzo
Mte. Cengio
Mte. Summano
Mte. Novegno
Mte. Priaforà
Mte. Campomolon
Mte. Toraro
Mte. Maggio
Mte. Verena
Mte. Zebio
Mte. Fiara
Mte. Meletta
Mte. Lisser
Mte. Caina
Mte. Berico
Mte. Cimone
Mte. Spitz
Mte. Faedo
Mte. Ratti
Mte. Calvarina
Mte. Corpegani
Mte. Faldo
Mte. Lungo
Mte. Mottolone
VAL D'ASTICO
VAL D'ASSA
CANALE DI BRENTA
SENTIERO DELLA PACE
PARCO NAT. REGIONALE DELLA LESSINIA
PIOVENE-ROCCHETTE
THIENE
DUEVILLE
VICENZA NORD
VICENZA OVEST
VICENZA EST
VILLA MOROSINI
MONTECCHIO
MONTEBELLO
POSTUMIA
TESINA
Fiume Brenta
Bacchiglione
28
44
61
62
A
B
C
1
2
3
4
©GEOnext - ISTITUTO GEOGRAFICO DE AGOSTINI S.p.A. - NOVARA

Mte. Grappa
Crespano del Grappa
Borso del Grappa
Romano d'Ezzelino
Mussolente
BASSANO DEL GRAPPA
Possagno
Cavaso del Tomba
Pederobba
Valdobbiadene
Follina
Miane
Farra di Soligo
Pieve di Soligo
Sernaglia della Battaglia
CONEGLIANO
Susegana
Vidor
Crocetta del Montello
Cornuda
Maser
Asolo
Fonte
San Zenone degli Ezzelini
Caerano di San Marco
Montebelluna
Nervesa della Battaglia
Giavera del Montello
Volpago del Montello
IL MONTELLO
Arcade
Spresiano
Povegliano
Villorba
Ponzano Veneto
Trevignano
Altivole
Riese Pio X
Loria
Cassola
Rosà
Rossano Veneto
Castello di Godego
Vedelago
Istrana
Paese
TREVISO
CASTELFRANCO VENETO
Galliera Veneta
Cittadella
San Martino di Lupari
Tombolo
Quinto di Treviso
Morgano
AEROP. INTERNAZ. DI TREVISO-S. ANGELO
PARCO NAT. DEL FIUME SILE
Zero Branco
Preganziol
Resana
Loreggia
Piombino Dese
Trebaseleghe
Villa del Conte
San Giorgio in Bosco
Campo San Martino
Piazzola sul Brenta
Camposampiero
Santa Giustina in Colle
San Giorgio delle Pertiche
Scorzè
Noale
Massanzago
Borgoricco
Curtarolo
Campodarsego
Santa Maria di Sala
Salzano
Martellago
Mogliano Veneto
Mirano
Spinea
MESTRE
Villanova di Camposampiero
Villafranca Padovana
Limena
Vigodarzere
Cadoneghe
Vigonza
Pianiga
MIRA
AP. 2004
AP. 2005

Cison
Resera
Mondragon
Corbanese
San Pietro di Feletto
Cozzuolo
Carpesica
Formeniga
Scomigo
Manzana
Cappella Maggiore
Sarmede
Stevenà
Cordignano
Silvella
Mescolino
Pinidello
Colle Umberto
Godega di Sant'Urbano
Orsago
Ronche
Cáneva
Fratta
Sacile
Topaligo
Vistorta
San Giovanni del Tempio
Pieve
Pórcia
Palse
Schiavoi
Cavolano
Vallenoncello
Tamai
Valle
Rondover
Corva
Prata di Sopra
Visinale di Sopra
Brugnera
San Giovanni di Livenza
Prata di Pordenone
Villotta
Maron
Prata di Sotto
Visinale
Cecchini
Pasiano di Pordenone
Peressina
Rivarotta
Portobuffolè
Villanova
Farra di Soligo
Solighetto
Pieve di Soligo
Federa
Rua
Santa Maria
Bagnolo
Vendemiano
San Fior
Pianzano
Baver
Bibano
Francenigo
Calderano
Varda
Castello di Roganzuolo
di Sotto
Capo di Sopra
Cosniga
Zoppe
CONEGLIANO
Collalbrigo
Barbisanello
Barbisano
Collalto
Fossamerlo
Sernaglia della Battaglia
Villanova
Gaiarine
Albina
Codognè
Roverbasso
Campomolino
San Cassiano di Livenza
Colle di Guarda
Susegana
Parè
Campolongo
Ramera
S. Rosa
Bocca di Strada
Sarano
Cimetta
Campo Cervaro
Vallonto
Cornarè
Settimo
Fontanelle
Rigole
Basalghelle
Ghirano
Falzè di Piave
Fontigo
Santa Croce
Collosco
Santa Lucia di Piave
Mandre
Mareno di Piave
Soffratta
Vazzola
Visna
Levade
Mansuè
Pozzo
Santissimi Angeli
Ossario
Monumento a Baracca
Sovilla
Nervesa della Battaglia
Bavaria
Barco
Ponte Priula
Santa Maria di Piave
Fiume Piave
Tezze
Bellussi
Fontanellette
Borgo Bianchi
Lutrano
Fossabiuba
Ponti di Tremeacque
Navolè
Brische
Giávera del Montello
MONTELLO
Cusignana
Selva del Montello
Arcade
Calessani
San Michele di Piave
Rai
San Polo di Piave
Camino
Gorgo dei Molini
Gorgo al Monticano
Gorgo della Chiesa
Meduna di Livenza
San Giovanni
Spresiano
Cimadolmo
Tèmpio
Colfrancui
Oderzo
Ormelle
Tre Piere
Palazzi
Motta di Livenza
Povegliano
Visnadello
Covadina
Maserada sul Piave
Salettuol
Stabiuzzo
Grave di Pap.
Ronchi
Roncadelle
Faè
Rustignè
Piavon
Cavalier
Malintrada
Contea
Signoressa
Santandrà
Villorba
Catena
Varago
Saltore
Breda di Piave
Candelù
Saletto di Piave
Negrisia
Busco
Fossalta Maggiore
Carbonere Nuove
Villanova
Levada
Candole
Chiarano
Postioma
Paderno
Carità
Lancenigo
Vascon
San Bartolomeo
Borgo Roma
Ponte di Piave
San Nicolò
Arzeri
Cessalto
Merlengo
Ponzano Veneto
Borgo di Fontane
San Giacomo di Musestrelle
Pero
Cavriè
Fagarè della Battaglia
Bocca Callalta
Talponada
Campo di Pietra
Sta. Maria di Campagna
Sovernigo
San Pelágio
Fontane
Pezzan
Vacil
Mignagola
Sant'Andrea di Barbarana
Salgareda
Campo-bernardo
Paese
Monigo
Biban
TREVISO
Carbonera
Olmi
San Biágio di Callalta
Rovarè
San Pietro Novello
Zenson di Piave
Grassaga
Romanziol
Lanzago
San Floriano
Spercenigo
Monastier di Treviso
Campolongo
Noventa di Piave
Le Guaiane
S. Giuseppe
Boiago
Silea
Sant'Antonino
Biancade
Fornaci
Ronche
Calvecchia
Santa Cristina
Quinto di Treviso
AEROP. INTERNAZ. DI TREVISO-S. ANGELO
Frescade
Vallio
Pralongo
Fossalta di Piave
Croce
Cittànova
Canizzano
PARCO NAT. DEL FIUME SILE
San Trovaso
Dosson
Casier
Cendon
Lughignano
Roncade
Losson d. Battaglia
Capo d'Argine
Calnova
Fiorentina
SAN DONÀ DI PIAVE
Isiata
Bertoneria
Cónscio
Santa Elena
San Cipriano
Méolo
Musile di Piave
Sant'Alberto
Zero Branco
Preganziol
Santa Fosca
San Giacomo
Ca Tron
Lazzaretto
Sambughè
la Croce
Casale sul Sile
Musestre
Chiesanuova
Passerella
Campocroce
Zerman
Bonisolo
Quarto d'Altino
Caposile
Madonnetta
Bagaggiolo
Lanzoni
Passerella di Sotto
Piave Nuova
Gardigliano
Olme
Marcon
Case Piave Vècchia
Cappella
Peséggia
Ghetto
Colmello
Mogliano Veneto
Trepalade
Portegrandi
Piave Vècchia
Gaggio
Altino
San Liberale
Martellago
Marignana
Marcello
Marocco
Palude Maggiore
Valle Grassabo
Paluda
Rialto
Trivignano
Dese
Ca' Noghera
Maerne
Rossignago
Zelarino
Fávaro Veneto
Orgnano
Asseggiano
Carpenedo
Tessera
Terzo
Spinea
MESTRE
AEROP. INTERNAZ. MARCO POLO
Torcello
Lio Piccolo
Ca' Zola
Porte del Cavallino
Aqualandia
Crea
Fornase
Chirignago
Campalto
Carbonera
Burano
Cavallino
Cavallino-Treporti
Marano
Marghera
San Giuliano
Tessera
San Francesco del Deserto
Treporti
Porto di Piave Vècchia
Borbiago
Sabbioni
Ponte della Libertà
VENÉZIA
Sant'Erasmo
Ca' Savio
Porto Marghera
Murano
San Michele
le Vignole
LITORALE S. ERASMO
LITORALE DEL CAVALLINO
Punta Sabbioni
MIRA
Oriago
Valmarana
Malcontenta
Sant'Andrea
A27
A4
E 55
E 70
AP. 2005
AP. 2004
31
46
64

PORDENONE
Casarsa della Delizia
Codróipo
Zompicchia
Rivolto
Lonca
Pozzecco
Bertiolo
Talmassons
Castions di Strada
Flumignano
Sant'Andrât
S. Vito al Tagliamento
Azzano Décimo
Fiume Veneto
Pravisdomini
Chions
Cinto Caomaggiore
Pramaggiore
Annone Veneto
Sesto al Réghena
Cordovado
Téglio Véneto
Gruaro
Portogruaro
Fossalta di Portogruaro
Morsano al Tagliamento
Varmo
Rivignano
Teor
Pocenia
Muzzana del Turgnano
Palazzolo dello Stella
Latisana
Rónchis
Precenicco
San Michele al Tagliamento
Concórdia Sagittária
Santo Stino di Livenza
Marano Lagunare
BONIFICA DELLE SETTE SORELLE
BONIFICA LONCON
Torre di Mosto
Valle Zignago
Laguna di Cáorle
Laguna di Marano
Lignano Sabbiadoro
Lignano Pineta
Lignano Riviera
Foce del Tagliamento
Bibione
Bibione Pineda
Porto di Baséleghe
Porto di Falconera
BONIFICA ONGARO INFERIORE
Cáorle
Marina di Cáorle
Porto Santa Margherita
Eraclea
Eraclea Mare
Duna Verde
Porto di Cortellazzo
Cortellazzo
Fiume Livenza
Fiume Tagliamento
Fiume Stella
RISERVA NATURALE DELLE FOCI DELLO STELLA
MAR ADRIATICO
32
49

Codróipo
Iutizzo
Villa Manin
Passariano
Rivolto
Lonca
Bertiolo
Pozzecco
Galleriano
Lestizza
Mortegliano
Talmassons
Lavariano
Chiasiellis
Cúccana
Gris
Chiasottis
Tissano
Santo Stefano Udinese
Ronchi
Melarolo
San Lorenzo
Trivignano Udinese
Merlana
Santa Maria la Longa
Clauiano
Mereto di Capitolo
Bicinicco
Ronchiettis
Sottoselva
Felettis
Palmanova
Ontagnano
Gónars
Fauglis
Morsano di Strada
Castions di Strada
Sant'Andrât
Flumignano
Virco
Gorizzo
San Pietro
San Martino
Muscletto
Glaunicco
Santa Marizza
Bugnins
Bràida Bottari
Glèris
Stràccis
Gradiscutta
Carbona
Belgrado
Ramuscello
Bando
Ramuscello Vecchio
Saletto
Sacudello
Morsano al Tagliamento
Mussons
Bel-vedere
Varmo
Cornazzai
Roveredo
Romans
Sterpo
Sivigliano
Flambruzzo
Madrísio
Sella
Canússio
Rivignano
Teor
Campomolle
Driolassa
Ariis
Torsa
Paradiso
Corgnolo
Castello
Porpetto
Roveredo
Pocenia
Casali Franceschinis
Zellina
Pampaluna
S. GIORGIO-PORPETTO
San Giorgio di Nogaro
Villaggio Roma
Castions delle Mura
Strassoldo
Alture
Perteole
Sacilett
Múscoli
Bagnaria Arsa
Campolonghetto
Sevegliano
Privano
Ioannis
Aiello d. Friuli
Cavenzano
Visco
GONARS
PALMANOVA
Chiarmácis
Villanova
Fraforeano
Malafesta
LATISANA
Modeano
Muzzana del Turgnano
Rivarotta
Téglio Veneto
Suzzolins
Cintello
Gruaro
Alvisópoli
San Mauro
Ronchis
Palazzolo dello Stella
C. Braida
Pescarola
Piancada
Precenicco
Crosere
Latisanotta
Latisana
Fossalta di Portogruaro
Pozzi
Gorgo
Fratta
FRATTA
Villanova
San Giorgio al Tagliamento
Stiago
Santa Margherita
Vado
San Michele al Tagliamento
Giussago
Paludo di Latisana
Sollazzetto
Concórdia Sagittária
Cavanella
Marzotto
Rivago
Lagugnana
Villa
San Filippo
Gorgo
Titiano
C. Marianis
Fiume Stella
Canale Cormor
San Gervásio
Galli
Carlino
Villa Bruna
Áusa-Corno
F. Zellina
F. Corno
Porto Nogaro
Villanova
Fornelli
Torviscosa
Malisana
Cervignano del Friuli
San Martino di Terzo
Terzo d'Aquiléia
Gallinazza
F. Áusa
Ca' del Vescovo
Canale Anfora
Marina di Aquileia
Monastero
F. Natissa
Marano Lagunare
RISERVA NATURALE DELLA VALLE CANAL NOVO
RISERVA NATURALE DELLE FOCI DELLO STELLA
Laguna di Marano
ISOLA DI S. ANDREA
Porto Buso
San Giuliano
Laguna di
I. MORGO
Porto di S. Andrea
Porto Lignano
Lignano Sabbiadoro
Grado
Pertegada
Casette
Fiume Tagliamento
Cesarolo
Malamocco
Marina
Castello di Brussa
Aprilia Marittima
Pineda
Gulliverlandia
Marinella
Villaviera
Sindacale
Valle Zignago
Ponte Crosetto
Prati Nuovi
Bevazzana
C. Vignati
Agenzia
Laguna di Caorle
Brussa
la Torre
Valpelina
Parco Zoo Punta Verde
Lignano Pineta
Lignano Riviera
Foce del Tagliamento
Bibione
Bibione Pineda
San Gaetano
Valle Nuova
Can. dei Lovi
Porto di Baséleghe
Porto di Falconera
Madonna dell'Angelo
Cáorle
Marina di Cáorle
Porto Santa Margherita
MAR ADRIATICO
48
33
38
A
B
C
1
2
3
4
13° 00'
13° 10'
13° 20'
45° 50'
45° 40'
45° 30'

B C 13° 10' 13° 20'

GORIZIA
NOVA GORICA
Cormons
Capriva del Friuli
Mossa
Mte. Calvario
S. Lorenzo Isontino
Farra d'Isonzo
Savogna d'Isonzo
Gradisca d'Isonzo
Mariano del Friuli
Medea
Romans d'Isonzo
Sagrado
Fogliano Redipuglia
Villesse
San Pier d'Isonzo
Cassegliano
Turriaco
Ronchi dei Legionari
AEROP. INT. DI TRIESTE RONCHI D. LEGIONARI
Doberdò del Lago
Mte. Debeli
MONFALCONE
Staranzano
San Canzian d'Isonzo
Pieris
Duino
Sistiana
Aurisina
Santa Croce
Prosecco
Grignano
Castello di Miramare
Giardino di Miramare
Contovello
Opicina
Villa Opicina
Barcola
Faro della Vittoria
TRIESTE
Golfo di Trieste
Golfo di Panzano
Báia di Múggia
Muggia
Aquilinia
San Rocco
Chiarbola
San Giuseppe della Chiusa
Bagnoli della Rosandra
Dolina
Basovizza
Padriciano
Trebiciano
Gropada
Sežana (Sesana)
Fernetti
Monrupino
Rupingrande
Sgónico
Sáles
Mte. Lanaro
Mte. Ermada
San Giovanni al Timavo
Medeazza
Malchina
Precenico
San Pelagio
Ternova Piccola
Mte. S. Leonardo
Vrtojba (Vertoiba)
Volčja Draga
Bukovica (Boccavizza)
Bilje (Biglia)
Miren (Merna)
Rupa
Peč
Rence (Ranziano)
Dornberk (Montespino)
Šempas (Sambasso)
Vogrsko (Ville Montevécchio)
Prvačina (Prevacina)
Črnice (Cernizza)
Selo (Sella del Bivio)
Vipavski Križ (Sta. Croce di Aidussina)
Ajdovščina (Aidussina)
Branik (Rifembergo)
Komen (Comeno)
Štanjel
Kobjeglava (Cobbia)
Gorjansko (Goriano)
Brje (Boriano)
Tublje (Tuble)
Veliki Dol (Vallegrande)
Pliskovica (Pliscovizza)
Dutovlje (Duttogliano)
Skopo (Scoppo)
Tomaj (Tomadio)
Kopriva (Capriva del Carso)
Vrhovlje (Vercogliano)
Voglje (Vogliano)
SLO
(CARSO)
Koper (Capodistria)
Izola (Isola d'Istria)
Piran (Pirano)
Portorož (Portorose)
Strunjan (Strugnano)
Sečovlje (Sicciole)
Savudrija (Salvore)
Ankaran (Ancarano)
Valdoltra (Valle Oltra)
Škofije (Albaro Vescovà)
Dekani (Villa Decani)
Marezige (Marésego)
Šmarje (Monte di Capodistria)
Koprski Zaliv (Vallone di Capodistria)
Piranski Zaliv (Vall. di Pirano)
HR
Igoumenitsa 25h
Durrës 24h
Pátrai 28h
RISERVA NATURALE DELLE FALESIE DI DUINO
RISERVA NATURALE DELLA FOCE DELL' ISONZO
RISERVA NATURALE DELLA VALLE CAVANATA
BONIFICA DELLA VITTORIA
Bocca di Primero
Pta. Sdobba
Pta. Spigolo
Foce dell'Isonzo
Fossalon di Grado
Golometto
Pta. di Barbacale
Marina Julia
Isola Morosini
Fiume Isonzo
F. Timavo
E 63
AP. 2005
① RISERVA NATURALE DEI LAGHI DI DOBERDÒ E PIETRAROSSA
② RISERVA NATURALE DEL MONTE LANARO
③ RISERVA NATURALE DEL MONTE ORSARIO
④ RISERVA NATURALE DELLA VAL ROSANDRA

MASSIF DU MONT CENIS
Col du Mont Cenis (Colle del Moncenisio)
Pte. de Ronce
3612
la Grande Felouse
3473
Col de l'Autaret
Mt. Lamet
3504
Mt. Tour
3385
Rocciamelone
3538
Pte. Clairy
3173
Pte. de Bellecombe
L. du Mont Cenis
Grand-Croix
Moncenisio
Novalesa
Abbazia di Novalesa
Villaretto
Molaretto
Venaus
Susa
Mompantero
Meana di Susa
Gravere
Chiomonte
Giaglione
Mattie
Bussoleno
AUTOPORTO
Sardières
Sollières-Envers
Aussois
le Verney
le Châtel
Aig. Doran
3039
Polset Chalets
Avrieux
le Bourget
Villarodin-Bourget
Modane
Loutraz
Freney
FRENEY
Fourneaux
Charmaix
GALLERIA DEL FREJUS m 13 636
TRAFORO DEL FREJUS
Pointe de Longe Côte
3104
Roche d'Etache
3083
L. de Savine
Mt. Giusalet
3313
Bar Cenisio
Arcángel
Rifugio Vaccarone
2747
Grange Buttigliera
Pra Piano
Mt. d'Ambin
3378
Mte. Niblè
3365
la Belle Plinier
3086
Aig. de Scolette
3505
Coll. d'Etache
Punta Bagnà
3129
Col de Frejus
2538
L. di Rochemolles
Rifugio Scarfiotti
Rifugio Ambin
Pta. Sommeiller
3333
Rochemolles
Pta. Valfredda
3051
Cima Vallonetto
3217
Rifugio Levi-Molinari
1849
San Colombano
Exilles
Forte Exilles
Salbertrand
Oulme
GRAN BOSCO
PARCO NATURALE DEL GRAN BOSCO DI SALBERTRAND
Cle. dell'Assietta
2472
Montagne Seu
2497
Cma. Ciantiplagna
2849
Forte
Cle. d. Finestre
2176
Usseaux
Pourrières
Fenestrelle
Depôt
Chambons
Laux
Roche Bernaude
3225
Ref. du Mont Thabor
les Granges
Granges la Rho
Bardonecchia
BARDONECCHIA
Borgo Nuovo
Testa del Ban
2652
Mte. Jafferau
2785
Mte. Séguret
2910
Rifugio Salbertrand
les Arnauds
Melezet
FREJUS
Gleises
Goutier
Royères
SAVOULX
Savoulx
OULX OVEST
OULX EST
Beaume
Oulx
Gad
Monfol
Sauze d'Oulx
Cle. Blegier
2381
Puys
Beaulard
Castello
Pierremenaud
Madonna di Catalovier
2105
Rifugio Rey
Gúglia d. Mezzodì
2621
Pta. Clotesse
2872
Chalets des Acles
1879
Pourachet
Jouvenceaux
Sportinia
2137
les Clotes
Rifugio Ciao Pais
1890
2299
Grangie
Pragelato
Ruà
Allevé
Soucheres Hautes
Traverses
Mte. Albergian
3043
Rifugio Bechis
Souchères Basses
Grand Puy
Fraisse
Chisone
VALLE DEL CHISONE
VALLE DI SUSA
Plan
Jousaud
Laval
Chezal
Duc
Borgata Sestriere
Sestriere
Mte. Banchetta
2823
PARCO NATURALE DELLA VAL TRONCEA
Colle Sestriere
Mte. Sises
2658
Bric Ghinivert
3037
Bric Rosso
3026
Bourcet
Chasteiran
GRANDE TRAVERSATA DELLE ALPI
Pta. Midi
Gros Passet
Roberso
Massello
Campo la Salza
Didiero
Salza di Pinerolo
Pso. d. Pennazza
Fontane
Rodoretto
Chalets-du-Vallon
Névache
Plampinet
N. D. de Bonne Rencontre
VALLÉE DE LA CLARÉE
Clarée
Rocher des Gr. Becs
3042
Desertes
Colombière
Autagne
Cle. Basset
Mte. Fraitève
2701
Fenils
Solomiac
Mollières
Cesana Torinese
San Sicario
Champlas-du Col
Seguin
Claviere
Montgenèvre
Col de Montgenèvre (Cle. d. Monginevro)
Mt. Chaberton
3136
Col de Granon
2404
Granon
la Draye
Val-des-Prés
le Rosier
le-Tronchets
le Villard Laté
Chantemerle
St. Chaffrey
Briançon
Puy-St. Pierre
la Vachette
Rifugio Pian Gimont
Bousson
Sauze di Cesana
Bessen
Rollieres
Thures
Thures Gorlier
Rhuilles
Mte. Gimont
2646
Col Saurel
Rifugio Mautino
Madonna del Lago Nero
Brusà des Planes
Mte. Platasse
3149
Mte. Barifreddo
3028
Pta. Rognosa del Sestriere
3280
Roc del Boucher
3285
Argentiera
Chabaud
Fort de Gondran
2455
Col Bousson
Lachau
Thuras
Cervières
Cerveyrette
le Bourget
les Chalps
Terre Rouge
Villar-St.Pancrace
le Mélézin-Chalets
le Villaret
St. Martin de-Queyrières
Queyrières
Fort de la Lausette
le Laus
Cime de la Charvie
2879
les Fonds
Pic du Grand Glaiza
3286
Punta Ramière o Bric Froid
3303
Rifugio Monte Nero
Col de la Mayt
Gran Queyron
3060
Col St. Martin
Rifugio Lago Verde
Bric Bouchet
3216
Burfarant
Malpertus
Cle. Malaura
2522
Villanova
Tête du Pelvas
2929
Rifugio W. Jervis
Conca del Prà
Cle. d. Croce
Colle Barant
Rif. Barant
2372
GIARDINO BOTANICO PEYRONEL
Prali
Ghigo
Orgiere
Scopriminiera
Cappello d'Envie
Pta. Cornour
Tredici Laghi
Rocca Bianca
Germanasca
VAL GERMANASCA
Chalets-des-Ayes
Grand Peygu
2842
Ref. Napoléon
Col d'Izoard
2361
Grand Pic de Rochebrune
3325
Pic de Petit Rochebrune
3083
la Montette
le Roux
Valpreveyre
Chalets-de-l'Orceyrette
Pic du Ht. Mouriare
Ste. Marguerite
Argentière-la-Bessée
L. de l'Ascension
Tête du Peyron
2591
Rivière
Brunissard
la Chalp
Souliers
Château-Ville-Vieille
les Meyriès
Pic de l'Agrenier
2796
Chalets de Lombard
les Eygliers
Chalvet
Malrif
le Villard
Abriès
Guil
Aiguilles
Peynin
Ristolas
Pic de Maloqueste
2610
l'Echalp
Pic du Fond de Peynin
2897
Chalets de la Médille
Arvieux
les Maisons
les Moulins
Château-Queyras
Ville-Vieille
Prats
PARC REGIONAL
Pic du Béal Traversier
2912
Pic du Gazon
Villargaudin
le Cougnet
le Lauzet
la Roche-de-Rame
l'Adroit
Géro
© GEOnext - ISTITUTO GEOGRAFICO DE AGOSTINI S.p.A. - NOVARA
F
23
35
39
65
21
32
17

VAL DI VIÙ
Torre d'Ovarda
Mt. Lera
Usseglio
Lémie
Viù
Germagnano
Cafasse
Mathi
Nole
Villanova Canavese
AREA ATTREZZATA DEL PONTE DEL DIAVOLO
Maddalene
Monasterolo
Balma
Fubina
Polpresa
Versino
Traves
Tese
Pian Bausano
Fiano
Grosso
Vallo Torinese
Mte. Druina
Varisella
Richiáglio
San Giovanni
Mte. Colombano
Moncolombone
Robassomero
La Cassa
PARCO REGIONALE LA MANDRIA
Caselle Torinese
Rossiglione
Ceretta
Vastalla
Marságlia
VENARIA REALE
Rubbianetta
Regia Mandria
RIS. NAT. MADONNA DELLA NEVE SUL MONTE LERA
Mte. Lera
Rivasacco
Mte. Arpone
Mte. Civrari
Punta di Grifone
Pta. Lunella
Grand'Uia
L. Nero
Chianocco
Bussoleno
RIS. NAT. DI CHIANOCCO
Pavaglione
Bigiardi
Maffiotto
Bruzolo
San Didero
Mollette
Borgone Susa
Mócchie
Frassinere
Condove
Cáprie
Celle
Laietto
Rubiana
Montecomposto
Almese
Miosa
Rivera
Mte. Musinè
Milanere
Caselette
Val della Torre
Brione
Givoletto
Montelera
San Gillio
Druento
Grange di Brione
San Pancrazio
Pianezza
Savonera
C.SO REGINA MARGHERITA
VENARIA STADIO
Castello Reale
San Giorio di Susa
San Valeriano
Villar Focchiardo
Vaie
Chiusa di San Michele
Sacra di San Michele
Sant'Antonino di Susa
Sant'Ambrogio di Torino
Avigliana
Drubiaglio
Ferriera
Alpignano
Rivoli
Collegno
Grugliasco
Corso Francia
C. Allamano IV Novembre
Buttigliera Alta
Rosta
Reano
Villarbasse
Trana
Sangano
Rivalta di Torino
Beinasco
Orbassano
Giaveno
Coazze
Valgióie
Villa
San Bernardino
Paiere
PARCO NATUR. DEI LAGHI DI AVIGLIANA
AREA ATTREZZATA DELLA COLLINA DI RIVOLI
Bruino
Piossasco
Volvera
Candiolo
Stupinigi
Palazzina di Caccia di Stupinigi
PARCO NAT. DI STUPINIGI
Nichelino
Vinovo
None
Airasca
Piobesi Torinese
Castagnole Piemonte
Scalenghe
Cumiana
Pieve
Chisola
Luisetti
Casevecchie
Frossasco
Piscina
Roletto
Pinerolo
Santa Brigida
San Pietro Val Lémina
Abbadia Alpina
Riva
Buriasco
Macello
Vigone
Cercenasco
Virle Piemonte
Osasco
San Secondo di Pinerolo
Garzigliana
Bricherásio
Campiglione Fenile
Bibiana
Luserna San Giovanni
Lusernetta
Torre Péllice
Villar Péllice
Cavour
Abbazia di Santa Maria
PARCO NATUR. DELLA ROCCA DI CAVOUR
Bagnolo Piemonte
Villafranca Piemonte
Moretta
Faule
Polonghera
Cardè
Pancalieri
Lombriasco
Osasio
Carmagnola
Perosa Argentina
Pomaretto
Pinasca
Villar Perosa
San Germano Chisone
Porte
Prarostino
Roccapiatta
Mte. Freidour
PARCO MONTANO DEI TRE DENTI-FREIDOUR
Mte. Cucetto
Cantalupa
Tagliaretto
Talucco
PARCO NATURALE ORSIERA - ROCCIAVRÈ
Mte. Rocciavrè
Mte. Bocciarda
VAL SANGONE
Maddalena
Forno
Provonda
Dalmassi
AREA ATTREZZATA TORRENTE SANGONE
Monte San Giorgio
Mte. Cavallo
Mte. Vandalino
Pta. Vergia
Rorà
Angrogna
PÉLLICE
E70
A55
AP.2004

53
TORINO
Ciriè
San Carlo Canavese
San Benigno Canavese
Montanaro
Rondissone
Saluggia
S. Maurizio Canavese
Volpiano
Chivasso
Caselle Torinese
Leinì
Brandizzo
Verolengo
Venaria Reale
Bórgaro Torinese
Séttimo Torinese
San Raffaele Cimena
Castagneto Po
Lauriano
Druento
Castiglione Torinese
Gàssino Torinese
Casalborgone
Pianezza
San Mauro Torinese
Collegno
Sciolze
Cinzano
Cocconato
Grugliasco
Baldissero Torinese
Pino Torinese
Moncucco Torinese
Albugnano
Passerano Marmorito
Andezeno
Pecetto Torinese
Castelnuovo Don Bosco
Beinasco
Chieri
Moncalieri
Nichelino
Trofarello
Buttigliera d'Asti
Riva presso Chieri
Cambiano
Volvera
Candiolo
La Lóggia
Vinovo
Santena
Villanova d'Asti
None
Piòbesi Torinese
Villastellone
Poirino
Dusino San Michele
Villafranca d'Asti
Castagnole Piemonte
Carignano
Valfenera
Ferrere
Pralormo
Carmagnola
Cellarengo
Cisterna d'Asti
Pancalieri
Casalgrasso
Polonghera
Ceresole Alba
Montà
Santo Stefano Roero
Canale
Caramagna Piemonte
Sommariva del Bosco
Monteu Roero
Racconigi
Moretta
Murello
Sanfrè
Baldissero d'Alba
Sommariva Perno
Vezza d'Alba
Corneliano d'Alba
52
36
67
E 70
E 64
E 612
E 717
A4
A5
A6
A21
A55
PARCO REGIONALE LA MANDRIA
PARCO NAT. DELLA COLLINA DI SUPERGA
PARCO NATUR. DEL PO
Fiume Po
AP. 2004
© GEOnext - ISTITUTO GEOGRAFICO DE AGOSTINI S.p.A. - NOVARA

Castelmerlino
Colombara
Leri
Castell'Apertole
Darola
Ronsecco
Lucédio
Tricerro
Vercellese
Pezzana
Costanzana
Pertengo
Stroppiana
LE RISAIE
Lamporo
San Genuário
Madonna d. Vigne
PARCO NAT. BOSCO DELLE SORTI DELLA PARTECIPANZA DI TRINO
Saletta
Montarolo
Fontanetto Po
Canale di Rive
Robella
Ramezzana
Trino
Torrione
Due Sture
Rive
Motta de' Conti
Crescentino
San Silvestro
Caravini
Santa Maria
Palazzolo Vercellese
Villanova Monferrato
Bàlzola
Terrasa
Verrua Savoia
FLUVIALE
Brùsaschetto
Gabiano
Cantavenna
Camino
Pobietto
DEL
Morano sul Po
Terranova
Popolo
NORD
Fiume Po
GARZAIA DELLA RINALDA
Valentino
Moncestino
Mincengo
Piazzano
Cornale
Pontestura
Coniolo
Coniolo Bricco
PO
CASALE MONFERRATO
CASALE MONF.
Frassineto Po
San Bernardo
Sulpiano
Seminenga
Cervoto
Vallegioliti
Sessana
Ostà
Zenevreto
Fabiano
Marcorengo
Villamiróglio
Varengo
Pozzengo
Rocchetta
Vialarda
Quarti
Rolasco
SUD
Santa Maria del Tempio
Piai
Rosingo
Cerrina Monferrato
Mombello Monferrato
Solonghello
Garoppi
Rollini
Dionigi
Ozzano Monferrato
San Giorgio Monferrato
San Germano
Rotaldo
Cortiglione
S. Antonino
Valle Cerrina
Gaminella
SACRO MONTE DI CREA
Serralunga di Crea
Castagnone
Treville
Dossi
Ticineto
Valmacca
Odalengo Grande
Montalero
Montaldo
Robella
Vallestura
Casalino
Madonnina
Terrùggia
Rivalba
Corteranzo
Cicengo
Pianceredo
Santuario di Crea
Castel-lazzo
Rosignano Monferrato
Borgo San Martino
Tuffo
Murisengo
Odalengo Piccolo
Ponzano Monferrato
Salabue
Cereseto
Colma
Vallare
MONFERRATO
Montiglio Monf.
Stura
Villadeati
Sottoripa
Perno Inferiore
Sala Monferrato
Cella Monte
Garriano
Pomaro Monferrato
Corziagno
Sorina
Castelletto Merli
Berroni
San Martino
Giarole
Rocca
Anselmi
Lussello
Serra
Castellino
Carboneri
Cardona
Alfiano Natta
Guazzolo
Patro
Coppi
Stevani
Occimiano
Scandeluzza
Zanco
Gessi
Moncalvo
Ottiglio
Moleto
Roncáglia
San Maurizio
Cunico
Pavo
Casarello
Sanico
Grazzano Badoglio
Olivola
Frassinello Monferrato
Mirabello Monferrato
Piéa
Colcavagno
Rinco
Vadarengo
Penango
Bonina
S.Nazario
Santa Maria
Cioccaro
Casorzo
San Giovanni
Conzano
Cortanze
Montechiaro d'Asti
Tonco
Fons Salera
Villa San Secondo
Perrona
Bolla
Vignale Monferrato
Camagna Monferrato
Becco Rosa
Demartini
Fosseto
Nocciola
Corsione
Frinco
Calliano
Grana
Altavilla Monferrato
Davino
Lu
Camerano
Cossombrato
San Desiderio
T. Grana
Cúccaro Monferrato
Salcido
Casasco
Chiusano d'Asti
Castell'Alfero
Valleversa
Montemagno
Viarigi
Casazze
Bodelacchi
Madonna
Mombarone
Madonna di Vallino
Franchini
Fubine
il Giardinetto
Cinàglio
Callianetto
Perno
Scurzolengo
San Carlo
Settime
Meridiana
Portacomaro Stazione
Pergatti
Cornaglie
Montegrosso
Serravalle
Valmairone
Portacomaro
Castagnole Monferrato
Santo Stéfano
Accorneri
Nani
Quargnento
ALESSANDRIA OVEST
Malandroni
Sessant
RIS. NAT. DELLA VALLEANDONA E VAL BOTTO
Madonna di Viatosto
Castiglione
Migliandolo
Valvinera
Refrancore
Arróbio
Barcara
Maddalena
Piepasso
Valenzani
Casabianca
ASTI OVEST
ASTI EST
Bordoni
CROCETTA
FELIZZANO
Serra
Valleandona
Torretta
ASTI
Quarto
Crocetta
Quattórdio
Felizzano
Solero
Mezzano
Tigliole
Bramairate
Revignano
S. Rocco
Borgo Tànaro
Monfallito
Castello di Annone
Gerba
Casalbagliano
Rocca
Villa del Foro
Pianetti
Vaglierano
Variglie
Azzano d'Asti
Cerro Tanaro
Màsio
Castello di Redabue
ALESSANDRIA SUD
Cantalupo
Celle Enomondo
Revigliasco d'Asti
San Marzanotto
Rocca d'Arazzo
PARCO NAT. DI ROCCHETTA TANARO
Rocchetta Tànaro
Abazia
Oviglio
Antignano
Montemarzo
Mongardino
Santa Caterina
Ronchi
Merlazza
San Damiano d'Asti
Molini d'Isola
Isola d'Asti
Vigliano d'Asti
Variala
Forni
Tocco
Cornalea
Roncaglia
Borgoratto Alessandrino
Castellazzo Bormida
Gonella
Piano
Villa
Saracchi
Tiglione
Montaldo Scarampi
Belveglio
T. Tiglione
Cartiglione
Bergamasco
Carentino
Frascaro
San Martino Alfieri
Motta
Repergo
Tiglione
Montegrosso d'Asti
RISERVA NAT. D. VAL SARMASSA
BORMIDA
Craviano
Vallumida
Mombercelli
Vinchio
Ghiare
Incisa Scapaccino
Gamalero
Castelspina
Govone
San Carlo
Tana
San Rocco
Madonna
Castelnuovo Calcea
Villa
Castelnuovo Belbo
Santa Margherita
Costigliole d'Asti
Agliano Terme
Noche
Vaglio Serra
Aie
San Rocco
San Pietro
Sant'Anna
San Rocco
Spazzona
Bruno
Fontaniale
Vianoce
Canove
Annunziata
Salere
Nizza Monferrato
Bazzana
Mombaruzzo
Gavonata
Búrio
Loreto
Boglietto
Cornale
Formico
Olmo
Castagnole delle Lanze
San Bartolomeo
T. Tinella
Bionzo
Rinaldi
Vaglio Serra
Mosca
Corte
Valle San Giovanni
Casalotto
Fontanile
Maranzana
Cassine
Sant'Antonio
Carossi
Balbi
Ceirole
San Marzano Oliveto
Castelletto Molina
Quaranti
Castelnuovo
E 70
E 74
E 25
A21
A26
37
38
55
68
1
2
3
4
D
E
F
G

Pezzana
Castelnovetto
Rosasco
Madonna Venaria
Ceretto Lomellina
Mortara
Molino Faenza
Cattànea
Garbana
Stradella
Gambolò
Zelata
Gualina
Remondò
Molino
DELLA VALLE
Madonna di Bozzola
Borgo San Siro
Torrazza
La Madonna
Sant'Angelo Lomellina
GARZAIA DI CELPENCHIO
Castello d'Agogna
Casoni Sant'Albino
Celpenchio
DELLA VERMINESCA
Langosco
Sesia
Fiume
Olévano di Lomellina
Tromello
Madonna delle Bozzole
Pissacco
S. Paolo
Raina
Cozzo
Zeme
Cergnago
San Biagio
Mantie
Motta de' Conti
Garlasco
Gropello Cairoli
Terrasa
Marza
Sant'Alessandro
GARZAIA DI S. ALESSANDRO
Cándia Lomellina
Campalestro
San Giorgio di Lomellina
Alagna
Bordignana
GARZAIA DELLA RINALDA
Velezzo Lomellina
Pieve
Ottobiano
Dorno
Valle Lomellina
Madonna di Casaletto
Valeggio
Fiume Po
CASALE MONF.
Semiana
GARZAIA DEL BOSCO BASSO
T. Agogna
T. Erbogne
BOSCHETTO DI SCALDASOLE
T. Terdoppio
Frassineto Po
Breme
GARZAIA DELLA CASCINA NOTIZIA
Lomello
Scaldasole
Ferrera Erbognone
Santa Maria del Tempio
FASCIA
Gòido
Sartirana Lomellina
Parzano
Pieve Albignola
Valmacca
Ticineto
Dossi
Villa Biscossi
Galliávola
Sannazzaro de'Burgondi
Mezzano
Cascinotto Mensa
Mede
GARZAIA DI VILLA BISCOSSI
Montariolo
Rivalba
Borgo San Martino
MONFERRATO
FLUVIALE
Tortorolo
Casoni Borroni
Balossa Bigli
Vallare
Castellaro de' Giorgi
Gállia
Ghiáie
Pomaro Monferrato
Giarole
Bozzole
Torre Beretti e Castellaro
Torre Beretti
ABBAZIA ACQUALUNGA
Abbazia di Acqualunga
Pieve del Cairo
Mezzana Bigli
Cascine Nuove
Corana
Gaudenzi
Bastida de' Dossi
Maurizio
Monte
Frascarolo
Cairo-Lomellina
San Martino
Isola Sant'Antonio
Cornale
Silvano Pietra
Mirabello Monferrato
Villabella
Suardi
Cambiò
Gerola
Molino dei Torti
San Giovanni
DEL
Gambarana
Capraglia
Torremenapace
Fosseto
VALENZA
Alluvioni Cambiò
Cocetta
Gazzolo
Alzano Scrivia
CASEI GEROLA
Casei Gerola
Casei
VOGHERA
Madonna del Pozzo
Bric Montariolo
Mugarone
Bassignana
Guazzora
PO
Frescondino
Pecetto di Valenza
San Salvatore Monferrato
Castelletto Monferrato
Pellizzari
Montariolo
Mezzanino
CASTELNUOVO SCRIVIA
Medassino
Salcido
Bodelacchi
Grava
Sale
Castelnuovo Scrivia
Brugna
Rivarone
Fiondi
Valmadonna
il Giardinetto
Madonna San Zeno
T. Tanaro
Piovera
Gerlotto
Valle San Bartolomeo
Pontecurone
Cornaglie
ALESSANDRIA OVEST
Montecastello
Pietra Marazzi
Ova
San Carlo
Pavone d'Alessandria
Viscarda
CASTELNUOVO SCRIVIA
Rivanazzano
San Michele
Cittadella
Orti
Lobbi
Pagella
Filippona
Passalacqua
Rosano
Solero
ALESSANDRIA EST
Castelceriolo
San Giuliano Nuovo
TORTONA
Castellar Guidobono
Casalnoceto
Mezzano
ALESSANDRIA
Viguzzolo
Cristo
Villa Marengo
Contrada Ebrei
Torre Garofoli
Volpeglino
Casalbagliano
TORTONA
Villa del Foro
Rocca
Ghezzi
Cabanette
Spinetta Marengo
San Giuliano Vecchio
Berzano di Tortona
Monleale
F. Bormida
Cascinagrossa
ALESSANDRIA SUD
Lungafame
Moschini
Vho
Porrona
Lodra
Abbazia S. Maria
Mombisaggio-Torre Calderai
Cantalupo
Litta Parodi
Mandrogne
Sarezzano
Rivalta Scrivia
San Ruffino
Galade
Carbonara Scrivia
Villaromagnano
T. Orba
Quattro Cascine
Pollastra
Montemarzino
Borgoratto Alessandrino
Castellazzo Bormida
Frugarolo
Levata
Spineto Scrivia
Montegioco
Cerreto Grue
Palazzo
Casal Cermelli
Santa Croce
San Quirico
Castellar Ponzano
Carentino
Villalvérnia
Montale Celli
Arpicella
Montebello
Frascaro
Cascina Luna
Tassarè
Bosco Marengo
Costa Vescovato
Donna
Paderna
BORMIDA
Castelspina
Cascinotti di Villa
Carezzano
Sarizzola
Avolasca
Gamalero
RISERVA NAT. DEL TORRENTE ORBA
Portanuova
Bettole di Tortona
Carezzano Maggiore
San Rocco
MARENGO
Sant'Alósio
Sezzádio
Merella
Castellánia
Oliva
Spazzona
Fresonara
T. Scrivia
Podigliano
Sant'Ágata Fossili
Fontaniale
NOVI LIG.
Pozzolo Formigaro
Gavazzana
Bavantore
Gavonata
Retorto
Cassano Spinola
Bavantorino
Malvino
San Martino
di Sta Giustina
Basaluzzo
Villa Cattanietta
NOVI LIGURE
Sardigliano
Maranzana
Castelferro
Pasturana
Cuquello
Predosa
BETTOLE DI NOVI LIG.
Cassine
Montessoro
Vargo
Albarasca
RIS. NAT. DEL TORRENTE ORBA
Villa Grimalda
Castelnuovo
LOMELLINA
E 25
E 62
E 70
E 74
A7
© GEONEXT - ISTITUTO GEOGRAFICO DE AGOSTINI S.p.A. - NOVARA

56
Trivolzio
Vellezzo Bellini
Torriano
Certosa di Pavia
Villaréggio
Zeccone
Ceranova
Cascina Morgnana
Calvenzano
Domodossola
Pieve Fissiraga
Marcignago
Torre del Mangano
BEREGUARDO-PAVIA NORD
Guinzano
San Genesio
Settimo
Corbesate
Marzano
Spirago
Castel Lambro
Valera Fratta
Marudo
Vidardo
Monticelli Sillaro
Samperone
Divisa
Villalunga
Boschetto
Sant'Alessio con Vialone
Lardirago
Roncaro
Torre d'Arese
Magherno
Sant'Angelo Lodigiano
Villanova del Sillaro
San Varese
Torre d'Isola
Sedone
Mirabello
San Genesio ed Uniti
Sant'Alessio
Calignano
Vivente
Vistarino
Villantério
Graffignana
Borgo Lodigiano
Vigarolo
S. Lazzaro
Fornaci
BOSCO SIRO NEGRI
AP 2004
Prado
Cura Carpignano
Barona
Gerenzago
Invernо
TICINO
Canarazzo
S. Lanfranco
Cassinello
Fossarmato
Vimanone
Vigalfo
Copiano
Monteleone
San Colombano al Lambro
PAVIA
Albuzzano
Motta S. Damiano
Montesano
Miradolo Terme
Campagna
Villanova d'Ardenghi
Sabbione
San Pietro
Valle Salimbene
Alperolo
Filighera
Genzone
Colle di San Colombano
Carbonara al Ticino
Gravellone
Travacò Siccomario
Belgioioso
Corteolona
Santa Cristina
Camporinaldo
San Martino Siccomario
San Leonardo
Linarolo
Santa Cristina e Bissone
Chignolo Po
Lambrina
Sairano
Torre de' Torti
Madonna
SICCOMARIO
Mezzano
Vaccarizza
S. Margherita
San Giacomo
Torre de'Negri
Sostegno
Bissone
Alberone
Cava Manara
S. Fede
Busca
Ponte della Becca
Fiume Po
Costa de'Nobili
Mezzanino
Tornello
Tre Re
Palazzo
Badia
Sommo
Mezzana Corti
Verrua Po
Albaredo Arnaboldi
Cipriano Po
Spessa
San Zenone al Po
Porto Morone
Pieve
Casoni
Monticelli Pavese
Rea
Bottarone
Baselica
Portalbera
Zerbo
Sartorona
Mezzana Rabattone
Ponte di Mezzana
Canova
Casanova Lonati
Pirocco
Arena Po
Bastida Pancarana
Bottarone
Bressana Bottarone
Bressana
Camposppinoso
BRONI-STRADELLA
STRADELLA
Parpanese
Bosco Tosca
Pievetta-Dogana Po
CASTEL S. GIOVANNI
Pancarana
Castelletto Po
Barbianello
Stradella
Colombetta Piane
Ripaldina
Berlasco
Fontana Pradosa
Veratto
Castelletto di Branduzzo
Argine
Robecco Pavese
Pinarolo Po
Broni
Bosnasco
Zenevredo
Cardazzo
Castel San Giovanni
Sarmato
Porana
Branduzzo
Casatisma
Canneto Pavese
Costa Montefedele
Ganaghello
Sacchello
Ponte Tidone
Lungavilla
Santa Giuletta
Redavalle
Vicomune
Monteveneroso
Montù Beccaria
San Marzano
Villa Caramello
Agazzino
Berlasco
Pizzale
Verretto
CASTEGGIO-CASATISMA
Manzo Castello
Cigognola
Montescano
Pozzolo
Mondonico
San Damiano al Colle
Ca' Basse
Borgonovo Val Tidone
Campremoldo Sotto
Badesse
Casteggio
Fumo
Corvino S. Quirico
Torricella Verzate
Castana
Pietra de'Giorgi
Casa Colombi
Cassinassa
Creta
Fornello
Moretta
Colombarola
Montebello della Battaglia
San Rocco
Mornico Losana
Molini
Scazzolino
Rovescala
Calcinara
Mottaziana
Campoferro
Genestrello
Mairano
Oliva Gessi
Boffalora
Casella
Donelasco
Breno
Campre Sopra
VOGHERA
Sgarbina
San Biagio
Calvignano
Santa Maria della Versa
Lirio
Torrone
Ziano Piacentino
Seminò
Bilegno
OLTREPÒ PAVESE
Cade
Montalto Pavese
Rocca de' Giorgi
Crocetta
Valdamonte
Vicobarone
Castelnuovo
Vicomarino
Tavernago
Torrazza Coste
Castellaro
Olesi
Borgo Priolo
Villa Fornace
Soriasco
Montalbo
Albareto
Fabbiano
Sarturano
Codevilla
Pragate
Staghiglione
Montecalvo Versiggia
Pizzofreddo
Golferenzo
Cantone
Rivasso
Piana
Barisonzo
Ca' del Fosso
Volpara
Tassara
Sala Mandelli
Corano
Stra
Castano
Gazzola
Retorbido
Mondondone
Ca Percivalle
Gabbione
Caseo
Trevozzo
Arcello
Verdeto
Casa di Conte
Sant'Antonino
Trebbio
Arpesina
Ca Bernocchi
Biancanigi
Borgoratto Mormorolo
Canavera
Canevino
S. Maria del Monte
Pianello Val Tidone
Santa Giustina
Montecanino
Agazzano
Misano
Schizzola
Murisasco
Madonna di Monte
Chiusani
Stefanago
Zebedo
Fortunago
Stadera
Genepreto
Casanova
Gazzoli
Vidiano
Cuccavello
Piozzano
Momeliano
Arola
Borgo
Nazzano
Rocca Susella
Case del Molino
Gravanago
Inverniaghi
Scagni
Ca' del Matto
Pometo
Ruino
Pieve di Stadera
Gabbiano
Rocca d'Olgisio
Ca' de' Comaschi
Azzano
Torricella
Rezzanello
Susella
Montesegale
Sant'Eusebio
Villa dei Cavalieri
Càrmine
Nibbiano
Chiarone
San Nazzaro
San Gabriele
Godiasco
T. Ardivestra
Torre d'Alberi
Lagagnolo
Caminata
L. di Trebecco
Montemartino
Vallerenzo
Rocca Pulzana
Bosonasco
Monteventano
Montice
Sanguignano
San Desiderio
Montacuto
Monte dell'Orso
Casa Ponte
Calghera
Casa del Marchese
Trebecco
Roncaglie di sopra
Gadignano
Mte. Colombano
Mulazzi
Monte Calcinera
Sala
Prendomino
Valverde
Rubero
Mte. Lazzarello
Pecorara
Pentima
della Bulla
San Lorenzo
San Giovanni
Mombelli
Le Moline
Gabbione
Costalta
Bobbiano
Biagasco
Piumesana
Nizza Superiore
Val di Nizza
Sant'Albano
Zavattarello
Cáprile
Sevizzano
Travo
Cast. dei Malaspina
Ponte Nizza
Móglie
Poggio Ferrato
Molino Cassano
Crociglia
Tovazza
Casale
Busseto
Mte. Lazzaro
Pietra Parcellara
Cécima
Abbazia Sant'Alberto di Butrio
Rossone
Caselli
Mompertone
Pizzocorno
Molino del Conte
Livelli
Oramala
Pietragavina
Casa Fiori
Romagnese
Cicogni
Mte. Mosso
Caverzago
Sagliano
Bagnaria
Ponte Crenna
Varzi
Mte Calenzone
Santa Cristina
Grazzi
Pietra di Corvo
Freddezza
San Giorgio
San Ponzo Semola
Bognassi
RIS. NAT. MONTE ALPE
Schiavi
Trebbia
Serra del Monte
T. Staffora
Capolselva
San Pietro Casasco
Mte. d'Alpe
Casa Matti
Matoschi
Mezzano Scotti
Consensio
Perino
Nivione
Collegio Menconico
Cassolo
Cadelmonte
Quattrocchi
Musigliano
Stemigliano
San Martino
Spinello
Frascata
Gremiasco
Castagnola
Monte-martino
Pso. del Penice
Roncaiolo
Mte. Armélio
Bosmenso
Colombassi
Caminata Boselli
T. Curone
Cioccale
Ronco
Mte. Penice
Vaccarezza
Piancasale
San Sebastiano Curone
Fabbrica Curone
Cella
Castellaro
Sala
Casanova Destra
Santa Maria
Brugnoni
la Valle
Villanova
Mte. Gavi
Gavi
Mte. di Croce
Dernice
Restegassi
Montacuto
Selvapiana
Cignolo
Santa Margherita di Staffora
Santa Margherita
Ceci
Cima di Valle Scura
le Càmpore
Bobbio
Terme di Bobbio
Ferrari
Mte. Tre Abati
Vigoponzo
Gregassi
Garadassi
Brentassi
Cegni
Cernaglia
Costa
Mte. Capra
Piccoli
Zebedassi
Giarolo
Fabbrica Curone
Forotondo
Lunassi
Mte. Boglelio
Pregola
Feligara
San Salvatore
Coli
Aglio
Calenzano
Sant'Agostino
Borgo Adorno
Cima

57
Liscate
Rivolta d'Adda
Vailate
Mozzánica
Misano di Gera d'Adda
Fontanella
Barbata
Pumenengo
Castel Gabbiano
Capralba
Vidolasco
Casale Cremasco-Vidolasco
Camisano
Agnadello
Comazzo
Pieránica
Quintano
Sergnano
Gradella
Zecca
Torlino Vimercati
Trescore Cremasco
Casaletto Vaprio
Bottaiano
Casaletto di Sopra
Isengo
Zelo Buon Pérsico
Spino d'Adda
Pandino
Ricengo
Melotta
RIS. NAT. NAVIGLIO DI MELOTTA
Tribiano
Mulazzano
Cassino d'Alberi
Villa Pompeiana
OASI PARADISO
Nosadello
Palazzo Pignano
Cremosano
Scannabue
Campagnola Cremasca
Pianengo
SERIO
Offanengo
Santa Maria della Croce
Romanengo
Ticengo
Dresano
Balbiano
Barbuzzera
Monte Cremasco
Vaiano Cremasco
Cervignano d'Adda
Fracchia
Dovera
Roncadello
Postino
Bagnolo Cremasco
Ombriano
San Bernardino
CREMA
Izano
Salvirola
Cumignano sul Naviglio
Casalmaiocco
Quartiano
Galgagnano
Arcagna
Boffalora d'Adda
S. Rocco
Crespiatica
Sabbioni
Madignano
Fiesco
Sordio
Madignano
Villavesco
PARCO
Montanaso Lombardo
Riolo
Chieve
Gattolino
Capergnanica
Ripalta Vecchia
Ripalta Nuova
Genivolta
Cerro al Lambro
Tavazzano con Villavesco
San Grato
Cadilana
Passarera Corte
Bolzone
Gramignana
Trígolo
S. ZENONE
Torretta
LODI
Prada
Caselletto Ceredano
Passarera
Ripalta Cremasca
Ripalta Guerina
Le Valli
Valseresino
Moscona
Lodi Vecchio
Terraverde
Corte Palásio
Abbadia Cerreto
Credera
Santa Maria di Bressanoro
Pradazzo
San Vitale
Dossi Pisani
San Bernardo
Olmo
Rubbiano
Rovereto
Santuario di Misericordia
Pellegra
Soresina
Salerano sul Lambro
S. Bassano
Cornegliano Laudense
Soltárico
Cavenago d'Adda
Moscazzano
Montódine
Ripalta Arpina
Castelleone
Castiraga
Sesto
San Martino in Strada
Muzza Sant'Angelo
Colombare
Saragozza
San Latino
Tera di Casso
Olzano
Borgo San Giovanni
Pieve Fissiraga
Massalengo
Caviaga
Basiasco
DELL' ADDA
Corte Madama
Guzzona
Calvenzano
Domodóssola
Canale Muzza
Robecco
Bocca di Serio
Gómbito
Campagnola
Grontorto
Vidardo
Monticelli Sillaro
Motta Vigana
San Tomaso
Cepreda
Mairago
Turano Lodigiano
Monticelli
Oscasale
Santa Maria dei Sabbioni
Marudo
Sant'Angelo Lodigiano
Villanova del Sillaro
Ossago Lodigiano
Melegnanello
Bertonico
Cornaleto
San Bassano
Cappella Cantone
Annicco
Borghetto Lodigiano
Panigada
Secugnago
Ceradello
Castiglione d'Adda
Formigara
Cappelle
Villantério
Graffignana
Vigarolo
Pantiara
Brémbio
Terranova dei Passerini
RIS. NAT. ADDA MORTA
Férie
Zanengo
Grumello Cremonese ed Uniti
Inverno
S. Lazzaro
Fornaci
Vittadone
Rovedaro
Camairago
Regona
Inverno e Monteleone
Monteleone
San Colombano al Lambro
Zorlesco
Battaglia
Fornaci
Cavacurta
Bosco Valentino
Grumello Cremonese
Terme di Miradolo
Miradolo Terme
Colle di San Colombano
Campagna
Ca' de' Mazzi
Livraga
Ca' dei Folli
CASALPUSTERLENGO-OSPEDALETTO LOD.
S. Giacomo
Mulazzano
Casalpusterlengo
Reghinera
Pizzighettone
Roggione
Santa Cristina
Camporinaldo
Pantigliate
Ospedaletto Lodigiano
San Martino Pizzolano
AP. 2005
Trulza
Maleo
Acquanegra Cremonese
Santa Cristina e Bissone
Lambrinia
Orio Litta
Mirabello
Somáglia
Codogno
Lardara
Crotta d'Adda
Bissone
Chignolo Po
Alberone
Senna Lodigiana
RIS. NAT. MONTICCHIE
SOMAGLIA
Retegno
San Fiorano
Corno Giovine
Cornovécchio
Maccastorna
Brévia
Bosco
Corte Sant'Andrea
Guzzafame
Fómbio
Franca S. Rocco
Sotto
Pieve Porto Morone
Badia Pavese
Mezzano Vigoleno
Santo Stefano Lodigiano
Mezzano Passone
Bruzzelle
Meleti
Zerbo
Casoni
Monticelli Pavese
Boscone Cusani
Guardamiglio
Valloria
PIACENZA NORD
Valloni Gerrone
Caselle Landi
Gerre Basse
Arena Po
Parpanese
Sartorona
Bosco Tosca
Calendasco
Cotrébbia Nuova
Mezzana Casati
Mezzanino
Pievetta Dogana Po
CASTEL S. GIOVANNI
Santa Vittoria
Incrociata
San Rocco al Porto
Mortizza
Roncarolo
Ripaldina
Berlasco
Veratto
Sant'Imento
Castellazzo di sotto
Púglia
Fontana Pradosa
Sarmato
PIACENZA OVEST
PIACENZA EST
PIACENZA SUD
NURE
Gerbido
CAORSO
Castel San Giovanni
Rottofreno
San Nicolò a Trebbia
Sant'Antonio a Trebbia
Dossi
Fossadello
Ganaghello
Sacchello
Ponte Tidone
Mámago
PIACENZA
Roncaglia
Villa Caramello
Agazzino
Berlasco
Centora
Mose
Muradello
Mondonico
San Marzano
Ca' Basse
Borgonovo Val Tidone
Campremoldo Sotto
Gragnanino
Quartazzola
Galleana
San Lazzaro Alberoni
Montale
Borghetto
Vallera
Verza
Novate Roglieri
Mucinasso
Cassino di Sotto
Moretta
Mottaziana
Gragnano Trebbiense
Pittolo
Campremoldo Sopra
Breno
San Bonico
Chiavenna Landi
Séminò
Bilegno
Gossolengo
Casaliggio
Quarto
Pontenure
Castelnuovo
Vicomarino
Tavernago
Costa
Gariga
i Vaccari
Cadeo
Montalbo
Albareto
Fabbiano
Sarturano
Duomo
Clavernasco
Séttima
Albone
San Polo
Sant'Ágata
Valconasso
Riglio
Roveleto
Sala Mandelli
Corano
Stra
Cantone
Rivasso
Gazzola
Molinazzo d'Sotto
Canneto
Caratta
Podenzano
San Giorgio Piacentino
Verdeto
Castano
Cast. di Boffalora
Ottavello
Verano
Paderna
Fredda
GEOnext ISTITUTO GEOGRAFICO DE AGOSTINI S.p.A. - NOVARA
41
40
56
71

58
42
59
72
CREMONA
Castenédolo
Montichiari
Bagnolo Mella
Ghedi
Leno
Manerbio
Calvisano
Isorella
Gottolengo
Visano
Acquafredda
Remedello
Gámbara
Fiesse
Ostiano
Pralboino
Pavone del Mella
Milzano
Alfianello
Seniga
San Gervasio Bresciano
Pontevico
Robecco d'Oglio
Verolanuova
Verolavécchia
Bassano Bresciano
Quinzano d'Óglio
San Paolo
Borgo San Giacomo
Orzinuovi
Orzivecchi
Pompiano
Dello
Barbariga
Offlaga
Azzano Mella
Poncarale
Capriano del Colle
Montirone
Flero
Castelverde
Pozzáglio ed Uniti
Corte de' Frati
Scandolara Ripa d'Oglio
Grontardo
Pescarolo ed Uniti
Gabbioneta
Vescovato
Pérsico
Dósimo
Cicognolo
Cappella de' Picenardi
Pieve San Giácomo
Torre de' Picenardi
Isola Dovarese
Canneto sull'Oglio
Piadena
Casalromano
Volongo
Sospiro
Malagnino
Gadesco
Pieve d'Olmi
Stagno Lombardo
San Daniele Po
Motta Baluffi
Cingia de' Botti
Scandolara Ravara
Solarolo Rainerio
San Giovanni in Croce
Casalmaggiore
Martignana di Po
Gussola
Roccabianca
Zibello
Polésine Parmense
San Pietro in Cerro
Villanova sull'Arda
Castelvetro Piacentino
Busseto
Cortemaggiore
Besenzone
Sissa
Fiume Po
Fiume Oglio
Fiume Mella
E 70
A21
AP. 2004
PARCO
RIS. NAT. LANCA GABBIONETA
RIS. NAT. LANCA DI GEROLE
AEROPORTO G. D'ANNUNZIO
CREMONA NORD
CREMONA SUD
MANERBIO
PONTEVICO-ROBECCO
CASTELVETRO
FIORENZUOLA

Nuvolera
Calvagese della Riviera
Moniga del Garda
Padenghe sul Garda
Lido di Lonato
GROTTE DI CATULLO
Sirmione
Lazise
Cisano
Calmasino
Cavalcaselle
Bedizzole
Lonato
Desenzano del Garda
Rivoltella
Colombare
Pacengo
Gardaland
Peschiera del Garda
Castelnuovo del Garda
Castenédolo
Calcinato
Vighizzolo
AEROPORTO G. D'ANNUNZIO
Montichiari
Castiglione delle Stiviere
San Martino della Battaglia
Pozzolengo
Ponti sul Mincio
Monzambano
Solferino
Cavriana
Valéggio sul Mincio
Carpenedolo
Médole
Volta Mantovana
Calvisano
Visano
Isorella
Acquafredda
Castel Goffredo
Guidizzolo
Ceresara
Góito
Roverbella
Remedello
Gámbara
Casalmoro
Casaloldo
Piùbega
Marmirolo
Fiesse
Ásola
Gazzuoli
Mariana Mantovana
Rodigo
Porto Mantovano
Acquanegra sul Chiese
Redondesco
Canneto sull'Oglio
Castellucchio
Curtatone
MANTOVA
Piadena
Calvatone
Marcaria
San Michele in Bosco
Virgílio
Bózzolo
San Martino dall'Argine
Rivarolo Mantovano
San Giovanni in Croce
Campitello
Borgoforte
Rivarolo del Re ed Uniti
Commessaggio
Sabbioneta
Motteggiana
© GEOnext - ISTITUTO GEOGRAFICO DE AGOSTINI S.p.A. - NOVARA

43
58
73

60
Negrar
Mte. Tondo
San Peretto
Gargagnago
San Floriano
San Pietro in Cariano
Negarine
Pedemonte
San Vito
Montècchio
Cuzzano
Grezzana
Romagnano
Santa Maria in Stelle
le Sassine
Arbizzano
Quinto di Valpantena
Parona di Valpolicella
Quinzano Veronese
Corrubbio
Pescantina
Settimo
Corno
Chievo
Avesa
Poiano
Novaglie
Gazzol
Montòrio
Mizzole
Vendri
Pigozzo
Trezzolano
Cancello
Moruri
Magrano
Centro
Marcemigo
Tregnago
San Giovanni Ilarione
Mte. Calvarina
Bovaria
Arzignano
Castello
Tonini
Campiano
Mte. Mirabello
Montécchia di Crosara
Roncà
Brenta
Grumolo
Cellore
Illasi
Cazzano di Tramigna
Castello d'Illasi
Castelcerino
Terrossa
Gambellara
Meggiano
la Fittà
Brognoligo
Costeggiola
Costalunga
Sorio
Monteforte d'Alpone
Soave
Orgnano
San Vittore
San Zeno
Colognola ai Colli
Villa
Pieve
Giara
Casotti
Sarmazza
Mezzane di Sopra
Mezzane di Sotto
Castagnè
Cavo di Sopra
Turano
Mezza villa
Marcellise
San Briccio
Lavagno
Barco
San Pietro
San Martino Buon Albergo
Mambrotta
Borgo Venezia
San Michele Extra
Mellini
VERONA
Borgo Roma
Palazzina
VERONA NORD
VERONA EST
VERONA SUD
SOMMACAMPAGNA
MONTE BALDO
SOAVE - S.BONIFACIO
MONTEBELLO
SCALIGERA
Bussolengo
Lugagnano
San Massimo all'Adige
Porcella
Caselle
Sommacampagna
Calzoni
AEROPORTO INTERNAZ. VERONA-VILLAFRANCA
Dossobuono
Ganfardine
Alpo
Rizza
Ca' di David
Vago
Caldierino
Caldiero
Castelletto
Villabella
Prova
Locara
Lobia
San Bonifácio
Madonna
Gazzolo
Volpino
Marezzane
San Giovanni Lupatoto
Campalto
la Coetta
Gombion
Pontoncello
Madonna di Strà
Belfiore
Palazzo Moneta
Árcole
Zevio
Santa Maria
Perzacco
Canton
Remoncio
Scardevara
Santo Stéfano
San Gregorio
Bonaldo
Povegliano Veronese
Dosdegà
Azzago
Becca-civetta
Marchesino
Bovo
Pozzo
Magnano
Ca' di Macici
Raldon
Rivalunga
Volon
Albaro
Corrubbioli
Bosco
Ronco all'Ádige
Albaredo d'Ádige
Casetta
Oppi
Veronella
San Marcello
Strà
Cologna Veneta
Castel d'Azzano
Forette
Buttapietra
Pizzoletta
Isolalta
Settimo di Gallese
Bagnolo
Cercomano
Vallese
Creda
Palù
Capitello
Casotti
Ca' del Ferro
Oppeano
Tombazosana
Tomba di Sotto
Santa Lucia
Villaraspa
Prèsina
Michellòrie
Mirga
Grezzano
Vigásio
POVEGLIANO
Nogarole Rocca
NOGAROLE ROCCA
San Bernardino
Vo
Caselle
Mazzantica
Villafontana
Ca' degli Oppi
Ísola Rizza
San Tómio
Coriano
Pradelle
Demorta
Torre
Boschi
Casalbergo
Tarmassia
Roverchiara
Rover-chiaretta
Casalino
la Pesa
Ansòn
Bagnolo
Trevenzuolo
Fagnano
Isola della Scala
Zanon
Bovolone
Bonavigo
Roncolevà
Castelletto
San Gabriele
San Pietro
Menago
Bonavicina-Borgo
Pozzo
San Pietro di Morùbio
Minerbe
Orti
Erbè
Gábbia
Salizzole
Remedello
Angiari
Corte Alta
Pontepòssero
Pellegrina
Bionde di Visegna
Asparetto
Ca' del Lago
Palesella
San Vito
Castelbelforte
Sabbioni
le Martelle
Di la Tione
Sorgà
Engazzà
Albero
Concamarise
San Zeno
Terranegra
Casette Sest.
Bigarello
Torre di Masino
Sant'Ágata
Calcinaro
Capitello
Ferramosche
Ghisiolo
Susano
Essere
Castel d'Ário
Barabò
San Vito
Cerea
San Pietro
LEGNAGO
Savinaro
San Giórgio di Mantova
Gazzo
Bonferraro
Pampuro
Nogara
Sanguinetto
Fresca
Casoni
Belfiore
Crosara
Stradella
Bazza
MANTOVA NORD
Brancon
Caselle
Campalano
Casaleone
Cherubine
Vangadizza
Vigo
Niches
Cadè
Villagrossa
Villimpenta
Leva
Correzzo
Sustinenza
Sant'Antonio
Aselogna
Oppioli
Villa Garibaldi
Pradelle
Oppi
Val di Rua
Rosta
Spinimbecco
Brancáglia
Villanova de Bellis
Barbassolo
Pradello
Albaria
Gazzo Veronese
Roncanova
Maccácari
Borghesana
Borgo Castelletto
Ponte Merlano
Roncoferraro
Corte Rusta
S. Pietro in Valle
Boschi
Nosèdole
Rata
Chiesone
Ronchetrine
Tártaro
VALLI GRANDI VERONESI
Santa Teresa in Valle
Barbasso
PARCO REG. DEL MINCIO
San Giovanni
Garolda
Gradaro
Casale
Corte Palazzetto
Poletto
Canale Fissero
F. Tione
Fossa Maestra
Canale Bianco
le Core
Agnella
Bagnolo San Vito
Govérnolo
Cardinala
Soccorso
Chiavicone
Serravalle a Po
Comuna Bellis
Santo Stéfano
la Torretta
Valletta
la Palazzina
Castello
Bastia
Torriana
Correggioli
Melara
Seconda
Bergantino
San Pietro Polesine
Gazzo
Camatta
Brede
Sacchetta
Sustinente
Libiola
Caselle
Révere
Ostíglia
Fiume Po
San Giácomo Po
Bardelle
Mirasole
Sabbioni
San Siro
Bonizzo
Borgofranco sul Po
Torricella
Gorgo
Portiolo
Santa Lucia
RIS. N. ISOLA BOSCHINA
Masi
Carbonarola
Marchesa Pio
Zara
San Benedetto Po
Borsone
Quingentole
Pieve di Coriano
Carbonara di Po
Sabbioni
Castelnovo Bariano
Madonnina Valverde
Nuvolato
Fienili
Zello
Cavo Diversivo
Zuccone
Ghisione
Coazze
Malpasso
Parolare
Magnacavallo
Móglia
Castelmassa
Fiume Adige
Fiume Po
F. Tartaro
F. Tione
T. d'Illasi
LESSINI
AP. 2005
44
47
61
74
28
31

VERONA
San Martino Buon Albergo
San Giovanni Lupatoto
Grezzana
Romagnano
Mezzane di Sotto
Mezzane di Sopra
Lavagno
Marcellise
San Briccio
Tregnago
San Giovanni Ilarione
Illasi
Cazzano di Tramigna
Montécchia di Crosara
Colognola ai Colli
Caldiero
Soave
Monteforte d'Alpone
Roncà
Arzignano
Montécchio Maggiore
Altavilla Vicentina
Sovizzo
Gambellara
Montebello Vicentino
Zermeghedo
Lonigo
Sarego
Orgiano
Alonte
San Bonifácio
Belfiore
Zevio
Árcole
Ronco all'Ádige
Albaredo d'Ádige
Veronella
Cologna Veneta
Pressana
Zimella
Oppeano
Palù
Buttapietra
Isola Rizza
Roverchiara
Bovolone
Isola della Scala
Salizzole
Concamarise
Cerea
San Pietro di Morubio
Angiari
Bonavigo
Minerbe
Bevilacqua
Montagnana
LEGNAGO
Sanguinetto
Casaleone
Nogara
Castel d'Ário
Gazzo Veronese
Villa Bartolomea
Castagnaro
Terrazzo
Urbana
Merlara
Badia Polésine
VALLI GRANDI VERONESI
Ostíglia
Sérravalle a Po
Melara
Bergantino
Castelnovo Bariano
Castelmassa
Trecenta
Giacciano con Baruchella
Carbonara di Po
Quingentole
Magnacavallo
Sustinente
Fiume Po
Fiume Adige
Tartaro
Canale Bianco
AP. 2005
AP. 20
VERONA EST
SOAVE - S.BONIFACIO
MONTEBELLO
MONTECCHIO
SCALIGERA
44
45
60
75
47
434
500
499
482
12
10
11
© GEOnext - ISTITUTO GEOGRAFICO DE AGOSTINI S.p.A. - NOVARA

Sant Lazzaro
Basilica di Monte Berico
Casale
Riello
VICENZA OVEST
VICENZA EST
Torri di Quartesolo
Lerino
Santa Maria
Camisano Vicentino
Tremignon
Brenta
Curtarolo
San Giorgio delle Pertiche
Bosco del Vescovo
Santa Eufemia
Borgoricco
Longara
Pianezze
Vancimuglio
Grumolo delle Abbadesse
Bevador
Vaccarino
Santa Maria di Non
Brózola
Fiumicello
Tormeno
Villa
San Pietro Intrigogna
Sarmego
Poiana di Granfion
Campodoro
Villafranca Padovana
Limena
Campodarsego
Sant'Andrea
Villa del Conte
Torri
Debba
Secula
TESINA
Ceresone
AP 2004
Reschigliano
Grancare
Barbano
GRISIGNANO
Lapio
Longare
Colzè
Grisignano di Zocco
Ronchi di Campanile
Taggi di Sopra
Saletto
Murelle
Costozza
Lumignano
Mte. Lungo
Taggi di Sotto
Codiverno
Pionca
Mellaredo
Rivale
L. di Fimon
Arlésega
Lissaro
Vigodàrzere
Meianiga
Mottolone
Villabalzana
Ghizzole
Bacchiglione
Montegalda
E 70
Bagnoli
Peraga
Vigonza
Castegnero
Ponte di Castegnero
Montegaldella
Veggiano
Mestrino
Bosco
Ponterotto
LIMENELLA
Cadoneghe
Mte. Alto
Nanto
Villaganzerla
Santa Maria di Veggiano
Rubano
PADOVA-OVEST
Ponte di Brenta
Perarolo
San Giovanni in Monte
Ponte di Nanto
Cervarese Santa Croce
Trambacche
Créola
Montà
Brentelle di Sopra
Busa
Fiesso d'Artico
Barbarano Vicentino
Mossano
Ponte di Mossano
Ponte di Mossano
Sarmeola
Noventa Padovana
Stra
Bosco di Nanto
San Marco
Saccolongo
PADOVA EST
Camin
Villaga
Ponte di Barbarano
Fossona
Brentelle di Sotto
Stanga
PADOVA
Tombelle
San Pietro Campo
Toara
Monticello
Montecchia
Tencarola
Villatora
Belvedere
Bastia
Granze Frassenelle
Montemerlo
Selvazzano Dentro
Volta Brusegana
Olmo
Volta Barozzo
Vigonovo
Lóvolo Vicentino
Rovolon
Treponti
San Biagio
Mándria
Amusement Park
PADOVA ZONA INDUSTRIALE
Saonara
Carbonara
Monastero di Praglia
Roncaglia
Frassenedo
Crocepietra
PARCO NATURALE
Villa
Tramonte
Mandriola
Sálboro
Rio
Ponte San Nicolò
Pozze
Albéttone
Teolo
Abano Terme
Albignasego
Sant'Angelo di Piove di Sacco
Campiglia dei Berici
Lovertino
COLLI
Luvigliano
Monte Ortone
Roncajette
Liét
Zovon
Castelnuovo
Butterfly Arc
Montegrotto Terme
Legnaro
Colleredo
PADOVA SUD
Lion
Agugliaro
Vò
REGIONALE
Torréglia
Carpanedo
Piòvega
Eremo di Rua
Castelletto
TERME NERONIANE
Terradura
Maserà di Padova
Casalserugo
Volnaro
Crocetta
Vò Vecchio
Boccon
Turri
Vigorovea
Pavarano
Finale
Cortelà
Mte. Venda
Galzignano Terme
San Pelagio
SAN PELAGIO
Bertipáglia
Polverara
Lanzetta
Valnogaredo
Cengolina
Porto
Mte. Ceva
Corneglianа
Bergoncino
Valbona
DEI
COLLI
Ronchi
Brúgine
Piove di Sacco
Saline
Mte. Lozzo
Faedo
Valsanzibio
Catáio
Carrara S. Giorgio
Pontemanco
Cágnola
Lozzo Atestino
Fontanafredda
Battáglia Terme
Due Carrare
Campagnola
Noventa Vicentina
Are
Mte. Ventolone
Castello Sant'Elena
TERME EUGANEE
Carrara S. Stefano
Brusadure
Cinto Euganeo
Arquà Petrarca
Gorgo
Arzerello
Ponte della Maddalena
EUGANEI
16 dir.
Fossa Paltana
Bovolenta
Pontelongo
San Floriano
Caselle
Valle San Giorgio
Rivella
Maserаlino
Cartura
Chiavicone
Pérnumia
Reoso
Terrassa Padovana
Fossaragna
Prà di Botte
Santa Croce
Frassine
Calaone
Mte. Ricco
Granze
San Pietro Viminário
Arzercavalli
EUGANEE
Roaro
Baone
MONSELICE
Ospedaletto Euganeo
Monsélice
Vanzo
Conselve
Candiana
Saletto
Este
Preare
Maréndole
Pontecasale
Vallancon
Vetta
San Cosma
Arre
Tresto
Torre
Oddo
Motta
Pozzetto
Tribano
Palù
Capitello
Sta. Margherita d'Adige
Brésega
Palugana
Pra
Schiavónia
San Bortolo
Pozzonovo
Frapiero
Carceri
AP 2005
Olmo
Megliadino San Vitale
Mottarelle
Sant'Elena
Cavarzerane
Fanzaghe
Bagnoletto
Cona
Ponso
Pilastrello
Pisana
San Siro
Chiesazza
Granzetta
Capolcastro
Bagnoli di Sopra
Agna
Conetta
Solesino
Pietra
San Luca
Vighizzolo d'Este
Tre Ponti
Valli Mocenighe
Villa Estense
Granze
Savellon
Prejon
Taglio
Tre Canne
Grompa
Ponte Gorzone
Stroppare
Béolo
Anguillara Véneta
Borgoforte
Rottanova
Barchessa
Carmignano
Vescovana
Carbonara
Piacenza d'Adige
Can. Gorzone
Pizzoni
Trona di Sotto
Pettorazza Grimani
Ca' Priuli
Ca' Bianca
San Martino di Venezze
Grimani
Beverare
Papafava
Balduina
Sant'Urbano
Stanghella
BOARA
Boara Pisani
Vallona
Trona di Sopra
Botti Barbarighe
Ca' Morosini
Rialto
Santa Maria d'Ádige
Fiume Adige
Saline
Colombano
Barbúglio
Barbona
Boara Polesine
Mardimago
Canale
Ceresolo
Villafora
Saguedo
Lúsia
Concadirame
Ca' Valli
Cámbio
Ca' Tron
Bovina
Spin
Cavazzana
Grompo
Canto nazzo
Granzette
Rasa
ROVIGO
Bórnio
Sarzano
Villadose
Taion
Ca' Emo
Case Matte
Salvaterra
Lendinara
Cavedon
Ramodipalo
Livello
le Giare
Sant'Antonio
Villanova del Ghebbo
Roverdicrè
ROVIGO
Cicese
Capitello
Costa di Rovigo
Buso
Canale
Lama Polesine
Barchetta
la Ghinata
Tre Ponti
Tessina
Busovecchio
Mezzana
Crosara
Sant'Apollinare
Ceregnano
Asérile
la Piera
Ramedello
Grignano di Polesine
Borsea
Lama Pezzoli
Stella
Magnolina
Molinella
Fratta Polesine
ADIGE
Borgo San Pietro Martire
San Cassiano
San Bellino
Presciane
Granze
Corné
Gavello
Corcrevà
Gognano
Crosara d'Olmo
Bellombra
Castelguglielmo
Capobosco
Pontecchio Polésine
Alberazzi
Arquà
Isolella
Bianco
Villa
46
63
76

46
62
77
San Giorgio delle Pertiche
Camisano
Curtarolo
Borgoricco
Salzano
Santa Maria di Sala
Villafranca Padovana
Campodarsego
Villanova di Camposampiero
Mirano
Spinea
Limena
Vigodarzere
Cadoneghe
Vigonza
Pianiga
Mira
Mestrino
Rubano
PADOVA
Noventa Padovana
Stra
Fiesso d'Artico
Dolo
Saccolongo
Selvazzano Dentro
Vigonovo
Saonara
Fossò
Camponogara
Campagna Lupia
Abano Terme
Montegrotto Terme
Albignasego
Ponte San Nicolò
Sant'Angelo di Piove di Sacco
Legnaro
Campolongo Maggiore
Torreglia
Galzignano Terme
Maserà di Padova
Casalserugo
Piove di Sacco
Battaglia Terme
Due Carrare
Brugine
Codevigo
Arzergrande
Cartura
Bovolenta
Pontelongo
Pernumia
Monselice
Conselve
Correzzola
Tribano
Pozzonovo
Bagnoli di Sopra
Agna
Cona
Anguillara Veneta
Cavarzere
San Martino di Venezze
Stanghella
Boara Pisani
ROVIGO
Villadose
Adria
Ceregnano
Loreo
Taglio di Po
Gavello
Magnolina
PADOVA EST
PADOVA OVEST
PADOVA SUD
PADOVA ZONA INDUSTRIALE
MONSELICE
BOARA
ROVIGO
TERME EUGANEE
SAN PELAGIO
LIMENELLA
DOLO-MIRANO
ARINO
E 70
E 55
A4
A13
AP 2004
Fiume Brenta
Fiume Adige
Canale Bianco
Laguna di Venezia
Valle Millecampi
Il Lagone
27
Conche
14
Brenta dell'Abbà
Monte Ricco
Mte. Ceva
Mte. Ventolone
Arquà Petrarca
Monastero di Praglia
Colli Euganei
Parco Naturale
Casone Averto
Oasi di Valle Averto
GEOnext ISTITUTO GEOGRAFICO DE AGOSTINI NOVARA

MESTRE
VENÉZIA
Murano
San Michele
la Giudecca
S.Servolo
Lido
San Lazzaro
San Clemente
Sacca Séssola
Ca' Bianca
Povéglia
Malamocco
Alberoni
LITORALE DI LIDO
Laguna
Vèneta
Torcello
Burano
San Francesco del Deserto
Sant'Erasmo
le Vignole
Sant'Andrea
LITORALE S. ERASMO
Porto di Lido
Punta Sabbioni
Ca' Savio
Treporti
Cavallino-Treporti
Cavallino
LITORALE DEL CAVALLINO
Porte del Cavallino
Aqualandia
Porto di Piave Vécchia
Lido di Jésolo
Ca' Gamba
Can. navigabile
Paluda
Palude Maggiore
Valle Grassabò
Ca' Zoia
Piccolo
AEROP. INTERNAZ. MARCO POLO
Carbonera
Tessera
Campalto
San Giuliano
Ponte della Libertà
Porto Marghera
IL BURCHIELLO
Fusina
Favaro Véneto
Terzo
Dese
F. Dese
Ca' Noghera
Carpenedo
BAZZERA
TERRAGLIO
FAVARO-DESE
BONA
Porto di Malamocco
Santa Maria del Mare
San Pietro in Volta
Motta del Cornio
Valle di Rivola
Porto Secco
Casone Val in Pozzo
Valle dei Sette Morti
Sant'António
Pellestrina
LITORALE DI PELLESTRINA
Ca' Roman
Porto di Chioggia
CHIOGGIA
Sottomarina
Borgo Nuovo
Borgo San Giovanni
Valle di Brenta
Brondolo
Foce del Brenta
Ca' Lino
Foce dell'Adige
Sant'Anna
Strada Romea
Rosapineta
Rosolina Mare
Portesine
Boccavecchia
RISERVA NATURALE BOSCO NORDIO
GIARDINO BOTANICO LITORANEO DI PORTO CALERI
Motta
Ca' Morosini
Caleri
Laguna di Caleri
Porto Caleri
Valle Sega
ISOLA ALBARELLA
Foce del Po di Levante
Rosolina
Ca' Cappello
Po di Levante
Oratorio Mazzucco
Porto Levante
Foce del Po di Maistra
la Vallona
Viro
Collettore Padano Polesano
Valle Sacchetta
Scanarello
Mea
Igoumenitsa 28h 30'
Pátrai 28h
Kérkira 30h 30'
Izmir 63h
Golfo di Venezia
MAR ADRIATICO
47
78
12° 20'
12° 30'
12° 40'
45° 20'
45° 10'
D
E
F
G
1
2
3

51
79
A
B
C
1
2
3
4
F
PARC REGIONAL
DU QUEYRAS
VAL PÉLLICE
VALLE
VALLE
VALLE
GRANDE TRAVERSATA DELLE ALPI
Col Bousson
Fort de Gondran
Lachau
le Bourget
les Chalps
Charvie
2055
les Fonds
Thuras
3285
Pic du Grand Glaiza
Argentiera
Punta Ramière o Bric Froid
3303
2129
Rifugio Monte Nero
Col de la Mayt
2706
Gran Queyron
3060
Col St.-Martin
2658
1852
la Montette
Prali
Ghigo
1455
Scopriminiera
Orgiere
Ribba
Tredici Laghi
2618
Cappello d'Envie
2855
Pta. Cialancia
2868
Pta. Cornour
Gran Truc
2366
Chisone
Rifugio Vaccera
1468
Pradeltorno
1024
Roccap
Coiss
Buonanotte
Pta. Vergia
2327
2121
Mte. Vandalino
Torre Péllice
516
Lusei
San Giova
474
Rorà
952
Bodeina
Villar Péllice
664
Bóbbio Péllice
732
Indritto
Perlà
T. Péllice
Luserna
Rifugio Valanza
1748
Aia d. Balm
Bor
Rucas
Mte. Cavallo
2153
Pilone
Piov
2720
Mte. Frioland
Pta. d'Ostanetta
2375
Ref. Napoléon
2409
Col d'Izoard
2361
Grand Pic de Rochebrune
3325
Pic de Petit Rochebrune
3083
Chalets de Lombard
Pic de l'Agrenier
2796
Malrif
le Villard
les Eygliers
Abriès
le Roux
1767
1840
Valpreveyre
Bric Bouchet
3216
2383
Rifugio Lago Verde
Burfarant
1907
Malpertus
Cle. Malaura
2522
Villanova
1225
Ferrera
Raymond
Carbonieri
Brunissard
1773
la Chalp
Souliers
Château-Ville-Vieille
les Meyriès
Chalvet
Aiguilles
Guil
1530
Tête du Pelvas
2929
Rifugio W. Jervis
1732
GIARDINO BOTANICO PEYRONEL
Conca del Prà
Cle. d. Croce
Rif. Barant
2372
Colle Barant
Rifugio Barbara Lowrie
1753
Peynin
1590
Ristolas
2298
l'Echalp
Arvieux
1563
les Maisons
les Moines
1376
Ville-Vieille
Château-Queyras
Prats
Villargaudin
2257
Somt. Bucher
la Rua
Pic du Fond de Peynin
2897
Pic de Maloqueste
2610
Chalets de la Médille
T. Pellice
Rifugio Granero
2387
Rocca Nera
2706
2525
Mte. Granero
3171
Montbardon
la Chapelue
Pierre-Grosse
Molines-en-Queyras
2010
Fontgillarde
la Chalp
2040
Saint-Véran
Petit Belvédère du Viso
1897
Bergerie-sous-Roche
2950
Col de la Traversette
Pian del Re
2020
Piano d. Regina
Borgo
Santuario di San Chiaffredo
Ostana
Villa
1318
1250
Crissolo
Sorgente d. Po
2162
Guil
3075
Pic Foréant
Aigue Agnelle
2846
Pte. de Rasis
Ref. du Viso
2127
2871
Somt. d'Assan
2611
Sainte-Cécile
la Clapière
Ceillac
La Grande Aiguillette
3298
2748
Cle. dell'Agnello
N.-D. de Clausis
2848
2390
Col de St. Véran
Monviso
3841
Rifugio Gagliardone
2420
L. Grande di Viso
Rifugio Q. Sella
2640
Oncino
1220
Ruera
Serre
Ruata
Arlongo
le Riofenc
Pied du Mélezet
Cime du Mélezet
Tête des Toillies
3176
Chianale
L. Bleu
L. Nero
Rifugio Savigliano
1744
2760
P.te de la Suame
3035
Main de Dieu
2915
la Riaille
3233
Péouvou
Pontechianale
Maddalena
1614
Cima delle Lobbie
3015
Col. di Luca
2436
Pian M
Escreins
Pic des Heuvières
3272
3117
Cima di Pienasca
Mongióia o Bric de Rubren
3340
L. di Castello
Castello
Mte. Reisasso
2707
Cima di Crosa
2531
Testata di Gritta Nuova
2385
int Marcellin
Sainte Catherine
Pic de la Font-Sancte
3387
Combe Brémond
Maurin
Maljasset
2858
Mte. Ferra
3093
Villaretto
Rabioux
inte Marie
3236
Pic des Houets
L. Vert
la Barge
L. Bleu
Colla Reisassetto
2743
Casteldelfino
1296
Caldane
Becetto
Villar
Calchésio
976
Chiazale
Celle
Pleyne
1572
Posterle
Torrette
Sampéyre
Sant'Anna
Bellino
Chiesa
Col de l'Autaret
2874
l'Ubaye
Col Maurin
2637
Mte. Maniglia
3177
Aiguille de Chambeyron
3411
Pelvo d'Elva
3064
2285
Colle Bicocca
Mte. Morfreid
2495
C. di Sampeyre
Elva
Serre
2284
Mte. Nebin
2510
Mte. Rastcias
2401
Pratolungo
Cheminées de Fées
Serenne
les Pras
Pont du Châtelet
Fouillouse
1890
Mte. Albrage
2999
Colle delle Sagneres
2894
Mte. Chambeyron
3389
R. Mollasco
Mte. Chersogno
3026
1637
Goria
Cucchiales
Dronero
1435
Saint-Paul
2260
Rifugio Stroppa
VALLE DEL MAURIN
T. Maira
Mte. Boulliagna
2908
De Costanzi
1714
VALLONE D'ELVA
San Martino Sup.
Stroppo
1087
Paschero
875
Macra
Tournoux
Chiappera
1614
San Michele Prazzo
Vallone
Prazzo
Ussolo
1030
Bassura
Ponte Mármora
Albaretto
Chiesa
1270
Celle di Macra
Meyronnes
1599
St. Ours
3159
Mte. Sautron
Col de Sautron
2684
Lausetto
Sarètto
Ponte Máira
Accéglio
1200
Maddalena
Inferiore
Superiore
Castellaro
Soglio
Fort de Tournoux
Parpaillon
2703
Tête de l'Alp
Villaro
Frere
Mármora
Vernetti
1225
Pagliéres
1256
la Condamine-Châtelard
Certamussat
1691
Larche
l'Ubayette
VALLONE UNERZIO
Chialvetta
Canósio
Rca. di Cairi
2575
Finello
Reinero
BEDALE INTERSILE
BEDALE TIBERT
3032
Tête de Siguret
Tête de Moïse
3104
1713
Viviere
Pratorotondo
Tolosano
VALLONE DEL PREIT
1540
Preit
2305
Mte. Plegu
VALLONE DI MARMORA
Rca. Cernauda
2284
Mte. d. Signora
2774
1996
Colle della Maddalena o Col de Larche
Mte. Scaletta
2480
Prato Ciorliera
Pso. d. Gardetta
2437
Mte. Cassorso
2776
Grángia Rocciasone
Mte. Tibert
2647
Narbona
Colletto
Campomolino
1141
Jausiers
1220
Guégnier
l'Ubac
les Davids
Serre
Abriès
Grange
1684
Argentera
Mte. Oserot
2781
Servino
Rca. la Méia
2831
Santuario di San Magno
1761
Castelmagno
Chiappi
Chiotti
la Chalannette
la Prégonde
L'ALPE
Bourdou
Lac des Sagnes
Enchastrayes
1624
Bersézio
2955
Cima d. Lose
2813
Mte. Giordano
2766
Cle. d. Mulo
2527
2416
C. Valcavera
2480
Colle dei Morti
2615
Mte. Omo
Mte. Viridio
2498
2187
C. Viribianc
6° 50'
7° 00'
7° 10'
44° 40'
44° 30'
© GEOnext - ISTITUTO GEOGRAFICO DE AGOSTINI S.p.A. - NOVARA

66
52
53
67
80
D
E
F
G
Scalenghe
Buriasco
Cercenasco
Vigone
Macello
Pancalieri
Carmagnola
Casalgrasso
Polonghera
San Secondo di Pinerolo
Bricherásio
Campiglione Fenile
Bibiana
Cavour
Villafranca Piemonte
Moretta
Racconigi
Bagnolo Piemonte
Barge
Cardè
Staffarda
Abbazia di Staffarda
PARCO NATUR. DELLA ROCCA DI CAVOUR
Torre San Giorgio
Villanova Solaro
Ruffia
Murello
Cavallerleone
Cavallermaggiore
Caramagna Piemonte
Monasterolo di Savigliano
Scarnafigi
Paesana
Envie
Revello
Rifreddo
Sanfront
Saluzzo
Savigliano
Marene
Lagnasco
Manta
Verzuolo
Genola
Fossano
Costigliole Saluzzo
Piasco
Brossasco
Venasca
Frássino
Villafalletto
Vottignasco
Rossana
Busca
Centallo
Tarantasca
Dronero
Villar San Costanzo
Caráglio
Montanera
Castelletto Stura
Sant'Albano Stura
Morozzo
Margarita
Cuneo
Bernezzo
Valgrana
F. Stura di Demonte
Fiume Po
T. Varaita
T. Maira
T. Grana
E 74
589
231
20

CARMAGNOLA
Pancalieri
Casalgrasso
Polonghera
Faule
Lombriasco
Osásio
Carpenetta
Moretta
Murello
Cavallerleone
Villanova Solaro
Ruffia
Scarnafigi
Monasterolo di Savigliano
Racconigi
Caramagna Piemonte
Cavallermaggiore
Sommariva del Bosco
Ceresole Alba
Sanfrè
Pocapáglia
BRA
Cherasco
Savigliano
Marene
Cervere
Genola
Fossano
Lagnasco
Villafalletto
Centallo
Sant'Albano Stura
Trinità
Bene Vagienna
Narzole
Salmour
Magliano Alpi
Carrù
Clavesana
Dogliani
Farigliano
Morozzo
Castelletto Stura
Margarita
Rocca de' Baldi
Mondovì
Niella Tánaro
Briaglia
Vicoforte
Pianfei
Canale
Santo Stefano Roero
Monteu Roero
Montà
Pralormo
Vezza d'Alba
Corneliano d'Alba
Sommariva Perno
Monticello d'Alba
Santa Vittoria d'Alba
ALBA
Roddi
Grinzane Cavour
Verduno
La Morra
Castiglione Falletto
Barolo
Serralunga d'Alba
Monforte d'Alba
Novello
Monchiero
Narzole
Ceva
Lesegno
Mombasiglio
San Michele Mondovì
Cisterna d'Asti
Valfenera
Ferrere
Cellarengo
L. di Ternavasso
L. di Spina
Ternavasso
AP. 2004
RIO DEI COCCHI
CARMAGNOLA
RIO COLORE
MARENE
RIO GHIDONE
FOSSANO
CARRU
MONDOVI EST
MONDOVI
MONDOVI OVEST
NIELLA TANARO
E 717
E 74
A6
231
20
53
66
81
F. Stura di Demonte
T. Maira
F. Tánaro
RIS. NAT. DELL'AREA DI AUGUSTA BAGIENNORUM
RIS. NAT. DELL' OASI DI CRAVA - MOROZZO
BOSCO-PARCO DI RACCONIGI

Asti
Tigliole
Castello di Annone
Rocca d'Arazzo
Rocchetta Tanaro
PARCO NAT. DI ROCCHETTA TANARO
Cerro Tanaro
Masio
Oviglio
Castello di Redabue
Bramairate
Revignano
Azzano d'Asti
Borgo Tanaro
S. Rocco
Pianetti
Vaglierano
Variglie
Celle Enomondo
Revigliasco d'Asti
Monte Mezzo
Mongardino
Santa Caterina
Variala
Tocco
Cornalea
Roncaglia
Abazia
Borgoratto Alessandrino
Castellazzo Bórmida
Merlazza
Antignano
San Damiano d'Asti
Molini d'Isola
Isola d'Asti
Vigliano d'Asti
Forni
Montaldo Scarampi
Gonella
Saracchi
Piano
Villa
Tigliole
Montegrosso d'Asti
Repergo
Belveglio
RISERVA NAT. D. VAL SARMASSA
T. Tiglione
Cartiglione
Bergamasco
Carentino
Frascaro
Castelspina
Gamalero
San Martino Alfieri
Motta
Vallumida
Mombercelli
Vinchio
Ghiare
Incisa Scapaccino
Craviano
Govone
San Carlo
Tana
Madonna
Villa
Santa Margherita
Costigliole d'Asti
Agliano Terme
San Rocco
Castelnuovo Calcea
Noche
Vaglio Serra
Castelnuovo Belbo
Aie
Spazzona
Fontaniele
San Pietro
Sant'Anna
Vianoce
Salere
San Rocco
Nizza Monferrato
Bazzana
Bruno
Mombaruzzo
Canove
Annunziata
Loreto
Búrio
Valle di Nizza Rodotiglia
T. Nizza
Moasca
Corte
Casalotto
Gavonata
Cornale
Farinere-Olmo
Bogliétto
l'Annunziata
Valle San Giovanni
Fontanile
Maranzana
Cassine
Sant'Antonio
Castagnole delle Lanze
T. Tinella
San Bartolomeo
Bionzo
Rinaldi
Ceirole
San Marzano Oliveto
la Dota
Castelletto Molina
Quaranti
Castelnuovo Bórmida
Carossi
Balbi
Calosso
Sant'Antonio
Quartino
Calamandrana
Ricaldone
Neive
Annunziata
Coazzolo
San Martino
Canelli
Bruciati
Rocchetta Palafea
Castel Boglione
Alice Bel Colle
Sant'Andrea
Rivalta Bórmida
Barbaresco
Borgonuovo
Bricco di Neive
Castiglione Tinella
Valdivilla
Robini
Milani
Bricco Bosetto
Castel Rocchero
Botti
Caranzano
Osteria
Bosi
Dornere
Santo Stefano Belbo
Fello
Mte. Dagno
Montabone
Moiranó
Cavalleri
Strevi
Bongiovanni
Riforno
Camo
Merlini
Cassinasco
T. Bogliona
Croce
Orsara Bórmida
Tréiso
Neviglie
Santa Maria di Fogliano
Santuario dei Caffi
Roncogennaro
Acqui Terme
Terzo
Mango
Trezzo Tinella
Loazzolo
Sessame
Bistagno
Bubbio
Morsasco
Montaldo Bórmida
Rocco
San Donato
Cossano Belbo
Borgo Bagni
Lussito
Visone
Trisóbbio
Mompiano
Bec Boscasso
Céssole
Monastero Bórmida
Prasco Stazione
Rocchetta Belbo
T. Belbo
Mte. Marino
Grognardo
Melazzo
Ovrano
Vésime
T. Taborba
Arzello
Cavatore
Poggio
Prasco
Benevello
Castino
Milesimo
Bric. Valla
Castelletto d'Erro
Benzi
Mte. Laione
Borgomale
Ponte di Perletto
San Giorgio Scarampi
San Gerolamo
Ponti
Acqua Marcia
Garini
Rivere
Ciglione
Vallosio
Cassinelle
Léquio Berria
Bósia
Bric degli Olmi
i Garroni
Piani
Piana
Montechiaro d'Acqui
Villa Gatti
Bric d. Ciuchen
Piazza
Costa
Morbello
Perletto
Roccaverano
Denice
Montechiaro Alto
Cartósio
Caldasio
Galanti
Bec Cisterna
Arguello
Rutte
T. Erro
Vengore
Ponzone
Osteria
Cortemilia
Olmo Gentile
Mte. Castello
Saquana
Chiappino
Bandita
Mte. d. Ratt
Cerretto Langhe
Cravanzana
S. Giacomo
Garbaoli
Piantivello
Mombaldone
Pianlago
Toleto
R. Meri
Torre Bórmida
Turpino
Malvicino
Bec dei Gorrei
Serravalle Langhe
Bec d Chiesa
Violette
Fiume
S. Rocco
Valle
Serole
Bric d. Vite
Cimaferle
Olbicella
Feisóglio
Bérgolo
Gorrino
Spigno Monferrato
Spigno Stazione
Barosi
Monte Acuto
Abasse
Pian Castagna
Bossolaschetto
Lévice
Pezzolo Valle Uzzone
Giuliani
Moretti
Gisuole
Costa
Merana
Roboaro
Bec Berton
Pianazzi
Madonna di Niella
Gorzegno
Bregli
Todocco
PARCO NAT. San Massimo DI PIANA CRIXIA
Montaldo
Pareto
Moiggiola
Maddalena
Pratovallarino
Prunetto
Poggiola
Castelletto Uzzone
Ponte Vecchio
Squaneto
Dogli
Bric Roccassa
Colombi
Sottana
Soprana
Lodisio
Piana Crixia
Mte. Orsaro
Schegli
Palo
Benedetto Belbo
Sebastiano
Scaletta Uzzone
Niosa
Molino
Blandri
Mioglia
Carpenaro
Sassello
Bec dell'Oca
Monesiglio
Sanvarezzo
Villa
Casone
Bec d. Rama
Santa Giulia
la Villa
Gallotti
Badani
Piampaludo
Mad. d. Grazie
Gottasecca
Valle
Monti
Brovida
Mte. Avzè
Veirera
Bragioli
Cosana
Buzurou
Girini
Dego
Porri
Giusvalla
Pontinvrea
Mte. Ermetta
Vigliercho
Contrada
Gabutti
Madonna del Carmine
Colle del Giovo
Mte. Béigua
Bórmida
Camerana
Bric Baraccone
Carretto
Frassoneta
T. Sansobbia
Gamellona
Lignera
Ville
Bec del Serè
Bric d. Rocche
Giovo
Rifugio Pra Riondo
Villa
Saliceto
Carnovale
Rocchetta Cairo
Piazza Grande
Montenotte Inferiore
Santa Giustina
Alpicella
Barbei
Ferrere
Mte. Castello
Madonna del Salto
San Michele
RIS. NAT. D. SORGENTI DEL BELBO
Céngio Genepro
Pianrocchetta
Cairo Montenotte
Bec d. Tesoro
RISERVA NATURALISTICA DELL'ADELASIA
Rocca del Bonomo
San Bernardo
San Giovanni
Stella
Martina
Pero
Sale delle Langhe
Torelli
Céngio
Costa
Bormida
CASE LIDORA
Bragno
Montenotte Superiore
Montezemolo
Priero
Tetti
Fermata di Ferrania
Mte. S. Giorgio
Gameragna
i Brasi
Millesimo
Cosseria
San Giuseppe

55
68
83
59
TORTONA
Volpeglino
Berzano di Tortona
Monleale
Villa del Foro
Cabanette
F. Bormida
Spinetta Marengo
Lungafame
Ghezzi
Cascinagrossa
San Giuliano Vecchio
Moschini
Porrona
Lodra
Litta Parodi
Mandrogne
Galade
Rivalta Scrivia
Abbazia S. Maria
Vho
Mombisaggio
Torre Calderai
San Ruffino
Villaromagnano
Montemarzino
Montegioco
Castellazzo Bormida
Frugarolo
Santa Croce
San Quirico
Quattro Cascine
Pollastra
Levata
Cascina Luna
Spineto Scrivia
Carbonara Scrivia
Castellar Ponzano
Villalvernia
Cerreto Grue
Palazzo
Montebello
Tassarolo
Carentino
Frascaro
Gamalero
Casal Cermelli
Bosco Marengo
Riserva Naturale del Torrente Orba
Portanuova
Donna
Cascinotti di Villa
Carezzano
Carezzano Maggiore
Paderna
Costa Vescovato
Sarizzola
Avolasca
Castelspina
BORMIDA
MARENGO
NOVI LIG.
A26
A7
Pozzolo Formigaro
Merella
Cassano Spinola
Podigliano
Castellania
Sant'Alosio
Sant' Agata Fossili
Gavazzana
Bavantore
Bavantorino
San Rocco
Spazzona
Fontaniale
Sezzadio
Retorto
Fresonara
Abbazia di Sta. Giustina
Gavonata
Maranzana
Cassine
Castelferro
Predosa
Basaluzzo
Villa Cattanietta
Pasturana
NOVI LIGURE
BETTOLE DI NOVI LIG.
Sardigliano
Malvino
San Martino
Cuquello
Vargo
Albarasca
Monterosso
Ris. Nat. del Torrente Orba
Castelnuovo Bormida
Sant'Andrea
Mantovana
Capriata d'Orba
Villa Grimalda
Francavilla Bisio
Tassarolo
Borghetto di Borbera
SERRAVALLE SCRIVIA
Stazzano
Madonna d. Mte. Spineto
Persi
Torre Ratti
Castel de' Ratti
Rivalta Bormida
Caranzano
Gaggina
San Giacomo
Barcanello
Bisio
Zerbè
Serravalle Scrívia
Monterotondo
Mte. Mesma
Vignole Borbera
Variano
Grondona
VIGNOLE-ARQUATA
Cavalleri
Strevi
Orsara Bormida
San Quirico
Madonna della Villa
Pratalborato
San Cristoforo
Gavi
LIBARNA
Arquata Scrívia
Varinella
Variana
Morsasco
Montaldo Bormida
Carpeneto
Castelletto d'Orba
Parodi Lígure
Carlona
Val Rossara
Raineri
Chiapparolo
Vocémola
Mte. Grovo
VALLESCRIVIA
Pratolungo
Rigoroso
la Costa
Prarolo
E 62
Visone
Lussito
Rocca Grimalda
San Lorenzo
Villa Botteri
Silvano d'Orba
Montaldeo
Volpreto
Pieve
Osped. Lercaro
Sermória
Alice
Serra
Carrósio
Montecanne
Pietrabissara
Borlasca
Sottovalle
Isola del Cantone
Montessoro
ISOLA D. CANTONE
Mte. Marino
Grognardo
Prasco
Stazione
Trisóbbio
Grillano
Ovada
Tramontana
Tagliolo Monferrato
Gambina
Cast. Spinola
Costa
S. Stefano
Mornese
Cast. Doria
Bósio
Mte. Bruzeta
Mte. Zuccaro
Pinceto
Creverina
Griffoglieto
Mte. Laione
Benzi
Cremolino
Lerma
Mongiardino
Mazzarelli
Casaleggio Boiro
OVADA
Molare
Costa
Belforte Monferrato
Madonna d. Rocchetta
Casa Cravaria
Lago Lavagnina
Mte. Lanzone
Voltaggio
Monte Porale
Monte Reale
Ronco Scrivia
Vallosio
Ciglione
Piazza
Cassinelle
Morbello
Battagliosi
Castagnola
GIOVI
STURA
A26
Gnocchetto
Madonna delle Rocche
Caldasio
Mond'Ovile
Parco Naturale delle Capanne di Marcarolo
Fraconalto
Isolabuona
Pieve
Borgo Fórnari
Cast. Spinola
RONCO SCRIVIA
Galanti
Mte. d. Ratto
Bandita
San Luca
Toleto
Le Ciazze
Mte. Colma
Bec Arpescella
Mte. Tóbbio
Bric Tavolin
Molini
Madonna Leco
Busalla
Sarissola
BUSALLA
R. Meri
L. di Ortiglieto
Rossiglione
Bric Valcalda
Mte. Pracaban
Capanne Marcarolo
Menta
Mte. d. Figne
Pso. d. Bocchetta
Mte. Leco
Passo dei Giovi
Migliarina
San Bartolomeo
Bec dei Gorrei
Abasse
Olbicella
Pian Castagna
Campo Ligure
T. Ponzema
L. Badana
L. Lungo
Cravasco
Pietralavezzara
Gallaneto
Fumeri
Vittoria
Moretti
Bec Berton
Pianazzi
Montecalvo
Casavecchia
Badia
Acquabuona
Tiglieto
Mte. Pavaglione
Mte. Tacco
Masone
Piani di Praglia
Mte. Orditano
Langasco
Isoverde
Campomorone
Mignanego
Serra Riccò
Pedemonte
CAMPORA
Orero
Maddalena
Pratovallarino
Martina Olba
Urbe
Acquabianca
Cima di Masca
Bric del Termo
Passionata
MASONE
Pso. d. Turchino
Mte. Proratado
Gazzolo
Cerànesi
Santa Marta
Pontedecimo
San Cipriano
Sant'Olcese
Piccarello
Palo
San Pietro d'Olba
Superiore
Inferiore
Vara
Bec dell'Oca
la Cappelletta
Parco Naturale
Bric del Dente
Fado
Stazione di Mele
T. Cerusa
Pta. Martin
Madonna d. Guardia
San Quirico in Val Polcevera
San Carlo
Manesseno
San Bernardo
Pino Soprano
Badani
Veirera
Piampaludo
Pso. Faiallo
Fiorino
Biscáccia
TURCHINO
Roverazza
Acquasanta
Carpenara
Bec di Teiolo
Murta
Bolzaneto
GENOVA-BOLZANETO
Molassana
Begato
Mte. Avzè
Mte. Ermetta
ALTA VIA DEI MONTI LIGURI
Mte. Réisa
Mele
GENOVA-VOLTRI
Mte. Contessa
Madonna d. Gazzo
Serra
Rivarolo Lig.
San Gottardo
Olmo
GENOVA EST
Colle del Giovo
T. Sansobbia
Mte. Béigua
Mte. Argentea
del Beigua
Fabbriche
Cantalupo
GENOVA-PEGLI
Bórzoli
GENOVA-AEROPORTO
Quezzi
Staglieno
Mte. Rama
Rifugio Pra Riondo
Gazzo
Crevari
Voltri
Palmaro
Pra
Pegli
Multedo
E 25
GE-OVEST
Santa Giustina
Alpicella
Convento d. Deserto
Sciarborasca
Torrerossa
Vesima
Scoglio dell'Aguglia
ARENZANO
Giardino Bot. Villa Durazzo Grimaldi
Sestri Ponente
Aer. Internaz. C. Colombo
Cornigliano Ligure
Sampierdarena
Torre d. Lanterna
Stella
San Martino
Pero
Ospedale Psichiatrico
Terralba
Arenzano
Lerca
Capo S. Martino
Arenzano Pineta
Cogoleto
Invrea
Gameragna
i Brasi
Casanova
VARAZZE
LA LANTERNA
GENOVA
Boccadasse
Sturla
© GEOnext - ISTITUTO GEOGRAFICO DE AGOSTINI S.p.A. - NOVARA

70
56
69
71
84
85
Varzi
Bóbbio
Ferriere
Ottone
Torriglia
Bargagli
Cicagna
Mezzánego
Borzonasca
Rezzoáglio
S. Stefano d'Aveto
Santa Margherita di Stáffora
Brallo di Pregola
Corte Brugnatella
Fabbrica Curone
Romagnese
Montóggio
Mongiardino Ligure
Carrega Ligure
Neirone
Moconesi
Lumarzo
Uscio
Coreglia Ligure
San Colombano Certénoli
Favale di Málvaro
Lórsica
Fontanigorda
Rovegno
Gorreto
Fascia
Propata
Rondanina
Vobbia
Crocefieschi
Valbrevenna
Cabella Ligure
Rocchetta Ligure
Albera Ligure
Cerignale
Zerba
Coli
Mte. Lesima
Mte. Alfeo
Mte. Antola
Mte. Penice
Mte. Ebro
Mte. Chiappo
Mte. Carmo
Mte. Aiona
Mte. Maggiorasca
Mte. Penna
Mte. Zatta
Mte. Ramaceto
ALTA VIA DEI MONTI LIGURI
PARCO NATURALE DELL'ANTOLA
PARCO NATURALE DELL'AVETO
RIS. NAT. MONTE ALPE
RIS. NAT. AGORAIE DI SOPRA E MOGGETTO
T. Trebbia
T. Aveto
T. Scrivia
T. Stáffora
T. Borbera
L. di Brugneto
S. ILARIO
Nervi
49
25
26

71
PIACENZA
Piacenza Ovest
Piacenza Sud
Piacenza Est
57
56
70
85
A
B
C
2
3
4
Rottofreno
Borgonovo Val Tidone
Gragnano Trebbiense
Gossolengo
Podenzano
San Giorgio Piacentino
Cadeo
Carpaneto Piacentino
Fiorenzuola d'Arda
Pianello Val Tidone
Agazzano
Rivergaro
Vigolzone
Ponte dell'Olio
Castell'Arquato
Lugagnano Val d'Arda
Vernasca
Gropparello
Bòbbio
Coli
Bettola
Farini
Ferriere
Bardi
Morfasso
Travo
Rovescala
Ziano Piacentino
Nibbiano
Caorso
Roncarolo
Fontana Pradosa
Sarmato
Castel San Giovanni
Sant'Imento
Castellazzo di sotto
San Nicolò a Trebbia
Sant'Antonio a Trebbia
Mamago
Gerbido
I Dossi
Fossadello
Roncaglia
Muradello
Borghetto
Montale
Mucinasso
Novate
Roglieri
San Lazzaro Alberoni
Galleana
Verza
Pittolo
San Bonico
Quarto
Gariga
Turro
Albone
San Polo
i Vaccari
Pontenure
Chiavenna Landi
Cassino di Sotto
Sant'Ágata
Valconasso
Ríglio
Roveleto
Paderna
Fontana Fredda
Montanaro
Zena
Landi
Chero
Cerreto Landi
Casturzano
Centóvera
San Damiano
Grazzano Visconti
Altoè
Trebbiola
Suzzano
Verano
Ottavello
Niviano
Rivalta
Roveleto Landi
Pieve Dugliara
Ancarano Sopra
Monte Ráschio
Statto
Castèl Basini
Pigazzano
Cisiano di Sotto
Fabbiano
Veano
Albarola
Villò
Quattro Cascine
Rizzolo
Godi
Viustino
Cimafava
Ciriano
San Protaso
Caminata
Doppi
Vigostano
Case Bruciate
Travazzano
Celleri
Zaffignano
Tollara
Ronco
Corneliano
Rezzano
Vigolo Marchese
Foglignano
Castione
Veggiola
Sariano
Badagnano
Chiavenna Rocchetta
Santa Maria del Rivo
Gusano
la Valle
Magnano
Parco d. Fiabe
Bersani
Polignano
S. Genesio
Antognano
Castellana
Valesso
Mendola
Vicanino
Forlano
Rustigazzo
Dignini
Terenza
Velleia
Villa
Lago di Mignano
Castelletto
Case Poggio
Monte Mezzano
Bravi
Vezzolacca
Sperongia
Taverne
Albergo
Croce dei Segni
Bore
Franchi
Metti
Fiori
Pedina
Casali
Rovina
Monte Craviago
Monte Carameto
Passo di Pelizzone
Golaso
Tognoni
Villora
Varsi
Casanova
Chiesabianca
Gazzo
Berlini
Rugarlo
Pte. Lamberti
Rocca
Monte Dosso
Pietrarada
Tosca
Vischeto
Grezzo
Cárpana
Castelliere Ombria
Monte Barigazzo
Castellaro
Gravago
Nováglia
Comune Soprano
Pieve
Pieve di Gusaliggio
Barigazzi
Mariano
Sidolo
Mte. Scárria
Brugnola
Roncotasco
Monte la Tagliata
Prato delle Femmine
Osacca
Valmózzo
San Siro
Monte Arsone
Branzone
Psc. Colla
Ponteceno
Masanti
Farfanaro
Cerésèto
Castagneto
Scópolo
Credarola
di Sopra
di Sotto
Pione
Costa-geminiana
Raffi
Faggio
Tiglio
T. Lecca
Mte. Bello
Casaleto
Nocivéglia
Cómolo
Frassineto
Mte. Rágola
Santa Giustina
Mte. Camulara
Pertuso
Rompeggio
Mte. Megna
Canadello
Gámbaro
Lago Bino
Roffi
Cassimoreno
Rocca
Perotti
Cerreto Rossi
Le Moline
Montereggio
San Gregorio
Pso. d. Pianazze
Mte. di Pione
Pzo. Granato
Boccolo dei Tassi
Mte. Crodolo
Linguadà
Prato giardino
Banzolo
Boccolo Noce
Bruzzi
Teruzzi
Mte. Menegosa
Selva
Riovalle
Bruzzetti
Dosso
Groppallo
Solaro
Centenaro
Guerra di Centenaro
Mte. Albareto
Crocelobbia
Mareto
Mte. Aserei
Ciregna
Grondone
Castelcanafurone
Brugneto
Mettéglia
Pescina
Pianadelle
Mte. Rocchetta
San Savino
Poggioli
Costa Bosco Bruciato
Monte Santa Franca
Predálbora
Rigolo
Groppo Ducale
Fontanavento
Bigotti
Prato Barbieri
Guselli
Rocchetta
Córnolo
Rusteghini
Badoni
Mte. Obolo
Obolo
Croce Andreini
San Michele
Costa d. Mora
San Bernardino
Groppovisdomo
Mte. Castellone
Vigolo
Recésio
Montechino
Padri
Biana
Raimondi
Sármata
la Fravezza
Mte. Santo
Cassano
Caminata
Riva
Spettine
Missano
Ebbio
Pradello
Crocenito
San Giovanni
Bacchetti
Pso. del Cerro
Mte. Viserano
Castagneto
Fellino
Quadrelli
Chiulano
Carmiano
Mte. Denavolo
Rallio
Castello di Montechiaro
Caverzago
Caselli
Pietra Parcellara
Bobbiano
Costa della Bulla
Mulazzi
Missano
Monticello
Monteventano
Mte. Colombano
Péntima
Rocca Pulzana
Bosonasco
San Nazzaro
Torricello
Azzano
Rezzanello
San Gabriele
Chiarone
Rocca d'Olgisio
Ca' de' Comaschi
Gabbiano
Vallerenzo
Gadignano
Pecorara
Sevizzano
Busseto
Mte. Lazzaro
Mte. Lesso
Schiavi
Mezzano Scotti
Freddezza
Consensio
Perino
Cássolo
Quattrocchio
Spinello
Margherita
Roncaiolo
Mte. Armélio
Caminata Boselli
Piancasale
Villanova
Mte. Gavi
Gavi
Leggio
Piccioli
Mte. Osero
Cogno San Bassano
Calenzano
Pradovera
Olmo
Maiolo
Aglio
Mte. Tre Abati
Costa Mte. Capra
Sant'Agostino
Ferrari
Terme
Salvatore
Cornaro
Marságlia
Casaldrino
Ozzola
Bosco di Forca
Cariseto
Salsominore
Pso. d. Mercatello
Tornarezza
Casaldonato
Curletti
Folli
Casella
Selva
Cattaragna
Castagnola
Retorto
Boschi
Vicosoprano
Mte. Oramara
Mte. Groppo Rosso
Mte. Nero
Rio Freddo
Mte. Maggiorasca
S. Stefano
Ascona
Alpepiana
Pievetta
Mte. Veri
Orezzoli
Dego
Roveretto
Cadelmonte
Vaccarezza
la Valle
Matoschi
Cicogni
Grazzi
Cáprile
Costalta
Sala Mandelli
Trevozzo
Casanova
Montalbo
Vicobarone
Vicomarino
Castelnuovo
Seminò
Fabbiano
Albareto
Fornello
Calcinara
Moretta
Mottaziana
Breno
Bilegno
Tavernago
Sarturano
Cantone
Rivasso
Gazzola
Castano
Cast. di Boffalora
Verdeto
Arcello
Cast. di Lisignano
Montecanino
Misano
Santa Giustina
Cuccavello
Vidiano
Piozzano
Arola
Momeliano
Borgo
Gazzoli
Canneto
Molinazzo di Sotto
Caratta
Duomo
Tuna
Costa
Casaliggio
Campremoldo Sopra
Campremoldo Sotto
Colombarola
Sacchello
Ponte Tidone
Agazzino
Berlasco
Villa Caramello
Centora
Ciavernasco
Séttima
F. Trebbia
F. Po
T. Tidone
T. Nure
T. Riglio
T. Chero
T. Chiavenna
T. Arda
T. Ongina
T. Cenedola
T. Ceno
T. Noveglia
T. Toncina
T. Lavaiana
T. Aveto
T. Tidoncello
IST. GEOGRAFICO DE AGOSTINI S.p.A. - NOVARA

San Nazzaro
San Giuliano
Brancere
Stracóncolo
Cascine i Quarti
San Daniele Po
Sommo con Porto
Monasterolo
San Martino del Lago
San Lorenzo Aroldo
Casteldidone
Castelponzone
Scandolara Ravara
Ravara
Santa Lucia
LA VILLA
Fienili la Pavesa
Vianova
Cignano
Soarza
Stallone
la Pioppa
Solarolo
Isola Pescaroli
Motta-Baluffi
RIS. N. LANCA DI GEROLE
Cantoni
Torricella del Pizzo
Polésine Parmense
Santa Franca
Zibello
Pieve Ottoville
Ragazzola
Stagno
Fossa
Martignana di Po
Gussola
Agoiolo
San Pietro in Cerro
Ongina
Villanova sull'Arda
Vidalenzo
la Motta
Roccabianca
Rigosa
Gramignazzo
Casalmaggiore
Santina
Castellazzo
Villa Verdi
la Beloria
la Vella
Ardola
Crocione
Marzano
Crociletto
Torricella
Bernadona
Coltaro
Cortemaggiore
Besenzone
San Martino in Olza
Sant' Agata
Busseto
Brè
Frescarolo
Santa Caterina
Fontanelle
Sissa
Bersano
Casa Bassa
Mércore
T. Ongina
Spigarolo
Diolo
Sacca
FIORENZUOLA
Zapparola
Gallianelle
Salvatico
Sant'Andrea
Semoriva
Róncole Verdi
Samboseto
Portone del Pizzo
Sala
San Nazzaro
Sanguigna
Contrada della Chiesa
Trecasali
Campedello
Baselicaduce
Bagnolo
E 35
San Rocco
Canton Santo
Bassa di Mai
Carzeto
Colombarone
Fiume Taro
Caselle Vecchio
Vescovado
Copermio
Colorno
Borghese
Soragna
Pongennaro
San Secondo Parmense
Bosco di Sotto
San Quirico
Torrile
Vedole
Chiaravalle d. Colomba
Chiaravalle
Malcantone
Castellina
Castellaicardi
Rivarolo
AP 2005
Torrile
Casale
Vignola
Saliceto
Boceto
Castione Marchesi
Chiusa Viarola
Chiusa Ferranda
Paroletta
Corticelli
Sant'Andrea
Mazzabue
Alseno
Stazione di Alseno
Bastelli
FIDENZA SALSOMAGGIORE T.
Cannétolo
Fontanellato
Ronco Campo Canneto
San Polo
Ariana
San Rocchino
Rimale
Albareto
Grugno
Gainago
Cortina Vécchia
Toccalmatto
Ghiara
Viarolo
Vicomero
Frara
Certosino
Castelnuovo Fogliani
Fornio
Fidenza
Priorato
Campazzo
Cervara
Ravadese
San Lorenzo
Salso
Bellena
Borghetto
Terme di Bacedasco
T. Stirone
Coduro
Parola
Fontevivo
Baganzola
Paradigna
Ramoscello
PARCO FLUVIALE
Bacedasco
DELLO
STIRONE
Lodesana
Predella
Mte. Baiafto
Cabriolo
Sanguinaro
Bianconese
Fontane
Castelguelfo
Éia
Roncopascolo
Fognano
PARMA
Pedrignano
Bogolese
Scipione
Case Orsi
Campore
Gorzano
Santa Margherita
Rivalazzo
PARMA OVEST
Ponte Taro
AEROPORTO NAZIONALE G. VERDI
Cornocchio
Ugozzolo
SAN MARTINO
Chiozzola
Beneceto
Salsomaggiore Terme
Cogolónchio
Borghetto
San Pancrazio
San Leonardo
PARMA
la Gatta
Madregolo
Crocetta
Costa
Cangelásio
Tabiano Bagni
Santa Maria del Ghisolo
la Marchesa
Noceto
PARCO
Vigolante
San Lazzaro
Faieto
Monte Pianazzo
Pié di Via
Tabiano
Casa Papi
Costa Pavesi
Galvana
Roma
Scarzara
Caselle
Grotta
Contignaco
Pieve di Cusignano
Costamezzana
San Lazzaro
Vicofértile
Antognano
Torre Dardani
Cornaccina
E 31
San Prospero
Banzola
Banzola
T. Parola
FLUVIALE
Lemignano
Mariano
Marore
Pontegrosso
Monte Desio
T. Recchio
Cella
Collecchiello
Vigheffio
Stradella
San Prospero
Gaione
Martorano
Sant'Antonio
San Vittore
MADESANO
Porporano
Vartone
Mezzadri
Varano de' Marchesi
Case Bellini
Medesano
DEL
Collécchio
San Ruffino
Santa Lucia
Ferrari
TARO
San Martino Sinzano
Alberi
Malandriano
Pellegrino Parmense
Monte Inverno
Miano
Carignano
Rocchetta
Marano
Mariano
Visiano
Sant'Andrea Bagni
Felegara
Giarola
Casino de' Boschi
Monticelli Terme
Rabbiosi
Oppiano
Casale
Vigatto
Monte Salso
Roccalanzona
Cortesi
Gaiano
PARCO DEI BOSCHI DI CARREGA
Rocca
Sala Baganza
Corcagnano
Basilicagoiano
Careno
Montesalso
Basilicanova
Scarampi
Rocca Lanzona
Ramiola
Ozzano Taro
Felino
Ghiare
Montechiarugolo
Maneia
Riviano
FORNOVO
Riccò
Cafragna
Maiático
San Michele di Tiorre
Viazzano
Fornovo di Taro
Pilastro
Piazza
Vianino
Serravalle
Varano de' Melegari
Rubbiano
Caselle
Banzola
Pannocchia
Case Nuove
Torrente Ceno
Spiaggio
Siso
Respiccio
San Vitale di Baganza
San Michele de' Gatti
Arola
Mamiano
Marena
Spécchio
Fósio
Piantónia
Neviano de' Rossi
Poggio
Tiorre
Bannone
Lagadello
Monte Sant'Antonio
Oriano
Monte Prinzera
Roncolongo
Limido
San Ilario di Baganza
Casático
Torrechiara
Santa Maria del Piano
Vignale
Corniglio
Masereto
Boio
Sivizzano
RIS. NAT. DI MTE. PRINZERA
Vidiana
Lesignano de' Bagni
Traversétolo
T. Péssola
Citerna
Boschi di Bardone
Tordenaso
Strognano
Cévola
Baghetti
Prelerna
Selva del Bocchetto
Citerna
Cella di Pálmia
Marzolara
Stadirano
Rivalta
Guardasone
Bruschi
Pizzofreddo
Bardone
Lesignano di Pálmia
Vallerano
Mattaleto
Torre
Solignano
Selva Grossa
Terenzo
Tabbiano
Langhirano
Gavazzo
Corniana
Ronzano
Castrignano
Mulazzano
Castione de' Baratti
d'Asino
Castello
Viola
Monte Croce
Ramiano
Monte Sporno
Manzano
di Sopra
di Sotto
Pietramogolana
Monte Cássio
Castello di Casola
Calestano
Faviano
Provazzano
Mozzola
Cássio
Fragno
Pranello
Riano
Quinzano
Berzola
Canossa
BORGOTARO
Vigolo
Alpicella
San Michele Cavana
Neviano degli Arduini
Monte Castello
Monte Gallinara
Scanza
T. Baganza
Ravarano
Cozzano
Cattabiano
Cerezzola
San Martino
Chiastre
Castello di Ravarano
Canesano
Monte Vitello
Antésica
Pastorello
Urzano
Bazzano
la Costa
Ghiare
Pagazzano
Cavazzola
Monte Montagnana
Capoponte
Monte Verola
la Villa
Castellónchio
la Costa
Casaselvática
Tre Rii
Isola
Beduzzo
Albazzano
Castelmozzano
Lupazzano
Lodrignano
Currada
Monchio dell'Olle
58
73
86
D
E
F
G
1
2
3
4
A1
A15

Bózzolo
San Martino dall'Argine
Rivarolo Mantovano
San Giovanni in Croce
Casteldidone
Cividale Mantovano
Gazzuolo
Campitello
Virgílio
Cappelletta
Buscoldo
Borgoforte
Motteggiana
Commessaggio
Rivarolo del Re ed Uniti
Martignana di Po
Gussola
Casalmaggiore
Sabbioneta
Suzzara
Viadana
Pomponesco
Dosolo
Luzzara
Guastalla
Gualtieri
Boretto
Brescello
Colorno
Torrile
Reggiolo
Novellara
Campagnola Emilia
Rio Saliceto
Correggio
Poviglio
Castelnovo di Sotto
Sórbolo
PARMA
Gattatico
Campégine
Sant'Ilario d'Enza
Cadelbosco di Sopra
Bagnolo in Piano
Cavriago
Montecchio Emilia
Bibbiano
Quattro Castella
San Polo d'Enza
REGGIO NELL'EMILIA
Albinea
Scandiano
Rubiera
Traversétolo
Montechiarugolo
Monticelli Terme
San Prospero
Vezzano sul Cróstolo
© GEOnext - ISTITUTO GEOGRAFICO DE AGOSTINI S.p.A. NOVARA

PARCO REG. DEL MINCIO
Bagnolo San Vito
Ostiglia
Revere
Sustinente
Serravalle a Po
Melara
Bergantino
Borgofranco sul Po
Castelnovo Bariano
Castelmassa
Sermide
Felonica
San Benedetto Po
Quistello
Quingentole
Pieve di Coriano
Schivenoglia
Poggio Rusco
Villa Poma
Magnacavallo
Carbonara di Po
Pegognaga
San Giacomo delle Segnate
San Giovanni del Dosso
Moglia
I PASCOLI
LE VALLI COMUNI
VALLI LE PARTITE
Concordia sulla Secchia
Mirandola
Novi di Modena
Rolo
San Possidonio
Cavezzo
Medolla
San Felice sul Panaro
Finale Emilia
Massa Finalese
BOSCO DELLA SALICETA
CARPI
San Prospero
Camposanto
Soliera
Bomporto
Ravarino
Crevalcore
CENTO
Pieve di Cento
Nonantola
Sant'Agata Bolognese
San Giovanni in Persiceto
Castello d'Argile
MODENA
Sala Bolognese
Fiume Po
Fiume Secchia
Fiume Panaro
75
60
88
89
D
E
F
1
2
3
4

A
B
C
61
74
89
1
2
3
4
Ostíglia
Fiume Po
Canale Bianco
Canale Fissero
Fossa Maestra
RIS. NAT. ISOLA BOSCHINA
Serravalle a Po
Sustinente
Torriana
Bastia
Libiola
Révere
Correggioli
Comuna Béllis
Agnella
le Core
Cardinala
Soccorso
Chiavicone
Castello
Melara
Santo Stéfano
Bergantino
Borgofranco sul Po
Carbonarola
Torricella
Castelnovo Bariano
Castelmassa
la Torretta
Valletta
la Mantovana
Prato Cagliara
Abbazia di Vagandizza
Badia Polésine
Villa d'Adige
Mena
Baruchella
Giacciano con Baruchella
San Pietro Polésine
Marola
Mondonovo
Zelo
Marchesa Pio
Granarone
Marzanata
Trecenta
Ceneselli
Sariano
Berguari
Calto
Salara
Veratica
Corà
Coatti
Vallicella
Ficarolo
Vegri
Fiume Po
Stellata
Malcantone
Paolécchi
Sabbioncello
Santa Lucia
Quingentole
Pieve di Coriano
Zello
Masi
Carbonara di Po
Cavo Diversivo
Zuccone
Magnacavallo
Agnellino
Móglia
Sabbioni
Sérmide
Caposotto
Zappellone
Santa Croce
Parolare
Agnolo
Dosso dell'Inferno
Quattrocase
Ghisione
Coazze
Malpasso
Fienili
Schivenóglia
Villa Poma
Poggio Rusco
Nuvolato
Benedetto
Borsone
San Siro
Mirasole
Quistello
San Rocco
le Boline
San Giacomo delle Segnate
Malcantone
San Giovanni del Dosso
Tramuschio
Verdonda
Segonda
Caróbbio
Dragoncello
Fienil dei Frati
Roversella
Lame
Felónica
Porcara
Prova
Zerbinate
Quattrelle
Pilastri
Fenil Nuovo
Borgo Lezzine
Árgine del Lupo
Ponti Spagna
Stoppiaro
Malcantone
Portovécchio
San Martino Spino
Baia
i Grazzi
la Rangona
I PÁSCOLI
LE VALLI COMUNI
VALLI LE PARTITE
Ghetto
la Pasquina
Cappelletta Stoffi
Vallalta
Santa Caterina
Fossa
Quarántoli
Gavello
il Monte
la Casazza
Redena
Gavello
la Prospera
Burana
San Biagio
Salvatónica
Penazza
Concórdia sulla Sécchia
Santa Giustina Vigona
Mirandola
Cividale
la Suora
Mortizzuolo
Case Rondena
la Mazzona
Bondeno
Ospitale
Settepolesini
Certosa
San Possidonio
Bellária
San Martino Carano
Molinari
Forcello
Pioppa
San Giacomo Róncole
Camurana
la Picca
l'Angelina
Ponte San Pellegrino
Pavignane
Viarovere
Scortichino
Villa Rangoni
Santa Bianca
Ponte Rodoni
il Vallone
Vigarano Mainarda
Disvetro
Lodi
Cavezzo
Medolla
San Biagio
Villa Garde
San Felice sul Panaro
Rivara
Massa Finalese
Canalazzo
Canaletto
la Quiete
Fiume Panaro
Oratorio
Casumaro
la Forna
Motta
Villafranca
Torretta
BOSCO DELLA SALICETA
Gorzano
Fondazza
Entrà
Finale Emília
Reno Finalese
Case Malaguti
Reno Centese
Colombara
Mirabello
Villa
San Martino
Staggia
Dogaro
Ca' Bianca
Alberone
Cadecoppi
Casoni di Sotto
di Sopra
Canale Cavamento
Galeazza
Pilastrello
Buonacompra
San Carlo
Madonna d. Neve
San Prospero
Casa Rossi
San Pietro
Camposanto
Caselle
Palata Pepoli
Cantone
Dodici Morelli
Torre Spada
Sant'Agostino
Chiesa Nuova
Fiume Sécchia
San Lorenzo della Pioppa
Il Cristo
Solara
Bolognina
Bottega
Bevilácqua
Renazzo
Dosso
Fiume Reno
Galliera
la Chiesa
San Prospero
San Venánzio
Sorbara
Stuffione
Ronchi
Sammartini
Corpo-Reno
Bastiglia
Bomporto
Rami
Villa Giovannina
Poggetto
Sant'Alberto
San Vincenzo
Valli delle Tor
Ravarino
Crevalcore
la Buca
CENTO
Massumatico
Maccarétolo
Madonna San Clemente
il Cantone
Canaletto
San Matteo della Décima
Pieve di Cento
Asia
San Pietro in Casale
Gavaseto
Pontice
Albareto
Guisa Pépoli
la Mora
San Benedetto
Cenacchio
Nonántola
Crocetta
Castello d'Argile
Venezzano
Rubizzano
ALTEDO
Navicella
Via Larga
Ponte Losco
Sant'Agata Bolognese
il Conte
T. Samoggia
Gherghenzano
la Contea
Bagazzano
Rubbiara
Redù
Ámola
Lorenzático
San Donino
Volta Reno
Cinquanta
Salice Panaro
Gággio
San Benedetto
Lazzaretto
Bagno di Piano
Argelato
San Giorgio di Piano
Saletto
Recovato
Rastellino
San Giovanni in Persiceto
Zenerigolo
Venenta
Bentivoglio
Casoni
Sant'Ambrogio
Panzano
Riolo
Tivoli
Ducentola
Madonna Poggio
Sala Bolognese
Padulle
Malacappa
Santa Maria in Duno
CASTELLO BENTIVOGLIO
Castagnolo Minore
Ca' de' Fabbri
San Marino
Spettoleria
Capo d'Árgine
Collegara
Casa di Pena
Manzolino
Castagnolo
Forcelli
Certosa
Bonconvento
Funo
San Giobbe
BOLOGNA-INTERPORTO
San Marco
San Donnino
Castelfranco
la Villa
Búdrie
San Giacomo del Martignone
Castello di Campeggi
Castel Maggiore
VERONESI

ROVIGO
FERRARA
Lendinara
Lúsia
Villanova del Ghebbo
Costa di Rovigo
Fratta Polesine
San Bellino
Castelguglielmo
Villamarzana
Arquà Polesine
Frassinelle Polesine
Bresparola
Pontecchio Polésine
Guarda Véneta
Crespino
Villadose
Ceregnano
Gavello
Villanova Marchesana
Berra
Polesella
Pincara
Fiesso Umbertiano
Canaro
Occhiobello
Santa Maria Maddalena
Pontelagoscuro
Ro
Zocca
Copparo
Jolanda di Savoia
Formignana
Tresigallo
Migliarino
Ostellato
Portomaggiore
Voghiera
Masi Torello
Molinella
Argenta
Malalbergo
Poggio Renatico
Vigarano Pieve
Mizzana
Cocomaro di Cona
Gualdo
Ducentola
Gaibana
Montalbano
Marrara
Consándolo
Boccaleone
Bando
San Biagio
Longastrino
Mezzolara
Guarda
Buriane
Miravalle
Dugliolo
San Martino in Soverzano
San Giovanni in Triario
Tintória
Barchessa
Sant'Anna
Cittadella
San Gabriele
Mondonuovo
Boschi
Gandazzolo
Alberino
San Pietro Capofiume
Santa Maria Codifiume
Borgo Cortili
Traghetto
Benvignante
Ospital Monacale
Borgo Trebbo
Bova
San Nicolò Ferrarese
Montesanto
Runco
Sándolo
Maiero
Portoverrara
Ripapérsico
Gambulaga
Dogato
Rovereto
Medelana
Cornacervina
Rero
Roncodigà
Palazzo Pio
Finale di Rero
Denore
Villanova
Albarea
Viconovo
Contrapò
Sabbioncello San Pietro
Sabbioncello San Vittore
Baura
Fossalta
Tamara
Coréggio
Corlo
Saletta
Ruina
Francolino
Pescara
Sabbioni
Paviole
Boara
Malborghetto di Boara
Malborghetto
la Pavonara
Focomorto
Ponte Travagli
Pontegradella
Borgo Marighella
Codrea
Quartesana
Cona
Aguscello
Fossanova San Marco
San Bartolo
Torre della Fossa
Chiesuol del Fosso
Gorgo
Palmirano
Gaibanella
Sant'Egidio
San Martino
Penavara
Case Buttifredo
San Bartolomeo in Bosco
Cavo
Spinazzino
Passo Segni
Gallo
Tenuta Torniano
Porotto
Cassana
la Bosca
Caságlia
Palazzi di Diamantina
Vigarano Pieve
Ravalle
Stienta
Zampine
Ospitaletto
Gurzone
Piacentina
Case Via Bassa
Rezzo
la Crosara
Raccano
Garófolo
Borgo Mola
Fossadálbero
Cabiè
Ca' Matte
San Venanzio
Cesta
Ponte San Pietro
Zenzalino
Cantone
Coccanile
Ambrogio
Grispa Nuova
Brazzolo
Gradizza
Capitello
Primicello
Alberone
Viazza
Guarda
Cologna
Carmignano
Ponte Punzetti
Pennacchiera
Passetto
Canalnuovo
Aguiaro
Selva
Arginello
Borgo San Pietro Martire
San Cassiano
Crosara l'Olmo
Sant'Apollinare
Borsea
Buso
Canale
Lama Polesine
Lama Pezzoli
Stella
Magnolina
Cicese
Mezzana
Aserile
Livello
Ca' Valli
Cámbio
Ca' Tron
Mardimago
Saline
Sarzano
Granzette
Boara Polesine
Cantonazzo
Concadirame
Grompo
Bórnio
Cavazzana
Santa Maria d'Ádige
Barbona
Rialto
Barbúglio
Saguedo
Villafora
Rasa
Salvaterra
Colombano
Ramodipalo
Sant'Antonio
Capitello
Ramedello
Roverdicrè
Tessina
Busovecchio
Grignano di Polesine
Crosara
Granze
Cornè
Capobosco
Gognano
Molinella
Presciane
la Ghinata
Tre Ponti
la Piera
le Giare
Alberazzi
Precona
Bressane
Chiávíche
Ca' Moro
Paolino
Gámbaro
Pelizzare
Chiavicone
Árgine Valle
Brigo
Roncala
Capitello
Chiesa
Viezze
i Palazzi
Bosaro
Quarti
Borgo Santa Maura
Santa Maria Codifiume
LA VALLONA
GRANDE BONIFICA FERRARESE
BONIFICA VALLE
BONIFICA DEL MEZZANO
BONIFICA DI ARGENTA
PARCO DEL DELTA DEL PO
RIFUGIO FAUNISTICO
IDROVIA FERRARESE
Fiume Reno
Po Morto di Primaro
Po di Volano
Canalbianco
Fossa Sabbiosola
Navile Savena
Canale Ceresolo
Bonifica Galavronara e Forcello
Case Trava
la Fiorana
Menate
Filo
S. Giorgio
Marmorta
Case Borra
Ponte Stoppino
Santa Croce di Marmorta
i Casoni
Ghiaroni
Malvezza
Gandazzolo
OCCHIOBELLO
FERRARA NORD
FERRARA SUD
FERRARA
CONA
GUALDO
MASI S.GIACOMO-MASI TORELLO
ROVERETO-PORTOMAGGIORE
MIGLIARINO-PORTOMAGGIORE
OSTELLATO
ADIGE
ROVIGO
PO
AP.2004
Masi San Giacomo
Ponte Azzana
San Vito
Libolla
Campolungo
la Rotta
Valcesura
Santa Margherita
Migliaro
Corlo
Parasacco
Correggi
Botticino
Borgo Tomba
Quartiere
Portorotta
Monestirolo
Voghenza
Sant'Egidio
Mascaro
62
76
77
90
91

ROVIGO
Santa Maria d'Adige
Boara Polesine
Granzette
Sarzano
Mardimago
Villadose
Cambio
Ca' Tron
Bovina
Borgo Spin
Fasana Polesine
Passetto
Campelli
Orticelli
Cavedon
Livello
Canale
Ceregnano
Lama Polesine
Lama Pezzoli
Stella
Mezzana
Baricetta
Valliera
Canton
Aserile
Magnolina
Adria
Loreo
Ca' Grignella
Acquamarza
Ca' Negra
Forcarigoli
Smergoncino
Retinella
Cavanella Po
Bottrighe
Ca' Badoer
Taglio di Po
Mazzorno Sinistro
Mazzorno
Ca' Zeno
Garzara
Crociarone
Grillara
ISOLA D'ARIANO
Ariano nel Polesine
Ariano Ferrarese
Santa Maria in Punta
Palazzo Giglioli
Serravalle
Fienilone
Massenzática
Monticelli
Ariolo
San Basilio
Mezzogoro
Italba
Codigoro
Pomposa
Abbazia
Pontemaodino
Pontelangorino
Caprile
Torbiera
Volano
Vaccolino
Tieni
BONIFICA VALLE VOLTA
Massa Fiscáglia
Migliaro
Marozzo
Lagosanto
BONIFICA VALLE GALLARE
BONIFICA VALLE VOLÁNIA
TREBBIA
COMACCHIO
Comacchio
NECROPOLI DI SPINA
ISOLA
BONIFICA VALLE SAN GIUSEPPE
San Giovanni
IDROVIA FERRARESE
Corte Centrale
CORTE CENTRALE
Campolungo
Ostellato
OSTELLATO
Migliarino
Valcesura
Santa Margherita
Caimbanca
la Rotta
Libolla
Dogato
MIGLIARINO-PORTOMAGGIORE
ROVERETO-PORTOMAGGIORE
San Vito
Rovereto
Medelana
Cornacervina
Po di Volano
Roncodigà
Rero
Palazzo Pio
Tresigallo
Finale di Rero
Gherardi
Jolanda di Savoia
Corlo
Ambrogio
Coccanile
Cesta
GRANDE BONIFICA FERRARESE
Canale Leone
Canale Seminiato
Pennacchiera
Ponte Punzetti
Ponte Albersano
le Côntane
Berra
Cologna
Carmignano
Alberone
Guarda
Viazza
LA VALLONA
Ro
Zocca
Borgo Santa Maura
Polesella
Guarda Véneta
Crespino
Passetto
Canalnuovo
Villanova Marchesana
Papozze
Panarella
Córbola
Bellombra
Corcreva
Isolella
Búrchio
Arquà Polésine
Pontécchio Polesine
Selva
Aguiaro
Gavello
San Cassiano
Borgo San Pietro Martire
Crosara l'Olmo
Borsea
Capobosco
Villamarzana
Frassinelle Polesine
Bresparola
Bosaro
Quarti
Copparo
Primicello
Saletta
Ca' Matte
San Venanzio
Ponte San Pietro
Cantone
Zenzalino
Grispa Nuova
Brazzolo
Gradizza
Capitello
Formignana
Támara
Fossalta
Baura
Contrapò
Sabbioncello San Pietro
Sabbioncello San Vittore
Viconovo
Albarea
Villanova
Denore
Masi Torello
Quartesana
Parasacco
Botticino
Borgo Tomba
Correggi
Masi San Giacomo
MASI S.GIACOMO-MASI TORELLO
Voghenza
Voghiera
Gualdo
GUALDO
Ducentola
CONA
Cona
Codrea
Cocomaro di Focomorto
Ponte Azzana
Gambulaga
Runco
Montesanto
Quartiere
Sándolo
Maiero
Portomaggiore
Portoverrara
Portorotta
Ripapérsico
Bonifica Galavronara e Forcello
Benvignante
Ospital Monacale
Borgo Trebbo
Consándolo
Fossa Sabbiossola
Case Trava
Bando
Boccaleone
la Fiorana
BONIFICA VALLE DEL MEZZANO
BONIFICA DEL MANTELLO
BONIFICA DI ARGENTA
Argenta
S. Giorgio
Marmorta
Case Borra
Ponte Stoppino
Santa Croce di Marmorta
PARCO DEL DELTA DEL PO
San Biagio
RIFUGIO FAUNISTICO
Filo
Longastrino
Menate
PARCO
VALLI DI COMACCHIO
Valle di Lido Magnavacca
Fossa di Porto
Valle
Saline
Traghetto
Monestirolo
Malborghetto
Pescara
Ruina
Fossa
Borgo Mola
Garófalo
Raccano
Viezze
i Palazzi
Canale Bianco
Fiume Po
Scolo Veneto
Po di Goro
Vigentina
Scolo Botta
Fossone dei Ferri
Canale Ceresolo
Strada Romea
© GEOnext - ISTITUTO GEOGRAFICO DE AGOSTINI S.p.A. - NOVARA

BOSCO NORDIO
Motta
Ca' Morosini
GIARDINO BOTANICO LITORANEO DI PORTO CALERI
Caleri
Laguna di Caleri
Porto Caleri
Valle Segà
ISOLA ALBARELLA
Rosolina
Foce del Po di Levante
Po di Levante
Ca' Cappello
Oratorio Mazzucco
Porto Levante
Foce del Po di Maistra
la Vallona
Porto Viro
Collettore Padano Polesano
Valle Sacchetta
Mea
Valle del Moraro
Scanarello
Barchessa Ravagnan
Boccasette
Ca' Giustinian
Po di Maistra
Maestrazza
Ca' Cappellino
DELTA
RISERVA NATURALE
Bocche del Po della Pila
Pila
Ca' Pisani
Ca' Venier
Ca' Zuliani
Villarégia
Po di Venezia
Po della Pila
Ca' Tiepolo
Fraterna
Tolle
Case Ocaro
BOCCHE
Ca' Vendramin
Porto Tolle
Ca' Dolfin
ISOLA DI
Donzella
ISOLA DELLA
Polésine Camerini
Scovetta
DI PO
Segalare
Ca' Mello
POLÉSINE
DEL
Giarette
Ca' Mora
DONZELLA
Po delle Tolle
Sacca del Canarin
Scardovari
Polesinello
Gnocca
FOCI DEL PO
l'Oca
Sacca degli Scardovari
Ca' Latis
i Bonelli
Po di Goro
Cassella
Torre Palù
Gigliola
PO
Goro
GRAN BOSCO DELLA MESOLA
Ivica
Gnocchetta
Donzella
S.ta Giulia
Sacca di Bottonera
Gorino Veneto
Gorino Sullam
Bocca del Po delle Tolle
Sacca di Goro
Gorino Ferrarese
Táglio della Falce
Po di Gnocca
Bocche del Po di Gnocca
Volano
Lido di Volano
Bocca del Po di Goro
PARCO DEL DELTA DEL PO
Lago delle Nazioni
Lido delle Nazioni
MAR ADRIATICO
Lido di Pomposa
Lido degli Scacchi
GARIBALDI
Porto Garibaldi
Lido degli Estensi
Lido di Spina
RISERVA NATURALE SACCA DI BELLOCCHIO III
RISERVA NATURALE SACCA DI BELLOCCHIO II
Foce del Reno
Bellocchio
RISERVA NATUR. DI POPOLAMENTO ANIMALE DESTRA FOCE FIUME RENO
Podere Patrignani
RISERVA NATURALE FOCE FIUME RENO
12° 20'
12° 30'
12° 40'
45° 00'
44° 50'
44° 40'
D
E
F
1
2
3
4
64
92

VALLE MAIRA
Macra
San Damiano Macra
Stroppo
Bassura
Paschero
Cucchiales
Droneretto
Bersia
Chiabreri
Lottulo
Lottano
Combamala
Cartignano
Celle di Macra
Mte. Sirìa
Ponte Mármora
Márмora
Vernetti
Prazzo
San Michele Prazzo
Ussolo
Acceglio
Sáretto
Chiappera
Mte. Boulliagna
VALLE DEL MAURIN
Sautron
Tête de l'Alp
Certamussat
Larche
l'Ubayette
Tête de Moïse
Mte. d. Signora
Colle della Maddalena o Col de Larche
Mte. Scaletta
Pso. d. Gardetta
Mte. Oserot
Argentera
Bersézio
Cima d. Lose
Mte. Enciastraia
Col de Pouriac
Ferrere
Prinardo
le Barricate
Mte. Giordano
Pontebernardo
Murenz
GRANDE TRAVERSATA DELLE ALPI
Mte. Bassura
Pietraporzio
Sambuco
Villetta
Mte. Nebius
Mte. Savi
VALLONE DELL' ARMA
San Giacomo
Trinità
San Maurizio
Aisone
Vinádio
Demonte
Pratolungo
Mte. Ciapel
Mte. Omo
Mte. Viridio
Rifugio Viridio
C. Valcavera
Cle. d. Mulo
Colle dei Morti
Mte. Tibert
Castelmagno
Chiappi
Campomolino
Pradlèves
Croce Praboccone
Rio delle Frise
Mte. Bram
Mte. Grum
Santa Lucia
Beccas d. Mezzo
VALLONE UNERZIO
VALLONE DEL PREIT
VALLONE DI MARMORA
BEDALE INTERSILE
BEDALE TIBERT
Rca. di Cairi
Rca. la Méia
Rca. Cernauda
Mte. Cassorso
Mte. Plegu
Canósio
F. Stura di Demonte
VALLONE DEL PIZ
Mte. d. Rouss
Mte. Vaccia
Mte. Ciaval
Besmorello
Bagni di Vinadio
Mte. Ciastrella
Mte. le Steliere
VALLONE DI SANT'ANNA
VALLONE DI RIO FREDDO
VALLONE DELLA VALLETTA
Pta. Maladécia
Santuario di Sant'Anna
Mte. Aver
VALLONE D'ORGIALS
Colle della Lombarda
Rifugio Malinvern
Mt. Malinvern
Lago di Valscura
Terme di Valdieri
Cima Gorgia Cagna
Laghi della Sella
PARCO
Mte. Matto
DELLE ALPI
Cima Sud Argentera
Cima di Fremamorta
VALLONE ISCHIATOR
Mte. Laroussa
San Bernolfo
Callieri
Mt. Ténibre
Lac de Rabuons
Refuge de Rabuons
Cima di Collalunga
Tête de l'Autaret
Camp des Fourches
Restefond
Col de la Bonette
Cime de la Bonette
Bousiéyas
le Pra
Refuge de Vens
L. de Vens
Vens
St.-Dalmas-le-Selvage
Tinée
Mt. Aunos
Saint Etienne-de-Tinée
Jalorgues
Ref. C.A.F. Jalorgues
Ardon
Demandols
Auron
las Donnas
le Bourguet
la Blache
Isola
Isola 2000
Cascade de Louch
VALLON DE CHASTILLON
Refuge de Chastillon
Roya
Mt. Pélevo
TIONAL
Cime de Pal
MONTAGNE DU L'ALP
C. de Crous
Mt. Mounier
Col de la Valette
Mt. Gravières
Mt. St. Sauveur
MERCANTOUR
Mollières
L. Nègre
Col de Salèses
Col de Cerise
Refuge des Adus
Pierre Blanche
Mt. Giraud
Mt. Pepouiri
le Boréon
Cime du Piagu
Barels
la Baumette
Châteauneuf-d'Entraunes
Mt. Démant
Vignols
Tête de Chamie
Bouchanières
Péone
le Villard
les Amignons
Guillaumes
Sauze
St. Brès
Valberg
Croix de Valberg
Sainte Anne
les Launes
Beuil
Col de la Couillole
Roubion
Villar
Roure
Saint Sauveur-sur-Tinée
Rimplas
la Bolline
la Roche
Saint Dalmas
Valdeblore
Col Saint Martin
Saint Martin-Vésubie
Vésubie
Venanson
Mt. Cayre Gros
Rigons
Libaret
Tête du Pommier
Lauvet d'Ilonse
Cime de Courbaissa
GORGES DE DALUIS
FORÊT DE LA PALU
Dôme de Barrot
Les Cluots
GORGES SUP. DU CIANS
Pierlas
le Mont
Ilonse
Marie
Mt. Fraccia
Clans
Mt. Tournairet
Roquebillière
Granges-de-la-Brasque
Daluis
Léouvé
Tête de Samos
Rubi
Lieuche
St.-Léger
Var
Cians
F

Busca
Centallo
Trinità
Sant'Albano Stura
Tarantasca
Villar San Costanzo
Caraglio
Cúneo
CUNEO
Mondovì
MONDOVÌ
Morozzo
Margarita
Beinette
Peveragno
Bóves
Borgo San Dalmazzo
Roccavione
Robilante
Vernante
Limone Piemonte
Chiusa di Pésio
Villanova Mondovì
Roccaforte Mondovì
Frabosa Sottana
Frabosa Soprana
Valdieri
Entracque
Vignolo
Cervasca
Bernezzo
Valgrana
Pianfei
Rocca de' Baldi
Magliano Alpi
Castelletto Stura
Montanera
Tende (Tenda)
Briga Alta
Piaggia
Upega
Mendatica
Montegrosso Pian Latte
Cosio di Arroscia
Saint Dalmas de Tende
la Brigue
Mte. Besimáuda
Bric. Costa Rossa
Mte. Mondolé
Cima d. Pigna
Mte. Marguaréis
Pta. Marguaréis
Cima Pian Cavallo
Mte. Saccarello
Mte. Bégo
Cima del Diable
Colle di Tenda
TRAFORO DEL COLLE DI TENDA
VALLE VERMENAGNA
VALLE GRANDE
VALLE PÉSIO
VALLE ELLERO
VALLE CORSAGLIA
PARCO NATURALE ALTA VALLE PÉSIO
GRANDE TRAVERSATA DELLE ALPI
VALLON DES MERVEILLES
VALLON DE LA MINIÈRE
VALMASQUE
RIS. NAT. ROCCA S. GIOVANNI-SABEN
RIS. NAT. DELL'OASI DI CRAVA - MOROZZO
E 74
AP. 2004
66
67
81
93

Centallo
Sant'Albano Stura
Trinità
Magliano Alpi
Carrù
Clavesana
Farigliano
Dogliani
Piozzo
Rocca de' Baldi
Morozzo
Castelletto Stura
Montanera
Margarita
Beinette
Peveragno
Bóves
Chiusa di Pésio
Pianfei
Villanova Mondovì
MONDOVÌ
Vicoforte
Bastia Mondovì
Niella Tánaro
Lesegno
Ceva
Cigliè
Rocca Ciglié
Castellino Tánaro
San Michele Mondovì
Torre Mondovì
Monastero di Vasco
Montaldo di Mondovì
Roccaforte Mondovì
Frabosa Sottana
Frabosa Soprana
Pamparato
Garessio
Ormea
Caprauna
Nava
Pieve di Teco
Borghetto d'Arroscia
Vessalico
Rezzo
Montegrosso Pian Latte
Mendatica
Cosio di Arroscia
Limone Piemonte
Tende (Tenda)
Vièvе (Vievola)
Colle di Tenda
TRAFORO DEL COLLE DI TENDA
Cima d. Becco
Mte. Bertrand
Cima Pian Cavallo
Mte. Saccarello
Mte. Fronte
Mte. Mongioie
Mte. Marguareis
Cima Robert
Mte. Antoroto
Mte. Galero
Mte. Armetta
Mte. Dubasso
Mte. Castello di Quarzina
Mte. Besimauda
Bric. Costa Rossa
Bric Mindino
Bric Ciaradella
Pta. Marguareis
Cma. Seirasso
Cima d. Pigna
Certosa di Pésio
Terme di Lurisia
Grotta di Bossea
PARCO NATURALE ALTA VALLE PÉSIO
GRANDE TRAVERSATA DELLE ALPI
ALTA VIA DEI MONTI LIGURI
VALLE VERMENAGNA
VALLE PÉSIO
VALLE ELLERO
VALLE CORSÁGLIA
VALLE CASOTTO
VALLE MONGIA
VALDINFERNO
E TÁNARO
F
MONDOVÌ EST
MONDOVÌ OVEST
NIELLA TANARO
CARRÙ
A6
E 74
AP. 2004
RIS. NAT. DELL'OASI DI CRAVA - MOROZZO
A
B
C
1
2
3
67
80
93
© GEOnext - ISTITUTO GEOGRAFICO DE AGOSTINI S.p.A. - NOVARA

SAVONA
Albisola Superiore
Albissola Marina
Celle Ligure
Vado Ligure
Capo di Vado
Bergeggi
I. DI BERGEGGI
RISERVA NATURALE DI BERGEGGI
Spotorno
Noli
Capo di Noli
Malpasso
Varigotti
Finale Ligure
Finalpia
Finale Marina
Finalborgo
Borgio
Verezzi
Pietra Ligure
Villaggio Santa Corona
Convento di Monte Carmelo
Loano
Borghetto Santo Spirito
Ceriale
Albenga
RISERVA NATURALE DELL'ISOLA GALLINARA
I. GALLINARA
Capo Santa Croce
Alássio
MAR
LIGURE
Bastia 6h
Quiliano
Valléggia
Zinola
Fornaci
Cairo Montenotte
Cárcare
Altare
Dego
Piana Crixia
PARCO NAT. DI PIANA CRIXIA
Millesimo
PARCO NATURALE DI BRIC TANA
Céngio
Saliceto
Montezemolo
Calizzano
Bardineto
Calice Ligure
Tovo San Giacomo
Toirano
Boissano
Castelvecchio di Rocca Barbena
Cisano sul Neva
Villanova d'Albenga
Sassello
Stella
Pontinvrea
Giusvalla
Mioglia
Mallare
Pallare
Osiglia
Murialdo
Pláodio
Cosseria
Bormida
Orco Feglino
Vezzi Portio
Magliolo
RISERVA NATURALE DI RIO TORSERO
RISERVA NATURALISTICA DELL'ADELASIA
Sant'Ermete
Segno
Giustenice
Ranzi
Balestrino
Zuccarello
Erli
Arnasco
Ortovero
Leca
Vendone
Garlenda
Casanova Lerrone
68
83
94
D
E
F
G
1
2
3
8°10'
8°20'
8°30'
44°10'
44°20'

83
69
68
59
82
A
B
C
1
2
3
Ovada
Cremolino
Molare
Prasco
Mte. Marino
Lerma
Mongiardino
Casaleggio Boiro
Belforte Monferrato
Tagliolo Monferrato
S. Stefano
Mornese
Cast. Doria
Bósio
Mte. Bruzeta
Mte. Lanzone
Lago Lavagnina
Mte. Zuccaro
Sottovalle
Borlasca
Isola del Cantone
Pinceto
Creverina
Voltaggio
Monte Porale
Ronco Scrivia
Isolabuona
Castagnola
Fraconalto
Pieve
Borgo Fornari
Busalla
Sarissola
Mte. Leco
Passo dei Giovi
Migliarina
Giovi
Fumeri
Vittoria
San Bartolomeo
Mignanego
Serra Riccò
Pedemonte
Campomorone
Isoverde
Langasco
Ceránesi
Santa Marta
Pontedécimo
San Cipriano
Sant'Olcese
Piccarello
Manesseno
San Quirico in Val Polcevera
San Carlo
Bec di Teiolo
Murta
Bolzaneto
Begato
Molassana
Pino Soprano
San Bernardo
Olmo
Quezzi
Staglieno
Rivarolo Lig.
Bórzoli
Serra
Madonna d. Gazzo
GENOVA
GENOVA-BOLZANETO
GENOVA EST
GENOVA-AEROPORTO
GE-OVEST
GENOVA-PEGLI
GENOVA-VOLTRI
LA LANTERNA
Torre d. Lanterna
Sampierdarena
Cornigliano Ligure
AER. INTERNAZ. C. COLOMBO
Sestri Ponente
Multedo
Pegli
Pra
Palmaro
Voltri
Giardino Bot. Cleia Durazzo Grimaldi
Vesima
Scoglio dell'Aguglia
Crèvari
Arenzano
Capo S. Martino
Arenzano Pineta
Cogoleto
Lerca
Terralba
Sciarborasca
Invrea
Varazze
Celle Ligure
Albissola Marina
SAVONA
Boccadasse
Sturla
Quarto dei Mille
Gnocchetto
Rossiglione
Mte. Colma
Le Ciazze
Bric Valcalda
Mte. Pracaban
Campo Ligure
Masone
Mte. Pavaglione
Mte. Tacco
Cima di Masca
Pso. d. Turchino
la Cappelletta
Bec del Dente
Stazione di Mele
Fado
Mele
Acquasanta
Biscáccia
Fiorino
Pso. Faiallo
Mte. Réisa
Mte. Argentea
Mte. Rama
Mte. Beigua
Rifugio Pra Riondo
Mte. Ermetta
Mte. Avzè
Colle del Giovo
Sassello
Santa Giustina
Alpicella
Stella San Martino
Pero
Casanova
i Brasi
Cantalupo
Gameragna
Santuario della Pace
Sanda
Cassisi
Badani
Palo
Bec dell'Oca
Urbe
San Pietro d'Olba
Vara Superiore
Vara Inferiore
Piampaludo
Veirera
Martina Olba
Acquabianca
Tiglieto
Acquabuona
Casavecchia
Montecalvo
Badia
Bec Berton
Pianazzi
Olbicella
Pian Castagna
Bec dei Gorrei
Abasse
Bandita
Mte. d. Ratto
San Luca
Galanti
Madonna delle Rocche
Toleto
Pratovallarino
Maddalena
PARCO NATURALE DELLE CAPANNE DI MARCAROLO
Mond'Ovile
Bec Arpescella
Mte. Tóbbio
Bric Tavolin
Capanne Marcarolo
Mte. d. Figne
Pso. d. Bocchetta
Menta
L. Badana
L. Lungo
Cravasco
Pietralavezzara
Gallaneto
Mte. Orditano
Piani di Praglia
Bric del Terma
Passionata
Mte. Proratado
Pta. Martin
Carpenara
Mte. Contessa
Cantalupo
PARCO NATURALE DEL BEIGUA
ALTA VIA DEI MONTI LIGURI
Convento il Deserto
Ospedale Psichiatrico
Torrerossa
Gazzo
E 80
E 25
A26
A10
A7
RIVIERA DI PONENTE
Golfo di Genova
MAR
Barcelona 18h
Tanger 48h
Tunis 22h
Porto Vecchio 5h
Palermo 23h
8°40'
8°50'
44°30'
44°20'
44°10'

Mte. Bossola
Mongiardino Ligure
Mte. Sàia
Dáglio
Cartasegna
Carrega Ligure
Mte. Carmo
Mte. Alfeo
Ottone
Mte. Zuchello
Gorreto
Salsominore
Ferriere
Casaldonato
Curletti
Cattaragna
Castagnola
Rovegno
Orezzoli
Gramizzola
Mte. Dego
Vicosoprano
Mte. Oramara
Mte. Montarlone
Alpepiana
Boschi
Selva
Mte. Gruppo Rosso
Mte. Nero
Mte. Maggiorasca
Cima dell'Erta
Mte. Cravi
Vobbia
Vallenzona
Berga
Magioncalda
Compassi
PARCO NATURALE
DELL'ANTOLA
Crocefieschi
Clavarezza
Mte. Buio
Tonno
Mte. Antola
Caprile
Propata
Rondanina
Fascia
Isola
Carpeneto
Loco
Cassinghèno
Casanova
Fontanigorda
Rocca Bruna
Rezzoáglio
Mte. Veri
Valbrevenna
Senarega
Carsi
Bavastrelli
Bavastri
Garaventa
Seppado
Canale
Montebruno
Mte. Liprando
Péntema
Torriglia
Donetta
Porto
Serra
Vallescura
Mte. Collere
Brignole
Magnasco
Cerisola
Montegrosso
Amborzasco
Alpicella
S. Stefano d'Aveto
Allegrezze
Mte. Tomarlo
Romezzano
Casoni
Mte. Chiodo
Avosso
Costa
Scabbiabella
Brómia
Fallerosa
Montóggio
Trefontane
Mte. Bano
Noci
Laccio
Marzano
Costafontana
ALTA VIA DEI MONTI LIGURI
Montaldo
Tercesi
Scoffera
Passo d. Scoffera
Mte. Candelozzo
Moranego
Davagna
Marsiglia
Cálvari
Dercogna
Bargagli
Lumarzo
Ferriere
Fontanegli
Traso
Viganego
Pannesi
Mte. Bastia
Mte. Becco
Calcinara
Crovara
Lezzaruole
Corsiglia
Neirone
Mte. Càucaso
Roccatagliata
Barbagelata
Mte. Posasso
Brugnoni
Priosa
Cabanne
Mte. Pagliaro
Parazzuolo
La Forcella
Mte. Cavallo
Farfanosa
Mte. Fàscia
Mte. d. Abeti
Mte. Aiona
PARCO NATURALE DELL'AVETO
RIS. NAT. AGORAIE DI SOPRA E MOGGETTO
Mte. Penna
Mte. Crociato
La Scaletta
L. di Giacopiane
Mte. Agugiáia
Temossi
Mte. Bregaceto
Prato
Mte. Ghiffi
Santa Maria del Taro
Favale di Málvaro
Castagnelo
Mocónesi
Gattorna
Mocónesi Alto
Lórsica
Ferrada
Verzi
Figarolo
Mte. Ramaceto
Croce d'Orero
Tigliolo
Brizzolara
Borzonasca
Borzone
Mte. Cucco
Mte. Pollano
Giaiette
San Siro Foce
Tribogna
Aveno
Garbarini
Uscio
Terrile
Colonia Arnaldi
Sussisa
Salto
Cicagna
Monleone
Orero
Isolona
Pianezza
Mte. Mignano
Pian dei Ratti
Cichero
Baranzuolo
Montemoggio
Mezzavalle
Mte. Zatta
Cassego
Mte. Cordona
Teriasca
Sessárego
S. ILARIO
Lago
Capreno
Avegno
Pieve Alta
Nervi
Sant'Ilario Ligure
Bogliasco
Pieve Ligure
Sori
Polanesi
Recco
Megli
Molino Nuovo
Mad. di Caravaggio
RAPALLO
Sta. Maria del Campo
Golfo Paradiso
Camogli
San Rocco
S. Lorenzo d. Costa
Mte. di Portofino
Portofino Vetta
San Nicolò
Punta Chiappa
PARCO NATURALE DI PORTOFINO
San Fruttuoso
Cristo degli abissi
Portofino
Nozarego
Santa Margherita Ligure
Paraggi
Golfo d. Tigullio
AREA MARINA DI PORTOFINO
Pta. d. Capo o di Portofino
Sant'Andrea di Foggia
San Maurizio
San Pietro di Novella
Pian dei Manzi
Coréglia Ligure
Nostra Signora di Montallegro
Oneto
S. Michele di Pagana
Zoagli
Semorile
Campodonico
Àveggio
Camposasco
Calvari
Mte. Pissacqua
Celesia
Certénoli
San Colombano Certénoli
Chiesa Nuova
San Colombano
San Rufino di Léivi
Léivi
Sólaro
Borgonovo Ligure
Mezzánego
Prati di Mezzánego
Terrarossa
Mte. Carnella
Sta. Maria di Sturla
Carasco
Paggi
Ne
Graveglia
Mte. Bossea
Chiesanuova
Conscenti
Zerli
Réppia
Pso. d. Camilla
Arzeno Sup.
Statale
Mte. Porcile
Maissana
Nascio
Disconesi
Mte. Roccagrande
Mte. Zenone
Mte. Alpe
San Salvatore dei Fieschi
Cogorno
Frisolino
Monte Domenico
Libiola
Azaro
Loto
Sta. Giulia di Centaura
Sta. Vittoria di Libiola
Tassani
Bargone
Massasco
Campegli
San Pietro Frascati
San Bernardo
Casarza Ligure
Cavi
Mad. d. Grazie
CHIAVARI
T. Entella
Lavagna
LAVAGNA
Sestri Levante
Mte. Castello
Pta. Manara
Riva Trigoso
Mte. Moneglia
San Saturnino
Castiglione Chiavarese
Bracco
Mezzema
Leméglio
Monéglia
Déiva Marina
Pta. Baffe
Staz. di Fr
RIVIERA DI LEVANTE
PARCO NATURALE DEI PROMONTORI E DELLE ISOLE DI LEVA
LIGURE
Palau 13h
Olbia 10h
Porto Torres 12h
Arbatax 18h 30'
Cagliari 20h
Punta
D
E
F
9° 10'
9° 20'
44° 20'
44° 10'
70
85
49
A12
E 80
1
2
3

85
A
B
C
71
84
95
1
2
3
Ferriere
Bardi
Bedónia
Compiano
Borgo Val di Taro
Tornolo
Albareto
Varese Ligure
Sesta Godano
Zignago
Brugnato
Borghetto di Vara
Casarza Ligure
Castiglione Chiavarese
Mezzánego
Borzonasca
Cogorno
S. Stéfano d'Aveto
Deiva Marina
Framura
Bonassola
Lévanto
Monterosso al Mare
Vernazza
Follo
LA SPEZIA
Carrodano
Mte. Gottero
Mte. Zuccone
Mte. Penna
Mte. Maggiorasca
Mte. Aiona
Mte. Ragola
Mte. Bello
Mte. Pelpi
Mte. Orocco
Mte. Alto
Mte. Scassella
Mte. Coppa
Mte. Porcile
Mte. Roccagrande
Mte. Zenone
Mte. Alpe
Mte. Castelferro
Mte. Groppi
Mte. Moneglia
Mte. Guaitarola
Mte. Pistone
Mte. Marveia
Mte. Pizzolo
Monte Cucco o Borgallo
Monte Spiaggi
Monte Focetto
Monte Volacra
Monte Picchiara
Monte Fiorito
Monte Grezzano
Mte. Ribone
Passo del Bratello
Passo dei Due Santi
Foce dei Tre Confini
Psi. di Cento Croci
Passo di Velva
Foce di Rastello
CASTELLIERE OMBRIA
ALTA VIA DEI MONTI LIGURI
PARCO NATURALE DELL'AVETO
PARCO NATURALE DEI PROMONTORI E DELLE ISOLE DI LEVANTE
PARCO NAT. MONTEMARCELLO-MAGRA
CINQUE TERRE
LUNIGIANA
T. Ceno
F. Vara
T. Taro
T. Gotra
SESTRI LEV.
RIVIERA
DEIVA M.
CARRODANO-LEVANTE
BRUGNATO-BORGHETTO DI VARA
E 80
A12
© GEOnext - ISTITUTO GEOGRAFICO DE AGOSTINI S.p.A. - NOVARA

86
87
72
96
Langhirano
Traversétolo
Neviano degli Arduini
Calestano
Terenzo
Solignano
Berceto
Corniglio
Monte Caio
Tizzano Val Parma
Castelnovo ne' Monti
Busana
Ligonchio
Pontremoli
Villafranca in Lunigiana
Filattiera
Bagnone
Licciana Nardi
Fivizzano
Aulla
Podenzana
Santo Stéfano di Magra
Sarzana
Fosdinovo
Casola in Lunigiana
Minucciano
Piazza al Serchio
Castiglione di Garfagnana
Collagna
Monte Cusna
Alpe di Succiso
Monte Orsaro
Monte Marmagna
Passo della Cisa
Passo del Cerreto
Passo di Lagastrello
Passo Cirone
Tresana
Comano
Vetto
Ramiseto
Palanzano
Monchio delle Corti
Valle
Mulazzo
Lusuolo
Capanne di Sillano
Sillano
Vagli Sopra
Gramolazzo
Gorfigliano
Mte. Pisanino
Pzo. d'Uccello
PARCO NAZIONALE DELL'APPENNINO TOSCO EMILIANO
GRANDE ESCURSIONE APPENNINICA
RIS. NAT. ORECCHIELLA
RIS. NAT. PANIA DI CORFINO
RIS. NAT. GUADINE - PRADACCIO
RIS. NAT. DI MTE. PRINZERA
Fiume Serchio
T. Enza
T. Parma
T. Baganza
Magra
Lago Santo
Lago Ballano
Lago Verde
Lago Calamone

Ramiola
Fornovo
BOSCHI DI CARREGA
Felino
San Michele di Tiorre
Pilastro
Basilicanova
Montechiarugolo
Borgo Enza
Montécchio Emilia
Cavriago
Codemondo
Coviolo
Maiàtico
Cafragna
Banzola
San Vitale di Baganza
San Michele de' Gatti
Tiorre
Arola
Pannocchia
Mamiano
Piazza
Case Nuove
Tortiano
Barco
la Fossa
San Bartolomeo
A
B
C
D
72
73
Neviano de' Rossi
Roncolongo
Limido
Sant'Ilario di Baganza
Casàtico
Torrechiara
Santa Maria del Piano
Bannone
Bibbiano
Corniano
Case Ghiardello
Rivalta
Prinzera
RIS. NAT. DI MTE. PRINZERA
Sivizzano
Boschi di Bardone
Vidiana
Lesignano de' Bagni
Traversétolo
Vignale
Quattro Castella
Cantone
Tordenaso
Strognano
Stadirano
Rivalta
Cèvola
Guardasone
San Polo d'Enza
Róncolo
Puiane
Cella di Pálmia
Marzolara
Mattaleto
Salvarano
Montecàvolo
Mucciatella
Lesignano di Pálmia
Vallerano
Tabbiano
Torre
Bardone
Terenzo
Ronzano
Langhirano
Gavazzo
Caverzana
Broletto
Castrignano
Mulazzano
Castione de' Baratti
Borsea
Bedogno
Sédrio
Vezzano sul Cróstolo
Monte Croce
Calestano
Ramiano
Monte Sporno
Manzano
di Sopra
di Sotto
Vico
Ciano d'Enza
Rossena
Monte Sella
Pecorile
Castello di Casola
Fragno
Faviano
Provazzano
Casola Canossa
Cavazzone
Riano
Pranello
Quinzano
Berzola
Canossa
Vigolone
Alpicella
San Michele Cavana
Neviano degli Arduini
Monte Castello
Cerezzola
Casola Querciola
Ravarano
Cozzano
Cattabiano
Urzano
Monte Tesa
Banzola
Paderna
la Vecchia
Canesano
Monte Vitello
Pastorello
Bazzano
la Costa
Monte Montagnana
Antésica
Capoponte
Monte Verola
Selvapiana
Sordiglio
Bettola
Montalto
Tre Rii
Isola
la Villa
Ceredolo dei Coppi
Beduzzo
Albazzano
Lupazzano
Currada
Monchio dell'Olle
Faiete
Paullo
Monte Duro
Monte Scarabello
Signàtico
la Strada
Castelmozzano
Lodrignano
Prediera
Curàtico
Reno
Mussàtico
Cedogno
Compiano
Roncaglio
Montale
Cortogno
la Stella
San Giovanni Quérciola
Vèstola
Cásola
Tizzano Val Parma
Costa
Boschetto
Sasso
Mediano
Borzano
Trinità
Montata
Semiago
le Ghiare
Carpaneto
Vezzano
Campora
Ceretolo
Piagnolo
Vedriano
Leguigno
Casina
Strada
Caróbbio
Prada
Antognola
Monte Fuso
Scurano
Pulpiano
Petrignàcola
Anzola
Sarignana
Rusino
Mercato
Crovara
Gómbio
Migliara
Giandeto
Zoccadella
Braia
Miano
Inferiore
Superiore
Musiara
Pratolungo
Lagrimone
Pignone
Brancìglia
Onfiano
Graiana
Agna
Groppizioso
Ruzzano
Spigone
San Giovanni
Marola
Pantano
Corniglio
Villula
Schia
Rifugio Schia
Capríglio
Monte Guárdia
Vetto
Maiola
la Svolta
T. Tresinaro
Ballone
Monte Cáio
Corno di Caneto
Lalatta
Ranzano
Sole
Santo Stefano
Villaberza
Pianzano
Sivizzo
Bellàsola
Trevignano
Gottano
T. Enza
Predella
Rosano
Pietre
Carpineti
Monte Aguzzo
Pratopiano
Cerréggio
Cola
Casino
Braglia
Felina
Monte San Vitale
86
Zibana
Caneto
Casa di Rinaldo
Frascaro
Croce
Magonfia
Savognatica
Casteldaldo
Ticchiano
Palanzano
Selvanizza
Gazzolo
Castelnovo ne' Monti
Berzana
Monte Fósola
Vesallo
Isola
Regnola
Pietra Bismantova
Campolungo
Villaprara
Colombàia
Monte Quadro
Mónchio delle Corti
Monte Fageto
Vaestano
Ramiseto
Vigone
PARCO
Monteduro
Casale
Pontone
Riana
Groppo Fosco
Vecchiatica
Vàiro
Canova
Carnola
Prato
Monte Matalla
Castagneto
Bora
Caìti
Monte Fiorino
Costa de' Grassi
Ginepreto
Maro
Gatta
Cávola
Corneto
Navert
Nirone
Montemiscoso
Frassinédolo
Vologno
Manno
Trefiumi
Valcieca
NAZIONALE
Terme di Santa Lucia
Bondolo
Monte Vignola
Morra
Valditacca
Rimagna
Pieve San Vincenzo
Cervarezza
Poiano
Carniana
Monte della Castagna
Toano
Misconso
Storlo
Lago Calamone
Rifugio
Fiume Sécchia
Marabino
Lago Ballano
Monte Ventasso
Sonareto
Vogno
Prato Spilla
Aneta
Rigoso
Succiso
Vallisnera
Nismozza
Busana
Carù
Villa
Sologno
Tizzola
Villa Minozzo
T. Dolo
Fazzagno
Lago Verde
Monte Ramiceto
Acquabona
Marmoreto
Cerrè
Quara
Monte Malpasso
Mte. Acuto
DELL'APPENNINO
Collagna
Giarola
Cinquecerri
Monte Giardona
Minozzo
Costabona
Ceresola
Monte Bocco
Passo di Lagastrello
Alpe di Succiso
la Vaccareccia
Valbona
Monte Cà di Velaneto
Santònio
Secchio
Gova
Giunzione
Monte Casarola
Cerreto dell'Alpi
Caprile
Montecagno
Coriano
Monte Modino
Monte del Giogo
Monte Alto
la Gabellina
Vaglie
Piolo
Monte Prampa
Case Boni
Taponecco
Torsana
Passo del Cerreto
Casalino
Monte Orsaro
Monte Penna
Romanoro
Tavernelle
Montale
Castello di Comano
Camporàghena
Cerreto Laghi
Lago Cerretano
Casenove
Ligonchio
Rifugio Zamboni
Novellano
Morsiano
Frassinoro
Sassalbo
Mte. Cavalbianco
Ospitaletto
Riparotonda
Asta
Comano
Crespiano
TOSCO
Mte. la Nuda
Passo di Pradarena
il Monte
GRANDE ESCURSIONE APPENNINICA
Mte. Cusna
Case Balocchi
Morsiano
Róvolo
Bottignana
EMILIANO
Gazzano
Cisigliana
Cotto
Arlia
Giogo di Vendaso
Mte. Sillano
il Passone
Cervarolo
Torre dell'Amorotto
il Monte
Cargèdolo
Riccovolto
Quarazzana
Psso. di Romito
Ceratelli
Vendaso
Cima Belfiore
Psso. di Romecchio
Rif. Battisti
Mte. Ravino
Fontanalúccia
Madonna di Pietravolta
Agnino
Fivizzano
Pognana
Mómmio
Mte. Tondo
Capanne di Sillano
Mte. Prato
Civago
Alpesigola
Pratomedici
Verrucola
Cerrardola
Mte. Peci
Sopra
Villa
Camporanda
Mte. Vecchio
Pso. d. Forbici
Piandelagotti
Montecurto
Vedriano
Regnano
Ponteccio
Dalli
Sotto
Sillano
RIS. NAT. ORECCHIELLA
Mte. Bocca di Scala
RISERVA NATURALE LAMAROSSA
Sasso Tignoso
Ca' dei Q.
Moncigoli
Spicciano
Réusa
Montefiore
Giuncugnano
Varliano
96
Borsigliana
Mte. Frignone
Campaiana
Casone di Profecchia
d. Radici
Roccapelago
Soliera
Gassano
Metra
Foce Carpinelli
Sant'Anastàsio
Fiume Sérchio
Pania di Corfino
Mte. Alto
Alpe S. Pellegrino
Sant'Anna Pelago
Luscignano
Casola in Lunigiana
Antognano
Livignano
Foce di Terrarossa
Castiglione
T. Aulella
Ceserano
Gragnola
Codiponte
Sermezzana
Gragnana
Caprignana
RIS. NAT. PANIA DI CORFINO
Corfino
Salera
San Pellegrino in Alpe
Colla
Vezzanello
Pieve San Lorenzo
Castagnola
Nicciano
Piazza
Orzaglia
San Donnino
Massa
Sassorosso
PARCO DELL
GEOGRAFIA ISTITUTO GEOGRAFICO DE AGOSTINI S.p.A. NOVARA

REGGIO NELL'EMILIA
MODENA
Scandiano
Casalgrande
Rubiera
Formigine
Fiorano Modenese
SASSUOLO
Maranello
Castelnuovo Rangone
Spilamberto
Castelfranco Emilia
San Cesario sul Panaro
Castelvetro di Modena
Vignola
Savignano sul Panaro
Marano sul Panaro
Guiglia
Zocca
Castellarano
Prignano sul Secchia
Serramazzoni
Pavullo nel Frignano
Lama Mocogno
Sestola
Fanano
Montese
Gaggio Montano
Vergato
Pievepelago
Fiumalbo
Viano
Baiso
Montefiorino
Palagano
Polinago
Montecreto
Riolunato
Mte. Cimone
Mte. Cervarola
Mte. Belvedere
Castel d'Aiano
Campogalliano
Bazzano
Crespellano
Monteveglio
Castello di Serravalle
Savigno
Tole
Riola
Marzaglia
Cittanova
Baggiovara
Fossalta
Nonantola
Piumazzo
Monte Evangelo
Monte Lusino
Monte Maestà Bianca
Monte Sant'Andrea
Monte Santa Giulia
Monte San Martino
Monte Mocogno
Mte. Acuto
Mte. d. Penna
Mte. Emiliano
Mte. d. Torraccia
Mte. Vigese
Mte. Lancio
Mte. Lagoni
Fiume Secchia
Fiume Panaro
T. Tiepido
T. Guerro
T. Scoltenna
T. Leo
CASSA D'ESPANSIONE DEL FIUME SECCHIA
RIS. DELLE SALSE DI NIRANO
PARCO DELL' ABBAZIA DI MONTEVEGLIO
PARCO REG. DEI SASSI DI ROCCA MALATINA
RISERVA NATURALE DI SASSOGUIDANO
MODENA NORD
MODENA SUD
MODENA-CAMPOGALLIANO
74
89
97
98

MODENA
Nonántola
Sant'Agata Bolognese
Castello d'Argile
San Benedetto
Argelato
San Giorgio di Piano
Bentivoglio
San Giovanni in Persiceto
Sala Bolognese
Castelfranco Emilia
Calderara di Reno
Castel Maggiore
San Cesario sul Panaro
Spilamberto
Anzola dell'Emilia
AEROP. INTERNAZ. DI BOLOGNA BORGO PANIGALE
BOLOGNA-BORGO PANIGALE
BOLOGNA-ARCOVEGGIO
BOLOGNA-CASALECCHIO
BOLOGNA-INTERPORTO
CASTELLO BENTIVOGLIO
MODENA SUD
Castelnuovo Rangone
Crespellano
Castelvetro di Modena
Bazzano
Zola Predosa
BOLOGNA
CASALECCHIO DI RENO
Vignola
Savignano sul Panaro
Monteveglio
PARCO DELL'ABBAZIA DI MONTEVEGLIO
Marano sul Panaro
Monte San Pietro
San Lazzaro di Savena
Guiglia
Castello di Serravalle
PARCO REG. DEI SASSI DI ROCCA MALATINA
Sasso Marconi
SASSO MARCONI
Pianoro
Zocca
Mte. Acuto
Marzabotto
PARCO STORICO DI MONTE SOLE
NECROPOLI ETRUSCA
Vergato
Monzuno
Loiano
RIOVEGGIO
Montese
Castel d'Aiano
Grizzana Morandi
San Benedetto Val di Sambro
Monghidoro
Gaggio Montano
Camugnano
Castiglione dei Pepoli
Castel dell'Alpi
GALLERIA DI MTE. ADONE m 7135
CANTAGALLO
LA PIOPPA
E 35
E 45
A1
© GEOnext - ISTITUTO GEOGRAFICO DE AGOSTINI S.p.A., Novara

90
Portomaggiore
Ponticelli
Pégola
Passo Segni
Gandazzolo
Bova
Portorotta
Portoverrara
Cenacchio
Navile Savena
Boschi
Fiume Reno
Borgo Valeriani
Benvignante
Ripapérsico
Bonifica Galavronara e Forcello
Altedo
San Gabriele
Mondonuovo
Ospital Monacale
Borgo Trebbo
Rivabella
Cittadella
Sant'Anna
Santa Maria Codifiume
Alberino
Borgo Cortili
Consándolo
Saletto
Baricella
San Pietro Capofiume
Traghetto
Bando
la Fiorana
Casoni
Tintória
Ghiaroni
Boccaleone
Ca' de' Fabbri
Minérbio
Barchessa
Malvezza
Molinella
Marmorta
Argenta
BONIFICA DI ARGENTA
San Martino in Soverzano
Dugliolo
Case Borra
Spettoleria
Capo d'Árgine
San Giovanni in Triario
i Casoni
Guarda
Buriane
Santa Croce di Marmorta
Ponte Stoppino
S. Giorgio
Armarolo
Mezzolara
Miravalle
PARCO DEL DELTA DEL PO
San Biagio
RIFUGIO FAUNISTICO DI VALLESANTA
Cazzano
Lupara
San Martino in Árgine
T. Idice
Campotto
Fiume Reno
Santa Brigida
Bagnarola
il Casino
Sant'Antonio
Lavezzola
Barabana
la Turchia
Abbazia
Riccardina
Vedrana
Selva Malvezzi
la Frascata
Voltana
Veduro
Pieve di Búdrio
Fiorentina
la Vallona
Giovecca
Vigorso
Búdrio
la Valletta
Portonovo
Tarabina
Passogatto
Marano
Spazzate
Chiesanuova
Acquajoss
San Bernardino
Case Gandolfi
Buda
Sassatelli
Consélice
Stellina
Fiesso
Cento
Forno della Gaiana
Belricetto
Castenaso
Villa Serraglio
Villa Fontana
Santa Maria in Fabriago
Ducato di Fabriago
Prunaro
San Patrizio
Medicina
Ganzanigo
Zeppa
Mondaniga
T. Quaderna
T. Gaiana
San Lorenzo
Fusignano
Colunga
il Ponte
Fantuzza
Muzzaniga
Crocetta
Zeppa Nuova
Ca' di Lugo
la Campana
Gaiana
Sesto Imolese
Fornace Guerrino
Bizzuno
Quaderna
Ozzano dell'Emilia
San Martino
la Palazza
Frages
Massa Lombarda
Sant'Agata sul Santerno
Pizzocalvo
San Lorenzo
Poggio Piccolo
Castel Guelfo di Bologna
Cantalupo Sélice
Stazione di Varignana
Poggio
San Potito
Mággio
Osteria Grande
CASTEL S.PIETRO TERME
Malcantone
Castel dei Britti
San Nicolò
Gallo
Pianta
Giardino
Sasso Morelli
Villa San Martino
LUGO
Sant'Andrea
San Pietro
SILLARO
T. Sillaro
Tréntola
Fluno
Ciagnano
Magione
Bubano
Zagonara
Castel San Pietro Terme
Granare
Pera
Mordano
Varignana
E 45
Molinello Piani
LUGO-COTIGNOLA
Settefonti
Cásola Canina
Terme
Casalecchio de' Conti
Toscanella
IMOLA
Bagnara di Romagna
Barbiano
Mte. Mezzano
Liano
Vidiuno
Madonna del Piratello
Tombe
Ponte Santo
Sénio
Bursano
Vedriano
Maglio
San Prospero
Solarolo
San Severo
Monte Calderaro
Dozza
Piratello
Castelnuovo
Granarolo
San Martino in Pedriolo
Felisio
Farneto
Mte. Cérere
Frassineto
Monte Catone
IMOLA
Zello
Gaiano
Cassanigo
R. N. BOSCO DELLA FRATTONA
AUTODROMO INT. ENZO E DINO FERRARI
Borello
SANTERNO
Sant'Andrea
San Clemente
il Castello
Pieve di Sant'Andrea
Ponticelli
Linaro
Casanola
FAENZA
Mezzeno
T. Sillaro
Sellustra
Goggianello
Bergullo
Castel Bolognese
San Pietro in Laguna
Ronco
Tombe Sassatello
Parr. di Mezzocolle
Biancanigo
San Rocco
Ronco
Casalfiumanese
Fabbrica
Serra
Formellino
Croara
Pediano
Mazzolano
Campiano
Ossano
Celle
Santa Barbara
Pgio. del Falchetto
Riviera
Toranello
Tebano
FAENZA
San Giorgio
Basiago
Monte la Pieve
Gesso
Borgo Tossignano
Codrignano
Riolo Terme
Cuffiano
Gallisterna
Pérgola
Cuviolo
Tossignano
Limisano
Pidéura
Sassonero
Sant'Apollinare
Costa
Isola
Villa San Giorgio in Vezzano
Errano
Pettinara
Sassoleone
Fontanélice
Mte. del Casino
Borgo Rivola
San Biágio
Casoni di Romagna
Sta. Margherita
Quartolo
Gággio
Mte. Mauro
Sintria
Montécchio
Santa Lucia delle Spianate
F. Santerno
Orsara
Prugno
Valsénio
Sarna
Rivalta
Belvedere
Carséggio
Fornione
Zattáglia
Mte. di Rontana
Brisighella
San Ruffillo
Oriolo
Mte. Cappello
Giardino Officinale
Marzeno
Castello Alidosi
Castel del Rio
San Ruffillo
Cásola Valsénio
Pozzo
San Michele in Quarneto
Scavignano
San Mamante
Moronico
S. Giorgio di Ceparano
Petrignone
Baffadi
Mte. della Volpe
Poggiale
Pieve del Tho
Paglio
Torre di Ceparano
Fognano
Converselle
Torre di Calamello
Cavina San Pietro
Castellina
Cottignola
Tossino
Urbiano
Castrocaro Terme e Terra del Sole
Valsalva
Casale
Fregnanello
Pietramora
Trerio
Mercatale
Mte. Cece
la Strada
Marzeno
Moradúccio
Casale
Baccagnano
Sant'Eufemia
99
75
91

91
A
B
C
D
76
77
90
100
BONIFICA
VALLE
MEZZA
BONIFICA DEL MANTELLO
Portomaggiore
Portorotta
Portoverrara
Gandazzolo
Bova
Benvignante
Borgo Valeriani
Ospital Monacale
Ripapérsico
Bonifica Galavronara e Forcello
Case Trava
Borgo Trebbo
Consándolo
Fossa Sabbiosola
Alberino
San Pietro Capofiume
Ghiaroni
Traghetto
Borgo Cortili
Boccaleone
Bando
la Fiorana
Barchessa
Malvezza
Molinella
Marmorta
Case Borra
Argenta
BONIFICA DI ARGENTA
Dugliolo
i Casoni
Guarda
Buriane
Miravalle
Santa Croce di Marmorta
Ponte Stoppino
S. Giorgio
Menate
Filo
PARCO DEL DELTA DEL PO
San Biagio
RIFUGIO FAUNISTICO DI VALLESANTA
Longastrino
Lupara
San Martino in Argine
T. Idice
Campotto
Pzo. Tamba
Fiume Reno
il Casino
Barabana
Sant'Antonio
Lavezzola
la Turchia
Vedrana
Selva Malvezzi
F. Santerno
RIS. NAT. DI ALFONSINE
Fiorentina
la Vallona
T. Sillaro
la Frascata
Voltana
Táglio Corelli
Búdrio
la Valletta
Portonovo
Tarabina
Giovecca
Passogatto
Spazzate
Case Landolfi
Buda
Sassatelli
Chiesanuova
Acquajoss
Consélice
San Bernardino
la Tosca
RIS. NAT. DI ALFONSINE
Borgo Giganti
Forno della Gaiana
Belricetto
Fiumazzo
Villa Fontana
Villa Serraglio
San Patrizio
Santa Maria in Fabriago
Ducato di Fabriago
Alfonsine
Maiano Monti
Medicina
Ganzanigo
Zeppa
Mondaniga
San Lorenzo
Rossetta
San Savino
Glórie
Fantuzza
Zeppa Nuova
Ca' di Lugo
Fusignano
Masiera
Mezzano
Gaiana
Muzzaniga
Crocetta
Villanova
San Martino
la Palazza
Sesto Imolese
Fornace Guerrino
Frages
Bizzuno
Prati
San Lorenzo
Poggio Piccolo
Massa Lombarda
Sant'Agata sul Santerno
Abbadesse
Cogollo
Poggio
Castel Guelfo di Bologna
Cantalupo Sélice
Viola
Borghetto di Traversara
CASTEL S. PIETRO TERME
SILLARO
Pianta
Sasso Morelli
Malcantone
San Potito
S. Pietro in Sylvis
Bagnacavallo
T. Sillaro
Giardino
Fluno
Villa San Martino
LUGO
Borgo di Stecchi
Traversara
SANT'EUFEMIA
Castel San Pietro Terme
Granare
Tréntola
E 45
Pera
Bubano
Zagonara
Cotignola
LUGO-COTIGNOLA
Cortina
Terme
Emilia
Cásola Canina
Mordano
Molinello Piani
A 14 dir.
Russi
Toscanella
IMOLA
Bagnara di Romagna
Barbiano
Sénio
Boncellino
Madonna del Piratello
Tombe
Vidiuno
Ponte Santo
Maglio
San Prospero
Castelnuovo
Solarolo
San Severo
Granarolo
Pezzolo
Piratello
Dozza
San Martino in Pedriolo
Monte Catone
IMOLA
Zello
Gaiano
Felisio
Cassanigo
Pieve di Cesato
Prada
R. N. BOSCO DELLA FRATTONA
AUTODROMO INT. ENZO E DINO FERRARI
Borello
SANTERNO
Sant'Andrea
Filetto
Pieve di Sant'Andrea
Ponticelli
Linaro
Casanola
FAENZA
Mezzeno
Albereto
Parr. di Mezzocolle
Goggianello
Castel Bolognese
San Pietro in Laguna
Ronco
Reda
Ronco
Bergullo
Biancanigo
San Rocco
Cángia
Casalfiumanese
Fabbrica
Serra
Pediano
Mazzolano
Campiano
Ossano
Formellino
Birándola
Villafranca di Forlì
Riviera
Toranello
Celle
Santa Barnaba
Codrignano
Riolo Terme
Tebano
FAENZA
San Giorgio
Basiago
La Borra
Borgo Tossignano
Gallisterna
Cuffiano
Pérgola
Tossignano
Limisano
Pidéura
San Martino Villafranca
Fontanélice
Costa
Isola
Villa San Giorgio in Vezzano
Erranò
Pettinara
Coriolo
San Tomé
Roncadello
Mte. del Casino
Borgo Rivola
San Biágio
Cósina
Sta. Margherita
Mte. Mauro
Montécchio
Quartolo
Villanova
San Giorgio
Orsara
Prugno
Valsénio
T. Sintria
Sarna
Santa Lucia delle Spianate
Ospedaletto
Zattáglia
Mte. di Rontana
Brisighella
San Ruffillo
Rivalta
Oriolo
Emilia
Villagrappa
Cásola Valsénio
Giardino Officinale
Pozzo
San Michele in Quartoneto
Scavignano
Marzeno
San Mamante
FORLÌ
San Ruffillo
Mte. della Vecchia
Pieve del Tho
S. Giorgio di Ceparano
Moronico
Petrignone
San Varano
Baffadi
Foggiale
Cavina San Pietro
Fognano
Torre di Ceparano
Rignano
Rovere
Ciola
Vecchiazzano
Torre di Calamello
Castellina
Casale
Cottignola
Tossino
Urbiano
Conversello
Castrocaro Terme e Terra del Sole
Ladino
Terra del Sole
AER. INT. FORLÌ
San Martino in Strada
Mercatale
Mte. Cece
la Strada
Fregnanello
Pietramora
Baccagnano
Sant'Eufemia
Casale
Massa
Grisignano
la Chiusa
Marzeno
© GEOnext - Istituto Geografico De Agostini S.p.A. - NOVARA

78
101
Comacchio
Porto Garibaldi
Lido degli Estensi
Lido di Spina
RISERVA NATURALE SACCA DI BELLOCCHIO III
RISERVA NATURALE SACCA DI BELLOCCHIO II
Foce del Reno
Bellocchio
RISERVA NATURALE DI POPOLAMENTO ANIMALE DESTRA FOCE FIUME RENO
Podere Patrignani
RISERVA NATURALE FOCE FIUME RENO
PARCO
Saline
Valle Campo
VALLI
DEL DELTA DEL PO
DI
COMACCHIO
Valle di Lido Magnavacca
Fossa di Porto
Smarlacca
Cippo di Anita Garibaldi
Villaggio Mare Pineta
Casal Borsetti
Mandriole
Sant'Alberto
Canale di Bonifica a destra del Reno
Cruser
OASI DI PROTEZIONE DI PUNTE ALBERETE
Strada Romea
S. VITALE
Marina Romea
PINETA SAN VITALE
PIALLASSA DELLA BAIONA
RISERVA NATURALE DUNA COSTIERA DI PORTO CORSINI
Porto Corsini
Marina di Ravenna
Savarna
Grattacoppa
F. Lamone
Torri
S.Romualdo
Cantoniera
PINETA
Montagnola
Capanno Garibaldi
Rivaverde
Borgo delle Anime
Camerlona
la Canala
Candiano
Play Park 3000
Punta Marina
Catania 36h
MAR
ADRIATICO
Via Tagliata
Borgo Fusara
Porto
RAVENNA
Acqua Flash
Lido Adriano
Acquaparco Auai Auai
San Michele
Via Cupa
la Chiusa
Ponte Nuovo
Porto Fuori
Fiumi Uniti
Lido di Dante
Classe
S. Apollinare
Villanova
Madonna dell'Albero
PARCO
San Marco
AEROP. NAZ. DI RAVENNA
Bocca Bevano
PINETA DI CLASSE
Longana
Molinaccio
Roncalceci
San Bartolomeo
Fosso Ghiaia
F. Montone
Ghibullo
Fosso Ghiaia
Mirabilandia
DEL DELTA
Bevano
Gambellara
Lido di Classe
Foce del Savio
Montanari
Santo Stefano
Osteria
DEL PO
Ronco
San Pietro in Vincoli
Carràie
Sàvio
Lido di Sàvio
F. Savio
Coccolia
Campiano
PINETA
Durazzanino
San Pietro in Campiano
Borghetto 1°
Milano Marittima
Borgo Sisa
Borghetto 2°
Mad. del Pino
Castiglione di Ravenna
Castiglione di Cérvia
Cérvia
Massa
Pasna
San Zaccaria
Saline di Cervia
Pievequinta
Casemurate
Pinarella
Rotta
Crociarone
Cannuzzo
Pisignano
Villa Inferno
Acqua Park
Tagliata
Bagnolo Scuole
Carpinello
Caserma
Matellica
Bagnile
RISERVA NATUR. SALINA DI CERVIA
Zadina
San Pietro in Guardiano
Borgo Pipa
Sant' Andrea
San Leonardo in Schiova
BEVANO
San Martino in Fiume
La Selva
Sant'Andrea
Sant'Andrea in Bagnolo
Porto Canale
Santa Maria Nuova
CESENA NORD
San Giorgio
Ronta
Montaletto
Cesenático
Borgo Pieve Sestina
Borgo di Ronta
Borella
Valverde
rlimpopoli
Calabrina
Villalta
Cella
Villamarina
Provezza
Capocolle
Martorano
Gatteo a Mare
RAVENNA
E
F
G
1
2
3
12° 10'
12° 20'
12° 30'
44° 30'
44° 20'

80
A
B
C
Mte. Aiera
Mte. Bussáia
Valle Grande
Limone Piemonte
Mte. Vecchio
Pta. Miravda
Parco Naturale
Grande Traversata delle Alpi
Cima Seirasso
Mte. Mondolé
Alta Valle Pésio
Mte. Ciotto Mien
Bec Matlas
Testa Ciaudon
Traforo del Colle di Tenda
Colle di Tenda
Cima d. Becco
Mte. Carbonè
Bosco e Laghi di Palanfrè
Rca. d. Abisso
Pta. Marguaréis
Mte. Mongióie
Viozene
Upega
Cima Pian Cavallo
Isola
Cima del Gelas
Mte. Clapier
Valmasque
Mt. Pelago
Vièvre (Vievola)
Mt. Court
Mt. Chajol
Mte. Bertrand
Briga Alta
Colla Rossa
Madone de Fenestre
Mt. Neiller
Mt. du Grand Capelet
Vallon des Merveilles
Mt. Bégo
Tende (Tenda)
Morignole
Saint Dalmas de-Tende
Vallon de la Minière
Cime de la Nauque
la Brigue
Mte. Saccarello
Mte. Fronte
Mendática
Montegrossо Pian Latte
Cime de la Valette
Berthemont-les-Bains
Cime du Diable
Pte. de la Corne de Bouc
F
Granile
Cime de Durasque
Cime de Marte
Mte. Pellegrino
Realdo
Verdeggia
Col de Raus
Pte. des Trois Communes
Cime de Coss
Mte. Gerbante
Belvédère
l'Aution
Fontan
Mte. Grai
Pte. de Lugo
Triora
Molini di Triora
la Bollène-Vésubie
Camp-de-Cabanes-Vieilles
Saorge
Mte. Pietravecchia
Mte. Toraggio
L. di Tenarda
Lantosque
Col de Turini
Sainte Anne
Carmo Albarozza
Mt. Ventabren
Alta Via dei Monti Liguri
Mte. Léga
Passo Muratone
Cime de Peira Cava
Moulinet
l'Arbouin
la Giandola
Breil-sur-Roya
l'Arpette
Pigna
Madonna del Carmine
Mte. Mera
Mte. Ceppo
Pierre Plate
Peïra Cava
Col de Brouis
Mte. Alto
Castel Vittorio
Mte. Morgi
R. Bonda
T. Oxentina
Gorges du Piaon
Piene-Basse
Libre
Mte. Colombin
Rocchetta Nervina
Baiardo
Passo Ghimbegna
Mte. Merlo
Col de l'Ablé
Col du Pérus
Mt. Grazian
Mte. Abellio
Mte. Semoigo
Apricale
Madonna della Villa
Ceriana
Sospel
Fanghetto San Michele
Airole
Olivetta San Michele
Isolabona
Perinaldo
Mte. Bignone
Col de Braus
Col Saint Jean
Mt. Razet
Passo di Cuore
Mte. Grammondo
Mte. Pozzo
Passo del Cane
Santuario d. Visitazione
Dolceácqua
San Romolo
Mte. Colma
Verezzo
Mt. Castello
Touët-de-l'Escarène
Mt. Meras
Col de Castillon
l'Escaréne
Vieux Castillon
Castillon
Mte. Baraccone
Torri
Suseneo
Borello
San Donato
San Pietro
Col de Nice
Col des Banquettes
San Pancrazio
Calvo
Ciaixe
Bevera
San Biagio della Cima
Soldano
Seborga
San Bartolomeo
Poggio
Peille
Col de Corbio
Sainte-Agnès
Castellar
Villatella
Sant'Antonio
Seglia
Camporosso
Autoporto Riviera dei Fiori
Vallebona
San Remo Ovest
San Remo
la Verneá
Blausasc
Carletti
Sealza
Mortola Superiore
San Lorenzo
Latte
Ventimiglia
Vallecrósia
Bordighera
Sasso di Bordighera
Coldirodi
Ospedaletti
Capo Nero
Mt. Macaron
la Grave de Peille
Gorbio
Menton
l'Annonciade
Grimaldi
Mortola Inferiore
Villa Hanbury
Giardini Botanici Hanbury
Ponte San Ludovico
Balzi Rossi
Capo Sant'Ampélio
Peillon
Mt. Agel
Roquebrune
Roquebrune-Monaco
la Turbie
Drap
Laghet
Beausoleil
Roquebrune-Cap-Martin
Cap Martin
Monte-Carlo
Principauté de Monaco
la Condamine
Monaco
Èze
Cap-d'Ail
Golfe de
Beaulieu-sur-Mer
Villefranche-
E 74
E 72
E 80
A10

RIVIERA DI PONENTE
MAR LIGURE
IMPERIA
Porto Maurizio
Oneglia
Albenga
Alássio
Loano
Pietra Ligure
Borghetto Santo Spirito
Ceriale
Laiguéglia
Andora
Marina di Andora
Capo Mele
Cervo
Capo Cervo
San Bartolomeo al Mare
Diano Marina
Capo Berta
Diano Castello
San Lorenzo al Mare
Santo Stéfano al Mare
Riva Ligure
Arma di Taggia
Tággia
Bussana
Castellaro
Pompeiana
Terzorio
Cipressa
Costarainera
Torre di Prarola
Civezza
Dolcedo
Pontedássio
Chiusavécchia
Borgomaro
Pieve di Teco
Ormèa
Garessio
Toirano
Boissano
Balestrino
Bardineto
Calizzano
Tovo San Giacomo
Giustenice
Borgio Verezzi
Villanova d'Albenga
Cisano sul Neva
Zuccarello
Castelvécchio di Rocca Barbena
Castelbianco
Nasino
Castell'Ermo
Ortovero
Garlenda
Testico
Stellanello
Casanova Lerrone
Vessálico
Borghetto d'Arróscia
Ranzo
Aquila di Arróscia
Cosio di Arróscia
Pornássio
Colle di Nava
Rezzo
Montalto Ligure
Badalucco
Mte. Faudo
Pzo. d'Evigno
Pzo. Aguzzo
Mte. Acuto
Mte. Bignone
Mte. Galero
Mte. Dubasso
Mte. Armetta
Mte. Antoroto
Mte. Carmo
Mte. Ravinet
Mte. Alpe
Mte. Spinarda
Bric. Gettina
Bric. Bado
Bric. Agnellino
Bric. Tencione
Cima Robert
Mte. Baussetti
Capraúna
Alto
Caprauna
Vignolo
Villafranca
Lusignano
Vegliasco
Solva
Santa Croce
Capo Santa Croce
I. GALLINARA
RISERVA NATURALE DELL'ISOLA GALLINARA
RISERVA NATURALE DI RIO TORSERO
ALTA VIA DEI MONTI LIGURI
Villaggio Santa Corona
Convento di Monte Carmelo
Santuario della Madonna della Rovere
IMPERIA EST
IMPERIA OVEST
S. BARTOLOMEO AL MARE
VALLE CHIAPPA
RINOVO
ANDORA
ALBENGA
CERIALE
PIETRA L.
CASTELLARO
CONIOLI
A10
E 80
81
82
D
E
F
2
3
4
8°00'
8°10'
44°00'
43°50'

Casarza
Castello
538
Sesta
Zignago
ALTA VIA DEI MONTI LIGURI
Mte. la Nuda
SAN BENEDETTO
Pieve di Zignago
Parana
Pieve di Castévoli
Canossa
Velva
Carro
PARCO NAT. MONTEMARCELLO-MAGRA
Bergassana
Súvero
Mte. Cornoviglio
1162
Lusuolo
Villécchia
Tresana
Pavareto
Zióna
Mattarana
Superiore
Mte. Groppi
Serò
Rocchetta di Vara
Piazza
482
Villagrossa
Castello
Bracco
P.so d. Bracco
La Baracca
Carrodano Inferiore
566 dir.
85
Brugnato
Veppo
Cálice al Cornoviglio
Santa Maria
Groppo
Mezzema
Leméglio
DEIVA M.
CARRODANO-LEVANTO
Pogliasca
BRUGNATO-BORGHETTO DI VARA
BRUGNATO
Beverone
Garbugliaga
Mte. Alpicella
Giovagalio
Corneda
Barbarasco
Monéglia
Castagnola
Framura
289
9.6
45.7
l'Ago
Ferdana
Novegina
Madrignano
Usurana
Novegigola
Déiva Marina
Mte. Guaitarola
Mte. Pistone
722
Chiesa
Borghetto di Vara
Cavanella di Vara
Castiglione Vara
Podenzana
Setta
Anzo
Staz. di Framura
Lavaggiorosso
Cassana
Stagnedo
Montedivalli
Montebello di Mezzo
DEI PROMONTORI
E DELLE ISOLE DI LEVANTE
Montaretto
636
Mte. Marveia
la Villa
Casale
Bracelli
Beverino
Bolano
Vignana
Montale
Padivarma
Mad. d. Trezzo
S. Cipriano
Piana Battolla
Tivegna
Mte. Pizzolo
702
Legnaro
Pignone
189
236
23.8
Folló
Follo Alto
Ceparana
Punta della Madonna
Bonassola
Lévanto
Corvara
Pian di Barca
Polverara
Sórbolo
Piano di Follo
Santo Stefano di Magra
Cla. di Gritta
930
464
Mte. Malpertuso
812
Ricco del Golfo di Spezia
Bastremoli
LA SPEZIA-S.STEFANO M.
MAGRA
Mte. Vè
487
Fegina
Mad. di Soviore
CINQUE TERRE
Valdipino
Gravéglia
Buonviaggio
Valeriano
Bottagna
311
Casella
San Benedetto
Felettino
Vezzano Ligure
Carozzo
Pta. Mesco
Monterosso al Mare
Vernazza
786
Mte. Capri
Marinasco
LA SPEZIA
Sàrbia
Arcola
PARCO
NAZIONALE
DELLE
CINQUE TERRE
Volastra
Corniglia
Manarola
Riomaggiore
Mad. di Montenero
Pso. d. Foce
Sant'Anna
Biassa
Baccano
Trebiano
MELARA
Pitelli
Marola
Cadimare
Fezzano
Muggiano
Mte. Sta. Croce
543
Fossola
Schiara
Campiglia
Le Grázie
Romito
Pugliola
Mte. Branzi
San Terenzo
Lérici
Serra
Golfo di La Spezia
Pta. Maralunga
PARCO NATURALE
Fiascherino
Tellaro
MONTE-MARCELLO
le Figarole
Portovénere
Grotta Azzurra
PARCO NATURALE REGIONALE DI PORTO VENERE
I. PALMARIA
I. DEL TINO
I. DEL TINETTO
Bastia 6h
Olbia 11h 30'
Tunis 19h
MAR LIGURE
44° 10'
44° 00'
43° 50'
9° 40'
9° 50'
A
B
C
1
2
3
4

Castiglione
Villafranca in Lunigiana
Gabbiana
Busseto
Varano
Crespiano
Comano
Sassalbo
TOSCO
Cavalbianco
Mte. Cusna
Licciana Nardi
T. Taverone
Torre Nòcciola
Bottignana
Giogo di Vendaso
Mte. la Nuda
Cima Belfiore
Passo di Pradarena
GRANDE ESCURSIONE APPENNINICA
il Monte
Mte. Sillano
Merizzo
Cisigliana
Cotto
Arlia
Ceratelli
Vendaso
Mte. Tondo
Capanne di Sillano
Mte. Prato
Amola
Monti
Agnino
Pognana
Sommio
Fornoli
Vaccareccia
Magliano
Fivizzano
Verrucola
Mte. Peci
Dalli
Sopra
Villa
Camporanda
Mte. Vecchio
Quercia
Pratomedici
Certardola
Ponteccio
Sotto
Sillano
RIS. NAT. ORECCHIELLA
Mte. Bocca di Scala
Terrarossa
Sannaco
Olivola
Montecurto
Vedriano
Regnano
Magliano
Borsigliana
RISERVA NATURALE LAMAROSSA
Malacosta
Spicciano
Moncigoli
Réusa
Giuncugnano
Mte. Frignone
Campaiana
Casone di Profecchia
Aulla
Collecchia
Soliera
Terenzano
Gassano
Montefiore
Vigneta
Metra
Varliano
Pania di Corfino
Mte. Alto
Rometta
Luscignano
Foce Carpinelli
Sant'Anastasio
Fiume Sérchio
Livignano
Pallerone
T. Aulella
Casola in Lunigiana
Antognano
Sermezzana
Caprignana
RIS. NAT. PANIA DI CORFINO
Foce di Terrarossa
Canova
Ceserano
Gragnola
Codiponte
Pieve San Lorenzo
Gragnana
Orzaglia
Corfino
Castiglione
Bibola
Colla
Fazzano
Nicciano
Piazza al Sérchio
San Donnino
Sassorosso
Monte Grosso
Vecchietto
Gorasco
Bardine di S. T.
Vezzanello
Mezzana
Castagnola
Massa
Minucciano
Casciana
San Romano in Garfagnana
Magnano
Cerageto
Mte. Verrucole
Ponzanello
San Terenzo
Monte de' Bianchi
Cascianella
Mte. Carbolo
Cecina
Equi Terme
Gramolazzo
Verrucolette
Casatico
Sillicagnana
Villa Collemandina
Chiozza
Marciaso
Monzone
Mte. Umbriana
Camporgiano
Castiglione di Garfagnana
Carignano
Foce il Cucco
Tenerano
Pzo. d'Uccello
Gorfigliano
Roccalberti
Campori
Pùlica
Roggio
Pian di Cerreto
Vinca
Mte. Pisanino
Puglianella
Filicaia
Pieve Fosciana
Fosdinovo
la Foce
Foce d. Giovo
Rifugio Donegani
Careggine
Sillicano
Fosciandora
Sarzana
la Pizza
Campo Cecina
Rif. Pisa
Pso. d. Focolaccia
Vagli Sopra
Colle
Castelnuovo di Garfagnana
Lupinaia
Caniparola
Malaspina
Castelpoggio
Rifugio Carrara
Mte. Sagro
Mte. Volsci
Palleroso
Riana
Castelnuovo Magra
Forte Monte Bastione
Gragnana
Mte. Tambura
Vagli Sotto
L. di Vagli
Fiattone
Casano
Piastra
Mte. Maggiore
Torrite
Castelvecchio Pascoli
Sarzana
Lama
Ortonovo
Torano
Resceto
Alto di Sella
Vianova
Rontano
Monte Rotondo
Albiano
Molicciara
Nicola
Sorgnano
CARRARA
Colonnata
PARCO
NATURALE
Coste Capricchia
Fontia
Forno
Guadine
Mte. Sumbra
Porreta
Colli
Cascio
Isola
Fossola
Bedizzano
Gronda
Pso. d. Vestito
Arni
Torrite Secca
Sassi
Barga
LUNI
Dogana
Codena
Casette
Alpe Sant'Antonio
Molazzana
Gallicano
Avenza
Bergiola Foscalina
Mte. Brugiana
Canevara
Redicesi
Rifugio Città di Massa
Isolasanta
Fornaci di Barga
San Luca
Bergiola Maggiore
Campagrina
Campaccio
Calomini
CARRARA
Nazzano
Mirteto
Antona
Altagnana
Mte. Altissimo
Culàccio
GALLERIA DEL CIPOLLAIO
DELLE
Rif. E. Rossi
Vergémoli
Verni
Marinella di Sarzana
Fiumaretta
Castagnola
Mte. Belvedere
Trassilico
Bologna
Marina di Carrara
MASSA
MASSA
San Carlo Terme
Rif. Alb. Pasquilio
Casa d. Giardino
Pània d. Croce
Fornovolasco
Montignoso
Mte. Folgorito
Azzano
Levigliani
Grotta d. Vento
San Pellegrinetto
Cardoso
Vallico Sopra
Vallico Sotto
Marina di Massa
S. Vito
Fabbiano
Terrinca
Retignano
Pruno
ALPI
APUANE
Campolémisi
Strettóia
Seravezza
Volegno
Cardoso
Stazzema
Foce di Porchette
Fàbbriche di Vallico
Colognora
Marina dei Ronchi
Porta
Ripa
Ruósina
Pontestazzemese
Pomezzana
Paseoso
Mte. Lieto
Mte. Matanna
San Rocco
Mte. Cacciarli
Pedogna
Cinquale (Marina di Montignoso)
Corvàia
Vallécchia
Querceta
Cápriglia
Mte. Gabberi
Mte. Piglione
Pescaglia
Vittoria Apuana
VERSILIA
Pozzi
Capezzano
Farnocchia
Villabuona
Piazzanello
Piegáio
Forte dei Marmi
la Capannina
VERSILIA
PIETRASANTA
Valdicastello Carducci
Vado
Cásoli
Lómbrici
Mte. Prano
Convalle
Partigliano
Fiumetto
Montéggiori
Le Pianore
CAMAIORE
Mte. Pedone
Fiano
Valdottavo
Marina di Pietrasanta
Capezzano Pianore
Pedona
Pieve
Torcigliano
Loppéglia
Domazzano
Tónfano
Motrone di Versilia
VERSILIA
Mommio
Castello
Nocchi
Fibbiano
Gombitelli
Villa Colli
San Martino in Freddana
le Focette
Piano
Pontemazzori
Orbicciano
Lido di Camaiore
Bargécchia
Valpromaro
Cappella
Fossa dell'Abate
Stiava
Gualdo
Piazzano
Castagnori
VIAREGGIO-CAMAIORE
MASSAROSA
San Mácario in Monte
Santo Stefano
Pieve a Élici
Mutigliano
VIAREGGIO
Massarosa
Chiatri
la Certosa
San Macario in Piano
Bozzano
Maggiano
Nave
MACCHIA
Quiesa
Arliano
PONTE QUIESA
LUCCHESE
la Piaggetta
Massaciúccoli
Nozzano
LUCCA-S. DONATO
Torre del Lago Puccini
Villa Puccini
Lago di Massaciúccoli
Balbano
Meati
Castiglioncello
Marina di Torre del Lago
Cerasomma
Pozzuolo
Filettole
Ripafratta
MACCHIA
MIGLIARINO
Colognole
Casa Quattro Venti
DI
Vecchiano
Avane
Molina di Quosa
S. Lorenzo a Vaccoli
MIGLIARINO
Nodica
Rigoli
Santa Maria del Giudice
PISA NORD
Pontasserchio
Migliarino
Metato
Sant'Andrea in Pescaiola
San Martino a Ulmiano
SAN GIULIANO TERME
PARCO NATURALE

97
87
96
103
GRANDE ESCURSIONE APPENNINICA
EMILIANO
Cerreto Laghi
Ospitaletto
Rifugio Zamboni
Riparotonda
Fèbbio
Novellano
Morsiano
Frassinoro
Sassatella
Pietraguisa
Lama Mocogno
Vàglio
Mte. Cusna
2121
Mte. Acuto
1338
Piane di Mocogno
Boccassuolo
Spervara
Mte. Cantiere
1618
Barigazzo
Acquaria
Mte. Sillano
Psq. di Romecchio
Mte. Prato
2054
Mte. Ravino
1882
Cervarolo
Gazzano
Cargèdolo
Riccovolto
Fontanaluccia
Civago
Serpiano
Montecreto
Magrignana
Capanne di Sillano
Mte. Vecchio
1982
Pso. d. Forbici
Alpesigola
1642
Mte. Bocca di Scala
RIS. NAT. ORECCHIELLA
RISERVA NATURALE LAMAROSSA
Piandelagotti
1209
Sasso Tignoso
1492
Sant'Andrea Pélago
Riolunato
Roncoscaglia
Mte. Cervarola
1623
L. d. Ninfa
Sillano
Magliano
Giuncugnano
Varliano
Sant'Anastàsio
Foce Carpinelli
Borsigliano
Mte. Frignone
1331
Campaiana
Pania di Corfino
RIS. NAT. PANIA DI CORFINO
Casone di Profecchia
Mte. Alto
Alpe S. Pellegrino
Sant'Anna Pélago
Roccapèlago
Pievepélago
Cadagnolo
Osservatorio Meteorologico
Mte. Cimone
2165
Piazza al Sèrchio
Nicciano
Castagnola
Gragnana
Orzaglia
San Donnino
Corfino
Sassorosso
Foce di Terrarossa
San Pellegrino in Alpe
PARCO DELL'ALTO APPENNINO
Fiumalbo
Dogana Nuova
PARCO
Mte. Lagoni
1962
Casulie
1072
DELL'ALTO APPENNINO
Casciana
Cascianella
San Romano in Garfagnana
Magnano
Cerageto
Verrucchiella
Mte. Albano
Mte. Romecchio
le Tagliole
Mte. Nuda
1775
MODENESE
Faidello
Libro Aperto
1937
Passo d. Abetone
1388
RISERVA NATURALE ABETONE
Bicchiere
Abetone
Mte. Umbriana
1230
Roggio
Roccalberti
Camporgiano
Sillicagnana
Villa Collemandina
Castiglione di Garfagnana
Chiozza
Campori
Cima dell'Omo
1859
Rif. Marchetti
1500
Foce a Giovo
1674
Mte. Giovo
1991
Mte. Gomito
RIS. NAT. CAMPOLINO
le Regine
Orto Botanico Forestale d. Abetone
Pian di Novello
Piano degli Ontani
Puglianella
Careggine
Vagli Sopra
651
Vagli Sotto
Filicaia
Pian di Cerreto
Pieve Fosciana
Fosciàndora
l'Uccelliera
1270
Mte. Rondinaio
1964
Alpe Tre Potenze
1940
Rif. Casentini
1180
RIS. NAT. PIANO DEGLI ONTANI
Capanne di Sivigliolì
Casotti
Mte. Caligi
1457
Alto di Sella
1723
NATURALE
Mte. Sumbra
1765
Mte. Volsci
1267
Castelnuovo di Garfagnana
Pallerozo
Riana
Lupinàia
Fiattone
Sommocolònia
Castelvecchio Pascoli
Albiano
Renaio
Piazzana
Pracchi
Scarpello
Torrite
Rontano
Coste Capricchia
Monte Rotondo
Sassi
Cascio
Ponte di Catagnana
Botri
Mte. Mosca
1480
RISERVA NATURALE ORRIDO DI BOTRI
Vianova
Porreta
Colli
Molazzana
Gallicano
Barga
Tiglio Basso
Corèglia Antelminelli
Isolasanta
Campagrina
Alpe Sant'Antonio
Calòmini
Fornaci di Barga
Lòppia
Gromignana
Montefegatesi
Vico Pancellorum
la Lima
Mammiano
DELLE
Rif. E. Rossi
Pània d. Croce
1859
Vergémoli
Verni
Trassilico
Filecchio
Lucignana
Teréglio
Monti di Villa
Limano
Cappelle
Cocciglia
Popiglio
GALLERIA DEL CIPOLLIO
Culàccio
Campaccio
Grotta d. Vento
Fornovolasco
Bolognana
Piano di Corèglia
Ghivizzano
Calavorno
Gemignano
San Cassiano
Lùcchio
670
Càsoli
Penna di Lùcchio
1176
Pitéglio
Levigliani
Mte. Palodina
1171
Cardoso
Sopra
Vallico
Sotto
Granaiola
Pieve di Controne
Fàbbriche
Casabasciana
Terrinca
Retignano
Prunо
ALPI
APUANE
San Pellegrinetto
Campolémisi
Turrite Cava
San Romano
Gioviano
Fornoli
Bagni di Lucca
Crasciana
la Bastia
1107
Ruósina
Volegno
Cardoso
Stazzema
Pontestazzemese
Foce di Porchette
Fàbbriche di Vallico
Motrone
Piano della Rocca
Chifenti
Benàbbio
Pontito
Stiappa
Mte. Lieto
1016
Pomezzana
Mte. Matanna
1317
Paseoso
Cune
Lugliano
Mte. Battifolle
1109
Lanciole
Castelvècchio
Farnocchia
Capriglia
Capezzano
Mte. Gabberi
1108
San Rocco
Mte. Piglione
1232
Mte. Cacciarli
981
Colognora
Pedogna
Borgo a Mozzano
Ponte a Maddalena
Corsagna
Foce di Trebbio
Boveglio
San Quirico
Sorana
Valdicastello Carducci
Càsoli
Villabuona
Pescaglia
Piazzanello
Piegàio
Diecimo
Anchiano
Crocione
1022
Colognora
Aramo
Fibbialla
Vellano
Serra Pistoiese
Vado
Lombrici
Mte. Prano
1220
Convalle
Partigliano
Piazza di Brancoli
Pieve di Brancoli
LE PIZZORNE
Mte. Barbona
1003
Pariana
CAMAIORE
Monteggiori
Le Pianore
Pieve
Mte. Pedone
1011
Torcigliano
Fiano
Loppéglia
Valdottavo
Piaggione
Mte. Pietra Pertusa
969
Villa Basilica
330
Pontoro
Pietrabuona
Pedona
Nocchi
Fibbiano
Villa Colli
Torcigliano
Domazzano
Déccio di Brancoli
Vinchiana
Ròmitorio
872
Gombitelli
Gugliano
Aquilea
S.Gemignano di Moriano
Colle
Valgiano
Castello
Pontemazzori
Bargecchia
San Martino in Freddana
Torre
Ponte a Moriano
Matraia
San Pietro Marcigliano
Villa Garzoni
Collodi
Pescia
Uzzano
Massa e Cozzile
Stiava
Valpromaro
Orbicciano
Cappella
S. Michele di Moriano
San Colombano
Petrognano
Villa Mansi
Pinocchio
San Gennaro
Segromigno in Monte
Buggiano
Montecatini Terme
VIAREGGIO-CAMAIORE
MASSAROSA
Pieve a Èlici
Gualdo
Piazzano
Castagnori
Santo Stèfano
San Màcario in Monte
Arsina
Màrlia
Piaggori
Villa Torrigiani
Gragnano
Castellare
Lappato
San Martino in Colle
Alberghi
Borgo a Buggiano
Molino Nuovo
Massarosa
Chiatri
Mutigliano
San Quirico di Moriano
San Pietro a Vico
Santissima Annunziata
Làmmari
Borgonuovo
la Certosa
San Màcario in Piano
Bozzano
Maggiano
MACCHIA
Quiesa
la Piaggetta
LUCCHESE
Torre del Lago Puccini
Villa Puccini
Lago di Massaciùccoli
Massaciùccoli
Arliano
Nozzano
PONTE QUIESA
LUCCA-S. DONATO
LUCCA
Nave
San Filippo
Lunata
Antraccoli
Zone
Montecarlo
Porcari
Turchetto
Marginone
CHIESINA UZZANESE
Chiesina Uzzanese
San Salvatore
Balbano
Meati
CAPANNORI
Pieve San Paolo
Castiglioncello
Filettole
Cerasomma
Pozzuolo
Pontetetto
Carraia
San Ginese
Altopascio
ALTOPASCIO
Fabbri
Spianate
Sibolla
MACCHIA DI MIGLIARINO
MIGLIARINO
Ripafratta
Colognole
Avane
Vecchiano
Nodica
PISA NORD
Casa Quattro Venti
Molina di Quosa
S. Lorenzo a Vaccoli
Rigoli
Santa Maria del Giudice
Badia Cantignano
Valle
Massa Macinaia
Sant'Andrea di Compito
San Leonardo
Pieve di Compito
Colle di Compito
Lecci
Collina
AREA ARCH.
EX LAGO DI BIENTINA
Orentano
Gelsa
Galleno
Colombai
Cima di Vorno
Vorno
Ferretti
© GEOnext - ISTITUTO GEOGRAFICO DE AGOSTINI S.p.A. - NOVARA

Vergato
Castel d'Aiano
Sassomolare
Montese
Gaggio Montano
Porretta Terme
Castel di Casio
Lizzano in Belvedere
Fanano
Mte. Emiliano
Mte. Belvedere
Mte. Mancinello
Corno alle Scale
PARCO D. CORNO ALLE SCALE
GRANDE ESCURSIONE APPENNINICA
Mte. Orsigna
San Marcello Pistoiese
Mte. Fagiola
Pracchia
Pontepetri
Sambuca Pistoiese
Lago di Suviana
Mte. Calvi
Castiglione dei Pépoli
Lago Brasimone
PARCO REGIONALE DEI LAGHI SUVIANA E BRASIMONE
Camugnano
Grizzana
Mte. Vigese
Mte. Stanco
San Benedetto Val di Sambro
Madonna dei Fornelli
Pian di Balestra
Piano del Voglio
PIAN DEL VOGLIO
RONCOBILACCIO
Roncobilaccio
Baragazza
Poggio Mezzara
Vernio
Mte. Casciaio
Poggio Cattarelle
Cantagallo
Mte. Bucciana
Mte. la Croce
Mte. Lattai
RISERVA NATURALE ACQUERINO
Mte. Pozzo del Bagno
Vaiano
Mte. Maggiore
GALLERIA DELL'APPENNINO m 18 510
MONTI DELLA CALVANA
Barberino di Mugello
BARBERINO DI MUGELLO
Lago di Bilancino
Calenzano
PRATO CALENZANO
PRATO
PRATO EST
PRATO OVEST
PISTOIA
Montale
Montemurlo
Agliana
Quarrata
MONTE ALBANO
Serravalle Pistoiese
SERRAVALLE PISTOIESE
Pieve a Nievole
Monsummano Terme
Larciano
Lamporecchio
Vinci
Carmignano
Poggio a Caiano
Signa
CAMPI BISENZIO
SESTO FIORENTINO
AEROPORTO INT. DI FIRENZE PERETOLA
FIRENZE NORD
FIRENZE OVEST
Mte. Morello
Vaglia
E 35
E 76
A1
A11
88
89
99
104
105

89
90
98
105
San Benedetto Val di Sambro
Loiano
Monghidoro
Madonna dei Boschi
Quinzano
San Benedetto Querceto
Sassoleone
Borgo Tossignano
Fontanelice
Castel del Rio
Casola Valsénio
Monte Fredente
Pian di Balestra
Castel dell'Alpi
Mte. Oggioli
Pso. d. Raticosa
Pietramala
Mte. Bastione
Mte. Beni
Covigliaio
Sasso di Castro
Firenzuola
Coniale
Mte. Coloreta
Scheggiánico
Mte. Faggiola
Bibbiana
Palazzuolo sul Sénio
Marradi
Pso. d. Futa
Monte Citerna
Mte. Gazzaro
Castro San Martino
Mte. Castel Guerrino
GRANDE ESCURSIONE APPENNINICA
Mte. Frena
Pgio. Roncáccio
Badia di Moscheta
Pso. Sambuca
Mte. Carnevalone
Mte. Pratone
Mte. la Faggeta
Giogo di Scarperia
Crespino del Lamone
Mte. Giuvigiana
GALLERIA DEGLI ALLOCCHI
Alpe di Vitigliano
Barberino di Mugello
Scarperia
AUTODROMO DEL MUGELLO
San Piero a Sieve
Lago di Bilancino
Borgo San Lorenzo
MUGELLO
ALPE DI SAN BENEDETTO
Mte. Giogo di Villore
Mte. Peschiena
Pso. del Muraglione
San Godenzo
Vicchio
Dicomano
Santo Stefano a Cornetole
Váglia
Mte. Morello
Mte. Calvana
Mte. Giovi
Mte. Campáccio
Mte. Massicaia
Londa
Mte. Vadiglione
Rúfina
Pontassieve
Fiesole
FIRENZE
SESTO FIORENTINO
AEROPORTO INT. DI FIRENZE PERETOLA
Pélago
Mte. Cucco
Pso. d. Consuma
Mte. Pomponi
Consuma

FAENZA
FORLÌ
CESENA
Forlimpopoli
Bertinoro
Brisighella
Modigliana
Dovádola
Predáppio
Predáppio Alta
Castrocaro Terme e Terra del Sole
Méldola
Rocca San Casciano
Tredózio
Civitella di Romagna
Galeata
Santa Sofia
Sársina
Mercato Saraceno
Bagno di Romagna
Verghereto
Pratovécchio
Camáldoli
Sant'Ágata Féltria
Mazzolano
Celle
Tebano
Cuffiano
Pérgola
Pideura
Errano
Villa S. Giorgio in Vezzano
Montécchio
Rontana
Michele Quarneto
Fognano
Cottignola
Fregnanello
Casale
Mte. Panigheto
Fiumane
Fregiolo
Budrialto
Abeto
Cignano
Mte. Marzanella
Mte. Sacco
Sta. Maria in Castello
Mte. Ploneta
Querciolano
Mte. Fuso
Pórtico di Romagna
Mte. d. Serra
Ontaneta
Fantella
San Zeno
Rio dei Campi
Sant'Eufemia
Premilcuore
Gemelli
Sant'Ágata in Montalto
Santa Maria
Spéscia
Camposonaldo
Mte. Guffone
Mte. Ritóio
Corniolo
Berleta
Cabelli
Ísola
Sette Galli
Mte. Altaccio
Pianetto
Mercatale
Sant'Ellero
Pso. Mte. Forche
Strada San Zeno
Mte. Girone
Colle di Cento Forche
Portico
Mte. Colombo
Santa Marina
Mte. Chioda
Mte. Pratello
Santo Stéfano in Bosco
Castello Ruggiero
Montemaggiore
San Ruffillo
Colmano
Marsignano
Cálboli
Limisano
S. Valentino
Trébbio
Miano
S. Savino
Bagnolo
Virano
Pieve Salutare
S. Antonio
S. Antonio in Gualdo
S. Zeno in Volpinara
San Cristoforo
Sadurano
Massa
Grisignano
Terra del Sole
Ladino
Converselle
Ciola
Rovere
Petrignone
San Mamante
Oriolo
Santa Lucia delle Spianate
Villagrappa
Villanova
San Biagio
Cósina
Corleto
Santa Barbara
Basiago
San Giorgio
Formellino
Birándola
Villafranca di Forlì
Scuole Barisano
La Borra
Póggio
Malmissole
San Martino Villafranca
San Tomè
Ospedaletto
San Giorgio
Coriano
Bagnolo Scuole
Carpinello
San Leonardo in Schiova
Sant'Andrea
La Selva
Ronco
Cárpena
Selbagnone
AER. INT. FORLÌ
San Martino in Strada
Vecchiazzano
San Varano
La Chiusa
Farazzano
Maratello
San Lorenzo in Noceto
Fiumana
Ravaldino in Monte
Vitignano
Rocca delle Caminate
RIS. NAT. BOSCO DI SCARDAVILLA
San Domenico
Polenta
Castello
Tessello
San Colombano
Teodorano
Mte. Cavallo
Miniera di Zolfo
Valdinoce
Montevescovo
Rico
Gualdo
Cà Sordi
San Savino
Tóntola
Bagno
Mte. Bruchelle
Cusercoli
Porcentico
Mte. Grosso
Néspoli
Badia di Voltre
Voltre
Torre S. Paolo
Giaggiolo
Pieve di Rivoschio
S. Matteo
Osteria di Piavola
Case Venzi
Borello
Luzzena
Gallo
Boratella
San Romano
Linaro
Monte Iottone
Ciola
Tàibo
Schiazzano
Campiano
San Damiano
Monte Sasso
Musella
Mte. Finocchio
Monte Castello
Tezzo
Montalto
Sorbano
Careste
Mte. Pietra
Ruscello
Turrito
Valbiano
Rullato
Cigno
Mte. d. Faggia
Mte. Sambucheto
Mte. Mercurio
Ránchio
Collina
Cívorio
Buggiana
Mte. Aiola
Spinello
Rovereti
Rággio
Mortano
San Giácomo
Monteguidi
Ospedaletto
Mte. Mescolino
Mte. di Facciano
Saiaccio
Vessa
San Silvestro
Colle del Carnaio
Montegranelli
Rondinaia
Biserna
Poggio alla Lastra
Mte. Marino
Ridrácoli
Strabatenza
L. di Ridrácoli
Casanova dell'Alpe
Rio Salso
Pagánico
Mte. Piano
San Piero in Bagno
Lago Acquapartita
Castello
Selvapiana
Lago di Quarto
Quarto
Donicilio
Pso. dell'Incisa
Pgio. le Corsicchie
Alfero
Riofreddo
Villa di Sant'Alessio
Mazzi
Massa
Montriolo
Rocchetta
Tivo
San Martino
Pagno
Maiano
San Donato
Ugrigno
Perticara
Sapigno
Ca' di Giampreti
Mte. Zuccola
Pereto
Mte. Pian di Rote
Caioletto
Castelpriore
Mte. di Monterotondo
la Rocchetta
le Capanne
Mte. Cóme
Larciano
il Monticino
Valico di Montecoronaro
Mte. Fumaiolo
Montecoronaro
le Vene d. Tevere
Balze
Senatello
Schigno
Santa Sofia
Casteldelci
(Fraz. di Badia Tedalda, Prov. di Arezzo)
Pso. d. Mandrioli
Pso. di Serra
Pso. Rotta
Serra
Badia Prataglia
Passo Fangacci
Pgio. allo Spillo
Moggiona
Casalino
Valagnesi
Lonnano
Gaviserri
RIS. NAT. CAMALDOLI
RIS. NAT. LA PIETRA
Giogo Secchetta
Pgio. Scali
RIS. NAT. INTEGRALE DI SASSO FRATINO
Poggio Fonte Murata
Pietrapazza
CAMPIGNA
RISERVA NATURALE BADIA PRATAGLIA
ALPE DI SERRA
Campigna
Passo la Calla
San Paolo in Alpe
MONTE FALTERONA
CASENTINESI
Mte. Castellúccio
Stellina
Dorgagnano
Fratta Terme
Mte. Maggio
Bracciano
Torre del Moro
Massa
Lizzano
Collinello
Paderno
Fratta
San Carlo
Formignano
Montevécchio
Mte. dell'Erla
Bora
Baccioline
Borgo Páglia
le Ville
Cella
Borgostecchi
Montepetra
Borgo Páglia
San Vittore
Roversano
Diegaro
Provezza
Capocolle
Terme di Panighina
Santa Maria Nuova
San Pietro in Guardiano
Borgo Pieve Sestina
Pievequinta
Rotta
Massa
Durazzanino
Borgo Sisa
Coccolla
Campiano
Matellica
Cannuzzo
CESENA NORD
BEVANO
FORLÌ
E45
91
101
106
107
60.6
74.8
64.3
27.5
26.1
23.4
43.5

Campiano
Borghetto 1°
Castiglione di Ravenna
Castiglione di Cérvia
Mad. del Pino
PINETA
Milano Marittima
Cérvia
Saline di Cervia
RISERVA NATUR. SALINA DI CERVIA
Pinarella
Tagliata
Zadina
Cannuzzo
Crociarone
Pisignano
Villa Inferno
Matellica
Bagnile
Borgo Pipa
Sant' Andrea
San Pietro in Guardiano
Leonardo Schiova
BEVANO
Sant'Andrea
San Martino in Fiume
Sant'Andrea in Bagnolo
Santa Maria Nuova
CESENA NORD
San Giorgio Ronta
Porto Canale
Aquarium
Cesenático
Montaletto
Borella
Valverde
Villamarina
Borgo Pieve Sestina
Borgo di Ronta
Calabrina
Villalta
Cella
Provezza
Capocolle
Martorano
Gattolino
Gatteo a Mare
San Mauro a Mare
T. Pisciatello
Diegaro
Terme di Panighina
Bagnarola
CESENA
Macerone
Sala
Celle
Bellária-
-Igea Marina
Bertinoro
Sant'Egidio
Via Chiaviche
Verzaglia
ex Parrocchia di Bellaria
Bracciano
Torre del Moro
CESENA
Ruffio
Ponte della Pietra
Massa
Lizzano
Ponte Abbadesse
Bulgarno
E55
Sant' Angelo
Bordonchio
RUBICONE
Fiumicino
Collinello
Borgo Paglia
Gambéttola
Gatteo
Bulgaria
Donegaglia
Torre Pedrera
La Turchia
Viserbella
Paderno
Celincordia
Castellabate
San Vittore
Savignano sul Rubicone
Fratta
Acquarola
Calisese
San Tomaso
Saiano
Massa
S. Mauro Pascoli
Viserba
Roversano
la Crocetta
Balignano
Rivabella
San Giuliano a Mare
Italia in Miniatura
RIMINI NORD-BELLARIA-SANTARCANGELO
San Carlo
Formignano
Montereale
Carpineta
Castelvecchio
San Vito di Rimini
RIMINI
Diolaguardia
Casale
Montiano
Montilgallo
Santarcángelo di Romagna
Miniera di Zolfo
Santa Lucia
Sorrivoli
Longiano
Santa Giustina
Gallo
Montenovo
Montalbano
Canonica
Luzzena
Borello
Montevecchio
Ardiano
Cento
Ghetto Randuzzi
Bellariva
Marebello
Monteaguzzo
Tribola
Ciola Corniale
Roncofreddo
Spadarolo
Rivazzurra
Mte. dell'Erla
Monteleone
Ciola Araldi
Santa Paola
Borghi
Camerano
San Martino dei Mulini
Vergiano
RIMINI SUD
Baccione
F. Uso
Torre la Tomba
il Fondo
San Fortunato
AEROP. INT. RIMINI-MIRAMARE
T. Borello
Montecodruzzo
Mte. Farneto
F. Rubicone
Poggio Berni
Corpolò
Sant'Ermete
Gualdo
Borgo Páglia
Tatella
San Martino in Converseto
F. Marecchia
San Martino Monte l'Abate
Cella
Santa Maria Riopetra
Sogliano al Rubicone
San Paolo
San Lorenzo in Correggiano
Le Ville
Strigara
Montécchio
San Giovanni in Galilea
Villa Verúcchio
San Salvatore
MONTEFELTRO
Taibo
Ciola
Borgostecchi
San Vicino
Torriana
Verúcchio
Ceriano
Dogana
Ospedaletto
RICCIONE
E45
Montegelli
Ponte dell'Uso
Ginestreto
Falciano
San Patrignano
Besanigo
Scaccian
San Damiano
Paderno
Pietra dell'Uso
Montebello
Bruciato
Cerasolo
Monte Tauro
Pedrolara
Monte Sasso
Mercato Saraceno
Alessio
Pietracuta
RSM
Serravalle
Mulazzano
Coriano
Cast. Monte Tauro
Monte Castello
Rontagnano
Montetiffi
Mte. Leta
SAN MARINO
Domagnano
Vecciano
Passano
Misano
Barbotto
la Torre
Uffogliano
Villanova
Vallecchio
San Savino
Sorbano
Montepetra
Mte. Fagnano
Castello di Montemaggio
Acquaviva
Parco Tem. dell'Aviazione
Valdragone
Alberto
Valliano
Croce
Tornano
Serra
Sécchiano
la Pieve
Montefotogno
San Marino
Mte. Titano
Faetano
Trarivi
Savignano di Rigo
Piega
Pietramáura
Poggio di Chiesanuova
Monte Giardino
Montescudo
Monte Colombo
Taverna
Giampreti
Mte. d. Perticara
Talamello
Sant'Igne
Fiorentino
Gesso
Santa Maria del Piano
Gemmano
Sapigno
Perticara
San Leo
Montemaggio (Fraz. di Verucchio Prov. di Rimini)
Sassofeltrio
RIS. NAT. DI ONFERNO
Serra-di Sopra
San Martino
Maiano
Novafeltria
Rocca di Maioletto
Castello
Valle S. Anastasio
Fratte
Montefiore Conca
Tivo
Ugrigno
Serra di Maiolo
Santa Lucia
Monte
Montelicciano
Mercatino Conca
San Donato
Sartiano
Mad. di Pugliano
Cá Micci
Castelnuovo
Saludecio
Sant'Agata Féltria
Torricella
Maiolo
Lombardi
Pugliano
Mte. S. Paolo
Onferno
Montegrimano
Piandicastello
Pagno
Rio Maggio
MONTEFELTRO
Monte Benedetto
Antico
T. Mazzocco
Savignano
T. Conca
Sta. Maria di Levola
Tavoleto
Mte. Zuccola
Libiano
Santa Maria
Monte Altavéllio
Tavolicci
Petrella Guidi
Soanne
Villagrande
Valle di Teva
Ripamassana
Pereto
Monte Cerignone
San Giovanni
Mte. Pian di Rote
Cernitosa
Montecopiolo
Monterotto
Valle Avellana
Montespi
Caioletto
Ponte Messa
Rocca Pratiffi
Scavolino
Mte. Faggiola
Casinina
Auditore
Mte. di Monterotondo
Pennabilli
PARCO REG.
Calvillano
Mte. Carpegna
Mercato Vecchio
Macerata Féltria
Castellina
Bronzo
Montecalvo in Fóglia
(Fraz. di Badia Tedalda Prov. di Arezzo)
Cicognaia
DEL SASSO
Casa Pretelle
Certalto
F. Fóglia
Ca' Mazzasette
Ca' Gallo
Casteldelci
Ca' Raffaello
Mte. Canale
Pietrarúbbia
Serra di Piastra
Mercatale
Sassocorvaro
Santa Barbara in Campitelli
Santa Sofia
SIMONE E
Pieve di Carpegna
L. di Mercatale
San Donato in Taviglione
Schigno
SIMONCELLO
Carpegna
Caprazzino-Strada
Montecalende
91
92
100
107
© GEOnext - ISTITUTO GEOGRAFICO DE AGOSTINI S.P.A. - NOVARA

D
E
F
12° 50′
13° 00′
1
2
3
4
44° 10′
44° 00′
43° 50′
MAR
ADRIATICO
Marina
RICCIONE
Delphinarium Riccione
Misano Adriatico
Porto Verde
Cattólica
Gabicce Mare
Gabicce Monte
AUTODROMO STA. MONICA
Le Navi
Montalbano
Castel di Mezzo
Fiorenzuola di Focara
PARCO
MONTE SAN BARTOLO
La Siligata
Gradara
San Giovanni in Marignano
Mercato
Granarola
Santa Marina
CATTOLICA-S.GIOVANNI-GABICCE
Roncáglia
Cattabrighe
PESARO
Santo Stefano
Santa Maria Pietrafitta
Tavullia
Monteluro
Santa Maria Fabbrécce
FOGLIA
PESARO-URBINO
Case Bruciate
Santa Maria del Monte
Pozzo Alto
Béttola
Muraglia
Marinella
Ansovino
Borgo Sta. Maria
Grotte
Villa Fastiggi
Santa Veneranda
Trebbiantico
Meleto
Madonna di Montegridolfo
Osteria Nuova
Montécchio
Montegridolfo
Novilara
Rondello
Roncosambaccio
FANO
Montelabbate
Candelara
Sant'Andrea
Apsella
Valle di Ginestreto
Arzilla
Santa Maria d'Arzilla
Fenile
la Colonna
Madonna del Ponte
Talácchio
Sant'Angelo in Lizzola
Ginestreto
Terme
Centinarola
Eremo di Mte. Giove
Cólbordolo
Ripe
Montecíccardo
Carignano
Rosciano
Metaurilia
Cap-pone
Cairo
Villagrande
Mte. d. Forche
Magliano
FANO
108
109
Coldazzo
Monte Santa Maria
Cuccurano
Bellocchi
OASI STAGNO URBANI
Torrette di Fano
Riceci
Montegáudio
Mombaróccio
Eremo delle Beate Sante
Carrara
Gallo
Passo
Ponte Murello
Sant'Angelo
Mte. San Bártolo
Ripalta
Lucrezia
Pilone
Camminate
Marotta
Petriano
Cartoceto
E 55
16

MAR TIRRENO
VIAREGGIO
Lido di Camaiore
le Focette
Fossa dell'Abate
Massarosa
MACCHIA LUCCHESE
Torre del Lago Puccini
Marina di Torre del Lago
Lago di Massaciúccoli
Villa Puccini
la Piaggetta
Quiesa
Massaciuccoli
Balbano
Castiglioncello
Filéttole
MACCHIA DI MIGLIARINO
Migliarino
Vecchiano
Nodica
Avane
Cológnole
Ripafratta
Cerasomma
Pozzuolo
Meati
Nozzano
Arliano
Maggiano
Chiatri
Bozzano
Pieve a Elici
Gualdo
Massarosa
Bargécchia
Pontemazzori
Valpromaro
Orbicciano
Piazzano
Castagnori
San Mácario in Monte
Santo Stéfano
Mutigliano
la Certosa
PARCO NATURALE
Torre Riccardi
Isola
Sterpaia
TENUTA MIGLIARINO-S. ROSSORE
Fiume Morto
Cascine Vecchie
Gombo
DI
MASSACIÚCCOLI
SAN ROSSORE
la Palazzina
Cascine Nuove
Fiume Arno
Bocca d'Arno
Marina di Pisa
SAN GIULIANO TERME
Metato
Sant'Andrea in Pescaiola
San Martino a Ulmiano
Madonna dell'Acqua
Gello
Asciano
Pontasserchio
Molina di Quosa
Rigoli
Santa Maria del Giudice
PISA
Barbaricina
Ghezzano
Mezzana
Ripoli
Campo
Musigliano
Riglione
Putignano
Ospedaletto
Oratoio
Vicarello
San Giusto
AEROP. INTERNAZ. PISA - S. GIUSTO
San Piero a Grado
TENUTA DI TOMBOLO
TENUTA DI COLTANO
Podere Gorizia
Podere Gradisca
Palazzi
Arnáccio
Lido
Tirrénia
Fantasilandia
Ciclilandia
Staz. di Tómbolo
Calambrone
Mortaiolo
Guasticce
Stagno
Villa Cheloni
Aiáccio
Núgola
Torre d. Marzocco
Torre della Meloria
LIVORNO
Poggio Corbolone
Mte. la Póggia
Salviano
Sanatorio
Valle Benedetta
Parrana San Martino
Pgio. Lecceta
Parrana San Giusto
Castel Anselmo
Ardenza
Antignano
Montenero
Mte. Nero
Poggio Caprone
Colognole
Marmigliaio
Gorgo
Nibbiáia
Gabbro
RISERVA NATURALE CALAFURIA
Torre d. Boccale
Calafúria
Villa del Romito
Quercianella
Castelnuovo di Misericórdia
Mte. Pelato
Paltrático
Chiappino
ROSIGNANO MARITTIMO
Castiglioncello
Caletta
Rosignano
Palermo 17h
Catania 20h
Bastia 4h
Porto Vecchio 8h
Golfo Aranci 9h
Olbia 9h 5'
Cagliari 19h
Capraia 2h
ARCIPELAGO TOSCANO
ISOLA DI GORGONA
(Frazione di Livorno)
Torre Nuova
Gorgona Scalo
PARCO NAZIONALE DELL' ARCIPELAGO TOSCANO
VIAREGGIO-CAMAIORE
MASSAROSA
PONTE QUIESA
LUCCA-S. DONATO
MIGLIARINO
PISA NORD
PISA CENTRO
CASTAGNOLO
LIVORNO
SAVALANO OVEST
43° 50'
43° 40'
43° 30'
43° 26'
10° 10'
10° 20'
9° 50'

104
Pescia
Uzzano
Buggiano
Montecatini Terme
Pieve a Nievole
Pistoiese
Agliana
Collodi
Segromigno in Monte
Marlia
Matraia
Capannori
Porcari
Montecarlo
Altopascio
Chiesina Uzzanese
Ponte Buggianese
Monsummano Terme
Larciano
Lamporecchio
Quarrata
Carmignano
Vinci
Cerreto Guidi
Capraia e Limite
Fucecchio
Empoli
Santa Croce sull'Arno
Castelfranco di Sotto
Santa Maria a Monte
Bientina
Buti
Calci
Vicopisano
Calcinaia
Cascina
Pontedera
Ponsacco
Montopoli in Val d'Arno
San Miniato
Castelfiorentino
Palaia
Capannoli
Lari
Crespina
Fauglia
Casciana Terme
Terricciola
Peccioli
Montaione
Gambassi Terme
Chianni
Lajatico
Santa Luce
Castellina Marittima
Volterra
Montecatini Val di Cecina
San Gimignano
Padule di Fucecchio
Le Cerbaie
Monte Albano
Monte Pisano
Riserva Naturale di Montefalcone
Area Arch. Ex Lago di Bientina
F. Arno
F. Era
F. Elsa
T. Egola
T. Roglio
T. Sterza
T. Capriggine
Lago di Santa Luce
Mte. Serra
Pgio. Biancanelle
Mte. Vaso
Pgio. Vitalba
Pgio. Bianco
Pgio. d. Mela
Pgio. la Croce
Mte. Voltráio
Riserva Naturale Castelvecchio
98
105
112
A11
E 76
D
E
F
1
2
3
4
43° 50'
43° 40'
43° 30'
10° 40'
10° 50'
AP. 2005

105
98
99
104
112
113
PRATO
Agliana
Montemurlo
Calenzano
Quarrata
Campi Bisenzio
Sesto Fiorentino
Aeroporto Int. di Firenze Peretola
Fiésole
FIRENZE
Bagno a Ripoli
Scandicci
Lastra a Signa
Signa
Poggio a Caiano
Carmignano
Vinci
Cerreto Guidi
Capraia e Limite
Montelupo Fiorentino
EMPOLI
Impruneta
San Casciano in Val di Pesa
Montespértoli
Castelfiorentino
Certaldo
Gambassi Terme
Montáione
Tavarnelle Val di Pesa
Barberino Val d'Elsa
Greve in Chianti
Castellina in Chianti
San Gimignano
POGGIBONSI
Colle di Val d'Elsa
Monteriggioni
Mte. Voltráio
Mte. Morello
Galluzzo
Certosa
Fiesole
Firenze Certosa
Firenze Sud
Firenze Signa
Prato Est
Prato Ovest
Poggibonsi Nord
Colle V. d'Elsa Nord
Colle V. d'Elsa Sud
S. Casciano Nord
S. Casciano Sud
Tavarnelle
S. Donato
Badesse
Monteriggioni
AP. 2005
AP. 2004
Riserva Naturale Castelvecchio
Ris. Nat. Bosco di S.Agnese
Castello Strozzavolpe
Chianti
Montalbano
T. Pesa
F. Arno
F. Elsa
F. Greve
Borro de' Carfini
© GEOnext - ISTITUTO GEOGRAFICO DE AGOSTINI S.p.A. - NOVARA

FORESTE CASENTINESI
Mte. Campaccio
Dicomano
Mte. Giovi
Mte. Massicaia
GRANDE ESCURSIONE APPENNINICA
Mte. Falco
Mte. Falterona
Campigna
MONTE FALTERONA
RIS. NAT. INTEGRALE DI SASSO FRATINO
Pgio. Scali
Mte. Tufone
Pòggio Fonte Murata
CAMPIGNA
Giogo Secchetta
RIS. NAT. LA PIETRA
RIS. NAT. CAMALDOLI
Eremo di Camaldoli
RISERVA NATURALE BADIA PRATAGLIA
Badia Prataglia
Camàldoli
Mte. Vadiglione
Valico Croce a Mori
Londa
Rùfina
Castiglioni
Sant'Eustachio
Pontassieve
AP. 2004
Pélago
Consuma
Pso. d. Consuma
Pgio. Tesoro
Mte. Pomponi
Mte. Cucco
Fiume Arno
Stia
Pratovècchio
Cast. di Romena
Pieve di Romena
Montemignaio
Castel San Niccolò
Poppi
Bibbiena
Vallombrosa
Mte. Secchieta
RISERVA NATURALE VALLOMBROSA
Reggello
Pgio. Uomo di Sasso
Pgio. Varco di Castelfranco
Croce di Pratomagno
Pgio. Masserecci
PRATOMAGNO
Raggiolo
Ortignano-Villa
Castel Focognano
Rignano sull'Arno
Incisa Val d'Arno
INCISA
REGGELLO
Figline Valdarno
Pian di Scò
Castelfranco di Sopra
Loro Ciuffenna
Mte. Lori
Talla
Mte. Acuto
Subbiano
San Giovanni Valdarno
Terranuova Bracciolini
VALDARNO
Convento di Montecarlo
Cavriglia
Montevarchi
Castiglione Ubertini
Laterina
Castiglion Fibocchi
MONTI DEL CHIANTI
Gaiole in Chianti
Mte. Calvo
Bùcine
Pérgine Valdarno
Pgio. alle Forche
AREZZO
ARIZZO
Castello di Brolio
Civitella in Val di Chiana
Pgio. all'Olmo
Mte. Lignano
BADIA AL PINO
100
107
114

107
100
106
114
A
B
C
1
2
3
4
Bagno di Romagna
Verghereto
Mte. Fumaiolo
Montecoronaro
Pieve Santo Stefano
Badia Tedalda
Sansepolcro
San Giustino
Anghiari
Monterchi
Citerna
Città di Castello
Bibbiena
Subbiano
Arezzo
Caprese Michelangelo
Chiusi della Verna
La Verna
Camàldoli
Sant'Agata Féltria
Novafeltria
Sestino
Lago di Montedoglio
Fiume Tevere
Alpe di Serra
Alpe di Catenaia
Alpe di Poti
Alpe della Luna
Alpe di Luna
Riserva Naturale Badia Prataglia
Grande Escursione Appenninica
Monte Santa Maria Tiberina
Mte. Castelsavino
Mte. Penna
Mte. Zuccola
Mte. Lóggio
Pgio. d. Tre Véscovi
Bocca Trabária
Mte. Civitella
Mte. Favalto
Mte. Lignano
Mte. Rognosi
Mte. Fungaia
Mte. il Castello
Mte. Acuto
Mte. Castiglione
Mte. Pian di Maggio
E 45
E 78
AP. 2004
© GEOnext - ISTITUTO GEOGRAFICO DE AGOSTINI S.p.A. - NOVARA

San Leo
Sassofeltrio
Mercatino Conca
Montegrimano
Saludecio
Mondaino
Tavoleto
Montegridolfo
Montelabbate
Sant'Angelo in Lizzola
Villagrande
Monte Cerignone
Montecopiolo
Macerata Féltria
Auditore
Montecalvo in Fóglia
Colbordolo
Mte. Carpegna
Pietrarubbia
Carpegna
Sassocorvaro
Petriano
Mte. Cassinelle
Frontino
Piandimeleto
Lunano
Belforte all'Isauro
URBINO
Isola del Piano
MONTI D. CESANA
Fossombrone
AP. 2005
Urbánia
Fermignano
Sant'Angelo in Vado
Mercatello sul Metáuro
Mte. Pietralata
GOLA D. FURLO
Acqualagna
Mte. dei Torrini
Piobbico
Mte. di Montiego
Mte. Nerone
SENTIERO ITALIA - E1
Apécchio
Cagli
Frontone
Mte. Fumo
Serravalle di Carda
Mte. Petrano
SERRA DI BURANO
Cantiano
Mte. Catria
Mte. Acuto
Pietralunga
Mte. Cerrone
Pian della Serra
Serra Sant'Abbóndio
Scheggia e Pascelupo
Mte. Roncino
101
102
109
115
116

FANO
Pesaro-Urbino
Foglia
Montelabbate
Sant'Angelo in Lizzola
Cólbordolo
Mombaróccio
Mte. San Bártolo
Cartoceto
Saltara
Serrungarina
Montefelcino
Fossombrone
Montemaggiore al Metauro
San Costanzo
Mondolfo
Marotta
Torrette di Fano
Metaurilia
Madonna del Ponte
Aerop. Naz. di Fano
Oasi Stagno Urbani
San Giórgio di Pésaro
Orciano di Pésaro
Monte Pórzio
Mondávio
Sant'Ippolito
Barchi
Monterado
Castel Colonna
Ripe
Corinaldo
San Lorenzo in Campo
Castelleone di Suasa
Fratte Rosa
Ostra
Ostra Vétere
Bárbara
Serra dè Conti
Montecarotto
Belvedere Ostrense
Pérgola
Mte. Paganúccio
Mte. Pietralata
Frontone
Serra Sant'Abbóndio
Arcévia
Castelplánio
Maiolati Spontini
Monte Roberto
Cupramontana
Serra San Quirico
Sassoferrato
Genga
Apiro
Monti del Cesano
Fonte Avellana
Mte. Catria
E 78
E 55
A
B
C
1
2
3
4
102
108
116
117
© GEOnext - ISTITUTO GEOGRAFICO DE AGOSTINI S.p.A. - NOVARA

MAR ADRIATICO
SENIGALLIA
ANCONA
FALCONARA MARITTIMA
AEROP. INTERNAZIONALE DI ANCONA-FALCONARA
Chiaravalle
Montemarciano
Monte San Vito
Camerata Picena
Agugliano
Offagna
Polverigi
Santa Maria Nuova
ÓSIMO
Castelfidardo
Camerano
Sirolo
Numana
Mte Cónero
Loreto
Porto Recanati
Recanati
Filottrano
Montefano
Zadar 9h
Split 8h
Korkula 15h
Durrës 18h
Bar 16h
Pátrai 22h
ANCONA NORD
ANCONA SUD-OSIMO
LORETO P. RECANATI
ESINO
CONERO
SCOGLIO DEL TRAVE
PARCO DEL CÓNERO
Mte. dei Corvi
E 55
118
13° 20'
13° 30'
13° 40'
43° 50'
43° 40'
43° 30'

103
104
119
120
RISERVA NATURALE CALAFURIA
Torre d. Boccale
Calafúria
Villa del Romito
Quercianella
Nibbiáia
Gabbro
Paltrático
Chiappino
Castelnuovo di Misericórdia
Mte. Pelato
SAVALANO OVEST
FINE EST
ROSIGNANO MARITTIMO
Castiglioncello
Caletta
Rosignano Solvay
Villaggio Aniene
ROSIGNANO-CECINA
Staz. Castellina Marittima
Valdiperga
Castellina Marittima
Santa Luce
Pástina
C. Colombáie
Lago di Santa Luce
Pgio. Biancanelle
Mte. Prunicce
Mte. Vaso
le Banditelle
Podere Vitalba
Pgio. Vitalba
Pgio. Bianco
Nocolino
Terriccio
Riparbella
Podere Pietrafilaia
Pgio. Feudi
Colle Mezzano
San Giuseppe
San Martino
Vada
RISERVA
NATURALE
TÓMBOLO
DI CÉCINA
SECCHE DI VADA
San Pietro in Palazzi
Cécina
Marina di Cécina
Acqua il Parco
la Bandita
C. Giusti
C. Ceciáia
Montescudáio
Guardistallo
Casale Marittimo
Pgio. Gabbri
Quercieto
Mte. Pozzácchera
RISERVA NATURALE BIBBONA
Bibbona
Pgio. Terrerosse
Sassa
la California
Stazione Bibbona-Casale
Marina di Bibbona
Forte di Bibbona
Staz. di Bólgheri
Bólgheri
Villa al Poggio
San Guido
RIFUGIO FAUNISTICO DI BÓLGHERI
Castiglioncello
Pgio. al Pruno
Pgio. al Bastione
il Palone
Villa le Sabine
Marina di Castagneto Carducci
Cavallino Matto
Staz. di Castagneto Carducci
Villa Margherita
Donorático
Tre Segalari
Monteverdi Marittimo
Castagneto Carducci
Pgio. Capanne
Brancorsi
C. Rossa
Casone
Castello di Donorático
Bocca di Valle
Capo di Monte
Sassetta
Mte. Ceci
Podere Pianali
Mte. Coronato
San Carlo
Palazzo Lanzi
Mte. Calvi
San Vincenzo
Riva degli Etruschi
Rocca di San Silvestro
Botro ai Marmi
Madonna di Fucinaia
Suvereto
Belvedere
Prata
Mte. Peloso
C. Cavalleggeri
Campíglia Marittima
Forni
Rimigliano
Lumiere
Terme
Cafággio
Caldana
Venturina
Bandita
Casalappi
la Torráccia
Staz. di Campíglia Marittima
Poggio all'Agnello
Banditelle
G. di Baratti
Baratti
Populónia
Staz. Populonia
C. Affitti
TOMBE ETRUSCHE
Mte. Massoncello
Pta. Rio Fanale
Torre del Sale
Casa Vignarca
Staz. Vignale-Riotorto
Riotorto
Vignale
Carbonifera
T. Sterza
T. Lòdano
F. Cécina
MAR
TIRRENO
A
B
C
1
2
3
43° 20'
43° 10'
43° 00'
10° 20'
10° 30'
10° 40'
E 80

San Gimignano
Poggibonsi
Colle di Val d'Elsa
Volterra
Montecatini Val di Cécina
Saline di Volterra
Casole d'Elsa
Pomarance
Radicóndoli
Larderello
Castelnuovo di Val di Cécina
Monterotondo Marittimo
Massa Marittima
Montieri
Chiusdino
San Galgano
Monticiano
Roccastrada
Sovicille
Monteriggioni
Montecastelli Pisano
Mte. Gabbro
Mte. Sta. Croce
Mte. Arsenti
Mte. Murlo
Mte. Quoio
Mte. Rotondo
Mte. Alto
Mte. Voltráio
Mte. Maggio
Pgio. Croce di Prata
Pgio. Cerro Balestro
Pgio. alle Guardie
Pgio. Ritrovoli
Pgio. Mutti
Pgio. Casalone
Pgio. Siena Vécchia
Pgio. ai Massi
Pgio. Fogari
Pgio. di Montieri
Pgio. del Casino
Pgio. Cupolone
Pgio. Castelluccio
Pgio. Bruscoline
Pgio. a Gabbia
Pgio. dei Peccioni
Pgio. Auzzo
Pgio. la Torretta
Pgio. Volpaio
Montemurlo
Gerfalco
Travale
Boccheggiano
Prata
Sassoforte
Roccatederighi
Meleta
Tatti
Sassofortino
Torniella
Piloni
Frósini
Belforte
Montingénoli
Anqua
Solaio
Serrazzano
Lustignano
Sasso Pisano
Lagoni Rossi
Lagoni del Sasso
Terme di San Michele
Libbiano
Micciano
Montegémoli
Montebamboli
Niccioleta
Ghirlanda
Valpiana
Fattoria Marsiliana
RISERVA NATURALE MARSILIANA
RISERVA NATURALE CASTELVECCHIO
RIS. NAT. LE CORNATE FOSINI
RISERVA NATURALE CORNOCCHIA
RIS. NAT. PALAZZO
RIS. NAT. LA PIETRA
RISERVA NATURALE ALTO MERSE
RISERVA NATURALE TOCCHI
RIS. NAT. BELAGAIO
RISERVA NAT. TORRENTE FARMA
M E T A L L I F E R E
M O N T A G N O L A
L I N E
AEROPORTO NAZIONALE SIENA-AMPUGNANO
Rosia
Tonni
Torri
Stigliano
Brenna
Orgia
Pentolina
Frassini
Podernovo
Bivio del Madonnino
Palazzetto
Ciciano
Luriano
Scalvaia
Lucerena
Pievescola
Gallena
Simignano
Ancaiano
Tegóia
Cerbáia
Palazzo al Piano
Mensano
Querceto
Monteguidi
Cerbaiola
Lanciáia
Rocca di Sillano
San Dalmazio
Montecérboli
Bagno al Morbo
Bagno la Perla
Castello di Bruciano
Aia dei Diavoli
Terme d. Bagnolo
Lago Boracifero
Ponte Ritorto
Fontalcinaldo
Podere Pian Múcini
Perolla
Capanne
Gabellino
Cerro Balestro
Casa Piastrino
Casa Cavallini
Collácchia
Caminino
Fattoria Venturi
Ribolla
Castello di Pietra
Podere del Monte
Casa la Guida
Forni d. Accesa
L. dell'Accesa
Cura Nuova
Chiecco
Strove
Scorgiano
Maggiano
Marmoráia
Fungáia
Riciano
Montáuto
Abbadia Isola
Scarna
Sant'Antonio al Bosco
Gracciano d'Elsa
Sant' Andrea
Boscona
Mensanello
Lano
Paurano
Collalto
Villa Santa Chimento
Quartáia
Bulciano
Lucciana
Cavallano
Ponsano
Dispensa di Tatti
Pgio. Metato
Mte. Soldano
Sensano
Pignano
Sant'Anastásio
Spicchiaiola
Casette
Mazzolla
Roncolla
Ulignano
Sant'Ottaviano
Montaperti
Spedaletto
San Cipriano
Montebradoni
Le Balze
la Chiostra
Buriano
Villamagna
Vicarello
Cozzano
Bagni di Mommialla
Camporbiano
Libbiano
Monte Oliveto
Racciano
Pgio. del Comune
Caságlia
Villa Pietrafitta
Santa Lucia
Borgatello
Campiglia dei Foci
Castiglioni
Staggia
Montelupo
Castellina Scalo
Rencine
Busona
Cetinale
Palazzina
Toiano
Montecagnan
Lecceto
Madonna delle Grazie
Malignano
Fabbr.
Recenza
Cerreto
Podere Cerbaiola
Lamalesa
il Belagaio
i Monti
Casa Vadopiano
Terzo
Staz. di Roccastrada
il Giovanello
Podere Campomarziale
Casa Peruzzo
AP. 2004
105
113
121

Castellina in Chianti
Radda in Chianti
Gaiole in Chianti
Poggibonsi
Colle V. d'Elsa Sud
Monteriggioni
Badesse
Siena
Castelnuovo Berardenga
Rapolano Terme
Asciano
Monteroni d'Arbia
Sovicille
Aeroporto Nazionale Siena-Ampugnano
Pgio. Siena Vècchia
Riserva Naturale Alto Merse
Murlo
Pgio. Cerrete
Pgio. Napoleone
Buonconvento
Abbazia di Monte Oliveto Maggiore
San Giovanni d'Asso
Trekking Siena - Argentario
San Galgano
Monticiano
Riserva Naturale Tocchi
Pgio. del Casino
Pgio. Cupolone
Mte. Quoio
Ris. Nat. Belagaio
Pgio. Volpaio
Riserva Naturale Torrente Farma
Bagni di Petriolo
Montalcino
Castelnuovo dell'Abate
Abbazia di S. Antimo
San Quirico d'Orcia
Bagno Vignoni
Castiglione d'Orcia
Ripa d'Orcia
Civitella
Paganico
Roccastrada
Sassofortino
Mte. Alto
Mte. Rotondo
Pgio. Civitella
Pgio. d'Arna
Mte. Cucco
Le Crete
Montagnola
F. Ombrone
F. Merse
T. Arbia
F. Orcia
E 78
AP. 2004
35.1
23.8
20.5
43.3
69.6
58.9
105
112
122
A
B
C
1
2
3
© GEOnext - ISTITUTO GEOGRAFICO DE AGOSTINI S.p.A. - NOVARA

AREZZO
Pérgine Valdarno
Civitella in Val di Chiana
Monte San Savino
Marciano della Chiana
Lucignano
Foiano della Chiana
Castiglion Fiorentino
Cortona
Sinalunga
Torrita di Siena
Montepulciano
Pienza
Chianciano Terme
Chiusi
Castiglione del Lago
Lago Trasimeno
PARCO DEL Lago
I. MAGGIORE
I. MINORE
I. POLVESE
Passignano sul Trasimeno
Panicale
Paciano
Piegaro
Città della Pieve
Cetona
Sarteano
Lago di Montepulciano
L. di Chiusi
Canale Maestro della Chiana
VAL DI CHIANA
Mte. Lignano
Mte. Corneta
Mte. Favalto
Mte. Castel Giudeo
Mte. Ginezzo
Mte. Castiglione
Mte. Petrarvella
Pgio. Pietraporciana
Castiglioncello del Trinoro
Montallese
Acquaviva
Abbadia
Valiano
Petrignano
Pozzuolo
Gioiella
Vaiano
Moiano
Po Bandino
106
107
115
123

107
114
124
CITTÀ DI CASTELLO
Terme di Fontecchio
Zoccolanti
Riosecco
Lerchi
Celle
Rovigliano
Cagnano
la Montesca
Upsiano
Monte Santa Maria Tiberina
Mte. Pòzio
Mte. Sodolungo
Mte. Frontano
Mte. Macinare
Ronchi
Baucca
Pietralunga
Mte. Civitella
Mte. Favalto
S. Agata d. Terrine
Marcignano
Gioiello
Prine
Mte. Meone
Pgio. Civitella
Trevine
San Secondo
Santa Lucia
Mte. d. Gorgacce
Mte. Roncino
Pieve di Saddi
S. Benedetto
Vallecchio
Mte. di Castiglione
Ronti
Villa del Cerretto
Mad. di Canoscio
Fattoria dei Roscetti
Fabrecce
Tréstina
Badia Petròia
Palazzone
Roccagnano
Volterrano
la Calle
Morra
Santa Maria alla Assinata
Cárpini
Nogna
Mte. Civitello
Promano
Montone
Mte. S. Faustino
S. Faustino
Corlo
Nérbisci
Moccaiana
Lugnano
Nestore
Calzolaro
Ranchi
Cumunaglia
Montecastelli
Montalbano
San Vincenzo
Petrelle
Ansina
Polvano
Poggioni
S. Pietro a Dame
Piegáio
Váglie
Teverina
Cantalena
Bagnolo
Campo Reggiano
S. Benedetto
Madonna dei Monti
San Martino in Colle
l'Olmo
San Pietro a Monte
Mte. Bastiola
Niccone
Santa Maria di Sette
Villa del Seminario
Tórnia
S.Egidio
Alta S. Egidio
Ruffignano
Mte. Castel Giudeo
Valle Dame
San Leo Bastia
la Dogana
Montalto
Umbertide
Civitella Ranieri
Brunetta
Montelovesco
Portole
Mita
Castello Sorbello
Sant'Andrea di Sorbello
Mte. Migianella
Migianella dei Marchesi
Romeggio
Plan d'Assino
il Monte
Torreone
Pso. d. Cerventosa
Cast. Gilardi
Mte. Ginezzo
Mte. d. Croce
Polgéto
S. Salvatore di Monte Corona
Badia
Mte. Mussino
Castiglione
Madonna del Calcinaio
Montanare
Mengaccini
Réschio
San Paolo
Montacuto
Eremo di Monte Corona
Pietramelina
Pierantonio
Pergo
Montalla
Pierle
Mercatale
Mte. Acuto
Galera
Col Francesco
Sant'Ángelo di Chieli
Busco
Santa Maria alle Corti
Lisciano Niccone
Mte. Murlo
S. Bartolomeo de' Fossi
Sta. Giuliana
Ascagnano
Rancolfo
Sta. Cristina
Villa di Piazzano
Ossáia
Val di Rosa
Piano di Nese
Rancale
Coltavolino
Mte. Castiglione
Préggio
Colle Campana
VillaFaggeto
Antognola
Riccio
Corgna
Parlesca
Morléschio
Sanguineto
Vernazzano
Pischiello
Pian di Marte
Pantano
Pizzo Guglielmi
Solfagnano
Tuoro sul Trasimeno
Convento dei Cappuccini
San Gratignano
Pieve San Quirico
Civitella Benazzone
TUORO
PASSIGNANO O.
PASSIGNANO E.
CASTIGLIONE DEL LAGO
Castel Rigone
Capo Contessa
Borgo Giglione
Pieve Petròia
Mte. Tézio
Migiana di Monte Tézio
Montelabate
Trécine
Mte. Penna
Maestrello
Compresso
Borghetto
I. MINORE
I. MAGGIORE
Passignano sul Trasimeno
S. Vito
Col Piccione
Colle Umberto I
Colognola
Ponte Pàttoli
Ramazzano
Caligiana
Fratte
Canneto
S. Lorenzo di Rabatta
Farneto
Pieracci
PARCO DEL Lago
Torricella
TORRICELLA
Mantignana
Antria
Castello
Oscano
Cordigliano
le Pulci
Colombella Alta
Rocca Monaldi
Villa
Colle Santo
Capocavallo
Perotta
Villa Pitignano
Pieve Pagliaccia
Montecolognola
Monte del Lago
Magione
Mad. d. Soccorso
Migiana
Pieve del Vescovo
Cenerente
San Marco
Ponte Felcino
Bosco
LAGO TRASIMENO
Castiglione del Lago
MAGIONE
Zocco
Monte Sperello
Cappuccini
Corciano
Civitella d'Arno
Madonna di Soccorso
I. POLVESE
Mte. Malbe
Città della Domenica
PERUGIA
Monticelli
Prétola
Lidarno
Madonna di Vitellino
Trasimeno
San Feliciano
Villa
Castelvieto
P. - FERRO DI C.
Casaglia
Ponte Valleceppi
Sant'Egidio
San Savino
Monte Melino
Chiugiana
CORCIANO
Fontana
Orto Botanico
IPOGEO DEI VOLUMNI
Ranciano
Pucciarelli
Badia
Monticelli
P. - MADONNA ALTA
Staz. di Ellera Corciano
Prepo
P. - PREPO
San Sisto
Ponte San Giovanni
Monte Buono
Solomeo
P. - S. FAUSTINO
P. - PISCILLE
Montebello
Collestrada
San Felice
Sant'Arcángelo
Vignaglia
San Mariano
Sant'Andrea delle Fratte
Madonna del Piano
PONTE S.GIOVANNI
Miralduolo
Villa Pucci
Carráia
la Badia
Capanne
Castel del Piano
San Martino Delfico
Podere Piana
Sanfatucchio
Staz. di Panicale
Panicarola
Mte. Marzolana
Agello
Mugnano
Boneggio
San Fortunato
Sant'Andrea d'Agliano
Brufa
Villastrada
Madonna d. Busso
Castello di Montalera
Casalini
Mácchie
Montali
Bagnáia
San Martino dei Colli
Pila
Villa
San Martino in Campo
Fattoria Spinola
Fonte Paciano
Pso. Porta Materna
Pietráia
la Torricella
Cantagallina
Villa San Benedetto
Lemura
Mte. Solare
Poggio delle Corti
Villa Montefreddo
San Martino in Colle
Sta. Maria Rossa
Torgiano
Muserale
Pilónico Materno
Colle
Paciano
Panicale
Colle San Paolo
Fontignano
Pergola Bella
Baldami
Castiglione della Valle
Badiola
San Niccolò di Celle
Villa Montagnola
Ravigliano
Mte. Petrarvella
Colle Calzolaro
Santuario della Madonna di Mongiovino
Monte Petriolo
Sant'Enea
Moiano
Missiano
San. Martino
Monticelli
S. Biagio d. Valle
Villanova
Stazione di Deruta
Ponte Nuovo
Casaltondo
Sant'Egidio
Tavernelle
Pieve Caina
Sant'Angelo di Celle
Fanciullata
Troscia
Nestore
Oro
Abbazia SetteFrati
Pietrafitta
Olmeto
Castello delle Forme
Deruta
Madonna delle Grondici
Collebaldo
Cibóttola
San Valentino
Stazione di Papiano-Castello delle Forme
Castiglion Fosco
Mte. Vergnano
Vecchio
Mercatello
Santa Elena
Mte. Cinque Querce
Piegaro
Monte Vibiano-Nuovo
Mad. di Bagno
Castelleone
i Cappuccini
Mte. Città di Fallera
Papiano
la Rocca
Betto
T. Soara
T. Carpina
T. Aggia
T. Lana
T. Assino
T. Nestore
T. Minimella
T. Seano
T. Niccone
F. Tevere
T. Mussino
T. Resina
T. Nese
T. Vallaccia
T. Caina
T. Formanuova
T. Tresa
T. Cestola
T. Chiascio
T. Ventia
E 45
3 bis
75 bis
416
454
599
220
317
219
71
© GEOnext - ISTITUTO GEOGRAFICO DE AGOSTINI S.p.A. - NOVARA

Pian della Serra
Cantiano
Mte. Acuto
Monastero Fonte Avellana
Mte. Catria
SENTIERO ITALIA - E1
Fossato
Chiaserna
Pian di Lùcchio
Ponte
Venatura
Castiglioni
Colcanino
Mte. di Strega
Abbazia di Sitria
Isola Fossara
Valdolmo
Montelago
Casacce
Barùccio
Frassineta
Stazione di Monterosso
San Giovanni
Piano
Catobagli
Coldapi
Filipponi
Cacciamponi
Casamontanara
Genga
Rocchetta
Sassoferrato
Felcioni
Liceto
SENTINUM
Avenale
S. Croce
San Fortunato
Colcello
FRASASSI
Pierosara
Grotte di Frasassi
Grotta Grande del Vento
San Vittore d. Chiuse
Falcioni
Camponocècchio
Castelle
Gattuccio
San Giovanni
Mte. Pietroso
Vallemontagna
Valtreara
Moscano
Rocchetta
Borgo Tufico
Albacina
Mad. d. Càrmine
S. Bartolomeo
Mte. Picognola
Casa Picognola
Fiume
Scheggia
Aiale
Scheggia e Pascelupo
Valdòrbia
Mte. Motette
Ponte Calcara
Montebollo
Pantana
Gaville
Pèrticano
Coldellanoce
Casalvento
Murazzano
Pignano
Petazzano
Troppola
Campitello
Pascelupo
PARCO
Abbazia Monte Cucco
Costa San Savino
Villa Col dei Canali
San Felice
Grotta di Mte. Cucco
Mte. Cucco
Caprile
Còccore
Rucce
Viacce
Ciaramella
Nebbiano
San Donato
Collegiglioni
Cantia
Madonna della Cima
Mte. Foce
Villamagna
Fornacette
S. Ubaldo
Costacciaro
la Badia
Scirca
MONTE
CUCCO
Bastia
Vallina
Cupo
San Cassiano
Melano
Mariscchio
Santa Maria
T. Riobono
FABRIANO
Cerreto d'Esi
GUBBIO
S. Gerolamo
Cima del Barco
Pizzo Billi
Sigillo
San Marco
Padule
Castel d'Alfiolo
Cipolletto
Santa Cristina
Ponte d'Assi
Spada
Torre Calzolari
F. Chiascio
Borghetto
Purello
Campodiègoli
Cle. di Fossato
Colle
Varano
Ceresola
Colle Paganello
Attiggio
Arginano
Bassano
San Michele
Colferràio
Castiglione
Paterno
Collamato
S. Silvestro
Cancelli
Valleremita
S. Vittorino
Sta. Maria di Colonnata
Mte. Salce
AP. 2004
Colbassano
Fossato di Vico
Abbazia S. Maria d'Appennino
Cacciano
Mte. Màggio
Eremo S. Maria di Val di Sasso
Serràdica
Pagliano
San Venanzo
Matélica
Corraduccio
Branca
Osteria del Gatto
Castello di Colmollaro
Palazzolo
Mengara
Serra Brunamonti
Palazzo Torìonia
San Pellegrino
Abbazia di Vallingegno
Col Palombo
Palazzo Magrano
Mte. Citerna
Piagge
Palazzo Mancinelli
Vaccara
Rif. Valsorda
Serra Santa
Sant'Angelo
Esanatóglia
Capriglia
Terricoli
Scritto
Petroia
Poggio Sant'Ercolano
Pieve di Compresseto
Gualdo Tadino
Belvedere
Abbazia di S. Biagio in Caprile
Campodónico
Palazzo
Vasconi
Rustan
Casa Morella
Carbonesca
Schifanoia
Rasina
Cerqueto
Pàstina
Colle
Campottone
Castel Santa Maria
Casacce
Biscina
Grello
Rigali
Mte. Penna
Molinàccio Umbro
Colmaggiore
Vallibbia
Tre Pizzi
Quadreggiana
Sant'Angelo
Casa Castalda
Mte. Pelato
Petroia
Córcia
Salmaregia
Spindoli
Fratticiola Selvatica
Giómici
Diga del fiume Chiascio
Coccorone
Mte. Serra
T. Arone
Vóltole
Osteria di Morano
Busche
Casone
Santa Lucia
Ville
Bivio Ercole
Massa
Castello
Pontile
Piòraco
la Barcaccia
Collemincio
Carbonara
Maccantone
Gaifana
Boschetto
Capo d'Acqua
Fiuminata
San Cassiano
Monteverde
Póggio Morico
Valfàbbrica
T. Caldognola
Colle
Costa
Pso. di Termine
F. Potenza
Fonte di Bréscia
Séppio
Valle San Martino
Montécchio
Porziano
Colsaino
Ìsola
Poggio Parrano
Poggio Sorifa
Mte. Vermenone
Canneggia
Laverino
Sefro
Agolla
Pianello
San Gregorio
Badia
San Presto
Pieve San Nicolò
Rocca Sant'Angelo
Sterpeto
Mora
Mte. delle Croci
Sta. Maria Lignano
Bandita Cilleni
Ponte Parrano
Nocera Umbra
Schiagni
Passo Cornello
Mte. Linguaro
Raggiano
Selvazzano
Sant'Erasmo
Palentuccio
Morro
Colle Aprico
Cerreto
Sorti
il Maniero
Palazzo
Pian d. Pieve
Montarone
PARCO DEL
Villa di Postignano
San Giovenale
Grillo
Bagnara
Aggi
Mte. Pennino
Copogna
Calcina
Arnano
Tordibetto
Ponte Grande
MONTE SUBÀSIO
F. Tescio
Nocera Scalo
Bagni Stravignano
Mte. Acuto
Mte. Igno
Serravalle di Chienti
Gelagna-bassa
Bastiola
Assisi
Armenzano
Ponte Rio
Sorifa
Mte. Faeto
Colle Croce
Bavareto
Castello di Serravalle
Bastia Umbra
Santa Maria degli Angeli
Eremo delle Carceri
Mte. Subàsio
Valtopina
le Prata
Sta. Cristina
Carié
Mosciano
Annifo
SENTIERO ITALIA - E1
Massaprofóglio
Sta. Maria Maddalena
San Damiano
San Vitale
San Giovanni
Cassignano
AREA NATURALE PROTETTA COLFIORITO
Mte. Profóglio
Fiume
Rivotorto
Passàggio d'Assisi
Madonna d. Spella
Capranica
Sasso
Mte. Burano
Fondi
Arvello
Costa d'Arvello
Colfiorito
Taverne
Romitorio dei Santi
Tor d'Andrea
Castelnuovo
Stazione di Cannara
Monte Pietrolungo
Collepino
Ponte Centésimo
Gallano
Afrile
Forcatura
Rio
Pistia
Borgo
Centare
Mte. di Giulo
Dignano
Valcadara
T. Ose
Chiesa Tonda
Capodàcqua
Pisenti
Cesi
Cesure
Collebianco
Cappuccini
Cannara
ANFITEATRO
Spello
San Lorenzo Vecchio
Rovignano
Case Basse
il Monte
Grotta di Pale
Franca
Valico Colfiorito
Costa
Mte. Tolagna
Selvapiana
Monte Cavallo
San Giovanni
S. Giovanni Profiamma
Pale
Leggiana
Popola
Collattoni
RISERVA NATURALE DI TORRICCHIO
Pantaneto
Cerreto
Limigiano
Cantalupo
T. Chiona
Vescia
Scópoli
Casenove Serrone
Volperino
San Martino
FOLIGNO
Colle San Lorenzo
Casale
Rasiglia
Mte. Pizzuto
Castelbuono
Fiamenga
Convento
Verchiano
Mte. Cavallo
108
109
117
125
D
E
F

Maiolati Spontini
Monte Roberto
Cupramontana
Serra San Quirico
Genga
Staffolo
Filottrano
Apiro
Cingoli
Appignano
Fabriano
Cerreto d'Esi
Poggio San Vicino
Tréja
Pollenza
Matélica
Esanatoglia
San Severino Marche
Castelraimondo
Tolentino
Urbiságlia
Pióraco
Serrapetrona
Belforte del Chienti
Camerino
Caldarola
Camporotondo di Fiastrone
Colmurano
Ripe San Ginésio
San Ginésio
Cessapalombo
Múccia
Pieve Torina
Serravalle di Chienti
Sarnano
Gualdo
Fiastra
Acquacanina
Bolognola
Amandola
Mte. Pietroso
Mte. S. Vicino
Mte. Canfáito
Mte. Lavacelli
Mte. d'Aria
Mte. Letegge
Mte. Acuto
Mte. Fiegni
Mte. Igno
Mte. Vermenone
Mte. Linguaro
Mte. Pennino
Mte. Profóglio
Mte. Sasso Tetto
Pzo. di Meta
Monte Val di Fibbia
Mte. Rotondo
Mte. Castel Manardo
Mte. Amandola
Mte. Pizzuto
Mte. Cavallo
Mte. Fema
109
116
126
© ISTITUTO GEOGRAFICO DE AGOSTINI S.p.A. - NOVARA

MAR ADRIATICO
Castelfidardo
Loreto
Porto Recanati
Recanati
Potenza Picena
Porto Potenza Picena
Montecassiano
Montelupone
Civitanova Alta
CIVITANOVA MARCHE
MACERATA
Morrovalle
Montecósaro
Corridónia
Monte San Giusto
Monte-granaro
Sant'Elpidio a Mare
Porto Sant'Elpidio
Monte Urano
Lido di Fermo
Porto San Giorgio
FERMO
Mogliano
Francavilla d'Ete
Monte San Pietrangeli
Torre San Patrizio
Rapagnano
Massa Fermana
Montappone
Montegiorgio
Magliano di Tenna
Grottazzolina
Falerone
Servigliano
Ponzano di Fermo
Altidona
Pedaso
Moresco
Monterubbiano
Campofilone
Massignano
Montefiore dell'Aso
Petrítoli
Monte Vidon Combatte
Carassai
Monteleone di Fermo
Montottone
Montélparo
Santa Vittoria in Matenano
Ripatransone
Cupra Marittima
Grottammare
Montefalcone Appennino
Montalto delle Marche
Rotella
MACERATA S. CORRIDONIA
CIVITANOVA M. OVEST
MACERATA-CIVITANOVA M.
ZONA IND. "A"
MONTECOSARO
MORROVALLE
FERMO-PORTO S. GIORGIO
PEDASO
PICENO
GROTTAMMARE
CHIENTI
LORETO P. RECANATI
RISERVA NATURALE DI FIASTRA
F. Chienti
F. Tenna
F. Aso
F. Tesino
T. Ete Morto
F. Ete Vivo
T. Menócchia
T. Asola
F. Potenza
110
127
128

A
B
C
1
2
3
111
10°10′
10°20′
42°50′
42°40′
a
ISOLA DI CAPRAIA
(Provincia di Livorno)
PARCO NAZIONALE
DELL' ARCIPELAGO TOSCANO
ARCIPELAGO
TOSCANO
Pta. della Teglia
LE FORMICHE
Livorno 2h
Portoferraio 1h 40′
SCOGLIO D. MANZA
445
Mte. Castello
52
Capraia Isola
Castello San Giorgio
Santo Stefano
LA PERAIOLA
410
Mte. Arpagna
LO SCOGLIONE
SCOGLIO D. GATTO
Pta. d. Zenobito
43°00′
9°50′
Capraia 1h 40′
ISOLA D'ELBA
(Provincia di Livorno)
PARCO NAZIONALE
DELL' ARCIPELAGO TOSCANO
Popolónia
Mte. Massoncello
Pta. Rio Fanale
Salívoli
Marina di San Quirico
Canale di Piombino
Bastia 3h 50′
1h
C. d. Vita
I. D. TOPI
Cavo
I. PALMAIOLA
PARCO NAZ. DELL' ARC. TOSCANO
154
347
Mte. Grosso
C. Pero
Nisportino
Mte. Serra
Santa Caterina
422
Mte. Strega
427
266
Rio Marina
51
SCOGLIETTO
Portoferráio
C. d'Énfola
Monte d'Enfola
135
Viticcio
Capo S. Andrea
la Caletta
Marciana Marina
FORMICHE D. ZANCA
Zanca
Pta. Polveraia
Mortígliano
Madonna del Monte
Mte. Giove
855
Marciana
Sedia di Napoleone
375
Fonte Napoleone
1018
Poggio
Rendinoce
G. di Prócchio
G. d. Biódola
Biódola
Mte. Poppe
249
Carpani
San Giovanni
Bagnáia
Volterraio
165
Rio nell'Elba
Ottone
Magazzini
Schiopparello
516
Cima del Monte
C. Ortano
Ortano
ISOLOTTO D'ORTANO
Prócchio
Villa Napoleonica
San Martino
Elbaland
377
Monte S.Martino
365
Mte. Orello
390
Madonna di Monserrato
Mte. Castello
Pta. delle Cannelle
Fortezza di Portolongone
Porto Azzurro
Pta. Nera
Chiessi
Mte. Capanne
Campo
Sant'Ilario
La Pila
Lacona
Masso alla Quata
744
592
nell' Elba
S. Massimiliano
379
Mte. Tambone
Golfo della Lacona
Golfo Stella
Naregno
Capolíveri
Madonna delle Grazie
SCOGLIO OGLIERA
Pomonte
Secchetto
San Piero in Campo
Fetováia
Marina di Campo
G. di Campo
Cávoli
Pta. le Tombe
Pta. di Fetováia
C. di Poro
SCOGLIO D. TRIGLIA
Capo d. Stella
I. CORBELLA
Pta. di Buzzancone
Mte. Calamita
Pareti
Palazzo
413
Fattoria Ripalte
COSTA DEI GABBIANI
IS. GEMINI
191
Pta. dei Ripalti
ARCIPELAGO
TOSCANO
3h 40′
Pta. del Marchese
LA SCARPA
il Marchese
ISOLA PIANOSA
(Frazione di Campo nell'Elba)
Golfo d. Botte
Pianosa
Pta. Libeccio
il Cardon
LA SCOLA
Cala S. Giovanni
27
10
Pta. Secca
Cala della Ruta
Pta. Brigantina
PARCO NAZIONALE
DELL' ARCIPELAGO TOSCANO

Golfo di Follónica
MAR TIRRENO
ARCIPELAGO TOSCANO
Follónica
Gavorrano
Scarlino
Castiglione della Pescáia
Punta Ala
Marina di Grosseto
Principina a Mare
Marina di Alberese
Vetulónia
NECROPOLI ETRUS
Bagno di Gavorrano
Caldana
Ravi
Giuncárico
Capanne
la Pesta
Poggibano
Podere del Monte
Casa la Guida
Forni d. Accesa
L. dell'Accesa
Cura Nuova
Vignale
Riotorto
Staz. Vignale-Riotorto
Casa Vignarca
Torre del Sale
OASI DELLA PALUDE DEGLI ORTI-BOTTAGONE
Porto Vecchio
la Rocchetta
Carbonifera
T.Mozza
Prato Ranieri
Lido di Follonica
RISERVA BIOGENETICA TOMBOLI DI FOLLÓNICA
RISERVA NATURALE POGGIO TRE CANCELLI
RISERVA NATURALE MARSILIANA
RISERVA BIOGENETICA DI SCARLINO
RISERVA BIOGENETICA DI POGGIO SPEDALETTO
Pgio. al Chiecco
Pgio. Montioni Vecchio
Montioni
Pgio. Castellancia
il Poggione
Rondelli
Staz. di Scarlino
Filare
Mte. Calvo
Mte. d'Alma
Pgio. Scodella
Pgio. la Guardia
Portiglione
Pta. Martina
Torre Civetta
Capanna Civinini
Pian d'Alma
Pgio. Ballone
Pgio. Spada
Tirli
Zinghera
T. Ampio
F. Alma
T. Rigo
Casa Toninelli
Pgio. Bruno
Macchiascandona
C. Badiola
Buriano
Pta. Hidalgo
Pta. Ala
Villa Balbo
SCOGLIO DELLO SPARVIERO
Pgio. Peroni
Le Rocchette
Roccamare
Pian di Rocca
Riva del Sole
Pgio. Petriccio
Casa Rombaia
Fosso la Valle
F. Bruna
Badiola
Can. Diversivo
DIACCIA BOTRONA
PINETA DEL TÓMBOLO
Casotto dei Pescatori
Staz. di Gavorrano
Pgio. d. Quercione
Castello di Pietra
Pgio. Moscatello
Pgio. Tondo
Casa Cavallini
T. Carsia
Staz. di Giuncárico
Pgio. delle Buche
Pgio. la Bandita
Pgio. Bruscoline
Castello della Marsiliana
Fattoria Marsiliana
Pgio. al Montone
Pgio. Cerro Balest
Macchion de Lupi
San Lorenzo
Casalappi Ruschi
Cafággio
Venturina
Caldana
Bandita
Banditelle
C. Affitti
la Sdriscia
Staz. di Campiglia Marittima
Staz. Populonia
Olbia 8h 30'
I. CÉRBOLI
PARCO NAZ. DELL' ARC. TOSCANO
SCOGLIO D'AFFRICA O FORMICA DI MONTECRISTO
ISOLA DI MONTECRISTO
(Frazione di Portoferráio)
PARCO NAZIONALE DELL' ARCIPELAGO TOSCANO
Cala Maestra
Mte. d. Fortezza
645
la Villa
Cala Scirocco
Cala Corfù
Pta. Rossa
112
121
129
D
E
F

Massa Maríttima
Mte. Arsenti
Montebámboli
Ghirlanda
Bellavista
Cerro Balestro
Pgio. Braccino
Casa Marconi
Pgio. alle Guardie
Torniella
Piloni
Mte. Rotondo
Pgio. Castelluccio
Pgio. al Montone
Sassoforte
Mte. Alto
Casa Vadopiano
Fattoria Marsiliana
RISERVA NATURALE MARSILIANA
Capanne
Perolla
Casa Piastrino
Tatti
Meleta
Roccatederighi
Sassofortino
Roccastrada
Valpiana
Pgio. Tondo
Mte. Murlo
Casa Peruzzo
Terzo
la Serrata
Civitella Marittima
la Pesta
Poggibano
Casa Cavallini
Montemassi
Caminino
L. dell'Accesa
Pgio. delle Buche
Forni d. Accesa
Podere del Monte
Casa la Guida
Collácchia
Fattoria Venturi
il Giovanello
l'Aratrice
Cura Nuova
T. Carsia
Ribolla
Pgio. di Piero
Podere Campomarziale
Castello di Pietra
Pgio. Moscatello
Staz. di Gavorrano
Staz. di Roccastrada
Staz. di Scarlino
Bagno di Gavorrano
Pgio. d. Quercione
Pian dei Bighi
Monte Lattaia
il Poggione
Gavorrano
Filare
Mte. Calvo
Ravi
Staz. di Giuncarico
Castellaccio
La Palazzina
Sticciano Scalo
Pod. Pian di Muro
Sticciano
Pgio. Vaccherecce
Pagánico
Scarlino
la Pescaia
RISERVA BIOGENETICA DI SCARLINO
Giuncárico
Caldana
Mte. Leoni
Cava di Sábbia Silicea Montorsáio
Mte. d'Alma
RISERVA BIOGENETICA DI POGGIO SPEDALETTO
Montepescali
Pgio. Scodella
NECRÓPOLI ETRUSCA
Braccagni
Batignano
Pgio. la Guardia
Zinghera
Vetulónia
Staz. di Montepescali
Pgio. Spada
Tirli
Buriano
Podere Caldanelle
Nomadelfia
Pgio. Montaio
Pgio. Sugello
Pian d'Alma
Pgio. Ballone
T. Ampio
Casa Toninelli
Pgio. Bruno
Fattoria Acquisiti
le Fornacette
Casoni del Terzo
ROVINE DI ROSELLE
Pgio. di Moscona
Case Casalino
Sant'Antonio
Padule di Raspollino
Macchiascandona
Bagno Roselle
Poderela Macchia
Pian di Rocca
Pgio. Peroni
Rocchette
Casa Rombaia
C. Badiola
F. Ombrone
Arcille
Canale Molla
Riva del Sole
Pgio. Petriccio
Badiola
Chiocciolaio
Ponte Massa
il Poggione
Ístia d'Ombrone
Roccamare
Can. Diversivo
DIACCIA BOTRONA
Marrucheto
Poggio Cavallo
Castiglione della Pescáia
Casotto dei Pescatori
GROSSETO
Podere Stertpeto
PINETA DEL TÓMBOLO
il Poggiale
Ippodromo
Podere S. Lorenzo
Grancia
La Pecora
la Mozza
Marina di Grosseto
Podere S. Isidoro
Pgio. Ripéscia
Santa Maria di Rispescia
Principina a Mare
Torre della Trappola
Casa Trappola
Spergolàia
Valle Maggiore
Mte. Bottigli
Palude della Trappola
Cima Poggi
MAR TIRRENO
Alberese
Mte. Querciola
PARCO NATURALE DELLA MAREMMA
MONTI DELL'UCCELLINA
Casa Vernacchi
Montiano
Marina di Alberese
Torre di Collelungo
Pgio. Lecci
Torre dell'Uccellina
Stazione di Alberese
Mte. Cornuto
Collécchio
Bellavista
Abb. di S. Rabano
Impostino
Casa Porona
Torre della Bella Marsilia
Pgio. Aquilone
Casa Malpasso
Magliano in Toscana
Pgio. Raso
Casa Valentina
Pgio. Marta
la Marta
Via Aurelia
Stazione di Talamone
Fonteblanda
Tre Cerri
S. Donato Centro
TOMBA ETRUSCA
T. Osa
FORMICA GRANDE
FORMICHE DI GROSSETO (Frazione di Grosseto)
FORMICA PICCOLA
FORMICA III
112
120
129
E 78
E 80

113
114
123
130
Montalcino
San Quirico d'Orcia
Pienza
Bellaria
Castiglione del Bosco
Montosoli
Val di Cava
Lama
Staz. di Salceta
Nacciarello
Pianacci
Castel Giocondo
Poggio Salvi
Ragnàie
Pgio. Civitella
Villa Greppo
Fattoria la Croce
Madonna di Riguardo
Romitorio
OASI
Bagno Vignoni
Ripa d'Orcia
Rocca d'Órcia
Castiglione d'Orcia
Pgio. Carroccia
Cassellona
Spedaletto
Tabaccaia
Casenóvole
Staz. Pian delle Vigne
Camigliano
Catuda
Tavernelle
la Villa
Villa a Tolli
Barbi
Abbazia di S. Antimo
Castelnuovo dell'Abate
Pgio. d'Arna
la Sesta
Pgio. Montitoio
Monte Amiata
l'Imposto
Capannelle
Monte Antico
Staz. di Monte Antico
la Pieve
Sant'Angelo in Colle
Argiano
Poggio alle Mura
Staz. Sant'Ángelo-Cinigiano
Dogana
Casalone
Mte. Cucco
Osteria Ansidónia
Mte. Uccello
Mad. d. Querce
Poggiarello
Gallina
Castelvecchio
Castiglioncello del Trinoro
Contignano
San Piero in Campo
F. Orcia
Parmoletone
Podere Nuovo
T. Vivo
Fattoria Casacce
Camone
Cervione
Montenero
le Vigne
Campiglia d'Orcia
C. Póggio Bandinelli
Falsettáio
Sasso d'Ombrone
Poggioferro
Seggiano
Podere Marinelli
Vivo d'Orcia
Pgio. Zoccolino
Bagni San Filippo
Le Conie
Casanova
Chiarmonte
Pgio.Pinzella
T. Ribusieri
Casalino
Pescina
Poggiolungo
Rif.
OASI
Poggi del Sasso
T. Trisolla
Porrona
Vigne Nuove
l'Ambrogina
Montegiovi
Zaccaria
Rif. Amiatino
Radicófani
S.Marino
Cinigiano
Monticello Amiata
Montelaterone
Castel del Piano
le Macinàie
MONTE
Mte. Amiata
Abbadia San Salvatore
la Palazzina
Vécchia
Castiglioncello Bandini
San Lorenzo
la Madonna
Pgio. Calvello
Monte Cucco
Salaiola
Arcidosso
AMIATA
T. Minestrone
Pgio. Leano
Pgio. Bisorgno
Monte Aquilaia
Zancona
Bágnore
Pgio. Trauzzolo
Quaranta
Piancastagnàio
la Novella
Stribugliano
Mte. Buceto
Marroneto
Fággia
Tre Case
T. Melacce
l'Abbandonato
Bagnolo
Saragiolo
Ponte a Rigo
Pgio. Marrucca
Podere Castagnola
PARCO FAUNISTICO DEL MONTE AMIATA
Santa Fiora
Pgio. le Perazzete
C. Del Conte
Granaione
Podere il Coppaio
Poggio Miliotto
Monte Morazzono
Mte. Labbro
T. Senna
T. Trasubbie
TREKKING SIENA - ARGENTARIO
Case Danti
RIS. NAT. PIGELLETO
Mte. Calvo
Pgio. Roccone
Cana
Baccinello
Vallerona
Roccalbegna
Triana
Podere l'Adduce
Selva
T. Siele
Pgio. d. Caldaie
Santa Caterina
Sforzesca
la Casina
Pgio. Pinzo
Castell'Azzara
veráia
Mte. Faete
C. Bifolchini
Mte. Civitella
Selvena
San Giovanni delle Contee
Pgio. d. Rustica
Castello di Cotone
Cancellone di Sopra
il Poggio
Cellena
RIS. NAT. MONTE PENNA
T. Stridone
Petricci
Montevitozzo
Montório
Poggi Alti
Chiesa in giù
Montegiali
Montepò
Podere Lamaccione
Murci
Rocchette
Semproniano
Casa Cerro
Casa Testi
Castell'Ottieri
Pgio. Pontelu
Case Bardi
Usi
Pgio. di Semproniano
Corte Vecchia
Casa Renaioli
Mte. Elmo
Elmo
Páncole
Casa Brocchi
Pgio. Lardo
Scalabrelli
Montebuono
San Valentino
Pratolungo
Poggioferro
Catabbio
Casa Rigo
il Poderetto
San Leonardo
Cárpine
Scansano
il Castellaccio
Sorano
Cerreto
Sant'Angelo
il Luogo
NECR. DI PIAN DI PALMA
Capanne
Ricci
Podere Comune
Poggio San Pellegrini
Saturnia
Póggio Murella
San Martino sul Fiora
Casa Filetta
San Quirico
la Pieve
Pgio. alle Calle
Terme di Saturnia
Sovana
la Rotta
Castelluccio
Salaiolo
TOMBA ILDEBRANDA
Casone
Pereta
Casa Monterozzino
Pgio. d. Guardiola
Fattoria Pomonte
Mte. Cavallo
Pgio. Vignaccia
F. Fiora
Pitigliano
F. Lente
Madonna delle Grazie
Mezzano
Impostino
Casa Tombara
Pgio. Macchia Casella
Montemerano
Mte. Nero
Fattoria Colle Lupo
Casa Pergolacce
il Voltone
Dogana
Pgio. Seccante
S. Bruzio
Morelle
Pgio. Campana
Pgio. Montec
Manciano
Pgio. Piazza dei Tori
NECR. DI POGGIO BUCO
Pian di Morrano
Semonte
Sta. Maria di Sala
la Sgrilla
Pgio. Arnelleta
Pgio. Raso
Casalnovo
Ponte dell'Arsa
Casa Mariannáccia
Pgio. Cataggio
Fornace
Pgio. Onteo
Elsa
Cappuccini
Farnese
Pgio. S. Giovanni
SELVA DEL LAMONE
F. Albegna
Fso. Castione
Valent

Pienza
San Bartolomeo
Croce di Febo
la Cappella
Argiano
LAGO DI MONTEPULCIANO
Lopi
San Felice
Panicarola
Monticchiello
S. Albino
S. Savino
la Dogana Rossa
Porto
la Villa
Sanfatúcchio
Staz. di Panicale
Bianca camicia
Chianciano
Montallese
L. di Chiusi
Vaiano
Villastrada
Mácchie
Pgio. Montertine
RIS. NAT. LUCCIOLA BELLA
Chianciano Terme
San Polo
San Giuseppe
TOMBE ETRUSCHE
Spedaletto
Castellúccio
TOMBA D. GRANDUCA
Cantagallina
Villa San Benedetto
Paciano
Orcia
la Foce
TOMBA D. SCIMMIA
Torre Beccati Questo
la Costa
Ravigliano
Mte. Petrarvella
d'Órcia
RIS. NAT. PIETRAPORCIANA
Chiusi
Chiarentana
CHIUSI-CHIANCIANO TERME
Moiano
Missiano
la Scala
Pgio. Pietraporciana
Malapesa
Gallina
Castelvecchio
la Vittoria
Grotta di Belverde
Po Bandino
Casaltondo
Poggiarello
T. Formone
Stazione di Chiusi-Chianciano Terme
Castiglioncello del Trinoro
Sarteano
San Litardo
Mte. Uccello
Mad. d. Querce
T. Vellora
Contignano
San Piero in Campo
Pgio. Camporale
Cetona
S. Stefano
Città della Pieve
I Cappuccini
Campiglia d'Orcia
C. Póggio Bandinelli
Spineta
F. Orcia
Fonte Veriana
Conicchio
Mad. d. Sanità
Bagni San Filippo
la Molla
Vivo d'Orcia
Pgio. Zoccolino
Le Conie
Casanova
Mte. Cetona
Poggiolungo
Mte. Calcináio
Camporsevoli
Monteleone d'Orvieto
Rif. Amiatino
Zaccaria
Piazze
Poggio Valle
San Lorenzo
MONTE Amiata
Radicófani
Belvedere (Fraz. di Fabro, prov. di Terni)
Colle
Faiolo
Abbadia San Salvatore
la Palazzina
le Ripe
Fighine
Salci
Santa Maria
FABBRO
la Madonna
Pgio. Leano
San Casciano dei Bagni
Palazzone
Carnaiola
AMIATA
Minestrone
L'Aiale
Bagni Termali Ospizio
Olévole
Pgio. Trauzzolo
Quaranta
Piancastagnáio
T. Rigo
Celle sul Rigo
Fabro
Fággia
Tre Case
la Novella
L. di S. Casciano
l'Osteriaccia
San Cristoforo
Bagnolo
Pgio. Corno
San Pietro Acquaeortus
T. Ritorto
Palombara
Ficulle
Saragiolo
Pgio. le Perazzete
Ponte a Rigo
la Croce
Case Danti
RIS. NAT. PIGELLETO
C. Del Corto
T. Senna
Trevinano
F. Elvella
Allerona
Mte. Calvo
Pgio. Roccone
T. Siele
Torricella
Centeno
R. Tirolle
Mte. Rufeno
C. Nuova
Poggio la Cupa
Sala
Staz. Allerona
RISERVA NATURALE MONTE RUFENO
Pgio. Pinzo
Castell'Azzara
Sforzesca
la Casina
Paglia
Monte Rubiáglio
Poggio Montone
Selvena
Mte. Civitella
RIS. NAT. MONTE PENNA
San Giovanni delle Contee
Ponte Gregoriano
Torre Alfina
Castel Viscardo
Ponte Giulio
Montevitozzo
T. Stridone
Proceno
T. Fiume
Acquapendente
Viceno
Casa Valtieri
Montório
Casa Cerro
Casa Testi
Castell'Ottieri
Pgio. Pontelu
Ponte San Biagio
Benano
Rocca Ripesena
NECR. ETRUSCA
Corte Vecchia
Mte. Elmo
Seminário
Campo Marino
Citerno
San Quírico
Sugano
Casa Renaioli
San Giusto
Castel Giòrgio
Conv. d. Trinità
Montebuono
Elmo
il Poderetto
San Valentino
Pratolungo
Casa Tamburo
Pecorone
Canónica
Sorano
San Leonardo
Onano
il Purgatorio
Pratostaffa
Case Perazza
Ricci
Cerreto
Sant'Angelo
San Lorenzo Nuovo
Montalfina
Castel Rubello
San Martino sul Fiora
Grotte di Castro
Pgio. d. Torrone
Pgio. di Biágio
Torre San Severo
F. Lente
Casa Filetta
San Quirico
Casa San Biágio
Mte. Panaro
Sovana
la Rotta
MONTI VOLSINI
TOMBA ILDEBRANDA
Casone
Grádoli
Borghetto
Bolsena
Pitigliano
Bagnoregio
Pgio. Evangelista
Casa Pratacccione
Capráccia
Madonna delle Grazie
Mezzano
Latera
Martino
Monterado
la Montagna
Lago
Montione
L. di Mezzano
il Voltone
Pgio. Seccante
Sant'António
Dogana
di Bolsena
Trebiano
NECR. DI POGGIO BUCO
Semonte
Sta. Maria di Sala
I. BISENTINA
Pgio. Selva
Pian di Morrano
Olpeta
Villa delle Fontane
Mte. Rotondo
Ponte dell'Arsa
SELVA DEL LAMONE
Valentano
Bisenzio
(Vulsino)
Cappuccini
Mad. dell'Eschio
Mte. Orsone
Capobianco
Farnese
Pgio. S. Giovanni
Mad. d. Salute
Casa
Capodimonte
Coste
GEOnext - ISTITUTO GEOGRAFICO DE AGOSTINI S.p.A. - NOVARA

124
115
125
132
Marsciano
Todi
Deruta
Torgiano
Bettona
Cannara
Bevagna
Gualdo Cattáneo
Giano dell'Umbria
Massa Martana
Acquasparta
San Gémini
Montecastrilli
Avigliano Umbro
Guardea
Alviano
Lugnano in Teverina
Castiglione in Teverina
Civitella d'Agliano
Baschi
Orvieto
San Venanzo
Monte Castello di Vibio
Fratta Todina
Collazzone
Montécchio
Graffignano
Celleno
Amelia
TERNI
Lago di Corbara
Lago di Alviano
PARCO FLUVIALE DEL TEVERE
PARCO ARCHEOLOGICO DI CARSULAE
URVINUM HORTENSE
Mte. Marzolana
Mte. Solare
Mte. Vergnano
Mte. Città di Fallera
Mte. Cinque Querce
Mte. di Melonta
Mte. Péglia
Mte. Piatto
Mte. Castellaccio
Mte. Citernella
Mte. Croce di Serra
Mte. Castellari
Mte. Cimamonte
Mte. Pian di Nappa
Mte. Casalecchio
Mte. Martana
Mte. Arnata
Cima Panco
Stazione di Deruta
Stazione di Cannara
Pontecuti
Ponte Rio
Acqualoreto
Scoppieto
Pantalla
Piedicolle
Casalalta
Ripabianca
Collepepe
Castelbuono
Cantalupo
Limigiano
Collemáncio
Pomonte
Saragano
Bastardo
Montécchio
Castágnola
Morcicchia
Vasciano
Rosaro
Casigliano
Configni
Portaria
Firenzuola
Casteldelmonte
Farnetta
Quadrelli
Dunarobba
Sismano
Collicello
Macchie
Sambucètole
Capitone
Canonica
Asproli
Izzalini
Romazzano
Torre Gentile
Camerata
Vagli
Collelungo
Morre
Corbara
Prodo
Titignano
Osarella
Fossatello
Tordimonte
Pornello
Frattaguida
Poggio Spaccato
Ospedaletto
Pievelunga
Montegiove
Civitella de' Conti
Póggio Aquilone
San Vito in Monte
Cerqueto
Papiano
Spina
Mercatello
Collebaldo
Pietrafitta
Tavernelle
Monticelli
Castiglione della Valle
Villanova
Sant'Enea
Badiola
Pila
Bagnaia
Capanne
Mugnano
Agello
Castel del Piano
Sant'Andrea delle Fratte
Montebello
Collestrada
Miralduolo
Brufa
Costano
Passaggio
Tor d'Andrea
E 45
E 45
3 bis
79 bis
316
317
397
448
205
30.4
37.2
22.2
46.3
22.1
40.8

125
116
124
132
133
Assisi
Bastia Umbra
Santa Maria degli Angeli
Sta. Maria Maddalena
San Damiano
Eremo delle Carceri
Mte. Subasio
Armenzano
Valtopina
San Giovanni
Capranica
Colle Croce
SENTIERO ITALIA - E1
AREA NATURALE PROTETTA COLFIORITO
Colfiorito
Acuto
Sorifa
Mte. Faeto
Ponte Rio
Sta. Cristina
Carié
Cassignano
Mosciano
Annifo
Arvello
Mte. Burano
Costa d'Arvello
Forcatura
Gallano
Afrile
Sasso
Taver
Pistia
San Lorenzo
Costano
Tor d'Andrea
Castelnuovo
Stazione di Cannara
Passaggio
Rivotorto
Passaggio d'Assisi
San Vitale
Mont Pietrolungo
Collepino
Ponte Centesimo
Capodacqua
Rovignano
Pisenti
Franca
Il Monte
Sostino
Valico Colfiorito
Popola
Cesi
Colle
Villa Magnola
Bettona
Ponte Nuovo
Deruta
URVINUM HORTENSE
Cappuccini
Cannara
ANFITEATRO
Spello
Chiesa Tonda
San Lorenzo Vecchio
San Giovanni Profiamma
Case Basse
Grotta di Pale
Pale
Leggiana
Volperino
Casenove Serrone
Rasiglia
Collemancio
Mte. Cinque Querce
Castelleone
Mad. di Bagno
Limigiano
Cantalupo
T. Chiona
FOLIGNO
Fiamenga
Vescia
Sanzano
Colle San Lorenzo
Scopoli
Casale
Morro
Verchiano
Abb. di Sassovivo
Fontanelle di Sassovivo
Mte. Cologna
Castelbuono
Poggio delle Civitelle
Convento d. Annunziata
Budino
Capro
Maceratola
Scafali
Borroni
Sterpete
Sant'Eraclio
Scandolaro
Canalicchio
Ripabianca
Pomonte
Torre del Colle
Bevagna
Madonna delle Grazie
F. Topino
Roviglieto
Ponze
Mte. Puranno
Orsano
Mte. Puro
Grotta del Beato
Molini
Gagliétole
Collepepe
Gualdo Cattaneo
Pozzo
Castello
Ponte di Ferro
Villa
Montepennino
Casevecchie
F. Teverone
Matigge
Santa Maria in Valle
Collazzone
Piedicolle
Saragano
Collesecco
Pietrauta
Montefalco
S. Fortunato
Cerrete
Casale
Parrano
Mte. Brunette
Cammoro
Villamagina
Pupaggi
Pantalla
S. Terenziano
Ripaioli
Bastardo
Marcellano
Turrita
Fabbri
San Luca
Cannaiola
Trevi
S. Martino
Vene
Spina Vecchia
Apagni
Postignano
Mte. Serano
Pettino
Bovara
Pigge
Frontignano
Torri
Grutti
Montecchio
San Savino
S. Felice
Macciano
Bivio Moscardini
Madonna della Stella
San Lorenzo
Picciche
Fsso Ruicciano
Spina Nuova
Buggiano
Loreto
T. Bagno
Petrono
Castagnola
Seggiano
Mercatello
Tempio del Clitunno (S. Salvatore)
Fonti del Clitunno
Pissignano
Campello Alto
Colle Pian Fienile
Mte. Santo
Duesanti
Vieprl
Giano dell'Umbria
Moriano
Castel San Giovanni
Castel Ritaldi
Colle del Marchese
Bruna
Beroide
Azzano
Lenano
Campello s. Clitunno
Mte. Maggiore
Acera
Cerreto di Spoleto
Borgo Cerreto
Morcicchia
Castel Rinaldi
Mte. Martano
Francocci
Terzo la Pieve
S. Vito
San Brizio
Terraia
Camporoppolo
Poreta
Silvignano
Meggiano
Massa Martana
Abbazia San Fidenzio
Montemartano
Castello di Morgnano
Protte
San Giacomo
Mte. Pianciano
Ponte
Mte. Galenne
Mte. Gallor
Chioano
Torrececcona
Roselli
Uncinano
Santa Croce
Maiano
Croceferro
Sup. Bazzano Inf.
F. Nera
Piedipaterno
Vallo di Nera
Stazione di Pte. Maia
Ràggio
Santa Maria in Pantano
San Silvestro
Pontebari
Eggi
Geppa
Grotti
Terzo San Severo
Sant'Angelo in Mercole
Fca. di Cerro
Vasciano
Colvalenza
Montignano
Cima Panco
Colpetrazzo
San Martino in Trignano
San Giovanni di Baiano
SPOLETO
Castel San Felice
Sant'Anatolia di Narco
Mte. Bacugno
Muc
T. Naia
Rosceto
S. Faustino
Staz. di Massa Martana
la Costa
Scoppio
Madonna di Baiano
Monteluco
Vallocchia
Scheggino
Mte. Coscerno
Montenero
S. Quirico
Stab. S. Faustino
Casigliano
Firenzuola
Arezzo
Crocemaroggia
Monte li Rossi
Icciano
Case Mustaiole
Patrico
Mte. di Patrico
Poggiodo
Rosaro
Stab. Amerino
Configni
Castel del Monte
Pompagnano
Fogliano
Caso
Gavelli
Collesecco
Acquasparta
Pontuglia
Cese
Ceselli
Mte. di Civitella
Monte San Vito
Mte. Sciu
Dunarobba
Macerino
Mte. Cormelano
Valdarena
Mte. Fionchi
Castel Todino
Staz. di Montecastrilli
Sterpeto
Polenaco
Valico d. Somma
Terria
Portaria
PARCO ARCHEOLOGICO DI CARSULAE
Giuncano Scalo
Pracchia
Montecastrilli
Quadrelli
CARSULAE
Mte. Acetella
Montebibico
Ancaiano
Macenano
Sambucheto
Mte. Motola
Farnetta
S. Martino
Poggio Lavarino
Mte. Torre Maggiore
S. Pietro in Valle
Colleponte
Belvedere
Castel dell'Aquila
Casarnese
Staz. di S. Gemini
S. Gemini Fonte
Appecano
Battiferro
Valle San Martino
Strettura
S. Mamiliano
Ferentillo
PARCO FLUVIALE DEL NERA
Castellonalto
Mte. Aspra
Collepizzuto
San Gemini
S. Erasmo
Mte. Torricella
Mte. Moro
Monterivoso
Cima del Carpellon
Grande
S. Cristoforo
Cesi
Rocca San Zenone
Montefranco
Palombare
Mte. Petano
Forcella delle Sportelle
Pso. d'Amelia
Gabelletta
Colle Licino
Castagna
Piediimonte
Colle Maggio
Capitone
Rivo
Torreorsina
Arrone
Rosciano
Polino
Villa Pulcini
Mte. la Pelosa
Colle Bertone
Cappuccini
Villa Aspreta
Palombara
Castel di Lago
Castiglioni
Cle. delle Centelle
Mte. Torrinara
Forca dell'Arrone
Foce
Amelia
Mte. Arnata
la Cerqua
F. Nera
TERNI
Collestatte Piano
Casc. delle Marmore
Mte. Poro
Buonacquisto
T. Tescino
T. Serra
F. Clitunno
Fso Tattarena
T. Spina
Menotre
T. Puglia
T. Ose
T. Attone
E 45
© GEOnext - ISTITUTO GEOGRAFICO DE AGOSTINI S.p.A. - NOVARA

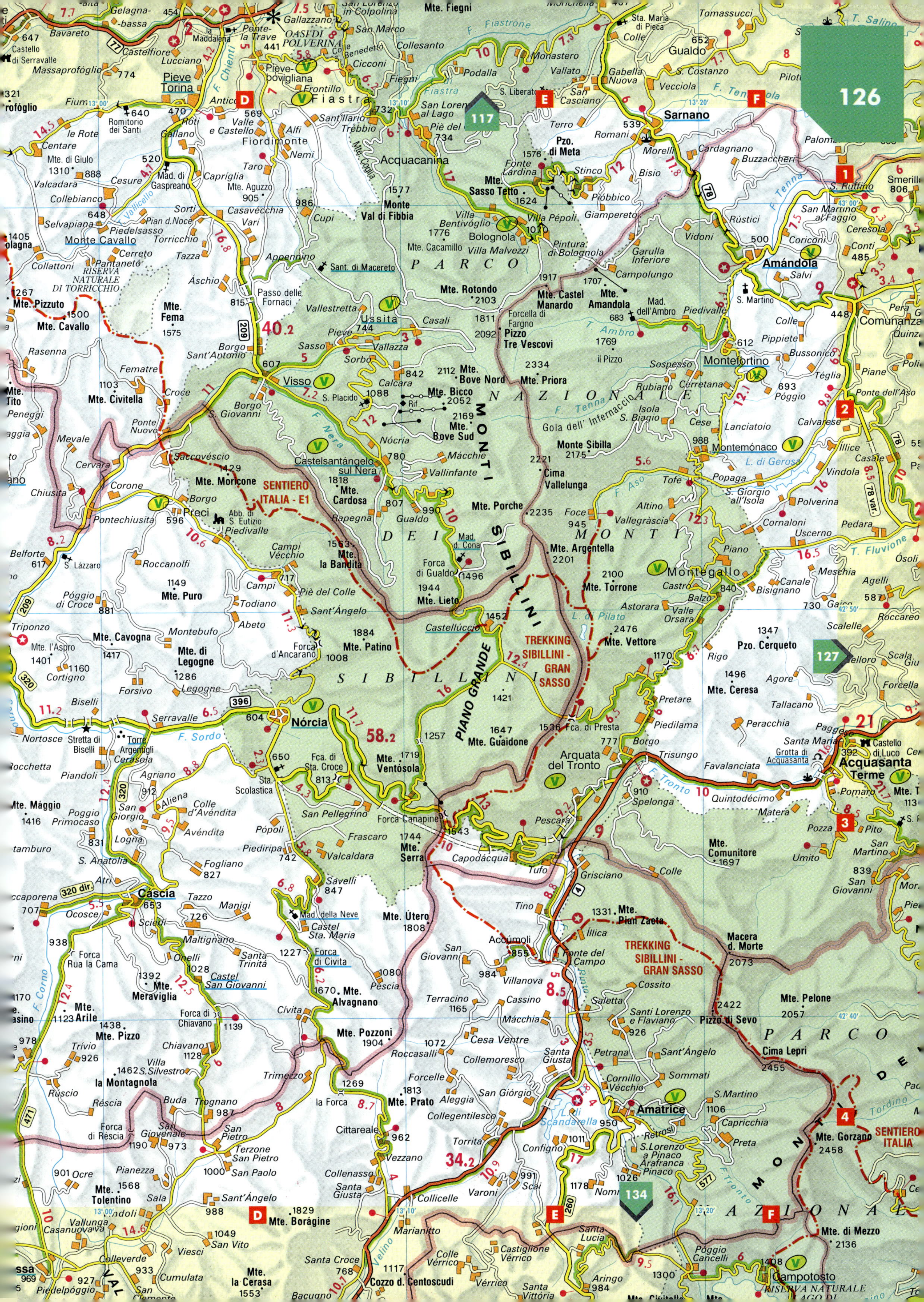
Gelagna-bassa
Bavareto
Castello di Serravalle
Massaprofóglio
774
Castelfiore
Lucciano
Maddalena
Pieve Torina
Ponte-la Trave
Gallazzano
OASI DI POLVERINA
San Marco
Cicconi
Collesanto
Mte. Fiegni
F. Fiastrone
Monastero
Vallato
Podalla
Sta. Maria di Pieca
Colle
Tomassucci
Gualdo
S. Costanzo
Gabella Nuova
Vecciola
Pieve-bovigliana
Fiastra
Frontillo
Fiegni
Sant'Ilario
Trebbio
S. Liberato
San Casciano
Sarnano
Fium
Romitorio dei Santi
640
Roti
Gallano
Valle e Castello
Alfi
Fiordimonte
Nemi
San Lorenzo al Lago
Piè del Sasso
Acquacanina
Terro
Romani
Pzo. di Meta
Morelli
Cardagnano
Buzzaccheri
le Rote
Centare
Mte. di Giulo
Valcadara
Collebianco
Cesure
Mad. di Gaspreano
Capríglia
Mte. Aguzzo
Taro
Fonte Lardina
Mte. Sasso Tetto
Stinco
Bisio
Píobbico
S. Ruffino
Smerillo
Selvapiana
Piedelsasso
Pian d.Noce
Sorti
Casavécchia
Vari
Cupi
Monte Val di Fibbia
Villa Bentivóglio
Bologniola
Villa Pépoli
Giampereto
Rústici
San Martino al Faggio
Ceresola
Monte Cavallo
Torricchio
Cerreto
Pantaneto
RISERVA NATURALE DI TORRICCHIO
Tazza
Appennino
Sant. di Macereto
Mte. Cacamillo
Villa Malvezzi
Pintura di Bolognola
Garulla Inferiore
Vidoni
Coriconi
Conti
Amándola
Collattoni
Áschio
Campolungo
Salvi
Mte. Pizzuto
Mte. Cavallo
Mte. Fema
Passo delle Fornaci
Vallestretta
Ussita
Casali
Mte. Rotondo
Forcella di Fargno
Pizzo Tre Vescovi
Mte. Castel Manardo
Mte. Amandola
Mad. dell'Ambro
Piedivalle
S. Martino
Comunanza
Pieve
Sasso
Sorbo
Vallazza
Borgo Sant'Antonio
Rasenna
Colle
Pippiete
Montefortino
Bussonico
Téglia
Piane
Fematre
Mte. Civitella
Croce
Visso
Calcara
Mte. Bove Nord
Mte. Priora
Il Pizzo
Sospesso
S. Placido
Mte. Bicco
MONTI
Rubiano
Cerretana
Póggio
Ponte dell'Aso
Mte. Tito
Peneggi
Borgo S. Giovanni
Mte. Bove Sud
Gola dell' Infernaccio
Isola S. Biagio
Cese
Lanciatoio
Calvarese
Ponte Nuovo
Mevale
Nócria
Mte. Sibilla
Monte Sibilla
Montemónaco
L. di Gerosa
Cervara
Saccovéscio
Mte. Moricone
Castelsantángelo sul Nera
Mácchie
Vallinfante
Cima Vallelunga
Popaga
Tofe
Vindola
Casale
Chiusita
Corone
Borgo
SENTIERO ITALIA - E1
Mte. Cardosa
Gualdo
Mte. Porche
S. Giorgio all'Isola
Polverina
Preci
Pontechiusita
Abb. di S. Eutizio
Piedivalle
Rapegna
DEI
SIBILLINI
Foce
MONTI
Altino
Vallegràscia
Cornaloni
Pedara
Uscerno
Belforte
S. Lazzaro
Roccanolfi
Campi Vécchio
Mte. la Bandita
Mad. d. Cona
Mte. Argentella
Piano
T. Fluvione
Forca di Gualdo
Mte. Lieto
Mte. Torrone
Montegallo
Castro
Balzo
Canale
Bisignano
Meschia
Agelli
Ósoli
Mte. Puro
Campi
Todiano
Piè del Colle
Sant'Ángelo
Castellúccio
L. di Pilato
Astorara
Valle Orsara
Póggio di Croce
Triponzo
Mte. l'Aspro
Mte. Cavogna
Montebufo
Abeto
Forca d'Ancarano
Mte. Patino
TREKKING SIBILLINI - GRAN SASSO
Mte. Vettore
Mte. di Legogne
PIANO GRANDE
SIBILLINI
Pzo. Cerqueto
Scalelle
Roccareo
Cortigno
Forsivo
Legogne
Rigo
Mte. Ceresa
Agore
Tallacano
Pretare
Piedilama
Peracchia
Biselli
Nortosce
Stretta di Biselli
Torre
Argentigli
Cerasola
Serravalle
F. Sordo
Nórcia
Mte. Guaidone
Fca. di Presta
Borgo
Arquata del Tronto
Trisungo
Favalanciata
Santa Maria
Grotta di Acquasanta
Castello di Luco
Acquasanta Terme
Rocchetta
Piandoli
Agriano
Sta. Scolastica
Fca. di Sta. Croce
Mte. Ventósola
F. Tronto
Spelonga
Quintodécimo
Pomaro
Mte. Mággio
Aliena
Colle d'Avéndita
Poggio Primocaso
San Giorgio
Avéndita
Pópoli
San Pellegrino
Forca Canapine
Pescara
Matera
Pozza
Pito
Logna
S. Anatolia
Fogliano
Piediripa
Frascaro
Valcaldara
Mte. Serra
Capodácqua
Mte. Comunitore
Umito
San Martino
San Giovanni
Atri
Cascia
Savelli
Tufo
Grisciano
Colle
Ocosce
Tazzo
Manigi
Mad. della Neve
Castel Sta. Maria
Mte. Útero
Tino
Mte. Pian Zaetta
Íllica
Macera d. Morte
Forca Rua la Cama
Scìedi
Maltignano
Ônelli
Santa Trinità
Forca di Civita
San Giovanni
Accúmoli
Fonte del Campo
TREKKING SIBILLINI - GRAN SASSO
Mte. Meraviglia
Castel San Giovanni
Mte. Alvagnano
Pescia
Villanova
Cassino
Cossito
Mte. Pelone
Mte. Arile
Forca di Chiavano
Cívita
Terracino
Saletta
Santi Lorenzo e Flaviano
Pizzo di Sevo
PARCO
Mte. Pizzo
Trivio
Chiavano
Mte. Pozzoni
Roccasalli
Mácchia
Cesa Ventre
Collemoresco
Santa Giusta
Petrana
Sant'Ángelo
Cima Lepri
Villa S.Silvestro
la Montagnola
Trimezzo
Forcelle
Cornillo Vécchio
Sommati
Rúscio
Buda
Trognano
Réscia
la Forca
Mte. Prato
Aleggia
San Giórgio
Amatrice
S.Martino
Capricchia
Forca di Rescia
San Giovenale
San Pietro
Cittareale
Collegentilesco
Retrosi
Preta
Mte. Gorzano
SENTIERO ITALIA
Terzone San Pietro
Torrita
Configno
S.Lorenzo a Pinaco
Arafranca Pinaco
Ocre
Pianezza
San Paolo
Collenasso
Vezzano
Santa Giusta
Varoni
Scai
Mte. Tolentino
Sala
Sant'Ángelo
Collicelle
Nommo
Mte. Borágine
Vallunga
Casanuova
Marianitto
Santa Lucia
Mte. di Mezzo
Colleverde
Viesci
San Vito
Castiglione
Vérrico
Poggio Cancelli
Campotosto
Cumulata
Santa Croce
Aringo
RISERVA NATURALE
Piedelpoggio
Mte. la Cerasa
Cozzo d. Centoscudi
Santa Vittoria
Bacugno
San Clemente

Sarnano
Gualdo
Penna San Giovanni
Monte San Martino
Monteleone di Fermo
Montottone
Monsampietro Mòrico
Carassai
Santa Vittoria in Matenano
Montelparo
Mte. S. Lucia
Montalto delle Marche
Cossignano
Smerillo
Montefalcone Appennino
Force
Amándola
Comunanza
Rotella
Castignano
Offida
Montefortino
Monte dell'Ascensione
Appignano del Tronto
Montemónaco
L. di Gerosa
Monte Sibilla
Cima Vallelunga
Palmiano
Venarotta
Castel di Lama
ASCOLI PICENO
Roccafluvione
Montegallo
Mte. Vettore
Mte. Torrone
Mte. Argentella
TREKKING SIBILLINI - GRAN SASSO
Pzo. Cerqueto
Mte. Ceresa
Arquata del Tronto
Acquasanta Terme
Maltignano
Folignano
Mte. Giammatura
Civitella del Tronto
Mte. Tignoso
RISERVA NATUR. GOLE DEL SALINELLO
Valle Castellana
Mte. Foltrone
Campli
Mte. Comunitore
Mte. Pian Zaeta
Macera d. Morte
Mte. la Morra
Rocca Santa Maria
Mte. Pelone
Pizzo di Sevo
Cima Lepri
PARCO DELLA LAGA
TERAMO
Torricella Sicura
Mte. Bilanciere
Amatrice
Mte. Gorzano
SENTIERO ITALIA
Cortino
MONTI DELLA LAGA
Montório al Vomano
Mte. di Mezzo
Cle. Pizzuto
Mte. Calvario
Campotosto
Mte. Civitella
© GEOnext - ISTITUTO GEOGRAFICO DE AGOSTINI S.p.A. - NOVARA

MAR
ADRIATICO
Campofilone
PICENO
Montefiore dell'Aso
Massignano
Marina di Massignano
Ponte Menócchia
118
Villa Santi
T. S. Egidio
Cupra Marittima
S. Giuseppe
21.1
Ripatransone
Sta. Maria d. Petrella
Grottammare
GROTTAMMARE
F. Tesino
TESINA
49.1
A14
SAN BENEDETTO DEL TRONTO
Acquaviva Picena
T. Ragnola
Ragnola
Porto d'Áscoli
Monteprandone
Monsampolo del Tronto
Centobuchi
Stella
S. BENEDETTO D. T. - ASCOLI PICENO
Martinsicuro
M. PRANDONE
MONSAMPOLO DEL TRONTO
Colli del Tronto
Pagliare
SPINETOLI
Colonnella
Controguerra
Villa Catenacci
E 55
Villa Rosa
Abbadia
Alba Adriática
Corrópoli
Nereto
Torano Nuovo
VAL VIBRATA
TORTORETO
20.8
Tortoreto
Cavatassi
Tortoreto Lido
T. Vibrata
Garrufo
Sant'Omero
Póggio Morello
F. Salinello
Acquapark Onda Blu
Montone
S. Angelo a Marano
Giulianova Lido
Mosciano Sant'Angelo
Giulianova
Villa Penna
Bellante
Convento Zoccolanti
Casaleno
Collepietro
Santa Filomena
Colleranesco
Cologna Spiàggia
F. Tordino
Case Rovano
TERAMO - GIULIANOVA - MOSCIANO - S. ANGELO
San Mauro
Ripattoni
21.5
Sant'Atto
Notaresco Stazione
San Nicolò a Tordino
Cologna Paese
Villa Zaccheo
Cordesco
AP. 2004
Giammartino
Roseto degli Abruzzi
Montepagano
Sant'Andrea
VOMANO
Castellalto
Santa Lucia
Morro d'Oro
Casal Thaulero
Guzzano
Notaresco
Valle Canzano
Villa Scapoli
Sant'Anna
Scerne
Canzano
S. Maria di Propezzano
ROSETO
Vomano
Castelbasso
Guárdia Vomano
Caprafico
24.2
Fiume
Cle. Morino
Forcella
S. Clemente al Vomano
52.5
Castelnuovo Vomano
Casoli
Fontanelle
Pineto
Villa Vomano
Montegualtieri
Faiete
ATRI-PINETO
Penna Sant'Andrea
Scorrano
Cellino Attanásio
Santa Margherita
Mutignano
136
San Giácomo
Atri
Cermignano
Mad. d. Grázie
Silvi Paese
Póggio delle Rose
Silvi Marina
Mte. Giove
Cle. di Cellino
Villa Bozza
RIS. NAT. CALANCHI DI ATRI
Pinacce
Silvi
Fso. d. Gallo
Saputelli
Villa San Romualdo
Madonna Addolorata
San Silvestro
14° 00'
14° 10'
43° 00'
42° 50'
42° 40'
13° 50'

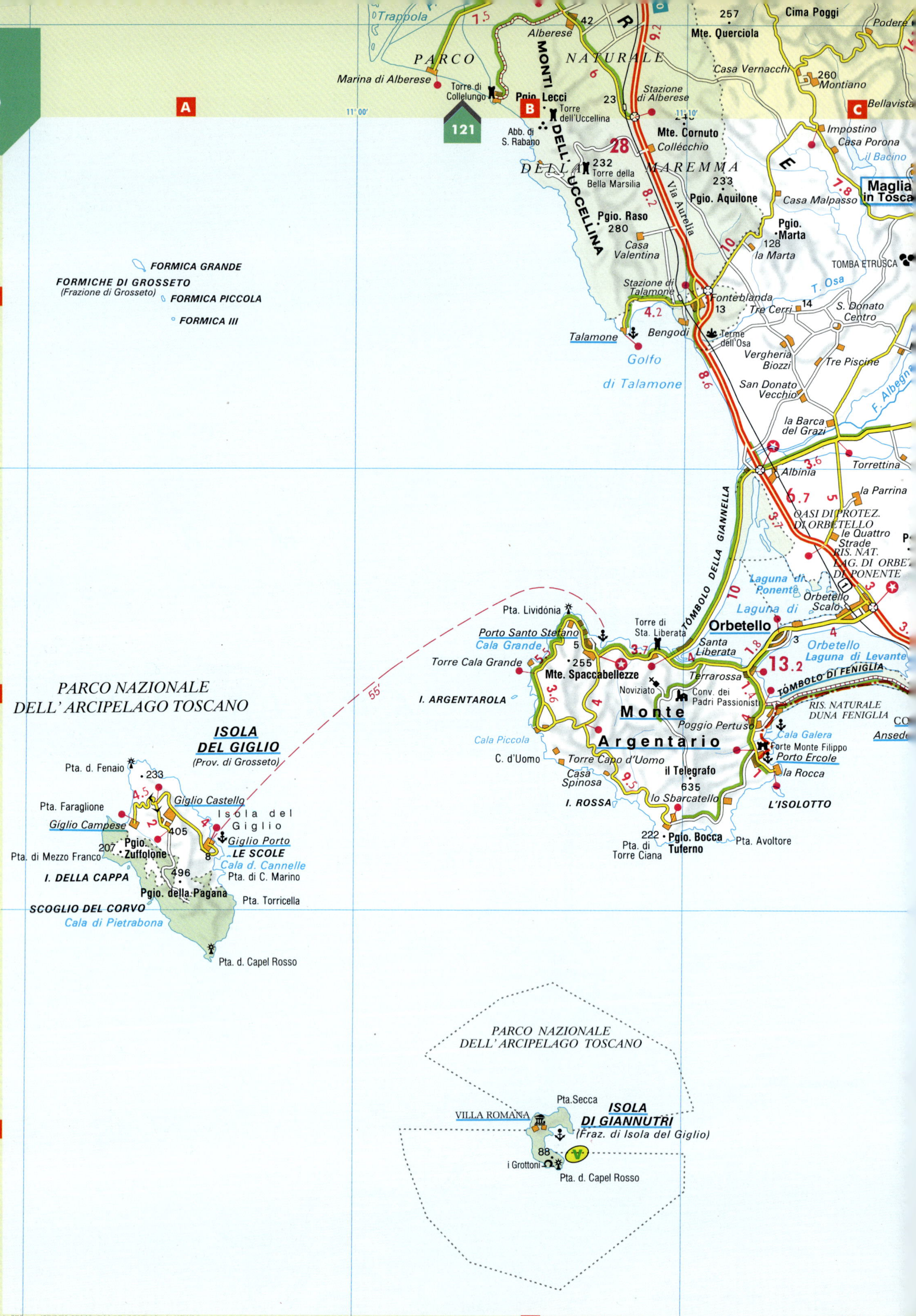
A
B
C
1
2
3
121
11° 00'
11° 10'
42° 30'
42° 20'
Trappola
PARCO NATURALE DELLA MAREMMA
MONTI DELL'UCCELLINA
Marina di Alberese
Alberese
Torre di Collelungo
Pgio. Lecci
Torre dell'Uccellina
Abb. di S. Rabano
232
Torre della Bella Marsilia
Stazione di Alberese
Mte. Cornuto
Collécchio
Mte. Querciola
257
Cima Poggi
Casa Vernacchi
260
Montiano
Bellavista
Podere
Impostino
Casa Porona
il Bacino
Maglia in Tosca
Casa Malpasso
233
Pgio. Aquilone
Via Aurelia
Pgio. Raso
280
Casa Valentina
Pgio. Marta
128
la Marta
TOMBA ETRUSCA
T. Osa
Stazione di Talamone
Fonteblanda
13
Tre Cerri
14
S. Donato Centro
Talamone
Bengodi
Terme dell'Osa
Vergheria Biozzi
Tre Piscine
Golfo di Talamone
San Donato Vecchio
F. Albegna
la Barca del Grazi
Torrettina
Albinia
la Parrina
OASI DI PROTEZ. DI ORBETELLO
le Quattro Strade
RIS. NAT. LAG. DI ORBETELLO DI PONENTE
FORMICA GRANDE
FORMICHE DI GROSSETO
(Frazione di Grosseto)
FORMICA PICCOLA
FORMICA III
TOMBOLO DELLA GIANNELLA
Laguna di Ponente
Laguna di Orbetello
Orbetello Scalo
Orbetello
Orbetello Laguna di Levante
TOMBOLO DI FENIGLIA
RIS. NATURALE DUNA FENIGLIA
Ansedonia
Pta. Lividónia
Porto Santo Stefano
Cala Grande
Torre di Sta. Liberata
Santa Liberata
Torre Cala Grande
255
Mte. Spaccabellezze
Terrarossa
Noviziato
Conv. dei Padri Passionisti
I. ARGENTAROLA
Monte Argentario
Poggio Pertuso
Cala Galera
Forte Monte Filippo
Porto Ercole
la Rocca
Cala Piccola
C. d'Uomo
Torre Capo d'Uomo
Casa Spinosa
il Telegrafo
635
lo Sbarcatello
I. ROSSA
L'ISOLOTTO
222
Pgio. Bocca Tuferno
Pta. di Torre Ciana
Pta. Avoltore
PARCO NAZIONALE DELL' ARCIPELAGO TOSCANO
ISOLA DEL GIGLIO
(Prov. di Grosseto)
Pta. d. Fenaio
233
Pta. Faraglione
Giglio Castello
Isola del Giglio
Gíglio Campese
405
Giglio Porto
LE SCOLE
207
Pgio. Zuffolone
Pta. di Mezzo Franco
Cala d. Cannelle
Pta. di C. Marino
I. DELLA CAPPA
496
Pgio. della Pagana
Pta. Torricella
SCOGLIO DEL CORVO
Cala di Pietrabona
Pta. d. Capel Rosso
55'
PARCO NAZIONALE DELL' ARCIPELAGO TOSCANO
Pta.Secca
VILLA ROMANA
ISOLA DI GIANNUTRI
(Fraz. di Isola del Giglio)
88
i Grottoni
Pta. d. Capel Rosso

Poggio San Pellegrini
Podere Comune
Saturnia
Terme di Saturnia
Póggio Murella
Sovana
Casa Filetta
TOMBA ILDEBRANDA
Pitigliano
Madonna delle Grazie
Spinaia
la Pieve
Castelluccio
Saláiolo
Pereta
Pgio. alle Calle
Pgio. d. Guardiola
Fattoria Pomonte
Casa Monterozzino
Impostino
Casa Tombara
Fattoria Colle Lupo
Pgio. Macchia Casella
Montemerano
Casa Pergolacce
Podere S. Giovanni
Mte. Nero
F. Lente
F. Fiora
il Voltone
La Nova
Dogana
L. di Mezzano
Pgio. Seccante
Pgio. Campana
Pgio. Montecchio
Manciano
Pgio. Piazza dei Tori
NECR. DI POGGIO BUCO
Pian di Morrano
Pgio. Arnelleta
S. Bruzio
Morelle
Banditella
Pgio. Raso
F. Castione
F. Albegna
la Sgrilla
Casalnovo
Casa Mariannáccia
Pgio. Catàggio
Fornace
Pgio. Onteo
T. Elsa
Pgio. Sanopia
Ponte dell'Arsa
Semonte
Sta. Maria di Sala
SELVA DEL LAMONE
Farnese
Valentano
Pgio. S. Giovanni
Ischia di Castro
Castro
Fso. Arsa
Fso. Olpeta
Fso. di S. Paolo
Fso. della Paternale
Fonte dell' Oppio
Céllere
Marsiliana
Pgio. Tutto il Mondo
Sgrillozzo
Poggio di Fuoco
Casa Guardiola
Casa Piancalcáio
la Campigliola
Pgio. d. Corno
Mte. Bellino
Casa Guardiola
Pgio. Alto
Strozzavolpe
Pianiano
Casa Fattorale
Mte. Cavallo
Marruchetone
Casa Lascone
Poggialti
TREKKING SIENA - ARGENTARIO
Lago Acquato
Diaccialone
Casa Pianese
Mte. Maggiore
Pgio. Costone
Mte. Fumaiolo
Canino
Tessennano
Pgio. Forane
Lagaccioli
Monteti
Pgio. Vaccaro
Capalbio
Casa del Marchi
il Giardino
RIS. NAT. MONTAUTO
Fattoria Montauto
Riminino
Mte. Canino
Mad. d. Mosse
Pgio. Capalbiáccio
L. S. Floriano
la Mándria
Carige Alta
Giardino dei Tarocchi
Pescia Fiorentina
Garavicchio
Abbadia
NECR. ETRUSCHE
VULCI
Case Monterozzi
Musignano
Mad. d. Cerro
Nunziatella
Via Aurélia
Borgo Carige
Capálbio Stazione
Torba
L. di Burano
RISERVA NATURALE LAGO DI BURANO
Stazione Chiarone
I. FORMICA DI BURANO
Fso. Tafone
Cantoniera del Tafone
Pescia Romana
i quattro Pini
Graticciara
Marina di Pescia Romana
Fso. Timone
Canestraccio
San Giuliano
Pgio. Campagna
Casale Trocchetti
Casale Camposcala
Montálto di Castro
F. Fiora
Casa Campomorto
T. Arrone
Pgio. Martino
Montalto Marina
Riva dei Tarquini
Via Aurelia
MAR TIRRENO
Pian di Spille
Marina Velca
Stazione di Tarquinia
TARQUINIA
Tarquinia
NECR. ETRUSCHE
Tarquinia Lido
Porto Clementino
GRAVISCA
RISERVA NATURALE SALINE DI TARQUINIA
Saline
Lombardi
Sant'Agostino
Casa Pantano
122
131
E 80

131
123
130
137
A
B
C
1
2
3
MONTI VOLSINI
Lago di Bolsena (Vulsino)
I. BISENTINA
I. MARTANA
Bolsena
Grádoli
Borghetto
Casa San Biágio
Pgio. di Biágio
Mte. Panaro
San Severo
Boccetta
Lubriano
Civita
Bagnoregio
Capráccia
Ponzano
R. Torbido
Monterado
Vetriolo
Sant'António
Trebiano
Sterpeto
Castel Cellesi
Pgio. Selva
Mte. Rotondo
Mte. Orsone
Capobianco
Sta. Caterina
Celleno
Coste
Poggetto
Fastello
Montefiascone
Montisola
le Mosse
Zepponami
Sta. Maria
Magugnano
Mte. d'Oro
Via Cassia
Casa Valle Rice
Mte. Iugo
FERENTO
ZONA ARCH. DI ACQUAROSSA
Commenda
Valle Castellone
Casale Mogliane
Mte. Razzano
Mad. d. Spiga
S. Gaetano
Bagno Bussete
Bullicame
Bagni di Viterbo
Santa Caterina
VITERBO
la Quercia
Sta. Maria d. Quercia
Cappuccini
le Farine
Staz. di S. Martino al Cimino
San Martino al Cimino
Tobia
Mte. Fogliano
Casa Cartiera
Castel d'Asso
NECR. D'AXIA
Cast. di Salce
Fso. Rigomero
Tre Croci
Vetralla
Conv. S. Angelo
Staz. di Vetralla
Cura
Botte
Quercie d'Orlando
Staz. di Vico-Matrino
Cassia
NECROPOLI DI GROTTA PORCINA
Villa San Giovanni in Tuscia
NECR. ETRUSCHE
Blera
ZONA ARCH. DI S. GIULIANO
Barbarano Romano
PARCO MARTURANUM
Vejano
Civitella Cesi
Pgio. di Cóccia
Claudia
Mte. Cuoco
Oriolo Romano
Montevirginio
RIS. NAT. MONTERANO
Eremo
Mte. Calvario
ZONA ARCH. DI S. GIOVENALE
Casentile
Rota
Tolfa
ROCCA
Allumiere
Mte. le Grazie
Mte. Turco
La Bianca
Sassicaia
la Farnesiana
Cencelle
Case le Centocelle
F. Mignone
Mignone
Casa Pantano
Sant'Agostino
Case Santa Lucia
Lombardi
Saline
A NATURALE DI TARQUINIA
GRAVISCA
Lido di Tarquinia
Stazione di Tarquinia
NECR. ETRUSCHE
Tarquinia
TARQUINIA
Aurelia
Via Aurelia
Casa della Turchina
Cascina Santa Maria
Monte Romano
Pgio. d. Guardiola
Pgio. del Forno
Cinelli
Pgio. Caruso
NECR. DI NORCHIA
Norchia
il Casalone
Pgio. Ficuna
la Rocca
Fso. Capecchio
F. Marta
Lascocanale
Montebello
la Madonnella
Casalino
Colle Quarticciolo
Castel Ghezzo
Pgio. Martino
Campomorto
Casale Trocchetti
Pgio. Campagna
Case Monterozzi
San Giuliano
Canestraccio
Musignano
Mad. d. Cerro
Mad. d. Mosse
Mte. Canino
Canino
Tessennano
Arlena di Castro
Pian di Vico
Fso. d. Cadutella
Casa Fattorale
Pianiano
Strozzavolpe
Céllere
Gabelletta
Fienile
Piansano
Mte. di Céllere
Fonte dell'Oppio
Ischia di Castro
Farnese
Fso. di S. Paolo
Paternale
Cappuccini
Pgio. S. Giovanni
Valentano
Mad. dell'Eschio
Mad. d. Salute
Semonte
Sta. Maria di Sala
SELVA DEL LAMONE
Pgio. Seccante
Dogana
il Voltone
L. di Mezzano
Mezzano
Montione
Latera
S. Martino
la Montagna
Pgio. Evangelista
Casone
la Rotta
San Quirico
Casa Prataccione
Villa delle Fontane
Bisenzio
Capodimonte
Casa San Luzzaro
Mte. Rosano
Marta
Montecchio
Mte. di Marta
Mte. della Pieve
Fontana Murata
Mte. Cardone
Pgio. Cerboni
Casa Migliani
Casa Pratalano
Fso. di Catenaccio
TOMBE ETRUSCHE
Villa Pieri
Tuscánia
NECROPOLI TOMBA D. REGINA
Mad. dell'Olivo
Abb. di S. Giusto
Fso. Leia
© GEOnext - ISTITUTO GEOGRAFICO DE AGOSTINI S.p.A. - NOVARA

Baschi
Montécchio
Mte. Croce di Serra
Avigliano Umbro
Montecastrilli
Dunarobba
Castel dell'Aquila
124
Portaria
PARCO ARCHEOLOGICO DI CARSULAE
CARSULAE
Mte. Torre Maggiore
Guardea
Guardea Vecchia
Mte. Castellari
Mte. Cimamonte
Sambucetole
Mte. Piglio
Collicello
Quadrelli
S. Martino
San Gémini
S. Gémini Fonte
Cesi
Mte. Torricella
Lago di Alviano
Alviano
Mte. Pian di Nappa
Lugnano in Teverina
Colle Maggio
Capitone
Gabelletta
Campitello
Piediluco
Rivo
TERNI
S. Valentino
Papigno
Amélia
Porchiano del Monte
Villa Aspreta
Foce
Mte. Arnata
la Cérqua
Palombara
F. Nera
Collescipoli
Pisciarello
Sipicciano
Castelvecchio
Mte. Pelato
Fórnole
Narni Scalo
Narni
Attigliano
Giove
Convento
Penna in Teverina
Montecampano
Montoro
Mte. Santa Croce
Nera Montoro
Cappuccini Vecchi
San Faustino
Monte Maggio
Mte. Rotondo
Stroncone
Bomarzo
Mugnano
RIS. NAT. MONTE CASOLI DI BOMARZO
Chia
Lucignano
San Liberato
Stifone
Taizzano
Vasciano
Borgaria
il Testáccio
Cardano
Altrocanto
Castelvecchio
Aguzzo
Coppe
Mte. Macchialunga
Bassano in Teverina
Orte
L. di San Liberato
Gualdo
Vigne
Pte. Sanquinaro
Itieli
Sant'Urbano
Conv. lo Speco
Vasciano
Osteria Capannaccia
Casalone
Guadamello
Schifanóia
Póggio
Mte. S. Pancrazio
Lugnola
Colle di Lagnola
Mte. Lacerone
Finocchieto
Poggio Pelato
Orte Scalo
San Vito
Santa Maria
Poggiolo
Otrícoli
OCRICULUM
Soriano nel Cimino
Sant'Eutizio
Vasanello
il Piano
Piloni
S.Carlo
San Lorenzo
Calvi dell'Umbria
Configni
Mte. Cosce
Mte. Cimino
S. Centignano
Villa Mariani
Bagnolo
Cast. d. Formiche
Rocchette (Fraz. di Gallese Prov. di Viterbo)
Santa Maria in Neve
Santa Maria Maddalena
Vacone
Vallerano
Vignanello
la Casáccia
Scalo Teverina
Mad. degli Angeli
Sant'Andrea
Rocchette
133
Canepina
Madonna del Parto
Staz. Gallese-Vasanello
Gallese
MAGLIANO SABINA
Magliano Sabina
Fianello
Montebuono
Torri in Sabina
il Crocifisso
S. Vito
Fábrica di Roma
Corchiano
Staz. di Civita Castellana-Magliano Sabina
Borghetto
Cicignano
Tarano
Foglia
Collevécchio
San Polo
Sta. Maria in Vescovio
Selci
Caspéria
Carbognano
Caprarola
Mad. del Soccorso
FLAMINIA
Casa Corlando
Staz. di Caprarola
la Capannella
Quartaccio
C. Ciotti
Póggio Sommavilla
Stimigliano
Forano
Cantalupo in Sabina
S. Egidio
Mad. del Barco
Ronciglione
FALERII NOVI
Civita Castellana
T. Treja
Staz. di Ponzano
Stimigliano Scalo
S. Michele
Gavignano
Casale Ponte Minchione
Paolelli
San Luigi
Galantina
Póggio Mirteto
Ponterotto
R. Vicano
Staz. Pian Paradiso
Mte. Soratte
PONZANO R.-SORATTE
Ponzano Romano
Castel Sant'Elia
Trenta Miglia
Basilica di Sant'Elia
Ost. di Stabia
Madonna delle Grazie
Filacciano
Torrita Tiberina
Staz. di Poggio Mirteto
Sutri
Fontevivola ANFITEATRO ROMANO
Nepi
Faléria
Stazione Sant'Oreste
Sant'Oreste
Nazzano
Case Nuove
Madonna del Parto
Flacchi
PARCO DELL'ANTICHISSIMA CITTÀ DI SUTRI
Mezzaroma
Terme dei Gracchi
Calcata
Staz. Rignano-Faléria
Rignano Flaminio
RIS. NAT. DI NAZZANO-TEVERE-FARFA
Bassano Romano
L. Monterosi
la Gabelletta
Mazzano Romano
Fso. di S. Martino
Civitella San Páolo
Grotta di Torri
Mte. Calvi
Monterosi
PARCO VALLE DEL TREJA
138
Mte. Rca. Romana
Mte. dell'Olmo
Sette Vene
Fta. di Morolo
Fiano Romano
Bagni di Vicarello
AUTODROMO DI VALLELUNGA
Magliano Romano
Passo Corese
Trevignano Romano
Grotta del Pianoro
Staz. di Magliano Romano
Staz. Fara Sab. Montelibretti
Lago di
Bivio del Pavone
Campagnano
Capena
ROMA NORD
Montemaggiore

TERNI
RIETI
Cittaducale
AP. 2004
Leonessa
Antrodoco
Stroncone
Gréccio
Contigliano
Montefranco
Arrone
Piediluco
L. di Piediluco
Casc. delle Mármore
Mármore
Papigno
Collestatte Piano
Torreorsina
Castel-dilago
Polino
Colle Bertone
Rivodutri
Convento S. Giacomo
Póggio Bustone
Cantalice
Labro
Morro Reatino
Colli sul Velino
Repasto
L. di Ripa Sottile
L. Lungo
LAGHI LUNGO E RIPASOTTILE
RIS. NATUR.
AGRO REATINO
MONTI REATINI
MONTI SABINI
MONTI SABINI
Chiesa Nuova
Le Tre Strade
Madonna del Cuore
Terminillo
Mte. Terminillo 2216
Pian di Rosce
Lisciano
Vázia
Lugnano
Castelfranco
Santa Rufina
Castel Sant'Angelo
Paterno
Mte. Belvedere 841
Fonte Cotterella
Cenciara
F. Salto
Roccaranieri
Conceviano
Grotti
Calcariola
Pendenza
Cápradosso
Petrella Salto
Mte. S. Angelo
Rocca Sinibalda
Longone Sabino
Varco Sabino
Lago del Salto
Lago del Turano
Colle di Tora
Castel di Tora
Monte Navegna 1506
RISERVA NATURALE MONTE NAVEGNA-MONTE CERVIA
Ascrea
Paganico
Collegiove
Pozzáglia Sabina
Montorio in Valle
Poggio Moiano
Colle Lepre
Cima Casarene
Scandríglia
Nérola
Mte. Elci
Fara in Sabina
Abbazia di Farfa
Toffia
Poggio Nativo
Frasso Sabino
Monteleone Sabino
Torricella in Sabina
Poggio San Lorenzo
Casaprota
Mompeo
Salisano
Montópoli di Sabina
Castelnuovo di Farfa
Póggio Mirteto
Cantalupo in Sabina
Casperia
Torri in Sabina
Vacone
Cottanello
Configni
Mte. Cosce
Selci
Forano
Gavignano
Torrita Tiberina
Nazzano
RIS. NAT. DI NAZZANO-TEVERE-FARFA
Montenero Sabino
Belmonte in Sabina
Monte San Giovanni in Sabina
San Giovanni Reatino
Casette
Póggio Fidoni
Mte. Pizzuto
Mte. Tancia
Roccantica
Póggio Catino
Mte. Porco Morto
Montásola
Mte. Macchialunga
Macchia di Mezzo
Colle Tavola
la Montagnola
Mte. Rotondo
Miranda
Collescipoli
S. Valentino
Cesi
Campitello
Piediluco
Mte. Torricella
Mte. Moro
Mte. Petano
Mte. Aspra
Cima del Carpellone
Mte. Tolentino
Vindoli
Piedelpóggio
BOSCO VALLONINA
VAL CARPINETO
Micigliano
Campoforogna
Cimata di Castello
Fassinoro
Vallecúpola
Monte Navegna
Sella di Leonessa
Mte. Cavallo
Albaneto
Mte. Tilia
Mte. Corno
Cima d'Arme
Cima la Tavola
Mte. Catabio
Fiumata
Pantana
Ornaro
Posticciola
Muro Pizzo
Stipes
Mte. Sole
Magnalardo
San Silvestro
Collina
Magliano
Casette
Fonte Colombo
S. Elia
Castel S. Benedetto
Cerchiara
San Filippo
Collebaccaro
Larghetto
Spinacceto
Lugnola
Colle di Lagnola
Mte. Lacerone
Mte. Pancrazio
Vasciano
Finocchieto
Coppe
i Prati
Altrocanto
Castelvecchio
Aguzzo
Montedisopra
Via Salaria
Terria
Ginestra
Cerdomare
Madonna d. Quérce
Santa Maria delle Grázie
Passo Corese
Staz. Fara Sab. Montelibretti
Borgo Quinzio
Acquaviva
Corese Terra
Canneto
Talocci
Coltodino
Primecase
Grotta di Torri
Farfa
Case Nuove
Galantina
San Luigi
San Valentino
Bocchignano
Castel San Pietro
Collelungo
San Benedetto
San Sebastiano
PARCO FLUVIALE DEL NERA
Castellonalto
Monterivoso
Palombare
Rosciano
Castiglioni
Cle. delle Centelle
Buonacquisto
Collesantángelo
Collatea
Apoléggia
Piedicolle
Borgo San Pietro
San Liberato
Convento la Foresta
Madonna del Passo
Mozza
Borgo Velino
Terme di Cotilia
Stazione di Castel Sant'Angelo
Vasche
Canetra
Offeio
Pratoianni
Vaccareccia
Póggio Vittiano
Rigatti
Marcetel
Tonnicoda
Montemaggiore
ROMA NORD
© GEOnext - ISTITUTO GEOGRAFICO DE AGOSTINI S.p.A. - NOVARA

Alvagnano
Mte. Pozzoni
Amatrice
Lago Scandarella
Cima Lepri
Pizzo di Sevo
PARCO NAZIONALE DEL GRAN SASSO E MONTI DELLA LAGA
Mte. Gorzano
SENTIERO ITALIA
Padula
Cortino
Crognaleto
Cesacástina
Mte. di Mezzo
Campotosto
RISERVA NATURALE LAGO DI CAMPOTOSTO
Lago di Campotosto
Mte. Piano
Ortolano
Mte. Mascioni
Mte. Civitella
Poggio Cancelli
Cozzo d. Centoscudi
Montereale
Capitignano
il Castellano
Fiume Vomano
L. di Provvidenza
Fano Adriano
Pietracamela
Cle. Pelato
Cima Alta
Prati di Tivo
Cle. Abetone
Mte. Corvo
GRAN SASSO
Corno Piccolo
Corno Grande
Mte. d'Intermesole
TREKKING SIBILLINI - GRAN SASSO
Rif. Garibaldi
Rif. Duca degli Abruzzi
Mte. Portella
Mte. Ienca
Mte. S. Franco
Cle. Tenda
Mte. Mozzano
Pso. d. Capannelle
S. Vincenzo
il Pago
Mte. Stabiata
Acqua di S. Franco
Orto Botanico di Campo Imperatore
ASSERGI
L. d'Assergi
Mte. d'Aragno
Camarda
Aragno
Filetto
L. di Filetto
Collebrincioni
PARCO SORGENTI DEL FIUME VERA
Tempera
L'AQUILA
L'AQUILA EST
L'AQUILA OVEST
Paganica
Bazzano
Sant. Madonna d'Appari
Cle. Pozzello
Pescomaggiore
Mte. d. Selva
San Martino
Picenze
Poggio Picenze
Cle. Cicogna
San Demétrio né Vestini
Stazione di Paganica
Onna
Monticchio
Fossa
Cerro
Sant'Eusánio Forconese
Villa Sant'Angelo
Fagnano Alto
Campana
Stiffe
Grotta di Stiffe
Fontecchio
Terranera
Rocca di Mezzo
Mte. d. Cerreta
CATENA DEL MONTE SIRENTE
PARCO NATURALE SIRENTE - VELINO
Laghetto
Mte. Rotondo
Vado di Pezza
PIANO DI CAMPO FELICE
Rocca di Cámbio
Mte. Cagno
Mte. Ocre
Ocre
San Felice d'Ocre
Valle d'Ocre
San Pánfilo d'Ocre
Casentino
Tussillo
San Martino d'Ocre
Fonteavignone
Mte. Cefalone
Casamáina
Mte. Orsello
le Quártora
Mte. Puzzillo
Mte. Cornácchia
il Costone
Rif. Sebastiani
Mte. di Sévice
Cle. dell'Orso
Mte. Velino
RIS. NAT. MONTE VELINO
Lago della Duchessa
MONTAGNE DELLA DUCHESSA
VALLE DELL'ASINO
VALLE AMARA
Il Morrone
Mte. S. Rocco
TORNIMPARTE
Tornimparte
Villagrande
Lúcoli
Collimento
Vado Lúcoli
Prata-Peschiolo
Colle di Lúcoli
Piággia
Santa Croce
Sant'Andrea
Ròio Piano
Póggio di Ròio
Colle di Ròio
Mte. Luco
VALLE ATERNO
Pianola
Bagno
Civita di Bagno
San Benedetto
Forcona
S. Elia
Genzano
Sassa
Pagliare
Poggio Santa Maria
Colle Farelli
Pié la Costa
Pié la Villa
Barano
San Nicola
Castiglione
VALLE DI MALITO
Cle. Acetoni
Mte. Fratta
Mte. Cava
RISERVA NATURALE DELLE MONTAGNE DELLA DUCHESSA
Collemaggiore
Castelmenardo
Corvaro
Borgorose
Collerose
VALLE DEL SALTO
Sant'Anatólia
Torano
Mte. Rosa
Spedino
Villerose
Grotti
RIS. NAT. DELLE GROTTE DI PIETRASECCA
VAL DI VARRI
Nesce
Leofreni
Civitella
Pescorocchiano
Baccarecce
Poggio S.Giovanni
Arapetrianni
Torre di Táglio
S. Elpidio
Sant'Ippolito
Gamagna
Santa Lucia
S.Stefano
Castello
Fagge
Brusciano
C. Alto
PIANO D'AQUILENTE
VALLE STRETTA
Mte. Moro
Mte. tra le Serre
PIANO DI RASCINO
L. Rascino
PIANO CORNINO
Mte. Torrecane
Sella di Corno
Rocca di Corno
Castello di Corno
Mte. Calvo
Menzano
Santi
Scoppito
Cese
Vigliano
Civitatomassa
Collecastagno
Colle di Preturo
Preturo
San Marco
Colletara
Coppito
Conv. di S. Giuliano
Cansatessa
San Vittorino
AMITERNUM
S. Nicola
San Lorenzo
Arischia
Colle
Pizzoli
Barete
Cavallari
Teora
Mte. Rua
Cagnano Amiterno
San Sabino
Basanello
Torre
Termine
i Pizzi
PIANO DI CASCINA
Mad. d. Grotte Vignola
Colli
Corroccioni
Collicello
Fiugni
San Giovanni
San Pelino
Tarignano
Ost. Sambuco
Castello Pagánica
Colle Pagánica
San Giovanni Pagánica
Marana
Mte. Cábbia
Cábbia
Cesaproba
Borbona
Piedicolle
Pellescritta
Ville di Fano
Colle Calvo
Cavagnano
Paterno
Sivignano
Mopolino
Santa Vittória
Vérrico
Colle Vérrico
Castiglione Vérrico
Aringo
Santa Lucia
Marianitto
Collicelle
Varoni
Nommisci
Santa Giusta
Collenasso
Vezzano
Torrita
Configno
Collegentilesco
San Giórgio
Aleggia
Forcelle
Roccasalli
Collemoresco
Cesa Ventre
Mácchia
Petrana
Sant'Ángelo
Cornillo Vecchio
Sommati
S.Martino
Capricchia
Preta
Retrosi
S.Lorenzo a Pinaco
Arafranca Pinaco
Santi Lorenzo e Flaviano
Ceppo
Piano Fiumata
Caiano
Agnova
Mte. Bilanciere
Fioli
Lame
Servillo
Casagreca
Villa Vallucci
Altavilla
Figliola
Aiello
Cervaro
Cle. Pizzuto
Mte. Calvario
Senarica
Tottea
Alvi
Paladini
Nerito
Intermésoli
PratoSelva
Cusciano
Sta. Rufina
Figino
Lonaro
Bacugno
Santa Croce
Borágine
Velino

Torricella Sicura
Teramo
Mad. d. Cona
Piano Grande
Poggio Cono
Valle Canzano
Canzano
Guzzano
Notaresco
Morro d'Oro
Villa Scapoli
S. Maria di Propezzano
Castelbasso
Guárdia Vomano
Caprafico
Forcella
Cle. S. Pietro
Castelnuovo Vomano
S. Clemente al Vomano
Fiume
Fontanelle
Poggio Rattieri
Borgonovo
Tordinia
Villa Ripa
Miano
Frondarola
Valle San Giovanni
Faieto
Villa Vallucci
Casagreca
Rapino
Spiano
Villa Vomano
Penna Sant'Andrea
Monteguaitieri
Faiete
Cellino Attanásio
Santa Margherita
Atri
San Giácomo
Scorrano
Cermignano
Basciano
Sant'Agostino
Collevecchio
Montório al Vomano
Altavilla
San Giorgio
Figliola
Crognaleto
Aiello
Villa Maggiore
Santa Maria
Leognano
Villa Petto
Parco del Fiume Fiumetto
Bascianella
Parco Nat. del Cerreto
Mte. Giove
Póggio delle Rose
Cle. di Cellino
Villa Bozza
Ris. Nat. Calanchi di Atri
Villa San Romualdo
Le. Pizzuto
Mte. Calvario
Senarica
Cusciano
Faiano
Aquilano
Azzinano
Morelli
Castiglione della Valle
S. Maria di Ronzano
Ronzano
Castel Castagna
Saputelli
Appignano
Troiano
Montefino
Castilenti
Fano Adriano
Flamignano
Tossícia
Ornano Grande
Colledara
S. Gabriele - Colledara
Bisenti
Castiglione Messer Raimondo
Intermésoli
Pietracamela
Cle. Pelato
Forca di Valle
Trignano
Capsano
S. Giovanni al Mavone
Colledoro
Arsita
San Giorgio
Cle. S. Anna
Élice
Madonna degli Angeli
Abetone
Sentiero Italia
Cima Alta
Prati di Tivo
Cerchiara
Sant. S. Gabriele
Isola del Gran Sasso d'Italia
Villa Rossi
San Massimo
Palombara
Ciariscelli
Piccianello
T. Baricella
Sasso
San Pietro
Fano a Corno
Pretara
Castelli
Roccafindamo
Mastari
Corno Piccolo
Casale San Nicola
Mte. d'Intermesole
Corno Grande
Traf. del Gran Sasso d'Italia
Trekking Sibillini - Gran Sasso
Rif. Garibaldi
Rif. Duca degli Abruzzi
Mte. Portella
Vado di Corno
Gran Sasso d'Italia
Sentiero Italia Var.
Cupoli
Filipponi
Penne
Mte. Brancastello
Mte. Prena
Mte. Camicia
Farindola
Rigopiano
L. di Penne
Mad. di Piota
Riserva Naturale Lago di Penne
Fonte Cerreto
Assergi
Orto Botanico di Campo Imperatore
Mte. d. Scindarella
Campo della Laga
Rif. Fonte Vetica
Mte. S. Vito
Montebello di Bertona
Rotacesta
Mte. Cristo
L. d'Assergi
Campo Imperatore
L. di Barisciano
Lago di Racollo
Mte. Morrone
Mad. di Grazie
Vestea
Cle. Cavaliere
Camarda
L. di Filetto
Sentiero Italia
Mte. Cecco d'Antonio
Mte. Bolza
Rifugio
Ris. Nat. del Voltigno e della Valle d'Angri
Villa Celiera
Zoo la Rupe
Civitella Casanova
Cle. Tabernacolo
Mte. Ruzza
Cle. Pozzello
Mte. C. di Serre
L. Sfondo
Castel del Monte
Mte. Pietra Aspra
Mte. Fiore
San Vincenzo
Sant. Madonna d'Appari
Pescomaggiore
Mte. Cappellone
Mte. d. Selva
Parco di Vícoli
Vícoli
Catignano
San Gregório
Santo Stéfano di Sessánio
Ofena
Mte. Cappucciata
Vícoli Vecchio
Carpineto della Nora
Civitaquana
San Martino
S. Colombo
Barisciano
Caláscio
Mte. Pesatero
Villa Santa Lucia degli Abruzzi
Nocciano
Picenze
Poggio Picenze
Mte. Camarda
Castelvécchio Calvisio
Forchetta San Leonardo
Mte. la Serra
Frasca
Il Piano
Brittoli
Cle. Cicogna
Cugnoli
Pagliaro di Tono
Intro d'Acqua
Scarafano
Alanno
San Demétrio ne' Vestini
San Giovanni
Carapelle Calvisio
Forca di Penne
Capodacqua
Madonna della Croce
Cerro
Fossa
San Pio delle Cámere
Sant'Eusánio Forconese
Peltuinum
S. Paolo di Peltuino
Casentino
San Nicandro
Prata d'Ansidónia
S. Maria dei Cintorelli
Convento di S. Giovanni
Capestrano
Sentiero Italia
Corvara
Pietranico
Valle Baroni
Tussillo
Villa Sant'Angelo
Vallecupa
Stiffe
Grotta di Stiffe
Castello
Tússio
Caporciano
Mte. Picca
Pescosansonesco
Fonteavignone
Fagnano Alto
Ripa
Opi
Civitaretenga
Capo di Colle
S. Pietro ad Oratorium
Torre de' Passeri
Campana
Pedicciano
Bominaco
Navelli
Pescosansonesco vecchio
Castiglione a Casáuria
San Clemente a Casáuria
Terranera
San Pio
Collepietro
Casauria-Torre de' Passeri
Mad. di Monte
Bolognano
Fontécchio
Mte. Offerno
Mad. d. Campo
Mte. Roccatagliata
Bussi sul Tirino
Tocco da Casáuria
Ris. Nat. d. Valle dell'Orta
Santa Maria del Ponte
Mte. Acquaro
Convento
Rocca di Mezzo
Catena del Monte Sirente
Naturale
Mte. d. Cerreta
Tione degli Abruzzi
Succiano
Roccapreturo
Mte. Mótola
Musellaro
Beffi
Ris. Nat. Monte Rotondo
Cavallone
San Benedetto in Perillis
Sorgenti del Pescara
Mte. Corvo
Salle
Mte. Ruvo
Villa Grande
Acciano
Gorano
Valli
Pópoli
Salle Vecchia (disabitato)
Montagne del Morrone
Velino
Secinaro
la Villa
Molina Aterno
Mandra Murata
Mte. Rotondo
Caráma
Laghetto
Mte. Sirente
Castelvécchio
Ris. Nat. Gole di
Mte. Capo d'Ácero
© GEOnext - Istituto Geografico De Agostini S.p.A. - Novara

MAR
ADRIATICO
D
E
F
128
142
1
2
3
Scerne
Cle.Morino
Pineto
ATRI-PINETO
Mutignano
Mad. d. Grazie
Silvi Paese
Silvi Marina
Silvi
Pinacce
Fso. d. Gallo
Madonna Addolorata
San Silvestro
Piomba
TORRE CERRANO
Marina
CITTÀ S. ANGELO
Mad. d. Pace
Città Sant'Angelo
Cipressi
PARCO DI CITTÀ SANT' ANGELO
Parco Ondazzurra
Montesilvano Marina
MONTESILVANO
F. Saline
Montesilvano Colle
Santa Filomena
RISERVA NATURALE PINETA DI SANTA FILOMENA
PESCARA
Split 9h 30'
Santa Lucia
Cappelle sul Tavo
San Giovanni
Madonna
Collecorvino
F. Tavo
Bivio Casone
Villa Santa Maria
Barberi
Spoltore
AEROP. INT. DI PESCARA
Pineta
San Silvestro
Pretaro
AP. 2004
Francavilla al Mare
Caprara d'Abruzzo
Moscufo
Santa Maria del Lago
Santa Teresa
Fontanelle
Sambuceto
Colle Florido
Cavaticchio
PESCARA - VILLANOVA
San Giovanni Teatino
Torre montanara
Castellana
Pianella
Cerratina
FRANCAVILLA
ALENTO
Torrevécchia Teatina
PESCARA-CHIETI
Astignano
Rapattoni
Villanova
Castelferrato
S.Salvatore
F. Alento
Stazione di Tollo-Canosa Sannita
Savini
Lido Riccio
Punta di Ferruccio
Cepagatti
Nora
Canto
Vallemare
Chieti Scalo
Migliánico
Sconchiglio
Aquilano
Villa San Tommaso
Ortona
Villa Badessa
Villareia
CHIETI
Ripa Teatina
Villa Oliveti
Tollo
Villa San Nicola
ORTONA
Cimitero Canadese
Pta. di Acquabella
Villa San Giovanni
BRECCIAROLA
Brecciarola
Ponte di Alento
Villamagna
F. Foro
F. Dentolo
T. Venna
Collesecco
Casino Vezzani
Villa Grande
Rosciano
Fiume Pescara
Mad. d. Carmine
San Rocco
San Leonardo
Villa Torre
Marina di San Vito
San Vito Chietino
Manoppello Scalo
Bucchiánico
Giuliano Teatino
Villa Tucci
Crécchio
Villa Rogatti
S. Apollinare
Ripacorbária
Vacri
Ari
Canosa Sannita
Villa Caldari
Mancini
Santa Maria Arabona
Casalincontrada
Cle. Spaccato
Villa San Giovanni
LANCIANO
Cantoniera
SCAFA-ALANNO
Turrivalignani
Reginaldo
Semivicoli
San Pietro
Guastaméroli
T. Feltrino
Tréglio
Puncichitti
Rocca S.Giovanni
Manoppello
Terranova
Fara Filiorum Petri
Déndalo
Viano
Arielli
Frisa
Poggiofiorito
Santa Giusta
T. Moro
PARCO D. SORGENTI SULFUREE SUL FIUME LAVINO
Roccamontepiano
Serramonacesca
Casacanditella
PARCO DELL' ANNUNZIATA
San Basile
Sant'Armato
Villa Martelli
Fossa
Lavino
Lettomanoppello
San Rocco
San Martino sulla Marrucina
Spaccarelli
LANCIANO
Scorciosa
Abbatéggio
SENTIERO ITALIA VAR
F. Foro
Filetto
Nasuti
Villa Stanazzo
Santa Maria Imbaro
Fattore
Roccamorice
Pretoro
Rapino
Orsogna
Trastulli
Castel Frentano
Mozzagrogna
Mad. d. Mazzoc
Torre del Colle
Crocetta
Villa Andreoli
Villa Romagnoli
Colle d. Civita
Psn. di Lanciano
RIS. NAT. VALLE DEL FORO
Guardiagrele
San Vincenzo
La Croce di Sant'Eusanio
San Rocco
Villa Elce
Castello di Sette
Cle. Paccinelli
Comino
San Domenico
Sant'Eusanio del Sangro
Rizzacorno
Sant'Onofrio
Decontra
RIS. NAT. PIANAGRANDE DELLA MAIELLETTA
Grotta S. Giovanni
Colle Bianco
Capoposta
Cotti
Orfento
Santa Croce
San Nicolao
la Maielletta
Pisavini
Fso. Laio
RIS. NAT. LAGO DI SERRANELLA
Pennapiedimonte
Capolegrotte
Vercatti

130
131
A
B
C
1
2
3
Tarquinia
TARQUINIA
NECR. ETRUSCHE
Pian di Spille
Marina Velca
Stazione di Tarquinia
Tarquinia Lido
Porto Clementino
GRAVISCA
Saline
RISERVA NATURALE SALINE DI TARQUINIA
Lombardi
Sant'Agostino
Casa Pantano
Mignone
Aurelia
la Madonnella
Montebello
Lascocanale
Pgio. Ficuna
Pgio. Caruso
NECR. DI NORCHIA
Norchia
Biedano
Cinelli
NECROPOLI DI GROTTA PORCINA
Vetralla
Tre Croci
Conv. S. Angelo
Cura
Staz. di Vetralla
Botte
Via
Villa San Giovanni in Tuscia
NECR. ETRUSCHE
Blera
Staz. di Vico-Matrino
ZONA ARCH. DI S. GIULIANO
Barbarano Romano
PARCO MARTURANUM
Vejano
Civitella Cesi
Pgio. di Cóccia
Claudia
Pgio. del Forno
Pgio. d. Guardiola
Monte Romano
Casa della Turchina
Cascina Santa Maria
Casentile
ZONA ARCH. DI S. GIOVENALE
F. Mignone
Cencelle
Case le Centocelle
la Farnesiana
Mte. Sassicari
Mte. le Grazie
Allumiere
Mte. Turco
La Bianca
ROCCA
Tolfa
Rota
Mte. Isola
Mte. Cuoco
Oriolo Romano
Montevirgínio
RIS. NAT. MONTERANO
Canale Monterano
Monterano
Eremo
Mte. Calvario
Manziana
Bagni di Stigliano
MONUMENTO NATURALE CALDARA DI MANZIANA
MONTI DELLA TOLFA
Case Santa Lucia
TOMBE ETRUSCHE
Scaglia
Golfo Aranci 7h (9h F.S.)
Olbia 8h
CIVITAVECCHIA
Arbatax 9h
Cagliari 14h 30'
CIVITAVECCHIA NORD
TOLFA
TERME TAURINE
Fonti d. Ficoncella
Mte. Quarticciolo
Mte. Tolfaccia
Mte. Paradiso
Fosso di Castelsecco
Mte. Quartaccio
Fosso Rio Fiume
Mte. Ácqua Tosta
Mte. Ansino
Mte. Rosso
Mte. Grande
Sasso
Mte. Santo
Mte. Paparano
BARRIERA AURELIA
CIVITAVECCHIA SUD
Villaggio del Fanciullo
Torre Marangone
C.Linaro
Santa Marinella
i Grottini
Santa Severa
S. SEVERA
TIRRENO
PYRGI (SANT. DI LEUCOTHEA)
RIS. NATURALE DI MACCHIATONDA
Stazione di Furbara
TOMBA ETRUSCA
NECR. DELLA BANDITACCIA
Cervéteri
CERVETERI LADISPOLI
Cerenova
Campo di Mare
Colle di Vaccina
Torre Flávia
Ladíspoli
Giardino delle Orchidee del Mediterraneo
Palo
Castello Odescalchi
MAR
TIRRENO
E 840
E 80
A12
1 bis
42°10'
42°00'
11°50'
12°00'

Mte. Venere
Carbognano
Caprarola
RIS. NAT. LAGO DI VICO
Ronciglione
Casaletto
Caprànica
Caprànica Scalo
Sutri
Fontevivola ANFITEATRO ROMANO
Madonna del Parto
PARCO DELL'ANTICHISSIMA CITTÀ DI SUTRI
Bassano Romano
Staz. di Bassano Romano
Mezzaroma
Mte. Calvi
Mte. Rca. Romana
MONTI SABATINI
Bagni di Vicarello
Vicarello
Pgio. d. Forche
Trevignano Romano
Grotta del Pianoro
Lago di Bracciano (Sabatino)
PARCO NATURALE REG. COMPLESSO LACUALE DI BRACCIANO E MARTIGNANO
Bracciano
Anguillara Sabazia
L. di Martignano
Mte. S. Angelo
Vigna di Valle
Stazione di Anguillara
Stazione delle Crocicchie
Stabilimento Acqua Claudia
L'Immacolata
Via Braccianese
Casáccia
Osteria Nuova
Via Claudia
Galeria
Casc. la Riccia
Tragliatella
Casaletto di Sotto
Santa Maria di Galeria
Casc. Centrone
Tragliata
Casc. di Castel Campanile
Casale dei Ricci
Torrimpietra
Boccea
Colle Fiorito
Valle Santa
Cecanibbio
Castel di Guido
Lorium
le Pantelle
la Selce
Casalotti
la Monachina
Via Aurelia
Malagrotta
Massimina
BONIFICA DELLE PAGLIETE
Stazione Maccarese
Maccarese
Fregene
BONIFICA DI MACCARESE
BONIFICA DI PORTO
Focene
Ponte Galeria
Piana del Sole
Castel Malnome
Nepi
Castel Sant'Elia
FALERII NOVI
Civita Castellana
Faléria
Calcata
Mazzano Romano
PARCO VALLE DEL TREJA
Terme dei Gracchi
Monterosi
L. Monterosi
Mte. dell'Olmo
Sette Vene
AUTODROMO DI VALLELUNGA
Campagnano di Roma
Bivio del Pavone
Mte. Razzano
Baccano
Sacrofano
Formello
Mte. Aguzzo
Cesano
Monte PietraPertusa
Zona IV Casale
VEIO
Ìsola Farnese
La Storta
la Giustignana
il Centro
S. Nicola
Selva Candida
Ottavia
Tomba di Nerone
Palmarola Nuova
S. Onófrio
Torrevécchia
Primavalle
Mte. Mario
CITTÀ DEL VATICANO
S. Pietro
Monte Spaccato
ROMA
Gianicolense
Corviale
la Pisana
Trullo
Magliana
EUR
Garbatella
Mte. Soratte
Sant'Oreste
Rignano Flaminio
Magliano Romano
Morlupo
Castelnuovo di Porto
Capena
Fiano Romano
LUCUS FERONIAE
Riano
Via Flaminia
Via Tiberina
Prima Porta
Settebagni
Monterotondo
Mentana
NOMENTUM
Fonte Nuova
Torre Lupara
Bufalotta
Via Salaria
AEROP. NAZ. DI ROMA URBE
CATACOMBE S. ALESSANDRO
Settecamini
Tufello
Monte Sacro
San Basilio
Cinecittà
Quadraro
Centocelle
Torrenova
Nazzano
RIS. NAT. DI NAZZANO-TEVERE-FARFA
Torrita Tiberina
Civitella San Pàolo
Filacciano
Ponzano Romano
Stimigliano
Collevécchio
F. Tevere
PARCO REG. APPIA ANTICA
Cecchignola
Morena

133
138
146
Caspéria
Mte. Pizzuto 1288
Monte San Giovanni in Sabina
San Giovanni Reatino
Fassinoro
Roccaranieri
Sta.Maria in Vescovio
Selci
456 Roccantica
Mte. Táncia 1292
San Sebastiano
Belmonte in Sabina 756
Concerviano
San Silvestro
San Martino
Forano
Cantalupo in Sabina
Póggio Catino
Magnalardo
Mte. Sole 1022
S. Michele
Gavignano
San Luigi
San Valentino
Mte. Ode
Montenero Sabino 437
San Benedetto
Pantana
Pratoianni
Vaccareccia
Ponzano Romano
Galantina
Póggio Mirteto
Bocchignano
Salisano
Ornaro
Rocca Sinibalda
Longone Sabino
Filacciano
Castel San Pietro
Mompeo
Casaprota
Póggio San Lorenzo
Torricella in Sabina
Oliveto
Vallecúpola
Torrita Tiberina
Staz. di Póggio Mirteto
Montópoli di Sabina
Collelungo
Stipes
Sant'Oreste
Nazzano
RIS. NAT. DI NAZZANO-TEVERE-FARFA
Case Nuove
i Granari
Castelnuovo di Farfa
Abbazia di Farfa
Frasso Sabino
Monteleone Sabino
Sta. Vittoria
Posticciola
Monte Navegna 1506
Farfa
Monte Santa Maria in Sabina
Póggio Nativo
Ginestra
Muro Pizzo 990
Castel di Tora
Primecase
Tóffia
Fara in Sabina
Cerdomare
Mad. della Quercia
Colle di Tora
RISERVA MONTE NAVEGNA
Civitella San Páolo
Coltodino
Grotta di Torri
Mte. Elci 705
Madonna d. Quercie
Póggio Moiano
Lago del Turano
Ascrea
Pagánico
Talocci
Canneto
1048 Colle Lepre
CURES
Corese Terra
Ponte Mercato
Ponticelli
Scandríglia
S.Pietro
Fiano Romano
Passo Corese
Staz. Fara Sab. Montelibretti
Borgo Quinzio
Nérola
Santa Maria delle Grazie
1191 Cima Casarene
Pozzáglia Sabina
Acquaviva
Montório in Valle
Capena
ROMA NORD
LUCUS FERONIAE
Scorano
FIANO ROMANO
FERONIA
Montemaggiore
Montelibretti
Montório Romano
Vallebuono
830 Orvínio
Casc. Nuovo
MASCHERONE
Moricone
Montéflávio
Colle Cima di Coppi 1211
1081 Mte. Croce
Vivaro Romano
Ost. Moricone
F. Tevere
Girardi
Montefalco
1368 Mte. Pellécchia
CIMATA D. SERRE
Stazzano
PARCO NATURALE DEI MONTI LUCRÉTILI
Civitella
Percile
Vallinfreda
Ponte del Grillo
Torre Mancina
S. Michele
Castiglione
Licenza
1067 Mte. Aguzzo
Staz. Monterotondo
Cretone
Palombara Sabina
Mte. Guardia 1185
VILLA D'ORAZIO
Fonte di Papa
Castelchiodato
Grotta Marozza (Erétum)
San Giovanni in Argentella
Mte. Zappi 1271
Roccagiovine
Cineto Romano
Riofreddo
Monastero
994 Mte. S. Elia
MONTEROTONDO
Cappuccini
MONTI CORNICOLANI
Pgio. Cesi
Conv. di S. Francesco
1004 Mte. Follettoso
Mentana
Sant'Angelo Romano
Marcellina Vecchia
Mte. Morra 1036
Mandela
Staz. di Cineto Romano
Roviano
SETTEBAGNI
Conventino Romitorio
NOMENTUM
Marcellina
Vicovaro
Anticoli Corrado
Chiesuola Bufalotta
Fonte Nuova
le Casette
MONTECELIO
San Polo dei Cavalieri
MANDELA
Saracinesco
Torre Lupara
GUIDONIA
Casale Battista
Staz. di Palombara-Marcellina
Colle Cerrito Piano
Sambuci
Marano Equo
SALARIA
VIA DI SETTEBAGNI
Mte. Lecinone
Castél Madama
MONTI RUFFI
Casc. d. Inviolata
Stab. delle Acque Albule
VILLA Q. VARO
TIVOLI
CATACOMBE S. ALESSANDRO
NOMENTANA
Villalba
Villanova
Castel Arcione
Ciciliano
Cerreto Laziale
VIA S.ALESSANDRO
Settecamini
Ponte Lucano
Villa Adriana
VILLA ADRIANA
MONTI TIBURTINI
Passo della Fortuna
Spina Santa 1060
Monte Sacro
Bagni di Tivoli
Albuccione
San Basilio
F. Aniene
CASTEL MADAMA
Mte. Pagliaro
Gerano
Canterano
TIBURTINA
Lunghezza
ROMA EST
COLLETASSO
TIVOLI
MTI. PRENESTINI
Santuario della Mentorella
Mte. Cerella 1202
RUSTICA
Rustica
San Gregorio da Sassola
Gericomio
Guadagnolo
Pisoniano
LUNGHEZZA
Osteria Capannelle
San Vittorino
Casape
S. Maria d. Soccorso
LA RUSTICA
Tor Sapienza
Quarto d'Orsa
Corcolle
Cantoniera
Passerano
Villa Catena
Poli
San Vito Romano
TOR BELLA MONACA
Osteria dell'Osa
GABII
PRENESTINA
Centocelle
Torrenova
Pantano Borghese
Gallicano nel Lazio
C. Córvia
Caprânica Prenestina
Olévano Romano
CASILINA
LA ROMANINA
Torre Gaia
Finócchio
Laghetto
Santa Maria di Cavamonte
Castel S. Pietro Romano
Rocca di Cave
Cinecittà
TUSCOLANO
Casilina
Colonna
Zagarolo
Palestrina
San Pio
l'Annunziatella
ANAGNINA
ROMA SUD
MONTE PORZIO
VILLA DI ADRIANO
Genazzano
Ippodromo delle Capannelle
S. CESAREO
Mte. Porzio Catone
Staz. di Zagarolo
S. Agapito
Cave
San Cesareo
Morena
APPIA
E 45
E 80
A1
A24
A90

PIANO DI RASCINO
Mte. Nurietta
Sabina
Collecastagno
Poggio Santa Maria
Colle di Róio
Mte. Luco
S. Elia
Stazione di Paganica
San Gregório
Mte. tra le Serre
Mte. Moro
Colle Farelli
Pie' la Costa
Sant'Andrea
Róio Piano
Poggio di Róio
Piánola
Forcona
Civita di Bagno
Onna
Bagno
Petrella Salto
PIANO D'AQUILENTE
VALLE STRETTA
C. Alto
Colle della Sponga
Fiamignano
Brusciano
Fagge
San Nicola
Piaggia
Lúcoli
Colle di Lúcoli
Santa Croce
Prata-Pesch
Lúcoli Alto
Collimento
Tornimparte
Villagrande
Barano
Castiglione
le Quartora
San Benedetto
San Felice d'Ocre
Ocre
San Panfilo d'Ocre
Valle d'Ocre
Casentino
San Martino d'Ocre
Tussillo
Forconese
Fontecchio
Borgo San Pietro
Mercato
Fiumata
Sanmagna
Santa Lucia
S.Stefano
Castello
VALLE DI MALITO
Cle. Acetoni
Mte. Fratta
Mte. Orsello
Casamáina
Mte. Ocre
Mte. Cefalone
Mte. Cagno
Rocca di Cambio
Fonteavignone
Sant'Ippolito
Gìrgenti
Pace
Arapetrianni
Torre di Táglio
Poggio S.Giovanni
Collemaggiore
Mte. S. Rocco
TORNIMPARTE
Mte. Cava
Baccarecce
Pescorocchiano
RISERVA NATURALE DELLE MONTAGNE DELLA DUCHESSA
VALLE AMARA
VALLE DELL'ASINO
PIANO DI CAMPO FELICE
Mte. Cornácchia
Mte. Rotondo
Rocca di Mezzo
CATENA
Marcetelli
Campolano
Civitella
Castelmenardo
Corvaro
S.Stefano
Il Morrone
Mte. Puzzillo
Castelluccio
Leofreni
Borgorose
Nesce
Collerose
MONTAGNE DELLA DUCHESSA
Lago della Duchessa
il Costone
PARCO
Vado di Pezza
Rovere
Santa Lucia
Ricetto
Poggiovalle
Villerose
San Liberatore
Spedino
Mte. Rosa
VALLE DEL SALTO
PIANA DI PEZZA
Sebastiani
VAL DI VARRI
Néspolo
Tufo
RIS. NAT. DELLE GROTTE DI PIETRASECCA
Grotti
Torano
Sant'Anatólia
Mte. di Sévice
Cle. dell'Orso
Mte. Velino
SIRENTE - VELINO
Laghetto
RIS. NAT. MONTE VELINO
Collalto Sabino
TAGLIACOZZO
Mte. d. Nebbia
Santa Maria in Valle Porclaneta
Mte. Cafórnia
Mte. d.Magnola
Ovíndoli
Pietrasecca
Castelvécchio
Santo Stéfano
Marano dei Marsi
Grotta di S. Benedetto
Mte. la Difensola
San Potito
Póggio Cinolfo
Grotta di Luppa
Guárdia d'Orlando
5 quater
la Maddalena
Rosciolo dei Marsi
Corona
Forme
Carsóli
Sante Marie
Mte. Faito
Scanzano
Mte. lo Pago
Massa d'Albe
Colli di Montebove
Gallo
San Donato
MONTEVELINO
Magliano de' Marsi
Mte. Mallevona
Santo Iona
Montesabinese
Tremonti
S.Giovanni
Poggetello
Poggio Filippo
MAGLIANO DE' MARSI
Alba Fucens
Castelnuovo
Villaromana
Mte. Bove
Via Valeria
la Giorgina
Sorbo
Albe
Mte. Fontecellese
Roccacerro
Colle San Giacomo
Sta. Maria di Vittoria
Antrosano
AVEZZANO
5 bis/dir
Pereto
Tagliacozzo
Scúrcola Marsicana
Cappelle
Paterno
Santa Maria dei Bisognosi
Mte. Midia
Santa Maria d'Oriente
Staz. di Villa S. Sebastiano
Mte. Cimarani
San Pelino
Verécchie
Villa San Sebastiano
F. Imele
Cese
Avezzano
Rocca di Botte
Camerata Nuova
Cima di Vallevona
Petrella Liri
Mte. Padiglione
Mte. Arunzo
Pagliara
San Pietro
RIS. NAT. MONTE SALVIANO
Mte. d'Aria
Casavia Nuova
PIANA DEL FÚCINO
Mte. S. Bartolomeo
Mte. Camposecco
Mte. Tinterosse
Cappadocia
Corcumello
Mte. Arezzo
Fosso Fioio
Colle Camiciola
Castellafiume
Case Incile
Cervara di Roma
Mte. Castellamato
Campo Rotondo
Mad. del Monte
F. Liri
Angizia
PARCO NATURALE DEI MONTI SIMBRUINI
la Maddalena
Mte. Calvo
Mte. Autore
Catena d. Renga
Monna Rosa
Capistrello
la Giorgia
Luco dei Marsi
Madonna della Pace
Campo dell'Osso
Sant. d. SS. Trinità
Serra S. Michele
Pescocanale
Inferiore
Superiore
Canistro
Cappuccini
DELL' APPENNINO
Mte. Tarino
Campo Staffi
Mte. Viperella
Mad. Candelecchia
Sublaco
S. Benedetto
Mte. Livata
Vallepietra
Sorgenti d. Aniene
Civitella Roveto
Mte. Romanella
S. Scolastica
S. Giovanni
Serra S. Antonio
ALTA VIA DELL'APPENNINO
MONTI SIMBRUINI
Mte. Pratiglio
Mte. Cotento
Mte. Alto
MTI. AFFILANI
Jenne
Vedute di Faito
Filettino
Mte. Viglio
Meta
Civita d'Antino
Affile
Arcinazzo Romano
Pantano
Pero dei Santi
Roiate
Mte. Altuino
Trevi nel Lazio
MTI. CANTARI
Rif. Cerasoli
Morino Vecchio
la Grancia
Morino
Morrea
Altipiani di Arcinazzo
F. Aniene
Cle. Viglio
Mte. Crepacuore
RIS. NAT. ZOMPO LO SCHIOPPO
Castronovo
ALTIPIANI DI ARCINAZZO
Vol. 2
Mte. Aunello
Rendinara
Serrone
Mte. Scalambra
Conv. S. Lorenzo
Mad. del Monte
C. Cimetta
Mte. Colonna
Campocatino
Mte. Pozzotello
Rifugio Calderari
San Vincenzo Nuovo
la Forma
Convento
Piglio
Mte. Retafani
MONTI ERNICI
La Forchetta
Mte. Rotondo
Mte. Prato
Mte. Ginepro
134
141

Barisciano
Mte. Camarda
Calàscio
Castelvécchio Calvisio
Mte. Pesatero
Ofena
Villa Santa Lucia degli Abruzzi
Cappucciata
Carpineto della Nora
Vicoli
Vecchio
Brittoli
Mte. la Serra
Frasca
IL PIANO
Carapelle Calvisio
Forchetta
San Leonardo
Picenze
Poggio Picenze
San Gregório
San Martino
S. Colombo
Cle. Cicogna
San Deméttrio né Vestini
Fossa
Sant'Eusànio Forconese
San Pànfilo d'Ocre
Casentino
Tussillo
Villa Sant'Angelo
San Martino d'Ocre
Mte. Ocre
Mte. Cagno
Mte. Cefalone
Stiffe
Grotta di Stiffe
Vallecupa
Castello
Fagnano Alto
Opi
Campana
Pedicciano
Fonteavignone
Terranera
Fontécchio
San Pio
Bominaco
Rocca di Cambio
PELTUINUM
San Nicandro
Ripa
Prata d'Ansidónia
S. Paolo di Peltuino
S. Maria dei Cintorelli
Tùssio
Caporciano
Castelnuovo
San Pio Delle Cámere
Civitaretenga
Navelli
Capo di Colle
Collepietro
Capestrano
Convento di S. Giovanni
SENTIERO ITALIA
Scarafano
Pagliaro di Tono
Intro d'Acqua
Forca di Penne
Corvara
Pescosansonesco
Mte. Picca
S. Pietro ad Oratorium
Pescosansonesco vecchio
Castiglione a Casàuria
Torre de' Passeri
Bussi sul Tirino
Mte. Roccatagliata
Mad. d. Campo
Mte. Offerno
Mte. Acquaro
Santa Maria del Ponte
Succiano
Tione Degli Abruzzi
Roccapreturo
Beffi
Cavallone
Villa Grande
Mte. Mòtola
San Benedetto in Perillis
Acciano
RIS. NAT. SORGENTI DEL PESCARA
RIS. NAT. MONTE ROTONDO
Mte. Corvo
Pópoli
Mte. Rotondo
Mandra Murata
Molina Aterno
RIS. NAT. GOLE DI S. VENANZIO
Vittorito
Corfinio
CORFINIUM
S. Pelino
Raiano
Pratola Peligna
Roccacasale
Mte. Capo d'Àcero
Mte. d. Cerreta
Rocca di Mezzo
CATENA DEL MONTE SIRENTE
PARCO NATURALE SIRENTE - VELINO
Mte. Pietragrossa
Goriano Valli
Secinaro
la Villa
Castelvécchio Subéquo
Gagliano Aterno
Castel di Ieri
Mad. d. Soccorso
Mte. Urano
Mad. di Pietrabona
Goriano Sicoli
Fermata di Raiano Superiore
il Colle
Prezza
Mte. S. Còsimo
Campo di Fano
Bagnaturo
Torre dei Nolfi
Mte. Rotondo
Vado di Pezza
CAMPO FELICE
PIANA DI PEZZA
Róvere
Laghetto
Mte. d. Magnola
RIS. NAT. MONTE VELINO
Mte. Sirente
Cle. Aspicella
Mte. Revecena
Ovindoli
San Potito
Mte. Faito
Mte. Etra
Mte. S. Nicola
Capo di Moro
la Serra
Celano
Gole di Celano
Aielli
Aielli Stazione
Cérchio
Collarmele
Forca Caruso
Mte. d. Selva
Mte. Luparo
Mte. Ventrino
Forme
Mte. Mallevona
Santo Iona
Bussi
Castelnuovo
ALBA FUCENS
AVEZZANO
Paterno
Via
Valeria
PESCINA
CELANO
GALL. DI CARRITO
Carrito
Castiglione
Cocullo
COCULLO
Mte. Prezza
Bugnara
Stazione di Anversa Scanno
Introdácqua
Anversa degli Abruzzi
Casale
Pescina
F. Giovenco
Cèsoli
Mte. Parasano
Ortona dei Marsi
Villa Santa Maria
Casavia Nuova
PIANA DEL FÙCINO
Borgo Ottomila
San Benedetto dei Marsi
Vénere
Mte. Tricella
Casali d'Aschi
Aschi Alto
RIS. NAT. GOLE DEL SAGITTARIO
Mte. Mezzana
Mte. Miglio
Castrovalva
F. Sagittario
Case Incile
Angizia
Luco dei Marsi
Cappuccini
Trasacco
S. Antònio
Ortùcchio
Lecce nei Marsi
le Grette
Gióia dei Marsi
Sperone
San Sebastiano
Rosa Pinnola
Bisegna
S. Doménico
Villalago
Mte. di Rovere
Mte. Genzana
Frattura
SERRA CO
Mad. Candelecchia
Mte. Meria
Mte. Pietrascritta
Vallemora
le Caserine
Fila. Trivella
Gióia Vécchio
Colle Lantera
MONTAGNA GRANDE
Mte. Argatone
Appenninia
L. di Scanno
l'Annunziata
Scanno
Civitella Roveto
Mte. Romanella
Mte. Alto
Civita d'Antino
Pero dei Santi
Collelongo
S. Antònio
la Guardia
Monna Rapanella
Lecce nei Marsi
Mte. Turchio
Passo del Diavolo
PARCO
Mte. Pietra Gentile
SERRA DI TERRATTA
S. Liborio
Rif. Carapale
Villavallelonga
Giardino Botanico
SERRA LUNGA
Morino Vecchio
Morino
RIS. NAT. ZOMPO LO SCHIOPPO
Rendinara
Morrea
San Vincenzo Valle Roveto Superiore
San Vincenzo Valle Roveto
San Giovanni Valle Roveto Inf.
Balsorano Nuovo
Mte. Prato
Mte. Ginepro
Mte. Prato Maiuri
Sorg. d. Sangro
Pte. Campomizzo
Rifugio Prato Rosso
Mte. Palombo
Mad. d. Lanna
ALTA VIA D. APPENNINO
Mte. Marcolano
Mte. Breccioso
Schiena Cavallo
Mte. della Corte
la Canala
Tasso
RIS. NAT. FEUDO
PARCO NAZIONALE
Vol. 2
135
140
© ISTITUTO GEOGRAFICO DE AGOSTINI S.p.A. NOVARA

Nocciano
Rosciano
Alanno
Manoppello Scalo
Brecciarola
Ponte di Alento
Villamagna
Bucchiánico
Vacri
Giuliano Teatino
Crécchio
Collesecco
San Rocco
136
Villa Caldari
Santa Maria Arabona
Ripacorbária
Casalincontrada
Cle. Spaccato
Semivicoli
Villa San Giovanni
San Pietro
Borgata Stazione
Cantoniera
Scafa
Turrivalignani
Manoppello
Reginaldo
Terranova
Fara Filiorum Petri
Dendalo
Viano
Arielli
Guastaméroli
Frisa
Tréglio
Cerrone
Roccamontepiano
Casacanditella
PARCO DELL'ANNUNZIATA
San Basile
Poggiofiorito
Santa Giusta
San Valentino in Abruzzo Citeriore
PARCO D. SORGENTI SULFUREE SUL FIUME LAVINO
Serramonacesca
Lettomanoppello
San Rocco
San Martino sulla Marrucina
Filetto
Spaccarelli
LANCIANO
Scorciosa
Bolognano
Abbatéggio
Roccamorice
SENTIERO ITALIA VAR.
Pretoro
Rapino
Orsogna
Nasuti
Castel Frentano
RIS. NAT. D. VALLE DELL'ORTE
Mad. d. Mazza
Torre del Colle
Guardiagrele
Trastulli
Crocetta
San Rocco
Villa Elce
San Tommaso
Colle d. Civita
Pso. di Lanciano
RIS. NAT. VALLE DEL FORO
Cómino
San Vincenzo
La Croce di Sant'Eusanio
Salle
Cle. Remaccinelli
San Domenico
Sant'Eusánio del Sangro
Colle Bianco
Rizzacorno
Caramanico Terme
PARCO
RIS. NAT. PIANAGRANDE DELLA MAIELLETTA
Grotta S. Giovanni
la Maielletta
Pisavini
Capoposta
Cotti
Santa Croce
San Nicolao
Pennapiedimonte
Capolegrotte
Vercatti
RIS. NAT. LAGO DI SERRANELLA
San Vittorino
RIS. NAT. VALLE DELL'ORFENTO
RIS. NAT. FEUDO UGNI
Laroma
Guarenna Nuova
Ponte Aventino
Sant'Eufemia a Maiella
Mte. Rapina
Blockhaus
Palombaro
MORRONE
RIS. NAT. LAMA BIANCA
Grotta Caprara
Selva
Casoli
Sant'Angelo
Altino
San Giácomo
il Martellese
SENTIERO ITALIA VAR.
Colli
Perano
Archi Stazione
Archi
Roccacaramánico
MONTAGNA DELLA MAIELLA
Mte. Ácquaviva
RIS. NAT. FARA S. MARTINO-PALOMBARO
Civitella Messer Raimondo
Lago di S. Angelo
Mte. Amaro
Fara San Martino
NAZIONALE
Atessa
VILLA D'OVIDIO
Passo S. Leonardo
Calazzotto
Mácchie
Capriglia
Roccascalegna
Fiume Sangro
Marane
Grotta Canosa
Corpi Santi
RIS. NAT. DELLA MAIELLA ORIENTALE
Sant'Agata
Fonterossi
Gessopalena
Pacentro
Fonte Romana
Vallecupa
143
Mad. d. Roseto
la Mórgia
Terranova
Gréccio
Sulmona
Cle. Malvarano
S. Germano
Grotta del Cavallone
Lama dei Peligni
Mte. Pallano
Bomba
Tavola Rotonda
DELLA
S. Antonio
Torricella Peligna
Campo di Giove
Taranta Peligna
Colledimácine
Cle. Mitra
Cansano
Guado di Caccia
Fonte Nova
Pennadomo
Lettopalena
Fallascoso
IUVANUM
Lago di Bomba
la Crocetta
Stazione di Cansano
CRESTA DI PIETRAMAGGIORE
SENTIERO ITALIA
S. Antonio
Palena
Fontanelle
Montebello sul Sangro
Colledimezzo
Mte. Porrara
Montenerodomo
Mte. Vécchio
Surg. Capo di Fiume
Montelapiano
Pietraferrazzana
Cesapiana
Mte. Pidocchio
Villa Santa Maria
Montázzo
Eremo di S. Antonio
MAIELLA
Mte. Pizzalto
Mad. dell'Altare
Mti. Pizzi
Masseria Croce
Cle. Pennapizzuto
Monteferrante
Rocca Pia
RIS. NAT. BOSCO DI SANT'ANTONIO
RIS. NAT. QUARTO DI S.TA CHIARA
Civitaluparella
Fallo
Macchiapanetta
Pizzoferrato
Mte. Rotella
Válico d. Forchetta
Stazione di Palena
Quadri
Stazione di Civitaluparella
Borrello
Mte. Fischietto
Madonna dello Spineto
Giuliópoli
Róio del Sangro
Mad. del Carmine
S. Michele
Cle. Favone
Gamberale
Casale Masè
Rosello
PIANO DELLE CINQUEMIGLIA
S. Antonio
Sant'Angelo del Pesco
RIS. NAT. ABETINA DI ROSELLO
Pescocostanzo
Mte. Sécine
Mte. Castellano
Mte. la Rocca
Castel Fraiano
Mte. Calvário
Rivisóndoli
Stazione di Rivisóndoli-Pescocostanzo
Pescopennataro
Santa Maria della Portella
Laghi Lacore
Sant'Elena
Lago la Croce
Mte. Tocco
Ateleta
Pratello
Vol. 2
Laghi dell'Anitra
Roccaraso
Castel del Giudice
Prato Gentile
Mte. del Cerro
S. Onofrio
Mte. Pratello
Pietransieri
Mte. Campo
Roccalta
Rifugio
Capracotta
Belmonte del Sánnio
RIS. NAT. LAGO PANTANIELLO
Roccacinquemiglia
Mass. di Cristo

136
142
Vol. 2
A
B
C
1
2
3
14° 30'
14° 40'
42° 10'
42° 00'
MARE ADRIATICO
Golfo di Vasto
MONTI DEI FRENTANI
Pta. di Acquabella
Marina di San Vito
San Vito Chietino
Collesecco
S. Apollinare
Mancini
LANCIANO
Puncichitti
Pta. d. Cavallùccio
La Penna
San Giovanni in Vénere
Fossacésia Marina
Rocca S.Giovanni
Fossacésia
Guastaméroli
Frisa
Tréglio
Poggiofiorito
Santa Giusta
Sant'Armato
Villa Martelli
Scorciosa
Villa Stanazzo
Santa Maria Imbaro
Fattore
Mozzagrogna
Torino di Sangro Marina
le Morgie
Cimitero Britannico
VAL DI SANGRO
Spaccarelli
Nasuti
Trastulli
Castel Frentano
Villa Andreoli
Villa Romagnoli
Villa Elce
San Rocco
Castello di Sette
La Croce di Sant'Eusanio
Lido di Casalbordino
RIS. NAT. DI PUNTA ADERCI
Pta. della Penna
Sta. Maria d. Penna
SANGRO
Torino di Sangro
E 55
San Egidio
Paglieta
Rizzacorno
Sant'Onofrio
Cotti
RIS. NAT. LAGO DI SERRANELLA
Villalfonsina
Sant. Mad. dei Miracoli
Miracoli
CASALBORDINO-VASTO NORD
Pagliarelli
Incoronata
Casalbordino
Pollutri
Ranco
Masseria Spaventa
Mte. Calvo
Guarenna Nuova
Ponte Aventino
Selva
Sant'Angelo
Altino
Colli
Piazzano-Piana La Fara
Monte Marcone
San Luca
Perano
Archi Stazione
Archi
San Amico
San Marco
Rucconi
Pili
Mad. d. Buon Consiglio
Cle. S. Giovanni
Cle. Santilli
San Barbato
Masseria Russi
Scerni
Casa d'Ercole
San Giácomo
San Lorenzo
Casa Genova
Sant'Onofrio
VASTO
Marina di Vasto
Sant'Antonio
Monteodorisio
Masseria Menna
Masseria De Marco
Atessa
S. Pasquale Vallaspra
Mte. Granaro
Masseria Colantónio
Peschiola
F. Sinello
Cupello
San Salvo Marina
San Salvo
MONTENERO DI BISACCIA-VASTO SUD
TRIGNO
Capriglia
Fiume Sangro
Tornaréccio
Mte. Pallano
Bomba
Torricchio
Colle Mengucci
Piano dell'Ospedale
Casalánguida
la Montagnola
Policorvo
Gissi
Furci
F. Treste
Montalfano
Masseria Fanale
Masseria Palumbo
Masseria Feliciona
Lago di Bomba
S. Giovanni
Carpineto Sinello
Guilmi
la Crocetta
Colledimezzo
Mte. Sorbo
San Buono
la Torretta
Cle. Motta Caggiano
Lentella
Fresagrandinária
Fiume Trigno
Masseria D'A.
Cle. Gessaro
Montenero di Bisáccia
Pietraferrazzana
San Giovanni
T. Altosa
F. Sinello
Montázzoli
Serre
Convento di S. Antonio
Cle. S. Giovanni
Líscia
Masseria Crocegrossa
Mte. Moro
Sella Fontelacasa
Mafalda
Villa S. Maria
Monteferrante
Fallo
San Cristoforo
S. Michele
Pálmoli
Ponte la Casa
Dogliola
Roccaspinalveti
L. Negro
Mte. Fischietto
Acquaviva
Olmi
Fraine
Rósello
Rìo del Sangro
Giuliópoli
RIS. NAT. ABETINA DI ROSELLO
Santa Lucia
Carúnchio
T. Monnola
Tufillo
Madonna di Monte la Teglia
Tavenna
Palata
Mte. la Rocca
Cle. dell'Albero
F. Treste
Castel Fraiano
Lago la Croce
Mte. Roccile
Montemitro
San Felice del Molise
Masseria Greco
Celenza sul Trigno
Cle. Carunchina
Montefalcone nel Sánnio
Acquaviva Collecroce
Santa Giusta
Castiglione Messer Marino
Cle. S. Silvestro
Mte. del Cerro
Mte. S. Onófrio
Mad. di Canneto
Masseria Cucconi
Cle. di Acquaviva
Guardiabruna
San Giovanni Lipioni
Valloni
Mte. la Rocchetta
Roccavivara
Belmonte del Sánnio
Casali
Mte. Pizzuto
Castelguidone
Mte. Máuro
Castelmáuro
Masseria Iovine
© GEOnext - ISTITUTO GEOGRAFICO DE AGOSTINI

PARCO NAZIONALE DEL GARGANO
I. PIANOSA
(Frazione di Is. Trémiti)
Rif. dei Pescatori
RISERVA NATURALE MARINA ISOLE TRÉMITI
MAR ADRIATICO
PARCO NAZIONALE DEL GARGANO
I. CAPRAIA O CAPRARA
RISERVA NATURALE MARINA ISOLE TRÉMITI
I. S. NICOLA
S.Nicola di Trémiti
Cameroni
Villaggio S.Domino
Isole Trémiti
Grotta del Bue Marino
I. S. DOMINO
ISOLE TRÉMITI
(Prov. di Foggia)
MAR ADRIATICO
Petacciato Marina
Mass. Rampa
Torre Saracena
Térmoli
RIOVIVO
TERMOLI
Campomarino
Lido Campomarino
Mad. del Viandante
San Giacomo degli Schiavoni
Masseria Serramanno
Chiesa di Sant'Erasmo
Mte. Coccia
Staz. Guglionesi-Portocannone
Fermata Nuova Clitérnia
Cianaloca
Staz. di Chiéuti Serracapriola
Marina di Chiéuti
Villaggio Fantina
Podere San Nicola
Bocca Nuova
Torre Mozza
Torre Fortore
Staz. di Ripalta
Guglionesi
Portocannone
Montecilfone
Mte. Capraro
Fiume Biferno
Colle Savino
Torre di Ramitelli
TORRE FANTINE
Mass. Viarelle
Sant'Agata
AP. 2004
Mass. Paradiso
Nuova Clitérnia
Staz. di San Martino
Masseria Pesce
T. Saccione
Casa San Matteo
Ripalta
Masseria D'Elisis
San Martino in Pénsilis
il Convento
Vol. 2
Chiéuti
San Vito
POGGIO IMPERIALE-LÉSINA
Staz. di Lésina
Pte. Liscione
Mte. Arcano
i Cappuccini
Masseria Battista
T. Cigno
Podere Santo Pietro
Mass. Bosco Pontoni
Colle di Macina
Conv. Cappuccini
Fortore
Coppa di Rose

138
Cervéteri
Ceri
Ladíspoli
Giardino delle Orchidee del Mediterraneo
Palo
Castello Odescalchi
Colle di Vaccina
Flávia
Statua
Palidoro
Mon. a S. D'Acquisto
Ruderi di S. Nicola
Marina di Plidoro
Ponte Tre Denari
Passo Oscuro
BONIFICA DELLE PAGLIETE
Stazione Maccarese
Maccarese
Torre Maccarese
Fregene
BONIFICA DI MACCARESE
AREA PROTETTA DEL LITORALE ROMANO
Focene
BONIFICA DI PORTO
Centro di Mezzo
AEROP. INTERCONTINENTALE LEONARDO DA VINCI
Fiumicino
Zoo Safari
L. Traiano
NECROPOLI
Ostia Antica
OSTIA
ISOLA SACRA
Lido del Faro
Arbatax 5h 30'
Lido di Ostia
Lido di Castel Fusano
PARCO PINETA DI CASTEL FUSANO
Castel Fusano
Casal Palocco
Infernetto
Villaggio San Francesco
Via del Mare
Acilia
Centro Giano
Casal Bernocchi
Vitinia
Axa
Via C. Colombo
TENUTA DI CASTEL PORZIANO
Castel Porziano
PARCO URBANO
VILLA DI PLINIO
LAURENTUM
Tor Paterno
TENUTA DI CAPOCOTTA
Guardapasso
Zingarini
Via Severiana
Torvaianica
Fantasiland
Campo Iémini
Spiaggia di Rio Torto
Rio Torto
Borgo Santa Rita
LAVINIUM
Pratica di Mare
Cimitero Militare Tedesco
POMÉZIA
Cascina Capocotta
Monte di Leva
Castel Romano
Trigória Alta
Mandriola
Selcetta
Valleranello
Castel di Leva
Cascina di Perna
Castel di Decima
Tor de'Cenci
Spinaceto
Osteria Malpasso
Necropoli
Via Laurentina
Cascina di Monte
Lido di Lollia
Marina di Ardea
Arde
Cascina la
MAR TIRRENO
Casc. la Riccia
Galeria
Tragliatella
Casaletto di Sotto
Santa Maria di Galeria
VEIO
Isola Farnese
Zona IV Casale
Mad. di Bracciano
SS. Cuori di Gesù e Maria
La Storta
Casc. Centrone
Tragliata
Casc. di Castel Campanile
Fosso delle Cadute
Rio Maggiore
Casale dei Ricci
Torrimpietra
TORRIMPIETRA
ROMA OVEST
MACCARESE-FREGENE
ARRONE
F. Arrone
Cecanibbio
Castel di Guido
Lorium
Via Aurelia
Malagrotta
Boccea
Selva Candida
Lucchina
Casale Colle Fiorito
Valle Santa
le Pantelle
la Selce
Casalotti
la Monachina
AURELIA
Massimina
Santa Maria Nuova
PESCACCIO
Castel Malnome
PISANA
la Pisana
Casa Mattei
Piana del Sole
Ponte Galeria
MAGLIANA
VIABILITÀ LOCALE
Fiume Tevere
VIA DEL MARE-OSTIENSE
S. Nicola
il Centro
SELVA CANDIDA
Ottavia
Palmarola Nuova
S. Onófrio
Torrevécchia
Primavalle
BOCCEA
Monte Spaccato
Mte. Mario
PARCO PINETO
CITTÀ DEL VATICANO
S. Pietro
ROMA
Gianicolense
Corviale
Trullo
Magliana
Ippodromo Tor di Valle
MAGLIANA
C. COLOMBO
PONTINA
LAURENTINA
EUR
Cecchignola
Garbatella
Via Ardeatina
il Pino
Pino
Prima Porta
Settebagni
FLAMINIA
SALARIA
la Giustignana
CASSIA
CASSIA BIS
CASTEL GIUBILEO
Tomba di Nerone
AEROP. NAZ. DI ROMA URBE
Val Melaina
Tufello
Falc
Font di Sei
Lido di C.

NOMENTUM
Fonte Nuova
Torre Lupara
GUIDONIA
MONTECELIO
Marcellina
Sant'Angelo Romano
Vicovaro
San Polo dei Cavalieri
Mandela
Cineto Romano
Roviano
Anticoli Corrado
Saracinesco
Sambuci
Colle Cerrito Piano
Castel Madama
TIVOLI
VILLA ADRIANA
Villa Adriana
Villalba
Villanova
Bagni di Tivoli
Setteccamini
CATACOMBE S. ALESSANDRO
MONTI TIBURTINI
MTI. PRENESTINI
MONTI RUFFI
Ciciliano
Cerreto Laziale
Canterano
Rocca Canterano
Gerano
Passo della Fortuna
Spina Santa
Mte. Pagliaro
San Gregorio da Sassola
Casape
Mte. Cerella
Guadagnolo
Pisoniano
Rocca Santo Stefano
Bellegra
San Vito Romano
Poli
C. Corvia
Capranica Prenestina
Rocca di Cave
Olévano Romano
Genazzano
Cave
Gallicano nel Lazio
Palestrina
Castel S. Pietro Romano
Zagarolo
San Cesareo
Colonna
Lunghezza
Osteria dell'Osa
Pantano Borghese
Torrenova
Finocchio
Torre Gaia
Cinecittà
Morena
CIAMPINO
Frascati
Mte. Porzio Catone
Montecompatri
Rocca Priora
Grottaferrata
TUSCULUM
Mte. Ceraso
Colle di Fuori
Carchitti
Lábico
Valmontone
Paliano
Marino
Castel Gandolfo
Lago Albano
Rocca di Papa
Mte. Cavo
Maschio delle Faete
ALBANO LAZIALE
Ariccia
Nemi
Genzano di Roma
Mte. Artemisio
PARCO REGIONALE DEI CASTELLI ROMANI
Lariano
Artena
Colleferro
Segni
VELLETRI
Lanúvio
Giulianello
Rocca Massima
Cori
TEMPIO D'ERCOLE
Mte. Lupone
Norma
NORBA
OASI DI NINFA
Sermoneta
Bassiano
CISTERNA DI LATINA
APRILIA
Campoleone
Fossignano
Campo di Carne
BOSCO DI PADIGLIONE
Doganella
Latina Scalo
Borgo Podgora
Borgo Montello
Mte. Acquapuzza
Mte. Gorgoglione
Mte. Arrestino
Punta della Melazza
Cle. Illirio
MONTI LEPINI

Distanze chilometriche

Road distances - Distances routières - Straßenentfernungen

Alessandria	Ancona	Aosta	Arezzo	Ascoli Piceno	Asti	Avellino	Bari	Belluno	Benevento	Bergamo	Biella	Bologna	Bolzano	Brescia	Brindisi	Campobasso	Caserta	Catanzaro	Chieti	Civitavecchia	Como	Cosenza	Cremona	Crotone	Cuneo	Ferrara	Firenze	Foggia	Forlì	Frosinone	Genova	Gorizia	Grosseto	Imperia	Isernia	L'Aquila	La Spezia	Latina	Lecce	Lecco	Livorno	Lodi	Lucca	Macerata	Mantova	Massa	Matera	Milano	Modena
465																																																
165	617																																															
389	192	550																																														
576	122	728	249																																													
37	491	159	420	602																																												
824	437	985	456	365	855																																											
919	465	1071	661	400	945	208																																										
441	454	534	426	565	468	861	908																																									
805	395	966	431	323	836	42	197	842																																								
156	453	220	407	564	181	842	907	316	823																																							
95	532	114	477	639	119	894	981	447	875	139																																						
250	219	401	186	330	276	620	673	244	601	238	315																																					
360	494	449	447	605	392	882	948	167	863	234	370	280																																				
184	411	266	361	522	209	796	865	270	777	50	189	192	175																																			
1030	576	1182	774	514	1056	322	113	1019	311	1018	1096	784	1059	976																																		
778	331	930	435	259	804	97	221	767	64	804	841	532	807	724	335																																	
772	383	933	404	316	803	55	259	809	49	790	841	568	830	744	372	113																																
1188	814	1349	820	748	1219	387	362	1225	425	1206	1261	984	1246	1160	364	489	421																															
162	173	779	355	106	653	262	311	616	220	615	689	381	656	573	424	170	222	659																														
500	301	661	248	251	531	319	524	598	300	579	594	358	619	533	637	298	267	683	280																													
133	475	208	433	586	159	868	929	360	849	56	123	260	288	104	1040	788	816	1232	637	605																												
1096	721	1257	728	655	1127	292	270	1133	330	1114	1168	892	1154	1068	269	394	326	97	568	591	1140																											
140	376	291	328	487	164	763	830	313	744	81	202	161	225	55	941	689	711	1127	538	500	137	1035																										
1187	902	1346	821	806	1218	403	299	1222	442	1196	1276	983	1247	1145	309	506	438	75	660	704	1230	114	1126																									
127	581	216	452	692	92	887	1035	557	868	274	183	366	475	298	1146	866	835	1251	743	563	251	1159	254	1248																								
291	229	427	232	340	317	667	683	203	648	209	355	47	247	163	794	542	815	1031	391	404	263	939	156	1027	406																							
309	262	470	77	325	340	515	720	346	496	327	397	106	367	281	833	494	463	879	423	253	353	787	248	881	372	152																						
798	343	950	574	278	824	123	133	787	112	786	861	552	827	744	247	88	161	463	190	437	808	370	709	413	914	562	633																					
323	152	474	148	263	349	592	606	267	573	311	386	72	352	269	717	465	540	956	314	358	333	864	234	1043	439	98	109	485																				
663	350	824	295	241	694	170	375	700	151	681	735	459	721	635	489	150	119	537	189	158	707	442	602	551	726	506	354	238	431																			
84	506	245	305	620	115	747	952	487	728	199	174	291	422	228	1065	726	695	1111	671	416	185	1019	177	1113	147	338	225	842	367	586																		
466	483	562	455	594	497	890	937	159	871	346	473	273	326	300	1048	796	838	1254	645	627	400	1162	343	1248	586	232	375	816	296	729	517																	
390	314	551	138	342	421	433	638	488	414	469	483	248	509	423	751	412	381	797	382	111	495	705	390	809	453	294	143	551	248	272	306	517																
165	613	324	422	724	196	857	1062	592	838	304	251	398	527	333	1175	836	805	1221	775	533	290	1129	282	1216	163	442	342	946	471	696	121	622	423															
753	299	914	385	233	784	115	271	757	82	756	825	522	797	714	385	50	84	502	138	248	778	407	679	524	816	532	444	138	455	100	676	786	362	786														
633	212	794	266	110	664	272	394	655	235	654	713	420	695	612	507	199	220	639	89	196	676	544	577	710	696	430	321	272	353	136	549	684	293	666	156													
186	427	347	226	538	217	664	869	451	645	263	275	212	396	217	982	643	812	1028	589	337	276	936	172	1019	249	261	146	782	257	503	102	481	227	219	593	470												
664	363	825	296	261	695	215	420	701	196	682	751	460	722	636	534	195	149	582	244	128	708	487	603	601	727	507	355	283	432	58	587	730	242	697	145	183	504											
1068	614	1220	812	552	1094	360	152	1057	349	1056	1136	822	1097	1014	38	373	410	383	463	675	1078	288	979	327	1184	832	871	279	755	527	1103	1086	789	1213	423	545	1020	572										
173	479	227	427	586	200	844	928	345	825	33	147	262	275	89	1043	786	791	1211	637	601	29	1118	162	1227	298	302	347	808	333	685	221	373	490	323	780	665	282	702	1083									
260	379	421	195	404	291	562	767	441	543	337	352	201	464	291	880	541	510	926	540	244	350	834	246	943	323	247	115	680	226	401	176	470	134	293	491	439	96	371	918	359								
108	405	218	353	512	134	764	854	332	751	48	139	188	253	67	969	714	717	1137	562	514	90	1044	53	1153	255	228	273	734	259	611	156	358	403	258	707	590	195	628	1009	99	272							
240	337	401	153	401	271	591	796	399	572	318	328	159	422	272	909	570	539	955	498	287	331	863	227	952	303	205	73	709	184	430	156	428	177	273	520	397	77	431	947	336	46	248						
527	64	679	201	105	553	413	448	516	372	515	589	281	556	473	562	308	380	795	156	263	537	702	438	884	643	291	277	327	214	333	567	545	302	675	297	195	426	325	600	536	353	462	353					
197	324	334	278	435	221	713	778	234	694	118	251	109	179	66	889	637	561	1077	486	450	172	985	67	1075	311	89	198	657	182	522	239	263	340	344	627	525	178	553	927	152	252	120	233	386				
201	381	362	197	445	232	635	840	443	616	278	292	203	411	232	953	614	583	999	542	308	291	907	187	993	264	249	117	753	228	474	117	472	198	234	564	441	35	475	991	300	67	213	48	396	193			
968	515	1121	670	450	995	258	67	958	247	957	1029	723	998	915	138	272	268	298	361	533	979	203	880	260	1085	733	729	151	656	384	961	987	647	1071	322	446	878	429	161	975	776	900	805	498	828	849		
98	426	181	379	537	124	812	880	363	793	52	100	210	295	97	991	739	760	1176	588	551	49	1084	83	1178	214	254	299	759	284	651	145	393	441	243	729	627	222	652	1029	55	296	30	277	488	140	237	930	
210	265	362	210	376	236	645	719	281	626	199	273	41	241	153	830	578	593	1009	427	382	220	917	121	1008	326	73	130	598	123	484	255	310	272	359	568	466	172	485	868	220	227	146	185	327	70	187	769	171	
798	409	959	430	343	829	57	261	835	62	816	868	594	856	770	375	160	30	406	248	293	842	313	737	423	861	641	489	176	566	145	714	864	407	831	110	247	838	167	393	818	536	744	565	407	687	609	255	786	619
75	477	138	431	588	83	866	931	401	847	89	56	262	320	135	1042	790	814	1230	639	569	70	1138	150	1230	175	294	351	810	335	705	153	431	459	234	780	678	255	706	1080	97	329	89	309	539	203	270	981	50	222
320	326	404	296	437	344	731	780	128	712	188	323	116	186	142	891	639	679	1095	488	504	242	1003	185	1096	433	75	216	659	164	570	363	158	358	468	629	527	322	571	929	224	311	208	269	388	120	313	830	235	153
163	312	315	266	423	189	701	766	309	682	136	225	97	244	120	877	625	649	1065	474	438	172	973	74	1064	442	123	186	645	170	540	208	339	328	312	615	513	120	541	915	186	194	98	174	374	63	134	816	123	57
84	418	182	371	529	110	806	872	369	787	84	117	203	285	103	983	731	754	1170	580	543	85	1078	74	1167	200	244	291	751	276	645	111	398	433	216	721	619	207	646	1021	114	281	37	262	480	148	222	922	38	163
465	139	626	77	175	496	429	634	502	410	483	553	262	523	437	747	408	377	793	267	203	509	701	404	773	528	308	153	547	180	268	381	531	178	498	358	178	302	269	785	503	271	429	229	127	354	273	643	455	286
399	60	551	151	171	425	489	514	334	447	387	459	149	427	344	625	383	456	872	222	316	409	779	310	968	515	163	196	393	87	408	444	363	289	548	372	270	362	378	663	406	313	332	271	122	258	315	446	360	199
611	156	763	366	91	637	267	302	600	225	599	671	365	640	557	415	161	234	650	19	291	621	557	522	672	727	375	408	192	298	200	655	629	393	759	150	100	573	255	453	618	525	544	483	140	470	527	352	572	411
100	365	252	319	476	126	754	819	337	735	79	173	150	262	85	930	678	702	1118	527	491	115	1026	40	1115	215	183	239	698	223	593	144	373	381	249	668	566	161	594	968	134	235	46	217	427	97	176	869	66	110
240	356	401	175	394	271	582	787	421	563	318	331	181	444	272	900	561	530	946	517	260	331	854	227	975	303	227	91	700	206	421	156	450	150	273	511	419	77	391	938	339	20	251	22	343	233	48	796	276	207
279	300	440	116	364	310	554	759	362	535	343	367	122	383	297	872	533	502	918	461	288	371	826	264	914	342	168	36	672	145	393	195	391	178	312	483	360	117	394	910	362	85	287	43	316	214	87	768	317	146
422	439	517	411	550	453	846	893	66	827	301	432	229	233	255	1004	752	794	1210	601	583	355	1118	298	1207	542	188	331	772	252	685	472	93	473	577	742	640	436	686	1042	333	426	317	384	501	219	428	943	348	266
941	462	1102	573	396	972	137	143	978	175	959	1011	737	999	913	220	239	171	345	307	436	985	259	880	303	1004	784	632	111	602	287	864	1007	550	974	213	388	981	332	238	962	679	888	708	443	830	752	100	929	762
298	284	456	97	339	329	515	734	342	496	314	387	102	367	264	848	492	462	881	442	270	349	789	245	897	359	146	18	613	128	355	224	368	160	327	445	342	130	373	894	344	106	272	63	297	194	104	779	297	126
325	152	476	164	263	351	621	606	237	602	313	387	76	354	271	717	465	569	985	314	386	335	893	236	1048	441	74	137	485	27	460	371	266	276	475	455	353	289	461	755	335	253	261	211	214	184	255	656	286	125
1284	907	1445	916	841	1315	480	455	1321	518	1302	1356	1080	1342	1256	457	580	514	160	752	779	1328	190	1223	230	1347	1127	975	556	1052	630	1207	1350	893	1317	593	731	1124	675	476	1305	1022	1230	1051	888	1173	1095	391	1272	1105
188	282	340	234	394	217	668	737	307	649	163	251	65	254	146	850	595	616	1032	451	408	199	940	92	1034	304	97	156	615	141	507	234	336	298	338	585	483	151	508	888	212	227	124	207	343	82	167	787	150	25
575	218	736	208	107	606	314	519	612	295	593	664	372	633	547	632	293	262	678	147	144	619	586	514	691	638	418	263	432	290	153	491	641	235	608	243	58	412	154	670	614	381	540	339	180	464	383	528	565	396
364	108	509	178	215	391	613	558	325	594	345	429	121	397	295	672	417	560	979	266	376	380	887	276	996	512	125	164	437	54	453	398	351	310	487	410	289	304	441	712	377	281	303	237	165	225	278	604	328	157
587	286	748	219	184	618	245	450	624	226	605	675	383	645	559	563	224	193	609	198	83	631	517	526	626	650	430	278	363	355	84	510	653	193	620	174	113	427	70	601	626	322	551	354	248	476	398	460	575	408
287	290	410	264	401	311	699	744	170	680	124	376	79	233	148	855	603	647	1063	452	436	248	971	157	1060	401	33	184	623	127	538	370	199	326	474	593	491	290	539	893	276	279	261	237	352	90	281	794	241	103
839	450	1000	471	383	870	36	240	876	73	857	911	635	897	811	353	137	70	356	288	334	883	261	778	370	902	682	530	154	607	185	762	905	448	872	150	286	879	230	340	861	577	787	606	445	728	650	203	827	660
95	539	253	351	650	126	786	991	517	767	229	192	324	452	258	1104	765	734	1150	701	462	215	1058	207	1157	99	368	271	872	397	625	47	547	352	70	715	595	148	626	1142	265	222	199	202	601	269	163	1000	169	285
376	246	537	70	285	407	468	673	413	449	394	463	173	434	348	786	447	416	832	367	185	420	740	315	833	439	219	68	586	173	307	292	442	75	409	397	278	175	308	824	413	119	339	102	234	265	146	682	366	197
246	554	308	504	665	272	939	1008	269	920	115	227	337	172	145	1119	867	887	1303	716	676	111	1211	195	1306	362	308	424	887	412	778	285	445	566	389	857	755	360	779	1157	80	434	179	415	616	211	375	1058	138	298
1002	548	1154	743	483	1028	291	95	991	280	990	1066	756	1031	948	70	304	342	297	394	606	1012	202	913	242	1118	766	802	216	689	458	1034	1020	720	1144	354	477	951	503	85	1014	849	940	878	531	861	922	71	963	802
591	137	743	326	35	617	333	368	580	291	579	659	345	620	537	482	227	285	717	76	271	601	624	502	772	707	355	385	248	278	206	635	609	353	739	202	75	553	254	520	599	502	525	460	120	450	504	419	552	391
539	182	700	172	143	570	341	456	576	322	557	628	336	597	511	659	320	289	705	183	119	583	613	478	705	602	382	227	459	254	180	455	605	199	572	270	94	376	181	697	578	345	504	303	144	428	347	555	529	360
93	547	110	475	658	56	910	1001	492	891	182	75	332	410	228	1112	860	858	1274	709	586	165	1182	222	1273	94	373	395	880	405	749	170	524	476	206	839	719	272	750	1150	188	346	189	326	609	279	287	1051	138	292
306	439	395	393	550	338	828	893	110	809	180	315	295	58	118	1004	752	776	1192	601	565	234	1100	167	1192	421	193	313	772	297	667	368	268	455	473	742	640	342	688	1042	216	410	194	368	501	125	357	943	241	186
364	377	454	348	488	396	783	831	78	764	238	370	167	191	192	942	690	731	1147	539	520	292	1055	235	1145	485	126	268	710	190	622	410	142	410	515	680	578	374	623	980	270	363	255	321	439	157	365	881	285	204
491	503	581	475	614	517	910	957	180	891	365	500	293	347	319	1068	816	858	1274	665	647	419	1182	362	1275	606	252	395	836	316	749	537	45	537	642	806	704	501	750	1106	400	490	385	448	565	283	492	1007	412	330
457	472	550	444	583	486	879	926	116	860	334	466	262	283	288	1037	785	827	1243	634	616	388	1151	331	1241	575	221	364	805	285	718	505	37	506	610	775	673	469	719	1075	366	459	351	417	534	252	461	976	381	299
127	488	188	441	599	136	876	942	408	857	98	94	273	326	142	1053	801	824	1240	650	613	27	1148	161	1238	228	301	361	821	346	715	193	438	503	298	791	689	284	716	1091	57	358	98	339	550	210	299	992	57	233
352	364	442	335	475	378	767	818	108	748	226	356	154	214	180	929	677	715	1131	526	507	280	1039	223	1131	467	113	255	697	171	606	397	136	397	502	667	565	361	607	967	257	350	241	308	426	143	352	868	273	191
152	533	201	481	640	176	898	982	450	879	142	100	316	378	192	1097	841	845	1265	690	642	106	1172	203	1281	268	356	401	862	387	739	231	476	531	307	835	714	322	756	1137	125	399	140	376	590	255	340	1028	98	274
54	508	119	437	619	59	872	962	432	853	121	41	293	345	166	1073	821	820	1236	670	548	93	1144	193	1238	152	325	357	841	366	711	132	462	438	213	801	681	234	712	1111	126	308	109	288	570	226	249	1012	78	253
242	355	332	311	466	274	742	809	207	723	116	248	142	155	70	920	668	690	1106	517	483	170	1014	113	1109	357	102	231	688	213	581	286	237	373	391	658	556	221	582	958	148	295	133	276	417	40	236	859	163	102
1175	889	1333	809	793	1206	390	360	1209	429	1183	1265	970	1235	1132	370	492	427	71	646	691	1218	100	1113	140	1235	1015	868	442	1031	539	1101	1236	796	1203	510	698	1007	585	388	1214	930	1140	940	872	1063	981	320	1165	995
289	360	378	332	471	315	767	814	162	748	162	294	150	180	116	925	673	715	1131	522	504	216	1039	159	1139	404	109	252	693	198	606	334	192	394	439	663	561	378	607	963	194	347	179	305	422	90	349	864	209	149
1270	893	1431	902	827	1301	466	441	1307	504	1288	1342	1066	1328	1242	443	568	500	146	738	765	1314	176	1209	216	1313	1113	961	542	1038	616	1193	1336	879	1303	579	717	1110	661	462	1291	1008	1216	1037	874	1159	1081	377	1258	1091
543	243	704	176	204	574	325	530	580	306	561	629	340	601	515	643	304	273	689	244	58	587	597	482	706	606	386	231	443	312	164	459	609	138	576	254	155	380	162	681	579	349	505	307	205	432	351	539	533	364

Aosta: 42 Traforo del Monte Bianco T1; 30 Traforo del Gr. San Bernardo T2

Belluno: 115 Dobbiaco

Bolzano: 112 Dobbiaco; 81 Passo del Brennero

Civitavecchia: *9 Arbatax*; *12* **Cagliari**; *9 Golfo Aranci*; *7 Olbia*

Como: 6 frontiera

Cuneo: 33 Galleria di Tenda

Genova: *19 Arbatax*; *20* **Cagliari**; *13 Olbia*; *22* **Palermo**; *12 Porto Torres*

Imperia: 51 Ventimiglia

Livorno: *7 Olbia*; *18* **Palermo**; *12 Porto Torres*

Milano: Como 52; Galleria del Sempione (Iselle) 143

SARDEGNA

	Arbatax	Cagliari	Golfo Aranci	Nuoro	Olbia	Oristano	Porto Torres	Sassari
Arbatax		145	193	101	174	190	237	219
Cagliari			306	181	287	93	229	212
Golfo Aranci				124	19	213	138	120
Nuoro					105	89	136	118
Olbia						194	119	101
Oristano							138	120
Porto Torres								19

Arbatax: *Civitavecchia* 9; **Genova** 19

Cagliari: *Civitavecchia* 12; **Genova** 20; **Napoli** 15; **Palermo** 12; Trapani 11

Golfo Aranci: *Civitavecchia* 9

Olbia: *Civitavecchia* 7; **Genova** 13; Livorno 7

Porto Torres: **Genova** 12; Livorno 12

	Le distanze sono calcolate sui percorsi più veloci o più brevi e sono da ritenersi indicative	Distances (in kilometres) are calculated by the shortest or quickest route and should be considered to be approximate	Les distances sont calculées sur les itinéraires les plus brefs ou rapides et ne sont donc qu'approximatives	Die Entfernungen sind auf den kurzesten oder schnellsten Routen berechnet und sind als approximativ zu halten
ROMA	Capitale di Stato	National Capital	Capitale d'État	Staatshauptstadt
Torino	Capoluogo di Regione	Capital of Region	Capitale de Région	Regionshauptstadt
Novara	Capoluogo di Provincia	Capital of Province	Capital de Province	Provinzhauptstadt
25 42	Distanze stradali (km)	Road distances (km)	Distances routières (km)	Straßenentfernungen (km)
33 Gall. di Tenda	Passaggi di frontiera e distanze stradali	Frontier crossing and road distances	Passage frontière et distances routières	Grenzübergang und Straßenentfernungen
12 *Olbia* Messina	Porti d'imbarco dei traghetti e tempi medi di percorrenza (in ore)	Sailing ports for ferries and crossing average time (h)	Port de départ des bacs et temps moyen de traversée (h)	Verladungshäfen der Fähren und mittlere Fahrzeit der Überfahrt (h)

SICILIA

	Caltanissetta	Catania	Enna	Messina	**Palermo**	Ragusa	Siracusa	Trapan
Agrigento	57	167	95	265	126	133	218	180
Caltanissetta		110	38	207	127	131	161	236
Catania			85	94	207	103	60	316
Enna				183	136	136	137	245
Messina					237	202	158	346
Palermo						248	259	107
Ragusa							86	308
Siracusa								368

Reggio di Calabria *4* (Catania)

Villa S. Giovanni *0,30* (Messina)

Cagliari *12* (Palermo)

Genova *22* (Palermo)

Livorno *18* (Palermo)

Napoli *9,30* (Palermo)

Cagliari *11* (Trapan)

Cagliari *15* / **Palermo** *9,30* (Napoli)

118 Galleria del Sempione (Iselle) (Novara)

4 Catania (Reggio di Cal.)

90 Traforo del Fréjus T4 (Torino)

100 Tarvisio (frontiera) (Udine)

Messina *0,30* (Villa S.Giovanni)

Esempio:
Example
Exemple
Beispiel

ROMA-TRIESTE
km
673

	Napoli	Novara	Padova	Parm	Pavia	**Perugia**	Pesaro	Pescara	Piacenza	Pisa	Pistoia	Pordenone	**Potenza**	Prato	Ravenna	Reggio di Cal.	Reggio nell'Em.	Rieti	Rimini	**ROMA**	Rovigo	Salerno	Savona	Siena	Sondrio	Taranto	Teramo	Tern	**Torino**	**Trento**	Trevis	**Trieste**	Udine	Varese	**Venezia**	Verbania	Vercelli	Verona	Vibo Valentia	Vicenza	*Villa S.Giovanni*
Novara	840
Padova	705	273
Parm	675	174	181
Pavia	780	61	245	115
Perugia	403	507	372	342	447
Pesaro	482	411	231	246	352	131
Pescara	260	623	472	458	564	266	215
Piacenza	728	117	820	62	53	395	299	511
Pisa	556	309	291	174	262	251	290	502	217
Pistoia	528	348	232	202	301	192	234	446	254	65
Pordenone	820	384	113	294	353	487	319	585	328	406	347
Potenza	158	983	848	818	923	546	520	298	871	699	671	963
Prato	488	348	216	182	286	174	211	424	234	82	17	327	632
Ravenna	595	337	134	172	278	196	87	298	225	233	172	222	603	155
Reggio di Cal.	494	1326	1191	1161	1266	889	965	743	1214	1042	1014	1306	445	975	1081
Reggio nell'Em.	642	201	179	28	142	311	217	428	89	207	172	292	785	153	141	1128
Rieti	288	617	482	452	557	120	233	158	505	361	302	597	431	284	306	774	420
Rimini	586	379	200	213	317	204	36	248	265	260	199	311	730	182	51	1074	184	310
ROMA	219	629	494	464	569	192	301	207	517	342	317	609	362	296	384	705	431	77	364
Rovigo	673	279	42	153	237	340	199	436	187	259	200	155	816	179	107	1159	127	450	162	462
Salerno	56	881	746	716	821	444	522	298	769	597	569	861	105	532	636	447	683	329	630	260	714
Savona	760	164	393	238	141	427	474	685	174	202	241	502	903	268	401	1246	264	537	429	549	400	801
Siena	442	418	283	253	358	110	221	378	306	109	103	398	585	84	207	928	223	220	242	231	251	483	338
Sondrio	913	177	287	251	186	580	488	700	194	415	440	400	1056	424	414	1399	278	690	457	702	292	954	315	491
Taranto	308	1014	863	849	955	716	597	385	902	869	841	976	153	819	689	390	820	601	643	515	827	255	1073	755	1091
Teramo	312	603	452	438	544	210	186	60	491	479	423	565	365	404	278	810	408	118	229	184	416	352	665	338	680	452
Tern	315	581	446	416	521	84	197	194	464	325	266	561	458	248	270	801	384	36	274	104	414	356	501	184	654	628	154
Torino	884	95	366	246	166	551	481	693	182	326	365	479	1027	384	407	1370	270	661	446	673	370	925	145	462	265	1084	673	625
Trento	802	265	129	189	231	469	372	585	208	390	329	175	945	312	299	1288	199	579	342	591	179	843	398	380	160	976	565	543	356
Trevis	757	323	50	231	297	424	257	523	266	343	284	45	900	265	160	1243	230	534	248	546	93	798	440	335	337	914	503	498	416	134
Trieste	884	450	177	358	418	551	383	649	393	470	411	114	1027	395	286	1370	356	661	378	673	219	925	567	462	464	1040	629	625	542	290	162
Udine	853	419	146	327	386	520	352	618	364	439	380	50	996	361	255	1339	325	630	344	642	188	894	535	431	433	1009	598	594	512	226	130	72
Varese	850	53	280	185	92	517	422	634	128	339	379	393	993	357	348	1336	212	627	389	639	286	891	223	428	138	1025	614	591	145	272	330	457	426
Venezia	741	311	38	219	279	411	238	510	253	330	271	93	884	251	141	1227	217	521	235	530	80	782	426	322	325	901	490	485	402	157	30	157	125	318
Verbania	871	76	327	226	133	557	460	672	174	379	414	436	1016	400	388	1359	252	668	430	679	379	915	249	467	204	1067	653	632	163	319	373	503	469	77	360
Vercelli	846	23	304	206	69	513	442	654	143	288	327	417	989	348	368	1332	231	623	402	635	310	887	143	424	205	1045	634	587	78	291	354	481	450	76	342	101
Verona	716	201	79	104	167	387	289	501	144	276	247	192	859	228	215	1202	115	497	259	505	83	757	316	298	215	892	481	461	292	101	129	256	225	208	120	251	232
Vibo Valentia	408	1217	1084	1051	1155	761	956	659	1103	963	902	1195	332	885	1034	109	1022	678	983	613	1047	357	1145	821	1294	303	760	693	1260	1180	1132	1262	1228	1226	1119	1268	1225	1096
Vicenza	741	247	34	153	215	408	265	506	190	327	268	147	884	258	168	1227	167	518	243	530	68	782	364	319	261	897	486	482	340	144	84	211	180	254	72	297	278	51	1127
Villa S.Giovanni	480	1312	1177	1147	1252	875	951	729	1200	1028	1000	1292	431	961	1067	14	1114	760	1060	691	1145	433	1232	914	1385	376	796	787	1356	1274	1229	1356	1325	1322	1213	1345	1318	1188	95	1213
Viterbo	289	585	450	420	525	131	258	255	473	329	270	565	442	249	340	785	388	97	318	85	418	340	505	188	658	612	215	61	629	547	502	629	598	595	489	633	591	465	694	486	771

Città e aree urbane

Towns and urban areas - Villes et aires urbaines - Städte und Zufahrtskarten

Aree urbane
Urban areas
Aires urbaines
Stadtzufahrtskarten

Piante di città
Town plans
Plans de villes
Stadtpläne

Aree urbane e piante di città
Urban areas and town plans
Aires urbaines et plans de villes
Stadtzufahrtskarten und Stadtpläne

	Segni convenzionali	Legend	Légende	Zeichenerklärung
A4	Autostrada e numero	Motorway with number	Autoroute et son numéro	Autobahn mit Nummer
CORMANO	Autostrada con ingressi	Motorway with access points	Autoroute avec accès	Autobahn mit Anschlüssen
	Barriera di pedaggio	Toll barrier	Barrière de péage	Gebührenstelle
PERO	Area di servizio sull'autostrada	Motorway service area	Aire de service sur l'autoroute	Tankstelle an Autobahn
	Strade di grande comunicazione	Highways	Routes de liaison principale	Hauptverbindungsstraßen
	Strada a doppia carreggiata	Dual carriageway road	Route à chaussées séparées	Zweibahnige Schnellstraße
	Strada principale	Main road	Route principale	Hauptstraße
	Altre strade	Other roads	Autres routes	Übrige Straßen
11	Numero di strada	Numbering of road	Numéro de route	Numerierung der Straßen
	Scalinate, gradinate, rampe pedonali	Staircases, gradins, pedestrian ramps	Grands escaliers, rampes pour piétons	Treppen, Fußgängerrampen
	Passaggi coperti	Pedestrian arcades	Passages couverts	Fußgängerpassagen
	Aree pedonali	Pedestrian areas	Zones réservées aux piétons	Fußgängerzonen
	Ferrovie e stazioni	Railways and stations	Chemins de fer et gares	Eisenbahnen und Bahnhöfe
	Traghetti, linee di navigazione	Ferries, shipping lanes	Bacs, lignes de navigation	Fähren, Schiffartslinien
	Funivie	Cableways	Téléphériques	Seilbahnen
	Funicolari	Funiculars	Funiculaires	Standseilbahnen
	Caseggiati, monumenti, servizi ecc.	Buildings, monuments, public services etc.	Immeubles, monuments, services etc.	Wohnblöcke, Denkmäler, Dienste usw.
	Chiese, cappelle, santuari, monumenti	Churches, chapels, sanctuaries, monuments	Églises, chapelles, sanctuaires, monuments	Kirchen, Kapellen, Wallfahrtskirchen, Denkmäler
	Giardini	Gardens	Jardins	Grünanlagen
TERMINI	Linee della metropolitana e stazioni	Underground railways and stations	Lignes de métro avec stations	U-Bahnlinien mit Bahnhöfen
	Rovine, zona archeologica	Ruins, archeological site	Ruines, centre archéologique	Ruinen, archäologisches Zentrum
PORTA ELCE	Mura, bastioni, porte	Walls, ramparts, gates	Murs, remparts, portes	Mauern, Bollwerke, Tore
Ω	Grotta	Cave	Grotte	Höhle
	Faro	Lighthouse	Phare	Leuchtturm
P	Parcheggio	Parking	Parking	Parkplatz
	Ospedale	Hospital	Hôpital	Krankenhaus
	Dogana; Polizia; Pronto soccorso	Customs; Police; First Aid	Douane; Police; Poste de secours	Zollamt; Polizeistation; Unfallhilfe
ACI-AC	Automobile Club	Italian Automobile Club	Automobile Club d'Italie	Italienische Automobile Club
M PR	Municipio; Prefettura	Townhall; Prefecture	Hôtel de ville; Préfecture	Rathaus; Provinzgebäude
AA PL	Azienda Autonoma; Pro Loco	Local Tourist Board; Pro Loco	Syndicat d'initiative; Pro Loco	Fremdenverkehrsverein; Pro Loco
EPT	Ente Provinciale del Turismo	Provincial Tourist Board	Organisme Provincial pour le tourisme	Fremdenverkehrsamt der Provinz
AAPIT	Azienda Autonoma Provinciale per l'Incremento Turistico	Provincial Tourist Promotion Board	Office Provincial de Promotion Touristique	Autonomes Landesverkehrsamt
APT	Azienda di Promozione Turistica	Tourist Promotion Board	Office de promotion touristique	Touristisches Förderungsbüro
UPT	Ufficio Provinciale per il Turismo	Provincial Tourist Office	Office Provincial de Tourisme	Landesverkehrsamt
i	Ufficio informazioni	Tourist information agency	Bureau d'informations touristiques	Touristisches Auskunftsbüro
PT	Poste e telegrafi	Post office	Bureau de poste	Postamt
T	Telefono pubblico	Public telephone cabin	Cabine publique de téléphone	Öffentliche Fernsprechzelle

ANCONA

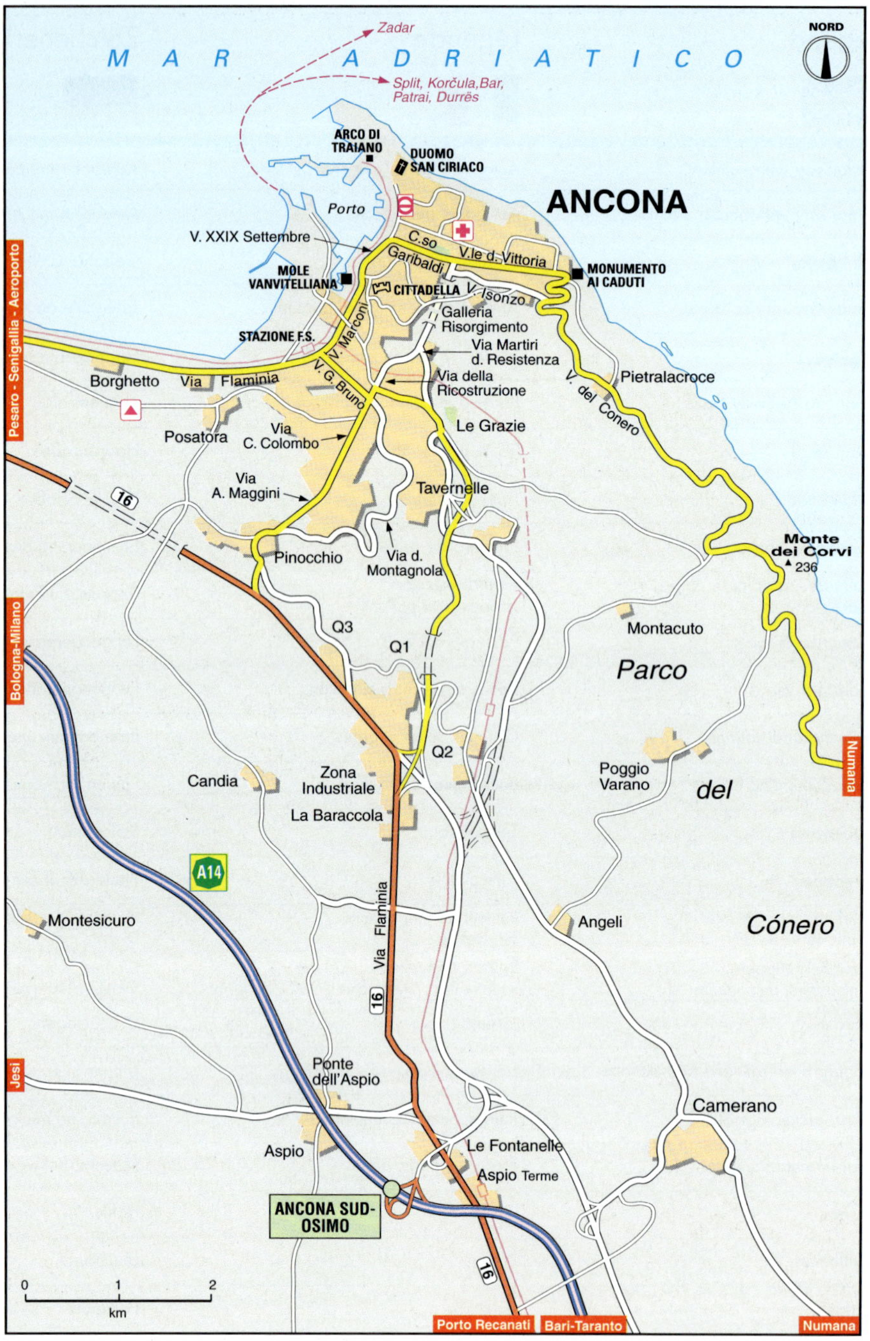

MAR ADRIATICO
NORD
Zadar
Split, Korčula, Bar, Patrai, Durrës
ARCO DI TRAIANO
DUOMO SAN CIRIACO
ANCONA
Porto
V. XXIX Settembre
C.so Garibaldi
V.le d. Vittoria
MONUMENTO AI CADUTI
MOLE VANVITELLIANA
CITTADELLA
V. Isonzo
Galleria Risorgimento
STAZIONE F.S.
V. Marconi
Via Martiri d. Resistenza
Via della Ricostruzione
V. G. Bruno
Borghetto
Via Flaminia
Pietralacroce
V. del Conero
Posatora
Via C. Colombo
Le Grazie
Via A. Maggini
Tavernelle
16
Pinocchio
Via d. Montagnola
Monte dei Corvi
236
Pesaro - Senigallia - Aeroporto
Bologna-Milano
Q3
Q1
Montacuto
Parco
Q2
Candia
Zona Industriale
La Baraccola
Poggio Varano
del
Numana
A14
Montesicuro
Via Flaminia
Angeli
Cónero
Jesi
Ponte dell'Aspio
Camerano
Aspio
Le Fontanelle
Aspio Terme
ANCONA SUD-OSIMO
0 1 2
km
Porto Recanati
Bari-Taranto
Numana

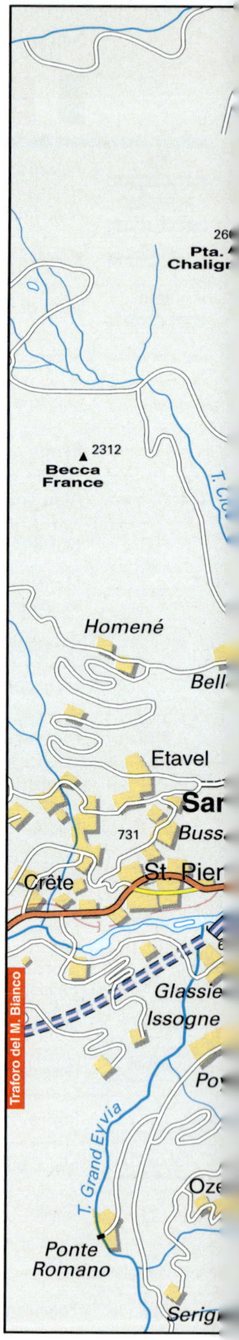

Becca France
2312
Homené
Etavel
731
Crête
Glassie
Issogne
T. Grand Eyvia
Ponte Romano
Traforo del M. Bianco

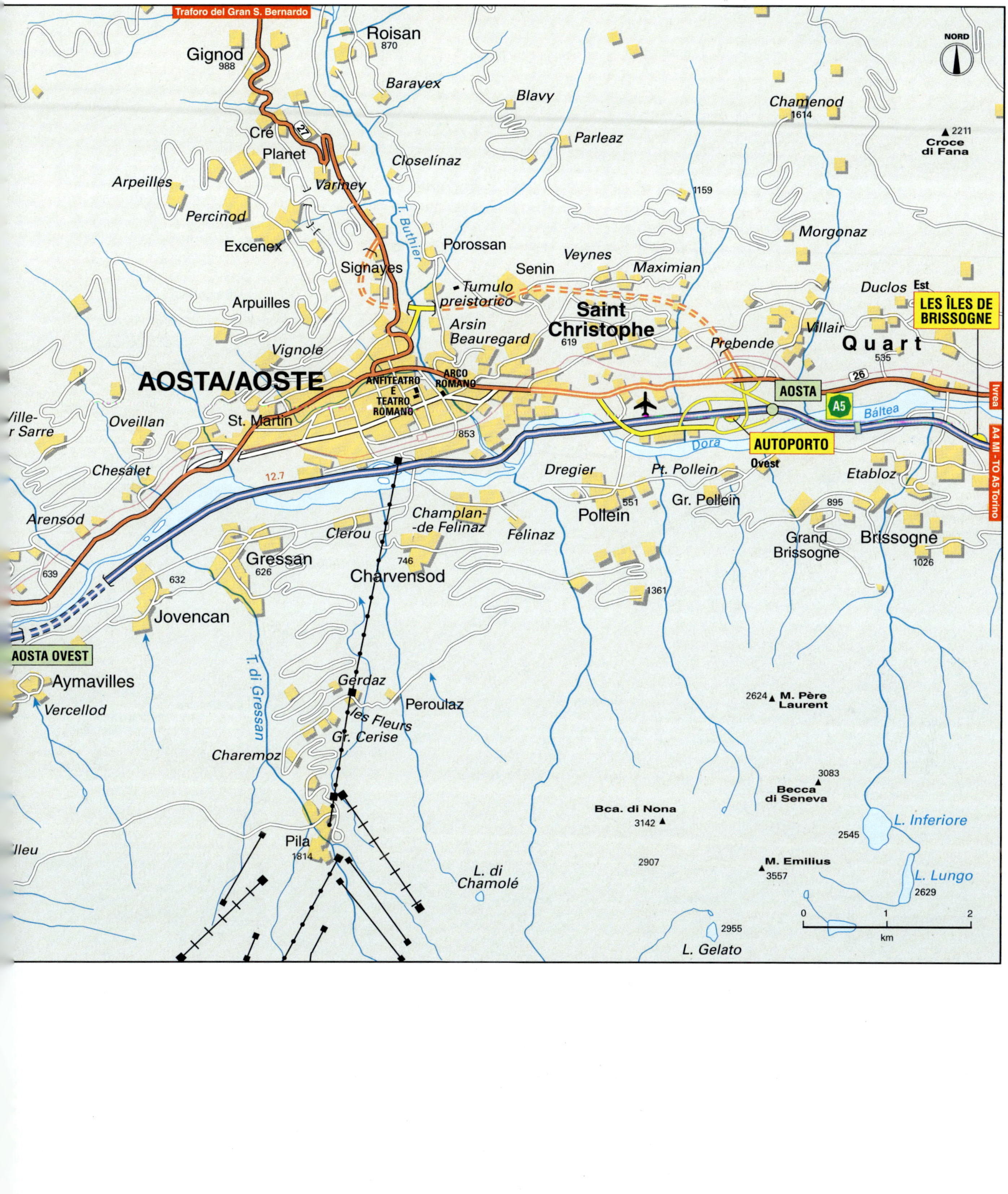
Traforo del Gran S. Bernardo
Roisan
870
Gignod
988
NORD
Baravex
Blavy
Chamenod
1614
Cré
Planet
Parleaz
2211
Croce di Fana
Closelínaz
Arpeilles
Variney
1159
Percinod
Excenex
T. Buthier
Porossan
Morgonaz
Signayes
Veynes
Senin
Maximian
Tumulo preistorico
Duclos
Est
LES ÎLES DE BRISSOGNE
Arpuilles
Saint Christophe
Arsin
Beauregard
619
Villair
Vignole
Prebende
Quart
535
AOSTA/AOSTE
ANFITEATRO E TEATRO ROMANO
ARCO ROMANO
26
AOSTA
A5
Ivrea
Oveillan
St. Martin
Báltea
853
Dora
AUTOPORTO
Ovest
A4 MI - TO A5 Torino
Chesalet
12.7
Dregier
Pt. Pollein
Etabloz
551
Gr. Pollein
895
Arensod
Champlan-de Felinaz
Pollein
Clerou
Felinaz
Grand Brissogne
Brissogne
Gressan
746
626
1026
639
632
Charvensod
1361
Jovencan
AOSTA OVEST
Aymavilles
Vercellod
Gerdaz
T. di Gressan
Peroulaz
les Fleurs
Gr. Cerise
2624
M. Père Laurent
Charemoz
3083
Becca di Seneva
Bca. di Nona
3142
L. Inferiore
2545
Pila
1814
2907
M. Emilius
3557
L. di Chamolé
L. Lungo
2629
0
1
2
km
2955
L. Gelato

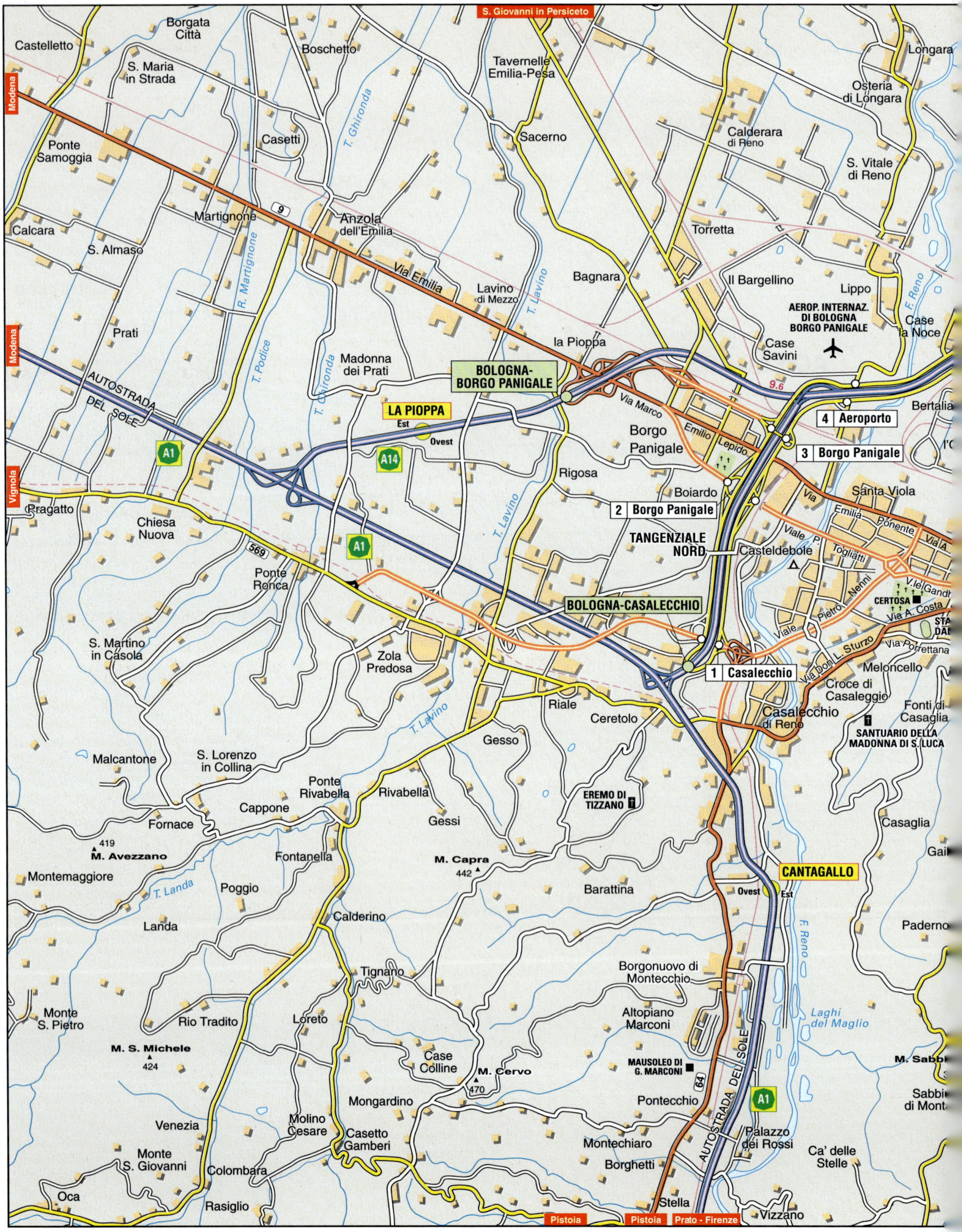
S. Giovanni in Persiceto
Borgata Città
Castelletto
S. Maria in Strada
Boschetto
Tavernelle Emilia-Pesa
Longara
Osteria di Longara
Modena
Ponte Samoggia
Casetti
T. Ghironda
Sacerno
Calderara di Reno
S. Vitale di Reno
9
Martignone
Anzola dell'Emilia
Torretta
Calcara
S. Almaso
R. Martignone
Via Emilia
Lavino di Mezzo
T. Lavino
Bagnara
Il Bargellino
Lippo
F. Reno
AEROP. INTERNAZ. DI BOLOGNA BORGO PANIGALE
Case la Noce
Prati
T. Podice
Madonna dei Prati
la Pioppa
Case Savini
BOLOGNA-BORGO PANIGALE
AUTOSTRADA DEL SOLE
9.6
Bertalia
4 Aeroporto
LA PIOPPA
Est
Ovest
Via Marco Emilio Lepido
Borgo Panigale
3 Borgo Panigale
A1
A14
Vignola
Rigosa
Boiardo
Santa Viola
Pragatto
2 Borgo Panigale
Via Emilia Ponente
Chiesa Nuova
TANGENZIALE NORD
Viale P. Togliatti
569
Casteldebole
Ponte Ronca
Viale Pietro Nenni
CERTOSA
BOLOGNA-CASALECCHIO
Via A. Costa
S. Martino in Casola
Zola Predosa
Via Porrettana
Meloncello
1 Casalecchio
Via Don L. Sturzo
Croce di Casaleggio
Riale
Ceretolo
Casalecchio di Reno
Fonti di Casaglia
SANTUARIO DELLA MADONNA DI S. LUCA
Gesso
Malcantone
S. Lorenzo in Collina
EREMO DI TIZZANO
Ponte Rivabella
Rivabella
Cappone
Gessi
Casaglia
Fornace
419
M. Avezzano
Fontanella
M. Capra
442
Montemaggiore
T. Landa
Poggio
Barattina
CANTAGALLO
Landa
Calderino
Paderno
Tignano
Borgonuovo di Montecchio
Monte S. Pietro
Rio Tradito
Loreto
Altopiano Marconi
Laghi del Maglio
M. S. Michele
424
Case Colline
M. Cervo
470
MAUSOLEO DI G. MARCONI
64
Mongardino
Pontecchio
AUTOSTRADA DEL SOLE
Venezia
Molino Cesare
Casetto Gamberi
Palazzo dei Rossi
Monte S. Giovanni
Colombara
Montechiaro
Borghetti
Ca' delle Stelle
Oca
Rasiglio
Stella
Vizzano
Pistoia
Prato - Firenze

San Giorgio in Piano
Ferrara
Minerbio
Lugo
Ravenna - Rimini
Imola
Monterenzio
Firenze
NORD
BOLOGNA
5 Lame
6 Mercato Ortofrutticolo
7 Via Stalingrado
7b Via Centergross
8 Fiera
9 San Donato
10 Zona Industriale Roveri
11 San Vitale
11b Magazzini San Ruffillo
12 Mazzini
13 San Lazzaro
BOLOGNA-ARCOVEGGIO
BOLOGNA-S. LAZZARO
AUTOSTRADA BOLOGNA-BARI-TARANTO
A13
A14
STAZIONE CENTRALE
TORRI GARISENDA-ASINELLI
PIAZZA MAGGIORE
SAN PETRONIO
SAN FRANCESCO
ISTITUTO RIZZOLI
S. VITTORE
Parco Regionale dei Gessi Bolognesi e Calanche della Abbadessa
Via Emilia
Via Emilia Levante
Via degli Orti
Mercatelli
Castel Maggiore
S. Matteo
Sabbiuno
Casette di Cadriano
Maddalena di Cazzano
S. Brigida
Bagnarola
Viadagola
Pigliavacche
Fabbreria di Cadriano
Granarolo dell'Emilia
Abbazia
S. Vincenzo
Cadriano
Corticella
Osteria S. Anna
Casa Buia
Molino del Gomito
Frabazza
Veduro
Vigorso
Sostenazzo
Quarto Inferiore
Marano
Dozza
S. Nicola di Villola
Quarto Superiore
S. Sisto
la Torre
Arcoveggio
Fiera
S. Donnino
Castenaso
Fiesso
Fossamarcia
Villanova
le Roveri
Croce del Biacco
Villa Vignoli
Caselle
Borgatella
Madonna di Castenaso
Villaggio due Madonne
Fabbreria
Castiglia
Forno Rosso
Colunga
Grotta di Sotto
Chiesanuova
S. Ruffillo
S. Lazzaro di Savena
Pontebuco
Tre Ocarine
Monte Donato
Ponticella gli Zingari
la Cicogna
Idice
Mirandola
Quaderna
la Pulce
la Mura S. Carlo
la Campana
Olmatello
Ozzano dell'Emilia
Rastignano
Croara
Campiano
Villaggio Martino
Pizzocalvo
Valle Verde
Farneto
Castell'Arienti
Riolo
Falgheto
Maggio
S. Andrea di Sesto
Monte Calvo
Carteria di Sesto
399 M. Calvo
Pino di Sotto
S. Pietro
Castel dei Britti
Sesto
l'Eremo
Villaggio Serrabella
Villa
S. Andrea
S. Pietro di Ozzano
Borgo Nuovo
Botteghino Colonna
Ciagnano
Scolo Savena
Scolo Zenetta
Scolo Zena
Canale Navile
Scolo Fiumicello di Dugliolo
T. Idice
T. Savena
T. Zena
Viale Masini
Viale Silvani
Via San Felice
Via Indipendenza
Via Matteotti
Via di Corticella
Via Ferrarese
Via Stalingrado
Via S. Donato
Strada Maggiore
Via S. Stefano
Via Mazzini
Via Massarenti
Viale Aldini
Viale Panzacchi
Via Murri
Viale Pietramellara
Trebbo di Reno
Beverara
Saragozza
Pianzeno
Roncrio
7.3
7.8
64
253
9
0 1 2 km

BOLOGNA
NORD
Argelato
Modena
Stazione Centrale F.S.
Piazza delle Medaglie d'Oro
Via Pietramellara
Viale Pietro Pietramellara
Via F. Zanardi
Via P. Bovi Campeggi
Via L. Cipriani
Via C. Boldrini
Via P. Inviti
Via C. Casarini
Via Casarini
Via A. Parmeggiani
Giardino G. Fava
Via Milazzo
Via Cairoli
Via Giovanni Amendola
Via Don G. Minzoni
Piazza VII Novembre 1944
Giard. del Cavaticcio
Pza dei Martiri 1943-1945
Via dei Mille
Via Montebello
Via Galliera
Via Gramsci
Via Innocenzo
Via Pier de' Crescenzi
Giardino Pierfrancesco Lorusso
Via Malvasia
Istituto di Studi politici "A. De Gasperi"
Via Aurelio Saffi
Via Ghisiliera
Viale A. Silvani
Mura di Porta San Felice
Palazzo dello Sport
Giard. Dec. al Valor Civile
Via Calori
Giard. Ex Manifat. Tabacchi
Marconi
L.go Caduti del Lavoro
Via Marconi
Piazza di Porta S. Felice
Via Riva di Reno
Via Lenzi
M. Azzarita
Via Padre F.M. Grimaldi
Via Lame
Via delle Lame
Via San Felice
Via Sabotino
Via della Grada
Viale G. Vicini
Via del Pratello
Via Andrea Costa
Oratorio di S. Rocco
Pza di Pta S. Isaia
Via Sant' Isaia
Ex Ospedale Psichiatrico Roncati
Malpighi
S. Francesco
Pza S. Francesco
Giardino S. Francesco
Tombe dei Glossatori
Colonna d. Immacolata
Pza Malpighi
Via Ugo Bassi
Pal. Marescalchi
Piazza F.D. Roosevelt
S. Salvatore
Pal. d. Prefettura
Museo Giorgio Morandi
Fontana del Nettuno
Pal. Comunale
Pal. di Re Enzo
Pal. d. Podestà
Pza Maggiore
Pal. dei Notai
S. Petronio
Archiginnasio
Museo Civico Archeologico
Pal. Felicini-Fibbia
Pal. Gamberini
S. Maria Magg.
Casa Bertoni
Pal. Montanari
Pal. Gaudenzi
Mad. di Galliera
Torre Prendiparte
Museo Civico Medievale
Ss. Gregorio e Siro
Pal. Ghisilardi-Fava
Pal. Majani
Metropolitana
Pal. Arcivescovile
Casa Emaldi
Torre Azzoguidi
Torre Altabella
Giardino V. Melloni
Viale C. Pepoli
Via Saragozza
Piazza di Porta Saragozza
Via Frassinago
Palazzo Salina-Amorini
San Giov. Batt. d. Celestini
Corte de Galluzzi
Pal. Bevilacqua
Via Barberia
Via de' Carbonesi
S. Paolo
Collegio di Spagna
Via D'Azeglio
Via Urbana
Palazzo Albergati
Corpus Domini (Museo della Santa)
S. Procolo
Tomba di R. de' Passeggeri
S. Domenico
Pal. di Giustizia
Pza dei Tribunali
Castelfidardo
S. Giuseppe dei Cappuccini
Giardino di Villa Cassarini
Università di Bologna Facoltà di Ingegneria
Viale Antonio Aldini
Mura di Pta D'Azeglio
Piazza di Pta S. Mamolo
Viale Enrico Panzacchi
S. S. Annunziata
Via S.S. Annunziata
Via Cino da Pistoia
Via Petrarca
Via Saragozza
Via Civita
Villa Cipressina
Villa Baruziana
0 1 2
km

Ferrara
Ferrara
Centro Sportivo Comunale D.L.F.
Via Stalingrado
Giardino F. Paselli
Area verde Via Garavaglia
Giardino R. Bentivogli
Via S. Donato
Via della Repubblica
Via E. Zacconi
Viale A. Masini
Stazione
Rampa Magg. L. Serra
Montagnola
Giardino della Montagnola
Pza di P.ta Mascarella
Orto Botanico
Irnerio
Palazzina della Viola
Giardino C. Parker
Giard. J. Lennon
Via Gandusio
Viale Berti Pichat
Via Irnerio
Pinacoteca Nazionale
Pal. Bentivoglio
Piazza di Porta S. Donato
Via Zamboni
Via F. Malaguti
Stazione Bologna S. Vitale
Viale Quirico Filopanti
Giardino d. Guasto
Teatro Comunale
Specola Università Accademia d. Scienze
S. Martino
Casa Grassi
Pal. Malvezzi Magnani
S. Giacomo Maggiore
Convento d. Agostiniani
Pal. Marconi
Statua di S. Petronio
Torre Garisenda
S. S. Vitale e Agricola
Casa Gnudi
Ss. Bartolomeo e Gaetano
Pal. Fantuzzi
Torresotto di S. Vitale
Pza d. Mercanzia
Pal. d. Mercanzia
Pal. Pepoli
Strada Maggiore
Pza Aldrovandi
Pal. Davia-Bargellini (Museo d'Arte Industriale)
S. Stefano (Museo)
Casa Tacconi
S. Maria dei Servi
Pal. Hercolani
Giardino Ex Ercolani
S. Giovanni in Monte
Galvani
Pal. Vizzani
Piazza di Porta S. Vitale
Viale G. Ercolani
Mura di P.ta S. Vitale
Piazza di Porta Maggiore
Museo del Risorgimento
Casa di Carducci
P.za Carducci
Giardino Santa Cristina
Via Dante
Viale Giosuè Carducci
Via G. Massarenti
Policlinico S. Orsola
Ospedale
Via G. Mazzini
M. Malpighi
Piazza Trento e Trieste
Villaggio del Fanciullo
Via Libia
Via Pelagio Palagi
Via Sante Vincenzi
Via Mario Musolesi
Via Gianni Palmieri
Giard. B. Moloise
Piazza Adam Mickiewicz
Via Torretta
Via G. Rossi
Via Castiglione
Via S. Stefano
Viale G. Gozzadini
P.za di P.ta Castiglione
Basilica di S. Maria della Misericordia
Piazza di Porta S. Stefano
Firenze
Firenze
Lugo - Ravenna
Imola

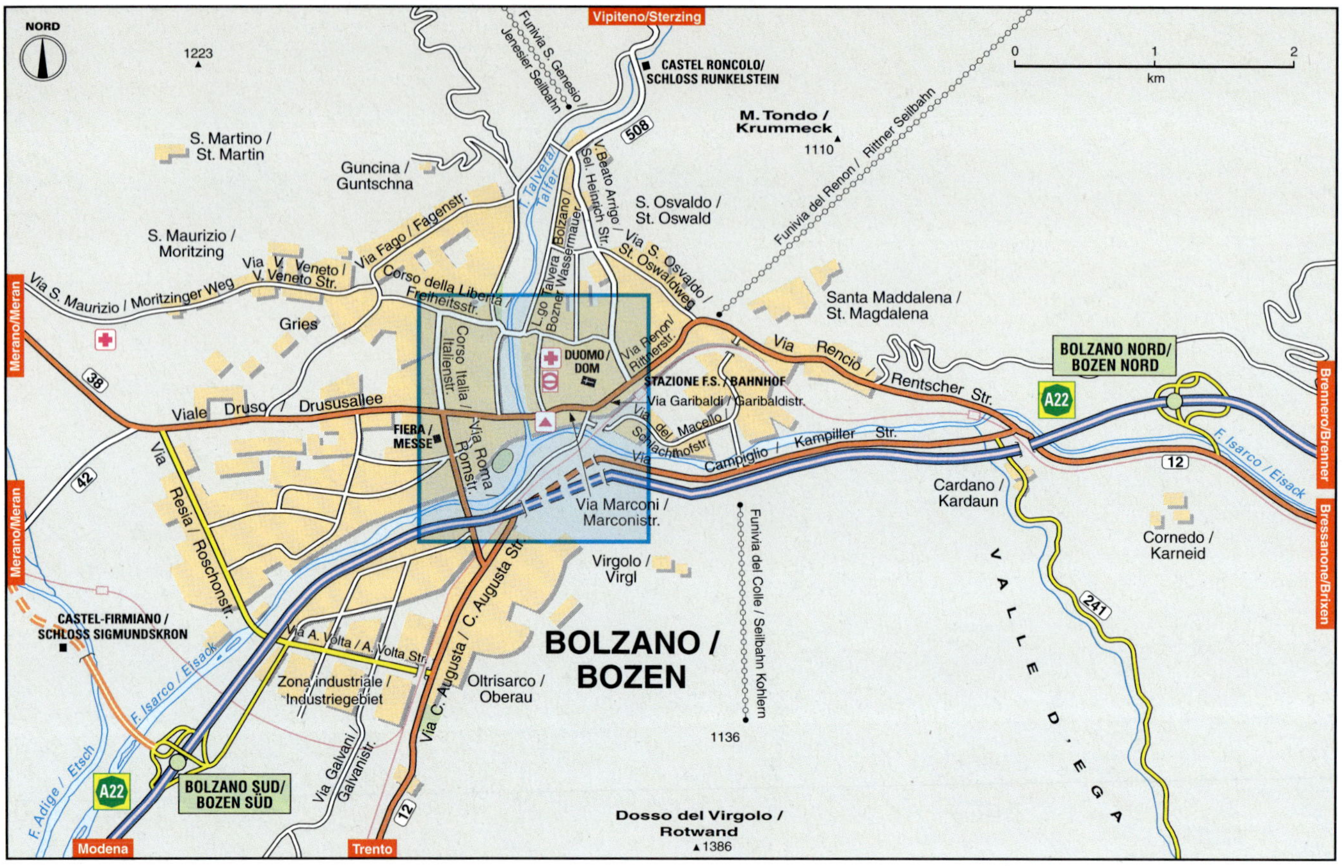

NORD
Vipiteno/Sterzing
CASTEL RONCOLO/ SCHLOSS RUNKELSTEIN
M. Tondo / Krummeck
1110
1223
S. Martino / St. Martin
Guncina / Guntschna
S. Maurizio / Moritzing
S. Osvaldo / St. Oswald
Santa Maddalena / St. Magdalena
Gries
DUOMO / DOM
STAZIONE F.S. / BAHNHOF
FIERA / MESSE
BOLZANO NORD/ BOZEN NORD
A22
Merano/Meran
Brennero/Brenner
Bressanone/Brixen
Cardano / Kardaun
Cornedo / Karneid
Via Marconi / Marconistr.
Virgolo / Virgl
CASTEL-FIRMIANO / SCHLOSS SIGMUNDSKRON
BOLZANO / BOZEN
Oltrisarco / Oberau
Zona industriale / Industriegebiet
BOLZANO SUD/ BOZEN SÜD
VALLE D'EGA
Funivia del Colle / Seilbahn Kohlern
1136
Dosso del Virgolo / Rotwand
1386
Modena
Trento
km

S. Genesio A./Jenesien
Castel Roncolo/Schloss Runkelstein
NORD
Nostra Signora
GRIES
S. Agostino
Ospedale Regionale
Castel Mareccio
Museo di Scienze Naturali
Chiesa dei Francescani
Fontana del Nettuno
Municipio Vecchio
Ponte Talvera
Museo Civico
Museo Archeologico
Pal. Mercantile
ACI
UPT
AA
PT
Chiesa dei Domenicani
Duomo
Staz. Autolinee
Staz. F.S.
Merano/Meran
Torrente Talvera
Isarco
Fiume
STADIO
LIDO
Virgolo
A22 - Bressanone/Brixen
BOLZANO/ BOZEN
Trento
A22 - Trento
m

Tarquinia-Monte Romano
Cava di Gesso
M. Pocopane
388
NORD
Monti della Tolfa
Fosso Cave di Gesso
Fosso della Vite
Cle. della Cerreta
C. Martinello
Fornace Aurelia
AUTOSTRADA ROMA-CIVITAVECCHIA
C. Sterbeto
Aurelia
STAZ. F.S.
Cantoniera
C. Bianchi
C. S. Lucia
TOMBE ETRUSCHE
Torre d'Orlando
Allumiere
TOLFA
C. Camporeale
Scáglia
Fosso del Prete
Torre Valdaliga
Cava di Pietra
Rimessa Nuova
Cle. S. Antonio
CIVITAVECCHIA NORD
le Molacce
Punta S. Paolo
Punta del Cimitero
S. Liborio
Bagno Penale
Faro Nuovo
Golfo Aranci
Lanterna
A12
5.8
STAZ. F.S.
Fosso Scarpatosta
CIVITAVECCHIA
Olbia, Arbatax, Cagliari
Bagni Pirgo
Borgo Odescalchi
C. Campo dell'Oro
M A R
C. Biferari
Punta del Pecoraro
Via Aurelia
T I R R E N O
BARRIERA AURELIA
Villaggio del Fanciullo
CIVITAVECCHIA SUD
Torre Marangone
0.1
0 1 2
km
Santa Marinella-Roma
Roma

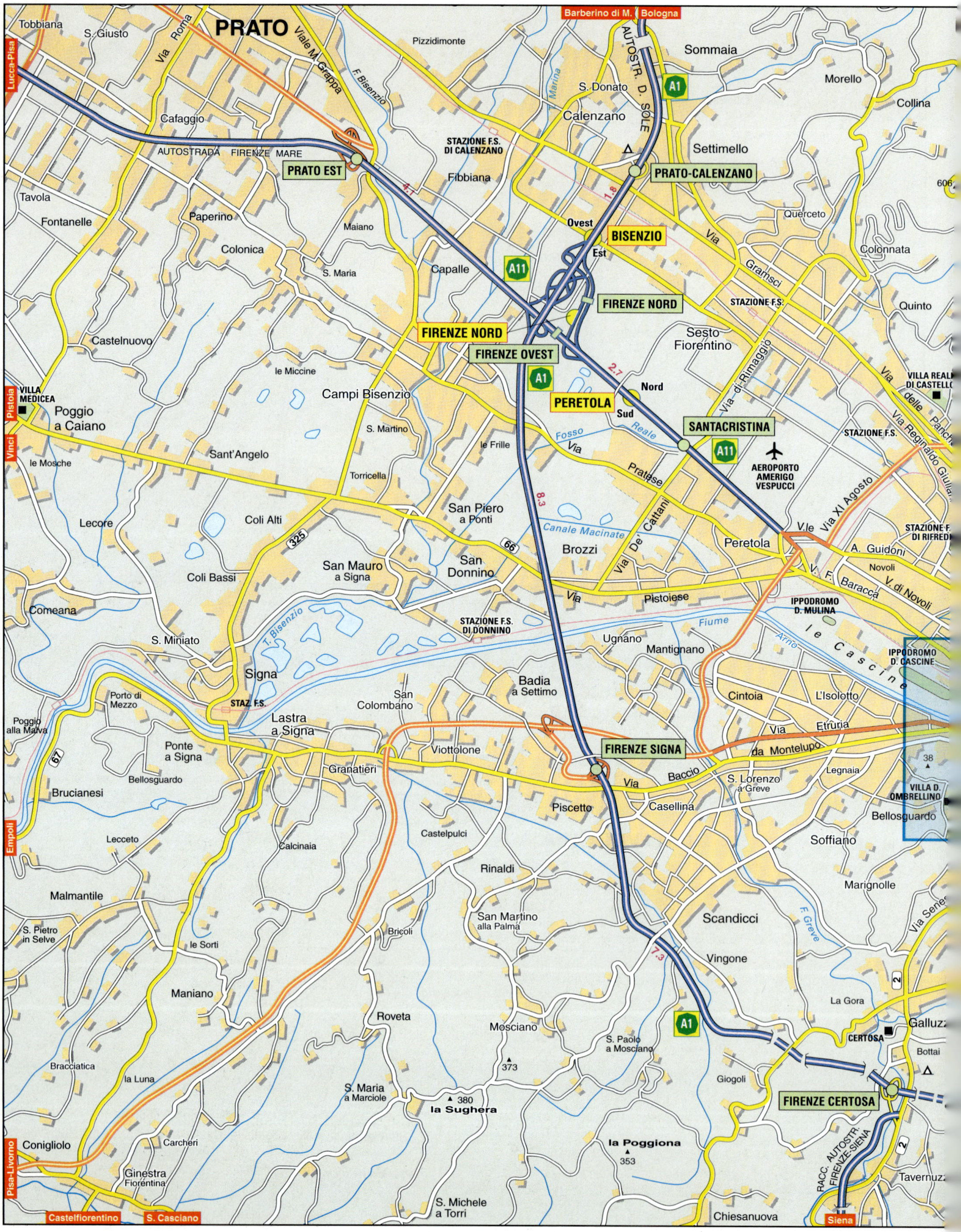
Barberino di M.
Bologna
Lucca-Pisa
Pistoia
Vinci
Empoli
Pisa-Livorno
Castelfiorentino
S. Casciano
Siena
PRATO
Tobbiana
S. Giusto
Via Roma
Viale M. Grappa
F. Bisenzio
Pizzidimonte
Marina
AUTOSTR. D. SOLE
Sommaia
Morello
Collina
S. Donato
Calenzano
Cafaggio
AUTOSTRADA FIRENZE MARE
PRATO EST
STAZIONE F.S. DI CALENZANO
Fibbiana
Settimello
PRATO-CALENZANO
Tavola
Fontanelle
Paperino
Maiano
Ovest
BISENZIO
Est
Quarceto
Via Gramsci
Colonnata
Colonica
S. Maria
Capalle
A11
FIRENZE NORD
STAZIONE F.S.
Quinto
Castelnuovo
FIRENZE NORD
FIRENZE OVEST
Sesto Fiorentino
Via di Rimaggio
le Miccine
A1
VILLA MEDICEA
Poggio a Caiano
Campi Bisenzio
PERETOLA
Nord
Sud
VILLA REALE DI CASTELLO
Via delle Panche
Via Reginaldo Giuliani
S. Martino
Fosso Reale
SANTACRISTINA
AEROPORTO AMERIGO VESPUCCI
STAZIONE F.S.
le Mosche
Sant'Angelo
le Frille
Via Pratese
Torricella
Via XI Agosto
Lecore
Coli Alti
San Piero a Ponti
Canale Macinate
Via De' Cattani
V.le
STAZIONE F.S. DI RIFREDI
325
66
Brozzi
Peretola
A. Guidoni
Novoli
V. F. Baracca
V. di Novoli
San Mauro a Signa
San Donnino
Coli Bassi
Via Pistoiese
Comeana
IPPODROMO D. MULINA
STAZIONE F.S. DI DONNINO
Fiume Arno
le Cascine
T. Bisenzio
S. Miniato
Ugnano
Mantignano
IPPODROMO D. CASCINE
Signa
Badia a Settimo
San Colombano
Cintoia
L'Isolotto
Porto di Mezzo
STAZ. F.S.
Lastra a Signa
Via Etruria
Poggio alla Malva
Ponte a Signa
Viottolone
FIRENZE SIGNA
Via da Montelupo
38
67
Granatieri
Via Baccio
S. Lorenzo a Greve
Legnaia
Bellosguardo
VILLA D. OMBRELLINO
Brucianesi
Piscetto
Casellina
Bellosguardo
Castelpulci
Soffiano
Lecceto
Calcinaia
Rinaldi
Marignolle
Malmantile
San Martino alla Palma
Scandicci
F. Greve
Via Senese
S. Pietro in Selve
le Sorti
Bricoli
7.3
Vingone
2
Maniano
La Gora
Roveta
Mosciano
A1
Galluzzo
CERTOSA
Bottai
S. Paolo a Mosciano
Bracciatica
373
la Luna
S. Maria a Marciole
380
la Sughera
Giogoli
FIRENZE CERTOSA
Conigliolo
Carcheri
la Poggiona
353
RACC. AUTOSTR. FIRENZE-SIENA
Ginestra Fiorentina
Tavernuzze
S. Michele a Torri
Chiesanuova

Bologna
Faenza
Póggio Capanne
602
il Giogo
914
NORD
VETTA LE CROCI
518
l'Olmo
SANTUARIO MADONNA DEL SASSO
Pratolino
609
Parco Demidoff
512
PASSO D. CATENA
S. Jacopo
Lubaco
Póggio d. Giro
747
Castiglione
Cerretello
Póggio Cerrone
705
S. Brigida
Via dei Colli Alti
65
Cercina
Montorsoli
Borro delle Sieci
Basciano
Monteréggi
STAZIONE F.S. DI MONTORSOLI
CONVENTO D. MADDALENA
il Pratone
702
T. Terzolle
Caldine
Fornello
Pian di S. Bartolo
la Casellina
Canonica
T. Terzolline
T. Mugnone
302
Serpiolle
Decima
Trespiano
Pian di Mugnone
564
M. Muscoli
285
Monteloro
Molino del Piano
Fosso di Fuglione
Careggi
Fiesole
Póggio d. Tortore
513
Via Bolognese
S. FRANCESCO
Fosso Sambre
Cricigliano
BADIA FIESOLANA
Ontignano
Valiano
410
La Pietra
San Domenico
V. Faentina
Maiano
Montebeni
STAZIONE F.S.
Ellera
Il Romito
Viale Volta
Poggio Gherardo
67
Sieci
Fiume Arno
Compiobbi
V.le Strozzi
STADIO A. FRANCHI
Settignano
STAZIONE F.S.
Viale Matteotti
V. Cavour
Coverciano
VILLA LA CAPONCINA
VILLA GAMBERAIA
Pontassieve
STAZ. DI CAMPO DI MARTE
Monte Acuto
DUOMO
FIRENZE
CASTELLO DI MONTALBANO
Anchetta
PIAZZA D. SIGNORIA
Vallina
Via Aretina
S. CROCE
GALL. D. UFFIZI
Rignalle
Rosano
Arezzo
S. Jacopo al Girone
497
GIARDINO DI BOBOLI
FORTE DI BELVEDERE
Rovezzano
Candeli
Villamagno
S. DONNINO
S. Prugnano
V.le Galilei
S. MINIATO AL MONTE
Viale Europa
Polo
Vicchio di Rimaggio
Rimaggio
Il Bandino
Badia a Ripoli
CONVENTO DELL'INCONTRO
Arcetri
V. Marco
Via di Ripoli
Bagno a Ripoli
Miranau
Poggio Imperiale
Pian dei Giullari
Via Agnelli
Pieve a Ripoli
Meoste
Póggio Crocifero
511
Ponte a Ema
491
FIRENZE SUD
T. Ema
S. Piero a Ema
il Serraglio
Moriano
222
Osteria Nuova
Torre Giulia
Est
Pozzolatico
CHIANTI
Ovest
A1
Borro d'Antella
TORRE A CORONA
la Fabbrica
5.4
San Gersole
Grassina
Antella
Montauto
Montisoni
AUTOSTRADA DEL SOLE
S. Donato in Collina
Mezzomonte
S. Martino
Balatro
Troghi
Monteoriolo
T. Ema
Lappeggi
0
1
2
3
km
S. Lorenzo a Collina
Greve in Chianti
Roma
Arezzo

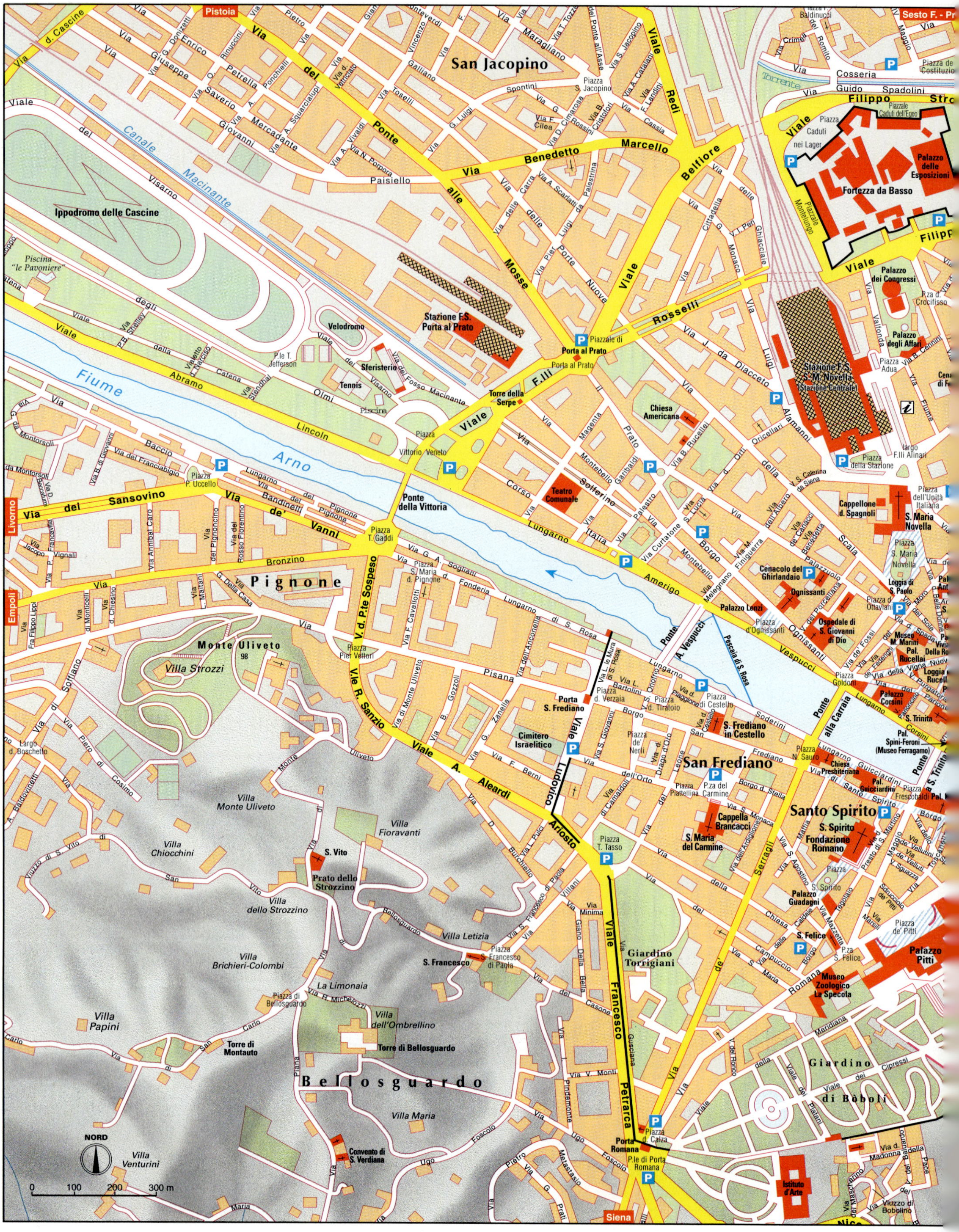
Pistoia
Sesto F. - Pr
Livorno
Empoli
Siena
San Jacopino
Ippodromo delle Cascine
Piscina "le Pavoniere"
Canale Macinante
Fiume Arno
Velodromo
Sferisterio
Tennis
Stazione F.S. Porta al Prato
Piazzale di Porta al Prato
Torre della Serpe
Chiesa Americana
Teatro Comunale
Ponte della Vittoria
Piazza T. Gaddi
Pignone
Monte Uliveto
Villa Strozzi
Fortezza da Basso
Palazzo delle Esposizioni
Palazzo dei Congressi
Palazzo degli Affari
Stazione F.S. S. M. Novella (Stazione Centrale)
Cappellone d. Spagnoli
S. Maria Novella
Cenacolo del Ghirlandaio
Ognissanti
Ospedale di S. Giovanni di Dio
Palazzo Lenzi
Palazzo Corsini
Pal. Spini-Feroni (Museo Ferragamo)
Porta S. Frediano
S. Frediano in Cestello
San Frediano
Cimitero Israelitico
Cappella Brancacci
S. Maria del Carmine
Santo Spirito
S. Spirito
Fondazione Romano
Palazzo Guadagni
S. Felice
Palazzo Pitti
Museo Zoologico La Specola
Giardino Torrigiani
Giardino di Bòboli
Istituto d'Arte
Porta Romana
P.le di Porta Romana
Villa Monte Uliveto
Villa Chiocchini
Villa Fioravanti
S. Vito
Prato dello Strozzino
Villa dello Strozzino
Villa Letizia
S. Francesco
Villa Brichieri-Colombi
La Limonaia
Villa dell'Ombrellino
Torre di Bellosguardo
Villa Papini
Torre di Montauto
Bellosguardo
Villa Maria
Convento di S. Verdiana
Villa Venturini
NORD
0 100 200 300 m
Viale Filippo Strozzi
Viale Fratelli Rosselli
Viale Belfiore
Viale Redi
Via Benedetto Marcello
Via del Ponte alle Mosse
Viale degli Olmi
Viale Abramo Lincoln
Via del Sansovino
Via de' Vanni
Via Bronzino
Lungarno Amerigo Vespucci
Ponte A. Vespucci
Ponte alla Carraia
Viale Ludovico Ariosto
Viale Francesco Petrarca
Viale A. Aleardi
Vle R. Sanzio
V. d. P.te Sospeso
Via de' Serragli

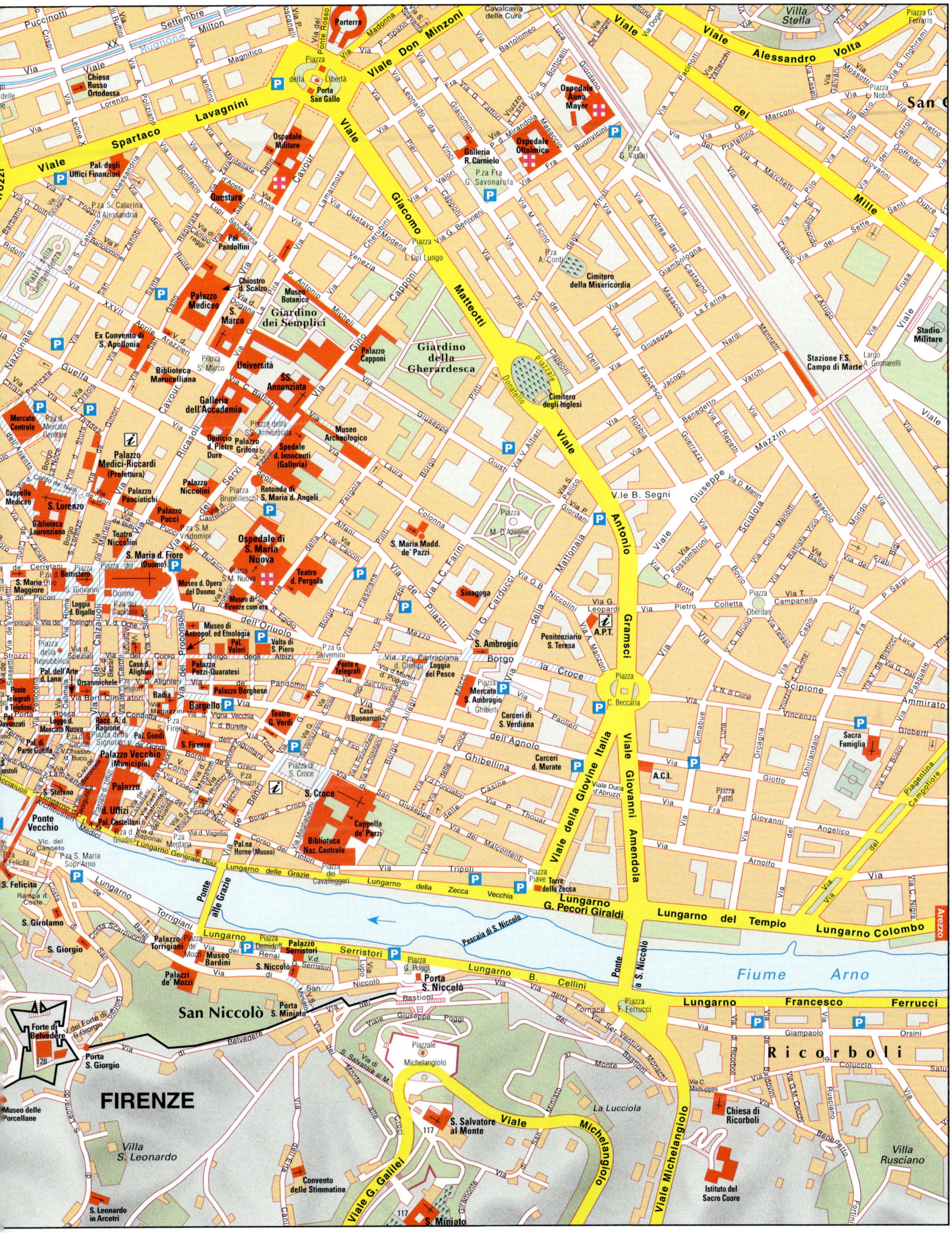
FIRENZE
San Niccolò
Fiume Arno
Ricorboli
Viale Spartaco Lavagnini
Viale Don Minzoni
Viale Giacomo Matteotti
Viale Antonio Gramsci
Viale della Giovine Italia
Viale Giovanni Amendola
Viale Alessandro Volta
Viale dei Mille
Viale Michelangiolo
Viale G. Galilei
Lungarno delle Grazie
Lungarno della Zecca Vecchia
Lungarno G. Pecori Giraldi
Lungarno del Tempio
Lungarno Colombo
Lungarno Serristori
Lungarno B. Cellini
Lungarno Francesco Ferrucci
Lungarno Torrigiani
Lungarno Generale Diaz
Ponte alle Grazie
Ponte S. Niccolò
Ponte Vecchio
Pescaia di S. Niccolò
Piazza della Libertà
Porta San Gallo
Parterre
Ospedale Militare
Questura
Pal. Pandolfini
Palazzo Medici
Chiostro d. Scalzo
Museo Botanico
Giardino dei Semplici
S. Marco
Università
SS. Annunziata
Galleria dell'Accademia
Museo Archeologico
Spedale d. Innocenti (Galleria)
Palazzo Capponi
Giardino della Gherardesca
Cimitero degli Inglesi
Galleria R. Carnielo
Ospedale Oftalmico
Ospedale Anna Mayer
Cimitero della Misericordia
Stazione F.S. Campo di Marte
Stadio Militare
Mercato Centrale
Cappelle Medicee
S. Lorenzo
Biblioteca Laurenziana
Palazzo Medici-Riccardi (Prefettura)
Biblioteca Marucelliana
Ex Convento di S. Apollonia
S. Maria d. Fiore (Duomo)
Battistero
Museo d. Opera del Duomo
Ospedale di S. Maria Nuova
Teatro d. Pergola
S. Maria Madd. de' Pazzi
Sinagoga
S. Ambrogio
Penitenziario S. Teresa
Carceri d. Murate
Casa Buonarroti
Bargello
Badia
Orsanmichele
Palazzo Vecchio (Municipio)
Palazzo d. Uffizi
Loggia del Pesce
S. Croce
Cappella de' Pazzi
Biblioteca Naz. Centrale
A.C.I.
Sacra Famiglia
Torre della Zecca
Palazzo Serristori
Museo Bardini
Palazzi de' Mozzi
Porta S. Niccolò
Porta S. Miniato
Piazzale Michelangiolo
S. Salvatore al Monte
S. Miniato
Convento delle Stimmatine
Forte di Belvedere
Porta S. Giorgio
S. Felicita
S. Girolamo
S. Giorgio
Museo delle Porcellane
Villa S. Leonardo
S. Leonardo in Arcetri
Chiesa di Ricorboli
Istituto del Sacro Cuore
Villa Rusciano
Villa Stella
La Lucciola
Chiesa Russo Ortodossa
Pal. degli Uffici Finanziari
Arezzo

Gavi
Gravellona Toce
Menta
Lago Badana
Prato Colla
Capannetta
Lago Lungo
Cravasco
Passo Prato Leone
779
Neppiane
Campo Ligure
AUTOSTRADA DEI TRAFORI
M. Póggio
1081
Isoverde
Gallaneto
T. Ponzema
Rio Lischeno
M. Dra
871
Bessega
Isola Giugno
783
M. Tacco
La Maddalena
M. Vesolina
974
M. Orditano
950
Praglia
Caffarella
S. Stefano in Larvego
Borgo Ferrandi
A26
C. Sardigna
C. Grillo
Nascio
C. Fregeu
Paravinico
Masone
Pietrenere
MASONE
Gazzolo
Torbi
Passionata
M. Proratado
928
Masone
Rio
Sareto
S. Pietro
Groppo
La Cappelletta di Masone
-Sup.
Vaccarezza-
-Inf.
Lencisa
T. Stura
M. Foscallo
987
SANTUARIO DEI MARTIRI DEL TURCHINO
Passo del Turchino
532
Lencio
SANTUARIO DELLA MADON DELLA GUARD
M. Giallo
968
Grillo
Camposilvano
Livel
T. Ceresolo
Fado
Giuttè
P. Martin
1001
S. Carlo
Cassanego
Rio Martino
Rio Gandolfi
Fornace
16
STAZ. F.S.
Rio Baiardetta
T. Ceruno
C. Ruca
C. Tuio
Chiappino
Carpenara
Baiarda
Bec di Teiolo
680
S. Pietro ai Prati
Fiorino
Biscaccia
M. Riondo
713
Croieua
T. Branera
Acquasanta
STAZ. F.S.
Soggi
Pian Gneo
T. Gambaro
Roverazza
Cassinelle
Rio Cassinelle
Ovest
Est
Sambuco
Chiesino
Gallinea
TURCHINO
Penna
Fabbriche
Mele
Novagette
A26
Ferriera
Serra
M. Tardia
928
Scaglia
Costa
Cantalupo
STAZ. F.S.
SANTUARIO S.M. DEL GAZZO
Quartiere Canova
Pere Grosso
Crosa
Granara
Panigaro
Cannate
Borzoli
Fulle
GENOVA-VOLTRI
A10
GENOVA-PEGLI
Sapello
Cassanello
Rio Cantarena
Para
4.7
3.7
GENOVA-AEROPORTO
Crevari
Via Prà
Via Merano
STAZ. F.S.
Via Pegli
STAZ. F.S.
Voltri
Palmaro
Prà
1
Multedo
Erzelli
Borgo Nuovo
STAZ. F.S.
Pozzetti
Pegli
Via Puccini
Via Sarfredi
Sestri Ponente
Terrarossa
AUTOSTRADA DEI FIORI
1
Vesima
Via Cornigliano
AEROPORTO C. COLOMBO
STAZ. F.S.
Savona
Cornigliano Ligure
Savona
Arenzano
Capo S. Martino
Golfo di Genova
0
1
2
3
km
MAR LIGURE

Serravalle Scrivia
Milano
Busalla
Migliarina
Noceto
Giovi
Costagiutta
SANTUARIO N.S. D. VITTORIA
Montanesi
S. Bartolomeo
Carpaneto
Montemaggio
Vaccarezza
Stabbio
Casella
T. Brevenna
Ternano
Frassinello
Frassineto
Piani
Besolagno
Pietralavezzara
Paveto
Furneri
A7
Serra Riccò
Est
CAMPORA
Sup.
Inf.
Gualdra-
Selvega
Gorra
Serrato
Casale
Ponte dell'Acqua
Calcinara
Cortino
STAZ. F.S.
Pratogrande
Avosso
Cassinetta
Gorretta
Langasco
AUTOSTRADA
GENOVA-MILANO
Magnerri
Ponti
Granara
Coste
La Croce
Valleregia
Cassine
Crocetta d'Orero
Montoggio
Bromia
Mignanego
Costa Fontana
Orero
Pratolungo
Casalino
T. Scrivia
Torriglia
Campomorone
35
Vigo d'Orero
Assereto
Molino
Carpi
Fregalasse
Pedemonte
Molino di Ciaè
Gravasco
Tre Fontane
Taggè
Rio di Ciaè
M. Bano
1035
S. Cipriano
Castagna
Sella
Caiasca
Campoveneroso
M. Rostegasso
549
Busalletta
Pontedecimo
-Inf.
Lago di Val Noci
S. Olcese
Tullo
Acquafredda
-Sup.
Prato
Beleno
Sanguinetto
Rio Val Noci
Noci
Mainetto
Vicomorasso
800
M. Alpe
S. Quirico
Comago
Cambiaso
M. Lago
941
M. Alpesisa
983
Piccarello
S. Biagio
Arvigo
Canate
M. Butegna
585
Morego
Creto
Manesseno
CASTELLO FIESCHI
Morigallo
Torrazza
Rio Torbido
Cremeno
S. Lorenzo di Casanova
Pino Soprano
T. Canale
Nocetto
GENOVA BOLZANETO
Pini
FORTE DIAMANTE
Campi
Brughe
Aggio
Marsiglia
Bolzaneto
Cartagenova
Poggio
Capenardo
STAZ. F.S.
Geminiano
Molassana
S. Martino
Valle
Lastrego
FORTE FRATELLO MINORE
Trensasco
S. Siro
S. Cosimo
Calvari
Paravagna
Olmo
Molini Trensasco
Teglia
Caneva
Begato
Doria
Prato
Mareglia
Rosso
FORTE PUIN
S. Gottardo
M. Croce
380
Meco
Dercogna
45
Rosata
S. Eusebio
T. Bisagno
A12
Monte Lungo
Preli
Terpi
FORTE CASTELLACCIO
Serino
Fontanegli
Trapena
Rivarolo Ligure
Bargagli
La Presa
GENOVA EST
CIMITERO DI STAGLIENO
FORTE RATTI
Preli
Posa
Monte Zignano
TORRE DEI GUEZZI
Sella di Bavari
Bavari
Borghetto
Viganego
Granarolo
Righi
Via Piacenza
Egoli
Stallo
A7
Via Walter Fillak
Via Bobbio
Staglieno
Moglie
S. Desiderio
Est
Quezzi
Carnaldoli
Terrusso
LA LANTERNA
STADIO L. FERRARIS
Nasche
M. Bastia
848
STAZIONE PRINCIPE
Pornà
GENOVA OVEST
Marassi
A12
PALAZZO REALE
SANTUARIO N.S. DELMONTE
F. Sturo
Strada Sopraelevata
Via Cantore
Via Canevari
Corso Sardegna
Borgaratti
Premanico
834
F.S.
S. LORENZO
STAZIONE BRIGNOLE
Apparizione
M. Fasce
LANTERNA
Corso Gastaldi
Corso Europa
Canneto
T. Nervi
Corso Torino
Sampierdarena
GENOVA-NERVI
Via Pisa
Molinetti
GENOVA
Marconi
Albaro
S. ILARIO
Nord
Via dei Mille
Sud
Foce
Corso Italia
Sessarego
Corso Europa
S. Ilario Alto
La Spezia-Livorno
Punta Vagno
Boccadasse
Sturla
Via Quarto
Quarto dei Mille
Quinto al Mare
STAZ. F.S.
Buggi
Nervi
S. Ilario Ligure
STAZ. F.S.
Bogliasco
Chiavari
Tunis, Tanger Barcelona
Arbatax, Porto Torres, Palau, Olbia, Cagliari, Porto Vecchio, Palermo

Milano - La Spezia - Savona
Galleria Castagna
S. Bartolomeo
Promontorio
Casello Genova Ovest
SAN TEODORO
San Marcellino
San Francesco da Paola
San Rocco a Principe
Stazione Funicolare
PRINCIPE
Stazione F. S. P.ta Principe
Piazza Acquaverde
Istituto Idrografico d. Marina
Palazzo Doria Pamphili (del Principe)
San Benedetto al Porto
Villa Rosazza-Lo Scoglietto
San Teodoro
S. Maria d. Vittoria
DINEGRO
Piazza Dinegro
Gesù Cristo Re
Ospedale
Villa Scassi
N.S. d. Grazie
Savona
Via Antonio Cantore
Strada Sopraelevata
Via Aldo Moro
Via Milano
Via San Benigno
Via Alberto Albertazzi
Comando Vigili del Fuoco
Via di Francia
Piazza Nicolò Barabino
Varco Dogana
Piazzale S. Benigno
Largo Lanterna
La Lanterna
Via al Largo della Lanterna
Canepa
GENOVA
Calata San Lazzarino
Calata della Chiappella
Ponte A. Doria
Ponte C. Colombo
Calata agli Zingari
Piazza Stazione Marittima
Stazione Marittima
Ponte dei Mille
Ponte Parodi
Bacino Porto Vecchio
Calata Magazzini Generali
Centro Congressi Expò
Molo Vecchio
Calata Gadda
Ponte Assereto
Calata S. Benigno
Ponte Caracciolo
Bacino delle Grazie
Calata Sanità
Ponte Paleocapa
Calata Giaccone
Calata Giovanni Bettolo
Calata Canzio
Calata Oli Minerali
Calata Concenter
Ponte Etiopia
Ponte ex Idroscalo
Ponte S. Giorgio
Ponte Rubattino
Bacino della Lanterna
Avamporto
Molo Duca
NORD
0
100
200
300
m

Bargagli
Chiavari - La Spezia
Istituto di Ricovero E. Brignole (Albergo dei Poveri)
S. Maria Immacolata
Castello Bruzzo
Orto Botanico
Giardini Tito Rosina
Funicolare al Righi
Università degli Studi di Genova
Palazzo Reale
Maddalena
PRÈ-MOLO MADDALENA
Acquario
Porta dei Vacca
Ponte Calvi
Ponte Embriaco
Calata Cattaneo
Bigo
Palazzo Bianco
Palazzo Rosso
Palazzo Podestà
Municipio
Galleria Nazionale (Palazzo Spinola)
S. Luca
S. Siro
Galleria G. Garibaldi
Stazione Funicolare
Villetta Di Negro
Museo di Arte Orientale
Prefettura
Piazza Corvetto
Spianata Acquasola
Villa Serra
Villa Gruber
Giardini Combattenti Alleati
Teatro Comunale Carlo Felice
Accademia Ligustica di Belle Arti
Palazzo Ducale
S. Lorenzo
S. Matteo
S. Ambrogio
Palazzo di Giustizia
Porta Soprana
Casa di C. Colombo
Chiostro di S. Andrea
S. Donato
S. Agostino
SS. Salvatore
Regione Liguria
PORTORIA
S. Maria Assunta di Carignano
Sacro Cuore e S. Giacomo di Carignano
Villa Croce Museo d'Arte Contemporanea
Ospedale Galliera
FOCE
Porticciolo Duca degli Abruzzi
Fieracongressi
Fiera Internazionale di Genova
Palasport
Molo Guardiano
Calata Grazie
Mercato Orientale
N.S. della Consolazione
Piazza Colombo
Stazione F.S. Brignole
Piazza Giuseppe Verdi
Teatro della Corte Lambruschini
Piazza della Vittoria
Arco Trionfale
Museo Civico di Storia Naturale "G. Doria"
Scalinata Milite Ignoto
Questura
ACI
S. Maria dei Servi
Piazza Raffaele Rossetti
Piazzale Cavalieri di Vittorio Veneto
Piazzale Martin Luther King
Piazza John F. Kennedy
Corso Guglielmo Marconi
S. Pietro della Foce
Parco Gropallo
Villa Gropallo
Sinagoga
Palazzo delle Peschiere
Ospedale Evangelico Intern.
San Bartolomeo degli Armeni
Castello Mackenzie
Stazione Ferroviaria Genova - Casella
Università (Magistero)
Diecimila Crocifissi
S.s. Pietro e Paolo
Porta Pila
Ponte S. Agata
Ponte Castelfidardo
Carceri Giudiziarie
Stadio L. Ferraris
Museo Americanistico F. Lunardi
S. Maria della Sanità
S. Paolo
S. Anna
S. Maria Immacolata
Corso Torino
Via XX Settembre
Via Balbi
Via Gramsci
Via Garibaldi
Corso Carlo Armellini
Corso Aurelio Saffi
Strada Sopraelevata Aldo Moro

MILANO

A8-Malpensa-Varese - A9-Como-Chiasso
Saronno
Saronno
Como
Como
Gallarate-Malpensa
Torino
Novara
Vigevano
Genova
Pavia
MILANO
Rho
Lainate
Arese
Bollate
Novate Milanese
Cormano
Pero
Cornaredo
Settimo Milanese
Baggio
Cusago
Cesano Boscone
Corsico
Assago
Trezzano sul Naviglio
Parco Agricolo Sud Milano
le Groane
Nerviano
Pogliano Milanese
Vanzago
Pregnana Milanese
Sedriano
Bareggio
Cisliano
Gaggiano
Vermezzo
Zelo Surrigone
Buccinasco
San Pietro Cusigo
AUTOSTRADA TORINO-TRIESTE
AUTOSTRADA MILANO-LAGHI
Tangenziale Ovest
Naviglio Grande
Naviglio Pavese
LAINATE
VILLORESI
ARESE
MILANO NORD
TERRAZZANO
RHO
SS 33 SEMPIONE
PERO
MILANO-GHISOLFA
SS 11 NOVARA
SETTIMO MILANESE
V.LE CERTOSA
CORMANO
BAGGIO-CUSAGO
MUGGIANO
NUOVA VIGEVANESE
VECCHIA VIGEVANESE
CANTALUPA
ASSAGO
SS 35 DEI GIOVI
A4
A8
A50
A7
0 1 2 km

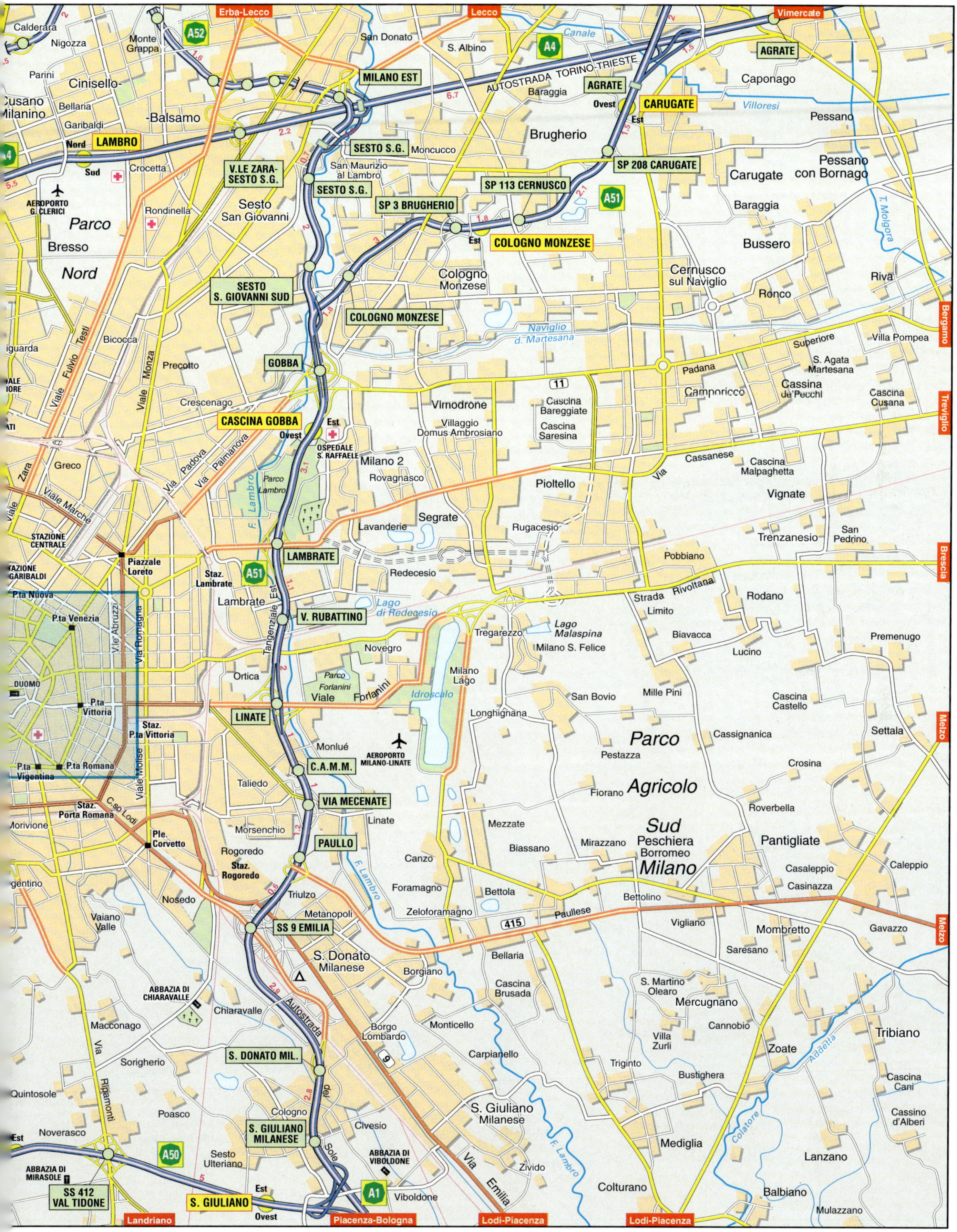
Erba-Lecco
Lecco
Vimercate
Calderara
Nigozza
Monte Grappa
A52
San Donato
S. Albino
A4
Canale
AGRATE
Caponago
Parini
Cinisello-
-Balsamo
Cusano
Milanino
Bellaria
Garibaldi
MILANO EST
AUTOSTRADA TORINO-TRIESTE
Baraggia
AGRATE
Ovest
CARUGATE
Est
Villoresi
Pessano
LAMBRO
Nord
Sud
Crocetta
V.LE ZARA-SESTO S.G.
SESTO S.G.
Moncucco
San Maurizio al Lambro
Brugherio
SP 208 CARUGATE
Pessano con Bornago
Carugate
AEROPORTO G. CLERICI
SESTO S.G.
SP 113 CERNUSCO
A51
Baraggia
Rondinella
Sesto San Giovanni
SP 3 BRUGHERIO
T. Molgora
Parco
Bresso
Nord
COLOGNO MONZESE
Bussero
SESTO S. GIOVANNI SUD
Cologno Monzese
Cernusco sul Naviglio
Ronco
Riva
COLOGNO MONZESE
Naviglio d. Martesana
Bergamo
Bicocca
Viale Fulvio Testi
Viale Monza
GOBBA
Precotto
Padana
Superiore
Villa Pompea
S. Agata Martesana
11
Cassina de' Pecchi
Camporicco
Crescenago
Vimodrone
Cascina Bareggiate
Cascina Saresina
Cascina Cusana
Treviglio
CASCINA GOBBA
Ovest
Est
Villaggio Domus Ambrosiano
OSPEDALE S. RAFFAELE
Greco
Via Padova
Via Palmanova
Milano 2
Cassanese
Cascina Malpaghetta
Zara
Parco Lambro
F. Lambro
Rovagnasco
Pioltello
Via
Vignate
Viale Marche
Segrate
STAZIONE CENTRALE
Lavanderie
Rugacesio
Trenzanesio
San Pedrino
Piazzale Loreto
LAMBRATE
Pobbiano
Brescia
STAZIONE GARIBALDI
Staz. Lambrate
A51
Redecesio
P.ta Nuova
Lambrate
Tangenziale Est
Strada Rivoltana
Rodano
Lago di Redecesio
Limito
P.ta Venezia
V.le Abruzzi
Via Romagna
V. RUBATTINO
Tregarezzo
Lago Malaspina
Biavacca
Premenugo
Novegro
Milano S. Felice
Lucino
Ortica
Parco Forlanini
Milano Lago
DUOMO
Viale Forlanini
Idroscalo
San Bovio
Mille Pini
Cascina Castello
P.ta Vittoria
LINATE
Longhignana
Staz. P.ta Vittoria
Parco
Agricolo
Sud
Milano
Cassignanica
Settala
Melzo
Monlué
AEROPORTO MILANO-LINATE
Pestazza
P.ta Vigentina
P.ta Romana
C.A.M.M.
Crosina
Taliedo
Viale Molise
Fiorano
Staz. Porta Romana
C.so Lodi
VIA MECENATE
Linate
Roverbella
Morivione
Morsenchio
Mezzate
Ple. Corvetto
Rogoredo
PAULLO
Biassano
Mirazzano
Peschiera Borromeo
Pantigliate
Caleppio
Staz. Rogoredo
Canzo
Casaleppio
Casinazza
Foramagno
F. Lambro
Bettola
Bettolino
Nosedo
Triulzo
Metanopoli
Zeloforamagno
415
Paullese
Vigliano
Vaiano Valle
SS 9 EMILIA
Mombretto
Gavazzo
Melzo
Saresano
Bellaria
S. Donato Milanese
Borgiano
ABBAZIA DI CHIARAVALLE
Cascina Brusada
S. Martino Olearo
Mercugnano
Chiaravalle
Autostrada
Monticello
Cannobio
Macconago
Borgo Lombardo
Villa Zurli
Zoate
Tribiano
Via Ripamonti
Sorighero
S. DONATO MIL.
9
Carpianello
Addetta
Triginto
Bustighera
Cascina Cani
Quintosole
Cologno
S. Giuliano Milanese
Cassino d'Alberi
Poasco
S. GIULIANO MILANESE
Clvesio
Colatore
Noverasco
Mediglia
F. Lambro
Est
A50
Sesto Ulteriano
ABBAZIA DI VIBOLDONE
Via Emilia
Lanzano
ABBAZIA DI MIRASOLE
Zivido
Sole
Colturano
Balbiano
SS 412 VAL TIDONE
S. GIULIANO
Est
Ovest
A1
Viboldone
Mulazzano
Landriano
Piacenza-Bologna
Lodi-Piacenza
Lodi-Piacenza

Fiera Milano
Porta Carlo Magno
Porta Domodossola
Porta Boezio
Porta VI Febbraio
Porta Cassiodoro
Porta Giulio Cesare
Porta Senofonte
Largo Domodossola
Saronno
Corso Sempione
Porta Sempione
Sempione
Parco Sempione
Arena
Acquario
Torre
Pal. dell'Arte
Castello Sforzesco
Via Melzi d'Eril
Viale Elvezia
Porta Tenaglia
MOSCOVA
LANZA
CAIROLI
CADORNA TRIENNALE
Staz. Ferr. Nord
Piazza Cadorna
Foro Buonaparte
Via Canova
Via Pagano
Via Ariosto
Largo V Alpini
Piazza Buonarroti
BUONARROTI
S. Pietro in Sala
Piazza Wagner
WAGNER
PAGANO
CONCILIAZIONE
Piazza Conciliazione
Porta Magenta
Corso Vercelli
Corso Magenta
Cenacolo Vinciano
S. M. d. Grazie
Palazzo delle Stelline
Museo Arch.
S. Maurizio
Giardino A. Calderini
Ospedale S. Giuseppe
Museo d. Scienza
S. Vittore al Corpo
Pusterla di S. Ambrogio
Basilica di S. Ambrogio
Università Cattolica
S. AMBROGIO
Carcere (S. Vittore)
Piazzale Aquileja
Viale di Porta Vercellina
Via Washington
Piazzale De Agostini
Parco Piscina Solari
Via Vincenzo Foppa
Viale Papiniano
S. AGOSTINO
Piazza S. Agostino
S. Bernardino
Largo Carrobbio
S. Lorenzo
S. Maria Vittoria
Anfit. Romano
Parco delle Basiliche
Museo Diocesano
S. Eustorgio
Corso di Porta Ticinese
Via Molino delle Armi
Corso Genova
C.so C. Colombo
Porta Genova
Viale G. D'Annunzio
P.ta Ticinese
Piazzale XXIV Maggio
V.le Gian Galeazzo
Porta Ticinese
S. Maria d. Grazie al Naviglio
Staz. F.S. Porta Genova
P.TA GENOVA F.S.
S. Gottardo
Pavia
Vigevano
Novara
Piccolo Teatro
Nuovo Piccolo Teatro
Teatro Studio
Teatro Dal Verme
S. Tomaso
Borsa
Poste Centrali
Pal. Litta
S. Nicolao
S. Giorgio
Pal. Trivulzio
Ist. Ortopedico "G. Pini" Ortopedi Traumat. Infantile
S. Simpliciano
S. M. d. Carmine
Corso Garibaldi
MILANO
NORD
0 100 200 300 m

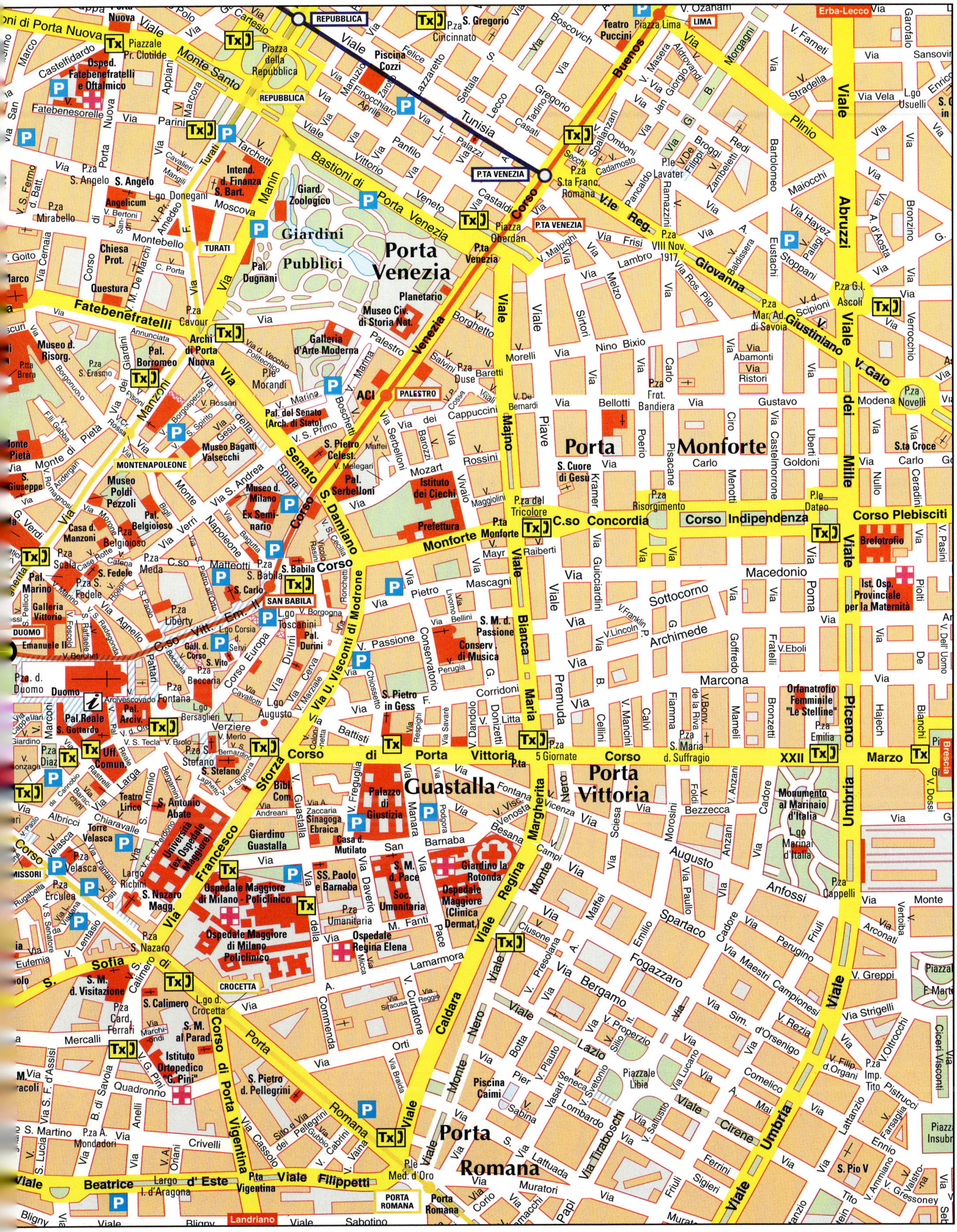
Porta Venezia
Giardini Pubblici
Porta Monforte
Guastalla
Porta Vittoria
Porta Romana
Piazza della Repubblica
REPUBBLICA
P.TA VENEZIA
PALESTRO
TURATI
MONTENAPOLEONE
SAN BABILA
DUOMO
MISSORI
CROCETTA
PORTA ROMANA
LIMA
Erba-Lecco
Landriano
Brescia
Bastioni di Porta Venezia
Corso Venezia
Corso Buenos Aires
Viale Abruzzi
Viale Piave
Viale Majno
Viale Bianca Maria
Viale Regina Margherita
Viale Monte Nero
Viale Caldara
Viale Umbria
Viale dei Mille
Viale Piceno
Corso Concordia
Corso Indipendenza
Corso Plebisciti
Corso Monforte
Corso XXII Marzo
Corso di Porta Vittoria
Corso di Porta Romana
Corso di Porta Vigentina
Corso Europa
Corso Matteotti
Corso Italia
Via Francesco Sforza
Via U. Visconti di Modrone
Via Fatebenefratelli
Via Manzoni
Via Monte Napoleone
Via Senato
Via Turati
Via Manin
Viale Monte Santo
Viale Beatrice d'Este
Viale Filippetti
Via Sofia
Via Santa Sofia
Viale Regina Giovanna
Viale Lazio
Viale Cirene
Via Bergamo
Giard. Zoologico
Planetario
Museo Civ. di Storia Nat.
Galleria d'Arte Moderna
Pal. Dugnani
Archi di Porta Nuova
Pal. Borromeo
Museo d. Risorg.
Museo Bagatti Valsecchi
Museo Poldi Pezzoli
Pal. Belgioioso
Casa d. Manzoni
Galleria Vittorio Emanuele II
Pal. Marino
Duomo
Pal. Reale
Pal. Arciv.
Teatro Lirico
Torre Velasca
Università (ex Ospedale Maggiore)
Ospedale Maggiore di Milano - Policlinico
Palazzo di Giustizia
Sinagoga Ebraica
Giardino Guastalla
Istituto dei Ciechi
Prefettura
Conserv. di Musica
Pal. Serbelloni
Pal. del Senato (Arch. di Stato)
Museo d. Milano
Ospedale Regina Elena
Giardino la Rotonda
Ospedale Maggiore (Clinica Dermat.)
Istituto Ortopedico "G. Pini"
Piscina Caimi
Piscina Cozzi
Teatro Puccini
Orfanatrofio Femminile "Le Stelline"
Brefotrofio
Ist. Osp. Provinciale per la Maternità
Monumento al Marinaio d'Italia
Piazzale Libia
Piazza Cinque Giornate
Piazza Oberdan
Piazza Cavour
Piazza S. Babila
Piazza Fontana
Piazza Missori
P.le Med. d'Oro

PADOVA

Milano-Torino
Cittadella
Castelfranco Veneto
Vicenza
Monselice
Bologna
Chioggia
NORD
Nord
Sud
LIMENELLA
PADOVA OVEST
PADOVA EST
PADOVA SUD
PADOVA ZONA INDUSTRIALE
A4
A13
PADOVA
Ponterotto-Giustizia
Villaguattera
Piran
Scanferla
Montà
Campanella
Brentelle di Sopra
Tre Ponti
Caselle
Chiesa-Nuova
CIMITERO MAGGIORE
Campo di Marte
Brentelle di Sotto
Brusegana
Forno
Sacra Famiglia
Altichiero
Ponte-vigodàrzere
Meianiga
Cadóneghe
Torre
Mortise
Arcella
Peraga
Arrigoni
Noalese
Perarolo
Busa
Ponte di Brenta
San Vito
Noventa Padovana
Noventana
Stanga
Zona Industriale
Camin
Tombelle
Ercolin
Villatora
Forcellini
STAZIONE F.S.
FIERA CAMPIONARIA
DUOMO
S.ANTONIO
PRATO D.VALLE
S.GIUSTINA
Paltana
Bassanello
Guizza
Volta Barozzo
Mándria
Mandriola
Roncáglia
Granze di Camin
Casone
Saonara
Ponte San Nicolò
Rio
Palazzetto
Sálboro
Borghetto
S.ta Maria di Ábano
Albignásego
Pozzoveggiani
Isola dell'Abbà
Legnaro
Roncaiette
San Giacomo
Lion
Carpanedo
Via Po
Via G.Reni
Via A. da Bassano
Via Tiziano Aspetti
V. del Plebiscito
V. Jacopo Avanzo
V.Antonio Grassi
V. Friburgo
Via San Marco
V.le d. Grazie
V.Venezia
Via Chiesanuova
Via Vicenza
C.so Australia
Corso Australia
Via Sorio
Via dei Colli
Via Goito
Via Jacopo Facciolati
Via G. Fabrici d'Acquapendente
V.le dell'Industria
C.so Argentina
Corso Stati Uniti
Via Vigonovese
Corso J.e R. Kennedy
Corso Esperanto
Via Piovese
Corso I° Maggio
Via Guglielmo Marconi
Via Pietro Bembo
Via Guizza
Via Armistizio
Via Adriatica
Corso Boston
V. Romana Aponense
Via Battaglia
Canale della Battaglia
F. Bacchiglione
F. Brenta
F. Tergola
Canale Piovego
Idrovia
Padova-Venezia
47
307
515
11
516
16
0
1
2
3
km

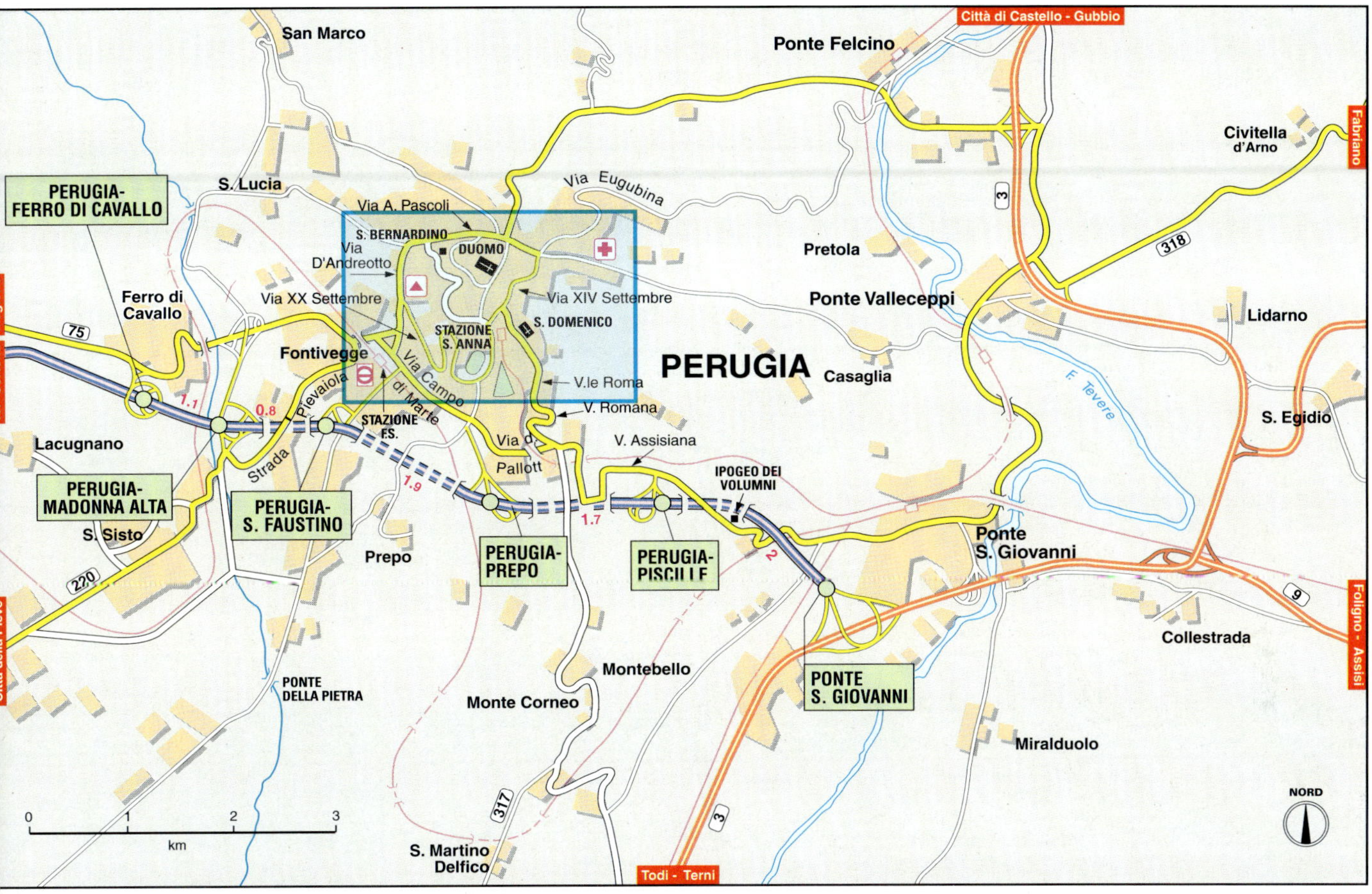
Città di Castello - Gubbio
San Marco
Ponte Felcino
Fabriano
Civitella d'Arno
S. Lucia
PERUGIA-FERRO DI CAVALLO
Via Eugubina
Via A. Pascoli
S. BERNARDINO
DUOMO
Via D'Andreotto
Via XX Settembre
Via XIV Settembre
STAZIONE S. ANNA
S. DOMENICO
Pretola
Ponte Valleceppi
Lidarno
Ferro di Cavallo
Fontivegge
PERUGIA
Casaglia
V.le Roma
V. Romana
V. Assisiana
Via Campo di Marte
Strada Pievaiola
STAZIONE F.S.
Pallott
S. Egidio
Lacugnano
IPOGEO DEI VOLUMNI
PERUGIA-MADONNA ALTA
PERUGIA-S. FAUSTINO
S. Sisto
Prepo
PERUGIA-PREPO
PERUGIA-PISCILLE
Ponte S. Giovanni
F. Tevere
Foligno - Assisi
Collestrada
PONTE DELLA PIETRA
Montebello
Monte Corneo
PONTE S. GIOVANNI
Miralduolo
NORD
0 1 2 3
km
S. Martino Delfico
Todi - Terni
75
220
317
3
318
9
1.1
0.8
1.9
1.7
2

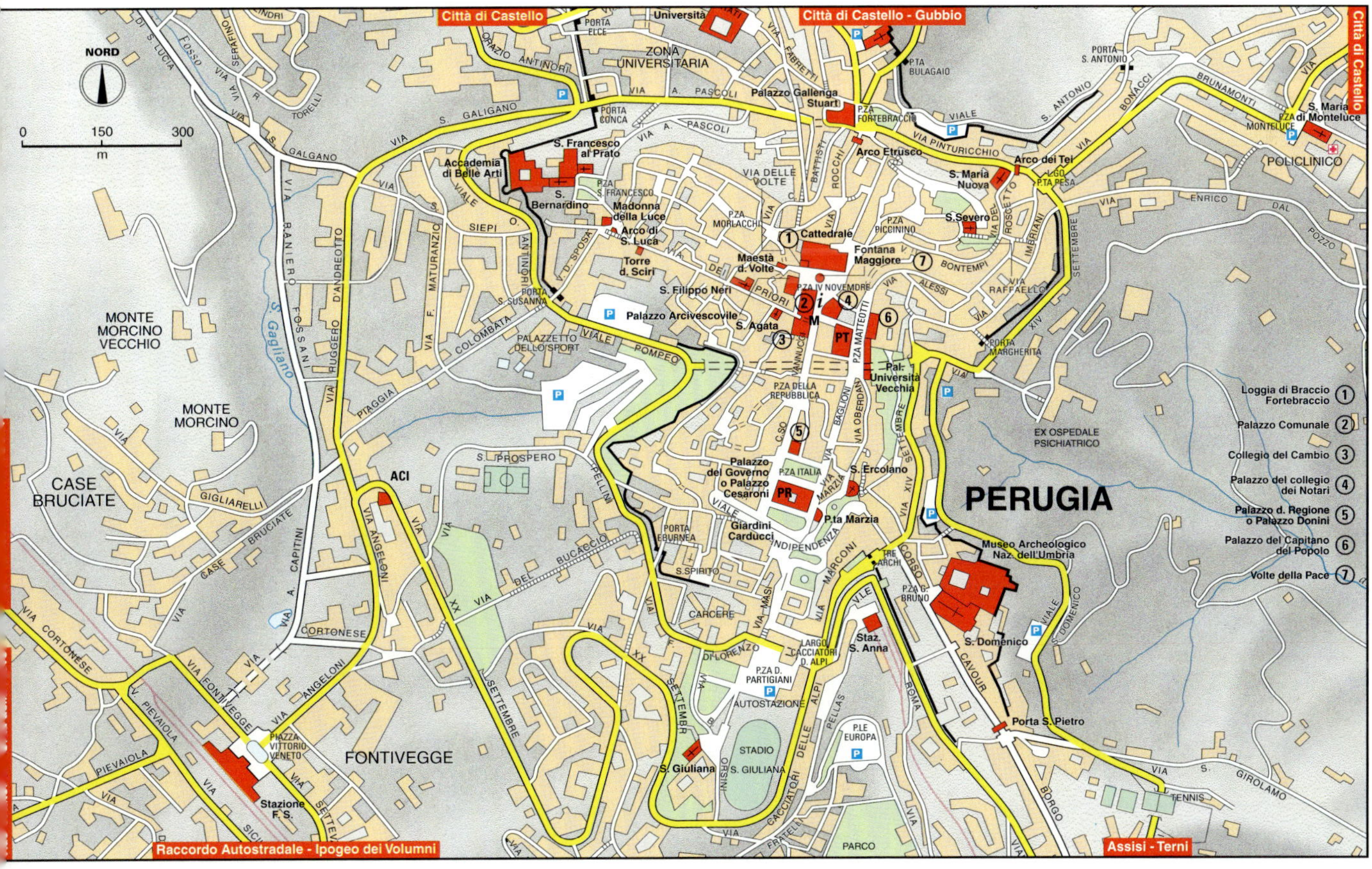
Città di Castello
Università
Città di Castello - Gubbio
NORD
0 150 300
m
PORTA ELCE
ZONA UNIVERSITARIA
P.TA BULAGAIO
PORTA S. ANTONIO
Palazzo Gallenga Stuart
PZA FORTEBRACCIO
PORTA CONCA
S. Francesco al Prato
Accademia di Belle Arti
S. Bernardino
Arco Etrusco
S. Maria Nuova
Arco dei Tei
S. Maria di Monteluce
POLICLINICO
Madonna della Luce
Arco di S. Luca
PZA MORLACCHI
Cattedrale
Fontana Maggiore
S.Severo
Torre d. Sciri
Maestà d. Volte
S. Filippo Neri
Palazzo Arcivescovile
S. Agata
PORTA S. SUSANNA
PALAZZETTO DELLO SPORT
PORTA MARGHERITA
Pal. Università Vecchia
PZA DELLA REPUBBLICA
MONTE MORCINO VECCHIO
MONTE MORCINO
EX OSPEDALE PSICHIATRICO
S. PROSPERO
Palazzo del Governo o Palazzo Cesaroni
PZA ITALIA
S. Ercolano
PERUGIA
CASE BRUCIATE
ACI
P.ta Marzia
PORTA EBURNEA
Giardini Carducci
Museo Archeologico Naz. dell'Umbria
S.SPIRITO
CARCERE
PZA G. BRUNO
S. Domenico
Staz. S. Anna
LARGO CACCIATORI D. ALPI
PZA D. PARTIGIANI
AUTOSTAZIONE
Porta S. Pietro
STADIO
S. Giuliana
PLE EUROPA
PIAZZA VITTORIO VENETO
FONTIVEGGE
Stazione F.S.
TENNIS
PARCO
Raccordo Autostradale - Ipogeo dei Volumni
Assisi - Terni
Loggia di Braccio Fortebraccio 1
Palazzo Comunale 2
Collegio del Cambio 3
Palazzo del collegio dei Notari 4
Palazzo d. Regione o Palazzo Donini 5
Palazzo del Capitano del Popolo 6
Volte della Pace 7

NORD
Viterbo
Viterbo
Terni
Civitavecchia
Civitavecchia
Fregene
Lido di Ostia
Lido di Castel Fusano
Pomezia-Latina
Latina-Anzio
C.le del Gallo
Carbucceto
Perella
Centrone
Centro S. Nicola
la Storta
C.le del Pino
C.le Vaccherecia
Pino
Prima Porta
Via Flaminia
Via Tiberina
Fiume Tevere
Settebagni
7 CASTEL GIUBILEO
6 FLAMINIA
8 SALAR
5 CASSIA BIS
3 CASSIA
9 SETTEBAG
S. Rosa
Spizzichino
Regionale
Torre Vergata
La Giustiniana
STAZIONE LA GIUSTINIANA
Via Cassia
Veio
Inviolatella
Labaro
Volusia
CENTRO RAI SAXA RUBRA
C. Malvicino
C.le Procoietto
Casale S. Nicola
il Centro
F. Arrone
Bocceola
Boccea
C.le Testa di Lepre di Sopra
Esterna
Interna
SELVA CANDIDA
Ottavia
STAZIONE OTTAVIA
Monte Arsiccio
Riserva
Naturale
Tomba di Nerone
Casale la Crescenza
Grottarossa Nuova
Serpent
Suburbio Tor di Quinto
Casale d. Inviolatella
F. Tevere
AEROP. DELL'URBE
STAZIONE N. SALARIA
Cavallari
Selva Candida Lucchina
STAZIONE F.S. NERI
Palmarola Nuova
Insugherata
le Colonnaccie
Tre Cancelli
Valle Santa
Casali Selvetta
le Fornaci
Suburbio della Vittoria (Camilluccia)
Tor di Quinto
IPPODROMO
Casale Colle Fiorito
A90
GRANDE RACCORDO ANULARE
OSPEDALE S.F. NERI
Sant'Onofrio
CIMITERO MILITARE FRANCESE
Della Vittoria
Cecanibbio
Boccea
STAZIONE MONTE MARIO
Suburbio Trionfale
STADIO OLIMPICO
FORO ITALICO
Foro
Italico
C.le Testa di Lepre di Sotto
POLICLINICO GEMELLI
STAZIONE PINETA S.
Torrevecchia
Monte Mario
Flaminio
Parioli
VILLA ADA
C.le la Paola
Pantan Monastero
Pinciano
Trieste
Via Salaria
Trionfale
Primavalle
STAZIONE BALDUINA
2 BOCCEA
Casalotti
VILLA BORGHESE
VILLA TORLONIA
S. AGNESE F.LE MURA
Salario
Nomentano
P.te d. Aronne
le Pantanelle
Casalotto Vecchio
CITTÀ DEL VATICANO
CASTEL S. ANGELO
QUIRINALE
POLICLINICO
STAZIONE TERMINI
Castel di Guido
Monte Spaccato
Metropolitana
S. PIETRO
MONTECITORIO
S. MARIA MAGGIORE
Casale Selce
le Monachina
Suburbio Aurelio
STAZ. S. PIETRO
Aurelio
GIANICOLO
CAMPIDOGLIO
COLOSSEO
Via Aurelia
Valcanuta
Via Gregorio VII
Casale M. Gallessina
Cle. le Pulcette
Malagrotta
Palatino
Aventino
Tiburtina
Circonv. Tiburtina
VILLA DORIA PAMPHILI
1 AURELIA
STAZIONE AURELIA
Villini
S. GIOVANNI IN LATERANO
TUSCOLA
TERME DI CARACALLA
F. la Carosara
Riserva
Massimina
Gianicolense
Trastevere
la Brava
Suburbio Gianicolense
Bravetta
STAZ. TRASTEVERE
STAZ. OSTIENSE
33 PESCACCIO
S. Maria Nuova
Torre Massimi
Valle
Appio Latino
Naturale
Pantan di Grano
Interna
Esterna
LA PISANA
Riserva
OSPEDALE FORLANINI
Garbatella
ROMA
Fontignano
la Pisana
dei Casati
la Parrocchietta
Ostiense
Tor Marancia
C.le Basini
Naturale
Corviale
S. PAOLO F. LE MURA
S. SEBASTIANO
TOMBA DI CECILIA METELLA
Castel Malnome
31 LA PISANA
Portuense
A12
Tenuta dei
Suburbio Portuense (Magliana)
Ardeatino
Città dei Ragazzi
Riserva Vecchia
Trullo
S. Cosimato
Cta. Mattei Somaini
Massimi
Magliana
STAZ. MAGLIANA
Laurentina
ABBAZIA D. TRE FONTANE
E.U.R.
Rinaldi
V. d. Muratella
31 MAGLIANA
Tor di Valle
Centro di Mezzo
Pisciarello Vecchio
V. d. Magliana
IPPODROMO
Piana del Sole
30 AUTOSTR. DI FIUMICINO
Nord
Sud
MAGLIANA
Decima
Tre Fontane
Cecchignola
Centro Capannoni
Ponte Galeria
ROMA-AEROPORTO DI FIUMICINO
29 VIABILITÁ LOCALE
Giuliano-Dalmata (Laurentina)
A91
le Vignole
28 VIA DEL MARE
28 OSTIENSE
Mostacciano
Fonte Ostiense
Casale B. Poggio
Fiume
Tevere
Mezzocamino
26 PONTINA
AUTOSTRADA
Casale Centorubbia
27 C. COLOMBO
25 LAURENTINA
ARDEATINA
8 bis
C.le Dragone
C.le di Dragoncello
Centro Giano
Via del Mare
Vallerano
la Torretta
Villaggio S. Francesco
Acilia
Vitinia
Via C. Colombo
Tre Pini
Via Pontina
Ponte della Chiesaccia
Casal Bernocchi
Pineta di Roma
148
Valleranello
Spinaceto
0 1 2 3 4
km

Monterotondo
Fosso Ornale
A1 dir.
Ovest
Bufalotta
SALARIA
C.le Torre S. Giovanni
C.le Belladonna
Tor Lupara
Via Nomentana
C.le Montegentile
C.na Colle Grossa
C.le Sinibaldi
la Casette
C.le Battista
Guidonia
C.le Oléole
Riserva
Nuovo Centro
Capaldino
Fosso S. Lucia
B.ta Vallerosa
10 A1 FIRENZE
Naturale
Torre Mastorta
C.le le Mogliane
Tor San Giovanni
della
C.le della Cesarina Vecchia
Colleverde
Via Palombarese
Inviolata
Ponte Vigne
Interna
SETTEBAGNI
Marcigliana
Prato Lauro
Casale Coazzo
Torre d. Sordi
Villanova
Monnarese
A90
GRANDE RACCORDO ANULARE
Castel Marco Simone
S. Alessandro Catacombe
Valpitella
11 NOMENTANA
Bagni di Tivoli
Villalba
Melania
Pisciarelli
Castell'Arcione
P.te Lucano
Monte Sacro Alto
San Basilio
F. Pratolungo
Setteville
Via Tiburtina
VILLA ADRIANA
12 S. ALESSANDRO
Settecamini
5
AUTOSTRADA MILANO-NAPOLI
il Casalone
Casale de Pazzi
13 TIBURTINA
Albuccione
Fiume
Aniene
COLLE TASSO
Ponte Mammolo
Valeria
Capanacca
Lunghezzina Vecchia
Fosso di Ponte Terra
Rebibbia
Quarto S. Eusebio
14 A24 L'AQUILA-PESCARA
Monte Michelangelo
LUNGHEZZA
Lunghezzina
Nord
TIVOLI
Valle
F. Aniene
Case Rosse
Lunghezza
4.6
Sud
Osteria Capannelle
LA RUSTICA
Nord
ROMA EST
L'Aquila-Pescara
Pietralata
dell'Aniene
Salone Nuovo
Casalone
Granaraccio
A24
Metropolitana B
3.5
2.7
8
Corcolle
la Rustica
AUTOSTRADA ROMA-L'AQUILA
15 LA RUSTICA
Castelverde
Saponara
Santa Maria del Soccorso
C.le Vigna di Salone
Benzone
Osteria
Ovile
Fosso di Valle Inversa
Fosso dell'Obaco
STAZ. TOR SAPIENZA
Portonaccio
Sud
TIBURTINA
Collatina
Tor Sapienza
C.le di Ponzoni
16 PRENESTINA
Torre Castiglione
Passerano
STAZ. PRENESTINA
Palmiro
Prenestina
Osa
Valle di Castiglione
Ovest
Est
Quarticciolo
17 TOR BELLA MONACA
Osteria dell'Osa
PRENESTINA
Prenestino Centocelle
Alessandrino
F. di Tre Teste
A1
Tor Pignattara
la Borghesiana
Via Prenestina
Fosso Scuro
Tor Angela
STAZ. CASILINA
Pantano Borghese
Palestrina
Interna
CASILINA
Esterna
Borghesiania
Quadraro
Togliatti
6
Via Casilina
Torre Maura
18 CASILINA
Don Bosco
Metropolitana A
Giardinetti
Grotte Celoni
Finocchio
Torre Gaia
Fatt. Selvotta
Pallavicini
19 A1 NAPOLI
Torrenova
Laghetto
Appio Latino
Cinecittà
Est
TUSCOLANA
Due Torri
Tor Borgata
Tor Forame
Appio Claudio
20 LA ROMANINA
Ovest
2.9
TORRENOVA
C.le S. Isidoro
Tor Iacova
Quarto Miglio
Marmorella
21 TUSCOLANA
22 ANAGNINA
Vigne di Preta Porci
Statuario
215
STAZ. COLLEMATTIA
STAZ. DELLE CAPANNELLE
P.te Linari
ROMA SUD
Est
MONTE PORZIO
Colonna
Capannelle
FRASCATI
Ovest
IPPODROMO
Casale di Gregna
Via Tuscolana
4.7
5.1
S. CESAREO
A1 dir. Roma Sud
Napoli
S. Matteo
Cocciano
Monte Porzio Catone
23 APPIA
Casal Morena
Montecompatri
STAZ. DI TORRICOLA
GALOPPATOIO
Via Anagnina
Villa Mondragone
dell'Appia
AEROPORTO INTERNAZIONALE DI CIAMPINO
Frascati
S. Silvestro
GRANDE RACCORDO ANULARE
Via Appia Nuova
Camaldoli
3.7
511
A90
Antica
TUSCULUM
ARDEATINA
Ciampino
Villa Grazioli
Acqua Acetosa
Borghetto Anagnino
Podica
Rocca Priora
Rimessone
STAZ. CASABIANCA
Via dei Laghi
TELLENAE
Grottaferrata
C.le dei Francesi
P.te Squarciarelli
le Muraccia
Castel di Leva
Velletri
Valle Violata

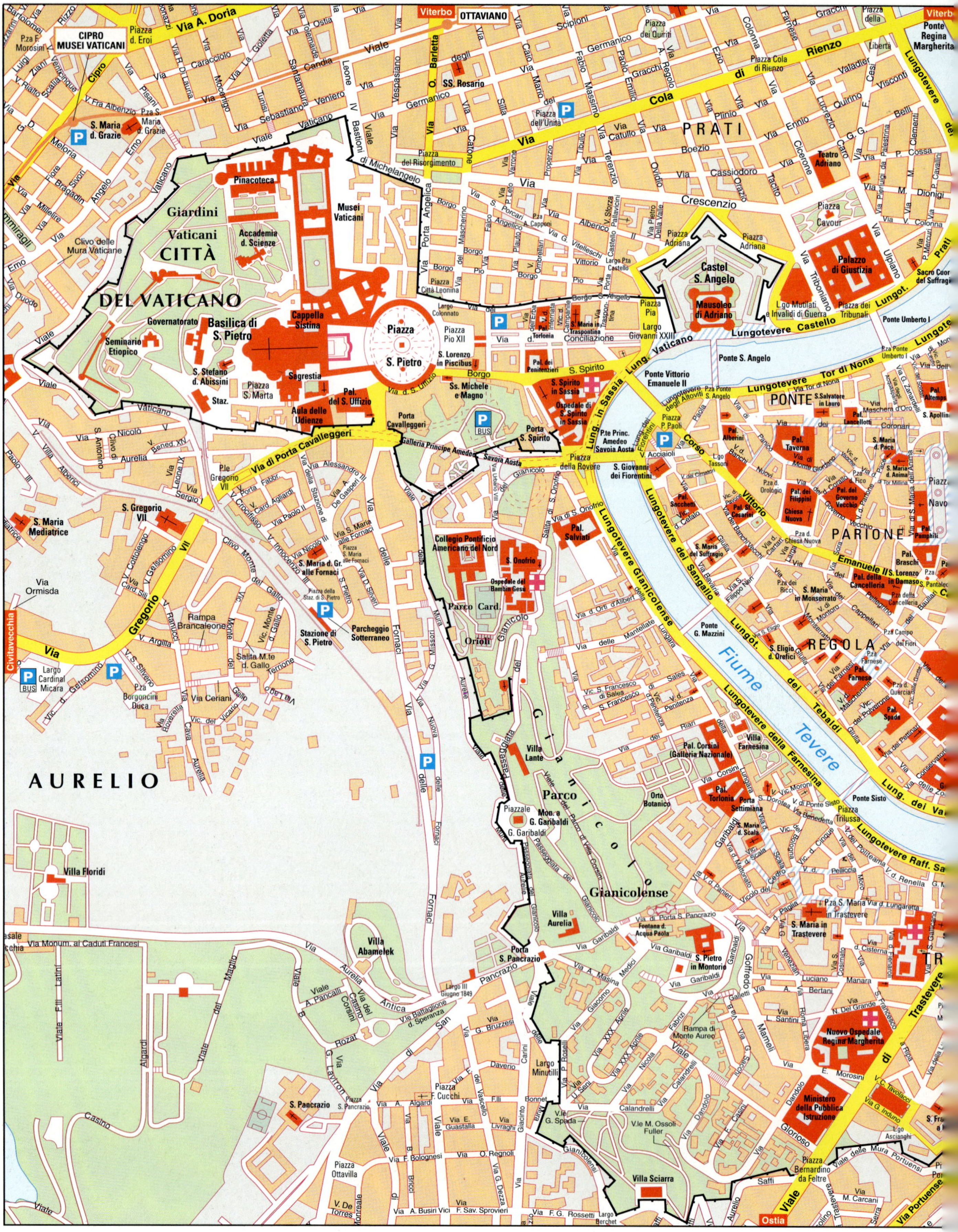
CIPRO MUSEI VATICANI
Via A. Doria
OTTAVIANO
Viterbo
PRATI
Via Cola di Rienzo
Via Crescenzio
Giardini Vaticani
CITTÀ DEL VATICANO
Pinacoteca
Musei Vaticani
Accademia d. Scienze
Governatorato
Basilica di S. Pietro
Cappella Sistina
Piazza S. Pietro
Sagrestia
Seminario Etiopico
S. Stefano d. Abissini
Aula delle Udienze
Pal. del S. Uffizio
Castel S. Angelo
Mausoleo di Adriano
Palazzo di Giustizia
Piazza Cavour
Teatro Adriano
Lungotevere Castello
Via della Conciliazione
Borgo S. Spirito
S. Spirito in Sassia
Ospedale di S. Spirito in Sassia
Porta Cavalleggeri
Via di Porta Cavalleggeri
Galleria Principe Amedeo Savoia Aosta
Porta S. Spirito
PONTE
PARIONE
REGOLA
Corso Vittorio Emanuele II
Lungotevere Tor di Nona
Ponte Vittorio Emanuele II
Ponte Umberto I
Ponte S. Angelo
Ponte G. Mazzini
Ponte Sisto
Fiume Tevere
Lungotevere dei Tebaldi
Lungotevere della Farnesina
Lungotevere Gianicolense
Pal. Farnese
Pal. Spada
Pal. della Cancelleria
Chiesa Nuova
S. Giovanni dei Fiorentini
Pal. Salviati
S. Onofrio
Collegio Pontificio Americano del Nord
Ospedale del Bambin Gesù
Parco Card. Orioli
Gianicolo
Villa Lante
Villa Farnesina
Pal. Corsini (Galleria Nazionale)
Orto Botanico
Pal. Torlonia
Porta Settimiana
Mon. a G. Garibaldi
Piazzale G. Garibaldi
Gianicolense
Villa Aurelia
Fontana d. Acqua Paola
S. Pietro in Montorio
Porta S. Pancrazio
S. Maria in Trastevere
Nuovo Ospedale Regina Margherita
Ministero della Pubblica Istruzione
Villa Sciarra
Villa Abamelek
Villa Floridi
AURELIO
Via Gregorio VII
S. Gregorio VII
S. Maria Mediatrice
Stazione di S. Pietro
Parcheggio Sotterraneo
Via Aurelia Antica
Via Monum. ai Caduti Francesi
S. Pancrazio
Piazza Ottavilla
Civitavecchia
Ostia
Viale Trastevere
Via Portuense

CAMPO MARZIO
COLONNA
LUDOVISI
SALLUSTIANO
CASTRO PRETORIO
TREVI
PIGNA
S. ANGELO
MONTI
CAMPITELLI
CELIO
RIPA
SPAGNA
BARBERINI
REPUBBLICA
TERMINI
CAVOUR
COLOSSEO
CIRCO MASSIMO
Villa Medici
Trinità dei Monti
Mausoleo di Augusto
Piazza di Spagna
Fontana di Trevi
QUIRINALE
Pantheon
Pal. Venezia
Altare d. Patria
Foro Traiano
Fori Imperiali
Colosseo
Palatino
Circo Massimo
Aventino
Terme di Diocleziano
Stazione Centrale Termini
S. Maria Maggiore
Terme di Traiano
Domus Aurea
S. Giovanni
Villa Celimontana
ISOLA TIBERINA
Lungotevere
Via del Corso
Via Nazionale
Via Cavour
Via dei Fori Imperiali
Via di S. Gregorio
Via Merulana
Via Labicana
Viale Aventino
Pomezia-Latina

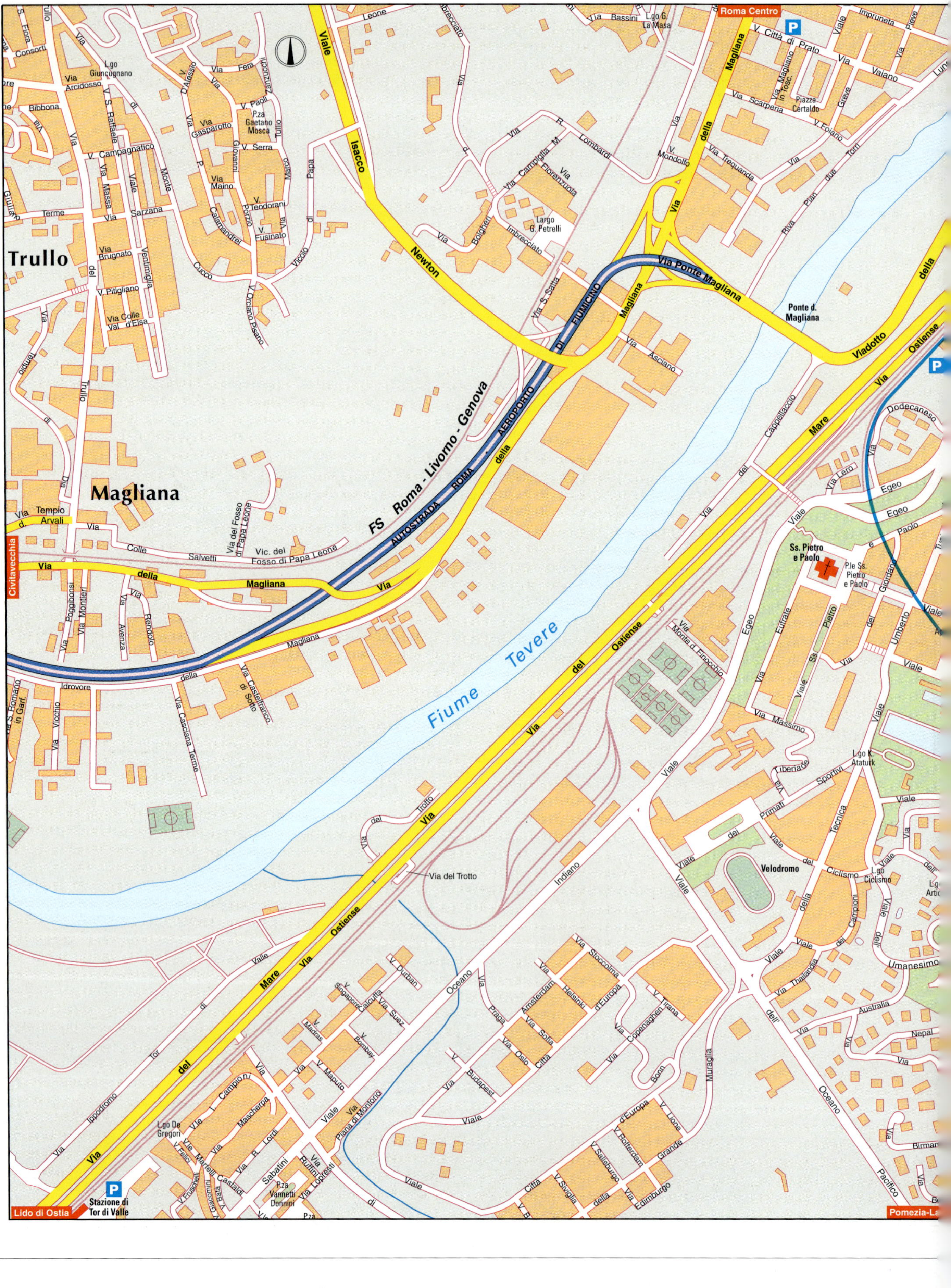
Roma Centro
Trullo
Magliana
Fiume Tevere
FS Roma - Livorno - Genova
AUTOSTRADA ROMA - AEROPORTO DI FIUMICINO
Via della Magliana
Via Ponte Magliana
Ponte d. Magliana
Viadotto della Magliana
Viale Isacco Newton
Via del Mare
Via Ostiense
Via Tempio d. Arvali
Via Colle Salvetti
Vic. del Fosso di Papa Leone
Via del Fosso di Papa Leone
Via Idrovore della Magliana
Via Castelfranco di Sotto
Via Casciana Terme
Via Asciano
Via Imbrecciato
Largo G. Petrelli
Via Bolgheri
Via Campiglia M.
Via Florenzuola
Via R. Lombardi
V. Mondolfo
Via Trequanda
Via Pian due Torri
Riva
V. Città di Prato
Via Imprunata
Via Pieve
Via Vaiano
Via Scarperia
Piazza Certaldo
Via Magliano in Tosc.
Via Greve
V. Foiano
Via Bassini
L.go G. La Masa
Via Cappellaccio
V. Campagnatico
Via Arcidosso
L.go Giuncugnano
Via S. Raffaele
Via Massa
Viale
Monte
Via Sarzana
Via Brugnato
Ventimiglia
V. Pitigliano
Via Colle Val d'Elsa
Via Bibbona
Consorti
S. Fiora
Terme
Via Trullo
Via Poggibonsi
Via Monteriggioni
Via Avenza
Via Rendolo
Via Vicchio
Via S. Romano in Garf.
Via D'Alessio
Via Fera
V. Paoli
P.za Gaetano Mosca
Via Gasparotto
Via Maino
V. Teodorani
V. Fusinato
V. Serra
Calamandrei
Cucco
Vicolo di Papa
V. Orciano Pisano
Via Tempio
Civitavecchia
Via del Trotto
Viale Egeo
Via Eufrate
Via Lero
Viale Dodecaneso
Egeo
Via Monte d. Finocchio
Ss. Pietro e Paolo
P.le Ss. Pietro e Paolo
Viale Giorgio
Viale Umberto
Via Massimo
Tiberiade
Viale Sportivi
L.go K. Ataturk
Viale Primati
Velodromo
Viale del Ciclismo
L.go Ciclismo
Viale Tecnica
Viale dei Campioni
Via Thailandia
Viale Oceano Indiano
Viale Oceano Pacifico
Umanesimo
Australia
Nepal
Birmania
Via Stoccolma
Via Helsinki
Via Amsterdam
Via Sofia
Via Oslo
Via Praga
V. Tirana
Via Copenaghen
Via Bonn
Muraglia
Via Budapest
Viale Città d'Europa
V. Lione
V. Rotterdam
V. Salisburgo
V. Siviglia
Via Edimburgo
Grande
V. Durban
V. Singapore
Calcutta
Via Suez
V. Madras
V. Bombay
V. Maputo
Via I. Campioni
Via Mascherpa
Via Lordi
Via Piana di Montorio
Via Ruffini
Via Lopresti
P.za Vannetti Donnini
Sabatini
Via Martelli Castaldi
Falci
L.go De Gregori
Viale Ippodromo
Valle
di
tor
Stazione di Tor di Valle
Lido di Ostia
Pomezia-La

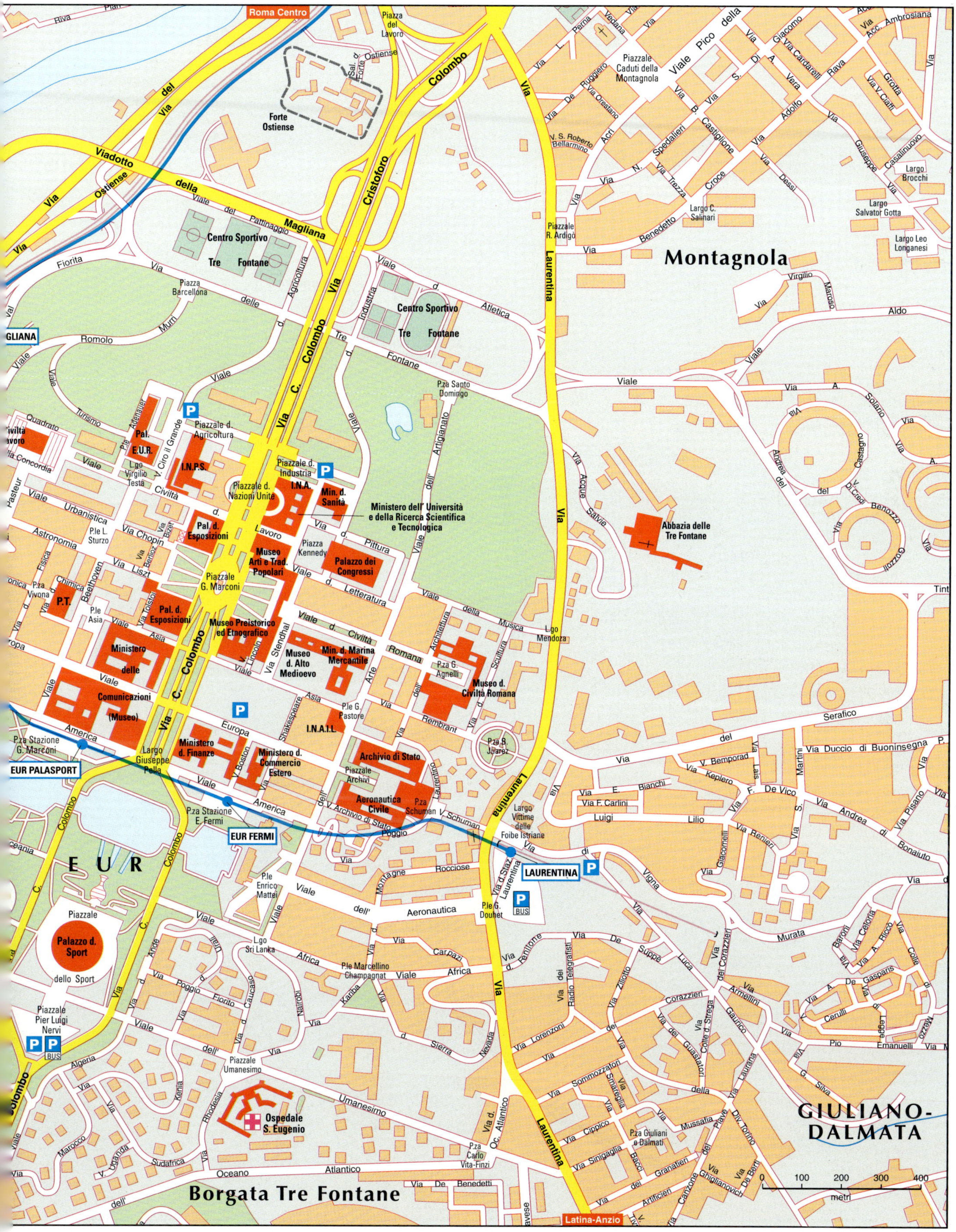
Roma Centro
Latina-Anzio
Montagnola
EUR
Borgata Tre Fontane
GIULIANO-DALMATA
Forte Ostiense
Centro Sportivo Tre Fontane
Centro Sportivo Tre Fontane
Abbazia delle Tre Fontane
Viadotto della Magliana
Via del Mare
Via Ostiense
Via Cristoforo Colombo
Via C. Colombo
Via Laurentina
Viale del Pattinaggio
Viale dell'Agricoltura
Viale dell'Industria
Viale delle Tre Fontane
Viale Romolo Murri
Viale dell'Atletica
Piazza Barcellona
Piazza del Lavoro
Piazzale Caduti della Montagnola
Viale Pico della Mirandola
Via Giacomo Vera
Via B. Castiglione
Via N. Spedalieri
Via V. S. Roberto Bellarmino
Via Adolfo Rava
Via Giuseppe Casalinuovo
Largo Brocchi
Largo Salvator Gotta
Largo Leo Longanesi
Largo C. Salinari
Piazzale R. Ardigò
Via Benedetto Croce
Via Acc. Ambrosiana
Via Virgilio Maroso
Viale Aldo
Via A. Solario
Via Andrea del Castagno
Via Benozzo Gozzoli
Via Acque Salvie
Piazzale d. Agricoltura
Piazzale d. Industria
Piazzale d. Nazioni Unite
Piazza Kennedy
Piazzale G. Marconi
P.za Santo Domingo
Pal. E.U.R.
I.N.P.S.
I.N.A.
Min. d. Sanità
Ministero dell' Università e della Ricerca Scientifica e Tecnologica
Pal. d. Esposizioni
Museo Arti e Trad. Popolari
Palazzo dei Congressi
Museo Preistorico ed Etnografico
Ministero delle Comunicazioni (Museo)
Museo d. Alto Medioevo
Min. d. Marina Mercantile
Museo d. Civiltà Romana
I.N.A.I.L.
Archivio di Stato
Aeronautica Civile
Ministero d. Finanze
Ministero d. Commercio Estero
P.T.
Viale della Civiltà del Lavoro
Viale della Civiltà Romana
Viale della Letteratura
Viale della Pittura
Viale dell' Artigianato
Viale della Musica
Viale dell'Arte
Viale Europa
Viale America
Viale Asia
Viale dell'Urbanistica
Viale dell'Astronomia
Viale dell'Aeronautica
Viale dell'Oceano Atlantico
Viale dell'Umanesimo
Via Chopin
Via Liszt
Via Beethoven
Via Stendhal
Via Shakespeare
Via Boston
P.le L. Sturzo
P.le Asia
P.za Vivona
L.go Virgilio Testa
Largo Giuseppe Pella
P.za Stazione G. Marconi
P.za Stazione E. Fermi
EUR PALASPORT
EUR FERMI
LAURENTINA
Piazzale Archivi
P.za Schuman
V. Schuman
V. Archivio di Stato
P.le G. Pastore
P.za G. Agnelli
P.za B. Juarez
Lgo Mendoza
Largo Vittime delle Foibe Istriane
P.le G. Douhet
P.le Enrico Mattei
L.go Sri Lanka
P.le Marcellino Champagnat
Piazzale dello Sport
Palazzo d. Sport
Piazzale Pier Luigi Nervi
Piazzale Umanesimo
Ospedale S. Eugenio
P.za Carlo Vita-Finzi
P.za Giuliani e Dalmati
Via Serafico
Via Duccio di Buoninsegna
Via Andrea Pisano
Via F. De Vico
Via E. Bianchi
Via F. Carlini
Via Luigi Lilio
Via Vigna Murata
Via De Suppè
Via dei Corazzieri
Via Colle di Strega
Via Gaurico
Via Armellini
Via Pio Emanuelli
Via G. Silva
Via Mussafia
Via Div. Torino
Via Ghigliano
Via De Berti
Via dei Granatieri
Via dei Artificieri
Via Sinigaglia
Via Cippico
Via Sommozzatori
Via Radio Telegrafisti
Via Lorenzoni
Via Carpazzi
Via Africa
Via Sierra Nevada
Via Nairobi
Via Kenia
Via Rhodesia
Via Uganda
Via Marocco
Via Sudafrica
Via Algeria
Via De Benedetti
Oceano Atlantico
BUS
100 200 300 400
metri

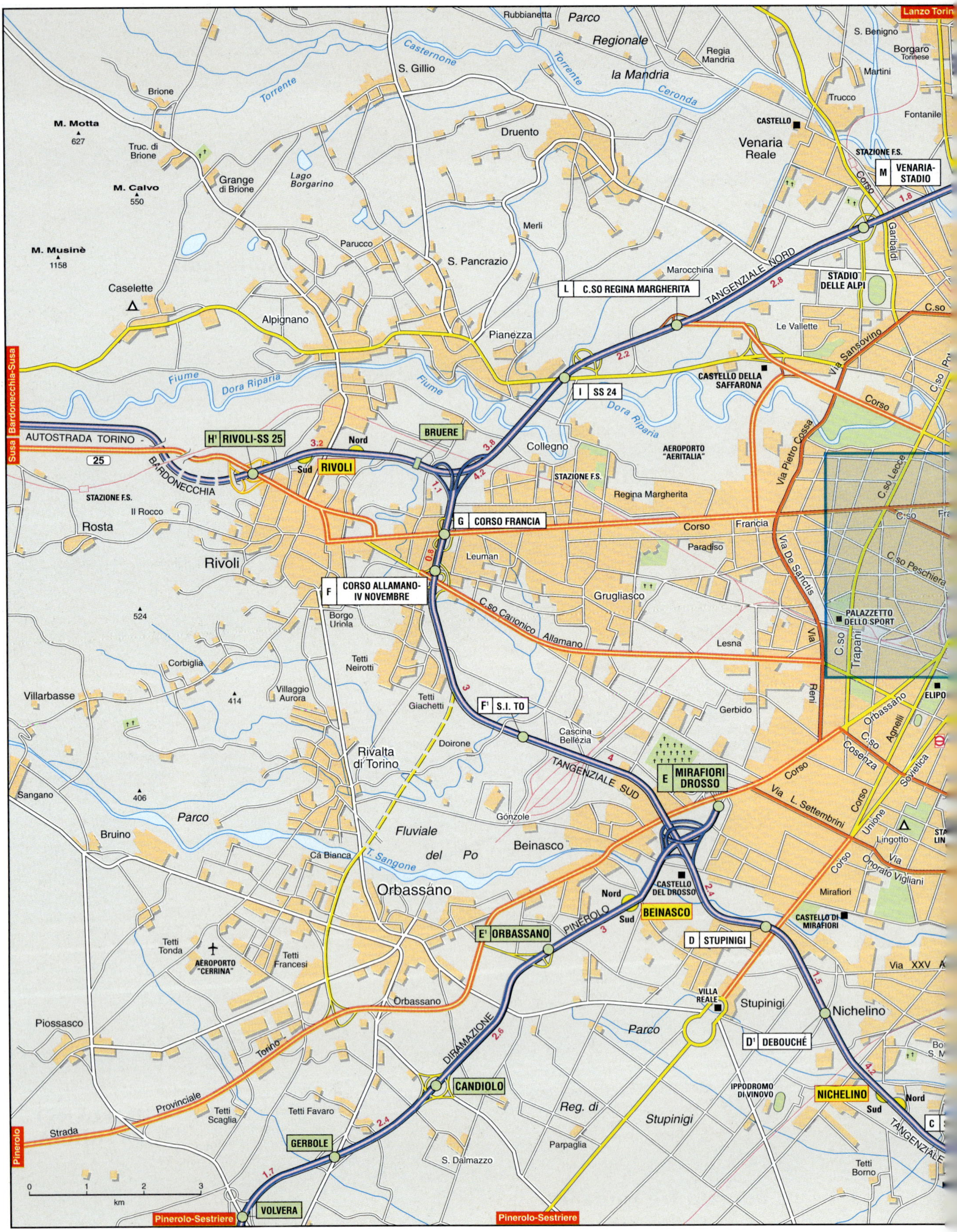
Rubbianetta
Parco
Regionale
la Mandria
Torrente
Casternone
Torrente
Ceronda
S. Gillio
Brione
Regia Mandria
S. Benigno
Borgaro Torinese
Martini
Trucco
Fontanile
Lanzo Torino
M. Motta
627
Truc. di Brione
CASTELLO
Venaria Reale
Druento
STAZIONE F.S.
M
VENARIA-STADIO
M. Calvo
550
Grange di Brione
Lago Borgarino
Merli
Corso
Garibaldi
M. Musinè
1158
Parucco
S. Pancrazio
Marocchina
TANGENZIALE NORD
STADIO DELLE ALPI
Caselette
L
C.SO REGINA MARGHERITA
Alpignano
Pianezza
Le Vallette
C.so
Fiume
Dora Riparia
I
SS 24
CASTELLO DELLA SAFFARONA
Via Sansovino
Bardonecchia-Susa
Susa
AUTOSTRADA TORINO - BARDONECCHIA
25
H'
RIVOLI-SS 25
BRUERE
Nord
Sud
RIVOLI
Collegno
AEROPORTO "AERITALIA"
Via Pietro Cossa
C.so Lecce
STAZIONE F.S.
Il Rocco
Rosta
STAZIONE F.S.
Regina Margherita
G
CORSO FRANCIA
Corso
Francia
Paradiso
Leuman
Rivoli
Via De Sanctis
C.so Peschiera
F
CORSO ALLAMANO-IV NOVEMBRE
Grugliasco
C.so Canonico Allamano
524
Borgo Uriola
PALAZZETTO DELLO SPORT
Lesna
C.so Trapani
Via Reni
Corbiglia
Tetti Neirotti
Villarbasse
Villaggio Aurora
414
Tetti Giachetti
F'
S.I. TO
Gerbido
ELIPO
Cascina Bellezia
Doirone
C.so Orbassano
C.so Cosenza
Agnelli
Rivalta di Torino
TANGENZIALE SUD
E
MIRAFIORI DROSSO
Sovietica
Sangano
406
Corso
Via L. Settembrini
Corso Unione
Parco
Gonzole
Bruino
Fluviale
del Po
Beinasco
Lingotto
Via Onorato Vigliani
Cà Bianca
T. Sangone
CASTELLO DEL DROSSO
Orbassano
Nord
Sud
BEINASCO
Corso
Mirafiori
Tetti Tonda
AEROPORTO "CERRINA"
Tetti Francesi
E'
ORBASSANO
PINEROLO
D
STUPINIGI
CASTELLO DI MIRAFIORI
Via XXV A
VILLA REALE
Stupinigi
Nichelino
Orbassano
Piossasco
Parco
D'
DEBOUCHÉ
Torino
DIRAMAZIONE
Provinciale
CANDIOLO
IPPODROMO DI VINOVO
NICHELINO
Nord
Sud
Tetti Scaglia
Tetti Favaro
Reg. di
Stupinigi
TANGENZIALE
Strada
Pinerolo
GERBOLE
Parpaglia
S. Dalmazzo
Tetti Borno
0
1
2
3
km
Pinerolo-Sestriere
VOLVERA
Pinerolo-Sestriere

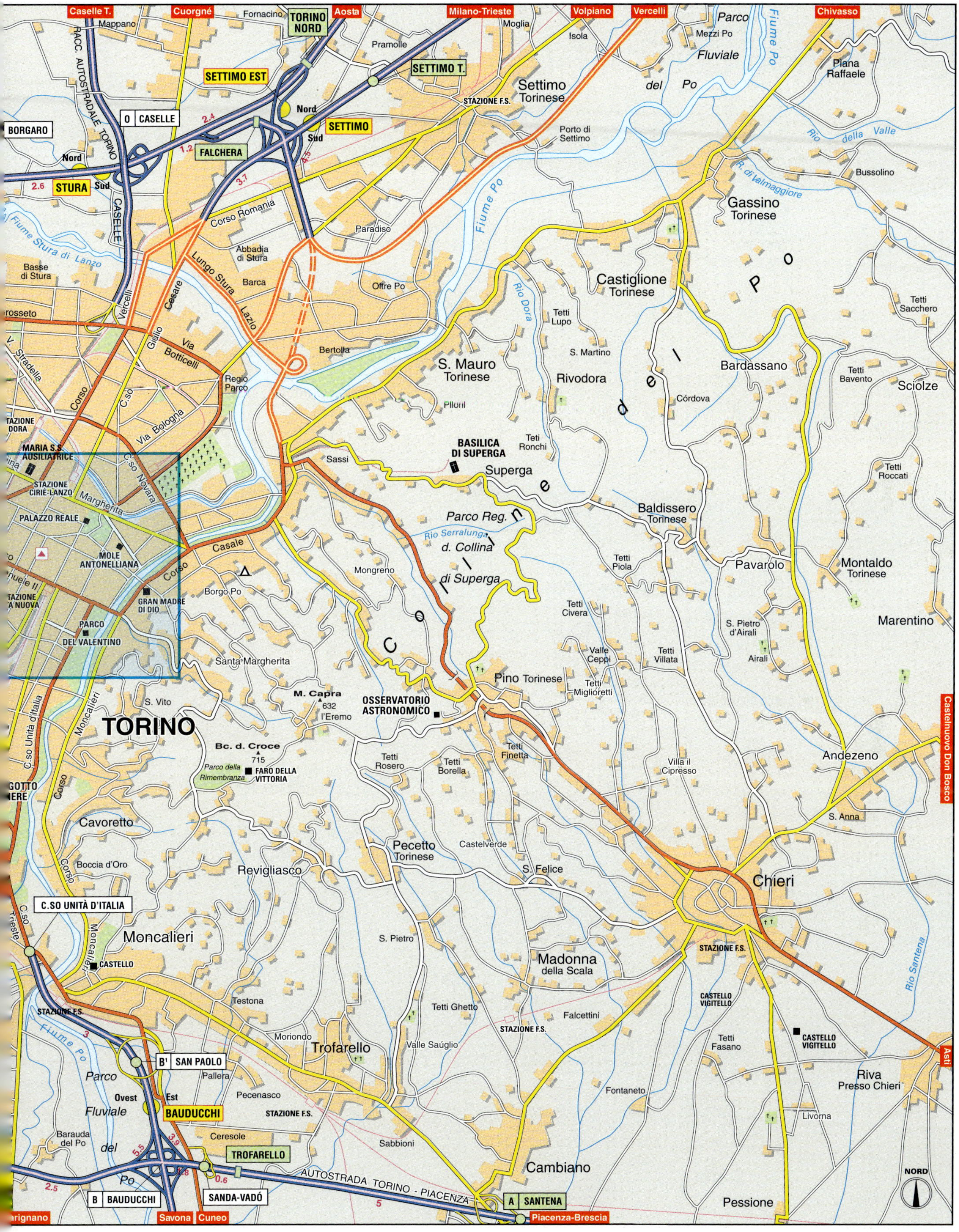
TORINO
Settimo Torinese
S. Mauro Torinese
Castiglione Torinese
Gassino Torinese
Bardassano
Rivodora
Superga
BASILICA DI SUPERGA
Parco Reg. d. Collina di Superga
Baldissero Torinese
Pavarolo
Montaldo Torinese
Marentino
Sciolze
Pino Torinese
OSSERVATORIO ASTRONOMICO
Andezeno
Chieri
Pecetto Torinese
Revigliasco
Cavoretto
Moncalieri
Trofarello
Madonna della Scala
Cambiano
Riva Presso Chieri
Pessione
Colline del Po
Fiume Po
Parco Fluviale del Po
AUTOSTRADA TORINO - PIACENZA
SETTIMO EST
SETTIMO
FALCHERA
STURA
CASELLE
BORGARO
TORINO NORD
SETTIMO T.
C.SO UNITÀ D'ITALIA
SAN PAOLO
BAUDUCCHI
TROFARELLO
SANDA-VADÓ
SANTENA
Caselle T.
Cuorgnè
Aosta
Milano-Trieste
Volpiano
Vercelli
Chivasso
Castelnuovo Don Bosco
Asti
Piacenza-Brescia
Savona
Cuneo
NORD

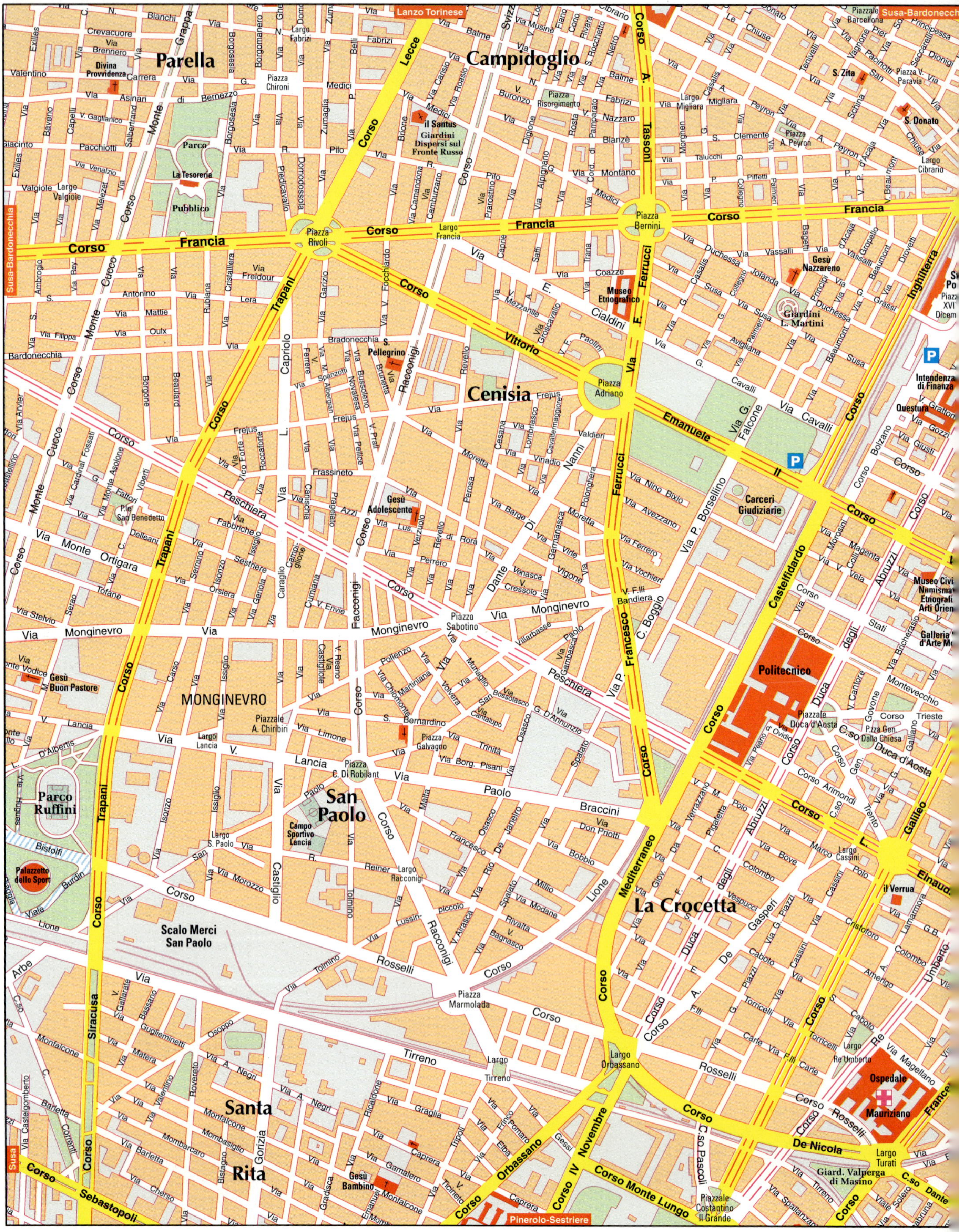
Lanzo Torinese
Susa-Bardonecchia
Pinerolo-Sestriere
Parella
Campidoglio
Cenisia
Monginevro
San Paolo
La Crocetta
Santa Rita
Piazza Rivoli
Piazza Bernini
Piazza Adriano
Piazza Sabotino
Piazza C. Di Robilant
Piazza Marmolada
Largo Orbassano
Largo Turati
Parco La Tesoreria Pubblico
Parco Ruffini
Palazzetto dello Sport
Scalo Merci San Paolo
Politecnico
Carceri Giudiziarie
Museo Etnografico
Ospedale Mauriziano
Giardini L. Martini
Gesù Nazzareno
Gesù Adolescente
Gesù Buon Pastore
Gesù Bambino
S. Pellegrino
S. Bernardino
S. Zita
S. Donato
Divina Provvidenza
il Santus Giardini Dispersi sul Fronte Russo
Campo Sportivo Lancia
Giard. Valperga di Masino
Intendenza di Finanza
Questura
Corso Francia
Corso Vittorio Emanuele II
Corso Trapani
Corso Lecce
Corso Mediterraneo
Corso Castelfidardo
Corso De Nicola
Corso Monte Lungo
Corso Sebastopoli
Corso Siracusa
Corso Orbassano
Corso IV Novembre
Via Monginevro
Via Francesco Ferrucci
Corso Tassoni
Via Peschiera

TORINO
NORD
0
200
400
600
m
Centro
Vanchiglia
San Salvario
CRIMEA
Parco del Valentino
Fiume Po
Istituto Salesiano
SS. Maria Ausiliatrice
Cottolengo
Stazione Ciriè-Lanzo Torinese
San Gioacchino
Ponte Mosca
Ponte Bologna
Autostazione Dora
Ospedale M. Adelaide
Staz. Merci Vanchiglia
Cimitero Generale
Anagrafe
Piazza della Repubblica
Consolata
Chiesa del S. Sudario
Chiesa del Carmine
S. Chiara
S. Agostino
Pal. Barolo
Basilica Mauriziana
Galleria Umberto I
Porta Palatina
Museo di Antichità
Teatro Romano
Cattedrale
Palazzo Chiablese
Palazzo Reale
Giardino Reale
Armeria Reale
San Domenico
S. Dalmazzo
Palazzo di Città (Municipio)
SS. Martiri
S. Maria
S. Rocco
SS. Trinità
San Lorenzo
Piazzetta Reale
Palazzo Madama
Teatro Regio
Ospedale Oftalmico
Giardino Cittadella
Caserme Cernaia e Pietro Micca
Cittadella e Museo Naz. dell'Artiglieria
Giardino La Marmora
Teatro Alfieri
S. Giuseppe
S. Teresa
San Tommaso
Teatro Carignano
Palazzo Carignano
Galleria Subalpina
Museo Egizio e Galleria Sabauda
S. Filippo Neri
Università
Auditorium RAI
Mole Antonelliana
Università d. Studi
S. Francesco da Paola
Accademia Albertina
Palazzo Carpano
S. Carlo
S. Cristina
Piazza San Carlo
Piazza Carlo Emanuele II
SS. Annunziata
Piazza Vittorio Veneto
Telecom
Chiesa d. Visitazione
Chiesa d. Madonna degli Angeli
S. Croce
S. Pelagia
Ospedale S. Giovanni Battista
ACI
S. Michele
Aiuola Balbo
Piazza Cavour
Piazza Carlo Felice
Piazza Bodoni
S. Secondo
Stazione Porta Nuova
Galleria Nazionale
S. Massimo
SS. Sacramento
Ponte Vittorio Emanuele I
Piazza Gran Madre
Gran Madre di Dio
Monte dei Cappuccini
Museo Nazionale della Montagna Duca degli Abruzzi
S. Maria d. Monte
Tempio Israelita
Chiesa Valdese
S. Giovanni Evangelista
Piazza Madama Cristina
i Murazzi
Ponte Umberto I
Castello del Valentino
Ist. Sup. d'Ingegneria
S. Cuore di Maria
Università
Sacro Cuore di Gesù
Torino-Esposizioni
Borgo Medievale
Ospedale San Vito
Villa Ferrero
Villa Tenino
Villa S. Cuore
Osp. Gradenigo
Largo Vittorio Emanuele II
Corso Regina Margherita
Corso Vittorio Emanuele II
Corso Principe Eugenio
Corso Regio Parco
Corso Novara
Corso Casale
Corso Moncalieri
Corso Massimo d'Azeglio
Corso Matteotti
Corso Sommeiller
Corso Guglielmo Marconi
Corso Re Umberto
Via Nizza
Via Sacchi
Via Po
Milano
Chivasso
Savona
Carignano

Verona-Bolzano
Bolzano
NORD
0 150 300
metri
Doss Trento
Mausoleo di C. Battisti
Basilica Paleocristiana
MUSEO NAZ. DEGLI ALPINI
S. Apollinare
PZA PIEDICASTELLO
PIEDICASTELLO
PONTE S. LORENZO
FUNIVIA PONTE S. LORENZO
BELVEDERE SARDAGNA
BRESCIA
Adige
Fiume
TRENTO
A22
S. NICOLÒ
A22-Verona
Stazione F. S. Trento-Malè
Stazione F. S.
S. Lorenzo
Staz. Autocorriere
ACI
APT
Monum. a Dante
Giardini Pubblici
Pal. della Provincia
Pal. della Regione
Torre Verde
Castello del Buonconsiglio
CERVARA
PORTA AQUILA
Palazzo Galasso
VIA TORRE VANGA
Palazzo Geremia
Pal. Municipale
Torre Civica
S. Maria Maggiore
Fontana d. Nettuno
Pal. Pretorio (Museo Diocesano)
Duomo
Museo di Scienze Naturali
UNIVERSITÀ
PIAZZA VENEZIA
TENNIS
Val Sugana
BARBACOVI
CAMPO SPORTIVO
CIMITERO
MONUMENTALE
COLLEGIO ARCIVESCOVILE
FACOLTÀ DI LETTERE
AUDITORIUM S. CHIARA
PALAZZO DELLE ALBERE
MUSEO D'ARTE MODERNA
PR
PT
M
T
Verona

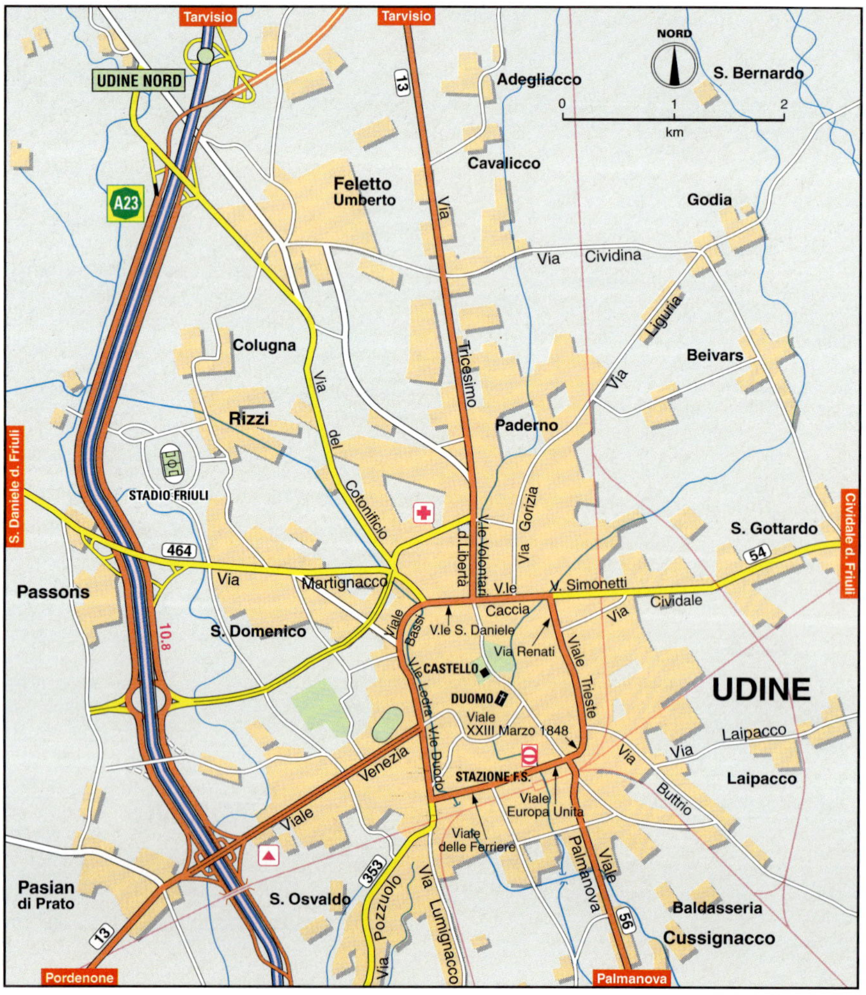
Tarvisio
Tarvisio
UDINE NORD
A23
13
NORD
0 1 2
km
Adegliacco
S. Bernardo
Cavalicco
Feletto Umberto
Godia
Via Cividina
Via Liguria
Colugna
Beivars
Via del Cotonificio
Via Tricesimo
Rizzi
Paderno
STADIO FRIULI
S. Daniele d. Friuli
464
Via Martignacco
Passons
Via Gorizia
Vle Volontari d. Libertà
V.le Simonetti
S. Gottardo
54
Cividale d. Friuli
Via Cividale
V.le Caccia
V.le S. Daniele
Via Renati
Viale Bassi
Viale Trieste
S. Domenico
10.8
CASTELLO
DUOMO
V.le Ledra
V.le Duodo
Viale XXIII Marzo 1848
UDINE
Via Laipacco
Laipacco
STAZIONE F.S.
Viale Venezia
Viale Europa Unita
Via Buttrio
Viale
Viale delle Ferriere
Pasian di Prato
S. Osvaldo
353
Via Pozzuolo
Via Lumignacco
Viale Palmanova
56
Baldasseria
Cussignacco
13
Pordenone
Palmanova

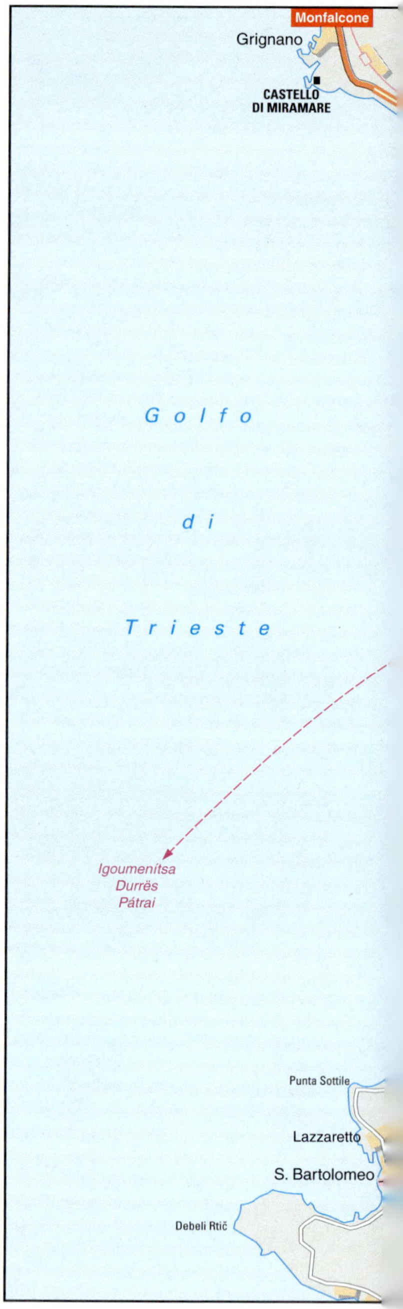
Monfalcone
Grignano
CASTELLO DI MIRAMARE
Golfo di Trieste
Igoumenitsa
Durrës
Pátrai
Punta Sottile
Lazzaretto
S. Bartolomeo
Debeli Rtič

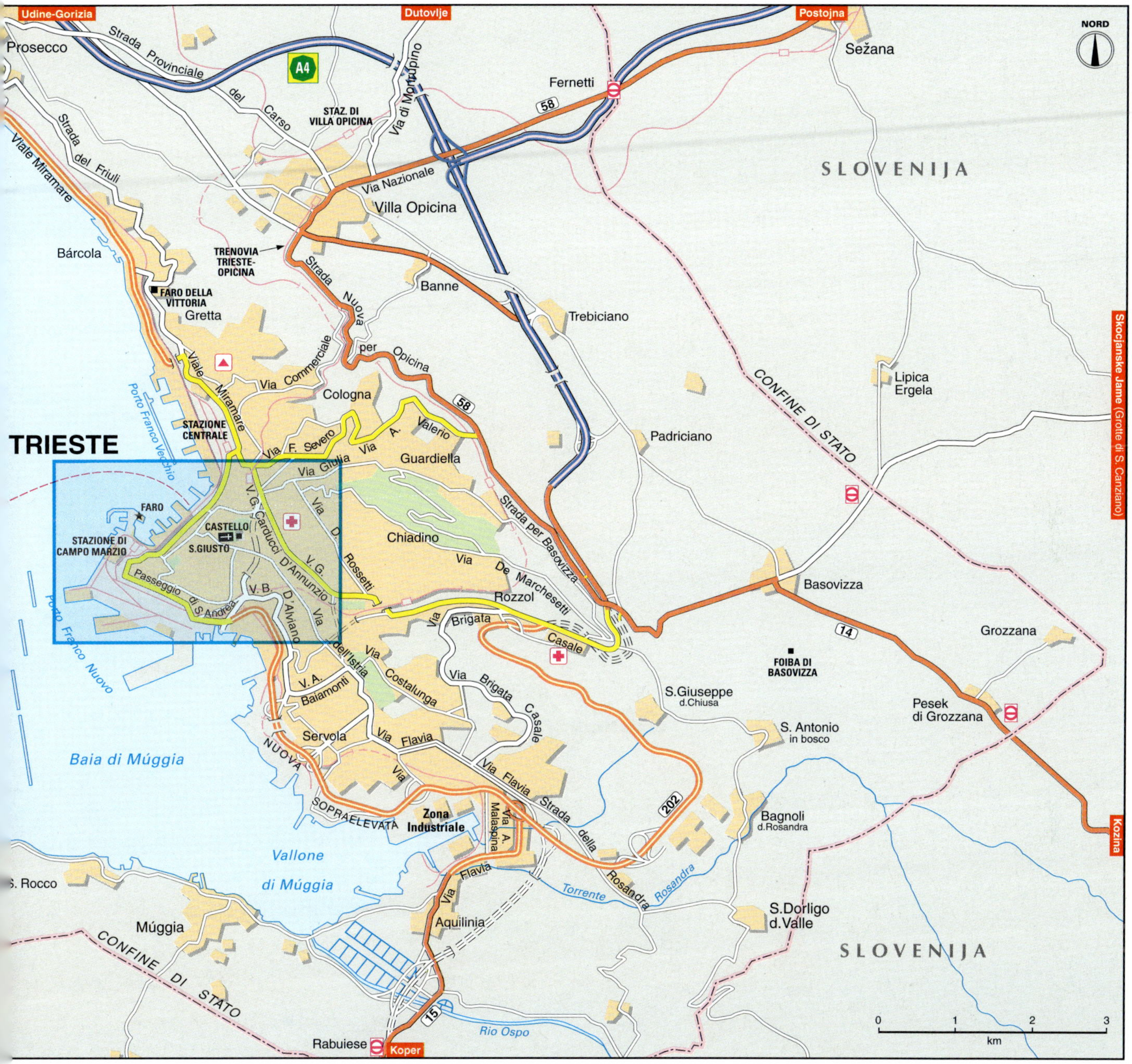
Udine-Gorizia
Dutovlje
Postojna
NORD
Prosecco
Strada Provinciale del Carso
A4
STAZ. DI VILLA OPICINA
Via di Monrupino
Fernetti
58
Sežana
Strada del Friuli
Viale Miramare
Via Nazionale
Villa Opicina
SLOVENIJA
Bárcola
TRENOVIA TRIESTE-OPICINA
Strada Nuova per Opicina
Banne
FARO DELLA VITTORIA
Gretta
Trebiciano
Via Commerciale
Viale Miramare
Cologna
Lipica
Ergela
Porto Franco Vecchio
STAZIONE CENTRALE
58
Via Valerio
Padriciano
CONFINE DI STATO
TRIESTE
Via F. Severo
Via A.
Guardiella
Via Giulia
Skocjanske Jame (Grotte di S. Canziano)
FARO
CASTELLO
S.GIUSTO
STAZIONE DI CAMPO MARZIO
V. G. Carducci
Via D. Rossetti
Chiadino
Strada per Basovizza
Via De Marchesetti
V. G. D'Annunzio
Passeggio di S. Andrea
V. B. D'Alviano
Rozzol
Basovizza
Via Brigata Casale
Porto Franco Nuovo
14
Grozzana
FOIBA DI BASOVIZZA
Via dell'Istria
Via Costalunga
V. A. Baiamonti
S.Giuseppe
d.Chiusa
Pesek di Grozzana
S. Antonio
in bosco
Servola
Via Flavia
Baia di Múggia
NUOVA SOPRAELEVATA
Zona Industriale
Via A. Malaspina
Strada della Rosandra
202
Bagnoli
d.Rosandra
Kozina
Vallone di Múggia
S. Rocco
Via Flavia
Torrente Rosandra
Aquilinia
Múggia
S.Dorligo
d.Valle
SLOVENIJA
CONFINE DI STATO
15
Rio Ospo
0
1
2
3
km
Rabuiese
Koper

NORD
Porto Doganale
Molo 4°
Bacino
S. Giusto
Palazzo
dei Congressi
Stazione
Marittima
Bacino S. Marco
Faro
Porto Turistico
Sacchetta
Igoumenítsa
Durrës
Pátrai
Acquario
Marino
Riva d. Mandracchio
Riva N. Sauro
Museo
Revoltella
Piazza
Venezia
R. T. Gulli
R. Grumula
Via Ottaviano Augusto
Stazione FS
Campo Marzio
V. Giulio Cesare
Museo
del Mare
Museo
Sartorio
Università
Via di Campo Marzio
Via Economo
Piazza
Carlo Alberto
Via Tagliapietra
Viale Romolo Gessi
Passeggio di Sant' Andrea
Palazzo del
Lloyd Adriatico
Palazzo del
Lloyd Triestino
L.go del
Promontorio
Via Vittorio Locchi
Molo 5°
Molo 6°
Porto Nuovo
0
100
200
300
m

Capitaneria di Porto
Bacino S. Giorgio
Riva Tre Novembre
Canal Grande
Corso Cavour
V. Ghega
Piazza Dalmazia
PT
Piazza Vitt. Veneto
Stazione
Museo d. Risorgimento
Palazzo di Giustizia
Foro Ulpiano
Piazza Oberdan
Via del Coroneo
Largo Piave
Tempio Israelitico
Piazza V.Giotti
Giardino Pubblico M. Tommasini
L.go del Giardino
Via Giulia
Pal. Aedes
Pal. Carciotti
P.za Ponterosso
S.Antonio Nuovo
S. Spiridione Taumaturgo
APT
P.za Tommaseo
P.za Verdi
Pal. d. Governo
Unità d'Italia
Pal. Comunale
P.za d. Borsa
C.so Italia
P.za Vecchia
Largo Riborgo
P.za d. Repubblica
Museo Civ. Morpurgo
P.za S. Giovanni
Via Giosuè Carducci
Via Battisti
Teatro Eden
Politeama Rossetti
Ospedale Maggiore
Piazza dell'Ospitale
Via del Teatro Romano
Teatro Romano
S. Maria Maggiore
Parco della Rimembranza
Scala dei Giganti
Largo della Barriera Vecchia
Santa Apollinare
Castello
Piazza S. Cipriano
P.za d. Cattedrale
S. Giusto
Museo di Storia e Arte
P.za d. Valle
V. D. Bramante
V. S. Giacomo in Monte
Giardino Basevi
S. Giacomo
Campo S. Giacomo
V. Oriani
P.za Garibaldi
L.go Sonnino
Via Giovanni
Largo Niccolini
Beata Vergine delle Grazie
Villa Hengelmann
Sanatorio
Via Rossetti
Via delle Settefontane
Piazza Perugino
Via Revoltella
Largo U. Mioni
Via Gabriele d'Annunzio
Piazza dei Foraggi
Seminario
Palazzetto dello Sport
Via dell' Istria
Via del Molino a Vento
Largo Pestalozzi
Giardino di Ponziana
Via Campi Elisi
Via San Marco
Via Bartolomeo d'Alviano
V. Caduti sul Lavoro
Raccordo Autostradale Grande Viabilità Triestina
Passeggio di Sant' Andrea
Bivio S. Anna
Ospedale Infantile
Ospedale d. Maddalena
Strada
Koper
Kozina

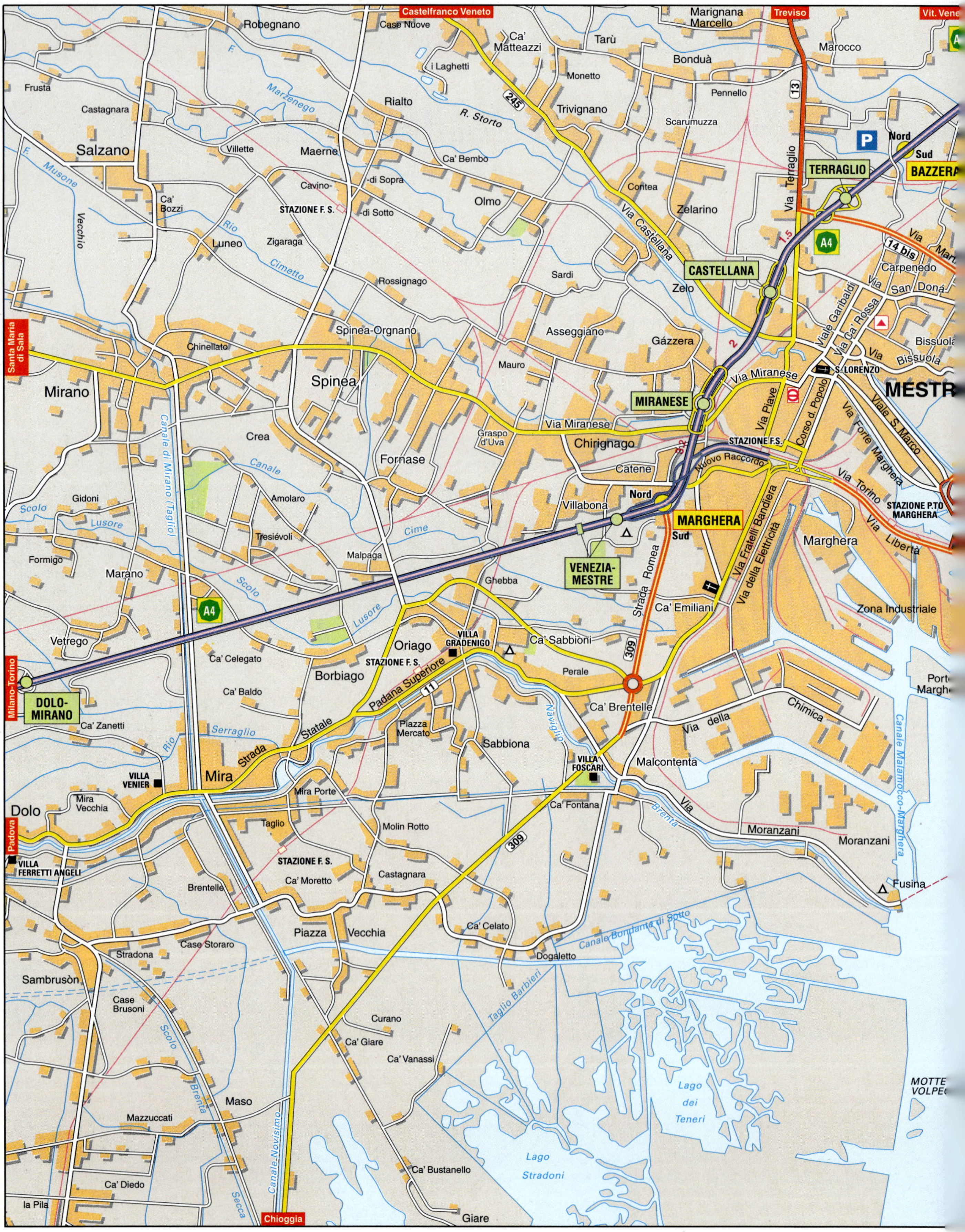
Castelfranco Veneto
Treviso
Vit. Vene
Robegnano
Case Nuove
Ca' Matteazzi
Tarù
Marignana Marcello
Marocco
Bonduà
Monetto
i Laghetti
Frusta
Castagnara
Marzenego
Rialto
R. Storto
245
Trivignano
Pennello
Scarumuzza
13
Salzano
Villette
Maerne
Ca' Bembo
Nord
Sud
TERRAGLIO
BAZZERA
Musone
Ca' Bozzi
Cavino-
-di Sopra
STAZIONE F. S.
-di Sotto
Olmo
Contea
Zelarino
Via Terraglio
Vecchio
Rio
Luneo
Zigaraga
Cimetto
Via Castellana
A4
14 bis
Carpenedo
San Dona
Rossignago
Sardi
CASTELLANA
Zelo
Santa Maria di Sala
Chinellato
Spinea-Orgnano
Asseggiano
Gázzera
Viale Garibaldi
Via Ca' Rossa
Bissuola
Mirano
Spinea
Mauro
Via Miranese
S. LORENZO
MESTR
MIRANESE
Via Piave
Corso d. Popolo
Via Forte Marghera
Viale S. Marco
Crea
Graspo d'Uva
Chirignago
STAZIONE F.S.
Fornase
Canale
Catene
Nuovo Raccordo
Via Torino
Scolo
Gidoni
Lusore
Canale di Mirano (Taglio)
Amolaro
Villabona
Nord
MARGHERA
Via Fratelli Bandiera
Via della Elettricità
STAZIONE P.TO MARGHERA
Sud
Marghera
Via Libertà
Tresiévoli
Cime
Formigo
Malpaga
VENEZIA-MESTRE
Strada Romea
Marano
Ghebba
Ca' Emiliani
Zona Industriale
A4
Lusore
Vetrego
Oriago
VILLA GRADENIGO
Ca' Sabbioni
309
Ca' Celegato
STAZIONE F. S.
Perale
Porto Marghera
Milano-Torino
Borbiago
Padana Superiore
11
Ca' Baldo
Ca' Brentelle
Chimica
DOLO-MIRANO
Ca' Zanetti
Serraglio
Statale
Piazza Mercato
Sabbiona
Naviglio
Via della
Canale Malamocco-Marghera
Strada
VILLA VENIER
VILLA FOSCARI
Malcontenta
Mira
Mira Porte
Dolo
Mira Vecchia
Ca' Fontana
Via Brenta
Padova
Taglio
Molin Rotto
Moranzani
Moranzani
309
VILLA FERRETTI ANGELI
STAZIONE F. S.
Ca' Moretto
Castagnara
Fusina
Brentelle
Piazza
Vecchia
Ca' Celato
Canale Bondante di Sotto
Stradona
Case Storaro
Dogaletto
Sambrusòn
Taglio Barbieri
Case Brusoni
Curano
Scolo
Ca' Giare
Ca' Vanassi
Brenta
MOTTE VOLPE
Lago dei Teneri
Maso
Mazzuccati
Canale Novissimo
Lago Stradoni
Ca' Bustanello
Ca' Diedo
Secca
la Pila
Chioggia
Giare

A4
Trieste
S. Donà di Piave
Baracche
F. Storta
Praello
Zuccarello
Ca' Chiávica
FÁVARO-MARCON-DESE
Garioni
Ca' Noghera
Dese
Ca' Perucci
Canale Osellino
Canale
Bazzera
Fávaro Veneto
Terzo
Via Triestina
Via Gobbi
Tessera
AEROPORTO MARCO POLO
Calzavara
Compalto
Via Orlanda
Porto di Compalto
Punta Lunga
CARBONERA
Canale di S. Maria
Canale Silone
Valle di Cà Zane
Palude di Cona
Valle Cà Deriva
Palude del Bombágio
Palude della Rossa
S. CRISTINA
la Cura
Palude del Monte
CATTEDRALE
TORCELLO
Palude del Tralo
BUEL DEL LOVO
Mazzorbo
BURANO
MADONNA D. MONTE
S. FRANCESCO DEL DESERTO
la Ricettoria
Ca' Bubacco
TESSERA
S. GIACOMO IN PALUDE
S. Giuliano (Parcheggio auto)
SAN GIULIANO
CAMPALTO
Treporti
le Due Sorelle
Ca' la Vela
S. Erasmo
Sant'Erasmo
SACCA SERENELLA
MURANO
Ponte della Libertà
SAN SECONDO
Punta Sabbioni
Via Fausta
Ca' Savio
Ca' Cavara
Litorale di
CIMITERO S. MICHELE
ISOLA DEL TRONCHETTO (Parcheggio auto)
STAZIONE S. LUCIA
Canal Grande
le Vignole
STAZIONE MARITTIMA
ISOLA D. TRESSE
PIAZZALE ROMA
S. MARCO
SAN PIETRO
LA CERTOSA
VENEZIA
Canale di S. Marco
Canale della Giudecca
AEROPORTO TURISTICO
S. Nicolò
Litorale del Cavallino
SAN GIORGIO IN ALGA
LA GIUDECCA
SAN GIORGIO MAGGIORE
S. ELENA
Izmir, Pátrai, Kérkira, Igoumenitsa
LA GRAZIA
S. SERVOLO
S. CLEMENTE
S. LAZZARO DEGLI ARMENI
Lido
S. ANGELO
LAZZARETTO VECCHIO
CASINÓ MUNICIPALE
PALAZZO DEL CINEMA
SACCA SESSOLA
V. Sondrio Gallo
Laguna Veneta
S. SPIRITO
Cà Bianca
Golfo di Venezia
Via Malamocco
Litorale di Lido
la Rotonda
NORD
0 1 2 km
I. FORTE DI SOPRA
POVEGLIA
FORTE DI MEZZO

Pal. Grioni
Pal. Moro
Campo S.Cassiano
Pal.Muti--Baglioni
Fabbriche Nuove di Rialto
Fabbriche Vecchie di Rialto
Campo d.Strope
C.llo del Cristo
Rio dell'Orio
Campo S.Agostin
Pal. Gozzi
Calle dei Botteri
Campo Beccarie
Pal.Zane--Collalto
Pal. Giustinian
Scuola di S.Giovanni Evangelista
S. Giovanni Evangelista
Campo S. Stin
Pal. Molin
Pal. Donà d.Rose
Pal. Bernardo
Pal. Albrizzi
C.llo Albrizzi
Pal. Molin--Cappello
Campo S.Giacomo
San Giovanni Elemosinario
Campo Rialto Nuovo
Pal. Dieci Savi
Pal. Donà
Palazzi Soranzo
Pal. Cornèr
S. Aponal
C.po Aponal
Archivio di Stato
S. Maria Gloriosa dei Frari
Campo dei Frari
Campo S. Rocco
Salizz. S. Rocco
Pal. Zen
Campo S. Polo
S. Polo
Pal. Maffetti--Tiepolo
Calle della Madonnetta
C.llo Meloni
S. Silvestro
Campo S.Silvestro
Fond. del Vin
P. di Rialto
RIALTO
Pal. Manin
Pal. Bembo
Pal. Ravà
S. SILVESTRO
Pal. Papadopoli
Corte Badoer
Pal. Bernardo
Pal. Donà
Pal. Donà d. Madonnetta
Pal. Grimani
Riva del Carbon
Pal. Dandolo
Scuola S. Teod
Ex Scuola d. Calegheri
Campo S.Tomà
Pal. Cornèr
Pal. Grimani
Pal. Layard
Pal. Querini
Pal. Volpi
Pal. Grimani
Pal.Farsetti (Municipio)
Pal.Loredàn
Corte Teatro
Pal. Pisani--Moretta
Pal. Barbarigo
Pal. Tiepolo
S. Tomà
Pal. Dolfin
Pal. Persico
Pal. Tron
S. Benedetto
S. Luca
Campo S. Luca
Pal. Dandolo--Paolucci
Pal. Marcello d. Leoni
S. ANGELO
Pal. Cornèr--Spinelli
Campo S. Benedetto
Teatro Rossini
Campo Manin
Pal. Civràn--Grimani
Pal. Balbi (Reg. Veneto)
S. TOMÀ
Canal Grande
Pal. Pesaro
Calle Avvocati
Rio di S.Angelo
Pal. Contarini del Bovolo
Ca' Foscari
Pal. Contarini dalle Figure
Ca' Foscari (Università)
Pal. Mocenigo
Pal. Giustinian
Pal. Moro-Lin
Oratorio dell'Annunciata
Campo S.Angelo
S.MARCO
Scuola di S. Fantin
Pal. Nani
Calle Bernardo
Pal. Rezzonico
Pal. Grassi
S. SAMUELE
Campo S. Samuele
S. Samuele
S.Stefano
Campo S. Fantin
S. Fantin
Teatro La Fenice (non agibile)
Rio di San Barnaba
S. Barnaba
CA' REZZONICO
Calle Traghetto
Pal. Malipiero
Pal. Loredàn
Campo Francesco Morosini
S.Maurizio
Campiello Calegari
Pal.Moro
Rio Malpaga
Calle dei Cerchieri
Pal. Loredàn d. Ambasciatore
Ca' del Duca
Pal. Morosini
Campo S.Maurizio
S. Maria d. Giglio
Campo S.Maria Zobenigo
Calle Larga 22 Marzo
Rio della Toletta
Pal.Falièr
S.Vidal
Pal.Giustiniàn Lolin
Pal. Cavalli
Campo S.Vidal
Campo Pisani
Pal. Pisani
Pal.Cornèr (Ca' Granda)
Corte Barozzi
Pal. Contarini d.Scrigni
ACCADEMIA
Pal. Barbaro
PR
Pal. Contarini Fasan
Pal. Tiepolo
Calle d. Toletta
Pal. Brandolin
Pal. Giustimàn--Recanati
Campo Carità
Ponte dell'Accademia
Pal. Pisani Gritti
Pal. Flangini
GIGLIO
Gallerie dell'Accademia
Pal. Contarini--Dal Zaffo
Pal. Venièr dei Leoni (Guggenheim)
Pal. Dario
Ex Abbazia di S.Gregorio
SALUTE
S. Maria d. Salute
Campo Salute
Campo S.Trovàso
Calle Nani
Pal. Nani
Calle Pistor
Campo S.Vio
Pal. Genovese
C.San Cristoforo
Ex Chiesa S.Gregorio
Seminario Patriarcale
Squero di S.Trovàso
Terrà A. Foscarini
Fond. Venièr

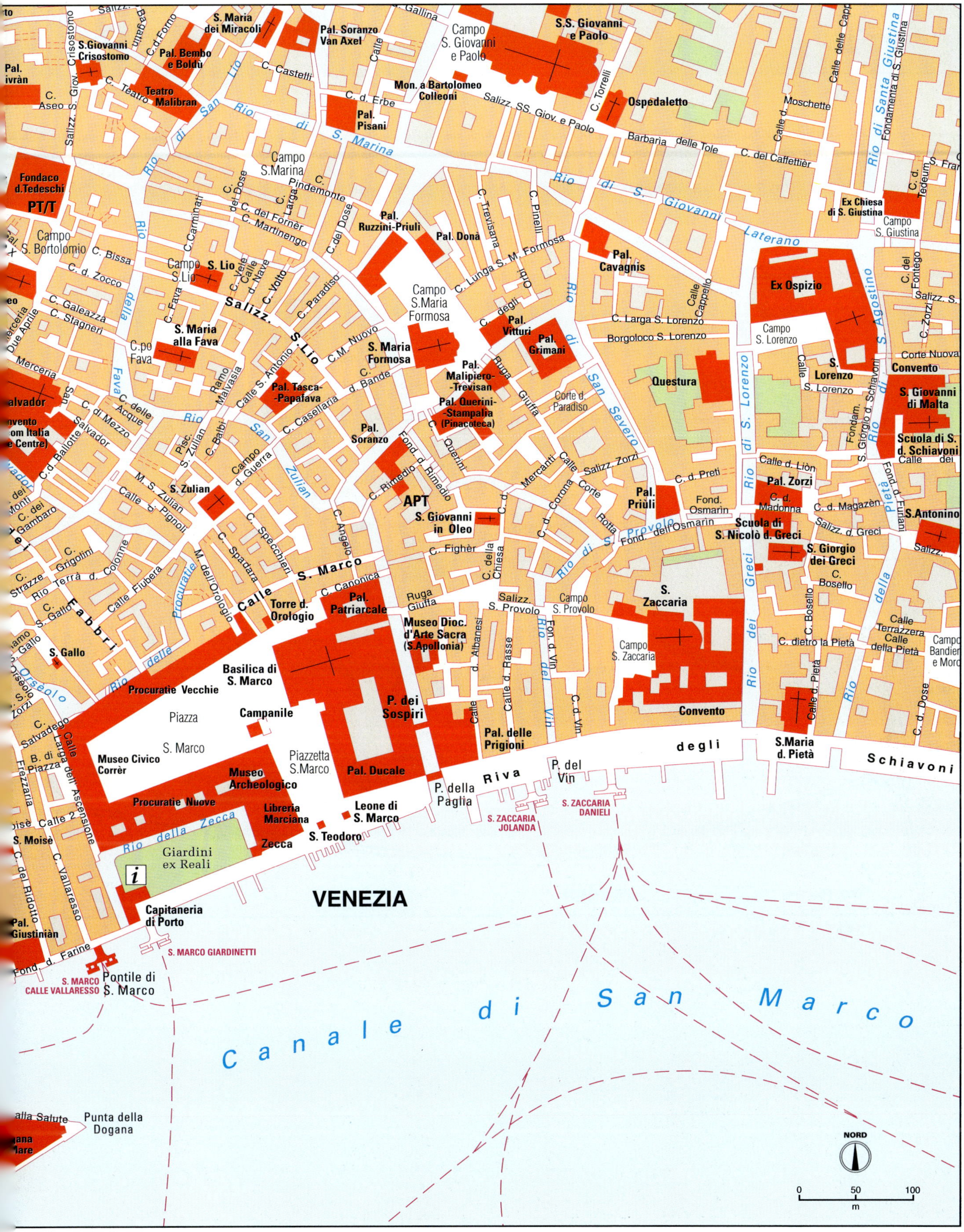
S. Maria dei Miracoli
Pal. Soranzo Van Axel
Campo S. Giovanni e Paolo
S.S. Giovanni e Paolo
S.Giovanni Crisostomo
Pal. Bembo e Boldù
C.d.Forno
C. Castelli
Teatro Malibran
C. Teatro
Pal. Ivràn
C. Aseo
Mon. a Bartolomeo Colleoni
Salizz. SS. Giov. e Paolo
C. Torrelli
Ospedaletto
C. d. Erbe
Pal. Pisani
Rio di S. Marina
Barbaria delle Tole
C. del Caffettièr
Moschette
Calle delle Capp
Rio di Santa Giustina
Fondamenta di S. Giustina
Fondaco d.Tedeschi
PT/T
Campo S.Marina
C. Pindemonte
C. del Dose
C. del Fornèr
C. Martinengo
C. Carminati
C. Larga
C.del Dose
Pal. Ruzzini-Priuli
Pal. Donà
C. Trevisana
C. Pinelli
Rio di S. Giovanni Laterano
Ex Chiesa di S. Giustina
Campo S. Giustina
C. d. Tedeum
Campo S. Bortolomio
C. Bissa
C. d. Zocco
Campo S.Lio
S. Lio
C. Vele
Calle d. Nave
C. Volto
C. Paradiso
C. Lunga S. M. Formosa
Pal. Cavagnis
Ex Ospizio
C. del Fontego
Salizz. S. Lio
C. Galeazza
C. Stagneri
Merceria Due Aprile
Rio della Fava
Campo S.Maria Formosa
C. degli
Pal. Vitturi
Pal. Grimani
Calle Cappello
C. Larga S. Lorenzo
Borgoloco S. Lorenzo
Campo S. Lorenzo
Rio di S. Agostino
S. Maria alla Fava
C.po Fava
C.M. Nuovo
S. Maria Formosa
Pal. Malipiero-Trevisan
Pal. Querini-Stampalia (Pinacoteca)
Ruga Giuffa
Rio di San Severo
Questura
Calle S. Lorenzo
S. Lorenzo
Corte Nuova
Convento
S. Giovanni di Malta
Merceria
S. Salvador
Convento Touring Italia (Service Centre)
C. delle Acque
C. di Mezzo
Ramo Malvasia
Calle S. Antonio
Pal. Tasca-Papafava
C. Casellaria
d. Bande
Corte d. Paradiso
Rio di S. Lorenzo
Fondam. S. Giorgio d. Schiavoni
Scuola di S. Giorgio d. Schiavoni
Rio di San Zulian
Pisc. S. Zulian
C. Balbi
Campo d. Guerra
Pal. Soranzo
Fond. d. Rimedio
C. Querini
Salizz. Zorzi
C. d. Preti
Fond. Osmarin
Calle d. Liòn
Pal. Zorzi
C. d. Madonna
C. d. Magazèn
Fond. d. Furlani
Rio della Pietà
S. Antonino
S. Zulian
M. S. Zulian
Calle d. Pignoli
C. d. Ballotte
C. dei Gambaro
C. Specchieri
C. Rimedio
APT
S. Giovanni in Oleo
C. d. Mercanti
C. d. Corona
Corte Rotta
Pal. Priùli
Fond. dell'Osmarin
Rio di S. Provolo
Scuola di S. Nicolò d. Greci
Salizz. d. Greci
S. Giorgio dei Greci
Salizz.
Rio dei Greci
M. dell'Orologio
C. Spadaria
C. Angelo
C. Fighèr
C. della Chiesa
C. Grigolini
C. Strazze
Rio Terrà d. Colonne
Calle Fiubera
Rio delle Procuratie
Calle S. Marco
C. Canonica
Torre d. Orologio
Pal. Patriarcale
Ruga Giuffa
Museo Dioc. d'Arte Sacra (S.Apollonia)
Salizz. S. Provolo
Campo S. Provolo
Fond. d. Vin
S. Zaccaria
Campo S. Zaccaria
C. Bosello
C. dietro la Pietà
Calle Terrazzera
Calle della Pietà
Campo Bandiera e Moro
C. S. Gallo
Calle Fabbri
S. Gallo
Rio Orseolo
Basilica di S. Marco
Procuratie Vecchie
Piazza S. Marco
Campanile
C. Albanesi
Calle d. Rasse
Rio del Vin
C. d. Vin
P. dei Sospiri
Calle
Pal. delle Prigioni
Convento
Calle d. Pietà
S.Maria d. Pietà
C. d. Dose
Riva degli Schiavoni
C. Salvadego
Calle Larga dell' Ascensione
B. di Piazza
Frezzaria
Museo Civico Corrèr
Piazzetta S.Marco
Museo Archeologico
Pal. Ducale
P. della Paglia
P. del Vin
Procuratie Nuove
Libreria Marciana
Leone di S. Marco
S. ZACCARIA JOLANDA
S. ZACCARIA DANIELI
Calle 2
S. Moisè
Rio della Zecca
Giardini ex Reali
Zecca
S. Teodoro
C. Vallaresso
C. del Ridotto
i
VENEZIA
Capitaneria di Porto
Pal. Giustiniàn
Fond. d. Farine
S. MARCO GIARDINETTI
S. MARCO CALLE VALLARESSO
Pontile di S. Marco
Canale di San Marco
Punta della Dogana
NORD
0
50
100
m

VERONA

NORD
0
1
2
km
Arbizzano
Quinto
di Valpantena
Grezzana
Vendri
Rovereto
Adige
Parona
di Valpolicella
Nesente
Novaglie
Quinzano
Veronese
Poiano
Avesa
VERONA
S. Felice
Lazise
AEROCLUB
"BOSCOMANTICO"
Chievo
OSPEDALE
CIVILE MAGGIORE
Valdonega
Via S. Alessio
Lungadige dell'Attiraglio
Via G. Mameli
Via L. Pancaldo
Via XXIV
Maggio
C. Colombo
V. IV Novembre
Lungadige
Re Teodorico
Via S. Maria
in Organo
Fincato
Peschiera del Garda
11
Corso
Milano
Viale
Via S. Zeno
S. ZENO
DUOMO
Borgo Venezia
S. Massimo
all'Adige
B.go Milano
PONTE
SCALIGERO
Via Col.
Via S. Nazzaro
C.so
Cavour
ARENA
Via XX
Settembre
Corso
Venezia
Rigaste
S. Zeno
Str. P.ta Palio
Roma
Lungadige
Porta Vittoria
Torbido
Brennero
VERONA NORD
PALAZZO
D. SPORT
STADIO
BENTEGODI
Via Col. Galliano
C.so P.ta Nuova
V. Pallone
Lung. Galtarossa
Via
STAZIONE
PORTA VESCOVO
Porto S. Pancrazio
S. Michele
S. Bonifacio
Dal Cero
Via F. Faccio
STAZIONE DI
PORTA NUOVA
Canale
Stradone Santa Lucia
Interporto
S. Pancrazio
Milarazza
i Molini
Adige
Nord
MONTE-
BALDO
Via Sommacampagna
Santa Lucia
Vle d. Piave
Via Tombetta
Foveggia
FIERA
Via Volturno
Borgo
Roma
Milano-Torino
Palazzo
Madonna
Via
Via
Via Torricelli
Viale del Lavoro
Via
Centro
Tomba
V. Legnago
Via
Fermi
Via
Via S. Giacomo
OSPEDALE
POLICLINICO
A22
A4
Palazzina
9.8
Trieste
62
A4
Via Gioia
Via Pasteur
S. Giovanni
Lupatoto
Mantova
Dossobuono
VERONA SUD
12
Modena
Nogara
Bovolone

Indice dei nomi
Names index - Index des noms - Namenverzeichnis

Avvertenze per la ricerca

L'indice elenca in ordine alfabetico internazionale i nomi del territorio italiano contenuti nelle carte alla scala 1:200 000 seguiti dal numero di tavola e dai parametri alfanumerici che individuano il riquadro della proiezione geografica in cui sono rintracciabili. Se i parametri sono più di due, i nomi vanno ricercati nelle immediate vicinanze del reticolato geografico da essi individuato. Per semplicità tutti i nomi contenuti in due pagine affiancate sono riferiti alla pagina di numero dispari. I nomi dei centri abitati e i casi di omonimia sono seguiti dalla sigla indicante la Provincia, la Regione o lo Stato di appartenenza. I nomi fisici hanno sia la parte generica sia l'articolo posposti al nome proprio.

How to use the index

The index lists in international alphabetic order the names contained in the maps 1:200 000 covering the Italian territory. Each name is followed by a page number and coordinates which indicate the grid square in which it falls on the map page. If there are more than two coordinates, the name shall be sought in immediate vicinity of the geographic reticulate located by them. All names contained in two adjoining pages are referenced to the odd number page. Place-names and cases of homonymy are followed by the abbreviation of the Province, Region or Country name to which they belong. Physical names have whether the generic part or the article postponed to the proper noun.

Notices pour la recherche

L'index recense par ordre alphabétique international les noms contenus dans les cartes à l'échelle 1:200 000 pour le territoire italien. Chaque nom est suivi par le numéro du tableau et par lettres et nombres qui indiquent le carré géographique ou est retrouvable. Dans les cas où ces paramètres soient plus que deux, le nom va recherché près du réseau géographique délimité par les mêmes. Tous les noms contenus dans deux pages adjacentes sont rapportés à la page avec nombre impair. Les toponymes et les cas d'homonymie sont suivis par le sigle qui indique la Province, la Région ou le Pays d'appartenance. Les noms physiques ont soit la partie générique, soit l'article mis après le nom propre.

Erläuterungen des Suchsystems

Das Register enthält alle italienischen Namen die im Kartenteil 1:200 000 dargestellt sind; die Namen werden in internationaler alphabetischer Reihenfolge wiedergegeben; jeder Name ist mit einer Seitenzahl und einer Suchfeldangabe versehen. Die Suchfeldangabe setzt sich aus Buchstaben und Zahlen zusammen, die das jeweilige Suchfeld genau bezeichnen und so das problemlose Auffinden des gesuchten Namens ermöglichen. Gibt es mehr als zwei Suchfeldangaben, ist der Name immer in der Nähe der geographischen Netzlinie zu finden. Namen, die im Seitenschnitt liegen, sind grundsätzlich der Kartenseite mit der ungeraden Seitenzahl zugeordnet. Ortsnamen und gleichlautende Namen sind zusätzlich mit dem Kürzel der zugehörigen Provinz, der Region oder einem Staatenkürzel versehen. Etwaige Artikel und Zusatzbezeichnungen werden in diesem Register den Namen nachgestellt; bei der Alphabetisierung wird also jeweils nur der Hauptname berücksichtigt.

Sigle presenti nell'opera · Abbreviations contained in the atlas
Sigles contenus dans l'atlas · Im Atlas vorhandene Kürzel

AG	Agrigento
AL	Alessandria
AN	Ancona
AO	Aosta
AP	Ascoli Piceno
AQ	L'Aquila
AR	Arezzo
AT	Asti
AV	Avellino
BA	Bari
BG	Bergamo
BI	Biella
BL	Belluno
BN	Benevento
BO	Bologna
BR	Brindisi
BS	Brescia
BZ	Bolzano
CA	Cagliari
CB	Campobasso
CE	Caserta
CH	Chieti
CL	Caltanissetta
CN	Cuneo
CO	Como
CR	Cremona
CS	Cosenza
CT	Catania
CZ	Catanzaro
EN	Enna
FC	Forlì-Cesena
FE	Ferrara
FG	Foggia
FI	Firenze
FR	Frosinone
GE	Genova
GO	Gorizia
GR	Grosseto
IM	Imperia
IS	Isernia
KR	Crotone
LC	Lecco
LE	Lecce
LI	Livorno
LO	Lodi
LT	Latina
LU	Lucca
MC	Macerata
ME	Messina
MI	Milano
MN	Mantova
MO	Modena
MS	Massa-Carrara
MT	Matera
NA	Napoli
NO	Novara
NU	Nuoro
OR	Oristano
PA	Palermo
PC	Piacenza
PD	Padova
PE	Pescara
PG	Perugia
PI	Pisa
PN	Pordenone
PO	Prato
PR	Parma
PT	Pistoia
PU	Pesaro e Urbino
PV	Pavia
PZ	Potenza
RA	Ravenna
RC	Reggio di Calabria
RE	Reggio nell'Emilia
RG	Ragusa
RI	Rieti
RN	Rimini
RO	Rovigo
ROMA	
SA	Salerno
SI	Siena
SO	Sondrio
SP	La Spezia
SR	Siracusa
SS	Sassari
SV	Savona
TA	Taranto
TE	Teramo
TN	Trento
TO	Torino
TP	Trapani
TR	Terni
TS	Trieste
TV	Treviso
UD	Udine
VA	Varese
VB	Verbano-Cusio-Ossola
VC	Vercelli
VE	Venezia
VI	Vicenza
VR	Verona
VT	Viterbo
VV	Vibo Valentia
Abr.	Abruzzo
Bas.	Basilicata
Cal.	Calabria
Camp.	Campania
Em. Rom.	Emilia Romagna
Fr. V. G.	Friuli-Venezia Giulia
Laz.	Lazio
Lig.	Liguria
Lomb.	Lombardia
Marc.	Marche
Mol.	Molise
Piem.	Piemonte
Pugl.	Puglia
Sard.	Sardegna
Sic.	Sicilia
Tosc.	Toscana
Tr. A. A.	Trentino-Alto Adige
Umbr.	Umbria
Ven.	Veneto
Eur.	Europa
It.	Italia
RSM	San Marino
SCV	Città del Vaticano

A

Ábano Terme [PD] **61** E1
Abasse [AL] **69** A3
Abazia [AL] **53** F3
Abbadesse [RA] **91** C2
Abbadia [AN] **109** F3-4
Abbadia [SI] **113** DE3
Abbadía [TE] **127** DE2
Abbadia [TR] **123** C3
Abbadia [VT] **129** E2
Abbadia Alpina [TO] **51** E3
Abbadia Cerreto [LO] **57** B2
Abbadia di Fiastra, Riserva Naturale- **117** D2
Abbadia di Stura [TO] **53** B2
Abbadia Isola [SI] **113** A1
Abbadia Lariana [LC] **23** DE2
Abbadia San Salvatore [SI] **123** A2
Abbandonato, L'- [GR] **121** D2-3
Abbatéggio [PE] **141** DE1
Abbazia [BG] **41** CD2
Abbazia [BO] **89** D1
Abbazia Acqualunga **55** B2
Abbazia di Acqualunga [PV] **55** B2
Abbazia di Monteveglio, Parco dell'- **89** B2
Abbiategrasso [MI] **39** B2
Abbiate Guazzone [VA] **23** B3
Abbiòccolo, Torrente- **43** A2
Abéllio, Monte- **93** B3
Aberstückl / Sonvigo [BZ] **1** FG2
Abetaia [BO] **97** E1
Abetemozzo [TE] **127** C4
Abeti, Monte degli- **83** F1-2
Abetina di Rosello, Riserva Naturale- **141** FG3
Abeto [FI] **99** D2
Abeto [PG] **125** D2-3
Abetone [PT] **97** CD2
Abetone, Colle- **133** F1
Abetone, Orto Botanico Forestale dell'- **97** CD2
Abetone, Passo dell'- **97** CD2
Abetone, Riserva Naturale- **97** D2
Abisso, Rocca dell'- **79** DE2-3
Àboca [AR] **107** B3
Abruzzo, Lazio e Molise, Parco Nazionale d'- **141** CD3
Abtei / Badía [BZ] **13** C2
Acceglio [CN] **65** BC4
Accesa, Lago dell'- **121** A1-2
Acciaiolo [PI] **103** CD3
Acciano [AQ] **141** C1-2
Accorneri [AT] **53** F3
Accúmoli [RI] **125** E3
Acera [PG] **125** BC2-3
Acereto / Ahornach [BZ] **3** D2
Acetella, Monte- **125** AB4
Acetoni, Colle- **139** E1
Achomitzer Berg / Acomizza, Monte- **17** DE1
Acilia [ROMA] **145** BC2
Acomizza, Monte- / Achomitzer Berg **17** DE1
Acone Sant'Eustachio [FI] **99** B3
Acqua, Cima dell'- / Wasserkopf Spitz **3** E2
Acqua, l'- [PO] **97** F2
Acqua, Piz da l'- **9** C1
Acquabella, Punta di- **135** F2-3
Acquabianca [SV] **69** A3-4
Acquabona [BL] **13** DE2-3
Acquabona [RE] **87** B2
Acquabuona [GE] **69** A3
Acquacanina [MC] **117** BC3
Acqua Claudia, Stabilimento- **137** D2
Acquadalto [FI] **99** C2
Acqua di Sopra [GE] **83** E2
Acqua Flash **91** E2
Acqua Fraggia, Lago- **7** E2
Acquafredda [BS] **59** A2
Acquafredda [GE] **69** CD3-4
Acquafredda [SV] **81** E1
Acqua il Parco **111** AB2
Acquaiolo [BG] **41** E2
Acquajoss **91** BC1
Acqualagna [PU] **107** EF3
Acqualoreto [TR] **123** DE3
Acqualunga [BS] **57** D1-2
Acqualunga Badona [CR] **57** D2
Acqua Marcia **67** F3
Acquamarza [VE] **63** C3
Acquanegra Cremonese [CR] **57** D2-3
Acquanegra sul Chiese [MN] **59** A2-3
Acquapendente [VT] **123** B3
Acquaratola [TE] **127** C3
Acquaria [MO] **87** E3
Acquarium **101** B1
Acquaro, Monte- **141** C1
Acquarola [FC] **101** A2
Acquarossa, Zona Archeologica di- **131** C1-2
Acquasanta [AN] **109** CD3
Acquasanta [GE] **83** B2
Acquasanta, Grotta di- **127** B3
Acquasanta Terme [AP] **127** B3
Acquaséria [CO] **23** D1
Acquasparta [TR] **125** A3
Acquate [LC] **23** E2
Acquato, Lago- **129** D1-2
Acquatona, Burrone- **15** C1
Acqua Tosta, Monte- **137** BC2
Acquaviva [CH] **143** A3
Acquaviva [PU] **107** EF3
Acquaviva [ROMA] **139** B1-2
Acquaviva [RSM] **101** B3
Acquaviva [SI] **113** E3
Acquaviva [TN] **27** C2-3
Acquaviva, Colle di- **143** C3
Acquaviva, Monte- **141** E2
Acquaviva Collecroce [CB] **143** C3
Acquaviva Picena [AP] **127** D2
Acquazzurra **89** C1
Acque Albule, Stabilimento delle- **145** E1
Acquerino [PT] **97** EF2-3
Acquerino, Riserva Naturale- **97** EF2
Acquético [IM] **93** D2
Acquisti, Fattoria- [GR] **121** B2
Acqui Terme [AL] **67** F2
Acquosi [MC] **117** B2
Acuto, Monte- [AL] **67** F3
Acuto, Monte- [AR] **105** F3
Acuto, Monte- [It.] **115** F3
Acuto, Monte- [MC] **117** C1-2
Acuto, Monte- [MO] **87** DE3
Acuto, Monte- [MO] **87** FG2-3
Acuto, Monte- [MS] **87** AB2-3
Acuto, Monte- [PG] **115** B2
Acuto, Monte- [PU] **107** D3
Acuto, Monte- [PU] **107** EF4
Acuto, Monte- [SV] **81** E3
Adamello **25** EF1-2
Adamello, Parco Regionale dell'- **25** E2
Adamello-Brenta, Parco Naturale- **27** AB1-2
Adamoli, Rifugio- **21** FG2
Adda, Fiume- **57** C3
Adda, Sorgenti dell'- **9** D1
Adda Morta, Riserva Naturale- **57** C2
Adda Nord, Parco dell'- **41** AB3
Adda Sud, Parco dell'- **57** BC2
Adegliacco [UD] **33** C2
Adelano [MS] **85** C2
Adelasia, Riserva Naturalistica dell'- **81** F1
Ádige, Fiume- / Etsch **63** CD3
Ádige, Foce dell'- **63** D2-3
Adone, Monte- **89** C2-3
Adrara San Martino [BG] **41** D2
Adrara San Rocco [BG] **41** D2
Adret [TO] **51** DE2
Ádria [RO] **77** C1
Adriana, Villa- **145** E1
Adriano, Villa di- **145** F1-2
Adro [BS] **41** D3
Afens / Avenes [BZ] **3** AB2
Aferer Tal / Éores, Val di- **13** AB2
Afers / Éores [BZ] **13** AB1-2
Affi [VR] **43** C3
Affilani, Monti- **139** D3
Affile [ROMA] **139** D3
Affitti, Casa- [LI] **119** D1
Afing / Avigna [BZ] **11** DE2
Afingerbach / Avigna, Rio d'- **11** DE2
Afra, Torrente- **107** C3
Afrile [PG] **115** E3
Aga, Monte- **25** B2
Agaggio [IM] **93** C2-3
Agarina [VB] **5** E2
Agaro, Lago- **5** D1-2
Ágaro, Monte- **29** A2
Agazzano [PC] **71** AB2
Agazzi [AR] **105** FG4
Agazzino [PC] **57** AB3
Agelli [AP] **127** B2-3
Agello [MC] **117** B1-2
Agello [PG] **115** B3
Agenzia [VE] **47** DE2-3
Aggi [PG] **115** EF3
Àggia, Torrente- **115** A1
Aggio [GE] **83** CD2
Aghere [TN] **29** C2
Agliana [PT] **97** EF3
Agliano Terme [AT] **67** E2
Agliasco [CN] **65** D2
Agliate [MI] **23** D3
Agliati [PI] **103** E3
Agliè [TO] **37** A2
Agliena, Torrente- **105** B3
Aglietti [BI] **37** D1
Aglio [PC] **71** A3
Agna [AR] **105** F2
Agna [PD] **63** B2-3
Agna [PR] **87** A1-2
Agna, Torrente- **97** F3
Agnadello [CR] **41** B4
Agnano [PI] **103** C2
Agneda [SO] **25** B2
Agnedo [TN] **27** EF2
Agnel, Cime de l'- **79** D3
Agnel, Lago- **35** C2
Agnella [MN] **59** E3
Agnellasca, Torrente- **69** D3
Agnellengo [NO] **37** F1
Agnellezze, Monte- [BL] **29** CD1
Agnellezze, Monte- [Ven.] **29** E2
Agnellino [MN] **75** B1-2
Agnellino, Bric- **81** DE2
Agnello, Colle dell'- **65** B2
Agnello, Monte- **11** F3-4
Agner, Monte- **29** C1
Agnino [MS] **85** E3
Agno, Torrente- **45** B3
Agnolo [MN] **75** AB1-2
Agnona [VC] **21** D3
Agnósine [BS] **43** A2-3
Agnova [TE] **127** BC3-4
Ago, l'- [SP] **85** BC3
Agogna, Torrente- **55** B2
Agogna Morta **37** FG3
Agognate [NO] **37** F2
Agoiolo [CR] **73** A1-2
Agolla [MC] **117** A2-3
Agolo, Monte- **41** E2
Agoraie di Sopra e Moggetto, Riserva Naturale- **83** F1-2
Ágordo [BL] **29** D1
Ágordo, Canale di- **29** D1
Agore [AP] **127** B3
Agosta [ROMA] **139** D2-3
Agostinassi [CN] **67** B2
Agostini, Rifugio- **27** AB2
Agra [VA] **23** A1
Agrano [VB] **21** E2
Agrate [NO] **21** F3
Agrate Brianza [MI] **39** DE1
Agrate Contúrbia [NO] **21** F3-4
Agreit / Aiarai [BZ] **13** C2
Agriano [PG] **125** D3
Agrone [TN] **25** F3
Agroniettes, Guglia- **19** C1
Agrons [UD] **15** E2
Agro Reatino **133** BC2
Agudo, Monte- **13** F2
Agugia, Scoglio dell'- **83** B2
Agugiáia, Monte- **85** A2
Agugliano [AN] **109** E3
Agugliaro [VI] **61** D1-2
Aguiaro [RO] **77** B1-2
Águmes / Agums [BZ] **1** B3
Agumes, Montoni di- **9** F1
Agums / Águmes [BZ] **1** B3
Aguscello [FE] **75** D3
Aguzzano, Parco di- **145** D1
Aguzzo [TR] **133** A2
Aguzzo, Monte- [MC] **125** D1-2
Aguzzo, Monte- [PR] **85** E2
Aguzzo, Monte- [ROMA] **139** C2
Aguzzo, Monte- [ROMA] **137** E2
Aguzzo, Pizzo- **93** E2-3
Ahornach / Acereto [BZ] **3** D2
Ahr / Aurino, Torrente- **3** D2
Ahrntal / Aurina, Valle- [BZ] **3** DE2
Ahrntal / Valle Aurina [BZ] **3** D1-2
Aia, Torrente l'- **131** F2
Aiáccio [LI] **103** C3
Aia dei Diavoli **111** D2
Aiale [PG] **115** D1
Aiale, l'- [SI] **123** AB2
Aiarai / Agreit [BZ] **13** C2
Aiárnola, Monte- **13** F2
Aicúrzio [MI] **39** E1
Áie [AT] **67** F2
Áie di Cósola [AL] **69** DE2
Aielli [AQ] **141** B2
Aielli Stazione **141** B2
Aiello [TE] **133** FG1
Aiello, Rocca d'- [MC] **117** B2
Aiello del Friuli [UD] **49** D1
Aigovo [IM] **93** C3
Ailoche [BI] **21** D3
Aimoni [CN] **81** C3
Ainana [TO] **51** F3
Aiola [RE] **73** A3
Aiola, l'- [PI] **103** D4
Aiola, Monte- **99** E3
Aiona, Monte- **85** A1-2
Aip, Creta di- / Trogkofel **17** C1
Airale [CN] **79** D1
Airali [CN] **65** F2
Airali [TO] **65** D1-2
Airali [TO] **51** EF3
Airali [TO] **65** DE1-2
Airali [TO] **53** BC2
Airali [TO] **53** C2
Airasca [TO] **51** F3
Airáudi [TO] **65** E1-2
Airole [IM] **93** B3
Airuno [LC] **23** E3
Aisone [CN] **79** C1-2
Ala [TN] **43** DE2
Ala, Punta- **119** E2
Ala, Torrente- **43** E2
Ala, Val di- **35** D3
Ala di Stura [TO] **35** D2-3
Alagna [PV] **55** C1-2
Alagna Valsésia [VC] **21** B2
Alago di Sopra / Ober Alach [BZ] **11** C2
Alanno [PE] **135** C3
Alano di Piave [BL] **29** C3
Alássio [SV] **93** EF2-3
Alba [CN] **67** D2
Alba [TN] **13** B3
Alba Adriática [TE] **127** E2-3
Albacina [AN] **117** AB1
Alba Fucens **139** F2
Albairate [MI] **39** B2
Albana [UD] **33** D2
Albaneto [RI] **133** D1
Albani, Colli- **145** E2
Albani, Rifugio- **25** C3
Albano, Lago- **145** DE2
Albano, Monte- [It.] **97** C1-2
Albano, Monte- [Tosc.] **103** F1-2
Albano, Torrente- **7** D4
Albano Laziale [ROMA] **145** D2
Albano Modenese [MO] **73** D2-3
Albano Sant'Alessandro [BG] **41** C2
Albano Vercellese [VC] **37** E2
Albarasca [AL] **69** C2
Albarè [VR] **43** C3
Albarea [FE] **75** E2-3
Albaredo [TN] **43** E1
Albaredo [TV] **45** EF2-3
Albaredo [VI] **45** B1
Albaredo Arnaboldi [PV] **55** E2
Albaredo d'Adige [VR] **61** B1-2
Albaredo per San Marco [SO] **7** F4
Albarella, Isola- **63** E3
Albarelli [MO] **97** E1
Albareto [MO] **73** D3
Albareto [PC] **55** F3
Albareto [PR] **85** C2
Albareto [PR] **71** F2
Albareto, Monte- **71** AB3
Albaretto [CN] **65** CD3-4
Albaretto della Torre [CN] **67** D3
Albaría [VR] **59** E3
Albaro [VR] **61** AB1
Albarola [PC] **71** B2
Albarozza, Carmo- **93** C2-3
Albate [CO] **23** C3
Albavilla [CO] **23** CD3
Albazzano [PR] **87** B1
Albe [AQ] **139** F2
Albegna, Fiume- **129** C1
Albeins / Albes [BZ] **13** A1-2
Álben, Monte- **25** A3
Albenga [SV] **93** F2
Albera [CR] **57** C1
Albera Lígure [AL] **69** D2
Alberazzi [RO] **75** CD1-2
Alberelli, Monte- **43** B2
Alberese [GR] **121** B3-4
Alberese, Stazione di- **121** B4
Albereto [RA] **91** C2-3
Albereto [RN] **101** BC3
Alberetti [TO] **65** DE1-2
Albergian, Monte- **51** C2-3
Albergo [PC] **71** C3
Albergo, l'- [AR] **113** D1
Albergo di Sotto / Hotel Franzenshöhe **9** E1
Alberi [FI] **103** F3
Alberi [PR] **73** A3
Alberici [AN] **109** D3
Alberino [BO] **75** D3-4
Albero [VR] **59** E2
Albero, Cima d'- **29** E1
Albero, Colle dell'- **143** A3
Alberone [FE] **75** E2
Alberone [FE] **75** B2-3
Alberone [MN] **73** B2
Alberone [PV] **57** AB3
Alberone, Torrente- **33** E1-2
Alberoni [VE] **63** D1
Alberoro [AR] **113** D1
Albes / Albeins [BZ] **13** A1-2
Albese con Cassano [CO] **23** CD3
Albéttone [VI] **61** D1
Albiano [AR] **107** B3
Albiano [AR] **107** AB4
Albiano [LU] **97** B2
Albiano [PO] **97** F3
Albiano [TN] **27** D2
Albiano d'Ivrea [TO] **37** B2
Albiate [MI] **23** D3-4
Albignano [MI] **41** AB3-4
Albignásego [PD] **63** B1
Albina [TV] **47** BC1
Albinático [PT] **103** E1-2
Albinea [RE] **87** D1
Albínia [GR] **129** C1-2
Albino [BG] **41** C2
Albiolo [CO] **23** B3
Albiolo, Punta di- **9** F3
Albiona, Pizzo d'- **5** D2
Albions [BZ] **11** F2
Albisano [VR] **43** C3
Albisola Superiore [SV] **81** FG1-2
Albissola Marina [SV] **81** FG1-2
Albizzate [VA] **23** A3
Albo [VB] **21** E1-2
Albogásio [CO] **23** BC1
Albogno [VB] **5** E2-3
Álbola [SI] **105** D3
Albola [TN] **43** CD1
Albone [PC] **71** C2
Albonese [PV] **39** A3
Albónico [CO] **7** E3
Albosággia [SO] **25** B1-2
Albrage, Monte- **65** B3
Albuccione [ROMA] **145** DE1
Albugnano [AT] **53** C2
Albuzzano [PV] **55** E1
Álcheda [PN] **31** C1
Aldein / Aldino [BZ] **11** DE3
Aldeno [TN] **27** C3
Aldino / Aldein [BZ] **11** DE3
Aleggia [RI] **125** E4
Alento, Fiume- **135** E2
Alento, Ponte di- **135** DE2-3
Alessandria [AL] **55** A3
Aléssio [FC] **101** A3
Alesso [UD] **17** B2-3
Alfeo [CR] **57** F3
Alfeo, Monte- **69** E3
Alfero [FC] **99** F3
Alfi [MC] **117** B3
Alfianello [BS] **57** E2
Alfiano Natta [AL] **53** E2
Alfiano Nuovo [CR] **57** E2
Alfiano Vecchio [CR] **57** E2
Alfonsine [RA] **91** D1-2
Alfonsine, Riserva Naturale di- **91** CD1
Algone, Val d'- **27** A2
Algua [BG] **41** C1-2
Algund / Lagundo [BZ] **11** C1
Álica [PI] **103** E3
Alice [AL] **69** B2-3
Álice Bel Colle [AL] **67** F2
Álice Castello [VC] **37** C2
Álice Superiore [TO] **37** A2
Alidosi, Castello- **99** B1
Aliena [PG] **125** D3
Aliforni [MC] **117** B2
Aliz / Allitz [BZ] **11** A2
Álleghe [BL] **13** CD3
Álleghe, Forcella d'- **13** D3
Álleghe, Lago d'- **13** CD3
Allégnidis [UD] **15** E2
Allegrezze [GE] **85** A1
Allein [AO] **19** D2
Allerona [TR] **123** B2-3
Allerona, Stazione- **123** C3
Alle Sale [VB] **21** F2
Allésaz [AO] **19** G2
Allevè [TO] **51** C2-3
Allievi, Rifugio- **7** FG3
Allitz / Aliz [BZ] **11** A2
Allivellatori [TO] **51** F2-3
Alliz, Punta d'- / Litzner-Spitze **9** F1
Allocchi, Galleria degli- **99** BC2
Allumiere [ROMA] **137** B2
Alluvioni Cambiò [AL] **55** B2-3
Alma [CN] **81** B1-2
Alma, Fiume- **119** EF1
Alma, Monte d'- **121** A2
Almádis [PN] **31** E1
Almagia [PU] **109** C2
Almana, Punta- **41** E2
Almanno [CO] **23** C2
Almazzago [TN] **11** AB3-4
Almè [BG] **41** B2
Almellina [CN] **79** E2
Almenno San Bartolomeo [BG] **41** B2
Almenno San Salvatore [BG] **41** B2
Almese [TO] **51** F2
Almisano [VI] **61** C1
Alnè [TV] **45** F1
Alnicco [UD] **33** B2
Alone [BS] **41** F2
Alonte [VI] **61** C1
Alp, Tête de l'- **65** B4
Alpago **31** B2
Alpago, Rifugio d'- **31** B1-2
Alpáos [BL] **31** B1-2
Alpe [GE] **69** D3
Alpe [GE] **69** E3
Alpe [PR] **85** B2
Alpe, Case dell'- [FI] **99** B2
Alpe, Monte- [Lig.] **85** B2-3
Alpe, Monte- [SV] **81** D3
Alpe, Monte d'- **69** E1-2
Alpe Chéggio [VB] **5** C3
Alpe Colombino [TO] **51** E2
Alpe dei Cavalli, Lago- **5** C3
Alpe Devero [VB] **5** D1-2
Alpe di Mera [VC] **21** C3
Alpe Fiorentini [VI] **43** F1
Alpe Gera, Lago di- **9** B2-3
Alpepiana [GE] **69** F3
Alperolo [PV] **55** E1
Alpesígola **97** C1
Alpe Sólcio [VB] **5** D2
Alpet, Monte- **81** C2
Alpetta, Punta dell'- / Alpler Spitze **1** F2
Alpette [TO] **35** F2
Alpe Vago [SO] **9** C2
Alpe Veglia [VB] **5** C2
Alpe Veglia e Alpe Dévero, Parco Naturale dell'- **5** D1-2
Alpiano Superiore [VB] **5** DE2
Alpi Apuane, Parco Naturale delle- **95** E2
Alpicella [GE] **85** A1
Alpicella [PR] **71** E4
Alpicella [SV] **83** A2
Alpicella, Monte- **85** CD3
Alpignano [TO] **51** FG2
Alpi Marittime, Parco Naturale delle- **79** CD2
Alpini, Monumento degli- **9** B2-3
Alpinia, Giardino- **21** EF2
Alpino [VB] **21** EF2
Alpi Orobie Bergamasche, Parco delle- **25** B3
Alpi Orobie Valtellinesi, Parco delle- **25** B2
Alpisella, Passo di- **9** D1
Alpler Spitze / Alpetta, Punta dell'- **1** F2
Alpo [VR] **59** D1
Alpone, Torrente- **43** F3-4
Alsack / Alsago [BZ] **1** B2
Alsago / Alsack [BZ] **1** B2
Alseno [PC] **71** D2
Alseno, Stazione di- **71** DE2
Alsério [CO] **23** D3
Alsério, Lago di- **23** D3
al Solivo [BS] **25** DE1
Alta, Alpe- **9** F3
Alta, Cima- [TE] **135** A1-2
Alta, Cima- [TN] **27** C3
Alta, Croda- / Hohe-Wand-Spitze **3** B1
Alta, Punta- / Hochleiten-Spitze **1** B3
Alta, Rocca- **79** E2
Altaccio, Monte- **99** DE3
Altacroce, Monte- **3** F2
Altacroce, Monte- / Hohe Kreuz Spitze **1** F1
Altagnana [MS] **95** DE2
Alta Guardia, Monte- **25** E3
Altana [UD] **33** E2
Altare [SV] **81** EF1-2
Altare, Bocchetta di- → Cadibona, Colle di- **81** F1-2
Altare, Scogli dell'- **43** B3
Alta Sant'Egidio **113** EF2
Altaura [PD] **61** C2-3
Alta Valle Pésio e Tánaro, Parco Naturale- **81** AB2
Alta Valsésia, Parco Naturale- [VC] **21** B2
Alta Valsésia, Parco Naturale- [VC] **21** CD2
Altavilla [TE] **135** A1
Altavilla Monferrato [AL] **53** F2-3
Altavilla Vicentina [VI] **45** B3
Alte Ceccato [VI] **45** B3-4
Altedo [BO] **75** C3-4
Altei, Pala d'- **31** C1-2
Altenburg / Castelvecchio [BZ] **11** D3
Allesano [TO] **53** A2
Altesino [SI] **113** B3
Allela [AP] **117** E2-3
Alti, Poggi- **121** D3
Altidona [AP] **117** F3
Altino [AP] **125** E2
Altino [CH] **141** F2
Altino [VE] **47** B3
Altipiani di Arcinazzo [FR] **139** E3
Altissima, l'- **1** E2
Altíssimo [VI] **43** F3
Altíssimo, Monte- [LU] **95** E2
Altíssimo, Monte- [TN] **27** A2-3
Altívole [TV] **45** E2
Alto [CN] **81** CD3
Alto, Col- **31** C2
Alto, Coll'- **31** B2-3
Alto, Colle- **133** D3
Alto, Dosso- **43** A2
Alto, Monte- [AQ] **139** F3
Alto, Monte- [BG] **25** C3
Alto, Monte- [BL] **29** D1
Alto, Monte- [GR] **111** E3
Alto, Monte- [IM] **93** B3
Alto, Monte- [LU] **97** B1
Alto, Monte- [MS] **87** AB2-3
Alto, Monte- [PI] **103** D3-4
Alto, Monte- [PR] **85** BC2
Alto, Monte- [SV] **81** E2
Alto, Monte- [Tr.A.A.] **27** CD1
Alto, Monte- [VI] **61** D1
Alto, Monte- / Hochalt **1** C2
Alto, Pizzo- [Lomb.] **7** E4
Alto, Pizzo- [SO] **7** E2
Alto, Poggio- **129** CD1
Alto Appennino Modenese, Parco dell'- **97** D1-2
Alto di Pelsa, Monte- **13** CD3
Alto di Sella **95** E2
Altoé [PC] **71** BC2
Alto Garda Bresciano, Parco Regionale dell'- **43** BC2
Altoggio [NO] **5** E3
Altomena [FI] **105** D2
Alto Merse, Riserva Naturale- **113** A2
Altone, Torrente- **125** A2
Altopáscio [LU] **103** DE1-2
Altopiano di Cariadeghe, Monumento Naturale- **43** A3
Altosa, Torrente- **143** A3
Altrei / Anterivo [BZ] **27** E1
Altrocanto [TR] **131** F1-2

Altuino, Monte- **139** D3
Alture [UD] **49** CD1-2
Alvagnano, Monte- **125** D3
Alvari [GE] **83** E2
Alvi [TE] **133** F1
Alviano [MC] **117** EF1-2
Alviano [TR] **131** D1
Alviano, Lago di- **123** D4
Alvis, Passo- **29** C2
Alvisópoli [VE] **47** E2
Alzabecchi, Sella di- **81** DE2-3
Alzano Lombardo [BG] **41** C2
Alzano Scrivia [AL] **55** C2
Alzate [NO] **37** F1
Alzate Brianza [CO] **23** CD3
Alzo [NO] **21** E3
Ama [BG] **41** C2
Ama [SI] **105** D4
Amándola [AP] **127** AB1-2
Amándola, Monte- **125** E2
Amara, Valle- **139** EF1
Amare, Grotte- **133** F2
Amariana, Monte- **17** B2
Amaro [UD] **17** B2
Amaro, Monte- **141** E2
Amata., Cascina- [CO] **23** CD3
Amata, Cascina- [MI] **39** C1
Amatrice [RI] **125** E4
Ambata, Cima d'- **13** F2
Ambata, Forcella- **13** F2
Ambin, Mont d'- **51** C1-2
Ambin, Rifugio- **51** BC2
Ambívere [BG] **41** B2
Amblar [TN] **11** C3
Amborzasco [GE] **85** A1
Ambra [AR] **113** C1
Ámbria [BG] **41** BC2
Ámbria [SO] **25** B2
Ambriola [BG] **41** C1-2
Ambro, Torrente- **125** E2
Ambrogiana [FI] **105** AB2
Ambrogina, l'- [GR] **121** D2
Ambrogio [FE] **77** B2
Ambrosi [CN] **81** B1
Améglia [SP] **95** C2
Amélia [TR] **131** E1
Amélia, Passo d'- **131** F1
Ameno [NO] **21** E3
Am hintern Eis **1** C2
Amiante, Rifugio- **19** D1
Amiata, Monte- **121** E2
Amiatino, Rifugio- **121** E2
Amiternum **133** E2
Ammeto [PG] **123** DE2
Ammonite [RA] **91** D2
Ámola [BO] **73** EF3-4
Ámola [MS] **85** DE3
Amora [BG] **41** C2
Amore, Grotta dell'- **81** F2
Amorosa, Fattoria- [SI] **113** D2
Amorotti, Torre dell'- **87** C3
Ampezzo [UD] **15** D2
Ampezzo, Conca d'- **13** D2
Ampinana [FI] **99** BC3
Ampio, Torrente- **121** A3
Ampola, Valle d'- **43** B1
Amprimo, Rifugio- **51** D2
Ampugnano [SI] **113** A2
Amusement Park **63** B1
Ancaiano [PG] **125** B3-4
Ancaiano [SI] **113** A2
Ancarano [TE] **127** D2-3
Ancarano, Forca d'- **125** D2-3
Ancarano Sopra [PC] **71** B2
Anchetta [FI] **105** CD2
Anchiano [LU] **97** C3
Anchione [PT] **103** E1-2
Ancignano [VI] **45** C2-3
Anciolina [AR] **105** F3
Ancognano [BO] **89** C2
Ancona [AN] **109** EF3
Ancona-Falconara, Aeroporto Internazionale di- **109** E3
Anconella [BO] **89** C3
Anconetta [VI] **45** C3
Andagna [IM] **93** C2-3
Andagna, Rocca di- **93** C2-3
Ándalo [TN] **27** BC1-2
Andalo, Alveo del lago di- **27** BC1-2
Ándalo Valtellino [SO] **7** E4
Andezeno [TO] **53** C2
Andolla, Pizzo d'- **5** C3
Andolla, Rifugio- **5** C3
Andonno [CN] **79** D2
Andora [SV] **93** E3
Andora, Castello di- **93** E3
Andorno Cacciorna [BI] **37** C1
Andorno Micca [BI] **37** C1
Andrate [TO] **37** B1
Andraz [BL] **13** C2-3
Andraz, Castello di- **13** C2-3
Andrazza [UD] **15** C2
Andréis [PN] **31** C1
Andrian / Andriano [BZ] **11** D2
Andriano / Andrian [BZ] **11** D2
Ándrich [BL] **13** C3
Andrista [BS] **25** DE2
Anduins [PN] **15** E3
Aneo, Monte- **111** C2
Aneta [PR] **87** A2
Aneva, Torrente- **89** B3
Anfiteatro Romano **137** D1
Anfo [BS] **43** A2
Anfora, Canale- **49** C2
Ángeli [AN] **109** C4
Ángeli [AN] **109** F3
Ángeli [MN] **59** C2-3
Ángeli, gli- **113** BC3
Angelica [PI] **103** E2
Angelina, l'- [MO] **75** B2
Angeloga, Passo di- **7** E2
Angeloni [ROMA] **145** EF2
Angera [VA] **21** F3
Anghébeni [TN] **43** E2
Anghiari [AR] **107** B3
Angiari [VR] **61** B2
Angiolino, Cima dell'- **35** E2
Angizia **139** F2-3
Angoletta [BL] **29** D1
Angolo Terme [BS] **25** C3
Angone [BS] **25** D3
Angoris [GO] **33** D3
Angrogna [TO] **51** E3
Angrogna, Torrente- **65** D1-2
Anguillara, Stazione di- **137** D2
Anguillara Sabázia [ROMA] **137** D2
Anguillara Véneta [PD] **63** B3
Aniene, Fiume- **145** F1
Aniene, Sorgenti dell'- **139** E3
Anime, Cima delle- / Hint Seelenkogl **1** E2
Anita [FE] **91** D1
Anita Garibaldi, Cippo di- **91** E1
Anitra, Laghi dell'- **141** FG3
Annicco [CR] **57** D2
Annifo [PG] **115** EF3
Annone, Lago di- **23** DE3
Annone di Brianza [LC] **23** DE3
Annone Véneto [VE] **47** CD2
Annunziata [AT] **67** DE2
Annunziata [AT] **67** D2
Annunziata [CN] **81** B2
Annunziata, Convento dell'- **125** A2
Annunziata, l'- [AQ] **141** D3
Annunziata, l'- [AT] **67** E2
Annunziata, Parco dell'- **141** F1
Annunziatella, l'- [ROMA] **145** D1-2
Anqua [SI] **111** D2
Ansedónia [GR] **129** C2
Anselmi [AL] **53** D2
Ansiei, Fiume- **13** E2
Ansiei, Val d'- **13** EF2
Ansina [AR] **115** A1
Ansino, Monte- **137** BC2
Ansogne [BL] **13** F3
Ansón [VR] **61** BC2
Antagnod [AO] **19** G1-2
Antea [BG] **25** A3
Antegnate [BG] **41** C3-4
Antelao, Monte- **13** E3
Antelao, Rifugio- **13** E3
Antella [FI] **105** C2
Anterivo / Altrei [BZ] **27** E1
Antermóia / Untermoi [BZ] **13** BC1
Antermóia, Rifugio- / Antermoja-Hütte **13** A3
Antermoja-Hütte / Antermóia, Rifugio- **13** A3
Anterselva, Lago d'- / Antholzersee **3** E2
Anterselva, Val di- / Antholzer Tal **3** E2-3
Anterselva di Mezzo / Antholz-Mittertal [BZ] **3** E2
Anterselva di Sopra / Antholz Obertal [BZ] **3** E2
Anterselva di Sotto / Antholz Niedertal [BZ] **3** E2-3
Antésica [PR] **85** F1
Antessio [SP] **85** C2-3
Antey-Saint-André [AO] **19** F2
Antholzersee / Anterselva, Lago d'- **3** E2
Antholzer Tal / Anterselva, Val di- **3** E2-3
Antholz-Mittertal / Anterselva di Mezzo [BZ] **3** E2
Antholz Niedertal / Anterselva di Sotto [BZ] **3** E2-3
Antholz Obertal / Anterselva di Sopra [BZ] **3** E2
Antichissima Città di Sutri, Parco dell'- **137** D1
Antico [MC] **117** B3
Antico [PU] **107** C1
Antícoli Corrado [ROMA] **139** CD2
Antigine, Pizzo d'- **21** BC1
Antignano [AT] **53** D3
Antignano [LI] **103** B3-4
Antigorio, Valle- **5** DE2
Antillone [VB] **5** E1-2
Antirata [PG] **107** C3-4
Antognano [LU] **85** F3
Antognano [PC] **71** C3
Antognano [PR] **71** F3
Antognasco, Torrente- **25** B1
Antognola [PG] **115** BC2
Antognola [PR] **87** B1-2
Ántola, Monte- **69** DE3
Ántola, Parco Naturale dell'- **69** DE3
Antolini, Villa- [MC] **117** D1
Antona [MS] **95** E2
Antoroto, Monte- **81** C2
Antráccoli [LU] **97** C3-4
Antria [AR] **107** A3-4
Antria [PG] **115** B2-3
Antrodoco [RI] **133** D2
Antrodoco, Gole di- **133** D2
Antrogna [VB] **21** CD1
Antrona, Lago di- **21** C1
Antrona, Val d'- **21** CD1
Antronapass **21** C1
Antronapiana [VB] **5** C3
Antrona Schieranco [VB] **5** C3
Antrosano [AQ] **139** F2
Anversa degli Abruzzi [AQ] **141** C2-3
Anversa-Scanno, Stazione di- **141** CD2
Anza [VB] **21** BC2
Anza, Torrente- **21** D1
Anzano [TV] **29** EF3
Anzano del Parco [CO] **23** D3
Anzasca, Valle- **21** C2
Anzasco [TO] **37** C2
Anzo [SP] **85** B3
Ánzola [PR] **85** B1
Anzola dell'Emilia [BO] **89** BC1
Anzola d'Ossola [VB] **21** DE1-2
Anzolla [PR] **85** F1-2
Anzù [BL] **29** C2-3
Áola, Corno d'- **25** EF1
Aonedis [UD] **31** E2
Aosta / Aoste [AO] **19** DE2
Aosta, Rifugio- **19** F1
Aosta, Valle d'- **19** DE2
Aoste / Aosta [AO] **19** DE2
Aouilletta, Punta- **19** C2
Apagni [PG] **125** C2
Apécchio [PU] **107** D3
Aperta, Val- **43** B1
Ápia, l'- [AR] **105** F3
Apiro [MC] **117** B1
Apoléggia [RI] **133** BC1-2
Appalto [AR] **113** E2
Apparizione [CN] **67** B3
Apparizione [GE] **83** CD2
Appecano [TR] **125** A4
Appendini [TO] **53** BC3
Appendini [TO] **51** F3
Appenninia [AQ] **141** D3
Appennino [MC] **125** D2
Appennino, Galleria dell'- **97** FG2
Appennino Monti Simbruini, Parco Naturale dell'- **139** DE3
Appennino Tosco-Emiliano, Parco Nazionale dell'- **87** B2-3
Appia, Via- **145** CD1
Appia Antica, Parco Regionale- **145** D2
Appiano Gentile [CO] **23** B3
Appiano sulla Strada del Vino / Eppan an der Weinstrasse [BZ] **11** D3
Appignano [MC] **117** CD1
Appignano [TE] **135** BC1
Appignano del Tronto [AP] **127** CD2
Appio, Castel d'- **93** B4
Aprica [SO] **25** C1-2
Aprica, Passo dell'- **25** CD1-2
Apricale [IM] **93** B3
Aprília [LT] **145** D3
Aprilia Marittima [UD] **49** B2
Apsa, Torrente- **107** E2
Apsella [PU] **109** A1-2
Apuane, Alpi- **95** EF2
Aquafan **101** C2-3
Aqualandia **47** C3-4
Aquaria Park **101** B1
Aquiglio, Corno d'- **43** D2-3
Áquila, L'- [AQ] **133** F2
Áquila, Poggio dell'- **107** B2
Áquila di Arróscia [IM] **93** DE2
Aquilaia, Monte- **121** D2
Aquilano [TO] **51** C3
Aquilano [TE] **135** A1
Aquilea [LU] **97** BC3
Aquiléia [UD] **49** D2
Aquilente, Piano d'- **133** D3
Aquilini [BS] **41** E3
Aquilínia [TS] **49** F3
Aquilone, Poggio- **129** BC1
Ara [NO] **21** DE3
Ara [UD] **33** BC1-2
Arabba [BL] **13** C2-3
Arafranca Pinaco [RI] **133** E1
Aragno [AQ] **133** F2
Aragno, Monte d'- **133** F2
Aralalta, Monte- **23** F2
Aramengo [AT] **53** CD2
Áramo [PT] **97** D3
Aranco [VC] **21** D3
Arapetrianni [RI] **139** D1
Aratrice, l'- [GR] **121** C2
Arba [PN] **31** D2
Arbaz [AO] **19** G2
Arbella, Punta d'- **35** F2
Arbéron, Ouille d'- **35** C3
Árbi [CN] **81** D1
Árbia, Torrente- **113** B2
Arbizzano [VR] **43** D3-4
Arboério [VC] **21** D2-3
Arbogna, Torrente- **37** G2-3
Árbola, Bocchetta d'- **5** D1
Árbola, Punta d'- **5** D1
Arbora [NO] **21** F3
Arborea [TO] **53** CD1
Arbório [VC] **37** E1-2
Arcade [TV] **47** A2
Arcagna [LO] **39** E2
Arcando [TO] **35** F1-2
Arcángel [TO] **51** CD1
Arcano [UD] **33** B2
Arcano, Monte- **143** D3
Arcano Inferiore [UD] **33** B2
Arcano Superiore [UD] **33** B2
Arcanzo, Cima d'- **7** F3
Arcè [VR] **43** CD3-4
Arcello [PC] **55** F3
Arcene [BG] **41** B3
Arcesaz [AO] **21** A3
Arceto [RE] **87** E1
Arcévia [AN] **109** B3-4
Archeopark **25** D3
Archi [CH] **143** A2
Archi Stazione **141** G2
Arcidosso [GR] **121** E2
Arciera [BL] **13** E3
Arcigliano [PT] **97** DE3
Arcille [GR] **121** C3
Arcinazzo, Altipiano di- **139** DE3
Arcinazzo Romano [ROMA] **139** D3
Arcione, Castel- **145** DE1
Arcipelago Toscano, Parco Nazionale dell'- **119** AB1
Arcisate [VA] **23** B2
Arco [TN] **27** B3
Árcola [PN] **31** BC1
Arcola [SP] **95** C2
Árcole [VR] **61** B1
Arconate [MI] **39** AB1
Arcore [MI] **39** D1
Arcugnano [VI] **45** C3-4
Arcuméggia [VA] **23** A2
Arda, Torrente- **57** D3
Ardea [ROMA] **145** D3
Ardeatina, Via- **145** CD1-2
Ardena [VA] **23** B2
Ardenno [SO] **7** F3-4
Ardenza [LI] **103** B3
Ardésio [BG] **25** B3
Ardiano [FC] **101** A2
Ardivestra, Torrente- **55** E3
Ardo, Torrente- **29** E1
Árdola [PR] **57** E3-4
Árdole San Marino [CR] **57** E2-3
Aré [TO] **37** B3
Are [VI] **61** D2
Area, Alpe- **25** A3
Area di Augusta Bagiennorum, Riserva Naturale dell'- **67** C3
Aréglio [VC] **37** C2
Arena Po [PV] **55** F2
Arenzano [GE] **83** AB2
Arenzano Pineta [GE] **83** AB2
Arera, Alpe- **25** A3
Arera, Pizzo- **25** AB3
Arese [MI] **39** C1
Arezzo [AR] **107** A4
Arezzo [PG] **125** A3
Arezzo, Monte- **139** F2-3
Argatone, Monte- **141** C3
Argegno [CO] **23** C2
Argelato [BO] **89** CD1
Argenta [FE] **91** BC1
Argenta, Bonifica di- **91** C1
Argenta, Colle- **45** E2
Argentario, Monte- **129** B2
Argentaro, Monte- **117** B2
Argentarola, Isola- **129** B2
Argentea, Monte- **83** A2
Argentella, Monte- **125** E2
Argentera [CN] **79** A1
Argentera [TO] **35** G3
Argentera, Cima Sud- **79** C2-3
Argentiera [TO] **51** C3
Argentière, Aiguille d'- **19** C1
Argentigli, Torre- **125** CD3
Argentina, Torrente- **93** D3
Arghena, Monte- **31** B1
Argiano [SI] **121** D1-2
Argiano [SI] **113** E3
Argignano [AN] **115** F1-2
Árgine [PV] **55** D2
Árgine [RE] **73** B3
Árgine del Lupo [FE] **75** C2
Arginello [MN] **73** B1-2
Arginello [RO] **77** AB1-2
Árgine Valle [RO] **75** CD2
Arginotto [MN] **73** C1
Argnod-Eclou [AO] **19** E2
Arguel, Alpe d'- [TO] **51** C2
Arguello [CN] **67** D3
Ari [CH] **135** E3
Aria, Monte d'- [AQ] **139** F2
Aria, Monte d'- [MC] **117** B2
Ariana [PR] **73** A2
Ariano [VR] **59** C1-2
Ariano, Isola d'- **77** CD2
Ariano Ferrarese [FE] **77** C2
Ariano nel Polésine [RO] **77** C2
Arias [BS] **43** C2
Ariccia [ROMA] **145** DE2
Arielli [CH] **141** F1
Arigna [SO] **25** B2
Arignano [TO] **53** C2
Ariis [UD] **49** B1
Arile, Monte- **125** C3-4
Arina [BL] **29** B2
Aringo [AQ] **133** E1
Arino [VE] **63** C1
Ario, Monte- **41** F2
Ariolo [RO] **77** CD2
Aríschia [AQ] **133** EF2
Arizzano [VB] **21** F2
Arlena di Castro [VT] **131** AB2
Arlésega [PD] **61** E1
Árlia [MS] **87** A3
Arliano [FI] **99** B3
Arliano [LU] **103** C1-2
Arlier [AO] **19** F2
Arlongo [CN] **65** D2-3
Arluno [MI] **39** B1-2
Arma [SV] **81** F2
Arma, Punta d'- → Verde, Capo- **93** CD3-4
Arma, Vallone dell'- **79** BC1
Arma di Tággia [IM] **93** CD3-4
Armaiolo [SI] **113** C2
Armarolo [BO] **89** D1
Armásio [PN] **31** C1
Arme, Cima d'- **133** C1
Armea, Torrente- **93** C3
Armélio, Monte- **71** A3
Armena, Fattoria- [SI] **113** BC2-3
Arméndola [PD] **45** C3
Armeno [NO] **21** E2-3
Armentarola [BZ] **13** C2
Armenzano [PG] **115** E3
Armetta, Monte- **81** C3
Arminio [VA] **23** A2
Armio [VA] **7** A4
Armisa, Torrente- **25** BC2
Armo [BS] **43** B2
Armo [IM] **93** D2
Arna, Poggio d'- **121** DE1-2
Arnáccio [PI] **103** C3
Arnad [AO] **19** G3
Arnad-le-Vieux [AO] **19** G2-3
Arnano [MC] **117** AB3
Arnasco [SV] **93** E2
Arnata, Monte- **131** E1
Arnate [VA] **23** A3-4
Arnauds, les- [TO] **51** B2
Arnelleta, Poggio- **129** E1
Arni [LU] **95** E2
Arno, Bocca d'- **103** B2
Arno, Capo d'- **99** CD3
Arno, Fiume- **103** B2
Arno, Lago d'- **25** E2
Arno, Rio- **133** G1-2
Arnò, Torrente- **27** A2
Arnoga [SO] **9** D2
Arnouvaz [AO] **19** C1
Arola [PC] **71** AB2
Arola [PR] **71** F3-4
Arola [VB] **21** E3
Arolo [VA] **21** F2
Arona [NO] **21** F3
Arone, Torrente- **115** E2
Arósio [CO] **23** D3
Arotte [CN] **81** C2
Arp, Testa d'- **19** B2
Arpagna, Monte- **119** ins.a
Arpescella, Bec- **69** B3
Arpesina [PV] **55** D3
Arpicella [AL] **69** C1-2
Arpiola [MS] **85** D2-3
Arpone, Monte- **51** F1
Arpy, Lago d'- **19** BC2
Arpy, Testa d'- **19** BC2
Arquà Petrarca [PD] **61** E2
Arquà Polésine [RO] **75** E1
Arquata del Tronto [AP] **125** E3
Arquata Scrívia [AL] **69** C2
Arquino [SO] **25** B1
Arre [PD] **63** B2
Arrestino, Monte- **145** F3
Arro [BI] **37** C2
Arróbio [AT] **53** F3
Arrone [TR] **133** B1
Arrone, Fiume- **145** B1
Arrone, Forca dell'- **133** B1
Arrone, Torrente- **129** F2
Arroscia, Torrente- **93** E2
Arsa, Fosso- **129** E1
Arsa, Ponte dell'- **129** EF1
Arsago Sèprio [VA] **23** A3
Arsego [PD] **45** E3
Arsenti, Monte- **111** D3
Arsicci [AR] **107** B2
Arsiè [BL] **29** EF1-2
Arsiè [BL] **29** B2-3
Arsiero [VI] **45** AB2
Arsina [LU] **97** B3
Ársio [TN] **11** C3
Arsita [TE] **135** B1-2
Ársoli [ROMA] **139** D2
Arson [BL] **29** C2
Arsone, Monte- **85** C1
Artalle [AO] **35** C1
Artallo [IM] **93** DE3
Artanavaz, Torrente- **19** C2
Arta Terme [UD] **17** B2
Artegna [UD] **17** B3
Artemisio, Monte- **145** E2
Artén [BL] **29** BC2-3
Artena [ROMA] **145** F2
Artent, Monte- **29** D2-3
Artesina **81** B2
Artignago [BS] **41** F3
Artimino [PO] **105** B2
Artò [VB] **21** E3
Artogna, Torrente- **21** B3
Artogna, Valle- **21** B3
Artogne [BS] **25** CD3
Arunzo, Monte- **139** E2
Arvello [PG] **115** EF3
Arvénis, Monte- **15** E2
Arvier [AO] **19** CD2
Arvogno [VB] **5** E2-3
Arzago d'Adda [BG] **41** B4
Arzelato [MS] **85** CD2-3
Arzello [AL] **67** F2-3
Arzene [PN] **31** DE2-3
Arzéngio [MS] **85** D2
Arzeno Superiore [GE] **85** A2
Arzenutto [PN] **31** E2
Arzercavalli [PD] **63** B2
Arzerè [VR] **43** DE3
Arzerello [PD] **63** BC2
Arzergrande [PD] **63** C2
Arzeri [TV] **47** C2
Arzignano [VI] **45** AB3
Arzilla, Torrente- **109** B1
Arzino, Torrente- **15** E3
Arzkersee / Quáira, Lago di- **11** B2
Arzo [SO] **7** F4
Arzo [VB] **21** E2
Ascagnano [PG] **115** C2
Ascensione, Monte dell'- **127** C2
Aschi Alto [AQ] **141** C3
Aschio [MC] **125** D2
Aschl / Eschio [BZ] **11** D2
Ascianello [SI] **113** D3
Asciano [PI] **103** C2
Asciano [SI] **113** C2
Ascoli Piceno [AP] **127** C2
Ascona [GE] **85** A1
Ascrea [RI] **139** CD1
Asei [BI] **37** D1
Aselogna [VR] **61** B2-3
Aserei, Monte- **71** A3
Aserile [RO] **77** B1
Asia [BO] **75** BC3
Asiago [VI] **45** BC1
Asigliano Véneto [VI] **61** C2
Asigliano Vercellese [VC] **37** E3
Asina, Torrente- **121** B2
Asino, Valle dell'- **139** F1
Asioli [RE] **73** C2-3
Asmonte [MI] **39** B1
Asnago [CO] **23** C3
Asnas, Cima dell'- **21** C3
Asnenga [BG] **41** C3
Aso [AP] **117** E3
Aso, Fiume- **117** F3
Aso, Ponte dell'- **127** B2
Asola [MC] **117** E1-2
Ásola [MN] **59** A2
Ásola, Torrente- **117** E1
Ásolo [TV] **45** E2
Asolone, Monte- **45** D1
Asparetto [VR] **61** AB2
Aspes [BS] **41** F4
Áspice [CR] **57** E2
Aspicella, Colle- **141** B2
Aspio, Fiume- **109** E3
Áspio Terme [AN] **109** EF3
Aspra, Monte- **125** C4
Aspro, Monte l'- **125** C2-3
Asproli [PG] **123** DE3
Assa, Torrente- **45** B1
Assa, Val d'- **27** E3
Assago [MI] **39** C2
Asseggiano [VE] **47** A3-4
Assenza [VR] **43** C2
Assergi [AQ] **133** FG2
Assergi, Lago d'- **133** G2
Assiano [MI] **39** C2
Assietta, Colle dell'- **51** C2
Assino, Torrente- **115** C2
Assisi [PG] **115** D3
Asso [CO] **23** D2
Asso, Castel d'- **131** BC2
Asso, Torrente- **113** C3
Assunta, l'- / Maria Himmelfahrt [BZ] **11** E2
Ast / Lasta di Dentro [BZ] **3** C2-3
Asta [RE] **87** C3
Asta, Cima d'- **27** F1-2
Asta, Giogo d'- / Astjoch **3** C3
Asta Soprana **79** C2
Aste [TN] **43** E2
Aste [VI] **45** AB2
Asten / Laste [BZ] **3** A3
Astfeld / Campolasta [BZ] **11** DE1-2
Asti [AT] **53** E3
Ástico, Torrente- **45** C2
Ástico, Val d'- **45** AB1

Astignano [PE] **135** D2
Astjoch / Asta, Giogo d'- **3** C3
Astorara [AP] **125** E2-3
Astore [MN] **59** B1
Astragal [BL] **13** DE3
Astrio [BS] **25** DE3
Astrone, Torrente- **123** B1
Ateleta [AQ] **141** F3
Aterno, Fiume- **133** F3
Atessa [CH] **143** A2
Atlantica **101** B1
Atri [PG] **125** CD3
Atri [TE] **135** C1
Attiggio [AN] **115** F2
Attigliano [TR] **131** D1
Attimis [UD] **33** C1
Atzwang / Campodazzo [BZ] **11** EF2
Auai Auai, Acquaparco- **91** E2
Auditore [PU] **107** E2
Auer / Ora [BZ] **11** D3-4
Auf der Platten / Plat, Monte- **3** D2-3
Aufhofen / Villa Santa Caterina [BZ] **3** D2-3
Augusta Bagiennorum **67** BC3
August F., Rifugio- **13** B2-3
Aulella, Torrente- **85** E3
Aulla [MS] **85** D3
Auna di Sopra / Oberinn [BZ] **11** E2
Auna di Sotto / Unterinn [BZ] **11** E2-3
Aune [BL] **29** B2
Aunede [BL] **13** E3
Aupa [UD] **17** C1-2
Aupa, Torrente- **17** C2
Aupa, Val d'- **17** C2
Aupa di Sopra [UD] **17** BC2
Aupa di Sotto [UD] **17** C2
Aurano [VB] **21** F1-2
Aurascio-Malobbio [CO] **23** C2
Aurava [PN] **31** E2
Aurélia [ROMA] **137** A1-2
Aurélia, Via- **145** B1
Aurigo [IM] **93** D2-3
Aurina, Valle- / Ahrntal [BZ] **3** DE2
Aurine, Forcella- **29** C1
Aurino, Torrente- / Ahr **3** D2
Aurisina [TS] **49** E2
Auro [BS] **41** F2
Auro, Torrente- **107** C2-3
Aurogna [CO] **7** E3-4
Aurona, Punta d'- **5** C2
Auronzo, Rifugio- **13** E2
Auronzo di Cadore [BL] **13** F2
Aurora [TO] **53** B2
Ausa, Fiume- **49** C2
Ausa, Torrente- **101** C2-3
Ausa Corno [UD] **49** C2
Ausone [VB] **5** D2
Außerer Berg / Fuori, Monte di- **11** C2
Ausser Pichl / Colle di Fuori [BZ] **3** EF3
Außersulden / Solda di Fuori [BZ] **1** B3
Auta, Cime dell'- **13** C3
Autagne [TO] **51** B3
Autaret, Col de l'- [Eur.] **65** B3
Autaret, Col de l'- [It.] **35** C3
Autaret, Tête de l'- **79** B2
Autore, Monte- **139** E3
Auzzo, Poggio- **111** D2
Avacelli [AN] **109** B4
Aváglio [PT] **97** D3
Aváglio [UD] **15** E2
Avane [FI] **103** F2
Avane [PI] **103** C2
Avasinis [UD] **17** B3
Avatanei [TO] **53** B3
Aváusa [UD] **15** D1
Ave [BG] **25** B3
Avedo, Rio di- **9** D2
Avéggio [GE] **83** E2
Avegno [GE] **83** DE2
Avelengo / Hafling [BZ] **11** D2
Avella, Fiume- **141** F2
Avena [AR] **105** F2
Avena, Monte- **29** B2
Avenale [AN] **115** F1
Avenale [MC] **117** C1
Avéndita [PG] **125** D3
Avenes / Afens [BZ] **3** AB2
Aveno [GE] **83** E2
Aveno [LC] **7** E4
Aventino, Fiume- **141** F2
Aventino, Ponte- **141** G2
Avenza [MS] **95** D2
Aver, Becca d'- **19** F1-2
Aver, Monte- **79** B2
Averara [BG] **23** F1-2
Averau, Monte- **13** D2-3
Avero [SO] **7** E2
Averto, Casone- [VE] **63** CD1-2
Avesa [VR] **59** D1
Aveto, Parco Naturale dell'- **83** F1-2
Aveto, Torrente- **69** F2
Avetta [TO] **37** BC2
Avezzano [AQ] **139** F2
Aviano [PN] **31** C2
Aviano Castello [PN] **31** C2
Aviasco, Passo d'- **25** AB2-3
Aviatico [BG] **41** C2
Aviazione, Parco Tematico dell'- **101** B3
Avic, Monte- **19** F2-3
Avigliana [TO] **51** F2
Avigliano Umbro [TR] **123** E3-4
Avigna / Afing [BZ] **11** DE2
Avigna, Rio d'- / Afingerbach **11** DE2
Avilla [UD] **33** B1
Avino, Lago d'- **5** C2
Avio [TN] **43** D2
Avio, Lago dell'- **25** E1
Avio, Monte- **25** E1
Avio, Pantano dell'- **25** E1-2
Aviolo, Lago d'- **25** E1
Aviolo, Monte- **25** E1
Avise [AO] **19** C2
Avisio [TN] **27** E1
Avisio, Foci dell'- **27** C2
Avisio, Torrente- **27** D2
Avolasca [AL] **69** C1-2
Avolásio [BG] **23** EF2
Avoltore, Punta- **129** BC2
Avosacco [UD] **17** B2
Avoscan [BL] **13** CD3
Avosso [GE] **69** CD3
Avostánis, Cima- **17** B1
Avril, Monte- **19** DE1
Avuglione [TO] **53** C2
Avzè, Monte- **83** A2
Axa [ROMA] **145** C2
Axerio, Rifugio- **21** B2
Axia, Necrópoli d'- **131** BC2
Ayas [AO] **19** FG1-2
Ayas, Val d'- **19** G1-2
Ayasse, Torrente- **19** F3
Aymavilles [AO] **19** D2
Azaria [TO] **35** EF1
Azaro, Villa- [GE] **83** F3
Azéglio [TO] **37** BC2
Azoglio [BI] **21** D3
Azzago [VR] **59** D1
Azzago [VR] **43** E3
Azzanello [CR] **57** D2
Azzanello [PN] **47** C2
Azzano [CO] **23** D1-2
Azzano [CR] **41** B4
Azzano [LU] **95** E2
Azzano [PC] **55** F3
Azzano [PG] **125** B2-3
Azzano [UD] **33** D2
Azzano d'Asti [AT] **53** E3
Azzano Décimo [PN] **47** D1
Azzano Mella [BS] **41** E4
Azzano San Paolo [BG] **41** BC2-3
Azzarini, Monte- **23** F1
Azzate [VA] **23** A3
Azzida [UD] **33** DE2
Azzinano-Morelli [TE] **135** A1
Azzio [VA] **23** A2
Azzone [BG] **25** C3
Azzoni, Rifugio- **23** E2
Azzonica [BG] **41** B2
Azzurra, Grotta- **95** BC2

B

Babano [TO] **65** E1-2
Baby Snow Park **19** FG1-2
Baccagnano [RA] **99** E1-2
Baccaiano [FI] **105** B2-3
Baccanella [PI] **103** E3
Baccano [ROMA] **137** E2
Baccano [SP] **95** C2
Baccarecce [RI] **133** D3
Bacchereto [PO] **105** A2
Bacchetta, Cima della- **25** D2-3
Bacchetti [PC] **71** B3
Bacchi [VR] **43** F3
Bacchiglione, Fiume- **63** D2
Baccinello [GR] **121** D3
Bacciolino [FC] **99** FG2
Bacedasco [PC] **71** D2-3
Bacedasco, Terme di- **71** D2
Baceno [VB] **5** D2
Baciano [AR] **107** A3
Bacino, il- **121** C4
Bacugno [RI] **133** D1
Bacugno, Monte- **125** C3
Badagnano [PC] **71** C2
Badaiuz [UD] **17** BC2
Bad Altprags / Bagni di Bráies Vécchia [BZ] **3** E3
Badalucco [IM] **93** CD3
Badana, Lago- **69** B3
Badani [SV] **67** FG3-4
Bad Bergfall / Bagno di Pervalle [BZ] **3** DE3
Bad Dreikirchen / Tre Chiese [BZ] **11** EF2
Badesse [PV] **55** D2
Badesse [SI] **113** A1
Badetto [BS] **25** DE2-3
Bad Froi / Bagni Froi [BZ] **13** A2
Badi [BO] **97** EF2
Badia **103** D2
Badía [AQ] **141** D2
Badía [AR] **113** E1-2
Badía [BO] **89** B2
Badía [BS] **41** E3
Badía [FI] **105** AB3
Badía [GE] **69** A3
Badía [PG] **115** D3
Badía [PG] **115** BC2
Badía [PG] **113** EF3
Badía / Abtei [BZ] **13** C2
Badía, la- [PG] **115** AB3
Badía, la- [PG] **115** DE1
Badía, la- [PO] **97** F2
Badia, Poggio- **111** C2
Badia, Val- / Gadertal **13** C1-2
Badía Agnano [AR] **105** E4
Badía Agnano [FI] **99** C3
Badía al Pino [AR] **113** D1
Badía a Passignano [FI] **105** C3
Badía Ardenga [SI] **113** B3
Badía a Rípoli [FI] **105** C2
Badía a Ruoti [AR] **113** C1
Badía a Séttimo [FI] **105** B2
Badía a Taona [PT] **97** E2
Badía Calavena [VR] **43** EF3
Badía Cantignano [LU] **103** CD2
Badiáccia a Montemuro [SI] **105** D3
Badía Coltibuono [SI] **105** D3-4
Badía di Dulzago [NO] **37** F1
Badía di Susinana [FI] **99** C2
Badía Pavese [PV] **57** A3
Badía Petróia [PG] **115** AB1
Badía Polésine [RO] **61** C3
Badía Pratáglia [AR] **107** A2
Badía Prataglia, Riserva Naturale- **107** A2
Badía Tedalda [AR] **107** C2
Badia Tega [AR] **105** F2-3
Badicorte [AR] **113** D1-2
Badicroce [AR] **113** E1
Badile [MI] **39** C2
Badile, il- **21** C3
Badile, Pallone del- **21** C2
Badile Camuno, Pizzo- **25** E2-3
Badiola [GR] **121** A3
Badiola [PG] **115** B3
Badiola, Casa- [GR] **121** A3
Bad Moos / Bagni di San Giuseppe [BZ] **13** F1
Badó, Bric- **81** DE2
Badoer, Ca'- [RO] **77** C1
Badoere [TV] **45** F3
Badolo [BO] **89** C2
Badoni [PC] **71** B3
Bad Rahmwald / Bagni di Selva [BZ] **3** CD3
Bad Ratzes / Bagni di Rázzes [BZ] **13** A2
Bad Salomonsbrunn / Bagni di Salomone [BZ] **3** E2-3
Bad Salt / Bagni di Salto [BZ] **11** A2
Bad Süß / Bagno Dolce [BZ] **11** E2
Bad Untermoi / Bagni di Antermóia [BZ] **13** BC1
Baffadi [RA] **99** C1
Baffe, Punta- **85** A3
Bagaggiolo [TV] **47** B3
Baganza, Torrente- **85** E1
Baganzola [PR] **71** F2
Bagazzano [MO] **73** DE3-4
Baggero, Oasi di- **23** D3
Baggi [VI] **45** D2
Bággio [MI] **39** C2
Bággio [PT] **97** E2-3
Baggiovara [MO] **87** F1
Baghetti [PR] **71** D4
Bagnà, Punta- **51** B1-2
Bagnacavallo [RA] **91** C2
Bagnáia [LI] **119** BC2
Bagnáia [PG] **115** B3
Bagnáia [SI] **113** A2
Bagnáia [VT] **131** CD2
Bagnana [CO] **23** CD2
Bagnara [CR] **57** E3
Bagnara [PG] **115** EF3
Bagnara [VE] **47** E1-2
Bagnara di Romagna [RA] **91** BC2
Bagnária [PV] **69** D1-2
Bagnária Arsa [UD] **49** C1
Bagnarola [BO] **89** D1
Bagnarola [FC] **101** AB1-2
Bagnarola [PN] **47** E1
Bagnasco [AT] **53** D2-3
Bagnasco [CN] **81** D2
Bagnática [BG] **41** C2-3
Bagnaturo [AQ] **141** D2
Bagnena [AR] **105** F3
Bagni [PN] **15** E3
Bagni [TN] **11** B3
Bagni [TR] **123** C3
Bagni del Másino [SO] **7** F3
Bagni di Antermóia / Bad Untermoi [BZ] **13** BC1
Bagni di Bráies Vécchia / Bad Altprags [BZ] **3** E3
Bagni di Cantúccio / Winkelbad [BZ] **3** D2
Bagni di Crodo [VB] **5** D2
Bagni di Lavinia Bianca / Weißlahnbad [BZ] **11** F2-3
Bagni di Lucca [LU] **97** C2
Bagni di Lusnizza [UD] **17** D1-2
Bagni di Mezzo / Mitterbad [BZ] **11** C2
Bagni di Mommialla [FI] **103** F4
Bagni di Petriolo [SI] **113** A3
Bagni di Rabbi [TN] **11** A3
Bagni di Rázzes / Bad Ratzes [BZ] **13** A2
Bagni di Salomone / Bad Salomonsbrunn [BZ] **3** E2-3
Bagni di Salto / Bad Salt [BZ] **11** A2
Bagni di San Giuseppe / Bad Moos [BZ] **13** F1
Bagni di Selva / Bad Rahmwald [BZ] **3** CD3
Bagni di Sgúmes / Schgumshof [BZ] **9** F1
Bagni di Stigliano [ROMA] **137** C2
Bagni di Tivoli [ROMA] **145** E1
Bagni di Vicarello [ROMA] **131** D3
Bagni di Vinadio [CN] **79** B2
Bagni Froi / Bad Froi [BZ] **13** A2
Bagnile [FC] **91** E3
Bagni Nuovi [SO] **9** E2
Bagni San Filippo [SI] **123** A2
Bagni Stravignano [PG] **115** E3
Bagni Vecchi [SO] **9** E1-2
Bagno [AQ] **133** F3
Bagno [FC] **99** E2
Bagno [RE] **73** C3-4
Bagno, il- [FC] **99** D2
Bagno, Rio- **123** E3
Bagno, Torrente del- **123** C2
Bagno al Morbo [PI] **111** D2
Bagno a Ripoli [FI] **105** C2
Bagno Busseto **131** E2
Bagno di Cética [AR] **105** E2
Bagno di Gavorrano [GR] **121** A2
Bagno di Pervalle / Bad Bergfall [BZ] **3** DE3
Bagno di Piano [BO] **89** C1
Bagno di Romagna [FC] **99** E3-4
Bagno Dolce / Bad Süß [BZ] **11** E2
Bagnola [MC] **117** DE1
Bagno la Perla [PI] **111** D2
Bagnoletto [PD] **63** B2
Bagnoli [PD] **63** B1
Bagnoli della Rosandra [TS] **49** G3
Bagnoli di Sopra [PD] **63** B2
Bagnolo [AR] **115** A1-2
Bagnolo [FC] **99** E1-2
Bagnolo [FI] **105** C2
Bagnolo [GR] **121** E2
Bagnolo [GR] **113** A3
Bagnolo [PC] **71** D2
Bagnolo [PO] **97** F3
Bagnolo [TV] **29** E3
Bagnolo [VI] **61** C1
Bagnolo [VR] **59** D2
Bagnolo [VR] **59** E1-2
Bagnolo [VT] **131** E2
Bagnolo, Terme del- **111** CD2-3
Bagnolo Cremasco [CR] **57** B1
Bagnolo di Po [RO] **75** CD1
Bagnolo in Piano [RE] **73** BC3
Bagnolo Mella [BS] **57** EF1
Bagnolo Piemonte [CN] **65** D2
Bagnolo San Vito [MN] **59** D3
Bagnolo Scuole [FC] **99** F1
Bagnone [MS] **85** DE2-3
Bágnore [GR] **121** E2
Bagnorégio [VT] **123** C4
Bagnoro [AR] **107** A4
Bagno Roselle [GR] **121** B3
Bagno Vignoni [SI] **113** C3
Bagoligolo, Monte- **43** A1
Bagolino [BS] **43** A1-2
Bai, Torrente- **121** B2
Báia [MO] **75** B2
Baiaffo, Monte- **71** E2-3
Baiana [AN] **109** E3
Baiardo [IM] **93** C3
Baiedo [LC] **23** E2
Baigno [BO] **97** F2
Baima [TO] **35** F3
Báio Dora [TO] **37** AB1
Báiro [TO] **37** A2
Baiso [RE] **87** D1-2
Baite [MN] **59** B1-2
Baitone, Corno- **25** E1-2
Baitone, Lago- **25** E2
Baitoni [TN] **43** B2
Bala, Giogo della- **43** A1
Balangero [TO] **35** EF3
Balatro [FI] **105** C2
Balbano [LU] **95** F3-4
Balbi [CN] **67** E2
Balbiano [MI] **39** E2
Balbo [TO] **53** A3
Balboutet [TO] **51** CD2
Balconcello [MN] **59** BC3
Balconevisi [PI] **103** EF3
Baldami [PG] **115** B3
Baldaria [VR] **61** C1-2
Baldichieri d'Asti [AT] **53** D3
Baldignano [AR] **107** B3
Baldissero Canavese [TO] **37** A2
Baldissero d'Alba [CN] **67** C2
Baldissero Torinese [TO] **53** B2
Baldo, Monte- [It.] **43** CD2-3
Baldo, Monte- [VI] **27** F3
Balduina [PD] **61** D3
Balestra, Pian di- [BO] **99** A1
Balestrino [SV] **81** DE3
Balignano [FC] **101** AB2
Balisio, Colle di- **23** E2
Ballabio [LC] **23** E2
Ballabio Inferiore [LC] **23** E2
Ballabio Superiore [LC] **23** E2
Ballano, Lago- **85** E2
Ballino [BS] **59** B1
Ballino [TN] **27** A3
Balló [VE] **63** C1
Ballone [PR] **87** A2
Ballone, Poggio- **121** A2-3
Balma [TO] **51** D2-3
Balma [TO] **35** DE3
Balma [VC] **21** B2
Balma, la- [VB] **5** CD2
Balma, Rifugio- [CN] **81** B2
Balma, Rifugio- [TO] **51** E2
Balme [TO] **35** D3
Balme, Aia delle- **65** D2
Balme, Cima delle- **21** C3
Balme, La- [AO] **19** B2
Balmúccia [VC] **21** C2-3
Balniscio, Passo di- **7** D2
Balocchi, Case- [RE] **87** C3
Balocco [VC] **37** D2
Balossa Bigli [PV] **55** C2
Balzarine [VA] **23** B3
Balze [FC] **107** B2
Balze, Le- **111** CD1
Balzi Rossi **93** B4
Balzo [AP] **125** E2-3
Bálzola [AL] **55** A1
Banchetta, Monte- **51** C3
Banchette [TO] **37** B2
Banco [TN] **11** C3
Báncole [MN] **59** C2
Bande [MN] **59** B1
Banderuola, Pizzo- **9** C3
Bandita [AL] **69** A3
Bandita [LI] **111** B3
Bandita, la- [PI] **111** B2
Bandita, Monte la- **125** D2
Bandita, Poggio la- **111** C3
Banditaccia, Necrópoli della- **137** C2-3
Bandita Cilleni [PG] **115** E3
Banditella [GR] **129** C1
Banditelle [LI] **111** B3
Banditelle, le [PI] **111** B1
Bandito [CN] **67** B2
Bando [FE] **91** C1
Bando [PN] **47** E1
Banengo [AT] **53** D2
Banna [TO] **53** C3
Banna, Torrente- **53** B3
Banne [TS] **49** F2-3
Banni [TO] **35** G3
Bannia [PN] **31** D3
Bannio Anzino [VB] **21** C1-2
Bannone [PR] **73** A3-4
Bano, Monte- **69** D3-4
Banzena [AR] **107** A2
Banzola [PR] **71** E3
Banzola [PR] **71** D3
Banzola [PR] **71** E3
Banzolo [PC] **71** B3-4
Banzuolo [MN] **73** B2
Baone [PD] **61** DE2
Barabana [BO] **89** E1
Barabò [VR] **59** E2
Baracca, la- [AR] **107** AB3-4
Baracca, la- [SP] **85** B3
Baracca, Monumento a- **45** FG2
Baracco [CN] **81** B2
Baráccola, la- [AN] **109** EF3
Baraccone, Bric- **81** E1
Baraccone, Monte- [IM] **93** B3-4
Baraccone, Monte- [SV] **81** EF1-2
Baragazza [BO] **97** G2
Baragge, Riserva Naturale delle- **37** D1
Baraggia [NO] **37** F1
Baraggia [NO] **21** E3
Barággia [NO] **21** E3-4
Baraggione [NO] **21** EF3-4
Baralla, Poggio- **107** A2
Baranci, Croda dei- / Birkenkofel **13** E1
Baranci, Rifugio- **3** F3
Barano [AQ] **133** E3
Barant, Colle- **65** C2
Barant, Rifugio- **65** C2
Baranzate [MI] **39** C1
Baranzuolo [GE] **83** EF2
Barasso [VA] **23** A2-3
Barate [MI] **39** C2
Baratte [TO] **51** E2
Baratti [LI] **119** CD1
Baratti, Golfo di- **111** AB3
Barattina [VC] **21** D2
Barazzetto [UD] **33** B2
Barba [PT] **97** E3
Barbacanale, Punta di- **49** D2-3
Barbagelata [GE] **83** E1-2
Barbania [TO] **35** F3
Barbano [VI] **61** DE1
Barbanti [PU] **109** AB3
Bárbara [AN] **109** BC3
Barbara Lowrie, Rifugio- **65** C2
Barbarano [BS] **43** B3
Barbarano, Torrente- **43** B3
Barbarano Romano [VT] **131** C3
Barbarano Vicentino [VI] **61** D1
Barbarasco [MS] **85** D3
Barbaresco [CN] **67** D2
Barbaria, Monte- **29** D3
Barbaricina [PI] **103** BC2
Barbariga [BS] **57** E1
Barbariga [PD] **61** C3
Barbarolo [BO] **89** CD3
Barbaso [AT] **53** C2
Barbasso [MN] **59** D3
Barbassolo [MN] **59** D3
Barbata [BG] **41** C4
Barbata [BG] **25** AB3
Barbata, Foppa- **25** A3
Barbavara [PV] **39** A2
Barbeano [PN] **31** E2
Barbei [CN] **81** D1
Barbellino, Lago Inferiore del- **25** C2
Barbellino, Lago Superiore del- **25** C2
Barbera, Cascina- [VC] **37** CD3
Barbera, Rifugio- **81** AB2-3
Barberi [PE] **135** D2
Barberino, Parco del- **25** D3
Barberino di Mugello [FI] **99** A2-3
Barberino Val d'Elsa [FI] **105** BC3
Barbeston, Monte- **19** F2
Barbè Superiore [VB] **21** FG1-2
Barbi [SI] **113** C3
Barbialla [FI] **103** F3
Barbian / Barbiano [BZ] **11** EF2
Barbiana [FI] **99** B3
Barbianello [PV] **55** E2
Barbiano [AR] **105** E2
Barbiano [RA] **91** C2
Barbiano / Barbian [BZ] **11** EF2
Barbigarezza [PR] **85** BC1-2
Barbisanello [TV] **47** A1
Barbisano [TV] **47** A1
Barbischio [SI] **105** D4
Barbona [MO] **87** E2
Barbona [PD] **61** E3
Barbona, Monte- **97** C3
Barbotto [FC] **101** A3
Barbúglio [RO] **61** D3
Barbustè [AO] **19** F2
Barbuzzera [CR] **57** B1
Barca [AL] **55** CD3
Barca [SI] **113** B1
Barca [TO] **53** B2
Barca, Monte- **85** E3
Barcáccia, la- [PG] **115** D2
Barca del Grazi, la- [GR] **129** C1
Barcanello [AL] **69** B2
Barcara [AT] **53** E3
Barcarola [VI] **45** B1-2
Bar Cenisio [TO] **35** B3
Barche [AO] **19** EF2
Barche [PD] **45** CD3
Barche [TV] **45** F1
Barche di Castiglione [MN] **59** B1
Barchessa [BO] **89** E1
Barchessa [PD] **61** D3
Barchessa Ravagnan [RO] **77** E1-2
Barchi [MN] **59** A2
Barchi [PU] **109** B2-3
Barchi Breo [CN] **81** C2-3
Bárcis [PN] **31** C1
Bárcis, Lago di- **31** C1
Barco [BS] **57** D1
Barco [FI] **99** B2
Barco [LC] **23** E2-3
Barco [PN] **47** CD2
Barco [RE] **73** AB3
Barco [TN] **27** DE2-3
Barco [TV] **47** A1-2
Barco [VR] **59** E1
Barco, Cima del- **115** D1-2
Bárcola [TS] **49** F2-3
Barcon [TV] **45** EF2
Barcuzzi [BS] **43** A3-4
Bard [AO] **37** A1
Bardalone [PT] **97** E2
Bardassano [TO] **53** BC2
Bardella [AT] **53** C2
Bardelle [MN] **73** D1
Bardello [VA] **21** G2-3
Bardi [PR] **71** C4
Bardi, Case- [GR] **121** C3
Bardies [BL] **29** D2
Bardine di San Terenzo [MS] **95** D1-2
Bardineto [SV] **81** D2
Bardino [SV] **81** E2
Bardino Nuovo [SV] **81** E2
Bardino Vecchio [SV] **81** E2
Bardolino [VR] **43** C3
Bardone [PR] **71** E4

Bardonécchia [TO] **51** B2
Bardonetto [TO] **35** EF2
Bardoney [AO] **35** E1
Bareggio [MI] **39** BC2
Barengo [NO] **37** EF1
Barengo [TO] **37** B2-3
Baresi [BG] **25** A3
Barete [AQ] **133** E2
Barga [LU] **97** B2
Bargagli [GE] **83** D2
Barge [CN] **65** DE2
Bargécchia [LU] **97** A3
Barghe [BS] **43** A2-3
Bargi [BO] **97** F2
Bargino [FI] **105** BC3
Bargnana [BS] **41** DE3
Bargnano [BS] **41** E4
Bargni [PU] **109** AB2
Bargone [GE] **85** A3
Bariano [BG] **41** C3-4
Baricella [BO] **75** D3-4
Baricella, Torrente- **135** C2
Baricetta [RO] **77** BC1
Barifreddo, Monte- **51** CD3
Barigazzi [PR] **71** C4
Barigazzo [MO] **87** D3
Barigazzo, Monte- **71** C4
Barile [PT] **97** E3
Barina [PD] **45** D3
Barisano [FC] **91** D3
Barisciano [AQ] **135** A2-3
Barisciano, Lago di- **135** A2
Barisonzo [PV] **55** D3
Barlassina [MI] **23** C3-4
Barme [AO] **19** G2-3
Barna [CO] **23** D1
Barna, Cima di- **7** D2
Barnes, Torrente- **11** B3
Barni [CO] **23** D2
Baroli [CN] **67** C2
Barolo [CN] **67** C3
Barona [PV] **55** E1
Baróncia [MC] **117** C2-3
Barone, Monte- **21** CD3
Barone Canavese [TO] **37** B2-3
Baroni [TO] **51** D2
Baroni Mazzaschi [PC] **71** D3
Barosi [AL] **67** F3
Barp [BL] **29** DE1-2
Barquedo [NO] **21** EF3
Barra [CN] **65** DE3
Barriano Contra [LC] **23** DE3
Barricata **27** F3
Barricate, le- **79** AB1
Barro, Monte- **23** E2-3
Bartolacelli **87** E2
Bártolo, Sella di- **17** E1
Bartolo Sattel **17** E1
Baruccana [MI] **23** CD3-4
Barúccio [AN] **109** A4
Baruchella [RO] **61** C3
Baruffini [SO] **9** D3
Barullo [AR] **113** E2
Barza [VA] **21** F3
Barzago [LC] **23** D3
Barzana [BG] **41** B2
Barzaniga [CR] **57** D2
Barzanó [LC] **23** D3
Barzesto [BG] **25** C2
Bárzio [LC] **23** E2
Barzizza [BG] **41** D1-2
Bárzola [VA] **21** F3
Basagliapenta [UD] **33** B2-3
Basaldella [PN] **31** D2
Basaldella [UD] **33** C2
Basalghelle [TV] **47** BC1-2
Basaluzzo [AL] **69** B2
Bascapé [PV] **39** D3
Baschi [TR] **123** D3-4
Baschi, Stazione di- **123** D3
Bascianella [TE] **135** B1
Basciano [SI] **113** A1
Basciano [TE] **135** B1
Bascio [PU] **107** C2
Basedo [PN] **47** D1-2
Baséglia-Gáio [PN] **31** E2
Basei, Punta- **35** C2
Baséleghe, Porto di- **47** E3
Baselga [TN] **11** BC3
Baselga del Bondone [TN] **27** C2
Baselga di Pinè [TN] **27** D2
Basélica [PR] **85** CD1-2
Basélica [PV] **55** E2
Basélica Bologna [PV] **39** C3
Basélicaduce [PC] **71** D2
Basella [BG] **41** C3
Basiago [RA] **91** C3
Basiano [MI] **39** E1
Basiasco [LO] **57** B2
Basíglio [MI] **39** CD2-3
Basiliano [UD] **33** B2
Basilicagoiano [PR] **73** A3
Basilicanuova [PR] **73** A3
Baslan / Basling [BZ] **11** C2
Basling / Baslan [BZ] **11** C2
Basódino, Monte- **5** E1
Basoia [PN] **15** C3
Basovizza [TS] **49** G3
Bassa, Casa- [PC] **71** D2
Bassa, Forcella- **15** B3
Bassa, la- [MN] **59** C2
Bassa di Mai [PR] **71** E2
Bassano [AN] **115** F1-2
Bassano [VA] **7** A4
Bassano, Rifugio Albergo- **45** D1
Bassano Bresciano [BS] **57** E1-2
Bassano del Grappa [VI] **45** D2
Bassano in Teverina [VT] **131** D2
Bassano Romano [VT] **131** D3
Bassano Romano, Stazione di- **137** C1
Basset, Colle- **51** C2-3
Bassignana [AL] **55** B2-3
Bássola [NO] **21** E2-3
Basso Merse, Riserva Naturale- **113** AB3
Bassone [MS] **85** CD2
Bassone, Oasi del- **23** C3
Bassura [CN] **65** C3-4
Bassura, Monte- **79** A1-2
Bastardo [PG] **125** A2
Bastelli [PR] **71** E2
Bastía [AN] **115** E1
Bastía [BL] **29** EF2
Bastía [MN] **59** E3
Bastía [PD] **61** D1
Bastía [SV] **93** EF2
Bastía [VC] **21** D3
Bastía [VC] **37** D2
Bastía, la- **97** D2-3
Bastía, Monte- **83** D2
Bastía Mondoví [CN] **81** C1
Bastía Umbra [PG] **115** D3
Bastida de' Dossi [PV] **55** C2
Bastida Pancarana [PV] **55** D2
Bastiglia [MO] **73** DE3
Bastiola [PG] **115** D3
Bastiola, Monte- **115** B1-2
Bastione, Monte- **99** A1-2
Bastione, Poggio al- **111** C2
Bastita [CN] **65** F3-4
Basto [TE] **127** BC3
Bastrémoli [SP] **95** BC1-2
Batignano [GR] **121** BC2
Battaglia [LO] **57** B2
Battaglia [TE] **127** C3
Battáglia, Canale della- **63** A1-2
Battaglia, Lago della- **21** A3
Battáglia Terme [PD] **61** E2
Battaglione [CR] **57** E3
Battagliosi [AL] **69** A3
Battedizzo [BO] **89** C2
Battel **21** BC1-2
Battiferro [TR] **125** B4
Battifolle [AR] **105** F4
Battifolle, Monte- **97** CD2-3
Battifollo [CN] **81** CD1-2
Battista, Masseria- [CB] **143** D3
Battisti, Rifugio- **87** C3
Battisti Cesare, Rifugio- [TN] **27** C2
Battisti Cesare, Rifugio- [VI] **43** E2
Battuda [PV] **39** C3
Battuello [MI] **39** B2
Baucca [PG] **107** C4
Baudenasca [TO] **51** F3
Bauducchi [TO] **53** B3
Bauernkohlern / Col di Villa [BZ] **11** E3
Baura [FE] **75** E2
Bausone [TO] **53** C2
Baussetti, Monte- **81** C2
Bavantore [AL] **69** C2
Bavantorino [AL] **69** C2
Bavareto [MC] **117** A3
Bávari [GE] **83** CD2
Bavaria [TV] **47** A2
Bavarione, Monte- **21** F1
Bavaroi [TV] **31** B3
Bavastrelli [GE] **69** DE3
Bavastri [GE] **69** DE3
Baveno [VB] **21** EF2
Baver [TV] **31** B3
Bazena [BS] **43** A1
Bazza [MN] **59** D2-3
Bazzana [AT] **67** F2
Bazzano [AQ] **133** F2-3
Bazzano [BO] **89** B1-2
Bazzano [PR] **87** C1
Bazzano Inferiore [PG] **125** B3
Bazzano Superiore [PG] **125** B3
Beano [UD] **33** B2-3
Beata Vergine del Cóvolo **45** D1
Beate Sante, Éremo delle- **109** B2
Beato Ángelo, Badia del- **109** C4
Beato Giolo, Grotta del- **125** C2
Beaulard [TO] **51** B2
Beaume [TO] **51** BC2
Beauregard, Lago di- **19** C3
Bébbio [RE] **87** D2
Beber [VI] **43** F2
Becca, Ponte della- **55** E2
Beccacivetta [VR] **59** D1
Beccara [BI] **21** B3-4
Becchei, Col- **13** D2
Béccia, La- [AR] **107** A2
Becco, Cima del- **79** E2-3
Becco, Monte- **83** D2
Becco d'Ovaga **21** D3
Becco Rosa **53** F2-3
Becetto [CN] **65** D3
Bechis, Rifugio- **51** CD2
Bechit, Monte- **37** B1
Bedale Intersile **79** B1
Bedale Tibert **65** D4
Bédero Valcuvia [VA] **23** A2
Bédero Valtraváglia [VA] **23** A2
Bedizzano [MS] **95** D2
Bedizzole [BS] **43** A3-4
Bedóglio [SO] **25** B1
Bedogno [RE] **87** C1
Bédole [TN] **25** F1
Bédole, Rifugio- **25** F1
Bedolina [SO] **7** DE3
Bedollo [TN] **27** D1-2
Bedónia [PR] **85** B1-2
Bedulita [BG] **41** B2
Beduzzo [PR] **87** AB1
Bèe [VB] **21** F2
Befa, la- [SI] **113** B3
Beffi [AQ] **141** BC1
Begato [GE] **83** C2
Begosso [VR] **61** C3
Begozzo [MN] **73** C2
Beguda [CN] **79** D1
Béigua, Monte- **83** A2
Beigua, Parco Naturale- **83** AB2
Beinasco [TO] **51** G2
Beinette [CN] **79** E1
Beivars [UD] **33** C2
Bel, Col- **13** B3
Belagaio, il- [GR] **113** A3
Belagaio, Riserva Naturale- **113** A3
Belbo, Torrente- **53** FG3
Belbrolo [MN] **59** C2
Bel Colle / Schönbichl **3** E2
Belfé [TO] **35** DE2-3
Belfiore [VE] **47** D2
Belfiore [VR] **61** BC2-3
Belfiore [VR] **61** B1
Belfiore, Cima- **87** B3
Belforte [MN] **59** B3
Belforte [PG] **125** C2
Belforte [PR] **85** D1
Belforte [SI] **111** E2
Belforte all'Isauro [PU] **107** D2
Belforte del Chienti [MC] **117** C2-3
Belforte Monferrato [AL] **69** AB3
Belgioioso [PV] **55** E1-2
Belgirate [VB] **21** F2-3
Belgrado [UD] **47** E1
Bella Comba, Lago di- **19** B2-3
Bellágio [CO] **23** D1-2
Bellaguarda [MN] **59** C3
Bellaguarda [MN] **73** B1-2
Bella Marsilia, Torre della- **129** B1
Bellamonte [TN] **13** A4
Bellano [LC] **23** D1
Bellano, Rifugio- **7** E4
Bellante [TE] **127** D3
Bellária [MO] **73** D2
Bellária [MO] **87** F1
Bellária [PU] **107** E3
Bellária [RN] **101** B1-2
Bellária [SI] **113** C3
Bellária, Ex Parrocchia di- **101** B2
Bellária-Igea Marina [RN] **101** B1-2
Bellariva [RN] **101** C2
Bellásola [PR] **85** E2
Bellavalle [PT] **97** E2
Bellavarda, Monte- **35** E2
Bellavista [GR] **111** D3
Bellavista [GR] **121** C4
Bellavista, Rifugio- / Schönblick **13** A2
Bellavista, Rifugio- / Shöne Aussicht **1** C2
Belle Combe, Guglia di- **19** C1
Belledo [LC] **23** E2
Belleface, Monte- **19** B2
Bellegra [ROMA] **139** D3
Bellena [PR] **71** F2
Bellini, Case- [PR] **71** E3
Bellino [CN] **65** BC3
Bellino, Monte- **129** E1-2
Bellino, Rio- **81** B2
Bellinzago Lombardo [MI] **39** E1
Bellinzago Novarese [NO] **37** F1
Bellísio Solfare [PU] **109** A3
Bellissimi [IM] **93** D3
Belloca [PU] **109** A2
Bellocca, Monte- **43** E3
Bellocchi [PU] **109** B2
Bellocchio [FE] **91** E1
Bellombra [RO] **77** C1-2
Bellori [VR] **43** DE3
Belloro, Cima di- **25** B3
Bellotti [BL] **29** B2
Belluno [BL] **29** E1-2
Belluno Veronese [VR] **43** D2
Bellusco [MI] **39** E1
Bellussi [TV] **47** B1-2
Belmonte [FI] **99** B1
Belmonte, Santuario di- **35** F2
Belmonte in Sabina [RI] **133** C2-3
Belmonte Piceno [AP] **117** E3
Belnome [PC] **69** E2-3
Beloria, la- [PR] **57** E3-4
Belpiano / Schöneben [BZ] **1** A2
Belpo, Monte- **43** C3
Bel Pra, Cima- **13** E3
Belprato [BS] **43** A2
Belprato / Schönau [BZ] **1** E1
Belricetto [RA] **91** C1-2
Belsedere [SI] **113** C2
Belvedere [AN] **115** F2
Belvedere [BO] **99** B1
Belvedere [CO] **23** BC1-2
Belvedere [CR] **57** DE2
Belvedere [GR] **111** E3
Belvedere [LI] **111** BC3
Belvedere [MN] **59** AB3
Belvedere [MN] **59** C2
Belvedere [PG] **115** D2
Belvedere [PG] **125** B4
Belvedere [PN] **47** E1-2
Belvedere [PU] **109** A2
Belvedere [TN] **29** A2-3
Belvedere [TN] **27** D3
Belvedere [TN] **11** CD3
Belvedere [TR] **123** B2
Belvedere [UD] **49** D2
Belvedere [VI] **61** D1
Belvedere, Casa- [PU] **107** E3
Belvedere, Monte- [AO] **19** B2
Belvedere, Monte- [Em.Rom.] **97** E1
Belvedere, Monte- [MS] **95** DE2
Belvedere, Monte- [RI] **133** C2
Belvedere, Punta- **43** B3
Belvedere, Rifugio- **29** BC2
Belvedere Fogliense [PU] **107** EF1-2
Belvedere Langhe [CN] **67** C3-4
Belvedere Ostrense [AN] **109** C3
Belveglio [AT] **67** EF1-2
Belverde, Grotta di- **123** AB1-2
Belviso, Lago di- **25** C2
Belviso, Passo di- **25** C2
Belviso, Val- **25** C2
Bema [SO] **7** F4
Benábbio [LU] **97** C2-3
Benaco → Garda, Lago di- **43** B3
Benano [TR] **123** BC3
Béndola, Torrente- **35** G3
Beneceto [PR] **73** A2-3
Benedello [MO] **87** F2
Benedetto, Lago- **25** E1
Bene Lário [CO] **23** CD1
Benenti [CN] **67** C3
Bene Vagienna [CN] **67** BC3
Benevello [CN] **67** D3
Benévolo, Rifugio- **35** C1
Bengodi [BS] **43** A3
Bengodi [GR] **129** B1
Beni, Monte- **99** A1-2
Benna [BI] **37** C1-2
Benna, Monte- **25** F2
Benne [TO] **65** EF2
Benne [TO] **35** F3
Benne Alte [TO] **65** EF2
Benot [TO] **51** E2-3
Bentivóglio [BO] **89** D1
Benvignante [FE] **75** E3
Benzi [AL] **67** FG3
Béolo [RO] **63** B3
Berba, Bec- **81** F2
Berbenno [BG] **41** B2
Berbenno di Valtellina [SO] **25** A1-2
Berceto [PR] **85** DE1-2
Berchiotto [TO] **35** F2
Bercia, Colle di- **79** DE1-2
Beregazzo [CO] **23** B3
Beregazzo con Figliaro [CO] **23** B3
Bereguardo [PV] **39** BC3
Bereguardo, Naviglio di- **39** B2
Berenzi [MN] **59** A2
Berg / Monte [BZ] **11** D3
Berg, Rifugio- / Vagabunden Hütte **13** B3
Berga [AL] **69** D3
Bergamasco [AL] **67** F1-2
Bergamo [BG] **41** BC2
Bergamo, Rifugio- / Grasleiten-Hütte **13** A2-3
Bergantino [RO] **61** B3
Bergassana [SP] **85** BC3
Bergeggi [SV] **81** F2
Bergeggi, Isola di- **81** F2
Bergeggi, Riserva Naturale di- **81** F2
Bergere [CN] **67** C3
Bergeretti [TO] **51** EF2
Bergiola Foscalina [MS] **95** D2
Bérgiola Maggiore [MS] **95** D2
Bergkastel Spitze **1** B1
Bergóglio [CN] **67** BC2
Bérgolo [CN] **67** E3
Bergoncino [VI] **61** D2
Bérgoro [VA] **23** B3
Bergotto [PR] **85** D1
Berguarina [RO] **75** C1
Bergullo [BO] **89** F2-3
Berici, Monti- **61** CD1
Berlasco [PC] **55** F2
Berlasco [PC] **57** AB3
Berleta [FC] **99** DE3
Berlínghera, Monte- **7** E3
Berlinghetto [BS] **41** E3
Berlingo [BS] **41** E3-4
Berlini [PR] **71** C3-4
Bernadona [PR] **71** F2
Bernardi [TN] **27** E2
Bernaréggio [MI] **23** E3-4
Bernasconi, Rifugio- **9** EF2
Bernate [CO] **23** C3
Bernate [VA] **23** A3
Bernate Ticino [MI] **39** A2
Bernaude, Roche- **51** A2
Bernezzo [CN] **79** D1
Berni, Rifugio- **9** E2
Bernina **9** B2
Bernina, Passo del- **9** BC2
Bernina, Pizzo- **9** B2
Bernio, Casone- [VE] **63** D2
Bernocchi, Ca- [PV] **55** E3
Bernolda [RE] **73** C2
Bernuffi [VI] **45** B3
Beróide [PG] **125** B2-3
Berra [FE] **77** B1-2
Berretta, Col della- **29** B3
Berri [CN] **67** C3
Berriaz [AO] **19** FG2
Berrio Blanc, Monte- **19** B2
Berrioli [SV] **81** D2-3
Berro, Pizzo- **7** F4
Berroni [AL] **53** F2
Bersani [PC] **71** C2-3
Bersano [PC] **71** DE2
Bersézio [CN] **79** A1
Bersia [CN] **65** D3
Bersone [TN] **25** F3
Berta, Capo- **93** E3
Bertacchi, Rifugio- **7** E2
Bertassi [PC] **69** E3
Bertassi [TO] **51** F2
Berteri [CN] **67** C1-2
Bertésina [VI] **45** C3
Bertesseno [TO] **35** E3
Bertiaga, Monte- **45** C1-2
Bertigaro [GE] **83** F2
Bertigo [VI] **45** C1
Bertinoro [FC] **99** F2
Bertiolo [UD] **33** B3
Bertipáglia [PD] **63** B1-2
Bertocchi [MO] **87** F3
Bertoldi [TN] **27** D3
Bertolini Soprani [CN] **81** BC1-2
Bertolini Sottani [CN] **81** B1
Bertolotti [SV] **81** E2
Berton, Bec- **69** A3
Bertone [PC] **69** E3
Bertone, Colle- **133** C1
Bertone, Parco delle- **59** C2
Bertoneria [TV] **45** F3
Bertónico [LO] **57** BC2
Bertonio [VB] **5** D2
Bertorella [PR] **85** C2
Bertrand, Mont- **81** AB3
Bertuzzi, Valle- **77** D3
Berzana [RE] **87** C2
Berzano di San Pietro [AT] **53** C2
Berzano di Tortona [AL] **55** C3
Berzi [IM] **93** C3
Berzigala, la- [MO] **87** E2
Berzin [AO] **19** F2
Berzo [BS] **25** DE2
Berzo Demo [BS] **25** DE2
Berzo Inferiore [BS] **25** D3
Berzola [PR] **87** B1
Berzonno [NO] **21** E3
Berzo San Fermo [BG] **41** D2
Bes [BL] **29** DE2
Besagno [TN] **43** D1-2
Besana in Brianza [MI] **23** D3
Besanigo [RN] **101** C2-3
Besano [VA] **23** B2
Besate [MI] **39** B3
Besco [RE] **87** D1
Bes-Cornapiana, Riserva Naturale- **43** D2
Besenello [TN] **27** C3
Beseno, Castel- **27** C3
Besenzone [PC] **71** D1-2
Besimáuda, Monte- **79** E2
Besmorello [CN] **79** B2
Besnate [VA] **23** A3
Bésolo [AT] **53** CD2
Besozzo [VA] **21** F2
Besózzola [PR] **71** D3
Bessa, Riserva Naturale della- **37** C2
Bessanese, Úia- **35** C3
Bessen [TO] **51** C3
Béssica [TV] **45** DE2
Béssimo [BS] **25** C3
Bestagno [IM] **93** DE3
Bestazzo [MI] **39** BC2
Bethaz, la- [AO] **19** C2-3
Betlemme [TO] **37** B3
Bettaforca, Colle del- **21** A2
Bettaforca, Monte- **21** A2
Bettale [VI] **43** F2
Bette [SO] **7** E2-3
Bettegno [BS] **57** E2
Bettenesco [CR] **57** DE2-3
Bettenesco [CR] **57** E2-3
Betti, Dosso- **25** D3
Béttola [BS] **59** A1
Béttola [MI] **39** BC2-3
Bettola [MI] **41** AB3
Béttola [MI] **39** DE2
Béttola [PC] **71** B3
Béttola [PU] **101** E3
Béttola [RE] **87** D1
Béttola [VB] **21** E1-2
Béttola [VC] **21** CD2-3
Béttole [BG] **41** C3
Béttole [BS] **41** E3
Béttole [BS] **41** F3-4
Béttole [VC] **21** D3
Béttole di Tortona [AL] **69** BC1-2
Bettolelle [AN] **109** CD2-3
Bettolina, Punta- **21** A2
Bettolle [SI] **113** D2
Bettona [PG] **115** C3
Bettuno [BG] **25** B3
Béura-Cardezza [VB] **5** D3
Bevadoro [PD] **45** D3-4
Bevagna [PG] **125** A2
Bevano, Bocca- **91** E2
Bevano, Torrente- **91** E2-3
Bevazzana [VE] **49** B2-3
Bévera **93** A3
Bevera [IM] **93** B3-4
Beverare [RO] **63** B3
Beverata [MN] **59** A2
Beverate [LC] **23** E3
Beverino [SP] **85** C3
Beverone [SP] **85** C3
Bevia [TN] **11** B3
Bevilácqua [FE] **75** B3
Bevilácqua [VR] **61** C2
Bévole [TO] **37** B2
Bevorchiáns [UD] **17** BC2
Bezzecca [TN] **43** C1
Bezzetti [MN] **59** B1
Bezzi, Rifugio- **35** C1
Bezzo [SV] **93** E2
Biacesa di Ledro [TN] **43** C1
Biácis [UD] **33** D2
Biádene [TV] **45** F2
Biagasco [AL] **55** D3
Biagi [MC] **117** BC2
Biágio, Poggio di- **123** C3-4
Biagioni [BO] **97** E2
Biana [PC] **71** B2-3
Bianca [ROMA] **137** B1-2
Bianca, Ca'- [VE] **63** DE1
Bianca, Cima- **19** F1
Bianca, Costa- / Weiße R. **11** A1
Bianca, Punta- [AO] **35** CD1
Bianca, Punta- [SP] **95** C2
Biancacamícia [SI] **113** CD3
Biancade [TV] **47** B3
Bianca Grande, Cima- / Weiße, Hohe- **1** E2
Biancanelle, Poggio- **103** D4
Biancanigi [PV] **55** D3
Biancanigo [RA] **91** B3
Bianche [CN] **81** CD2
Bianche di Telves, Cime- / Telfer Weißen **1** FG1
Bianchi [AT] **53** C3
Bianchi [CN] **65** D3
Bianchi [PR] **71** CD4
Bianco [BI] **21** C3-4
Bianco, Canale- **77** C1
Bianco, Corno- **21** B2-3
Bianco, Corno- / Sarntaler Weißhorn **3** A3
Bianco, Corno- / Weißhorn **11** E3
Bianco, Lago- [BL] **13** DE2
Bianco, Lago- [BS] **9** EF2-3
Bianco, Monte- **19** B1-2
Bianco, Pizzo- **21** B2
Bianco, Poggio- **111** B1
Bianconese [PR] **71** F2
Biandrate [NO] **37** E2
Biandronno [VA] **23** A2-3
Biandronno, Lago di- **21** G2-3
Bianzano [BG] **41** D2
Bianzè [VC] **37** C3
Bianzone [SO] **25** C1
Biassa [SP] **95** B2
Biassono [MI] **39** D1
Biauzzo [UD] **31** E3
Biazza [VR] **43** C2
Biban [TV] **47** A2
Bibano [TV] **31** B3
Bibbiana [FI] **99** BC2
Bibbiano [AR] **105** F3
Bibbiano [FI] **105** D2
Bibbiano [RE] **73** A3-4
Bibbiano [SI] **113** B3
Bibbiano [SI] **105** B4
Bibbiena [AR] **105** F2
Bibbona [LI] **111** B2
Bibbona, Riserva Naturale- **111** B2
Bibbona-Casale, Stazione- **111** B2
Bibele, Monte- **89** D3
Bibiana [TO] **65** D2
Bibiano [SI] **105** C4
Bibione [VE] **49** B3
Bibione Pineda [VE] **49** AB3
Bíbola [MS] **85** D3
Bibulano [BO] **89** C3
Bicchiere [PT] **97** D2

Bicco, Monte- 125 DE2
Bichl / Colle [BZ] 1 F1
Bicinicco [UD] 33 C3
Bicocca [NO] 37 F2
Bicocca [TO] 51 F3
Bicocca, Colle- 65 C3
Bidente, Fiume- 99 E2
Bidente di Corniolo, Fiume- 99 DE3
Biedano, Fosso- 131 B2-3
Biegno [VA] 7 A4
Biela, Pizzo- 5 E1
Bielciuken [AO] 21 B3
Biella [BI] 37 C1
Bielmonte [BI] 21 C3-4
Biena, Torrente- 113 B2
Bienate [MI] 39 A1
Bienno [BS] 25 D3
Bieno [TN] 27 F2
Biéntina [PI] 103 D2
Biestro [SV] 81 E1-2
Bietti, Rifugio- 23 E2
Biffi, Canale- 43 D2
Bifolchini, Casa- [GR] 121 E3
Biforco [AR] 107 A2
Biforco [FI] 99 C2
Bigarello [MN] 59 D2
Bigiardi [TO] 51 E1-2
Bigioni [RI] 133 C1
Biglini [CN] 67 C2
Biglio [MS] 85 DE2
Bignami, Rifugio- 9 B2-3
Bignone, Monte- [IM] 93 C3
Bignone, Monte- [SV] 93 F2
Bigolino [TV] 45 EF1
Bigotti [PC] 71 B3
Bilanciere, Monte- 127 BC4
Bilancino, Lago di- 99 A2-3
Bildstöckljoch / Santo, Forcella del- 1 C2
Bilegno [PC] 71 A1-2
Billiemme [VC] 37 E2-3
Binaghe, Monte- 85 D1-2
Binago [CO] 23 B3
Binami [PG] 113 E3
Binanuova [CR] 57 EF2
Binasco [MI] 39 C2-3
Bindo [LC] 23 E1-2
Bine, Oasi Le- 59 A3
Binio [TN] 27 A2
Bino, Lago- 71 B4
Binzago [BS] 43 A3
Binzago [MI] 39 CD1
Bio [TO] 35 E3
Biódola [LI] 119 B2
Biódola, Golfo della- 119 B2
Bióglio [BI] 37 C1
Biois, Torrente- 13 C3
Bioley [TO] 37 A1
Biolla [BI] 21 D3
Bionaz [AO] 19 E1
Bionde di Visegna [VR] 59 E2
Bione [BS] 43 A2-3
Bione, Col- 51 E2
Bionnassay, Aiguille de- 19 A1-2
Bionzo [AT] 67 E2
Bioula, Punta- 19 CD3
Birago [MI] 23 C3-4
Birándola [RA] 91 C3
Birbesi [MN] 59 B2
Birchabruck / Ponte Nova [BZ] 11 E3
Birkenkofel / Baranci, Croda dei- 13 E1
Birnlücke 3 F1
Birrone, Monte- 65 D3
Bisano [BO] 89 D3
Bisbino, Monte- 23 C2
Biscáccia [GE] 83 B2
Biscina [PG] 115 D2
Biscúbio, Torrente- 107 DE3
Bisdónio [TO] 35 F2
Bisegna [AQ] 141 C3
Biselli [PG] 125 C3
Biselli, Stretta di- 125 C3
Bisenti [TE] 135 B1
Bisentina, Isola- 131 B1
Bisentrate [MI] 39 E1-2
Bisenzio 131 B1
Bisénzio [BS] 43 A2
Biserna [FC] 99 DE3
Bisignano [AP] 127 AB2
Bisio [AL] 69 B2
Bisio [MC] 117 C3
Bismantova, Pietra- 87 C2
Bisnate [LO] 39 E2
Bisogno [VB] 5 D2-3
Bisorgno, Poggio- 121 D2
Bissina, Lago di- 25 EF2
Bissone [PV] 55 F2
Bistagno [AL] 67 F2-3
Bistrigna [GO] 49 DE2
Bisúschio [VA] 23 B2
Bivai [BL] 29 CD2
Bívera, Monte- 15 C2
Biverone [VE] 47 D2
Bivigliano [FI] 99 A3
Bivio, il- [FI] 99 A2
Bizzarone [CO] 23 B2-3
Bizzolano [MN] 59 A2-3
Bizzozero [VA] 23 AB3
Bizzuno [RA] 91 C2
Blacca, Corna- 43 A2
Blanc Giuir 35 DE1-2
Blanche, Tête- 19 F1
Blanchen, Gran Becca- 19 E1
Blandri [SV] 67 EF3-4
Blaustein 17 B1
Blavy [AO] 19 E2
Bleggio Inferiore [TN] 27 B2
Bleggio Superiore [TN] 27 AB2
Blegier, Colle- 51 C2
Blegni [CN] 67 E3
Blello [BG] 41 B1-2
Blera [VT] 131 C3
Blesaccia, Vetta- 9 C1
Blese, Corno di- 7 E2
Blesságlia [VE] 47 D2
Blessagno [CO] 23 C2
Blessano [UD] 33 B2
Bleu, Lago- [AO] 19 F1
Bleu, Lago- [CN] 65 B2-3
Blévio [CO] 23 C2-3
Blinnenhorn 5 D1
Blockhaus 141 E2
Blumau / Prato all'Isarco [BZ] 11 E2-3
Blumone, Cornone di- 25 E3
Blumone, Malga- 25 E3
Blussega, Dosso- 25 D3
Bo, Cima di- 21 BC3
Boara [FE] 75 DE2
Boara [VR] 61 C2
Boara Pisani [PD] 61 E3
Boara Polésine [RO] 61 E3
Boarezzo [VA] 23 B2
Boaria, Col della- 79 E2-3
Boário [BG] 25 B3
Boário Terme [BS] 25 D3
Boasi [GE] 83 D1-2
Boazzolo, Cima- 25 EF2-3
Bobba, Rifugio- 19 F1
Bobbiano [PC] 71 A2
Bobbiate [VA] 23 A3
Bóbbio [PC] 69 F2
Bóbbio, Terme di- 69 F2
Bóbbio Péllice [TO] 65 C2
Boca [NO] 21 E3
Bocca Callalta [TV] 47 B2
Bocca Chiávica [MN] 73 B1
Boccadasse [GE] 83 C2
Bocca di Biandino, Rifugio- 23 E1
Bocca di Ganda [MN] 73 C1
Bocca di Magra [SP] 95 C2
Bocca di Pantano, Casa- [AQ] 141 D3
Boccadirio, Santuario di- 97 G2
Bocca di Scala, Monte- 97 B1
Bocca di Sério [CR] 57 C2
Bocca di Strada [TV] 47 A1
Boccale, Torre del- 103 BC4
Boccaleone [FE] 91 B1
Bocca Nuova 143 F3
Boccardi [MN] 59 AB2
Boccarécio, Passo- 5 C1-2
Boccasette [RO] 77 E1-2
Boccassuolo [MO] 87 D3
Boccavecchia [RO] 63 DE3
Boccea [ROMA] 145 BC1
Boccetta [TR] 123 C3-4
Bocche, Cima- 13 B3
Bocche di Po, Riserva Naturale- 77 EF2
Boccheggiano [GR] 111 E3
Bocchere [MN] 59 B2
Bocchetta, Passo della- 69 C3
Bocchignano [RI] 133 B3
Bocciarda, Monte- 51 DE2
Bocciolaro [VC] 21 D2
Boccioleto [VC] 21 C2-3
Bocco [GE] 83 E2
Bocco, Monte- 85 E2
Bocco, Passo del- 85 A2
Boccolo dei Tassi [PR] 71 BC3-4
Boccolo Noce [PC] 71 B3-4
Boccon [PD] 61 D1-2
Bocconi [FC] 99 D2-3
Boccório [VC] 21 BC2-3
Bocenago [TN] 27 A2
Boceto [PR] 71 E2
Boceto [PR] 85 C1-2
Bodeina [TO] 65 C1-2
Bodelacchi [AL] 53 FG2-3
Bodengo [SO] 7 D3
Bodengo, Valle- 7 D3
Bodigoi [UD] 33 DE2
Bódio [VA] 23 A3
Bódio Lomnago [VA] 23 A3
Bo di Valsésia, Monte- 21 C3
Bodrello, Monte- 25 D3
Boé, Piz- 13 B2-3
Boério, Corno di- 9 E2
Boésimo [RA] 99 D2
Boffalora [PV] 55 E2-3
Boffalora [SO] 7 DE2
Boffalora, Castello di- 71 A2
Boffalora, Rifugio- 23 C1-2
Boffalora d'Adda [LO] 57 AB1
Boffalora sopra Ticino [MI] 39 AB2
Bogani, Rifugio- 23 E2
Boglelio, Monte- 69 E2
Bogli [PC] 69 E3
Bogliaco [BS] 43 B2-3
Bogliano [TO] 35 E3
Bogliasco [GE] 83 D2
Boglietto [AT] 67 E2
Boglio [CN] 81 D1
Bogliona, Torrente- 67 F2
Boglioni [RE] 87 E1
Bogna, Torrente- 5 C3
Bognanco [VB] 5 D3
Bognassi [PV] 69 E1-2
Bogogno [NO] 21 F3-4
Bogolese [PR] 73 A2-3
Boiago [TV] 45 FG2-3
Bóio [PR] 71 D4
Boion [VE] 63 C1-2
Boissano [SV] 81 E3
Bóite, Torrente- 13 EF3
Boite, Val- 13 E3
Bolago [BL] 29 DE2
Bolano [SP] 85 D3
Bolbeno [TN] 27 A2
Bolca [VR] 43 F3
Boldara [VE] 47 DE2
Boldeniga [BS] 41 E4
Boleto [VB] 21 E3
Boletto, Monte- 23 C2-3
Bólgare [BG] 41 C3
Bólgheri [LI] 111 B2
Bólgheri, Rifugio Faunistico di- 111 B2
Bólgheri, Stazione di- 111 B2
Boline, le- [MN] 73 E1-2
Bolla [AT] 53 E2
Bolladello [VA] 23 AB3
Bolladore [SO] 9 D2-3
Bollate [MI] 39 C1
Bolle, le- [FI] 105 C3
Bollengo [TO] 37 B2
Bollone [BS] 43 B2
Bologna [BO] 89 CD1-2
Bologna Borgo Panigale, Aeroporto Internazionale di- 89 C1
Bolognana [LU] 97 B2
Bolognano [PE] 141 D1
Bolognano [TN] 27 B3
Bolognina [BO] 73 E3
Bolognola [MC] 125 E1-2
Bolsena [VT] 123 B3-4
Bolsena, Lago di- (Vulsino) 131 B1
Boltiere [BG] 41 B3
Bolza, Monte- 135 AB2
Bolzaneto [GE] 83 C2
Bolzano [BL] 29 DE1-2
Bolzano [UD] 33 D3
Bolzano / Bozen [BZ] 11 DE2-3
Bolzano, Aeroporto Internazionale di- 11 D3
Bolzano, Rifugio- / Schlernhäuser 11 F2-3
Bolzano Novarese [NO] 21 E3
Bolzano Vicentino [VI] 45 C3
Bolzone [CR] 57 B1-2
Bomarzo [VT] 131 D1-2
Bomba [CH] 141 G2
Bomba, Lago di- 141 FG2
Bombardore [PV] 55 CD2
Bombiana [BO] 97 E1
Bominaco [AQ] 135 A3
Bompensiero [BS] 57 D1
Bomporto [MO] 73 E3
Bonacina [LC] 23 E2
Bonaldo [VR] 61 BC1-2
Bonassola [SP] 85 B3
Bonate Sopra [BG] 41 B2
Bonate Sotto [BG] 41 B2-3
Bonaudi [TO] 35 G3
Bonavicina-Borgo [VR] 61 AB2
Bonavigo [VR] 61 B2
Boncellino [RA] 91 C3
Bonconvento [BO] 89 C1
Bonda, Rio- 93 C3
Bondanello [MN] 73 D2
Bondegno [BS] 43 A2
Bondeno [FE] 75 C2
Bondeno [MN] 73 D2
Bondeno [SO] 7 E2
Bondione [BG] 25 BC2
Bondo [BG] 25 B2-3
Bondo [TN] 27 A2-3
Bondolo [RE] 87 C2
Bondone [SO] 25 C2
Bondone [TN] 25 F2-3
Bondone [TN] 43 B2
Bondone [TN] 27 C2
Bondone, Val di- 25 F2-3
Bondo Petello [BG] 41 C2
Bonéggio [PG] 115 C3
Bonelli, i- [RO] 77 E2
Bonemerse [CR] 57 E3
Bonetto, Monte- 69 CD3-4
Bonferraro [VR] 59 DE2
Bongiovanni [CN] 81 B1
Bongiovanni [CN] 67 D2
Boni [BO] 97 E2
Boni, Case- [RE] 87 D2-3
Bonina [AL] 53 F2
Boniprati, Palù di- 43 B1
Bonisolo [TV] 47 A3
Bonizzo [MN] 75 AB1
Bonne [AO] 19 C3
Bonom, Cima del- 21 C3
Bonomo, Rocca del- 81 F1
Bonvicino [CN] 67 D3
Bonze, Cima di- 35 G1
Bonzicco [UD] 31 E2
Bôr, Zuc dal- 17 C2
Bora [FC] 99 FG2
Bora [RE] 87 B2
Boracifero, Lago- 111 C2-3
Borágine, Monte- 133 D1
Boragni [SV] 81 EF2
Boratella [FC] 99 F2-3
Borbera, Torrente- 69 CD2
Borbiago [VE] 63 C1
Borbona [RI] 133 D1
Bórbore [CN] 67 CD2
Borbore, Torrente- 67 D2
Borca [VB] 21 BC2
Borca di Cadore [BL] 13 E3
Borche [TO] 35 F3
Bòrcola, Passo della- 43 F1-2
Bordala [TN] 27 B3
Bordano [UD] 17 B3
Bordella [TO] 65 D2
Bordiana [TN] 11 BC3
Bordighera [IM] 93 B4
Bordignana [PV] 55 A1-2
Bordignano [FI] 99 B1-2
Bordogna [BG] 25 A3
Bordolano [CR] 57 D2
Bordolona [TN] 11 B3
Bordonchio [RN] 101 B2
Bordoni [AT] 53 EF3
Bordugo [PD] 45 F3
Bore [PR] 71 C3
Boreca, Torrente- 69 E3
Borella [FC] 101 B1
Borelli, Rifugio- 19 B2
Borello [CN] 81 BC2
Borello [FC] 99 FG2
Borello [IM] 93 C3
Borello [RA] 91 B2-3
Borello, Torrente- 99 F2
Boretto [RE] 73 B2
Borgáccio [PU] 109 B2
Borgallo, Galleria del- 85 C2
Borgallo, Monte- → Cucco, Monte- 85 C2
Borganzo [IM] 93 E3
Borgarello [PV] 39 C3
Borgaretto [TO] 53 A2
Borgaria [TR] 131 EF2
Bórgaro Torinese [TO] 53 AB1-2
Borgata Danna [CN] 65 D3
Borgata Sestrière [TO] 51 C2-3
Borgata Soprana [CN] 81 C1-2
Borgata Sottana [CN] 81 C1-2
Borgata Stazione 135 CD3
Borgatello [SI] 105 B4
Borgazzo [RE] 73 C2-3
Borgetto [CN] 79 DE1
Borghesana [VR] 59 EF3
Borghese [PR] 71 E2
Borghetti [BO] 89 C2
Borghetto [AN] 109 D3
Borghetto [AN] 109 E3
Borghetto [MC] 109 D4
Borghetto [PC] 57 C3
Borghetto [PD] 45 E3
Borghetto [PG] 115 E1-2
Borghetto [PG] 113 EF2
Borghetto [PR] 71 E2-3
Borghetto [PR] 73 A2
Borghetto [PR] 73 A3
Borghetto [PT] 97 DE3
Borghetto [TN] 43 D2
Borghetto [VT] 131 E2-3
Borghetto [VT] 123 B3-4
Borghetto, Palù di- 43 D2
Borghetto 1° [RA] 91 E3
Borghetto 2° [RA] 91 E3
Borghetto d'Arróscia [IM] 93 D2
Borghetto di Borbera [AL] 69 C2
Borghetto di Fenigli [PU] 109 A3
Borghetto di Traversara [RA] 91 D2
Borghetto di Vara [SP] 85 C3
Borghetto Lodigiano [LO] 57 AB2
Borghetto San Nicoló [IM] 93 BC4
Borghetto Santo Spirito [SV] 81 E3
Borghi [FC] 101 AB2
Borghi [SV] 81 F2
Borghi [TV] 45 EF2
Borgiallo [TO] 35 FG2
Borgiano [MC] 117 C3
Bórgio [SV] 81 E2-3
Bórgio Verezzi [SV] 81 E2-3
Borgnano [GO] 33 D3
Borgo [AP] 125 E3
Borgo [CN] 65 CD2
Borgo [CN] 81 C1
Borgo [CN] 81 C1
Borgo [FE] 75 DE2
Borgo [FE] 75 DE2
Borgo [MC] 115 F3
Borgo [PG] 125 D2
Borgo [RO] 77 BC1-2
Borgo, Badía del- 99 C2
Borgo, il- [MO] 73 D2-3
Borgo a Buggiano [PT] 97 D3
Borgo Adorno [AL] 69 D2
Borgo a Giovi [AR] 107 A3
Borgo alla Collina [AR] 105 F2
Borgo a Mozzano [LU] 97 C2-3
Borgo Bagni [AL] 67 F2-3
Borgo Bianchi [TV] 47 B2
Borgo Bisano [BO] 89 D3
Borgo Capanne [BO] 97 E2
Borgo Caríge [GR] 129 D2
Borgo Carso [LT] 145 F3
Borgo Castelletto [MN] 59 D3
Borgo Cerreto [PG] 125 C2-3
Borgo Chiusini [UD] 15 EF1-2
Borgo Cornalese [TO] 53 B3
Borgo Cortili [FE] 89 E1
Borgo d'Ale [VC] 37 C2
Borgo delle Anime [RA] 91 D2
Borgo di Fontane [TV] 47 A2
Borgo di Ranzo [IM] 93 DE2
Borgo di Ronta [FC] 101 A1
Borgo di Stecchi [RA] 91 CD2
Borgo di Terzo [BG] 41 D2
Borgo d'Oneglia [IM] 93 E3
Borgo Enza [PR] 73 A3
Borgo Flora [LT] 145 F3
Borgo Fórnari [GE] 69 C3
Borgoforte [MN] 73 C1
Borgoforte [PD] 63 B3
Borgofranco d'Ivrea [TO] 37 B1
Borgofranco sul Po [MN] 75 B1
Borgofreddo [MN] 73 AB1-2
Borgo Fusara [RA] 91 D2
Borgo Galluzzo [AN] 109 CD2
Borgo Giganti [RA] 91 D1
Borgo Giglione [PG] 115 B2
Borgognone, Monte- 85 DE2
Borgo Grotta Gigante [TS] 49 F2
Borgo Lampértico [VI] 45 B2
Borgolavezzaro [NO] 37 G2-3
Borgo Lezzine [FE] 75 B2
Borgomale [CN] 67 D3
Borgomanero [NO] 21 E3
Borgo Marighella [FE] 75 DE2-3
Borgomaro [IM] 93 D2-3
Borgomasino [TO] 37 B2
Borgo Massano [PU] 101 CD3-4
Borgo Mola [FE] 75 E2
Borgonato [BS] 41 DE3
Borgone [VB] 21 C1-2
Borgone Susa [TO] 51 E2
Borgonovo [GE] 83 F2
Borgonovo [PC] 57 D3
Borgonovo [TE] 127 C4
Borgonovo Val Tidone [PC] 55 F2
Borgonuovo [AR] 113 E2
Borgonuovo [CN] 67 CD2
Borgo Nuovo [CN] 67 C2
Borgonuovo [CN] 67 D2
Borgonuovo [LC] 7 E4
Borgonuovo [LU] 103 D1
Borgonuovo [RE] 87 DE2
Borgonuovo [SO] 7 E2-3
Borgo Nuovo [TO] 51 B2
Borgonuovo [TO] 53 C3
Borgo Nuovo [VE] 63 D2
Borgonuovo di Pontecchio [BO] 89 C2
Borgo Ottomila [AQ] 141 B2-3
Borgo Pace [PU] 107 C2-3
Borgo Paglia [FC] 101 A2
Borgo Paglia [FC] 99 FG2
Borgo Panigale [BO] 89 C1
Borgo Pieve Sestina [FC] 101 A1-2
Borgo Pipa [RA] 101 A1
Borgo Poncarale [BS] 41 EF4
Borgo Ponte [CN] 81 CD2
Borgo Ponte [UD] 33 CD1
Borgo Ponte [UD] 33 C1
Borgo Priolo [PV] 55 D3
Borgo Quinzio [RI] 139 B1-2
Borgoratto Alessandrino [AL] 55 A3
Borgoratto Mormorolo [PV] 55 E3
Borgo Redentore [VI] 45 B3
Borgorégio [TO] 37 BC3
Borgo Revel [TO] 53 D1
Borgoricco [PD] 45 E3
Borgo Ripe [MC] 117 D3
Borgo Rivola [RA] 89 EF3
Borgo Roma [TV] 47 B2
Borgo Roma [VR] 59 DE1
Borgorose [RI] 133 E3
Borgo Ruffini [AN] 109 E3
Borgo Salanc [UD] 17 AB1-2
Borgo San Dalmazzo [CN] 79 DE1-2
Borgo San Felice [VI] 45 BC3
Borgo San Giacomo [BS] 57 D1
Borgo San Giovanni [LO] 39 E3
Borgo San Giovanni [MC] 125 D2
Borgo San Giovanni [MC] 117 C2-3
Borgo San Giovanni [VE] 63 D2
Borgo San Lorenzo [BI] 37 BC1
Borgo San Lorenzo [FI] 99 B3
Borgo San Marco [PD] 61 C2
Borgo San Martino [AL] 53 FG2
Borgo San Mauro [UD] 33 D2
Borgo San Pietro [RI] 133 D3
Borgo San Pietro [RI] 133 C1-2
Borgo San Pietro Martire [RO] 75 EF1
Borgo San Siro [PV] 39 B3
Borgo Sant'Ágata [IM] 93 DE3
Borgo Santa Maria [MC] 117 C2-3
Borgo Santa Maria [PU] 101 D3
Borgo Santa Maura [RO] 75 E2
Borgo Sant'Antonio [CN] 65 E3
Borgo Sant'Antonio [MC] 125 D2
Borgo Santa Rita [ROMA] 145 C3
Borgosatollo [BS] 41 F4
Borgosésia [VC] 21 D3
Borgosésia, Rifugio- 21 C3
Borgo Sisa [RA] 91 D3
Borgo Spin [RO] 63 BC3
Borgostecchi [FC] 101 A2-3
Borgo Tánaro [AT] 53 E3
Borgo Ticino [NO] 21 F3
Borgo Ticino [PV] 55 D1-2
Borgo Tomba [FE] 75 E3
Borgo Tossignano [BO] 89 E3
Borgo Trebbo [FE] 75 E3-4
Borgo Tufico [AN] 117 AB1
Borgo Val di Taro [PR] 85 C1-2
Borgo Valeriani [FE] 75 D3-4
Borgo Valsugana [TN] 27 E2
Borgo Velino [RI] 133 D2
Borgo Venezia [VR] 59 E1
Borgo Vercelli [VC] 37 E2
Borgo Villa [TV] 31 B3
Borgo Zurini [UD] 33 BC1
Borla [PC] 71 CD3
Borlasca [GE] 69 C2-3
Borlezza, Fiume- 25 BC3
Bórmida [CN] 67 D4
Bórmida [SV] 81 E1
Bórmida [SV] 81 E2
Bórmida, Fiume- 55 A3
Bórmida di Mállare, Fiume- 81 E2
Bórmida di Millésimo, Fiume- 67 E3
Bórmida di Pállare, Fiume- 81 E2
Bórmida di Spigno, Fiume- 67 E3-4
Bórmio [SO] 9 E2
Bormio, Bagni di- [SO] 9 E2
Bormio 3000 9 E2
Bornago [MI] 39 E1
Bornago [NO] 37 G1
Bornasco [PV] 39 D3
Bornate [VC] 21 D3
Bornato [BS] 41 E3
Bórnio [RO] 61 DE3
Borno [BS] 25 D3
Borno [TO] 35 DE2
Boro [VI] 45 B3
Borra, Case- [BO] 89 F1
Borra, La- [FC] 91 D3
Borra, la- [PI] 103 D2
Borrello [CH] 141 F3
Borretti [CN] 67 B1-2
Borri [FI] 105 D2-3
Borriana [BI] 37 C1-2
Borro [AR] 105 F3
Borro de' Carfini 105 C4
Borromee, Isole- 21 F2
Borromeo, Rifugio- / Borromeo-Hütte 11 A2-3
Borromeo-Hütte / Borromeo, Rifugio- 11 A2-3
Borron, Pizzo- 9 D2
Borroni [PG] 125 AB2
Borsano [VA] 39 AB1
Borsea [RE] 87 C1
Borsea [RO] 75 E1
Borselli [FI] 105 E2
Borsigliana [LU] 97 A1
Borso del Grappa [TV] 45 D1-2
Borsoi [BL] 31 B2
Borsone [MN] 73 D1
Bortignoni [VI] 45 D2
Bortolucci, Case- [MO] 87 E2
Borzago [TN] 27 A2
Borzago, Valle di- 27 A2
Borzano [RE] 87 C1
Borzano [RE] 87 D1
Bórzoli [GE] 83 C2
Borzonasca [GE] 83 F2
Borzone [GE] 83 F2
Bosaro [RO] 75 E1-2
Bosca, la- [FE] 75 D2
Boscasso, Bec- 67 D2-3
Boschetta [RE] 73 BC2-3
Boschetti, i- [GR] 111 CD3
Boschetto [CR] 57 E2-3
Boschetto [LT] 145 F2
Boschetto [NO] 5 D3
Boschetto [PG] 115 E2
Boschetto [PR] 85 BC2
Boschetto [PR] 87 B1
Boschetto [PV] 39 C3
Boschetto [TO] 37 B3
Boschetto della Cascina Campagna, Riserva Naturale- 41 D4
Boschi [BO] 97 E2
Boschi [BO] 75 D3
Boschi [PC] 69 F3
Boschi [PC] 57 D3
Boschi [PR] 85 E1

Boschi [RE] **73** C2-3
Boschi [TO] **35** F3
Boschi [VR] **59** DE2
Boschi [VR] **59** E3
Boschi, Casino de'- [PR] **71** F3
Boschi del Giovetto di Palline, Riserva Naturale- **25** CD3
Boschi di Bardone [PR] **71** E4
Boschi di Carrega, Parco dei- **71** F3
Boschietto [TO] **35** E1
Boschietto [TO] **35** E2
Boschietto [TO] **35** E2-3
Boschi Sant'Anna [VR] **61** C2
Bosco [PD] **61** E1
Bosco [PG] **115** C3
Bosco [PR] **85** E2
Bosco [PV] **57** AB3
Bosco [SV] **81** D2
Bosco [TN] **27** CD2
Bosco [TO] **35** F1-2
Bosco [TV] **45** F1
Bosco [VI] **45** B1
Bosco [VI] **45** AB2
Bosco [VR] **43** E2-3
Bosco [VR] **59** EF1-2
Bosco, Casale del- [SI] **113** B3
Bosco Basso, Garzaia del- **55** A2
Bosco Bruciato, Costa- **71** B3
Bosco Chiaro [VE] **63** C3
Bosco Chiesanuova [VR] **43** E3
Bosco de l'Isola, Riserva Naturale- **57** D1
Bosco della Frattona, Riserva Naturale- **89** EF2
Bosco della Marisca, Riserva Naturale- **57** D1
Bosco delle Sorti della Partecipanza di Trino, Parco Naturale- **37** D3
Bosco del Vaj, Riserva Naturale del- **53** C2
Bosco del Vescovo [PD] **45** E3
Bosco di Barco, Riserva Naturale- **57** D1
Bosco di Bordighi, Riserva Naturale- **25** B2
Bosco di Nanto [VI] **61** D1
Bosco di Rossano [MS] **85** C3
Bosco di Sant'Agnese, Riserva Naturale- **105** C4
Bosco di Sant'Antonio, Riserva Naturale- **141** E3
Bosco di Scardavilla, Riserva Naturale- **99** F2
Bosco di Sotto [PR] **71** EF2
Bosco ex Parmigiano [CR] **57** E3
Bosco Fontana [MN] **59** C2
Bosco Fontana, Riserva Naturale- **59** C2
Boscomare [IM] **93** D3
Bosco Marengo [AL] **69** AB1-2
Bosco Mesola [FE] **77** D2
Boscona [SI] **111** E1
Boscone Cusani [PC] **57** B3
Bosconero [TO] **37** A3
Bosco Nordio, Riserva Naturale- **63** D3
Bosco Tondo [FI] **103** F3-4
Bosco Tosca [PC] **57** A3
Bosco Valentino [LO] **57** C2
Bosco Valtraváglia [VA] **23** A2
Bose [TO] **35** F2
Bosentino [TN] **27** D2-3
Bosi [CN] **67** DE2
Bósia [CN] **67** D3
Bósio [AL] **69** B2-3
Bósio, Rifugio- [SO] **9** A3
Bósio, Rifugio- [TO] **35** D2
Bosisio Parini [LC] **23** D3
Bosmenso [PV] **69** E2
Bosnasco [PV] **55** EF2
Bosonasco [PC] **71** A2
Bosplans [PN] **31** C1
Bossea [CN] **81** BC2
Bossea, Grotta- **81** BC2
Bossea, Monte- **85** A2
Bossi [AR] **113** E1
Bossi [SI] **113** B1
Bóssico [BG] **41** E1-2
Bósso, Fiume- **107** E3
Bossola [BI] **37** B1
Bossola, Cima di- **35** G1-2
Bossola, Monte- **69** D2-3
Bossola, Passo della- **67** D3-4
Bossolaschetto [CN] **67** D3
Bossolasco [CN] **67** D3
Bossona, Villa di- [SI] **113** D3
Botinaccio [FI] **105** AB2
Botri [LU] **97** C2
Botro ai Marmi [LI] **111** B3
Botta [BG] **41** B2
Botta, Scolo- **63** C3
Bottagna [SP] **95** C1-2
Bottaiano [CR] **57** C1
Bottanuco [BG] **41** AB3
Bottardo [PV] **55** E2
Bottarello, Pizzo- **5** C3
Bottarone [PV] **55** D2
Bottarone [PV] **55** E2
Botte [VT] **131** C3
Botte, Golfo della- **119** A3
Bottega [BO] **75** AB3
Botteghe [RE] **89** E1
Botteghino [PI] **103** CD3
Bottegone [PT] **97** E3
Bottenicco [UD] **33** D2
Bottero [CN] **67** C3
Botti [AL] **67** F2
Botti Barbarighe [RO] **63** C3
Botticino [BS] **41** F3
Botticino [FE] **75** E3
Botticino Mattina [BS] **41** F3
Botticino Sera [BS] **41** F3
Bottigli, Monte- **121** C3
Bottignana [MS] **87** AB3
Bottini [TO] **35** F2-3
Bottione [PR] **71** D4
Botto [TR] **123** C3
Bottonasco [CN] **79** D1
Bottonera, Sacca di- **77** E2-3
Bottrighe [RO] **77** C1
Botzer / Il Capro **1** F1
Boucher, Roc del- **51** C3
Bouchet, Bric- **65** C2
Boulliagna, Monte- **65** B3-4
Bouquetins, Col des- **19** F1
Bourcet [TO] **51** D2-3
Bourget, Colle- **51** C2
Bousset, Torrente- **79** D2
Bousson [TO] **51** B3
Bousson, Col- **51** B3
Bova [FE] **75** DE3
Bovara [PG] **125** B2
Bovaria [VR] **43** F3-4
Bove, Monte- **139** E2
Bovecchio [FI] **97** FG3
Bovéglio [LU] **97** C3
Bóvegno [BS] **41** F2
Bove Nord, Monte- **125** E2
Boves [CN] **79** E1-2
Bove Sud, Monte- **125** E2
Bovezzo [BS] **41** F3
Boville [ROMA] **145** D2
Bovina [RO] **63** B3
Bovino [FI] **99** BC3
Bovisio-Masciago [MI] **39** CD1
Bovo [VR] **59** DE1
Bovolenta [PD] **63** B2
Bovolone [VR] **59** E2
Bozale, Cappella del- **83** F1-2
Bozano, Rifugio- **79** C2
Bozen / Bolzano [BZ] **11** DE2-3
Bozzana [TN] **11** B3
Bozzano [LU] **97** AB3
Bózzole [AL] **55** A2
Bózzolo [MN] **59** A3
Bozzolo [SP] **85** C3
Bra [CN] **67** BC2
Bracalli [PT] **103** F1-2
Bracca [BG] **41** C1-2
Braccagni [GR] **121** B2
Braccano [MC] **117** B2
Bracchiello [TO] **35** E2-3
Brácchio [VB] **21** E1-2
Bráccia [SO] **9** AB3
Braccianese Claudia, Via- **137** E2
Bracciano [FC] **99** FG2
Bracciano [ROMA] **137** CD2
Bracciano, Lago di- (Sabatino) **137** D2
Bracciano e Martignano, Parco Naturale Regionale Complesso Lacuale di- **137** D2
Braccino, Poggio- **111** E3
Bracco [GE] **85** AB3
Bracco, Monte- **65** DE2
Bracco, Passo del- **85** B3
Bracelli [SP] **85** C3
Braga [VR] **43** C3
Bragarezza [BL] **13** E3
Bragioli [CN] **67** D4
Braglia [RE] **87** C2
Bragno [SV] **81** E1
Braia [MS] **85** CD2
Braia [PR] **85** E1-2
Braia [TO] **53** D2
Bráida [MO] **87** E1
Bráida, Casa- [UD] **49** B2
Bráida, Colle- **51** EF2
Bráida Bottari [PN] **31** E3
Braidacurti [PN] **47** D1
Bráies / Prags [BZ] **3** E3
Bráies, Lago di- / Pragser Wildsee **13** D1
Braila [TN] **27** B3
Brallo [PV] **69** E2
Brallo di Pregola [PV] **69** E2
Bram, Monte- **79** C1
Bramairate [AT] **53** D3
Brana [PT] **97** E3
Branca [PG] **115** DE2
Branca, Rifugio- **9** F2
Brancáglia [VR] **61** BC3
Brancastello, Monte- **135** A2
Brancato [TO] **51** E2-3
Brancere [CR] **57** E3
Branchetto [VR] **43** E2-3
Brancialino [AR] **107** B3
Branciglia [RE] **87** CD1-2
Brancón [VR] **59** E2-3
Brancorsi [LI] **111** B2-3
Brancot, Monte- **17** B3
Brandet, Val- **25** D2
Brándico [BS] **41** E4
Brandini [CN] **67** C2-3
Brandizzo [TO] **53** BC1
Brándola [MO] **87** E2-3
Branduzzo [PV] **55** D2
Branzi [BG] **25** A2-3
Branzi, Monte- **95** C2
Branzola [CN] **81** B1
Branzoll / Bronzolo [BZ] **11** D3
Branzone [PR] **85** D1
Braone [BS] **25** DE2-3
Braoulé, Mont- **19** F1
Brarola [VC] **37** EF2-3
Brasca, Rifugio- **7** F3
Brasi, i- [SV] **83** A2
Brasimone, Lago- **97** F2
Brasimone, Torrente- **97** FG1
Brassé [CN] **65** EF2
Brassi [TO] **53** AB3
Brattello, Passo del- **85** CD2
Bratto [MS] **85** CD2
Bratto-Dorga [BG] **25** C3
Braulins [UD] **17** B3
Braulio, Bocca del- **9** E1
Braulio, Valle del- **9** E1
Bravi [PC] **71** C3
Brazzacco [UD] **33** B2
Brazzano [GO] **33** D3
Brazzolo [FE] **77** B2
Bré [PR] **71** E1-2
Brebbia [VA] **21** F2-3
Breccia [CO] **23** C3
Breccia, Colle di- **143** CD2-3
Brecciarola [CH] **135** D2-3
Breccioso, Monte- **141** B3
Breda [CR] **57** D2
Breda Azzolini [CR] **73** A1
Breda Cisoni [MN] **73** B1
Breda de' Bugni [CR] **57** D2-3
Breda di Piave [TV] **47** AB2
Breda Libera [BS] **57** E1
Brede [MN] **73** D1
Bregaceto, Monte- **83** F2
Bregaglia, Val- **7** F2-3
Bregagnina [MN] **73** B1-2
Bregagno, Monte- **7** D4
Bregano [VA] **21** G2-3
Breganze [VI] **45** C2
Bréglia [CO] **23** D1
Bregnano [CO] **23** C3
Bregne [PV] **55** D3
Brégoro [VA] **23** AB3
Breguzzo [TN] **27** A2-3
Breguzzo, Malga- **25** F2
Breguzzo, Valle di- **25** F2
Breia [VC] **21** D3
Breien / Brie [BZ] **11** E3
Breiteben / Pianlargo [BZ] **1** F1-2
Breithorn Occidentale **21** A2
Breithorn Orientale **21** A2
Brembana, Val- **25** A3
Brembate [BG] **41** B3
Brembate di Sopra [BG] **41** B2
Brembilla [BG] **41** B1-2
Brembilla, Torrente- **41** B1-2
Brémbio [LO] **57** B2
Brembo, Fiume- **41** B2
Breme [PV] **55** A2
Bréndola [VI] **61** C1
Brengon [AO] **19** F1-2
Brenna [CO] **23** CD3
Brenna [SI] **113** A2
Brenner / Brénnero [BZ] **3** AB1-2
Brennerbad / Terme di Brénnero [BZ] **3** AB1-2
Brénnero / Brenner [BZ] **3** AB1-2
Brénnero, Passo del- / Brennerpass **3** AB1
Brennerpass / Brénnero, Passo del- **3** AB1
Brenno Uséria [VA] **23** B2
Breno [BS] **25** D3
Breno [PC] **57** AB3-4
Breno [TO] **35** DE2
Brenta [TN] **27** D2-3
Brenta [VA] **21** FG2
Brenta, Canale di- **29** B3
Brenta, Cima- **27** B1-2
Brenta, Fiume- **63** C1
Brenta, Foce del- **63** D2
Brenta, Gruppo di- **27** B1-2
Brenta, Taglio di- **63** C1-2
Brenta, Valle di- **63** D2
Brenta dell'Abbà [PD] **63** C2
Brentanella [TV] **45** E3
Brentari Ottone, Rifugio- **27** F1-2
Brentelle di Sopra [PD] **61** EF1
Brentelle di Sotto [PD] **61** E1
Brentino [VR] **43** D3
Brentino Belluno [VR] **43** D3
Brento [BO] **89** C2-3
Brento [TN] **27** B2-3
Brenton [VR] **43** F3-4
Brentoni, Monte- **15** C1
Brentonico [TN] **43** D1-2
Brenva, Ghiacciaio della- **19** B1-2
Brenzéglio [CO] **7** D4
Brenzone [VR] **43** C2
Breolungi [CN] **81** B1
Breónio [VR] **43** D3
Brescello [RE] **73** AB2
Brescia [BS] **41** F3
Bresciadega [SO] **7** EF3
Brésega [PD] **61** D2
Breséga, Scolo- **63** C3
Brésimo [TN] **11** B3
Brésimo, Val di- **11** B3
Bresparola [RO] **75** E1-2
Bressa [UD] **33** B2
Bressana [PV] **55** D2
Bressana Bottarone [PV] **55** D2
Bressane [RO] **75** D1-2
Bressanone / Brixen [BZ] **3** B3
Bressanvido [VI] **45** C3
Bresso [MI] **39** CD1
Breuil-Cervinia [AO] **19** F1
Brevettola, Torrente- **5** D3
Brévia [LO] **57** D3
Brez [TN] **11** C3
Brezzo [VA] **23** A2
Brezzo di Bédero [VA] **23** A2
Briaglia [CN] **81** C1
Briallo [NO] **21** E3
Brian [VE] **47** DE3
Briana [VE] **45** F3
Brianco [BI] **37** C2
Brianza **23** D3
Briasco, Monte- **21** DE3
Briavacca [MI] **39** DE2
Bribano [BL] **29** D2
Bricciana [FI] **99** B3
Bricco [AT] **53** CD2
Bricco [SV] **81** F2
Bricco Bosetto [AT] **67** EF2
Bricco di Néive [CN] **67** D2
Bricco Favole [CN] **67** B2-3
Bric di Zumaglia e Monte Prevè, Area Attrezzata- **37** C1
Bricherásio [TO] **65** D1-2
Brícoli [FI] **105** B2
Bric Tana, Parco Naturale di- **81** E1
Brie / Breien [BZ] **11** E3
Brie, Rio- / Brieserbach **11** EF3
Brienno [CO] **23** C2
Brieserbach / Brie, Rio- **11** EF3
Briga Alta [CN] **81** B3
Briga Novarese [NO] **21** E3
Brigantina, Punta- **119** A3
Brigata Cadore, Bivacco- **13** F2
Brigata Cadore, Rifugio- **29** E2
Bríglia, la- [PO] **97** F3
Brignano-Frascata [AL] **69** D1-2
Brignano Gera d'Adda [BG] **41** B3
Brignole [GE] **69** F3
Brigò [RO] **75** D2
Brillante [TO] **53** A3
Brintazzi [AL] **69** DE2
Brinzio [VA] **23** A2
Briona [NO] **37** E1
Brione [BS] **41** E3
Brione [TN] **43** B1
Brione [TO] **51** F1-2
Brioni [TV] **45** E2
Brioschi, Rifugio- **23** E2
Briosco [MI] **23** D3
Brische [TV] **47** C1-2
Brìschis [UD] **33** DE1-2
Brisighella [RA] **99** D1
Brisino [VB] **21** F2
Brissago Valtraváglia [VA] **23** A2
Brissogne [AO] **19** E2
Bristol, Rifugio- **29** E2
Brittoli [PE] **135** C2-3
Brivio [LC] **23** E3
Brixen / Bressanone [BZ] **3** B3
Brizzolara [GE] **83** F2
Bróbbio, Torrente- **81** B1
Brocan, Lago- **79** CD2-3
Brocchi, Casa- [GR] **121** C3
Brocon, Passo del- **29** AB2
Brodena [BS] **59** AB1
Brogles, Passo di- / Brogles-Scharte **13** B2
Brogles, Rifugio- / Brogles-Alm **13** B2
Brogles-Alm / Brogles, Rifugio- **13** B2
Brogles-Scharte / Brogles, Passo di- **13** B2
Brogliano [VI] **45** AB3
Broglie [VR] **59** B1
Brogno [CO] **23** D2
Brognoligo [VR] **61** B1
Broletto [RE] **87** D1
Brólio [AR] **113** DE2
Brólio, Castello di- **113** B1
Brollo [FI] **105** D3
Brolo [VB] **21** E2
Brombolo, Col- **31** B2
Brómia [GE] **69** D3
Brondello [CN] **65** E3
Brondoleto [MC] **117** AB2
Bróndolo [VE] **63** D2
Broni [PV] **55** E2
Bronzo [PU] **107** DE2
Brónzola [PD] **45** E3
Bronzolo / Branzoll [BZ] **11** D3
Bronzone, Monte- **41** D2
Brossasco [CN] **65** E3
Brosso [TO] **37** A1-2
Brovello-Carpugnino [VB] **21** F2
Brovida [SV] **67** E4
Broz [BL] **31** B2
Brózolo [TO] **53** D2
Brozzi [FI] **105** B2
Brozzo [BS] **41** F2
Bruca, Monte- **17** C1
Brucciano [SI] **113** A2
Bruchelle, Monte- **99** E2
Brucianesi [FI] **105** B2
Bruciano, Castello di- **111** D2
Bruciata, la- **21** B2-3
Bruciate, Case- [PC] **71** C2
Bruciati [AT] **67** EF2
Bruciati, Corni- **9** A3
Bruciato [RN] **101** B3
Brückele / Ponticello, Albergo- **13** DE1
Bruera [TO] **51** F3
Brufa [PG] **115** C3
Bruffione, Monte- **25** E3
Bruffione, Passo di- **43** AB1
Brugaro [VC] **21** D2
Bruggi [AL] **69** E2
Brughério [MI] **39** DE1
Brugiana, Monte- **95** D2
Brúgine [PD] **63** B2
Brugna [AL] **55** C2-3
Brugnato [SP] **85** C3
Brugnera [PN] **31** C3
Brugneto [PC] **69** F2-3
Brugneto [RE] **73** C2
Brugneto, Lago del- **69** E3
Brugnetto [AN] **109** C2-3
Brugnol, Monte- **27** B2
Brugnola [PR] **85** C1
Brugnolo [CR] **73** AB1
Brugnoni [BG] **23** E1-2
Brugnoni [PC] **69** F2
Bruil [AO] **35** C1
Bruino [TO] **51** F2
Brumano [BG] **23** EF2
Bruna [PG] **125** AB2-3
Bruna, Fiume- **121** A3
Bruna, Rocca- **69** EF3
Brunate [CO] **23** C2-3
Brunèch, Sella- **13** B3
Bruneck / Brunico [BZ] **3** D3
Brunelli [PR] **85** C1-2
Brunello [VA] **23** A3
Brunetta [PG] **115** C1-2
Brunette, Monte- **125** B2
Brunico / Bruneck [BZ] **3** D3
Brunner, Rifugio- **17** E2
Bruno [AT] **67** F2
Bruno, Lago- **69** BC3
Bruno, Poggio- **121** A2-3
Brunone, Rifugio- **25** B2
Brunstriedel / Regola Brusada **3** E3
Bruntino [BG] **41** B2
Brusa, Monte- **85** E2
Brusadaz [BL] **13** D3
Brusà des Planes [TO] **51** C3
Brusadure [PD] **63** B2
Brusago [TN] **27** D1
Brusaporto [BG] **41** C2-3
Brusaschetto [AL] **53** E1
Brusasco [TO] **53** D1-2
Brusatasso [MN] **73** C1-2
Bruscara, Casa- [PU] **107** CD3
Bruschi [PR] **71** D4
Brusciana [FI] **103** F2
Brusciano [RI] **133** DE3
Brusciòl, Monte- **85** D2
Brúscoli [FI] **99** A2
Bruscoline, Poggio- **111** CD3
Brusimpiano [VA] **23** B2
Brusino [TN] **27** B2-3
Brusnengo [BI] **37** D1
Bruso [VE] **63** C2-3
Brussa [VE] **47** E3
Brusson [AO] **19** G2
Brutto Passo, Monte- **15** CD2
Bruzeta, Monte- **69** BC2-3
Bruzolo [TO] **51** E1-2
Bruzzelle [LO] **57** C3
Bruzzetti [PC] **71** B3
Bruzzi [PC] **71** B3
Bubano [BO] **91** B2
Bubbiano [MI] **39** BC2-3
Búbbio [AT] **67** E2-3
Bubegno [CO] **7** C4
Buca, la- [BO] **75** B3
Buca, la- [SI] **113** D3
Bucchiánico [CH] **135** DE3
Bucciana, Monte- **97** F2
Bucciano [PI] **103** E3
Buccinasco [MI] **39** C2
Buceto, Monte- **121** D2-3
Buche, Poggio delle- **121** A2
Bucholz / Pochi [BZ] **27** D1
Buciaga, Cima- **25** F2
Búcine [AR] **105** E3-4
Buco, Molino del- [AR] **107** A2
Buco del Frate, Monumento Naturale- **43** A3
Buco del Signore [RE] **73** B3-4
Buda [BO] **89** F1
Buda [PG] **125** D4
Búdino [PG] **125** A2
Budóia [PN] **31** C2
Budrialto, Monte- **99** D2
Búdrie [BO] **89** BC1
Búdrio [BO] **89** E1
Búdrio [RE] **73** C3
Budrione [MO] **73** CD2-3
Bueggio [BG] **25** C2-3
Bue Marino, Grotta del- **143** ins.a
Bueriis [UD] **33** BC1
Bufalotta [ROMA] **137** F2-3
Bufalotta, Chiesuola- **137** F2-3
Buffa [TO] **51** EF2-3
Buffalora [BS] **41** F3-4
Buggiana [FC] **99** E3
Buggiano [PG] **125** C2
Buggiano [PT] **97** D3
Búggio [IM] **93** BC3
Búggiolo [CO] **23** C1
Bugialla [SI] **105** D3-4
Bugiallo [CO] **7** E3
Bugliaga [VB] **5** CD2
Búglio in Monte [SO] **25** A1-2
Bugnara [AQ] **141** CD2
Bugnate [NO] **21** E3
Bugnins [UD] **31** E3
Bugno [MN] **73** B2
Bugo [MI] **39** B2
Buguggiate [VA] **23** A3
Búia [UD] **17** B3
Buiano [AR] **105** F2
Buillet [AO] **19** D2
Buio, Monte- **69** D3
Buisson [AO] **19** F1-2
Bulciago [LC] **23** D3
Bulciano [AR] **107** AB2
Bulgaria [FC] **101** A2
Bulgarno [FC] **101** AB2
Bulgarograsso [CO] **23** BC3
Bulgorello [CO] **23** C3
Buliciano [SI] **111** E1
Bulla / Pufels [BZ] **13** A2
Bulla, Costa della- **71** AB2
Bulláccia, Monte- / Puflatsch **13** A2
Bulliana-Vico [BI] **21** CD3-4
Bullicame **131** C2
Bundschen / Ponticino [BZ] **11** DE2
Buole, Passo- **43** E2
Buonacompra [FE] **75** BC3
Buonacquisto [TR] **133** B1
Buonanotte [TO] **51** E3
Buonconvento [SI] **113** B3
Buonviaggio [SP] **95** B2
Burago di Mólgora [MI] **39** E1
Burana [FE] **75** BC2
Burana, Canale di- **75** B2
Burano [CO] **7** E3
Burano [VE] **63** E1
Burano, Fiume- **107** F3
Burano, Lago di- **129** D2
Burano, Monte- **115** EF3
Burano, Serra di- **107** E4
Burchiello, il- **63** D1
Burchio [FI] **105** D2
Búrchio [RO] **77** BC1-2
Burcina [BI] **37** BC1
Burdini [TO] **51** F2-3
Burello [AN] **109** C3
Burena [CO] **7** C4
Buretto [CN] **67** B3
Burfarant **65** C2
Burgeis / Burgúsio [BZ] **1** B2
Burgstall / Postal [BZ] **11** D2
Burgúsio / Burgeis [BZ] **1** B2
Buriane [BO] **89** E1
Buriano [GR] **121** A2
Buriano [PI] **111** C1
Buriasco [TO] **51** F3
Búrio [AT] **67** E2
Burligo [BG] **41** AB2
Burolo [TO] **37** B1-2
Buronzo [VC] **37** D1-2
Burraia, Rifugio la- **99** D3
Burrone, Fattoria- [AR] **113** D1
Bursano [BO] **89** D2
Burzanella [BO] **97** F1
Busa [PD] **63** B1
Busalla [GE] **69** C3
Busana [RE] **87** BC2
Busano [TO] **35** F2-3
Busática [MS] **85** D2-3
Busazza, Cima- **25** F1
Busca [CN] **65** E3
Busca [PV] **55** E2
Buscaiolo [PV] **37** F3
Buscate [MI] **39** A1
Busche [BL] **29** C2
Busche [PG] **115** E2
Busci [AQ] **133** E1
Busco [AR] **115** A2
Busco [TV] **47** BC2
Buscoldo [MN] **59** C3
Buse, Cima delle- **27** EF1
Buse dei Véris, la- [UD] **33** C2
Busi [PR] **71** D4
Busiago [PD] **45** DE3
Busin, Rifugio- **5** E1
Busin inferiore, Lago- **5** E1
Busin superiore, Lago- **5** E1
Busnago [MI] **39** E1
Buso [RO] **61** EF3
Buso, il- [VI] **45** C1
Buso, Porto- **49** C2
Busona [SI] **113** A1

Busonengo [VC] **37** DE2
Busovecchio [RO] **75** E1
Bussáia, Monte- **79** D2
Bussana [IM] **93** CD3-4
Bussana Vecchia **93** CD3
Bússero [MI] **39** E1
Busseto [AR] **105** F3
Busseto [MS] **85** E3
Busseto [PC] **55** F3
Busseto [PR] **71** E1-2
Bussi [AQ] **141** AB2
Bussi [TO] **65** EF2
Bussi sul Tirino [PE] **141** C1
Bússola, Corno- **21** A3
Bussolengo [VR] **59** CD1
Bussoleno [TO] **51** D2
Bussolino [TO] **53** C2
Bussoni [TO] **35** D2
Bussonico [AP] **127** B2
Busta [TV] **45** EF2
Bustighera [MI] **39** DE2
Busto Arsízio [VA] **39** AB1
Busto Garolfo [MI] **39** B1
But, Torrente- **15** EF1
Buthier di Valpelline, Torrente- **19** E1-2
Buti [PI] **103** D2
Butiotti [TO] **35** F2-3
Buttapietra [VR] **59** DE1-2
Butterfly Arc **61** E1-2
Buttifredo, Case- [FE] **75** D3
Buttigliera Alta [TO] **51** F2
Buttigliera d'Asti [AT] **53** C2
Buttogno [VB] **5** E2-3
Búttrio [UD] **33** CD2
Buzurou **67** E4
Buzzaccheri [AP] **117** D3
Buzzancone, Punta di- **119** C2
Buzzó [PR] **85** C2
Buzzoletto [MN] **73** B2
By [AO] **19** D1
By, Col de- **19** D1
By, Grande Tête de- **19** D1

C

Ca [PC] **69** EF3
Cabanette [AL] **55** A3
Cabanne [GE] **69** EF3-4
Ca' Basse [PC] **55** F2
Ca' Bazzone [BO] **89** D2
Cábbia [AQ] **133** E1-2
Cábbia, Monte- **133** DE1-2
Cabella Lígure [AL] **69** D2-3
Cabelle [MO] **87** FG1-2
Cabelli [FC] **99** DE3
Cabernardi [AN] **109** B3-4
Cábia [UD] **17** B2
Ca' Bianca [MO] **75** B3
Ca' Bianca [PD] **61** E3
Ca' Bianca [VE] **63** D2
Cabianca, Monte- **25** B2-3
Cabiate [CO] **23** CD3
Cabie [FE] **75** E2
Cabosa [PC] **69** E3
Ca' Briani [VE] **63** C3
Cabriolo [PR] **71** E2-3
Caburáccia [FI] **99** B1-2
Cacamillo, Monte- **125** E1-2
Ca' Cappellino [RO] **77** D1-2
Ca' Cappello [RO] **63** D3
Cáccamo [MC] **117** C3
Cacchiano [SI] **113** B1
Caccia, Guado di- **141** E2-3
Cacciamponi [AN] **109** B4
Cacciana [NO] **37** EF1
Cacciano [AN] **115** EF2
Cacciano [AR] **105** EF4
Cacciarasca [PR] **85** BC2
Cacciarli, Monte- **97** B3
Cacciatore, Cima del- **17** DE2
Cacciatore, Rifugio al- **27** B2
Cacciola [RE] **87** E1
Caccivio [CO] **23** BC3
Ca' Corniani [VE] **47** E3
Ca' Cottoni [VE] **47** DE3
Cadágnolo [MO] **97** C1
Ca' d'Andrea [CR] **57** F3
Cadarese [VB] **5** E2
Caddo [VB] **5** D3
Cadè [MN] **59** D2-3
Cade [PV] **55** D2-3
Cadè [RE] **73** AB3
Ca' de' Bonavogli [CR] **57** F3
Ca' de' Caggi [CR] **57** F2-3
Ca' de' Caroli [RE] **87** DE1
Cadecoppi [MO] **73** E3
Ca' de' Fabbri [BO] **89** B2
Ca' de' Fabbri [BO] **89** D1
Cadegliano [VA] **23** AB2
Cadegliano-Viconago [VA] **23** AB2
Ca' degli Oppi [VR] **59** E2
Ca' dei Folli [LO] **57** B2
Ca' dei Gatti [CR] **57** E3
Ca' dei Quattro [MO] **97** C1
Cadelbosco di Sopra [RE] **73** B3
Cadelbosco di Sotto [RE] **73** B3
Ca' del Ferro [VR] **61** AB2
Ca' del Fosso [PV] **55** E3
Ca' della Costa [BO] **99** AB1
Ca' del Lago [VR] **61** B2
Cadelle, Monte- **25** A2
Ca' del Matto [PV] **55** E3
Cadelmonte [PC] **69** F2
Ca' del Vescovo [UD] **49** C2
Cà de' Mari [CR] **57** E2-3
Ca' de' Mazzi [LO] **57** AB2
Cadenabbia [CO] **23** D1-2
Cadeo [PC] **71** CD2
Cadero [VA] **7** A4
Caderzone [TN] **27** A2
Ca' de' Soresini [CR] **57** F3
Cadi, Cima- **25** D1
Ca' di Biss [MI] **39** B2
Cadibona [SV] **81** F1-2
Cadibona, Colle di- (Altare, Bocchetta di-) **81** F1-2
Ca' di Dávid [VR] **59** D1
Ca' di Giulietta [BO] **89** C3
Cadignano [BS] **57** E1
Cadignano [MO] **87** E2-3
Cadilana [LO] **57** B1-2
Ca' di Lugo [RA] **91** C2
Ca' di Macici [VR] **59** E1
Cadimarco [BS] **59** A2
Cadimare [SP] **95** B2
Cadin, Cima- **13** F3
Cadin, Cima- **25** C2
Cadin, Monte- [BL] **13** D2
Cadin, Monte- [UD] **17** C2-3
Cadin di Sotto [BL] **13** D2
Cádine [TN] **27** C2
Cadini, Cima- [BL] **13** E2
Cadini, Cima- [Eur.] **3** E1
Cadini, Gruppo dei- **13** E2
Cadini, Punta- **9** F2
Cadino, Rio- **27** E1
Cadino, Val- **27** E1
Cadipietra / Steinhaus [BZ] **3** D1-2
Cadiróggio [RE] **87** E1
Ca' di Sola [MO] **87** F1
Ca' di Velaneto, Monte- **87** B2
Cádola [BL] **29** E1-2
Ca' Dolfin [RO] **77** E2
Ca' Dolfin [VI] **45** D2
Cadolora [MN] **73** C2
Cadóneghe [PD] **63** B1
Cadorago [CO] **23** C3
Cadore **13** F2-3
Cadrezzate [VA] **21** F3
Cádria [BS] **43** B2
Cádria, Monte- **27** A3
Cadriano [BO] **89** D1
Caduta, Fosso della- **137** D2-3
Cadutella, Fosso della- **131** A2
Caduti dell'Adamello alla Lóbbia Alta, Rifugio ai- **25** F1-2
Ca' Emo [RO] **63** D3
Caerano di San Marco [TV] **45** EF2
Cafággio [LI] **111** B3
Cafággio [PO] **97** F3
Cafaggiolo [FI] **99** A3
Ca' Falier [TV] **45** E2
Cafasse [TO] **35** EF3
Caffaráccia [PR] **85** C1
Cáffaro, Fiume- **43** A1
Cáffaro, Valle del- **43** A1
Caffi, Santuario dei- **67** E2
Cafórnia, Monte- **139** F1-2
Cafragna [PR] **71** EF3
Ca' Gallo [PU] **107** E2
Ca' Gamba [VE] **47** CD3
Cággiole [SI] **113** D3
Ca' Giare [VE] **63** C1
Ca' Giustinian [RO] **77** D1-2
Cagli [PU] **107** E3
Cáglio [CO] **23** D2
Cagna [BI] **37** D1
Cagnano [PG] **107** B4
Cagnano [SI] **105** C4
Cagnano [VI] **61** C1-2
Cagnano Amiterno [AQ] **133** E2
Cagnàtico [BS] **43** A3
Cágnero, Monte- **107** D3
Cagno [CO] **23** B3
Cagnò [TN] **11** C3
Cagno, Monte- [AQ] **139** F1
Cagno, Monte- [RI] **133** D2
Cágnola [PD] **63** B2
Cagnon, Cima- **27** E2
Ca' Grignella [VE] **63** C3
Caiano [AR] **105** E2
Caiano [FI] **99** C3
Caiano [TE] **127** BC3-4
Caicambiucci [PG] **107** E4
Cailina [BS] **41** EF3
CAI Lissone, Rifugio- **25** EF2
Caimbanca [FE] **77** C3
Cáina, Monte- **45** D2
Caina, Torrente- **115** B3
Cainallo, Rifugio- **23** E1-2
Caines / Kuens [BZ] **1** EF2
Caino [BS] **43** A3
Cáio, Monte- **87** A2
Caioletto [PU] **107** BC1-2
Caiolo [SO] **25** A2
Caionvico [BS] **41** F3
Cairasca, Torrente- **5** CD2
Cairasca, Valle- **5** CD2
Cairate [VA] **23** B3
Cáire [CN] **67** B2
Cairi, Rocca di- **65** C4
Cairo [PU] **109** AB2
Cáiro Lomellina [PV] **55** B2
Cáiro Montenotte [SV] **81** E1
Caiti [RE] **87** BC2
Ca' Labia [VE] **63** C3
Calabre, Punta- **35** C2
Calabrina [FC] **101** A1-2
Calafúria [LI] **103** BC4
Calafúria, Riserva Naturale- **103** C4
Cala Grande, Torre- **129** B2
Caláita, Lago di- **29** B1
Calalzo di Cadore [BL] **13** F3
Calamandrana [AT] **67** EF2
Calambrone [PI] **103** B3
Calamecca [PT] **97** D2-3
Calamello, Torre di- **99** C1
Calamento, Val di- **27** E2
Calamita, Monte- **119** C2
Calamone, Lago- **87** B2
Calanchi di Atri, Riserva Naturale- **135** C1
Calandrone [MI] **39** E2
Calaone [PD] **61** DE2
Cala Piccola [GR] **129** B2
Calasca [VB] **21** CD1
Calasca-Castiglione [VB] **21** CD1
Caláscio [AQ] **135** B2-3
Ca' Latis [RO] **77** DE2
Calavino [TN] **27** B2
Calavorno [LU] **97** C2
Calazzotto [CH] **141** F2
Calbenzano [AR] **107** A3
Calbi [AR] **113** E1
Cálboli [FC] **99** E2
Calcara [BO] **89** B1
Calcara [MC] **125** D2
Calcariola [RI] **133** C2
Calcata [VT] **137** E1
Calceranica al Lago [TN] **27** D2-3
Calchésio [CN] **65** CD3
Calci [PI] **103** CD2
Calcina [MC] **117** A3
Calcináia [FI] **105** C2-3
Calcináia [PI] **103** D2
Calcináio, Monte- **123** A2
Calcinara [GE] **83** D2
Calcinara [PC] **55** F2-3
Calcinaro [VR] **59** E2
Calcinate [BG] **41** C3
Calcinate del Pesce [VA] **23** A3
Calcinatello [BS] **59** A1
Calcinato [BS] **59** A1
Calcinelli [PU] **109** B2
Calcinera, Monte- **55** D3
Calcinere [CN] **65** D2
Calcino, Torrente- **45** E1
Calcinone, Alpe- **21** C3
Calcio [BG] **41** CD3-4
Calcio, Stazione di- **41** CD3
Calcione [AR] **113** CD2
Calcione, Molino di- [SI] **113** CD2
Cálco [LC] **23** E3
Calco Inferiore [VC] **21** D3
Calcroci [VE] **63** C1
Caldaie, Poggio delle- **121** D3
Caldana [GR] **121** A2
Caldana [LI] **111** B3
Caldana [VA] **21** G2
Caldane [CN] **65** C3
Caldanelle, Podere- [GR] **121** B2
Caldara di Manziana, Monumento Naturale- **137** C2
Caldaro, Lago di- / Kalterer See **11** D3
Caldarola [MC] **117** C3
Caldaro sulla Strada del Vino / Kaltern an der Weinstrasse [BZ] **11** D3
Caldasio [AL] **67** FG3
Caldea, Malga- **25** E1
Caldenno, Alpe- [SO] **25** A1
Caldenno, Monte- **25** A1
Calderano [TV] **47** BC1
Calderara [IM] **93** D2
Calderara di Reno [BO] **89** C1
Calderino [BO] **89** C2
Caldes [TN] **11** B3
Caldese, il- [PU] **107** D3
Calderino [VR] **59** E1
Caldiero [VR] **61** AB1
Caldine [FI] **105** C1-2
Caldirola [AL] **69** D2
Caldogno [VI] **45** BC3
Caldognola, Torrente- **115** E3
Caldonazzo [TN] **27** D2-3
Caldonazzo, Lago di- **27** D2
Calea [TO] **37** A1-2
Caléipo [BL] **29** E2
Calendasco [PC] **57** B3
Calenzano [FI] **97** FG3
Calenzano [FI] **103** F2
Calenzano [PC] **71** AB3
Calenzone, Monte- **69** E1-2
Caléppio [MI] **39** E2
Caleri [RO] **63** DE3
Caleri, Laguna di- **63** D3
Caleri, Porto- **63** DE3
Calerno [RE] **73** A3
Calessani [TV] **47** A2
Calestano [PR] **87** A1
Caletta [LI] **111** A1
Caletta, la- [LI] **119** AB2
Calghera [PV] **55** E3
Cálice [PR] **85** B1
Calice / Kalch [BZ] **1** G1
Cálice al Cornoviglio [SP] **85** CD3
Cálice Lígure [SV] **81** E2
California, la- [LI] **111** B2
Caligi, Monte- **97** D2
Caligiana [PG] **115** B2-3
Calignano [PV] **39** D3
Calino [BS] **41** DE3
Calisese [FC] **101** A2
Cálisio, Monte- **27** C2
Calistri [BO] **97** E2
Calizzano [SV] **81** D2
Callabiana [BI] **37** C1
Calle, la- [PG] **115** A1
Calle, Poggio alle- **121** D3-4
Calleda, Malga- **13** D4
Calleta [AR] **105** F2-3
Callianetto [AT] **53** E2-3
Calliano [AT] **53** E2-3
Calliano [TN] **27** C3
Calliera [MN] **59** B2
Callieri [CN] **79** B2
Calmasino [VR] **43** C3
Calmazzo [PU] **109** A2-3
Calnova Fiorentina [VE] **47** C3
Caló [MI] **23** D3
Calogna [NO] **21** F2
Calolziocorte [LC] **23** E3
Calómini [LU] **97** B2
Calosso [AT] **67** E2
Calozzo [CO] **7** D4
Calsazio [TO] **35** F2
Caltana [VE] **63** C1
Caltignaga [NO] **37** F1
Calto [RO] **75** BC1-2
Caltrano [VI] **45** B2
Caltron [TN] **11** BC3
Caludranza, Monte- **33** D1-2
Caluri [VR] **59** D1
Calusco d'Adda [BG] **41** A2
Caluso [TO] **37** B3
Calvagese della Riviera [BS] **43** A3
Calvana, Monte- **99** B3
Calvana, Monti della- **97** FG3
Calvarese [AP] **127** B2
Cálvari [GE] **83** D2
Cálvari [GE] **83** E2
Calvarina, Monte- **43** F3-4
Calvário, Monte- [AQ] **141** E3
Calvário, Monte- [GO] **33** E3
Calvário, Monte- [ROMA] **137** C2
Calvário, Monte- [TE] **133** FG1
Calvatone [CR] **59** A3
Calvecchia [VE] **47** C3
Calvello, Poggio- **121** D2
Calvene [VI] **45** BC2
Calvenzano [BG] **41** B3-4
Calvenzano [BO] **89** B3
Calvenzano [LO] **39** E3
Calveseglio [CO] **23** D1
Calvetro [RE] **73** C3
Calvi [SV] **81** E2
Calvi, Monte- [BO] **97** F2
Calvi, Monte- [LI] **111** B3
Calvi, Monte- [VT] **137** D1
Calvi, Rifugio- [BG] **25** B2
Calvi, Rifugio- [BL] **15** D1
Calvi dell'Umbria [TR] **131** F2
Calvignano [PV] **55** DE2-3
Calvignasco [MI] **39** C2-3
Calvillano [PU] **107** CD1-2
Calvisano [BS] **59** A1
Calvisio [SV] **81** F2
Calvo [IM] **93** B3-4
Calvo, Monte- [CH] **143** A2
Calvo, Monte- [AQ] **133** E2
Calvo, Monte- [GR] **121** A2
Calvo, Monte- [GR] **121** E3
Calvo, Monte- [ROMA] **139** D3
Calvo, Monte- [Tosc.] **105** DE4
Calzaferro [BS] **25** D1-2
Calzolaro [PG] **115** B1
Calzoni [VR] **59** D1
Camagna [TO] **35** F2-3
Camagna Monferrato [AL] **53** F2
Camaiore [LU] **97** A3
Camairago [LO] **57** C2
Camáldoli [AR] **105** F2
Camáldoli [GE] **83** CD2
Camáldoli [ROMA] **145** E2
Camáldoli, Eremo di- **99** D3-4
Camáldoli, Riserva Naturale- **105** F2
Camalò [TV] **45** FG2
Camandona [BI] **21** C3-4
Camarano [AN] **109** B3-4
Camarda [AQ] **133** F2
Camarda, Monte- **135** A2-3
Camarza [GE] **69** CD3
Camasco [VC] **21** D2
Camatta [MN] **59** D3
Ca' Matte [FE] **75** E2
Camatte [MN] **73** C1-2
Ca' Matte [VE] **63** C3
Camazzole [PD] **45** D2-3
Cambiago [MI] **39** E1
Cambiano [FI] **103** F3
Cambiano [TO] **53** B3
Cambiasca [VB] **21** F2
Cambiò [PV] **55** B2
Cámbio [RO] **63** B3
Cámbio, Monte di- **133** CD1
Cambrelle [TO] **35** E2
Cambrembo [BG] **25** A2
Cambrigar [VR] **43** CD2
Cambroso [PD] **63** C2
Camburzano [BI] **37** BC1
Cámedo, Passo di- **7** CD3
Ca' Mello [RO] **77** E2
Cámera [TE] **127** D3
Camerana [CN] **81** D1
Camerano [AN] **109** F3
Camerano [AT] **53** D2-3
Camerano [RN] **101** B2
Camerano Casasco [AT] **53** D2-3
Camerata [PG] **123** E3
Camerata Cornello [BG] **23** F2
Camerata Nuova [ROMA] **139** D2
Camerata Picena [AN] **109** DE3
Cámeri [NO] **37** F1-2
Cameriano [NO] **37** F2
Camerino [MC] **117** B3
Camerlona [RA] **91** D2
Camerona [NO] **39** A2
Cameroni [FG] **143** ins.a
Cameroni, Monte i- **31** C1-2
Ca' Micci [PU] **101** B3
Camícia, Monte- **135** B2
Camiciola, Colle- **139** E2-3
Camigliano [SI] **121** D1-2
Camignone [BS] **41** E3
Camilla, Passo della- **85** A2
Camin [PD] **63** B1
Caminata [PC] **55** E3
Caminata [PC] **71** CD2
Caminata / Kematen [BZ] **3** B2
Caminata Boselli [PC] **71** A3
Caminata di Tures / Kematen in Taufers [BZ] **3** D2
Caminetto [UD] **33** CD2-3
Caminino [GR] **121** B1-2
Camino [AL] **53** E1-2
Camino [TV] **47** BC2
Camino [UD] **33** CD2-3
Camino, Pizzo- [Lomb.] **25** CD3
Camino, Pizzo- [VB] **21** D1-2
Camino al Tagliamento [UD] **31** E3
Camisano [CR] **41** C4
Camisano Vicentino [VI] **45** D3
Camminata [CR] **73** A1
Camminata [PC] **71** BC2
Camminate [PU] **109** C2
Cámmoro [PG] **125** BC2
Camnago [MI] **23** C3-4
Camnago [VA] **23** B3
Camo [CN] **67** E2
Camoggiano [FI] **97** G2-3
Camogli [GE] **83** D2
Camone [GR] **121** D2
Camonica, Val- **25** D2-3
Ca' Montagna [VR] **43** C3
Ca' Mora [RO] **77** D2
Ca' Morosini [RD] **61** D3
Ca' Morosini [RO] **63** D3
Camosci, Cima dei- / Gamser **11** E2
Camoscie, Pizzo- **7** DE2
Camoscio, Corno del- **21** B2
Campaccio [LU] **97** A2
Campaccio, Monte- [FI] **99** C3
Campaccio, Monte- [SO] **9** C1-2
Campággio, Pizzo- **25** B2
Campagna [BS] **41** F4
Campagna [BS] **59** A1
Campagna [CR] **57** D2
Campagna [MI] **57** AB2
Campagna [PN] **31** D2
Campagna [VC] **53** D1
Campagna, Poggio- **129** F2
Campagna di Roma **145** DE1-2
Campagnatta [PD] **45** DE2-3
Campagna Lúpia [VE] **63** C1
Campagnano [VA] **23** A1
Campagnano di Roma [ROMA] **137** E1-2
Campagnari [VI] **45** D2
Campagnático [GR] **121** C2
Campagnola [BI] **37** C2
Campagnola [BS] **43** A3-4
Campagnola [CR] **57** DE2
Campagnola [NO] **21** F3
Campagnola [PD] **63** BC2
Campagnola Cremasca [CR] **57** BC1
Campagnola Emilia [RE] **73** C2-3
Campagnole [CN] **65** E3
Campagnolo [BS] **59** A1
Campagnolo [CR] **57** C2
Campagrina [LU] **95** E2
Campaiana [LU] **97** B1
Campalano [VR] **59** E2-3
Campaldino, Piano di- **105** F2
Campale [AL] **69** A3
Campalestro [PV] **55** B1-2
Campalto [VE] **63** D1
Campalto [VR] **59** E1
Campana [AQ] **141** B1
Campana [FI] **105** C3
Campana [SI] **113** B2
Campana [VI] **45** AB1-2
Campana [VI] **45** C2
Campana, Colle- **115** B2
Campana, la- [BO] **89** D2
Campana, Poggio- **129** D1
Campana, Sasso- **9** D2
Campanari [AN] **109** F4
Campane, Poggio delle- **107** C2
Campanella [VI] **45** C1
Campanella [VI] **43** F3
Campanelle [MC] **117** CD3
Camparada [MI] **23** DE3-4
Camparient, Monte- **21** C3
Campasso [PR] **71** E2
Campazzo [BS] **57** E2
Campe [VR] **43** E3
Campea [TV] **29** D3
Campedei [BL] **29** DE2
Campedelle, Monte- **13** E2
Campedello [PR] **71** F2
Campégine [RE] **73** B3
Campegli [GE] **85** AB3
Campeglia [VB] **5** D2-3
Campéglio [UD] **33** CD2
Campel [BL] **29** CD2
Campelle, Val- **27** F2
Campelli [RO] **63** C3
Campéllio, Monte- **25** E2
Campello [SO] **25** BC1
Campello [VB] **21** D2
Campello Alto [PG] **125** B2-3
Campello sul Clitunno [PG] **125** B2-3
Campertogno [VC] **21** C3
Campese [VI] **45** D2
Campestri [FI] **99** B3
Campestrin [TN] **13** B3
Campetto [CN] **81** D1
Campi [AR] **107** A2
Campi [PG] **125** D2
Campi [PR] **85** C2
Campi [SI] **113** B1
Campi [TN] **27** A3
Campiano [FC] **99** F3
Campiano [RA] **89** F3
Campiano [RA] **91** E3
Campiano [VR] **43** F3
Campiáscio, Alpe- [SO] **9** C3
Campi Bisenzio [FI] **97** F3-4
Campieno [VB] **5** D2
Campiglia [SP] **95** D2
Campiglia Cervo [BI] **21** BC3-4
Campiglia dei Bérici [VI] **61** D1-2
Campiglia dei Foci [SI] **111** E1
Campiglia d'Órcia [SI] **121** EF2
Campiglia Maríttima [LI] **111** B3
Campiglia Maríttima, Stazione di- **111** B3
Campiglia Soana [TO] **35** F1
Campiglio [MO] **87** F2
Campiglio, Valle di- **27** A1
Campigliola, la- [GR] **129** DE1
Campiglione [TO] **65** DE2
Campiglione-Fenile [TO] **65** DE2
Campigna [FC] **99** D3
Campigno [FI] **99** C2
Campigno, Torrente- **99** C2
Campigo [TV] **45** E2-3
Campigolett, Cima del- **27** CD3
Campill / Longiarù [BZ] **13** BC2
Campill Tal / Longiarù, Val di- **13** C2
Campino [VB] **21** EF2
Campioli [VB] **21** C2
Campiolo [UD] **17** BC2
Campione [BS] **43** C2
Campione [MN] **59** C3
Campione, Monte- **41** F1-2
Campione, Torrente- **43** C2
Campione d'Italia [CO] **23** B2
Campi Resi [PU] **107** DE2
Campisol, Rifugio- **11** A3
Campitello [BL] **13** FG2
Campitello [MN] **59** B3
Campitello [PG] **115** DE1
Campitello [TR] **131** F1
Campitello / Kampidell [BZ] **11** D2
Campitello di Fassa [TN] **13** B3
Campi Vecchio [PG] **125** D2
Campli [TE] **127** CD3
Camplicciolì, Lago di- **21** C1
Campo [BL] **29** D2
Campo [BL] **29** C3
Campo [PI] **103** C2
Campo [SO] **7** E3
Campo [SO] **7** FG4
Campo [TN] **13** B3-4
Campo [TO] **35** G2
Campo, Alpe- [SO] **9** D2
Campo, Alpe- [VB] **5** C3
Campo, Cima di- [Eur.] **3** C1-2
Campo, Cima di- / Kampele-Spitze **3** B2-3
Campo, Cime di- **9** EF1-2

Campo, Corno di- **9** C2
Campo, Golfo di- **119** B2
Campo, Lago di- **25** E2
Campo, Monte- [BG] **25** BC3
Campo, Monte- [IS] **141** F3
Campo, Monte- / Gampberg **11** EF1-2
Campo, Valle- **91** E1
Campobernardo [TV] **47** C2
Campobove, Malga- / Ochsenfelder Alpe **3** EF2-3
Campobrùn, Riserva Naturale- **43** E2
Campo Carlo Magno [TN] **27** AB1
Campo Carlo Magno, Passo- **27** AB1
Campocatino [FR] **139** EF3
Campocavallo [AN] **109** EF4
Campo Cavallo / Roßkofl **3** E3
Campo Cervaro [TV] **47** B1
Campochiesa [SV] **93** F2
Campocroce [TV] **47** A3
Campocroce [VE] **45** F3-4
Campodalbero [VI] **43** EF2-3
Campodàrsego [PD] **45** E3-4
Campo d'Avanti, Cima- **43** EF2-3
Campodazzo / Atzwang [BZ] **11** EF2
Campo dei Fiori **23** A2
Campo dei Fiori, Parco Regionale- **23** A2
Campo del Carro [TO] **51** D2
Campo della Pietra [TO] **35** D2
Campo dell'Osso **139** D3
Campo dell'Ugolino [FI] **105** C2
Campodenno [TN] **27** C1
Campo di Carne [LT] **145** D3
Campodiégoli [AN] **115** E2
Campo di Fano [AQ] **141** D2
Campo di Giove [AQ] **141** E2
Campo di Luserna **27** DE3
Campo di Mare [ROMA] **137** C2-3
Campo di Pietra [TV] **47** C2
Campo di Trens / Freienfeld [BZ] **3** A2
Campodolcino [SO] **7** DE2
Campodólio [MO] **87** E2
Campodónico [AN] **115** F2
Campodónico [GE] **83** E2
Campodoro [PD] **45** D3-4
Campo Felice, Piano di- **139** F1
Campoferro [PV] **55** D2
Campofilone [AP] **117** F3
Campo Fiscalino / Fischleinboden [BZ] **13** EF1-2
Campofontana [VR] **43** E3
Campofórmido [UD] **33** BC2
Campoforogna [RI] **133** C2
Campogalliano [MO] **73** CD3
Campogialli [AR] **105** EF3
Campogrosso, Passo di- **43** E2
Campo Imperatore **135** AB2
Campo Imperatore, Orto Botanico di- **135** A2
Campolano [RI] **133** D3
Campolaro [BS] **43** A1
Campolarzo [MC] **117** B3
Campo la Salza [TO] **51** D3
Campolasta / Astfeld [BZ] **11** DE1-2
Campo Lémini [ROMA] **145** CD3
Campolémisi [LU] **97** B2-3
Campoleone [LT] **145** D2-3
Campoleone Scalo [LT] **145** D2-3
Campo Ligure [GE] **69** B3
Campolino, Riserva Naturale- **97** D2
Campolo [BO] **97** F1
Campo Lomaso [TN] **27** B2
Campolonghetto [UD] **49** C1
Campolongo [BL] **15** C1
Campolongo [TV] **47** A1
Campolongo [VE] **47** BC2-3
Campolongo [VI] **61** C1
Campolongo, Passo di- / Campolungo-Stl. **13** C2
Campolongo al Torre [UD] **49** D1
Campolongo Maggiore [VE] **63** C1-2
Campolongo sul Brenta [VI] **45** D1-2
Campoluci [AR] **105** FG3
Campolungo [AP] **125** E2
Campolungo [FE] **77** B3
Campolungo [RE] **87** C2
Campolungo-Stl. / Campolongo, Passo di- **13** C2
Campomarino [CB] **143** E3
Campo Marino [VT] **123** B3
Campomarziale, Podere- [GR] **121** B2
Campomezzavia [VI] **45** C1-2
Campomigliáio [FI] **99** A3
Campomizzo, Ponte- **141** C3
Campomolino [CN] **79** C1
Campomolino [TV] **47** BC1
Campomolle [UD] **49** B1-2
Campomolon, Monte- **43** F1
Campo Moro, Lago- **9** B3
Campomorone [GE] **69** C3-4
Campomorto [PV] **39** D2-3
Campomorto, Casa- [VT] **129** E2
Campomulo [VI] **27** F3
Campon [BL] **31** B2
Campon [GE] **83** F2
Campone [PN] **15** DE3
Campo nell'Elba [LI] **119** B2
Camponocécchio [AN] **117** A1
Camponogara [VE] **63** C1
Camponuovo [SV] **81** DE1
Camponuovo [SV] **81** E1
Campopalazzi [SI] **113** AB3
Cámpora [PR] **87** B1
Camporághena [MS] **85** EF3
Camporale, Poggio- **123** AB2
Camporanda-Villa [LU] **97** AB1
Camporbiano [FI] **103** F3-4
Cámpore [BI] **37** CD1
Campore [PR] **71** DE2-3
Cámpore [SP] **85** B2
Cámpore, le- [PC] **69** F2
Campo Reggiano [PG] **115** C1-2
Camporgiano [LU] **97** AB1-2
Cámpori [LU] **97** B2
Campori [MO] **73** D2
Camporinaldo [PV] **57** A2-3
Camporóppolo [PG] **125** B3
Camporosa, Malga- **27** E3
Camporosso [IM] **93** B3-4
Camporosso, Sella di- **17** E1-2
Camporosso in Valcanale [UD] **17** DE1-2
Campo Rotondo **139** E3
Camporotondo di Fiastrone [MC] **117** C3
Camporovere [VI] **45** B1
Camporsino / Kammerschien [BZ] **3** C2
Camposampiero [PD] **45** E3
Campo San Martino [PD] **45** D3
Campo San Pietro [BL] **29** D2
Camposanto [MO] **73** E3
Camposasco [GE] **83** E2
Camposcala, Casale- [VT] **113** C1
Camposecco, Lago di- **5** C3
Camposecco, Monte- **139** D2-3
Camposervoli [SI] **123** B2
Camposilvano [TN] **43** E2
Camposilvano [VR] **43** E3
Camposonaldo [FC] **99** E3
Campospinoso [PV] **55** E2
Campo Staffi [FR] **139** EF3
Campotamaso [VI] **43** F2-3
Campo Tizzoro [PT] **97** E2
Campotosto [AQ] **133** F1
Campotosto, Lago di- **133** F1
Campotto [FE] **91** B1
Campottone [MC] **115** F2
Campo Túres / Sand in Taufers [BZ] **3** D2
Campovalano [TE] **127** CD3
Campovecchio [AR] **105** F3
Campovecchio, Val- **25** D2
Campoverardo [VE] **63** C1
Campoverde [LT] **145** E3
Campo Verde, Corno di- **27** E3
Campovico [SO] **7** F3-4
Campremoldo Sopra [PC] **57** B3-4
Campremoldo Sotto [PC] **57** B3
Campretto [PD] **45** E3
Campriano [AR] **107** A3
Campriano [PI] **103** F3
Campriano [SI] **113** B2
Campsirago [LC] **23** E3
Camucia [AR] **113** E2
Camughera, Cima- **5** CD3
Camugliano [PI] **103** D3
Camugnano [BO] **97** F1-2
Camulara, Monte- **71** B4
Camulera, Monte- **81** D2
Camurana [MO] **73** E2
Can [BL] **29** C2
Cana [GR] **121** D3
Canacede [BL] **13** C3
Canadello [PC] **71** AB4
Canai [BL] **29** CD2
Canal [BL] **29** C3
Canala, la- **91** E2
Canalazzo [MO] **75** B2
Canal di Grivò [UD] **33** CD1-2
Canale [AP] **127** B2-3
Canale [CN] **79** E1
Canale [CN] **67** CD2
Canale [GE] **69** E3
Canale [RO] **63** B3
Canale [VR] **43** CD3
Canale, Monte- [PU] **107** C2
Canale, Monte- [SO] **25** AB1
Canale, Val- **17** DE2
Canale d'Ágordo [BL] **13** C3
Canale di Bonifica a destra del Reno **91** DE1
Canale Monterano [ROMA] **137** C1-2
Canale Nuovo [TR] **123** C3
Canaletto [MO] **75** B2-3
Canaletto [MO] **73** E3
Canale Vecchio [TR] **123** C3
Canali, i- [SO] **25** CD1
Canali, Passo- **29** C1
Canali, Torrente- **29** C1
Canalicchio [PG] **123** E2
Canalnuovo [RO] **77** B1-2
Canal San Bovo [TN] **29** B1-2
Canapile [CN] **67** B2
Canapine, Forca- **125** E3
Canarazzo [PV] **55** D1
Canaro [RO] **75** DE2
Canaváccio [PU] **107** F2
Canavera [PV] **55** E3
Canavera Alta [CN] **67** B2-3
Canaveri [CN] **81** BC1
Canavese **35** FG3
Canazei [TN] **13** B3
Cancano, Lago di- **9** D1
Cancano, Monte- **25** C1
Cancellade [BL] **29** D1
Cancelli [AN] **115** EF2
Cancelli [FI] **105** DE2
Cancello [VR] **43** E3
Cancellone di Sopra [GR] **121** C3
Cancervo, Monte- **23** F2
Cancia [BL] **13** E3
Canciano, Passo di- **9** BC3
Canciano, Pizzo di- **9** BC3
Canda [RO] **75** CD1
Canda, Colle di- **99** B1
Candáglia, Monte- **31** B2
Candalino [CO] **23** D2
Candeglia [PT] **97** E3
Candelara [PU] **109** B1
Candeli [FI] **105** CD2
Candelo [BI] **37** C1
Candelozzo, Monte- **83** D1-2
Candelù [TV] **47** B2
Cándia [AN] **109** E3
Cándia, Lago di- **37** B2-3
Cándia Canavese [TO] **37** B2-3
Cándia Lomellina [PV] **55** A1
Candiana [PD] **63** B2
Candiano, Naviglio- **91** E2
Candide-Casamazzagno [BL] **13** F2
Candigliano, Fiume- **107** F3
Candiolo [TO] **53** A3
Candóglia [VB] **21** E1-2
Candole [TV] **47** BC2
Cané [BL] **29** DE2
Cané [BS] **9** E3
Cane, Passo del- **93** B3
Canébola [UD] **33** D1-2
Canedole [MN] **59** CD2
Ca' Negra [RO] **63** CD3
Canegrate [MI] **39** B1
Canelli [AT] **67** E2
Canepina [VT] **131** D2
Canesano [PR] **85** E1
Caneso [PR] **85** B1-2
Canestraccio, Fosso- **129** F2
Canete [SO] **7** EF2-3
Caneto [PR] **85** F2
Canétolo [PR] **85** E2
Canetra [RI] **133** CD2
Cáneva [PN] **31** B3
Caneva di Tolmezzo [UD] **15** EF2
Canevara [MS] **95** DE2
Canevare [MO] **97** D1
Caneva World **43** C3-4
Canevè [FE] **77** D3
Canevino [PV] **55** E3
Canezza [TN] **27** D2
Canfáito, Monte- **117** B2
Canfedin **27** BC2
Canfittori [PT] **97** D3
Canfriolo [PD] **45** D3
Cangelásio [PR] **71** D3
Cángia [RA] **91** C3
Canicossa [MN] **59** B3
Caniezza [TV] **45** E1
Canin, Monte- **17** D2
Canino [VT] **131** A2
Canino, Monte- **129** F2
Caniparola [MS] **95** CD2
Caníschio [TO] **35** F2
Canistro [AQ] **139** F3
Canistro Inferiore [AQ] **139** F3
Canistro Superiore [AQ] **139** F3
Canizzano [TV] **45** FG3
Cannaiola [PG] **125** B2
Cannara [PG] **125** A1-2
Cannara, Stazione di- **115** D3
Cannéggia [MC] **115** F3
Cannella [AN] **109** CD2
Cannelle, Cala delle- **129** A2
Cannelle, Punta delle- **119** C2
Cannero, Castelli di- **23** A1
Cánnero Riviera [VB] **21** FG1
Canneti di Dormelletto, Riserva Naturale dei- **21** F3
Canneto [PC] **71** B2
Canneto [PG] **115** BC2-3
Canneto [PI] **103** F2-3
Canneto [PI] **111** C2
Canneto [RI] **133** B3
Canneto, Monte di- **111** C2
Cannétolo [PR] **71** E2
Canneto Pavese [PV] **55** E2
Canneto sull'Óglio [MN] **59** A2-3
Cannobina, Valle- **5** F3
Cannobino, Torrente- **5** F3
Cannóbio [VB] **5** G3
Cannuzzo [RA] **101** A1
Ca' Noghera [VE] **47** B3
Canolo [RE] **73** C3
Canónica **105** CD3
Canónica [FI] **105** B3
Canonica [MI] **23** D3-4
Canónica [PG] **123** DE3
Canónica [RN] **101** B2
Canónica [TR] **123** C3
Canónica, la- [SI] **113** C2
Canónica a Cerreto [SI] **113** B1
Canónica d'Adda [BG] **41** B3
Canosa, Grotta- **141** E2
Canosa Sannita [CH] **135** E3
Canósio [CN] **65** C4
Canossa [MS] **85** D3
Canossa [RE] **87** C1
Canossa [RE] **87** C1
Canossi San Giovanni [SV] **93** E3
Canova [FI] **105** E2-3
Canova [LC] **23** E3
Canova [MS] **85** E3
Canova [PV] **55** DE2
Canova [RE] **85** F2
Canova [TO] **35** D2-3
Canova [VI] **45** B3
Canova / Neuhaus [BZ] **3** E1
Canove [CN] **67** D2
Canove [VI] **45** B1
Canove [VR] **61** BC2
Cansano [AQ] **141** DE2-3
Cansano, Stazione di- **141** DE2-3
Cansatessa [AQ] **133** EF2
Cansero [CR] **57** F2-3
Cansíglio, Bosco del- **31** B2
Cantagallina [PG] **113** EF3
Cantagallo [PO] **97** F2
Cantagrillo [PT] **97** E3
Cantalena [AR] **113** EF1-2
Cantalice [RI] **133** C1-2
Cantalupa [TO] **51** EF3
Cantalupo [AL] **55** A3
Cantalupo [GE] **83** BC2
Cantalupo [IM] **93** DE3
Cantalupo [MI] **39** B1
Cantalupo [PG] **125** A2
Cantalupo [SV] **83** A2
Cantalupo in Sabina [RI] **133** A2-3
Cantalupo Lígure [AL] **69** D2
Cantalupo Sélice [BO] **89** F2
Cantarana [AT] **53** D3
Cantarana [CN] **81** C3
Cantarana [VE] **63** C2
Cantarelli dei Boschi [CN] **67** BC1-2
Cantari, Monti- **139** EF3
Cantavenna [AL] **53** E1-2
Cantello [BG] **23** F1-2
Cantello [VA] **23** B2-3
Canterano [ROMA] **139** D3
Canti, i- **23** F2
Cantia [AN] **115** F1
Cantiano [PU] **107** E4
Cantiere, Monte- **87** D3
Canto [BG] **41** AB2
Canto [PE] **135** D2
Canto, Monte- **41** A2
Canto Alto **41** BC2
Cantogno [TO] **65** E2
Cantogno, Torrente- **65** E2
Cantóira [TO] **35** E2-3
Canton [RO] **77** C1
Canton [VR] **61** B1
Cantonazzo [RO] **61** E3
Cantone [BO] **75** B3
Cantone [FE] **77** B2
Cantone [MO] **73** CD3
Cantone [MO] **87** E1
Cantone [PC] **71** A2
Cantone [PG] **107** C3
Cantone [RE] **73** B3
Cantone [RE] **87** D1
Cantone [RE] **73** A3
Cantone [TR] **123** C2-3
Cantone, il- [MO] **73** D3
Cantone, Monte- / Matscher Winkel Kogel **1** B1
Cantoni [CR] **57** F3
Cantoni [TV] **45** DE2
Cantoniera, Ristorante- **9** D1-2
Canton Santo [PR] **71** E2
Cantore, Rifugio- **13** D2
Cantrina [BS] **43** A3
Cantù [CO] **23** C3
Canuggione [NO] **21** E3
Canússio [UD] **47** EF1-2
Canza [VB] **5** E1
Canzano [TE] **127** D4
Canzani, Rifugio- **11** A2-3
Canzo [CO] **23** D2
Canzo, Corni di- **23** D2
Canzoi, Valle di- **29** C2
Ca' Oddo [PD] **61** E2
Caolana, Monte- **31** BC2
Caonada [TV] **45** F2
Caorame, Torrente- **29** C2
Caorera [BL] **29** C3
Caoria [TN] **29** AB1
Cáorle [VE] **47** E3
Cáorle, Laguna di- **47** E3
Caorso [PC] **57** D3
Capáia / Kapaiern [BZ] **3** F3
Capalbiáccio, Poggio- **129** CD2
Capálbio [GR] **129** D2
Capálbio Stazione **129** D2
Capalle [FI] **97** F3-4
Capannacce, Osteria delle- [VT] **131** D2
Capannace, le- [AR] **113** E2
Capanne [GR] **121** E3
Capanne [GR] **111** D3
Capanne [MS] **95** DE2
Capanne [PG] **115** B3
Capanne [PG] **107** BC3
Capanne [PI] **103** E2-3
Capanne, le- [FC] **107** B2
Capanne, Monte- **119** AB2
Capanne, Monte delle- / Hitterberg **1** E2
Capanne, Poggio- [PI] **111** BC2-3
Capanne, Poggio- [SI] **113** C2
Capanne di Dentro, Osteria- / Innerhütt [BZ] **1** E2
Capanne di Marcarolo, Parco Naturale delle- **69** B3
Capanne di Sillano [LU] **85** F3
Capanne di Siviglioli [LU] **97** CD2
Capanne di Sotto [PT] **97** D2
Capannelle [GR] **121** C1-2
Capannelle, Ippódromo delle- **145** D1-2
Capannelle, Osteria- **145** E1
Capannelle, Passo delle- **133** EF2
Capannina, la- [LU] **95** DE3
Capanno Garibaldi **91** E2
Capánnole [AR] **105** E4
Capánnoli [PI] **103** DE3
Capannone [PT] **97** D3-4
Capannone, il- [MO] **97** C1
Capannori [LU] **97** C3-4
Capannúccia [FI] **105** C2
Capávoli [PI] **103** D3
Capecchio, Fosso- **131** B2
Capella [CR] **73** A1-2
Capelletta, la- [GE] **69** B3-4
Capel Rosso, Punta del- [GR] **129** B3
Capel Rosso, Punta del- [GR] **129** A2-3
Capena [ROMA] **137** F1-2
Ca' Percivalle [PV] **55** D3
Capergnanica [CR] **57** B1-2
Capestrano [AQ] **135** B3
Capezzano [LU] **95** E3
Capezzano Pianore [LU] **95** E3
Capezzine, Fattoria- [SI] **113** E2-3
Capezzone, Cima- **21** CD2
Capiago Intimiano [CO] **23** C3
Capin di Ponente **17** E1
Cápio, Monte- **21** D2
Ca' Pirami [VE] **47** C3
Ca' Pisani [RO] **77** DE2
Capistrello [AQ] **139** F3
Capitan Celli, Casa- [ROMA] **145** E2
Capitello [FE] **75** EF2
Capitello [PD] **63** B2
Capitello [RO] **75** D2
Capitello [RO] **61** D3
Capitello [VI] **45** C3
Capitello [VR] **61** B1-2
Capitello [VR] **59** E2
Capitignano [AQ] **133** E1
Capitolo [SV] **93** E2
Capitone [TR] **131** E1
Capizzone [BG] **41** B2
Caplone, Monte- **43** B2
Capobianco [VT] **131** C1
Capobosco [RO] **75** E1-2
Capocavallo [PG] **115** B2-3
Capocolle [FC] **99** FG1-2
Capo Contessa [PG] **115** B2
Capocotta, Cascina- [ROMA] **145** C2
Capocotta, Tenuta di- **145** C2-3
Capo d'Ácero, Monte- **141** D1-2
Capodácqua [AP] **125** E3
Capodacqua [AQ] **135** B3
Capodácqua [PG] **115** E3
Capo d'Ácqua [PG] **115** EF2-3
Capodarco [AP] **117** F2
Capo d'Árgine [BO] **89** D1
Capo d'Árgine [VE] **47** BC3
Capo di Fiume, Sorgente- **141** E3
Capo di Monte **111** B3
Capodimonte [BS] **41** F4
Capodimonte [VT] **131** B1
Capo di Ponte [BS] **25** DE2
Capo di Rio [MC] **117** C1
Capo di Serre, Monte- **135** B2
Capo di Sopra [TV] **47** B1
Capo d'Uomo, Torre- **129** B2
Capolago [VA] **23** A3
Capolapiaggia [MC] **117** B3
Capolcastro [PD] **61** E2-3
Capolegrotte [CH] **141** F1-2
Capolíveri [LI] **119** C2
Capolona [AR] **107** A3
Capo Marino, Punta di- **129** A2
Caponago [MI] **39** E1
Capo Noli, Monte- **81** F2
Capo o di Portofino, Punta del- **83** E3
Capoponte [PR] **87** B1
Capoposta [CH] **141** F1-2
Caporciano [AQ] **141** BC1
Caporiacco [UD] **33** B2
Caposelva [PV] **69** DE1-2
Caposelvi [AR] **105** E3-4
Caposile [VE] **47** C3
Caposotto [MN] **75** B1-2
Capostrada [PT] **97** E3
Capovalle [BG] **25** A3
Capovalle [BS] **43** AB2
Capovilla [VI] **45** BC3
Cappa [TO] **53** D2
Cappa, Isola della- **129** A2
Cappadócia [AQ] **139** E2-3
Cappella [LU] **97** B3
Cappella [TN] **27** D3
Cappella [VE] **45** F3
Cappella, Villa la- [SI] **113** DE3
Cappella Cantone [CR] **57** CD2
Cappella del Bosco [TO] **65** E1-2
Cappella de' Picenardi [CR] **57** F2-3
Cappella Maggiore [TV] **31** AB3
Cappella Moreri [TO] **51** E3
Cappellazzo [CN] **67** B2-3
Cappellazzo [VI] **43** F2
Cappelle [AQ] **139** F2
Cappelle [CR] **57** CD2
Cappelle [LU] **97** C2
Cappelle sul Tavo [PE] **135** D2
Cappelletta [MN] **59** C3
Cappelletta [VE] **45** F3
Cappelletta Stoffi [MO] **73** D2
Cappelli [CN] **67** C2
Cappelli [CN] **67** B1-2
Cappello [CN] **81** C2
Cappello, Monte- **99** C1
Cappellone, Monte- **135** A2
Cappone [PU] **109** A1-2
Capponi, Case- [AP] **127** C1-2
Cappucciata, Monte- **135** B2-3
Cappuccini [PG] **125** A1-2
Cappuccini [PG] **115** D1
Cappuccini [PG] **115** BC3
Cappuccini [PU] **109** A2
Cappuccini [TR] **131** E1
Cappuccini [VC] **37** E2-3
Cappuccini [VT] **129** F1
Cappuccini, i- [PG] **123** BC2
Cappuccini Vecchi [TR] **131** F1
Capra, Cima della- / Härtlaner Spitze **3** A3
Capra, Corna di- **9** C2
Capra, Monte- **89** C2
Capráccia [VT] **123** C4
Capracotta [IS] **141** F3
Capradosso [AP] **127** C2
Capradosso [RI] **133** D2-3
Caprafico [TE] **127** D4
Capraglia [AL] **55** BC2
Capráia [AR] **105** F3
Capráia [FI] **105** AB2
Capráia, Isola di- **119** ins.a
Capráia, Torrente- **105** F3
Capráia e Límite [FI] **105** A2
Capráia Isola [LI] **119** ins.a
Capráia o Caprara, Isola- **143** ins.a
Capraie, Podere- [AR] **113** C1
Capralba [CR] **41** B4
Capránica [PG] **115** E3
Capránica [VT] **131** CD3
Capránica Prenestina [ROMA] **145** F1
Caprànica Scalo [VT] **137** CD1
Caprara [BO] **89** BC3
Caprara [RE] **73** AB3
Caprara, Grotta- **141** E2
Caprara, Isola- → Capráia, Isola- **143** ins.a
Caprara d'Abruzzo [PE] **135** D2
Caprari, Rifugio- **25** AB2
Capraro, Monte- **143** D3
Caprarola [VT] **131** D2-3
Caprarola, Stazione di- **131** D3
Capráuna [CN] **81** C3
Caprauna, Colle- **93** D2
Caprazzino-Strada [PU] **107** D2
Capreno [GE] **83** D2
Caprese Michelangelo [AR] **107** A2-3
Caprezzo [VB] **21** F1-2
Capri, Monte- **95** B2
Capriana [TN] **27** DE1
Capriano [MI] **23** D3
Capriano del Colle [BS] **41** E4
Capriata d'Orba [AL] **69** B2
Capriate San Gervasio [BG] **41** B3
Capricchia [RI] **127** AB4
Cáprie [TO] **51** EF2
Caprieto [GE] **69** D3
Capriggine, Torrente- **103** F4
Caprìglia [CH] **141** FG2
Caprìglia [LU] **95** E3
Caprìglia [MC] **117** B3
Caprìglia [MC] **115** F2
Caprìglio [AT] **53** CD2
Caprìglio [PR] **87** B2

Caprígliola [MS] **95** C1-2
Caprignana [LU] **85** FG3
Caprile [AR] **107** B2
Caprile [BG] **23** F1-2
Caprile [BI] **21** D3
Caprile [BL] **13** CD3
Caprile [FE] **77** CD2
Caprile [GE] **69** E3
Caprile [PC] **55** F3
Caprile [PG] **115** E1
Caprile [PU] **107** F3-4
Caprile [RE] **87** BC2-3
Caprile / Gfrill [BZ] **11** C2
Caprile, Colle- **83** DE2
Caprili [GE] **69** E3
Caprinale [SO] **25** C2
Caprino [CO] **23** B2
Caprino Bergamasco [BG] **41** A2
Caprino Veronese [VR] **43** C3
Caprio [MS] **85** D2
Capriolo [BS] **41** D3
Ca' Priuli [PD] **61** D3
Capriva del Friuli [GO] **33** DE3
Caprizi [UD] **15** D2
Capro [PG] **125** A2
Caprona [PI] **103** CD2
Caprone / Kapron [BZ] **1** B1-2
Caprone, Poggio- **103** C3-4
Capsano [TE] **135** B1
Capugnano [BO] **97** E1-2
Caraceto [BI] **37** D1
Ca' Raffaello [AR] **107** C2
Caraglio [CN] **79** D1
Caragna [SV] **81** D2
Caragnetta [SV] **81** D2
Ca' Rainati [TV] **45** DE2
Carale [VB] **21** D1
Caralte [BL] **13** F3
Caramagna Piemonte [CN] **67** B2
Caramanico Terme [PE] **141** DE1-2
Caramelli [CN] **81** D1
Caramello, Villa- [PC] **57** A3
Carameto, Monte- **71** C3
Caranche, Passo delle- **81** D2-3
Carano [LT] **145** E3
Carano [TN] **27** E1
Caranza [SP] **85** B2
Caranzano [AL] **69** A2
Carapale, Rifugio- **141** D3
Carapelle Calvisio [AQ] **135** AB3
Carasco [GE] **83** F2
Carassai [AP] **117** EF3
Carate, Rifugio- **9** B2-3
Carate Brianza [MI] **23** D3-4
Carate Urio [CO] **23** C2
Caratta [PC] **71** B2
Caravággio [BG] **41** B3-4
Caravággio, Santuario di- **41** B4
Caravate [VA] **21** F2
Caravini [VC] **53** D1
Caravino [TO] **37** B2
Caravónica [IM] **93** D2-3
Carbognano [VT] **131** D2-3
Carbolo, Monte- **95** CD1-2
Carbona [PN] **47** E1
Carbonara [PD] **61** D1
Carbonara [PD] **61** E3
Carbonara [PG] **115** E2-3
Carbonara al Ticino [PV] **55** D1-2
Carbonara di Po [MN] **75** B1
Carbonara Scrivia [AL] **55** C3
Carbonare [TN] **27** D3
Carbonarola [MN] **75** B1
Carbonate [CO] **23** B3
Carbonè, Monte- **79** D2-3
Carbonera [TV] **47** A2-3
Carbonera [VE] **63** DE1
Carbonere Nuove [TV] **47** C2
Carboneri [AT] **53** D2
Carboneri [TO] **65** C2
Carbonesca [PG] **115** D2
Carbonifera [LI] **119** DE1
Carbonile [FI] **99** C3
Carbonile [FI] **105** D2
Carbonin / Schluderbach [BZ] **13** E2
Carbuta [SV] **81** E2
Carcano [CO] **23** D3
Cárcare [SV] **81** E1
Carcatora, Monte- **117** C1-2
Carcegna [NO] **21** E2-3
Cárceri [AQ] **141** EF3
Cárceri [PD] **61** D2
Cárceri, Éremo delle- **115** DE3
Cárcheri [FI] **105** B2
Carchitti [ROMA] **145** E2
Carciato [TN] **11** B3-4
Carcina [BS] **41** F3
Carcóforo [VC] **21** C2
Carda [AR] **105** F3
Cardagnano [MC] **117** C3
Cardana [VA] **21** F2
Cardano [CO] **23** D1
Cardano [TR] **131** F1-2
Cardano / Kardaun [BZ] **11** E2-3
Cardano al Campo [VA] **39** A1
Cardazzo [PV] **55** F2
Cardè [CN] **65** E2
Cardella [PU] **107** E3
Cardetole [FI] **99** AB3
Cardezza [VB] **5** D3
Cardinala [MN] **59** E3
Cardine, Monte- **7** DE2
Cardinello, Monte- **7** D3
Cardini [CN] **81** C2
Cardon, il- [LI] **119** A3
Cardona [AL] **53** E2
Cardone, Monte- **131** B1
Cardosa, Monte- **125** D2
Cardoso [LU] **97** AB2-3
Cardoso [LU] **97** B2
Carducci, Rifugio- **13** F2
Carè Alto, Monte- **25** F2
Carè Alto, Rifugio- **25** F2
Carega [VC] **21** D3
Carega, Gruppo del- **43** E2
Careggi [FI] **105** C2
Caréggine [LU] **95** E2
Carella [CO] **23** D2-3
Carema [TO] **37** A1
Carena, Monte- **43** A1-2
Carene [BI] **37** C1
Carengo [VC] **37** E3
Carenno [LC] **23** E3
Careno [CO] **23** C2
Careno [PR] **71** D3
Carentino [AL] **67** F1-2
Caresana [TS] **49** FG3
Caresana [VC] **37** EF3
Caresanablot [VC] **37** E2
Careser, Lago del- **11** A3
Careste **99** F3
Carestello [PG] **115** D2
Caretto [TO] **35** G2
Carezza, Lago di- **11** F3
Carezza al Lago / Karersee [BZ] **11** F3
Carezzano [AL] **69** C2
Carezzano Maggiore [AL] **69** C2
Carfagnoi [BL] **29** DE2
Cargalla [MS] **85** D2
Cargédolo [MO] **87** D3
Cargnacco [UD] **33** C2-3
Caricatore [CN] **79** CD1
Cariè [PG] **115** E3
Caríge Alta [GR] **129** D2
Carignano [MS] **95** C1-2
Carignano [PR] **71** F3
Carignano [PU] **109** B1-2
Carignano [TO] **53** AB3
Carimate [CO] **23** C3
Carini [PC] **71** C2-3
Carisasca [PC] **69** EF2
Cariseto [PC] **69** F2-3
Carísio [VC] **37** D2
Carisolo [TN] **27** A1-2
Carità [TV] **47** A2
Carlazzo [CO] **23** C1
Carletti [IM] **93** B3-4
Carlettini, Rifugio- **27** EF2
Carleveri [CN] **67** B4
Carlino [UD] **49** BC2
Carlino, Rio- / Karlinbach **1** B2
Carlona [AL] **69** B2
Carlo Porta, Rifugio Albergo- **23** E2
Carmagnola [TO] **53** B3
Carmegn [BL] **29** D2
Carmiano [PC] **71** B2
Carmignanello [PO] **97** F2-3
Carmignano [FE] **77** B2
Carmignano [PD] **61** D2-3
Carmignano [PO] **105** AB2
Carmignano di Brenta [PD] **45** D3
Cármine [AR] **107** AB3
Carmine [CN] **67** B4
Cármine [PV] **55** E3
Cármine [VB] **23** A1
Carmo, Monte- [AL] **69** E3
Carmo, Monte- [SV] **81** E2
Carnago [VA] **23** AB3
Carnáio, Colle del- **99** E3
Carnaiola [TR] **123** C2
Carnalèz [TN] **11** C3
Carnate [MI] **23** E3-4
Carnella, Monte- **83** F2
Carnera, Cima- **21** B2
Carnevalone, Monte- **99** C2
Cárnia [Fr.V.G.] **15** EF2
Cárnia [UD] **17** B2
Carniana [RE] **87** C2
Carníglia [PR] **85** B1-2
Carnino [CN] **81** B2-3
Carnizza, Monte- **33** D1-2
Carnola [RE] **87** C2
Carnovale [SV] **81** E1
Carnovale, Poggio di- **111** C2
Caróbbio [MN] **73** C1
Caróbbio [MN] **73** E2
Caróbbio [PR] **87** A1-2
Caróbbio degli Angeli [BG] **41** CD2-3
Carola, Garzaia della- **39** D3
Carona [BG] **25** A2
Carona [SO] **25** C2
Carone, Monte- **43** C1-2
Caronno Pertusella [VA] **39** C1
Caronno Varesino [VA] **23** AB3
Carossi [AT] **67** DE2
Carotte [VI] **27** D3
Carozzo [SP] **95** C2
Carpacco [UD] **31** E2
Carpadasco [PR] **71** D3-4
Cárpana [PR] **71** C4
Carpana, Cappella- **85** BC1
Carpanè [VI] **45** CD1
Carpanedo [PD] **63** B1-2
Carpaneto [PR] **87** B1
Carpaneto Piacentino [PC] **71** C2
Carpani [LI] **119** B2
Carpasina, Torrente- **93** D3
Carpásio [IM] **93** D3
Carpe [SV] **81** DE2-3
Carpegna [PU] **107** CD2
Carpegna, Monte- **107** C2
Carpellone, Cima del- **133** C1
Carpen [BL] **29** C3
Cárpena [FC] **99** F1
Carpenara [GE] **83** BC2
Carpenaro [SV] **67** F3-4
Carpenedo [TV] **45** F2-3
Carpenedo [VE] **47** A3-4
Carpenedolo [BS] **59** A1
Carpeneto [AL] **69** A2
Carpeneto [GE] **69** E3
Carpeneto [UD] **33** BC2-3
Carpeneto [VC] **37** CD2-3
Carpenetta [CN] **65** F2
Carpenzago [MI] **39** B2
Carpésica [TV] **29** E3
Carpi [MO] **73** D3
Carpi [VR] **61** A2
Carpiano [MI] **39** D2-3
Carpignago [PV] **39** C3
Carpignalle [FI] **105** C3
Carpignano [MC] **117** C2
Carpignano Sésia [NO] **37** E1
Carpina, Torrente- **115** BC1
Carpinella, Torrente- **115** C1
Carpinelli, Foce- **85** F3
Carpinello [FC] **99** F1
Carpineta [BO] **97** F1-2
Carpineta [FC] **101** A2
Carpineta [PT] **97** F2
Carpineti [RE] **87** CD2
Carpineto [SV] **81** FG1
Carpineto, Val- **133** CD1
Carpineto della Nora [PE] **135** BC2-3
Carpineto Sinello [CH] **143** AB2-3
Cárpini [PG] **115** C1
Carpugnino [NO] **21** F2
Carráia [FI] **97** FG3
Carráia [LU] **103** D1-2
Carráia [PG] **115** A3
Carráie [RA] **91** DE3
Carrara [MS] **95** D2
Carrara [PU] **109** B2
Carrara, Rifugio- **95** D2
Carrara San Giórgio [PD] **61** E2
Carrara Santo Stéfano [PD] **61** EF2
Carraria [UD] **33** D2
Carrè [AO] **35** C1
Carrè [VI] **45** B2
Carrega, Capanne di- [AL] **69** E3
Carrega Ligure [AL] **69** DE3
Carrel, Rifugio- **19** F1
Carretto [SV] **81** E1
Carrito [AQ] **141** C2
Carrito, Galleria di- **141** C2
Carro [SP] **85** B3
Carro, Col du- **35** C2
Carrobbioli [RE] **73** BC2
Carróbio [MN] **59** B2-3
Carroccia, Poggio- **113** C3
Carródano [SP] **85** B3
Carródano Inferiore [SP] **85** B3
Carródano Superiore [SP] **85** B3
Carrone [TO] **37** B2
Carrósio [AL] **69** BC2-3
Carrù [CN] **67** C3-4
Carséggio [BO] **99** BC1
Carsi [GE] **69** D3
Carsia, Torrente- **121** AB2
Carso, Monte- **49** G3
Carsóli [AQ] **139** D2
Carsuga [PG] **107** B3-4
Carsulae **125** A4
Carsulae, Parco Archeologico di- **125** A4
Cart [BL] **29** C2
Cártari [IM] **93** D2
Cartasegna [AL] **69** DE2-3
Carteria di Sesto [BO] **89** CD2
Cartiera [CN] **81** C2-3
Cartiera, Casa- [VT] **131** C2
Cartigliano [VI] **45** CD2
Cartignano [CN] **65** D3-4
Cartoceto [PU] **109** B2
Cartoceto [PU] **109** A3
Cartósio [AL] **67** F3
Cartura [PD] **63** B2
Carturo [PD] **45** D3
Carú [RE] **87** C2
Carugate [MI] **39** DE1
Carugo [CO] **23** D3
Carunchina, Colle- **143** AB3
Carúnchio [CH] **143** AB3
Caruso, Forca- **141** C2
Caruso, Poggio- **131** B2-3
Carvacco [UD] **33** B1
Carve [BL] **29** C2
Carviano [BO] **89** B3
Carvico [BG] **41** A2
Carza, Torrente- **99** A3
Carzaghetto [MN] **59** A2-3
Carzago Riviera [BS] **43** A3
Carzano [BS] **41** E2
Carzano [TN] **27** E2
Carzeto [PR] **71** EF2
Casa, Monte- **3** A2-3
Casabasciana [LU] **97** C2
Ca' Sabbioni [VE] **63** D1
Casabella [BZ] **1** B1-2
Casabianca [AP] **117** F2
Casabianca [AT] **53** DE3
Casabianca [SI] **113** CD2
Casabianca [TO] **37** B3
Casacagnano [AP] **127** B2
Casacanditella [CH] **141** F1
Casa Castalda [PG] **115** D2
Casacce [AR] **105** F4
Casacce [PG] **115** E1
Casacce [PG] **115** D2
Casacce [SO] **25** B1-2
Casacce, Fattoria- [GR] **121** E2
Casáccia [ROMA] **137** D2
Casáccia [VC] **21** BC2-3
Casáccia, La- [VT] **131** DE2
Casaccie [BS] **57** E2
Casa Colombi [PV] **55** E2
Casacorba [TV] **45** F3
Casa del Bosco [BI] **37** D1
Casa del Marchese [PV] **55** E3
Casa Fiori [PV] **69** E1-2
Caságlia [BO] **89** C2
Caságlia [BS] **41** E3-4
Caságlia [FE] **75** D2
Caságlia [FI] **99** BC2
Caságlia [PG] **115** C3
Caságlia [PI] **111** BC1
Caságlia [SI] **105** B4
Caságlia, Colla di- **99** B2
Casagreca [TE] **127** C4
Casalalta [PG] **123** E2
Casalánguida [CH] **143** AB2
Casalappi Ruschi [LI] **111** BC3
Casalbagliano [AL] **55** A3
Casalbellotto [CR] **73** A2
Casalbeltrame [NO] **37** E2
Casalbergo [VR] **59** E2
Casalbordino [CH] **143** B1-2
Casalborgone [TO] **53** C2
Casal Borsetti [RA] **91** E1
Casalbusone [AL] **69** D3
Casalbuttano [CR] **57** D2
Casalbuttano [CR] **57** D2
Casalbuttano ed Uniti [CR] **57** D2
Casal Cermelli [AL] **69** A1-2
Casaldonato [PC] **71** A4
Casaldrino [PC] **69** F2
Casale [AP] **127** B2
Casale [AQ] **141** C2
Casale [AR] **107** AB3
Casale [AR] **105** E3
Casale [BI] **37** B1
Casale [BO] **97** E2
Casale [FC] **99** D1-2
Casale [FC] **101** A2
Casale [FI] **99** C3
Casale [MC] **117** B3
Casale [MN] **59** B3
Casale [MN] **59** D3
Casale [PG] **125** A2
Casale [PG] **125** B2
Casale [PI] **103** EF2-3
Casale [PO] **97** F3
Casale [PR] **73** A2
Casale [PR] **71** F3
Casale [PR] **85** B2
Casale [RA] **99** D1
Casale [RE] **87** C2
Casale [SP] **85** C3
Casale [TO] **37** B3
Casale [VI] **45** B2
Casale [VI] **45** C3
Casale, Villa- [SI] **113** B2
Casale Abbruciato [ROMA] **145** D2
Casale Battista [ROMA] **139** B2-3
Casalécchio, Monte- **123** E3
Casalécchio dei Conti [BO] **89** E2
Casalécchio di Reno [BO] **89** C2
Casale Cerqueto [ROMA] **145** D2
Casale Corte Cerro [VB] **21** E2
Casale Cremasco [CR] **41** C4
Casale Cremasco-Vidolasco [CR] **41** C4
Casale dei Molini [CN] **67** B3-4
Casale della Mandria [ROMA] **145** DE3
Casale di Pari [GR] **113** A3
Casale di Scodósia [PD] **61** C2
Casale Fiammingo [ROMA] **145** E3
Casaléggio Boiro [AL] **69** B3
Casaléggio Novara [NO] **37** EF1-2
Casale Litta [VA] **23** A3
Casale-Loreto [UD] **31** E2-3
Casale Marittimo [PI] **111** B2
Casale Masé [CH] **141** F3
Casale Monferrato [AL] **53** F2
Casalena [AP] **127** BC2
Casaleno [TE] **127** D3
Casaleone [VR] **61** B2-3
Casale San Nicola [TE] **135** A1-2
Casale Soprano [CN] **67** C3
Casale Staffora [PV] **69** E2
Casale sul Sile [TV] **47** AB3
Casaleto [PR] **85** B1
Casaletto [MN] **73** B2
Casaletto [VT] **131** C3
Casaletto Ceredáno [CR] **57** B2
Casaletto di Sopra [CR] **57** C1
Casaletto di Sotto [CR] **57** F3
Casaletto di Sotto [ROMA] **137** D2
Casaletto Lodigiano [LO] **39** E3
Casaletto Vaprio [CR] **57** A1
Casalfiumanese [BO] **89** E3
Casalgiate [NO] **37** F2
Casalgrande [RE] **87** E1
Casalgrasso [CN] **65** F1-2
Casalguidi [PT] **97** E3
Casali [FI] **99** AB2
Casali [MC] **125** DE2
Casali [PC] **71** C3
Casali d'Aschi [AQ] **141** C3
Casali Franceschinis [UD] **49** B1-2
Casaliggio [PC] **71** B1-2
Casalina [MS] **85** D2
Casalina [PG] **123** E2
Casalincontrada [CH] **135** D3
Casaline [AQ] **133** E2
Casalini [PG] **115** A3
Casalino [AL] **53** E2
Casalino [AR] **105** F2
Casalino [AR] **113** CD1-2
Casalino [GE] **69** CD3
Casalino [GR] **121** D2
Casalino [NO] **37** F2
Casalino [RE] **87** C2-3
Casalino [VR] **61** AB2
Casalino [VT] **131** A2
Casalino, Case- [GR] **121** C2-3
Casalmaggiore [CR] **73** A1-2
Casalmaiocco [LO] **39** E2
Casalmorano [CR] **57** D2
Casalmoro [MN] **59** A2
Casalnoceto [AL] **55** C3
Casalnovo [GR] **129** D1
Casaloldo [MN] **59** A2
Casalone [GR] **121** CD2
Casalone [VT] **131** D2
Casalone, Il- [VT] **131** B2
Casalone, Poggio- **111** E2
Casalorzo [CR] **57** F3
Casalotti [ROMA] **145** C1
Casalotto [AT] **67** F2
Casal Palocco [ROMA] **145** BC2
Casalpo [RE] **73** B2-3
Casalpoglio [MN] **59** A2
Casalporino [PR] **85** B1
Casalpusterlengo [LO] **57** B2
Casalromano [MN] **59** A2
Casalrosso [VC] **37** E3
Casalserugo [PD] **63** B1-2
Casalsigone [CR] **57** E2
Casal Thaulero [TE] **127** E3-4
Casaltondo [PG] **123** C1-2
Casaltone [PR] **73** A2-3
Casalvécchio, Colle- **143** CD3
Casalvento [AN] **115** E1
Casalvolone [NO] **37** E2
Casalzuigno [VA] **23** A2
Casamaggiore [PG] **113** E3
Casamáina [AQ] **139** F1
Casa Matti [PV] **69** EF1-2
Casamona [AR] **105** EF3
Casamontanara [AN] **109** B4
Casamora [AR] **105** E2-3
Casan [BL] **29** EF1-2
Casano [SP] **95** D2
Casanola [RA] **91** BC2-3
Casanova [FI] **99** B2
Casanova [GE] **69** E3
Casanova [PV] **55** F3
Casanova [PI] **103** DE3
Casanova [PR] **71** C3-4
Casanova [SI] **113** AB2-3
Casanova [SI] **123** A2
Casanova [SV] **83** A2
Casanova [TO] **53** B3
Casanova dell'Alpe [FC] **107** A1
Casanova del Morbasco [CR] **57** D2-3
Casanova di Destra [PV] **69** E2
Casanova d'Offredi [CR] **57** F3
Casanova Elvo [VC] **37** D2
Casanova Lerrone [SV] **93** E2
Casanova Lonati [PV] **55** E2
Casanuova [PI] **111** C1
Casanuova [RI] **133** C1
Casape [ROMA] **145** F1
Casapinta [BI] **37** D1
Casa Ponte [PV] **55** DE3
Casaprota [RI] **133** B3
Casaregnano [AP] **127** B2-3
Casarello [AL] **53** DE2
Casarene, Cima- **139** C1-2
Casargo [LC] **23** E1
Casarile [MI] **39** C2-3
Casario [CN] **81** D2
Casarnese [TR] **123** E4
Casarola [PR] **85** E2
Casarola, Monte- **87** B2-3
Casarotta [UD] **17** BC1
Casarsa della Delizia [PN] **31** DE3
Casarza Lígure [GE] **85** A3
Casasco [AL] **69** CD1-2
Casasco d'Intelvi [CO] **23** C2
Casaselvática [PR] **85** E1
Casaso [UD] **17** B1
Casasola [PN] **15** D3
Casasola [UD] **33** B1
Casasola [UD] **17** C2
Casastrada [FI] **103** F3
Casate [CO] **23** D2
Casate [MI] **39** AB1-2
Casateia / Gasteig [BZ] **3** A2
Casatenovo [LC] **23** D3
Casati, Rifugio- **9** F2
Casático [LU] **97** A1-2
Casático [MN] **59** B3
Casático [PR] **71** F3-4
Casático [PV] **39** C3
Casatisma [PV] **55** D2
Casatta [TN] **27** DE1
Casavecchia [AR] **105** F3
Casavecchia [GE] **69** A3
Casavécchia [MC] **125** D1-2
Casa Ventre [RI] **125** E3-4
Ca' Savio [VE] **63** E1
Casazza [BG] **41** D2
Casazza, la- [MO] **75** AB2
Casazze [AL] **53** F2-3
Casazze [MN] **59** B3
Cascata, Albergo- **5** E1
Cascata, Punta della- / Wasserfall-Spitze **1** B3
Cascate / Wasserfalle [BZ] **3** D2
Caschino [BS] **43** A3
Cáscia [FI] **105** DE2-3
Cáscia [MC] **117** D1
Cáscia [PG] **125** D3
Casciago [VA] **23** A2-3
Casciáio, Monte- **97** F2
Casciana [LU] **97** A1-2
Casciana Alta [PI] **103** D3
Casciana Terme [PI] **103** D3
Cascianella [LU] **97** A1-2
Casciano [SI] **113** A2-3
Cascina [PI] **103** D2
Cascina, Piano di- **133** DE2
Cascina, Torrente- **103** D3
Cascina Bava, Oasi Faunistica di- **37** CD3
Cascinagrossa [AL] **55** B3
Cascina Isola, Garzaia della- **37** F3
Cascina Notizia, Garzaia della- **55** D2
Cascinare [AP] **117** F2
Cascinasse [CN] **65** EF2
Cascina Villarasca, Garzaia di- **39** C3
Cascinazza [PV] **55** C3
Cascine [PI] **103** D2
Cascine [TO] **37** B2
Cascine Nuove [PV] **55** BC2
Cascine San Pietro [MI] **41** B3-4
Cascine Strà [VC] **37** DE2-3
Cascinette d'Ivrea [TO] **37** B1-2
Cascine Vecchie [PI] **103** BC2
Cascinino [PV] **55** CD2
Cascinotto Mensa [PV] **55** C2
Cáscio [LU] **97** B2
Casco [BG] **41** CD2
Case [BS] **41** F3-4
Case, le- [RI] **133** B2
Case Basse [PG] **125** B1-2
Casebianche [AP] **127** B2-3
Case Bruciate [MO] **73** D2-3
Case Bruciate [PU] **101** D3
Case Bruni [CN] **67** C3-4
Case Cocconi [RE] **73** AB3
Case del Bosco [CN] **67** B2
Case del Molino [PV] **55** D3
Casei [PV] **55** C2-3
Casei Gerola [PV] **55** C2
Caselette [TO] **51** F2
Casella [GE] **69** CD3
Casella [PC] **71** A4
Casella [PV] **55** E2-3
Casella [SP] **95** B2
Casella [TV] **45** E2
Casella, la- [TR] **123** D2-3
Casella, Stazione di- **69** CD3
Caselle [BO] **73** EF3
Caselle [MI] **39** B2
Caselle [PR] **71** E3
Caselle [TV] **45** E2
Caselle [VE] **45** EF3-4
Caselle [VI] **61** D2
Caselle [VR] **59** D1
Caselle [VR] **59** E2
Caselle [VR] **59** E2-3
Caselle [VR] **61** C2
Caselle, le- [AR] **113** E2
Caselle, le- [PG] **123** D2-3
Caselle Landi [LO] **57** C3
Caselle Lurani [LO] **39** DE3
Caselle Torinese [TO] **53** A1-2
Caselli [PC] **71** B2
Caselli, Riserva Naturale- **111** C2
Caselline [FI] **99** A3
Casello [PR] **73** A3

Casello Vecchio [PR] **71** F2
Cà Selva [PN] **15** D3
Cá Selva, Lago di- **15** CD3
Casemascie [TR] **121** C3
Casemurate [RA] **91** E3
Casenda [SO] **7** E3
Casenove [RE] **87** B3
Casenove [SI] **113** AB2
Casenove Serrone [PG] **125** BC1-2
Casenóvole [GR] **113** A3
Casentile **137** B1
Casentini, Rifugio- **97** C2
Casentino [AQ] **133** FG3
Casentino [AR] **105** FG2-3
Casenuove [AN] **109** E3-4
Casenuove [FI] **103** F2
Case Nuove [PR] **73** A3-4
Casenuove [VA] **37** G1
Caseo [PV] **55** E3
Case Ocaro [RO] **77** E2
Case Poggio [PR] **71** CD3
Casera di Fuori / Vorderkaser [BZ] **1** D2
Caseratte, Monte- **31** C2
Casere [BL] **29** B3
Casere [VA] **21** F2
Casere / Kasern [BZ] **3** E1
Caserine, le- [AQ] **141** B3
Caserine, Monte- **15** C3
Caserta [LC] **23** DE2-3
Casèt, Cima- **43** BC1
Casetta [VR] **61** B1
Casetta, la- [FI] **99** A2
Casetta di Triara [FI] **99** B2
Casette [AP] **117** EF2-3
Casette [MS] **95** DE2
Casette [PI] **111** D1
Casette [RI] **133** C2
Casette [UD] **49** B2
Casette, Le- [AN] **109** E4
Casette, le- [AP] **127** C2-3
Casette, Le- [RI] **133** B2
Casette, Le- [ROMA] **139** B2-3
Casette d'Este [AP] **117** EF2
Casetti [TO] **35** E2
Casevecchie [PG] **125** AB2
Casevecchie [TO] **51** F3
Casez [TN] **11** C3
Casi [FI] **105** DE1-2
Casier [TV] **47** A3
Casíes, Valle di- / Gsieser Tal **3** F3
Casigliano [TR] **125** A3
Casignano / Gschnon [BZ] **27** D1
Casigno [BO] **89** B3
Casigno [BO] **89** B3
Casilina, Via- **145** E1
Casina [GR] **111** D2
Casina [RE] **87** CD1
Casina, Cima la- **9** D1
Casina, La- [VT] **123** A3
Casinalbo [MO] **87** F1
Casine [AN] **109** C3
Casine, le- [PI] **103** D3
Casine di Paterno [AN] **109** E3
Casinette [BS] **43** A3
Casini [PT] **105** AB1
Casinina [PU] **107** E1-2
Casino [RE] **87** C2
Casino [SI] **111** E2-3
Casino, il- [BO] **89** E1
Casino, Monte del- **89** E3
Casino, Poggio del- **111** E3
Casino di Terra [PI] **111** BC1-2
Casino Vezzani [CH] **135** EF2-3
Casirate d'Adda [BG] **41** B3-4
Casirate Olona [MI] **39** CD3
Caslino d'Erba [CO] **23** D2-3
Casnate [CO] **23** C3
Casnate con Bernate [CO] **23** C3
Casnigo [BG] **41** D2
Caso [PG] **125** BC3
Caso [SV] **93** E2
Cásola [BO] **97** EF1-2
Casola [BS] **9** DE3
Casola [PR] **87** AB1
Cásola Canina [BO] **89** EF2
Cásola Canossa [RE] **87** CD1
Cásola in Lunigiana [MS] **85** EF3
Cásola Quérciola [RE] **87** D1
Casolate [LO] **39** E2
Cásola Valsénio [RA] **99** C1
Cásole [FI] **99** B3
Cásole [FI] **105** D3
Cásole d'Elsa [SI] **111** E1-2
Cásoli [CH] **141** F2
Cásoli [LU] **97** CD2
Cásoli [LU] **97** AB3
Cásoli [TE] **127** E4
Cason di Lanza, Passo del- **17** BC1
Casone [FI] **97** G3
Casone [GR] **123** A3-4
Casone [LI] **111** B2-3
Casone [MI] **39** B1-2
Casone [PG] **115** E2
Casone [SI] **111** E2
Casone [SO] **7** E2
Casone [SV] **67** F3-4
Casone, Bivio- **135** D2
Casone di Profecchia [LU] **97** B1
Casoni [BL] **13** E4
Casoni [BO] **89** D1
Casoni [GE] **85** A1-2
Casoni [GE] **69** E3
Casoni [MO] **75** B3
Casoni [PV] **57** A3
Casoni [RE] **73** C2
Casoni [TV] **45** E2-3
Casoni [VI] **45** D2
Casoni [VR] **61** B2-3
Casoni, i- [BO] **89** E1
Casoni, i- [SP] **85** C3
Casoni Borroni [PV] **55** C2
Casorate Primo [PV] **39** BC2-3
Casorate Sempione [VA] **23** A3-4
Ca' Sordi [FC] **99** EF2
Cásore del Monte [PT] **97** D3
Casorezzo [MI] **39** B1
Casorzo [AT] **53** EF2
Casotti [PT] **97** D2
Casotti [VR] **61** B1
Casotti [VR] **61** AB2
Casotti [VR] **61** AB1-2
Casotto [VI] **45** AB1
Casotto, Castello di- **81** C2
Casotto, Colla di- **81** C2
Casotto, Torrente- **81** C2
Casotto, Valle- **81** C2
Caspano [SO] **7** F3-4
Caspéria [RI] **133** AB2
Caspessa [PU] **109** AB3
Caspóggio [SO] **9** B3
Caspri [AR] **105** E3
Cassa, La- [TO] **35** F3
Cassacco [UD] **33** BC1-2
Cassa del Ferro, Monte- **9** D1
Cassa d'Espansione del Fiume Secchia **87** E1
Cassago Brianza [LC] **23** D3
Cassana [FE] **75** D2
Cassana [SP] **85** BC3
Cassana [TN] **11** B3
Cassana, Passo di- **9** C1
Cassana, Pizzo- **9** C1
Cassandra, Pizzo- **9** A3
Cassánego [TV] **45** D1-2
Cassanigo [RA] **91** C2
Cassano [NO] **21** E3
Cassano [PC] **71** B2-3
Cassano [PV] **55** E3
Cassano d'Adda [MI] **41** AB3
Cassano Magnago [VA] **23** A3
Cassano Spinola [AL] **69** C2
Cassano Valcúvia [VA] **23** A2
Casseggiano [GO] **49** D1-2
Cassego [SP] **85** AB2
Cassella [RO] **77** E2
Cassellona [SI] **113** C3
Cássero [AN] **109** E3
Cassia, Via- **137** E2-3
Cassiano [AN] **109** D3
Cassiglio [BG] **23** F2
Cassignanica [MI] **39** DE2
Cassignano [PG] **115** EF3
Cassimoreno [PC] **71** B4
Cassina de' Pecchi [MI] **39** E1
Cassina Nuova [MI] **39** C1
Cassina Rizzardi [CO] **23** BC3
Cassinasco [AT] **67** E2
Cassinassa [PV] **55** E2
Cassina Valsássina [LC] **23** E2
Cassine [AL] **67** FG2
Cassinelle [AL] **69** A3
Cassinelle, Monte- **107** CD2
Cassinello [PV] **55** DE1
Cassinetta di Lugagnano [MI] **39** B2
Cassingheno [GE] **69** E3
Cassino [RI] **125** E3-4
Cassino d'Alberi [LO] **39** E2
Cassino di sotto [PC] **57** C3-4
Cássio [PR] **71** E4
Cássio, Monte- **71** E4
Cassisi [SV] **83** A2
Casso [PN] **15** AB3
Cassola [VI] **45** D2
Cassolnovo [PV] **39** A2
Cássolo [PC] **71** A3
Cassone [VR] **43** C2
Cassorso, Monte- **79** B1
Castagna [AN] **109** B3
Castagna [TR] **133** B1
Castagna, Monte della- **87** D2
Castagnaro [VR] **61** C3
Castagnè [VR] **43** E3-4
Castagnea [BI] **21** CD3
Castagneia [VC] **21** D3
Castagneto [GE] **83** E2
Castagneto [BO] **89** D3
Castagneto [MO] **87** F2-3
Castagneto [PC] **71** B2-3
Castagneto [PR] **71** C4
Castagneto [RE] **87** B2
Castagneto [RE] **87** D1-2
Castagneto [TE] **127** C3-4
Castagneto Carducci [LI] **111** B2-3
Castagneto Carducci, Stazione di- **111** B2-3
Castagnétoli [MS] **85** D2-3
Castagneto Po [TO] **53** C1-2
Castagnito [CN] **67** D2
Castagno [FI] **99** C1-2
Castagno [FI] **103** F3-4
Castagno d'Andrea, il- [FI] **99** CD3
Castagnola [AL] **69** D1-2
Castagnola [AL] **69** C3
Castagnola [LU] **95** E1-2
Castagnola [MS] **95** D2
Castagnola [PC] **69** F3
Castágnola [PG] **125** A2-3
Castagnola [SP] **85** B3
Castagnola [VC] **21** DE3
Castagnole [TV] **45** FG2
Castagnole delle Lanze [AT] **67** D2
Castagnole Monferrato [AT] **53** E3
Castagnole Piemonte [TO] **51** G3
Castagnoli [SI] **105** D4
Castagnolo [BO] **89** B1
Castagnolo, Podere- [GR] **121** D2-3
Castagnolo Minore [BO] **89** D1
Castagnone [AL] **53** E2
Castagnori [LU] **97** B3
Castana [PV] **55** E2
Castana [VI] **45** A1-2
Castano [PC] **71** AB2
Cástano Primo [MI] **39** A1
Castéggio [PV] **55** D2
Castegnato [BS] **41** E3
Castegnero [VI] **61** D1
Castel [AO] **21** AB2-3
Cástel, Lago- **5** E1
Castel Anselmo [LI] **103** C3
Castelbaldo [PD] **61** C3
Castèl Basini [PC] **71** B2
Castelbasso [TE] **127** DE4
Castelbelforte [MN] **59** D2
Castelbellino [AN] **109** C3-4
Castelbello / Kastelbell [BZ] **11** B2
Castelbello-Ciárdes / Kastelbell Tschars [BZ] **11** B2
Castelberto, Monte- **43** DE2
Castelbianco [SV] **81** D3
Castel Boglione [AT] **67** F2
Castel Bolognese [RA] **91** B2-3
Castelbuono [PG] **125** A2
Castel Campanile, Cascina di- [ROMA] **145** B1
Castelcanafurone [PC] **71** A3-4
Castelcaro [PD] **63** C2
Castel Castagna [TE] **135** B1
Castel Castagnaio [AR] **105** E2
Castelcavallino [PU] **107** E2
Castel Cellesi [VT] **131** C1
Castelcerino [VR] **61** B1
Castelceriolo [AL] **55** B3
Castel Cerreto [BG] **41** B3
Castel Colonna [AN] **109** C2
Castel Condino [TN] **43** B1
Castelcovati [BS] **41** D3-4
Castelcucco [TV] **45** E1-2
Castel d'Aiano [BO] **87** FG3
Casteldaldo [RE] **87** D2
Castel d'Alfiolo [PG] **115** D1-2
Castel Dante (Ossario) **43** E1
Castel d'Ário [MN] **59** D2
Casteldarne / Ehrenburg [BZ] **3** CD3
Castel d'Azzano [VR] **59** D1
Castel dei Britti [BO] **89** D2
Castel del Bosco [TO] **51** D2-3
Casteldelci [PU] **107** B2
Casteldelfino [CN] **65** C3
Castel del Giúdice [IS] **141** F3
Castel dell'Alpe [FC] **99** D3
Castel dell'Alpi [BO] **99** A1
Castel dell'Aquila [TR] **123** E4
Castel del Monte [AQ] **135** B2
Casteldelmonte [TR] **125** A3
Castel del Piano [GR] **121** E2
Castel del Piano [PG] **115** B3
Castel del Rio [BO] **99** BC1
Castel d'Emilio [AN] **109** E3
Castel de' Ratti [AL] **69** C2
Castel di Cásio [BO] **97** F1-2
Castel di Croce [AP] **127** BC2
Castel di Décima [ROMA] **145** C2
Casteldidone [CR] **59** A3
Castel di Fiori [TR] **123** C2
Castel di Guido [ROMA] **145** B1
Castel di Ieri [AQ] **141** C2
Casteldilago [TR] **133** B1
Castel di Lama [AP] **127** CD2
Castel di Leva [ROMA] **145** D2
Castel di Mezzo [PU] **101** D3
Castel di Tora [RI] **139** C1
Castelfalfi [FI] **103** EF3
Castelferrato [CH] **135** E2
Castelferretti [AN] **109** E3
Castelferro [AL] **69** A2
Castelferro, Monte- **85** B3
Castelfidardo [AN] **109** F4
Castelfiore [MC] **117** B3
Castelfiorentino [FI] **105** A3
Castel Focognano [AR] **105** F3
Castel Folignano [AP] **127** C2-3
Castelfondo [TN] **11** C3
Castel Fraiano **143** A3
Castelfranco [RI] **133** C2
Castelfranco di Sopra [AR] **105** E3
Castelfranco di Sotto [PI] **103** E2
Castelfranco d'Óglio [CR] **59** A2-3
Castelfranco Emilia [MO] **89** B1
Castelfranco Véneto [TV] **45** E2-3
Castel Frentano [CH] **141** G1
Castel Fusano [ROMA] **145** BC2
Castel Gabbiano [CR] **41** C4
Castel Gandolfo [ROMA] **145** D2
Castel Ghezzo [VT] **131** A2
Castel Gilardi [AR] **113** F2
Castel Ginnetti [LT] **145** E3
Castel Giorgio [TR] **123** B3
Castel Giubileo [ROMA] **145** CD1
Castel Giudeo, Monte- **115** A2
Castel Giuliano [ROMA] **137** C2
Castel Goffredo [MN] **59** A2
Castelgomberto [VI] **45** B3
Castelgonnelle [BS] **41** E4
Castelgrimaldo [MN] **59** B2
Castelguelfo, Stazione- **71** EF2-3
Castel Guelfo di Bologna [BO] **89** F2
Castel Guerrino, Monte- **99** AB2
Castelguglielmo [RO] **75** D1
Castelir **13** B4
Castella, Le- [LT] **145** E3
Castellabate [RN] **101** B2
Castellaccia, Poggio- **113** C3
Castellaccio, il- **121** D3
Castellaccio, Monte- [BO] **89** F2-3
Castellaccio, Monte- [PG] **107** D3-4
Castellaccio, Monte- [Umbr.] **123** D3
Castellafiume [AQ] **139** EF2-3
Castellaicardi [PR] **71** F2
Castell'Alfero [AT] **53** E2-3
Castellalto [TE] **127** D3-4
Castellamato, Monte- **139** D2-3
Castel Lamberti [CN] **67** B2-3
Castel Lambro [PV] **39** D3
Castellamonte [TO] **35** G2
Castellana [PC] **71** C3
Castellancia, Poggio- **111** C3
Castellania [AL] **69** C2
Castellano [AP] **127** BC2
Castellano [TN] **27** BC3
Castellano, il- **133** F1
Castellano, Monte- **141** F3
Castellano, Torrente- **127** B3
Castellanza [VA] **39** B1
Castell'Apértole [VC] **37** CD3
Castellar [CN] **65** E3
Castellar [CN] **79** E1-2
Castellarano [RE] **87** E1
Castellare [PT] **97** CD3
Castellar Guidobono [AL] **55** C3
Castellari, Monte- **123** DE4
Castellaro [AN] **109** C4
Castellaro [CN] **65** D3-4
Castellaro [IM] **93** D3
Castellaro [MO] **87** E3
Castellaro [MO] **87** DE2
Castellaro [PR] **71** D3
Castellaro [PR] **71** CD4
Castellaro [PV] **55** D3
Castellaro [SV] **93** E2
Castellaro, Castello del- **81** D2
Castellaro de' Giorgi [PV] **55** B2
Castellaro Lagusello [MN] **59** B1
Castellar Ponzano [AL] **69** C1-2
Castell'Arquato [PC] **71** D2
Castell'Azzara [GR] **123** A3
Castellazzo [AL] **53** E2
Castellazzo [BI] **37** B1
Castellazzo [PC] **57** D3-4
Castellazzo [RE] **73** C3-4
Castellazzo [TO] **37** B2
Castellazzo [TO] **65** E1-2
Castellazzo, Monte- **81** F1
Castellazzo Bórmida [AL] **55** A3
Castellazzo dei Barzi [MI] **39** B2
Castellazzo dé Stampi [MI] **39** B2
Castellazzo Novarese [NO] **37** E1
Castelle, Monte- **43** C2-3
Castellengo [BI] **37** CD1
Castelleone [CR] **57** C2
Castelleone [PG] **123** E2
Castelleone di Suasa [AN] **109** B3
Castell'Ermo **93** E2
Castellero [AT] **53** D3
Castelletta [AN] **117** AB1
Castelletto [BO] **89** B2
Castelletto [BS] **57** F1-2
Castelletto [CN] **79** D1
Castelletto [CN] **67** C3
Castelletto [MI] **39** A1-2
Castelletto [MN] **59** C2
Castelletto [NO] **37** F1
Castelletto [PC] **71** C3
Castelletto [PD] **61** E1-2
Castelletto [PT] **103** EF2
Castelletto [SI] **111** E2
Castelletto [VI] **45** B1
Castelletto [VR] **59** D2
Castelletto [VR] **61** B1
Castelletto, Monte- **27** F2
Castelletto Busca [CN] **65** E3-4
Castelletto Cervo [BI] **37** D1
Castelletto d'Erro [AL] **67** F3
Castelletto di Branduzzo [PV] **55** D2
Castelletto di Brenzone [VR] **43** C2
Castelletto d'Orba [AL] **69** B2
Castelletto-Mendosio [MI] **39** B2
Castelletto Merli [AL] **53** E2
Castelletto Molina [AT] **67** F2
Castelletto Monferrato [AL] **55** A2-3
Castelletto Po [PV] **55** D2
Castelletto Sopra Ticino [NO] **21** F3
Castelletto Stura [CN] **79** E1
Castelletto Uzzone [CN] **67** E3-4
Castelletto Villa [VC] **37** D1
Castelli [TE] **135** B1-2
Castelli Calépio [BG] **41** D2-3
Castelliere Ombria **71** C4
Castellina [FI] **105** A2
Castellina [PR] **71** E2
Castellina [PT] **97** D3
Castellina [PU] **107** D1-2
Castellina [RA] **99** D1
Castellina, La- [SI] **113** D2
Castellina in Chianti [SI] **105** C4
Castellinaldo [CN] **67** D2
Castellina Maríttima [PI] **111** B1
Castellina Maríttima, Stazione- **111** A1
Castellina Scalo [SI] **113** A1
Castellino [AT] **53** E2
Castellino [MO] **87** F2
Castellino Tánaro [CN] **81** C1
Castelli Romani **145** DE2
Castelli Romani, Parco Regionale dei- **145** EF2
Castel Liteggio [BG] **41** BC3
Castello [AO] **19** D2
Castello [AQ] **141** B1
Castello [BS] **43** AB3
Castello [BS] **43** A3
Castello [CN] **65** C3
Castello [CN] **81** CD2
Castello [CN] **81** C1
Castello [FC] **99** F3
Castello [FI] **105** C2
Castello [MC] **115** F2
Castello [MN] **59** E3
Castello [MS] **85** C2-3
Castello [MS] **85** D3
Castello [PG] **123** EF2
Castello [PG] **115** B2-3
Castello [PR] **71** DE4
Castello [PR] **85** E1-2
Castello [PT] **97** EF2
Castello [PU] **101** B3
Castello [PU] **107** F3
Castello [PV] **55** E2
Castello [RE] **73** BC3
Castello [RI] **133** E3
Castello [SO] **7** F4
Castello [SP] **85** B3
Castello [TO] **51** B2
Castello [TO] **51** F1-2
Castello [UD] **33** B2
Castello [UD] **49** C1
Castello [VI] **45** AB3
Castello [VR] **61** B1
Castello, Cascina- [CR] **41** AB4
Castello, Cima- **1** B1
Castello, Cima di- **9** A3
Castello, Cimata di- **133** CD2
Castello, il- [BO] **89** E2-3
Castello, Lago di- **65** C3
Castello, Monte- [AL] **67** F3
Castello, Monte- [BL] **29** D1
Castello, Monte- [GE] **83** F3
Castello, Monte- [LI] **119** ins.a
Castello, Monte- [LI] **119** C2
Castello, Monte- [PR] **87** C1
Castello, Monte- [SV] **81** E1
Castello, Monte il- **107** A3
Castello Cabiáglio [VA] **23** A2
Castello Canali [RE] **73** B3-4
Castello d'Agogna [PV] **37** FG3
Castello d'Argile [BO] **75** B3-4
Castello dei Camosci **27** AB2
Castello del Bosco [PI] **103** E2-3
Castello dell'Acqua [SO] **25** BC2
Castello della Madonnina [RE] **73** B3
Castello delle Forme [PG] **123** DE1-2
Castello di Annone [AT] **53** E3
Castello di Brenzone [VR] **43** C2
Castello di Brianza [LC] **23** DE3
Castello di Brussa [VE] **47** E2
Castello di Campeggi [BO] **89** C1
Castello di Cásola [PR] **71** E4
Castello di Comano [MS] **87** A3
Castello di Conturbia [NO] **21** F3-4
Castello di Corno [RI] **133** D2
Castello di Fiemme [TN] **27** E1
Castello di Gavala **21** CD3
Castello di Gódego [TV] **45** E2
Castello d'Illasi [VR] **61** B1
Castello di Póggio [PU] **109** B2
Castello di Quarzina, Monte- **81** BC2-3
Castello di Ravarano [PR] **85** E1
Castello di Roganzuolo [TV] **31** B3
Castello di San Valentino [RE] **87** E1
Castello di Serravalle [BO] **89** B2
Castello di Sette [CH] **143** A1
Castello Lavazzo [BL] **29** E1
Castello-Molina di Fiemme [TN] **27** E1
Castellonalto [TR] **125** BC4
Castellónchio [PR] **85** DE1
Castellone, il- [LT] **145** F3
Castellone, Monte- **71** B3
Castello Pagánica [AQ] **133** E1-2
Castello Poli [RE] **73** BC3
Castello Quérciola [RE] **87** D1
Castello Regina **41** B1-2
Castello San Salvà [TO] **53** B3
Castello Santa Cristina [TO] **53** AB1-2
Castello Tesino [TN] **29** A2
Castell'Ottieri [GR] **123** A3
Castellúcchio [MN] **59** B2-3
Castellúccio [BO] **97** E2
Castelluccio [GR] **121** D3-4
Castellúccio [MO] **97** E1
Castellúccio [PG] **125** E2-3
Castelluccio [RI] **139** D1
Castellúccio [SI] **113** D3
Castellúccio, Il- [MC] **117** D3
Castellúccio, Monte- **107** A1-2
Castellúccio, Poggio- **113** A3
Castellunchio [TR] **123** CD3
Castèl Madama [ROMA] **139** C2-3
Castel Maggiore [BO] **89** D1
Castelmaggiore [PI] **103** CD2
Castelmagno [CN] **79** C1
Castel Malnome [ROMA] **145** B1-2
Castel Manardo, Monte- **125** E2
Castelmarte [CO] **23** D2-3
Castel Martini [PT] **103** EF1-2
Castelmassa [RO] **75** B1
Castelmáuro [CB] **143** C3
Castel Mella [BS] **41** E3-4
Castelmenardo [RI] **139** E1
Castelmerlino [VC] **37** D3
Castelmínio [TV] **45** EF3
Castelmonte [UD] **33** DE2
Castelmonte, Santuario di- **33** DE2
Castelmozzano [PR] **87** B1
Castelmúzio [SI] **113** CD3
Castelnovate [VA] **37** FG1
Castelnovetto [PV] **37** F3
Castelnovo [PD] **61** DE1-2
Castelnovo [VI] **45** B3
Castelnovo Bariano [RO] **75** B1
Castelnovo del Friuli [PN] **31** E1
Castelnovo di Sotto [RE] **73** B2-3
Castelnovo ne' Monti [RE] **87** C2
Castelnuovo [AQ] **135** A3
Castelnuovo [AQ] **139** F2
Castelnuovo [AR] **107** A3
Castelnuovo [AR] **105** F3
Castelnuovo [AR] **107** B3
Castelnuovo [AT] **53** D3
Castelnuovo [BO] **89** B3
Castelnuovo [CR] **57** E2
Castelnuovo [FI] **105** E2
Castelnuovo [MC] **117** E1
Castelnuovo [MN] **59** A2
Castelnuovo [PC] **55** F2-3
Castelnuovo [PG] **115** D3
Castelnuovo [PO] **105** B1-2
Castelnuovo [PU] **101** C3
Castelnuovo [RA] **91** B2
Castelnuovo [TN] **27** EF2
Castelnuovo Belbo [AT] **67** F2
Castelnuovo Berardenga [SI] **113** BC1
Castelnuovo Berardenga, Stazione di- **113** B2
Castelnuovo Bocca d'Adda [LO] **57** D3
Castelnuovo Bórmida [AL] **69** A2
Castelnuovo Bozzente [CO] **23** B3
Castelnuovo Calcea [AT] **67** E2
Castelnuovo dei Sabbioni [AR] **105** D3
Castelnuovo del Garda [VR] **59** C1
Castelnuovo dell'Abate [SI] **121** DE1-2
Castelnuovo della Misericórdia [LI] **103** C4
Castelnuovo d'Elsa [FI] **103** F3
Castelnuovo del Zappa [CR] **57** D2
Castelnuovo di Ceva [CN] **81** D1
Castelnuovo di Farfa [RI] **139** B1
Castelnuovo di Garfagnana [LU] **97** B2
Castelnuovo di Porto [ROMA] **137** EF2
Castelnuovo di Val di Cécina [PI] **111** D2

Castelnuovo Don Bosco [AT] **53** C2
Castelnuovo Fogliani [PC] **71** D2
Castelnuovo Grilli [SI] **113** C2
Castelnuovo Magra [SP] **95** CD2
Castelnuovo Nigra [TO] **35** G2
Castelnuovo Rangone [MO] **87** F1
Castelnuovo Scrivia [AL] **55** C2-3
Castelnuovo Tancredi [SI] **113** B3
Castelnuovo Vomano [TE] **127** DE4
Castelplánio [AN] **109** C3-4
Castelpóggio [MS] **95** D2
Castelponzone [CR] **57** F3
Castel Porziano [ROMA] **145** C2
Castel Porziano, Tenuta di- **145** C2
Castelpriore [FC] **107** B1-2
Castelraimondo [MC] **117** B2
Castel Rigone [PG] **115** B2
Castel Rinaldi [PG] **123** EF3
Castel Ritaldi [PG] **125** AB2-3
Castel Rocchero [AT] **67** F2
Castél Romano [ROMA] **145** C2
Castelrosso [TO] **53** C1
Castelrotto [CN] **67** CD2
Castelrotto / Kastelruth [BZ] **11** F2
Castel Rozzone [BG] **41** B3
Castel Rubello [TR] **123** C3
Castel San Benedetto [RI] **133** BC2
Castel San Felice [PG] **125** BC3
Castel San Gimignano [SI] **111** DE1
Castel San Giovanni [PC] **55** F2
Castel San Giovanni [PG] **125** B2-3
Castel San Giovanni [PG] **125** D3
Castel San Niccoló [AR] **105** F2
Castel San Pietro [AP] **127** B2
Castel San Pietro [MC] **117** B1-2
Castel San Pietro [RI] **133** B3
Castel San Pietro Romano [ROMA] **145** F1
Castel San Pietro Terme [BO] **89** E2
Castel Santa Maria [MC] **117** AB2
Castel Santa Maria [PG] **125** D3
Castel Sant'Ángelo [MC] **117** BC1-2
Castel Sant'Ángelo [RI] **133** D2
Castel Sant'Ángelo, Stazione di- **133** CD2
Castelsantángelo sul Nera [MC] **125** D2
Castel Sant'Elia [VT] **131** E3
Castel San Venanzo [MC] **117** B2-3
Castelsavino, Monte- **107** A2
Castelsecco, Fosso di- **137** B2
Castelséprio [VA] **23** B3
Castelspina [AL] **69** A1-2
Casteltodino [TR] **125** A3-4
Castel Trosino [AP] **127** C2-3
Castelveccana [VA] **21** FG2
Castelvecchi [SI] **105** D3
Castelvecchio [AQ] **139** E2
Castelvecchio [FC] **101** B2
Castelvecchio [MO] **87** DE2
Castelvecchio [PT] **97** D3
Castelvecchio [PU] **109** C2
Castelvecchio [RE] **87** D1-2
Castelvecchio [SI] **123** A1-2
Castelvecchio [TO] **53** B2
Castelvecchio [TR] **131** F2
Castelvecchio [VI] **43** F3
Castelvecchio [VT] **131** D1
Castelvecchio / Altenburg [BZ] **11** D3
Castelvecchio, Riserva Naturale- **111** D1
Castelvecchio, Rovine- **105** AB4
Castelvecchio Calvísio [AQ] **135** AB3
Castelvecchio di Compito [LU] **103** D2
Castelvecchio di Rocca Barbena [SV] **81** D3
Castelvecchio Pascoli [LU] **97** B2
Castelvécchio Subéquo [AQ] **141** C2
Castel Venzago [BS] **59** AB1
Castelverde [CR] **57** D2
Castelvero [VR] **43** F3
Castelvetro di Modena [MO] **87** F1-2
Castelvetro Piacentino [PC] **57** D3
Castelvieto [PG] **115** B3
Castel Viscardo [TR] **123** BC3
Castelvisconti [CR] **57** D2
Castel Vittorio [IM] **93** BC3
Castenaso [BO] **89** D1-2
Castendallo [VA] **23** A2
Castenédolo [BS] **41** F4
Casteons [UD] **15** EF1
Casterno [MI] **39** B2
Castiglioncello [LI] **111** B2
Castiglioncello [LI] **111** A1
Castiglioncello [LU] **103** C1-2
Castiglioncello Bandini [GR] **121** D2
Castiglioncello del Trinoro [SI] **123** A1-2
Castiglione [AN] **115** F2
Castiglione [AQ] **133** E3
Castiglione [AQ] **141** C2
Castiglione [AT] **53** E3
Castiglione [CN] **65** FG2
Castiglione [MS] **85** DE3
Castiglione [PG] **115** C2
Castiglione [PU] **107** D3
Castiglione [ROMA] **139** B2
Castiglione [TO] **35** E3
Castiglione [VB] **21** D1
Castiglione, Monte- [AR] **107** A3
Castiglione, Monte- [PG] **115** A2
Castiglione, Monte di- **115** C1
Castiglione, Torrente- **97** B1
Castiglione a Casáuria [PE] **141** D1
Castiglione Chiavarese [GE] **85** AB3
Castiglione d'Adda [LO] **57** C2
Castiglione dei Pépoli [BO] **97** F2
Castiglione del Bosco [SI] **113** B3
Castiglione del Lago [PG] **115** A3
Castiglione della Pescáia [GR] **121** A3
Castiglione della Valle [PG] **115** B3
Castiglione della Valle [TE] **135** AB1
Castiglione delle Stiviere [MN] **59** A1
Castiglione di Cérvia [RA] **91** E3
Castiglione di Garfagnana [LU] **97** B1-2
Castiglione d'Intelvi [CO] **23** C2
Castiglione di Ravenna [RA] **91** E3
Castiglione d'Orcia [SI] **121** E1-2
Castiglione Falletto [CN] **67** C3
Castiglione in Teverina [VT] **123** D3-4
Castiglione Mantovano [MN] **59** C2
Castiglione Messer Marino [CH] **143** A3
Castiglione Messer Raimondo [TE] **135** C1
Castiglione Olona [VA] **23** B3
Castiglione Tinella [CN] **67** DE2
Castiglione Torinese [TO] **53** B2
Castiglione Ubertini [AR] **105** E3
Castiglione Vara [SP] **85** CD3
Castiglione Vérrico [AQ] **133** E1
Castiglion Fibocchi [AR] **105** F3
Castiglion Fiorentino [AR] **113** E1-2
Castiglion Fosco [PG] **123** CD1-2
Castiglioni [AN] **109** BC3-4
Castiglioni [AN] **109** A4
Castiglioni [FI] **105** DE1-2
Castiglioni [SI] **105** B4
Castiglioni [TR] **133** B1
Castiglioni, Rifugio- **13** C3
Castiglioni, Villa- [MC] **117** C1
Castignano [AP] **127** C2
Castilenti [TE] **135** C1
Castino [CN] **67** DE3
Castion [BL] **29** E2
Castion [TN] **27** D1
Castion, Col di- **27** BC2
Castione [PC] **71** BC2
Castione [TN] **43** D1-2
Castione [TV] **45** DE2
Castione, Fiume- **129** D1
Castione Andevenno [SO] **25** A1-2
Castione de' Baratti [PR] **87** C1
Castione della Presolana [BG] **25** C3
Castione Marchesi [PR] **71** E2
Castionetto [SO] **25** BC1-2
Castions [PN] **31** D3
Castions delle Mura [UD] **49** C1-2
Castions di Strada [UD] **33** BC3
Castion Veronese [VR] **43** C3
Castiraga Vidardo [LO] **39** E3
Casto [BS] **41** F2
Castoi [BL] **29** E2
Castorano [AP] **127** D2
Cástore, Punta- **21** A2
Castreccioni [MC] **117** B1
Castrezzato [BS] **41** D3-4
Castrezzone [BS] **43** A3
Castro [AP] **125** E2
Castro [BG] **41** E2
Castro [VT] **129** E1
Castro, Sasso di- **99** A2
Castrocaro Terme [FC] **99** E1-2
Castrocaro Terme e Terra del Sole [FC] **99** E1-2
Castroncello [AR] **113** E2
Castronno [VA] **23** AB3
Castronovo [AQ] **139** F3
Castro San Martino [FI] **99** A2
Castrovalva [AQ] **141** C2-3
Casturzano [PC] **71** C2
Casulie [MO] **97** D1-2
Casumaro [FE] **75** C2-3
Casura, Monte- **3** B3
Catábbio [GR] **121** E3
Catabio, Monte- **133** C1
Cataeggio [SO] **7** F3
Catággio, Poggio- **129** D1
Catagnana, Ponte di- **97** BC2
Cataio [PD] **61** E2
Catasco [CO] **7** D4
Cataste, Poggio delle- **103** E4
Catelani [PI] **103** D3
Catelli [TO] **35** E3
Catena [PI] **103** E2
Catena [TV] **47** A2
Catenacci, Villa- [TE] **127** E2
Catenaccio, Fosso di- **131** B2
Catenáia, Alpe di- **107** A3
Catese [FI] **105** C1
Ca' Tiepolo [RO] **77** DE2
Catigliano [AR] **107** B3-4
Catignano [FI] **105** A3
Catignano [PE] **135** C2
Catignano [SI] **113** B1
Catinaccio / Rosengarten **13** A3
Catinaccio d'Antermóia / Kessel Kogel **13** A3
Catino, Monte- / Großer Mittager **11** D1
Catobagli [AN] **109** AB3-4
Cátria, Monte- **107** F4
Ca' Tron [RO] **63** B3
Ca' Tron [TV] **47** B3
Cattabiano [PR] **87** B1
Cattabrighe [PU] **101** E3
Cattánea [PV] **39** A3
Cattaragna [PC] **69** F3
Cattarelle, Poggio- **97** F2
Cattignano [VR] **43** F3
Cattólica [RN] **101** D3
Catuda [GR] **113** B3
Catullo, Grotte di- **43** B3-4
Ca' Turcata [VE] **47** CD3
Cáucaso, Monte- **83** E2
Caudano, Grotta del- **81** B2
Caudino [AN] **109** B3
Caulera, Colle- **21** C3
Cáupo [BL] **29** BC2-3
Cauri [CN] **79** C1
Cauría / Gfrill [BZ] **27** D1
Cauriol **27** F1
Cava, la- [PI] **103** D3
Cava, Monte- **139** E1
Cavaceppo [AP] **127** D2-3
Cavacurta [LO] **57** C2
Cavaglià [BI] **37** C2
Cavaglia, Monte- **9** B3
Cavagliano [NO] **37** F1
Cavaglietto [NO] **37** EF1
Cavaglio [VB] **5** F3
Cavaglio d'Agogna [NO] **37** E1
Cavaglio-Spóccia [VB] **5** F3
Cavagnano [AQ] **133** E1
Cavagnano [VA] **23** B2
Cavagnera [PV] **39** D3
Cavagnolo [TO] **53** D1-2
Cavaione [MI] **39** E2
Cavaion Veronese [VR] **43** C3
Cavalbianco, Monte- **87** B3
Cavalcaselle [VR] **59** C1
Cavalcorto, Cima del- **7** F3
Cavalès, Punta- **35** C3
Cavalese [TN] **27** E1
Cavalicco [UD] **33** C2
Cavalier [TV] **47** C2
Cavaliere, Colle- **135** C2
Cavaliggi [CN] **79** D1
Cavallàccio, Monte- / Chavalatsch, Piz- **1** AB3
Cavallana [MS] **85** D2
Cavallano [SI] **111** E1
Cavallara [MN] **73** B1-2
Cavallara, Pallone della- **29** AB2
Cavallari [AQ] **133** E2
Cavallaro [SO] **25** C1-2
Cavallaro [VI] **43** F2
Cavallasca [CO] **23** C2-3
Cavalleggeri, Casa- [LI] **111** B3
Cavalleri [AL] **67** F2
Cavalleri-Fumeri [TO] **67** B1-2
Cavallerleone [CN] **65** FG2
Cavallermaggiore [CN] **67** AB2
Cavallero, Santuario del- **21** CD3
Cavalletto, Monte- **45** BC2
Ca' Valli [RO] **63** B3
Cavalli, Cima- **9** C1
Cavallina [FI] **97** G3
Cavallina, Val- **41** D2
Cavallini, Casa- [GR] **121** AB1-2
Cavallino [VE] **47** C3-4
Cavallino, Forcella del- **13** G1-2
Cavallino, Litorale del- **63** F1
Cavallino, Monte- **13** G1-2
Cavallino Matto **111** B2-3
Cavallino Treporti [VE] **63** EF1
Cavallirio [NO] **21** E3-4
Cavallo [TO] **67** C1-2
Cavallo, Monte- [FC] **99** F2
Cavallo, Monte- [GE] **83** E2
Cavallo, Monte- [GR] **121** E4
Cavallo, Monte- [GR] **129** D1-2
Cavallo, Monte- [It.] **31** BC2
Cavallo, Monte- [It.] **13** D2
Cavallo, Monte- [MC] **125** C2
Cavallo, Monte- [RI] **133** D1
Cavallo, Monte- [TO] **65** CD2
Cavallo, Monte- [UD] **17** C1
Cavallo, Monte- / Roßkogel **3** F3
Cavallo, Monte- / Roß-Kogl **1** G1
Cavallone [AQ] **141** BC1
Cavallone, Grotta del- **141** E2
Cavallotta [CN] **65** F3
Cavallotto, Monte- **15** CD3
Cavallúccio, Punta del- **135** F3
Cavalmagra, Poggio- **99** C2
Cavalmurone, Monte- **69** E2-3
Cavalo [VR] **43** D3
Cava Manara [PV] **55** D2
Cavamento, Canale- **75** B3
Cavandone [VB] **21** F2
Cavanella [VE] **47** DE2
Cavanella d'Ádige [VE] **63** D3
Cavanella Po [RO] **77** C1
Cavanella Vara [SP] **85** C3
Cavareno [TN] **11** C3
Cavargna [CO] **7** C4
Cavária con Premezzo [VA] **23** A3
Cavarzano [PO] **97** F2
Cavarzerane [PD] **61** E2
Cavárzere [VE] **63** C3
Cavasagra [TV] **45** F3
Cavaso del Tomba [TV] **45** E1
Cavasso Nuovo [PN] **31** D1
Cavatassi [TE] **127** E3
Cavaticchio [PE] **135** D2
Cava Tigozzi [CR] **57** D2-3
Cavatore [AL] **67** F3
Cavazzale [VI] **45** C3
Cavazzana [RO] **61** D3
Cavazzo, Lago di- **17** B2-3
Cavazzo Cárnico [UD] **17** B2
Cavazzola [PR] **85** DE1
Cavazzoli [RE] **73** B3
Cavazzona [MO] **89** B1
Cavazzone [RE] **87** D1
Cave [AQ] **133** E2
Cave [ROMA] **145** F1-2
Cave, Le- / Grasstein [BZ] **3** AB2-3
Cave, Monte delle- **3** A2
Cavedago [TN] **27** C1
Cave del Predil [UD] **17** E2
Cavédine [TN] **27** B2-3
Cavédine, Lago di- **27** B2-3
Cave di Selz [GO] **49** DE2
Cavedon [RO] **63** C3
Cavelonte [TN] **27** F1
Cavenago d'Adda [LO] **57** B2
Cavenago di Brianza [MI] **39** E1
Ca' Vendramin [RO] **77** D2
Ca' Venier [RO] **77** DE2
Cavento, Corno di- **25** F2
Cavenzano [UD] **49** D1
Cavernago [BG] **41** C3
Caverzago [PC] **71** AB2-3
Caverzana [RE] **87** C1
Cavessago [BL] **29** E2
Cavezzo [MO] **73** E2-3
Cavi [GE] **83** F3
Caviaga [LO] **57** B2
Cavina San Pietro [RA] **99** CD1
Caviola [BL] **13** C3
Cavizzana [TN] **11** B3
Cavizzano [SP] **85** B2
Cávlera, Cima di- **41** CD1-2
Cavo [FE] **75** DE3
Cavo [LI] **119** C1
Cavo, Cima del- / Oberseilspitze **3** B2
Cavo, Monte- **145** E2
Cavo di Sopra [VR] **59** E1
Cavo Diversivo [MN] **75** B1
Cavogna, Monte- **125** CD2-3
Cávola [RE] **87** CD2
Cavolano [PN] **31** BC3
Cavoleto [PU] **107** D2
Cávoli [LI] **119** AB1
Cavona [VA] **23** A2
Cavone, Rifugio- **97** D2
Cavoretto [TO] **53** B2
Cavorsi [GE] **83** D1-2
Cavour [TO] **65** E2
Cavour, Canale- **37** C3
Cavrari [VI] **45** B1-2
Cavrasto [TN] **27** A2-3
Cavregasco, Pizzo- **7** D3
Cavriago [RE] **73** AB3
Cavriana [MN] **59** B1
Cavriè [TV] **47** B2
Cavriglia [AR] **105** D3
Ca' Zane, Valle di- **47** B3
Ca' Zeno [RO] **77** CD1
Ca' Zoia [VE] **47** BC3-4
Cá Zul, Lago di- **15** D3
Ca' Zuliani [RO] **77** E2
Cazzago [VE] **63** C1
Cazzago Brábbia [VA] **23** A3
Cazzago San Martino [BS] **41** DE3
Cazzano [BO] **89** D1
Cazzano [TN] **43** D2
Cazzano di Tramigna [VR] **61** B1
Cazzano Sant'Andrea [BG] **41** D2
Cazzaso Nuovo [UD] **15** EF2
Cazzola, Monte- **5** D2
Cecanibbi [PG] **123** E3
Cecaníbbio [ROMA] **145** B1
Cecchignola [ROMA] **145** CD2
Cecchina [ROMA] **145** D2
Cecchini [PN] **47** C1
Cecco d'Antonio, Monte- **135** A2
Cece, Cima di- **29** AB1
Cece, Monte- **99** C1
Ceci [PC] **69** E2
Ceci, Monte- **111** B3
Ceciáia, Casa- [PI] **111** B1-2
Cécido, Monte- **15** C1
Cecilia, Passo- **9** A3
Ceciliano [AR] **107** A3-4
Cécima [PV] **55** D3
Cecina [BS] **43** B2-3
Cécina [LI] **111** AB1-2
Cecina [MS] **95** D1-2
Cécina [PT] **103** F1
Cécina, Campo- **95** D2
Cécina, Fiume- **111** D2
Cécina, Ponte di- **111** DE2
Cecino [BS] **43** AB2-3
Cedárchis [UD] **17** B2
Cedas [TS] **49** F2
Cedda **105** BC4
Cedégolo [BS] **25** DE2
Cedogno [PR] **87** BC1
Cedrasco [SO] **25** A2
Cedri [PI] **103** E3
Cedrina, Monte- **41** C2
Cefalone, Monte- **139** F1
Céggia [VE] **47** C2
Céggio, Torrente- **27** E2
Cegliolo [AR] **113** E2
Cegni [PV] **69** E2
Cei, Lago di- **27** BC3
Cei, Valle di- **27** C3
Ceirole [AT] **67** E2
Celado [TN] **29** A2
Celalba [PG] **107** C3
Celamonti [SI] **113** C3
Celana [BG] **41** AB2
Celano [AQ] **141** B2
Celano, Gole di- **141** B2
Celant, Monte- **15** D3
Celeano [MC] **117** B2
Celenza sul Trigno [CH] **143** B3
Celesia [GE] **83** EF2
Celincordia [FC] **101** A2
Cella [BL] **13** F2
Cella [FC] **99** FG2-3
Cella [FC] **101** B1-2
Cella [PR] **71** E3
Cella [PV] **69** DE2
Cella [RE] **73** B3
Cella [UD] **15** C2
Cella Dati [CR] **57** F3
Cella di Pálmia [PR] **87** A1
Cellai [FI] **105** D2
Cella Monte [AL] **53** F2
Cellarda [BL] **29** C2-3
Cellarengo [AT] **53** C3
Cellática [BS] **41** EF3
Celle [CN] **65** BC3
Celle [FC] **99** D3
Celle [FC] **101** B1-2
Celle [FI] **99** BC3
Celle [FI] **105** D3
Celle [PG] **107** BC3-4
Celle [PT] **97** DE3
Celle [RA] **91** BC3
Celle [TO] **51** EF2
Celle, Convento delle- **113** EF2
Celle di Macra [CN] **65** CD3-4
Celledizzo [TN] **11** A3
Celle Enomondo [AT] **53** D3
Celle Ligure [SV] **83** A2-3
Cellena [GR] **121** E3
Celleno [VT] **131** C1
Cellentino [TN] **11** A3-4
Céllere [VT] **131** A1
Céllere, Monte di- **131** AB1
Célleri [PC] **71** C2
Celle sul Rigo [SI] **123** A2
Celli [PI] **103** E3
Cellina [VA] **21** F2
Cellina, Torrente- **31** C1
Cellino [PN] **15** B3
Cellino, Colle di- **135** BC1
Cellino Attanásio [TE] **135** C1
Céllio [VC] **21** D3
Céllole, Pieve di- **105** AB3-4
Cellore [VR] **43** EF3-4
Celo, Monte- **29** D1
Celpénchio [PV] **37** F3
Celpénchio, Garzaia di- **37** F3
Cembra [TN] **27** D1-2
Cembra, Val di- **27** D1-2
Cembrano [SP] **85** B2
Cenácchio [BO] **75** C3
Cenáia [PI] **103** D3
Cenaia Vecchia [PI] **103** D3
Cenate Sopra [BG] **41** CD2
Cenate Sotto [BG] **41** CD2
Cencelle **137** B1
Cencenighe Agordino [BL] **13** C3
Cencerate [PV] **69** E2
Cenci, Villa- [PG] **115** C2
Cenciara [RI] **133** C2
Cendon [TV] **47** AB3
Cene [BG] **41** CD2
Cene [TO] **37** B3
Cenédola, Torrente- **71** D3
Cenerente [PG] **115** BC3
Ceneselli [RO] **75** C1
Cénesi [SV] **93** E2
Cèngalo, Pizzo- **7** F3
Cengello, Monte- **27** F1-2
Céngio [SV] **81** E1
Céngio, Monte- **45** B1-2
Céngio Genepro [SV] **81** DE1
Cengla, Monte- **15** DE2-3
Cengledino, Monte- **27** A2
Cengles / Tschengls [BZ] **1** B3
Cengles, Croda di- / Tschenglser Hochwand **1** B3
Cengolina [PD] **61** E2
Ceniga [TN] **27** B3
Cenina [AR] **107** A3
Cenisia [TO] **53** A2
Cennina [AR] **105** E4
Ceno, Torrente- **71** D3
Cenon, Monte- **27** F2
Cénova [IM] **93** D2
Centa, Fiume- **93** F2
Centa, Torrente- **27** D2-3
Centallo [CN] **65** F3-4
Centare [MC] **115** F3
Centa San Nicolò [TN] **27** D3
Centelle, Colle delle- **133** BC1
Centenaro [BS] **59** B1
Centenaro [PC] **71** AB3-4
Centeno [VT] **123** A3
Centinarola [PU] **109** B1-2
Cento [BO] **89** DE1
Cento [FC] **101** A2
Cento [FE] **75** B3
Centobuchi [AP] **127** E2
Centocelle [ROMA] **145** D1
Centocelle, Case le- [VT] **137** AB1
Cento Croci, Le- [PU] **109** C2
Cento Croci, Passo di- **85** B2
Centofinestre [AN] **109** E4
Cento Forche, Colle di- **99** E2
Centóia [AR] **113** E2
Centora [PC] **57** B3
Centoscudi, Cozzo dei- **133** DE1
Centóvera [PC] **71** C2
Centrale [VI] **45** B2
Centrale, la- [TN] **27** D1-2
Centro [VR] **43** E3
Centro, il- [ROMA] **137** E2-3
Centro di Mezzo [ROMA] **145** B1-2
Centro Giano [ROMA] **145** C2
Centrone, Cascina- [ROMA] **137** D2-3
Céola [TN] **27** CD1-2
Ceolini [PN] **31** C2-3
Cepagatti [PE] **135** D2
Ceparana [SP] **95** C1-2
Ceparano, Torre di- **99** DE1
Cepina [SO] **9** DE2
Cepletischis [UD] **33** E1-2
Ceppaiano [PI] **103** D3
Ceppeda [LO] **57** B2
Ceppeto, Cappella di- **105** C1
Ceppo [TE] **127** B3-4
Ceppo, Monte- **93** C3
Ceppo Morelli [VB] **21** C2
Ceradello [LO] **57** B2
Cerageto [LU] **97** B1-2
Ceraino [VR] **43** CD3
Ceránesi [GE] **69** C3-4
Cerano [NO] **39** A2
Cerano d'Intelvi [CO] **23** C2
Ceranova [PV] **39** D3
Cerasa [LU] **97** B1-2
Cerasa [PU] **109** BC2
Cerasa, Monte la- **133** D1
Ceraso [TE] **133** F1
Ceraso, Monte- **145** E2
Cerasola [PG] **125** CD3
Cerasoli, Rifugio- **139** F3
Cerasolo [RN] **101** C3
Cerasomma [LU] **103** C1-2
Ceratelli [MS] **85** EF3
Cerati [CN] **79** E1-2
Cerati [VI] **45** B1
Cerbáia [FI] **105** B2
Cerbáia [PT] **103** EF2
Cerbáia [SI] **113** A3
Cerbáia [SI] **111** EF2
Cerbáie, Le- **103** E2
Cerbaiola [PI] **111** D2
Cerbaiola, Podere- [SI] **111** EF2-3
Cerbaiolo [AR] **107** B2-3
Cerbara [PG] **107** C3-4
Cerbiolo, Monte- **43** D2
Cérboli, Isola- **119** D1
Cerboni [PG] **107** CD3
Cerboni, Poggio- **131** B1-2
Cercena, Passo- **11** A3
Cercenasco [TO] **51** FG3
Cercétole [AR] **107** B2
Cercevesa, Rio- **17** B1

Cerchiáia [SI] **113** B2
Cerchiara [RI] **133** B2
Cerchiara [TE] **135** A1–2
Cerchio [AQ] **141** B2
Cerchiola, Torrente- **135** B1
Cercina [FI] **99** A3
Cercino [SO] **7** EF3–4
Cercivento [UD] **15** EF1
Cercivento Inferiore [UD] **15** EF1
Cercivento Superiore [UD] **15** E1
Cercomano [VR] **59** DE1–2
Cerdomare [RI] **139** BC1
Cerea [VR] **61** B2
Cerealto [VI] **43** F3
Cereda [VI] **45** B3
Cereda, Passo di- **29** C1
Ceredello [VR] **43** C3
Ceredo [VR] **43** D3
Ceredolo dei Coppi [RE] **87** C1
Ceréglio [BO] **89** B3
Ceregnano [RO] **77** B1
Cereie [BI] **37** D1
Cerella, Monte- **145** F1
Cerellaz [AO] **19** C2
Cerello-Battuello [MI] **39** B2
Cerendero [AL] **69** D2–3
Cerenova [ROMA] **137** C3
Cérere, Monte- **89** D2
Ceres [TO] **35** E2–3
Ceresa, Monte- **125** EF3
Ceresane-Curanova [BI] **37** BC1
Ceresara [MN] **59** B2
Cereschiatis, Sella di- **17** C1–2
Cerese [MN] **59** C3
Cereseto [AL] **53** E2
Cereseto [PR] **85** BC1
Ceresetto [UD] **33** BC2
Ceresio → Lugano, Lago di- **23** BC1–2
Ceresito [BI] **37** B1
Cerésola [AN] **115** F1–2
Ceresola [AP] **127** B1–2
Ceresola [BG] **41** B2
Ceresola [MO] **87** D2–3
Ceresola, Monte- **41** C1–2
Ceresole, Lago di- **35** D2
Ceresole Alba [CN] **67** B2
Ceresole Reale [TO] **35** D2
Ceresolo, Canale- **63** B3
Ceresone, Fiume- **45** D3
Cereta [MN] **59** B2
Cerete [BG] **25** BC3
Cerete Alta [BG] **25** B3
Cerete Bassa [BG] **25** B3
Cereto [BS] **43** A3
Cereto [BS] **57** EF1
Cerétoli [MS] **85** D2
Cerétolo [BO] **89** C1–2
Cerétolo [PR] **87** BC1
Ceretta [TO] **35** F3
Ceretti [TO] **35** F3
Ceretto [CN] **65** E3
Ceretto [TO] **53** AB3
Ceretto Lomellina [PV] **37** FG3
Cerézzola [RE] **87** C1
Cerfone, Torrente- **107** B4
Cergnago [PV] **55** B1
Cergnai [BL] **29** CD2
Cergnala, Monte- **17** DE2
Cergnéu Inferiore [UD] **33** C1
Cergnéu Superiore [UD] **33** C1
Ceri [ROMA] **137** CD2–3
Ceriale [SV] **93** F2
Ceriana [IM] **93** C3
Ceriano [RN] **101** B2–3
Ceriano Laghetto [MI] **39** C1
Cerignale [PC] **69** EF2–3
Ceriolo [CN] **67** B3–4
Cerise, Col de- **79** C2–3
Cerisey [AO] **19** D1–2
Cerisola [CN] **81** D2–3
Cerisola [GE] **69** F3
Cerlongo [MN] **59** B2
Cermenate [CO] **23** C3
Cérmes / Tscherms [BZ] **11** C2
Cermigna, Monte- / Zermininger Spitz **11** A1–2
Cermignano [TE] **135** B1
Cermis, Alpe- **27** EF1
Cerna [VR] **43** D3
Cernadoi [BL] **13** CD2–3
Cernaglia [PC] **69** EF2
Cernapenc [UD] **17** D2
Cernauda, Rocca- **65** D4
Cerneglons [UD] **33** C2
Cernera, Monte- **13** D3
Cernitosa [PU] **107** C1–2
Cernobbio [CO] **23** D2
Cernobbio [CO] **23** C2–3
Cernusco Lombardone [LC] **23** E3
Cernusco sul Naviglio [MI] **39** D1
Cerédolo [BO] **89** D1–2
Ceroione [GR] **121** D2
Cerone [TO] **37** B2
Cérqua, la- [TR] **131** EF1
Cerqueta [AN] **117** B1–2
Cerqueto [PG] **115** E2
Cerqueto [PG] **123** D2
Cerqueto [TE] **127** C3
Cerqueto, Pizzo- **127** AB2–3
Cerquito, Monte- **133** D2
Cerratina [PE] **135** D2
Cerrédolo [RE] **87** D2
Cerréggio [RE] **87** B2
Cerrè Marabino [RE] **87** CD2
Cerrerosse, Poggio- **111** BC2
Cerrè Sologno [RE] **87** C2
Cerreta, Monte della- **141** B1
Cerretana [AP] **125** EF2
Cerretano, Lago- **87** B3
Cerrete [PG] **125** A2
Cerrete, Poggio- **113** AB2–3
Cerreto [AP] **117** E2–3
Cerreto [AP] **127** B2
Cerreto [GR] **123** A3
Cerreto [MC] **125** CD2
Cerreto [MC] **115** F3
Cerreto [PC] **69** E2–3
Cerreto [PI] **111** C1–2
Cerreto [PU] **107** E3
Cerreto [RE] **87** D1
Cerreto [RN] **101** C3
Cerreto [SI] **113** A2–3
Cerreto [TR] **123** D3
Cerreto, Parco Naturale del- **135** B1
Cerreto, Passo del- **85** F3
Cerreto Castello [BI] **37** CD1
Cerreto d'Asti [AT] **53** D2
Cerreto dell'Alpi [RE] **85** F2–3
Cerreto d'Esi [AN] **117** A1–2
Cerreto di Molo [AL] **69** CD2
Cerreto di Spoleto [PG] **125** C2–3
Cerreto Grue [AL] **69** C1–2
Cerreto Guidi [FI] **103** F2
Cerreto Laghi [RE] **87** B3
Cerreto Landi [PC] **71** C2
Cerreto Langhe [CN] **67** D3
Cerreto Rossi [PC] **71** AB3–4
Cerretti [TR] **123** C3
Cerrina Monferrato [AL] **53** E2
Cerrione [BI] **37** C2
Cerrito Piano, Colle- **139** C2–3
Cerro [AQ] **133** FG3
Cerro [BG] **41** AB3
Cerro [PG] **123** E2
Cerro [VA] **21** F2
Cerro, Casa- [GR] **121** E3
Cerro, Forca di- **125** B3
Cerro, Monte del- **141** FG3
Cerro, Passo del- **71** B3
Cerro al Lambro [MI] **39** DE2–3
Cerro Balestro [GR] **111** DE3
Cerro Balestro, Poggio- **111** DE3
Cerro Maggiore [MI] **39** B1
Cerrone [PE] **135** C3
Cerrone [VC] **37** C3
Cerrone, Monte- **107** DE4
Cerro Tánaro [AT] **53** F3
Cerro Veronese [VR] **43** E3
Certaldo [FI] **105** B3
Certalto [PU] **107** D2
Certano, Torrente- **107** DE4
Certárdola [MS] **87** A3
Certénoli [GE] **83** C2
Certignano [AR] **105** E3
Certopiano [AN] **109** B3–4
Certosa [BO] **89** C1
Certosa [FE] **75** C2
Certosa [FI] **105** C2
Certosa / Karthaus [BZ] **1** D2
Certosa, la- **97** B3
Certosa di Pavia [PV] **39** C3
Certosino [PR] **73** A2
Cerusa, Torrente- **83** B2
Cerva [VC] **21** C2–3
Cervandone, Monte- **5** D1–2
Cervano, Torrente- **47** A1
Cervara [AP] **127** B3
Cervara [MS] **85** C2
Cervara [PG] **125** CD2
Cervara [PR] **71** F2
Cervara di Roma [ROMA] **139** D2–3
Cervarese Santa Croce [PD] **61** DE1
Cervarezza [RE] **87** BC2
Cervaro [TE] **133** F1
Cervarola, Monte- **97** D1
Cervarolo [RE] **87** C3
Cervarolo [VC] **21** D2
Cervasca [CN] **79** D1
Cervatto [VC] **21** CD2
Cervelli [TO] **51** E2
Cervellino, Monte- **85** E1
Cerveno [BS] **25** D2–3
Cerventosa, Passo della- **115** A2
Cervere [CN] **67** B3
Cervesina [PV] **55** CD2
Cerveteri [ROMA] **137** C2–3
Cervi [VI] **43** F2
Cervi, Case- [RE] **73** B2–3
Cérvia [RA] **91** F3
Cérvia, Saline di- **91** E3
Cervia, Val- **25** A2
Cervidone [MC] **109** D4
Cervignano d'Adda [LO] **39** E2
Cervignano del Friuli [UD] **49** CD1–2
Cervignasco [CN] **65** EF2
Cervina, Punta- / Hirzer-Spitze **1** F2
Cervino, Monte- **19** F1
Cervino, Torrente- **67** F2
Cervio, Torrente- **25** A2
Cervo [IM] **93** E3
Cervo, Capo- **93** E3
Cervo, Monte- **89** C2
Cervo, Torrente- [IM] **93** E3
Cervo, Torrente- [Piem.] **37** D2
Cervognano Montenero [SI] **113** DE3
Cervoto [TO] **53** D1–2
Cesa [AR] **113** D2
Cesa [BL] **29** DE2
Cesacástina [TE] **133** F1
Cesana [BL] **29** C2
Cesana, Monti della- **107** F2
Cesana Brianza [LC] **23** D2–3
Cesana Torinese [TO] **51** B3
Cesano [AN] **109** CD2
Cesano [ROMA] **137** E2
Cesano [TE] **127** C3
Cesano, Fiume- **109** C2
Cesano, Stazione di- **137** DE2
Cesano Boscone [MI] **39** C2
Cesano Maderno [MI] **39** C1
Cesapiana **141** F3
Cesaproba [AQ] **133** DE1–2
Césara [VB] **21** E2–3
Cesáriis [UD] **17** C3
Cesarolo [VE] **49** AB2
Cesate [MI] **39** C1
Cesclans [UD] **17** B2
Cese [AP] **125** EF2
Cese [AQ] **139** F2
Cese [AQ] **133** E2
Cese [PG] **125** B3
Ceselli [PG] **125** B3
Cesen, Monte- **29** CD3
Cesena [FC] **101** A2
Cesenático [FC] **101** B1
Ceserano [MS] **85** E3
Ceserano, Torrente- **97** BC2
Cesi [MC] **125** C1–2
Cesi [TR] **125** A4
Cesi, Poggio- **139** B2
Césio [IM] **93** D2–3
Cesiomaggiore [BL] **29** C2
Cesiominore [BL] **29** C2
Cesnola [TO] **37** AB1
Césole [MN] **59** B3
Césoli [AQ] **141** C2
Césolo [MC] **117** BC2
Cesovo [BS] **41** F2
Cespedósio [BG] **23** F2
Cessalto [TV] **47** C2
Cessapalombo [MC] **117** C3
Cessi, Ca de- [MN] **73** B1
Céssole [AT] **67** E2–3
Cesta [FE] **77** B2
Cesta, La- **13** E2
Cesto [NO] **37** F1
Cesto, Borro- **105** D3
Cestola, Torrente- **115** B3
Cesuna [VI] **45** B1–2
Cesure [MC] **125** CD1–2
Cesurette, Forcella- **29** C1
Cet [BL] **29** E2
Cetica [AR] **105** E2
Cetina, la- [SI] **111** EF2
Cetinale [SI] **113** A2
Cetine, le- [SI] **111** E2
Ceto [BS] **25** D2–3
Cetona [SI] **123** B2
Cetona, Monte- **123** B2
Cetta [IM] **93** C2–3
Ceva [CN] **81** D1
Ceva, Monte- **61** E2
Cevarero, Bivacco- **81** B2–3
Cevedale, Monte- / Zufallspitze **9** F2
Cevedale, Passo del- / Langenferner Joch **9** F2
Cevedale, Rifugio del- **9** F2
Céves / Tschöfs [BZ] **3** A2
Cevo [BS] **25** E2
Cevo [SO] **7** F3
Cévola [PR] **87** C1
Cevole [SI] **113** AB2
Cévoli [PI] **103** D3
Chabaud [TO] **51** BC3
Chabodey [AO] **19** C2
Chalamy, Torrente- **19** F1
Chaligne, Punta- **19** D2
Challand-Saint-Anselme [AO] **19** G2
Challand-Saint-Victor [AO] **19** G2
Chaltwasserpass **5** C2
Chambave [AO] **19** F2
Chambeyron, Monte- **65** B3
Chamençon [AO] **19** C2–3
Chamois [AO] **19** F1–2
Chamolé, Colle di- **19** DE2–3
Chamolé, Lago di- **19** E2
Champdepraz [AO] **19** FG2
Champlan [AO] **19** G1–2
Champlas du Col [TO] **51** C3
Champlas-Seguin [TO] **51** BC3
Champlong [AO] **35** E1
Champlong [AO] **19** F2
Champoluc [AO] **19** G1–2
Champorcher [AO] **19** F3
Champorcher, Finestra di- **35** EF1
Champsil [AO] **21** AB3
Chanavey [AO] **35** C1
Chardonnet, Aiguille du- **19** BC1
Chardonney [AO] **19** F3
Charvatton, Monte- **19** FG3
Charvensod [AO] **19** DE2
Chasteiran [TO] **51** D2–3
Chataignère-Viran [AO] **19** G2
Château [AO] **19** F3
Château des Dames **19** F1
Châtellair [AO] **19** D1–2
Châtillon [AO] **19** F2
Chatrian [AO] **19** F1–2
Chavalatsch, Piz- / Cavallàccio, Monte- **1** AB3
Chéglio [VA] **21** F3
Chemonal [AO] **21** AB3
Chenaille, Monte- **19** D1
Cherasca, Torrente- **67** D3
Cherasco [CN] **67** BC2–3
Chério, Fiume- **41** D2
Chero [PC] **71** CD2
Chero, Torrente- **71** C3
Chersogno, Monte- **65** BC3
Cherubine [VR] **61** B2–3
Cherz [BL] **13** C2–3
Chésio [VB] **21** E2
Chesta [CN] **65** D3
Chesta [CN] **79** D1
Chétif, Mont- **19** B2
Cheverel [AO] **19** C2
Chevrère [AO] **19** D2–3
Chezal [TO] **51** C2–3
Chez-Croiset [AO] **19** E2
Chia [VT] **131** D2
Chiaberto [TO] **35** D3
Chiabrano [TO] **51** D3
Chiabreri [CN] **65** D3
Chiadin, Monte- **15** D1
Chiaicis [UD] **15** E2
Chialambertetto [TO] **35** D2–3
Chialamberto [TO] **35** DE2
Chialina [UD] **15** E1–2
Chialminis [UD] **17** C3
Chialvetta [CN] **65** BC4
Chiama, Val- **45** C1
Chiamório [TO] **35** E2–3
Chiampernotto [TO] **35** DE2–3
Chiampetto [TO] **35** D3
Chiampo [VI] **43** F3
Chiampón, Monte- **17** C3
Chiampon, Sella- **15** E2
Chiana, Canale Maestro della- **113** E2
Chiana, Val di- **113** DE1–2
Chianacce [AR] **113** DE2
Chianale [CN] **65** BC2–3
Chianciano [SI] **113** DE3
Chianciano Terme [SI] **113** D3
Chiandarens [UD] **15** C2
Chiandusseglio [TO] **35** D3
Chiani [AR] **105** F4
Chiani, Torrente- **123** C2–3
Chianni [PI] **103** D3–4
Chianocco [TO] **51** DE1–2
Chianocco, Riserva Naturale di- **51** E2
Chianti **105** BC3–4
Chianti, Monti del- **105** D3–4
Chianzutan, Sella- **15** E2
Chiapili [TO] **35** D2
Chiapineto [TO] **35** F2
Chiappa [GE] **69** D3
Chiappa [IM] **93** C3
Chiappa, Punta- **83** D2–3
Chiapparolo [AL] **69** C2
Chiappera [CN] **65** B3–4
Chiappi [CN] **79** BC1
Chiappini [BL] **29** B2
Chiappino [AL] **67** F3
Chiappino [LI] **103** C4
Chiappo, Monte- **69** E2
Chiappozzo, Monte- **85** AB2
Chiapuzza [BL] **13** E3
Chiara [TO] **35** G1
Chiara, Rifugio- **79** E2
Chiaramonte, Poggio- **121** C2
Chiaranda [UD] **17** C2
Chiarano [TN] **27** B3
Chiarano [TV] **47** C2
Chiaravalle [AN] **109** D3
Chiaravalle [PC] **71** D2
Chiaravalle della Colomba [PC] **71** D2
Chiaravalle Milanese [MI] **39** D2
Chiarbola [TS] **49** F3
Chiareggio [SO] **9** A3
Chiarella Senga [MN] **59** C3
Chiarentana [SI] **113** D3
Chiarescons, Monte- **15** C2–3
Chiari [BS] **41** D3
Chiárini [BS] **59** A1
Chiarino, Parrocchia di- **117** E1
Chiarmácis [UD] **49** B1–2
Chiaro, Rio- **117** CD2
Chiarone [PC] **55** F3
Chiarone, Stazione- **129** D2
Chiarzo, Torrente- **17** B2
Chiarzò, Torrente- **15** D3
Chiascio, Fiume- **115** C3
Chiaserna [PU] **107** EF4
Chiasiéllis [UD] **33** C3
Chiasottis [UD] **33** C3
Chiassa [AR] **107** A3
Chiassaccia, Torrente- **107** A3
Chiassáia [AR] **105** EF3
Chiastre [PR] **85** E1
Chiastronat, Monte- / Kesselkofel **15** D1
Chiatri [LU] **97** B3
Chiáulis [UD] **17** B1–2
Chiaulis [UD] **15** EF2
Chiavals, Monte- **17** C2
Chiavano [PG] **125** D3–4
Chiavano, Forca di- **125** D3–4
Chiavari [GE] **83** E2–3
Chiavazza [BI] **37** C1
Chiavenna [SO] **7** E2–3
Chiavenna, Piano di- **7** E3
Chiavenna, Rifugio- **7** E2
Chiavenna, Torrente- **57** D3
Chiavenna Landi [PC] **57** D3–4
Chiavenna Rocchetta [PC] **71** C2–3
Chiaverano [TO] **37** B1–2
Chiaveretto [AR] **107** A3
Chiáves [TO] **35** E3
Chiáviche [RO] **75** CD1–2
Chiaviche, le- [MN] **73** B1
Chiavicone [MN] **59** E3
Chiavicone [PD] **61** D2
Chiavicone [RO] **75** D2
Chiavolino [BI] **37** B1
Chiazale [CN] **65** BC3
Chiazzano [PT] **97** E3
Chiecco, Poggio al- **119** E1
Chieci [SI] **113** AB1
Chiénes / Kiens [BZ] **3** CD3
Chienti, Fiume- **117** F2
Chientina [PI] **103** D3
Chieri [TO] **53** B2
Chiesa [BI] **21** D3
Chiesa [BL] **13** D3–4
Chiesa [CN] **65** C3
Chiesa [RA] **91** D2
Chiesa [RO] **75** DE2
Chiesa [SP] **85** BC3
Chiesa [SV] **93** E2
Chiesa [SV] **81** E2
Chiesa [TN] **27** D3
Chiesa [VB] **5** E1
Chiesa [VC] **21** D2–3
Chiesa, Bec della- **67** D3
Chiesa, Contrada della- [PR] **71** DE2
Chiesa, la- [FE] **75** C3
Chiesa, Rifugio- **43** D2
Chiesabianca [PR] **71** C3–4
Chiesa di Macra [CN] **65** CD3–4
Chiesa in giù [GR] **121** D3
Chiesa in Valmalenco [SO] **9** AB3
Chiesanova [PI] **103** CD2–3
Chiesa Nuova [BL] **29** BC3
Chiesa Nuova [FE] **75** C3
Chiesanuova [FI] **105** BC2
Chiesanuova [GE] **85** A2
Chiesa Nuova [GE] **83** E2
Chiesanuova [MC] **117** C1–2
Chiesanuova [RA] **91** B1
Chiesanuova [TO] **35** FG2
Chiesanuova [VE] **47** C3
Chiesa Tonda **125** AB1–2
Chiesazza [PD] **61** D2–3
Chies d'Alpago [BL] **31** B1–2
Chiese, Fiume- **59** A2
Chiesi [RE] **73** B2
Chiesina [BO] **97** DE1
Chiesina Uzzanese [PT] **103** E1–2
Chiesiola [PR] **85** B1
Chiesone [VR] **59** E3
Chiessi [LI] **119** A2
Chiesuola [BS] **57** E2
Chiesuola [RA] **91** D2
Chiesuol del Fosso [FE] **75** D3
Chieti [CH] **135** DE2
Chieti Scalo **135** D2
Chiéuti [FG] **143** EF3
Chiéuti-Serracapriola, Stazione di- **143** E3
Chieve [CR] **57** B1–2
Chievo [VR] **59** D1
Chifente, Torrente- **127** C2
Chifenti [LU] **97** C2–3
Chiggiato, Rifugio- **13** EF3
Chigiano [MC] **117** B2
Chignolo d'Isola [BG] **41** B2–3
Chignolo Po [PV] **57** A3
Chioano [PG] **123** E3
Chiócchio [FI] **105** C3
Chiocciolaio [GR] **121** AB3
Chioda, Monte- **99** D2
Chiodo, Monte- **85** AB1–2
Chiodo, Punta del- / Gr. Nagler-Sp. **9** E1–2
Chióggia [VE] **63** D2
Chióggia, Porto di- **63** D2
Chiomonte [TO] **51** C2
Chiona, Torrente- **125** A2
Chionea [CN] **81** C2–3
Chions [PN] **47** D1–2
Chiópris [UD] **33** D3
Chiópris-Viscone [UD] **33** D3
Chioraia [CN] **81** C2–3
Chioso [VB] **5** E1
Chiostra la- [PI] **111** CD1
Chiotas, Lago- **79** CD2–3
Chiotti [CN] **79** C1
Chiotti [CN] **79** CD1
Chiotti Superiori [TO] **51** D3
Chiout [UD] **17** D2
Chiozza [LU] **97** B1–2
Chiozza [RE] **87** E1
Chiozzola [PR] **73** A2–3
Chirignago [VE] **63** D1
Chisola, Torrente- **53** AB2–3
Chisone, Torrente- **51** F3–4
Chisone, Valle del- **51** D2–3
Chitignano [AR] **107** A2–3
Chiuduno [BG] **41** CD3
Chiugiana [PG] **115** B3
Chiulano [PC] **71** B2
Chiuppano [VI] **45** B2
Chiuro [SO] **25** BC1–2
Chiusa / Klausen [BZ] **11** F2
Chiusa, La- [FC] **99** EF1–2
Chiusa, la- [FI] **97** FG3
Chiusa, la- [RA] **91** DE2
Chiusa, Rifugio- / Klausener Hütte **3** AB3
Chiusa di Pésio [CN] **81** AB1–2
Chiusa di San Michele [TO] **51** EF2
Chiusa Ferranda [PR] **71** E2
Chiusaforte [UD] **17** C2
Chiusani [PV] **55** D3
Chiusánico [IM] **93** DE3
Chiusano d'Asti [AT] **53** D2–3
Chiusavecchia [IM] **93** D3
Chiusa Viarola [PR] **71** E2
Chiusdino [SI] **111** E2–3
Chiusella, Torrente- **37** AB2
Chiusi [SI] **113** E3
Chiusi, Lago di- **113** E3
Chiusi-Chianciano Terme, Stazione di- **123** B1–2
Chiusi della Verna [AR] **107** A2
Chiusita [MC] **125** C2
Chiuso [LC] **23** E2–3
Chiúsola [SP] **85** C2–3
Chiusure [SI] **113** C2–3
Chivasso [TO] **53** C1
Chivasso, Rifugio- **35** C2
Chizzola [TN] **43** DE2
Chizzoline [BS] **43** AB3
Churburg, Schloß- / Coira, Castello- **9** F1
Cia, Val- **27** F1
Ciabaudo [IM] **93** C3
Ciabra, Colle della- **65** D3
Ciagnano [BO] **89** D2
Ciago [PN] **31** D1
Ciago [TN] **27** BC2
Ciaixe [IM] **93** B3–4
Cialancia, Cima- **79** C2
Cialancia, Punta- **51** D3
Cialla [UD] **33** D2
Cialma, la- **35** E2
Ciamarella, Uia di- **35** C2
Ciampac **13** B3
Ciampedie, Rifugio- **13** A3
Ciampino [ROMA] **145** D2
Ciampino, Aeroporto Internazionale di- **145** D2
Cian, Punta- **19** F1
Cianaloca [CB] **143** E3
Ciano [MO] **89** AB2
Ciano [TV] **45** F1–2
Ciano d'Enza [RE] **87** C1
Ciantiplagna, Cima- **51** D2
Ciaò Pais, Rifugio- **51** C2
Ciapanico [SO] **9** AB3
Ciapè, Pizzo- **5** CD3
Ciapel, Monte- **79** C2
Ciaramella [AN] **115** F1
Ciarandella, Bric- **81** CD2
Ciárdes / Tschars [BZ] **11** B2
Ciarforon **35** D1–2
Ciariscelli [TE] **135** B1–2
Ciastella, Monte- **79** B2
Ciastellin, Monte- **13** F2
Ciaudierona, Monte- **13** E3
Ciaudon, Testa- **79** E2
Ciaurlec, Monte- **15** DE3
Ciaval, Monte- **79** B2
Ciavernasco [PC] **71** B2
Ciazze, Le- **69** A3
Cibeno [MO] **73** D3
Cibiana, Passo- **13** E3
Cibiana di Cadore [BL] **13** E3
Cibóttola [PG] **123** D2
Cibrario, Rifugio- **35** C3
Cicagna [GE] **83** E2
Cicconi [MC] **117** B3
Cicengo [AL] **53** DE2
Cicese [RO] **63** B3
Cichero [GE] **83** E2
Ciciano [SI] **111** E3
Cicignano [RI] **131** F2
Ciciliano [ROMA] **145** F1
Ciciozza, Punta- **21** B3
Ciciu del Villar, Riserva Naturale dei- **65** E3–4
Ciclilandia **103** B3
Cicogna [AR] **105** E3
Cicogna [VB] **21** EF1–2

Cicogna [VI] **61** C2
Cicogna, Colle- **135** A2-3
Cicogna, Torrente- **29** E2
Cicognáia [AR] **107** C2
Cicognara [MN] **73** A2
Cicogni [PC] **69** F1-2
Cicognola [LC] **23** E3
Cicognolo [CR] **57** F2-3
Cicola [BG] **41** D3
Cicolano **139** CD1
Ciconia [TR] **123** C3
Ciconicco [UD] **33** B2
Cicónio [TO] **37** A2-3
Ciggiano [AR] **113** D1
Cigliano [FI] **105** BC2-3
Cigliano [FI] **105** E1-2
Cigliano [MC] **117** E2
Cigliano [VC] **37** BC3
Cigliano, Canale di- **37** CD2
Ciglié [CN] **67** C4
Ciglione [AL] **67** FG3
Cignana, Lago di- **19** F1
Cignano [AR] **113** E2
Cignano [BS] **57** E1
Cignano [FI] **99** D2
Cignano [PC] **57** D3
Cignato [FI] **99** C2
Cigno [FC] **99** EF3
Cignolo [PV] **69** E2
Cignone [CR] **57** D2
Cigognola [PV] **55** E2
Cigole [BS] **57** EF1-2
Cigoli [PI] **103** E2
Cilavegna [PV] **39** A3
Ciliano [SI] **113** D3
Ciliverghe [BS] **43** A3-4
Cima [CO] **23** C1
Cima, La- **5** EF3
Cima, Monte- **27** F2
Cimabanche [BL] **13** DE2
Cima Canale [BL] **15** C1
Cima d'Asta, Malga- [TN] **27** F2
Cima del Monte **119** C2
Cima di Campo [BL] **29** B2-3
Cima di Coppi, Colle- **139** C2
Cima di Vorno [LU] **103** D2
Cimadolmo [TV] **47** B2
Cimafava [PC] **71** C2
Cimaferle [AL] **67** F3
Cimaganda [SO] **7** E2
Cima Gogna [BL] **13** F2
Cimamonte, Monte- **123** E4
Cimamulera [VB] **21** D1
Cimapiásole [TO] **35** F2
Cimarani, Monte- **139** F2
Cimarella, Villa- [MC] **117** D1-2
Cima Sappada [BL] **15** D1
Cimavalle [SV] **81** F1
Cimbergo [BS] **25** DE2
Cimbriolo [MN] **59** B2 3
Cimbro [VA] **23** A3
Cime Bianche, Colle Superiore delle- **19** FG1
Cimego [TN] **43** B1
Cimena [TO] **53** BC1
Cimetta [TV] **47** B1
Cimetta, Colle- **139** E3
Cimina, Via- **131** D2
Cimini, Monti- **131** CD2
Cimino → Vico, Lago di- **131** CD2-3
Cimino, Monte- **131** D2
Cimmo [BS] **41** F2
Cimoláis [PN] **15** B3
Cimoliana, Torrente- **15** B3
Cimon **31** B1
Cimon, Monte- [BL] **29** E1
Cimon, Monte- [TN] **27** D3
Cimon, Monte- [TV] **29** D3
Cimon del Tres **27** E1
Cimone [TN] **27** C3
Cimone, il- [VC] **21** C2
Cimone, il- [VI] **27** F3
Cimone, Monte- [BG] **25** C2
Cimone, Monte- [MO] **97** CD1
Cimone, Monte- [UD] **17** D2
Cimone, Monte- [Ven.] **29** E2-3
Cimone, Monte- [VI] **45** AB1-2
Cimone, Monte- [VI] **45** C1-2
Cimpello [PN] **31** D3
Cináglio [AT] **53** D3
Cincelli [AR] **105** F3-4
Cinciano [SI] **105** BC3-4
Cinecittà [ROMA] **145** D1
Cinelli [VT] **131** B3
Cineto Romano [ROMA] **139** C2
Cineto Romano, Stazione di- **139** C2
Cingia de' Botti [CR] **57** F3
Cingianello [MO] **87** E2
Cingino, Lago di- **21** C1
Cingla, Monte- **43** B2
Cíngoli [MC] **117** C1
Cini, Case- [VB] **5** E1-2
Cinigiano [GR] **121** D2
Cinisco, Fiume- **109** AB3
Cinisello Bálsamo [MI] **39** D1
Cino [SO] **7** E3-4
Cinquale (Marina di Montignoso) [MS] **95** D3
Cinquanta [BO] **75** C3-4
Cinquecerri [RE] **87** BC2
Cinque Croci, Passo- **27** F1-2
Cinquemiglia, Piano delle- **141** DE3
Cinque Querce, Monte- **123** E2
Cinque Terre **95** B2
Cinque Terre, Parco Nazionale delle- **95** B2
Cinque Torri, Rifugio- **13** D2-3
Cintano [TO] **35** G2
Cintello [VE] **47** E1-2
Cinte Tesino [TN] **27** F2
Cinto [VI] **45** AB3
Cinto Caomaggiore [VE] **47** D1-2
Cinto Eugáneo [PD] **61** DE2
Cintóia [FI] **105** BC2
Cintóia [FI] **105** CD3
Cintóia alta [FI] **105** D3
Cintolese [PT] **103** E1-2
Cinzano [CN] **67** C2
Cinzano [TO] **53** C2
Cioca **27** A1
Cioccale [AL] **69** D2
Cioccaro [AT] **53** E2
Ciola [FC] **99** E1
Ciola [FC] **99** F3
Ciola Araldi [FC] **101** A2
Ciola Corniale [RN] **101** B2
Ciol di Sass, Cima- **15** C3
Ciorneva, Monte- **35** D3
Ciotti, Casa- [VT] **131** E3
Ciotto Mien, Monte- **79** DE2
Cipollaie Sotto [CR] **57** F2
Cipollaio, Galleria del- **95** E2
Cipolletto [PG] **115** D1-2
Cippata [VB] **5** E2
Cippei, Monte- **23** D2
Cipressa [IM] **93** D3
Cipressi [PE] **135** CD1
Cipresso [TO] **53** B2
Cipresso, Poggio- **113** B2
Cirano [BG] **41** D1-2
Cireggio [VB] **21** E2
Cireglio [PT] **97** E2-3
Ciregna [PC] **71** A3
Ciriano [PC] **71** C2
Ciriè [TO] **35** F3
Cirignano [FI] **97** G2
Cirignone [AR] **107** AB2
Cirimido [CO] **23** BC3
Cirlano / Tschirland [BZ] **11** B2
Cirone, Passo- **85** DE2
Cirvoi [BL] **29** E2
Cis [TN] **11** BC3
Cisa, Passo della- **85** D2
Cisano [BS] **43** B3
Cisano [VR] **43** C3
Cisano Bergamasco [BG] **41** A2
Cisano sul Neva [SV] **93** E2
Ciseran [AO] **19** FG2
Ciserano [BG] **41** B3
Cisiano di Sotto [PC] **71** B2
Cisigliana [MS] **85** E3
Cislago [VA] **23** B3-4
Cislano [BS] **41** E2
Cisliano [MI] **39** B2
Cismon, Monte- **29** B3
Cismon, Torrente- **29** B3
Cismon, Val- **29** B1
Cismon del Grappa [VI] **29** B3
Cison di Valmarino [TV] **29** D3
Cisore [VB] **5** D3
Cissone [CN] **67** D3
Ciste, Monte- **27** E2
Cistella, Monte- **5** D2
Cisterna [UD] **31** E2
Cisterna, Bec- **67** DE3
Cisterna d'Asti [AT] **67** CD1-2
Cisterna di Latina [LT] **145** EF3
Cistio [FI] **99** B3
Cistri, Col di- **29** BC1
Citerna [PG] **107** B3-4
Citerna [PR] **71** E4
Citerna [PR] **71** E4
Citerna, Monte- [FI] **97** G2
Citerna, Monte- [PG] **115** E2
Citernella, Monte- **123** D3
Citerno [TR] **123** B3
Citta [TO] **51** DE2
Città, la- [BO] **89** BC1
Città, Monte- **13** F3-4
Cittadella [AL] **55** A3
Cittadella [BO] **75** D3-4
Cittadella [MN] **59** C2-3
Cittadella [PD] **45** D2-3
Città della Domenica **115** BC3
Città della Pieve [PG] **123** B2
Città del Vaticano [SCV] **145** C1
Città di Busto, Rifugio- **5** DE1
Città di Castello [PG] **107** C4
Città di Ciriè, Rifugio di- **35** CD2-3
Città di Fállera, Monte- **123** C2
Città di Fiume, Rifugio- **13** D3
Città di Malnate, Rifugio- **21** B1-2
Città di Massa, Rifugio- **95** E2
Città di Milano, Rifugio- / Schaubach-Hütte **9** F1-2
Città di Mortara-Grande Halte, Rifugio- **21** B2
Città di Siena, Oasi- **113** B1-2
Città di Trento, Rifugio- **25** F1
Cittaducale [RI] **133** C2
Cittanova [MO] **87** EF1
Cittanova [VE] **47** C3
Cittareale [RI] **125** DE4
Città Sant'Angelo [PE] **135** D1
Città Sant'Angelo, Parco di- **135** D1-2
Cittíglio [VA] **21** FG2
Ciuchen, Bric dei- **67** F3
Ciucis, Monte- **17** BC2
Ciuffenna, Torrente- **105** E3
Civago [RE] **87** C3
Civalleri [CN] **79** E1
Civate [LC] **23** DE2-3
Civè [PD] **63** C2
Civello, Cima- **27** E3
Civenna [CO] **23** D2
Civerone, Monte- **27** E2
Civetta, Monte- **13** D3
Civetta, Torre- **119** E1
Civezza [IM] **93** D3
Civezzano [TN] **27** CD2
Civiasco [VC] **21** D2-3
Cividale [MO] **73** E2
Cividale del Friuli [UD] **33** D2
Cividale Mantovano [MN] **59** A3
Cividate al Piano [BG] **41** CD3
Cividate Camuno [BS] **25** D3
Cividino [BG] **41** D3
Civiglio [CO] **23** C2-3
Civignola [TO] **53** C1-2
Civinini, Capanna- [GR] **119** E1-2
Civita [AQ] **139** D2
Civita [PG] **125** D3-4
Cívita [VT] **123** C4
Cívita, Colle della- **141** E1
Cívita, Forca di- **125** D3
Cívita Castellana [VT] **131** E3
Cívita Castellana-Magliano Sabina, Stazione di- **131** E2
Cívita d'Antino [AQ] **139** F3
Cívita di Bagno [AQ] **133** F3
Civitaluparella [CH] **141** F3
Civitaluparella, Stazione di- **141** FG3
Civitanova Alta [MC] **117** EF1-2
Civitanova Marche [MC] **117** F2
Civitaquana [PE] **135** C2-3
Civitaretenga [AQ] **141** C1
Civitatomassa [AQ] **133** E2
Civitavécchia [ROMA] **137** A2
Civitella [RI] **139** DE1
Civitella [ROMA] **139** C2
Civitella, Monte- [AQ] **133** E1
Civitella, Monte- [GR] **121** EF3
Civitella, Monte- [?] **107** B4
Civitella, Monte- [MC] **125** CD2
Civitella, Monte di- **125** C3
Civitella, Poggio- [PG] **115** A1
Civitella, Poggio- [SI] **113** B3
Civitella Benazzone [PG] **115** C2
Civitella Casanova [PE] **135** C2
Civitella Cesi [VT] **137** BC1
Civitella d'Agliano [VT] **123** D4
Civitella d'Arno [PG] **115** C3
Civitella de' Conti [TR] **123** D2
Civitella del Lago [TR] **123** D3
Civitella del Tronto [TE] **127** CD3
Civitella di Romagna [FC] **99** E2-3
Civitella in Val di Chiana [AR] **113** D1
Civitella Marittima [GR] **121** C2
Civitella Messer Raimondo [CH] **141** F2
Civitella Pagánico [GR] **121** C2
Civitella Pagánico, Stazione- **121** C2
Civitella Ranieri [PG] **115** C1-2
Civitella Roveto [AQ] **139** F3
Civitella San Paolo [ROMA] **137** F1
Civitelle, Poggio delle- **125** A2
Civitello, Monte- **115** C1
Civo [SO] **7** F3-4
Civório [FC] **99** F3
Civrari, Monte- **35** DE3
Cizzago [BS] **41** D4
Cizzolo [MN] **73** BC1
Claino con Osteno [CO] **23** C1-2
Clanezzo [BG] **41** B2
Clapier, Monte- **79** D3
Classe [RA] **91** E2
Classe, Pineta di- **91** E2
Claudia, Via- **131** C3
Clauiano [UD] **33** CD3
Claus, Lago del- **79** C2
Cláut [PN] **15** BC3
Clautana, Forcella- **15** C3
Clauzetto [PN] **15** E3
Clava, La- / Kolben-Spitze **1** E2
Clavais [UD] **15** E1-2
Clavalite, Torrente- **19** E2
Clavalité, Val- **19** EF2
Clavarezza [GE] **69** D3
Clavesana [CN] **67** C3-4
Claviere [TO] **51** B3
Clea [TO] **51** D2
Clegna, Torrente- **25** D2
Clementino, Porto- **137** A1
Cles [TN] **11** C3
Cles, Monte di- **11** B3
Cléulis [UD] **15** EF1
Cleva [PN] **15** DE3
Clibbio [BS] **43** A3
Clitérnia Nuova [CB] **143** E3
Clitunno, Fiume- **125** B2
Clitunno, Fonti del- **125** B2-3
Clitunno, Tempio del- (San Salvatore) **125** B2-3
Clivio [VA] **23** B2
Clódig [UD] **33** E1-2
Clopai, Piz- **1** B1-2
Clotes, les- [TO] **51** C2
Clotesse, Punta- **51** B2
Cloz [TN] **11** C3
Cludínico [UD] **15** E2
Clusane sul Lago [BS] **41** DE2-3
Clusella, Torrente- **19** D2
Clúsio / Schleis [BZ] **1** B2
Clusone [BG] **25** B3
Coarezza [VA] **21** F3
Coassolo Torinese [TO] **35** E2-3
Coatti [RO] **75** C2
Coazzano [MI] **39** C2-3
Coazze [MN] **73** E1-2
Coazze [MN] **73** D2
Coazze [TO] **51** E2
Coazzolo [AT] **67** D2
Coca, Pizzo di- **25** BC2
Coca, Rifugio- **25** BC2
Cocasit, Monte- **15** E2
Cocáglio [BS] **41** D3
Coccanile [FE] **77** B2
Coccau di Sopra [UD] **17** E1
Cocche, le- [VR] **43** C3
Cóccia, Monte- **143** D3
Cóccia, Poggio di- **137** C1
Cocciglia [LU] **97** C2
Coccolia [RA] **91** D3
Cocconato [AT] **53** D2
Cocconito-Vignaretto [AT] **53** D2
Coccorano [PG] **115** D2
Cóccore [AN] **115** E1
Cocetta [AL] **55** BC2
Cocianzi [UD] **33** D1-2
Cocodain, Forcella di- **13** D1-2
Cocomaro di Cona [FE] **75** DE3
Cocomaro di Focomorto [FE] **75** DE3
Cócquio-Trevisago [VA] **23** A2
Cócquo [VA] **21** F3
Cocullo [AQ] **141** C2
Coda [VR] **43** D3
Codelago o Dévero, Lago- **5** D1
Codemondo [RE] **73** B3
Códena [MS] **95** D2
Codera [SO] **7** E3
Codera, Val- **7** EF3
Codorno [UD] **31** E2
Codesino [LC] **23** E1
Codevigo [PD] **63** C2
Codevilla [CN] **81** C1-2
Codevilla [PV] **55** D3
Có di Gandini [PR] **73** A2
Codigoro [FE] **77** C2-3
Codiponte [MS] **85** E3
Codisotto [RE] **73** C2
Codiverno [PD] **63** B1
Codogna [CO] **23** D1
Codogné [TV] **47** B1
Codogno [LO] **57** C2-3
Codogno [PR] **85** BC2
Codolo [MS] **85** CD2
Codorso [PR] **85** B2
Codrea **75** E3
Codrignano [BO] **89** E3
Codróipo [UD] **31** E3
Codromaz [UD] **33** E2
Codugnella [UD] **33** B2
Coduro [PR] **71** E2
Coe, Osteria- **43** F1
Coeliáula [FI] **105** B2-3
Coenzo [PR] **73** A2
Coetta, la- [VR] **59** E1
Coette [VE] **63** C2-3
Cóffia [AR] **105** EF2
Coggiola [BI] **21** CD3
Coglia, Monte- **117** B3
Cogliáns, Monte- **15** E1
Cogliate [MI] **23** C4
Cogne [AO] **19** DE3
Cogne, Val di- **19** DE3
Cognento [MO] **87** EF1
Cogno [BS] **25** D3
Cogno [PD] **45** D3
Cognola [TN] **27** C2
Cogno San Bassano [PC] **71** B3
Cogoleto [GE] **83** A2
Cogollo [RA] **91** CD2
Cogollo [VR] **43** E3
Cogollo del Céngio [VI] **45** B2
Cógolo [TN] **9** F02
Cogolo, Monte- **43** F2
Cogolónchio [PR] **71** E3
Cogorno [GE] **83** F2-3
Cogozzo [BS] **41** F3
Cogozzo [BS] **43** A3-4
Cogozzo [MN] **73** AB2
Cogruzzo [RE] **73** B2-3
Coi [BL] **13** D3
Coiano [FI] **103** F3
Coiano [PO] **97** F3
Cóimo [VB] **5** E3
Coira, Castello- / Churburg, Schloß- **1** B2-3
Coiromonte [NO] **21** E2-3
Coissone [TO] **51** E3
Col [BL] **29** E2
Col, Monte- **15** C1
Cola [RE] **87** C2
Colà [VR] **59** C1
Cola, Monte- **27** E2
Colantónio, Masseria- [CH] **143** AB2
Colas [UD] **17** BC3
Colasordo, Serra- **141** D3
Colazza [NO] **21** EF3
Colbassano [PG] **115** E2
Colbertaldo [TV] **45** F1
Colbórdolo [PU] **107** F1-2
Colbricon **29** B1
Colbricon, Lago di- **29** B1
Colbúccaro [MC] **117** D2
Colcanino [AN] **109** A4
Colcavagno [AT] **53** D2
Colcellalto [AR] **107** C2
Colcello [AN] **115** F1
Colcerasa [MC] **117** BC1-2
Col Collon, Rifugio- **19** EF1
Colda [SO] **25** B1
Coldapi [AN] **109** B4
Coldazzo [PU] **107** F2
Col de Burz, Rifugio- **13** BC2-3
Col dei Boffat [BL] **29** B3
Coldellanoce [AN] **115** E1
Colderù [BL] **29** D2
Coldigioco [MC] **117** B1
Col di Pra [BL] **29** C1
Coldirodi [IM] **93** C3-4
Col di Villa / Bauernkohlern [BZ] **11** E3
Coldrano / Goldrain [BZ] **11** A2
Coleasca, Torrente- **9** E3
Coleazzo, Monte- **9** E3
Colecchio / Gleck **11** A3
Cólere [BG] **25** C3
Colerin, Punta del- **35** C2-3
Colesel Val dell'Acqua **45** F2
Colfano [MC] **117** C3
Colferráio [MC] **117** AB2
Colfiorito [PG] **115** F3
Colfiorito, Area Naturale Protetta- **115** F3
Colfiorito, Valico- **125** BC1-2
Colfosco [TV] **47** A1-2
Colfosco / Kollfuschg [BZ] **13** BC2
Col Francesco [PG] **115** C2
Coltrancui [TV] **47** B2
Col Gùia [TV] **29** D3
Coli [PC] **69** F2
Cólico [LC] **7** E4
Colignola [AR] **107** A3
Colina, Alpe- **25** A1
Colla [MN] **59** A1-2
Colla [MS] **85** E3
Colla, Passo- **85** BC1
Colla, Torrente- **79** E2
Collabassa [IM] **93** B3
Collácchia [GR] **121** AB2
Colla di Netro [BI] **37** B1
Collagna [RE] **87** B2-3
Collagù, Santuario di- **29** D3
Collaiello [MC] **117** B2
Collalbo / Klobenstein [BZ] **11** E2
Collalbrigo [TV] **47** A1
Collalto [SI] **111** E1
Collalto [TV] **47** A1
Collalto [UD] **33** C1
Collalto / Hochgall **3** E2
Collalto, Monte- **45** E1-2
Collalto Sabino [RI] **139** D1-2
Collalunga, Cima di- **79** AB2
Collamato [AN] **115** F2
Collardente, Passo di- **93** C2
Collarmele [AQ] **141** B2
Collatea [RI] **133** BC1
Collattoni [MC] **125** C2
Collazzone [PG] **123** E2
Colle [AN] **115** E1-2
Colle [AN] **115** EF2
Colle [AP] **127** B2
Colle [AP] **127** C2-3
Colle [AP] **125** E3
Colle [AQ] **133** E2
Colle [LU] **97** B2
Colle [LU] **97** C3
Colle [MC] **117** C3
Colle [PG] **115** C3
Colle [PG] **115** E2-3
Colle [PI] **103** D3
Colle [PN] **31** D1-2
Colle [PN] **47** D1
Colle [PT] **97** D3
Colle [SI] **113** C2
Colle [TR] **123** C2
Colle [TR] **133** AB1-2
Colle / Bichl [BZ] **1** F1
Colle, Capo di- **135** B3
Colle, Dosso del- / Halseck **27** D1
Colle, Il- **21** F1
Colle, il- [AN] **109** D4
Colle, il- [AQ] **141** CD2
Colle, Torre del- [CH] **141** EF1
Colle Alberti [FI] **103** F2
Colle Aprico [AN] **109** B3
Colle Aprico [PG] **115** EF3
Collebaccaro [RI] **133** B2
Collebaldo [PG] **123** CD1-2
Collebarucci [FI] **99** A2-3
Collebeato [BS] **41** F3
Colle Bianco [CH] **141** F1-2
Collebianco [MC] **125** CD1-2
Colle Brianza [LC] **23** E3
Collebrincioni [AQ] **133** F2
Colle Calvo [AQ] **133** E1
Colle Calzolaro [PG] **115** A3
Collecastagno [AQ] **133** E2-3
Collécchia [MS] **85** E3
Collecchiello [PR] **71** EF3
Collécchio [GR] **121** B4
Collécchio [PR] **71** F3
Collecorvino [PE] **135** CD2
Colle Croce [PG] **115** EF3
Colledara [TE] **135** AB1
Colle d'Avéndita [PG] **125** D3
Colle dell'Antico [PG] **107** DE3
Colle della Sponga [RI] **133** D3
Colle del Marchese [PG] **125** A2-3
Colle di Cómpito [LU] **103** D2
Colle di Corte [AN] **109** B3-4
Colle di Dentro / Inner-Pichl [BZ] **3** F3
Colle di Fuori [ROMA] **145** E2
Colle di Fuori / Ausser Pichl [BZ] **3** EF3
Colle di Lagnola [RI] **133** A2
Colle di Lúcoli [AQ] **133** EF3
Colledimácine [CH] **141** F2-3
Colledimezzo [CH] **143** A3
Colle di Preturo [AQ] **133** E2
Colle di Róio [AQ] **133** EF2
Colle di Tenda, Traforo del- **79** E2-3
Colle di Tora [RI] **139** C1
Colle di Vaccina [ROMA] **137** C3
Colle di Val d'Elsa [SI] **111** E1
Colle Don Bosco, Santuario- **53** CD2
Colledoro [TE] **135** B1
Colle Farelli [AQ] **133** E2-3
Colle Fiorito, Casale- [ROMA] **145** BC1
Colle Flórido [PE] **135** D2
Collefrácido [AQ] **133** E2-3
Collegalli [FI] **103** EF3
Collegara [MO] **87** F1
Collegentilesco [RI] **125** E4
Collegiglioni [AN] **115** F1
Collegiove [RI] **139** D1
Collegno [TO] **51** G2
Colle Isarco / Gossensaß [BZ] **3** A2
Colle Licino [TR] **133** AB1
Collelongo [AQ] **141** B3
Colleluce [MC] **117** C2
Collelungo [PI] **103** E3
Collelungo [RI] **139** BC1
Collelungo [TR] **123** DE3
Collelungo [TR] **123** D2
Collelungo, Torre di- **121** B4
Colle Lupo, Fattoria- [GR] **129** CD1
Collemaggiore [RI] **133** E3
Colle Malamerenda **113** B2
Collemáncio [PG] **125** A1-2
Collemare [RI] **133** C2
Colle Mezzano [LI] **111** B1
Collemincio [PG] **115** DE2
Colleminúccio [TE] **127** D3
Collemontanino [PI] **103** D3-4
Collemoresco [RI] **125** E3-4
Collenasso [RI] **133** D1
Colléoli [PI] **103** E3
Colle Paganello [AN] **115** F1-2
Colle Pagánica [AQ] **133** E1-2
Collepepe [PG] **123** E2
Colle Pian Fienile [PG] **125** B2
Collepietra / Steinegg [BZ] **11** E2-3
Collepietro [AQ] **141** C1
Collepietro [TE] **127** E3
Collepino [PG] **115** E3
Collepizzuto [TR] **125** A4
Colle Plínio [PG] **107** C3
Colleponi [AN] **109** B4
Colleponte [TR] **125** BC4
Colle Quarticciolo [VT] **131** A2
Colleranesca [TE] **127** E3
Cóllere, Monte- **69** E3
Colleredo [VI] **61** CD1-2
Colleretto Castelnuovo [TO] **35** FG2
Colleretto Giacosa [TO] **37** A2
Colleri [PV] **69** E2
Colle Rinaldo [RI] **133** D2
Collerose [RI] **139** E1
Collesalvetti [LI] **103** C3
Colle San Benedetto [MC] **117** B3
Colle San Giacomo [AQ] **139** E2
Colle San Lorenzo [PG] **125** B2
Colle San Marco [AP] **127** C2-3
Colle San Paolo [PG] **115** AB3

Colle Santa Lucia [BL] **13** CD3
Colle Santa Maria **127** D3
Collesantángelo [TR] **133** B1
Collesanto [MC] **117** BC3
Collesanto [PG] **115** B2-3
Collescipoli [TR] **131** F1
Colle Secco [AR] **113** E1
Collesecco [CH] **135** E2-3
Collesecco [PG] **125** A2
Collesecco [TR] **123** E3
Colle Sestriere [TO] **51** C3
Collésino [MS] **85** E2-3
Collestatte Piano [TR] **133** B1
Collestrada [PG] **115** C3
Colletara [AQ] **133** E2
Colle Torre di Buccione, Riserva Naturale- **21** E3
Colletta, Cappella della- **51** F2
Colletta, Cima della- **69** E2
Colletta, la- **65** D2
Colletta, Passo della- **93** C2
Colletta di Sopra, Alpe- **21** C3
Colletta Soprana [CN] **79** D2
Colletto [CN] **79** C1
Colletto, Monte- **79** D1
Colle Umberto [TV] **29** EF3
Colle Umberto I [PG] **115** B2
Collevalle [MC] **117** BC2
Collevécchio [RI] **131** F2
Collevécchio [TE] **135** AB1
Colleverde [RI] **133** CD1
Colle Vérrico [AQ] **133** E1
Colli [AQ] **133** E2
Colli [CH] **135** EF3
Colli [CN] **79** D1-2
Colli [LU] **97** AB2
Colli [MC] **117** B2
Colli [SP] **85** B2-3
Colli, Bivio- **127** D2
Colli, Case- [MC] **117** C2
Colli, Villa- [LU] **97** B3
Colli Alti [FI] **105** B2
Collicelle [RI] **133** DE1
Collicelli [MC] **117** BC2
Collicello [AQ] **133** E2
Colli del Tronto [AP] **127** D2
Colli di Bergamo, Parco dei- **41** BC2
Colli di Monte Bove [AQ] **139** D2
Colli Euganei, Parco Naturale Regionale dei- **61** E1-2
Collimento [AQ] **133** EF3
Collina [AN] **109** D3-4
Collina [AP] **127** B2-3
Collina [BO] **97** F1
Collina [FC] **99** E3
Collina [LU] **103** D2
Collina [MC] **117** B2
Collina [PT] **97** E3
Collina [RI] **133** C2
Collina [UD] **15** DE1
Collina, la- [PI] **103** E3
Collina, Passo della- **97** E2
Collina di Rivoli, Area Attrezzata della- **51** F2
Collina di Superga, Parco Naturale della- **53** B2
Collina Nuova [AP] **117** E3
Collinello [FC] **99** F2
Collinetta [UD] **15** DE1
Cóllio [BS] **43** AB3
Cóllio [BS] **43** A2
Colli sul Velino [RI] **133** B1-2
Collobiano [VC] **37** DE2
Collodi [PT] **97** C3
Colloredo [UD] **33** D2
Colloredo di Monte Albano [UD] **33** B1-2
Colloredo di Prato [UD] **33** B2
Colloro [VB] **21** DE1
Colma [AL] **53** F2
Colma / Kollmann [BZ] **11** EF2
Colma, la- [It.] **43** D2
Colma, la- [NO] **21** DE2-3
Colma, Monte- [IM] **93** C3
Colma, Monte- [It.] **69** B3
Colmaggiore [MC] **115** F2
Colmano [FC] **99** E2
Colmegna [VA] **23** A1
Colmello [VE] **47** A3
Colmet, Monte- **19** BC2
Colmetta, Cima- **21** C2
Colmirano [BL] **29** C3
Colmollaro, Castello di- **115** D2
Colmurano [MC] **117** CD2-3
Colnago [MI] **41** A3
Cologna [FE] **77** B2
Cologna [LC] **23** DE3
Cologna [SO] **25** D1
Cologna [TN] **43** B1
Cologna [TN] **27** AB3
Cologna, Monte- **125** B2
Cologna Paese [TE] **127** E3
Cologna Spiággia [TE] **127** E3
Cologna Véneta [VR] **61** C2
Cologne [BS] **41** D3
Cologno al Sério [BG] **41** C3
Colognola [BG] **41** D2
Colognola [MC] **117** BC1
Colognola [PG] **115** BC2
Colognola ai Colli [VR] **61** AB1
Colognole [FI] **99** BC3
Colognole [LI] **103** C3-4
Colognole [PI] **103** C2
Cologno Monzese [MI] **39** D1
Colognora [LU] **97** CD3
Colognora [LU] **97** B3
Colomba, Monte- **99** E2
Colombai [PI] **103** DE2
Colombáia Secchia [RE] **87** D2
Colombáie, Casa- [PI] **103** CD4
Colombano [RO] **61** CD3
Colombano, Monte- [PC] **71** A2
Colombano, Monte- [TO] **35** E3
Colombara [FE] **75** C2-3
Colombara [PU] **107** D3
Colombara [PU] **107** F3
Colombara [VC] **37** CD3
Colombardo **35** D3
Colombare [BS] **59** B1
Colombare [BS] **59** B1
Colombare [CR] **57** BC2
Colombare [PD] **61** CD3
Colombare [VR] **59** CD2
Colombare, le- [MN] **59** B2
Colombaro [BS] **41** D3
Colombaro [MO] **87** F1
Colombaro [TO] **53** C1-2
Colombarola [PC] **57** A3
Colombarolo [CR] **59** A3
Colombarone [MO] **87** E1
Colombarone [PR] **71** F2
Colombaro Rossi [CN] **65** EF3
Colombassi [AL] **69** D2
Colombè, Monte- **25** E2
Colombella Alta [PG] **115** C2-3
Colombella Bassa [PG] **115** C2-3
Colombetta Piane [PV] **55** EF2
Colombi [CN] **67** D3-4
Colombière [TO] **51** B2-3
Colombin, Monte- **93** B3
Colombine, Monte- **43** A1-2
Colombo, Lago- **25** AB2-3
Colombo, Monte- [TO] **35** E2
Colombo-Garda, Canton- [BI] **37** D1
Colonia [AL] **69** DE2
Colonia Arnaldi [GE] **83** DE2
Colonia di Rovegno [GE] **69** E3
Colónica [PO] **105** B1-2
Colonna [PU] **107** EF2
Colonna [ROMA] **145** E1-2
Colonna, la- [PU] **109** C1-2
Colonna, Monte- **139** E3
Colonna, Monte di- **23** A2
Colonnata [FI] **105** C1-2
Colonnata [MS] **95** DE2
Colonne [AL] **69** D2
Colonnella [TE] **127** E2
Colonnetta di Prodo [TR] **123** D3
Colonno [CO] **23** CD2
Coloreta, Monte- **99** B2
Coloretta [MS] **85** C2-3
Colorina [SO] **25** A2
Colorno [PR] **73** A2
Colotto [MC] **117** C2
Col Palombo [PG] **115** D2
Colpetrazzo [PG] **125** A3
Col Piccione [PG] **115** B2
Colsaino [PG] **115** E3
Col San Giovanni [TO] **35** E3
Col San Martino [TV] **45** F1
Colsano / Galsaun [BZ] **11** B2
Colsento, Monte- **29** C2
Coltano, Tenuta di- **103** C3
Coltavolino [PG] **115** C2
Colterenzio / Schreckbichl [BZ] **11** D3
Coltignone, Monte- **23** E2
Coltodino [RI] **139** B1
Coltondo **29** B1-2
Coltorondo **29** A1
Coltura [PN] **31** BC2
Coltura [TN] **27** A2
Colturano [MI] **39** DE2
Colugna [UD] **33** C2
Colunga [BO] **89** D2
Colvalenza [PG] **123** E3
Col Verde, Rifugio- **29** B1
Colza [UD] **15** E2
Colzate [BG] **41** D1-2
Colzè [VI] **61** D1
Comabbio [VA] **21** FG3
Comabbio, Lago di- **21** G3
Comácchio [FE] **77** CD3
Comácchio, Valli di- **91** DE1
Comacina, Isola- **23** CD2
Comagna, Testa di- **19** G2
Comano [MS] **87** A3
Comano [TN] **27** B2
Comano Terme [TN] **27** B2
Comaschi, Ca' de'- [PC] **55** F3
Comásine [TN] **11** A3-4
Comazzo [LO] **39** E2
Combai [TV] **29** D3
Combal, Lago di- **19** B2
Combamala [CN] **65** D3-4
Combe [CN] **81** AB1
Combes [AO] **19** C2-3
Combolo, Monte- **9** C3
Comeana [PO] **105** B2
Comeglians [UD] **15** E1-2
Comelico Superiore [BL] **13** FG2
Comenduno [BG] **41** C2
Comério [VA] **23** A2-3
Cómero, Monte- **107** AB1-2
Comerzo [UD] **33** B1-2
Comezzano [BS] **41** D4
Comezzano-Cizzago [BS] **41** D4
Comici, Rifugio- **13** EF2
Comighello [TN] **27** AB2
Comignago [NO] **21** F3
Comina, la- [PN] **31** C3
Cómino [CH] **141** F1
Comino, Rifugio- **81** B2
Commenda [VT] **131** BC1-2
Commessággio [MN] **73** B1
Commezzadura [TN] **11** AB3-4
Comnago [NO] **21** F2-3
Como [CO] **23** C3
Como, Lago di- (Lário) **23** D1-2
Como, Rifugio- **7** D3
Compaccio / Kompatsch [BZ] **11** B2
Comparadu, Monte- **25** F2
Comparte [BS] **25** DE2
Compassi [AL] **69** D3
Compiano [PR] **85** BC1-2
Compiano [RE] **87** BC1
Compignano [PG] **123** D2
Compióbbi [FI] **105** CD2
Compione [MS] **85** E2-3
Cómpito [AR] **107** A2
Compresso [PG] **115** BC2
Comugne [UD] **17** B3
Comugni [AR] **105** EF3
Comuna [BI] **37** C2
Comuna Bellis [MN] **59** EF3
Comunanza [AP] **127** B2
Comune, Podere- [GR] **121** D3-4
Comune, Poggio del- **105** AB4
Comunéglia [SP] **85** AB2
Comune Soprano [PR] **71** C4
Comuni [VR] **61** C2
Comunitore, Monte- **125** EF3
Comun Nuovo [BG] **41** BC3
Cona [FE] **75** E3
Cona [VE] **63** BC2
Cona Faiete [TE] **127** C3-4
Cona Rovara **141** B3
Conca, Torrente- **101** B3
Conca d' Álbero [PD] **63** C2
Conca del Prà [TO] **65** C2
Concadirame [RO] **61** E3
Concamarise [VR] **59** E2
Concarena **25** D2
Concei [TN] **27** A3
Concei, Valle dei- **27** A3
Concenedo [LC] **23** E2
Concerviano [RI] **133** CD2-3
Concésio [BS] **41** F3
Conche [PD] **63** CD2
Conche, Monte- **41** F3
Conche, Santuario di- **41** F3
Conco [VI] **45** C2
Concórdia Sagittária [VE] **47** DE2
Concórdia sulla Sécchia [MO] **73** D2
Concorezzo [MI] **39** DE1
Condemine [AO] **19** D2
Condino [TN] **43** B1
Condove [TO] **51** E2
Conegliano [TV] **47** A1
Coneo, Badía a- **111** E1
Cónero, Monte- **109** F3
Cónero, Parco del- **109** F3
Conetta [VE] **63** BC2-3
Confienza [PV] **37** F2-3
Confienzo, Rio- **21** C3
Configni [RI] **133** A2
Configni [TR] **125** A3
Configno [RI] **133** E1
Confinale, Monte- **9** EF2
Confinale, Passo- **9** B2-3
Confinale, Punta- **9** CD3
Confreria [CN] **79** E1
Congen, Monte- **7** EF3
Coniale [FI] **99** B1-2
Conicchio [BS] **41** F3
Conicchio [SI] **123** B2
Conie, Le- [SI] **123** A2
Conio [IM] **93** D2-3
Coniolo [AL] **53** F1-2
Coniolo [BS] **57** D1
Coniolo Bricco [AL] **53** F1-2
Conna [IM] **93** E2-3
Consalvi **117** D2
Consalvo [GR] **111** C3
Consándolo [FE] **75** E3-4
Conscente [SV] **93** E2
Conscenti [GE] **83** F2
Cónscio [TV] **47** A3
Consélice [RA] **91** B1
Conselve [PD] **63** B2
Consensio [PC] **71** A2-3
Consíglio di Rumo [CO] **7** D3-4
Consovero [CN] **67** B4
Consuma [FI] **105** E2
Consuma, Passo della- **105** E2
Cóntane, le- [FE] **77** C2
Contarina [RO] **77** D1
Contarini [TV] **45** F2
Conte, Casa del- [PV] **55** D3
Conte, il- [BO] **75** B3-4
Contea [FI] **99** C3
Contea, la- [BO] **75** C3-4
Contea, la- [TV] **45** F2
Contei [SV] **81** E1-2
Contérico [MI] **39** E2
Contessa, Monte- **83** BC2
Conti [AP] **127** B1-2
Conti [PI] **103** D2-3
Contigliano [RI] **133** B2
Contignaco [PR] **71** D3
Contignano [SI] **123** A2
Contile [PR] **71** D3-4
Contovello [TS] **49** F2
Contrada [BS] **43** B2-3
Contrada [CN] **67** D4
Contrada Ebrei [AL] **55** B3
Contrapò [FE] **75** E2-3
Contrébbia Nuova [PC] **57** B3
Contrin, Rifugio- **13** B3
Controguerra [TE] **127** D2
Contron [PN] **15** B3
Contúrbia [NO] **21** F3
Convalle [LU] **97** B3
Conventello [RA] **91** D1-2
Conventino [ROMA] **139** A2
Converselle [FC] **99** E1
Conzano [AL] **53** F2
Cop di Breguzzo, Cima- **25** F2
Cop di Casa, Cima- **25** F2
Copérnio [PR] **73** A2
Copiano [PV] **55** E1
Copogna [MC] **115** F3
Coppa, Monte- **85** B2-3
Coppa, Torrente- **55** D3
Coppa di Rose **143** F3
Copparo [FE] **75** E2
Coppe [TR] **133** A1-2
Coppere, Colle- **143** CD3
Coppetto, Pizzo- **9** D2
Coppi [AL] **53** F2
Coppito [AQ] **133** EF2
Coppo [AN] **109** F3-4
Coppolo, Monte- **29** B2
Copreno [MI] **23** C3
Cor, Monte- **29** E2
Corà [RO] **75** C2
Cora / Tshoren **3** BC2
Corana [PV] **55** C2
Corano [PC] **55** F3
Corbanese [TV] **29** E3
Corbara [TR] **123** D3
Corbara, Lago di- **123** D3
Corbella, Isola- **119** B2
Corbelli, Villa- [RE] **73** B3-4
Corbesassi [PV] **69** E2
Corbesate [PV] **39** D3
Corbetta [MI] **39** B2
Corbezzi [PT] **97** E2-3
Corbiglia [TO] **51** FG2
Corbiolo [VR] **43** E3
Córbola [RO] **77** C1-2
Corbolone [VE] **47** CD2
Corbolone, Poggio- **103** C3
Corborant, Torrente- **79** B2
Corcagnano [PR] **71** F3
Corce, Forcella di- **15** E2
Córchia [PR] **85** D1-2
Corchiano [VT] **131** E2
Córcia [PG] **115** E2
Corciano [PG] **115** B3
Corciolano [RE] **87** D2
Corcolle [ROMA] **145** E1
Corcrevà [RO] **77** C1
Corcumello [AQ] **139** EF2
Cordelle [BL] **13** D3-4
Cordellon [BL] **29** D2-3
Cordenons [PN] **31** D2-3
Cordesco [TE] **127** E3
Cordevole, Torrente- **29** D1
Cordigliano [PG] **115** C2-3
Cordignano [TV] **31** B3
Cordin, Monte- / Straniger **17** B1
Cordivino [MC] **117** B1
Cordona, Monte- **83** D2
Córdova [TO] **53** B2
Cordovado [PN] **47** E1-2
Core, le- [MN] **59** E3
Córedo [TN] **11** C3
Coréggio [FE] **75** E2
Corégia Antelminelli [LU] **97** BC2
Corégia Lígure [GE] **83** E2
Corella [FI] **99** C3
Corenno Plinio [LC] **7** D4
Corese Terra [RI] **139** B1-2
Corezzo [AR] **107** A2
Corfinio [AQ] **141** CD2
Corfinium **141** CD2
Corfino [LU] **97** B1
Corfù, Cala- **119** ins.b
Corgeno [VA] **21** FG3
Corgna [PG] **115** A2
Corgno [CN] **65** D3-4
Corgnolaz [AO] **19** F1-2
Corgnolo [UD] **49** C1
Corgnul, Monte- **17** B3
Cori [LT] **145** F2-3
Coriano [FC] **99** F1
Coriano [RE] **87** C2-3
Coriano [RN] **101** C3
Coriano [VR] **61** B2
Corlanzone [VI] **61** C1
Coriasco [TO] **35** FG3
Coriconi [AP] **127** B1-2
Corinaldo [AN] **109** C2-3
Cório [TO] **35** F2-3
Coritis [UD] **17** D2
Corlaga [MS] **85** DE2-3
Corláiti [VR] **43** E3
Corlando, Casa- [RI] **131** F2-3
Corleto [RA] **91** C3
Corletto [MO] **87** EF1
Corliano [FI] **103** F2
Corlo [FE] **77** B2
Corlo [FE] **75** E2
Corlo [MO] **87** E1
Corlo [PG] **115** B1
Corlo, Lago del- **29** B3
Cormano [MI] **39** CD1
Cormelano, Monte- **125** AB3
Cormoney, Bec- **19** G3
Cormons [GO] **33** D3
Cormor, Canale- **49** B2
Corna [BS] **25** CD3
Cornácchia, Monte- **139** F1
Cornacchiaia [FI] **99** AB2
Cornacchiano [TE] **127** C3
Cornaccina [PR] **71** E3
Cornacervina [FE] **77** B3
Cornaget, Monte- **15** C3
Cornaggia, Monte- **21** EF2-3
Cornagiera, Pizzo- **23** E1
Cornaglie [AL] **55** A3
Corna Grande **23** EF2
Cornaiano / Girlan [BZ] **11** D3
Corna Imagna [BG] **41** B1-2
Cornalba [BG] **41** C1-2
Cornale [AL] **53** E1-2
Cornale [BG] **41** C2
Cornale [CN] **67** D2
Cornale [PV] **55** C2
Cornalea [AT] **53** EF3
Cornaleto [CR] **57** C2
Cornaletto [CN] **79** C1-2
Cornaloni [AP] **127** AB2
Cornalta [BG] **41** C2
Cornappo [UD] **17** D3
Cornarè [TV] **47** BC1-2
Cornaredo [MI] **39** C1-2
Cornareto [AL] **69** D2-3
Cornaro [PC] **71** A3
Cornate, Le- **111** D2-3
Cornate d'Adda [MI] **39** E1
Cornati [CN] **67** D4
Cornazzai [UD] **49** AB1
Cornè [RO] **75** E1
Cornè [TN] **43** D2
Corneda [MS] **85** D3
Cornedo all'Isarco / Karneid [BZ] **11** E2-3
Cornedo Vicentino [VI] **45** AB3
Cornegliana [PD] **63** AB2
Cornegliano Laudense [LO] **57** A2
Cornei [BL] **31** B2
Corneliano [PC] **71** C2
Corneliano Bertário [MI] **39** E2
Corneliano d'Alba [CN] **67** C2
Cornello, Lago- [BG] **25** B2-3
Cornello, Passo- **115** EF3
Cornet, Monte- **25** C3
Corneta, Monte- **113** E1
Corneto [BS] **41** E3
Corneto [RE] **87** D2
Cornétole [RE] **73** B2-3
Cornetti [TO] **35** D3
Cornetto [TN] **27** C2-3
Cornetto [TN] **27** CD3
Cornetto, il- **43** EF2
Cornetto, Monte- **15** B3
Córnia [AR] **113** CD1
Cornia, Fiume- **119** D1
Corniana [PR] **71** E4
Corniano [MN] **59** C2
Corniano [RE] **73** A3-4
Cornice [SP] **85** BC3
Cornicolani, Monti- **139** B2
Cornícolo, Monte- **11** C2-3
Cornigian [BL] **13** E3
Corníglia [SP] **95** B2
Cornigliano Lígure [GE] **83** C2
Corníglio [PR] **71** D4
Corníglio [PR] **85** E2
Cornillo Vecchio [RI] **125** E4
Cornin, Dosso- **9** D3
Cornino [UD] **15** EF3
Cornino, Piano- **133** D2
Cornio, Valle del- **63** D1-2
Corniola [FI] **103** F2
Corniolo [FC] **99** D3
Córniolo [PT] **97** E2
Cornisello, Laghi di- **27** A1
Corno [TO] **67** AB1-2
Corno [VR] **59** D1
Corno, Fiume- [It.] **125** C3
Corno, Fiume- [UD] **49** C2
Corno, Monte- [BG] **41** D1-2
Corno, Monte- [CN] **79** D2
Corno, Monte- [RI] **133** C1
Corno, Monte- [TN] **27** B1
Corno, Monte- [UD] **15** D2
Corno, Monte- / Trudner Horn **27** DE1
Corno, Poggio- **123** AB2-3
Corno, Poggio del- **129** E1
Corno, Sella di- **133** DE2
Corno, Vado di- **135** A2
Corno alle Scale **97** DE2
Corno alle Scale, Parco del- **97** DE2
Cornócchia [SI] **111** E2
Cornocchia, Riserva Naturale- **111** E2
Corno d'Áola, Rifugio- **25** EF1
Corno di Caneto **87** AB2
Corno di Rosazzo [UD] **33** D2-3
Corno Giovine [LO] **57** C3
Corno Grande **135** A2
Córnolo [PR] **85** B1
Córnolo [SO] **7** F3
Cornone [FG] **143** FG3
Corno Piccolo **135** A1-2
Corno Stella, Monte- **25** A2
Cornour, Punta- **51** D3
Cornovécchio [LO] **57** C3
Cornoviglio, Monte- **85** CD3
Cornú [AO] **19** FG2
Cornuda [TV] **45** EF1-2
Cornuto, Monte- **121** B4
Corona [AQ] **139** F2
Corona [GO] **33** D3
Corona / Graun [BZ] **11** D3-4
Corona, Monte- [Eur.] **17** C1
Corona, Monte- [TN] **25** F2-3
Corona Alta **27** F1
Coronato, Monte- **111** B3
Corone [BG] **25** A3
Corone [PG] **125** CD2
Coronella [FE] **75** CD3
Coronella, Torrente- **25** C2
Corones, Plan de- / Kronplatz **3** D3
Corpegani, Monte- **43** F3
Corpi Santi [CH] **141** F2
Corpolò [RN] **101** B2
Corpo-Reno [FE] **75** B3
Corposano [PG] **107** C3
Corquet, Monte- **19** E2
Corrada [RE] **87** C1
Corraduccio [PG] **115** E2
Correggi [FE] **75** EF3
Correggio [RE] **73** C3
Correggioli [MN] **59** EF3
Correggioverde [MN] **73** B2
Correzzana [MI] **23** D3-4
Correzzo [VR] **59** E2-3
Corrèzzola [PD] **63** C2
Córrido [CO] **23** C1
Corridónia [MC] **117** DE2
Corrieri [PT] **97** E2
Corroccioni [AQ] **133** E2
Corrópoli [TE] **127** DE2-3
Corrúbbio [VR] **43** DE3
Corrúbbio [VR] **43** D3-4
Corrubioli [VR] **61** AB1
Corságlia [CN] **81** BC2
Corságlia, Torrente- **81** C1-2
Corságlia, Valle- **81** BC2
Corsagna [LU] **97** C3
Corsalone [AR] **105** F2
Corsalone, Torrente- **107** A2
Corsanella [SI] **113** AB2
Corsciano [MC] **117** B3
Corsi, Pian dei- **81** E2
Corsi, Rifugio- **17** DE2
Corsi, Rifugio- / Zufall-Hütte **9** F1-2
Corsicchie, Poggio le- **107** B1-2
Corsico [MI] **39** C2
Corsiglia [GE] **83** E2
Corsione [AT] **53** D2-3
Corso, Podere- [GR] **121** C3-4
Corso, Sella di- **15** D2
Corsonna, Torrente- **97** C2
Cortábbio [LC] **23** E1-2
Cortaccia sulla Strada del Vino / Kurtatsch an der Weinstrasse [BZ] **11** D3-4
Cortafon, Monte- **7** D3-4
Cortale [UD] **33** C1-2
Cortalta [TN] **27** C1-2
Cortandone [AT] **53** D3
Cortanieto [AT] **53** D2
Cortanze [AT] **53** D2
Cortazzone [AT] **53** D2-3
Corte [AT] **67** E2
Corte [BL] **13** E3
Corte [CR] **73** B1
Corte [LC] **7** E4
Corte [PD] **45** D2-3
Corte [PD] **63** C2
Corte [VI] **45** B2
Corte, la- [MO] **73** D3
Corte, la- [RE] **73** B3
Corte Alta [VR] **59** D2
Corteano [CR] **57** D2
Corte Brugnatella [PC] **69** F2
Corte Centrale [FE] **77** C3
Corte de' Cortesi [CR] **57** DE2
Corte de' Cortesi con Cignone [CR] **57** DE2
Corte de' Frati [CR] **57** E2
Corte e Costa [VC] **21** D2
Corte Franca [BS] **41** D3
Corte Fusero [BI] **37** C1
Cortelà [PD] **61** D1-2

Cortella, Val- **29** B2
Cortellazzo [VE] **47** D3
Cortellazzo, Porto di- **47** D3
Corte Madama [CR] **57** C2
Cortemaggiore [PC] **57** D3-4
Cortemilia [CN] **67** E3
Cortenédolo [BS] **25** D1-2
Córteno, Val di- **25** D2
Córteno Golgi [BS] **25** D1-2
Cortenova [LC] **23** E1-2
Cortenuova [BG] **41** C3
Cortenuova [FI] **105** A2
Corte Nuova [MO] **73** D2
Corteolona [PV] **55** F1-2
Corte Palásio [LO] **57** B2
Corte Palazzetto [MN] **59** DE3
Corteranzo [AL] **53** D2
Corteraso, Albergo- / Kurzras, Sporthotel- **1** C2
Cortereggio [TO] **37** A3
Corte Rusta [MN] **59** DE3
Cortesano [TN] **27** C2
Corte Sant'Andrea [LO] **57** B3
Cortesi [PR] **71** E3
Corte Vecchia [GR] **121** E3
Corti [BG] **41** E1-2
Córti [FI] **105** CD3
Corti [SO] **7** DE2
Corti, Bivacco- **25** B2
Corti, le- [FI] **103** E2
Cortiana [VI] **43** F2
Corticella [BO] **89** CD1
Corticella [RE] **87** E1
Corticelle Pieve [BS] **57** E1
Corticelli [PR] **71** F2
Cortiglione [AT] **53** D2
Cortiglione [AT] **67** F1-2
Cortigno [PG] **125** C2-3
Cortile [MO] **73** D3
Cortina [RA] **91** D2
Cortina [TN] **11** A4
Cortina d'Ampezzo [BL] **13** D2
Cortina di Giáis [PN] **31** C2
Cortina sulla Strada del Vino / Kurtinig an der Weinstrasse [BZ] **27** D1
Cortina Vecchia [PC] **71** D2
Cortine [BS] **41** F3
Córtine [FI] **105** C3
Cortine [MN] **59** B2
Cortino [TE] **127** BC4
Corto, Casa del- [SI] **123** A3
Cortogno [RE] **87** C1
Cortona [AR] **113** E2
Cortona, Ponte di- **113** DE2
Corva [AP] **117** F2
Corva [PN] **31** CD3
Corváia [LU] **95** E2-3
Corvara [PE] **135** C3
Corvara [SP] **95** B1-2
Corvara / Corvara in Badia [BZ] **13** C2
Corvara / Rabenstein [BZ] **1** FG2
Corvara in Badia / Corvara [BZ] **13** C2
Corvara In Passiria / Rabenstein [BZ] **1** E1
Corvaro [RI] **139** E1
Corvéglia [AT] **53** C3
Corvella [BO] **97** E1-2
Corvi [CN] **67** B4
Corvi, Cima dei- / Raben Kogel **1** BC2
Corvi, Monte dei- **109** F3
Córvia, Colle- **145** F1
Corviale [ROMA] **145** C1
Corvino San Quirico [PV] **55** DE2-3
Corvione [BS] **59** A2
Corvo, Monte- [Abr.] **133** F1-2
Corvo, Monte- [PE] **141** D1
Corvo, Scoglio del- **129** A2
Corzago [MO] **87** D2
Corzano [BS] **41** DE4
Córzes / Kortsch [BZ] **11** A2
Corzes, Monte di- / Kortscher Jöchl **11** A1-2
Corziagno [AT] **53** D2
Cosa [GR] **129** C2
Cosa [PN] **31** E2
Cosa [VB] **5** D3
Cosana [CN] **67** E4
Cosasca [VB] **5** DE3
Cosce, Monte- **133** A2
Coscerno, Monte- **125** C3
Coscogno [MO] **87** F2
Cosdernóibe [BL] **13** EF2
Coseano [UD] **33** AB2
Coseat, Bivio- **31** E3
Cósina [RA] **91** C3
Cósio di Arróscia [IM] **93** CD2
Cosio Valtellino [SO] **7** EF4
Cosizza, Torrente- **33** E1-2
Cosniga-Zoppé [TV] **47** B1
Cósola, Capanne di- [AL] **69** DE2
Cosona [SI] **113** C3
Cospaia [PG] **107** BC3
Cossano Belbo [CN] **67** E2-3
Cossano Canavese [TO] **37** BC2
Cossarello, Monte- **21** B3
Cossato [BI] **37** CD1
Cosséria [SV] **81** E1
Cossignano [AP] **127** CD1-2
Cossito [RI] **125** E3
Cossogno [VB] **21** F2
Cossombrato [AT] **53** D2-3
Costa [AL] **69** A3
Costa [AL] **69** A3
Costa [BL] **13** G2
Costa [BL] **13** E3
Costa [BL] **13** D3
Costa [BZ] **43** B2
Costa [BZ] **13** C1-2
Costa [CN] **67** D3
Costa [CN] **67** CD4
Costa [GE] **69** D3
Costa [MC] **117** AB2
Costa [MC] **125** C1-2
Costa [PC] **71** B1-2
Costa [PG] **115** E2-3
Costa [PN] **31** C2
Costa [PR] **87** B1
Costa [PR] **71** D3
Costa [RA] **89** EF3
Costa [SV] **81** D2-3
Costa [SV] **81** E1
Costa [SV] **81** EF2
Costa [TO] **51** CD1-2
Costa [TO] **51** F2-3
Costa [UD] **33** DE1-2
Costa [VC] **21** CD2
Costa [VI] **45** AB3-4
Costa, la- [AL] **69** C2-3
Costa, la- [PG] **113** EF3
Costa, la- [PG] **125** A3
Costa, la- [PR] **87** C1
Costa, la- [PR] **85** E1
Costa, la- [VR] **43** E3-4
Costa, Malga- **27** E2-3
Costa, Monte- **31** B2
Costa Bacélega [IM] **93** E2
Costabella [SV] **81** E1-2
Costabella [TN] **13** B3
Costabella, La- **13** B3
Costa Bianca [AN] **117** E1
Costabissara [VI] **45** B3
Costabona [RE] **87** CD2
Costa Brunella, Lago di- **27** F2
Costacalda [CN] **81** C2
Costa Carnara [IM] **93** D3
Costacciaro [PG] **115** E1
Costa d'Arvello [PG] **115** EF3
Costa d'Asino [PR] **71** D4
Costa de' Grassi [RE] **87** C2
Costa della Mora [PC] **71** BC3
Costa de' Nobili [PV] **55** F2
Costa di Castrignano [PR] **87** B1
Costa di Mezzate [BG] **41** C2-3
Costa di Rovigo [RO] **75** E1
Costa di Serina [BG] **41** C1-2
Costa d'Oneglia [IM] **93** E3
Costafontana [GE] **69** E3
Costageminiana [PR] **71** B4
Costalissóio [BL] **15** C1
Costalovara / Wolfsgruben [BZ] **11** E2
Costalpino [SI] **113** A2
Cost'Alta [PR] **29** A3
Costalta [BL] **15** C1
Costalta [PC] **55** F3
Costalunga [TV] **45** E1-2
Costalunga [UD] **33** CD2
Costalunga [VR] **61** B1
Costalunga, Passo di- / Karer-Paß **13** A3
Costamagna [CN] **67** C3
Costa Masnaga [LC] **23** D3
Costa Merlassino [AL] **69** D2
Costamezzana [PR] **71** E3
Costa Molini / Mühleck [BZ] **3** D1-2
Costa Montefedele [PV] **55** EF2
Costano [PG] **115** D3
Costanzana [VC] **37** E3
Costapaton, Casera- [UD] **15** C2
Costarainera [IM] **93** D3
Costa Rossa, Bricco- **79** E2
Costa San Savino [PG] **115** DE1
Costa Sant'Abramo [CR] **57** D2-3
Costa Santo Stefano [AL] **69** B2-3
Costasavina [TN] **27** D2
Costa Stradivari [PC] **71** D2-3
Costa Valle Imagna [BG] **41** AB2
Costa Vescovato [AL] **69** C1-2
Costa Volpino [BG] **41** E1-2
Costazza **13** B4
Coste [TV] **45** E2
Coste [VR] **43** D2-3
Coste [VT] **131** BC1
Coste, le- [MO] **87** F2
Costeana, Rio- **13** D2-3
Coste Belle **11** D3-4
Coste Caprícchia [LU] **97** AB2
Costeggiola [VR] **61** B1
Costerbosa [PR] **85** CD1-2
Costermano [VR] **43** C3
Costey [AO] **37** B1
Costigliole d'Asti [AT] **67** DE2
Costigliole Saluzzo [CN] **65** E3
Costo [VI] **45** B3
Costoia [BL] **13** C3
Costola [SP] **85** B2-3
Coston, Rifugio- / Hintergrat-Hütte **9** F1-2
Costone, il- **139** F1
Costone, Poggio- **129** E2
Costozza [VI] **61** D1
Cot [BL] **13** C3
Cote de Gargantua, Riserva Naturale- **19** D2
Cotento, Monte- **139** EF3
Cotignola [RA] **91** C2
Cotone [LI] **119** CD1
Cotone, Castello di- **121** CD3
Cotorniano [SI] **111** E2
Cotrébbia Nuova [PC] **57** B3
Cotschen, Monte- **9** C1
Cottanello [RI] **133** B2
Cotti [CH] **143** A1-2
Cottignola [RA] **99** D1
Cotto [MS] **87** A3
Cottorella, Fonte- **133** C2
Courmayeur [AO] **19** B2
Covelano / Göflan [BZ] **11** A2
Covelano, Rifugio- / Göflaner-Hütte **11** A2
Cóvelo [TN] **27** C3
Cóvelo [TN] **27** BC2
Coveyrand-Vieux [AO] **19** CD2-3
Covigliaio [FI] **99** A2
Coviolo [RE] **73** B3
Covo [BG] **41** C3-4
Cóvolo [TV] **45** EF1-2
Cóvolo [VI] **45** B3
Cóvolo, Laghi del- / Koflraster Seen **11** B2
Cóvolo, Monte- / Gufelreit **11** E1-2
Cowboys Guest Ranch **55** CD3
Cozzano [AR] **113** E1
Cozzano [PI] **103** F4
Cozzano [PR] **87** AB1
Cozzile [PT] **97** D3
Cozzo [PV] **55** A1
Cozzuolo [TV] **29** E3
Crabun, Monte- **21** A3-4
Crana [VB] **5** E2-3
Crana, Pioda di- **5** E2
Crándola Valsássina [LC] **23** E1
Craoretto [UD] **33** D2
Crapel, Monte- **25** B3
Cras [UD] **33** E1-2
Crasciana [LU] **97** C2-3
Craúglio [UD] **49** D1
Craunel **27** C1
Crava [CN] **81** B1
Cravagliana [VC] **21** D2
Cravanzana [CN] **67** D3
Cravaria, Casa- [AL] **69** B3
Cravasco [GE] **69** C3
Cravéggia [VB] **5** EF3
Cravéggia, Bagni di- [VB] **5** F2
Cravegna [VB] **5** D2
Cravi, Monte- **69** D3
Craviago, Monte- **71** C3
Craviano [CN] **67** D1-2
Cre [AO] **19** D2
Crea [VE] **63** C1
Crea, Santuario di- **53** E2
Crealla [VB] **5** F3
Creazzo [VI] **45** B3
Crécchio [CH] **135** E3
Creda [BO] **97** FG1
Creda [VR] **59** E1-2
Credaro [BG] **41** D2-3
Credarola [PR] **71** C4
Credera [CR] **57** B2
Credera Rubbiano [CR] **57** B2
Crego [VB] **5** DE2
Creino, Monte- **43** D1
Crel, Alpe- **29** B1
Crema [CR] **57** BC1
Cremella [LC] **23** D3
Cremenaga [VA] **23** A1-2
Cremeno [LC] **23** E2
Cremezzano [BS] **57** DE1
Crémia [CO] **7** D4
Cremignane [BS] **41** DE3
Cremnago [CO] **23** D3
Cremolino [AL] **69** A3
Cremona [CR] **57** E3
Cremona, Rifugio- / Schneespitzhütte **1** F1
Cremone, Torrente- **117** D2
Cremosano [CR] **57** B1
Cremosina, Valico- **21** E3
Crenna [VA] **23** A3
Créola [PD] **61** E1
Crep, Monte- **29** D3
Crepacuore, Monte- **139** F3
Crépin [AO] **19** F1
Creppo [IM] **93** C2
Crescentino [VC] **53** D1
Crésole [VI] **45** C3
Crespadoro [VI] **43** F3
Crespano del Grappa [TV] **45** DE1-2
Crespeina, Lago di- **13** B2
Crespellano [BO] **89** B1
Crespiano [MS] **85** E3
Crespiática [LO] **57** B1
Crespi d'Adda [BG] **41** B3
Crespignaga [TV] **45** E2
Créspina [PI] **103** D3
Crespino [RO] **77** B1-2
Crespino del Lamone [FI] **99** C2
Crespole [PT] **97** D2-3
Cressa [NO] **21** EF3-4
Cressino [TN] **27** C1
Cressogno [CO] **23** C1
Cresti [VB] **5** D3
Cresto [TO] **35** D2-3
Cresto, Monte- **21** B3
Crestoso, Monte- **25** D3
Creta [PC] **55** F2
Creta Forata, Monte- **15** D1
Crétaz [AO] **19** DE3
Crete, Le- **113** B2
Creti [AR] **113** E2
Creto [GE] **83** CD1-2
Creto [TN] **25** F3
Creton [AO] **35** D1
Cretone [ROMA] **139** B2
Creva [VA] **23** A1-2
Crevacuore [BI] **21** D3
Crevalcore [BO] **73** E3
Crévari [GE] **83** B2
Creverina [GE] **69** C3
Crevola [VC] **21** D2-3
Crevola, Ponte di- **5** D3
Crevoladóssola [VB] **5** D2-3
Cridola, Monte- **13** FG3
Crispiero [MC] **117** B2
Crispo, Rifugio- **9** A3
Crissin, Monte- **13** FG2
Crissolo [CN] **65** C2
Cristallo, Monte- **13** E2
Cristannes, Piz- **1** A2
Cristina, Rifugio- **9** B3
Cristo [AL] **55** A3
Cristo [VB] **5** E2
Cristo, Il- [MO] **73** DE3
Cristo, Monte- **135** A2
Cristo degli abissi **83** D2-3
Cristóforo Colombo, Aeroporto Internazionale- **83** BC2
Cristoforo Colombo, Via- **145** C2
Crivelle [AT] **53** C2-3
Croara [BO] **89** D2
Croara [BO] **89** E3
Croce [CO] **23** D1
Croce [MC] **125** D2
Croce [MC] **117** C3
Croce [PI] **103** D3
Croce [RE] **87** C2
Croce [RN] **101** C3
Croce [VE] **47** BC3
Croce, Col della- [BL] **13** F3
Croce, Col della- [TN] **29** A1-2
Croce, Colle della- **66** C2
Croce, Dosso della- **43** AB1
Croce, Fattoria la- [SI] **113** BC3
Croce, Giogo della- / Kreuzjoch **11** D1-2
Croce, la- [AL] **67** F2
Croce, la- [AN] **109** C2
Croce, la- [AP] **117** F3
Croce, la- [AR] **113** D2
Croce, la- [PU] **109** C2
Croce, la- [SI] **105** D3-4
Croce, la- [TR] **123** C2-3
Croce, la- [TV] **47** A3
Croce, Lago la- **143** A3
Croce, Masseria- [CH] **141** F3
Croce, Monte- [BL] **29** E2
Croce, Monte- [CN] **79** D1-2
Croce, Monte- [Laz.] **139** C2
Croce, Monte- [LC] **23** DE2
Croce, Monte- [Piem.] **21** D2
Croce, Monte- [PR] **71** E4
Croce, Monte- [TN] **27** E1-2
Croce, Monte- [TV] **31** B2
Croce, Monte- [VR] **59** C1
Croce, Monte della- [AL] **69** D2
Croce, Monte della- [AR] **115** A2
Croce, Monte della- [VI] **61** CD1
Croce, Monte la- **97** EF2
Croce, Pánia della- **97** A2
Croce, Passo della- / Kreuzjöch **11** D1-2
Croce, Picco della- / Wilde Kreuzspitze **3** B2
Croce, Poggio la- **111** C1
Croce, Punta della- **1** C2
Croce al Cardeto [AR] **105** E2
Croce a Mori, Valico- **105** E1
Croce Andreini [PC] **71** B3
Croce Arcana, Passo della- **97** D2
Croce Bianca **31** CD2
Croce Bulera **111** D2
Croce Daniele **99** C1-2
Croce d'Aune [BL] **29** BC2
Croce dei Segni **71** C3
Croce del Bosco, Monte- **43** F3
Croce del Cavallo **21** CD1
Croce delle Prádole **89** B2
Croce di Chiantino **113** B2
Croce di Febo **113** D3
Croce di l'Óngara **27** F3
Croce di Múggio, Monte- **7** E4
Croce di Praesto **93** C3
Croce di Prata, Poggio- **111** D3
Croce di Pratomagno **105** E2-3
Croce di Salven **25** C3
Croce di Sant'Eusanio, la- **141** FG1
Croce di San Vincenzo **109** E3-4
Croce di Serra, Monte- **123** DE3-4
Croce di Via [AP] **117** E3
Croce Dómini, Passo di- **25** E3
Croce d'Orero **83** E2
Croceferro [PG] **125** B3
Crocefieschi [GE] **69** D3
Crocegrossa, Masseria- [CH] **143** B3
Crocelóbbia [PC] **71** B3
Crocemaróggia [PG] **125** A3
Crocenito [PC] **71** B3
Crocepietra [VI] **61** CD1
Crocera, la- [CN] **65** E2
Croce Rossa **35** C3
Crocetta [AT] **53** F3
Crocetta [BO] **73** E3
Crocetta [BO] **89** D2-3
Crocetta [BO] **89** EF2
Crocetta [CH] **141** FG1
Crocetta [MO] **87** EF2
Crocetta [PR] **71** F3
Crocetta [PV] **55** E3
Crocetta [RO] **61** C3
Crocetta [TO] **67** B1-2
Crocetta [TO] **53** AB2
Crocetta [VI] **61** D1-2
Crocetta, la- [CH] **143** A2-3
Crocetta, la- [FC] **101** B2
Crocetta, Passo della- / S-charljöch **1** A2
Crocetta del Montello [TV] **45** F1-2
Crocetta di Tarsogno [PR] **85** B2
Crocette [AN] **109** F4
Crocette [MN] **59** BC3
Crocette [MO] **87** EF2
Crocette, Goletto delle- **43** A1-2
Croci, Cima delle- **21** BC2
Croci, le- [FI] **99** A2-3
Croci, Monte delle- **115** D3
Croci, Vetta le- **99** AB3
Crociarone [RA] **91** E3
Crociarone [RO] **77** C1-2
Crociato, Monte- **85** AB2
Crocicchie, Stazione delle- **137** D2
Croci di Calenzano [FI] **97** G3
Crocifisso, il- [AP] **117** F3
Crocifisso, il- [MC] **117** DE2
Crocifisso, il- [VT] **131** D2
Crocifisso, Santuario del- [MC] **117** C1-2
Crocifisso, Santuario del- [NO] **21** E3
Crocíglia [PV] **55** E3
Crocile [RE] **73** AB3
Crociletto [PR] **71** EF1-2
Crocina, La- [AR] **105** F3
Crócino [LI] **103** C3
Crocione [LU] **97** C3
Crocione [PR] **71** EF1-2
Crocione, Monte- **23** E3
Crocodile Aqua Park **113** D2
Croda Alta **13** EF2
Croda del Becco / Seekofel **13** D1-2
Crodarotta / Schröfwand **1** D2
Crode, le- **11** AB3
Crodo [VB] **5** D2
Crodolo, Monte- **71** C3-4
Croésio [CN] **65** D2-3
Crognaleto [TE] **133** F1
Croix [AO] **21** A3
Crone [BS] **43** A2
Crons, Crete dal- **17** C1
Croppo [VB] **5** D3
Crosa [BI] **37** D1
Crosa [VC] **21** D2-3
Crosa, Cima di- **65** CD3
Crosano [TN] **43** D1-2
Crosara [RO] **75** E1
Crosara [VI] **45** CD2
Crosara [VI] **45** C2
Crosara [VI] **45** C3
Crosara [VR] **61** BC2
Crosara, la- [RO] **75** DE2
Crosara l'Olmo [RO] **75** EF1
Crosare [VR] **61** C2
Croselli, Pizzo dei- **5** E2
Croseraz, Monte- **31** B2
Crosere [UD] **49** AB2
Crosetta, la- [PN] **31** B2
Crósio della Valle [VA] **23** A3
Crostas [UD] **15** D1
Crostis, Monte- **15** E1
Cróstolo, Torrente- **73** B3
Croston, Monte- **45** D1
Crostù [UD] **33** E2
Crot [TO] **35** D3
Crotta d'Adda [CR] **57** CD2-3
Crotte [TO] **37** B2
Crova [VC] **37** D2-3
Crovara [GE] **83** D1-2
Crovara [RE] **87** C1-2
Cróveo [VB] **5** D2
Croviana [TN] **11** B3-4
Croz dell'Altissimo, Rifugio- **27** B1-2
Crugnola [VA] **23** A3
Cruppo [VB] **5** DE2
Cruser [RA] **91** D1
Crusicalas, Monte- **15** C2
Crusinallo [VB] **21** E2
Cstellazzo di Sotto [PC] **57** B3
Cuâr, Monte- **15** EF3
Cuasso al Monte [VA] **23** B2
Cuasso al Piano [VA] **23** B2
Cucal, Monte- **11** EF4
Cuccana [UD] **33** C3
Cúccaro Monferrato [AL] **53** F2-3
Cuccavello [PC] **71** A2
Cucchiaio, Pizzo- **3** EF1
Cucchiales [CN] **65** C3
Cucciago [CO] **23** C3
Cuccioni, Masseria- [CB] **143** BC3
Cucco, Monte- [GE] **83** F2
Cucco, Monte- [PG] **115** E1
Cucco, Monte- [SI] **121** E2
Cucco, Monte- [TN] **27** DE3
Cucco, Monte- [Tosc.] **105** E1-2
Cucco, Monte- [UD] **17** D1
Cucco, Monte- [UD] **17** B1-2
Cucco, Monte- (Borgallo, Monte-) **85** C2
Cuccu, Foce il- **95** D1-2
Cuccurano [PU] **109** B2
Cucéglio [TO] **37** A2
Cucetto, Monte- **51** E2-3
Cuesta Spioleit **15** E2-3
Cuffia [TO] **37** A2
Cuffiano [RA] **89** F3
Cuggiono [MI] **39** A1-2
Cugliate-Fabiasco [VA] **23** A2
Cugnago [BL] **29** D1
Cugnan [BL] **29** E2
Cugno [BG] **23** F2
Cugnoli [PE] **135** C3
Cugola, La- **11** E3-4
Cuirone [VA] **21** G3
Culáccio [LU] **95** E2
Culivardi, Casa- [SI] **105** A4
Cullâr, Monte- **17** BC1
Culzêi [UD] **15** D1
Cumiana [TO] **51** F2-3
Cumignano sul Naviglio [CR] **57** CD1
Cumulata [RI] **133** D1
Cumunaglia [PG] **115** B1
Cuna [SI] **113** B2
Cunardo [VA] **23** A2
Cune [LU] **97** BC2-3
Cune, Le- **13** AB3-4
Cunegatti [VR] **43** EF3
Cuneo [CN] **79** E1
Cunevo [TN] **27** C1
Cuney, Oratorio di- **19** EF1
Cúnico [AT] **53** D2
Cuoco, Monte- **137** C1-2
Cuore, Passo di- **93** AB3
Cuorgnè [TO] **35** F2
Cuori, Canale dei- **63** C3
Cupa, Poggio la- **123** B3
Cupello [CH] **143** BC2
Cupi [MC] **125** D1-2
Cupo [AN] **115** E1-2
Cupoli [PE] **135** BC2
Cupolone, Poggio- **113** A3
Cupra Marittima [AP] **127** E1
Cupramontana [AN] **109** C4
Cuquello [AL] **69** C2
Cura [VT] **131** C2-3
Cura Carpignano [PV] **55** E1
Cura Nuova [GR] **119** E1
Curático [PR] **87** A1
Curavecchia [VC] **37** D1
Curbo, Bec- **19** EF2
Cúrcio [LC] **7** E4
Curciusa, Pizzo di- **7** D2
Curéggio [NO] **21** E3
Curenna [SV] **93** E2
Cures **139** B1
Curetta [AP] **117** D3
Curgo [VC] **21** BC2-3
Curiano [SI] **113** B2
Curicchi [RO] **77** C1
Curiè, Monte- **15** C1
Curíglia [VA] **23** A1
Curíglia con Monteviasco [VA] **7** A4
Curino [BI] **37** D1
Curletti [PC] **71** A4
Curnasco [BG] **41** B2
Curno [BG] **41** B2
Curò, Rifugio- **25** C2
Curogna [TV] **45** E1
Curogna, Torrente- **45** E1
Curone, Torrente- **55** D3
Curon Venosta / Graun im Vinschgau [BZ] **1** B2
Cúrsolo [VB] **5** F3
Cúrsolo-Orasso [VB] **5** F3
Curtarolo [PD] **45** DE3
Curtatone [MN] **59** C2-3
Cusago [MI] **39** C2
Cusano [PN] **31** D3
Cusano Milanino [MI] **39** D1
Cusciano [TE] **135** A1
Cusercoli [FC] **99** EF2
Cusiano [TN] **11** A4

Cusighe [BL] **29** E2
Cusignana [TV] **45** FG2
Cusignano [PI] **103** EF2-3
Cusinasco [AL] **55** C3
Cusinati [VI] **45** D2
Cusino [CO] **7** CD4
Cúsio [BG] **23** F1-2
Cusio → Orta, Lago d'- **21** E2-3
Cusna, Monte- **87** C3
Cusona [SI] **105** B3-4
Cussanio, Santuario di- **67** B3
Cussignacco [UD] **33** C2
Custoza [VR] **59** C1
Cutigliano [PT] **97** D2
Cuveglio [VA] **23** A2
Cuvia, Val- **23** A2
Cuvil, Monte- **15** C3
Cúvio [VA] **23** A2
Cuviolo [BO] **89** D3
Cuzzago [VB] **21** E1-2
Cuzzano [VR] **43** DE3-4
Cúzzego [VB] **21** D1

D

Da Campo, Croda- **13** F2
D'Acquisto Salvo, Monumento a- **145** AB1
Dáglio [AL] **69** D2-3
Dagnente [NO] **21** F3
Dagno, Monte- **67** F2
Daiano [TN] **11** E4
Dailley [AO] **19** BC2
Dairago [MI] **39** B1
Dalli Sopra [LU] **97** A1
Dalli Sotto [LU] **97** A1
Dalmassi [TO] **51** F2
Dalmazzi [CN] **67** B3-4
Dalmazzi, Rifugio- **19** C1
Dálmine [BG] **41** B2-3
Dama [AR] **107** A2
D'Amário, Masseria- [CB] **143** C3
Dámbel [TN] **11** C3
Damian [CN] **79** CD1
Damonte [SV] **81** E1-2
Dándolo [PN] **31** D2
Danerba, Cima di- **25** F2
D'Annunzio Gabriele, Aeroporto- **59** A1
Danta di Cadore [BL] **13** FG2
Danti, Case- [GR] **121** E3
Danza,- / Tanzlhof [BZ] **3** C3
Danza, Rio- / Tanzbach **11** E2
Danzebell / Dentrovalle, Cima- **1** B2
Daone [TN] **25** F3
Daone, Val di- **25** F2-3
Dardagna, Torrente- **97** E1
Dardago [PN] **31** BC2
Darè [TN] **27** A2
Darengo, Lago di- **7** D3
Darfo [BS] **25** CD3
Darfo Boario Terme [BS] **25** CD3
Dárola [VC] **37** D3
Darzo [TN] **43** B1-2
Dascio [CO] **7** E3
Dasdana [BS] **43** A1-2
Dasindo [TN] **27** B2
Dásio [CO] **23** C1
Data [TO] **35** F2-3
Davagna [GE] **83** D2
Daváras [UD] **15** C2
Davena [BS] **25** E1
Davério [VA] **23** A3
Davestra [BL] **13** EF4
Davino [AL] **53** F2-3
Daviso, Rifugio- **35** D2
Dayllon [AO] **19** D2
Dázio [SO] **7** F3-4
Debat, Monte- **35** FG1
Debba [VI] **45** C3-4
Débbia [RE] **87** D2
Debeli, Monte- **49** E2
Debéllis [UD] **17** C3
Debia, Monte- **85** E2
Déccio [VB] **21** F2
Déccio di Bráncoli [LU] **97** C3
De Costanzi [CN] **65** C3
Degagna, Val- **43** AB2
Degano, Torrente- **15** E2
De Gasperi, Rifugio- **15** CD1
Dégioz [AO] **35** D1
Deglio Faraldi [IM] **93** E2-3
Degna [SV] **93** E2
Degnone, Torrente- **43** A2
Dego [SV] **67** E4
Dego, Monte- **69** F3
Degolla [IM] **93** DE2
Déiva Marina [SP] **85** AB3
Del Bono, Case- [VE] **47** D2
Delébio [SO] **7** E4
Del Grande-Camerini, Rifugio- **9** A3
Delio, Lago- **7** A4
D'Elisis, Masseria- [CB] **143** D3
Delizia, Ponte della- **31** E3
Dello [BS] **57** E1
Delphinarium Riccione **101** CD2-3
Delta del Po, Parco del- **77** DE3
De Marco, Masseria- [CH] **143** A2
Demartini [AL] **53** FG2
Demidoff, Parco- **105** C1
Demo [BS] **25** DE2
Demonte [CN] **79** C1-2
Demorta [VR] **59** D2
Denávolo, Monte- **71** B2
Déndalo [CH] **135** E3
Denervo, Monte- **43** BC2
Dénice [AL] **67** EF3
Denno [TN] **27** C1
Denore [FE] **75** EF2-3
Dente, Bec del- **83** AB1-2
Dentolo, Fiume- **135** E2-3
Dentro, Monte- **11** CD3
Dentrovalle, Cima- / Danzebell **1** B2
Denza, Rifugio- **9** F3
Denzano [MO] **87** F2
Depôt [TO] **51** D2
Depretis, Canale- **37** C3
Derby [AO] **19** C2
Dercogna [GE] **83** D2
Dércolo [TN] **27** C1
Derivatore, Canale- **73** B2
Dermulo [TN] **11** C3-4
Dernice [AL] **69** D2
Deróvere [CR] **57** F3
Deruta [PG] **123** E1-2
Deruta, Stazione di- **123** E1-2
Dérvio [LC] **7** D4
Desana [VC] **37** E3
Dese [VE] **47** A3
Dese, Fiume- **47** B3
Deséngo, Cima del- **7** F3
Desenzano del Garda [BS] **59** B1
Desertes [TO] **51** B2-3
Désio [MI] **39** D1
Désio, Monte- **71** E3
Désio, Rifugio- **9** A3
Destra Foce Fiume Reno, Riserva Naturale di Popolamento Animale- **91** E1
Deutschnofen / Nova Ponente [BZ] **11** E3
Dévero, Lago- → Codelago, Lago- **5** D1
Dévero, Torrente- **5** D2
Dévero, Valle- **5** D2
Deversi [CN] **81** CD2
Devésio [NO] **37** E2
Deveys [TO] **51** C2
Devíglia [CN] **81** C2
Dezzo, Fiume- **25** C3
Dezzo di Scalve [BG] **25** C3
Dho [CN] **81** B1-2
Diacceto [FI] **105** DE2
Diaccia Botrona **121** A3
Diaccialone [GR] **129** D1-2
Dialley [AO] **19** D2
Diano Arentino [IM] **93** E3
Diano Borello [IM] **93** E3
Diano Castello [IM] **93** E3
Diano d'Alba [CN] **67** D2-3
Diano Evigno [IM] **93** E2-3
Diano Marina [IM] **93** E3
Diano San Pietro [IM] **93** E3
Diavolo, Lago del- **25** B2
Diavolo, Passo del- **141** C3
Diavolo, Pizzo del- **25** B2
Diavolo, Ponte del- **9** DE2
Dibona, Rifugio- **13** D2
Dicomano [FI] **99** BC3
Didiero [TO] **51** D3
Dieci, Cima- **1** AB2
Dieci, Cima- / Zehner-Spitze **13** C2
Diecimetri, Ponte- **133** C1
Diecimo [LU] **97** BC3
Diégaro [FC] **99** FG1-2
Diei, Pizzo- **5** D2
Diérico [UD] **17** B1
Dietenheim / Teodone [BZ] **3** D3
Difensola, Monte la- **139** F2
Dignano [MC] **115** F3
Dignano [UD] **31** E2
Dignini [PC] **71** C3
Digny, Monte- **19** F3
Digola, Passo della- **15** C1
Digon, Torrente- **15** C1
Digonera [BL] **13** C3
Di la Tione [VR] **59** D2
Dimaro [TN] **11** B3-4
Dinazzano [RE] **87** E1
Diolaguardia [FC] **101** A2
Diolo [PR] **71** E2
Dionigi [AL] **53** F2
Diosi, Pizzo dei- **5** E3
Discónesi [SP] **85** AB2-3
Disgrazia, Monte- **9** A3
Dissimo [VB] **5** F2-3
Disvetro [MO] **73** DE2
Divedro, Val- **5** D2
Diveria, Torrente- **5** D2
Diversivo, Canale- **121** A3
Divignano [NO] **21** F3-4
Divino Amore, Santuario del- **145** D2
Divisa [PV] **39** C3
Dizzasco [CO] **23** C2
Dobbiaco / Toblach [BZ] **3** F3
Dobbiaco, Lago di- / Toblacher See **3** F3
Dobbiaco Nuovo / Neu Toblach [BZ] **3** F3
Doberdó, Lago di- **49** E2
Doberdó del Lago [GO] **49** E1
Dóccia [FI] **105** D1-2
Dóccia [MO] **89** B1-2
Dóccio [VC] **21** D3
Dódici, Cima- **27** E2-3
Dódici Apostoli, Rifugio- **27** AB1-2
Dódici Morelli [FE] **75** B3
Dof, Monte- **13** G3-4
Dogaletto [VE] **63** CD1
Dogana [FI] **103** F3
Dogana [GR] **121** CD2
Dogana [RN] **101** B3
Dogana [SP] **95** D2
Dogana [VT] **129** F1
Dogana, la- [PG] **115** B2
Dogana, Villa- [FI] **97** G2
Doganaccia, Rifugio- **97** D2
Dogana Nuova [MO] **97** C1-2
Dogana Po [PC] **55** F2
Dogana Rossa, la- [SI] **113** E3
Doganella [GR] **129** C1
Doganella [LT] **145** F3
Dogaro [MO] **75** AB3
Dogato [FE] **77** B3
Dogli [SV] **67** F3-4
Dogliani [CN] **67** C3
Dóglio [PG] **123** DE3
Dogliola [CH] **143** B3
Dogna [BL] **29** E1
Dogna [UD] **17** C2
Dogna, Canale di- **17** D2
Dogna, lôf di- **17** CD2
Dogna, Torrente- **17** D2
Doirone [TO] **51** G2
Dolada, Monte- **29** EF1
Dolada, Rifugio- **31** B1
Dolca, Torrente- **21** C3
Dolcè [VR] **43** CD3
Dolceácqua [IM] **93** B3
Dolcedo [IM] **93** D3
Dolciano [SI] **113** E3
Dolegna [UD] **33** E2
Dolegna del Cóllio [GO] **33** D2
Dolegnano [UD] **33** D3
Dolent, Mont- **19** C1
Dolfina [VE] **63** D3
Dolo [VE] **63** C1
Dolo, Costone- **43** A1
Dolo, Torrente- **87** D2
Dolomiti **13** BC3
Dolomiti Bellunesi, Parco Nazionale delle- **29** C2
Dolomiti d'Ampezzo, Parco Naturale delle- **13** D2
Dolomiti di Sesto, Parco Naturale- / Sextener Dolomiten, Naturpark- **13** E1-2
Dolomiti Friulane, Riserva Naturale Regionale delle- **15** C3
Dolonne [AO] **19** B2
Dolzago [LC] **23** DE3
Dolze, Ca'- [VI] **45** D2
Domagnano [RSM] **101** B3
Domanins [PN] **31** D2
Domaso [CO] **7** DE3-4
Domazzano [LU] **97** B3
Domegge di Cadore [BL] **13** F3
Domegliara [VR] **43** CD3
Domo [AN] **117** B1
Domo [MC] **117** C1
Domobianca **5** D3
Domodóssola [LO] **39** E3
Domodóssola [VB] **5** D3
Don [BL] **29** D2
Don [TN] **11** C3
Donada [RO] **77** D1
Donato [BI] **37** B1
Dondenaz [AO] **19** F3
Donega, Val- **29** A2
Donegáglia **101** B2
Donegani, Rifugio- **95** E2
Dónego [VB] **21** FG1
Donelasco [PV] **55** E2-3
Donetta [GE] **69** DE3
Dongo [CO] **7** D4
Donicílio [FC] **99** F3
Donna [AL] **69** B1-2
Donnas [AO] **37** A1
Donnini [FI] **105** DE2
Donorático [LI] **111** B2-3
Donorático, Castello di- **111** B3
Dont [BL] **13** D3
Donzella [RO] **77** D2
Doppi [PC] **71** CD2
Dóppio [VI] **43** F2
Doppo, Monte- **41** F3
Dorà [TN] **27** DE1
Dora, Monte- **45** B3-4
Dora Báltea, Fiume- **53** D1
Dora del Nivolet **35** CD1-2
Dora di Bardonecchia, Fiume- **51** B2
Dora di Ferret **19** C1
Dora di Rhêmes **19** C3
Dora di Valgrisenche **19** C2-3
Dora di Veny **19** B2
Dora di Verney **19** B2
Dora Riparia, Fiume- **51** FG2
Dorbié [NO] **21** F3
Dorca [VC] **21** C2
Dordolla [UD] **17** C2
Dordona, Passo di- **25** A2
Dörf / Villetta [BZ] **3** C3
Dorfer / Villa [BZ] **11** EF3
Dörfl / Monteplair [BZ] **1** B2
Dörfl / Villa [BZ] **3** F2-3
Dorga [BG] **25** C3
Dorgagnano [FC] **99** F1-2
Dori [VI] **29** AB3
Doria [GE] **83** CD2
Doria, Castello- **69** B3
Doria, Palazzo- **81** F1
Dorigo [TV] **29** D3
Dorigoni, Rifugio- **11** A3
Dório [LC] **7** DE4
Dormelletto [NO] **21** F3
Dorna [AR] **113** D1
Dornere [CN] **67** DE2
Dorno [PV] **55** C1-2
Dorsino [TN] **27** B2
Dorzano [BI] **37** C2
Dosaip, Monte- **15** C3
Dosazzo, Lago- **25** E2
Dosdé, Corno- **9** CD2
Dosdé, Pizzo di- **9** D2
Dosdega [VR] **59** D1
Dósimo [CR] **57** E2
Dósolo [MN] **73** B2
Dossena [BG] **25** A3
Dossi [MN] **73** A1-2
Dossi, i- [AL] **53** FG2
Dossi, i- [BS] **57** E2
Dossi, i- [PC] **57** C3
Dossi, i- [VC] **37** D2
Dossi, Malga dei- / Knutten Alm **3** E2
Dossioli, Monte- **43** D2
Dossi Pisani [CR] **57** C2
Dosso [BG] **25** C3
Dosso [BS] **41** F2
Dosso [BS] **41** F2
Dosso [FE] **75** B3
Dosso [MN] **59** C2
Dosso [PC] **71** B3-4
Dosso [VI] **45** B1
Dosso / Egg [BZ] **11** C2
Dosso / Egg [BZ] **3** A2-3
Dosso / Egg [BZ] **11** DE1
Dosso, Monte- **71** CD4
Dosso, Valle del- **7** D3
Dossobuono [VR] **59** D1
Dosso de' Frati [CR] **57** F3
Dosso dell'Inferno [MN] **75** B1-2
Dosso del Liro [CO] **7** D3-4
Dosson [TV] **47** A3
Dota, la- [AT] **67** E2
Doubia, Monte- **35** D2
Doues [AO] **19** D1-2
Dovádola [FC] **99** E2
Dova Inferiore [AL] **69** D2-3
Dova Superiore [AL] **69** D3
Dovena [TN] **11** C3
Dovera [CR] **57** B1
Dozza [BO] **89** E2
Dozzano [MS] **85** D2
Draghi [VI] **45** A1-2
Dragoncello [MN] **75** B2
Dragoncello, Monte- **41** F3
Dragone, Torrente- **87** D2-3
Dragoniere [CN] **65** D3
Drano [CO] **23** C1
Drasso [MN] **59** C2
Drau **17** F1
Draunsberg / Drone, Monte- **1** E1-2
Drego [IM] **93** CD2-3
Dreieck-Spitze **3** E2
Dreiherrn-Spitze **3** F1
Dreischusterspitze / Tre Scarperi, Cima- **13** E1-2
Drei Zinnen / Tre Cime di Lavaredo **13** E2
Drena [TN] **27** B3
Drénchia [UD] **33** E1-2
Dres, Lago di- **35** D2
Dresal [AO] **21** A3
Dresano [MI] **39** E2
Dresio [VB] **21** D1
Drezzo [CO] **23** BC2-3
Driolassa [UD] **49** B1-2
Drizzona [CR] **59** A3
Dro [TN] **27** B3
Droe [CN] **65** D2-3
Drone, Monte- / Draunsberg **1** E1-2
Droneretto [CN] **65** D3
Dronero [CN] **65** E4
Drubiaglio [TO] **51** F2
Druento [TO] **51** G2
Druges [AO] **19** E2
Drugolo [BS] **43** A3-4
Druina, Monte- **35** E3
Druogno [VB] **5** E3
Drusacco [TO] **37** A1-2
Drusco [PR] **85** B1
Dubasso, Monte- **81** C3
Dubbione [TO] **51** E3
Dubino [SO] **7** E3-4
Duc [TO] **51** C2-3
Duca, Cima del- **9** A3
Duca degli Abruzzi, Rifugio- [AO] **19** F1
Duca degli Abruzzi, Rifugio- [AQ] **135** A2
Duca di Pistoia, Rifugio- / Tschneiner-Hütte **11** F3
Ducato di Fabriago [RA] **91** C1-2
Ducéntola [BO] **89** B1
Ducéntola [FE] **75** E3
Duchessa, Lago della- **139** EF1
Duchessa, Montagne della- **139** EF1-2
Dudda [FI] **105** D3
Dúddova [AR] **113** C1
Due Carrare [PD] **61** E2
Due Cossani [VA] **23** A1
Due Maestà [RE] **73** B3-4
Due Pizzi **17** D2
Due Ponti [GE] **69** E3
Duesanti [PG] **123** E2-3
Due Santi, Passo dei- **85** C2
Due Sture [AL] **53** F1
Dueville [VI] **45** C3
Dufour, Punta- **21** B2
Dufourspitze **21** B2
Dugara [PC] **71** D2
Dughera [VC] **21** C3
Dugliolo [BO] **89** E1
Duino [TS] **49** E2
Duino-Aurisina [TS] **49** E2
Dumengoni [BG] **41** D2
Dumenza [VA] **23** A1
Duna Costiera di Porto Corsini, Riserva Naturale- **91** E1-2
Duna Feniglia, Riserva Naturale- **129** C2
Dunarobba [TR] **123** E3-4
Duna Verde [VE] **47** D3
Duno [VA] **23** A2
Duò [RO] **63** D3
Duomo [BS] **41** E3
Duomo [PC] **71** B1-2
Dura, Cima- / Durreck **3** DE2
Duran, Passo- **13** D3-4
Durand, Fenêtre de- **19** DE1
Duranno, Monte- **13** F3-4
Durazzanino [FC] **91** D3
Duria, Monte- **7** D3
Durlo [VI] **43** EF3
Durna, Val- / Durnholzer Tal **3** A3
Durna in Selva / Durnwald [BZ] **3** EF3
Durnholz / Valdurna [BZ] **3** A3
Durnholzer See / Valdurna, Lago- **3** A3
Durnholzer Tal / Durna, Val- **3** A3
Durnwald / Durna in Selva [BZ] **3** EF3
Duro, Col- **13** E3
Duro, Monte- **87** D1
Duron, Val di- **13** B3
Durone, Passo- **27** A2
Durreck / Dura, Cima- **3** DE2
Dürrensee / Landro, Lago di- **13** E2
Dürrenstein / Vallandro, Picco di- **13** DE1-2
Dusino [AT] **53** C3
Dusino San Michele [AT] **53** C3

E

Eau Rousse [AO] **35** D1
Ebbio [PC] **71** B3
Ebele **27** D3
Ebene [VI] **45** BC1
Ebro, Monte- **69** DE2
Eca [CN] **81** C2
Eca-Nasagò, Stazione di- **81** C2-3
Eccio, Monte- **3** A2-3
Echallod [AO] **19** G2-3
Echar, Cima- **45** C1
Echen, Torbiera di- **27** D3
Echevennoz [AO] **19** D2
Eclause [TO] **51** C2
Eculivaz, Ponte d'- **19** C2
Edelboden [AO] **21** A2-3
Edifizio [TV] **45** EF2
Édolo [BS] **25** DE1
Effraz [AO] **19** E2
Ega, Selva di- / Eggenwald **11** EF3
Ega, Valle d'- / Eggental **11** E3
Egg / Dosso [BZ] **11** C2
Egg / Dosso [BZ] **11** DE1
Egg / Dosso [BZ] **3** A2-3
Eggental / Ega, Valle d'- **11** E3
Eggenwald / Ega, Selva di- **11** EF3
Eggi [PG] **125** B3
Egna / Neumarkt [BZ] **11** D4
Egola, Torrente- **103** F3
Egro [VB] **21** E2-3
Egua, Torrente- **21** C2
Ehrenburg / Casteldarne [BZ] **3** CD3
Éia [PR] **71** F2-3
Éira, Passo d'- **9** CD1
Eisack / Isarco, Fiume- **11** E2-3
Eisacktal / Isarco, Valle- **3** B2-3
Eisatz / Novale di Fuori, Monte- **3** EF3
Eisbrugg See / Ponte di Ghiaccio, Lago- **3** C2
Eisenreich / Ferro, Montagna del- **13** F1
Eishof / Masogelato [BZ] **1** D2
Eisjöchl / Gelato, Passo- **1** DE2
Eita [SO] **9** D2
Elba, Isola d'- **119** B2
Elbaland **119** B2
Elce [TE] **127** C3-4
Elci, Monte- **139** B1
Elcito [MC] **117** B1-2
Elévaz [AO] **19** B2
Elferkofel / Undici, Cima- **13** F2
Elfer-Spitze / Undici, Cima- **1** A2
Elgio, Punta- **5** E1
Élice [PE] **135** C1
Elisa, Rifugio- **23** E2
Elisabetta, Rifugio- **19** AB2
Ellena G.-Soria E., Rifugio- **79** D3
Éllera [SV] **81** F1
Éllera Corciano, Stazione di- **115** B3
Éllero [CN] **67** C4
Éllero, Torrente- **81** B1
Ellero, Valle- **81** B2
Ello [LC] **23** E3
Elmici, Rocca d'- **99** E2
Elmo [GR] **123** A3
Elmo, Monte- [Eur.] **3** G3
Elmo, Monte- [GR] **123** A3
Elsa, Fiume- **103** F3
Elsa, Torrente- **129** D1
Elto, Monte- **25** D2
Elva [CN] **65** C3
Elva, Vallone d'- **65** C3
Elvas [BZ] **3** BC3
Elvella, Torrente- **123** AB3
Elvo, Torrente- **37** DE2
Elzenbaum / Pruno [BZ] **3** A2
Ema, Torrente- **105** C2
Emarese [AO] **19** FG2
Emet, Passo d'- **7** E2
Emilia, Via- **101** C2
Emiliano, Monte- **87** E3
Emilius, Monte- **19** E2
Emissario, Canale- **103** C3
Emmer, Rio- / Emmerbach **11** E2
Emmerbach / Emmer, Rio- **11** E2
Empoli [FI] **103** F2
Enciastraia, Monte- **79** A1
Éndine [BG] **41** D2
Éndine, Lago di- **41** D2
Éndine Gaiano [BG] **41** D2
Énego [VI] **29** B3
Énego 2000 [VI] **29** A3
Énemonzo [UD] **15** E2
Énfola, Capo d'- **119** B1-2
Enfola, Monte d'- **119** B1-2
Engazzà [VR] **59** E2
Enguiso [TN] **27** A3
Enna [VI] **43** F2
Enna, Gola dell'- **23** F2
Enna, Torrente- **23** F2
Enneberg / Marebbe [BZ] **3** D3
Ennewasser / Transácqua [BZ] **11** A2
Eno [BS] **43** AB2
Enrico Mattei, Rifugio- **85** D2
Ente, Torrente- **121** E2
Entella, Torrente- **83** EF3
Entesano [UD] **33** B1-2
Entrà [MO] **75** AB2-3
Entracque [CN] **79** D2
Entrampo [UD] **15** E1-2
Entrático [BG] **41** D2
Entrèves [AO] **19** B2
Envie [CN] **65** E2
Envie, Cappello d'- **51** D3
Enza, Torrente- **73** A2
Enzola [RE] **73** A2-3
Éores / Afers [BZ] **13** AB1-2
Éores, Passo di- / Kofel-Joch **13** B1-2
Éores, Val di- / Aferer Tal **13** AB2
Épicoune, Becca d'- **19** E1
Épinel [AO] **19** DE3
Eppan an der Weinstrasse / Appiano sulla Strada del Vino [BZ] **11** D3
Equi Terme [MS] **95** DE1-2
Era [SO] **7** E3
Era, Fiume- **103** D3
Eraclea [VE] **47** CD3
Eraclea Mare [VE] **47** D3
Erasca [CN] **65** D2
Erba [CO] **23** D3
Erba, Alpe- [CO] **7** D4
Erbáia [FI] **99** A2
Erbanno [BS] **25** CD3
Erbareti [VC] **21** D2
Erbè [VR] **59** D2
Erbe, Passo di- **13** B1-2
Erbezzo [UD] **33** D1-2

Erbezzo [VR] **43** DE3
Erbognone, Torrente- **55** BC2
Erbusco [BS] **41** D3
Ercavallo, Punta di- **9** F2-3
Ercole, Bivio- **115** F2
Ércole, Casa d'- [CH] **143** B2
Ercole, Tempio d'- **145** F2-3
Eremita [PU] **107** E3
Eremita [SV] **81** E2
Eremo, L'- **53** B2
Eremo dei Camaldolesi [CN] **67** B3
Érèsaz [AO] **19** FG2
Eretum **139** A2
Eridio → Idro, Lago d'- **43** AB2
Erio, Monte- **45** B1
Erla, Monte dell'- **101** A2
Erli [SV] **81** D3
Ermada, Monte- **49** E2
Ermetta, Monte- **83** A2
Ernici, Monti- **139** EF3
Erno [CO] **23** CD2
Errano [RA] **91** B3
Erro, Torrente- **67** F3
Erta, Cima dell'- **69** D3
Erto [PN] **15** B3
Erto e Casso [PN] **15** AB3
Erve [LC] **23** E2-3
Esanatóglia [MC] **115** F2
Eschio / Aschl [BZ] **11** D2
Esemon [UD] **15** E2
Esenta [BS] **59** A1
Ésigo [VB] **5** D2
Esinante, Torrente- **117** B1
Ésine [BS] **25** D3
Ésino, Fiume- **109** D3
Ésino Lário [LC] **23** DE1-2
Esio [VB] **21** F1-2
Esmate [BG] **41** E2
Essere [MN] **59** D2
Este [PD] **61** D2
Estoul [AO] **21** A3
Etache, Coll d'- **51** B2
Ete Morto, Torrente- **117** E2
Eternon [AO] **19** D1-2
Ete Vivo, Fiume- **117** F2-3
Etirol [AO] **19** F1-2
Etra, Monte- **141** B2
Étroubles [AO] **19** D1-2
Etsch / Adige, Fiume- **63** CD3
Eugánei, Colli- **61** DE1-2
Eugio, Lago d'- **35** E2
Eugio, Val d'- **35** E2
Eula [CN] **81** B1
Eupilio [CO] **23** D2-3
E.U.R. [ROMA] **145** C1-2
Europa, Villaggio- [BO] **97** E1-2
Evançon, Torrente- **19** G2
Evangelista, Poggio- **123** A3-4
Evangelo, Monte- **87** DE1
Evigno, Pizzo d'- **93** E2-3
Excenex [AO] **19** D2
Exilles [TO] **51** C2
Ex Lago di Bientina, Area Archeologica- **103** D2
Extrepieraz [AO] **19** G2
Eyrs / Oris [BZ] **9** F1
Eze [SV] **81** E2

F

Fabbiano [LU] **95** E2
Fabbiano [PC] **55** F3
Fabbiano [PC] **71** B2
Fabbrecce [PG] **115** B1
Fabbri [LU] **103** D1-2
Fabbri [PG] **125** AB2
Fábbrica [BO] **89** E3
Fábbrica [FI] **105** C3
Fábbrica [PI] **103** E3-4
Fabbricaccia [SI] **113** A2
Fabbrica Curone [AL] **69** D2
Fábbrica Curone [AL] **69** D2
Fábbriche [AR] **113** D2
Fábbriche [GE] **83** B2
Fábbriche Casabasciana [LU] **97** C2
Fábbriche di Vállico [LU] **97** B2-3
Fábbrico [RE] **73** C2
Fabbro, il- [PO] **97** F3
Fabiano [AL] **53** E1-2
Fabiasco [VA] **23** A2
Fábio [PO] **97** F3
Fábio, Lago- **113** AB3
Fabrezza [BS] **25** E2
Fabriano [AN] **115** F1-2
Fábrica di Roma [VT] **131** D2-3
Fabro [TR] **123** BC2
Facci [VI] **43** F1-2
Facciano, Monte di- **99** F3
Faccio, Monte- **85** BC2-3
Facen [BL] **29** C2
Fadalto [TV] **31** AB2
Fadalto, Sella di- **29** EF2
Fadalto Basso [TV] **29** EF2
Fadnler Grande, Cima- / Großfadnler **3** D1-2
Fado [GE] **83** B1-2
Faè [BL] **13** C3-4
Faè [BL] **29** E1
Faè [TV] **47** B2
Faédis [UD] **33** CD1-2
Faedo [PD] **61** DE2
Faedo [TN] **27** C1
Faedo [VI] **45** AB3
Faedo, Monte- **45** AB2-3
Faedo Valtellino [SO] **25** B1-2
Faéit, Monte- **15** E2-3
Faella [AR] **105** DE3
Faena, Torrente- **123** D3
Faenza [RA] **91** C3
Faenza, Molino- [PV] **39** A3
Faeo, Monte- **61** C1
Faeta, Monte- **103** C2
Faetano [RSM] **101** B3
Faete, Monte- **121** D3
Faeto [AR] **105** EF3
Faeto [MO] **87** E2
Faeto, Monte- **115** E3
Fagagna [UD] **33** B2
Fagarè della Battaglia [TV] **47** B2
Fageto, Monte- **87** AB2
Fagge [RI] **133** DE3
Faggeta, Monte la- **99** BC2
Faggeto Lário [CO] **23** CD2
Fággia [GR] **121** E2
Fággia, Monte della- **99** EF3
Faggiano [RE] **87** D1
Fággio [PR] **71** B4
Fággio, Rifugio- **27** A3
Faggiola, Monte- [FI] **99** BC1-2
Faggiola, Monte- [PU] **107** D1-2
Fagiola, Monte- **97** D2
Fagnano [MI] **39** BC2
Fagnano [SI] **113** AB1
Fagnano [VR] **59** D2
Fagnano, Monte- **101** A3
Fagnano Alto [AQ] **141** B1
Fagnano Olona [VA] **23** B3-4
Fagnigola [PN] **47** CD1
Fai, Malga- **27** C1-2
Faia [SV] **81** F2
Faiallo, Passo del- **83** AB2
Faiano [TE] **135** A1
Fáida [TN] **27** D2
Fai della Paganella [TN] **27** C1
Faidello [MO] **97** C1-2
Faidona [PN] **15** D3
Faiete [RE] **87** C1
Faiete [TE] **135** C1
Faieto [PR] **71** D3
Faieto [TE] **127** C4
Failungo [VC] **21** C3
Faiolo [TR] **123** C2
Faito, Monte- [AQ] **139** E2
Faito, Monte- [AQ] **141** B2
Faito, Vedute di- **139** E3
Falbanairspitze / Val Benair, Punta di- **1** B2
Falc, Rifugio- **23** EF1
Falcade [BL] **13** BC3
Falchetto [CN] **67** B2
Falchetto, Poggio del- **89** D3
Falciano [AR] **107** A3
Falciano [FI] **105** C2-3
Falciano [RSM] **101** BC2-3
Falcinello [SP] **95** C1-2
Falcioni [AN] **117** A1
Falck Enrico, Rifugio- **9** D2
Falco, Monte- **99** D3
Falcognana [ROMA] **145** D2
Falconara Alta [AN] **109** E3
Falconara Marittima [AN] **109** E3
Falconera, Porto di- **47** E3
Falden, Cima- **3** DE1
Faldo, Monte- **45** A3
Falera [FC] **107** B2
Faléria [AP] **117** DE3
Faléria [VT] **137** E1
Falerii Novi **131** DE2-3
Falerone [AP] **117** D3
Falesie di Duino, Riserva Naturale delle- **49** E2
Falesina [TN] **27** D2
Faletti [BI] **21** C3-4
Falgano [FI] **105** DE2
Falicetto [CN] **65** EF3
Fallascoso [CH] **141** F2-3
Fallavécchia [MI] **39** B2-3
Faller [BL] **29** B2
Fallère, Monte- **19** D2
Fallerosa [GE] **69** D3
Fallmetzer / Val di Mezzo, Monte- **3** BC2
Fallo [CH] **141** F3
Falmenta [VB] **5** F3
Falò, Monte del- **21** E2
Faloppio [CO] **23** B2-3
Falsettáio [GR] **121** D2
Falterona, Monte- **99** D3
Faltona [AR] **105** F3
Faltona [FI] **99** AB3
Faltona, Torrente- **105** F3
Falzárego, Passo di- **13** CD2
Falzè [TV] **45** F2
Falzeben [BZ] **11** D1-2
Falzè di Piave [TV] **45** FG1
Fálzes / Pfalzen [BZ] **3** D3
Falzoie [VI] **45** AB2
Falzoni [MN] **59** C2
Famea [BS] **41** F2
Famolasco [TO] **65** D2
Fana, Bocchetta di- **3** F3
Fana, Corno- [Eur.] **3** F2
Fana, Corno- [Eur.] **3** F3
Fana, Croce di- **19** E2
Fanale, Masseria- [CB] **143** C2
Fanano [MO] **97** D1
Fanciullata [PG] **123** E1-2
Fanciullo, Villaggio del- [ROMA] **137** A2
Fane [VR] **43** D3
Fanealm / Malga Fana **3** B2
Fánes, Rifugio- / Fanes Hütte **13** CD2
Fánes, Val di- / Fanestal **13** D2
Fanes Hütte / Fánes, Rifugio- **13** CD2
Fanesjoch / Sant'Antonio, Passo- **13** CD2
Fánes-Sénnes-Bráies, Parco Naturale di- / Fanes-Sennes-Prags, Naturpark- **13** D1-2
Fanes-Sennes-Prags, Naturpark- / Fánes-Sénnes-Bráies, Parco Naturale di- **13** D1-2
Fanestal / Fánes, Val di- **13** D2
Fangacci, Passo- **105** FG2
Fangaia [RE] **73** C2
Fanghetto [IM] **93** B3
Fango [TN] **13** B3
Fanna [PN] **31** D1
Fano [PU] **109** BC1-2
Fano, Aeroporto Nazionale di- **109** C1-2
Fano a Corno [TE] **135** A1-2
Fano Adriano [TE] **133** G1
Fantasiland [ROMA] **145** C3
Fantasilandia **103** B3
Fantasina [BS] **41** EF3
Fantécolo [BS] **41** E3
Fantella [FC] **99** DE2-3
Fantina, Villaggio- [FG] **143** EF3
Fantino [FI] **99** C2
Fantoli Antonio, Rifugio- **21** E1-2
Fantuzza [BO] **89** F2
Fanzaghe [PD] **61** E2
Fanzolo [TV] **45** E2
Fara, Monte- **31** C1-2
Fara Filiorum Petri [CH] **135** DE3
Fara Gera d'Adda [BG] **41** B3
Faraglione, Punta- **129** A2
Fara in Sabina [RI] **139** B1
Fara Novarese [NO] **37** E1
Fara Olivana [BG] **41** C3-4
Fara Olivana con Sola [BG] **41** C3-4
Faraona [VA] **21** G3
Faraona, la- [RE] **87** D2
Faraone Nuovo [TE] **127** CD3
Fara Sabina-Montelibretti, Stazione- **139** A1-2
Fara San Martino [CH] **141** F2
Fara San Martino-Palombaro, Riserva Naturale- **141** EF2
Fara Vicentino [VI] **45** C2
Farazzano [FC] **99** F1-2
Farfa [RI] **139** B1
Farfa, Abbazia di- **139** B1
Farfa, Fiume- **139** B1
Farfanaro [PR] **85** BC1
Farfanosa [GE] **69** F3-4
Farfare [MS] **85** C2
Farfengo [BS] **57** D1
Farfengo [CR] **57** D2
Fargno, Forcella di- **125** E2
Farigliano [CN] **67** C3-4
Farinate [CR] **41** B4
Faríndola [PE] **135** B2
Farine, le- [VT] **131** C2
Farinere Olmo [AT] **67** D2
Farini [PC] **71** B3
Faris [UD] **33** CD1-2
Farla [UD] **33** B1-2
Farma, Torrente- **113** A3
Farnese [VT] **129** F1
Farnesiana, la- [ROMA] **131** B3
Farneta [AR] **113** E2
Farneta [AR] **105** F2
Farneta [MO] **87** D2
Farneta, la- [PI] **111** DE1
Farnetella [SI] **113** D2
Farneto [BO] **89** D2
Farneto [BO] **89** D2
Farneto [PG] **115** CD2-3
Farneto, Monte- **101** A2
Farnetta [TR] **123** E4
Farnócchia [LU] **97** A3
Faro, Lido del- **145** B2
Faroma, Monte- **19** E2
Farra [BL] **29** D2
Farra [TV] **45** DE2
Farra d'Alpago [BL] **31** AB2
Farra di Soligo [TV] **29** D3
Farra d'Isonzo [GO] **33** DE3
Farrò [TV] **29** D3
Fasana Polésine [RO] **63** C3
Fasane [TO] **35** F2
Fasani [VR] **43** D3
Fasano [BS] **43** B3
Fasce [CN] **81** BC2-3
Fáscia [GE] **69** E3
Fáscia, Monte- **83** F1-2
Fasciano [AR] **113** E2-3
Fassa, Val di- **13** B3
Fassane, Le- **13** B4
Fassinoro [RI] **133** C2-3
Fastello [VT] **131** C1
Fastro [BL] **29** B3
Fate, Caverna delle- **81** F2
Fate, Lago delle- **21** BC2
Fattorale, Casa- [VT] **129** EF1-2
Fattore [CH] **143** A1
Faudo, Monte- **93** D3
Faúglia [PI] **103** CD3
Faúglis [UD] **49** C1
Faugnacco [UD] **33** B2
Fáule [CN] **65** F1-2
Fauna Europea, Primo Parco- Zoo della- **105** F2
Favalanciata [AP] **127** AB3
Favale [TE] **127** D3
Favale di Málvaro [GE] **83** E2
Favalto, Monte- **115** A1
Favari [TO] **53** B3
Favariego [PD] **45** EF3
Favaro [BI] **37** BC1
Fávaro Véneto [VE] **47** A3-4
Favella [TO] **51** F1-2
Favella, Punta- **43** EF2
Fáver [TN] **27** D1
Faverga [BL] **29** E2
Faverzano [BS] **57** E1
Favete [MC] **117** B1
Faviano di Sopra [PR] **87** B1
Faviano di Sotto [PR] **87** B1
Favirano [LC] **23** E3
Favischio [RI] **133** D1
Favone, Colle- **141** E3
Fávria [TO] **35** G2-3
Fávrio [TN] **27** AB2-3
Fazzagno [RE] **87** D2
Fazzano [MS] **85** E3
Fazzano [RE] **73** C3
Fazzon, Malga- **27** A1
Fè [TN] **27** A2
Fè [TO] **35** E2-3
Fébbio [RE] **87** C3
Febbraro, Valle- **7** D2
Fécchio [CO] **23** C3
Fedáia, Lago di- **13** C3
Fedáia, Passo di- **13** C3
Feder [BL] **13** C3
Federa [TV] **29** E3
Federia, Torrente- **9** C1
Federia, Valle- **9** C1
Federici, Rifugio- **79** D3
Fedi [PT] **97** E3
Fédio [CN] **79** C1-2
Fegana, Torrente- **97** C2
Fegina [SP] **95** A1-2
Feglino [SV] **81** EF2
Feisóglio [CN] **67** D3
Felcino [PU] **107** C2-3
Felcioni [AN] **115** EF1
Feldthurns / Velturno [BZ] **11** F1-2
Felegara [PR] **71** E3
Felettano [UD] **33** BC2
Felettino [SP] **95** BC2
Felettis [UD] **33** C3
Feletto [TO] **37** A3
Feletto Umberto [UD] **33** C2
Feliciona, Masseria- [CB] **143** C2-3
Feligara [PV] **69** E2
Felina [RE] **87** C2
Felino [PR] **71** F3
Felísio [RA] **91** C2
Felizzano [AL] **53** F3
Fella, Fiume- **17** D1-2
Fellaria, Vedretta di- **9** B2-3
Fellegara [RE] **87** DE1
Fellette [VI] **45** D2
Fellicarolo [MO] **97** D1
Fellino [PC] **71** B2-3
Fello [AT] **67** E2
Felónica [MN] **75** BC1-2
Feltre [BL] **29** C2
Feltrino, Torrente- **135** F3
Feltrone [UD] **15** DE2
Fema, Monte- **125** D2
Femasino, Monte- **125** C3-4
Fematre [MC] **125** D2
Femminamorta [PT] **97** D3
Fenáio, Punta del- **129** A2
Fenegró [CO] **23** BC3
Fenella, Torrente- **109** B3
Fener [BL] **29** C3
Fenestrelle [TO] **51** D2
Fengo [CR] **57** D2
Fenigli [PU] **109** A3
Feníglia, Tómbolo di- **129** C2
Fenile [PU] **109** B1-2
Fenile [SO] **23** F1
Fenile [TO] **65** D1-2
Feniletto [CR] **57** D2
Fenili [MN] **59** C2
Fenili Belasi [BS] **41** E4
Fenille [AO] **19** CD3
Fenil Nuovo [FE] **75** BC2
Fenil Nuovo [RE] **73** C2
Fenilone [CR] **73** A1
Fenils [TO] **51** B2-3
Fénis [AO] **19** E2
Fer, Rio- **35** G1
Fércole [GR] **113** A3
Ferdana [SP] **85** CD3
Ferentillo [TR] **125** B4
Ferento **131** C1-2
Férie [CR] **57** C2
Feriolo [VB] **21** EF2
Fermignano [PU] **107** E2-3
Fermo [AP] **117** F2-3
Fernazza, Monte- **13** D3
Fernetti [TS] **49** FG2
Ferno [VA] **39** A1
Ferra, Monte- **65** B3
Ferrada [GE] **83** E2
Ferramosche [VR] **61** AB2
Ferránia [SV] **81** E1
Ferránia, Fermata di- **81** EF1
Ferrano [FI] **105** DE2
Ferrante, Monte- **25** C2-3
Ferrara [FE] **75** D2-3
Ferrara [PN] **15** D3
Ferrara / Schmieden [BZ] **3** E3
Ferrara / Schmieden [BZ] **3** FG3
Ferrara di Monte Baldo [VR] **43** D2-3
Ferrarese, Idrovia- **77** BC3
Ferrari [PC] **69** F2
Ferrari [PR] **71** E3
Ferrari, Buca- **29** B1
Ferrari Enzo e Dino, Autodromo Internazionale- **89** F2
Ferrarola [RE] **73** C2
Ferrate [VC] **21** C2
Ferrazza [VI] **43** F3
Ferrera [TO] **65** C1-2
Ferrera [VC] **21** D2
Ferrera di Varese [VA] **23** A2
Ferrera Erbognone [PV] **55** C2
Ferrere [AT] **53** CD3
Ferrere [CN] **79** A1
Ferrere [SV] **81** E1
Ferreri, Rifugio- **35** D2
Ferret, Tête de- **19** C1
Ferret, Val- **19** C1-2
Ferretto [PG] **113** E2
Ferretto [PT] **103** E2
Ferri [MN] **59** C2
Ferri, Fossone dei- **63** C3
Ferriera [TO] **51** F2
Ferriere [GE] **83** D2
Ferriere [PC] **71** AB4
Ferriere, Colle delle- **79** C1
Ferro, Canale del- **17** C2
Ferro, Montagna del- / Eisenreich **13** F1
Ferro, Monte- **15** CD1
Ferro, Pizzo del- **7** F3
Ferro, Rifugio- **15** CD1
Ferro, Sasso del- **21** F2
Ferrone, il- [FI] **105** C2-3
Ferrucci [PI] **103** D2-3
Ferrúccia [PT] **97** E3
Ferrúccio, Punta di- **135** F2
Fersina, Torrente- **27** D2
Fersinone, Torrente- **123** D2
Feruc, Monte- **29** D1
Fervento [VC] **21** E2
Festà [MO] **87** F2
Festiona [CN] **79** CD2
Festi Rasini [BG] **25** B3
Fetováia [LI] **119** A2
Fetováia, Punta di- **119** A2
Feudi, Poggio- **111** B1
Feudo Ugni, Riserva Naturale- **141** EF2
Feuerstein, Östl.- **1** F1
Fezzana [FI] **105** B2-3
Fezzano [SP] **95** BC2
Fiabe, Parco delle- **71** C2-3
Fiabilandia **101** C2
Fiamenga [PG] **125** AB2
Fiamignano [RI] **133** D3
Fiammoi [BL] **29** E1-2
Fianello [RI] **131** F2
Fiano [FI] **105** B3
Fiano [LU] **97** B3
Fiano [TO] **35** EF3
Fiano Romano [ROMA] **131** F3
Fiara, Monte- **27** F3
Fiasca [RO] **75** C1-2
Fiascherino [SP] **95** C2
Fiaschetti [PN] **31** B3
Fiascone, Torrente- **121** D4
Fiastra [MC] **117** B3
Fiastra, Abbadia di- **117** D2
Fiastra, Lago di- **117** BC3
Fiastra, Torrente- **117** D2
Fiastrella, Torrente- **117** CD3
Fiastrone, Fiume- **117** C3
Fiattone [LU] **97** B2
Fiavè [TN] **27** AB2-3
Fiavè, Torbiera di- **27** AB2-3
Fibbialla [PT] **97** CD3
Fibbiana [FI] **105** A2
Fibbiano [LU] **97** B3
Fibion, Monte- **27** B1
Ficarolo [RO] **75** C2
Ficarolo, Badía- **107** A4
Ficoncella, Fonti della- **137** AB2
Ficulle [TR] **123** C2-3
Ficuna, Poggio- **131** B2-3
Fidenae **145** CD1
Fidenza [PR] **71** E2
Fiè, Lago di- **11** EF2
Fiè allo Sciliar / Völs am Schlern [BZ] **11** EF2
Fiegni [MC] **117** BC3
Fiegni, Monte- **117** BC3
Fiélis [UD] **15** EF2
Fielta [TV] **45** DE1-2
Fiemme, Val di- **13** A3-4
Fienil dei Frati [MN] **75** B2
Fienile [VT] **123** AB2-3
Fienili [MN] **73** E1
Fienili [PC] **57** D3
Fienili Tarlisse [BL] **13** F2
Fienilone [FE] **77** C2
Fier, Pizzo- **9** C1
Fiera di Primiero [TN] **29** BC1-2
Fiernaz [AO] **19** F1-2
Fierozzo [TN] **27** D2
Fiéry [AO] **19** G1
Fieschi, Basilica dei- **83** EF2-3
Fiesco [CR] **57** C1-2
Fiésole [FI] **105** C2
Fiesse [BS] **57** F2
Fiesso [BO] **89** D1-2
Fiesso [RE] **73** A3
Fiesso d'Ártico [VE] **63** C1
Fiesso Umbertiano [RO] **75** D2
Fietri [SI] **113** BC1
Figarole, le- [SP] **95** C2
Figarolo [GE] **83** E2
Figascian, Monte- **5** D1
Figheri, Casone- [VE] **63** CD1-2
Figheri, Valle- **63** CD1-2
Fighille [PG] **107** B3
Fighine [SI] **123** B2
Figino [AL] **69** D2
Figino [MI] **39** C2
Figino [RI] **133** D1
Figino Serenza [CO] **23** C3
Figliano [FI] **99** B2-3
Figliaro [CO] **23** B3
Figliere [CN] **79** C1
Figline [PO] **97** F3
Figline Valdarno [FI] **105** D3
Figliola [TE] **133** FG1
Figne, Monte delle- **69** BC3
Fignola [MO] **87** DE3
Filacciano [ROMA] **131** F3
Filadonna, Becco di- **27** CD3
Filago [BG] **41** B3
Filare [GR] **121** A2
Filattiera [MS] **85** D2-3
Filetta, Casa- [GR] **123** A3-4
Filettino [FR] **139** EF3
Filetto [AN] **109** CD3
Filetto [AQ] **133** FG2
Filetto [CH] **135** E3
Filetto [MS] **85** D3
Filetto [RA] **91** D2-3
Filetto, Lago di- **133** G2
Filéttole [PI] **103** C2
Filéttole [PO] **97** F3
Filia [TO] **35** G2
Filicáia [LU] **97** B2
Filighera [PV] **55** E1-2
Filippi [BI] **37** BC1
Filippona [AL] **55** B3
Filipponi [AN] **109** B4
Filipponi [PE] **135** C2
Fillar, Gran- **21** B2
Filmoor Sattel **13** G1-2
Filo [FE] **91** C1
Filone, Pizzo- **9** CD2
Filorera [SO] **7** F3
Filottrano [AN] **109** DE4
Fimon [VI] **61** CD1
Fimon, Lago di- **61** D1
Finalborgo [SV] **81** EF2
Finale [VI] **61** D2
Finale, Punta di- **1** CD2
Finale di Rero [FE] **77** B3
Finale Emilia [MO] **75** B2-3
Finale Ligure [SV] **81** EF2-3
Finale Marina [SV] **81** EF2
Finalpia [SV] **81** F2
Findenig Kofel **17** B1
Fine, Monte la- **99** B1
Fineil Spitz **1** CD2
Finello [CN] **65** C4
Fínero [VB] **5** F3
Finestra, Colle di- **79** D3
Finestra, Passo di- **29** C2
Finestre, Colle delle- **51** D2
Finetti [VR] **43** EF3
Finiletti [BG] **41** D4
Fino, Fiume- **135** D2
Finocchieto [TR] **133** A2
Finócchio [ROMA] **145** DE1
Finócchio, Monte- **99** F3
Fino del Monte [BG] **25** B3
Fino Mornasco [CO] **23** C3
Finónchio, Monte- **27** C3
Finsterbach / Fosco, Rio- **3** E3
Fiobbio [BG] **41** C2
Fiobbo, Torrente- **127** D2
Fioio, Fosso- **139** E3
Fioli [TE] **127** B3-4
Fionchi, Monte- **125** B3-4
Fiondi [AL] **55** B2-3
Fior, Monte- **27** F3
Fiora, Fiume- **129** E2
Fiorana [TO] **37** B1-2

Fiorana, la- [FE] **91** C1
Fiorani, Casa- [AN] **109** C3
Fiorano al Sério [BG] **41** CD2
Fiorano Canavese [TO] **37** AB1-2
Fiorano Modenese [MO] **87** E1
Fiordimonte [MC] **117** B3
Fiore [PG] **123** E3
Fiore, Monte- **135** BC2
Fiorentina [BO] **89** E1
Fiorentina, Malga- **13** D3
Fiorentine [SI] **113** B2
Fiorentino [RSM] **101** B3
Fiorenzuola d'Arda [PC] **71** D2
Fiorenzuola di Focara [PU] **101** D3
Fiorera, Pizzo- **5** E1
Fiori [PR] **71** CD3
Fiori, Montagna dei- **127** C3
Fiorina, Cime di- **23** C1
Fiorine [BG] **25** B3
Fiorino [GE] **83** B2
Fiorino, Monte- **87** BC2
Fiorito, Monte- **85** C3
Firenze [FI] **105** C2
Firenze, Rifugio- / Geisler-Hütte **13** B2
Firenze Peretola, Aeroporto Internazionale di- **105** BC2
Firenzuola [FI] **99** B2
Firenzuola [TR] **125** A3
Firmano [UD] **33** D2
Fischietto, Monte- **143** A3
Fischleinboden / Campo Fiscalino [BZ] **13** EF1-2
Fisciano [FI] **97** G3
Fisrengo [NO] **37** EF2
Fissero, Canale- **59** E3
Fisto [TN] **27** A2
Fittá, la- [VR] **61** B1
Fittanze della Sega, Passo- **43** D2-3
Fiugni [AQ] **133** E2
Fiuma, Cavo- **73** C2
Fiumalbo [MO] **97** C1-2
Fiumana [FC] **99** E2
Fiumane [FC] **99** D2
Fiumaretta [SP] **95** CD2
Fiumata [RI] **139** D1
Fiumazzo [RA] **91** CD1-2
Fiume [MC] **117** AB3
Fiume [PG] **107** C3-4
Fiume [PG] **115** D1
Fiume [TE] **127** BC3-4
Fiume, il- [LU] **97** B1
Fiume, il- [PN] **47** C1
Fiume, Torrente- **123** A3
Fiume Chiascio, Diga del- **115** D2
Fiume Fiumetto, Parco del- **135** AB1
Fiumenero [BG] **25** B2
Fiume Sile, Parco Naturale del- **45** F3
Fiumesino [AN] **109** E3
Fiumesino [PN] **47** D1
Fiume Strone, Parco del- **57** E1-2
Fiumetto [LU] **95** DE3
Fiume Véneto [PN] **31** D3
Fiumicello [FC] **99** D3
Fiumicello [PD] **45** E3-4
Fiumicello [UD] **49** D2
Fiumicello, Torrente- **117** C1
Fiumicino [FC] **101** B2
Fiumicino [ROMA] **145** B2
Fiumicino, Torrente- **127** D3
Fiuminata [MC] **115** F2-3
Fivizzano [MS] **87** A3
Fizzonasco [MI] **39** D2
Flaas / Valas [BZ] **11** D2
Flacchi [VT] **137** D1
Flading / Gaude [BZ] **1** F1
Flagel, Monte- **15** E3
Flagger-Bach / Vallaga, Rio- **3** B3
Flagogna [UD] **31** E1
Flaibano [UD] **31** E2
Flaipano [UD] **17** C3
Flambro [UD] **33** B3
Flambruzzo [UD] **49** B1
Flamignano [TE] **135** A1
Flaminia, Via- **137** EF2-3
Flávia, Torre- **137** C3
Flavon [TN] **11** C4
Fléccia [TO] **51** E3
Fléres, Rio di- **3** A2
Fléres, Val di- / Pflerschtal **1** FG1
Fleres di Dentro / Innerpflersch [BZ] **1** FG1
Flero [BS] **41** F4
Fles, Monte- **43** A1
Fleuran [AO] **19** FG2-3
Fleurs, les- [AO] **19** D2
Flim, Monte- / Flimberg **11** A2
Flimberg / Flim, Monte- **11** A2
Floralpina **13** A2
Floriano [TE] **127** D3
Floriz, Monte- **15** E1
Floronzo / Pflaurenz [BZ] **3** D3
Flumignano [UD] **33** B3
Fluno [BO] **91** B2
Fluvione, Torrente- **127** B2
Fobello [VC] **21** CD2
Foce [AP] **125** E2
Foce [PU] **107** F3-4
Foce [TR] **131** E1
Foce, la- [SI] **113** D3
Foce, La- [SP] **95** B2
Foce, Monte- **115** D1
Foce, Passo della- [MS] **95** D2
Foce, Passo della- [SP] **95** B2
Foce a Giovo **97** C2
Foce dell'Isonzo, Riserva Naturale della- **49** E2
Foce Fiume Reno, Riserva Naturale- **91** E1
Focene [ROMA] **145** B1-2
Focette, le- [LU] **95** E3
Focetto, Monte- **85** C2
Foci, Torrente- **111** E1
Foci dello Stella, Riserva Naturale delle- **49** B2
Focobon, Cima del- **13** BC4
Focognano, Stagni di- **97** FG4
Focoláccia, Passo della- **95** E2
Focomorto [FE] **75** E3
Fodara Vedla [BZ] **13** D2
Fódico [RE] **73** B2
Foen [BL] **29** C2
Foenna, Torrente- **113** D2
Fogare [MN] **73** B2
Fogari, Poggio- **111** E3
Fogarole [PC] **57** D3
Fogarolo, Monte- **41** D1-2
Foggia, Cima di- **21** C3
Foglia [RI] **131** E2-3
Fóglia, Fiume- **101** D3
Fogliano [GO] **49** DE1
Fogliano [MO] **87** EF1-2
Fogliano [PG] **125** A3
Fogliano [PG] **125** D3
Fogliano [RE] **73** B3-4
Fogliano, Monte- **131** C2-3
Fogliano Grosso [SI] **113** A2
Fogliano Inferiore [PV] **39** AB3
Fogliano Marina [RN] **101** C2
Fogliano Redipuglia [GO] **49** DE1
Foglizzo [TO] **37** A3
Fognano [FI] **105** DE2
Fognano [PR] **71** F2-3
Fognano [PT] **97** F3
Fognano [RA] **99** D1
Foiana / Völlan [BZ] **11** C2
Foiano della Chiana [AR] **113** D2
Foina [BS] **41** E3
Folchi [CN] **79** E2
Folga, Cima- **29** B1
Folgaria [TN] **27** CD3
Folgarida [TN] **11** B4
Folgorito, Monte- **95** E2
Folignano [AP] **127** C2-3
Folignano [PC] **71** BC2
Foligno [PG] **125** B2
Follettoso, Monte- **139** C2
Folli [PC] **71** AB4
Follina [TV] **29** D3
Follo [SP] **95** BC1-2
Follo [TV] **45** F1
Follo Alto [SP] **95** BC1-2
Follónica [GR] **119** E1
Follónica, Golfo di- **119** DE1
Folsogno [VB] **5** F3
Foltrone, Monte- **127** C3
Folungo, Passo- **21** F1
Folzano [BS] **41** F3-4
Fómbio [LO] **57** BC3
Fondazza [MO] **73** E2-3
Fondello, Palude- **63** D2
Fondi [PG] **115** E3
Fondi, i- [BG] **25** D2
Fondiano [RE] **87** D1
Fondo [TN] **11** C3
Fondo, il- [RN] **101** B2
Fondo Bagnolo [RE] **73** B3
Fondo Piccolo **43** EF1
Fondotoce [VB] **21** EF2
Fondo Toce, Riserva Naturale del- **21** EF2
Fondovalle [VB] **5** E1
Fondra [BG] **25** A3
Fongara [VI] **43** F2
Fons Salera [AT] **53** F2
Fontainemore [AO] **21** B3-4
Fontalcinaldo [GR] **111** D3
Fontana [BL] **15** D1
Fontana [BO] **89** C2
Fontana [BS] **41** F2-3
Fontana [LO] **57** B1-2
Fontana [PG] **115** B3
Fontana [RE] **73** C3-4
Fontana [TN] **11** B3
Fontana [TV] **29** D3
Fontana, Pala- **31** C2
Fontana, Val- **25** C1
Fontana Bianca, Lago di- / Weißbrunnsee **11** A2-3
Fontanabona [UD] **33** BC2
Fontana Bona, Albergo- **25** F1-2
Fontana del Prato, Casa- [LT] **145** F3
Fontana di Papa [ROMA] **145** D2
Fontana Fredda [PC] **71** CD2
Fontanafredda [PD] **61** D2
Fontanafredda [PN] **31** C3
Fontanalúccia [MO] **87** CD3
Fontana Moneta [RA] **99** C2
Fontana Murata [VT] **131** B1-2
Fontana Pradosa [PC] **55** F2
Fontanarossa [GE] **69** E3
Fontana Secca, Monte- **29** BC3
Fontanavento [PC] **71** B3
Fontanazzo [TN] **27** F2
Fontanazzo [TN] **13** B3
Fontanazzo, Riserva Naturale- **27** F2
Fontane [BS] **41** F3
Fontane [CN] **81** BC2
Fontane [MN] **59** AB1
Fontane [PR] **71** EF2-3
Fontane [TO] **51** D3
Fontane [TV] **47** A2
Fontanedo [TN] **25** F3
Fontanefredde / Kaltenbrunn [BZ] **11** E3-4
Fontanegli [GE] **83** D2
Fontanélice [BO] **89** E3
Fontanella [BG] **41** C4
Fontanella [BO] **89** C2
Fontanella [FI] **103** F2-3
Fontanella Grazioli [MN] **57** F2
Fontanella-Ozino [BI] **37** CD1
Fontanellato [PR] **71** EF2
Fontanelle [AR] **107** A2-3
Fontanelle [CH] **141** F3
Fontanelle [CN] **79** E1-2
Fontanelle [PE] **135** E2
Fontanelle [PR] **71** F2
Fontanelle [SI] **113** BC2
Fontanelle [TE] **127** E4
Fontanelle [TV] **47** B1-2
Fontanelle [VI] **45** C2
Fontanellette [TV] **47** B1-2
Fontanese [RE] **73** B2-3
Fontaneto d'Agogna [NO] **37** EF1
Fontanetto Po [VC] **53** E1
Fontaniale [AL] **69** A2
Fontanigorda [GE] **69** E3
Fontanile [AT] **67** F2
Fontanile Brancaleone, Riserva Naturale- **41** BC3
Fontanile di Selvotta [ROMA] **145** CD2
Fontanili di Corte Valle Re, Riserva Naturale- **73** B3
Fontanina, Rifugio il- **11** A3
Fontanino di Cellentino [TN] **9** F2-3
Fontaniva [PD] **45** D3
Fontarello [RI] **133** D1
Fontavignone [AQ] **133** FG3
Fontazzi [SI] **113** A2-3
Fonte [TV] **45** E2
Fonte, La- [PI] **103** CD3
Fonte al Cárpine [GR] **121** C3
Fonte al Ronco [AR] **113** D1
Fonte Alto [TV] **45** E2
Fonte Avellana, Monastero di- **109** A4
Fonteblanda [GR] **129** BC1
Fonte Bracca **41** C2
Fontebuona [FI] **99** A3
Fontecchio [AQ] **135** A3
Fontécchio, Terme di- **107** C4
Fontecellese, Monte- **139** D2
Fonte Cerreto [AQ] **133** G2
Fontechel [TN] **43** D2
Fonte Colombo, Convento di- **133** BC2
Fontecorniale [PU] **109** A2
Fonte d'Amore [AQ] **141** D2
Fonte del Campo [RI] **125** E3
Fonte della Róccia / Trinkstein [BZ] **3** E1
Fonte dell'Oppio [VT] **131** A1
Fonte di Bréscia [MC] **115** F2-3
Fonte di Papa [ROMA] **137** F2
Fonte d'Ólio [AN] **109** F3
Fontelacasa, Sella- **143** B3
Fontelunga [AR] **113** D2
Fonte Murata, Póggio- **107** A1-2
Fonteno [BG] **41** DE2
Fonte Nuova [ROMA] **139** A2
Fonte Paciano [PG] **115** A3
Fonte Romana [AQ] **141** E2
Fonterossi [CH] **141** F2
Fonterútoli [SI] **105** C4
Fonte San Moderanno [PR] **85** D1-2
Fontespina [MC] **117** F1-2
Fonte Vética, Rifugio- **135** B2
Fonte Vetriana [SI] **123** AB2
Fontevivo [PR] **71** EF2
Fontevivola [VT] **137** D1
Fonti [VB] **5** D3
Fonti, Cima- **45** B2
Fóntia [MS] **95** D2
Fontiano [AR] **113** DE1
Fontignano [PG] **115** AB3
Fontigo [TV] **45** F1
Fontisterni [FI] **105** D2
Fonzaso [BL] **29** B2
Fop, Cima del- **25** B3
Fopa [TO] **35** F2
Fópel, Cima del- **9** C1
Foppa, Passo della- **9** D3
Foppe, Monte- **23** D1-2
Foppiano [GE] **69** EF3
Foppiano [PR] **85** B2
Foppiano [VB] **5** E1-2
Foppo [SO] **9** D2-3
Fóppolo [BG] **25** A2
Fora, Sasso di- **9** A2-3
Forada, Forcella- **13** D3
Forale, Monte- **29** D2-3
Forame [UD] **33** CD1
Forame, Passo- **9** B3
Forane, Poggio- **129** CD2
Forani [CN] **79** C1-2
Forano [RI] **131** F3
Forano, Convento di- **117** D1
Fórbici, Passo delle- **97** B1
Forca, Bec della- **69** F2
Forca, Cima- **3** E1-2
Forca, la- [RI] **133** C1
Forca, la- [RI] **125** D3-4
Forca, Monte- / Kleiner Gabler **13** B1
Forca, Pizzo- **13** BC3
Forca di Valle [TE] **135** A1
Forcarigoli [RO] **63** C3
Forcatura [PG] **115** F3
Force [AP] **127** B2
Forcella [AP] **127** B3
Forcella [MC] **125** C2
Forcella [RI] **133** AB2
Forcella [TE] **127** D4
Forcella, La- **83** EF2
Forcella, Monte la- **117** B2
Forcelle [RI] **125** E4
Forcelli [BO] **89** C1
Forcellino, Monte- **9** E2
Forcello [CR] **57** E3
Forcello [MO] **73** D2
Forcellona, Passo- **29** A3
Forche, Monte delle- **109** B2
Forche, Poggio alle- **105** F4
Forche, Poggio delle- **137** CD1-2
Forchetta, Válico della- **141** E3
Forchia, Monte- **15** D1-2
Forcola [SO] **25** A2
Forcola [SO] **25** AB1
Forcola, Monte- **1** A3
Forcola, Passo della- **7** D2-3
Forcola, Pizzo della- [Eur.] **1** A3
Forcola, Pizzo della- [Eur.] **7** D2-3
Forcola, Rifugio- / Furkel-Hütte **1** AB3
Forcoletta, Passo della- **5** E2
Fórcoli [PI] **103** E3
Forcora, La- [VA] **7** A4
Foredòr, Sella- **17** BC3
Foresta / Forst [BZ] **11** C1-2
Foresta, Val di- / Grünwaldtal **3** E3
Foreste Casentinesi-Monte Falterona-Campigna, Parco Nazionale delle- **99** D3
Foresto [BG] **41** B2
Foresto [CN] **67** B2
Foresto [MN] **59** B1-2
Foresto [TO] **51** D1-2
Foresto [VC] **21** D3
Foresto [VE] **63** C2
Foresto Sparso [BG] **41** D2
Forette [VR] **59** D1-2
Forgária nel Friuli [UD] **15** E3
Forlano [PC] **71** C3
Forlì [FC] **99** F1
Forlì, Aeroporto Internazionale- **99** F1
Forlimpopoli [FC] **99** F1
Forma, La- [FR] **139** D3
Formanuova, Torrente- **115** B2-3
Formazza [VB] **5** E1
Formazza, Val- **5** E1
Forme [AQ] **139** F2
Formeaso [UD] **17** AB2
Formegan [BL] **29** D2
Formellino [RA] **91** C3
Formello [ROMA] **137** E2
Formeniga [TV] **29** E3
Formentara [MS] **85** C2
Formica di Burano, Isola- **129** C2
Formica Grande **129** A1
Formica Piccola **129** A1
Formica Terza **129** A1
Formiche, Castello delle- [TR] **131** E2
Formiche, Le- **119** ins.a
Formiche, Monte delle- **89** D2-3
Formiche della Zanca **119** A2
Formico, Pizzo- **25** B3
Formigara [CR] **57** C2
Formigine [MO] **87** EF1
Formigliana [VC] **37** D2
Formignana [FE] **77** B2-3
Formignano [FC] **99** F2
Formigosa [MN] **59** D3
Fórmole [AR] **107** B3
Formole, Area Protetta- **107** B3
Formone, Torrente- **121** F1
Forna, la- [FE] **75** C2
Fornaca [CN] **65** F2
Fornaca [CN] **81** D1-2
Fornace [BO] **89** BC2
Fornace [FI] **105** E1
Fornace [GR] **129** D1
Fornace [SI] **113** C2-3
Fornace [SO] **9** C2
Fornace [TN] **27** D2
Fornace, la- [PU] **109** B2-3
Fornace, Monte- **27** A2
Fornace Guerrino [BO] **89** F2
Fornacelle [PO] **97** EF3
Fornacette [FI] **105** B3
Fornacette [PG] **115** D1
Fornacette [PI] **103** D2-3
Fornacette, le- [GR] **121** B2-3
Fornaci [BS] **41** EF3-4
Fornaci [LO] **57** BC2
Fornaci [LO] **57** AB2
Fornaci [MN] **73** C2
Fornaci [NO] **37** F1
Fornaci [NO] **37** EF1
Fornaci [PU] **117** B1
Fornaci [RO] **77** D1
Fornaci [SV] **81** FG2
Fornaci [TV] **47** B2-3
Fornaci, le- [PO] **97** F3
Fornaci, Le- [VB] **5** E3
Fornaci, Passo delle- **125** D2
Fornaci di Barga [LU] **97** B2
Fornacino [TO] **53** B1-2
Fornális [UD] **33** D2
Fornase [VE] **63** CD1
Fornazzano [RA] **99** C1-2
Fornelli [SV] **81** E1-2
Fornelli [UD] **49** C1-2
Fornello [AR] **105** E2
Fornello [FI] **105** D1-2
Fornello [FI] **99** BC2-3
Fornello [PT] **103** F2
Fornello [PV] **55** F2
Forner [TV] **45** E1-2
Fornero [VB] **21** DE2
Fornesighe [BL] **13** E3
Forni [AT] **67** E1-2
Forni [LI] **111** C3
Forni [VI] **45** AB1
Forni, Cima dei- **9** F2
Forni, i- [SO] **25** BC2
Forni, Val di- **9** F2
Forni Avoltri [UD] **15** D1
Fornico [BS] **43** B2-3
Forni dell'Accesa [GR] **121** A2
Forni di Sopra [UD] **15** C2
Forni di Sotto [UD] **15** CD2
Fórnio [PR] **71** DE2
Fornione [BO] **99** C1
Fornisco [TE] **127** BC3
Forno [MS] **95** DE2
Forno [TN] **13** A3
Forno [TO] **51** E2
Forno [TO] **35** DE3
Forno [VB] **21** D2
Forno, Capanna del- **9** A2-3
Forno, Ghiacciaio del- **9** F2
Forno, il- [MO] **73** D3-4
Forno, Lago del- / Pfurnsee **1** F1
Forno, Monte- [It.] **17** F1
Forno, Monte- [VB] **5** DE2
Forno, Monte- [VI] **27** EF3
Forno, Monte del- **9** A2-3
Forno, Pizzo del- **5** E2
Forno, Poggio del- **131** AB3
Forno Allione [BS] **25** D2
Forno Alpi Graie [TO] **35** D2
Forno Canavese [TO] **35** F2
Forno della Gaiana [BO] **89** E1-2
Forno di Val [BL] **29** C1
Forno di Zoldo [BL] **13** DE3
Forno d'Ono [BS] **43** A2
Fórnole [TR] **131** E1
Fórnoli [LU] **97** C2-3
Fórnoli [MS] **85** D3
Fornolosa [TO] **35** E2
Fornovo di Taro [PR] **71** E3
Fornovolasco [LU] **97** B2
Fornovo San Giovanni [BG] **41** BC3-4
Foro, Fiume- **135** E2
Foroni [VR] **59** C1-2
Foroni, i- [MN] **59** C2
Forotondo [AL] **69** E2
Forrilla [TO] **51** FG1-2
Forsivo [PG] **125** CD3
Forst / Foresta [BZ] **11** C1-2
Forte [BI] **37** D1
Forte Buso, Lago di- **13** B4
Forte dei Marmi [LU] **95** DE3
Forte di Bibbona [LI] **111** B2
Fortezza / Franzensfeste [BZ] **3** B3
Fortezza, Monte della- **119** ins.b
Fortogna [BL] **29** E1
Fortullino [LI] **111** A1
Fortuna, Passo della- **145** F1
Fortunago [PV] **55** DE3
Forzellina, Cima- **9** F2-3
Forzo [TO] **35** E1
Forzo, Rifugio di- **35** E1
Fos [AO] **35** C1
Foscagno, Monte- **9** D2
Foscagno, Passo di- **9** D1-2
Fósci, Torrente- **111** D1
Fosciándora [LU] **97** B2
Fosco, Rio- / Finsterbach **3** E3
Fosdinovo [MS] **95** CD2
Fosdondo [RE] **73** C3
Fósini [SI] **111** D2-3
Fósio [PR] **71** DE3-4
Fósola, Monte- **87** C2
Fossa [AQ] **133** F3
Fossa [BS] **59** A1
Fossa [MO] **73** E2
Fossa [PR] **57** F3-4
Fossa, Cascina la- [ROMA] **145** CD3
Fossa, la- [RE] **73** A3-4
Fossabiuba [TV] **47** C2
Fossa Caprara [CR] **73** A2
Fossacésia [CH] **143** A1
Fossacésia Marina [CH] **143** AB1
Fossadálbero [FE] **75** E2
Fossa dell'Abate [LU] **95** E3
Fossadello [PC] **57** C3
Fossa di Porto, Valle- **91** D1
Fossalon di Grado [GO] **49** D2
Fossalta [FE] **75** E2
Fossalta [MO] **87** F1
Fossalta [PD] **45** EF3
Fossalta di Piave [VE] **47** BC2-3
Fossalta di Portogruaro [VE] **47** E2
Fossalta Maggiore [TV] **47** C2
Fossalunga [TV] **45** F2
Fossamana [MN] **59** C2
Fossamerlo [TV] **47** AB1
Fossano [CN] **67** B3
Fossanova San Marco [FE] **75** E3
Fossaragna **63** B2
Fossarmato [PV] **55** E1
Fossatello [TR] **123** D3
Fossato [MN] **59** B2
Fossato [PO] **97** F2
Fossato [PU] **107** E4
Fossato, Colle di- **115** E2
Fossato di Vico [PG] **115** E2
Fossaz [AO] **19** CD2
Fosse [VI] **45** C2
Fosse [VR] **43** D3
Fosse, Val di- / Pfossental **1** D2
Fosseno [NO] **21** EF2-3
Fosseto [AL] **55** A2
Fossignano [LT] **145** D3
Fossó [VE] **63** C1
Fosso Ghiaia [RA] **91** E2
Fossola [MS] **95** D2
Fossola [SP] **95** B2
Fóssoli [MO] **73** D2-3
Fossombrone [PU] **109** A2
Fossona [PD] **61** DE1
Fostaga [BS] **43** A3
Fosto [PU] **107** E3
Fourà, Punta- **35** D2
Foza [VI] **29** A3
Frà, Monte- **25** D3
Frabosa Soprana [CN] **81** B2
Frabosa Sottana [CN] **81** B1-2
Fraccano [PG] **107** C3-4
Fraccaroli, Rifugio- **43** E2
Fracce [VA] **21** FG2
Frácchia [CR] **57** AB1
Frácchie [VB] **5** E1-2
Fraches, Rifugio- **1** AB3
Frachey [AO] **21** A2
Fraciata, Bec di- **81** F1
Fracíscio [SO] **7** E2
Fraconalto [AL] **69** C3
Fradusta, Cimon di- **29** C1-2
Fradusto **99** A1
Fraelacco [UD] **33** C1-2
Fraele, Passo di- **9** D1
Fraele, Valle di- **9** D1
Fraforeano [UD] **47** EF1-2
Fragaiolo [AR] **107** A2-3
Frages [RA] **91** B2
Fragheto [PU] **107** B2
Fragno [PR] **87** A1
Fragsburg, Schloß- / Verruca, Castello- **11** D2
Fraine [BS] **41** E2
Fraine [CH] **143** A3
Fraine di Sopra [VR] **43** CD2-3
Fráire [CN] **65** E2
Frais [TO] **51** CD2
Fraisse [TO] **51** C2
Fraita [TO] **51** E3
Fraitève, Monte- **51** C2-3
Framont, Monte- **13** D4
Framura [SP] **85** B3
Framura, Stazione di- **85** B3
Franca [PG] **125** BC1-2
Franca San Rocco [LO] **57** C3
Francavilla [AN] **109** C2
Francavilla al Mare [CH] **135** E2
Francavilla Bisio [AL] **69** B2
Francavilla d'Ete [AP] **117** E2
Francenigo [TV] **31** BC3
Franche, Forcella- **29** CD1
Franchella [SV] **81** DE2
Franchetti, Rifugio- **13** DE2
Franchi [PR] **71** C3
Franchin, Col- **29** DE3
Franchini [AL] **53** F3
Francia [TO] **51** E3
Francocci [PG] **125** A3
Francolini [TN] **27** CD3
Francolino [FE] **75** DE2
Franscia [SO] **9** B3

Franzensfeste / Fortezza [BZ] **3** B3
Frapiero [PD] **63** BC2
Frara [PR] **73** A2
Frasassi, Grotte di- **115** F1
Frasca [AQ] **135** B3
Frascaro [AL] **69** A1-2
Frascaro [PG] **125** D3
Frascaro [RE] **87** C2
Frascarolo [PV] **55** AB2
Frascata [AL] **69** D1-2
Frascata, la- [RA] **91** C1
Frascati [ROMA] **145** DE2
Fraschéia, Monte- **21** D3-4
Frascheo [BI] **37** C1
Fráscola, Monte- **15** D2-3
Frasnedo [SO] **7** EF3
Frassanéit [PN] **15** D3
Frassené [BL] **29** B2-3
Frassené [BL] **29** C1
Frassenedo [PD] **63** B1
Frassenetto [UD] **15** D1
Frassi [PC] **69** EF3
Frassi, Colle dei- **133** D2
Frassignoni [PT] **97** E2
Frassilongo [TN] **27** D2
Frassinara [PR] **73** A2
Frassinara [RE] **73** C3
Frássine [GR] **111** C3
Frássine [PD] **61** C2
Frássine, Fiume- **61** D2
Frassinédolo [RE] **87** BC2
Frassinelle Polésine [RO] **75** E1-2
Frassinello [GE] **69** D3
Frassinello Monferrato [AL] **53** F2
Frassinere [TO] **51** E2
Frassineta [AN] **109** A4
Frassineta [AR] **107** A2
Frassineta [BO] **99** AB1
Frassineti [MO] **87** E2
Frassineto [AR] **113** DE1
Frassineto [BO] **89** DE2-3
Frassineto [PR] **71** B4
Frassineto / Verschneid [BZ] **11** D2
Frassineto, Passo di- **107** B2
Frassineto Po [AL] **53** G2
Frassinetto [TO] **35** F2
Frassiney [AO] **19** C3
Frássini [SI] **111** E2-3
Frássino [CN] **65** D3
Frássino [MN] **59** C2-3
Frássino [SV] **81** D2
Frassino, Laghetto del- **59** BC1
Frassinoro [MO] **87** D3
Frassoneta [SV] **67** E4
Frasso Sabino [RI] **139** B1
Frate del Méia **21** D3
Fratelle [AR] **107** B2
Fraterna [RO] **77** E2
Frati, Monte dei- **107** BC2-3
Fratta [AR] **113** E2
Fratta [FC] **99** FG2
Fratta [GO] **33** D3
Fratta [PN] **31** B3
Fratta [PN] **31** D1
Fratta [TV] **29** E3
Fratta [TV] **45** E3
Fratta [VE] **47** E2
Fratta, Fiume- **61** C3
Fratta, la- [SI] **113** D2
Fratta, Monte- **139** E1
Frattaguida [TR] **123** CD2
Fratta Polésine [RO] **75** D1
Fratta Terme [FC] **99** F2
Fratta Todina [PG] **123** E2
Fratte [PD] **45** E3
Fratte [PG] **115** B2-3
Fratte, le- [PN] **31** D3
Fratte, le- [VI] **43** F1
Fratte Rosa [PU] **109** B3
Fratticciola [AR] **113** E2
Fratticiola Selvática [PG] **115** D2
Frattina [PN] **47** CD2
Frattócchie [ROMA] **145** D2
Frattúccia [TR] **123** E4
Frattura [AQ] **141** D3
Fraveggio [TN] **27** B2
Fravezza, la- [PC] **71** BC2-3
Fraviano [TN] **27** A1
Fravort, Monte- **27** DE2
Freddezza [PC] **71** A3
Fregabolgia, Lago- **25** B2
Fregasoga, Monte- **27** E1
Fregene [ROMA] **145** B1
Fregiolo [FC] **99** D2
Fregnanello [RA] **99** D1
Fregona [BL] **13** C3
Fregona [TV] **29** EF2-3
Freidour, Monte- **51** E3
Freienfeld / Campo di Trens [BZ] **3** A2
Fréjus, Col de- **51** AB2
Fréjus, Galleria del- **51** AB2
Fréjus, Traforo del- **51** B2
Fremamorta, Cima di- **79** C2-3
Frena [BZ] **3** D3
Frena, Monte- **99** B2
Frentani, Monti dei- **143** AB3
Frenzella, Val- **45** C1
Frere [CN] **65** BC4
Frerola [BG] **41** C1-2
Frerone, Monte- **25** E3
Fresagrandinária [CH] **143** BC3
Fresca [VR] **61** B2
Frescade [TV] **47** A3
Frescarolo [PR] **71** E2
Fresciano [AR] **107** B2
Fresciano [FI] **97** G2
Frescondino [AL] **55** A2-3
Fresine [BS] **25** E2
Frésis [UD] **15** E2
Fresonara [AL] **69** AB2
Frignano **87** DE3
Frignone, Monte- **97** AB1
Frinco [AT] **53** DE2
Friola [VI] **45** CD2-3
Frioland, Monte- **65** C2
Frisa [CH] **141** G1
Frisan, Torrente- **15** C1
Frisanchi [TN] **27** D3
Frisanco [PN] **31** D1
Frise [CN] **79** C1
Frise, Rio delle- **79** C1
Frisolino [GE] **85** A2-3
Frisoni [VI] **29** AB3
Frisozzo, Monte- **25** E2
Friuli **31** EF2
Frizza, la- [MN] **73** D2
Frodolfo, Torrente- **9** E2
Froid, Bric- → Ramière, Punta- **51** C3
Frola [BG] **23** FG2
Frommer [BZ] **13** A2
Frondarola [TE] **127** C4
Front [TO] **35** FG3
Frontale [BG] **23** EF2
Frontale [MC] **117** B1
Frontale [SO] **9** E2
Frontano, Monte- **107** D4
Fronte, Monte- **93** C2
Frontignano [BS] **57** E1
Frontignano [PG] **123** E2
Frontignano [SI] **113** A2
Frontillo [MC] **117** B3
Frontin [BL] **29** D2
Frontino [PU] **107** D2
Frontone [PU] **109** A3
Frónzola [AR] **105** F2
Froppa, Cimon del- **13** EF2
Frósini [SI] **111** E2
Frossasco [TO] **51** EF3
Frua, la- [VB] **5** E1
Frua, Rifugio- **25** AB3
Frugarolo [AL] **69** AB1-2
Frugna, Monte- **15** B3
Fruins [PN] **15** E3
Fuart, lôf- **17** DE2
Fubina [TO] **35** E3
Fubine [AL] **53** F3
Fucécchio [FI] **103** E2
Fucécchio, Padule di- **103** E2
Fuchiade [TN] **13** B3
Fucignano [TE] **127** C3
Fucine [TN] **11** A4
Fucine [TO] **35** E3
Fucine-Grenni [SV] **81** E2
Fúcino, Piana del- **141** AB2-3
Fúcino, Rio- **133** F1
Fugazzolo di Sopra [PR] **85** DE1
Fugazzolo di Sotto [PR] **85** DE1
Fugnano, Botro di- **105** AB4
Fuipiano al Brembo [BG] **23** F2
Fuipiano Valle Imagna [BG] **23** F2
Fulcheri [CN] **79** E1
Fumaiolo, Monte- [FC] **107** B2
Fumaiolo, Monte- [VT] **129** E2
Fumane [VR] **43** D3
Fumeri [GE] **69** C3
Fumero [SO] **9** E2
Fumo [PV] **55** D2
Fumo, Monte- [Eur.] **3** E1
Fumo, Monte- [It.] **107** CD3
Fumo, Monte- [It.] **25** F2
Fumo, Val di- **25** F2
Fúndres / Pfunders [BZ] **3** C2
Fúndres, Rio- / Pfundererbach **3** C2
Fúndres, Val di- / Pfunderer Tal **3** C2
Funeclo, Torrente- **9** E3
Funer [TV] **45** E1
Funes [BL] **31** B1-2
Funes / Villnöss [BZ] **13** B2
Funes, Val di- / Villnösstal **13** AB2
Fungaia [SI] **113** A1-2
Fungaia, Monte- **107** B3
Fungaia, Riserva Naturale- **107** B3
Funivia Rosetta, Rifugio- **29** BC1
Funo [BO] **89** CD1
Fun Park Palma **13** D3
Fuori, Monte di- / Außerer Berg **11** C2
Furato [MI] **39** B1
Furbara, Stazione di- **137** BC2-3
Furci [CH] **143** B2
Furggen, Stazione del- **19** FG1
Furkel-Hütte / Forcola, Rifugio- **1** AB3
Furlo [PU] **107** F3
Furlo, Gola del- **107** F3
Fürstenburg **1** B2
Fusea [UD] **15** EF2
Fusignano [RA] **91** C2
Fusina [VE] **63** D1
Fusine [BL] **13** D3
Fusine [SO] **25** A2
Fusine [VI] **43** F2
Fusine, Laghi di- **17** EF2
Fusine in Valromana [UD] **17** E1-2
Fusine Laghi [UD] **17** EF1-2
Fusino [SO] **9** D2-3
Fuso, Monte- [FC] **99** D2
Fuso, Monte- [PR] **85** F1-2
Futa, Passo della- **99** A2

G

Gabberi, Monte- **97** A3
Gábbia [VR] **59** E2
Gabbia, Poggio a- **111** C2
Gabbiana [MN] **59** B3
Gabbiana [MS] **85** DE3
Gabbiani, Costa dei- **119** C2
Gabbiano [AP] **117** DE2-3
Gabbiano [BO] **89** C3
Gabbiano [FI] **99** A2-3
Gabbiano [PC] **55** F3
Gabbiano Vecchio [AR] **113** E2-3
Gabbione [PV] **55** E3
Gabbione [PV] **55** E3
Gabbioneta [CR] **57** F2
Gabbioneta-Binanuova [CR] **57** EF2
Gabbri, Poggio- **111** BC2
Gabbro [LI] **103** C3-4
Gabbro, Monte- **111** E2
Gabella [AN] **109** D3
Gabella [PI] **103** C2
Gabella Nuova [MC] **117** C3
Gabelletta [TR] **131** F1
Gabelletta [VT] **131** A1-2
Gabelletta, La- [VT] **131** D3
Gabellina, la- [RE] **87** B2-3
Gabellino [GR] **111** E3
Gabel-Spitze **3** E1-2
Gabetti [CN] **67** C3
Gabiano [AL] **53** E1-2
Gabiano [TE] **127** C3
Gabicce Mare [PU] **101** D3
Gabicce Monte [PU] **101** D3
Gabiet, Lago- **21** B2
Gabiet, Rifugio del- **21** AB2
Gabii **145** E1
Gabiolo [TN] **27** C2
Gábria [GO] **49** F1
Gabrielassi [CN] **67** B2
Gabriella [AN] **109** D2
Gabrovizza San Primo [TS] **49** F2
Gabutti [CN] **81** D1
Gaby [AO] **21** B3
Gad [TO] **51** C2
Gadana [PU] **107** E2
Gádera, Torrente- / Gaderbach **3** D3
Gaderbach / Gádera, Torrente- **3** D3
Gaderbach / San Cassiano, Rio- **13** C2
Gadertal / Badia, Val- **13** C1-2
Gadesco-Pieve Delmona [CR] **57** E2-3
Gadignano [PC] **55** F3
Gaffuro [MN] **59** B2-3
Gaggiano [MI] **39** C2
Gaggina [AL] **69** A2
Gaggino [CO] **23** B2-3
Gággio [BO] **99** C1
Gággio [MO] **89** AB1
Gággio [SO] **7** FG3-4
Gággio [VE] **47** A3
Gaggiolo [VA] **23** B2-3
Gággio Montano [BO] **97** E1
Gaglianico [BI] **37** C1
Gagliano [TE] **127** D3
Gagliano [UD] **33** D2
Gagliano Aterno [AQ] **141** BC2
Gaglianvécchio [MC] **117** C2
Gagliardone, Rifugio- **65** C2-3
Gagliétole [PG] **123** E2
Gágliole [MC] **117** B2
Gagnago [NO] **21** F3
Gagnone [NO] **5** E3
Gagnone-Orcesco [VB] **5** E3
Gagnoni, Villa- [SI] **113** D3
Gaiana [BO] **89** E2
Gaiana, Torrente- **89** E2
Gaianello [MO] **87** E2-3
Gaianigo [PD] **45** CD3
Gaiano [PR] **71** EF3
Gaiano [RA] **91** BC2
Gaiarine [TV] **47** B1
Gaiato [MO] **87** EF3
Gáiba [RO] **75** C2
Gaibana [FE] **75** D3
Gaibanella [FE] **75** D3
Gaibola [BO] **89** C2
Gaico [AP] **127** B2-3
Gaida [RE] **73** AB3
Gaifana [PG] **115** E2-3
Gaina [BS] **41** E2-3
Gainago [PR] **73** A2
Gaini [AL] **67** F3
Gainiga [VE] **47** CD2
Gaino [BS] **43** B2-3
Gaiola [CN] **79** D1-2
Gaiole in Chianti [SI] **105** D4
Gaione [PR] **71** F3
Gais / Gáis [BZ] **3** D2-3
Gáis / Gais [BZ] **3** D2-3
Gaisl, Hohe- / Rossa, Croda- **13** D2
Galade [AL] **55** B3
Galanti [AL] **69** A3
Galantina [RI] **133** AB3
Galassi, Rifugio- **13** E3
Galatróna [AR] **105** E4
Galavronara e Forcello, Bonifica- **75** EF3
Galbiate [LC] **23** E3
Galciana [PO] **97** F3
Galdina [NO] **37** FG1
Galeata [FC] **99** E2-3
Galeazza [BO] **75** B3
Galenne, Monte- **125** BC3
Galera [PG] **115** B2
Galera, Cala- **129** C2
Galéria **137** D2
Galero, Monte- **81** CD2-3
Galfione [BI] **37** BC1
Galfione, Monte- **25** CD2
Galgagnano [LO] **39** E2
Gálgata [PG] **115** D2
Gáliga [FI] **105** D1
Galisia, Passo di- **35** C2
Gallaneto [GE] **69** C3
Gallano [MC] **117** B3
Gallano [PG] **115** E3
Gallarate [VA] **23** A3-4
Gallareto Primo [AT] **53** D2
Gallazzano [MC] **117** B3
Galleana [PC] **57** BC3
Gallena [SI] **111** E2
Galleno [BS] **25** D1-2
Galleno [FI] **103** E2
Galleráie [SI] **111** DE2
Galleriano [UD] **33** B3
Gallese [VT] **131** E2
Gallese-Vasanello, Stazione- **131** E2
Galletti [SV] **67** F4
Galli [UD] **49** BC1-2
Galli [VC] **53** D1
Gállia [PV] **55** BC2
Galliana [FI] **99** D2
Gallianelle [PC] **71** D2
Galliano [CO] **23** C3
Galliano [FI] **99** B1
Gallianta [VE] **63** C3
Galliate [NO] **37** G2
Galliate Lombardo [VA] **23** A3
Galliávola [PV] **55** B2
Gallicano [LU] **95** F2
Gallicano nel Lazio [ROMA] **145** EF1
Galliera [BO] **75** C3
Galliera Véneta [PD] **45** D2-3
Gallignano [AN] **109** E3
Gallignano [CR] **41** CD4
Gallina [SI] **123** A1-2
Gallina, Cima- / Rollspitze **3** AB2
Gallina, Col della- **31** B2
Gallina, Punta della- **1** B1
Gallina, Spiz- **29** EF1
Gallinara, Isola- **93** F2
Gallinara, Monte- **85** D1
Gallinazza [UD] **49** C2
Gallino, Pizzo- **27** B1
Gállio [VI] **45** C1
Gallisterna [RA] **89** EF3
Gallivággio [SO] **7** E2
Gallo [AQ] **139** E2
Gallo [BO] **89** E2
Gallo [FC] **99** FG2
Gallo [FE] **75** D3
Gallo [PU] **107** F2
Gallo [RE] **73** A3
Gallo, Acqua del- **9** D1
Gallo, Alpe del- **9** D1
Gallo, Fosso del- **135** D1
Gallo, Monte- **43** A2
Gallo, Ponte del- **9** D1
Gallo d'Alba [CN] **67** C2-3
Gallo Grinzane [CN] **67** CD2-3
Galloro, Monte- **125** C3
Galluzzo [FI] **105** C2
Galluzzo, Certosa del- **105** C2
Galsaun / Colsano [BZ] **11** B2
Galtana [PR] **71** E3
Galvagnina [MN] **73** D2
Galzignano Terme [PD] **61** E2
Gamagna [RI] **133** D3
Gamalero [AL] **69** A1-2
Gámbara [BS] **57** F2
Gambarana [PV] **55** B2
Gambarara [MN] **59** C2
Gambarare [VE] **63** CD1
Gámbaro [PC] **71** A4
Gámbaro [RO] **75** D1-2
Gambasca [CN] **65** DE3
Gambassi Terme [FI] **105** A3
Gambellara [RA] **91** D2-3
Gambellara [VI] **61** BC1
Gamberáia [SI] **105** EF2
Gamberaldi [FI] **99** C2
Gamberale [CH] **141** F3
Gambéttola [FC] **101** AB2
Gambina [AL] **69** AB2-3
Gambolò [PV] **39** AB3
Gambugliano [VI] **45** B3
Gambulaga [FE] **75** E3
Gamellona [CN] **81** D1
Gameragna [SV] **83** A2
Gaminella [AL] **53** E2
Gamogna, Monte di- **99** C2
Gampberg / Campo, Monte- **11** EF1-2
Gampen Joch / Palade, Passo delle- **11** C2
Gamser / Camosci, Cima dei- **11** E2
Gamskar Spitze **3** B1
Ganaceto [MO] **73** D3
Ganaghello [PC] **55** F2
Gand / Ganda di Martello [BZ] **11** A2
Ganda di Martello / Gand [BZ] **11** A2
Gandazzolo [FE] **75** D3
Gandellino [BG] **25** B2-3
Gandino [BG] **41** D2
Gandolfi, Case- [BO] **89** E1-2
Gandosso [BG] **41** D2-3
Ganfardine [VR] **59** CD1
Gangaglietti [CN] **67** B2
Ganghereto **105** E3
Ganna [VA] **23** AB2
Ganna, Lago di- **23** A2
Gantkofel / Macaion, Monte- **11** D2-3
Ganzanigo [BO] **89** E1-2
Gaon [VR] **43** C3
Garabiolo [VA] **7** A4
Garadassi [AL] **69** D2
Garavagna [CN] **81** B1
Garave, Monte- **69** E2
Garaventa [GE] **69** DE3
Garavicchio [GR] **129** D2
Garavóglie [VC] **37** C3
Garbagna [AL] **69** CD2
Garbagna Novarese [NO] **37** FG2
Garbagnate Milanese [MI] **39** C1
Garbagnate Monastero [LC] **23** D3
Garbana [PV] **39** A3
Garbaoli [AT] **67** E3
Garbarini [GE] **83** E2
Garbarino [GE] **69** E3
Garbatella [ROMA] **145** CD1
Garbátola [MI] **39** BC1
Garbella, Monte- **79** D2
Garbugliaga [SP] **85** C3
Garda [BS] **25** DE2
Garda [VR] **43** C3
Garda, Isola di- **43** B3
Garda, Lago di- (Benaco) **43** BC3
Garda, Monte- **29** CD3
Gardaland **59** C1
Gardéccia, Rifugio- **13** A3
Gardena, Passo di- / Grödner Joch **13** B2
Gardena, Rio- / Grödnerbach **11** F2
Gardena, Val- / Grödner Tal **13** AB2
Gardenáccia, la- / Gardenatscha-H. **13** BC2
Gardenatscha-H. / Gardenáccia, la- **13** BC2
Gardesana Orientale, Riserva Naturale- **43** D1-2
Gardetta, Passo della- **79** AB1
Gardigiano [VE] **47** A3
Gárdola [BS] **43** C2
Gárdolo [TN] **27** C2
Gárdolo di Mezzo [TN] **27** C2
Gardona, Castello di- **29** E1
Gardoncino [BS] **43** B3
Gardone Riviera [BS] **43** B3
Gardone Val Trómpia [BS] **41** EF2
Garedo / Gereuth [BZ] **3** B3
Garella di Fondo Isola [BI] **37** D1
Garelli, Rifugio- **81** B2
Gares [BL] **13** C4
Garéssio [CN] **81** D2
Garessio 2000 [CN] **81** C2
Garezzo, Colla- **93** C2
Garfagnana **97** BC2
Gargagnago [VR] **43** D3
Gargallo [MO] **73** D3
Gargallo [NO] **21** E3
Gargazon / Gargazzone [BZ] **11** D2
Gargazzone / Gargazon [BZ] **11** D2
Gargnano [BS] **43** BC2
Gargonza [AR] **113** CD1-2
Garibaldi, Rifugio- [TE] **133** G2
Garibaldi, Rifugio- [TN] **43** BC1-2
Gariga [PC] **71** BC1-2
Garlasco [PV] **55** C1
Garlate [LC] **23** E3
Garlate, Lago di- **23** E2-3
Garlenda [SV] **93** E2
Garliano [AR] **105** F2
Garna [BL] **31** B2
Garnier [TO] **51** D2-3
Garniga Terme [TN] **27** C2-3
Garófalo [RO] **75** E2
Garófano [MO] **87** FG2
Garolda [MN] **59** D3
Garoppi [AL] **53** E2
Garrano [TE] **127** CD3
Garriano [AL] **53** F2
Garroni, i- [AT] **67** E3
Garrufo [TE] **127** D3
Garrufo [TE] **127** C3
Garulla Inferiore [AP] **125** E1-2
Garza, Torrente- **41** F3
Garzaia di Carisio, Riserva Naturale della- **37** D2
Garzaia di Villarboit, Riserva Naturale della- **37** DE2
Garzara [RO] **77** C1-2
Garzeno [CO] **7** D4
Garziere [VI] **45** B2
Garzigliana [TO] **51** F3
Garzirola, Monte- **7** C4
Garzonè, Lago- **27** A2
Gassano [MS] **85** E3
Gássino Torinese [TO] **53** B2
Gassl [BZ] **3** E3
Gastaldi, Rifugio- **35** C3
Gasteig / Casateia [BZ] **3** A2
Gastra [AR] **105** E2-3
Gastra, Varco di- **105** E2-3
Gatta [RE] **87** C2
Gatta, la- [PR] **71** E3
Gattáia [FI] **99** B2-3
Gattara [PU] **107** BC2
Gattático [RE] **73** A3
Gatteo [FC] **101** B2
Gatteo a Mare [FC] **101** B1-2
Gattera [VC] **21** D3
Gáttera, Casa- [PI] **111** CD1
Gáttico [NO] **21** EF3
Gattinara [VC] **37** E1
Gatto, Cà del- [AL] **69** CD2
Gatto, Osteria del- [PG] **115** E2
Gatto, Scoglio del- **119** ins.a
Gattolino [CR] **57** B1
Gattolino [FC] **101** A1-2
Gattorna [GE] **83** DE2
Gattuccio [AN] **117** A1
Gaude / Flading [BZ] **1** F1
Gáuna [TO] **37** A2
Gavardo [BS] **43** A3
Gavarno [BG] **41** C2
Gavasa, Monte- **69** D2
Gavaseto [BO] **75** C3
Gavassa [RE] **73** BC3
Gavasseto [RE] **73** BC3-4
Gavaz [BL] **13** D3-4
Gavazzana [AL] **69** C2
Gavazzo [PR] **87** C1
Gavelle [VI] **29** A3
Gavelli [PG] **125** C3
Gavello [FE] **75** B2
Gavello [MO] **75** AB2
Gavello [RO] **77** B1
Gavénola [IM] **93** D2
Gaver, Malga- **25** E3
Gaverina Terme [BG] **41** D2
Gavet, Monte- **25** A2
Gavi [AL] **69** B2
Gavi [PC] **71** A3
Gavi, Monte- **71** A3
Gávia, Monte- **9** E2
Gávia, Passo di- **9** E2-3
Gávia, Rifugio di- **9** EF2
Gávia, Val di- **9** F2
Gavignano [AR] **113** C1
Gavignano [RI] **131** F3
Gavignano [SI] **105** B4
Gavigno [PO] **97** F2
Gaville [AN] **115** E1
Gaville [FI] **105** D3
Gavin, Bec- **19** F2-3
Gavinana [PT] **97** D2
Gavirate [VA] **23** A2-3
Gaviserri [AR] **105** F1-2
Gavonata [AL] **69** A2
Gavorrano [GR] **121** A2
Gavorrano, Stazione di- **121** A2
Gazoldo degli Ippoliti [MN] **59** B2
Gazza, Monte- **27** B2
Gazzada Schianno [VA] **23** AB3
Gazzane [BS] **43** A2-3
Gazzane [BS] **43** AB3
Gazzaniga [BG] **41** CD2
Gazzano [RE] **87** CD3
Gazzaro [RE] **73** A3
Gazzaro, Monte- **99** A2
Gazzata [RE] **73** C3
Gazzelli [IM] **93** DE3
Gazzo [GE] **83** AB2
Gazzo [IM] **93** D2
Gazzo [MN] **59** D2
Gazzo [MN] **59** D3
Gazzo [PD] **45** D3
Gazzo [PR] **71** C3-4
Gazzo [SV] **81** D2-3
Gazzol [VR] **59** E1
Gazzola [PC] **71** B2
Gazzoli [PC] **55** F3
Gazzoli [VR] **43** C3

Gazzolo [AL] **55** BC2
Gazzolo [CR] **57** EF3
Gazzolo [GE] **69** C3
Gazzolo [RE] **87** B2
Gazzolo [VR] **61** B1
Gazzo Veronese [VR] **59** E2-3
Gazzuoli [MN] **59** A2
Gazzuolo [MN] **73** B1
Geat, Rifugio- **51** E2
Geat Val Gravio, Rifugio- **51** DE2
Gebbo [VB] **5** D2
Geisler Gruppe / Odle, Le- **13** B2
Geisler-Hütte / Firenze, Rifugio- **13** B2
Gelagna Alta [MC] **117** A3
Gelagna Bassa [MC] **117** AB3
Gelas, Cima del- **79** D3
Gelati, Lago- **25** E1-2
Gelato, Lago- [TN] **27** A1
Gelato, Lago- [TO] **35** E1-2
Gelato, Passo- / Eisjöchl **1** DE2
Gelé, Mont- **19** E1
Gello [AR] **107** A2
Gello [AR] **107** A3
Gello [AR] **107** A3-4
Gello [PI] **103** C2
Gello [PI] **103** D3
Gello [PI] **103** E3
Gello [PI] **111** C1-2
Gello [PT] **97** E3
Gello Biscardo [AR] **105** F3
Gello Mattaccino [PI] **103** D3-4
Gelsa [PT] **103** E2
Gemella Occidentale, Testa- **3** EF1
Gemelli, Laghi- **25** A2-3
Gemelli, Monte- **99** D3
Gemerello [TO] **65** E1-2
Gemini, Isole- **119** C2
Gemmano [RN] **101** C3
Gemona del Friuli [UD] **17** B3
Gemonio [VA] **21** FG2
Gena [BL] **29** D1
Genazzano [ROMA] **145** F1-2
Genepreto [PC] **55** F3
Generoso, Monte- **23** C2
Genestrello [PV] **55** D2-3
Genga [AN] **109** B4
Genivolta [CR] **57** D1-2
Genola [CN] **65** FG3
Genola, Stazione di- **67** B3
Gènova [GE] **83** C2
Genova [SO] **7** F3
Genova, Casa- [CH] **143** C2
Gènova, Golfo di- **83** C3-4
Gènova, Rifugio- [TN] **79** CD2
Gènova, Rifugio- / Schlüter-Hütte **13** B2
Gènova, Val di- **25** F1-2
Gentersberg / Masi, Monte dei- **3** A3
Gentile, Col- **15** D2
Genzana, Monte- **141** D3
Genzano [AQ] **133** F2
Genzano di Roma [ROMA] **145** DE2
Genzone [PV] **55** EF1-2
Geo [GE] **83** C1-2
Geo Chavez, Cippo a- **21** D1
Geppa [PG] **125** BC3
Gera, Torrente- **25** C3
Gera Lário [CO] **7** E3-4
Gerba [AT] **53** EF3
Gerbi [CN] **65** F3-4
Gérbidi [VC] **37** C3
Gérbido [PC] **57** C3
Gerbido [TO] **53** A2
Gérbido di Costagrande [TO] **51** E3
Gerbo [CN] **65** FG3
Gérbola [CN] **65** EF3
Gérbola [CN] **65** F3
Gerbonte, Monte- **93** C2
Gérchia [PN] **15** E3
Gerenzago [PV] **55** F1
Gerenzano [VA] **39** BC1
Gereuth / Garedo [BZ] **3** B3
Gerfalco [GR] **111** D2-3
Gericómio [ROMA] **145** EF1
Gerla, La- / Kraxentrager **3** B1-2
Gerli, Rifugio- **9** A3
Gerlo, Pizzo- **25** A2
Gerlotto [AL] **55** A3
Germagnano [TO] **35** E3
Germagno [VB] **21** E2
Germanasca, Torrente- **51** D3
Germanasca, Val- **51** D3
Germanedo [LC] **23** E2
Germásino [CO] **7** D4
Germignaga [VA] **23** A1-2
Gerola Alta [SO] **23** F1
Gerolanuova [BS] **57** DE1
Geroli [TN] **43** EF1
Gerosa [BG] **41** B1-2
Gerosa, Lago di- **127** B2
Gerre Basse [LO] **57** C3
Gerre de' Caprioli [CR] **57** E3
Gerrone [LO] **57** C3
Gessaro, Colle- **143** C3
Gessate [MI] **39** E1
Gessi [AT] **53** E2
Gessi, i- [GR] **111** E3
Gessi Bolognesi e Calanchi dell'Abbadessa, Parco Regionale dei- **89** D2
Gesso [AP] **127** B2
Gesso [BO] **89** C2
Gesso [BO] **89** DE3
Gesso [PU] **101** BC3
Gesso, Torrente- **79** E1
Gesso Barra, Torrente- **79** D2-3
Gesso della Valletta, Torrente- **79** CD2
Gessopalena [CH] **141** F2
Getrumjoch / Ghetruna, Cima- **3** A3
Gettina, Bric- **81** E2
Getzemberg / Monghezzo [BZ] **3** C3
Gfrill / Caprile [BZ] **11** C2
Gfrill / Cauría [BZ] **27** D1
Ghedi [BS] **57** F1
Ghedina, Rifugio- **27** A2
Ghemme [NO] **37** E1
Gherardi [FE] **77** B2-3
Gherba [AT] **53** C3
Gherghenzano [BO] **75** C3
Ghértele [VI] **27** E3
Ghetruna, Cima- / Getrumjoch **3** A3
Ghetto [MO] **73** DE2
Ghetto [SI] **113** A2
Ghetto [TV] **47** A3
Ghetto Randuzzi [RN] **101** BC2
Ghévio [NO] **21** EF3
Ghez, Cima di- **27** B2
Ghezzano [PI] **103** C2
Ghezzi [AL] **55** B3
Ghiacciaio dei Forni, Albergo- **9** F2
Ghiáia, Fosso- **91** E2
Ghiáie [PV] **55** C2
Ghiandone, Torrente- **65** E2
Ghiara [PR] **71** F2
Ghiardello, Case- [RE] **75** D3-4
Ghiare [AT] **67** F1-2
Ghiare [PR] **73** A3
Ghiare [PR] **85** D1
Ghiare, le- [PR] **87** A1
Ghiarole [RE] **73** A2
Ghiaroni [BO] **89** E1
Ghibullo [RA] **91** D2
Ghiffa [VB] **21** F2
Ghiffi, Monte- **85** A2
Ghigliani [CN] **67** C3-4
Ghigo [CN] **65** F2
Ghigo [TO] **51** D3
Ghimbegna, Passo- **93** C3
Ghinata, la- [RO] **75** D1
Ghinivert, Bric- **51** CD3
Ghirano [PN] **47** C1-2
Ghirla, Lago di- **23** A2
Ghirlanda [GR] **111** D3
Ghisalba [BG] **41** C3
Ghisiolo [MN] **59** D2
Ghisione [MN] **73** E1
Ghislarengo [VC] **37** E1
Ghisola [CN] **65** D2
Ghivizzano [LU] **97** BC2
Ghizzano [PI] **103** E3
Ghizzole [VI] **61** D1
Giacciano [RO] **75** C1
Giacciano con Baruchella [RO] **61** C3
Giacopiane, Lago di- **83** F2
Giaf, Rifugio- **13** FG3
Giaggiolo [FC] **99** F2
Giaglione [TO] **51** CD1-2
Giai [VE] **47** DE2
Giai [VE] **47** CD2
Giaiette [GE] **85** A2
Giáire Sottane [SV] **81** D2
Giáis [PN] **31** C2
Giáis, Forcella di- **31** C2
Gialin, Punta- **35** E1
Giammartino [TE] **127** E3
Giammatura, Monte- **127** C3
Giamosa [BL] **29** DE2
Giampereta [AR] **107** A2
Giampereto [MC] **125** E1-2
Giampreti, Ca' di- [PU] **99** FG3
Giandeto [RE] **87** D1-2
Gianetti, Rifugio- **7** F3
Giánico [BS] **25** CD3
Gianicolense [ROMA] **145** C1
Giannella, Tombolo della- **129** BC2
Giannino, Poggio- **121** C2
Giannone [PI] **103** C2
Giannutri, Isola di- **129** B3
Giano, Monte- [PU] **107** E3
Giano, Monte- [RI] **133** D2
Giano dell'Umbria [PG] **125** A2-3
Gianoli [CN] **53** C3
Gianotti [TO] **35** F3
Giaon Villanova [BL] **29** E2
Giara [VR] **61** AB1
Giarabassa [PD] **45** D3
Giardinetto, il- [AL] **55** A3
Giardini [SI] **113** C3
Giardini, Casa- [VI] **27** EF3
Giardino [BO] **89** F2
Giardino, Casa del- [LU] **95** E2
Giardino, il- [GR] **129** CD2
Giardino Buonaccorsi [MC] **117** EF1
Giardino dei Tarocchi **129** D2
Giardonda, Monte- **87** C2
Giare [VC] **21** D2-3
Giare [VR] **43** D3
Giare, le- [RO] **61** CD3
Giarella [AL] **55** CD3
Giarette [RO] **77** E2
Giarola [PR] **71** EF3
Giarola [RE] **87** B2
Giarole [AL] **55** A2
Giarolo [AL] **69** D2
Giarolo, Monte- **69** D2
Giaroni [BL] **29** B3
Gias d'Ischietto [CN] **79** D2
Giássico [GO] **33** D3
Gias Vei **79** C2
Giau, Passo di- **13** D3
Giavenale [VI] **45** B2
Giaveno [TO] **51** EF2
Giávera del Montello [TV] **45** FG2
Giavino, Monte- **35** F1
Giavone [VR] **61** BC2
Giavons [UD] **33** AB2
Giazza [VR] **43** E2-3
Giazzera [TN] **43** E1
Giezza, Pizzo- **5** D2
Gifflenga [BI] **37** D1-2
Gigante, Dente del- **19** B1
Gigliana [MS] **85** D2
Giglio, Borro del- **105** E3-4
Gíglio, Isola del- **129** A2-3
Giglio Campese [GR] **129** A2
Giglio Castello [GR] **129** A2
Gigliola [FE] **77** D2
Gigliola [FI] **105** B3
Giglio Porto [GR] **129** A2
Gignese [VB] **21** EF2
Gignod [AO] **19** D2
Gilba [CN] **65** D3
Gilba, Torrente- **65** DE3
Gilberti, Rifugio- **17** D2
Gilodi, Rifugio- **21** D3
Gimigliano [AP] **127** C2
Gimillian [AO] **19** DE3
Gimont, Monte- **51** B3
Ginepreto [RE] **87** C2
Ginepri [TE] **127** C3-4
Ginèr, Cima- **27** A1
Ginestra [RI] **139** BC1
Ginestra Fiorentina [FI] **105** B2
Ginestreto [FC] **101** AB3
Ginestreto [PU] **109** A1-2
Ginestreto [SI] **113** A2
Ginestro [SV] **93** DE2
Ginestro, Passo di- **93** D2
Ginezzo, Monte- **115** A2
Gino, Pizzo di- **7** C4
Giocondo, Castel- [SI] **113** B3
Giogo, Malga del- **13** AB2-3
Giogo, Monte del- **87** A2-3
Giogo Alto / Hochjoch **1** C2
Giogo Alto / Hohes Joch **1** B2
Giogo di Mezzo **3** E1
Giogo di Villore, Monte- **99** C3
Giogoli [FI] **105** BC2
Giogo Lungo, Rifugio- **3** F1
Gioia dei Marsi [AQ] **141** C3
Gioia Vecchio [AQ] **141** C3
Gioiella [PG] **113** E3
Gioiello [PG] **115** AB1
Giómici [PG] **115** D2
Giona [AR] **107** A2
Giona, Torrente- **23** A1
Gionghi [TN] **27** D3
Gionzana [NO] **37** F2
Giordano, Monte- **79** B1
Giorgia, la- [AQ] **139** F3
Giorgina, la- [AQ] **139** E2
Giorsetti [CN] **65** D3-4
Giova, Passo del- **69** E2
Giovagallo [MS] **85** D3
Giovanello, il- [GR] **121** BC2
Giove [TR] **131** D1-2
Giove, Monte- [LI] **119** A2
Giove, Monte- [TE] **135** B1
Giove, Monte- [VB] **5** E1
Giovecca [RA] **91** C1
Giovenco, Fiume- **141** C2
Giovenzano [PV] **39** C3
Gioveretto / Zufritt-Spitze **11** A2-3
Gioveretto, Lago di- / Zufrittsee **11** A2-3
Gioveretto, Rifugio- / Zufritt-Hütte **11** A2-3
Giovetti, Colle dei- **81** D2
Giovetti, Monti- **81** D2
Giovi [AR] **107** A3
Giovi [GE] **69** C3
Giovi, Monte- **99** B3
Giovi, Passo dei- [It.] **69** C3
Gioviano [LU] **97** BC2-3
Giovo [SV] **81** F1
Giovo [TN] **27** C1-2
Giovo, Colle del- **67** F4
Giovo, Foce del- **95** E2
Giovo, Monte- **97** C2
Gioz [BL] **29** DE1-2
Giralba [BL] **13** F2
Giramondo, Passo- **15** DE1
Giramondo Paß **15** DE1
Girard, Punta- **35** CD2
Girardi [ROMA] **137** F2
Girátola **97** G2-3
Girgenti [RI] **139** D1
Girini [SV] **67** EF4
Girlan / Cornaiano [BZ] **11** D3
Girola [AP] **117** D3
Girone, Monte- **99** DE2
Girónico [CO] **23** BC3
Girónico al Monte [CO] **23** BC3
Girónico al Piano [CO] **23** BC3
Gisola [TO] **35** E3
Gissi [CH] **143** B2
Gißmann / Madonnina di Renon [BZ] **11** E2
Gisuole [CN] **67** D3
Giudecca, la- **63** D1
Giudicarie, Valli- **27** A2-3
Giúgnola [FI] **99** B1
Giulianello [LT] **145** F2
Giulianello, Lago di- **145** EF2
Giuliani [AL] **67** F3
Giuliano Teatino [CH] **135** E3
Giulianova [TE] **127** E3
Giulianova Lido [TE] **127** E3
Giulio, Ponte- **123** C3
Giuliópoli [CH] **141** FG3
Giulis, Rio- **43** B1
Giulo, Monte di- **117** A3
Giuncano Scalo [TR] **125** A3-4
Giuncárico [GR] **121** A2
Giuncárico, Stazione di- **121** AB2
Giuncugnano [LU] **87** B3
Giussago [PV] **39** C3
Giussago [VE] **47** E2
Giussano [MI] **23** D3
Giussin [TV] **45** F1
Giusténice [SV] **81** E2-3
Giusti, Casa- [PI] **111** B1-2
Giustimana [AP] **127** B3
Giustiniana, la- [ROMA] **137** E2-3
Giustino [TN] **27** A2
Giusvalla [SV] **67** F4
Giuvigiana, Monte- **99** B2
Givigliana [UD] **15** DE1
Givoletto [TO] **51** FG1-2
Gizio, Fiume- **141** D2
Gizzi [RI] **125** C4
Glacier [AO] **19** D1
Glacier, Monte- **19** F3
Glaciers, Aiguille des- **19** A2
Glaunicco [UD] **31** E3
Gleck / Colecchio **11** A3
Gleises [TO] **51** B2
Glen / Gleno [BZ] **11** D4
Gleno / Glen [BZ] **11** D4
Gleno, Monte- **25** C2
Gleno, Val di- **25** C2
Glera [PN] **31** C2
Gleris [PN] **47** E1
Glochkenkar-Korpf **3** EF1
Glorenza / Glurns [BZ] **1** B2-3
Glori [IM] **93** CD3
Glórie [RA] **91** D2
Glurns / Glorenza [BZ] **1** B2-3
Glüschaint, Piz- **9** AB2
Glüschaint, Punta- **9** AB2
Gnifetti, Punta- **21** B2
Gnifetti, Rifugio- **21** B2
Gnignano [MI] **39** D2-3
Gniva [UD] **17** C2
Gnocca [RO] **77** DE2
Gnocchetta [RO] **77** E2-3
Gnocchetto [AL] **69** AB3
Gobbera [TN] **29** B2
Gobbera, Passo di- **29** B1-2
Gódega di Sant'Urbano [TV] **31** B3
Godenella [VI] **29** AB3
Godezza [RE] **73** AB2
Godi [PC] **71** C2
Godi, Monte- **141** D3
Gódia [UD] **33** C2
Godiasco [PV] **55** D3
Godo [RA] **91** D2
Göflan / Covelano [BZ] **11** A2
Göflaner-Hütte / Covelano, Rifugio- **11** A2
Goga, la- [PG] **115** B2-3
Goggianello [BO] **89** F2-3
Góglio [VB] **5** D2
Gogna, Bagni di- [BL] **13** F2
Gogna, Torrente- **141** G1-2
Gognano [RO] **75** DE1
Góido [PV] **55** B2
Goillet, Lago- **19** FG1
Góito [MN] **59** BC2
Gola / Im Loch [BZ] **13** A2
Gola, Passo di- **3** E2
Gola del Furlo, Riserva Naturale Statale- **107** F3
Gola della Rossa e di Frasassi, Parco della- **109** B4
Golasecca [VA] **21** F3
Golaso [PR] **71** D3
Goldknopf / Punta d'Oro **13** A2
Goldrain / Coldrano [BZ] **11** A2
Gole del Sagittario, Riserva Naturale- **141** C3
Gole del Salinello, Riserva Naturale- **127** C3
Gole di San Venanzio, Riserva Naturale- **141** C2
Golette Sottana [CN] **79** C2
Golferenzo [PV] **55** E3
Golometto [GO] **49** DE2
Gomagoi [BZ] **1** B3
Gomarolo [VI] **45** C2
Gómbio [BS] **41** E2-3
Gómbio [RE] **87** C1-2
Gombion [VR] **59** E1
Gombitelli [LU] **97** B3
Gómbito [CR] **57** C2
Gombo [PI] **103** B2
Gomito, Monte- **97** C2
Gonars [UD] **49** C1
Gonella [AT] **53** D3
Gonella, Rifugio- **19** AB1-2
Gonengo [AT] **53** C2
Gonte [VB] **21** FG1-2
Gonzaga [MN] **73** C2
Gonzagone [MN] **73** C1-2
Goraiolo [PT] **97** D3
Gorasco [MS] **85** E3
Gordana, Torrente- **85** C2
Gordena [AL] **69** D3
Gordona [SO] **7** DE3
Gordona, Sasso- **23** C2
Gorfigliano [LU] **95** E2
Gorgacce, Monte delle- **107** C4
Gorghe, le- [AR] **113** CD2
Górgia Cagna, Cima- **79** C2
Górgiti [AR] **105** E3
Gorgo [FE] **75** D3
Gorgo [LI] **103** C4
Gorgo [MN] **73** D1
Gorgo [PD] **63** B2
Gorgo [UD] **49** AB2
Gorgo [VE] **47** E2
Gorgo al Monticano [TV] **47** C2
Gorgo Cerbara [PU] **107** E3
Gorgo dei Molini [TV] **47** C2
Gorgo della Chiesa [TV] **47** C2
Gorgognano [BO] **89** D2
Gorgona, Isola di- **103** ins.a
Gorgona Scalo [LI] **103** ins.a
Gorgonzola [MI] **39** E1
Gorgusello [VR] **43** D3
Goria [CN] **65** C3
Goriano Sicoli [AQ] **141** C2
Goriano Valli [AQ] **141** BC1
Goricizza [UD] **31** E3
Gorino Ferrarese [FE] **77** DE2-3
Gorino Sullam [FE] **77** DE2-3
Gorino Véneto [RO] **77** DE2-3
Gorisi [RE] **73** C2
Gorizia [GO] **33** E3
Gorizia, Podere- [PI] **103** C2-3
Gorizzo [UD] **31** E3
Gorlago [BG] **41** CD2-3
Gorla Maggiore [VA] **23** B3-4
Gorla Minore [VA] **39** B1
Gorle [BG] **41** C2
Gornate Olona [VA] **23** AB3
Gornide [BZ] **1** F1-2
Gorno [BG] **25** A3
Goro [FE] **77** E2
Goro, Sacca di- **77** D2-3
Gorra [CN] **67** B3
Gorra [SV] **81** E2
Gorra [TO] **53** B3
Gorré [CN] **79** D1
Gorrei, Bec dei- **69** A3
Gorreto [GE] **69** E3
Gorrino [CN] **67** E3
Gorro [PR] **85** D1
Gorto, Canale di- **15** DE1-2
Gorzano [AT] **53** D3
Gorzano [MO] **87** F1
Gorzano [MO] **73** E3
Gorzano [PR] **71** E2-3
Gorzano, Monte- **127** B4
Gorzegno [CN] **67** D3
Gorzone [BS] **25** CD3
Gorzone, Canale- **63** D3
Gosaldo [BL] **29** C1
Gosse, Rifugio- **15** CD1
Gossensaß / Colle Isarco [BZ] **3** A2
Gossolengo [PC] **57** B3-4
Gotra [PR] **85** C2
Gotra, Torrente- **85** C2
Gottano [RE] **87** B2
Gottasecca [CN] **67** DE4
Gottero, Monte- **85** BC2
Gottolengo [BS] **57** F2
Gottro [CO] **23** CD1
Gouta, Gola di- **93** B3
Goûter, Dôme du- **19** AB1
Goutier [TO] **51** B2
Gova [RE] **87** CD2-3
Govérnolo [MN] **59** D3
Góvine [BS] **41** E2
Govone [CN] **67** D2
Govoni [CN] **67** C4
Gozzano [NO] **21** E3
Gozzi [VB] **21** D1
Gozzolette [BS] **57** E1-2
Gozzolina [MN] **59** A1
Grabiasca [BG] **25** B2-3
Gracciano [SI] **113** D3
Gracciano dell'Elsa [SI] **111** E1
Gradara [PU] **101** D3
Gradaro [MN] **59** D3
Gradella [CR] **41** B4
Gradesella [SO] **7** E3
Gradisca [PN] **31** E2
Gradisca [UD] **31** E2-3
Gradisca, Monte- **23** A1
Gradisca, Podere- [PI] **103** C2-3
Gradisca d'Isonzo [GO] **49** DE1
Gradiscutta [UD] **47** E1
Gradizza [FE] **75** EF2
Grado [GO] **49** D2-3
Grado, Laguna di- **49** CD2
Grádoli [VT] **123** B3-4
Graffer, Rifugio- **27** B1
Graffignana [LO] **55** F1
Graffignano [VT] **131** D1
Grággia [BI] **37** B1
Grággia, Santuario di- **37** B1
Grággia Piana [VB] **21** F2
Gráglio [VA] **7** A4
Gragnana [LU] **97** A1
Gragnana [MS] **95** D2
Gragnanino [PC] **57** B3
Gragnano [AR] **107** B3
Gragnano [LU] **97** C3
Gragnano, Monte di- **107** D3
Gragnano Trébbiense [PC] **57** B3-4
Gragnola [MS] **85** E3
Grahspitze / Grava, Cima- **3** B2
Grai, Monte- **93** BC2
Graiana [PR] **85** E1-2
Graines [AO] **21** A3
Graines, Castello di- **21** A3
Gramignana [CR] **57** C1-2
Gramignazzo [PR] **71** F1-2
Gramizza, Torrente- **69** F3
Gramizzola [PC] **69** EF3
Grammatica [PR] **85** E2
Grammondo, Monte- **93** AB3
Gramolazzo [LU] **95** E1-2
Grampa [VC] **21** C2-3
Grampielpass **5** D1
Gramugnana [PI] **103** D3
Grana [AT] **53** E2-3
Grana, Torrente- [AL] **53** F3
Grana, Torrente- [CN] **79** D1
Grana, Torrente- [FG] **65** E2
Granaglione [BO] **97** E2
Granaiola [LU] **97** C2
Granaiolo [FI] **103** F2-3
Granaione [GR] **121** C2-3
Granali [MC] **117** C2
Granare [BO] **89** E2
Granari, i- [RI] **139** B1
Granaro, Monte- **143** AB2
Granarola [PU] **101** D3
Granarolo [RA] **91** C2
Granarolo dell'Emilia [BO] **89** D1
Granarone [RO] **75** C1
Granate, Corno delle- **25** E1-2
Granato, Pizzo- **71** B3-4
Gran Becca, La- → Tsaat á l'etsena **19** E2
Gran Bosco di Salbertrand, Parco Naturale del- **51** C2
Gran Brissogne [AO] **19** E2
Grancare [VI] **61** D1
Gran Cemetta **19** FG1
Grancetta [AN] **109** E3
Gráncia [GR] **121** B3
Grancia, la- [AQ] **139** F3
Grancona [VI] **61** C1
Grand Assaly **19** B2-3
Grandate [CO] **23** C3
Grande, Cala- **129** B2
Grande, Col- **31** B2
Grande, Croda- **29** C1
Grande, Fosso- **117** C2
Grande, Lago- [BL] **13** D2
Grande, Lago- [TO] **51** F2
Grande, Lago- / Großer See **3** BC2
Grande, Montagna- **141** C3
Grande, Monte- **137** B2
Grande, Naviglio- **39** B2
Grande, Piano- [PG] **125** E3
Grande, Piazza- **81** EF1
Grande, Ponte- **115** D3
Grande, Rio- [Marc.] **109** C2
Grande, Rio- [PG] **115** D2
Grande, Rivo- **131** E1
Grande, Val- [BL] **13** D2
Grande, Val- [BS] **9** E3
Grande, Val- [TO] **35** DE2
Grande, Val- [UD] **15** E1
Grande, Valle- **79** E2
Grande Aiguille Rousse **35** C2
Grande Aiguillette, La- **65** C2
Grande Bonifica Ferrarese **77** BC2
Grande di Viso, Lago- **65** C2-3
Grande-Golette [AO] **19** B2
Grande Haury [AO] **19** C2
Grande Nomenon **19** D3
Grande Rochère, la- **19** C1-2
Grande Roise **19** E2-3
Grande Rousse **35** C1
Grande Sassière **35** BC1-2
Grandes Jorasses **19** B1

Grande Traversière **35** C1
Grand Ferret, Col du- **19** C1
Grand Golliaz **19** C1
Grándola ed Uniti [CO] **23** D1
Grand Puy [TO] **51** C2
Grand Tournalin **19** G1
Grandubbione [TO] **51** E2-3
Granduca, Tomba del- **113** E3
Grand'Ula **35** CD3
Grand Villa [AO] **19** F2
Granella [VI] **45** D2
Granero, Monte- **65** C2
Granero, Rifugio- **65** C2
Granerolo [VB] **21** E2
Granezza, Rifugio- **45** BC2
Gran Faetto [TO] **51** D2
Grange [TO] **35** F3
Grange [TO] **35** G3
Grange Buttigliera [TO] **51** C1-2
Grange di Brione [TO] **51** FG2
Grange di Nole [TO] **35** F3
Granges [TO] **51** D2
Granges, les- [TO] **51** B2
Granges la Rho [TO] **51** B2
Grángia [TO] **51** DE1-2
Grángia [TO] **51** F2
Grángia, La- [CN] **65** F2-3
Grángia Rocciasone [CN] **79** B1
Grángie [CN] **79** A1
Grángie [TO] **51** C2
Granía, Podere- [SI] **113** B2
Graniga [VB] **5** D3
Granigo [TV] **45** E1
Gran Ladro, il- / Hoher Dieb **11** B2
Gran Lago [AO] **19** F1
Gran Lago [AO] **19** F2-3
Gran Monte **17** CD3
Granozzo [NO] **37** F2
Granozzo con Monticello [NO] **37** F2
Gran Paradis / Gran Paradiso **35** D1
Gran Paradiso / Gran Paradis **35** D1
Gran Paradiso, Parco Nazionale del- **35** DE1
Gran Pilastro / Hochfeiler **3** C2
Gran Praz [AO] **21** B3
Gran Queyron **51** CD3
Gran San Bernardo, Colle del- **19** CD1
Gran San Bernardo, Traforo del- **19** CD1
Gran San Bernardo, Valle del- **19** D2
Gran San Pietro **35** E1
Gran Sasso d'Italia **135** AB2
Gran Sasso d'Italia, Traforo del- **135** A2
Gran Sasso e Monti della Laga, Parco Nazionale del- **133** FG2
Gran Serra **35** D1
Grantola [VA] **23** A2
Grantortino [PD] **45** CD3
Grantorto [PD] **45** D3
Gran Truc **51** D3
Gran Vaudala **35** C1-2
Gran Vernel **13** B3
Granvilla [BL] **15** CD1
Granze [PD] **61** C3
Granze [PD] **61** E2
Granze [PD] **61** E2-3
Granze [RO] **75** E1
Gran Zebrù / Königsspitze **9** F2
Granze Frassenelle [PD] **61** DE1
Granzetta [PD] **61** E2-3
Granzette [RO] **61** E3
Grappa, Monte- **45** D1
Grasleiten-Hütte / Bergamo, Rifugio- **13** A2-3
Grassabo, Valle- **47** C3
Grassaga [VE] **47** C2-3
Grassi, Rifugio- **23** EF1-2
Grassina [FI] **105** C2
Grasso [BG] **23** F2
Grassóbbio [BG] **41** C2-3
Grassona [VB] **21** E2-3
Grasstein / Le Cave [BZ] **3** AB2-3
Gratacásolo [BS] **41** E1-2
Graticciara [VT] **129** D2
Graticelle [BS] **41** F2
Gratosóglio [MI] **39** CD2
Grattacoppa [RA] **91** D1-2
Gratteria [CN] **67** BC4
Graun / Corona [BZ] **11** D3-4
Graun im Vinschgau / Curon Venosta [BZ] **1** B2
Gráuno [TN] **27** D1
Grauson, Monte- **19** E2-3
Grauzària [UD] **17** BC2
Grauzária, Creta- **17** BC2
Grava [AL] **55** B2-3
Grava, Cima- / Grahspitze **3** B2
Gravagna [MS] **85** D2
Gravago [PR] **71** C4
Gravanago [PV] **55** DE3
Grave, Le- **27** CD2
Grave di Papadopoli [TV] **47** AB2
Gravedona [CO] **7** D4
Gravéglia [GE] **83** F2
Gravéglia [SP] **95** B1-2
Gravéglia, Torrente- **83** F2-3
Gravellona Lomellina [PV] **39** A2-3
Gravellona Toce [VB] **21** E2
Gravellona Toce, Rifugio- **21** DE2
Gravellone [PV] **55** D1-2
Gravere [TO] **51** D2
Graves [PN] **31** E1-2
Gravisca **137** A1
Grazie [MN] **59** BC2-3
Grazie, Lago delle- **117** C2
Grazie, Le- [AN] **109** EF3
Grazie, le- [BL] **13** CD3
Grazie, le- [MC] **117** C2
Grazie, le- [PT] **97** E2-3
Grazie, Le- [SP] **95** BC2
Grazie, Monte le- **131** B3
Grazioli [MN] **59** B1
Grazioli Própito [MN] **59** B2
Grazzano Badoglio [AT] **53** E2
Grazzano Visconti [PC] **71** BC2
Grazzi [PV] **69** F1-2
Grazzi, i- [MO] **75** B2
Grea [BL] **13** F3
Grécchia [BO] **97** E1
Grecciano [LI] **103** C3
Gréccio [RI] **133** B2
Gréccio, Stazione di- **133** B2
Greco, Masseria- [CB] **143** C3
Gregassi [AL] **69** D2
Gréggio [VC] **37** E2
Grego, Rifugio- **17** D2
Gregoriano, Ponte- **123** AB3
Gregorio, Monte- **37** A1
Grello [PG] **115** E2
Gremiasco [AL] **69** D2
Greppi, i- **1** A2-3
Greppo, Grotta di- **93** C2
Greppo, Villa- [SI] **113** BC3
Greppolischieto [PG] **123** C2
Gresmatten [AO] **21** AB3
Gressa [AR] **105** FG2
Gressan [AO] **19** D2
Gressoney, Val di- **21** B3-4
Gressoney-la-Trinité [AO] **21** A2-3
Gressoney-Saint-Jean [AO] **21** AB3
Gretano, Torrente- **113** A3
Greti [FI] **105** C3
Gretta [TS] **49** F2-3
Grette, le- [AQ] **141** C3
Greve, Fiume- **105** C3
Greve in Chianti [FI] **105** C3
Grevo [BS] **25** DE2
Grezzago [MI] **41** AB3
Grezzana [VR] **43** DE3
Grezzano [FI] **99** B2
Grezzano [VR] **59** CD1-2
Grezzano, Monte- **85** C2
Grezzo [PR] **71** C4
Griante [CO] **23** D1-2
Gricciano [FI] **105** AB3
Gricigliana [PO] **97** F2-3
Gricignano [AR] **107** B3
Gricignano [FI] **99** B3
Gridone **5** F3
Gries [BZ] **11** DE2
Gries [TN] **13** B3
Gries, Lago di- / Grießbachsee **3** E1
Gries, Passo del- **5** E1
Grießbachsee / Gries, Lago di- **3** E1
Griffoglieto [GE] **69** C3
Grifone, Punta di- **35** D3
Grigia, Croda- **1** C2
Grigia, Testa- [AO] **21** A2-3
Grigna, Buco di- **23** E2
Grigna, Torrente- **25** D3
Grignaghe [BS] **41** E2
Grigna Meridionale **23** E2
Grignano [BG] **41** B3
Grignano [SI] **105** C3
Grignano [TS] **49** F2
Grignano di Polésine [RO] **75** E1
Grignasco [NO] **21** DE3
Grigna Settentrionale **23** E2
Grigno [TN] **29** A2
Grigno, Torrente- **29** A2
Grillano [AL] **69** A3
Grillara [RO] **77** D2
Grillo [PG] **115** E3
Grillo, Colonna di- **113** C1-2
Grillo, Pizzo- **7** E3
Grillo, Ponte del- **137** F2
Grimacco [UD] **33** E1-2
Grimaldi [IM] **93** B4
Grimm Joch / Oclini, Passo di- **11** E3-4
Grinzane Cavour [CN] **67** CD2-3
Grinzano [CN] **67** B3
Grion, Cima di- **1** A2
Grione, Monte- **41** D2
Grions [UD] **31** E2
Grions [UD] **33** C2
Grís [UD] **33** C3
Grisciano [RI] **125** E3
Grisenche, Val- **19** C3
Grisignano [FC] **99** F1-2
Grisignano di Zocco [VI] **61** E1
Griso [VI] **43** F1-2
Grisoglio [TO] **53** D2
Grispa Nuova [FE] **77** B2
Gritta, Colla di- **95** A1-2
Gritta Nuova, Testa di- **65** D3
Grivola, la- **19** D3
Grizzana Morandi [BO] **89** B3
Grizzo [PN] **31** CD1-2
Groane, Parco delle- **39** C1
Grödnerbach / Gardena, Rio- **11** F2
Grödner Joch / Gardena, Passo di- **13** B2
Grödner Tal / Gardena, Val- **13** AB2
Grognardo [AL] **67** FG3
Grole [MN] **59** AB1
Gromignana [LU] **97** C2
Gromo [BG] **25** B3
Gromo San Marino [BG] **25** B2-3
Grompa [PD] **61** DE2-3
Grompo [RO] **61** DE3
Gron [BL] **29** D2
Grona [CO] **23** D1
Gronda [MS] **95** E2
Grondo [VC] **21** CD2
Gróndola [MS] **85** D2
Grondona [AL] **69** C2
Grondone [PC] **71** A3-4
Grone [BG] **41** D2
Gronlait, Monte- **27** E2
Grontardo [CR] **57** E2
Grontorto [CR] **57** D2
Gropà, Monte- **69** DE2
Grópada [TS] **49** FG2-3
Gropello Cairoli [PV] **55** C1-2
Grópina [AR] **105** E3
Groppallo [PC] **71** B3
Gropparello [PC] **71** C2-3
Groppello [VA] **23** A2-3
Groppello d'Adda [MI] **41** AB3
Groppera [SO] **7** E2
Groppera, Pizzo- **7** E2
Groppi, Monte- **85** B3
Groppizioso [PR] **87** AB1-2
Groppo [MS] **85** DE3
Groppo [MS] **85** D3
Groppo [PR] **85** BC2
Groppo [SP] **85** BC2-3
Groppo, Corona di- **5** E2
Groppo Albero **85** DE2
Groppodalosio [MS] **85** D2
Groppoducale [PC] **71** B3
Groppo Fosco **85** E2
Gróppoli [MS] **85** D3
Groppo Rosso, Monte- **85** A1
Groppovisdomo [PC] **71** BC3
Groscavallo [TO] **35** D2
Grosina, Val- **9** D3
Grósio [SO] **9** D3
Grosotto [SO] **9** D3
Gros Passet [TO] **51** D3
Grossa [PD] **45** D3
Großer Mittager / Catino, Monte- **11** D1
Großer See / Grande, Lago- **3** BC2
Großes Moosnock / Palù, Picco- **3** DE2
Grosseto [GR] **121** B3
Grosseto, Formiche di- **129** A1
Große Windschar / Vento Grande, Cima del- **3** DE2
Großfadnler / Fadnler Grande, Cima- **3** D1-2
Gross Lenkstein **3** EF2
Gross Löfler-Spitze / Lovello, Monte- **3** D1
Grosso [TO] **35** F3
Grosso, Monte- [FC] **99** E2
Grosso, Monte- [LI] **119** C1
Grosso, Monte- [MS] **85** D3
Grostè, Cima- **27** B1
Grostè, Rifugio- **27** B1
Grotta [PR] **71** D3
Grotta del Pianoro [ROMA] **137** D1-2
Grottaferrata [ROMA] **145** DE2
Grotta Giusti [PT] **103** EF1
Grottammare [AP] **127** E1-2
Grotta Porcina, Necrópoli di- **131** BC3
Grotta Rossa **43** AB1
Grottazzolina [AP] **117** E3
Grotte, Poggio le- **103** DE4
Grotte di Castro [VT] **123** B3-4
Grotte di Pietrasecca, Riserva Naturale delle- **139** D2
Grotte Santo Stéfano [VT] **131** CD1
Grotti [PG] **125** BC3
Grotti [RI] **139** E1-2
Grotti [RI] **133** C2
Grotti [SI] **113** A2
Grottini, I- [ROMA] **137** B2
Grottoni, i- **129** B3
Grovella [VB] **5** E1
Grovo, Monte- **69** C2
Grozzana [TS] **49** G3
Grual, Alpe di- **27** A1
Gruaro [VE] **47** DE1-2
Gruben-K. **3** A2
Grue, Torrente- **55** C3
Gruf, Monte- **7** EF3
Grugiatti-Sartorelli, Rifugio- **25** B1
Grugliasco [TO] **53** A2
Grugnaletto [AN] **109** D3
Grugno [PR] **71** F2
Grum, Monte- **79** C1
Grumale [PG] **107** C3-4
Grumello [BS] **25** D2
Grumello Cremonese [CR] **57** D2
Grumello Cremonese ed Uniti [CR] **57** D2
Grumello del Monte [BG] **41** D3
Grúmes [TN] **27** D1
Grumo [LC] **23** D2
Grúmolo [VR] **43** F3-4
Grúmolo delle Abbadesse [VI] **45** C3-4
Grúmolo Pedemonte [VI] **45** BC2
Grünsee / Verde, Lago- **11** A2-3
Grünwaldtal / Foresta, Val di- **3** E3
Grupignano [UD] **33** D2
Gruppo, Monte- / Hohe Grubbach-Spitze **3** C2
Gruppo di Tessa, Parco Naturale- / Texelgruppe, Naturpark- **1** E2
Grusiner [TO] **35** DE2
Grutti [PG] **123** E2
Gschnon / Casignano [BZ] **27** D1
Gsies / Valle di Casíes [BZ] **3** F3
Gsieser Tal / Casíes, Valle di- **3** F3
Gua, Fiume- **45** B3
Guadagnolo [ROMA] **145** F1
Guadamello [TR] **131** E2
Guadine [MS] **95** DE2
Guadine-Pradaccio, Riserva Naturale- **85** E2
Guaiane, Le- [VE] **47** C2-3
Guaidone, Monte- **125** E3
Guaitarola, Monte- **85** B3
Gualdera [SO] **7** E2
Gualdo [AR] **105** E2
Gualdo [FC] **99** EF2
Gualdo [FC] **101** A2
Gualdo [FE] **75** E3
Gualdo [LU] **97** AB3
Gualdo [MC] **125** DE2
Gualdo [MC] **117** CD3
Gualdo [TR] **131** E2
Gualdo, Forca di- **125** DE2
Gualdo Cattáneo [PG] **125** A2
Gualdo Tadino [PG] **115** E2
Gualdrasco [PV] **39** D3
Gualina [PV] **39** A3
Gualtieri [RE] **73** B2
Guamo [LU] **103** CD2
Guanzate [CO] **23** BC3
Guarda [BO] **89** C3
Guarda [BO] **89** E1
Guarda [FE] **75** E2
Guarda, Colle di- **47** A1
Guarda, Monte- **17** D2-3
Guardabosone [VC] **21** D3
Guardamíglio [LO] **57** BC3
Guardapasso [ROMA] **145** C2-3
Guardasone [PR] **87** C1
Guarda Véneta [RO] **75** E1-2
Guardéa [TR] **123** D4
Guardéa Vecchia **123** D4
Guárdia [TN] **27** C3
Guárdia, la- [AL] **69** A3
Guárdia, La- [AQ] **141** BC3
Guárdia, la- [MO] **87** EF2
Guárdia, Monte- [PR] **87** B2
Guárdia, Monte- [ROMA] **139** BC2
Guárdia, Passo della- **93** C2
Guárdia, Poggio la- **119** E1
Guárdia Alta / Hochwart **11** BC2
Guárdia Alta, Monte- / Hochwart-Spitze **3** C2
Guardiabruna [CH] **143** B3
Guárdia d'Orlando **139** D2
Guardiagrele [CH] **141** F1
Guardialta / Hohe Warte **1** F2
Guárdia Vomano [TE] **127** E4
Guardie, Poggio alle- **111** E3
Guardiola, Casa- [GR] **129** E1-2
Guardiola, Casa- [GR] **129** D1
Guardiola, Poggio della- [GR] **121** D4
Guardiola, Poggio della- [VT] **131** B3
Guardistallo [PI] **111** B2
Guarene [CN] **67** D2
Guarenna Nuova [CH] **141** FG2
Guastalla [RE] **73** B2
Guastaméroli [CH] **135** F3
Guasticce [LI] **103** C3
Guazzino [SI] **113** D2
Guazzolo [AL] **53** E2
Guazzora [AL] **55** BC2
Gúbbio [PG] **115** D1
Gübelekopf **1** A1
Gudo Gambaredo [MI] **39** C2
Gudon / Gufidaun [BZ] **11** F2
Gudo Visconti [MI] **39** BC2
Guella, Rifugio- **43** BC1-2
Guello [CO] **23** D2
Guerra di Centenaro [PC] **71** B3-4
Guerro, Torrente- **87** F2
Gufelreit / Cóvolo, Monte- **11** E1-2
Guffone, Monte- **99** D3
Gufidaun / Gudon [BZ] **11** F2
Gugliano [LU] **97** B3
Guglielmo, Monte- **41** EF2
Guglionesi [CB] **143** D3
Guglionesi Portocannone, Stazione- **143** D3
Gugnano [LO] **39** DE3
Guide del Cervino, Rifugio- **19** G1
Guidizzolo [MN] **59** B1-2
Guidonia [ROMA] **139** B2-3
Guidonia-Montecelio [ROMA] **139** B2-3
Guietta [TV] **29** D3
Guiglia [MO] **87** F2
Guilmi [CH] **143** A2-3
Guinadi [MS] **85** CD2
Guinza [PU] **107** C3
Guinzano [PV] **39** CD3
Guisa Pépoli [BO] **73** EF3
Guistrigona [SI] **113** B1-2
Guizze [PD] **45** E3
Gula [VC] **21** CD2
Gulliverlandia **49** B2-3
Gummer / San Valentino in Campo [BZ] **11** E3
Guncinà / Guntschna [BZ] **11** D2-3
Guntschna / Guncinà [BZ] **11** D2-3
Gurro [VB] **5** F3
Gurrone [VB] **5** F3
Gurzone [RO] **75** D2
Gusano [PC] **71** C2-3
Gusciola [MO] **87** D2
Guselli [PC] **71** BC3
Guslon, Monte- **31** B2
Guspessa, Passo di- **25** D1
Gussago [BS] **41** E3
Gussola [CR] **73** A1
Guzzafame [LO] **57** B3
Guzzano [BO] **89** C2
Guzzano [BO] **97** F1-2
Guzzano [TE] **127** DE3-4
Guzzona [CR] **57** C2

H

Hafling / Avelengo [BZ] **11** D2
Haiderhalm **1** AB2
Haidersee / Muta, Lago di- **1** B2
Halseck / Colle, Dosso del- **27** D1
Hanbury, Giardini Botanici- **93** B4
Hanbury, Villa- **93** B4
Härtlaner Spitze / Capra, Cima della- **3** A3
Haselgruber-Hütte / Lago Corvo, Rifugio- **11** B3
Hasenöhrl / Orecchia di Lepre, l'- **11** B2
Haupenhohe / Lavizza, Monte- **3** C1-2
Havis De Giorgio, Rifugio- **81** B2
Heiligkreuz / Santa Croce **13** C2
Helm **3** G3
Helsenhorn **5** D2
Helvia Recina **117** D1-2
Hennesiegel-Spitze **1** B1
Herbetet **35** D1
Hérens, Dent d'- **19** F1
Hers [AO] **19** EF2
Hidalgo, Punta- **119** E2
Hillenhorn **5** C2
Hinter Eggen-Spitze / Sternai, Cime- **11** A3
Hintereisspitze **1** C2
Hintergrat-Hütte / Coston, Rifugio- **9** F1-2
Hint Schwärze / Nere, Cime- **1** D2
Hint Seelenkogl / Anime, Cima delle- **1** E2
Hirbemock / Mola, Cima di- **3** E2
Hirzer Hütte / Punta Cervina, Rifugio- **1** F2
Hirzer-Spitze / Cervina, Punta- **1** F2
Hitterberg / Capanne, Monte delle- **1** E2
Hochalpljoch **15** D1
Hochalt / Alto, Monte- **1** C2
Hochbrunner Schnein / Popera, Monte- **13** F2
Hochfeiler / Gran Pilastro **3** C2
Hochfeiler Hütte / Monza, Rifugio- **3** C2
Hochgall / Collalto **3** E2
Hochgall-Hütte / Roma, Rifugio- **3** E2
Hochjoch / Giogo Alto **1** C2
Hochkreuz-Spitze **3** F2
Hochleiten-Spitze / Alta, Punta- **1** B3
Hochplatte / Lasta Alta **1** FG1-2
Hochrast **3** FG3
Hochspitz **15** CD1
Hochwart / Guárdia Alta **11** BC2
Hochwart / Vedetta Alta **11** BC2-3
Hochwart-Spitze / Guardia Alta, Monte- **3** C2
Hofbiehl / Salomp, Monte- **11** CD2-3
Hofer Andrea, Cappella- / Hofer Andrea Kapelle **1** F2
Hofer Andrea Kapelle / Hofer Andrea, Cappella- **1** F2
Hohe Ferse / Tallone Grande, Monte- **1** F1
Hohe-Grubbach-Spitze / Gruppo, Monte- **3** C2
Hohe Kreuz Spitze / Altacroce, Monte- **1** F1
Höhensteintal / Landro, Val di- **13** E1-2
Hoher Dieb / Gran Ladro, il- **11** B2
Hoher First **1** E1-2
Hohes Joch / Giogo Alto **1** B2
Hohe-Wand-Spitze / Alta, Croda- **3** B1
Hohe Warte **15** E1
Hohe Warte / Guardialta **1** F2
Hohe Wilde **1** E2
Höhlenstein / Landro [BZ] **13** E2
Hollbrucker Spitze **13** F1
Höllenkragen / Trens, Giogo di- **3** AB2
Hône [AO] **19** G3
Hotel Franzenshöhe / Albergo di Sotto **9** E1

I

Iáinich [UD] **33** E2
Ialmicco [UD] **33** CD3
Iamiano [GO] **49** E2
Iano [FI] **103** F3
Iano [PT] **97** E2-3
Iano [RE] **87** D1
Iano, Monte- **145** E2
Iáuer, Monte- **33** D1
Iavello, Fattoria- [PO] **97** F3
Iavrè [TN] **27** A2
Iazzi, Cima di- **21** B1-2
i Bonelli [RO] **77** E2
i Boschetti [GR] **111** CD3
i Brasi [SV] **83** A2
i Canali [SO] **25** CD1
i Cappuccini [PG] **123** BC2
Icaro, Rifugio- / Icaro-Hütte **13** A2
Icaro-Hütte / Icaro, Rifugio- **13** A2
i Casoni [BO] **89** E1
i Casoni [SP] **85** C3
Icciano [PG] **125** A3
Iddiano [MO] **87** F2
Idice [BO] **89** D2
Idice, Torrente- **91** B1
i Dossi [AL] **53** FG2
i Dossi [BS] **57** E2
i Dossi [PC] **57** C3
i Dossi [VC] **37** E2
Idro [BS] **43** A2
Idro, Lago d'- (Eridio) **43** AB2
Idroscalo **39** D2
Ienca, Monte- **133** F2
Ierna [PG] **123** C2
Iesizza [UD] **33** E2
Ifinger Spitze / Ivigna, Picco d'- **11** D1
i Fondi [BG] **25** D2
i Forni [SO] **25** BC2
i Foroni [MN] **59** C2
i Garroni [AT] **67** E2
Igea Marina [RN] **101** B1-2
i Gessi [GR] **111** E3
Iggio [PR] **71** D3
Igliano [CN] **67** CD4
Ignago [VI] **45** B3
Igne [BL] **29** E1
Igno, Monte- **117** A3
i Granari [RI] **139** B1
i Grazzi [MO] **75** B2
I Grottini [ROMA] **137** B2
il Bagno [FC] **99** D2
Il Baluton, Monumento Naturale- **41** E3
il Belagaio [GR] **113** A3
il Borgo [MO] **73** D2-3
il Buso [VI] **45** C1
il Caldese [PU] **107** D3
il Cantone [MO] **73** D3
il Capannone [MO] **97** C1
il Capro / Botzer **1** F1
il Cardon [LI] **119** A3
Il Casalone [VT] **131** B2
il Casino [BO] **89** E1
il Castagno d'Andrea [FI] **99** CD3
il Castello [BO] **89** E2-3
il Castellone [LT] **145** F3
Il Castellúccio [MC] **117** D3

il Centro [ROMA] 137 E2-3
Ilci [PG] 123 E2-3
il Colle [AN] 109 D4
il Colle [AQ] 141 CD2
il Conte [BO] 75 B3-4
il Coppaio, Podere- [GR] 121 CD2-3
Il Cristo [MO] 73 DE3
il Deserto, Convento- 83 A2
il Fabbro [PO] 97 F3
il Ferrone [FI] 105 C2-3
il Fondo [RN] 101 B2
il Forno [MO] 73 D3-4
il Giardinetto [AL] 55 A3
il Giardino [GR] 129 CD2
il Giovanello [GR] 121 BC2
Illasi [VR] 59 EF1
Illasi, Torrente d'- 59 EF1
Illasi, Valle d'- 43 E3
Illégio [UD] 17 B2
Illica [PR] 85 B1
Illica [RI] 125 E3
Illice [AP] 127 B2
Illirio, Colle- 145 F2
il Luogo [GR] 121 CD3
il Maniero [PG] 115 D3
il Marchese [LI] 119 A3
il Marzolo / Vermoi Spitze 11 B1-2
Ilmenspitz / Olmi, Monte degli- 11 B2-3
il Molino [AP] 117 F2
il Monte [AP] 87 D3
il Monte [MO] 73 E2
il Monte [RE] 87 BC3
il Palazzo [FI] 99 C3
il Palone [LI] 111 B2
il Passo [CO] 7 E3-4
il Pero [FI] 105 AB3
il Piano [MO] 87 E3
Il Piano [VT] 131 E2
il Pino [FI] 105 B3
il Pino [PI] 103 E2-3
Il Pino [ROMA] 137 E2-3
il Poderetto [GR] 123 A3
il Poggiale [GR] 121 B3
il Póggio [FC] 99 CD2-3
il Póggio [GR] 121 E3
il Póggio [GR] 111 C3
il Poggione [GR] 121 C2
il Poggione [GR] 121 B3
Il Ponte [BO] 89 DE2
il Pozzo, Casa- [SI] 111 DE1
il Signorino [PT] 97 E2-3
il Testáccio [TR] 131 F1-2
il Torrione [SI] 113 DE2-3
il Trívio [AN] 109 BC4
il Vallone [FE] 75 C2
il Vittoriale 43 B3
il Voltone [VT] 123 A4
Imagna, Torrente- 41 B2
Imagna, Valle- 41 B2
Imbérido [LC] 23 E3
Imbersago [LC] 23 E3
Imbrecciata [AN] 117 CD1
Imele, Fiume- 139 F2
Imer [TN] 29 B1-2
i Mistris [PN] 31 D1-2
Im Loch / Gola [BZ] 13 A2
Immacolata, L'- 137 CD2
Imola [BO] 89 F2
i Motti [VI] 45 AB3-4
Impéria [IM] 93 E3
Império [NO] 37 F1
Impero, Torrente- 93 E3
Impiano [AR] 105 F3-4
Imponzo [UD] 17 B2
Imposte [TE] 127 C3
Impostino [GR] 121 C4
Impostino [GR] 121 C4
Imposto, l'- [GR] 121 C1-2
Imposto, l'- [SI] 113 A3
Impruneta [FI] 105 C2
Inarzo [VA] 23 A3
Incaffi [VR] 43 C3
Incarório, Canale d'- 17 B1-2
Incendio, Cima dell'- / Zunderspitze 1 F1
Incile, Case- [AQ] 139 F2-3
Incirano [MI] 39 CD1
Incisa, Passo dell'- 107 B1
Incisa in Val d'Arno [FI] 105 D2-3
Incisa Scapaccino [AT] 67 F2
Incisioni Rupestri, Parco Nazionale delle- 25 D2
Incisioni Rupestri, Riserva Naturale- 25 DE2
Incliousa, Lago de l'- 19 DE1
Incontro, Convento dell'- 105 D2
Incoronata 143 C1-2
Incrociata [PC] 57 B3
Incudine [BS] 25 E1
Incugnate [MI] 39 E1-2
Indicatore [AR] 105 F4
Indiritto [TO] 51 E2
Indovero [LC] 23 E1
Indren, Punta- 21 B2
Indritto [TO] 65 C2
Induno Olona [VA] 23 AB2
Inesio [LC] 23 DE1
Inferiore, Lago- [AO] 19 E2-3
Inferiore, Lago- [MN] 59 C3
Infernaccio, Gola dell'- 125 E2
Infernetto [ROMA] 145 C2
Inferni, Monte- 41 F2
Inferno, Lago dell'- 23 F1
Inghiaie 27 D3
Inghiaie, Riserva Naturale- 27 D2-3
Inglagna [PN] 15 D3
Ingria [TO] 35 F2
Innerhütt / Capanne di Dentro, Osteria- [BZ] 1 E2
Innerpflersch / Fleres di Dentro [BZ] 1 FG1
Inner-Pichl / Colle di Dentro [BZ] 3 F3
Innichen / San Candido [BZ] 3 F3
Inno [FI] 105 B2
In Som le Crepe, Rifugio- 13 D3
Intelvi 23 C2
Intermesole, Monte d'- 133 FG2
Interméssoli [TE] 133 G1
Interneppo [UD] 17 B2-3
Intissans [UD] 15 EF2
Intra [VB] 21 F2
Intragna [VB] 21 F1-2
Intróbio [LC] 23 E2
Introd [AO] 19 D2
Introdácqua [AQ] 141 D2-3
Intro d'Acqua [PE] 135 C3
Introzzo [LC] 7 DE4
Inveriaghi [PV] 55 E3
Inverigo [CO] 23 D3
Inverno [PV] 55 F1
Inverno, Monte- 71 E3
Inverno e Monteleone [PV] 55 F1
Inverso [TO] 37 A1
Inverso Pinasca [TO] 51 E3
Inverso Porte [TO] 51 E3
Inveruno [MI] 39 AB1
Invillino [UD] 15 E2
Inviolata, Cascina della- [ROMA] 145 DE1
Invório [NO] 21 E3
Invório Inferiore [NO] 21 EF3
Invório Superiore [NO] 21 EF3
Invózio [VC] 21 DE3
Invrea [SV] 83 A2
Inzago [MI] 41 A3
Inzino [BS] 41 EF2
Ioánaz, Monte- 33 D1
Ioanella [TE] 127 C3-4
Ioánnis [UD] 49 CD1
Iola [MO] 87 E3
Iolo-San Pietro [PO] 97 F3
Iolo-Sant'Andrea [PO] 105 B1
i Padri [VI] 45 B2
i Palazzi [RO] 75 E2
i Pieracci [PG] 113 E2-3
i Ponti [AR] 113 D1
Ipplis [UD] 33 D2
i Prati [BS] 59 A1
i Prati [TR] 133 B1-2
i Quarti, Cascine- [CR] 57 E3
i quattro Pini [VT] 129 E2
Iral [BL] 13 D3
Irma [BS] 41 F2
Irola [MS] 85 D2-3
i Ronchi [TV] 47 AB2
Irone, Monte- 27 A2
Isallo [SV] 81 E2
i Salti [FI] 99 C2
Isarco, Fiume- / Eisack 11 E2-3
Isarco, Valle- / Eisacktal 3 B2-3
Isarno [NO] 37 F1-2
Isasca [CN] 65 E3
Iscarelli [TE] 127 C3-4
Ischia [TN] 27 D2
Ischia di Castro [VT] 131 A1
Ischiator, Vallone- 79 B2
i Scit [NO] 37 F1
Iselle [VB] 5 D2
Isengo [CR] 57 CD1
Iseo [BS] 41 E2-3
Iseo, Lago d'- (Sebino) 41 E2
Isera [TN] 43 DE1
Isiata [VE] 47 C3
Isola [BS] 25 E2
Isola [CN] 67 B3-4
Isola [FC] 99 E3
Isola [FI] 103 F2
Isola [GE] 69 E3
Isola [IM] 81 B3
Isola [MC] 117 B1-2
Isola [PG] 115 E3
Isola [PI] 103 B2
Isola [PR] 85 B1-2
Isola [PR] 87 B1
Isola [PR] 87 AB2
Isola [RA] 89 F3
Isola [SO] 7 DE2
Isola [SP] 95 D2
Isola [UD] 17 BC3
Isola [VC] 21 CD2-3
Isola, l'- [MC] 117 DE1
Isola, Monte- [ROMA] 137 BC2
Isola Balba [LO] 39 E2
Isola Bella [LT] 145 E3
Isolabella [TO] 53 C3
Isolabona [IM] 93 B3
Isola Boschina, Riserva Naturale- 73 EF1
Isolabuona [GE] 69 C3
Isolaccia [SO] 9 D2
Isola d'Árbia [SI] 113 B2
Isola d'Asti [AT] 67 DE1-2
Isola dei Morti 45 F1-2
Isola del Cantone [GE] 69 C3
Isola del Gíglio [GR] 129 A2-3
Isola del Gran Sasso d'Italia [TE] 135 AB1-2
Isola della Donzella 77 E2
Isola della Scala [VR] 59 DE2
Isola del Piano [PU] 109 A2
Isola di Carturo [PD] 45 D3
Isola di Fano [PU] 109 AB2-3
Isola di Fondra [BG] 25 A3
Isola di Polésine 77 E2
Isola Dovarese [CR] 57 F2-3
Isola Farnese [ROMA] 137 E2
Isola Fossara [PG] 109 A4
Isola Gallinara, Riserva Naturale dell'- 93 F2
Isolagrande [CN] 81 D2
Isolagrande [SV] 81 D2
Isolalta [VR] 59 D1-2
Isola Morosini [GO] 49 D2
Isola Perosa [CN] 81 C2
Isola Pescaroli [CR] 57 EF3
Isola Rizza [VR] 61 B2
Isola San Biagio [AP] 125 E2
Isolasanta [LU] 97 A2
Isola Sant'Antonio [AL] 55 BC2
Isola Uccellanda, Riserva Naturale- 57 D1
Isola Vicentina [VI] 45 B3
Isole, Fattoria le- [FI] 105 C3-4
Isolella [RO] 77 BC1-2
Isolella [VC] 21 D3
Isolello [CR] 57 F3
Isolello [VC] 21 B2-3
Isole Trémiti [FG] 143 ins.a
Isole Trémiti, Riserva Naturale Marina- 143 ins.a
Isoletta [SV] 81 D1-2
Isolona [GE] 83 E2
Isolone di Oldenico, Riserva Naturale dell'- 37 E2
Isolotto, l'- 129 C2
Isonzo, Fiume- 49 DE2
Isonzo, Foce dell'- 49 E2
Isorella [BS] 57 F1-2
Isorella, Naviglio- 59 A1
Isorno, Torrente- 5 E2
Isorno, Valle dell'- 5 E2
Isoverde [GE] 69 C3
Ispra [VA] 21 F2-3
Issengo / Issing [BZ] 3 CD3
Isságlio [TO] 37 A2
Issime [AO] 21 AB3
Issing / Issengo [BZ] 3 CD3
Isso [BG] 41 C4
Issogne [AO] 19 FG2-3
Istia d'Ombrone [GR] 121 BC3
Istiria [CN] 79 C1
Istrago [PN] 31 E2
Istrana [TV] 45 F2-3
Italba [FE] 77 C2
Italia in Miniatura 101 C2
I Ternini [MS] 85 E2
Itieli [TR] 131 F2
Iúdrio, Torrente- 33 D3
Iugo, Monte- 131 C1-2
Iutizzo [UD] 31 E3
Iuvanum 141 F2-3
I Vaccari [PC] 71 C1-2
Ivano, Castello d'- 27 F2
Ivano-Fracena [TN] 27 EF2
Ivica [RO] 77 E2
Ivigna, Picco d'- / Ifinger Spitze 11 D1
Ivózio [TO] 37 B1
Ivrea [TO] 37 B2
Ivrea, Naviglio d'- 37 B2
Ivrea alla Noaschetta, Bivacco- 35 D1
Izano [CR] 57 C1
Izzalini [PG] 123 E3

J

Jafaut 1 B2
Jafferau, Monte- 51 B2
Jakobs-Spitze / San Giacomo, Cima- 3 AB3
Jaufenpaß / Monte Giovo, Passo di- 1 F1-2
Jaufental / Valgiovo 1 G1
Jenesien / San Genésio Atesino [BZ] 11 D2
Jenne [ROMA] 139 DE3
Jerago con Orago [VA] 23 A3
Jerebica / Lago, Cima del- 17 E2
Jerener [TO] 35 DE2
Jervis, Rifugio- 35 CD2
Jervis W., Rifugio- 65 C2
Jesi [AN] 109 D3
Jesi, Torre di- 109 D4
Jésolo [VE] 47 C3
Jésolo, Lido di- [VE] 47 C3-4
Jochköpfl 1 E1
Jocteau 19 DE2
Joderhorn 21 BC1-2
Jolanda di Savoia [FE] 77 B2
Joussaud [TO] 51 C2-3
Jouvenceaux [TO] 51 BC2
Joux, Colle di- 19 G2
Jovençan [AO] 19 D2
Jovençan [AO] 19 C2
Jovet, Monte- 17 CD2
Julia, Rifugio- 17 D2
Jumeaux, Les- 19 F1

K

Kaberlaba, Monte- 45 B1-2
Kalch / Calice [BZ] 1 G1
Kaltenbrunn / Fontanefredde [BZ] 11 E3-4
Kalterer See / Caldaro, Lago di- 11 D3
Kaltern an der Weinstrasse / Caldaro sulla Strada del Vino [BZ] 11 D3
Kamaus [TN] 27 D2
Kammerschien / Camporsino [BZ] 3 C2
Kampele-Spitze / Campo, Cima di- 3 B2-3
Kampidell / Campitello [BZ] 11 D2
Kapaiern / Capáia [BZ] 3 F3
Kapinberg 17 E1
Kapron / Caprone [BZ] 1 B1-2
Karbachtal / Quáira, Valle di- 3 F3
Kardaun / Cardano [BZ] 11 E2-3
Karer-Paß / Costalunga, Passo di- 13 A3
Karersee / Carezza al Lago [BZ] 11 F3
Karlinbach / Carlino, Rio- 1 B2
Karneid / Cornedo all'Isarco [BZ] 11 E2-3
Karnspitz / Quáire, Cima di- 3 A3
Karspitze / Quáira, Picco di- 3 B3
Karspitze / Quáira, Punta di- 11 AB3
Karthaus / Certosa [BZ] 1 D2
Kasern / Casere [BZ] 3 E1
Kassian-Spitze / San Cassiano, Cima- 3 A3
Kastelbell / Castelbello [BZ] 11 B2
Kastelbell Tschars / Castelbello-Ciárdes [BZ] 11 B2
Kastelruth / Castelrotto [BZ] 11 F2
Katharinaberg / Santa Caterina [BZ] 11 B1
Kematen / Caminata [BZ] 3 B2
Kematen in Taufers / Caminata di Tures [BZ] 3 D2
Kerlsspitze / Quáira, Pizzo- 3 F3
Kesselkofel / Chiastronat, Monte- 15 D1
Kessel Kogel / Catinaccio d'Antermóia 13 A3
Kiens / Chiénes [BZ] 3 CD3
Kinigat, Gr.- 13 G1-2
Kinzen / Quinzo [BZ] 3 B2
Klammjoch 3 E2
Klausen / Chiusa [BZ] 11 F2
Klausener Hütte / Chiusa, Rifugio- 3 AB3
Kleiner Gabler / Forca, Monte- 13 B1
Klobenstein / Collalbo [BZ] 11 E2
Knapphenne / Valperna, Cima- 3 D2
Knottberghütte 1 B2
Knutten Alm / Dossi, Malga dei- 3 E2
Kofel-Joch / Éores, Passo di- 13 B1-2
Koflraster Seen / Cóvolo, Laghi del- 11 B2
Kolben-Spitze / Clava, la- 1 E2
Kollfuschg / Colfosco [BZ] 13 BC2
Kollmann / Colma [BZ] 11 EF2
Kompatsch / Compaccio [BZ] 11 B2
Königsanger-Spitze / Pascolo, Monte del- 3 B3
Königskogl 1 E1
Königsspitze / Gran Zebrù 9 F2
Köpfplatte / la Lasta 1 B2-3
Kortsch / Córzes [BZ] 11 A2
Kortscher Jöchl / Corzes, Monte di- 11 A1-2
Kras 49 EF2
Kratzberger See / San Pancrazio, Lago- 1 F2
Kraxentrager / Gerla, La- 3 B1-2
Kreut / Novale [BZ] 11 D2
Kreuzbergpaß / Monte Croce di Comélico, Passo- 13 F1-2
Kreuzjoch 3 A1-2
Kreuzjoch / Croce, Giogo della- 11 D1-2
Kreuzjöch / Croce, Passo della- 11 D1-2
Kreuzjoch / Medálghes, Furcia di- 13 B2
Kreuzkofeljoch / Poma, Passo- 13 B2
Kreuzwiesen-Hütte / Prato Croce, Rifugio- 3 C3
Krieger-Ehrenmal 1 B2
Kronalpe 17 C1
Kronhofer Törl 17 B1
Kronplatz / Corones, Plan de- 3 D3
Kuens / Caines [BZ] 1 EF2
Kuppelwies / Pracúpola [BZ] 11 B2
Kurtatsch an der Weinstrasse / Cortaccia sulla Strada del Vino [BZ] 11 D3-4
Kurtinig an der Weinstrasse / Cortina sulla Strada del Vino [BZ] 27 D1
Kurzras, Sporthotel- / Corteraso, Albergo- 1 C2
Kutthütte 1 C2

L

Laag / Laghetti [BZ] 27 D1
Laas / Lasa [BZ] 11 A2
Laatsch / Láudes [BZ] 1 B2
la Badía [PG] 115 DE1
la Badía [PG] 115 AB3
la Badía [PO] 97 F2
la Balma [VB] 5 CD2
La Balme [AO] 19 B2
la Bandita [PI] 111 B2
Labante 89 B3
la Baracca [AR] 107 AB3-4
la Baracca [SP] 85 B3
la Baráccola [AN] 109 EF3
la Barcáccia [PG] 115 D2
la Barca del Grazi [GR] 129 C1
la Bassa [MN] 59 C2
L'Abbandonato [GR] 121 D2-3
Labbro, Monte- 121 DE2-3
La Béccia [AR] 107 A2
la Befa [SI] 113 B3
la Beloria [PR] 57 E3-4
la Berzigala [MO] 87 E2
la Bethaz [AO] 19 C2-3
Lábico [ROMA] 145 F2
La Borra [FC] 91 D3
la Borra [PI] 103 D3
la Bosca [FE] 75 D2
la Bríglia [PO] 97 F3
Labro [RI] 133 B1
la Buca [BO] 75 B3
la Buca [SI] 113 D3
la Buse dei Véris [UD] 33 C2
Lac, Becca du- 19 BC3
Lac, Cima- 11 B3
la California [LI] 111 B2
la Calla, Passo- 105 F1
la Calle [PG] 115 A1
la Campana [BO] 89 D2
la Campigliola [GR] 129 DE1
la Canónica [SI] 113 C2
la Capannina [LU] 95 DE3
la Capelletta [GE] 69 B3-4
La Casáccia [VT] 131 DE2
la Casazza [MO] 75 AB2
la Casella [TR] 123 D2-3
La Casetta [FI] 99 A2
La Casina [VT] 123 A3
La Cassa [TO] 35 F3
La Castellina [SI] 113 D2
la Cava [PI] 103 D3
Lacchiarella [MI] 39 C2-3
Láccio [GE] 69 D3-4
la Centrale [TN] 27 D1-2
Lacerone, Monte- 133 AB2
la Cérqua [TR] 131 EF1
Laces / Latsch [BZ] 11 B2
la Cetina [SI] 111 EF2
Lachelle [VC] 37 D3
la Chiesa [FE] 75 C3
la Chiostra [PI] 111 CD1
La Chiusa [FC] 99 EF1-2
la Chiusa [FI] 97 FG3
la Chiusa [RA] 91 DE2
Lacinigo / Latschinig [BZ] 11 B2
la Città [BO] 89 BC1
Lac Noire, Col du- 35 BC1
la Coetta [VR] 59 E1
la Cogna, Casale- [LT] 145 D3
la Collina [PI] 103 E3
la Colonna [PU] 109 C1-2
la Comina [PN] 31 C3
Lacona [LI] 119 B2
Lacona, Golfo della- 119 B2
la Contea [BO] 75 C3-4
la Contea [TV] 45 F2
Lacore, Laghi- 141 DE3
la Corte [MO] 73 D3
la Corte [RE] 73 B3
la Costa [AL] 69 C2-3
la Costa [PG] 125 A3
la Costa [PG] 113 EF3
la Costa [PR] 85 E1
la Costa [PR] 87 C1
la Costa [VR] 43 E3-4
l'Acqua [PO] 97 F2
Lácque, le- [MC] 117 BC2
la Croce [AL] 67 F2
la Croce [AN] 109 C2
la Croce [AP] 117 E3
la Croce [AR] 113 D2
la Croce [PU] 109 C2
la Croce [SI] 105 D3-4
la Croce [TV] 47 A3
la Crocera [CN] 65 E2
la Crocetta [FC] 101 B2
La Crocina [AR] 105 F3
la Crosara [RO] 75 DE2
la Crosetta [PN] 31 B2
Laculo [RI] 133 D1-2
l'Adduce, Podere- [GR] 121 E3
Ladino [FC] 99 E1
Ladispoli [ROMA] 137 C3
la Dogana [PG] 115 B2
la Dogana Rossa [SI] 113 E3
la Dota [AT] 67 E2
la Faraona [RE] 87 D2
la Farnesiana [ROMA] 137 B1
la Farneta [PI] 111 DE1
la Fiorana [FE] 91 C1
la Fittá [VR] 61 B1
la Foce [SI] 113 D3
La Foce [SP] 95 B2
La Fonte [PI] 103 CD3
La Forcora [VA] 7 A4
la Foresta, Convento- 133 C2
La Forma [FR] 139 D3
la Forna [FE] 75 C2
la Fornace [PU] 109 B2-3
la Fossa [RE] 73 A3-4
la Frascata [RA] 91 C1
la Fratta [SI] 113 D2
la Fravezza [PC] 71 BC2-3
la Frizza [MN] 73 D2
la Frua [VB] 5 E1
Laga, Monti della- 127 B3-4
La Gabelletta [VT] 131 D3
la Gabellina [RE] 87 B2-3
Lagacci [PT] 97 E2
Lagaccioli [GR] 129 D2
Lagadello [PR] 71 D3-4
Lagagnolo [PV] 55 E3
la Garagna, Casa- [MN] 73 B2
Lagarina, Val- 43 DE2
Lagaro [BO] 97 FG1
Lagastrello, Passo di- 87 A2-3
la Gatta [PR] 71 E3
Lagazuoi 13 D2
Lagdei [PR] 85 DE2
Lággio di Cadore [BL] 13 F2-3
Laghestél di Pine 27 D2
Laghetti / Laag [BZ] 27 D1
Laghetto [ROMA] 145 E1
Laghetto, il- 25 E1
Laghetto, Malga- 27 D3
Laghi [PD] 45 D2-3
Laghi [VI] 43 F1-2
Laghi [VI] 45 D2
Laghi, Coston dei- 43 F1
Laghi, Valle dei- 27 B2-3
Laghi, Via dei- 145 E2
Laghi di Avigliana, Parco Naturale dei- 51 F2
Laghi di Doberdò e Pietrarossa, Riserva Naturale dei- 49 E2
Laghi Lungo Ripasottile, Riserva Naturale- 133 BC2
la Ghinata [RO] 75 D1
Laghi Suviana e Brasimone, Parco Regionale dei- 97 F2
la Giorgia [AQ] 139 F3
la Giorgina [AQ] 139 E2
la Giustiniana [ROMA] 137 E2-3
Láglio [CO] 23 C2
Lagna [NO] 21 E3
Lagnasco [CN] 65 F3
Lago [GE] 83 D2
Lago [PC] 69 F2
Lago [PR] 85 E2
l'Ago [SP] 85 BC3
Lago [TN] 27 EF1
Lago [TV] 29 E2-3
Lago [VI] 45 AB2
Lago [VI] 61 D1
Lago, Case del- [RE] 73 A3
Lago, Cima del- / Jerebica 17 E2
Lago, Croda da- 13 D2-3
Lago, Monte- 7 F4
Lago, Monte del- 107 D3
Lago, Pizzo di- 7 E2
Lago, Rio del- 17 E2
Lago Acquapartita [FC] 99 F3
Lago Bianco, Punta- / Weißsee 1 C1-2
Lago Bianco, Rifugio- 79 C2
Lago Cornino, Riserva Naturale del- 17 B3
Lago Corvo, Rifugio- / Haselgruber-Hütte 11 B3
Lago Costa 27 D2
Lago d'Ampola 43 BC1
Lago di Burano, Riserva Naturale- 129 D2
Lago di Campotosto, Riserva Naturale- 133 F1

Lago di Candia, Parco Naturale del- **37** B2
Lago d'Idro **43** B2
Lago di Loppio **43** D1
Lago di Lozon, Riserva Naturale- **19** F2
Lago di Montepulciano, Riserva Naturale- **113** E3
Lago di Penne, Riserva Naturale- **135** C2
Lago di Sartirana, Riserva Naturale- **23** E3
Lago di Serranella, Riserva Naturale- **143** A2
Lago di Toblino **27** B2
Lago di Vico, Riserva Naturale- **131** CD2-3
Lago di Villa, Riserva Naturale- **19** G2
Lago Erdemolo, Rifugio al- **27** E1-2
la Goga [PG] **115** B2-3
Lago Gelato, Pizzo- **5** E2
Lagone, il- **63** CD2
Lago Nero, Cima- / Schwarzseespitze **1** F1
Lagoni [GR] **111** E2-3
Lagoni, i- **85** E2
Lagoni, Monte- **97** D1
Lagoni del Sasso [PI] **111** CD2-3
Lagoni di Mercurago, Parco Naturale dei- **21** F3
Lagoni Rossi [PI] **111** C2-3
Lago Patrono [AL] **69** D3
Lago Pudro **27** D2
Lágora [BO] **97** FG1-2
Lagorai, Catena dei- **29** A1
Lagorai, Cima di- **27** F1
Lagorai, Lago- **27** EF1
Lagosanto [FE] **77** C3
Lago Scuro, Pizzo di- **25** F2
Lago Trasimeno, Parco del- **115** A3
Lago Verde, Rifugio- **65** C1-2
la Grancia [AQ] **139** F3
La Grángia [CN] **65** F2-3
Lagrimone [PR] **87** B1-2
La Guárdia [AQ] **141** BC3
la Guárdia [MO] **87** EF2
la Guida, Casa- [GR] **121** A2
Laguna di Orbetello di Ponente, Riserva Naturale- **129** C2
Lagundo / Algund [BZ] **11** C1
Lagune **89** C2
L'Aia, Lago- **131** F1
l'Aiale [SI] **123** AB2
Laietto [TO] **51** E2
Laiguéglia [SV] **93** E2-3
Lainate [MI] **39** C1
Laini, Casa- [VI] **45** B2-3
Laino [CO] **23** C1-2
Láio, Fosso- **141** F2
l'Aiola [PI] **103** D4
Laion / Lajen [BZ] **11** F2
Laione, Monte- **67** FG3
Laipacco [UD] **33** C2
Laives / Leifers [BZ] **11** DE3
Lajático [PI] **103** E4
Lajen / Laion [BZ] **11** F2
la Lama [FC] **105** FG1-2
la Lama [PI] **111** D2
la Lasta / Köpflplatte **9** F1
La Lastra [FI] **105** C2
Lalatta [PR] **87** B2
l'Albergo [AR] **113** D1
La Lechère [AO] **19** E1
La Lima [PT] **97** D2
Lállio [BG] **41** B2-3
La Lóggia [TO] **53** AB3
Lama [AR] **107** A3
Lama [PG] **107** C3
Lama [PV] **69** E2
Lama [SI] **113** C3
Lama [SP] **95** D2
Lama, la- [FC] **105** FG1-2
Lama, la- [PI] **111** D2
Lama, Torrente- **107** C3
Lama Bianca, Riserva Naturale- **141** E2
la Macchia, Podere- [GR] **121** C2-3
Lamaccione, Podere- [GR] **121** CD3
La Maddalena [ROMA] **139** D3
Lama dei Peligni [CH] **141** EF2
Lama di Mónchio [MO] **87** DE2
Lama di Reno [BO] **89** C2
Lama di Setta [BO] **89** C2-3
la Madonnina [RE] **73** B3
La Magdeleine [AO] **19** F1-2
la Máina [UD] **15** D2
Lamalesa [SI] **113** A3
Lama Mocogno [MO] **87** E3
la Mándria [GR] **129** D2
La Mandria, Parco Regionale- **51** G1
la Mantovana [VR] **61** BC3
Lama Pezzoli [RO] **77** B1
Lama Polésine [RO] **77** B1
la Marchesa [PR] **71** E3
la Marchesa [VC] **37** D2
Lamarossa, Riserva Naturale- **97** B1
la Martina [BO] **99** B1
la Martina [CN] **67** CD3
la Masera [BO] **97** E1
la Mazzona [FE] **75** BC2
Lámbara [VI] **29** AB3
Lambertenghi, Rifugio- **15** E1
Lambertúccia [MC] **117** C3
Lambin, Rio- **27** BC2
Lambrate [MI] **39** D1-2
Lambrinia [PV] **57** B2-3
Lambro, Fiume- **39** D2
l'Ambrogina [GR] **121** D2
Lambro Meridionale, Fiume- **39** E3
Lambro Settentrionale, Fiume- **57** A2
Lambrugo [CO] **23** D3
Lame [MN] **75** BC2
Lame [TE] **127** B4
Lame del Sésia, Parco Naturale- **37** E2
Lamen [BL] **29** C2
Lamenata, Molino- [AR] **105** DE3
la Minara, Monte- **85** D1
Lámmari [LU] **97** C3
Lámole [FI] **105** CD3
Lámoli [PU] **107** C3
la Molla [SI] **123** B2
Lamon [BL] **29** B2
la Monachina [ROMA] **145** BC1
Lamone, Fiume- **91** E1
Lamone, Selva del- **129** F1
la Montanara, Rifugio- **27** B1-2
la Montesca [PG] **107** C4
la Mora [BO] **75** B3
La Morra [CN] **67** C3
Lamosano [BL] **31** B1-2
la Motta [FE] **75** CD2
La Motta [PR] **57** E3-4
la Mozza [GR] **121** C3
Lampedusa, Santuario di- **93** D3
Lampone, Cima- **21** C2
Lamporecchio [PT] **103** F1-2
Lamporo [VC] **37** C3
La Muda [BL] **29** D1
Lan, Cima di- **29** B2-3
Lana [BZ] **11** CD2
Lana, Col di- **13** C2-3
Lana, Torrente- **115** B1
Lanari [VI] **45** D1-2
Lanaro, Monte- **49** F2
la Nave [AR] **113** E1-2
Lanca [NO] **37** F1
Lanca di Gerole, Riserva Naturale- **57** F3
Lancenigo [TV] **47** A2
Lanche di Azzanello, Riserva Naturale- **57** D2
Lanciáia [PI] **111** D2
Lanciano [CH] **143** A1
Lanciano, Passo di- **141** E1
Lanciatoio [AP] **125** EF2
Lancia Vincenzo, Rifugio- **43** E1-2
Láncio, Monte- **97** D1-2
Lanciole [PT] **97** D2-3
Lancisa [PT] **97** D2
Landiona [NO] **37** E1-2
Landò [BS] **25** D2
Landriana **145** D3
Landriano [PV] **39** D3
Landris [BL] **29** D2
Landro / Höhlenstein [BZ] **13** E2
Landro, Lago di- / Dürrensee **13** E2
Landro, Val di- / Höhensteintal **13** E1-2
Lanfredi [SV] **93** E2-3
Langan, Colla di- **93** C3
Langasco [GE] **69** C3
l'Angelina [MO] **75** B2
Langenferner Joch / Cevedale, Passo del- **9** F2
Langhe **67** DE3
Langhe, Parco Safari delle- **67** CD4
Langhirano [PR] **87** B1
Langkofel / Lungo, Sasso- **13** B2
Langlauferer Ferner **1** C2
Langosco [PV] **55** A1
Langosco, Canale- **39** A2
Langsee **11** A3
Langsee / Lungo, Lago- **1** E2
Langtauferer Tal / Lunga, Valle- **1** B1-2
l'Annunziata [AQ] **141** D3
l'Annunziatella [ROMA] **145** D1-2
Lano [SI] **111** E1
la Novella [SI] **123** A2
Lantana [BG] **25** C3
Lantana, Monte- **25** C3
Lante, Villa- **131** C2
Lantera, Colle- **141** C3
Lanterna, Torre della- **83** C2
la Nuda, Monte- [MS] **85** D3
Lanúvio [ROMA] **145** E2-3
Lanvario [BI] **37** D1
Lanza [TN] **11** BC3
Lanzada [SO] **9** B3
Lanzago [TV] **47** A2-3
Lanzano [MI] **39** E2
Lanzarini [TV] **45** DE2
Lanzè [VI] **45** CD3
Lanzetta [PD] **61** D2
Lanzo, Ca di- [VC] **21** B2-3
Lanzo, Fosso- **121** C2
Lanzo d'Intelvi [CO] **23** C2
Lanzona, Rocca- **71** E3
Lanzone, Monte- **69** B3
Lanzoni [VE] **47** BC3
Lanzo Torinese [TO] **35** E3
Laorca [LC] **23** E2
la Pace [MC] **117** D1-2
la Palazza [AR] **107** B2-3
la Palazza [BO] **89** EF2
la Palazzina [GR] **121** B2
la Palazzina [MN] **59** DE3
la Palazzina [PI] **103** B2
la Palazzina [SI] **123** A2
la Palud [AO] **19** B1-2
la Parrina [GR] **129** C1-2
la Pasquina [MO] **73** E2
la Pasta [FE] **75** CD2
la Pavesa [PC] **57** D3
La Pavona [VC] **37** DE1
la Pavonara [FE] **75** DE2
la Pedaggera [CN] **67** D4
Lapedona [AP] **117** F3
La Penna, Invaso- **105** F3-4
la Pesa [VR] **61** B2
la Pescáia [GR] **121** B2
la Pessa [SO] **25** B2
la Pesta [GR] **121** A1-2
l'Ápia [AR] **105** F3
La Piazza di Sabbione [RE] **87** E1
la Piazzetta [SI] **105** AB3-4
la Picca [MO] **73** E2
la Piera [RO] **75** D1
la Pietra [TO] **53** CD1-2
La Pietra, Riserva Naturale- [AR] **99** D3-4
La Pietra, Riserva Naturale- [GR] **111** E3
la Pieve [GR] **121** C3-4
la Pieve [PU] **101** AB3
la Pieve [SI] **113** C1
la Pieve [SI] **121** D1-2
La Pila [LI] **119** B2
Lápio [VI] **45** C3-4
la Pioppa [CR] **57** E3
La Pisana [ROMA] **145** C1
La Place [AO] **19** FG2-3
la Plaggetta [LU] **103** BC1-2
la Plose / Plosebühel **3** C3
la Polverosa [GR] **129** C1
la Posta [FI] **99** AB1
Lappach / Lappago [BZ] **3** C2
Lappago / Lappach [BZ] **3** C2
Lappato [LU] **97** C3
la Prospera [FE] **75** BC2
la Pussa [PN] **15** C2
la Querce [PO] **97** F3
la Quércia [VT] **131** C2
la Quiete [MO] **75** B2
la Quiete, Parco- **59** B1
L'Áquila [AQ] **133** F2
la Rangona [FE] **75** BC2
Laranz / Laranza [BZ] **11** F2
Laranza / Laranz [BZ] **11** F2
la Rásega [BS] **25** E2
l'Aratrice [GR] **121** C2
Larche, Col de- **79** A1
Larciano [FC] **107** A1-2
Larciano [PT] **103** F1-2
Lardara [LO] **57** C2-3
Lardaro [TN] **27** A3
Larderello [PI] **111** D2
Lardina, Fonte- **117** C3
Lardirago [PV] **39** D3
Lardo, Poggio- **121** C3
Larécchio, Lago di- **5** E2
Láres, Crozzon di- **25** F1-2
Lareséit, Forcella- **15** C2
Laresi, Doss dei- **27** E1
Larganza, Torrente- **27** E2
Larghetto [RI] **133** B2
Lari [PI] **103** D3
Lariano [ROMA] **145** EF2
Larice, Grasso del- **9** D1
Lárici [BZ] **3** E3
Larici, Cima- **27** E2-3
Lariè, Cima- **5** D2-3
Lário → Como, Lago di- **23** D1-2
la Ripa [FI] **105** B2-3
la Riposa, Rifugio- **51** D1
la Riva [RE] **87** DE1
Larizzate [VC] **37** E2-3
Larniano [AR] **105** F2
Larniano [SI] **105** A3-4
la Rocca [GR] **129** C2
la Rocca [PG] **123** E2
la Rocca [RE] **73** B3
la Rocchetta [LI] **119** D1
Laroma [CH] **141** F2
Larone, Monte- **5** E2
la Rotta [FE] **77** B3
la Rotta [GR] **123** A3-4
la Rotta [MN] **59** C2
la Rotta [PI] **103** DE2-3
Laroussa, Monte- **79** AB2
La Rustica [ROMA] **145** D1
la Ruzza [FI] **97** G2
Larzána [TN] **27** A2
Larzonei [BL] **13** C3
Lasa / Laas [BZ] **11** A2
Lasa, Punta di- / Orgel-Spitze **11** A2
la Sabatina [GR] **121** C3
la Sacca [VB] **21** F2
La Salle [AO] **19** C2
la Salute di Livenza [VE] **47** D2-3
Lasanca, Rio- / Lasankenbach **3** C3
Lasankenbach / Lasanca, Rio- **3** C3
la Santa [MN] **59** C3
La Santina [PC] **57** D3
la Santona [MO] **87** DE3
La Saxe [AO] **19** B2
la Scala [SI] **121** EF1-2
Lascocanale [VT] **131** A2-3
la Sdriscia [LI] **119** D1
la Sega [TN] **43** D2
la Selce [ROMA] **145** BC1
La Sella, Cima- **5** E2-3
la Selva [AR] **113** C1
La Selva [FC] **99** F1
la Selva [SI] **111** E2-3
la Selva [SI] **111** E2
Lasen [BL] **29** C2
la Serra [PI] **103** E3
la Serra [PO] **105** AB2
la Serrata [GR] **113** A3
Lasès [TN] **27** D2
la Sesta [SI] **121** D1-2
la Sgrilla [GR] **129** D1
La Siligata [PU] **101** D3
Lasin, Lago- **35** E1-2
Lasinetto [TO] **35** EF1-2
Lasino [TN] **27** B2
la Sirena [BO] **89** B2
Lasnigo [CO] **23** D2
La Spera [RI] **133** B1-2
La Spézia [SP] **95** BC2
La Spézia, Golfo di- **95** BC2
Lassolaz [AO] **19** F2
l'Assunta / Maria Himmelfahrt [BZ] **11** E2
Lasta, Ponte della- **13** G2
Lasta Alta / Hochplatte **1** FG1-2
Lasta di Dentro / Ast [BZ] **3** C2-3
La Stanga [BL] **29** D1
la Stanga [VI] **45** C3
Laste [BL] **13** C3
Laste / Asten [BZ] **3** A3
Lasté, Baita del- **13** B3
Laste, Cima- **13** F3
Laste, Le- / Schaldern [BZ] **3** C2
Laste, Punta delle- / Plattenspitz **1** F2
Lastebasse [VI] **27** D3
Lastè delle Sute **27** F1
la Stella [MO] **87** E2
la Stella [RE] **87** C1
la Sterza [PI] **103** E3-4
Lastoni-Selva Pezzi, Riserva Naturale- **43** D2
la Storaia [PO] **97** FG2
La Storta [ROMA] **137** E2-3
Lastra [BL] **29** EF2
Lastra, La- [FI] **105** C2
Lastra a Signa [FI] **105** B2
la Strada [PR] **87** AB1
la Strada [RA] **99** D1
Lastreto, Abbadia di- **109** AB3
Lastroni, Monte- **15** D1
la Suora [MO] **73** E2
la Svolta [RE] **87** C1-2
Lat, Piz- **1** A1
Lateis [UD] **15** D2
Latemar **11** F3
Latemar, Monte- **11** F3
Látera [FI] **97** G3
Látera [VT] **123** AB4
Laterina [AR] **105** F3
La Thuile [AO] **19** B2
Laticastelli [SI] **113** C2
Latignano [PI] **103** D2-3
Latina, Via- **145** E2
Latisana [UD] **47** EF2
Latisanotta [UD] **47** EF2
la Tomba, Torre- **101** B2
la Torráccia [LI] **111** AB3
La Torre [FC] **101** A3
la Torre [FI] **105** B3
la Torre [MO] **87** F2
la Torre [PU] **107** F2
la Torre [PV] **37** F2-3
La Torre [VE] **47** E3
la Torre, Lago dietro- **35** CD3
la Torretta [CH] **143** B2-3
la Torretta [RO] **61** B3
la Torricella [PG] **115** B3
la Tosca [RA] **91** CD1
la Trappa [BI] **37** B1
la Tráppola [PR] **89** AB2-3
La Trinità [PC] **71** D3
Latsch / Laces [BZ] **11** B2
Latschinig / Lacinigo [BZ] **11** B2
Lattai, Monte- **97** E2-3
Latte, Col del- **27** F1
Latte di Ventimiglia [IM] **93** B4
la Turchia [RA] **91** C1
La Turchia [RN] **101** BC2
Latzfons / Lazfons [BZ] **11** F1-2
Láuco [UD] **15** E2
Láudes / Laatsch [BZ] **1** B2
Laugenspitze / Luco, Monte- **11** C2
Laugera, Punta- **21** C1
Láura [PI] **103** CD3
Laura, Monte- **31** BC1
Laura, Villa- [TR] **123** C3
Laurasca, Cima di- **5** E3
Lauregno / Laurein [BZ] **11** C3
Laurein / Lauregno [BZ] **11** C3
Laurentina, Via- **145** CD2
Laurentum **145** C2
Lauriano [TO] **53** CD1-2
Lauro [TV] **45** E2
Laus, Rifugio del- **79** B2
Lausetto [CN] **65** B3-4
Lausetto, Cima del- **79** CD2
Lauson, Colle- **35** D1
Lauson, Colle del- **51** C2
Laux [TO] **51** D2
Lauzacco [UD] **33** C3
Lauzzana [UD] **33** B1-2
la Vaccaréccia [RE] **87** B2-3
Lavacchini [PT] **97** E2
Lavacelli, Monte- **117** B2
Lavachey [AO] **19** C1
Lavaggi, Alpe- **21** C3
Lavaggio, Cima- **21** CD2
Lavaggiorosso [SP] **85** B3
Lavagna [GE] **83** EF3
Lavagna [LO] **39** E2
Lavagna, Torrente- **83** E2
Lavagnina, Laghi- **69** B3
Lavagno [VR] **59** E1
Lavaiana, Torrente- **71** B3
Lavaiano [PI] **103** D3
Laval [TO] **51** C2-3
la Valle [PC] **69** F2
la Valle / Tal [BZ] **11** A2
La Valle / Wengen [BZ] **13** C1-2
la Valle Agordina [BL] **29** D1
la Valletta [BO] **89** E1
la Vallona [BO] **89** EF1
Lavane, Monte- **99** C2-3
Lavanech, Monte- **25** F3
Lavanestra, Torrente- **81** F2
Lavara, Monte- **17** C2
Lavarda [VI] **45** C2
Lavardêt, Casera- [UD] **15** C1-2
Lavardêt, Forcella- **15** C1-2
Lavaredo, Rifugio- **13** EF2
Lavariano [UD] **33** C3
Lavarone [TN] **27** D3
la Vasca [TR] **131** D1
Lavazè, Passo di- / Lavazè Joch **11** E3
Lavazè Joch / Lavazè, Passo di- **11** E3
Lavazza, Monte- **25** C2
la Vecchia [BI] **37** B1
la Vecchia [RE] **87** D1
la Vedetta [RE] **87** D1
la Vella [PR] **71** E1-2
Lavena Ponte Tresa [VA] **23** B2
Láveno [BS] **25** D3
Laveno [VA] **21** F2
Laveno-Mombello [VA] **21** F2
Lavenone [BS] **43** A2
Láverda [VI] **45** C2
la Vergine [PT] **97** DE3
Laverino [MC] **115** F3
La Verna **107** A2
la Verna [MO] **87** D2-3
Lavetto, Monte- **29** A3
la Vettola [PI] **103** BC2
Lavezzola [RA] **91** B1
La Via [BZ] **1** F1
Laviano [PG] **113** E3
la Villa [AQ] **141** C1-2
la Villa [AR] **107** BC3
la Villa [AR] **105** F3
la Villa [BO] **89** BC1
la Villa [FI] **105** CD3
la Villa [GE] **85** A1
la Villa [MC] **117** C3
la Villa [PC] **57** D3
la Villa [PR] **87** C1
la Villa [RE] **73** BC3
la Villa [SI] **113** B3
La Villa [SP] **85** C3
la Villa [SV] **67** E4
La Villa / Stern [BZ] **13** C2
Lavina [BG] **23** F2
Lavina [BL] **31** B2
Lavina [IM] **93** D2
Lavini di Marco **43** E1
Lavinium **145** CD2-3
Lavino, Monte- **43** B1-2
Lavino, Torrente- [BO] **89** C2
Lavino, Torrente- [PE] **135** D3
Lavino di Mezzo [BO] **89** C1
Lavino di Sopra [BO] **89** C1-2
Lavino di Sotto [BO] **89** C1
Lavis [TN] **27** C2
la Visaille [AO] **19** B2
la Vittória [SI] **123** A1-2
Lavizza, Monte- / Haupenhöhe **3** C1-2
Lavone [BS] **41** F2
Lavoria [PI] **103** CD3
Lazfons / Latzfons [BZ] **11** F1-2
Lazise [VR] **43** C3-4
Lazzarello, Monte- **55** EF3
Lazzaretti [VI] **29** A3
Lazzaretto [BO] **75** B3-4
Lazzaretto [BS] **43** A3-4
Lazzaretto [TS] **49** F3
Lazzaretto [VE] **47** C3
Lazzaro, Monte- **55** F3
Lazzate [MI] **23** C3-4
Lazzeretto [FI] **103** EF2
Leale, Torrente- **17** AB3
Leano, Poggio- **123** A2
le Banditelle [PI] **111** B1
le Boline [MN] **73** E1-2
le Bolle [FI] **105** C3
Le Buse, Rifugio- **13** BC3
Leca [SV] **93** EF2
le Cámpore [PC] **69** F2
le Capannace [AR] **113** E2
le Capanne [FC] **107** B2
Le Caravelle **93** F2
le Case [RI] **133** B2
le Caselle [AR] **113** E2
Le Caselle [PG] **123** D2-3
le Caserine [AQ] **141** B3
Le Casette [AN] **109** E4
le Casette [AP] **127** C2-3
Le Casette [RI] **133** B2
Le Casette [ROMA] **139** B2-3
le Casine [PI] **103** D3
Le Castella [LT] **145** E3
Le Cave / Grasstein [BZ] **3** AB2-3
Lecca, Torrente- **71** B4
Lecce nei Marsi [AQ] **141** C3
Lecce nei Marsi [AQ] **141** BC3
Lecceta, Poggio- **103** C3
Lecceto [SI] **113** A2
Lecchi [SI] **105** D4
Lecchi [SI] **105** BC4
Lecchiore [IM] **93** D3
Lecci [LU] **103** D2
Lecci, Poggio- **121** B4
Léccia [PI] **111** CD2
Léccio [FI] **105** D2
Léccio [GR] **113** A3
Léccio [PI] **103** EF3
Léccio, Poggio del- **129** C2
Léccio, Rio- **103** D2
Leccioni, Poggio dei- **113** A3
Lecco [LC] **23** E2
Lecco, Lago di- **23** D2
Le Cento Croci [PU] **109** C2
le Cese [AQ] **139** F2
le Cetine [SI] **111** E2
Léchaud, Punta- **19** A2
Lechère, La- [AO] **19** E1
le Chiaviche [MN] **73** B1
Lecinone, Monte- **139** B2-3
Leco, Monte- **69** C3
le Cocche [VR] **43** C3
le Colombare [MN] **59** B2
le Conie [SI] **123** A2
le Cóntane [FE] **77** C2
Lécore [FI] **105** B2
le Core [MN] **59** E3
Le Cornate Fosini, Riserva Naturale- **111** D3
le Corti [FI] **103** E2
le Coste [MO] **87** F2
le Croci [FI] **99** A2-3
Ledis, Monte- **17** B2-3
Ledra, Canale- **33** B2
Ledra, Fiume- **33** B1
Ledro, Lago di- **43** C1
Ledro, Val di- **43** C1
Ledù, Pizzo- **7** DE3
le Farine [VT] **131** C2
Leffe [BG] **41** D2
le Figarole [SP] **95** C2
le Focette [LU] **95** E3
le Fornacette [GR] **121** B2-3
le Fornaci [PO] **97** F3
Le Fornaci [VB] **5** E3
le Fratte [PN] **31** D3
le Fratte [VI] **43** F1
Lega, Monte- **93** B3
Leggiana [PG] **125** B1-2
Leggio [PC] **71** B3
Leggiuno [VA] **21** F2
Leghe [VI] **45** C2
le Ghiare [PR] **87** A1
le Giare [RO] **61** CD3
Legnago [VR] **61** B2
Legnano [MI] **39** B1
Legnaro [PD] **63** B1-2
Legnaro [SP] **95** A1-2
Legni, Poggio ai- **111** EF1-2
Legnoncino, Monte- **7** E4
Legnone, Monte- [Lomb.] **7** E4
Legnone, Monte- [VA] **23** A2
Legogne [PG] **125** D3
Legogne, Monte di- **125** D3
Légoli [PI] **103** E3
le Gorghe [AR] **113** CD2
Legos [TN] **43** C1
Le Grazie [AN] **109** EF3
le Grazie [BL] **13** CD3
le Grazie [MC] **117** C2
le Grazie [PT] **97** E2-3
Le Grazie [SP] **95** BC2

le Grette [AQ] **141** C3
Legri [FI] **97** G3
Leguigno [RE] **87** C1
Leguzzano [VI] **45** AB2-3
Lei, Passo di- **7** E2
Lei, Val di- **7** E2
Leia, Fosso- **131** B2
Leifers / Laives [BZ] **11** DE3
Leini [TO] **53** B1
Leitisetto [TO] **35** E2-3
Léivi [GE] **83** E2
le Lácque [MC] **117** BC2
Le Laste / Schaldern [BZ] **3** C2
Lella, Monte- **17** E1
Lema, Monte- **23** AB1
le Macinaie [GR] **121** E2
le Martelle [MN] **59** D2
le Martinelle [VE] **63** C3
Leméglio [GE] **85** AB3
Lémene, Fiume- **47** DE2
Lémie [TO] **35** D3
Lemignano [PR] **71** F3
Lémina, Torrente- **51** F3
Lemizzone [RE] **73** C3
Lemma [CN] **65** DE3-4
Lemma, Passo di- **25** A2
Lemme, Torrente- **69** B2
Lemmi [AL] **69** CD2
Lemna [CO] **23** CD2
Le Moline [PC] **71** B3-4
le Moline [PV] **55** E3
le Morgie [CH] **143** B1
le Mose [PC] **57** C3
le Mosse [VT] **131** BC1
le Motte [CR] **57** F2
le Motte [MN] **73** D1-2
Lemprato [BS] **43** A2
Lemura [PG] **115** A3
Lena [PC] **71** C2
Lenano [PG] **125** B2-3
Lendeno, Corno- **25** E2
Lendinara [RO] **61** D3
Lengmoos / Longomoso [BZ] **11** E2
Lengstein / Longostagno [BZ] **11** E2
Lenna [BG] **23** FG2
Lenno [CO] **23** D2
Lenno, Monte di- **23** C1-2
Leno [BS] **57** F1
Leno, Torrente- **43** E1-2
Lenta [VC] **37** E1
Lentate sul Séveso [MI] **23** C3
Lentate Verbano [VA] **21** F3
Lente, Fiume- **121** E4
Lentella [CH] **143** BC2-3
Lentiai [BL] **29** D2
Lentigione [RE] **73** A2
Lenzari [IM] **93** D2
Lenzi [TN] **27** DE2
Lenzima [TN] **43** D1
Lenzone [UD] **15** E2
Lenzumo [TN] **27** A3
Leo, Torrente- **87** F3
Leofara [TE] **127** C3
Leofreni [RI] **139** D1
Leognano [TE] **135** AB1
Léogra **45** B2
Leonacco [UD] **33** C2
Leonardo da Vinci, Aeroporto Intercontinentale- **145** B2
Leonburg, Schloß- / Leone, Castello- **11** CD2
Leone, Canale- **77** C2
Leone, Castello- / Leonburg, Schloß- **11** CD2
Leone, Monte- **115** A1
Leone, Monte- **5** C2
Leonessa [RI] **133** C1
Leonessa, Sella di- **133** CD2
Leoni, Monte- **121** BC2
le Pantanelle [ROMA] **145** BC1
le Peschiere [BI] **37** CD1
le Piane [AP] **117** E3
le Piane [VC] **21** D2
Le Pianore [LU] **95** E3
Le Piastre [PT] **97** DE2-3
le Piazze [TN] **27** D1-2
le Pitocche [PD] **45** E3
le Pozze [PT] **97** E3
le Prata [PG] **115** E3
Lepre, Colle- **133** C3
Lepreno [BG] **25** A3
le Prese [SO] **9** DE2
Lepri, Cima- **127** B3-4
le Pulci [PG] **115** C2-3
le Quattro Strade [FI] **105** C3
le Quattro Strade [GR] **129** C2
le Querci [PT] **97** E3
Léquio Berria [CN] **67** D3
Léquio Tánaro [CN] **67** C3
Lera, Monte- [TO] **51** F1-2
Lera, Monte- [TO] **35** CD3
Lerca [GE] **83** A2
Lercaro, Ospedale- [AL] **69** AB2-3
Lerchi [PG] **107** C4
le Regine [PT] **97** D2
Leri [VC] **37** D3
Lérici [SP] **95** C2
Lerino [VI] **45** C3
le Ripe [SI] **123** B2
Lerma [AL] **69** B3
Le Rocchette [GR] **119** E2
le Rote [MC] **117** A3
le Rotelle [SI] **113** D2-3
Lerpa [BL] **15** CD1
Lesa [NO] **21** F2-3
les Arnauds [TO] **51** B2
le Sassine [VR] **43** D3-4
les Clotes [TO] **51** C2
le Seghe [TN] **27** C1
Lesegno [CN] **81** C1
Lesegno, Stazione di- **81** C1
les Fleurs [AO] **19** D2
les Granges [TO] **51** B2
Lesignana [MO] **73** D3
Lesignano de' Bagni [PR] **87** B1
Lesignano di Pálmia [PR] **87** A1
Les Iles, Riserva Naturale- **19** E2
Lesima, Monte- **69** E2
Lesina [VI] **45** B2
Lésina, Stazione di- **143** F3
Lésina, Torrente- **7** E4
Lésina, Valle- **7** E4
Lesis [PN] **15** C3
Lesmo [MI] **39** D1
les Perrères centrale [AO] **19** F1
Lessi [UD] **17** B3
Lessini, Monti- **43** E2
Lessínia, Parco Naturale Regionale della- **43** E3
Lessinia, Parco Naturale Regionale della- **43** F3
Lèssolo [TO] **37** A1-2
Lessona [BI] **37** D1
Lestans [PN] **31** E1-2
Lestizza [UD] **33** B3
le Strette [AR] **107** AB3
Leta, Monte- **101** AB3
le Tagliate [SV] **81** EF2
le Tassere [BS] **59** B1
Letegge [MC] **117** B2-3
Letegge, Monte- **117** B2-3
Letimbro, Torrente- **81** F1-2
le Tolfe [SI] **113** AB1-2
le Tre Strade [RI] **133** C2
Lettomanoppello [PE] **141** E1
Lettopalena [CH] **141** E2-3
Leucotea, Santuario di- → Pyrgi **137** B2
Leuso [SV] **93** E2
Levà [GE] **83** D2
Levà [VI] **45** C2-3
Levà [VR] **59** E2-3
Levada [PD] **45** F3
Levada [TV] **45** EF1-2
Levada [TV] **47** B2
Levada [UD] **49** D2
Levada [VE] **47** D2
Levade [TV] **47** B1-2
Levaldigi [CN] **65** F3
Le Vallere, Area Attrezzata- **53** B2
Le Valli [CR] **57** C1-2
le Valli [FI] **99** AB2
Lévane [AR] **105** E3-4
Levanella [AR] **105** E3-4
Levanna Centrale **35** CD2
Levanna Occidentale **35** CD2
Levanna Orientale **35** D2
Levante, Cima- **43** E2
Levante, Laguna di- **129** C2
Levante, Porto- **77** E1
Levante, Riviera di- **85** AB3
Lévanto [SP] **95** A1-2
Levata [AL] **55** B3
Levata [CN] **79** C1
Levata [CR] **57** E2
Levata [MN] **59** C3
Levate [BG] **41** B3
le Vedute [FI] **103** E2
Lévego [BL] **29** E2
Leverogne [AO] **19** CD2
Leverone [IM] **93** DE2
Leverone, Passo del- **9** C1
Leverone, Pizzo del- **9** C1
Lévice [CN] **67** DE3
Lévico, Canneto di- **27** D2
Lévico, Lago di- **27** D2
Lévico Terme [TN] **27** D2
Levigliani [LU] **97** A2
le Vigne [GR] **121** DE2
le Vigne [SI] **111** E2
le Vignole [VE] **63** E1
le Ville [AR] **107** B3-4
le Ville [FC] **107** AB2
le Ville [FC] **99** FG2-3
le Ville [RE] **87** E1
Levi-Molinari, Rifugio- **51** C2
Levizzano [RE] **87** D2
Levizzano Rangone [MO] **87** F1-2
Levo [VB] **21** EF2
Le Volte [CN] **81** D2-3
Levone [TO] **35** F2-3
Levrange [BS] **43** A2
Lezza [BS] **25** D2
Lezzaruole [GE] **83** DE2
Lezze [VE] **63** C3
Lézzeno [CO] **23** D2
Lézzeno [LC] **23** D1
Liamau, Lago- **35** F1
Liano [BO] **89** E2
Liano [BS] **43** B2
Liarey [AO] **19** C2
Liáriis [UD] **15** E1-2
Libano [BL] **29** DE2
Libarna **69** C2
Libbiano [PI] **103** E3
Libbiano [PI] **111** C2
Libbiano [SI] **105** A4
Libéccio, Punta- **119** A3
Libera, Cima- **1** EF1
Libero [PN] **31** CD1-2
Libertà, Ponte della- **63** D1
Libiano [PU] **107** C1
Libiola [GE] **85** A3
Libiola [MN] **73** E1
Libolla [FE] **77** B3
Libro Aperto **97** D1-2
Licciana Nardi [MS] **85** E3
Licenza [ROMA] **139** C2
Liceto [AN] **115** E1
Lichtenberg / Montechiaro [BZ] **1** B3
Liconi [AO] **19** C2
Liconi, Lago di- **19** C2
Liconi, Testa di- **19** BC2
Lidarno [PG] **115** C3
Lido [VE] **63** E1
Lido, Litorale di- **63** E1
Lido, Porto di- **63** E1
Lido Adriano [RA] **91** E2
Lido Campomarino [CB] **143** E3
Lido degli Estensi [FE] **77** D3-4
Lido degli Scacchi [FE] **77** D3
Lido delle Nazioni [FE] **77** D3
Lido di Camaiore [LU] **95** E3
Lido di Castel Fusano [ROMA] **145** B2
Lido di Classe [RA] **91** EF2-3
Lido di Colle Romito [ROMA] **145** D3
Lido di Dante [RA] **91** E2
Lido di Fermo [AP] **117** F2
Lido di Follonica [GR] **119** E1
Lido di Lollia [ROMA] **145** D3
Lido di Lonato [BS] **43** AB3-4
Lido di Monvalle [VA] **21** F2
Lido di Ostia [ROMA] **145** B2
Lido di Pomposa [FE] **77** D3
Lido di Sávio [RA] **91** EF3
Lido di Spina [FE] **77** D3-4
Lido di Volano [FE] **77** D3
Lido Magnavacca, Valle di- **91** DE1
Lido Riccio [CH] **135** F2
Liédolo [TV] **45** D2
Lierna [AR] **105** F2
Lierna [LC] **23** D2
Lieto, Monte- [LU] **97** A3
Lieto, Monte- [MC] **125** DE2-3
Liéttoli [VE] **63** BC1-2
Liffel-Spitze / Livolo, Monte- **3** AB3
Ligari [SO] **25** AB1
Lignan [AO] **19** E2
Lignana [VC] **37** DE3
Lignano, Monte- **113** E1
Lignano, Porto- **49** BC2
Lignano Pineta [UD] **49** B3
Lignano Riviera [UD] **49** B3
Lignano Sabbiadoro [UD] **49** B2
Lignera [CN] **81** DE1
Lignod [AO] **19** G1-2
Ligo [SV] **93** E2
Ligónchio [RE] **87** BC2-3
Ligóncio, Pizzo- **7** F3
Ligonto, Croda di- **13** F2
Ligosullo [UD] **17** B1
Ligugnana [PN] **31** E3
Ligurno [VA] **21** G2
Lilla [TO] **35** E2
Lillaz [AO] **19** E3
Lillianes [AO] **37** AB1
Lilliano [SI] **105** C4
Lima, La- [PT] **97** D2
Lima, Torrente- **97** C2
Limana [BL] **29** D2
Limana, Torrente- **29** E2
Limano [LU] **97** CD2
Limbiate [MI] **39** C1
Limena [PD] **45** DE3-4
Limentra di Sambuca, Torrente- **97** E2
Limentra Inferiore, Torrente- **97** F2
Limentrella di Tréppio **97** F2
Limes [TN] **25** F3
Limidi [MO] **73** D3
Limido [PR] **71** EF3-4
Limido Comasco [CO] **23** B3
Limigiano [PG] **125** A2
Limisano [FC] **99** DE2
Limisano [RA] **89** F3
Límite sull'Arno [FI] **105** A2
Límiti di Gréccio [RI] **133** B2
Límito [MI] **39** DE1-2
Limo, Passo di- **13** CD2
Limone [BS] **43** A3
Limone Piemonte [CN] **79** E2
Limone sul Garda [BS] **43** C1-2
Limonetto [CN] **79** E2-3
Limonta [LC] **23** D2
l'Imposto [GR] **121** C1-2
l'Imposto [SI] **113** A3
Linari [FI] **105** CD2-3
Linari [FI] **105** B3-4
Linari [SI] **105** DE4
Linaro [BO] **89** EF2-3
Linaro [FC] **99** F2-3
Linaro, Capo- **137** AB2
Linarolo [PV] **55** E1-2
Linate, Aeroporto Internazionale di- **39** D2
Linduno [NO] **37** F1
Linguadà [PR] **71** B3-4
Linguaro, Monte- **115** F3
Lingueglietta [IM] **93** D3
Lino, Ca'- [VE] **63** D2-3
Liocca, Torrente- **87** B2
Lion [PD] **63** B1-2
Lio Piccolo [VE] **47** B3-4
Lipomo [CO] **23** C3
Lippiano [PG] **107** B4
Liprando, Monte- **69** D3
Lirio [PV] **55** E2-3
Liro, Torrente- [SO] **7** E2
Liro, Torrente- [SO] **7** D4
Lirone [SO] **7** DE2
Lis, Colle del- **51** F1
Lisanza [VA] **21** F3
Liscate [MI] **39** E2
Lischiazze [UD] **17** C2
Liscia [CH] **143** B3
Lisciano [AP] **127** C2-3
Lisciano [RI] **133** C2
Lisciano di Colloto [AP] **127** B3
Lisciano Niccone [PG] **115** A2
Liscione, Ponte- **143** D3
Lisiera [VI] **45** C3
Lisignago [TN] **27** CD1-2
Lisignano, Castello di- **71** B2
Lisio [CN] **81** C1-2
l'Isola [MC] **117** DE1
Lison [VE] **47** D2
Lisorno [SP] **85** B2-3
Lissago [VA] **23** A2-3
Lissano [BO] **97** F1
Lissaro [PD] **61** E1
Lisser, Monte- **29** A3
Lissone [MI] **39** D1
Listino, Monte- **25** E3
Listolade [BL] **13** CD4
Lities [TO] **35** E2
Litorale Romano, Area Protetta del- **145** AB2
Litta Parodi [AL] **55** B3
Litzner-Spitze / Alliz, Punta d'- **1** BC2-3
Livata, Monte- **139** D3
Livelli [RO] **77** D1
Livello [RO] **63** B3
Livemmo [BS] **43** A2
Livenza, Fiume- **47** D2-3
Livera [BI] **37** C1
Livergnano [BO] **89** CD2-3
Livìdònia, Punta- **129** B2
Liviera [VI] **45** B2
Livignano [LU] **97** A1
Livigno [SO] **9** C1
Livigno, Forcola di- **9** C2
Livigno, Lago di- **9** CD1
Livigno, Val di- **9** C1-2
Livinallongo del Col di Lana [BL] **13** C3
Livio, Val del- **25** AB2
Livo [CO] **7** D3-4
Livo [TN] **11** BC3
Livo, Valle di- **7** D3
Livolo, Monte- / Liffel-Spitze **3** AB3
Livone, Torrente- **23** C2
Livorno [LI] **103** B3
Livorno Ferráris [VC] **37** C3
Livraga [LO] **57** B2
Livrasco [CR] **57** DE2
Livrio, Rifugio- / Livrio-Hütte **9** E1
Livrio, Torrente- **25** B2
Livrio-Hütte / Livrio, Rifugio- **9** E1
Lizzana [TN] **43** E1
Lizzano [FC] **99** FG2
Lizzano [PT] **97** D2
Lizzano in Belvedere [BO] **97** E1-2
Lizzo [BO] **97** EF1-2
Lizzola [BG] **25** BC2
Loano [SV] **81** E3
Loazzolo [AT] **67** E2-3
Lobbi [AL] **55** B3
Lóbbia, Cima di- **43** E2-3
Lóbbia Alta **25** F1
Lóbbie, Cima delle- **65** C3
Lóbia [PD] **45** D3
Lóbia [VR] **61** BC1
l'Oca [RO] **77** D2
Locana [TO] **35** E2
Locanda [TN] **25** F3
Locando, Albergo- **43** AB2
Locara [VR] **61** BC1
Locarno [VC] **21** D3
Locasca [VB] **5** C3
Locate Bergamasco [BG] **41** B2
Locate di Triulzi [MI] **39** D2
Locatelli, Rifugio- **13** E2
Locatello [BG] **41** B1-2
Locate Varesino [CO] **23** B3
Locca [TN] **43** C1
Lóccia di Peve, Monte- **5** E2
Loco [GE] **69** E3
Lòdano, Torrente- **111** C3
Lodesana [PR] **71** E2
Lodetto [BS] **41** E3
Lodi [LO] **57** AB1-2
Lodi [MO] **77** B2
Lodin, Monte- **17** B1
Lodina, Monte- **13** F4
Lodisio [SV] **67** E3-4
Lodi Vecchio [LO] **39** E3
Lodnerhütte **1** E2
Lódolo [MN] **59** AB2
Lodonero [RI] **133** D1-2
Lodra [AL] **55** B3
Lodrignano [PR] **85** F1
Lodrino [BS] **41** F2
Lodrone [TN] **43** B1-2
Löffel-Spitze **3** EF1
Lóggia, La- [TO] **53** AB3
Loggio [AR] **113** E2
Lóggio, Monte- **107** BC2
Logna [PG] **125** CD3
Lograto [BS] **41** E4
Loiano [BO] **89** CD3
Lóita [VB] **21** EF2
Lolair, Riserva Naturale- **19** C2
l'Olmo [PG] **115** AB1-2
l'Olmo [PI] **103** E3
Lom, Sella di- **17** D1
Lomagna [LC] **23** DE3-4
Lomaso [TN] **27** B2
Lomasona **27** B3
Lomazzo [CO] **23** C3
Lombai [UD] **33** E1-2
Lombarda, Colle della- **79** BC2
Lombardi [PU] **101** A3
Lombardi [VT] **131** A3
Lombardore [TO] **35** G3
Lombriasco [TO] **65** F1-2
Lómbrici [LU] **95** E3
Lombro [BS] **25** D1-2
Lomellina **55** B1-2
Lomello [PV] **55** B2
Lomnago [VA] **23** A3
Lomsattel **17** D1
Lon [TN] **27** B2
Lona [TN] **27** D1-2
Lona-Lases [TN] **27** D2
Lona Lasès, Riserva Speciale- **27** D2
Lonaro [AQ] **133** DE1
Lonas, Punta- **17** CD1
Lonate Ceppino [VA] **23** B3
Lonate Pozzolo [VA] **39** A1
Lonato [BS] **59** A1
Lonca [UD] **33** B3
Loncon [VE] **47** D2
Loncon, Bonifica- **47** D2
Loncon, Fiume- **47** D2
Londa [FI] **99** C3
Londa [VI] **45** CD1
Londo, Malga- [BL] **15** C1
Loneriacco [UD] **33** C1
Longa [VI] **45** C2-3
Longa, Palù- **11** E4
Longagne [BI] **37** C1
Longana [RA] **91** D2
Longano [BL] **29** D2
Longara [BO] **89** C1
Lóngara [VI] **45** C3-4
Longardore [CR] **57** E3
Longare [VI] **45** C3-4
Longarone [BL] **29** E1
Longastrino [RA] **91** CD1
Longega / Zwischenwasser [BZ] **3** D3
Longerin, Crode del- **15** C1
Longhena [BS] **41** E4
Longhere [TV] **29** E2-3
Longhi [VI] **27** D3
Longiano [FC] **101** AB2
Longiarù / Campill [BZ] **13** BC2
Longiarù, Val di- / Campill Tal **13** C2
Longo, Rifugio- **25** B2
Longomoso / Lengmoos [BZ] **11** E2
Longone al Segrino [CO] **23** D2-3
Longone Sabino [RI] **133** C3
Longoni, Rifugio- **9** AB2-3
Longostagno / Lengstein [BZ] **11** E2
Lonigo [VI] **61** C1
Lonnano [AR] **105** F2
Lonza, Monte- **17** C3
Lonzano [GO] **33** D2-3
Loo, Colle- **21** B3
l'Opaco [FI] **99** B3
Lopi [PG] **113** E3
Loppéglia [LU] **97** B3
Lóppia [LU] **97** B2
Lóppio [TN] **43** D1
Lóppio, Alveo del Lago di- **43** D1
Lora [RE] **73** B3
Lora [VC] **21** CD3
Lora, Passo- **43** E2
Loranzé [TO] **37** A2
Loranzè Piano [TO] **37** A2
Lorazza [BI] **37** C1-2
Lorchen, Cima- / Lorchen-Spitze **11** A2-3
Lorchen-Spitze / Lorchen, Cima- **11** A2-3
Loréggia [PD] **45** E3
Loréggiola [PD] **45** E3
Loreglia [VB] **21** E2
Lorengo [BS] **25** D2
Lorentino [LC] **23** E3
Lorenzaga [TV] **47** C2
Lorenzago di Cadore [BL] **13** F3
Lorenzana [PI] **103** D3
Lorenzático [BO] **75** B3-4
Lorenzi, Rifugio- **13** E2
Lorenz-Spitze / Traversa, Croda- **1** F1
Loreo [RO] **63** CD3
Loretello [AN] **109** B3
Loreto [AN] **109** F4
Loreto [AT] **67** E2
Loreto [IM] **93** C2-3
Loreto [NO] **37** F1
Loreto [PG] **123** E2-3
Loreto [PG] **115** CD1
Loreto, Isola- **41** E2
Loreto Aprutino [PE] **135** C2
Lori, Monte- **105** EF3
Lória [TV] **45** DE2
Lorie [CN] **81** C2
Loritto [BS] **25** D1-2
Lorium **145** B1
Lornano [SI] **113** A1
Loro [VB] **21** D1-2
Loro Ciuffenna [AR] **105** E3
Loro Piceno [MC] **117** D2-3
Lórsica [GE] **83** E2
Losa, Casera- [UD] **15** D1-2
Losanche [AO] **19** F1
lo Sbaranzo [CN] **67** C3-4
lo Sbarcatello [GR] **129** BC2
Lóscove [AR] **105** F2
Lose, Cima delle- **79** A1
Lósego [BL] **29** E2
Lósine [BS] **25** D2-3
lo Speco, Convento- **131** F2
l'Ospedale [AR] **105** E4
Losso [PC] **69** E2-3
Losson della Battaglia [VE] **47** B3
l'Osteriaccia [TR] **123** B2
Loto [GE] **83** F3
Lottano [CN] **65** D3-4
Lóttulo [CN] **65** D3-4
Lova [VE] **63** C1-2
Lovadina [TV] **47** A2
Lovara [VI] **45** AB3
Lóvari [PD] **45** DE3
Lovaria [UD] **33** C2-3
Lovati [VI] **43** EF2-3
Lovea [UD] **17** B2
Lovegno [IM] **93** D2
Lovello, Monte- / Gross Löfler-Spitze **3** D1
Loveno [BS] **25** BC2
Loveno [CO] **23** D1
Lover [TN] **27** BC1
Loverdina **27** B1
Lóvere [BG] **41** E1-2
Lovero [SO] **25** D1
Lovertino [VI] **61** D1-2
Lovi, Canale dei- **47** E3
Lovoleto [BO] **89** D1
Lóvolo Vicentino [VI] **61** D1
Lozen, Masi al- [TN] **29** B1-2
Lozen, Rio- **29** B1
Lozio [BS] **25** D3
Lozza [VA] **23** AB3
Lozze, Monte- **27** EF2-3
Lozzo [VA] **7** A4
Lozzo, Monte- **61** D2
Lozzo Atestino [PD] **61** D2
Lozzo di Cadore [BL] **13** F2-3
Lozzola [PR] **85** D1
Lozzolo [VC] **37** DE1
Lu [AL] **53** F2-3
Lubiana, Torrente- **85** B2
Lubiara [VR] **43** CD3
Lubriano [VT] **123** C3-4
Luca, Colle di- **65** C3
Lucagnano [PI] **103** D3
Lucano, Ponte- **145** E1
Lucardo [FI] **105** B3
Lucarelli [SI] **105** C3
Lucarelli, Oasi- **105** D4
Lucca [LU] **103** CD1-2
Lucca [VI] **45** B1
Lucchese, Macchia- **95** E3-4
Lucchi [CN] **67** BC3
Lucchina [ROMA] **145** BC2
Lúcchio [LU] **97** D2
Lucciana [SI] **111** E1
Lucciano [MC] **117** B3
Lucciola Bella, Riserva Naturale- **113** D3
Lucédio [VC] **37** D3
Lucenta, Torrente- **87** D2
Lucerena [SI] **111** EF1-2
Luciana [PI] **103** C3
Lucigliano [FI] **99** A2-3
Lucignana [LU] **97** C2
Lucignano [AR] **113** D2

Lucignano [FI] **105** B3
Lucignano [TE] **127** D3
Lucignano [VT] **131** DE2
Lucignano d'Arbia [SI] **113** B2
Lucignano d'Asso [SI] **113** C3
Lucinasco [IM] **93** D2–3
Lucinico [GO] **33** E3
Lucino [CO] **23** C3
Lucino [MI] **39** E2
Luco [SI] **105** BC4
Luco, Castello di– **127** B3
Luco, Monte– **133** F2–3
Luco, Monte– / Laugenspitze **11** C2
Luco dei Marsi [AQ] **139** F3
Luco di Mugello [FI] **99** B2–3
Lucolena [FI] **105** D3
Lucolena di sotto [FI] **105** D3
Lúcoli [AQ] **133** EF3
Lúcoli Alto [AQ] **133** EF3
Lucrezia [PU] **109** B2
Lucus Feroniae **137** F2
Ludária [UD] **15** DE1
Ludriano [BS] **41** D4
Ludrigno [BG] **25** B3
Lugagnana [RE] **87** D2
Lugagnano [VR] **59** D1
Lugagnano Val d'Arda [PC] **71** CD2–3
Lugano, Lago di– (Ceresio) **23** BC1–2
Lughignano [TV] **47** AB3
Lugliano [LU] **97** C2–3
Lugnacco [TO] **37** A2
Lugnano [PG] **115** AB1
Lugnano [RI] **133** C2
Lugnano in Teverina [TR] **131** DE1
Lugnola [RI] **131** F2
Lugo [RA] **91** C2
Lugo [RE] **87** D2
Lugo [VE] **63** C1
Lugo [VR] **43** D3
Lugo di Vicenza [VI] **45** C2
Lugugnana [VE] **47** E2
Luiano [FI] **105** A3
Luicciana [PO] **97** F2
Luignano [CR] **57** D2
Luincis [UD] **15** E1–2
Luino [VA] **23** A1–2
Luint [UD] **15** DE1–2
Luisago [CO] **23** C3
Luisetti [TO] **51** F3
Lumarzo [GE] **83** D2
Lumellogno [NO] **37** F2
Lumezzane [BS] **41** F2–3
Lumiago [VR] **43** E3
Lumiei, Torrente– **15** D2
Lumiere [LI] **111** B3
Lumignacco [UD] **33** C2–3
Lumignano [VI] **61** D1
Luminásio [BO] **89** C2
Lumini [VR] **43** C3
Luna, Alpe della– **107** BC2–3
Luna, Cascina– [AL] **69** B1–2
Luna, Col della– **15** D3
Lunano [PU] **107** D2
Lunassi [AL] **69** DE2
Lunata [LU] **103** D1
Lundo [TN] **27** B2–3
Lunecco [VB] **5** F3
Lunella, Punta– **51** E1
Lunes / Luns [BZ] **3** D3
Luneur **145** C1–2
Lunga, Serra– **141** B3
Lunga, Valle– / Langtauferer Tal **1** B1–2
Lungafame [AL] **55** AB3
Lungagnana [FI] **105** B3
Lungavilla [PV] **55** D2
Lunghezza [ROMA] **145** DE1
Lunghezzano [VR] **43** DE3
Lúngis [UD] **15** DE2
Lungo, Lago– [AO] **19** E2–3
Lungo, Lago– [BS] **25** E1–2
Lungo, Lago– [GE] **69** BC3
Lungo, Lago– [RI] **133** BC1–2
Lungo, Lago– [TN] **11** A3
Lungo, Lago– / Langsee **1** E2
Lungo, Monte– **61** DE1
Lungo, Sasso– / Langkofel **13** B2
Luni **95** CD2
Lunigiana **85** CD2–3
Luns / Lunes [BZ] **3** D3
Luogo, il– [GR] **121** CD3
Luogomano [PO] **97** F2–3
Lupaia, Poggio– **111** C2–3
Lupara [BO] **89** E1
Lupara, Ca– [PG] **107** E4
Luparo, Monte– **141** C2
Lupazzano [PR] **87** B1
Lupazzo [RE] **87** D2
Lúpia [VI] **45** C3
Lupicino / Wölfl [BZ] **11** E3
Lupinája [LU] **97** B2
Lupo, Monte– **15** C3
Lupompesi [SI] **113** B2–3
Luppa, Grotta di– **139** D2
Luppia, Monte– **43** BC3
Lura [CO] **23** C2
Lura, Torrente– **23** C3
Lurago d'Erba [CO] **23** D3
Lurago Marinone [CO] **23** B3
Lurano [BG] **41** B3
Lurate Caccívio [CO] **23** BC3
Luriano [SI] **111** E3
Lurisia [CN] **81** B1–2
Lurisia, Torrente– **81** B2
Lusa, Rifugio– **29** B2
Luscignano [MS] **85** E3
Lüsen / Lusón [BZ] **3** C3
Lusener Joch / Lusón, Passo di– **3** CD3
Lüsener Tal / Luson, Val di– **3** C3
Luseney, Becca de– **19** EF1
Luseney, Lago– **19** EF1
Luserna [TN] **27** DE3
Luserna [TO] **65** D1–2
Luserna, Torrente– **65** D2
Luserna San Giovanni [TO] **65** D1–2
Lusernetta [TO] **65** D1–2
Lusévera [UD] **17** C3
Lúsia [RO] **61** D3
Lusia, Alpe di– **13** B3
Lúsia, Passo di– **13** B3–4
Lusiana [VI] **45** C2
Lusigliè [TO] **37** A2–3
Lusignana [MS] **85** D2
Lusignano [SV] **93** EF2
Lusino, Monte– **87** D1
Lusón / Lüsen [BZ] **3** C3
Lusón, Passo di– / Lusener Joch **3** CD3
Luson, Val di– / Lüsener Tal **3** C3
Lussello [AL] **53** DE2
Lussert, Laghi– **19** E2–3
Lussito [AL] **67** F2–3
Lustignano [PI] **111** C2
Lusuolo [MS] **85** D3
Lusurasco [PC] **71** D2
Luta, Monte– **3** E3
Lutago / Luttach [BZ] **3** D2
Lutago di sopra [BZ] **3** D2
Lutago di Sopra / Oberluttach [BZ] **3** D2
Lutiano Nuovo [FI] **99** B3
Lutiano Vecchio [FI] **99** B3
Lutirano [FI] **99** D2
Lutrano [TV] **47** B2
Luttach / Lutago [BZ] **3** D2
Luvigliano [PD] **61** E1–2
Luvinate [VA] **23** A2–3
Luzzana [BG] **41** D2
Luzzara [RE] **73** BC2
Luzzena [FC] **99** F2
Luzzogno [VB] **21** DE2
Lys, Colle del– **21** B2
Lys, Ghiacciaio del– **21** AB2
Lys, Torrente– **21** B3
Lyskamm Occidentale **21** A2
Lyskamm Orientale **21** A2

M

Macaion, Monte– / Gantkofel **11** D2–3
Maccácari [VR] **59** E3
Maccagno [VA] **23** A1
Maccantone [PG] **115** E2–3
Maccarese [ROMA] **145** B1
Maccarese, Bonifica di– **145** B1
Maccarese, Stazione– **145** B1
Maccarétolo [BO] **75** C3
Maccastorna [LO] **57** CD3
Mácchia [RI] **125** E3–4
Mácchia [TO] **35** F2–3
Mácchia al Toro **111** D3
Mácchia Casella, Poggio– **121** D4
Mácchia da Sole [TE] **127** C3
Mácchia di Mezzo **133** B2
Macchialunga, Monte– **133** AB2
Macchiapanetta **141** F3
Macchia Santa Cecilia [TE] **127** C3
Macchiascandona [GR] **121** A3
Macchiatonda, Riserva Naturale di– **137** B3
Macchiatornella [TE] **127** B4
Mácchie [CH] **141** F2
Mácchie [MC] **117** D3
Mácchie [MC] **125** DE2
Mácchie [PG] **115** A3
Mácchie [TR] **131** E1
Mácchie, Fosso– **131** E1
Macchietto [BL] **13** EF3
Macchion de Lupi **111** C3
Macciano [PG] **125** A2
Macciano [SI] **113** E3
Macello [TO] **51** F3
Macenano [TR] **125** B3–4
Macera della Morte **125** EF3
Macerata [MC] **117** D2
Macerata Féltria [PU] **107** D2
Macerátola [PG] **125** AB2
Mácere [ROMA] **145** EF2
Macereto, Santuario di– **125** D2
Macerino [TR] **125** A3–4
Macerone [FC] **101** AB1–2
Macesina [BS] **43** A3
Machaby [AO] **37** A1
Machério [MI] **39** D1
Macia Morta **105** C4
Maciano [PU] **107** C1–2
Mácina [BS] **41** F4
Mácina [MC] **117** DE2
Macinaie, le– [GR] **121** E2
Macinare, Monte– **107** D4
Mácine [AN] **109** C3–4
Maciolla [PU] **107** E2
Maclino [BS] **43** B3
Maclódio [BS] **41** E4
Macra [CN] **65** CD3–4
Macugnaga [VB] **21** B2
Madaro, Monte– **5** E2
Maddalena [AT] **53** EF3
Maddalena [CN] **65** C4
Maddalena [CN] **65** C3
Maddalena [SV] **67** FG3
Maddalena [TO] **51** E2
Maddalena [VA] **21** FG3–4
Maddalena, Capanna– **17** EF2
Maddalena, Colle della– [Eur.] **79** A1
Maddalena, Colle della– [TO] **53** B2
Maddalena, la– [AQ] **139** E2
Maddalena, la– [MC] **117** B3
Maddalena, La– [ROMA] **139** D3
Maddalena, Monte– **41** F3
Maddalena, Ponte della– [VI] **61** D2
Maddalene [CN] **65** F3–4
Maddalene [TO] **35** E3
Maddalene [VI] **45** BC3
Madésimo [SO] **7** DE2
Madignano [CR] **57** C1
Madona Pererro [TO] **35** F3
Madone [BG] **41** B2–3
Madonna [AT] **67** F1–2
Madonna [AT] **53** D2–3
Madonna [PE] **135** DE2
Madonna [PV] **55** D1–2
Madonna [SO] **25** C1–2
Madonna [UD] **17** B3
Madonna [VI] **61** BC1
Madonna / Unser Frau in Schnals [BZ] **1** D2
Madonna, la– **121** EF2
Madonna, Punta della– **85** B3
Madonna Addolorata [MC] **117** E1
Madonna Addolorata [TE] **135** D1
Madonna Boschi **91** D1
Madonna Bruna [AP] **117** F3
Madonna Bruna [CN] **79** D1–2
Madonna Candelécchia **141** AB3
Madonna d'Appari, Santuario– **133** F2
Madonna degli Alteni **65** F3
Madonna degli Ángeli [CN] **79** E1
Madonna degli Ángeli [PE] **135** C1
Madonna degli Ángeli [RI] **131** EF2
Madonna degli Ángeli [TO] **51** DE2
Madonna degli Archetti **117** E2–3
Madonna degli Ossi **127** C1–2
Madonna dei Boschetti **65** F3
Madonna dei Boschi [BO] **99** AB1
Madonna dei Boschi [CN] **79** E1–2
Madonna dei Boschi [CN] **79** E1–2
Madonna dei Boschi [FE] **75** C2–3
Madonna dei Cancelli **81** BC3
Madonna dei Cavalli **67** CD2
Madonna dei Cinque Faggi **107** D3–4
Madonna dei Fanghi **93** D2
Madonna dei Fiori [CN] **67** BC2
Madonna dei Fornelli [BO] **99** A1
Madonna dei Fossi **105** E2
Madonna dei Laghi **51** F2
Madonna dei Miracoli, Santuario– **143** B1–2
Madonna dei Monti [LT] **145** F2–3
Madonna dei Monti [PG] **115** C1–2
Madonna dei Pini **131** DE1
Madonna dei Prati **65** F3
Madonna del Barco **131** D3
Madonna del Belvedere **107** C3–4
Madonna del Boden **21** E2
Madonna del Bosco **23** E3
Madonna del Bricco **65** E3
Madonna del Buon Consiglio **143** AB2
Madonna del Busso **115** A3
Madonna del Calcinaio **113** EF2
Madonna del Campo [AQ] **141** C1
Madonna del Campo [PV] **37** G3
Madonna del Cármine [AP] **127** D1–2
Madonna del Cármine [AQ] **141** D3
Madonna del Cármine [CH] **135** E2–3
Madonna del Cármine [IM] **93** C3
Madonna del Cármine [PG] **107** E4
Madonna del Cármine [SV] **81** F1
Madonna del Cerro **129** F2
Madonna del Colletto **79** D2
Madonna del Cuore **133** C2
Madonna del Deserto, Santuario– **81** E1–2
Madonna del Faggio **97** E2
Madonna del Fossatello **123** D3
Madonna del Fràssino **59** BC1
Madonna del Gallo **113** D2
Madonna del Gazzo **83** BC2
Madonna del Ghisallo **23** D2
Madonna della Bozzola **39** B3
Madonna della Ceriola **41** E2
Madonna dell'Acero [BO] **97** D1–2
Madonna della Cima **115** D1
Madonna della Cona [MC] **125** DE2
Madonna della Cona [TE] **127** CD3–4
Madonna dell'Acqua [PI] **103** C2
Madonna della Difesa, Rifugio– **15** C1
Madonna della Fontana, Santuario della– **21** D3
Madonna della Gelata **21** E3
Madonna del Lago **127** C1–2
Madonna del Lago Nero **51** B3
Madonna della Guardia [GE] **85** B3
Madonna della Guardia [GE] **83** C1–2
Madonna della Guardia [IM] **93** CD3–4
Madonna della Guardia [SV] **93** E2
Madonna della Guardia [SV] **81** E2
Madonna dell'Aiuto **27** B3
Madonna della Lanna **141** BC3
Madonna dell'Albero [RA] **91** E2
Madonna della Losa **51** D2
Madonna dell'Altare **141** E3
Madonna della Mazza **141** E1
Madonna dell' Ambro **125** E2
Madonna della Neve [BS] **43** A2
Madonna della Neve [CN] **81** C2
Madonna della Neve [CN] **67** D3
Madonna della Neve [FE] **75** C3
Madonna della Neve [PG] **125** D3
Madonna della Neve [SV] **81** E2
Madonna della Neve [TN] **43** D2
Madonna della Neve [VC] **37** F3
Madonna della Neve, Rifugio– **23** F1
Madonna della Neve sul Monte Lera, Riserva Naturale– **51** F1
Madonna dell'Angelo **47** E3
Madonna della Pace [PE] **135** D1
Madonna della Pace [ROMA] **139** D3
Madonna della Pergolana **43** C3
Madonna della Pieve [CN] **79** E1
Madonna della Pieve [MN] **59** B1
Madonna della Pieve [TN] **43** D2
Madonna della Priera **37** E2
Madonna della Quércia **139** C1
Madonna dell'Ardua **79** EF2
Madonna della Rocchetta **69** B3
Madonna della Rovere, Santuario della– **93** E3
Madonna della Salute **131** AB1
Madonna della Sanità **123** BC2
Madonna della Scala [TO] **53** B2–3
Madonna della Scoperta **59** B1
Madonna della Spella **115** E3
Madonna della Spiga **131** C2
Madonna della Spina **53** C3
Madonna della Stella [PG] **125** AB2
Madonna della Villa [AL] **69** A2
Madonna della Villa [IM] **93** C3
Madonna delle Bózzole [PV] **55** C1
Madonna delle Grazie [AN] **109** E3
Madonna delle Grazie [CN] **67** D4
Madonna delle Grazie [CN] **67** C2
Madonna delle Grazie [CN] **65** E3
Madonna delle Grazie [GE] **83** E2–3
Madonna delle Grazie [GR] **121** E4
Madonna delle Grazie [LI] **119** C2
Madonna delle Grazie [PE] **135** C2
Madonna delle Grazie [PE] **135** C3
Madonna delle Grazie [PG] **125** A2
Madonna delle Grazie [ROMA] **137** EF1
Madonna delle Grazie [ROMA] **137** D2
Madonna delle Grazie [SI] **113** A2
Madonna delle Grazie [SI] **113** D3
Madonna delle Grazie [TE] **135** CD1
Madonna delle Grazie [TO] **37** A2
Madonna delle Grazie, Santuario della– **81** D2
Madonna delle Grondici **123** C1–2
Madonna delle Grotte Vignola **133** D2
Madonna delle Mosse **129** F2
Madonna delle Querce [AR] **113** D2
Madonna delle Querce [RI] **139** BC1
Madonna delle Querce [SI] **121** E2
Madonna delle Querce [SI] **113** D3
Madonna delle Querci **109** BC3
Madonna delle Rocche **69** A3
Madonna dell'Eschio **131** A1
Madonna delle Vigne [CN] **67** B3
Madonna delle Vigne [VC] **37** D3
Madonna dell'Olivo **131** B2
Madonna dell'Olmo [CN] **79** E1
Madonna dello Spineto **141** F3
Madonna del Merlino **109** B3
Madonna del Monte [AQ] **139** F2–3
Madonna del Monte [FR] **139** DE3
Madonna del Monte [IM] **93** D2
Madonna del Monte [LI] **119** A2
Madonna del Monte [MC] **117** D1–2
Madonna del Monte [MI] **57** A2–3
Madonna del Monte [PE] **141** D1
Madonna del Monte [PV] **55** E3
Madonna del Monte Spineto **69** C2
Madonna del Parto [VT] **137** D1
Madonna del Parto [VT] **131** D2
Madonna del Pasco [CN] **81** B1
Madonna del Passo [RI] **133** C2
Madonna del Piano [AN] **109** C3
Madonna del Piano [PG] **115** C3
Madonna del Piano [PU] **109** B3
Madonna del Pianto **117** E1–2
Madonna del Pilone [CN] **67** BC2
Madonna del Pilone [CN] **67** B2
Madonna del Pino **91** E3
Madonna del Piratello **89** E2
Madonna del Poggio [BO] **89** C1
Madonna del Ponte [PU] **109** C1–2
Madonna del Pozzo **55** A2–3
Madonna del Prato **69** F3
Madonna del Ronco **107** E3
Madonna del Rosario **5** EF2
Madonna del Roseto **141** F2
Madonna del Salto **81** FG1
Madonna del Sasso [VB] **21** E3
Madonna del Sasso [FI] **99** B3
Madonna del Sasso [VB] **21** E3
Madonna del Soccorso [AQ] **135** B3
Madonna del Soccorso [PG] **115** B3
Madonna del Soccorso [PG] **113** EF3
Madonna del Soccorso [SO] **9** CD1
Madonna del Soccorso [VT] **131** DE2–3
Madonna del Sole **109** CD3
Madonna del Sorbo **137** E2
Madonna del Trezzo **85** C3
Madonna del Viandante **143** D3
Madonna del Vitellino **113** EF3
Madonna d'Enrouvel **79** C1–2
Madonna di Bagno **123** E2
Madonna di Baiano [PG] **125** AB3
Madonna di Barcaglione **109** E3
Madonna di Bracciano **137** E2
Madonna di Campiglio [TN] **27** A1
Madonna di Canneto **143** B3
Madonna di Canóscio **115** B1
Madonna di Caravággio [GE] **83** DE2
Madonna di Caravággio [TV] **45** EF2
Madonna di Casaletto **55** B1–2
Madonna di Castiglione **117** F2–3
Madonna di Catalovier **51** B2
Madonna di Corona [VR] **43** D2–3
Madonna di Forno, Santuario della– **35** D2
Madonna di Fucinája **111** B3
Madonna di Gaspreano **117** B3
Madonna di Lausegno **93** C3
Madonna di Loreto [CN] **67** B3
Madonna di Loreto [VC] **21** D2–3
Madonna di Luciago **21** E2
Madonna di Mongiovino, Santuario della– **115** A3
Madonna di Monserrato **119** C2
Madonna di Monte Castello **43** C2
Madonna di Montegridolfo [RN] **101** D3
Madonna di Monte la Téglia **143** C3
Madonna di Montenero **95** B2
Madonna di Moretta [CN] **67** D2
Madonna di Niella **67** D3
Madonna di Passoscio **93** B3
Madonna di Peráries **15** E2
Madonna di Petritoli [AP] **117** EF3
Madonna di Pietrabona **141** C2
Madonna di Pietracupa [FI] **105** C3
Madonna di Pietravolta [MO] **87** D3
Madonna di Piota **135** C2
Madonna di Pugliano **101** AB3
Madonna di Ravere **59** A1–2
Madonna di Riguardo **113** C3
Madonna di San Luca **89** C2
Madonna di Soviore **95** AB1–2
Madonna di Stra [VR] **61** AB1
Madonna di Tirano [SO] **25** C1
Madonna di Vallino **53** E3
Madonna di Viatosto **53** DE3
Madonna d'Oropa **37** E3
Madonna Ete [AP] **117** F3
Madonna in Cima al Moscardo **17** AB1
Madonna Leco **69** C3
Madonna Mora **63** BC1
Madonna San Clemente **73** DE3
Madonna Santissima dell'Assunta **127** CD2
Madonna San Zeno [AL] **55** AB3
Madonna Venaria **37** FG3
Madonnella, la– **131** A2–3
Madonnetta [TV] **47** A3
Madonnetta [VI] **45** B3
Madonnezza [VI] **45** C2
Madonnina [AL] **53** E2
Madonnina [TO] **53** CD1
Madonnina, la– [PV] **37** F3
Madonnina, la– [RE] **73** B3
Madonnina, la– [SI] **103** F4
Madonnina di Renon / Gißmann [BZ] **11** E2
Madonnina Valverde [MN] **73** D1
Madonnino **113** D2–3
Madonnino, Bivio del– **111** E2–3
Madrano [TN] **27** D2
Madrasco, Torrente– **25** A2
Madregolo [PR] **71** F3
Madriccio, Passo– / Madritsch-Joch **9** F1–2
Madrignano [SP] **85** CD3
Madrísio [UD] **47** E1
Madrísio [UD] **33** B2
Madritsch-Joch / Madriccio, Passo– **9** F1–2
Madruzzo, Castel– **27** B2
Maè [AO] **21** A3
Maè, Torrente– **29** E1
Maen [AO] **19** F1
Maerne [VE] **45** F3
Maestà [AN] **109** B4
Maestà [MC] **117** D2
Maestà Bianca, Monte– **87** DE1–2
Maestra, Cala– **119** ins.b
Maestra, Fossa– **61** B3
Maestrazza [RO] **77** E1–2
Maestrello [PG] **115** B2
Mafalda [CB] **143** C3
Maffiotto [TO] **51** E1–2
Magasa [BS] **43** B2
Magazzini-Schiopparello [LI] **119** C2
Magazzino [MO] **89** B1
Magdeleine, La– [AO] **19** F1–2
Magenta [MI] **39** B2
Maggiana [CO] **7** D4
Maggiánico [LC] **23** E2–3
Maggiano [FI] **105** B3
Maggiano [LU] **103** C1
Maggiano [SI] **111** E1–2
Maggiate Inferiore [NO] **21** EF3
Maggiate Superiore [NO] **21** EF3
Mággio [BO] **89** DE2
Mággio [LC] **23** E2
Mággio, Colle– **131** EF1
Mággio, Monte– [SI] **113** A1
Mággio, Monte– [PG] **125** C3
Mággio, Monte– [AN] **115** E2
Mággio, Monte– [FC] **99** F2
Mággio, Monte– [It.] **43** F1–2
Mággio, Rio– **99** FG3
Maggiora [NO] **21** E3
Maggiorano, Monte– **107** E3
Maggiorasca, Monte– **85** AB1
Maggiore, Isola– **115** A2
Maggiore, Lago– (Verbano) **21** FG2
Maggiore, Monte– [PG] **125** C2–3
Maggiore, Monte– [AR] **107** BC2–3
Maggiore, Monte– [GR] **129** E2
Maggiore, Monte– [MS] **95** D2
Maggiore, Monte– [Tosc.] **97** FG3
Maggiore, Monte– [VR] **43** CD2

Maggiore, Palude- **47** BC3
Maggiore, Rio- **145** B1
Maggiore, Torre- **145** D2
Magherno [PV] **39** DE3
Magioncalda [AL] **69** DE3
Magione [BO] **89** E2
Magione [PG] **115** B3
Magirè Cavallino Matto **111** B2-3
Magli [MC] **117** D3
Maglianello Alto [RI] **133** BC2
Maglianello Basso [RI] **133** BC2
Magliano [LU] **85** F3
Magliano [MS] **85** E3
Magliano [PU] **109** B1-2
Magliano [TE] **127** C3-4
Magliano Alfieri [CN] **67** D2
Magliano Alpi [CN] **67** B4
Magliano de' Marsi [AQ] **139** F2
Magliano di Tenna [AP] **117** E3
Magliano in Toscana [GR] **129** C1
Magliano Romano [ROMA] **131** E3
Magliano Romano, Stazione di- **137** E1-2
Magliano Sabina [RI] **131** E2
Máglio [BO] **89** F2
Máglio [MN] **59** C2
Máglio [PD] **45** DE2-3
Máglio [VI] **45** C2
Máglio [VI] **43** F2-3
Magliòggio [VB] **5** DE2
Magliolo [SV] **81** E2
Maglione [TO] **37** BC2
Maglione-Crosa [BI] **37** CD1
Magnacavallo [MN] **75** AB1-2
Magnadorsa [AN] **109** B3
Magnago [MI] **39** A1
Magnalardo [RI] **133** C3
Magnanella Inferiore [TE] **127** C3
Magnanins [UD] **15** E1
Magnano [BI] **37** BC2
Magnano [LU] **97** B1-2
Magnano [PC] **71** C2-3
Magnano [VR] **59** DE1
Magnano in Riviera [UD] **17** BC3
Magnasco [GE] **69** F3
Magnavacca [PU] **107** D3-4
Magno [BS] **41** F2
Magno, Monte- [BS] **43** B2
Magno, Monte- [Eur.] **7** B4
Magnola, Monte della- **139** F1-2
Magnolina [RO] **77** B1
Magnone [SV] **81** F2
Magnonévolo [BI] **37** C1-2
Mago [TO] **51** F2-3
Magognino [VB] **21** F2
Magonfia [RE] **87** C2
Magra, Fiume- **95** C2
Magrano [VR] **43** E3
Magrás [TN] **11** B3
Magrè [VI] **45** AB2
Magréglio [CO] **23** D2
Magrè sulla Strada del Vino / Margreid an der Weinstrasse [BZ] **27** D1
Magreta [MO] **87** E1
Magrignana [MO] **87** DE3
Magugnano [VT] **131** CD1
Magugnano-Marniga [VR] **43** C2
Maia Bassa / Untermais [BZ] **11** CD1-2
Maiano [PG] **125** B3
Maiano [PU] **99** FG3
Maiano, Torrente- **121** C3
Maiano Monti [RA] **91** C1-2
Maiaso [UD] **15** E2
Maiático [PR] **71** F3
Máie [CN] **81** C1
Maiella, Montagna della- **141** EF2
Maiella, Parco Nazionale della- **141** DE2-3
Maiella Orientale, Riserva Naturale della- **141** E2
Maielletta, la- **141** E1-2
Maiern / Masseria [BZ] **1** F1
Maiero [FE] **75** EF3
Maima, Monte- **27** A3
Máina, la- [UD] **15** D2
Máio, Monte- **43** F1-2
Maiocca [LO] **57** BC2-3
Maiola [RE] **87** C2
Maiolati Spontini [AN] **109** C4
Maioletto, Rocca di- **101** A3
Maiolo [PC] **71** B3
Maiolo [PU] **101** A3
Maior, Col- **31** B2
Maira **7** F2
Maira, Torrente- **65** F2
Maira, Valle- **65** CD4
Mairago [LO] **57** B2
Mairano [BS] **41** E4
Mairano [MI] **39** C2
Mairano [MI] **39** E2-3
Mairano [PV] **55** D2-3
Maisano [CO] **23** D2
Maison [TO] **35** D2
Maisonasse [AO] **19** E2-3
Maissana [SP] **85** B2-3
Maistatt, Bad- / Piandimáia, ex Bagni di- [BZ] **3** F3
Maiu, Monte- **45** A3
Majano [UD] **33** B1
Mala [TN] **27** D2
Mala, Monte- **9** E2
Malacappa [BO] **89** C1
Malacosta [MS] **85** DE3
Maladécia, Punta- **79** B2
Malafesta [VE] **47** E1-2
Malafrasca [SI] **105** C4
Malagnino [CR] **57** E3
Malagrotta [ROMA] **145** BC1
Malaguárdia [SO] **7** E3
Malaguti, Case- [FE] **75** BC2-3
Malalbergo [BO] **75** D3
Malamocco [VE] **63** DE1
Malamocco [VE] **47** EF2
Malamocco, Porto di- **63** DE1-2
Malanággio [TO] **51** E3
Malandriano [PR] **73** A3
Malandroni [AT] **53** D3
Malanghero [TO] **35** FG3
Malanotte, Monte- **81** B2
Malapesa [SI] **123** AB1-2
Malaspina [SP] **95** D2
Malaspina, Castello dei- **55** D3
Malaspina-Rovere, Castello- **69** CD2-3
Malatret, Monte- **35** CD2-3
Malaura, Colle- **65** BC1-2
Malavicina [MN] **59** C2
Malbe, Monte- **115** B3
Malborghetto [FE] **75** E2
Malborghetto [UD] **17** D1-2
Mal Borghetto, Casa- [ROMA] **137** EF2
Malborghetto, Vallone- **17** D1
Malborghetto di Boara [FE] **75** D2
Malborghetto-Valbruna [UD] **17** D1-2
Malcantone [FE] **75** C2
Malcantone [MN] **75** B2
Malcantone [MN] **73** DE2
Malcantone [PR] **71** E2
Malcantone [RA] **91** C2
Malcésine [VR] **43** C2
Málchina [TS] **49** E2
Malciaussià [TO] **35** C3
Malciaussià, Lago di- **35** C3
Malcontenta [VE] **63** D1
Malé [TN] **11** B3
Malegno [BS] **25** D3
Malenco, Val- **9** B3
Malene [TN] **27** F2
Maleo [LO] **57** C2-3
Malesco [VB] **5** EF3
Malesina, Torrente- **35** G2
Malga, Val- **25** E2
Malga Boazzo, Lago di- **25** EF2-3
Malga Ciapela [BL] **13** C3
Malga Fana / Fanealm **3** B2
Malgasot [BZ] **11** C2-3
Malga Zirago / Zirogalm [BZ] **3** A2
Malgesso [VA] **21** FG2-3
Malghera **9** C2-3
Malghette, Lago delle- **27** A1
Malghette, Rifugio- **27** A1
Malgina, Lago di- **25** C2
Malgina, Torrente- **25** C2
Malgina, Val- **25** C2
Malgola **13** A4
Málgolo [TN] **11** C3
Malgrate [LC] **23** E2
Malgrate [MS] **85** D3
Malignano [SI] **113** A2
Malina, Torrente- **33** D2
Malintrada [TV] **47** C2
Malinvern, Mont- **79** C2
Malinvern, Rifugio- **79** C2
Malisana [UD] **49** C2
Maliscia [AP] **127** CD1-2
Maliseti [PO] **97** F3
Malito, Valle di- **139** E1
Mállare [SV] **81** E2
Mállero, Torrente- **25** B1
Malles Venosta / Mals im Vinschgau [BZ] **1** B2
Mallevona, Monte- **139** F2
Malmantile [FI] **105** B2
Malmissole [FC] **91** D3
Malnago [LC] **23** E2
Malnate [VA] **23** B3
Malnìsio [PN] **31** C2
Malo [VI] **45** B2-3
Malocco Sotto [BS] **59** A1
Malone, Torrente- **35** F3
Malonno [BS] **25** D2
Malosco [TN] **11** C3
Malpaga [BG] **41** C3
Malpaga [BS] **57** F1
Malpasso [MN] **73** E1-2
Malpasso [SV] **81** F2
Malpasso, Casa- [GR] **129** C1
Malpasso, Monte- **87** A2
Malpasso, Osteria- **145** C2
Malpensa, Aeroporto Intercontinentale della- **21** G3-4
Malpertus [TO] **65** C1-2
Malpertuso, Monte- **95** B1-2
Mals im Vinschgau / Malles Venosta [BZ] **1** B2
Maltignano [AP] **127** CD2-3
Maltignano [PG] **125** D3
Malva [AR] **105** E3
Malváglio [MI] **39** A1
Malvarano, Colle- **141** E2
Malvezza [BO] **89** E1
Malviano [AN] **109** D3
Malvicino [AL] **67** F3
Malvino [AL] **69** C2
Mama [TN] **43** D2
Mámago [PC] **57** B3
Mambretti, Rifugio- **25** B2
Mambrotta [VR] **59** E1
Mamiano [PR] **73** A3
Mammi [AR] **113** E1
Mammiano [PT] **97** D2
Mammiano Basso [PT] **97** D2
Manara, Case- [FE] **77** D3
Manara, Punta- **83** F3
Manarola [SP] **95** B2
Manazzons [PN] **31** E1
Manciano [AR] **113** E1-2
Manciano [GR] **129** DE1
Mancinello, Monte- **97** D1-2
Mancini [CH] **135** F3
Mandela [ROMA] **139** C2
Mandello del Lário [LC] **23** D2
Mandello Vitta [NO] **37** E1-2
Manderiolo, Cima- **27** E3
Mandoleto [TR] **123** D3
Mandolossa [BS] **41** E3
Mándorli [FI] **105** AB2-3
Mandre [TV] **47** A1-2
Mándria [PD] **61** EF1
Mándria [TO] **37** B3
Mándria, la- [GR] **129** D2
Màndrie, le- **11** B3
Mandrielle, Malga- **27** F3
Mandrino [PV] **39** D3
Mándrio [RE] **73** C3
Mandriola [PD] **63** AB1
Mandriola [ROMA] **145** CD2
Mandriole [RA] **91** E1
Mandrioli, Passo dei- **107** A2
Mandriolo [RE] **73** C3
Mandrogne [AL] **55** B3
Mandrone, Monte- **25** F1
Mandrone, Rifugio- **25** F1
Manegotto [BS] **41** EF2
Manegra [VB] **21** F1-2
Maneia [PR] **71** D3
Manerba del Garda [BS] **43** B3
Manerbio [BS] **57** E1
Manesseno [GE] **83** C1-2
Manfrino, Castel- **127** C3
Mangart **17** E2
Manghen, Passo- **27** E1-2
Mangia, Torrente- **85** BC2
Mango [CN] **67** D2
Mangona [FI] **97** G2
Maniáglia [UD] **17** B3
Maniago [PN] **31** D1-2
Manicor [BZ] **11** D3
Mánie [SV] **81** F2
Maniero, il- [PG] **115** D3
Mániga [CN] **67** B2
Manigi [PG] **125** D3
Maniglia, Monte- **65** B3
Manin, Villa- **31** EF3
Maniva, Giogo del- **43** A1-2
Maniva, Monte- **43** A1-2
Manno [RE] **87** D2
Manolino, Rifugio- **81** C2
Manona [MN] **73** C1
Manoppello [PE] **141** E1
Manoppello Scalo [PE] **135** D3
Manos, Monte- **43** AB2
Mansuè [TV] **47** C1-2
Manta [CN] **65** E3
Mantegazza [MI] **39** B1
Mantello [SO] **7** EF4
Mantello, Bonifica del- **91** CD1
Mantena / Welschmontal [BZ] **3** D3
Mántie [VC] **37** F3
Mantignana [PG] **115** B2-3
Mantignano [FI] **105** BC2
Mantigno [FI] **99** BC2
Mantova [MN] **59** C2-3
Mantovana [AL] **69** A2
Mantovana, la- [VR] **61** BC3
Manune [VR] **43** D3
Manza, Scoglio della- **119** ins.a
Manzana [TV] **29** E3
Manzano [AR] **113** E2
Manzano [PR] **87** B1
Manzano [UD] **33** D2-3
Manzi [AR] **107** AB3
Manzi, Bivacco- **9** A3
Manziana [ROMA] **137** C2
Manzinello [UD] **33** CD3
Manzo [PV] **55** E2
Manzolino [MO] **89** B1
Manzoni [CN] **67** C3
Maomor, Monte- **59** C1
Maona, Grotta- **97** D3
Maòr, Sass- **29** BC1
Mapello [BG] **41** B2
Mappano [TO] **53** B1-2
Mappetta [VC] **37** D1
Mara, Alpe- **25** B1
Mara, Corno- **25** B1
Maragnole [VI] **45** C2-3
Maraia, Forcella- **13** E2
Marais, Riserva Naturale- **19** C2
Maraldi [PN] **31** D1
Maralunga, Punta- **95** C2
Marana [AQ] **133** E1-2
Marana [VI] **43** F3
Marana, Cima di- **43** F2-3
Marane [AQ] **141** D2
Maranello [MO] **87** F1
Marangana [NO] **37** EF2
Maranghetto, Ponte- **47** DE2-3
Marangone, Torre- **137** A2
Marano [BO] **89** D1
Marano [BO] **97** F1
Marano [PR] **73** A3
Marano [PR] **73** A3
Marano [TN] **43** DE1
Marano [VE] **63** C1
Marano, Laguna di- **49** BC2
Marano, Rio- / Maraunerbach **11** C2
Marano, Torrente- **101** C3
Marano dei Marsi [AQ] **139** E2
Marano di Valpolicella [VR] **43** D3
Marano Equo [ROMA] **139** CD2-3
Marano Lagunare [UD] **49** B2
Marano sul Panaro [MO] **87** F2
Marano Ticino [NO] **37** F1
Marano Vicentino [VI] **45** B2
Maranza / Meransen [BZ] **3** B2-3
Maranza, Rifugio- **27** CD2
Maranzana [AT] **67** F2
Maras [BL] **29** D2
Marasino [BS] **41** E2
Maratello [FC] **99** F1-2
Maraunerbach / Marano, Rio- **11** C2
Marcador [BL] **29** D2
Marcallo [MI] **39** B1-2
Marcallo con Casone [MI] **39** B1-2
Marcaria [MN] **59** B3
Marcarolo, Capanne- [AL] **69** B3
Marcellano [PG] **125** A2
Marcelli [AN] **109** F3-4
Marcellina [ROMA] **139** B2
Marcellina Vecchia **139** B2
Marcellise [VR] **59** E1
Marcemigo [VR] **43** E3
Marcena [AR] **107** D1
Marcena [TN] **11** C3
Marcesina, Albergo- **27** F3
Marcetelli [RI] **139** D1
Marcheno [BS] **41** F2
Marchesa [RO] **75** BC1
Marchesa, la- [PR] **71** E3
Marchesa, la- [VC] **37** D2
Marchese, il- [LI] **119** A3
Marchese, Punta del- **119** A3
Marchesino [VR] **59** D1
Marchetti, Rifugio- [Em.Rom.] **97** C2
Marchetti, Rifugio- [TN] **27** B3
Marchi, Casa del- [GR] **129** CD2
Marchiana, Colle di- **79** C2
Marchiazza, Torrente- **37** E2
Marchirolo [VA] **23** AB2
Marcia, Corna- **41** B2
Marciaga [VR] **43** C3
Marcialla [FI] **105** B3
Marciana [LI] **119** AB2
Marciana [PI] **103** CD2-3
Marciana Marina [LI] **119** B2
Marciano [AR] **105** FG2
Marciano [SI] **113** A1-2
Marciano della Chiana [AR] **113** D2
Marciaso [MS] **95** D2
Marcignago [PV] **39** C3
Marcignana [FI] **103** F2
Marcignano [PG] **115** A1
Marcio, Lago- **25** A2-3
Marciola [FI] **105** B2
Marco [TN] **43** DE1-2
Marcoiano [FI] **99** A2
Marcolano, Monte- **141** C3
Marcon [VE] **47** E2
Marconaga [LC] **23** E3
Marconcella [MO] **73** CD2
Marconi, Casa- [GR] **111** E3
Marconi, Mausoleo di- **89** C2
Marco Polo, Aeroporto Internazionale- **47** A3-4
Marcorengo [TO] **53** D1-2
Marcottini [GO] **49** E1
Marcova, Torrente- **37** E3
Mardimago [RO] **63** AB3
Mare [VI] **45** C2
Mare, Malga- **11** A3
Mare, Val de la- **11** A3
Mare, Via del- **145** BC2
Marebbe / Enneberg [BZ] **3** D3
Marebello [RN] **101** C2
Marécchia, Fiume- **101** B2
Marega [VR] **61** C2
Maregge [VR] **43** E2-3
Mareit / Mareta [BZ] **1** FG1
Maremma **129** DE1-2
Maremma, Parco Naturale della- **121** B4
Marena [PR] **71** D3-4
Maréndole [PD] **61** E2
Marene [CN] **67** B2-3
Marengo [CN] **67** CD2-3
Marengo [MN] **59** C2
Marengo, Villa- **55** AB3
Mareno di Piave [TV] **47** AB1-2
Marentino [TO] **53** C2
Maresca [PT] **97** DE2
Mareson [BL] **13** D3
Maresse, Cima- **43** B1
Maresso [LC] **23** DE3
Mareta / Mareit [BZ] **1** FG1
Mareto [PC] **71** AB3
Maretto [AT] **53** D3
Marezzane [VR] **61** BC1
Marga / Margen [BZ] **3** C2-3
Margarita [CN] **81** AB1
Margaroli, Rifugio- **5** E1
Margen / Marga [BZ] **3** C2-3
Marghera [VE] **63** D1
Margherita [PC] **71** AB3
Margherita, Col- **13** B3
Margherita, Colle- **79** C1
Margherita, Rifugio- **81** B2
Margherita, Villa- [LI] **111** B2-3
Margine di Momigno [PT] **97** D2-3
Marginone [LU] **103** DE1-2
Margno [LC] **23** E1
Margno, Cimone di- **23** E1
Margone [TO] **35** CD3
Margreid an der Weinstrasse / Magrè sulla Strada del Vino [BZ] **27** D1
Marguaréis, Punta- **81** AB2-3
Mariae [PN] **15** BC3
Maria Himmelfahrt / l'Assunta [BZ] **11** E2
Maria Luisa, Rifugio- **5** E1
Mariana Mantovana [MN] **59** A2
Marianis, Casa- [UD] **49** B2
Marianitto [RI] **133** DE1
Mariannáccia, Casa- [GR] **129** CD1
Mariano [PR] **85** CD1
Mariano [PR] **71** D3
Mariano al Brembo [BG] **41** B3
Mariano Comense [CO] **23** D3
Mariano del Friuli [GO] **33** D3
Marienberg, Kloster- / Monte Maria, Abbazia di- **1** B2
Marignana [PN] **47** D1
Marignana Marcello [TV] **47** A3
Marilleva [TN] **11** A4
Marina [PE] **135** D1
Marina [VE] **47** E2
Marina dei Ronchi [MS] **95** D2-3
Marina di Alberese [GR] **121** B3-4
Marina di Andora [SV] **93** E3
Marina di Aquiléia [UD] **49** CD2
Marina di Ardea [ROMA] **145** D3
Marina di Bibbona [LI] **111** AB2
Marina di Campo [LI] **119** B2
Marina di Cáorle [VE] **47** E3
Marina di Carrara [MS] **95** D2
Marina di Castagneto Carducci [LI] **111** B2-3
Marina di Cécina [LI] **111** A2
Marina di Chiéuti [FG] **143** EF3
Marina di Grosseto [GR] **121** A3
Marina di Massa [MS] **95** D2
Marina di Massignano [AP] **117** G3
Marina di Montemarciano [AN] **109** DE2-3
Marina di Montenero [CB] **143** C2
Marina di Montignoso → Cinquale [MS] **95** D3
Marina di Péscia Romana [VT] **129** DE2
Marina di Pietrasanta [LU] **95** E3
Marina di Pisa [PI] **103** B2-3
Marina di Ravenna [RA] **91** E1-2
Marina di Salívoli [LI] **119** CD1
Marina di San Vito [CH] **135** F3
Marina di Vasto [CH] **143** C2
Marina Faleriense [AP] **117** F2
Marina Iulia [GO] **49** E2
Marina Palmense [AP] **117** F2-3
Marina Romea [RA] **91** E1
Marinasco [SP] **95** B2
Marina Velca [VT] **129** F3
Marine [AO] **37** A1
Marinella [PU] **101** E3
Marinella [VE] **49** B2
Marinella di Sarzana [SP] **95** CD2
Marinelli, Podere- [GR] **121** DE2
Marinelli, Rifugio- [SO] **9** B2-3
Marinelli, Rifugio- [UD] **15** E1
Marinelli, Rifugio- [VB] **21** B2
Marini [VI] **45** D2
Marino [ROMA] **145** D2
Marino, Monte- [AL] **67** FG2-3
Marino, Monte- [FC] **99** E3
Marino, Monte- [PR] **85** D1
Marino del Tronto [AP] **127** C2
Marinoni [BG] **25** B3
Marins [PN] **15** E3
Mario, Monte- **145** C1
Mariotti, Rifugio- **85** DE2
Marischio [AN] **115** F1-2
Maritani [SV] **81** D2
Marlengo / Marling [BZ] **11** C2
Márlia [LU] **97** C3
Marliana [PT] **97** D3
Marliano [FI] **105** B2
Marling / Marlengo [BZ] **11** C2
Marmagna, Monte- **85** D2
Marmarole, Gruppo delle- **13** EF2-3
Marmentino [BS] **41** F2
Marmigliaio [LI] **103** C3-4
Marmirolo [MN] **59** C2
Marmirolo [RE] **73** C3-4
Marmolada **13** BC3
Marmontana, Monte- **7** CD3-4
Mármora [CN] **65** C4
Mármora, Vallone di- **79** B1
Marmoráia [SI] **111** EF1-2
Marmorassi [SV] **81** F1-2
Mármore [TR] **133** B1
Mármore, Cascata delle- **133** B1
Marmore, Torrente- **19** F1
Marmóreo [SV] **93** E2
Marmoreto [RE] **87** BC2
Marmorito [AT] **53** D2
Marmorta [BO] **89** F1
Marnate [VA] **39** B1
Marniga [VR] **43** C2
Maro [RE] **87** C2
Maro, Passo del- **93** D3
Marocche di Dro **27** B3
Marocchi [TO] **53** BC3
Marocco [TV] **47** A3
Marocco, Podere- [SI] **113** C1-2
Marogna, Ponte della- **13** E2
Marola [RE] **87** C2
Marola [RO] **61** BC3
Marola [SP] **95** B2
Marola [VI] **45** C3
Maron [PN] **47** C1
Marona, Pizzo- **21** F1
Marone [BS] **41** E2
Marone [VB] **5** E3
Marore [PR] **73** A3
Maróstica [VI] **45** C2
Marotta [PU] **109** C2
Marozza, Grotta- **139** A2
Marozzo [FE] **77** C3
Marradi [FI] **99** C2
Marrara [FE] **75** DE3
Marroneto [GR] **121** E2-3
Marruca, Poggio- **121** C2-3
Marrucheto [GR] **121** B3
Marruchetone [GR] **129** D1-2
Mars, Monte- **37** B1
Marságlia [CN] **67** C4
Marságlia [PC] **69** F2
Marságlia [TO] **35** F3
Marsaglia [TO] **35** E2-3
Marsan [VI] **45** CD2
Marsango [PD] **45** DE3
Marsciano [PG] **123** DE2
Marser, Monte- **25** E2
Marsia [AP] **127** B2
Marsiai [BL] **29** CD2
Marsica **141** BC2-3
Marsiglia [GE] **83** D2
Marsignano [FC] **99** E2
Marsiletti [MN] **59** C2
Marsiliana [GR] **129** CD1
Marsiliana, Castello della- [GR] **111** C3
Marsiliana, Fattoria- [GR] **111** C3
Marsiliana, Riserva Naturale- **111** C3
Marsure [PN] **31** C2
Marsure di Sopra [UD] **33** C2
Marsure di Sotto [UD] **33** C2
Marta [SV] **93** E2
Marta [VT] **131** B1
Marta, Fiume- **131** B3
Marta, Monte di- **131** B1
Marta, Poggio- **129** BC1
Martana, Isola- **131** B1
Martano, Monte- **125** A3
Martassina [TO] **35** D2-3
Martell / Martello [BZ] **11** A2
Martellago [VE] **45** F3
Martelle, le- [MN] **59** D2
Martellese, il- **141** E2
Martello / Martell [BZ] **11** A2
Martello, Pizzo- **7** D3
Martello, Val di- / Martelltal **11** A2
Martelltal / Martello, Val di- **11** A2
Marter [TN] **27** E2
Marti [PI] **103** E2-3
Mártica, Monte- **23** A2
Martigliano [AR] **107** C2
Martignacco [UD] **33** B2
Martignana di Po [CR] **73** A1
Martignano [FI] **105** A2
Martignano [TN] **27** C2
Martignano, Lago di- **137** D2
Martignone [BO] **89** B1
Martin, Punta- **83** B1-2

Martina, la- [BO] 99 B1
Martina, la- [CN] 67 CD3
Martina, Punta- 119 E1
Martina Olba [SV] 69 A3-4
Martinat, Parco Ornitologico- 51 EF3
Martinazzo [UD] 33 BC1-2
Martincelli [TN] 29 AB3
Martinella, Dosso della- 43 F1
Martinelle, le- [VE] 63 C3
Martinenghe [BS] 57 D1
Martinengo [BG] 41 C3
Martinetto [SV] 93 E2
Martini [TO] 51 F3
Martiniana Po [CN] 65 E3
Martino, Poggio- 129 F2
Martinsicuro [TE] 127 E2
Martorano [FC] 101 A1-2
Martorano [PR] 73 A3
Marturanum, Parco- 137 C1
Marucolo, Colma di- 41 F2
Marudo [LO] 39 E3
Marveia, Monte- 85 BC3
Marza [PV] 55 B1
Marzabotto [BO] 89 C2-3
Marzaglia [MO] 73 C3-4
Marzalengo [CR] 57 DE2
Marzalesco [NO] 21 E3-4
Marzana [VR] 43 DE3-4
Marzanata [RO] 75 C1
Marzanella, Monte- 99 D2
Marzano [GE] 69 D3
Marzano [LO] 39 E2
Marzano [PR] 71 E1-2
Marzano [PV] 39 D3
Marzénego, Rio- 45 F3
Marzeno [RA] 99 E1
Marzeno, Torrente- 99 DE1
Marzette [MN] 73 D2
Marzettelle [MN] 73 D2
Marziai [BL] 29 C3
Marzinis [PN] 31 D3
Marzio [VA] 23 B2
Marzo, Col di- 115 CD2
Marzo, Monte- 35 F1
Marzocca [AN] 109 D2-3
Marzocco, Torre del- 103 B3
Marzola, la- 27 CD2
Marzolana, Monte- 115 AB3
Marzolara [PR] 87 AB1
Marzon, Malga- / Marzoner Alm [BZ] 11 B2
Marzon, Valle- 13 EF2
Marzoner Alm / Marzon, Malga- [BZ] 11 B2
Marzotto [VE] 47 E2
Mas [BL] 13 C3
Mas [BL] 29 D1-2
Masano [BG] 41 BC3
Masanti [PR] 85 B1
Masarè [BL] 13 CD3
Masariè [BL] 13 E3
Masarólis [UD] 33 D1-2
Masate [MI] 39 E1
Masca, Cima di- 69 A3-4
Maschio delle Faete 145 E2
Maschio di Lariano 145 E2
Masciaga [BS] 43 A3
Masciago Primo [VA] 23 A2
Mascioni [AQ] 133 EF1
Mascioni, Monte- 133 EF1
Maser [TV] 45 E2
Masera [VB] 5 DE3
Masera, la- [BO] 97 E1
Maserada sul Piave [TV] 47 A2
Maserà di Pádova [PD] 63 AB1-2
Maseralino [PD] 61 EF2
Masereto [PR] 71 D4
Maséris [UD] 31 E2
Maserno [MO] 87 F3
Masi [MN] 75 B1
Masi [PD] 61 C3
Masi, Monte dei- / Gentersberg 3 A3
Masi Carretta 29 A2
Masi d'Ávio [TN] 43 D2
Masi di Cavalese [TN] 27 E1
Masiera [RA] 91 C2
Másino [SO] 7 F3-4
Masino [TO] 37 B2
Másino, Torrente- 7 F3
Másino, Val- [SO] 7 F3
Másio [AL] 53 F3
Másio [TO] 53 BC3
Masi San Giacomo [FE] 75 E3
Masi Torello [FE] 75 E3
Masliánico [CO] 23 C2
Masnago [VA] 23 A2-3
Maso [VE] 63 C1
Maso, Rio- 27 E2
Masogelato / Eishof [BZ] 1 D2
Masone [GE] 69 B3-4
Masone [RE] 73 C3-4
Masone, Monte- 25 B2
Masone, Ponte del- 21 D1
Masoni, Monte- 25 AB2
Mason Vicentino [VI] 45 C2
Massa [FC] 99 E1-2
Massa [FC] 99 FG2
Massa [FC] 99 F3
Massa [FC] 101 AB2
Massa [FI] 105 D3
Massa [LU] 97 B1-2
Massa [MC] 115 F2
Massa [MS] 95 D2
Massa [PT] 97 D3
Massa [PU] 107 E3
Massa [RA] 91 D3
Massa [RE] 87 D2
Massa, Ponte- 121 B3
Massaciúccoli [LU] 95 F3-4
Massaciúccoli, Lago di- 103 BC1-2
Massa d'Albe [AQ] 139 F2
Massa e Cozzile [PT] 97 D3
Massa Fermana [AP] 117 D3
Massa Finalese [MO] 75 B2
Massa Fiscaglia [FE] 77 BC3
Massaini [SI] 113 CD3
Massalengo [LO] 57 AB2
Massa Lombarda [RA] 91 B2
Massa Macinaia [LU] 103 D2
Massa Maríttima [GR] 111 D3
Massa Martana [PG] 125 A3
Massa Martana, Stazione di- 125 A3
Massanzago [PD] 45 E3
Massaprofóglio [MC] 117 AB3
Massarella [FI] 103 E2
Massaro, Punta di- / Moarer-Spitze 1 F1
Massarosa [LU] 97 AB3
Massasco [GE] 83 F3
Massazza [BI] 37 CD1-2
Masselli [VR] 43 E2-3
Masselli [VR] 43 DE3
Massello [TO] 51 D3
Massenzática [FE] 77 CD2
Massenzatico [RE] 73 BC3
Massera, Torrente- 111 C3
Masseranga [BI] 21 CD3
Masserano [BI] 37 D1
Masserano, Stazione di- 37 D1
Masserecci, Poggio- 105 EF3
Masseria [BI] 37 C2
Masseria / Maiern [BZ] 1 F1
Masseto [FI] 105 DE2
Massi, Poggio ai- 111 E2
Massicaia, Monte- 99 C3
Massignani [VI] 45 AB3
Massignano [AN] 109 F3
Massignano [AP] 117 F3
Massimbona [MN] 59 C2
Massimeno [TN] 27 A2
Massimina [ROMA] 145 C1
Massimino [SV] 81 D2
Massino Visconti [NO] 21 F2-3
Massiola [VB] 21 DE2
Masso di Arenaria Rossa del Permico, Monumento Naturale- 43 A2
Massoncello, Monte- 119 CD1
Massone [TN] 27 B3
Massone, Monte- 21 DE2
Massumático [BO] 75 C3
Mastallone, Torrente- 21 C2
Mastánico [BS] 43 A2-3
Mastari 135 C1-2
Mastáun 11 A1-2
Mastellari, Casoni- [BL] 31 B2
Mastri [TO] 37 A3
Mastromarco [PT] 103 F2
Masua, Forte- [VR] 43 D3
Masuccio, Monte- 9 CD3
Masueria [CN] 65 D3
Masul, Rio- / Masul-Bach 1 F2
Masul-Bach / Masul, Rio- 1 F2
Matajúr, Monte- 33 E1
Matalla, Monte- 87 AB2
Matanna, Monte- 97 AB3
Matassino [AR] 105 DE3
Matassone [TN] 43 E2
Mataun, Cima- 1 B1
Matélica [MC] 117 AB2
Matellica [RA] 101 A1
Mater, Monte- 7 E2
Matera [AP] 127 B3
Maternigo [VR] 43 E3-4
Mathi [TO] 35 F3
Matigge [PG] 125 B2
Matlas, Bec- 79 DE2
Matoschi [PC] 69 F1-2
Matraia [LU] 97 C3
Matsch / Mázia [BZ] 1 B2
Matscher Winkel Kogel / Cantone, Monte- 1 B1
Matsch Tall / Mázia, Val di- 1 BC2
Mattaciul, Cima- 9 E3
Mattaleto [PR] 87 B1
Mattarana [SP] 85 B3
Mattarello [TN] 27 C2-3
Matte, Case- [RO] 63 BC3
Mattei, Casa- [ROMA] 145 C1-2
Matterhorn 19 F1
Máttie [TO] 51 D2
Matto, Monte- [BS] 43 A1
Matto, Monte- [CN] 79 C2
Mattone, Monte- 141 D3
Mattoni, Monte- 43 A1
Maudit, Mont- 19 B1
Mauerspitze / Muro, Monte- 1 F1
Mauletta [NO] 37 E1
Mauls / Müles [BZ] 3 B2
Maurerberg / Muro, Monte- 3 C3
Maurer Kopf / Muro, Monte- 3 E3
Máuria, Passo della- 13 FG3
Maurin, Valle del- 65 B3-4
Mauro, Monte- [CB] 143 C3
Mauro, Monte- [RA] 99 D1
Mautino, Rifugio- 51 B3
Mavone, Fiume- 135 B1
Mayt, Col de la- 51 C3
Mázia / Matsch [BZ] 1 B2
Mázia, Val di- / Matsch Tal 1 BC2
Mazzabue [PR] 73 A2
Mazzangrugno [AN] 109 D3
Mazzano [BS] 43 A3
Mazzano Romano [ROMA] 137 E1
Mazzantica [VR] 59 E2
Mazzarelli [AL] 69 B3
Mazzarone, Monte- 21 E2
Mazzasette, Ca'- [PU] 107 E2
Mazzè [TO] 37 B3
Mazze, Monte- 45 BC2
Mazzeni, Bivacco- 17 D2
Mazzi [FC] 107 B1
Mazzi [VR] 59 C1-2
Mazzin [TN] 13 B3
Mazzocco, Torrente- 101 B3
Mazzocone, Monte- 21 E2
Mazzo di Valtellina [SO] 9 D3
Mazzolada [VE] 47 D2
Mazzolano [RA] 89 F3
Mazzoleni [BG] 41 AB1-2
Mazzoli [MO] 87 F3
Mazzolla [PI] 111 D1
Mazzona, la- [FE] 75 BC2
Mazzorno [RO] 77 C1
Mazzorno Sinistro [RO] 77 C1
Mazzucco, Oratorio- 77 DE1
Mazzurega [VR] 43 D3
Mea [RO] 77 D1
Meana di Susa [TO] 51 D2
Meano [BL] 29 D2
Meano [BS] 41 DE4
Meano [TN] 27 C2
Meano [TO] 51 DE2-3
Meati [LU] 103 C1-2
Meatta, Monte- 27 E3
Mecca [TO] 35 E2-3
Méchel [TN] 11 BC3
Meda [MI] 23 CD3-4
Meda [VI] 45 B2
Meda, Forca della- 15 D3
Medálghes, Furcia di- / Kreuzjoch 13 B2
Medassino [PV] 55 C2-3
Mede [PV] 55 B2
Mede, Piz di- 15 E1
Medea [GO] 33 D3
Medea, Monte di- 33 D3
Medeazza [TS] 49 E2
Medelana [BO] 89 BC2
Medelana [FE] 77 B3
Méden, Passo del- 25 C1
Medesano [PR] 71 E3
Medeuzza [UD] 33 D3
Mediano [PR] 87 B1
Medicina [BO] 89 E2
Medíglia [MI] 39 DE2
Mediis [UD] 15 DE2
Medil [TN] 13 A3
Medolago [BG] 41 AB2-3
Médole [MN] 59 AB1-2
Médole, Crocevia di- 59 B1-2
Medolla [MO] 73 E2
Meduna, Fiume- 47 C1
Meduna, Torrente- 15 D3
Meduna di Livenza [TV] 47 C2
Meduno [PN] 15 D3
Meggiano [PG] 125 C3
Meggiano [VR] 61 B1
Meghe, Cima- 43 A2
Megli [GE] 83 D2
Megliadino San Fidénzio [PD] 61 C2
Megliadino San Vitale [PD] 61 CD2
Megna, Monte- [BL] 29 E1
Megna, Monte- [PC] 71 B4
Megno [BS] 25 D1-2
Mégolo [VB] 21 D1-2
Mégolo di Cima [VB] 21 D1-2
Mégolo di Fondo [VB] 21 D1-2
Meguardo [BS] 41 F4
Méia, Rocca la- 79 B1
Meianiga [PD] 63 B1
Méida [TN] 13 AB3
Méina [NO] 21 F3
Meina, Rio- 53 CD2
Mel [BL] 29 D2
Mela, Poggio della- 111 BC1
Melacce, Torrente- 121 D2
Melag / Melago [BZ] 1 B1-2
Melago / Melag [BZ] 1 B1-2
Melago, Passo di- 1 BC1
Melano [AN] 115 EF1-2
Melano, Rifugio- 51 E3
Melara [RO] 61 B3
Melarolo [UD] 33 C3
Melazza, Punta della- 145 F2
Melazzo [AL] 67 F2-3
Méldola [FC] 99 F2
Mele [GE] 83 B2
Mele, Capo- 93 EF3
Mele, Stazione di- 83 B1-2
Meledo [VI] 61 C1
Melédrio, Val- 11 B4
Melegnanello [LO] 57 B2
Melegnano [MI] 39 D2
Melello [AR] 107 B3
Meleta [GR] 111 E3
Meleti [LO] 57 CD3
Meleto [AR] 105 D3
Meleto [RN] 101 CD3
Meleto [SI] 105 D4
Melétole [RE] 73 B2
Meletta di Gállio, Monte- 27 F3
Mélezet [TO] 51 AB2
Melezzo, Torrente- 5 FG3
Melézzole [TR] 123 DE3-4
Melezzo Occidentale, Torrente- 5 E3
Melezzo Orientale 5 F3
Meliciano [AR] 105 F3
Melignon [AO] 19 C3
Mella, Fiume- 57 F2
Mellame [BL] 29 B2-3
Mellana [CN] 79 E1
Mellaredo [VE] 63 BC1
Mellarolo [SO] 7 F4
Mellasc, Pizzo- 23 EF1
Melle [CN] 65 D3
Mellea [CN] 65 F3
Mellea, Torrente- 67 A3
Melli, Case- [RE] 73 B3
Mellicciano [FI] 103 F3
Mellier [AO] 19 F3
Mello [SO] 7 F3-4
Mello, Valle di- 9 A3
Melo [PT] 97 D2
Melogno [SV] 81 E2
Melogno, Colle di- 81 E2
Meloncello [MN] 59 A2
Melonta, Monte di- 123 C2-3
Meloria, Torre della- 103 B3
Melosa, Colla- 93 C2-3
Melotta [CR] 41 C4
Mels [UD] 33 B1-2
Méltina / Mölten [BZ] 11 D2
Méltina, Monte di- / Möltner Joch 11 D2
Meluzzo, Lago di- 13 FG3
Melzo [MI] 39 E1-2
Memmenano [AR] 105 F2
Memmo [BS] 41 F2
Mena [UD] 17 B2
Menà [VR] 61 C3
Menabò [AT] 53 C3
Menabue, Cascine- [CR] 57 EF2
Menággio [CO] 23 D1
Menággio, Rifugio- 23 D1
Menago 59 E2
Menai [CN] 67 B3
Menarola [SO] 7 DE3
Menas [TN] 11 A3-4
Menate [FE] 91 CD1
Mencónico [PV] 69 E2
Mendática [IM] 93 C2
Mendelpaß / Mendola, Passo della- 11 D3
Mendola [PC] 71 C3
Mendola, Passo della- / Mendelpaß 11 D3
Meneghini, Colle dei- 29 A3
Menegosa, Monte- 71 B3
Menezzo [SV] 93 E2
Mengaccini [AR] 115 A2
Mengara [PG] 115 D2
Mengucci, Colle- 143 B2
Menin [BL] 29 C2
Menna, Cima di- 25 A3
Menna, Masseria- [CH] 143 B2
Menócchia, Torrente- 127 D1
Menogno [VB] 5 DE2-3
Menólzio [TO] 51 D2
Menosio [SV] 93 E2
Menotre, Fiume- 125 C2
Menotto, Pale di- 13 E2
Menouve, Col de- 19 D1
Mensanello [SI] 111 E1
Mensano [SI] 111 E2
Menta [AL] 69 B3
Menta [PR] 85 AB2
Mentana [ROMA] 139 A2
Mentorella, Santuario- 145 F1
Mentoulles [TO] 51 D2
Menulla [TO] 35 E2-3
Menzago [VA] 23 A3
Menzano [AQ] 133 E2
Menzano [AR] 105 E2-3
Menzino [BS] 41 E2
Méolo [VE] 47 B3
Mera, Fiume- 7 E3
Mera, Monte- 93 C3
Meran / Merano [BZ] 11 CD1-2
Merana [AL] 67 E3
Merano / Meran [BZ] 11 CD1-2
Merano 2000 [BZ] 11 D1
Meransen / Maranza [BZ] 3 B2-3
Merate [LC] 23 E3
Meraviglia, Monte- 125 CD3
Meraviglie, Grotta delle- 41 B2
Merca [MN] 73 D2
Mercallo [VA] 21 FG3
Mercantelli, Pizzo- 7 FG3
Mercantour, Cima di- 79 C2-3
Mercatale [AR] 115 A2
Mercatale [BO] 89 D2
Mercatale [FC] 99 E2-3
Mercatale [FI] 105 C3
Mercatale [PO] 97 F2
Mercatale [PU] 107 D2
Mercatale [RA] 99 C1-2
Mercatale, Lago di- 107 D2
Mercatale Valdarno [AR] 105 E3-4
Mercatello [PG] 123 D2
Mercatello [PG] 125 AB2-3
Mercatello, Passo del- 71 A3-4
Mercatello sul Metáuro [PU] 107 CD2-3
Mercatino Conca [PU] 101 B3
Mercato [PR] 87 B1-2
Mercato [PU] 101 D3
Mercato [RI] 133 D3
Mercato, Ponte- 139 B1-2
Mercato Saraceno [FC] 101 A3
Mercato Vecchio [PU] 107 D2
Mercato Vecchio [TV] 45 F2
Mercenasco [TO] 37 B2
Mércore [PC] 71 D2
Mercurago [NO] 21 F3
Mercurio, Monte- 99 F3
Merella [AL] 69 BC2
Mereta [GE] 69 C2-3
Mereta [SV] 81 D2
Mereto di Capitolo [UD] 33 C3
Mereto di Tomba [UD] 33 B2
Meretto [PO] 97 F3
Mergnano San Pietro [MC] 117 B2-3
Mergnano San Savino [MC] 117 B2-3
Mergo [AN] 109 C4
Mergozzo [VB] 21 E2
Mergozzo, Lago di- 21 E2
Meri, Rio- 69 A3
Meria, Monte- 141 B3
Meriano, Bric- 81 D2
Meridiana [AT] 53 D3
Merizzo [MS] 85 D3
Merlana [UD] 33 C3
Merlano [BO] 89 B2
Merlara [PD] 61 C2-3
Merlazza [AT] 53 D3
Merlengo [TV] 47 A2
Merli [VR] 43 E2-3
Merlini [AT] 67 E2
Merlino [LO] 39 E2
Merlo [CN] 81 B1
Merlo [VI] 45 CD1-2
Merlo, Becca del- 19 C3
Merlo, Monte- 93 C3
Mernicco [GO] 33 DE2
Merone [CO] 23 D3
Merqua, Monte- 79 C2
Merse, Fiume- 113 A3
Mersino [UD] 33 D1
Merso di Sopra [UD] 33 E2
Meruzzano [CN] 67 D2
Meschia [AP] 127 B2
Mesco, Punta- 95 A2
Mescolino [TV] 29 EF3
Mescolino, Monte- 99 EF3
Mese [SO] 7 E3
Mesenzana [VA] 23 A2
Mésero [MI] 39 AB1-2
Mesma, Monte- 69 B2
Mésola [FE] 77 D2
Mésola, Gran Bosco della- 77 D2
Mesola, La- 13 C3
Mesonette [TO] 35 E2
Messer, Monte- 31 B1-2
Mestre [VE] 47 A3-4
Mestriago [TN] 11 AB3-4
Mestrino [PD] 61 E1
Mesule / Gr. Möseler 3 C1-2
Meta [AQ] 139 F3
Meta, Pizzo di- 117 C3
Meta, Torrente- 107 C3
Metallifere, Colline- 111 CD2
Metanopoli [MI] 39 D2
Metato [PI] 103 C2
Metato, Poggio- 111 D1-2
Metaurília [PU] 109 C1-2
Metáuro, Fiume- 109 BC2
Metra [LU] 85 F3
Mettéglia [PC] 69 F2
Metti [MS] 85 D3
Metti [PR] 71 C3
Mettien [AO] 21 AB3
Mettolo, Rifugio- 81 B2
Meugliano [TO] 37 A1-2
Meula [VC] 21 CD2
Mevale [MC] 125 C2
Mezzadri [PR] 71 DE3
Mezzago [MI] 39 E1
Mezzalama, Rifugio- 21 A2
Mezzana [MS] 95 DE1-2
Mezzana [PI] 103 C2
Mezzana [PO] 105 B1
Mezzana [RO] 77 B1
Mezzana [TN] 11 A4
Mezzana [TO] 53 CD1-2
Mezzana, Cima- [TN] 11 A3
Mezzana, Cima- [TN] 43 E2
Mezzana, Monte- 141 C2-3
Mezzana, Ponte di- 55 D2
Mezzana Bigli [PV] 55 BC2
Mezzana Casati [LO] 57 C3
Mezzana Loria [MN] 73 AB1
Mezzana Mortigliengo [BI] 37 D1
Mezzana Rabattone [PV] 55 D2
Mezzane [BS] 59 A1-2
Mezzane di Sopra [VR] 43 E3-4
Mezzane di Sotto [VR] 59 E1
Mezzánego [GE] 83 F2
Mezzani [PR] 73 A2
Mezzanino [AL] 55 B2-3
Mezzanino [LO] 57 C3
Mezzanino [PV] 55 E2
Mezzano [AL] 55 A3
Mezzano [PC] 57 DE3
Mezzano [PV] 55 F2
Mezzano [PV] 55 C2
Mezzano [PV] 55 DE1-2
Mezzano [RA] 91 D2
Mezzano [TN] 29 B1-2
Mezzano [VT] 123 A4
Mezzano, Lago di- 123 A4
Mezzano, Monte- [BO] 89 D2
Mezzano, Monte- [PR] 71 CD3
Mezzano, Monte- [VA] 23 A2
Mezzano Inferiore [PR] 73 A2
Mezzano Passone di Sopra [LO] 57 C3
Mezzano Passone di Sotto [LO] 57 C3
Mezzano Rondani [PR] 73 A2
Mezzano Scotti [PC] 69 F2
Mezzano Superiore [PR] 73 A2
Mezzanotte [PU] 109 B3
Mezzano Vigoleno [PC] 57 B3
Mezzara, Poggio- 97 FG2
Mezzaroma [VT] 137 D1
Mezzaselva [VI] 45 B1
Mezzaselva / Mittewald [BZ] 3 B3
Mezzate [MI] 39 D2
Mezzavalle [GE] 83 EF2
Mezzavalle [TN] 13 A3-4
Mezzavia [AR] 113 E2
Mezzavia, Rifugio- 11 D3
Mezzavilla [TO] 35 F2
Mezzavilla [TV] 29 EF2-3
Mezzavilla [VR] 59 E1
Mezzégra [CO] 23 D1-2
Mézzema [SP] 85 B3
Mezzenile [TO] 35 E3
Mezzeno [RA] 91 C2-3
Mezzo, Lago di- 59 C2-3
Mezzo, Monte di- 133 F1
Mezzo, Punta di- / Mittereck 1 B2
Mezzocanale [BL] 29 E1
Mezzo Canale, Ponte- 31 BC1
Mezzocolle, Parrocchia di- 89 E2-3
Mezzocorona [TN] 27 C1
Mezzodì, Beccas del- 79 C1
Mezzodì, Costone di- 19 C2
Mezzodì, Gúglia del- 51 B2
Mezzodì, Picco del- 17 D2
Mezzodì, Picco di- [UD] 15 C2
Mezzodì, Picco di- [UD] 17 E2
Mezzodì, Piz di- 29 D1
Mezzodì, Punta del- 15 CD2
Mezzo Franco, Punta di- 129 A2
Mezzogoro [FE] 77 C2
Mezzola, Lago di- 7 E3
Mezzolago [TN] 43 C1
Mezzolara [BO] 89 E1
Mezzoldo [BG] 25 A2
Mezzolombardo [TN] 27 C1
Mezzomerico [NO] 37 F1
Mezzomonte [PN] 31 BC2
Mezzullo, Monte- 25 E3
Mia, Monte- 17 D3
Miage, Chalet del- 19 B2
Miage, Ghiacciaio del- 19 AB1-2
Miage, Lago del- 19 B2
Miagliano [BI] 37 C1
Miane [TV] 29 D3
Miano [FC] 99 D2
Miano [PR] 71 E3
Miano [PR] 85 E1-2
Miano [TE] 127 D4
Miaron, Monte- 13 FG3
Miasino [NO] 21 E3
Miazzina [VB] 21 F1-2
Micarone [PE] 135 C2
Micciano [AR] 107 B3
Micciano [PI] 111 C2
Michellórie [VR] 61 B2
Micigliano [RI] 133 D2
Micóttis [UD] 17 C3
Midia, Monte- 139 DE2
Midi o Muret, Punta- 51 D3
Miega [VR] 61 B2
Mieli [UD] 15 E1
Miemo [PI] 111 BC1
Miezegnot, lôf di- 17 D2
Migiana [PG] 115 B2-3
Migiana di Monte Tézio [PG] 115 C2
Migiandone [VB] 21 E1-2
Migianella, Monte- 115 B2
Migianella dei Marchesi [PG] 115 B2
Migiondo [SO] 9 D2-3
Migliana [PO] 97 F2-3

Migliandolo [AT] **53** E3
Migliani, Casa- [VT] **131** B2
Migliánico [CH] **135** E2
Migliano [PG] **123** D2
Migliara [RE] **87** C1-2
Migliarina [AR] **105** E3-4
Migliarina [GE] **69** C3
Migliarina [MO] **73** CD3
Migliarino [FE] **77** B3
Migliarino [PI] **103** B2
Migliarino, Mácchia di- **103** B2
Migliarino-San Rossore-Massacciuccoli, Parco Naturale- **103** B2
Migliaro [CR] **57** E2-3
Migliaro [FE] **77** B3
Migliere [TO] **35** D2
Míglio, Monte- **141** C3
Migliorero, Rifugio- **79** B2
Migliorini [PT] **97** D2
Mignágola [TV] **47** AB2
Mignanego [GE] **69** C3
Mignano [AR] **107** AB2
Mignano, Lago di- **71** C3
Mignano, Monte- **83** E2
Mignegno [MS] **85** D2
Mignete [LO] **39** E2
Mignone [BS] **43** B2
Mignone [VT] **137** A1
Mignone, Colle di- **25** D3
Mignone, Fiume- **131** B3
Mignone, Il- **25** D3
Milanere [TO] **51** F2
Milani [AT] **67** E2
Milano [MI] **39** CD2
Milano-Cremona, Canale navigabile- **57** C2
Milano Maríttima [RA] **91** EF3
Milano San Felice [MI] **39** D2
Milia, Torrente- **111** C3
Milies [TV] **29** C3
Miliotto, Poggio- **121** D2-3
Millan / Milland [BZ] **3** B3
Milland / Millan [BZ] **3** B3
Miller, Corno- **25** E2
Millésimo [SV] **81** E1
Milzanello [BS] **57** EF1-2
Milzano [BS] **57** F2
Mimoias, Casera- [UD] **15** C1
Mimola, Cantoniera- [AQ] **141** D3
Mincengo [AL] **53** E1-2
Mincio, Fiume- **59** C2-3
Mincio, Parco Regionale del- **59** D3
Mindino [CN] **81** CD2
Mindino, Bric- **81** C2
Mine, Monte delle- **9** C1-2
Minerbe [VR] **61** BC2
Minérbio [BO] **89** D1
Minestrone, Torrente- **123** A2
Minimella, Torrente- **115** A1
Minitalia **41** B3
Minore, Isola- **115** A2
Minozzo [RE] **87** C2
Minschuns, Piz- **1** A3
Minucciano [LU] **95** E1-2
Mioglia [SV] **67** F3-4
Miogliola [AL] **67** F3
Miola [TN] **27** D2
Mione [TN] **11** BC3
Mione [UD] **15** DE1-2
Miosa [TO] **51** F2
Mira [VE] **63** C1
Mirabella [VI] **45** C2
Mirabello [FE] **75** C2-3
Mirabello [LO] **57** B2-3
Mirabello [PV] **39** CD3
Mirabello, Monte- **43** F3-4
Mirabello Ciria [CR] **57** D2
Mirabello Monferrato [AL] **53** G2
Mirabilandia **91** E2-3
Miracoli [CH] **143** B1-2
Miradolo [TO] **51** E3
Miradolo Terme [PV] **55** F1-2
Miraldella [AR] **107** C2
Miralduolo [PG] **115** C3
Miramare [RN] **101** C2
Miramare, Castello di- **49** F2
Miramare, Riserva Naturale Marina di- **49** F2
Miranda [TR] **133** AB1
Mirándola [BS] **41** D3
Mirándola [MO] **73** E2
Mirano [VE] **45** F3-4
Mirasole [MI] **39** D2
Mirasole [MN] **59** D3
Mirasole, Cascina- [NO] **37** F1
Miratoio [PU] **107** C2
Mirauda, Punta- **79** E2
Miravalle [BO] **89** E1
Miravalle [TN] **43** DE2
Miravidi, Mont- **19** AB2
Miróglio [CN] **81** B2
Mirteto [MS] **95** D2
Mis [BL] **29** D1-2
Mis [TN] **29** C1
Mis, Canale del- **29** CD1
Mis, Lago di- **29** D2
Mis, Torrente- **29** D1
Misa, Fiume- **109** D2
Misa, Monte- **43** A1
Misano [PC] **71** AB2
Misano Adriático [RN] **101** D2-3
Misano di Gera d'Adda [BG] **41** B4
Misano Monte [RN] **101** C3
Misciano [AR] **107** A3-4
Misciano [AR] **107** B3
Miscoso [RE] **87** AB2
Miseregne [AO] **19** EF2
Misericordia, Santuario della- **57** C2
Miserin, Lago- **19** EF3
Misinto [MI] **23** C3-4
Misma, Monte- **41** C2
Misone, Monte- **27** AB3
Misságlia [LC] **23** DE3
Missano [GE] **85** B3
Missano [MO] **87** F2
Missano [PC] **71** B3
Missano [PC] **71** A2
Missian / Missiano [BZ] **11** D2-3
Missiano [PG] **123** C1-2
Missiano / Missian [BZ] **11** D2-3
Missione, Cappella della- **65** E2
Miste, Lago- **21** C3
Mistris, i- [PN] **31** D1-2
Misurina [BL] **13** E2
Misurina, Lago di- **13** E2
Mita [PG] **115** B2
Mitra, Colle- **141** D2-3
Mitterbad / Bagni di Mezzo [BZ] **11** C2
Mitterjöch **3** E1
Mitterolang / Valdáora di Mezzo [BZ] **3** E3
Mitterthal / Val di Mezzo [BZ] **3** A2
Mittewald / Mezzaselva [BZ] **3** B3
Mizzana [FE] **75** D2
Mizzole [VR] **59** E1
Moano [IM] **93** D2
Moarer-Spitze / Massaro, Punta di- **1** F1
Moasca [AT] **67** E2
Mocáio, Fattoria- [PI] **111** BC1
Mocasina [BS] **43** A3
Moccaiana [PG] **115** CD1
Mócchie [TO] **51** E1-2
Mocenigo [TN] **11** BC3
Mocheni, Val dei- **27** D2
Mocogno [MO] **87** E3
Mocogno, Monte- **87** DE2-3
Mocónesi [GE] **83** E2
Mocónesi Alto [GE] **83** E2
Mocrone [MS] **85** D2-3
Modanella [SI] **113** CD2
Modeano [UD] **49** AB1-2
Modena [MO] **87** F1
Modigliana [FC] **99** D1-2
Modignano [LO] **39** E2-3
Módine [AR] **105** E3
Modino, Monte- **87** D2-3
Moè [BL] **13** C3
Moena [TN] **13** A3
Moerna [BS] **43** B2
Mogessa di Lá [UD] **17** B2
Mogessa di Qua [UD] **17** B2
Mogginano [AR] **107** B2
Móggio [LC] **23** E2
Móggio, Torrente- **27** E2
Móggio di Sopra [UD] **17** BC2
Móggio di Sotto [UD] **17** BC2
Moggiona [AR] **105** F2
Móggio Udinese [UD] **17** BC2
Móglia [BS] **43** A2-3
Móglia [GE] **69** E3
Móglia [MN] **75** B1
Móglia [MN] **73** D2
Mogliane, Casale- [VT] **131** E2
Mogliano [MC] **117** D2
Mogliano Véneto [TV] **47** A3
Móglie [PV] **55** D3
Móglio [SV] **93** EF2
Mognata [VB] **5** D2
Mogne [BO] **97** F1-2
Moi, Col de- **29** D2-3
Moia [SO] **25** B1-2
Moia [UD] **15** E2
Moiano [PG] **113** EF3
Moiazza, Monte- **13** D3-4
Moiazzetta, Monte- **13** E3
Móie [AN] **109** C3-4
Móie [BL] **13** F2
Moietto [TN] **43** E1
Moimacco [UD] **33** CD2
Móio de' Calvi [BG] **25** A3
Moiola [CN] **79** D1-2
Moirano [AL] **67** F2
Moïse, Tête de- **79** A1
Mola [BG] **25** B2
Mola, Cima di- / Hirbemock **3** E2
Molare [AL] **69** A3
Molaretto [TO] **51** CD1-2
Molassa [PN] **31** C1
Molassana [GE] **83** C2
Molazzana [LU] **97** B2
Molère [AO] **19** CD3
Moleto [AL] **53** F2
Moletta, Fosso della- **145** D3
Molette [TO] **35** D2-3
Molevana [PN] **31** E1
Molezzano [FI] **99** B3
Molgora, Parco- **39** E1
Molicciara [SP] **95** CD2
Molin, Ca'- [PD] **63** B2
Molina [CO] **23** C2
Molina [TN] **27** E1
Molina [VI] **45** B2-3
Molina [VR] **43** D3
Molina Aterno [AQ] **141** C1-2
Molina Cadino [TN] **27** E1
Molinaccio [RA] **91** DE2
Molináccio Umbro [PG] **115** F2
Molina di Ledro [TN] **43** C1
Molina di Quosa [PI] **103** C2
Molinari [MO] **73** E2
Molinât [PN] **31** D2
Molinático, Monte- **85** D2
Molinazzo di Sotto [PC] **71** B2
Moline [BL] **29** B2
Moline [CN] **81** C1
Moline, Le- [PC] **71** B3-4
Moline, le- [PV] **55** E3
Molinella [BO] **89** EF1
Molinella [RO] **75** D1
Molinelli [AR] **107** A4
Molinello Piani [RA] **91** BC2
Molinetto [AP] **117** F3
Molinetto [BS] **43** A3
Molinetto [BS] **43** A3-4
Molinetto Superiore [VB] **5** D2
Molini [AL] **69** C3
Molini [IM] **93** D3
Molini [PG] **125** C2
Molini [PV] **39** B3
Molini [PV] **55** E2-3
Molini [VI] **43** F1-2
Molini [VR] **59** E1
Molini, Valle dei- / Mühlwalder Tal **3** CD2
Molini d'Isola [AT] **67** DE1-2
Molini di Triora [IM] **93** C2-3
Molini di Túres / Mühlen [BZ] **3** D2
Molinis [UD] **33** C1
Molino [SV] **67** E3-4
Molino [TO] **51** F2
Molino [UD] **17** B3
Molino [VC] **21** C2-3
Molino [VC] **21** C2
Molino, il- [AP] **117** F2
Molino a Vento, Poggio- **113** A3
Molino Cassano [PV] **55** E3
Molino dei Torti [AL] **55** C2
Molino del Conte [PV] **39** A2
Molino del Conte [PV] **69** D1-2
Molino del Pallone [BO] **97** E2
Molino del Piano [FI] **105** D1-2
Molino Nuovo [GE] **83** DE2
Molino Nuovo [PT] **103** E1
Molino Vecchio [GE] **69** D3
Molin Rotto [VE] **63** CD1
Molla, Canale- **121** AB3
Molla, la- [SI] **123** B2
Mollare [TO] **51** CD2
Mollaro [TN] **27** C1
Mollasco, Rio- **65** B3
Molleone [PU] **109** A3
Mollere [CN] **81** D1
Mollette [TO] **51** E1-2
Mollette [VI] **45** B2
Móllia [VC] **21** C2-3
Móllie [VC] **21** D3
Mollières [TO] **51** B3
Molo di Borbera [AL] **69** CD2
Moltedo [IM] **93** D3
Moltedo [IM] **93** E3
Mölten / Méltina [BZ] **11** D2
Molteni-Valsecchi, Bivacco- **7** F3
Molteno [LC] **23** D3
Möltner Joch / Méltina, Monte di- **11** D2
Moltrásio [CO] **23** C2
Molvena [VI] **45** C2
Molveno [TN] **27** B1-2
Molveno, Lago di- **27** B2
Molviano [TE] **127** D3
Molzano [CO] **23** C1
Mombaldone [AT] **67** EF3
Mombarcaro [CN] **67** D4
Mombarócсio [PU] **109** AB2
Mombarone [AT] **53** D2-3
Mombarone, Colma di- **37** B1
Mombaruzzo [AT] **67** F2
Mombasiglio [CN] **81** C1
Mombelli [PV] **55** E3
Mombello [BI] **37** D1
Mombello [MI] **39** C1
Mombello [VA] **21** F2
Mombello di Torino [TO] **53** C2
Mombello Monferrato [AL] **53** E2
Mombercelli [AT] **67** E1-2
Mombianco [TO] **35** F1-2
Mombisággio-Torre Calderai [AL] **55** C3
Momeliano Borgo [PC] **71** B2
Momigno [PT] **97** D3
Mómmio [MS] **87** B3
Mómmio-Castello [LU] **95** E3
Mómmio-Piano [LU] **95** E3
Momo [NO] **37** F1
Mompantero [TO] **51** D2
Mompellato [TO] **51** F1
Mompeo [RI] **139** B1
Momperone [AL] **55** D3
Mompiano [BS] **41** F3
Mompiano [CN] **67** D2-3
Monachina, la- [ROMA] **145** BC1
Monachino [PT] **97** F2
Monaciano [SI] **113** AB1
Monaldi, Rocca- [PG] **115** B2-3
Monale [AT] **53** D3
Monastero [AR] **105** D3
Monastero [CN] **65** E3-4
Monastero [CN] **81** B1
Monastero [MC] **117** C3
Monastero [PD] **61** C2
Monastero [PU] **107** D2
Monastero [SO] **7** E3
Monastero [SO] **25** A1
Monastero [UD] **49** D2
Monastero, Abbadia- **113** C1
Monastero Bórmida [AT] **67** EF2-3
Monastero di Lanzo [TO] **35** E3
Monastero di Vasco [CN] **81** BC1
Monastero d'Ombrone **113** C1
Monasterolo [CR] **57** E2
Monasterolo [TO] **35** EF3
Monasterolo Casotto [CN] **81** C1-2
Monasterolo del Castello [BG] **41** D2
Monasterolo di Savigliano [CN] **65** F2
Monastier di Treviso [TV] **47** B2-3
Monastiero [PD] **45** DE3
Monate, Lago di- **21** FG3
Moncader, Monte- **29** D3
Moncalieri [TO] **53** AB2-3
Moncalvo [AT] **53** E2
Moncenisio [TO] **35** BC3
Moncerrato [MO] **87** E2
Moncestino [AL] **53** DE1-2
Monchiero [CN] **67** C3
Mónchio [MO] **87** D2
Mónchio delle Corti [PR] **87** A2
Mónchio delle Olle e Trinità [RE] **87** C1
Monchio di Villaberza [RE] **87** C2
Moncigoli [MS] **85** E3
Moncimour **35** E1-2
Moncioni [AR] **105** DE3-4
Monclassico [TN] **11** B3-4
Moncolombone [TO] **35** E3
Moncrivello [VC] **37** BC2-3
Moncucco [MI] **39** C3
Moncucco [VB] **5** D3
Moncucco Torinese [AT] **53** C2
Mondadizza [SO] **9** DE2-3
Mondagnola [CN] **81** B2
Mondaino [RN] **107** EF1
Mondaniga [RA] **91** C2
Mondarello [CN] **65** D2
Mondávio [PU] **109** B2-3
Mondelli [NO] **21** C1-2
Mondini [CN] **67** B2-3
Mondolé, Monte- **81** B2
Mondolfo [PU] **109** C2
Mondondone [PV] **55** D3
Mondoni [CN] **81** D1
Mondónico [PV] **55** F2
Mondónico [VA] **23** A2
Mondonio San Domenico Savio [AT] **53** CD2
Mondonovo [RO] **61** C3
Mondonuovo [BO] **75** D3-4
Mondovì [CN] **81** B1
Mondovì Breo [CN] **81** B1
Mondovì Carassone [CN] **81** BC1
Mond'Ovile **69** B3
Mondovì Piazza [CN] **81** BC1
Mondragon **29** E3
Mondrone [TO] **35** D2-3
Mondrone, Uia di- **35** D2-3
Mónega, Monte- **93** C2
Monéglia [GE] **85** AB3
Moneglia, Monte- **85** A3
Monesi [IM] **93** C2
Monesiglio [CN] **67** D4
Monestirolo [FE] **75** DE3
Money, Bivacco- **35** D1
Money, Punta- **35** D1
Monfalcon di Montanáia, Cima- **13** FG3
Monfalcone [GO] **49** E2
Monfallito [AT] **53** EF3
Monfandi **35** F1
Monferrato **53** DE3
Monfestino [MO] **87** EF2
Monfol [TO] **51** C2
Monforte d'Alba [CN] **67** C3
Monfret, Cima- **35** CD2
Monfumo [TV] **45** E1-2
Mongardino [AT] **53** E3
Mongardino [BO] **89** C2
Monghezzo / Getzemberg [BZ] **3** C3
Monghidoro [BO] **99** A1
Móngia, Torrente- **81** C1
Mongia, Valle- **81** C2
Mongiardino [AL] **69** AB3
Mongiardino Ligure [AL] **69** D3
Mongiòia o Rubren, Bric de- **65** B3
Mongióie, Monte- **81** B2-3
Mongióie, Rifugio- **81** B3
Mongivetto **37** C2
Mongnod [AO] **19** F2
Mongrando [BI] **37** BC1
Mongreno [TO] **53** B2
Monguelfo / Welsberg [BZ] **3** E3
Monguzzo [CO] **23** D3
Moniego [VE] **45** F3
Moniga del Bosco [BS] **43** A3
Moniga del Garda [BS] **43** B3
Monigo [TV] **47** A2
Monistero [AR] **107** A4
Monleale [AL] **55** C3
Monleone [GE] **83** E2
Monna Rapanella **141** B3
Monna Rosa **139** E3
Monno [BS] **25** DE1
Monnola, Torrente- **143** B3
Monocchia, Torrente- **117** DE1
Monreale, Castello di- **27** C1
Monrupino [TS] **49** F2
Monsampietro [AP] **127** BC2
Monsampietro Mórico [AP] **117** E3
Monsampolo del Tronto [AP] **127** D2
Monsano [AN] **109** D3
Monsanto [FI] **105** BC3-4
Monscera, Passo di- **5** C2-3
Monsélice [PD] **61** E2
Monsigliolo [AR] **113** E2
Monsola [CN] **65** F3
Monsole [VE] **63** C2
Monsummano Terme [PT] **103** E1
Mont, Col du- **19** B3
Montà [CN] **67** C1-2
Montà [PD] **63** AB1
Montabone [AT] **67** F2
Montacchita [PI] **103** DE3
Montaccio di Pénnes / Tatsch Spitz **3** A3
Montacuto [AL] **69** D2
Montacuto [AN] **109** F3
Montacuto [PG] **115** B2
Montacuto [PV] **55** E3
Montacuto [SI] **113** B2
Montafia [AT] **53** D2-3
Montagliato [CN] **67** C3
Montagna [AR] **107** BC3
Montagna [SV] **81** F2
Montagna / Montan [BZ] **11** D3-4
Montagna, la- **123** AB4
Montagna Flassin Superiore **19** CD2
Montagnaga [TN] **27** D2
Montagna in Valtellina [SO] **25** B1
Montagnana [FI] **105** B2-3
Montagnana [MO] **87** E2
Montagnana [PD] **61** C2
Montagnana [PT] **97** D3
Montagnana, Monte- **85** E1
Montagnano [AR] **113** D1
Montagna Piccola, Colle della- **21** B3
Montagne [TN] **27** A2
Montagne della Duchessa, Riserva Naturale delle- **139** E1
Montagne Seu [TO] **51** C2
Montagnia, Pizzo di- **7** D2
Montagnola [RA] **91** D2
Montagnola [SI] **111** E1-2
Montagnola [TN] **43** D2
Montagnola, la- [CH] **143** A2
Montagnola, la- [It.] **133** B1-2
Montagnola, la- [PG] **125** CD4
Montagnola, la- [PU] **107** E3
Montagnola, Villa- [PG] **115** C3
Montagnone-Sonico [BS] **41** F3
Montaiate [PU] **109** A3
Montáio [AR] **105** D3
Montaio, Poggio- **121** BC2
Montáione [FI] **103** F3
Montalbano [FE] **75** D3
Montalbano [MO] **87** F2
Montalbano [PG] **115** B1
Montalbano [RN] **101** B2
Montalbano [RN] **101** CD3
Montalbo [PC] **55** F3
Montalceto, Villa- [SI] **113** C2
Montalcinello [SI] **111** E2
Montalcino [SI] **113** B3
Montaldeo [AL] **69** B2-3
Montaldo [AL] **53** E2
Montaldo [AL] **67** EF3
Montaldo [BI] **21** CD3-4
Montaldo [GE] **69** DE3-4
Montaldo [VR] **59** C1-2
Montaldo Bórmida [AL] **69** A2
Montaldo di Cósola [AL] **69** DE2-3
Montaldo di Mondovì [CN] **81** C1-2
Montaldo Roero [CN] **67** C2
Montaldo Scarampi [AT] **67** E1-2
Montaldo Torinese [TO] **53** C2
Montale [AN] **109** B3
Montale [MO] **87** F1
Montale [MS] **85** D3
Montale [MS] **85** E3
Montale [PC] **57** C3
Montale [PT] **97** F3
Montale [RE] **87** C1
Montale [SP] **85** B3
Montale [SP] **85** B3
Montale Celli [AL] **69** C1-2
Montalenghe [TO] **37** AB2
Montalera, Castello di- **115** A3
Montalero [AL] **53** E2
Montaletto [FC] **101** B1
Montalfano [CH] **143** C2
Montalfina [TR] **123** B3
Montalfóglio [PU] **109** B3
Montalfoni [AR] **105** F4
Montali [PG] **115** AB3
Montalla [AR] **113** EF2
Montallese [SI] **113** E3
Montalone [AR] **107** A2
Montalto [CO] **7** E3
Montalto [FC] **99** F3
Montalto [MC] **117** C3
Montalto [MO] **87** F3
Montalto [PG] **115** B1-2
Montalto [RE] **87** D1
Montalto, Castello di- **113** C1
Montalto, Pizzo- **5** C3
Montalto delle Marche [AP] **127** C1-2
Montalto di Castro [VT] **129** E2
Montalto di Nova / Taltbühel **11** EF3
Montalto Dora [TO] **37** B1-2
Montalto Ligure [IM] **93** CD3
Montalto Marina [VT] **129** E2-3
Montalto Pavese [PV] **55** E3
Montalto Tarugo [PU] **109** A3
Montan / Montagna [BZ] **11** D3-4
Montana / Monthal [BZ] **3** CD3
Montanara [CR] **57** E2-3
Montanara [MN] **59** BC3
Montanare [AR] **115** A2
Montanari [RA] **91** D2-3
Montanaro [PC] **71** C2
Montanaro [TO] **37** AB3
Montanaso Lombardo [LO] **57** A1-2
Montanello [MC] **117** D1-2
Montaner [TV] **31** B2-3
Montanera [CN] **65** FG4
Montanina **105** FG3
Montanino [FI] **105** D2-3
Montano Lucino [CO] **23** BC3
Montaperti [PI] **103** EF4
Montaperti [SI] **113** B1-2
Montappone [AP] **117** D3
Montarale **123** C2
Montardone [MO] **87** E2
Montaretto [SP] **85** B3
Montarice [MC] **117** E1
Montariolo [AL] **55** B2-3
Montariolo [PV] **55** AB2
Montariolo, Bric- **55** AB2-3
Montarlone, Monte- **69** EF3
Montarolo [VC] **37** D3
Montarone [PG] **115** E3
Montarossa [CN] **67** B3
Montarsiccio [PR] **85** B1
Montarso **1** F1
Montasico [BO] **89** B2-3
Montasio, Jôf di- **17** D2
Montásola [RI] **133** AB2
Montata [RE] **87** C1
Montautello [AR] **107** B4
Montaúto [SI] **111** EF1
Montaúto [SI] **105** B4
Montaúto, Castello di- **107** A3
Montauto, Fattoria- [VT] **129** E1
Montauto, Riserva Naturale- **129** E2
Montázzoli [CH] **143** A3
Monte [AL] **55** A2
Monte [BS] **25** DE2
Monte [PU] **101** B3
Monte [SO] **9** DE2
Monte [TN] **27** C1
Monte [VC] **37** C3
Monte [VI] **45** BC2
Monte [VR] **43** CD3
Monte / Berg [BZ] **11** D3
Monte, il- [CH] **143** B3
Monte, il- [MO] **73** E2
Monte, il- [MO] **87** D3
Monte, il- [PG] **125** B1-2
Monte, il- [PG] **115** CD2
Monte, il- [RE] **87** BC3
Monte, Podere del- [GR] **121** A1-2
Monte, Valle del- **9** F2
Monteacuto delle Alpi [BO] **97** E2
Monteacuto Ragazza [BO] **97** F1
Monteacuto Vallese [BO] **89** C3
Monte Adone, Galleria di- **89** C2
Monteaguzzo [FC] **101** A2
Monte Alpe, Riserva Naturale- **69** E2
Monte Altavéllio [PU] **107** DE1
Monte Amiata [SI] **121** E2
Monte Amiata, Oasi- **121** E2
Monte Amiata, Parco Faunistico del- **121** DE2-3
Monte Antico [GR] **121** D1-2
Monte Antico, Stazione di- **121** D2

Monteaperta [UD] **17** C3
Monte Argentário [GR] **129** B2
Monte Armato [BO] **89** D2
Monte Avic, Parco Naturale del- **19** F2-3
Montebámboli [GR] **111** C3
Montebaranzone [MO] **87** E2
Monte Barco **27** D2
Monte Baroni, Podere- [SI] **113** C2
Monte Barro, Parco del- **23** E2-3
Monte Bastione, Forte- **95** D2
Montebello [AL] **69** C1-2
Montebello [FI] **105** AB3
Montebello [PG] **115** C3
Montebello [PU] **109** B2
Montebello [RN] **101** AB3
Montebello [SP] **85** D3
Montebello [VT] **131** A2-3
Montebello / Schönberg **3** D2
Montebello della Battaglia [PV] **55** D2-3
Montebello di Bertona [PE] **135** C2
Montebello sul Sangro [CH] **141** FG2-3
Montebello Vicentino [VI] **61** C1
Montebelluna [TV] **45** F2
Monte Benedetto [PU] **107** C1
Montebenichi [AR] **113** C1
Monte Bérico, Basilica di- **45** C3
Monte Bianco, Traforo del- **19** B1-2
Montebíbico [PG] **125** B3-4
Montebollo [PG] **115** E1
Montebonello [MO] **87** E2
Montebore [AL] **69** CD2
Montebotolino [AR] **107** BC2
Montebradoni [PI] **111** CD1
Monte Brione **43** D1
Montebruno [GE] **69** E3
Montebudello [BO] **89** B1-2
Montebufo [PG] **125** D2-3
Montebuglio [VB] **21** E2
Montebuoni [FI] **105** C2
Montebuono [GR] **121** E3
Monte Buono [PG] **115** B3
Montebuono [RI] **131** F2
Montecagnano [SI] **113** A1-2
Montecagno [RE] **87** C2-3
Monte Calderaro [BO] **89** D2
Montecalende [PU] **107** E2
Montecalvello [VT] **131** D1
Monte Calvo [BO] **89** D2
Montecalvo [GE] **69** A3
Montecalvo [IM] **93** D2
Monte Calvo, Rifugio- **25** E1
Montecalvo in Fóglia [PU] **107** E1-2
Montecálvoli [PI] **103** D2
Montecalvoli [SI] **113** C2
Montecalvo Versiggia [PV] **55** E3
Montecampano [TR] **131** E1
Montecampione [BS] **41** EF1-2
Montecanepino [MC] **117** E1
Montecanino [PC] **71** A2
Montecanne [GE] **69** CD2-3
Monte Capra, Costa- **71** A3
Montecapraro [AL] **69** DE2
Montecarelli [FI] **99** A2
Montecarlo [LU] **97** CD3
Montecarlo, Convento di- **105** DE3
Monte Carmelo, Convento di- **81** E3
Montecarotto [AN] **109** C3
Montecarulli [SI] **105** A3
Monte Casale, Convento di- **107** BC3
Monte Casoli di Bomarzo, Riserva Naturale- **131** D1-2
Montecassiano [MC] **117** D1
Montecastelli [PG] **115** B1
Montecastelli Pisano [PI] **111** D2
Montecastello [AL] **55** B3
Monte Castello [FC] **99** FG3
Montecastello [PI] **103** DE3
Monte Castello di Vibio [PG] **123** DE2-3
Montecastrilli [TR] **123** E4
Montecastrilli, Stazione di- **125** A3-4
Montecatini Alto [PT] **97** D3
Montecatini Terme [PT] **97** D3
Montecatini Val di Cécina [PI] **111** C1
Monte Catone [BO] **89** E2
Monte Cavallo [MC] **125** C1-2
Montecávolo [RE] **87** D1
Montecchia [PD] **61** E1
Montécchia di Crosara [VR] **43** F3-4
Montécchio [AP] **127** BC1-2
Montécchio [AR] **113** E1-2
Montécchio [AR] **113** E2
Montécchio [BS] **25** CD3
Montécchio [FC] **101** A2-3
Montécchio [NO] **21** F3-4
Montécchio [PG] **125** A2
Montécchio [PG] **115** E2-3
Montécchio [PI] **103** E3
Montécchio [PU] **109** A1
Montécchio [RA] **91** B3
Montécchio [SI] **113** A2
Montécchio [TR] **123** D3-4
Montécchio [VR] **43** D3
Montecchio [VT] **131** B1
Montécchio, Poggio- **129** D1
Montécchio Emilia [RE] **73** A3
Montécchio Maggiore [VI] **45** B3-4
Montécchio Precalcino [VI] **45** C2-3
Montecelio [ROMA] **139** B2
Montecenere [MO] **87** E3
Montecérboli [PI] **111** D2
Monte Cerignone [PU] **107** D1-2
Montechiane [VR] **43** E3
Montechiaro [SI] **113** B1-2
Montechiaro / Lichtenberg [BZ] **1** B3
Montechiaro Alto [AL] **67** F3
Montechiaro d'Acqui [AL] **67** F3
Montechiaro d'Asti [AT] **53** D2
Montechiaro Piana [AL] **67** F3
Montechiarúgolo [PR] **73** A3
Montechino [PC] **71** BC3
Monteciccardo [PU] **109** A1-2
Montecilfone [CB] **143** CD3
Monteclana [BS] **41** F3
Montecodruzzo [FC] **101** A2
Montecológnola [PG] **115** AB2-3
Monte Colombo [RN] **101** C3
Montecompatri [ROMA] **145** E1-2
Montecomposto [TO] **51** F2
Montecopiolo [PU] **107** D1-2
Monte Corno, Parco Naturale- / Trudner Horn, Naturpark- **27** DE1
Monte Corona, Eremo di- **115** BC2
Montecoronaro [FC] **107** B2
Montecoronaro, Valico di- **107** B2
Montecorone [MO] **87** F2
Montecósaro [MC] **117** E1-2
Montecósaro Borgo, Stazione di- [MC] **117** E2
Monte Cremasco [CR] **57** B1
Montecrestese [VB] **5** DE2-3
Montecreto [MO] **87** E3
Montecristo, Isola di- **119** ins.b
Montecroce **3** A1-2
Monte Croce [TN] **29** B2
Monte Croce, Passo di- **33** C1
Monte Croce Cárnico, Passo di- / Plöckenpaß **15** E1
Monte Croce di Comélico, Passo- / Kreuzbergpaß **13** F1-2
Monte Crocione, Rifugio- **23** C2
Monte Cucco [GR] **121** C2
Monte Cucco, Grotta di- **115** E1
Monte Cucco, Parco del- **115** E1
Montecúccoli [FI] **97** FG2-3
Montecúccolo [MO] **87** E2-3
Montecurto [MS] **85** E3
Montedale [PU] **107** C3
Monte de' Bianchi [MS] **85** E3
Monte del Lago [PG] **115** AB2-3
Monte delle Forche, Passo- **99** E2
Monte di Leva [ROMA] **145** C2
Monte di Malo [VI] **45** AB2-3
Monte di Nese [BG] **41** C2
Montedinove [AP] **127** C2
Monte di Terlago [TN] **27** C2
Montedivalli [MS] **85** D3
Montedoglio, Lago di- **107** B3
Monte Domenico [GE] **85** A2-3
Monte Donato [BO] **89** CD2
Monteduro [RE] **87** C2
Montefalco [PG] **125** AB2
Montefalco [ROMA] **139** B2
Montefalcone [PI] **103** E2
Montefalcone Appennino [AP] **127** B1-2
Montefalcone nel Sánnio [CB] **143** B3
Montefalcone-Poggio Adorno, Riserva Naturale di- **103** E2
Montefallónio [CN] **79** E1-2
Montefano [MC] **117** D1
Montefano Vecchio [MC] **117** D1
Montefatúcchio [AR] **107** A2
Montefegatesi [LU] **97** C2
Montefelcino [PU] **109** AB2
Montefeltro **101** A3
Monte Fenera, Parco Naturale del- **21** DE3
Monteferrante [CH] **143** A3
Montefiascone [VT] **131** C1
Montefiesole [FI] **105** D2
Monte Filippo, Forte- **129** C2
Montefino [TE] **135** C1
Montefioralle [FI] **105** C3
Montefiore [MC] **117** D1
Montefiore [MS] **87** B3
Montefiore Conca [RN] **101** C3
Montefiore dell'Aso [AP] **117** F3
Montefiorentino, Convento di- **107** CD2
Montefiorino [MO] **87** D2
Montefiridolfi [FI] **105** C3
Monteflávio [ROMA] **139** BC2
Montefollónico [SI] **113** D3
Monteforno [PU] **107** D3
Monteforte d'Alpone [VR] **61** B1
Montefortino [AN] **109** B3
Montefortino [AP] **125** EF2
Montefosca [UD] **33** D1
Montefoscoli [PI] **103** E3
Montefotogno [PU] **101** AB3
Montefranco [TR] **133** B1
Montefreddo [SV] **81** E1-2
Montefreddo, Villa- [PG] **115** B3
Monte Fredente [BO] **97** G1
Montefresco [SI] **113** C2
Montegabbione [TR] **123** C2
Montegalda [VI] **61** DE1
Montegaldella [VI] **61** DE1
Montegallo [AN] **109** C3
Montegallo [AP] **125** EF2
Montegáudio [PU] **109** A2
Montegelli [FC] **101** A2-3
Montegémoli [PI] **111** C1-2
Monte Genzana Alto Gizio, Riserva Naturale- **141** D3
Montéggiori [LU] **95** E3
Monte Gherardo [PU] **109** A3
Monte Giardino [RSM] **101** B3
Montegibbio [MO] **87** E1-2
Monte Giberto [AP] **117** E3
Montegioco [AL] **55** C3
Montegiórgio [AP] **117** E3
Montegiove [TO] **37** B3
Montegiove [TR] **123** C2
Monte Giove, Éremo di- **101** E3-4
Montegiovi [AR] **107** A3
Montegiovi [GR] **121** DE2
Monte Giovo, Passo di- / Jaufenpass **1** F1-2
Montegonzi [AR] **105** DE3-4
Montegranaro [AP] **117** E2
Montegrande [FC] **99** F2
Montegranelli [FC] **99** E3
Montegrazie [IM] **93** DE3
Montegridolfo [RN] **107** EF1
Montegrimano [PU] **101** B3
Montegroppo [PR] **85** BC2
Montegrosso [AT] **53** D3
Montegrosso [GE] **85** A1
Montegrosso [TO] **51** F2-3
Montegrosso d'Asti [AT] **67** E1-2
Montegrosso Pian Latte [IM] **93** CD2
Montegrotto Terme [PD] **61** E1-2
Montegualtieri [TE] **127** D4
Monteguidi [FC] **99** E3
Monteguidi [SI] **111** DE2
Monteguidúccio [PU] **109** A2
Monte Iottone [FC] **99** F2-3
Monte Isola [BS] **41** E2
Montelabate [PG] **115** C2
Montelabbate [PU] **109** A1
Montelabreve [AR] **107** C2
Montelago [AN] **109** A4
Montelago [RE] **87** D2
Monte Lanaro, Riserva Naturale del- **49** F2
Montelapiano [CH] **141** FG3
Monte la Pieve [BO] **89** E3
Montelaterone [GR] **121** DE2
Monte Lattaia [GR] **121** B2
Monteleone [FC] **101** A2
Monteleone [PV] **55** F1
Monteleone di Fermo [AP] **117** E3
Monteleone di Spoleto [PG] **125** C3-4
Monteleone d'Orvieto [TR] **123** C2
Monteleone Sabino [RI] **139** C1
Montelera [TO] **51** F1-2
Monteleto [PG] **115** CD1
Montelibretti [ROMA] **139** B1-2
Montelicciano [PU] **101** B3
Montelifrè [SI] **113** CD2-3
Monte li Rossi [PG] **125** B3
Montello [BG] **41** C2-3
Montello, il- **45** F1-2
Montelopio [PI] **103** E3-4
Monteloro [FI] **105** D1-2
Montelovesco [PG] **115** C2
Montélparo [AP] **117** E3
Monteluco [PG] **125** B3
Montelungo Inferiore [MS] **85** D2
Montelungo Superiore [MS] **85** D2
Montelupo [SI] **113** A1
Montelupo Albese [CN] **67** D3
Montelupo Fiorentino [FI] **105** AB2
Montelupone [MC] **117** E1
Monteluro [PU] **101** D3
Monteluscio [MS] **85** D2
Montemággio [GE] **69** CD3
Montemággio [RN] **101** B3
Monte Maggio [TR] **133** A1-2
Montemaggio, Castello di- **101** B3
Montemaggiore [BO] **89** B2
Montemaggiore [FC] **99** E2
Montemaggiore [ROMA] **139** AB1-2
Montemaggiore [UD] **17** D3
Montemaggiore [UD] **33** E1
Montemaggiore, Abbazia di- **107** D3-4
Montemaggiore, Punta di- **17** D3
Montemaggiore al Metáuro [PU] **109** B2
Montemagno [AT] **53** EF2-3
Montemagno [PI] **103** D2
Montemagno [PT] **103** F1
Monte Magrè [VI] **45** AB2-3
Montemaio, Torre- **107** D3
Montemale di Cuneo [CN] **79** D1
Montemanno [AL] **69** D2-3
Monte Marcello [SP] **95** C2
Montemarcello-Magra, Parco Naturale- **95** C2
Montemarciano [AN] **109** D3
Montemarciano [AR] **105** E3
Monte Marcone [CH] **135** F3
Monte Marenzo [LC] **23** E3
Monte Maria, Abbazia di- / Marienberg, Kloster- **1** B2
Monte Marino [AP] **117** F2
Montemartano [PG] **125** A3
Monte Martello [PU] **107** F3
Montemartino [PC] **55** EF3
Montemartino [PV] **69** E2
Montemarzino [AL] **55** CD3
Montemarzo [AT] **53** E3
Montemassi [GR] **121** B1-2
Monte Melino [PG] **115** B3
Montemerano [GR] **121** D4
Montemerlo [PD] **61** E1
Monte Mesma, Riserva Naturale del- **21** E3
Monte Mezza [TN] **29** A2
Montemezzano [MO] **97** D1
Montemezzo [CO] **7** E3
Montemiccioli, Torre di- **111** D1
Monte Migliore, Cascina di- [ROMA] **145** CD2
Montemignaio [AR] **105** E2
Montemiscoso [RE] **87** B2
Montemitro [CB] **143** B3
Montemoggio [GE] **83** F2
Montemolino [MO] **87** DE2-3
Montemolino [PG] **123** E2-3
Montemónaco [AP] **125** E2
Montemontanaro [PU] **109** A2
Monte Mori, Fattoria- [SI] **113** C2
Montemoro [SV] **81** F1-2
Monte Moro, Passo di- **21** B1-2
Monte Mottàc, Riserva Naturale Orientata- **5** E3
Montemurlo [GR] **111** DE3
Montemurlo [PO] **97** F3
Monte Musi, Cime del- **17** C3
Montenars [UD] **17** BC3
Monte Navegna-Monte Cervia, Riserva Naturale- **139** CD1
Montenero [GR] **121** D2
Montenero [LI] **103** BC3-4
Montenero [PG] **123** E3
Monte Nero, Rifugio- **51** C3
Montenero di Bisáccia [CB] **143** C3
Montenerodomo [CH] **141** F3
Montenero Sabino [RI] **133** B3
Monte Nibbio, Valico di- **123** C2-3
Montenotte Inferiore [SV] **81** F1
Montenotte Superiore [SV] **81** F1
Montenovo [FC] **101** A2
Monte Nuovo [MC] **117** E1-2
Monteodorisio [CH] **143** B2
Monte Oliveto [SI] **105** B4
Monte Oliveto Maggiore, Abbazia di- [SI] **113** C2-3
Monte Olivo **107** E2
Monteombraro [MO] **89** AB2
Monte Orsario, Riserva Naturale del- **49** F2
Monte Orsaro [RE] **87** C3
Monteorsello [MO] **87** F2
Monteortone [PD] **61** E1
Monte Ossolano [VB] **5** D3
Montepagano [TE] **127** EF3
Monte Paganúccio [PU] **109** A3
Monte Pana [BZ] **13** B2
Montepastore [BO] **89** B2
Monte Pavione, Riserva Naturale- **29** BC2
Monte Pelmo-Mondeval-Passo Giau, Riserva Naturale- **13** D3
Monte Penna, Riserva Naturale- **123** A3
Montepennino [PG] **125** A2
Montepescali [GR] **121** B2
Montepescali, Stazione di- **121** B2
Montepescini [SI] **113** AB3
Montepetra [FC] **99** FG3
Monte Petriolo [PG] **115** B3
Montepiano [PO] **97** FG2
Montepiatto [CO] **23** C2
Monte Pietra Pertusa [ROMA] **137** E2
Monte Piselli, Rifugio- **127** C3
Monteplair / Dörfl [BZ] **1** B2
Montepò **121** CD3
Montepolesco [AN] **109** E4
Monte Polo [PU] **107** EF2-3
Monte Pórzio [PU] **109** C2
Monte Porzio Catone [ROMA] **145** E1-2
Monteprandone [AP] **127** DE2
Monteprato [UD] **17** C3
Monte Prinzera, Riserva Naturale di- **71** E4
Montepulciano [SI] **113** D3
Montepulciano, Lago di- **113** E3
Montepulciano Stazione [SI] **113** DE3
Monterado [AN] **109** C2
Monterado [VT] **123** C4
Monterano **137** C2
Monterano, Poggio- **107** C2
Monterano, Riserva Naturale- **137** C2
Monterappoli [FI] **103** F2-3
Monte Ráschio [PC] **71** B2
Monterchi [AR] **107** B3-4
Montereale [AQ] **133** E1
Montereale [FC] **101** A2
Montereale Valcellina [PN] **31** C1-2
Montereggi [FI] **99** AB3
Monteréggio [MS] **85** CD3
Monteréggio [PC] **71** B3-4
Monterénzio [BO] **89** D3
Monterénzio [BO] **89** D3
Monte Rest, Forcella di- **15** D2
Montericco [RE] **87** D1
Monteriggioni [SI] **113** A1
Monte Rinaldi [SI] **105** C3
Monte Rinaldo [AP] **117** E3
Monterivoso [TR] **125** B4
Monte Roberto [AN] **109** C4
Monterodes **1** A2
Monterolo [PU] **109** AB3
Monte Romano [VT] **131** B3
Monteromano, Torre di- **107** C2
Monterone [AR] **107** CD2
Monterongriffoli [SI] **113** C2-3
Monteroni d'Árbia [SI] **113** B2
Monterosi [VT] **131** D3
Monterosi, Lago- **137** D1
Monterosso [AL] **69** C2
Monterosso [AN] **109** AB4
Monterosso [BZ] **1** D2
Monterosso, Stazione di- **109** A4
Monterosso al Mare [SP] **95** A1-2
Monterosso Grana [CN] **79** CD1
Monterota / Randsberg [BZ] **3** F3
Monterotondo [AL] **69** BC2
Monterotondo [BS] **41** E3
Monte Rotondo [LU] **95** F2
Monterotondo [ROMA] **139** A2
Monterotondo, Monte di- **107** BC2
Monte Rotondo, Riserva Naturale **141** D1
Monterotondo, Stazione- **137** F2
Monterotondo Maríttimo [GR] **111** CD2-3
Monterotto [PU] **101** B3-4
Monte Rovere [TN] **27** D3
Monterozzi, Case- [VT] **129** EF2
Monterozzino, Casa- [GR] **121** CD4
Montertine, Poggio- **113** CD3
Monterubbiano [AP] **117** F3
Monte Rubiáglio [TR] **123** BC3
Monte Rufeno, Riserva Naturale- **123** B3
Monterumici **89** C2-3
Montes [TN] **11** B3-4
Montesabinese [AQ] **139** D2
Monte Sacro [ROMA] **145** D1
Montesacro Alto [ROMA] **145** D1
Monte Salaiole, Casa- [PG] **115** CD2
Montesalso [PR] **71** D3
Monte Salviano, Riserva Naturale- **139** F2-3
Monte San Bartolo, Parco- **101** E3
Monte San Giovanni [BO] **89** BC2
Monte San Giovanni in Sabina [RI] **133** B2-3
Monte San Giusto [MC] **117** E2
Monte San Lorenzo [VI] **45** B3
Monte San Martino [MC] **117** D3
Montesano [PV] **55** E1
Monte San Pietrangeli [AP] **117** E2
Monte San Pietro [BO] **89** BC2
Monte San Pietro / Petersberg [BZ] **11** E3
Monte San Savino [AR] **113** D1-2
Monte Santa Maria [PU] **109** A2
Monte Santa Maria in Sabina [RI] **133** B3
Monte Santa Maria Tiberina [PG] **107** BC4
Monte Sante Marie [SI] **113** C2
Montesanto [FE] **75** E3
Montesanto [PG] **125** C2
Monte Santo di Lussari **17** E2
Monte San Vito [AN] **109** D3
Monte San Vito [PG] **125** BC3-4
Monte Sasso [FC] **99** FG3
Montesca, la- [PG] **107** C4
Monte Scalari, Fattoria- [FI] **105** D3
Montescano [PV] **55** E2
Montescheno [VB] **5** D3
Montescudáio [PI] **111** B1-2
Montescudo [RN] **101** BC3
Montese [MO] **87** F3
Monte Secchieta, Rifugio di- **105** E2
Montesecco [PT] **97** E3
Montesecco [PU] **109** B3
Monteségale [PV] **55** D3
Monte Senário, Convento- **99** AB3
Montesicuro [AN] **109** E3
Monte Siera, Rifugio- **15** D1
Montesilvano [PE] **135** DE1-2
Montesilvano Colle [PE] **135** D1-2
Montesilvano Marina [PE] **135** D1
Montesinaro [BI] **21** B3
Monte Sirente, Catena del- **141** B1-2
Montesiro [MI] **23** D3
Montesoffio [PU] **107** E2
Montesolaro [CO] **23** C3
Monte Sole, Parco Storico di- **89** C2-3
Monte sopra Rondine [AR] **105** F3-4
Montesover [TN] **27** DE1
Monte Spaccato [ROMA] **145** C1
Montespécchio [MO] **87** F3
Monte Sperello [PG] **115** B3
Montespertoli [FI] **105** B3
Montespluga [SO] **7** DE1-2
Montespluga, Lago di- **7** DE2
Montessoro [GE] **69** CD2-3
Montestigliano, Fattoria- [SI] **113** A2
Montestrutto [TO] **37** AB1
Monte Subásio, Parco del- **115** DE3
Monte Suello, Ossario di- **43** AB2
Monte Tauro [RN] **101** C3
Monte Tauro, Castello- **101** C3
Monteti **129** D2
Montetiffi [FC] **101** A3
Montetórtore [MO] **89** B2-3
Monteu da Po [TO] **53** D1-2
Monte Urano [AP] **117** EF2
Monteu Roero [CN] **67** C2
Montevaca, Passo di- **85** B1
Montevarchi [AR] **105** E3
Montevecchia [LC] **23** E3
Montevecchia e della Valle del Curone, Parco di- **23** E3
Montevécchio [FC] **101** A2
Montevécchio [PU] **109** A3
Montevécchio [PU] **109** B3
Montevécchio, Pizzo- **21** BC2
Montevéglio [BO] **89** B2
Monte Velino, Riserva Naturale- **139** F2
Montevenereso [PV] **55** E2
Monteventano [PC] **71** A2
Monteverde [AP] **117** DE3
Monteverde [PG] **115** D2-3
Monteverdi Maríttimo [PI] **111** C2-3
Montevescovo [FC] **99** F2
Montevettolini [PT] **97** DE3
Monteviale [AR] **107** BC2
Monteviale [VI] **45** B3
Monteviasco [VA] **7** AB4
Monte Vibiano Nuovo [PG] **123** D2
Monte Vibiano Vecchio [PG] **123** D2
Monte Vidon Combatte [AP] **117** E3
Monte Vidon Corrado [AP] **117** D3
Montevila / Wielenberg [BZ] **3** D3
Montevirginio [ROMA] **137** C1-2
Montevitozzo [GR] **123** A3
Montezémolo [CN] **81** D1
Monthal / Montana [BZ] **3** CD3
Monti [AN] **109** DE3-4
Monti [BG] **25** C3
Monti [MS] **85** CD2
Monti [MS] **85** DE3
Monti [SI] **105** B4
Monti [SV] **67** E4
Monti [TO] **35** E3
Monti, i- **111** EF3
Montiano [FC] **101** A2
Montiano [GR] **121** C3-4
Monticano, Fiume- **47** B1
Monticchie, Riserva Naturale- **57** B3
Monticchiello [SI] **113** D3
Monticchio [AQ] **133** F2-3
Monticelle [BS] **41** D3-4
Monticelli [AL] **55** D3
Monticelli [FE] **77** CD2
Monticelli [LO] **57** B2

Monticelli [PG] **115** C3
Monticelli [PG] **115** B3
Monticelli [PG] **115** B3
Monticelli Brusati [BS] **41** E3
Monticelli d'Óglio [BS] **57** E2
Monticelli d'Ongina [PC] **57** D3
Monticelli Pavese [PV] **57** AB3
Monticelli Ripa d'Óglio [CR] **57** F2
Monticelli Sillaro [LO] **39** E3
Monticelli Terme [PR] **73** A3
Monticello [AR] **105** E3
Monticello [BI] **37** BC1
Monticello [NO] **37** F2
Monticello [PC] **71** AB2
Monticello [TN] **27** C1
Monticello [UD] **17** BC2
Monticello [VI] **61** C1
Monticello [VI] **61** D1
Monticello Amiata [GR] **121** D2
Monticello Brianza [LC] **23** D3
Monticello Conte Otto [VI] **45** C3
Monticello d'Alba [CN] **67** C2
Monticello di Fara [VI] **61** C1
Montichiari [BS] **59** A1
Montichiaro, Castello di- **71** B2
Monticiano [SI] **113** A3
Monticino, il- **107** B2
Monticolo / Montiggl [BZ] **11** D3
Monticolo, Laghi di- / Montiggler See **11** D3
Monti del Sole, Riserva Naturale- **29** D1
Monti di Cadiróggio [RE] **87** E1
Monti di Villa [LU] **97** C2
Montiego, Monte di- **107** DE3
Montieri [GR] **111** DE3
Montieri, Poggio di- **111** DE3
Montiggl / Monticolo [BZ] **11** D3
Montiggler See / Monticolo, Laghi di- **11** D3
Montiglio Monferrato [AT] **53** D2
Montignano [AN] **109** D2-3
Montignano [PG] **125** A3
Montignoso [FI] **103** F3-4
Montignoso [MS] **95** DE2
Monti Grossi, Rifugio- **97** DE2
Montilgallo [FC] **101** AB2
Monti Lucrétili, Parco Naturale dei- **139** BC2
Montinelle [BS] **43** B3
Montingégnoli [SI] **111** E2
Montione, Poggio- **123** A4
Montioni [LI] **111** C3
Montioni Vecchio, Poggio- **111** C3
Monti Pallidi, Rifugio- **13** B2-3
Monti Pelati e Torre Cives, Riserva Naturale dei- **35** G2
Montirone [BS] **41** F4
Montisi [SI] **113** C2-3
Monti Sibillini, Parco Nazionale dei- **125** E2
Montisola **131** C1
Montitoio, Poggio- **121** E1-2
Montjovet [AO] **19** FG2
Mont Mars, Riserva Naturale- **37** B1
Monto del Quadrato **59** CD1
Montódine [CR] **57** C2
Montóggio [GE] **69** CD3-4
Montonate [VA] **23** A3
Montone [PG] **115** B1
Montone [TE] **127** E3
Montone / Rammelstein **3** E2-3
Montone, Fiume- **91** D2
Montone, Poggio al- **111** D3
Montonero [VC] **37** DE2-3
Montópoli di Sabina [RI] **133** B3
Montópoli in Val d'Arno [PI] **103** E2-3
Montorfano [CO] **23** C3
Montorfano, Lago di- **23** C3
Montorgiali [GR] **121** C3
Montório [BO] **89** C3
Montório [GR] **123** A3
Montório [PT] **97** E3-4
Montório [VR] **59** E1
Montório al Vomano [TE] **135** A1
Montório in Valle [RI] **139** C1-2
Montório Romano [ROMA] **139** B1-2
Montoro [AN] **109** E4
Montoro [TR] **131** E1-2
Montorsáio [GR] **121** C2
Montorso [MO] **87** EF3
Montórsoli [FI] **99** A3-4
Montorso Vicentino [VI] **45** AB3-4
Montorto [AP] **117** F3
Montoso [CN] **65** D2
Montosoli [SI] **113** B3
Montotto [AP] **117** EF2-3
Montotto [AP] **117** C3
Montottone [AP] **117** E3
Montozzi [AR] **105** E4
Montrigone [VC] **21** D3
Montriolo [FC] **99** F3
Montù Beccaria [PV] **55** E2
Monvalle [VA] **21** F2
Monveso di Forzo **35** E1
Monviso **65** C2
Monza [MI] **39** D1
Monza, Autódromo di- **39** D1
Monza, Rifugio- / Hochfeiler Hütte **3** C2
Monzambano [MN] **59** BC1
Monzesi, Rifugio- **23** E2
Monzino, Rifugio- **19** B2
Monzon [TN] **13** AB3
Monzone [MO] **87** E2-3
Monzone [MS] **95** D1-2
Monzoro [MI] **39** C2
Monzuno [BO] **89** C3
Moos / Palu [BZ] **3** D3
Moos / San Giuseppe [BZ] **3** G3
Moos in Passeier / Moso in Passiria [BZ] **1** EF1-2
Mopolino [AQ] **133** E1
Mora [PG] **115** D3
Mora, la- [BO] **75** B3
Moradúccio [BO] **99** B1-2
Moranda [TO] **51** F2
Moranda [VR] **61** C2
Moranego [GE] **83** D1-2
Morano [MO] **87** DE2
Morano, Osteria di- [PG] **115** E2
Morano sul Po [AL] **53** F1-2
Moransengo [AT] **53** D2
Moranzani [VE] **63** D1
Moraro [GO] **33** DE3
Moraro, Valle del- **77** D1-2
Morasco, Lago di- **5** E1
Morasco, Val di- **5** E1
Morazzone [VA] **23** AB3
Morazzono, Monte- **121** D2-3
Morbegno [SO] **7** F4
Morbello [AL] **67** FG3
Morca [VC] **21** D2-3
Morcella [PG] **123** D2
Morciano di Romagna [RN] **101** C3
Morcicchia [PG] **125** A2-3
Mordano [BO] **91** B2
Morea, La- **13** B3-4
Moregallo, Monte- **23** DE2
Moregnano [AP] **117** E3
Morella, Casa- [PG] **115** D2
Morelle [GR] **129** C1
Morelli [FI] **103** E2
Morelli [MC] **117** C3
Morelli Buzzi, Rifugio- **79** CD2
Morello [AN] **109** A3-4
Morello [FI] **97** G3
Morello, Monte- **97** G3
Morena [CN] **65** D2
Morena [ROMA] **145** D1-2
Morena, Parrocchia di- **107** DE3-4
Morengo [BG] **41** C3
Mores, Rifugio- **5** E1
Moresco [AP] **117** F3
Moretta [CN] **65** F2
Moretta [PC] **55** F2
Moretta, Castello della- **41** BC2
Moretti [AL] **69** A3
Morfasso [PC] **71** C3
Morfreid, Monte- **65** C3
Morgano [TV] **45** F3
Morgantini, Capanna- **79** E2
Morge [AO] **19** C2
Morgex [AO] **19** C2
Morghengo [NO] **37** F1
Morgi, Monte- **93** B3
Mórgia, la- **141** F2
Morgie, le- [CH] **143** B1
Morgnaga [BS] **43** B3
Morgnana, Cascina- [LO] **39** DE3
Morgnano, Castello di- [PG] **125** AB3
Morgo, Isola- **49** C2
Morgonaz [AO] **19** E2
Mori [AR] **99** C3-4
Mori [TN] **43** D1
Mória [PU] **107** E3-4
Moriago della Battáglia [TV] **45** F1
Morialdo [AT] **53** CD2
Moriano [FI] **105** D2
Moriano [PG] **125** A2-3
Moriccia [AR] **99** C3-4
Morichella [MC] **117** C3
Morico [MC] **117** C3
Moricone [ROMA] **139** B2
Moricone, Monte- **125** D2
Moricone, Osteria- **139** AB2
Moriglione [CN] **67** C3
Morignano [AP] **127** BC2
Morignone [SO] **9** DE2
Morimondo [MI] **39** B2
Morini [MN] **59** A2
Morino [AQ] **139** F3
Morino, Colle- **127** F4
Morino Vecchio **139** F3
Morion, Monte- [AO] **19** E1
Morion, Monte- [AO] **19** EF1-2
Moriondo [TO] **53** C1-2
Moriondo Torinese [TO] **53** C2
Mori Vecchio [TN] **43** D1
Morléschio [PG] **115** C2
Morliere [TO] **51** C2
Morlupo [ROMA] **137** EF1-2
Morlupo-Capena, Stazione- **137** E2
Mormorola [PR] **85** D1
Mornaga [BS] **43** B2-3
Mornago [VA] **23** A3
Mornese [AL] **69** B3
Mornico [PV] **55** E2-3
Mornico al Sério [BG] **41** C3
Mornico Losana [PV] **55** E2-3
Moro, Ca'- [RO] **75** D1-2
Moro, Capo di- **141** B2
Moro, Lago- [BG] **25** A2
Moro, Lago- [BS] **25** C3
Moro, Monte- [CH] **143** B3
Moro, Monte- [CN] **81** B2
Moro, Monte- [RI] **133** D2-3
Moro, Monte- [TR] **125** B4
Moro, Pizzo- **5** D2
Moro, Pizzo del- **21** C2
Moro, Sasso- **9** B3
Moro, Torrente- **135** F3
Morolo, Fermata di- **137** E1-2
Moron [AO] **19** FG2
Morónico [RA] **99** E1
Morósolo [VA] **23** A2-3
Morozzo [CN] **81** B1
Morpurgo, Villa- **33** CD2-3
Morra [PG] **115** A1
Morra [RE] **87** D2
Morra, La- [CN] **67** C3
Morra, Monte- **139** BC2
Morra, Monte la- **127** B3
Morra del Villar [CN] **65** E3-4
Morrano [TR] **123** C3
Morrano Vecchio [TR] **123** C3
Morra San Bernardo [CN] **65** E3-4
Morra San Giovanni [CN] **65** E3
Morre [TR] **123** DE3
Morrea [AQ] **141** AB3
Morrice [TE] **127** B3
Morro [MC] **117** AB3
Morro [PG] **125** BC2
Morrocco [FI] **105** C3
Morro d'Alba [AN] **109** D3
Morro d'Oro [TE] **127** E3-4
Morrona [PI] **103** D3
Morrone, Il- **139** EF1
Morrone, Montagne del- **141** D1-2
Morrone, Monte- [Abr.] **141** D2
Morrone, Monte- [PE] **135** BC2
Morro Reatino [RI] **133** BC1
Morrovalle [MC] **117** E1-2
Morrovalle, Stazione di- **117** E2
Morruzze [TR] **123** DE3
Morsano al Tagliamento [PN] **47** E1
Morsano di Strada [UD] **33** C3
Morsasco [AL] **69** A2-3
Morsella [PV] **39** A3
Morsiano [RE] **87** CD3
Morsone [BS] **43** A3
Mort, Lago- **19** E1
Mortaiolo [LI] **103** C3
Mortano [FC] **99** E3
Mortara [PV] **39** A3
Mortaso [TN] **27** A2
Mortegliano [UD] **33** BC3
Morter [BZ] **11** A2
Morterone [LC] **23** E2
Morti, Colle dei- **79** B1
Morti, Dosso dei- **25** F3
Mortigliano [LI] **119** A2
Mortisa [VI] **45** C2
Mortizza [PC] **57** C3
Mortizzuolo [MO] **73** E2
Morto, Lago- **29** E2
Mórtola Inferiore [IM] **93** B4
Mórtola Superiore [IM] **93** B4
Moruri [VR] **43** E3
Moruzzo [UD] **33** B2
Morzano [BI] **37** C2
Mórzola [PR] **73** A3
Mosca [VI] **45** B1-2
Mosca [VI] **45** C1-2
Mosca, Monte- **97** C2
Moscano [AN] **115** F1
Moscardini, Bivio- **125** A2
Moscardo [UD] **17** AB1
Moscatello, Poggio- **121** A2
Moscazzano [CR] **57** BC2
Mosche [TO] **37** B3
Moscheri [TN] **43** E1
Moschesin, Forcella- **29** D1
Moscheta, Badía di- **99** B2
Moschetta [TO] **37** B1
Moschin, Col- **45** CD1
Moschini [AL] **55** B3
Moscia, Torrente- **99** C3
Mosciano [FI] **105** B2
Mosciano [PG] **115** EF3
Mosciano Sant'Angelo [TE] **127** E3
Moscio, Rio- **139** B2
Moscona [CR] **57** CD1-2
Moscona, Poggio di- **121** B2-3
Moscosi [MC] **117** B1
Moscufo [PE] **135** D2
Mose, le- [PC] **57** C3
Möseler, Gr.- / Mesule **3** C1-2
Moser [BZ] **13** A1
Mosezzo [NO] **37** F2
Mósio [MN] **59** A2-3
Mosnigo [TV] **45** F1
Moso in Passiria / Moos in Passeier [BZ] **1** EF1-2
Mossa [GO] **33** E3
Mossale [PR] **85** E2
Mossano [VI] **61** D1
Mosse, le- [VT] **131** BC1
Mosso [BI] **21** C3-4
Mosso, Monte- **69** F1-2
Mosson [VI] **45** B2
Mosso Santa Maria [BI] **21** C3-4
Motella [BS] **57** DE1
Motette, Monte- **115** E1
Mótola, Monte- [AQ] **141** C1
Mótola, Monte- [PG] **125** C4
Motolano [AR] **107** C2
Motrone [LU] **97** B2-3
Motrone di Versilia [LU] **95** E3
Motta [AT] **67** D1-2
Motta [CN] **67** B2
Motta [MN] **59** B2
Motta [MO] **73** D2-3
Motta [PD] **61** DE2
Motta [RO] **63** D3
Motta [SO] **7** E2
Motta [SO] **25** C1-2
Motta [TO] **67** AB1-2
Motta [VI] **45** BC3
Motta, la- [FE] **75** CD2
Motta, La- [PR] **57** E3-4
Motta, Monte- **9** B3
Motta, Pizzo- **7** E1-2
Motta, Punta di- **35** E1-2
Motta Baluffi [CR] **57** F3
Mottác, Pizzo- **5** E3
Motta Caggiano, Colle- **143** B2-3
Motta de' Conti [VC] **53** FG1
Motta del Cornio **63** D1-2
Motta di Livenza [TV] **47** C2
Motta Gastaldi [CN] **65** FG2
Mottaiola [CR] **57** F3
Mottalciata [BI] **37** D1-2
Mottarelle [PD] **61** DE2
Mottarone [VB] **21** E2
Mottarone [VB] **21** E2
Motta San Damiano [PV] **55** E1-2
Motta San Fermo [CR] **73** A1-2
Motta Vigana [LO] **57** AB2
Motta Visconti [MI] **39** B3
Mottaziana [PC] **57** AB3
Motte, le- [CR] **57** F2
Motte, le- [MN] **73** D1-2
Motteggiana [MN] **73** C1
Mottella [MN] **59** CD2-3
Mottera [TO] **35** DE2
Motti, i- [VI] **45** AB3-4
Mottinello [PD] **45** D2
Mottinello Nuovo [PD] **45** DE2
Mottinello Vecchio [PD] **45** DE2-3
Motto, Baita di- **9** C1
Mottolone, Monte- **61** CD1
Mottone, il- **7** D3
Mottura [TO] **65** F2
Moulin [AO] **19** F1
Mozza [RI] **133** D2
Mozza, la- [GR] **121** C3
Mozza, Torre- [FG] **143** F3
Mozzacatena [MC] **117** BC2
Mozzagrogna [CH] **143** A1
Mozzánica [BG] **41** C4
Mozzano [AP] **127** BC2-3
Mozzano, Monte- **133** E1-2
Mozzapiedi, Fosso- **121** D3
Mozzate [CO] **23** B3-4
Mozzecane [VR] **59** C2
Mózzio [VB] **5** D2
Mozzo [BG] **41** B2
Mozzola, Torrente- **71** D4
Mu [BS] **25** DE1
Múcchia [AR] **113** E2
Mucchia, Torrente- **113** E2
Múccia [MC] **117** B3
Mucciafora [PG] **125** C3
Mucciano [FI] **99** B2-3
Mucciatella [RE] **87** D1
Muceno [VA] **21** G2
Mucigliani [SI] **113** B2
Mucinasso [PC] **57** C3
Mucrone, Monte- **37** B1
Muda, La- [BL] **29** D1
Muda, Ponte della- **29** D1
Muffa [BO] **89** B1-2
Muffetto, Monte- **41** F1-2
Mugarone [AL] **55** B2
Mugello **99** B3
Mugello, Autodromo del- **99** B2-3
Múggia [TS] **49** F3
Múggia, Báia di- **49** F3
Muggiano [SP] **95** C2
Muggió [MI] **39** D1
Mughera, Cima di- **43** BC2
Mugliano [AR] **113** D1
Mugnai [BL] **29** C2-3
Mugnanesi [PG] **113** E3
Mugnano [PG] **115** B3
Mugnano [SI] **113** A2
Mugnano [VT] **131** D1-2
Mugnone, Torrente- **105** C1-2
Mühlbach / Rio di Pusteria [BZ] **3** BC3
Mühlbach / Riomolino [BZ] **3** D2
Mühlbach / Riomolino [BZ] **11** C1
Mühlbach Bad / Riomolino, Bagni- **3** DE2
Mühleck / Costa Molini [BZ] **3** D1-2
Mühlen / Molini di Túres [BZ] **3** D2
Mühlwald / Selva dei Molini [BZ] **3** CD2
Mühlwalder Tal / Molini, Valle dei- **3** CD2
Muina [UD] **15** E2
Mulat, Monte- **13** A3-4
Mulazzana [LO] **57** C2
Mulazzano [LO] **39** E2
Mulazzano [PR] **87** B1
Mulazzano [RN] **101** C3
Mulazzi [PC] **71** AB2
Mulazzo [MS] **85** D2-3
Mùles / Mauls [BZ] **3** B2
Mulinet, Roc du- **35** CD2
Muliparte [TV] **45** E2
Mulo, Colle del- **79** B1
Multedo [GE] **83** BC2
Mummuiola [MC] **117** C1
Mura [BS] **43** AB3
Mura [BS] **43** A2
Mura [FI] **103** F3
Mura [TV] **29** DE3
Mura, Sass de- **29** C2
Muradella [CR] **57** DE2
Muradello [PC] **57** C3
Muradolo [PC] **57** CD3
Muraglia [PU] **101** E3
Muráglia [SV] **81** D2
Muraglione, Passo del- **99** C3
Murano [VE] **63** DE1
Murasse [TO] **35** E3
Murata, Mandra- **141** C1-2
Muratella [BG] **41** C3
Muratello [BS] **41** F3
Muratone, Passo- **93** B3
Murazzano [AN] **115** F1
Murazzano [CN] **67** CD4
Murazzo [CN] **65** FG3-4
Murci [GR] **121** D3
Mure [PN] **47** D1-2
Mure [TV] **47** C2
Murelle [PD] **63** BC1
Murello [CN] **65** F2
Murello, Monte- **109** C3
Murenz [CN] **79** AB1
Muret, Punta- → Midi, Punta- **51** D3
Muretto, Pizzo- **9** A2
Muriáglio [TO] **35** G2
Murialdo [SV] **81** DE1-2
Múris [UD] **31** E1
Murisasco [PV] **55** D3
Murisenghi [TO] **51** F3
Murisengo [AL] **53** D2
Murle [BL] **29** C2
Murlis [PN] **31** D2-3
Murlo [SI] **113** B2-3
Murlo, Miniera di- [SI] **113** B3
Murlo, Monte- [GR] **121** AB1-2
Murlo, Monte- [PG] **115** B2
Murlo, Monte- [SP] **95** C2
Muro [VC] **21** C3
Muro, Monte- **105** D2
Muro, Monte- / Mauerspitze **1** F1
Muro, Monte- / Maurerberg **3** C3
Muro, Monte- / Maurer Kopf **3** E3
Muro Pizzo **133** C3
Mursecco-Careffi [CN] **81** D2
Murta [GE] **83** C2
Musadino [VA] **21** G2
Musano [TV] **45** F2
Muschiada, Cima di- **23** E2
Muschieto [SV] **81** D2
Muscletto [UD] **31** EF3
Múscoli [UD] **49** CD1-2
Muscoli, Monte- **105** C1-2
Muscoline [BS] **43** A3
Muse [UD] **17** AB1
Musella [FC] **99** F3
Musellaro [PE] **135** C3
Muserale [PG] **115** A3
Musestre [TV] **47** B3
Musi [UD] **17** C3
Musi, Forcella- **17** C2-3
Musiara Inferiore [PR] **85** EF1-2
Musiara Superiore [PR] **85** EF1-2
Musigliano [AL] **69** D2
Musigliano [PI] **103** C2
Musignano [VA] **7** A4
Musignano [VT] **129** F2
Musile di Piave [VE] **47** C3
Musinè, Monte- **51** F2
Muslone [BS] **43** BC2
Musone [AN] **109** F4
Musone, Fiume- **109** E4
Musone, Torrente- **45** E2
Mussático [PR] **85** F1
Mussi [CN] **81** B1
Mussini [RE] **73** AB2
Mussini [SO] **25** B1
Mussino, Torrente- **115** C2
Musso [CO] **7** D4
Mussolente [VI] **45** D2
Mussons [PN] **47** E1-2
Mussotto [CN] **67** CD2
Mustaiole, Case- [PG] **125** B3
Muta, Lago di- / Haidersee **1** B2
Muta, Monte- **11** B2
Mutenock / Mutta, Monte- **3** C2
Mutigliano [LU] **97** B3
Mutignano [TE] **135** D1
Mutta, La- **13** F1
Mutta, Monte- / Mutenock **3** C2
Mutti, Poggio- **111** D2-3
Muzio [IM] **93** D2
Muzza, Canale- **57** B2
Muzzana del Turgnano [UD] **49** B2
Muzzaniga [BO] **89** EF2
Muzzano [BI] **37** BC1
Muzzano [LO] **39** E2
Muzza Sant'Angelo [LO] **39** E3
Muzzolon **45** AB3

N

Nacciarello [SI] **113** B3
Nadro [BS] **25** DE2-3
Nagler-Sp., Gr.- / Chiodo, Punta del- **9** E1-2
Nago [TN] **43** D1
Nago, Monte Altissimo di- **43** D1-2
Nago-Tórbole [TN] **43** D1
Náia, Torrente- **123** E3
Naiarda, Monte- **15** D2-3
Nalles / Nals [BZ] **11** D2
Nals / Nalles [BZ] **11** D2
Nambino, Monte- **27** A1
Nani [AL] **53** F3
Nani Tagliaferri, Rifugio- **25** C2
Nanno [TN] **11** C3-4
Nanto [VI] **61** D1
Náole, Punta di- **43** C2-3
Napfspitz **3** E1
Napoleone, Fonte- **119** AB2
Napoleone, Poggio- **113** B2
Napoleonica, Villa- **119** B2
Narano / Naraun [BZ] **43** EF3
Naraun / Narano [BZ] **43** EF3
Narbona [CN] **79** C1
Nardi [PI] **103** DE2
Nardis, Cascata di- **27** A1-2
Naregno [LI] **103** C2
Narnali [PO] **97** F3
Narni [TR] **131** EF1
Narni Scalo [TR] **131** EF1
Naro, Abbazia di- **107** E3
Narro [LC] **23** E1
Narzole [CN] **67** C3
Nasagò-Isola Lunga [CN] **81** C2-3
Nasari [CN] **65** E4
Nasca [VA] **21** FG2
Nascio [GE] **85** A2
Nasino [SV] **81** D3
Nasolino [BG] **25** B3
Naßfeldhütte **17** C1
Naßfeld Paß **17** C1
Nasuti [CH] **141** G1
Natisone, Fiume- **33** D2
Natissa, Fiume- **49** D2
Natura Viva, Parco- **59** C1
Naturno / Naturns [BZ] **11** BC1-2
Naturno, Bosco di- / Naturnser Wald **11** C2
Naturns / Naturno [BZ] **11** BC1-2
Naturnser Wald / Naturno, Bosco di- **11** C2
Natz / Naz [BZ] **3** BC3
Natz-Schabs / Naz-Sciaves [BZ] **3** BC3
Nauders / San Benedetto [BZ] **3** BC3
Naunina [UD] **17** AB1
Nava [IM] **93** D2
Nava [LC] **23** E3
Nava, Colle di- **93** D2
Navácchio [PI] **103** CD2
Navarons [PN] **15** D3
Navate [BS] **41** E3-4
Navazzo [BS] **43** B2
Nave [BL] **29** D2
Nave [BS] **41** F3
Nave [LU] **103** C1
Nave, la- [AR] **113** E1-2
Navedano [CO] **23** C3
Navegna, Monte- **139** CD1
Navelli [AQ] **141** C1
Navene [VR] **43** CD2
Navene, Bocca di- **43** D2
Navert, Monte- **85** E2
Nave San Felice [TN] **27** C1-2
Nave San Rocco [TN] **27** C1-2
Navetta [TO] **35** F2
Navezze [BS] **41** E3
Navi, Le- **101** D3
Naviante [CN] **67** C3-4
Navicelli, Canale dei- **103** B3
Navicello [MO] **73** DE3-4
Naviglio, Canale- **91** D2
Naviglio, il- **73** C3

Naviglio di Melotta, Riserva Naturale- **57** C1
Navilotto, Il- **37** C2
Navola [MS] **85** C2
Navolè [TV] **47** C2
Navono [BS] **43** A2
Naz / Natz [BZ] **3** BC3
Naz-Sciaves / Natz-Schabs [BZ] **3** BC3
Nazzano [MS] **95** D2
Nazzano [PV] **55** D3
Nazzano [ROMA] **137** F1
Nazzano-Tevere-Farfa, Riserva Naturale di- **131** F3
Ne [GE] **83** F2
Nebbia, Monte della- **139** E1-2
Nebbiano [AN] **115** F1
Nebbiano [FI] **105** AB3
Nebbiano [FI] **105** B3
Nebbione [VC] **37** D2
Nebbiù [BL] **13** F3
Nebbiuno [NO] **21** F2-3
Nebin, Monte- **65** C3
Nebius, Monte- **79** B1
Negarine [VR] **43** D3-4
Negi [IM] **93** C3
Negrar [VR] **43** D3
Negrisia [TV] **47** B2
Negrisiola [TV] **29** E2
Negri Siro, Bosco- **39** C3
Negrisoli [MN] **59** AB2
Negritella **43** BC1-2
Negro, Col- **13** EF3
Negro, Lago- [BS] **9** E2-3
Negro, Lago- [CH] **143** A3
Negro, Lago- [SO] **9** CD2
Negrone, Torrente- **81** B3
Negruzzo [PV] **69** E2
Neirassa [CN] **79** B1-2
Neirone [GE] **83** E2
Néive [CN] **67** D2
Nembia [TN] **27** B2
Nembro [BG] **41** C2
Neméggio [BL] **29** C2
Nemi [MC] **117** B3
Nemi [ROMA] **145** E2
Nemi, Lago di- **145** E2
Nenno [GE] **69** D3
Nepezzano [TE] **127** D3
Nepi [VT] **137** DE1
Nera, Cima- / Schwarzkopf **1** E2
Nera, Croda- / Schwarze Wand **3** E2
Nera, Croda- / Schwarzwand-Spitz **1** EF1
Nera, Fiume- **131** F1
Nera, Parco Fluviale del- **125** B4
Nera, Punta- [It.] **35** E1
Nera, Punta- [LI] **119** A2
Nera, Punta- / Schwarzerspitz **3** E1-2
Neraissa Inferiore [CN] **79** BC1-2
Neraissa Superiore [CN] **79** B1-2
Nera Montoro [TR] **131** E1-2
Nérbisci [PG] **115** C1
Nere, Cime- / Hint Schwärze **1** D2
Nereto [TE] **127** D2-3
Nerito [TE] **133** F1
Nero, Capo- **93** C4
Nero, Corno- / Schwarzhorn **11** E3-4
Nero, Lago- [BG] **25** B2-3
Nero, Lago- [CN] **65** B3
Nero, Lago- [SO] **7** E2
Nero, Lago- [TN] **25** E3
Nero, Lago- [TO] **35** C3
Nero, Lago- [VC] **21** B2-3
Nero, Monte- [Em.Rom.] **85** AB1
Nero, Monte- [GR] **121** E4
Nero, Monte- [It.] **85** A1-2
Nero, Monte- [LI] **103** C3-4
Nero, Monte- [MC] **117** BC1
Nero, Sasso- **9** B3
Nérola [ROMA] **139** B1-2
Nerone, Monte- **107** DE3
Nervesa della Battáglia [TV] **47** A1-2
Nervi [GE] **83** D2
Nérvia, Torrente- **93** B3
Nerviano [MI] **39** B1
Nery, Monte- **21** AB3
Nesce [RI] **139** DE1
Nese [BG] **41** C2
Nese, Torrente- **115** BC2
Nespoledo [UD] **33** B3
Néspoli [FC] **99** E2
Néspolo [PT] **97** E3
Néspolo [RI] **139** D1-2
Nesso [CO] **23** CD2
Nestore [PG] **115** B1
Nestore, Fiume- **123** D2
Nestore, Torrente- **115** A1
Netro [BI] **37** B1
Netto, Monte- **41** E4
Nettunese, Via- **145** D3
Neuhaus / Canova [BZ] **3** E1
Neumarkt / Egna [BZ] **11** D4
Neurateis / Rattisio Nuovo [BZ] **11** B1
Neustift / Novacella [BZ] **3** B3
Neu Toblach / Dobbiaco Nuovo [BZ] **3** F3
Neva, Torrente- **93** EF2
Nevea, Sella- **17** D2
Nevegàl **29** E2
Nevegàl, Rifugio- **29** E2
Neveia, Monte- **93** C3
Néves, Lago di- / Nevesstausee **3** C2
Néves, Torrente- / Nevesbach **3** CD2
Nevesbach / Néves, Torrente- **3** CD2
Neveser Joch-Hütte / Porro, Rifugio- **3** C2
Nevesstausee / Néves, Lago di- **3** C2
Neviano degli Arduini [PR] **87** B1
Neviano de' Rossi [PR] **71** E3-4
Neviglie [CN] **67** D2
Nevola, Fiume- **109** C3
Nevoso, Monte- / Ruthner Horn **3** E2
Niana [AO] **21** B3-4
Niardo [BS] **25** DE3
Nibbia [NO] **37** F1-2
Nibbiáia [LI] **103** C4
Nibbiano [PC] **55** E3
Nibbio [VB] **21** E1-2
Nibbio, Corni di- **21** E1
Nibbio, Poggio- **131** CD2
Nibbiola [NO] **37** FG2
Nibionno [LC] **23** D3
Niblè, Monte- **51** C1-2
Nicciano [LU] **97** A1
Niccioleta [GR] **111** D3
Niccone [PG] **115** B1-2
Niccone, Torrente- **115** B1-2
Nichelino [TO] **53** A2
Nichesola [VR] **61** C2-3
Nicola [SP] **95** D2
Nicorvo [PV] **37** FG3
Nidastore [AN] **109** B3
Niederdorf / Villabassa [BZ] **3** EF3
Niederolang / Valdáora di Sotto [BZ] **3** DE3
Niederrasen / Rasun di Sotto [BZ] **3** E3
Niedervintl / Vandóies di Sotto [BZ] **3** C3
Niel [AO] **21** B3
Niella Belbo [CN] **67** D3
Niella Tánaro [CN] **81** C1
Niévole, Torrente- **97** D3
Niger-Paß / Nigra, Passo- **11** F3
Nigoline Bonomelli [BS] **41** D3
Nigra, Passo- / Niger-Paß **11** F3
Nimis [UD] **33** C1
Ninfa **145** F3
Ninfa, Giardino di- **145** F3
Ninfa, Lago della- **97** D1
Ninfa, Oasi di- **145** F3
Niosa [SV] **67** E3-4
Niquidetto [TO] **35** E3
Nirone [PR] **87** B2
Nisca, Monte- **17** CD2-3
Nismozza [RE] **87** B2
Nisportino [LI] **119** C1-2
Niviano [MO] **87** F2-3
Niviano [PC] **71** B2
Nivione [PV] **69** DE1-2
Nivolet, Colle del- **35** C2
Nizza, Torrente- **67** E2
Nizza Monferrato [AT] **67** EF2
Nizza Superiore [PV] **55** D3
Nizzolina [VA] **39** B1
Noale [VE] **45** F3
Noana, Val- **29** BC2
Noasca [TO] **35** D2
Nobiallo [CO] **23** D1
Nobile [CO] **23** D3
Nóboli [BS] **41** EF2-3
Nocchi [LU] **97** AB3
Nocciano [PE] **135** C2-3
Nocciola [AT] **53** D2-3
Nocco, Castel di- [PI] **103** D2
Noce [FI] **105** B3
Noce [MS] **85** C2
Noce, Torrente- **27** C1
Nocegrossa [MN] **59** B3
Nocella [TE] **127** CD3
Noceno [LC] **23** DE1
Nocera Scalo [PG] **115** E3
Nocera Umbra [PG] **115** E3
Noceto [GE] **69** D3
Noceto [PR] **71** EF3
Nocétolo [RE] **73** AB3
Noche [AT] **67** E2
Noci [GE] **69** D3-4
Noci Garioni [CR] **57** E2
Nocivéglia [PR] **85** B1
Nock, Monte- **11** D3
Nocolino [PI] **111** B1
Nócria [MC] **125** D2
Nodica [PI] **103** C2
Nogara [VR] **59** E2
Nogarè [TN] **27** D2
Nogarè [TV] **45** EF1-2
Nogaredo [TN] **27** BC3
Nogaredo al Torre [UD] **33** D3
Nogaredo di Corno [UD] **33** AB2
Nogaredo di Prato [UD] **33** B2
Nogarole Rocca [VR] **59** D2
Nogarole Vicentino [VI] **43** F3
Nogarolo [TV] **29** E3
Nogheredo [PN] **31** CD2
Nogna [PG] **115** C1
Noiáris [UD] **15** E1-2
Noire de Peuterey, Aiguille- **19** B2
Nole [TO] **35** F3
Noli [SV] **81** F2
Noli, Capo di- **81** F2
Nomáglio [TO] **37** B1
Nomentana, Via- **145** CD1
Nomentum **139** A2
Nomesino [TN] **45** E1
Nomi [TN] **27** C3
Nommisci [RI] **133** E1
Non, Val di- **11** C3-4
Nona [BG] **25** C2-3
Nona, Pizzo- **21** C2
Nonántola [MO] **73** E3
None [TO] **51** G3
Nongruella [UD] **17** CD3
Nónio [VB] **21** E2
Nontey, Val- **35** DE1
Nora, Fiume- **135** D2
Norastra [CN] **65** D3
Norba **145** F3
Norcen [BL] **29** C2
Norchia **131** B2-3
Nórchia, Necrópoli di- **131** B2
Nórcia [PG] **125** D3
Nordheim / Villa [BZ] **11** DE1-2
Nordio, Rifugio- **17** D1
Nórea [CN] **81** B2
Norge Polesine, Villaggio- [RO] **63** D3
Noriglio [TN] **27** F3
Noroni, Monte- **43** D3
Nortosce [PG] **125** C3
Nosadello [CR] **57** B1
Nosate [MI] **39** A1
Nosédole [MN] **59** D3
Nosellari [TN] **27** D3
Nostra Signora del Sepolcro **93** D2
Nostra Signora di Montallegro **83** E2
Nota, Monte- **43** C1-2
Nota, Passo di- **43** C1-2
Notaresco [TE] **127** E3-4
Notaresco, Stazione di- **127** E3
Notre Dame de la Guerison **19** B1-2
Nòttola [SI] **113** DE3
Nova, Fonte- **141** F2
Nova, Fosso La- **129** F1
Novacella / Neustift [BZ] **3** B3
Novaféltria [PU] **101** A3
Nováglie [VR] **59** E1
Novagli Mattina [BS] **59** A1
Novaglio [VB] **21** F1-2
Novagli Sera [BS] **59** A1
Novale [VI] **45** A2-3
Novale / Kreut [BZ] **11** D2
Novale / Rauth [BZ] **11** E3
Novale / Ried [BZ] **3** AB2
Novale / Ried [BZ] **3** E3
Novale / Ried [BZ] **3** A2
Novale, Lago di- / Ried Stausee **3** AB2
Novale di Fuori, Monte- / Eisatz **3** EF3
Novaledo [TN] **27** DE2
Novalesa [TO] **51** CD1
Novalesa, Abbazia di- **51** CD1
Nova Levante / Welschnofen [BZ] **11** F3
Nova Milanese [MI] **39** D1
Nova Ponente / Deutschnofen [BZ] **11** E3
Novara [NO] **37** F2
Novaretto [TO] **51** F2
Novate Mezzola [SO] **7** E3
Novate Milanese [MI] **39** C1
Novate Roglieri [PC] **57** C3
Novazza [BG] **25** B3
Nove [TV] **29** E2
Nove [VI] **45** CD2
Nove, Cima- **3** F3
Novedrate [CO] **23** C3
Novegigola [MS] **85** D3
Novegina [SP] **85** CD3
Novéglia [PR] **71** C4
Novéglia, Torrente- **71** C4
Novegno, Monte- **45** A2
Novéis, Alpe di- **21** CD3
Novella, la- [SI] **123** A2
Novella, Rio- **11** C3
Novellano [RE] **87** C3
Novellara [RE] **73** C2
Novelle [BS] **25** DE2
Novello [CN] **67** C3
Noventa di Piave [VE] **47** C2-3
Noventa Padovana [PD] **63** B1
Noventa Vicentina [VI] **61** D2
Novezzina, Rifugio- **43** CD2
Novi di Modena [MO] **73** D2
Noviglio [MI] **39** C2
Novilara [PU] **101** E3
Novi Ligure [AL] **69** B2
Novoledo [VI] **45** BC3
Nóvoli [FI] **99** A3
Novoli [FI] **105** C3
Nozarego [GE] **83** E2-3
Nozza [BS] **43** A2
Nozza, Torrente- **43** A2
Nozzano [LU] **103** C1-2
Nuccio, Casa- [PU] **107** C2-3
Nucetto [CN] **81** D1-2
Nuda, Monte- **97** C1-2
Nuda, Monte la- [It.] **87** B3
Nudo, Col- **15** B3
Nudo, Crep- **31** B1
Nudo, Monte- **21** G2
Núgola [LI] **103** C3
Numana [AN] **109** F3
Nunziatella [GR] **129** CD2
Nuova, Casa- [PU] **107** D3
Nuova, Casa- [TR] **123** B3
Nuova, Chiesa- **133** BC2
Nuova, Montagna- **45** C1-2
Nuova, Valle- **47** E3
Nuova Clitérnia, Fermata- **143** E3
Nuova Giuliat [BL] **29** B3
Nuova Olónio [SO] **7** E3-4
Nuove, Cascine- [PI] **103** BC2
Nuove, Case- [FI] **105** B3
Nuove, Case- [RI] **139** AB1
Nuovo, Cascinale- [ROMA] **139** AB2
Nure, Torrente- **57** C3
Núria, Monte- **133** D2
Nurietta, Monte- **133** D2
Nus [AO] **19** E2
Nusenna [SI] **105** E4
Nuvolato [MN] **73** DE1
Nuvolau **13** D2-3
Nuvolento [BS] **43** A3
Nuvolera [BS] **43** A3

O

Oasi di Crava-Morozzo, Riserva Naturale dell'- **81** B1
Ober Alach / Alago di Sopra [BZ] **11** C2
Oberau / Prà di Sopra [BZ] **3** B3
Oberbozen / Soprabolzano [BZ] **11** E2
Obereggen / San Floriano [BZ] **11** EF3
Oberinn / Áuna di Sopra [BZ] **11** E2
Oberluttach / Lutago di Sopra [BZ] **3** D2
Oberolang / Valdáora di Sopra [BZ] **3** E3
Ober-Planitzing / Pianizza di Sopra [BZ] **11** D3
Oberplanken / Planca di Sopra [BZ] **3** F3
Oberrasen / Rasun di Sopra [BZ] **3** E3
Oberretteshütte **1** C2
Oberseilspitze / Cavo, Cima del- **3** B2
Obertall / Talle di Sopra [BZ] **1** F2
Ober Taser / Tasa di Sopra **1** F2
Oberthal / Valle di sopra [BZ] **1** FG1-2
Ober Vierschach / Versciaco di Sopra [BZ] **3** FG3
Obervintl / Vandóies di Sopra [BZ] **3** C3
Oberwielenbach / Vila di Sopra [BZ] **3** DE3
Obolo [PC] **71** BC3
Óbolo, Monte- **71** BC3
Oca [VR] **61** C2
Oca, Bec dell'- **83** A1-2
Oca, l'- [RO] **77** D2
Occagno [CO] **23** C2
Occhelli [CN] **67** C2
Occhieppo Inferiore [BI] **37** BC1
Occhieppo Superiore [BI] **37** BC1
Occhiobello [RO] **75** D2
Occimiano [AL] **53** FG2
Ochsenfelder Alpe / Campobove, Malga- **3** EF2-3
Oclini, Passo di- / Grimm Joch **11** E3-4
Ocosce [PG] **125** C3
Ocre [AQ] **133** F3
Ocre [RI] **133** C1
Ocre, Monte- **139** F1
Ocriculum **131** E2
Odalengo Grande [AL] **53** DE2
Odalengo Piccolo [AL] **53** E2
Ode, Monte- **133** B3
Odeda [BS] **25** D2
Odeno [BS] **43** A2
Oderzo [TV] **47** B2
Odescalchi, Castello- **137** C3
Odiago [LC] **23** E3
Odle, Le- / Geisler-Spitze **13** B2
Ódolo [BS] **43** A3
Ofena [AQ] **135** B2-3
Offagna [AN] **109** E3
Offanengo [CR] **57** C1
Offeio [RI] **133** CD3
Offerno, Monte- **141** BC1
Offida [AP] **127** CD2
Offlaga [BS] **57** E1
Oga [SO] **9** DE2
Oggébbio [VB] **21** F1-2
Oggia, Colla d'- **93** D2-3
Oggiogno [VB] **21** FG1
Oggioli, Monte- **99** AB1-2
Oggiona con Santo Stéfano [VA] **23** A3
Oggiono [LC] **23** DE3
Ogliánico [TO] **35** G2
Ogliera, Scoglio- **119** A2
Oglio, Fiume- **57** F2
Ogliolo, Torrente- **25** D1-2
Oglio Nord, Parco dell'- **41** D4
Oglio Sud, Parco dell'- **59** AB3
Ogna [BG] **25** B3
Ogna, Torrente- **25** BC3
Ognato [BS] **41** E4
Ognio [GE] **83** DE2
Ognissanti [CR] **57** F3
Oia [CN] **67** B1-2
Oira [VB] **5** DE2
Oitana [TO] **53** A3
Ola [BG] **25** A3
Olang / Valdáora [BZ] **3** DE3
Olano [SV] **81** E1-2
Olántreghe [BL] **29** E1
Olbicella [AL] **69** A3
Olcella [MI] **39** AB1
Olcenengo [VC] **37** D2
Ólcio [LC] **23** D2
Olda [BG] **23** F2
Oldenico [VC] **37** E2
Oldésio [BS] **43** C2
Oleggio [NO] **37** F1
Oleggio Castello [NO] **21** F3
Oleis [UD] **33** D2
Olen, Colle d'- **21** B2
Olena [FI] **105** C3
Olengo [NO] **37** FG2
Olera [BG] **41** C2
Olesi [PV] **55** D3
Oleta [RE] **73** B2
Olévano di Lomellina [PV] **55** B1
Olévano Romano [ROMA] **139** D3
Olévole [TR] **123** C2
Olfino [MN] **59** BC1
Olgia [VB] **5** F2-3
Olgiasca [LC] **7** D4
Olgiata [ROMA] **137** DE2
Olgiate Comasco [CO] **23** B3
Olgiate Molgora [LC] **23** E3
Olgiate Olona [VA] **39** B1
Olginasio [VA] **21** FG2
Olginate [LC] **23** E3
Olginate, Lago di- **23** E3
Olgisio, Rocca d'- **55** F3
Oliero [VI] **45** CD1-2
Olina [MO] **87** E3
Oliosi [VR] **59** C1
Oliva [AL] **69** CD2
Oliva Gessi [PV] **55** DE2-3
Olivara [MO] **87** F2
Olivè [VR] **59** E1
Olivello [SI] **113** B3
Oliveto [AR] **113** D1
Oliveto [BO] **89** B2
Oliveto [RI] **139** C1
Oliveto, Fattoria- [FI] **105** AB3
Oliveto Lário [LC] **23** D2
Olivetta [IM] **93** AB3
Olivetta San Michele [IM] **93** B3
Oliviera [SI] **113** C2
Olivo, Isola dell'- **43** C2
Olivola [AL] **53** F2
Olivola [MS] **85** E3
Olle [TN] **27** E2
Ollomont [AO] **19** D1
Olme [TV] **47** A3
Olmeneta [CR] **57** E2
Olmeto [PG] **123** D1-2
Olmi [CH] **143** A3
Olmi [PT] **97** E3
Olmi [TV] **47** AB2-3
Olmi, Bric degli- **67** E3
Olmi, Monte degli- / Ilmenspitz **11** B2-3
Olmo [AR] **105** FG4
Olmo [BS] **57** F1-2
Olmo [FI] **99** AB3
Olmo [GE] **83** C2
Olmo [LO] **57** B2
Olmo [PC] **71** B3
Olmo [PD] **63** B1
Olmo [PD] **63** AB2
Olmo [RE] **73** A2-3
Olmo [SO] **7** DE2-3
Olmo [VI] **45** B3
Olmo, l'- [PG] **115** AB1-2
Olmo, l'- [PI] **103** E3
Olmo, Monte dell'- **137** D1-2
Olmo, Poggio all'- **113** C1
Olmo al Brembo [BG] **25** A3
Olmo Gentile [AT] **67** E3
Olóbbia, Torrente- **37** C2
Olocchia, Torrente- **21** C2
Olona [VA] **23** A2-3
Olona, Fiume- **39** D3
Olpeta, Fosso- **129** E1
Oltrefiume [VB] **21** EF2
Oltre il Colle [BG] **25** A3
Oltrepò Pavese **55** DE2-3
Oltresoana [TO] **35** F2
Oltressenda Alta [BG] **25** B3
Oltris [UD] **15** D2
Oltro, Cima d'- **29** C1
Oltrona di San Mamette [CO] **23** B3
Olza [PC] **57** D3
Olzano [CR] **57** C2
Omate [MI] **39** E1
Ombladet, Cima- **15** D1
Ombriano [BS] **41** F2
Ombriano [CR] **57** B1
Ombrone, Fiume- **121** B3
Ome [BS] **41** E3
Omegna [VB] **21** E2
Ómio, Rifugio- **7** F3
Omo, Cima dell'- **97** C2
Omo, Monte- **79** B1
Omo, Pizzo dell'- **25** B2
Onach / Onies [BZ] **3** D3
Onano [VT] **123** A3
Onara [PD] **45** DE3
Oncédis [UD] **17** B3
Oncino [CN] **65** CD2
Onda Blu, Acquapark- **127** E3
Ondazzurra, Parco- **135** DE1
Ondini, Gli- [BI] **21** BC3
Onè [TV] **45** E2
Oneda [VA] **21** FG3
Oneglia [IM] **93** E3
Onelli [PG] **125** D3
Oneta [BG] **25** AB3
Oneto [GE] **83** E2
Onferno [RN] **101** C3
Onferno, Riserva Naturale di- **101** C3
Onfiano [RE] **87** D1-2
Ongarie [TV] **45** F3
Ongaro Inferiore, Bonifica- **47** D3
Ongina [PC] **57** E3
Ongina, Torrente- **71** E2
Oni [VR] **61** C2
Onies / Onach [BZ] **3** D3
Onigo di Piave [TV] **45** E1
Onna [AQ] **133** F2-3
Onno [LC] **23** D2
Ono Degno [BS] **43** A2
Onorai, Ca'- [PD] **45** D2-3
Onore [BG] **25** BC3
Ono San Pietro [BS] **25** D2
Onsernone, Torrente- **5** EF2
Ontagnano [UD] **49** C1
Ontaneta [FC] **99** D2-3
Ontani, Piano degli- [PT] **97** D2
Onteo, Poggio- **129** D1
Ontignano [FI] **105** CD2
Onzato [BS] **41** EF4
Onzo [SV] **93** E2
Opaco, l'- [FI] **99** B3
Opera [MI] **39** D2
Opi [AQ] **135** A3
Oppeano [VR] **61** AB2
Oppi [VR] **61** B1-2
Oppi [VR] **61** B2-3
Oppiano [PR] **71** EF3
Oppio, Passo di- **97** DE2
Oppioli [VR] **61** B2-3
Opreno [BG] **41** AB2
Ora / Auer [BZ] **11** D3-4
Oramala [PV] **55** E3
Oramara, Monte- **69** F3
Orasso [NO] **5** F3
Oratorio [FE] **75** BC2
Orazio, Villa d'- **139** C2
Orba, Torrente- **55** A3
Orbassano [TO] **51** G2
Orbetello [GR] **129** C2
Orbetello, Laguna di- **129** C2
Orbetello, Oasi di Protezione di- **129** C2
Orbetello Scalo **129** C2
Orbicciano [LU] **97** B3
Orcáiola [PU] **107** E3
Orcenico Inferiore [PN] **31** D3
Orcenico Superiore [PN] **31** D3
Orceto [PI] **103** D3
Orchidee del Mediterraneo, Giardino delle- **137** C3
Orcia, Fiume- **121** D2
Orciano, Stazione di- **103** C3-4
Orciano di Pésaro [PU] **109** B2
Orciano Pisano [PI] **103** CD3-4
Orciático [PI] **103** E4
Orco [SV] **81** EF2
Orco, Torrente- **37** A3
Orco Feglino [SV] **81** EF2
Orco o di Locana, Valle dell'- **35** E2
Orditano, Monte- **69** B3
Orecchia di Lepre, l'- / Hasenöhrl **11** B2
Orecchiella, Riserva Naturale- **97** B1
Oregne [BL] **29** D2
Oregone, Passo dell'- **15** D1
Orello, Monte- **119** B2
Oreno [MI] **39** DE1
Orentano [PI] **103** DE2
Orero [GE] **83** E2
Orero [GE] **69** C3
Orezzo [BG] **41** C2
Orezzoli [PC] **69** F3

Orfano, Mont'- **21** E2
Orfano, Monte- **41** D3
Orfengo [NO] **37** EF2
Orfento, Fiume- **141** E1-2
Orgel-Spitze / Lasa, Punta di- **11** A2
Orgia [SI] **113** A2
Orgials, Vallone d'- **79** B2
Orgiano [VI] **61** C1
Orgiere [TO] **51** D3
Orgnano [UD] **33** B2-3
Orgnano [VR] **61** B1
Orgnese [PN] **31** D1-2
Ori, Monte- **11** C3
Ori, Monte- / Sam **11** C2-3
Oria [CO] **23** C1
Oriago [VE] **63** C1
Oriani, Case- [BS] **59** A1
Oriano [PR] **71** E4
Oriano Ticino [VA] **21** F3
Oricola [AQ] **139** D2
Oricola-Pereto, Stazione di- **139** D2
Origgio [VA] **39** BC1
Orino [VA] **23** A2
Orino, Punta di- **23** A2
Orio al Sério [BG] **41** C2
Orio al Serio, Aeroporto Internazionale- **41** C2-3
Orio Canavese [TO] **37** B2-3
Orio Litta [LO] **57** B2-3
Oriolo [BS] **43** A3
Oriolo [PV] **55** CD2
Oriolo [RA] **99** E1
Oriolo Romano [VT] **137** C1-2
Oriomosso [BI] **21** C3-4
Oris / Eyrs [BZ] **9** F1
Orme, Monte- **81** F1
Orme, Torrente- **103** F2
Orméa [CN] **81** C2-3
Ormea, Pizzo d'- **81** BC2
Ormelle [TV] **47** B2
Ormelune, Monte- **35** B1
Ormeto, Fosso- **139** A2
Ornago [MI] **39** E1
Ornano Grande [TE] **135** A1
Ornaro [RI] **133** BC3
Ornavasso [VB] **21** E2
Ornella [BL] **13** C2-3
Ornetto [SP] **85** C2
Ornica [BG] **23** F1-2
Ornina [AR] **105** F3
Oro [PG] **123** C1-2
Oro, Cima d'- **43** C1
Oro, Monte d'- [PU] **107** E2
Oro, Monte d'- [VT] **131** BC1
Orocco, Monte- **85** B1-2
Oropa [BI] **37** B1
Orrido di Botri, Riserva Naturale- **97** C2
Orsago [TV] **31** B3
Orsano [PG] **125** BC2
Orsara [BO] **99** C1
Orsara Bórmida [AL] **69** A2
Orsária [UD] **33** D2
Orsaro, Monte- [AL] **67** F3-4
Orsaro, Monte- [It.] **85** DE2
Orsello, Monte- **139** F1
Orsenigo [CO] **23** CD3
Orsi, Case- [PC] **71** D2-3
Orsiera, Monte- **51** D2
Orsiera-Rocciavrè, Parco Naturale- **51** DE2
Orsigna [PT] **97** E2
Orsigna, Monte- **97** E2
Orsin [AO] **21** AB2
Orso, Col dell'- **29** BC3
Orso, Colle dell'- **139** F1-2
Orso, Monte- **141** D2
Orso, Monte dell'- **55** DE3
Orsogna [CH] **141** F1
Orsoleto [RN] **101** BC2
Orsolina, Casa- [BL] **13** E2
Orsolina, Case- [BL] **13** F2
Orsone, Monte- **131** C1
Orta, Lago d'- (Cusio) **21** E2-3
Ortanella [LC] **23** DE1-2
Ortano [LI] **119** C2
Ortano, Capo- **119** C2
Ortano, Isolotto d'- **119** C2
Orta San Giulio [NO] **21** E3
Orte [VT] **131** E2
Orte, Fiume- **141** D1
Orte Scalo **131** E2
Ortezzano [AP] **117** E3
Orti [AL] **55** A3
Orti [VR] **61** B2
Orti, Casa l'- [GR] **121** C3
Orticelli [RO] **63** C3
Ortigara, Monte- **27** EF2-3
Ortiglieto, Lago di- **69** A3
Ortignano [AR] **105** F2-3
Ortignano Raggiolo [AR] **105** F2
Ortimino [FI] **105** B3
Ortisei / Sankt Ulrich in Gröden [BZ] **13** AB2
Ortler / Ortles **9** F1
Ortlergruppe / Ortles **9** F1-2
Ortles / Ortler **9** F1
Ortles / Ortlergruppe **9** F1-2
Ortolano [AQ] **133** F1
Orton [PN] **15** E3
Ortona [CH] **135** F2
Ortona dei Marsi [AQ] **141** C2-3
Ortonovo [SP] **95** D2
Ortovero [SV] **93** E2
Ortúcchio [AQ] **141** B3
Orturano [MS] **85** D2-3
Orvieto [TR] **123** C3
Orvieto Scalo [TR] **123** C3
Orvinio [RI] **139** C2
Orzaglia [LU] **97** A1
Orzale [AR] **113** E1-2
Orzano [UD] **33** CD2
Orzes [BL] **29** D2
Orzinuovi [BS] **57** D1
Orzivecchi [BS] **57** D1
Osa [TR] **123** D3
Osa, Fosso dell'- **145** E1
Osa, Osteria dell'- **145** E1
Osa, Terme dell'- **129** BC1
Osa, Torrente- **129** BC1
Osacca [PR] **85** C1
Osáis [UD] **15** D1
Osarella [TR] **123** CD3
Osasco [TO] **51** EF3
Osásio [TO] **53** A3
Oscano [PG] **115** BC2-3
Oscasale [CR] **57** C2
Oschiena [VC] **37** D3
Ose, Torrente- **115** D3
Oseacco [UD] **17** C2
Oselin, Canale dell'- **47** A4
Oselle [TO] **67** B1-2
Osellin [RO] **63** D3
Osento, Fiume- **143** B1-2
Osero, Monte- **71** B3
Oserot, Monte- **79** AB1
Osesa, Monte- **69** D2
Osiglia [SV] **81** E2
Osiglia, Lago di- **81** E2
Osigo [CO] **23** D2
Osigo [TV] **31** AB2-3
Ósimo [AN] **109** E4
Ósimo Stazione [AN] **109** F3-4
Ósio Sopra [BG] **41** B3
Ósio Sotto [BG] **41** B3
Oslávia [GO] **33** E3
Osmate [VA] **21** FG3
Osnago [LC] **23** E3-4
Ósoli [AP] **127** B2
Osoppo [UD] **17** B3
Ospedale, l'- [AR] **105** E4
Ospedaletti [IM] **93** C4
Ospedaletto [FC] **99** F1
Ospedaletto [FC] **99** E3
Ospedaletto [PI] **103** C2
Ospedaletto [RE] **73** C3-4
Ospedaletto [RN] **101** C2-3
Ospedaletto [TN] **27** F2
Ospedaletto [TR] **123** D2-3
Ospedaletto [TV] **45** F2-3
Ospedaletto [UD] **17** B3
Ospedaletto [VI] **45** C3
Ospedaletto Euganeo [PD] **61** D2
Ospedaletto Lodigiano [LO] **57** B2-3
Ospedalicchio [PG] **115** CD3
Ospiate [MI] **39** C1
Ospiedolo [PR] **71** D4
Ospitale [FE] **75** C2
Ospitale [MO] **97** D1-2
Ospitale di Brenta [PD] **45** D3
Ospitale di Cadore [BL] **13** E3-4
Ospitale di Zoldo [BL] **13** E4
Ospitaletto [BS] **41** E3
Ospitaletto [MN] **59** B3
Ospitaletto [MO] **87** F2
Ospitaletto [RE] **87** B3
Ospitaletto [RO] **75** D2
Ospital Monacale [FE] **75** E3-4
Ossago Lodigiano [LO] **57** B2
Ossáia [AR] **113** EF2
Ossalengo [CR] **57** DE2
Ossana [TN] **11** A4
Ossanesga [BG] **41** B2
Ossano [RA] **89** F3
Ossegna [SP] **85** B2
Ossenigo [VR] **43** D2-3
Óssimo [BS] **25** D3
Óssimo Inferiore [BS] **25** D3
Óssimo Superiore [BS] **25** D3
Osso [VB] **5** D2
Ossola **5** DE2-3
Ossola, Val d'- **5** D3
Ossolaro [CR] **57** D2
Ossona [MI] **39** B1-2
Ossuccio [CO] **23** CD2
Osta [AL] **53** E1-2
Ostana [CN] **65** D2
Ostanetta, Punta d'- **65** D2
Ostano, Monte- **21** D2
Ostellato [FE] **77** B3
Ósteno [CO] **23** C1-2
Osteria [CN] **67** D3
Osteria [CN] **67** D2
Osteria [RA] **91** E2-3
Osteria Ansidónia [GR] **121** E2
Osteriaccia, l'- [TR] **123** B2
Osteria di Piavola [FC] **99** F2
Osteria Grande [BO] **89** DE2
Osterianova [MC] **117** D1
Osteria Nuova [FI] **105** CD2
Osteria Nuova [PU] **101** D3
Osteria Nuova [PU] **107** D3
Osteria Nuova [ROMA] **137** D2
Osternig, Monte- **17** DE1
Óstia **145** B2
Óstia Antica [ROMA] **145** B2
Ostiano [CR] **57** F2
Ostia Parmense [PR] **85** CD1
Ostiglia [MN] **59** E3
Óstina [FI] **105** DE2-3
Ostola, Torrente- **37** D1
Ostra [AN] **109** C3
Ostra Antica **109** C3
Ostra Vétere [AN] **109** C3
Óten, Monte d'- **13** E2-3
Óten, Valle d'- **13** EF3
Otra [VB] **21** D2
Otra [VC] **21** C2-3
Otrícoli [TR] **131** E2
Otro, Val d'- **21** B2-3
Ottaggi [PG] **125** C2
Ottano [IM] **93** D2
Ottava Presa [VE] **47** DE3
Ottavello [PC] **71** B2
Ottávia [ROMA] **145** C1
Óttavo [FI] **105** D3
Ottíglio [AL] **53** EF2
Ottignana [FC] **99** D2
Ottobiano [PV] **55** BC1-2
Ottone [LI] **119** BC2
Ottone [PC] **69** EF3
Ouille, Monte- **19** B2
Oulme [TO] **51** C2
Oulx [TO] **51** BC2
Ova [AL] **55** BC3
Ovada [AL] **69** A3
Ovanengo [BS] **57** D1
Ovarda, Torre d'- **35** D3
Ovaro [UD] **15** E1-2
Ovasta [UD] **15** DE1-2
Ovedasso [UD] **17** C2
Ovesca, Torrente- **5** D3
Ovidio, Villa d'- **141** D2
Ovíglia [TO] **53** C2-3
Oviglio [AL] **53** F3
Ovindoli [AQ] **141** AB2
Ovoledo [PN] **31** D3
Ovrano [AL] **67** F2-3
Oxentina, Torrente- **93** C3
Oyace [AO] **19** E1
Ozegna [TO] **37** A2
Ozein [AO] **19** D2-3
Ozol, Monte- **11** C3
Ozzano dell'Emilia [BO] **89** D2
Ozzano Monferrato [AL] **53** F2
Ozzano Taro [PR] **71** E3
Ózzero [MI] **39** B2
Ozzola [PC] **69** F2

P

Pace [RI] **139** D1
Pace, la- [AR] **113** D2
Pace, la- [MC] **117** D1-2
Pace, Santuario della- **81** FG1
Pacengo [VR] **59** C1
Pacentro [AQ] **141** D2
Paci, Rifugio- **127** C3
Paciano [PG] **115** A3
Pacigliano [MC] **117** E2
Pácina [SI] **113** B1-2
Pacini, Rifugio- **97** F2
Padano Polesano, Collettore- **77** D1
Padaro [TN] **27** B3
Padenghe sul Garda [BS] **43** AB3-4
Padergnone [TN] **27** B2
Paderna [AL] **69** C1-2
Paderna [PC] **71** C2
Paderna [RE] **87** CD1
Paderna [RE] **87** D1
Padernello [BS] **57** D1
Padernello [TV] **45** F2-3
Paderno [BG] **41** C2
Paderno [BL] **29** D2
Paderno [BO] **89** C2
Paderno [FC] **99** FG2
Paderno [FC] **101** A3
Paderno [TV] **47** A2
Paderno [UD] **33** D2
Paderno d'Adda [LC] **23** E3
Paderno del Grappa [TV] **45** E1-2
Paderno Dugnano [MI] **39** CD1
Paderno Franciacorta [BS] **41** E3
Paderno Ponchielli [CR] **57** D2
Padiglione [AN] **109** E4
Padiglione, Monte- **139** E2
Padivarma [SP] **85** C3
Padò II **1** B2
Pádola [BL] **13** F2
Padola, Valle- **13** FG2
Padon, Monte- **13** C3
Padonchia [AR] **107** B4
Padova [PD] **63** B1
Padova, Rifugio- **13** F3
Padri [PC] **71** BC2-3
Padri, i- [VI] **45** B2
Padriciano [TS] **49** FG3
Pádrio, Monte- **25** D1
Padri Passionisti, Convento dei- **129** BC2
Padula [TE] **127** B4
Padule [FI] **99** B3
Padule [PG] **115** D1-2
Paduli, Lago- **87** A2-3
Padulle [BO] **89** C1
Paesana [CN] **65** D2
Paese [TV] **45** FG2-3
Paese dei Bimbi-Parco Zoo **109** E3
Pagana, Poggio della- **129** A2
Paganella **27** C2
Pagánica [AQ] **133** F2
Pagánica, Stazione di- **133** F2-3
Pagánico [FC] **107** A1
Pagánico [GR] **121** C2
Pagánico [PU] **107** D2
Pagánico [RI] **139** CD1
Paganina [PI] **111** D2
Pagano, Dosso- **27** C3
Pagano, Monte- **9** DE3
Paganúccio, Monte- [PU] **109** A3
Pagazzano [BG] **41** BC3
Pagazzano [PR] **85** D1
Paggese [AP] **127** B3
Paggi [GE] **83** F2
Paghera [BS] **25** E3
Paghera, Val- **25** E1
Pagino [PU] **109** A2-3
Paglia [BG] **41** C1-2
Paglia, Case- [PI] **103** CD3
Páglia, Fiume- **123** CD3
Paglia, Torrente- **123** A3
Pagliana [FI] **99** AB2
Paglian Casale [ROMA] **145** D2
Pagliano [MC] **115** F2
Pagliara [AQ] **139** E2
Pagliare [AP] **127** D2
Pagliare [AQ] **133** E2
Pagliare [AQ] **135** B3
Pagliarelli [CH] **143** BC1-2
Pagliaro, Monte- [GE] **83** E1-2
Pagliaro, Monte- [ROMA] **145** F1
Pagliaro di Tono [PE] **135** BC3
Pagliaro Inferiore [AL] **69** D2
Pagliaroli [TE] **127** C4
Pagliaro Superiore [AL] **69** D2
Pagliate [NO] **37** F2
Pagliéres [CN] **65** D4
Pagliericcio [AR] **105** EF2
Paglieta [CH] **143** AB1-2
Pagliete, Bonifica delle- **145** B1
Paglino [VB] **5** CD2
Paglio [RA] **99** D1
Paglione, Monte- **7** A4
Pagnacco [UD] **33** BC2
Pagnána [FI] **103** F2
Pagnano [TV] **45** E2
Pagno [CN] **65** E3
Pagno [FC] **99** F3
Pagnona [LC] **7** E4
Pago, il- **133** EF2
Pago, Monte lo- **139** F2
Pai [VR] **43** C2-3
Paiere [TO] **51** F2
Paiesco [VB] **5** E3
Páina [MI] **23** D3-4
Painale, Pizzo- **9** B3
Paiom del Cermis **27** EF1
Paion, Rifugio- **27** EF1
Pairana [PV] **39** D2-3
Pairola [IM] **93** E3
Paisco [BS] **25** D2
Paisco, Val- **25** D2
Paisco Loveno [BS] **25** D2
Paitone [BS] **43** A3
Pala [VB] **21** F1-2
Pala, Cima- **17** B3
Pala, Cimon della- **29** BC1
Pala, Monte- [PN] **15** E3
Pala, Monte- [TV] **45** D1-2
Pala Alta **29** D1
Pala Barzana, Forcella di- **31** CD1
Palabione, Monte- **25** CD2
Palade, Passo delle- / Gampen Joch **11** C2
Paladina [BG] **41** B2
Paladini [TE] **133** F1
Palafavera, Casera- [BL] **13** D3
Palagai, Monte- **29** C2
Palágano [MO] **87** D2-3
Palágio [FI] **103** F3-4
Palágio [PI] **103** E2-3
Paláia [PI] **103** E3
Palamarola Nuova [ROMA] **145** C1
Palanfrè [CN] **79** DE2
Palanfrè, Bosco e Laghi di- **79** D3
Palanzano [PR] **87** B2
Palanzo Lário [CO] **23** CD2
Palanzone, Monte- **23** D2
Palar, Torrente- **17** B3
Palata [CB] **143** C3
Palata Pepoli [BO] **75** B3
Palazza, la- [AR] **107** B2-3
Palazza, la- [BO] **89** EF2
Palazzago [BG] **41** B2
Palazzata [MC] **117** BC2
Palazzetta [SI] **113** B2
Palazzetto [SI] **111** E3
Palazzetto [VE] **47** C3
Palazzi [AR] **107** C2
Palazzi [PI] **103** C3
Palazzi [PU] **107** D2-3
Palazzi [TV] **47** C2
Palazzi, i- [RO] **75** E2
Palazzi di Diamantina [FE] **75** CD2
Palazzina [SI] **113** AB2
Palazzina [SI] **113** A2
Palazzina [VR] **59** DE1
Palazzina, la- [GR] **121** B2
Palazzina, la- [MN] **59** DE3
Palazzina, la- [PI] **103** B2
Palazzina, la- [SI] **123** A2
Palazzina d'Ete [AP] **117** F3
Palazzina di Caccia di Stupinigi **53** A2-3
Palazzo [AL] **69** C1-2
Palazzo [AN] **109** B3
Palazzo [LI] **119** C2
Palazzo [MC] **115** F2
Palazzo [MC] **117** B1
Palazzo [PG] **115** D3
Palazzo [PV] **55** E2
Palazzo, il- [FI] **99** C3
Palazzo, Riserva Naturale- **111** E2
Palazzo al Piano [SI] **111** E2
Palazzo Bovarino [TR] **123** D2-3
Palazzo Canavese [TO] **37** B2
Palazzo del Pero [AR] **113** E1
Palazzo del Piano [PU] **109** A2
Palazzo Giglioli [FE] **77** C2
Palazzo Lanzi [LI] **111** B3
Palazzolo [FI] **105** D2
Palazzolo [MI] **39** CD1
Palazzolo [PG] **115** E2
Palazzolo [VR] **59** C1
Palazzolo dello Stella [UD] **49** B2
Palazzolo sull'Óglio [BS] **41** D3
Palazzolo Vercellese [VC] **53** E1
Palazzo Magrano [PG] **115** D2
Palazzo Mancinelli [PG] **115** E2
Palazzo Moneta [VR] **61** B1
Palazzo Mucci [PU] **107** C2-3
Palazzone [PG] **115** AB1
Palazzone [SI] **113** C3
Palazzone [SI] **123** B2
Palazzo Piantelli [SV] **81** E2
Palazzo Pignano [CR] **57** B1
Palazzo Pio [FE] **77** B3
Palazzo Rossi [BO] **89** C2
Palazzo Tamba [RA] **91** C1
Palazzo Torlonia [PG] **115** D2
Palazzuolo [AR] **113** C1
Palazzuolo Alto [AR] **113** C1
Palazzuolo sul Sénio [FI] **99** C2
Palcano [PU] **107** E3-4
Palchisce [GO] **49** E1
Pale [PG] **125** B1-2
Pale, Grotta di- **125** B1-2
Pale dei Balconi **29** C1
Palena [CH] **141** E2-3
Palena, Stazione di- **141** E3
Palentúccio [MC] **117** AB3
Palera [TO] **53** B2-3
Palesella [VR] **61** B2
Palestrina [ROMA] **145** F1-2
Palestrina, Stazione di- **145** EF1-2
Palestro [PV] **37** F3
Palestron [BZ] **13** C1-2
Palevierte, Monte- **17** B2
Palidano [MN] **73** C2
Palidoro [ROMA] **145** AB1
Palidoro, Marina di- [ROMA] **137** C3
Palino, Monte- **9** B3
Palla Bianca / Weißkugel **1** C2
Pallano, Monte- **141** G2
Pallanza [VB] **21** F2
Pallanzeno [VB] **21** D1
Pállare [SV] **81** E1-2
Pallarea, Monte- **93** C3
Pallavicino [AL] **69** D2
Pallerone [MS] **85** DE3
Palleroso [LU] **97** B2
Palline [BS] **25** C3
Pallon, Monte- **45** E1
Pallusieux [AO] **19** BC2
Palmaiola, Isola- **119** C1
Palmanova [UD] **33** C3
Palmaria, Isola- **95** BC2
Palmaro [GE] **83** B2
Palmiano [AP] **127** B2
Palmieri, Rifugio- **13** D3
Palmina, Monte- **13** C3-4
Palmirano [FE] **75** E3
Pálmoli [CH] **143** B3
Palmschoß / Pláncios **13** B1
Palo [ROMA] **137** C3
Palo [SV] **83** A1-2
Palò [TN] **27** A3
Palo, Monte- **41** F2
Palóbbia, Torrente- **25** E3
Palodina, Monte- **97** B2
Palombara [TE] **135** B2
Palombara [TR] **123** BC2-3
Palombara [TR] **131** F1
Palombara-Marcellina, Stazione di- **139** B2-3
Palombara Sabina [ROMA] **139** B2
Palombare [TR] **133** B1
Palombarese, Via- **145** D1
Palombaro [CH] **141** F2
Palombi [MC] **117** D3
Palombina Nuova [AN] **109** E3
Palombina Vecchia [AN] **109** E3
Palombino, Cima- **15** C1
Palombino, Passo- **15** C1
Palombo, Monte- **141** C3
Palon **27** B3
Palon, Cima- **43** EF2
Palon, Monte- **35** C3
Palone, Cima- **27** A3
Palone, Cima del- **23** E2
Palone, il- [LI] **111** B2
Palone, il- [TN] **27** C2
Paloni, Cima- **43** D2
Palosco [BG] **41** CD3
Palot, Casa- [BS] **41** EF2
Palse [PN] **31** C3
Paltana, Fossa- **63** B2
Paltrático [LI] **103** C4
Palú [PD] **63** B2
Palú [TN] **27** C1-2
Palú [VR] **59** E1-2
Palu / Moos [BZ] **3** D3
Palù, Cima- **27** A1
Palù, Lago- **9** B3
Palù, Picco- / Großes Moosnock **3** DE2
Palù, Pizzo- **9** B2
Paluaccio di Oga, Riserva Naturale- **9** E2
Palud, la- [AO] **19** B1-2
Paluda **47** C3
Palude [BS] **43** AB3
Paludea [PN] **31** E1
Palude degli Orti-Bottagone, Oasi della- **119** D1
Palude di Casalbeltrame, Riserva Naturale della- **37** EF2
Palú del Férsina [TN] **27** DE2
Paludo di Latisana [UD] **49** B2
Palue [BL] **13** C3
Paluello [VE] **63** C1
Palugana [PD] **61** D2
Palù Longia, Riserva Naturale- **11** C3
Palumbo, Masseria- [CB] **143** C2
Palus San Marco [BL] **13** E2
Paluzza [UD] **17** AB1
Pampaluna [UD] **49** BC1-2
Pamparato [CN] **81** C2
Pampeago [TN] **11** F3-4
Pampeago, Passo di- **11** F3
Pampuro [VR] **59** DE2-3
Panarella [RO] **77** C1-2
Panaro, Fiume- **75** C2
Panaro, Monte- **123** BC3-4
Panarotta, Rifugio- **27** D2
Panarotti [VR] **43** F3
Pancalieri [TO] **65** F1-2
Pancarana [PV] **55** D2
Panchià [TN] **27** F1
Panco, Cima- **125** A3
Páncole [GR] **121** C3
Páncole [SI] **105** AB3-4
Pancugol, Rifugio- **27** A1
Pandelice [RE] **73** C2
Pandino [CR] **57** B1
Pan di Zucchero **1** E1
Pandolina [SI] **113** DE2
Pane e Vino, Fosso- **145** F3
Panesi [GE] **83** F2
Panevéggio [TN] **13** B4
Panevéggio-Pale di San Martino, Parco Naturale- **29** B1
Pánia di Corfino **97** B1
Pánia di Corfino, Riserva Naturale- **97** B1
Panicaglia [FI] **99** B2-3
Panicale [PG] **107** C3
Panicale [PG] **115** A3
Panicale, Stazione di- **115** A3
Panicali [MC] **117** BC1
Panicarola [PG] **115** A3
Panico [BO] **89** C2
Panigada [LO] **57** AB2
Panigai [PN] **47** CD1-2
Panigheto, Monte- **99** D1-2
Panna [FI] **99** A2
Pannesi [GE] **83** D2
Pannone [TN] **43** D1
Pantalla [PG] **123** E2
Pantana [AN] **115** E1
Pantana [PU] **109** AB3
Pantana [RI] **133** C3
Pantanelle, le- [ROMA] **145** BC1
Pantaneto [MC] **125** CD2
Pantano [FR] **139** E3
Pantano [PG] **115** B2
Pantano [RE] **87** CD1-2
Pantano, Casa- [VT] **137** A1-2
Pantano Borghese [ROMA] **145** E1
Pantasina **93** D3
Pante [TN] **27** D2-3
Pantianicco [UD] **31** EF2
Pantiara [LO] **57** AB2
Pantiere [AN] **109** CD3-4

Pantigliate [MI] **39** DE2
Pantigliate [MI] **57** B2-3
Panzano [GO] **49** E2
Panzano [MO] **73** CD3
Panzano [MO] **89** B1
Panzano, Golfo di- **49** E2
Panzano Bagni [GO] **49** E2
Panzano in Chianti [FI] **105** C3
Paolantónio [TE] **127** D3
Paolécchio [FE] **75** C2
Paolelli [VT] **131** E3
Paolino [RO] **75** D1-2
Paolório [CN] **67** BC2
Papa, Rifugio- **43** EF2
Papantena, Val- **43** DE3
Paparano, Monte- **137** C2
Papariano [UD] **49** D2
Paparotti [UD] **33** C2
Pape, Cima di- **13** C3-4
Paperino [PO] **105** B1-2
Papi, Casa- [PR] **73** E3
Papiago [PV] **39** C3
Papiano [AR] **105** F1-2
Papiano [PG] **123** DE2
Papiano-Castello delle Forme, Stazione di- **123** E2
Papigno [TR] **133** B1
Papozze [RO] **77** C1-2
Paquier [AO] **19** F1
Para [FC] **99** F2
Para, Torrente- **107** B1
Parabiago [MI] **39** B1
Paradigna [PR] **73** A2
Paradisi, Cima dei- **29** AB1
Paradisia, Giardino Alpino- **35** DE1
Paradiso [UD] **49** B1
Paradiso [VI] **61** CD2
Paradiso, Albergo- **9** F1-2
Paradiso, Cima- **9** D1
Paradiso, Golfo- **83** D2
Paradiso, Masseria- [FG] **143** F3
Paradiso, Monte- [ROMA] **137** AB2
Paradiso, Monte- [TN] **27** CD3
Paradiso, Oasi- **39** E2
Paradiso, Parco Ittico- **39** E2
Paradiso, Passo- **9** F3
Paradiso, Piz- **9** C2
Paraggi [GE] **83** E2-3
Paramont, Monte- **19** C2-3
Parana [MS] **85** D3
Paranesi [TE] **127** BC3
Parasacco [FE] **77** B3
Parasacco [PV] **39** B3
Parasano, Monte- **141** C2-3
Parático [BS] **41** D2-3
Paravento [PU] **107** EF3-4
Parazzuolo [GE] **83** EF1-2
Parchiule [PU] **107** C2-3
Parcines / Partschins [BZ] **11** C1
Parco Burcina-Felice Piacenza, Riserva Naturale del- **37** B1
Parco di Racconigi, Bosco- **65** FG2
Pardella [BO] **89** D3
Parè [CO] **23** BC3
Parè [LC] **23** E2
Parè [TV] **47** A1
Paré, Monte- **25** B3
Parella [TO] **53** A2
Parella [TO] **37** A2
Páres, Monte- / Páres-Berg **13** C1-2
Páres-Berg / Páres, Monte- **13** C1-2
Parete Bianca / Weisswand-Spitze **1** F1
Pareti [LI] **119** C2
Pareto [AL] **67** F3
Pareto [GE] **69** D3
Pari [GR] **113** A3
Pari, Cima- **27** A3
Pariana [LU] **97** C3
Parina, Torrente- **25** A3
Parina, Val- **25** A3
Parisata [PD] **61** C2-3
Parlanti, Grotta- **97** D3
Parláscio [PI] **103** D3
Parlasco [LC] **23** DE1
Parlati [VI] **43** EF2
Parlesca [PG] **115** C2
Parma [PR] **73** A3
Parma, Torrente- **87** AB1
Parma Morta, Riserva Naturale- **73** A2
Parmetta [PR] **73** A2
Parmoletone [GR] **121** D2
Parnacciano [PG] **107** C3
Parodi Lígure [AL] **69** B2-3
Parola [PR] **71** E2
Parola, Torrente- **71** E3
Parolare [MN] **73** E1-2
Paroldo [CN] **81** D1
Paroletta [PR] **71** E2
Parolito [MC] **117** C2
Parona [PV] **39** A3
Parona di Valpolicella [VR] **59** D1
Parone [VC] **21** D3
Parpanese [PV] **55** F2
Parpari, Conca dei- **43** E2-3
Parrana San Giusto [LI] **103** C3
Parrana San Martino [LI] **103** C3
Parrano [PG] **125** B2
Parrano [TR] **123** C2
Parravicini, Bivacco- **9** B2
Parravicino [CO] **23** D3
Parre [BG] **25** B3
Parrina, la- [GR] **129** C1-2
Parrocchia [TN] **43** E2
Partidór [PN] **31** D2
Partigliano [LU] **97** B3
Pártina [AR] **105** F2
Partino [PI] **103** E3
Partite, Valli le- **75** B2
Partitore [RE] **73** A3
Partschins / Parcines [BZ] **11** C1
Paruzzaro [NO] **21** F3
Parzánica [BG] **41** E2
Parzano [CO] **23** CD3
Parzano [PV] **55** B2
Pasa [BL] **29** D2
Pascaretto [TO] **51** F3
Pascellata [TE] **127** BC3
Pascelupo [PG] **115** E1
Paschera San Carlo [CN] **65** E4
Paschera San Defendente [CN] **65** E4
Paschero [CN] **65** C3
Paschero [TO] **51** F2-3
Pascolet, Monte- **29** E2
Páscoli [BL] **29** DE1-2
Páscoli, i- **73** E2
Pascolo, Monte del- / Königsanger-Spitze **3** B3
Pascomonti [CN] **81** C1
Pascoso [LU] **97** B2-3
Pasian di Prato [UD] **33** BC2
Pasiano di Pordenone [PN] **47** C1
Pasna [RA] **91** DE3
Paspardo [BS] **25** E2
Pasquale [SV] **81** D2
Pasquaro [TO] **35** G2-3
Pasquero [CN] **67** B4
Pasquilio, Rifugio Albergo- **95** E2
Pasquina, la- [MO] **73** E2
Passaggio [PG] **115** CD3
Passággio d'Assisi [PG] **115** D3
Passalacqua [AL] **55** BC3
Passano [RN] **101** C3
Passarella [VE] **47** C3
Passarella di Sotto [VE] **47** C3
Passarera [CR] **57** B1-2
Passarera Corte [CR] **57** B1-2
Passariano [UD] **31** E3
Passata, Monte- **41** B2
Passatempo [AN] **109** E4
Passatore [CN] **79** DE1
Passé [AO] **37** A1
Passeiertal / Passiria, Val- **1** F2
Passenjoch / Passo, il- **3** C2
Passer / Passírio, Fiume- **1** F2
Passerano [AT] **53** D2
Passerano [ROMA] **145** E1
Passerano Marmorito [AT] **53** D2
Passetto [RO] **77** B2
Passetto [RO] **63** C3
Passetto, il- **29** A1-2
Passignano sul Trasimeno [PG] **115** A2
Passionata [GE] **69** B3-4
Passionisti **117** E2
Passionisti, Convento dei- **109** D3
Passirana [MI] **39** C1
Passirano [BS] **41** E3
Passíria, Val- / Passeiertal **1** F2
Passírio, Fiume- / Passer **1** F2
Passo [PU] **109** AB2
Passo [VB] **5** E1-2
Passo, Corno del- **1** E1
Passo, il- [CO] **7** E3-4
Passo, il- / Passenjoch **3** C2
Passobreve [BI] **37** C1
Passo Brizio, Rifugio- **25** EF1-2
Passo Corese [RI] **139** A1-2
Passo dei Giovi [GE] **69** C3
Passo dei Pecorai [FI] **105** C3
Passo della Fogolana [PD] **63** C2
Passo della Morte, Galleria del- **15** D2
Passo di Rape [AN] **109** C2-3
Passo di Riva [VI] **45** C3
Passo di Tréja [MC] **117** CD2
Passogatto [RA] **91** C1
Passone, il- **87** C3
Passons [UD] **33** BC2
Passo Oscuro [ROMA] **137** CD3
Passo Sant'Ángelo [MC] **117** D3
Passo Segni [BO] **75** D3
Pasta, la- [FE] **75** CD2
Pastegae, Monte- **13** FG3
Pastelletto, Monte- **43** D3
Pastello, Monte- **43** D3
Pástina [PG] **115** E2
Pástina [PI] **103** D4
Pástine [FI] **105** B3
Pastore, Baita del- **9** EF2
Pastorello [PR] **87** B1
Pastrengo [VR] **43** C3-4
Pasturago [MI] **39** C2-3
Pasturana [AL] **69** B2
Pasturèl [CN] **65** D3
Pasturo [LC] **23** E2
Pasubio **43** EF2
Pasubio, Ossario del- **43** F2
Paternale, Fosso della- **129** EF1
Paterno [AN] **115** F2
Paterno [AN] **109** E3
Paterno [AQ] **133** E1
Paterno [AQ] **139** F2
Paterno [FI] **99** A3
Paterno [FI] **105** A2-3
Paterno [FI] **105** DE2
Paterno [MC] **117** BC2
Paterno [MC] **117** C2
Paterno [RI] **133** CD2
Paterno [TE] **127** D3
Paterno, Monte- **133** C2
Patigno [MS] **85** C2
Patino, Monte- **125** D2-3
Patqueso [VB] **5** E3
Pátrico [PG] **125** B3
Pátrico, Monte di- **125** B3
Patrignani, Podere- [FE] **91** E1
Patrignolo [MC] **117** B2
Patrignone [AP] **127** C2
Patrignone [AR] **107** A3-4
Patrignone, Fosso- **121** C4
Patro [AT] **53** E2
Paularo [UD] **17** B1
Paularo, Monte- **17** B1
Paulli [PR] **73** A2-3
Paullo [MI] **39** E2
Paullo [RE] **87** CD1
Paur, Rocca la- **79** C2
Paura, Corno della- **43** D2
Paurano [SI] **111** E1
Pausa Alta **3** FG3
Pausabella, Monte- / Schönrast **11** E3
Pautasso [TO] **53** A3
Pavaglione [TO] **51** E1-2
Pavaglione, Monte- **69** AB3
Pávana [PT] **97** E2
Pavarano [VI] **61** D2
Pavareto [SP] **85** B3
Pavarolo [TO] **53** BC2
Pavelli [FI] **105** D3
Pavesa, la- [PC] **57** D3
Pavia [PV] **55** DE1-2
Pavia, Naviglio di- **39** C3
Pavia di Údine [UD] **33** C2-3
Pavicolo / Pawigl [BZ] **11** C2
Pavignane [MO] **73** EF2
Pavignano [BI] **37** C1
Paviola [PD] **45** D3
Paviole [RO] **75** D2
Pavione, Monte- **29** B2
Pavo [AL] **53** D2
Pavona [ROMA] **145** D2
Pavona, La- [VC] **37** DE1
Pavonara, la- [FE] **75** DE2
Pavone [BS] **43** A2-3
Pavone, Bivio del- **137** E1-2
Pavone, Torrente- **111** D2
Pavone Canavese [TO] **37** AB2
Pavone d'Alessandria [AL] **55** AB3
Pavone del Mella [BS] **57** F2
Pavullo nel Frignano [MO] **87** EF2-3
Pawigl / Pavicolo [BZ] **11** C2
Payer, Rifugio- / Payer-Hütte **1** B3
Payer-Hütte / Payer, Rifugio- **1** B3
Pazzano di Sopra [MO] **87** E2
Pazzon [VR] **43** CD3
Peagna [SV] **93** F2
Peáio [BL] **13** E3
Pecchini [RE] **73** B2-3
Pecchione [RE] **87** E1
Péccioli [PI] **103** E3
Peccioni, Poggio dei- **111** C2
Pecco [TO] **37** A2
Pece [SO] **9** D1-2
Pecetto [VB] **21** B2
Pecetto di Valenza [AL] **55** AB2-3
Pecetto Torinese [TO] **53** B2
Peci [GO] **49** E1
Peci, Monte- **87** B3
Pecol **13** B3
Pécol [BL] **13** D3
Pecol, Casa- [PN] **15** E3
Pécora, Fiume- **119** E1
Pecora, la- **121** C3
Pecorara [PC] **55** F3
Pecoraro, Monte- **7** EF4
Pecorile [RE] **87** CD1
Pecorone [TR] **123** B3
Pedaggera [CN] **67** D3
Pedaggera, la- [CN] **67** D4
Pedalta, Dosso- **41** E2
Pedana [AP] **127** B3
Pedara [AP] **127** B2
Pedaso [AP] **117** FG3
Pedavena [BL] **29** C2
Pedeguarda [TV] **29** D3
Pedemonte [GE] **69** C3-4
Pedemonte [PN] **31** C2
Pedemonte [SO] **25** A1-2
Pedemonte [VB] **21** E2
Pedemonte [VC] **21** B2
Pedemonte [VI] **27** D3
Pedemonte [VR] **43** D3-4
Péden [BL] **13** CD4
Pedenosso [SO] **9** D1-2
Pedergnaga-Orlano [BS] **57** DE1
Pedergnano [BS] **41** DE3
Pederiva [VI] **61** C1
Pederiva di Biádene [TV] **45** F2
Pederoa [BZ] **13** C1-2
Pederobba [TV] **45** E1
Pederu, Rifugio- **13** D2
Pederzano [TN] **27** BC3
Pedescala [VI] **45** B1-2
Pedesina [SO] **7** F4
Pediano [BO] **89** F3
Pedicciano [AQ] **141** B1
Pédina [PC] **71** C3
Pedocchio [VI] **61** C1
Pedogna [LU] **97** B3
Pedogna, Torrente- **97** B3
Pedona [LU] **97** A3
Pedone, Monte- **95** EF3
Pedráces / Pedratsches [BZ] **13** C2
Pedratsches / Pedráces [BZ] **13** C2
Pedrazzola [RE] **73** C2
Pedrengo [BG] **41** C2
Pedrignano [PR] **73** A2-3
Pedrocca [BS] **41** E3
Pedrolara [RN] **101** C2-3
Pedros [BZ] **1** B2
Pedrósola [RA] **99** CD2
Pedrotti, Rifugio- **29** BC1
Pedrotti e Tosa, Rifugi- **27** B1-2
Pedruna, Passo di- **9** C3
Pedum, Riserva Naturale Integrata del- **21** E1
Pedun, Cima- **21** E1
Peghera [BG] **23** F2
Pegherolo, Monte- **25** A2
Pegli [GE] **83** B2
Péglia, Monte- **123** D2-3
Péglio [CO] **7** D3-4
Péglio [FI] **99** B1-2
Péglio [PU] **107** D2
Pegognaga [MN] **73** CD1-2
Pégola [BO] **75** D3
Pegolotte [VE] **63** C2
Pèia [BG] **25** B3
Peilstein / Sasso, il- **11** B2
Péio [TN] **9** F2
Péio, Antica Fonte di- **9** F2
Péio, Valle di- **11** A3-4
Peio 3000 **9** F2
Peitler Kofel / Pútia, Sass de- **13** B1-2
Pej [PC] **69** E2
Pelagia, Cima- **23** DE2
Pélago [FI] **105** DE2
Pelato, Colle- **135** A1
Pelato, Monte- [LI] **103** C4
Pelato, Monte- [PG] **115** E2
Pelato, Monte- [TR] **131** E1
Pelato, Poggio- **131** E2
Peledo [CO] **7** E3
Pelf, Monte- **29** E1
Pelingo [PU] **107** EF3
Pelizzare [RO] **75** D1-2
Pelizzone, Passo di- **71** C3
Pella [NO] **21** E2-3
Pellaloco [MN] **59** C2
Pellarini, Rifugio- **17** DE2
Pellecchia, Monte- **139** C2
Pellegai [BL] **29** D2
Pellegra [CR] **57** C2
Pellegrina [VR] **59** E2
Pellegrino, Monte- **93** C2
Pellegrino Parmense [PR] **71** D3
Pellenchi [TO] **51** DE3
Péller, Monte- **11** B4
Péller, Rifugio- **11** B3-4
Pellescritta [AQ] **133** E1
Pellestrina [VE] **63** D2
Pellestrina, Litorale di- **63** D2
Péllice, Torrente- **65** EF2
Péllice, Val- **65** C2
Péllio Intelvi [CO] **23** C2
Pellizzano [TN] **11** A4
Pellizzari [AL] **55** AB2-3
Pellizzari [VI] **45** CD1-2
Pelmo, Monte- **13** D3
Pelone, Monte- **127** B3-4
Pelosa [PR] **85** B2
Pelosa, Monte la- **133** C1
Pélos di Cadore [BL] **13** F3
Pelosi [VR] **43** E3
Peloso, Monte- **111** C3
Peloso, Pizzo- **7** E2
Pelpi, Monte- **85** B1
Peltuinum **135** A3
Pelugo [TN] **27** A2
Pelvo d'Elva **65** C3
Penango [AT] **53** E2
Penaudbach / Pinalto, Rio di- **1** D2
Penavara [FE] **75** D3
Penazza [FE] **75** C2
Pendenza [RI] **133** CD2
Pendola, Monte- **41** DE2
Penegal **11** D3
Peneggi [PG] **125** C2
Peneto [AR] **107** A4
Penia [TN] **13** B3
Pénice, Monte- **69** E2
Pénice, Passo del- **69** E2
Penna [AR] **105** E3
Penna [AR] **105** F3-4
Penna, Monte- [AR] **107** A2
Penna, Monte- [BL] **13** DE3
Penna, Monte- [It.] **85** AB1-2
Penna, Monte- [PG] **115** E2
Penna, Monte- [PG] **115** B2
Penna, Monte- [RE] **87** C3
Penna, Monte della- **87** E3
Penna, Punta della- **143** C1-2
Penna, Torrente- **83** F2
Pennabilli [PU] **101** A3-4
Pennacchiera [FE] **77** B2
Penna di Lúcchio [LU] **97** D2
Pennadomo [CH] **141** F2-3
Penna in Teverina [TR] **131** DE1-2
Pennapiedimonte [CH] **141** EF1-2
Pennapizzuto, Colle- **141** F3
Pénnar [VI] **45** C1
Penna San Giovanni [MC] **117** D3
Penna Sant'Andrea [TE] **135** B1
Pennavàira, Rio- **93** E2
Pennazza, Passo della- **51** CD3
Penne [PE] **135** C2
Penne, Forca di- **135** BC3
Penne, Lago di- **135** C2
Penne, Pizzo di- **81** D2-3
Penne Blanche **19** E3
Pénnes / Pens [BZ] **3** A3
Pénnes, Passo di- / Penser Joch **3** A2-3
Pénnes, Val di- / Penser Tal **3** A3
Pennino, Monte- **115** F3
Penon / Penone [BZ] **11** D4
Penone / Penon [BZ] **11** D4
Pens / Pénnes [BZ] **3** A3
Penser Joch / Pénnes, Passo di- **3** A2-3
Penser Tal / Pénnes, Val di- **3** A3
Péntema [GE] **69** D3
Péntima [PC] **55** F3
Pentolina [SI] **111** EF2
Peónis [UD] **17** B3
Pequerel [TO] **51** D2
Pera [AP] **127** B2
Pera [BO] **91** B2
Pera [TN] **13** AB3
Pera, Monte- **13** F3
Pera, Torrente- **99** F3
Perabruna [CN] **81** C2
Peracchia [AP] **127** B3
Peraga [PD] **63** B1
Peraiola, La- **119** ins.a
Peralba, Monte- **15** D1
Perano [CH] **143** A2
Perarolo [PD] **63** B1
Perarolo [VI] **45** BC3-4
Perarolo di Cadore [BL] **13** EF3
Perazza, Case- [TR] **123** BC3
Perazzete, Poggio le- **121** E2-3
Perca / Percha [BZ] **3** D3
Percha / Perca [BZ] **3** D3
Percile [ROMA] **139** C2
Percoto [UD] **33** CD3
Percozzone [PU] **109** AB3
Perdioni [CN] **79** C2
Perdonig / Predonico [BZ] **11** D2-3
Pere, Colle di- **117** AB2
Peregallo [MI] **39** D1
Perego [LC] **23** DE3
Père Laurent, Monte- **19** E2
Perer [BL] **29** B2-3
Perer [TV] **29** C3
Péres, Piz da- **3** D3
Peressine [PN] **47** C1
Pereta [GR] **121** C3-4
Pereto [AQ] **139** D2
Pereto [PU] **107** C1-2
Peretola [FI] **105** BC2
Peretti [TO] **53** A3
Pergatti [AT] **53** F3
Pérgine Valdarno [AR] **105** EF4
Pérgine Valsugana [TN] **27** D2
Pergo [AR] **113** EF2
Pérgola [PU] **109** AB3
Pérgola [RA] **91** B3
Pergola Bella [PG] **115** B3
Pergolacce, Casa- [GR] **129** E1
Peri [VR] **43** D3-4
Periasc [AO] **19** G1-2
Perignano [PI] **103** D3
Perinaldo [IM] **93** BC3
Perinera [TO] **35** D3
Perino [PC] **71** AB2-3
Perino [PC] **71** AB2-3
Perlà [TO] **65** C1-2
Perla, Colle della- **79** E2-3
Perlasca [CO] **23** C2
Perledo [LC] **23** D1
Perletoa [AO] **21** A3
Perletta [CN] **81** D1-2
Perletto [CN] **67** E3
Perletto, Ponte di- [CN] **67** E3
Perlo [CN] **81** D1-2
Perlo, Torrente- **23** D2
Perloz [AO] **37** A1
Permoglia [SO] **9** D2
Perna, Cascina di- [ROMA] **145** C2
Pernasca [NO] **37** EF2-3
Pernate [NO] **37** FG2
Pernici, Rifugio- **27** A3
Perno [AT] **53** E3
Perno [CN] **67** C3
Perno Inferiore [AL] **53** E2
Pernúmia [PD] **61** E2
Pero [MI] **39** C1
Pero [MN] **59** C2
Pero [SV] **83** A2
Pero [TV] **47** AB2
Pero, Capo- **119** C1
Pero, il- [FI] **105** AB3
Pero dei Santi [AQ] **139** F3
Peroggio [RE] **73** C2
Perolla [GR] **111** D3
Peron [BL] **29** D1-2
Peron [BL] **13** F3
Peroni, Poggio- **119** E2
Perosa Argentina [TO] **51** DE3
Perosa Canavese [TO] **37** AB2
Perosso [MN] **59** A1-2
Perotta [PG] **115** C3
Perotti [PC] **71** B3-4
Peroulaz [AO] **19** D2
Perral [AO] **19** FG2
Perrères centrale, les- [AO] **19** F1
Perrero [TO] **35** F3
Perrero [TO] **51** D3
Perrona [AT] **53** E2-3
Pers [UD] **33** B1-2
Perseireano [UD] **33** C3
Persi [AL] **69** C2
Persichello [CR] **57** E2-3
Pérsico [CR] **57** E2
Pèrsico Dòsimo [CR] **57** E2-3
Persignano [AR] **105** E3
Persone [BS] **43** B2
Pert [PN] **15** E3
Pertegada [UD] **49** B2
Pertengo [VC] **37** E3
Pertéole [UD] **49** D1
Perti [SV] **81** EF2
Pértica, Monte- **45** D1
Pertica Alta [BS] **43** A2
Pertica Bassa [BS] **43** A2
Perticano [AN] **115** E1
Perticara [PU] **101** A3
Perticara, Monte della- **101** A3
Pertusella [VA] **39** C1
Pertusio [TO] **35** F2
Pertuso [AL] **69** D2
Pertuso [PC] **71** AB4
Perucca [CN] **67** B3-4
Perugia [PG] **115** C3
Perugia-Sant'Egidio, Aeroporto Nazionale di- **115** D3
Perugini, Bivacco- **13** F3
Peruzzo, Casa- [GR] **121** B1-2
Perzacco [VR] **61** B1
Pesa, Fiume- **105** C3
Pesa, la- [VR] **61** B2
Pesa, Torrente- **105** B2
Pesáriis [UD] **15** D1
Pesarina, Torrente- **15** D1
Pesarina, Val- **15** D1-2
Pesaro [PU] **101** E3
Pesatero, Monte- **135** B2-3
Pescaglia [LU] **97** B3
Pescáia, la- [GR] **121** B2
Pescallo [CO] **23** D1-2
Pescantina [VR] **43** CD3-4
Pescara [AP] **125** E3
Pescara [FE] **75** DE2
Pescara [PE] **135** E2
Pescara, Aeroporto Internazionale di- **135** DE2
Pescara, Fiume- **135** D3
Pescarola [MO] **87** E2
Pescarola [UD] **49** B2
Pescarolo [CR] **57** EF2
Pescarolo ed Uniti [CR] **57** EF2
Pescate [LC] **23** E2-3
Pescatori, Casotto dei- [GR] **121** AB3
Pescatori, Rifugio dei- [FG] **143** ins.a
Pescaù [CO] **23** CD2
Pesce, Masseria- [CB] **143** E3
Pescegallo [SO] **23** F1
Pescegallo, Lago di- **23** F1
Peschiena, Monte- **99** C3
Peschiera Borromeo [MI] **39** DE2
Peschiera del Garda [VR] **59** C1
Peschiera Maraglio [BS] **41** E2
Peschiere, le- [BI] **37** CD1
Péschio, Monte- **145** E2
Peschiola [CH] **143** B2
Peschiolo [AQ] **133** EF3
Péscia [PG] **125** D3
Péscia [PT] **97** CD3
Péscia, Torrente- **97** D3
Péscia Fiorentina [GR] **129** D2
Pesciano [PG] **123** E3
Péscia Romana [VT] **129** D2
Pescina [AQ] **141** B2
Pescina [FI] **99** A3
Pescina [FI] **105** D3
Pescina [GR] **121** E2

Pescina [PC] 71 A3
Pescincanna [PN] 31 D3
Pescine, Poggio delle- 113 A2
Pescocanale [AQ] 139 F3
Pescocostanzo [AQ] 141 E3
Pescomaggiore [AQ] 133 FG2
Pescone [VB] 21 E2
Pescopennataro [IS] 141 F3
Pescorocchiano [RI] 139 D1
Pescosansonesco [PE] 141 D1
Pescosansonesco Vecchio [PE] 141 D1
Pescul [BL] 13 D3
Peséggia [VE] 45 FG3
Pesek di Grozzana [TS] 49 G3
Pésina [VR] 43 C3
Pésio, Certosa di- 79 E2
Pésio, Torrente- 67 C4
Pésio, Valle- 81 B1-2
Pessa, la- [SO] 25 B2
Pessano [MI] 39 E1
Pessano con Bornago [MI] 39 E1
Pessina [VA] 21 FG2
Pessina Cremonese [CR] 57 F2
Pessinea [TO] 35 DE3
Pessinetto [TO] 35 E3
Pessione [TO] 53 BC3
Pesso, Monte- 41 F3
Péssola [PR] 71 D4
Péssola, Torrente- 71 D4
Pesta, la- [GR] 121 A1-2
Pestarena [VB] 21 BC2
Pestrino [PU] 107 E2-3
Petacciato [CB] 143 CD2
Petacciato Marina [CB] 143 CD2
Petano, Monte- 133 BC1
Petazzano [PG] 115 D1
Petersberg / Monte San Pietro [BZ] 11 E3
Petigliolo [FI] 105 C2-3
Petrana [RI] 125 E3-4
Petrano, Monte- 107 E3
Petrara [PU] 109 A3-4
Petrarca, Rifugio- 1 E2
Petrarvella, Monte- 115 A3
Petrazzi [FI] 105 AB3
Petrella Guidi [PU] 107 C1-2
Petrella Liri [AQ] 139 E2
Petrella Massana [AR] 107 C2
Petrella Salto [RI] 133 D3
Petrelle [PG] 115 A1
Petrelle, Casa- [PU] 107 D2
Petriano [PU] 109 A2
Petricci [GR] 121 E3
Petriccio, Poggio- 121 A3
Petrignácola [PR] 87 A1-2
Petrignano [PG] 113 E2-3
Petrignano [PG] 115 D3
Petrignone [FC] 99 E1
Petriolo [FI] 105 D2
Petriolo [MC] 117 D2
Petriolo, Fattoria- [SI] 113 D2-3
Petrítoli [AP] 117 E3
Petrognano [FI] 99 C3
Petrognano [FI] 105 B3
Petrognano [LU] 97 C3
Petróia [PG] 115 D2
Petróia [PG] 115 E2
Petróio [SI] 113 CD3
Petróio [SI] 113 A1
Petrona [FI] 99 AB3
Petrónico, Torrente- 135 C1
Petronio, Torrente- 95 B3
Petroro [PG] 123 E2-3
Petrucci [PT] 97 E3
Pettenasco [NO] 21 E2-3
Pettinara [RA] 91 BC3
Pettinengo [BI] 37 C1
Pettino [PG] 125 B2
Pettorano sul Gizio [AQ] 141 D3
Pettorazza Grimani [RO] 63 B3
Pettorazza Papafava [RO] 63 B3
Peuma, Monte- 29 C3
Peveragno [CN] 79 E1-2
Peveranza [VA] 23 AB3
Peyronel, Giardino Botanico- 65 C2
Pez [BL] 29 C2
Pezza, Monte- 13 C3
Pezza, Piana di- 133 F3
Pezza, Vado di- 139 F1
Pezzan [TV] 47 A2
Pezzan [TV] 45 F2
Pezzana [VC] 37 E3
Pezzatti [TN] 43 E2
Pezzaze [BS] 41 F2
Pezzea [CN] 67 D3
Pezzeda [BS] 43 A2
Pezzeit [UD] 17 CD2
Pezzo [BS] 9 EF3
Pezzolo [RA] 91 D2
Pezzolo Valle Uzzone [CN] 67 E3
Pezzoro [BS] 41 F2
Pfalzen / Fálzes [BZ] 3 D3
Pfannhorn 3 F3
Pfann-Horn 3 F2
Pfanntörl 3 F3
Pfarre Enneberg / Pieve di Marebbe [BZ] 3 D3
Pfatten / Vadena [BZ] 11 D3
Pfelderer Tal / Plan, Val di- 1 E2
Pfelders / Plan [BZ] 1 E2
Pfitsch / Val di Vizze [BZ] 3 AB2
Pfitscher Joch / Vizze, Passo di- 3 B1-2
Pfitscher Tal / Vizze, Val di- 3 B2
Pflaurenz / Floronzo [BZ] 3 D3
Pflerscher Tribulaun 1 FG1
Pflerschtal / Fléres, Val di- 1 FG1
Pflung / Vallone [BZ] 3 E3
Pfossental / Fosse, Val di- 1 D2
Pfundererbach / Fúndres, Rio- 3 C2
Pfunderer Tal / Fúndres, Val di- 3 C2
Pfunders / Fúndres [BZ] 3 C2
Pfurnsee / Forno, Lago del- 1 F1
Piacentina [RO] 75 D2
Piacenza [PC] 57 BC3
Piacenza d'Ádige [PD] 61 D3
Piada, Punta della- 25 B2
Piádena [CR] 59 A3
Piagge [AN] 109 C3-4
Piagge [AP] 127 C2-3
Piagge [PG] 115 E2
Piagge [PU] 109 B2
Piaggia [AQ] 133 EF2-3
Piággia [CN] 93 C2
Piaggia [PG] 125 C2
Piággia [VB] 21 F1
Piággio di Valmara [VB] 5 G3
Piaggiogna [VC] 21 C2-3
Piaggione [LU] 97 BC3
Piággori [LU] 97 C3
Piaghedo [CO] 7 D3-4
Piagna [MS] 85 C2-3
Piagnolo [RE] 85 FG1
Piai [TO] 53 D2
Piai [TV] 29 EF2-3
Piáia [BL] 13 C3
Piaie Longhe-Millifret 31 B2
Piallassa della Baiona 91 E1
Pialpetta [TO] 35 D2
Piamággio [BO] 99 A1
Piamborno [BS] 25 D3
Piammartino [MC] 117 C1
Piampaludo [SV] 83 A1-2
Piamprato [TO] 35 F1
Pian [BL] 13 CD3
Piana [AL] 67 F3
Piana [CN] 65 E3
Piana [PG] 113 EF3
Piana [PV] 55 D3
Piana [TO] 35 F3
Piana [VC] 21 C2
Piana [VI] 45 A3
Piana, Cima- 19 F2-3
Piana, Pieve di- 113 B2-3
Piana, Podere- [PG] 115 C3
Piana Battolla [SP] 85 CD3
Pianacci [GR] 113 B3
Pianaccino, Monte- 99 C1-2
Pianaccio [BO] 97 DE2
Piana Crixia [SV] 67 E3-4
Piana Crixia, Parco Naturale di- 67 E3
Pianadelle [PC] 71 A3
Piana del Sole [ROMA] 145 B1-2
Pianadetto [PR] 85 E2
Piana di Forno [VB] 21 D2
Piana di Vigezzo 5 EF2-3
Pianagrande della Maielletta, Riserva Naturale- 141 E1-2
Piana La Fara [CH] 143 A2
Pianali, Podere- [LI] 111 B3
Pianaronda [VC] 21 D2
Piana San Raffaele [TO] 53 BC1-2
Pianavia [IM] 93 D3
Pianaz [BL] 13 D3
Pianazze, Passo delle- 71 B4
Pianazzi 69 A3
Pianazzo [PR] 85 A2
Pianazzo [SO] 7 DE2
Pianazzo, Monte- 71 D3
Pian Bausano [TO] 35 E3
Pianbello, Monte- 23 AB2
Pian Bernardo [CN] 81 C2
Piancada [UD] 49 B2
Piancalcaio, Casa- [GR] 129 D1
Piancáldoli [FI] 99 B1
Pian Camuno [BS] 41 E1-2
Piancarani [TE] 127 D3
Piancasale [PC] 69 F2
Pian Castagna [AL] 69 A3
Piancastagnáio [SI] 123 A2
Piancavallo 31 C2
Piancavallo [PN] 31 BC2
Piancavallo [PN] 31 BC2
Pian Cavallo [VB] 21 F1
Pian Cavallo, Cima- 81 B3
Pian Cavallone 21 F1
Pian Cavallone, Rifugio- 21 F1
Pianceri Alto [BI] 21 D3
Piancerreto [AL] 53 E2
Pianche [CN] 79 B2
Pianchiosso [CN] 81 D2
Pianciano, Monte- 125 BC3
Piancogno [BS] 25 D3
Piancone [BI] 21 C3
Pian d'Alma [GR] 119 E1
Pian d'Assino [PG] 115 C2
Pian d'Audi [TO] 35 EF2
Pian dei Bighi [GR] 121 B2
Pian dei Cavalli [SO] 9 C3
Pian dei Fiacconi, Rifugio- 13 BC3
Pian dei Manzi [GE] 83 E2
Piandeipreti [GE] 83 DE2
Pian dei Ratti [GE] 83 E2
Pian dei Sette, Poggio- 123 C2
Piandelagotti [MO] 97 BC1
Pian del Colle [TO] 51 AB2
Pian della Chiesa [GE] 69 E3-4
Pian del Lago, Cima- 1 A2
Pian della Mussa [TO] 35 CD3
Pian della Regina 25 E2
Pian della Serra [PG] 107 D3
Pian delle Fugazze, Passo- 43 EF2
Pian dell'Elmo [MC] 117 B1-2
Pian delle Mérie [PN] 31 D1
Pian delle Vigne-Camigliano, Stazione- 113 B3
Piandelloro [AP] 127 B2-3
Pian dell'Osteria [BL] 31 B2
Pian del Moro [IM] 93 C3
Pian del Noce [MC] 125 D1-2
Pian de Lóbbia [BL] 13 C3
Pian del Poggio [PV] 69 E2
Pian del Re [CN] 65 C2
Piandema [TO] 35 E2
Pian de' Valli [RI] 133 C2
Pian di Balestra [BO] 99 A1-2
Pian di Barca [SP] 95 B1-2
Pian di Casale [BO] 97 EF1
Piandicastello [PU] 107 E1
Pian di Cerreto [LU] 97 B2
Pian di Landro-Baldassarre 31 B2
Pian di Láris [UD] 17 B1
Pian di Lúcchio [PU] 107 EF4
Pian di Mácina [BO] 89 CD2
Pian di Mággio, Monte- 107 A3-4
Piandimáia, ex Bagni di- / Maistatt, Bad- [BZ] 3 F3
Pian di Marte [PG] 115 B2
Piandimeleto [PU] 107 D2
Pian di Molino [PU] 107 D3
Pian di Morrano [GR] 129 E1
Pian di Nappa, Monte- 131 DE1
Pian di Novello [PT] 97 D2
Pian di Palma, Necrópoli di- 121 DE3
Pian di Ponte [AR] 105 FG2
Pian di Rocca [GR] 119 E2
Pian di Rocchetta [AN] 109 B4
Pian di Rosce [RI] 133 C2
Pian di Rote, Monte- 107 B1-2
Pian di San Martino [PG] 123 E3
Pian di Scò [AR] 105 E3
Piandisetta [BO] 89 BC3
Pian di Spille [VT] 129 EF3
Pian di Vedóia [BL] 29 E1
Pian di Vénola [BO] 89 BC2-3
Pian di Ventena [RN] 101 CD3
Pian di Vico, Fosso- 131 AB2
Piandoli [PG] 125 C3
Piane [AP] 127 B2
Piane [MC] 117 AB2
Piane [PV] 55 EF2
Piane [TO] 37 BC2
Piane [TO] 35 E2
Piane, le- [AP] 117 E3
Piane, le- [VC] 21 D2
Piane di Falerone [AP] 117 D3
Piane di Mocogno [MO] 87 DE3
Pianella [PE] 135 D2
Pianella [SI] 113 B1
Pianelleto [PR] 71 C4
Pianello [AN] 109 C3
Pianello [AN] 109 C3-4
Pianello [PG] 115 D3
Pianello [PU] 107 E3
Pianello del Lario [CO] 7 D4
Pianello Val Tidone [PC] 55 F3
Pianengo [CR] 57 C1
Pianese, Casa- [GR] 129 D2
Piane Sésia [VC] 21 D3-4
Pianeta [VI] 45 B3
Pianetti [AT] 53 D3
Pianetti [GR] 121 C2-3
Pianetto [CN] 79 D1-2
Pianetto [FC] 99 E2-3
Pianetto [TO] 35 F1
Pianetto [TO] 35 D3
Pianettole [AR] 107 B3
Pianezza [GE] 83 E2
Pianezza [RI] 133 D1
Pianezza [TO] 51 G2
Pianezze [TV] 29 D3
Pianezze [VI] 45 C2
Pianezzo [MO] 87 D2-3
Pianézzoli [FI] 103 F2
Pianfei [CN] 81 B1
Pianfei, Stazione- 81 B1
Pian Gelassa [TO] 51 D2
Pian Gembro, Riserva Naturale- 25 CD1
Pian Gimont, Rifugio- 51 B3
Piangipane [RA] 91 D2
Piani [AL] 67 EF3
Piani [CN] 81 C1
Piani [IM] 93 D3
Piani [TO] 35 F2
Piani [UD] 17 B2
Piani, i- 15 DE3
Piani, Pizzi dei- 7 D2
Pianiano [VT] 129 F1-2
Piánico [BG] 41 E2
Piani dell'Avaro [BG] 23 F1
Piani d'Erna [CO] 23 E2
Piani di Bobbio [LC] 23 E2
Piani di Là [UD] 17 D2
Piani di Luzza [UD] 15 D1
Piani di Póggio Fidoni [RI] 133 B2
Piani di Praglia [GE] 69 B3
Piani Eterni-Errera-Val Falcina, Riserva Naturale- 29 CD2
Pianiga [VE] 63 C1
Piani Resinelli [LC] 23 E2
Pianissolo [SV] 81 DE1
Pianizza di Sopra / Ober-Planitzing [BZ] 11 D3
Pianizza di Sotto / Unter-Planitzing [BZ] 11 D3
Pianlago [AL] 67 F3
Pianlargo / Breiteben [BZ] 1 F1-2
Pian Múcini, Podere- [GR] 111 D3
Pian Muné 65 D3
Pianneiretto 51 E2
Piano [AN] 109 AB4
Piano [AP] 125 EF2
Piano [AT] 67 DE1-2
Piano [BG] 41 D2
Piano [CN] 81 C1
Piano [CN] 81 D1-2
Piano [PU] 107 D3
Piano [RO] 77 D2
Piano [SI] 113 D2-3
Piano [SV] 81 DE1-2
Piano [TO] 51 E3
Piano, Casa del- [GR] 129 C1
Piano, il- [AQ] 135 B3
Piano, il- [MO] 87 E3
Piano, Il- [VT] 131 E2
Piano, Lago di- 23 CD1
Piano, Monte- [FC] 99 E3
Piano, Monte- [TE] 133 F1
Piano d'Arta [UD] 17 AB1-2
Piano degli Ontani, Riserva Naturale- 97 D2
Piano del Cansiglio [BL] 31 B2
Piano della Pieve [PG] 115 DE3
Piano della Regina [CN] 65 C2
Piano della Rocca [LU] 97 C2-3
Piano delle Noci [CO] 23 C2
Piano dell'Ospedale [CH] 143 B2
Piano del Tivano [CO] 23 D2
Piano del Vóglio [BO] 97 G1-2
Piano di Coréglia [LU] 97 BC2
Piano di Follo [SP] 95 C1-2
Piano di Nese [PG] 115 B2
Piano di Pratorsi [PT] 97 DE2
Piano Fiumata [TE] 127 B3-4
Piano Grande [TE] 127 C3-4
Piánola [AQ] 133 F2-3
Piano Maggiore [TE] 127 C3
Pianone 41 D1-2
Pianora [AR] 107 A2-3
Pianore [PI] 103 DE2
Pianore, Le- [LU] 95 E3
Piano Ristéccio [TE] 127 C3
Pianoro [BO] 89 CD2
Pianoro Vecchio 89 CD2
Pianorso [MO] 87 E2
Pianosa [LI] 119 A3
Pianosa, Isola- [FG] 143 ins.a
Pianosa, Isola- [LI] 119 A3
Piano San Pietro [TE] 127 C3
Pianosinático [PT] 97 D2
Piano Soprano [SV] 81 E2
Piano Sottano [SV] 81 E2
Pian Palù, Lago di- 9 F2-3
Pian Paradiso, Stazione- 131 E3
Pianrocchetta [SV] 81 E1
Piansano [VT] 131 AB1
Pianta [BO] 89 E2
Piante [PN] 31 C2
Piantedo [SO] 7 E4
Piantivello [AT] 67 E3
Piantonetto, Valle di- 35 E2
Piantoni [VE] 63 C1
Piantónia [PR] 71 E3-4
Piantorre [CN] 81 C1
Piantravigne [AR] 105 E3
Pian Trevisan [TN] 13 BC3
Pian Zaeta, Monte- 125 E3
Pianzano [RE] 87 D2
Pianzano [TV] 31 B3
Piario [BG] 25 B3
Piasco [CN] 65 E3
Piastra [MS] 95 D2
Piastra, Lago della- 79 D2
Piastre, le- [PT] 97 DE2-3
Piastrino, Casa- [GR] 111 DE3
Piateda [SO] 25 B1-2
Piateda Alta [SO] 25 B2
Piatou [TO] 35 E2
Piatta [CN] 79 CD1
Piatta [SO] 25 AB1-2
Piatta [SO] 9 E2
Piatta, Cima- / Plattspitz 3 B2
Piatto [BI] 37 C1
Piatto, Lago- 97 C2
Piatto, Monte- 123 D3
Piattoni-Villa Sant'Antonio [AP] 127 CD2
Piave, Fiume- 47 D3
Piave di Visdende, Fiume- 15 CD1
Piavenna / Plawenn [BZ] 1 B2
Piave Nuovo [VE] 47 C3
Piave Vécchia [VE] 47 C3
Piave Vecchia, Case- [VE] 47 C3
Piave Vécchia, Porto di- 63 F1
Piavon [TV] 47 C2
Piaz, Rifugio dal- 29 B2
Piazza [AL] 67 FG3
Piazza [BG] 41 DE1-2
Piazza [BS] 41 E3
Piazza [BS] 43 A3-4
Piazza [PI] 103 D3
Piazza [PR] 73 A3
Piazza [PT] 97 DE3
Piazza [RO] 77 BC1-2
Piazza [SI] 105 C3
Piazza [SO] 9 E2
Piazza [SP] 85 B3
Piazza [SP] 85 C3
Piazza [TN] 43 E1
Piazza [TO] 51 F2-3
Piazza [VI] 45 C2
Piazza al Sérchio [LU] 97 A1
Piazza Brembana [BG] 23 F2
Piazza Caduti [BG] 41 AB2
Piazza dei Tori, Poggio- 129 E1
Piazza del Diavolo, Riserva Naturale- 29 C2
Piazza del Gobo [BL] 13 F2
Piazza di Bráncoli [LU] 97 C3
Piazza di Sabbione, La- [RE] 87 E1
Piazza di Siena 113 CD2-3
Piazzana [LU] 97 C2
Piazzanello [LU] 97 B3
Piazzano [AL] 53 E1-2
Piazzano [CH] 143 A2
Piazzano [FI] 99 B3
Piazzano [LU] 97 B3
Piazzanuova [RE] 73 B2
Piazzatorre [BG] 25 A2-3
Piazza Vécchia [VE] 63 C1
Piazze [SI] 123 B2
Piazze, Lago delle- 27 D1-2
Piazze, le- [TN] 27 D1-2
Piazzeda [SO] 25 C1
Piazzetta, la- [SI] 105 AB3-4
Piazzette [TO] 35 D3
Piazzi, Cima de'- 9 D2
Piazzo [GE] 69 CD2-3
Piazzo [TN] 27 D1-2
Piazzo [TO] 53 CD1-2
Piazzola sul Brenta [PD] 45 D3
Piazzolo [BG] 23 FG2
Picca, la- [MO] 73 E2
Picca, Monte- 135 BC3
Piccarello [GE] 69 C3-4
Picchetta [NO] 39 A1
Picchiara, Monte- 85 C2-3
Piccianello [PE] 135 CD1-2
Picciano [PE] 135 C2
Picciche [PG] 125 B2
Piccione [PG] 115 CD2
Picco, Forcella del- 3 F1
Piccola, Cala- 129 B2
Piccolein / Piccolino [BZ] 13 C1
Piccoli [PC] 71 AB3
Piccolini [PV] 39 AB2-3
Piccolino / Piccolein [BZ] 13 C1
Piccolo, Lago- 51 F2
Piccolo, Lago di- 25 D2
Piccolo Paradiso 35 D1
Piccolo San Bernardo, Colle del- 19 B2-3
Picedo [BS] 43 AB3
Picenengo [CR] 57 D2-3
Picenze [AQ] 133 G2-3
Piciât, Monte- 17 B2-3
Picógnola, Casa- [PG] 115 D1
Picógnola, Monte- 115 D1
Pidéura [RA] 91 B3
Pidigalm / Pudio, Malga- 3 F2
Pidócchio, Monte- 141 F3
Piéa [AT] 53 D2
Piecorto [SI] 105 BC3
Piede [MC] 117 B2
Piè del Colle [MC] 117 BC3
Piè del Colle [PG] 125 D2
Piedelpóggio [RI] 133 CD1
Pièdelsasso [MC] 125 CD1-2
Piedicavallo [BI] 21 B3
Piedicolle [AQ] 133 E1
Piedicolle [PG] 123 E2
Piedicolle [RI] 133 C1-2
Piedilago [VB] 5 DE2
Piedilama [AP] 125 E3
Piediluco [TR] 133 B1
Piediluco, Lago di- 133 B1
Piedim [UD] 17 B2
Piedimeggiana [VC] 21 C3
Pié di Móggio [RI] 133 B1-2
Piedimonte [FI] 99 BC2
Piedimonte [TR] 133 A1
Piedimulera [VB] 21 D1
Piedipaterno [PG] 125 C3
Piediripa [MC] 117 D2
Piediripa [PG] 125 D3
Piedivalle [AP] 125 E2
Piedivalle [PG] 125 D2
Pié di Via [PR] 71 D3
Piedo, Monte- 13 FG2
Piega 101 A3
Piegáio [AR] 115 A1-2
Piegáio [LU] 97 B3
Piegaro [PG] 123 C2
Pieggio [VB] 21 F1-2
Pieia [PU] 107 E3
Pié la Costa [AQ] 133 E2-3
Pié la Villa [AQ] 133 E3
Pieltinis, Monte- 15 D1-2
Pielungo [PN] 15 E3
Pienasca, Cima di- 65 B3
Pienza [SI] 113 CD3
Piepasso [AL] 53 F3
Piera, la- [RO] 75 D1
Pierabec [UD] 15 D1
Pieracci, i- [PG] 113 E2-3
Pieránica [CR] 57 B1
Pierantonio [PG] 115 C2
Piéria [UD] 15 D1
Piéris [GO] 49 D2
Pierle [AR] 115 A2
Piero, Poggio di- 121 B2
Pierosà [BL] 13 D2
Pierosara [AN] 117 A1
Pierre, Punta de la- 19 D2-3
Pierremenaud [TO] 51 B2
Piétole [MN] 59 C3
Pietra [PD] 63 B2-3
Pietra, Castel- 27 C3
Pietra, Castello della- 69 CD3
Pietra, Castello di- 121 A2
Pietra, la- [TO] 53 CD1-2
Pietra, Monte- 99 F3
Pietra Aspra, Monte- 135 B2
Pietra Beretta 87 E2-3
Pietrabissara [GE] 69 C2-3
Pietrabona, Cala di- 129 A3
Pietrabruna [IM] 93 D3
Pietrabuona [PT] 97 CD3
Pietracamela [TE] 133 G1
Pietracolora [BO] 87 F3
Pietracuta [PU] 101 B3
Pietra de' Giorgi [PV] 55 E2
Pietra dell'Uso [FC] 101 A3
Pietra di Corvo 69 F1-2
Pietraferrazzana [CH] 141 G3
Pietrafilaia, Podere- [PI] 111 B1
Pietrafitta [PG] 123 D1-2
Pietrafitta [SI] 105 C3-4
Pietraforte [RI] 139 CD1-2
Pietrafráccia [GE] 69 C3
Pietragavina [PV] 69 E1-2
Pietra Gentile, Monte- 141 C3
Pietra Grande 27 B1
Pietragrossa, Monte- 141 B1
Pietraguisa [MO] 87 D3
Pietráia [AR] 113 E2
Pietráia [PG] 115 B3
Pietralacroce [AN] 109 F3
Pietralata, Monte- 107 F3
Pietralavezzara [GE] 69 C3
Pietralba / Weißenstein [BZ] 11 E3
Pietra Lígure [SV] 81 E2-3
Pietralta [TE] 127 B3
Pietralunga [PG] 107 D4
Pietramaggiore, Cresta di- 141 DE2-3
Pietramala [FI] 99 AB1-2
Pietra Marazzi [AL] 55 AB3
Pietramáura [PU] 101 B3
Pietramelina [PG] 115 C2
Pietramogolana [PR] 71 D4
Pietramora [RA] 99 E1
Pietramurata [TN] 27 B2
Pietranera [GE] 69 E3
Pietranico [PE] 135 C3
Pietransieri [AQ] 141 E3
Pietra Parcellara 71 A2-3
Pietrapazza [FC] 99 E3-4
Pietra Pertusa, Monte- 97 C3
Pietrapiana [FI] 105 E2
Pietraporciana, Poggio- 113 D3
Pietraporciana, Riserva Naturale- 113 D3
Pietraporzio [CN] 79 B1-2
Pietrarada [PR] 71 C4
Pietra Rossa, Lago di- 19 BC2
Pietra Rossa, Punta di- 9 E2-3
Pietrarubbia [PU] 107 D2
Pietrasanta [LU] 95 E3
Pietrascritta, Monte- 141 B3
Pietrasecca [AQ] 139 D2
Pietra Stretta 127 C3
Pietratagliata [UD] 17 C2
Pietrauta [PG] 125 A2
Pietravecchia, Monte- 93 BC2-3
Pietraviva [AR] 113 C1
Pietrolungo, Monte- 115 DE3
Pietroso, Monte- 117 AB1
Pievasciata [SI] 113 B1
Pieve [AL] 69 AB2-3
Pieve [BL] 13 DE2
Pieve [BL] 13 E3
Pieve [BS] 43 A2-3
Pieve [BS] 59 A1

Pieve [BS] **43** C2
Pieve [BS] **41** F2-3
Pieve [BS] **41** DE3-4
Pieve [FI] **99** A3
Pieve [GE] **69** C3
Pieve [LU] **97** AB3
Pieve [MC] **125** D2
Pieve [MC] **117** D2
Pieve [MS] **85** DE3
Pieve [PC] **69** EF2
Pieve [PD] **45** D3
Pieve [PI] **103** EF1-2
Pieve [PN] **31** C3
Pieve [PR] **71** C4
Pieve [PV] **55** B1-2
Pieve [RE] **73** BC2
Pieve [SI] **113** D2
Pieve [TO] **51** F3
Pieve [TV] **45** E1
Pieve [VR] **59** E1
Pieve, La- **15** EF2
Pieve, la- [GR] **121** C3-4
Pieve, la- [PU] **101** AB3
Pieve, la- [SI] **121** D1-2
Pieve, la- [SI] **113** C1
Pieve, Monte della- **131** B1-2
Pieve, Santuario della- **41** D4
Pieve a Chianni **103** F3
Pieve a Élici [LU] **97** AB3
Pieve Albignola [PV] **55** C2
Pieve Alta [GE] **83** D2
Pieve al Toppo [AR] **113** D1
Pieve a Maiano [AR] **105** F3-4
Pieve a Niévole [PT] **97** D3
Pieve a Pitiana [FI] **105** DE2
Pieve a Pitti, Villa- [PI] **103** E3-4
Pieve a Presciano [AR] **105** EF4
Pieve a Salti [SI] **113** C3
Pievebelvicino [VI] **45** A2
Pievebovigliana [MC] **117** B3
Pieve Caina [PG] **123** D1-2
Pievécchia [FI] **105** D2
Pieve d'Alpago [BL] **31** AB1-2
Pieve del Càiro [PV] **55** B2
Pieve delle Rose **107** C3
Pieve Delmona [CR] **57** E2-3
Pieve del Pino **89** C2
Pieve del Tho [RA] **99** D1
Pieve del Véscovo [PG] **115** B3
Pieve di Bono [TN] **25** F3
Pieve di Bráncoli [LU] **97** BC3
Pieve di Búdrio [BO] **89** DE1
Pieve di Cadore [BL] **13** F3
Pieve di Cadore, Lago di- **13** F3
Pieve di Cagna [PU] **107** E2
Pieve di Campi [PR] **85** BC2
Pieve di Carpegna [PU] **107** CD2
Pieve di Cásio [BO] **97** F1-2
Pieve di Castévoli [MS] **85** D3
Pieve di Cento [BO] **75** B3
Pieve di Cesato [RA] **91** C2-3
Pieve di Chio [AR] **113** E1
Pieve di Cómpito [LU] **103** D2
Pieve di Compresseto [PG] **115** DE2
Pieve di Concésio [BS] **41** F3
Pieve di Controne [LU] **97** C2
Pieve di Coriano [MN] **73** E1
Pieve di Cusignano [PR] **71** E3
Pieve di Gusaliggio [PR] **85** D1
Pieve di Ledro [TN] **43** C1
Pieve di Livinallongo [BL] **13** C3
Pieve di Marebbe / Pfarre Enneberg [BZ] **3** D3
Pieve di Panzano [FI] **105** C3
Pieve di Rigutino [AR] **113** E1
Pieve di Rivóschio [FC] **99** F2-3
Pieve di Romena [AR] **105** F2
Pieve di Saddi **107** D4
Pieve di Sant'Andrea [BO] **89** E2-3
Pieve di Scalenghe [TO] **51** FG3
Pieve di Soligo [TV] **45** FG1
Pieve di Stadera [PC] **55** E3
Pieve di Teco [IM] **93** D2
Pieve di Zignago [SP] **85** C3
Pievedizio [BS] **41** E4
Pieve d'Olmi [CR] **57** E3
Pieve Dugliara [PC] **71** B2
Pieve Emanuele [MI] **39** D2
Pievefávera [MC] **117** BC3
Pievefávera, Lago di- **117** BC3
Pieve Fissiraga [LO] **39** E3
Pieve Fosciana [LU] **97** B2
Pieve Grumone [CR] **57** E2
Pieve Lígure [GE] **83** D2
Pievelunga [TR] **123** C2
Pieve Modolena [RE] **73** B3
Pieve Ottoville [PR] **57** E3
Pieve Pagliaccia [PG] **115** C2-3
Pievepélago [MO] **97** C1
Pieve Petróia [PG] **115** BC2
Pieve Pontenano [AR] **105** F3
Pieve Porto Morone [PV] **55** F2
Pievequinta [FC] **91** D3
Pieve Rossa [RE] **73** BC3
Pieve Saliceto [RE] **73** B2
Pieve Salutare [FC] **99** E1-2
Pieve San Giacomo [CR] **57** EF3
Pieve San Giovanni [AR] **105** F3
Pieve San Lorenzo [LU] **85** F3
Pieve San Nicoló [PG] **115** D3
Pieve San Páolo [LU] **103** D1-2
Pieve Santa Luce [PI] **103** D4
Pieve Santo Stéfano [AR] **107** B2-3
Pieve San Vincenzo [RE] **87** B2
Pievescola [SI] **111** E2
Pieve Socana [AR] **105** F2-3
Pieve Terzagni [CR] **57** F2
Pieve Tesino [TN] **27** F2
Pieve Torina [MC] **117** B3
Pieve Trébbio [MO] **87** F2
Pievetta [CN] **81** D2
Pievetta [GE] **85** A1
Pievetta-Dogana Po [PC] **57** A3
Pieve Vecchia [AR] **113** D2
Pieve Vecchia [BS] **43** B3
Pieve Vecchia [BS] **43** A2
Pieve Vecchia [GR] **121** C2
Pieve Vecchia [PI] **103** C3-4
Pieve Vergonte [VB] **21** D1-2
Pievina [SI] **113** BC2
Pigazzano [PC] **71** B2
Pigelleto, Riserva Naturale- **121** EF3
Pigge [PG] **125** B2
Piglimó, Corno- **21** B2
Piglio [FR] **139** D3
Píglio, Monte- **131** E1
Piglione, Monte- **97** B3
Pigna [IM] **93** BC3
Pigna [SV] **93** E3
Pigna, Cima della- **81** AB2
Pignan [PD] **45** F3
Pignano [AN] **115** F1
Pignano [PI] **111** D1
Pignano [UD] **31** E1-2
Pigno [PU] **107** EF3
Pignona [SP] **85** C3
Pignone [PR] **87** B2
Pignone [SP] **85** C3
Pigozzo [VR] **43** E3-4
Pigra [CO] **23** C2
Pila [AO] **19** D2
Pila [AO] **19** D2
Pila [PG] **115** BC3
Pila [RO] **77** E2
Pila [VC] **21** C3
Pila, La- [LI] **119** B2
Pilarciano [FI] **99** B3
Pilastrello [FE] **75** B3
Pilastrello [PD] **61** DE2
Pilastri [FE] **75** B2
Pilastrino [BO] **89** B2
Pilastro [MN] **59** B3
Pilastro [PR] **71** F3
Pilastro [RA] **91** D2-3
Pilastro [RO] **77** D1
Pilastro [VI] **61** CD1-2
Pilastro [VR] **61** B2
Pilato, Lago di- **125** E2-3
Pilcante [TN] **43** D2
Piletta [BI] **37** BC1-2
Pili [CH] **143** AD2
Pillaz [AO] **21** B3-4
Pille [MN] **59** BC1
Pillo [FI] **103** F3
Pilone [Eur.] **5** F2
Pilone [MN] **59** B2-3
Pilone [PU] **109** B2
Pilone di Piovale [CN] **65** D2
Piloni [GR] **111** E3
Piloni [TR] **131** F2
Pilónico Materno [PG] **115** B3
Pilónico Paterno [PG] **115** CD2-3
Pilota [RE] **73** AB2-3
Pilotti [MC] **117** D3
Pilzone [BS] **41** E2-3
Pin, Monte- **11** B3
Pinacce [TE] **135** D1
Pinalto, Rio di- / Penaudbach **1** D2
Pinarella [RA] **101** B1
Pinarolo Po [PV] **55** DE2
Pinasca [TO] **51** E3
Pincaldo, Monte- **27** D1
Pincara [RO] **75** D1-2
Pineda [UD] **49** B2
Pinedo [PN] **15** B3
Pinei [BL] **29** D1
Pinerolo [TO] **51** EF3
Pinet [CN] **79** C2
Pineta [PE] **135** E2
Pineta di Appiano Gentile e Tradate, Parco Regionale della- **23** B3
Pineta di Castel Fusano, Parco- **145** B2
Pineta di Santa Filomena, Riserva Naturale- **135** DE1-2
Pinete [FI] **103** E2
Pineto [TE] **135** D1
Pineto, Parco- **145** C1
Pinetti [RE] **73** B2
Pini, Monte dei- **49** FG2-3
Pinidello [TV] **31** B3
Piniè [BL] **13** F2-3
Pino [ROMA] **137** E2-3
Pino [SI] **113** D2
Pino, il- [FI] **105** B3
Pino, il- [LI] **103** E2-3
Pino, Il- [ROMA] **137** E2-3
Pinocchio [AN] **109** EF3
Pinocchio, Parco di- **97** C3
Pino d'Asti [AT] **53** CD2
Pino Soprano [GE] **83** C2
Pino sulla Sponda del Lago Maggiore [VA] **7** A4
Pino Torinese [TO] **53** B2
Pinto [MC] **117** D2
Pinto, Fiume- **125** E3
Pintura di Bolognola [MC] **125** E1-2
Pinzagen / Pinzago [BZ] **3** B3
Pinzago / Pinzagen [BZ] **3** B3
Pinzano [MI] **39** C1
Pinzano al Tagliamento [PN] **31** E1
Pinzat, Monte- **15** C3
Pinzo, Poggio- **121** E3
Pinzolo [TN] **27** A1-2
Pio [RO] **75** BC1
Pióbbico [MC] **125** E1-2
Pióbbico [PU] **107** DE3
Pióbesi d'Alba [CN] **67** C2
Piόbesi Torinese [TO] **53** A3
Pioda [VB] **5** DE2
Piode [VC] **21** C3
Piodella, Pizzo- **7** D3
Piogera, Monte- **21** DE2-3
Piolo [RE] **87** C2-3
Pioltello [MI] **39** DE1-2
Pioltone, Pizzo- **5** CD2
Piomba, Fiume- **135** D1
Piombada, Monte- **15** E2-3
Piombino [LI] **119** D1
Piombino, Canale di- **119** CD1
Piombino Dese [PD] **45** EF3
Piona, Abbazia di- **7** D4
Pionca [PD] **63** B1
Pione [PR] **71** B4
Pione, Monte di- **71** B4
Pioppa [MO] **73** D2
Pioppa, la- [CR] **57** E3
Pioppaio, Cascine- [PC] **57** D3
Pioppino [MN] **59** AB2-3
Pióraco [MC] **117** A2
Piósina [PG] **107** C3-4
Piossasco [TO] **51** F2-3
Piota, La- **5** F3
Piota, Torrente- **69** B3
Piova, Torrente- **13** G3
Piovà Massáia [AT] **53** D2
Piovani [CN] **65** F3
Piove di Sacco [PD] **63** C2
Pióvega [PD] **63** BC1-2
Piovene Rocchette [VI] **45** B2
Pióvera [AL] **55** B3
Pióvere [BS] **43** C2
Pioverna, Torrente- **23** E2
Pioverno [UD] **17** B2-3
Piovezzano [VR] **43** C3-4
Pio XI, Rifugio- / Weißkugel-Hütte **1** BC1-2
Piozzano [PC] **71** AD2
Piozze [VR] **43** C3
Piozzo [CN] **67** C3
Pippiete [AP] **127** B2
Piramidi di Postalesio, Riserva Naturale- **25** A1
Piramidi di Zone, Riserva Naturale- **41** E2
Piratello [BO] **89** EF2
Piristi, Malga- / Pirstling-A. [BZ] **3** BC2-3
Pirocco [PV] **55** E2
Pirola, Lago- **9** A3
Pirstling-A. / Piristi, Malga- [BZ] **3** BC2-3
Pisa [PI] **103** C2
Pisa, Certosa di- **103** D2
Pisa, Rifugio- **95** DE2
Pisana [PD] **61** E2-3
Pisana, La- [ROMA] **145** C1
Pisani, Abbazia- **45** DE3
Pisanino, Monte- **95** E2
Pisano [NO] **21** EF3
Pisano, Monte- **103** D2
Pisa-San Giusto, Aeroporto Internazionale- **103** C2
Pisavini [CH] **141** F1-2
Pischiello [PG] **115** A2
Pisciadú, Rifugio- / Pisciadu-Hütte **13** B2
Pisciadu-Hütte / Pisciadú, Rifugio- **13** B2
Pisciarelli [ROMA] **137** C2
Pisciarello [VT] **131** D1
Pisciatello, Torrente- **101** B1-2
Piscina [TO] **51** F3
Piscino, Monte- **7** F4
Pisenti [PG] **125** B1-2
Pisignano [FI] **105** B2
Pisignano [RA] **101** A1
Pisimoni, Monte- **17** C2
Pisnengo [NO] **37** EF2
Pisogne [BS] **41** E2
Pisogneto [BS] **25** D1-2
Pisogno [NO] **21** E2-3
Pisonet, Monte- **19** E1-2
Pisoniano [ROMA] **145** F1
Pissacqua, Monte- **83** EF2
Pissátola [RO] **75** C1
Pisse, Bocchetta delle- **21** B2
Pissignano [PG] **125** B2-3
Pistia [PG] **115** F3
Pistoia [PT] **97** E3
Pistolesa [BI] **21** C3-4
Pistone, Monte- **85** B3
Pistoni [MN] **59** AB2
Pistrino [PG] **107** B3
Pitagora New, Parco- **95** E3
Pitéccio [PT] **97** E2-3
Pitéglio [PT] **97** D2
Pitelli [SP] **95** C2
Pitícchio [AN] **109** B3
Pitigliano [GR] **121** EF4
Pitigliano [PG] **107** C3
Pitino [MC] **117** C2
Pito [AP] **127** B3
Pitocche, le- [PD] **45** E3
Pitrebianche [RE] **87** C2
Pitte, Col delle- **15** BC3
Pittolo [PC] **57** B3
Pitzach / Pizzago [BZ] **13** AB2
Piúbega [MN] **59** B2
Piuma [GO] **33** E3
Piumazzo [MO] **89** B1
Piumesana [PV] **55** D3
Piuro [SO] **7** E2-3
Piuzzo [AL] **69** D2
Piverone [TO] **37** BC2
Piz, Cimon del- **29** C1-2
Piz, Monte il- **31** BC1-2
Piz, Vallone del- **79** B2
Pizella, Poggio- **121** D2
Pizza [LU] **97** BC2
Pizza, la- **95** D2
Pizza, Monte- **27** A2
Pizzago / Pitzach [BZ] **13** AB2
Pizzale [PV] **55** D2
Pizzalto, Monte- **141** E3
Pizzanca **11** F4
Pizzano [BO] **89** D2
Pizzano [TN] **27** A1
Pizzarosto [PV] **37** F3
Pizzetto **21** C2
Pizzi, i- **133** E2
Pizzi, Monti- **141** F3
Pizzighettone [CR] **57** C2
Pizzini, Rifugio- **9** F2
Pizzino [BG] **23** F2
Pizzo, Cappella del- **21** FG3-4
Pizzo, il- **125** E2
Pizzo, Il- [LC] **55** F1-2
Pizzo, Il- [LC] **23** E2
Pizzo, Monte- **125** CD3-4
Pizzo Bello, Monte- **25** A1
Pizzo Billi [PG] **115** E1-2
Pizzoc, Monte- **31** B2
Pizzocalvo [BO] **89** D2
Pizzocco, Monte- **29** D2
Pizzócolo, Monte- **43** B2-3
Pizzocorno [PV] **55** D3
Pizzoferrato [CH] **141** F3
Pizzofreddo [PR] **71** D4
Pizzofreddo [PV] **55** EF3
Pizzo Guglielmi [PG] **115** C2
Pizzoletta [VR] **59** CD1-2
Pizzoli [AQ] **133** E2
Pizzolo, Monte- **85** BC3
Pizzone [VR] **43** C3
Pizzoni [PD] **63** AB3
Pizzorne, Le- **97** C3
Pizzuto, Colle- **133** F1
Pizzuto, Monte- [MC] **125** C2
Pizzuto, Monte- [RI] **133** B2-3
Place, La- [AO] **19** FG2-3
Place Moulin, Lago di- **19** EF1
Plaganella, Monte- **9** EF1
Plaggetta, la- [LU] **103** BC1-2
Plaghera Alta **9** E2
Plagna **17** D1
Plaino [UD] **33** BC2
Plan [BZ] **13** B2
Plan [TO] **51** C2-3
Plan / Pfelders [BZ] **1** E2
Plan, Rifugio di- / Planferner Hütte **1** E2
Plan, Val di- / Pfelderer Tal **1** E2
Planaval [AO] **19** C2
Planaval [AO] **19** C2-3
Planaz [AO] **21** B3-4
Planca di Sopra / Oberplanken [BZ] **3** F3
Planca di Sotto / Unterplanken [BZ] **3** F3
Pláncios / Palmschoß **13** B1
Plan de Gralba [BZ] **13** B2
Plan di Montecampione [BS] **41** F1-2
Plan d'Introd [AO] **19** CD2
Planeil / Planol [BZ] **1** B2
Planeilscharte / Planol, Passo di- **1** BC2
Planeiltal / Planol, Val di- **1** B2
Planferner Hütte / Plan, Rifugio di- **1** E2
Planja **17** D1
Plan Maison **19** FG1
Planol / Planeil [BZ] **1** B2
Planol, Passo di- / Planeilscharte **1** BC2
Planol, Val di- / Planeiltal **1** B2
Plan Pessey [AO] **35** D1
Planpincieux [AO] **19** B1-2
Plantè [AO] **19** C3
Plaséncis [UD] **33** B2
Plassa [BG] **25** A3
Plat, Monte- / Auf der Platten **3** D2-3
Plata / Platt [BZ] **1** EF1-2
Platasse, Monte- **51** C3
Platischis [UD] **17** D3
Plator, Cime di- **9** D1
Platt / Plata [BZ] **1** EF1-2
Plattenspitz / Laste, Punta delle- **1** F2
Plattkofel-Hütte / Sasso Piatto, Rifugio- **13** AB2-3
Plattspitz / Piatta, Cima- **3** B2
Platzers / Plazzoles [BZ] **11** C2
Plätzwiesen / Prato Piazza [BZ] **13** E2
Pláuris, Monte- **17** B2
Pláus / Plaus [BZ] **11** C1-2
Plaus / Pláus [BZ] **11** C1-2
Plawenn / Piavenna [BZ] **1** B2
Play Park 3000 **91** E2
Plazzoles / Platzers [BZ] **11** C2
Plegu, Monte- **79** B1
Plello [VC] **21** D3
Plemo [BS] **25** D3
Pléros, Monte- **15** D1
Plésio [CO] **23** D1
Plessiva [GO] **33** DE3
Pleyné [CN] **65** BC3
Plezzut [UD] **17** E1-2
Plima, Rio- / Plimabach **11** A2
Plimabach / Plima, Rio- **11** A2
Plinio, Villa di- **145** BC2
Plöckenpaß / Monte Croce Cárnico, Passo di- **15** E1
Plodio [SV] **81** E1
Ploneta, Monte- **99** D2
Plose [BZ] **13** B1
Plosebühel / la Plose **3** C3
Plout [AO] **19** E2
Plout [AO] **19** FG2
Pluda [BS] **57** F1
Plugna [UD] **15** E2
Po, Delta del- **77** E2
Po, Fascia Fluviale del- **53** DE1-2
Po, Fiume- **57** E3
Po, Foci del- **77** F2
Po, Parco Naturale del- **53** A3
Po, Sorgente del- **65** C2
Po, Valle del- **65** DE2-3
Poasco [MI] **39** D2
Po Bandino [PG] **123** B1-2
Pobbia [MI] **39** B2
Pobbia [TO] **37** B2
Póbbio [AL] **69** D2
Pobietto [AL] **53** E1
Pocáia [AR] **107** B3-4
Pocapáglia [CN] **67** C2
Pocenia [UD] **49** B1-2
Pochettino [TO] **53** B3
Pochi / Bucholz [BZ] **27** D1
Pocol [BL] **13** D2
Po Croda **13** F3
Podalla [MC] **117** BC3
Po della Donzella o di Gnocca **77** DE2
Po della Pila **77** E2
Po della Pila, Bocche del- **77** F2
Po delle Tolle **77** E2
Po delle Tolle, Bocca del- **77** E2-3
Podenzana [MS] **85** D3
Podenzano [PC] **71** BC2
Podenzoi [BL] **29** E1
Podere [PU] **109** A3
Podere Nuovo [GR] **121** D2
Poderetto, il- [GR] **129** EF2
Podernovo [SI] **111** E2
Podestería, Rifugio- **43** E2
Podigliano [AL] **69** E2
Po di Gnocca → Po della Donzella **77** DE2
Po di Gnocca, Bocche del- **77** E3
Po di Goro **77** D2
Po di Goro, Bocca del- **77** E3
Po di Levante **77** D1
Po di Levante, Foce del- **77** E1
Po di Maistra **77** E2
Po di Maistra, Foce del- **77** E1
Podio [CN] **67** BC3
Po di Venézia **77** E2
Po di Volano **77** C3
Podona, Monte- **41** C2
Podresca [UD] **33** E2
Poffabro [PN] **15** D3
Pogallo, Rio- **21** E1
Poggetello [AQ] **139** E2
Poggeto [MC] **117** B1-2
Poggetti, Casa- [GR] **111** D3
Poggetto [BO] **75** BC3
Poggetto [PO] **105** B1-2
Poggetto [PU] **109** A3-4
Poggetto [VT] **131** C1
Poggi [CN] **81** D1
Poggi [IM] **93** D3
Poggi, Cima- **121** C3-4
Póggia, Monte la- **103** C3
Poggiale [RA] **99** D1
Poggiale, il- [GR] **121** B3
Poggialti **129** D1-2
Poggiana [TV] **45** E2
Poggiarello **121** E1-2
Poggibano [GR] **121** A1-2
Poggibonsi [SI] **105** B4
Poggi del Sasso [GR] **121** C2
Póggio [AL] **67** F3
Póggio [AN] **109** F3
Póggio [AP] **127** B2
Póggio [AP] **127** B3
Póggio [BO] **89** E2
Póggio [BO] **97** E2
Póggio [CN] **81** C3
Póggio [FC] **91** D3
Póggio [IM] **93** C3-4
Póggio [LI] **119** AB2
Póggio [MC] **115** EF3
Póggio [PI] **103** EF2
Póggio [PR] **71** F3-4
Póggio [TR] **131** F2
Póggio, il- [FC] **99** CD2-3
Póggio, il- [GR] **121** E3
Póggio, il- [GR] **111** C3
Póggio a Caiano [PO] **105** B1-2
Póggio alla Croce [FI] **105** D2-3
Póggio all'Agnello [LI] **111** B3
Póggio alla Lastra [FC] **99** E3
Póggio alla Malva [PO] **105** B2
Póggio alle Mura [SI] **121** D1-2
Poggioalto [IM] **93** D2-3
Póggio Aquilone [TR] **123** D2
Póggio Bandinelli, Casa- [SI] **123** A2
Póggio Berni [RN] **101** B2
Póggio Brucoli [SI] **113** A2-3
Poggio Buco, Necrópoli di- **129** E1
Póggio Bustone [RI] **133** C1
Póggio Cancelli [AQ] **133** E1
Póggio Canoso [AP] **127** C2
Póggio Catino [RI] **133** B3
Póggio Cavallo [GR] **121** BC3
Póggio Cinolfo [AQ] **139** D2
Póggio Cono [TE] **127** D3-4
Póggio Cupro [AN] **109** C4
Póggio d'Acona [AR] **107** A3
Póggio delle Corti [PG] **115** B3
Póggio delle Rose [TE] **135** B1
Póggio di Bretta [AP] **127** C2
Póggio di Chiesanuova [RSM] **125** CD2-3
Póggio di Croce [PG] **125** CD2-3
Poggio di Fuoco [GR] **129** D1
Póggio di Loro [AR] **105** E3
Póggio di Róio [AQ] **133** F2-3
Poggiodomo [PG] **125** C3
Póggio Ferrato [PV] **55** DE3
Poggioferro [GR] **121** D3
Poggioferro [GR] **121** E2
Póggio Fidoni [RI] **133** B2
Póggio Filippo [AQ] **139** E2
Poggiofiorito [CH] **141** F1
Póggiola [AR] **105** F4
Poggioláccio, Colle- **71** D3
Póggio Lavarino [TR] **125** A3-4
Poggiolforato [BO] **97** DE1-2
Poggioli [PC] **71** B3
Poggiolino [FI] **97** G2
Poggiolo [AR] **105** DE4
Poggiolo [BO] **89** CD3
Poggiolo [CN] **67** E3-4
Poggiolo [FI] **99** B3
Poggiolo [PV] **55** E2-3
Poggiolo [SI] **113** A1
Poggiolo [SI] **113** D2
Poggiolo [TR] **131** F2
Poggiolungo [GR] **121** E2
Póggio Mirteto [RI] **133** AB3
Póggio Mirteto, Stazione di- **139** A1
Póggio Moiano [RI] **139** C1
Póggio Montone [TR] **123** C3
Póggio Morello [TE] **127** E3
Póggio Morico [PG] **115** D2-3
Póggio Murella [GR] **121** E3-4
Póggio Nativo [RI] **139** B1
Poggione, il- [GR] **121** C2
Poggione, il- [GR] **121** B3
Poggione, il- [GR] **119** E1
Poggioni [AR] **115** A1
Póggio Nuovo [TR] **123** D4
Póggio Parrano [PG] **115** E2-3
Póggio Pertuso [GR] **129** C2
Póggio Perugino [RI] **133** B2
Póggio Piccolo [BO] **89** E2
Póggio Picenze [AQ] **133** G2-3
Póggio Pinci [SI] **113** C2
Póggio Primocaso [PG] **125** C3
Póggio Rattieri [TE] **127** C3-4
Póggio Renatico [FE] **75** C3
Póggio Rondino [PC] **69** EF2
Póggio Rosso, Riserva Naturale- **107** B3
Póggio Rusco [MN] **73** E1-2
Póggio Salvi [SI] **113** B3
Poggio San Giovanni [RI] **139** DE1
Póggio San Lorenzo [RI] **139** BC1
Póggio San Marcello [AN] **109** C3
Póggio San Pellegrino [GR] **121** D2-3

Póggio San Paolo [SI] **105** D4
Póggio San Romualdo [AN] **117** B1
Póggio Santa Maria [AQ] **133** E2–3
Póggio Sant'Ercolano [PG] **115** E2
Póggio San Vicino [MC] **117** B1
Póggio Sommavilla [RI] **131** F3
Poggio Spedaletto, Riserva Biogenetica di- **119** EF1
Poggio Tempesti [FI] **103** EF2
Póggio Terzarmata [GO] **49** DE1
Póggio Tre Cancelli, Riserva Naturale- **119** E1
Póggio Valle [PG] **123** B2
Poggiovalle [RI] **139** E1
Póggio Vittiano [RI] **133** D3
Poggiridenti [SO] **25** B1
Poggi San Siro [CN] **81** CD1
Poggi Santo Spirito [CN] **81** D1
Poggitazzi [AR] **105** E3
Pogi [AR] **105** E4
Pogli [SV] **93** E2
Pogliana [VA] **23** B2
Pogliani [TO] **37** B3
Pogliano Milanese [MI] **39** BC1
Pogliasca [SP] **85** BC3
Pogliola [CN] **81** B1
Pognana [MS] **87** A3
Pognana Lário [CO] **23** C2
Pognano [BG] **41** B3
Pogno [NO] **21** E3
Poia [TN] **27** B2
Póia, Cresta di- **3** D2
Póia, Torrente- **25** E2
Poiana di Granfion [VI] **45** D3–4
Poiana Maggiore [VI] **61** CD2
Poiane [BS] **57** F1
Poianella [VI] **45** C3
Poiano [MN] **59** A2
Poiano [RE] **87** C2
Poiano [VR] **59** DE1
Poincicco [PN] **31** D3
Poio Pontelu **123** A3
Poira [SO] **7** F3–4
Poirino [TO] **53** BC3
Polaggia [SO] **25** A1–2
Polanesi [GE] **83** D2
Polava [UD] **33** E1–2
Poláveno [BS] **41** E2–3
Polazzo [GO] **49** D1
Polcanto [FI] **99** AB3
Polcenigo [PN] **31** BC2
Polegge [VI] **45** C3
Polenaco [TR] **125** A3–4
Polengo [CR] **57** D2
Polenta [FC] **99** F2
Polentes [BL] **29** E2
Poleo [VI] **45** AB2
Polesella [RO] **75** E2
Polésine [It.] **75** DE1
Polésine [MN] **73** C1–2
Polésine Camerini [RO] **77** E2
Polesinello [RO] **77** D2
Polésine Parmense [PR] **57** E3
Polésio [AP] **127** C2
Poletto [MN] **59** DE3
Polgéto [PG] **115** B2
Polí [ROMA] **145** F1
Policavecchia [AP] **127** B2
Policorvo [CH] **143** A2
Polignano [PC] **71** C2–3
Polignano [PC] **57** D3
Polinago [MO] **87** E2–3
Polino [TR] **133** BC1
Polita [PR] **85** E2
Pollaio, Monte- **99** C2
Pollano, Monte- **85** A2
Pollastra [AL] **55** B3
Pollein [AO] **19** DE2
Pollenza [MC] **117** CD2
Pollenza, Stazione di- **117** D2
Pollenzo [CN] **67** C2
Pollino [VB] **21** F1–2
Pollone [BI] **37** BC1
Polluce, Punta- **21** A2
Pollutri [CH] **143** B2
Polo, Monte- [PR] **85** DE1–2
Polonghera [CN] **65** F2
Polpenazze del Garda [BS] **43** AB3
Polpet [BL] **29** E1
Polpresa [TO] **35** E3
Polsa [TN] **43** D2
Poludnig, Monte- **17** D1
Polvano [AR] **113** EF1
Polveráia [GR] **121** C3
Polveráia, Punta- **119** A2
Polverara [PD] **63** B2
Polverara [SP] **95** B1–2
Polverigi [AN] **109** E3
Polverina [AP] **127** B2
Polverina [MC] **117** B3
Polverina, Lago di- **117** B3
Polverina, Oasi di- **117** B3
Polverosa, la- [GR] **129** C1
Polvese, Isola- **115** A3
Poma, Passo- / Kreuzkofeljoch **13** B2
Pomagagnon **13** D2
Pomáia [PI] **103** D4
Pomara [MN] **73** B1
Pomarance [PI] **111** D2
Pomaretto [TO] **53** D1–2
Pomaretto [TO] **51** E3
Pomaro [AP] **127** B3
Pomarolo [TN] **27** C3
Pomaro Monferrato [AL] **55** A2
Pombi, Pizzo- **7** D2
Pómbia [NO] **21** F3–4
Pomeano [TO] **51** DE3
Pomerolo [CN] **65** F3
Pometo [PV] **55** E3
Pomézia [ROMA] **145** CD2–3
Pomézia, Stazione di- **145** D2
Pomezzana [LU] **97** A2–3
Pomino [FI] **105** E1–2
Pomonte [LI] **119** A2
Pomonte [PG] **123** EF2
Pomonte, Fattoria- [GR] **121** D4
Po Morto di Primaro **75** DE3
Pompagnano [PG] **125** B3
Pompeano [MO] **87** E2
Pompeiana [IM] **93** D3
Pompiano [BS] **57** DE1
Pomponesco [MN] **73** B2
Pomponi, Monte- **105** E2
Pomposa [FE] **77** CD2–3
Poncarale [BS] **41** EF4
Ponchiera [SO] **25** B1
Ponciach [TN] **27** D1
Pondásio [TN] **11** B3
Pondel [AO] **19** D2–3
Ponderano [BI] **37** C1
Ponente, Laguna di- **129** C2
Ponente, Riviera di- **81** EF2–3
Pongelli [AN] **109** C3
Pongennaro [PR] **71** E2
Ponina [AR] **107** A3
Ponna [CO] **23** C1–2
Ponsacco [PI] **103** D3
Ponsano [PI] **111** D1
Ponso [PD] **61** D2
Pont [AO] **35** D1
Pont [BL] **29** C2
Pontarso [TN] **27** E2
Pontásio [BS] **41** E2
Pontasserchio [PI] **103** C2
Pontassieve [FI] **105** D2
Pontássio [PT] **97** E3
Pontboset [AO] **19** FG3
Pont-Canavese [TO] **35** F2
Ponte [BS] **25** E2
Ponte [PG] **125** C3
Ponte [RO] **77** B1–2
Ponte [SV] **81** DE1–2
Ponte [VB] **5** E1
Ponte [VI] **45** C2
Ponte, Il- [BO] **89** DE2
Ponte Abbadesse [FC] **101** A2
Ponte a Buriano [AR] **105** F3–4
Ponte a Cappiano [FI] **103** E2
Ponteacco [UD] **33** DE2
Ponte a Égola [PI] **103** E2
Ponte a Elsa [PI] **103** F2
Ponte agli Stolli [FI] **105** D3
Ponte a Greve [FI] **105** C2
Ponte Albersano [FE] **77** BC2
Ponte alla Chiassa [AR] **107** A3
Ponte alla Piera [AR] **107** AB3
Ponte alla Venturina [PT] **97** EF2
Ponte Alto [BL] **29** D1
Ponte Alto [MO] **73** D3–4
Ponte a Moriano [LU] **97** C3
Ponte Arche [TN] **27** B2
Ponte a Rigo [SI] **123** A2–3
Ponte a Signa [FI] **105** B2
Ponte a Tressa [SI] **113** B2
Ponte Azzana [FE] **77** AB3
Pontebari [PG] **125** B3
Pontebba [UD] **17** C1–2
Pontebbana, Torrente- **17** C1
Pontebernardo [CN] **79** B1
Ponte Buggianese [PT] **103** E1–2
Ponte Cáffaro [BS] **43** B1–2
Ponte Calcara [PG] **115** DE1
Ponte Caliano [AR] **107** A3
Pontecasale [PD] **63** B2
Pontecasali [VE] **47** DE2
Pontécchio [BO] **89** C2
Pontécchio Polésine [RO] **75** E1
Ponteccio [LU] **87** B3
Ponteceno [PR] **85** B1
Ponteceno di Sopra [PR] **71** B4
Ponteceno di Sotto [PR] **71** B4
Ponte Centésimo [PG] **115** E3
Pontechianale [CN] **65** C3
Pontechiusita [MC] **125** C2
Ponte Crenna [PV] **69** DE1–2
Ponte Crepaldo [VE] **47** D3
Pontecurone [AL] **55** C3
Pontecuti [PG] **123** E3
Ponte d'Árbia [SI] **113** B2–3
Ponte d'Assi [PG] **115** D2
Pontedassio [IM] **93** DE3
Pontedazzo [PU] **107** E3–4
Pontedecimo [GE] **69** C3–4
Ponte degli Alberi [PU] **109** B2
Ponte del Diavolo, Area Attrezzata del- **35** E3
Ponte della Forca [RE] **73** B2–3
Ponte della Maddalena [LU] **97** C2–3
Ponte della Pietra [FC] **101** A2
Ponte della Rovina **79** D2
Ponte della Valle [FI] **99** CD2
Ponte dell'Olio [PC] **71** B2
Pontedera [PI] **103** D2–3
Ponte di Barbarano [VI] **61** D1
Ponte di Brenta [PD] **63** B1
Ponte di Castegnero [VI] **61** D1
Ponte di Ferro [PG] **125** A2
Ponte di Ghiaccio, Lago- / Eisbrugg See **3** C2
Ponte di Gómbola [MO] **87** E2
Ponte di Legno [BS] **9** EF3
Ponte di Masino [FI] **103** EF2
Ponte di Mossano [VI] **61** D1
Ponte di Nanto [VI] **61** D1
Ponte di Nava [CN] **81** C3
Ponte di Piave [TV] **47** B2
Ponte di Verzuno [BO] **97** F1
Ponte Dolo [RE] **87** D2
Ponte Ete [AP] **117** F3
Ponte Felcino [PG] **115** C3
Ponte Galéria [ROMA] **145** BC1–2
Ponte Gardena / Waidbruck [BZ] **11** F2
Pontegatello [BS] **41** E4
Ponte Ghiereto [FI] **99** A2–3
Pontegínori [PI] **111** C1–2
Ponte Gorzone [PD] **61** E2–3
Ponte Gradella [FE] **75** D2–3
Pontegrande [VB] **21** C1–2
Pontegrosso [PR] **71** D3
Ponte in Valtellina [SO] **25** B1–2
Ponte la Casa [CH] **143** B3
Pontelagoscuro [FE] **75** D2
Ponte Lamberti [PR] **71** C4
Ponte Lambro [CO] **23** D2–3
Pontelangorino [FE] **77** C2
Pontelatrave [MC] **117** B3
Ponte Locatello [BO] **89** BC3
Pontelongo [PD] **63** C2
Ponte Losco [MO] **73** E3–4
Pontelungo [PT] **97** E3
Pontelungo [PV] **39** D3
Ponte Lungo [SO] **9** C1–2
Ponte Máglio [AP] **127** BC1–2
Pontemáglio [VB] **5** DE2
Ponte Máira [CN] **65** B3–4
Pontemanco [PD] **61** EF2
Pontemaodino [FE] **77** C2–3
Ponte Mármora [CN] **65** C3–4
Pontemazzori [LU] **97** A3
Ponte Menócchia [AP] **117** FG3
Ponte Merlano [MN] **59** D3
Ponte Messa [PU] **107** C1–2
Ponte Minchione, Casale- [VT] **131** DE3
Ponte Murello [PU] **109** B2
Ponte Náia, Stazione di- **123** E3
Pontenano [AR] **105** F3
Ponte nelle Alpi [BL] **29** E1–2
Ponte Nizza [PV] **55** D3
Ponte Nossa [BG] **25** B3
Ponte Nova / Birchabruck [BZ] **11** E3
Pontenuovo [CO] **23** D3
Ponte Nuovo [MC] **125** D2
Ponte Nuovo [MI] **39** AB2
Ponte Nuovo [MO] **87** E1
Ponte Nuovo [PG] **123** E1–2
Pontenuovo [PT] **97** E3
Ponte Nuovo [RA] **91** E2
Pontenure [PC] **57** C3–4
Ponte Organasco [PC] **69** E2
Ponte Parrano [PG] **115** E3
Ponte Páttoli [PG] **115** C2–3
Pontepetri [PT] **97** E2
Ponte Pia, Lago- **27** A2
Ponte Pietra [TO] **51** EF2
Pontepóssero [VR] **59** D2
Ponte Priula **47** A2
Ponte Punzetti [FE] **77** BC2
Ponte Racli [PN] **15** D3
Ponteránica [BG] **41** BC2
Ponteranica, Monte- **23** F1
Ponte Ribellasca [NO] **5** F2–3
Pontericcioli [PU] **107** E4
Ponte Rio [PG] **115** E3
Ponte Rodoni [FE] **75** C2
Ponte Ronca [BO] **89** BC1–2
Ponte Rosso [BS] **57** F1
Ponterosso [FI] **105** D3
Ponterotto [PD] **61** EF1
Ponterotto [VT] **131** D3
Ponte Saetta [VE] **47** E3
Ponte Samóggia [BO] **89** B1
Ponte San Giovanni [PG] **115** C3
Ponte San Lorenzo [VI] **45** D1
Ponte San Ludovico [IM] **93** B4
Ponte San Marco [BS] **59** A1
Ponte San Nicolò [PD] **63** B1
Ponte San Pellegrino [MO] **73** E2
Ponte San Pietro [BG] **41** B2
Ponte San Pietro [FE] **75** EF2
Ponte San Quirino [UD] **33** D2
Ponte Santa Margherita [SP] **85** B3
Ponte Santo [BO] **89** F2
Pontesei, Lago di- **13** E3–4
Ponte Sestaione [PT] **97** D2
Pontestazzemese [LU] **95** E2–3
Ponte Stoppino [BO] **91** B1
Pontestura [AL] **53** EF2
Ponte Taro [PR] **71** F2–3
Ponteterra [MN] **73** A1–2
Pontetetto [LU] **103** C1–2
Ponte Tidone [PC] **57** AB3
Ponte Travagli [FE] **75** D2
Ponte Tre Denari [ROMA] **145** AB1
Ponte Tresa [VA] **23** AB2
Pontetto Roldo [VB] **5** DE2–3
Ponte Ulica [ROMA] **145** E2–3
Ponte Vecchio [MI] **39** B2
Ponte Vecchio [SV] **67** E3–4
Ponte Vecchio, Cima- **11** A3
Ponteventuno [MN] **59** C3
Pontevico [BS] **57** E2
Pontevilla [BZ] **1** A3
Pontey [AO] **19** F2
Ponte Zanano [BS] **41** EF2–3
Ponti [AL] **67** F3
Ponti [IM] **93** D2
Ponti, i- [AR] **113** D1
Ponti, Rifugio- **9** A3
Ponticelli [BO] **75** C3
Ponticelli [BO] **89** E2–3
Ponticelli [RI] **139** B1
Ponticello, Albergo- / Brückele **13** DE1
Ponticino [AR] **105** F3–4
Ponticino / Bundschen [BZ] **11** DE2
Pontida [BG] **41** AB2
Pontifício, Palazzo- **145** DE2
Pontifogno [FI] **105** E2
Pontignano **113** B1
Pontile [MC] **115** F2
Pontinvrea [SV] **67** F4
Pontirolo [CR] **59** A3
Pontirolo Nuovo [BG] **41** B3
Ponti Spagna [FE] **75** C2
Ponti sul Mincio [MN] **59** BC1
Pontito [PT] **97** D2–3
Pontóglio [BS] **41** CD3
Pontolo [PR] **85** C1–2
Ponton [VR] **43** C3
Pontoncello [VR] **59** E1
Pontone [RE] **87** C2
Pontorme [FI] **105** A2
Pontoro [LU] **97** C3
Pontrémoli [MS] **85** D2
Pont-Saint-Martin [AO] **37** A1
Pont Trenta [AO] **21** B3
Pontuglia [PG] **125** B3
Ponza Grande **17** F2
Ponzalla [FI] **99** AB2
Ponzana [NO] **37** F2
Ponzanello [MS] **95** CD1–2
Ponzano [BO] **89** B2
Ponzano [PO] **97** F3
Ponzano [PT] **97** E3
Ponzano [TE] **127** D3
Ponzano [VT] **123** C4
Ponzano, Stazione di- **131** E3
Ponzano di Fermo [AP] **117** E3
Ponzano Magra [SP] **95** C2
Ponzano Monferrato [AL] **53** E2
Ponzano Romano [ROMA] **131** F3
Ponzano Superiore [SP] **95** C1–2
Ponzano Véneto [TV] **47** A2
Ponzate [CO] **23** C3
Ponze [PG] **125** B2
Ponzema, Torrente- **69** B3
Ponzolotti [TN] **43** E2
Ponzone [AL] **67** F3
Ponzone [BI] **21** D3–4
Popaga [AP] **127** AB2
Popena, Piz- **13** E2
Popera, Monte- / Hochbrunner Schnein **13** F2
Popera di Valgrande, Monte- **15** C1–2
Popíglio [PT] **97** D2
Pópola [PG] **125** C1–2
Popolano [FI] **99** C2
Pópoli [PE] **141** CD1–2
Pópoli [PG] **125** D3
Popolo [AL] **53** F1–2
Poponi, Monte- **133** D1–2
Poppe, Monte- **119** B2
Poppi [AR] **105** F2
Poppiano [FI] **105** B2–3
Poppino [VA] **23** A1
Populónia [LI] **119** C1
Populónia, Stazione- **119** D1
Por [TN] **25** F3
Pora, Monte- **25** C3
Pora, Torrente- **81** E2
Pora Alta, Malga di- **25** C3
Pora Bassa, Malga di- **25** C3
Porale, Monte- **69** C3
Porana [PV] **55** D2
Porano [TR] **123** C3
Porassey [AO] **19** B2
Porcara [MN] **75** B2
Porcara [VR] **43** E3
Porcari [LU] **103** D1–2
Porcella [VR] **59** D1
Porcellengo [TV] **45** F2
Porcellino [FI] **105** DE3
Porcen [BL] **29** C2–3
Porcentico [FC] **99** E2
Porcetti [VR] **61** C1–2
Porche, Monte- **125** E2
Porchette, Foce di- **97** AB2–3
Pórchia [AP] **127** C1–2
Porchiano [AP] **127** C2
Porchiano [PG] **123** E3
Porchiano del Monte [TR] **131** DE1
Pórcia [PN] **31** C3
Porciano [AR] **105** F2
Porciano [PT] **103** F1–2
Porcigatone [PR] **85** C1
Porcile, Monte- **85** AB2
Porcino [VR] **43** CD3
Porciorasco [SP] **85** B2
Porco Morto, Monte- **133** B2
Pordenone [PN] **31** CD3
Pordenone, Rifugio- **13** F3
Pordoi, Passo- / Pordoijoch **13** B2–3
Pordoijoch / Pordoi, Passo- **13** B2–3
Poreta [PG] **125** B3
Porettina [SO] **7** E3
Porle [BS] **43** A3
Porlezza [CO] **23** C1
Pornassino [CN] **81** B3
Pornássio [IM] **93** D2
Pornello [TR] **123** CD2
Poro, Capo di- **119** B2
Poro, Monte- **133** B1
Porona, Casa- [GR] **129** C1
Porossan [AO] **19** DE2
Porotto [FE] **75** CD2
Porpetto [UD] **49** C1
Porponi [FI] **105** A2
Porporana [FE] **75** C2
Porporano [PR] **73** A3
Porrara, Monte- **141** E3
Porrena [AR] **105** F2
Porreta [LU] **97** AB2
Porretta Terme [BO] **97** E1–2
Porri [SV] **67** F4
Porro, Rifugio- / Neveser Joch-Hütte **3** C2
Porrona [AL] **55** B3
Porrona [GR] **121** D2
Porta [BG] **25** A2
Porta [LU] **95** DE2–3
Porta, Croda della- / Torwand **3** B2
Porta, La- **11** F3–4
Porta Chiossa, Garzaia- **39** D3
Portacomaro [AT] **53** E3
Portacomaro Stazione **53** E3
Portálbera [PV] **55** E2
Porta Materna, Passo- **115** A3
Portanuova [AL] **69** A1–2
Portaria [TR] **125** A3–4
Porte [TO] **51** E3
Porte [VE] **63** C1
Porte del Cavallino [VE] **47** C3–4
Portegrandi [VE] **47** B3
Portella, Monte- **133** G2
Portese [BS] **43** B3
Portesine [RO] **63** D3
Portette, Lago delle- **79** C2
Pórtici [BG] **41** D4
Pórtico [CR] **57** C1
Portico [FC] **99** D2
Pórtico di Romagna [FC] **99** D2
Pórtico e San Benedetto [FC] **99** D2–3
Portiglione [GR] **119** E1
Portile [MO] **87** F1
Pórtio [SV] **81** F2
Portiolo [MN] **73** D1
Portirone [BG] **41** E2
Pórtis Nuovo [UD] **17** B2
Portis Vecchio [UD] **17** B2
Portjoch **1** G1
Porto [GE] **69** E3
Porto [PD] **61** E2
Porto [PG] **113** E3
Porto [RA] **91** E2
Porto [SI] **113** DE2–3
Porto, Bonifica di- **145** B2
Porto, Forcella di- **1** G1
Porto Azzurro [LI] **119** C2
Portobuffolé [TV] **47** C1
Porto Caleri, Giardino Botanico Litoraneo di- **63** DE3
Portocannone [CB] **143** DE3
Porto Cerésio [VA] **23** B2
Porto Corsini [RA] **91** E1–2
Porto d'Adda [MI] **41** A2–3
Porto d'Ascoli [AP] **127** E2
Porto di Brenzone [VR] **43** C2
Porto Ercole [GR] **129** C2
Portoferraio [LI] **119** B1–2
Portofino [GE] **83** E3
Portofino, Area Marina di- **83** DE3
Portofino, Monte di- **83** DE2–3
Portofino, Parco Naturale di- **83** DE3
Portofino, Punta di- → Capo, Punta del- **83** E3
Portofino Vetta [GE] **83** DE2–3
Porto Fuori [RA] **91** E2
Porto Garibaldi [FE] **77** D3
Portogruaro [VE] **47** DE2
Pórtole [AR] **113** F2
Portolo [TN] **11** C4
Portolongone, Fortezza di- **119** C2
Portomaggiore [FE] **75** E3
Porto Mantovano [MN] **59** C2
Porto Marghera [VE] **63** D1
Porto Maurizio [IM] **93** DE3
Portone del Pizzo [PR] **71** F2
Porto Nogaro [UD] **49** C2
Portonovo [AN] **109** F3
Portonovo [BO] **89** F1
Porto Portese [BS] **43** B3
Porto Potenza Picena [MC] **117** F1
Porto Recanati [MC] **117** F1
Portorotta [FE] **75** E3
Porto San Giorgio [AP] **117** F2
Porto Santa Margherita [VE] **47** E3
Porto Sant'Elpídio [AP] **117** F2
Porto Santo Stéfano [GR] **129** B2
Porto Secco [VE] **63** D1–2
Porto Tolle [RO] **77** E2
Porto Valtraváglia [VA] **21** FG2
Portovécchio [MO] **75** B2
Portovécchio [VE] **47** DE2
Portovénere [SP] **95** BC2
Portovénere, Parco Naturale Regionale di- **95** BC2
Porto Verde [RN] **101** D3
Portoverrara [FE] **75** EF3
Porto Viro [RO] **77** D1
Pórtula [BI] **21** CD3
Pórtula, La- **25** B2
Portule, Cima- **27** E3
Porzano [BS] **57** EF1
Porze **15** C1
Porziano [PG] **115** DE2–3
Posa [TV] **45** E1–2
Posasso, Monte- **69** E3–4
Posatora [AN] **109** E3
Poscante [BG] **41** BC2
Posico [BS] **41** F2
Pósina [VI] **43** F2
Pòsina, Torrente- **45** A2
Pòsola [PT] **97** E2
Possagno [TV] **45** E1
Possâl [UD] **15** D1
Posta [RI] **133** D1
Posta [VI] **27** D3
Posta, la- [FI] **99** AB1
Postal / Burgstall [BZ] **11** D2
Postalésio [SO] **25** A1–2
Poste, Poggio alle- **111** C2–3
Posterle [CN] **65** C3
Posticciola [RI] **139** C1
Postignano [PG] **125** C2
Postino [CR] **57** B1
Postioma [TV] **45** F2
Postoncicco [PN] **31** E2
Postoncicco, Monte- **17** C3
Póstua [VC] **21** D3
Postumia, Via- [MN] **59** B2
Postumia, Via- [Ven.] **45** F2
Potenza, Fiume- **117** E1
Potenza Picena [MC] **117** E1
Poti, Alpe di- **107** A4
Pourachet [TO] **51** B2
Pourriac, Col de- **79** A1
Pourrières [TO] **51** CD2
Pove del Grappa [VI] **45** D2
Povéglia **63** DE1
Povegliano [TV] **47** A2
Povegliano Veronese [VR] **59** D1–2
Povici [UD] **17** C2
Povíglio [RE] **73** B2
Povo [TN] **27** CD2
Povolaro [VI] **45** C3
Povoletto [UD] **33** C2
Pozio, Monte- **107** C4
Pozza [AP] **127** B3
Pozza [AQ] **133** E2
Pozza [MO] **87** F1
Pozza [TN] **43** D2
Pozza [VI] **43** F2
Pozzácchera, Monte- **111** B2
Pozzacchio [TN] **43** E1–2
Pozza di Fassa [TN] **13** AB3
Pozzáglia Sabina [RI] **139** C1–2
Pozzáglio [CR] **57** E2
Pozzáglio ed Uniti [CR] **57** E2
Pozzale [BL] **13** F3
Pozzale [FI] **103** F2
Pozzális [UD] **33** B2
Pozze [PD] **63** BC1
Pozze, le- [PT] **97** E3
Pozzecco [UD] **33** B3
Pozzello, Colle- **133** G2
Pozzengo [AL] **53** E2
Pozzette, Cima delle- **43** CD2
Pozzetto [AN] **109** C3
Pozzetto [PD] **61** E2
Pozzi [LU] **95** E3
Pozzi [VE] **47** E2
Pózzis [UD] **15** E2–3
Pozzo [MC] **117** C1
Pozzo [MS] **85** D2–3
Pozzo [PG] **123** EF2
Pozzo [PN] **31** E2
Pozzo [PN] **47** C1–2

Pozzo [RA] **99** CD1
Pozzo [UD] **31** E2-3
Pozzo [VR] **59** E1
Pozzo [VR] **61** B2
Pozzo, Monte- **93** B3
Pozzo Alto [PU] **101** D3
Pozzo Baronzio [CR] **57** F2-3
Pozzobon [TV] **45** F2
Pozzo Catena [MN] **59** B1
Pozzo d'Adda [MI] **41** AB3
Pozzo del Bagno, Monte- **97** EF2-3
Pozzo della Chiana [AR] **113** D2
Pozzolengo [BS] **59** B1
Pozzoleone [VI] **45** CD2-3
Pozzol Groppo [AL] **55** D3
Pozzolino [GR] **111** E2-3
Pozzolo [MN] **59** C2
Pózzolo [PC] **71** C3
Pozzolo [PV] **55** E2
Pozzolo [VI] **61** CD1
Pozzolo, Punta- **5** E3
Pozzolo Formigaro [AL] **69** B2
Pozzoni, Monte- **125** DE3-4
Pozzonovo [PD] **61** E2
Pozzo Nuovo [AR] **113** E1-2
Pozzotello, Monte- **139** F3
Pozzo Venturi [SI] **113** C2
Pozzuolo [LU] **103** C1-2
Pozzuolo [MC] **117** B2-3
Pozzuolo [PG] **113** E3
Pozzuolo [PU] **109** AB2
Pozzuolo [SI] **113** C2
Pozzuolo del Friuli [UD] **33** BC3
Pozzuolo Martesana [MI] **39** E1
Pra [CN] **81** C2
Pra [GE] **83** B2
Pra [PD] **61** D2
Pra [VI] **43** F2
Prabello, Monte- **29** CD1-2
Prabernardo [VB] **21** C1
Prabione [BS] **43** C2
Praboccone, Croce- **79** C1
Pracaban, Monte- **69** B3
Prà Campo [SO] **9** CD3
Prà Catinat [TO] **51** D2
Pracchi [LU] **97** C2
Prácchia [PT] **97** E2
Prácchia [TR] **125** A3-4
Prácchiola [MS] **85** D2
Praciadelan [BL] **13** EF3
Pracúpola / Kuppelwies [BZ] **11** B2
Prada [BO] **97** F1
Prada [LO] **57** B1-2
Prada [PR] **87** B1
Prada [RA] **91** CD2
Prada [TN] **43** D2
Prada [VR] **43** C2-3
Pradalago, Rifugio- **59** C2
Pradalunga [BG] **41** C2
Pradamano [UD] **33** C2
Prad am Stilfserjoch / Prato allo Stélvio [BZ] **1** B3
Pradarena, Passo di- **87** B3
Prà da Stua, Lago- **43** D2
Pradazzo [CR] **57** C2
Pradazzo, Monte- **13** B3
Pradazzo, Rifugio- **13** B3
Prade [TN] **29** B1-2
Pradeboni [CN] **79** E2
Pradel [BZ] **13** A2
Pradel [TN] **27** B1-2
Pradel, Rifugio- **27** B2
Prá del Fratta, Malga- **15** C1
Pradella [BG] **25** C2-3
Pradella, Monte- **25** B2-3
Prá dell'Albi-Cei **27** C3
Pradellano [TN] **27** F2
Pradelle [VR] **59** D2
Pradelle [VR] **59** E3
Prá delle Nasse **29** B1
Pradello [MN] **59** D3
Pradello [PC] **71** B3
Pradeltorno [TO] **51** DE3
Praderádego, Osteria- **29** D2-3
Pra di Botte [PD] **61** D2
Pradidali, Rifugio- **29** BC1
Pradiélis [UD] **17** C3
Pra di Levada [VE] **47** CD2
Pradipaldo [VI] **45** CD2
Pradipozzo [VE] **47** D2
Pradis [PN] **15** D3
Prádis [UD] **17** C2
Pradis di Sotto [PN] **15** E3
Prà di Sopra / Oberau [BZ] **3** B3
Pradléves [CN] **79** C1
Prado [PV] **39** D3
Pradone [MO] **87** E2
Pradónego [VR] **43** C2-3
Pradovera [PC] **71** AB3
Pradumbli [UD] **15** D1
Pragate [PV] **55** D3
Pragatto [BO] **89** B1-2
Pragelato [TO] **51** C2
Praglia, Monastero di- **61** E1
Pra Grata, Grasso del- **9** D1
Prags / Bráies [BZ] **3** E3
Pragser Wildsee / Bráies, Lago di- **13** D1
Praie [TO] **53** D2
Práie [TO] **35** EF2
Prailles [AO] **19** D1-2
Pralboino [BS] **57** F2
Prale [CN] **81** C3
Prali [TO] **51** D3
Pralongià **13** C2
Pralongo [BL] **13** DE3-4
Pralongo [TV] **47** B3
Pralormo [TO] **53** C3
Pralungo [BI] **37** C1
Pramadiccio, Passo di- **11** EF4
Pramaggiore [VE] **47** D2
Pramaggiore, Monte- **15** C2
Pramaggiore, Stazione di- **47** D2
Pramallè [CN] **65** E3-4
Prà Martino, Colle- **51** E3
Pramollo [TO] **51** E3
Pramollo, Passo di- **17** C1
Pramónico [TO] **37** A2
Prampa, Monte- **87** C2-3
Pramper, Cima di- **29** DE1
Prandáglio [BS] **43** A3
Prandoni, Fattoria- [BS] **57** F1
Pranello [PR] **87** AB1
Prano, Monte- **95** EF3
Pranolz [BL] **29** E2
Pranzalito [TO] **37** A2
Pranzo [TN] **27** A3
Práole [VR] **43** DE3
Pra Piano [TO] **51** CD1-2
Pra Pince [SO] **7** DE3
Prapotnizza [UD] **33** E1-2
Prarayer [AO] **19** F1
Prariond [AO] **19** C2-3
Prà Riondo, Rifugio- **83** A2
Pra Rodont **27** A1-2
Prarola, Torre di- **93** DE3
Prarolo [GE] **69** C2-3
Prarolo [VC] **37** E3
Prarostino [TO] **51** E3
Prasco [AL] **69** A3
Prascondù, Santuario di- **35** EF2
Prascorsano [TO] **35** F2
Prasco Stazione **69** A3
Prà Sec [AO] **19** BC1-2
Praso [TN] **25** F3
Prasomaso [SO] **25** B1-2
Prasottano [SV] **81** EF1
Prassolan, Monte- **29** B3
Prastmann / Pratomagno [BZ] **3** E1
Prata [AQ] **133** EF3
Prata [CN] **81** C1
Prata [GR] **111** D3
Prata [LI] **111** B3
Prata [VB] **21** D1
Prata, le- [PG] **115** E3
Prata, Pizzo di- **7** E3
Prata Camportáccio [SO] **7** E3
Pratáccio [PT] **97** D2
Prataccione, Casa- [VT] **123** AB4
Prata d'Ansidónia [AQ] **135** A3
Prata di Pordenone [PN] **31** C3
Prata di Sopra [PN] **31** C3
Prata di Sotto [PN] **47** C1
Pratalano, Casa- [VT] **131** B2
Pratalborato [AL] **69** B2
Pratale [AR] **105** F2
Pratalútoli [AR] **105** E2
Pratantico [AR] **105** F4
Pratavecchia [CN] **65** E4
Pratello [AQ] **141** E3
Pratello [BS] **43** A3-4
Pratello [PI] **103** E3
Pratello, Monte- [AQ] **141** DE3
Pratello, Monte- [FC] **99** D2
Prateria / Preindl [BZ] **3** F3
Prati [RA] **91** CD2
Prati [VR] **43** E3
Prati / Wiesen [BZ] **3** A2
Prati, i- [BS] **59** A1
Prati, i- [TR] **133** B1-2
Prati Alti, Monte- **107** B3
Prati Brusáda [SO] **7** EF3-4
Prática di Mare [ROMA] **145** C2-3
Praticello [RE] **73** A3
Prati di Monti Lagabrun **27** D1
Prati di Tesido [BZ] **3** E3
Prati di Tivo [TE] **133** G1-2
Pratieghi [AR] **107** B2
Prati Gággio [SO] **25** A1
Pratiglio, Monte- **139** DE3
Pratiglione [TO] **35** F2
Prati Nuovi [VE] **47** E2-3
Pratíssolo [RE] **87** DE1
Prato [GE] **83** D2
Prato [GE] **83** F2
Prato [GE] **85** A2
Prato [PG] **107** B4
Prato [PO] **97** F3
Prato [PR] **85** B1
Prato [PR] **87** A2
Prato [RE] **73** C3
Prato [TR] **123** D3
Prato [VB] **21** CD1
Prato, Monte- [It.] **85** G3
Prato, Monte- [FR] **139** F3
Prato, Monte- [RI] **125** DE4
Prato alla Drava / Winnebach [BZ] **3** FG3
Prato all'Isarco / Blumau [BZ] **11** E2-3
Prato allo Stélvio / Prad am Stilfserjoch [BZ] **1** B3
Prato Barbieri [PC] **71** BC3
Prato Cagliara [VR] **61** C3
Prato Cárnico [UD] **15** D1
Prato Ciorliera [CN] **79** AB1
Prato Croce, Rifugio- / Kreuzwiesen-Hütte **3** C3
Prato delle Femmine [PR] **85** C1
Prato di Résia [UD] **17** C2
Prato di Strada [AR] **105** EF2
Pratoferro [TO] **37** B2
Pratofontana [RE] **73** B3
Prato Gentile [IS] **141** F3
Pratogiardino [PC] **71** B3-4
Pratoianni [RI] **133** CD3
Prátola Peligna [AQ] **141** D2
Pratolino [FI] **99** A3
Pratolungo [AL] **69** C2
Pratolungo [CN] **79** BC2
Pratolungo [CN] **65** D3
Pratolungo [GR] **123** A3
Pratolungo [NO] **21** E2-3
Pratolungo [PR] **87** B1-2
Pratolungo [PV] **69** E2
Pratomagno **105** EF2-3
Pratomagno / Prastmann [BZ] **3** E1
Prato Maiuri, Monte- **141** BC3
Pratomedici [MS] **85** E3
Pratomorone [AT] **53** D3
Pratone, Il- **105** CD1-2
Pratone, Monte- **99** B2
Prato Nevoso [CN] **81** B2
Pratopiano [PR] **87** B2
Prato Piazza / Plätzwiesen [BZ] **13** E2
Prato Ranieri [GR] **119** E1
Prato Rosso, Rifugio- **141** CD3
Pratorotondo [CN] **79** AB1
Prato San Pietro [LC] **23** E1-2
Prato Selva [TE] **133** F1
Prato Sésia [NO] **21** E3-4
Prato Spilla [PR] **87** A2-3
Pratostaffa [TR] **123** B3
Pratotondo, Monte- **25** D3
Prato Valentino [SO] **25** C1
Pratovallarino [SV] **67** FG3-4
Pratovalle [AR] **105** F3
Pratovécchio [AR] **105** F2
Pratrivero Ponzone [BI] **21** CD3-4
Praturlone [PN] **31** D3
Pravisdómini [PN] **47** D2
Pray [BI] **21** D3
Pray Basso [BI] **21** D3
Praz [AO] **19** F1-2
Praz [AO] **21** B3
Prazzo [CN] **65** C3-4
Prazzo Inferiore [CN] **65** C3-4
Prazzo Superiore [CN] **65** C3-4
Pre [TN] **43** C1
Prea [CN] **81** B2
Prealba, Monte- **41** F2-3
Prealpi Giulie, Parco Naturale Regionale delle- **17** CD3
Preaola, Monte- **23** D2
Preara [VI] **45** C2-3
Prearba, Monte- **93** CD2
Preare [PD] **61** E2
Precaságlio [BS] **9** EF3
Precenicco [UD] **49** B2
Precenico [TS] **49** EF2
Preci [PG] **125** D2
Precicchie [AN] **117** B1
Precona [RO] **75** D1-2
Predáia [TN] **27** E1
Predaia, Altopiano della- **11** CD3-4
Predálbora [PC] **71** B3
Predáppio [FC] **99** E2
Predáppio Alta [FC] **99** E2
Predazzo [TN] **13** A3-4
Pré de Bar [AO] **19** C1
Predel **17** E2
Predella [PR] **71** D2-3
Predella-Ferma [RE] **87** BC2
Prediera [RE] **87** D1
Predil, Lago del- **17** E2
Predil, Passo del- **17** E2
Predoi / Prettau [BZ] **3** E1
Predonico / Perdonig [BZ] **11** D2-3
Predore [BG] **41** E2
Predosa [AL] **69** A2
Prefetti, Fosso dei- **145** E3
Preganziol [TV] **47** A3
Pregasina [TN] **43** C1-2
Pregásio [BS] **43** C2
Préggio [PG] **115** B2
Preghena [TN] **11** BC3
Preglia [VB] **5** D2-3
Pregnana Milanese [MI] **39** BC1
Pregno [BS] **41** F3
Pregola [PV] **69** E2
Préia [VB] **21** D2
Preindl / Prateria [BZ] **3** F3
Preistoria, Parco della- **41** AB4
Preistorico, Parco- **103** E3
Preit [CN] **79** B1
Preit, Vallone del- **79** B1
Prejon [RO] **63** B2-3
Prel, Colla del- **81** B2
Prelà [IM] **93** D3
Prélaz [AO] **19** E2
Prélaz [AO] **19** F2
Prelerna [PR] **71** D4
Prelle [BI] **37** C2
Prelo [SV] **81** F2
Premadio [SO] **9** E2
Premana [LC] **23** E1
Premaor [TV] **29** D3
Premaore [VE] **63** C1
Premariacco [UD] **33** D2
Premeno [VB] **21** F2
Premenugo [MI] **39** E2
Prémia [VB] **5** DE2
Premiano [BS] **41** F2-3
Premilcuore [FC] **99** D3
Prémolo [BG] **25** B3
Premosello-Chiovenda [VB] **21** DE1-2
Pren [BL] **29** C2
Prena, Monte- **135** AB2
Prendomino [PV] **55** D3
Prene / Prenn [BZ] **1** F2
Prenestina, Via- **145** E1
Prenestini, Monti- **145** F1
Prenn / Prene [BZ] **1** F2
Prennaro [CO] **7** D3-4
Preone [UD] **15** E2
Preore [TN] **27** A2
Prepo [PG] **115** C3
Prepotto [UD] **33** D2
Prerro [NO] **21** E3
Presa, Cima la- **27** F2
Pré-Saint-Didier [AO] **19** B2
Presanella, Cima- **25** F1
Presanella, La- **9** F3
Presciane [RO] **75** D1
Presciano [AR] **107** C2
Presciano [SI] **113** B2
Presciano, Casale Nuovo di- [ROMA] **145** E3
Prese, le- [SO] **9** DE2
Preséglie [BS] **43** A2-3
Presegno [BS] **43** A2
Preselle [GR] **121** C3
Prese-Montone [TO] **35** D2
Presena **9** F3
Presena, Alveo del- **9** F3
Presena, Cima- **25** F1
Presenàio [BL] **15** C1
Presezzo [BG] **41** B2
Présina [PD] **45** D3
Présina [VR] **61** B2
Presolana, Passo della- **25** C3
Presolana, Pizzo della- **25** C3
Pressana [VR] **61** C2
Pressano [TN] **27** C1-2
Presson [TN] **11** B3-4
Presta, Forca di- **125** E3
Prestento [UD] **33** D2
Prestinari [MN] **59** C2
Prestine [BS] **25** D3
Prestone [SO] **7** E2
Preta [RI] **127** AB4
Pretara [TE] **135** A1-2
Pretare [AP] **125** E3
Pretaro [CH] **135** E2
Prete, Col del- **65** D3
Preti, Cima dei- **13** F3-4
Prétola [PG] **115** C3
Pretoro [CH] **135** D3
Prettau / Predoi [BZ] **3** E1
Preturo [AQ] **133** E2
Prevala, Sella- **17** D2
Prevalle [BS] **43** A3
Prezza [AQ] **141** C2
Prezza, Monte- **141** C2
Prezzo [TN] **25** F3
Priabona [VI] **45** B3
Priacco [TO] **35** FG2
Priaforà, Monte- **45** A2
Priero [CN] **81** D1
Prignano sulla Sècchia [MO] **87** E2
Primaluna [LC] **23** E1-2
Primavalle [ROMA] **145** C1
Primaz [AO] **19** E2
Primecase [RI] **139** B1
Priméglio [AT] **53** CD2
Primero, Bocca di- **49** D2
Primicello [FE] **75** E2
Primolano [VI] **29** B3
Prímolo [SO] **9** AB3
Prinardo [CN] **79** AB1
Principe, Monte- **1** E1-2
Principina a Mare [GR] **121** AB3
Prine [PG] **115** A1
Prinzera, Monte- **71** E4
Priò [TN] **27** C1
Priocca [CN] **67** D2
Priola [CN] **81** D2
Priola [UD] **15** E1-2
Priora, Monte- **125** E2
Priorato [PR] **71** EF2
Priosa [GE] **69** E3-4
Prisnig, Monte- **17** E2
Prissian / Prissiano [BZ] **11** CD2
Prissianerbach / Prissiano, Rio- **11** CD2
Prissianer Hochwald / Prissiano, Selva di- **11** CD2
Prissiano / Prissian [BZ] **11** CD2
Prissiano, Rio- / Prissianerbach **11** CD2
Prissiano, Selva di- / Prissianer Hochwald **11** CD2
Priuso [UD] **15** D2
Priuso, Forcella di- **15** D2
Privano [UD] **49** C1
Procária [TO] **35** E2-3
Prócchio [LI] **119** B2
Prócchio, Golfo di- **119** B2
Proceno [VT] **123** AB3
Prodo [TR] **123** D3
Prodolone [PN] **31** DE3
Proferi [FI] **105** A3
Profóglio, Monte- **115** F3
Progno, il- **43** D3
Progresso [BO] **89** D1
Proh [NO] **37** EF1
Proman, Pizzo- **21** E1
Promano [PG] **115** B1
Promiod [AO] **19** F2
Promo [BS] **43** A2
Promontori e delle Isole di Levante, Parco Naturale dei- **85** AB3
Promontorio [BS] **43** B3
Promósio, Passo di- **17** B1
Propata [GE] **69** DE3
Proratado, Monte- **69** BC3-4
Prosecco [TS] **49** F2
Prosérpio [CO] **23** D2-3
Prospera, la- [FE] **75** BC2
Prossenicco [UD] **17** D3
Prosto [SO] **7** E2-3
Protte [PG] **125** B3
Prova [MN] **75** BC2
Prova [VR] **61** B1
Prováglio d'Iseo [BS] **41** E3
Prováglio Val Sábbia [BS] **43** A2
Provagna [BL] **29** EF1
Provazzano [PR] **87** BC1
Proveis / Proves [BZ] **11** C3
Proves / Proveis [BZ] **11** C3
Provesano [PN] **31** E2
Provezza [FC] **99** FG1
Provonda [TO] **51** EF2
Provvidenza, Lago di- **133** F1-2
Prózzolo [VE] **63** C1
Prugnano [PI] **111** CD1-2
Prugno [RA] **99** C1
Prun [VR] **43** D3
Prunaro [BO] **89** DE1-2
Prunarolo [BO] **89** B2-3
Prunetta [PT] **97** D2
Prunetto [CN] **67** D3-4
Prunicce, Monte- **103** D4
Pruno [LU] **97** A2-3
Pruno / Elzenbaum [BZ] **3** A2
Pruno, Poggio al- **111** BC2
Publino, Lago- **25** AB2
Pucci, Villa- [PG] **115** C3
Pucciarelli [PG] **115** A3
Pudiano [BS] **57** DE1
Pudio, Malga- / Pidig **3** F2
Puechem [TN] **43** E1
Puegnago sul Garda [BS] **43** AB3
Puèz, Punte del- / Puez-Spitzen **13** B2
Puèz, Rifugio del- / Puezhütte **13** B2
Puez-Geisler, Naturpark- / Puez-Odle, Parco Naturale- **13** B2
Puezhütte / Puèz, Rifugio del- **13** B2
Puez-Odle, Parco Naturale- / Puez-Geisler, Naturpark- **13** B2
Puez-Spitzen / Puèz, Punte del- **13** B2
Pufels / Bulla [BZ] **13** A2
Puflatsch / Bulláccia, Monte- **13** A2
Puginate [CO] **23** C3
Puglia [AR] **107** A3-4
Puglia [PC] **57** B3
Puglia, Torrente- **123** F4
Puglianella [LU] **97** A2
Pugliano [PU] **107** D1
Pugliola [SP] **95** C2
Pugnello [VI] **45** A3
Pugnenta, Becca- **19** BC2
Pugnetto [TO] **35** E3
Pugnolo [CR] **57** F3
Púia [PN] **47** C1
Puianello [MO] **87** F2
Puianello [RE] **87** D1
Pulci, le- [PG] **115** C2-3
Púlfero [UD] **33** D1
Púlica [MS] **95** D1-2
Pulicciano [AR] **105** E3
Pulicciano [FI] **99** B2-3
Puliciano [AR] **113** DE1
Pulignano [FI] **105** AB2
Pulledrari [PT] **97** DE2
Pullir [BL] **29** C2
Pulpiano [RE] **87** D1-2
Pumenengo [BG] **41** D4
Puncichitti [CH] **135** F3
Puni, Rio- / Punibach **1** B2
Punibach / Puni, Rio- **1** B2
Punta, Molino di- [TO] **51** F1-2
Punta, Monte- **13** DE3
Punta Aderici, Riserva Naturale di- **143** C1
Punta Ala [GR] **119** E2
Punta Cervina, Rifugio- / Hirzer Hütte **1** F2
Punta Ces, Rifugio- **29** B1
Punta Corvo [SP] **95** C2
Punta del Lago [VT] **131** D3
Punta d'Oro / Goldknopf **13** A2
Punta Marina [RA] **91** E2
Punta Verde, Parco Zoo- **49** B2-3
Punte Alberete, Oasi di Protezione di- **91** E1
Puntoni [PT] **103** EF2
Puos d'Alpago [BL] **31** B2
Pupaggi [PG] **125** C2
Pura, Passo del- **15** D2
Puranno, Monte- **125** B2
Purano [VR] **43** D3
Purello [PG] **115** E1-2
Purga, Monte- **43** E3
Purga di Bolca **43** F3
Purgatório, il- **123** B3
Purgéssimo [UD] **33** D2
Puria [CO] **23** C1
Púria, Monte- **43** BC2
Puro, Monte- [PG] **125** C2
Puro, Monte- [PG] **125** D2
Purtud [AO] **19** B2
Pusiano [CO] **23** D2-3
Pusiano, Lago di- **23** D3
Pussa, la- [PN] **15** C2
Pusteria, Val- / Pustertal **3** DE3
Pusterno [BL] **29** B3
Pustertal / Pusteria, Val- **3** DE3
Pútia, Sass de- / Peitler Kofel **13** B1-2
Putignano [PI] **103** C2
Putignano [TE] **127** CD3
Puys [TO] **51** B2
Puzzillo, Monte- **133** F3
Pyrgi (Santuario di Leucotea) **137** B2

Q

Quaderna [BO] **89** DE2
Quaderna, Torrente- **89** E2
Quaderni [VR] **59** C1-2
Quadra, Monte- **3** E2
Quadraro [ROMA] **145** D1
Quadreggiana [MC] **115** F2
Quadrelli [PC] **71** B2-3
Quadrelli [TR] **125** A3-4
Quadri [CH] **141** F3
Quadro, Monte- **85** E2
Quadro, Pizzo- **7** D2
Quadroni [ROMA] **137** C2
Quagliuzzo [TO] **37** A2
Quáira, Lago di- / Arzkorsee **11** B2
Quáira, Picco di- / Karspitze **3** B3
Quáira, Pizzo- / Kerlsspitze **3** F3
Quáira, Punta di- / Karspitze **11** AB3
Quáira, Valle di- / Karbachtal **3** F3
Quáire, Cima di- / Karnspitz **3** A3
Qualso [UD] **33** C1-2
Quantin [BL] **29** E2
Quara [RE] **87** CD2
Quaranta [FI] **97** FG3
Quaranta [SI] **121** E2
Quaranti [AT] **67** F2
Quarántoli [MO] **73** E2
Quarata [AR] **105** F3-4
Quarazzana [MS] **85** E3
Quare [VC] **21** C3
Quaregna [BI] **37** CD1
Quarena [BS] **43** A3
Quargnenta [VI] **45** AB3
Quargnento [AL] **53** F3
Quarna Sopra [VB] **21** E2
Quarna Sotto [VB] **21** E2
Quarona [VC] **21** D3
Quarrata [PT] **97** E3
Quart [AO] **19** E2
Quart, Castello di- **19** E2
Quartáccio [VT] **131** E3
Quartáccio, Monte- **137** B2
Quartáia [SI] **111** E1
Quartazzola [PC] **57** B3
Quartesana [FE] **75** E3
Quarti [AL] **53** F2
Quarti [RO] **75** E2
Quartiano [LO] **39** E2
Quarticciolo, Monte- **137** B2
Quartiere [FE] **75** E3
Quartiere Zingone [MI] **39** C2
Quartino [AT] **67** EF2
Quartirolo [MO] **73** D3
Quarto [AT] **53** E3
Quarto [FC] **99** F3
Quarto [PC] **57** BC3-4
Quarto, Lago di- **99** F3
Quarto d'Altino [VE] **47** AB3
Quarto dei Mille [GE] **83** CD2
Quarto dell'Orsa [ROMA] **145** DE1
Quarto di Santa Chiara, Riserva Naturale- **141** EF3

Quarto Inferiore [BO] **89** D1
Quartolo [RA] **99** D1
Quártora, le- **133** F3
Quarzano [CO] **23** CD2
Quarzina [CN] **81** C3
Quassa [VA] **21** F3
Quassolo [TO] **37** AB1-2
Quata, Masso alla- **119** AB2
Quattórdio [AL] **53** F3
Quattro Cascine [AL] **55** B3
Quattro Cascine [PC] **71** C2
Quattrocase [CR] **73** A2
Quattrocase [MN] **73** E1-2
Quattro Castella [RE] **87** C1
Quattrocchio [PC] **71** AB3
quattro Pini, i- [VT] **129** E2
Quattro Strade [MN] **59** A2
Quattro Strade [PI] **103** D2
Quattro Strade, le- [FI] **105** C3
Quattro Strade, le- [GR] **129** C2
Quattro Torri, Castello delle- **113** B1-2
Quattro Venti, Casa- [LU] **103** C2
Querce **103** E2
Querce, la- [PO] **97** F3
Querce d'Orlando [VT] **131** C3
Quercegrossa [SI] **113** A1
Querceta [LU] **95** E2-3
Querceto [AR] **107** A2
Querceto [PI] **111** C2
Querceto [SI] **111** E1-2
Querci, le- [PT] **97** E3
Quercia [MS] **85** DE3
Quércia, la- [VT] **131** C2
Querciabella, Monte- **105** D3
Quercianella [LI] **103** C4
Querciola [BO] **97** E1
Querciola [FI] **97** G3
Querciola, Monte- **121** BC3-4
Querciola, Poggio della- **113** C1
Querciolano **99** D2
Quercioli [RE] **73** AB3
Quercione, Poggio del- **121** A2
Quero [BL] **29** C3
Questa, Rifugio- **79** C2
Quezzi [GE] **83** C2
Quiesa [LU] **103** BC1
Quiete, la- [MO] **75** B2
Quiliano [SV] **81** F2
Quinciano [SI] **113** B2
Quincinetto [TO] **37** A1
Quinçod [AO] **21** A3
Quingéntole [MN] **73** E1
Quínis [UD] **15** E2
Quinseina, Punta di- **35** F2
Quintanello [TO] **65** F1-2
Quintano [BG] **41** D3
Quintano [CR] **57** B1
Quintílio Varo, Villa- **145** E1
Quintino Sella e Tuckett, Rifugio- **27** B1
Quinto [FI] **105** C1-2
Quinto al Mare [GE] **83** CD2
Quintodécimo [AP] **127** B3
Quinto de' Stampi [MI] **39** D2
Quinto di Treviso [TV] **45** F3
Quinto di Valpantena [VR] **43** DE3-4
Quinto Romano [MI] **39** C2
Quinto Vercellese [VC] **37** E2
Quinto Vicentino [VI] **45** C3
Quinzanello [BS] **57** E1
Quinzano [AP] **127** B2
Quinzano [BO] **89** D3
Quinzano [PR] **87** B1
Quinzano d'Oglio [BS] **57** DE2
Quinzano San Pietro [VA] **23** A3
Quinzano Veronese [VR] **59** D1
Quinzia Reatina → Salaria, Via- **137** EF2-3
Quinzo / Kinzen [BZ] **3** B2
Quistello [MN] **73** D1
Quistello [VR] **59** C2
Quistro [CR] **57** E2
Quittengo [BI] **21** BC3-4
Quoio, Monte- **111** EF3
Quorle [AR] **105** F2
Quota [AR] **105** F2

R

Rabatta [FI] **99** B3
Rabbi [TN] **11** A3
Rabbi, Fiume- **99** D2-3
Rabbi, Val di- **11** AB3
Rabbiés, Torrente- **11** B3
Rabbiosi [PR] **71** DE3
Raben Kogel / Corvi, Cima dei- **1** BC2
Rabenstein / Corvara [BZ] **1** FG2
Rabenstein / Corvara in Passiria [BZ] **1** E1
Rabioux [CN] **65** C3
Rablá / Rabland [BZ] **11** C1-2
Rabland / Rablá [BZ] **11** C1-2
Rabuiese [TS] **49** F3
Raccano [RO] **75** E2
Racchiuso [UD] **33** C1-2
Racciano [SI] **105** AB4
Raccolana [UD] **17** C2
Raccolana, Canale di- **17** D2
Raccolana, Torrente- **17** D2
Racconigi [CN] **67** AB2
Racínes / Ratschings [BZ] **1** FG1
Racínes, Val di- / Ratschingstal **1** F1
Racollo, Lago di- **135** AB2
Radda in Chianti [SI] **105** D3-4
Radein / Redagno [BZ] **11** E3-4
Radel Spitze / Rodella, Cima- **1** G2
Radi [SI] **113** B2
Radicata, Torrente- **129** C1
Radici, Foce delle- **97** B1
Radicófani [SI] **123** A2
Radicóndoli [SI] **111** E2
Radicosa [AN] **109** AB3-4
Rado, Santuario di- **37** E1
Rafenstein / Sarentino, Castel- **11** E2
Raffa [BS] **43** AB3
Raffaei [TN] **29** AB1
Raffi [PC] **71** B4
Ragada [TN] **25** F1-2
Ragazzola [PR] **57** EF3-4
Raggiano [MC] **117** AB3
Ràggio [FC] **99** E3
Ràggio [PG] **115** CD1
Ràggio [PG] **125** A3
Raggiolo [AR] **105** F2-3
Ragione [AL] **69** D2-3
Ragnáie [SI] **113** B3
Ragno, Pizzo- **5** E3
Ragnola [AP] **127** E2
Ragnola, Torrente- **127** E2
Ragogna [UD] **31** E1-2
Ragogna, Monte di- **31** EF1
Rágola, Monte- **71** B4
Rágoli [TN] **27** A2
Rai [TV] **47** B2
Raiale, Torrente- **133** F2
Raiano [AQ] **141** C2
Raiano Superiore, Fermata di- **141** C2
Raimondi [PC] **71** B2-3
Raina, Roggia- **55** A1
Raineri [AL] **69** B2-3
Rain in Taufers / Riva di Túres [BZ] **3** E2
Raintal / Riva, Val di- **3** E2
Rainuzzi [RE] **73** A3
Ráio, Torrente- **133** F3
Raldon [VR] **59** E1
Rállio [PC] **71** B2
Rallo [TN] **11** C3-4
Ram, Rio- / Rambach **1** B2-3
Rama, Bec della- **67** F3-4
Rama, Monte- **83** A2
Ramaceto, Monte- **83** E2
Ramat [TO] **51** C2
Ramate [VB] **21** E2
Ramaz, Casera- [UD] **17** B1
Ramazzano [PG] **115** C2
Rambach / Ram, Rio- **1** B2-3
Ramedello [RO] **75** D1
Ramen [BL] **29** B2
Ramera [TV] **47** AB1
Ramezza, Monte- **29** C2
Ramezzana [VC] **37** D3
Rami [MO] **73** E3
Ramiano [PR] **87** AB1
Ramiceto, Monte- **85** F2
Ramière o Bric Froid, Punta- **51** C3
Ramini [PT] **97** E3
Ramiola [PR] **71** E3
Ramiseto [RE] **87** B2
Rammelstein / Montone **3** E2-3
Ramodipalo [RO] **61** D3
Ramon [TV] **45** E2
Ramonda, Colletto- **79** E2
Ramoscello [PR] **73** A2-3
Rampa, Masseria- [CB] **143** D2-3
Rampazzo [VI] **45** CD3
Ramponio [CO] **23** C1-2
Ramponio Verna [CO] **23** C1-2
Ramudla, Forcella / Rappenscharte **1** C2
Ramuscello [PN] **47** E1
Ramuscello Vecchio [PN] **47** E1
Rancale [PG] **115** C2
Rancate [MI] **39** D2
Ranchi [PG] **115** B1
Ránchio [FC] **99** F3
Rancia, Castello della- **117** CD2
Rancio Valcúvia [VA] **23** A2
Rancitella [PU] **107** E2
Ranco [AR] **107** BC2
Ranco [AR] **107** B4
Ranco [CH] **143** A1-2
Ranco [VA] **21** F3
Rancolfo [PG] **115** C2
Rancolin, Monte- **15** C2
Ranco Spinoso, Parco di- **107** C2
Randelino, Monte- **15** C3
Randsberg / Monterota [BZ] **3** F3
Ranè [TV] **31** B2-3
Rango [TN] **27** A2
Rangona, la- [FE] **75** BC2
Ránica [BG] **41** C2
Ranuzzi, Villa- [BO] **97** G1-2
Ranzánico [BG] **41** D2
Ranzano [PN] **31** C2-3
Ranzano [PR] **87** B2
Ranzi [SV] **81** E2-3
Ranzo [IM] **93** DE2
Ranzo [TN] **27** B2
Ranzola, Colle della- **21** A3
Raossi [TN] **43** E2
Rapagnano [AP] **117** E2-3
Rápale [AR] **113** C1
Rapallo [GE] **83** E2
Rapattoni [PE] **135** D2
Rapegna [MC] **125** D2
Rapina, Monte- **141** E2
Rapino [CH] **141** EF1
Rapino [TE] **135** B1
Rapolano Terme [SI] **113** C2
Rappenscharte / Ramudla, Forcella- **1** C2
Rasa [RO] **61** D3
Rasa [VA] **23** A2
Rasai [BL] **29** C2-3
Rasass, Passo di- / Rasaßer Scharte **1** A2
Rasass, Rifugio- **1** A2
Rasaßer Scharte / Rasass, Passo di- **1** A2
Raschera, Rio- **81** B2
Raschiacco [UD] **33** D2
Raschötz / Rasciesa **13** A2
Raschötz-Hütte / Rasciesa, Rifugio- **13** A2
Rasciesa / Raschötz **13** A2
Rasciesa, Rifugio- / Raschötz-Hütte **13** A2
Rascino, Lago- **133** D2
Rascino, Piano di- **133** D2-3
Rásega, la- [BS] **25** E2
Rasen Antholz / Rasun Anterselva [BZ] **3** E3
Rasenna [MC] **125** C2
Raseri [SO] **7** D2
Rásiga, Rio- **5** D3
Rasíglia [PG] **125** C2
Rasíglio [BO] **89** BC2
Rasina, Torrente- **115** E2
Raso, Poggio- [GR] **129** B1
Raso, Poggio- [GR] **129** C1
Rasora [BO] **97** F2
Raspano [UD] **33** B1
Raspollino, Padule di- **121** AB2-3
Rassa [VC] **21** BC3
Rássina [AR] **105** FG2-3
Rastcias, Monte- **65** D3
Rastellino [MO] **89** B1
Rastello [CN] **81** B2
Rastello, Foce di- **85** C2-3
Rastía [MC] **117** B2
Rastignano [BO] **89** C2
Ra Stua, Malga- [BL] **13** D2
Rasun Anterselva / Rasen Antholz [BZ] **3** E3
Rasun di Sopra / Oberrasen [BZ] **3** E3
Rasun di Sotto / Niederrasen [BZ] **3** E3
Rasura [SO] **7** F4
Rata [FI] **105** E1
Rata [VR] **59** E3
Rateis / Rattísio [BZ] **11** B1
Raticosa, Passo della- **99** AB1-2
Ratschings / Racínes [BZ] **1** FG1
Ratschingstal / Racínes, Val di- **1** F1
Rattendorfer Sattel **17** BC1
Ratti, Monte- **45** B3
Ratti, Val dei- **7** EF3
Ratti A., Bivacco- **19** F1
Rattísio / Rateis [BZ] **11** B1
Rattisio Nuovo / Neurateis [BZ] **11** B1
Ratto, Monte del- **69** A3
Rauchkofel **3** E1
Rauhe Bühel / Scabro, Colle- **11** C2
Rauscedo [PN] **31** DE2
Raut, Monte- **15** C3
Rauth / Novale [BZ] **11** E3
Rautkofel / Rudo, Monti- **13** E2
Rava [BG] **23** F1-2
Rava, Cimon- **27** F2
Ravadese [PR] **73** A2
Ravaldino in Monte [FC] **99** F2
Ravalle [FE] **75** CD2
Ravara [CR] **57** F3
Ravarano [PR] **85** E1
Ravari, Bocca dei- **89** AB3
Ravarino [MO] **73** E3
Ravascletto [UD] **15** E1
Ravellino [LC] **23** E3
Ravello [MI] **39** B1
Ravenna [RA] **91** E2
Ravenna, Aeroporto Nazionale di- **91** E2
Ravenole, Laghi di- **43** A1
Raveo [UD] **15** E2
Ravera [TO] **51** EF2-3
Ravere [BS] **59** A1-2
Ravezza [PR] **85** B2
Ravi [GR] **121** A2
Ravigliano [PG] **113** F3
Ravignano [PG] **125** B1-2
Ravina [TN] **27** C2
Ravinet, Monte- **81** E2-3
Ravinis [UD] **17** B1
Ravino, Monte- **87** C3
Ravoledo [SO] **9** D3
Ravosa-Magrédis [UD] **33** C2
Ray, Monte- **79** D2
Raymond [TO] **65** C2
Razzano, Monte- [ROMA] **137** E2
Razzano, Monte- [VT] **131** E2
Razzo, Casera- **15** C2
Razzo, Sella di- **15** C2
Razzuolo [FI] **99** B2
Re [VB] **5** F3
Re, Monte- **1** E1
Rea [PV] **55** D2
Rea, Torrente- **67** C3
Reáglie [TO] **53** B2
Reala [CN] **67** C2
Realdo [IM] **93** C2
Reale [MN] **59** BC1-2
Reale, Castello- **53** A2
Reale, Fosso- **103** C3
Realizio [TO] **37** B2
Reana del Roiale [UD] **33** C2
Reane [BL] **13** F2
Reano [TO] **51** F2
Reatini, Monti- **133** C1-2
Rebecco [MN] **59** B2
Recanati [MC] **117** E1
Recastello, Pizzo- **25** C2
Recchio, Torrente- **71** E3
Recco [GE] **83** D2
Recenza [SI] **113** A2-3
Recésio [PC] **71** B3
Recetto [NO] **37** E2
Recoaro Terme [VI] **43** F2
Recórfano [CR] **59** A3
Recovato [MO] **89** B1
Reda [RA] **91** C3
Redabue, Castello di- **53** F3
Redagno / Radein [BZ] **11** E3-4
Redasco, Cime- **9** D2
Redavalle [PV] **55** E2
Redebus, Passo del- **27** D2
Redena [FE] **75** B2
Redentore, il- **93** C2
Redenzicco [UD] **31** E2
Re di Castello, Monte- **25** E2
Redicesi [MS] **95** E2
Redinoce [LI] **119** B2
Redipuglia [GO] **49** D1-2
Redona [PN] **15** D3
Redondesco [CR] **57** F3
Redondesco [MN] **59** AB2-3
Redondo, Monte- **25** B3
Redónis [PN] **15** E3
Redorta, Pizzo di- **25** B2
Redù [MO] **73** E3-4
Refavaie, Rifugio- **29** A1
Reforzate [PU] **109** B2-3
Refrancore [AT] **53** EF3
Refróntolo [TV] **29** E3
Regátola [CO] **23** D2
Reggello [FI] **105** E2
Reggello, Varco di- **105** E2
Reggiolo [RE] **73** C2
Reggio nell'Emilia [RE] **73** B3
Reghinera [LO] **57** C2-3
Regia Mandria [TO] **53** A1-2
Regina delle Alpi, Giardino Botanico- **79** A2
Regina Elena, Canale- **37** FG1
Reginaldo [CH] **135** D3
Regina Margherita, Rifugio- **21** B2
Regine, le- [PT] **97** D2
Regino, Castel- / Reinegg, Schloß- **11** DE2
Regnana [TN] **27** D1-2
Regnano [MC] **117** C2-3
Regnano [MS] **87** B3
Regnano [RE] **87** D1
Regnano, Torrente- **107** C3
Regnola [RE] **87** C2
Regola Brusada / Brunstriedel **3** E3
Regoledo [LC] **23** D1
Regoledo [SO] **25** A1-2
Regoledo [SO] **7** F4
Régona [BS] **57** F2
Régona [CR] **57** C2
Reifenstein / Tasso, Castello- **3** A2
Reinegg, Schloß- / Regino, Castel- **11** DE2
Reinero [CN] **65** C4
Reinswald / San Martino [BZ] **11** E1
Réisa, Monte- **83** AB2
Reisassetto, Colla- **65** B3
Reisasso, Monte- **65** C3
Reischach / Riscone [BZ] **3** D3
Reisoni [GE] **69** E3
Réit, Cresta di- **9** E1-2
Reiterkarlspitz **15** C1
Remacinelli, Colle- **141** E1
Remanzacco [UD] **33** C2
Remedello [BS] **59** A2
Remedello [VR] **61** B2
Remedello Sopra [BS] **59** A2
Remedello Sotto [BS] **59** A2
Remelli [VR] **59** C1-2
Remes, Punta di- / Remsspitze **1** BC2
Remit, Dos- **43** D1-2
Remoncio [VR] **61** B1
Remondato [TO] **35** F3
Remondino, Rifugio- **79** C2-3
Remondò [PV] **39** A3
Remsspitze / Remes, Punta di- **1** BC2
Remulo, Torrente- **25** E2
Ren [BL] **29** C1
Renacchi [PI] **103** E3
Renacci [AR] **105** DE3
Renaio [LU] **97** C2
Renaioli, Casa- [GR] **121** E3
Renata, Rifugio- **21** B3-4
Renate [MI] **23** D3
Renazzo [FE] **75** B3
Réncine [SI] **113** A1
Réncio Inferiore [VB] **5** DE2
Rendena, Valle- **27** A2
Rendinara [AQ] **139** F3
Réndola [AR] **105** E3-4
Rendole [VI] **27** F3
Renga, Catena del- **139** E3
Renno [MO] **87** E3
Reno [PR] **87** AB1
Reno [VA] **21** F2
Reno, Fiume- **91** C1
Reno, Foce del- **91** E1
Reno Centese [FE] **75** B2-3
Reno Finalese [MO] **75** BC2-3
Renon / Ritten [BZ] **11** E2
Renon, Corno di- / Rittner Horn **11** E2
Renzana [BS] **43** A3
Renzetti [PG] **107** C3
Renzi, Casa- [MC] **117** E2
Reoso [PD] **61** EF2
Repasto [RI] **133** B1-2
Repergo [AT] **67** E1-2
Réppia [GE] **85** A2
Rero [FE] **77** B3
Resana [TV] **45** E3
Rescalda [MI] **39** B1
Rescaldina [MI] **39** B1
Resceto [MS] **95** E2
Reschen / Résia [BZ] **1** AB1-2
Reschenpaß / Résia, Passo di- **1** AB1-2
Reschensee / Résia, Lago di- **1** AB2
Reschigliano [PD] **63** B1
Réschio [PG] **115** AB2
Réscia [PG] **125** C4
Réscia, Forca di- **125** CD4
Réscia, Grotte di- **23** C1-2
Resco, Torrente- **105** DE3
Resegone **23** E2
Resenavola, Riserva Naturale Sorgiva- **29** B2
Resera [TV] **29** E3
Resettùm, Monte- **15** C3
Résia [UD] **17** C2
Résia / Reschen [BZ] **1** AB1-2
Résia, Lago di- / Reschensee **1** AB2
Résia, Passo di- / Reschenpaß **1** AB1-2
Résia, Torrente- **17** C2
Résia, Valle di- **17** CD2
Resina, Torrente- **115** CD2
Resinego [BL] **13** E3
Resiutta [UD] **17** BC2
Respiccio [PR] **71** E3-4
Rest, Monte- **15** D2
Resta, Fattoria- [SI] **113** BC3
Restegassi [AL] **69** D2
Restone [FI] **105** DE3
Retafani, Monte- **139** E3
Retegno [LO] **57** BC2-3
Retignano [LU] **97** A2-3
Retinella [RO] **77** CD1
Retórbido [PV] **55** D3
Retorto [AL] **69** AB2
Retorto [PC] **71** A4
Retrosi [RI] **125** E4
Rettorgole [VI] **45** BC3
Réusa [MS] **87** AB3
Revecena, Monte- **141** B2
Revédoli [VE] **47** D3
Revello [CN] **65** E2-3
Révere [MN] **73** E1
Revigliasco [TO] **53** B2
Revigliasco d'Asti [AT] **53** DE3
Revignano [AT] **53** D3
Revine Lago [TV] **29** E2-3
Revislate [NO] **21** F3
Revò [TN] **11** C3
Rey [AO] **19** D1
Rey, Rifugio- **51** B2
Rezia, Giardino Botanico Alpino- **9** E2
Rezzago [CO] **23** D2
Rezzalasco, Torrente- **9** E2
Rezzalo, Valle di- **9** E2-3
Rezzanello [PC] **71** AB2
Rezzano [PC] **71** C2
Rezzato [BS] **41** F3
Rezzo [IM] **93** D2
Rezzo [RO] **75** D2
Rezzoáglio [GE] **69** F3
Rezzónico [CO] **7** D4
Rhêmes, Val di- **35** C1
Rhêmes-Golette, Col di- **35** C2
Rhêmes-Notre-Dame [AO] **35** C1
Rhêmes-Saint-Georges [AO] **19** CD3
Rho [MI] **39** C1
Rhuilles [TO] **51** BC3
Riabella [BI] **21** C3-4
Riale [VB] **5** E1
Rialmosso [BI] **21** C3-4
Rialto [PD] **61** DE3
Rialto [PD] **61** C2-3
Rialto [SV] **81** E2
Rialto [VE] **45** FG3
Riana [LU] **97** B2
Riana [PR] **85** E2
Riano [PR] **87** B1
Riano [ROMA] **137** F2
Riano, Stazione di- **137** EF2
Riassolo, Rio- **53** C2-3
Riazzolo [MI] **39** B2
Ribba [TO] **51** D3
Ribolla [GR] **121** B2
Ribone, Monte- **85** C2
Ribor, Torrente- **25** F3
Ribordone [TO] **35** EF2
Ribusieri, Torrente- **121** D2
Ricaldone [AL] **67** F2
Ricásoli [AR] **105** E3
Ricavo [SI] **105** C3-4
Ricavo, Oasi- **105** C3-4
Ricca [CN] **67** D2-3
Riccardi, Torre- **103** B2
Riccardina [BO] **89** DE1
Ricchiardi [TO] **35** D2
Ricchiardo [CN] **67** B2
Ricci [GR] **123** A3
Ricci, Casale dei- [ROMA] **145** B1
Riccia, Cascina la- [ROMA] **137** D2
Riccio [AR] **113** EF2
Riccione [RN] **101** C2-3
Riccò [MS] **85** D3
Riccò [PR] **71** E3
Ricco, Monte- [PD] **61** E2
Riccò del Golfo di Spézia [SP] **95** B1-2
Riccomássimo [TN] **43** AB1-2
Riccovolto [MO] **87** D3
Riceci [PU] **107** F2
Ricengo [CR] **57** C1
Riceno [VB] **5** D2
Ricetto [RI] **139** D1
Richiáglio [TO] **35** E3
Riciano **113** A1
Riclaretto [TO] **51** D3
Ricò [FC] **99** F2
Ricordone, Monte- **65** D3
Rid, Monte di- / Ridberg **13** C1-2
Ridanna / Ridnaun [BZ] **1** F1
Ridanna, Rio- **1** F1
Ridanna, Val- / Ridnauntal **1** FG1
Ridberg / Rid, Monte di- **13** C1-2
Ridello di Sotto [MN] **59** B1
Ridnaun / Ridanna [BZ] **1** F1
Ridnauntal / Ridanna, Val- **1** FG1
Ridrácoli [FC] **99** DE3
Ridrácoli, Lago di- **105** FG1
Ried / Novale [BZ] **3** A2
Ried / Novale [BZ] **3** AB2
Ried / Novale [BZ] **3** E3
Ried Stausee / Novale, Lago di- **3** AB2
Riello [VI] **45** C3
Rienz / Rienza, Fiume- **3** C3
Rienza, Fiume- / Rienz **3** C3
Riepenspitze **3** F2
Riera, Monte- **79** D2
Ries, Vedrette di- **3** E2
Riese Pio X [TV] **45** E2
Rieserfernergruppe **3** E2
Rieserfernergruppe, Naturpark- / Vedrette di Ries-Aurina, Parco Naturale- **3** E2
Rieti [RI] **133** C2
Riétine [SI] **105** D4
Riffian / Rifiano [BZ] **1** EF2
Rifiano / Riffian [BZ] **1** EF2
Rifiglio [AR] **105** EF2
Rifiglio, Torrente- **105** EF2
Riforano [CN] **79** EF1
Riforno [CN] **67** DE2
Rifreddo [CN] **65** DE2-3
Rifredo [FI] **99** B2
Rigali [PG] **115** E2
Rigatti [RI] **133** D3
Righedo, Passo del- **85** D2
Righi [VI] **43** F2-3
Ríglio [PC] **71** C2
Ríglio, Torrente- **71** C2
Riglione Oratoio [PI] **103** C2
Rignana [FI] **105** C3
Rignano [RA] **99** E1
Rignano-Faléria, Stazione- **137** E1

Rignano Flaminio [ROMA] **137** EF1
Rignano sull'Arno [FI] **105** D2
Rigo [AP] **125** EF2-3
Rigo, Torrente- [GR] **121** A1
Rigo, Torrente- [SI] **113** D3
Rigo, Torrente- [SI] **123** A2
Rigolato [UD] **15** DE1
Rigole [TV] **47** C1-2
Rigoli [PI] **103** C2
Rigolo [PC] **71** B3
Rigomagno [SI] **113** D2
Rigomero, Fosso- **131** B2
Rigopiano [PE] **135** B2
Rigoroso [AL] **69** C2
Rigosa [BG] **41** C2
Rigosa [BO] **89** C1-2
Rigosa [PR] **71** F1-2
Rigoso [PR] **85** E2
Rigrasso [CN] **65** F2-3
Rigutino [AR] **113** E1
Rima [VC] **21** BC2
Rimaggio [FI] **105** E1-2
Rimagna [PR] **87** A2
Rimal, Ponte- **43** A1
Rimale [PR] **71** DE2
Rima San Giuseppe [VC] **21** C2
Rimasco [VC] **21** C2
Rimbocchi [AR] **107** A2
Rimella [VC] **21** CD2
Rimigliano [LI] **111** B3
Rimini [RN] **101** C2
Rimini-Miramare, Aeroporto Internazionale- **101** C2
Riminino [VT] **129** EF2
Rimonta, Torrente- **29** D3
Rin, Val da- **13** F2
Rina / Welschellen [BZ] **3** D3
Rinalda, Garzaia della- **55** A1-2
Rinaldi [AT] **67** E2
Rinaldi Massimo, Rifugio- **133** C2
Rinaldo, Casa di- [RE] **87** BC2
Rinaldo, Monte- [BL] **15** CD1
Rincine [FI] **99** C3
Rinco [AT] **53** D2
Ringberg, Schloß- **11** D3
Ringel-Stein / Sasso Tondo **3** C2
Rinna, Monte- / Rinnerspitze **1** F1
Rinnerspitze / Rinna, Monte- **1** F1
Rino [BS] **25** DE1-2
Rio [PD] **63** B1
Rio [PG] **115** E3
Rio [SP] **85** BC3
Rio, Fosso- **123** E3
Rio, il- [AP] **117** E3
Rio, il- [PG] **115** CD3
Rio, Ponte- [PG] **123** E3
Rio, Ponte del- [PU] **109** C2
Riobianco / Weißenbach [BZ] **1** G2
Riobianco / Weissenbach [BZ] **3** D2
Riobianco, Valle di- **3** D2
Riobono, Torrente- **115** F1
Rioda, Forcella- **15** C1-2
Rio dei Campi [FC] **99** D2-3
Rio del Lago, Val- **17** E2
Rio di Pusteria / Mühlbach [BZ] **3** BC3
Rio Fanale, Punta- **119** C1
Rio Fiume, Fosso- **137** B2
Riofreddo [FC] **107** B1-2
Rio Freddo [GE] **85** A1
Riofreddo [ROMA] **139** CD2
Riofreddo [SV] **81** D2
Riofreddo [UD] **17** E2
Riofreddo, Val di- **17** E2
Rio Freddo, Vallone di- **79** C2
Riola [BO] **89** B3
Riola di Vergato [BO] **89** B3
Riolo [BO] **89** CD2
Riolo [LO] **57** AB1-2
Riolo [MO] **89** B1
Riolo Terme [RA] **89** F3
Riolunato [MO] **97** C1
Riomaggiore [SP] **95** B2
Rio Marina [LI] **119** C1-2
Riomolino / Mühlbach [BZ] **11** C1
Riomolino / Mühlbach [BZ] **3** D2
Riomolino, Bagni- / Mühlbach Bad **3** DE2
Rio nell'Elba [LI] **119** C1-2
Rionero / Schwarzenbach [BZ] **11** E3
Rio Saliceto [RE] **73** C2-3
Rio Salso [FC] **107** A1
Rio San Martino [VE] **45** F3
Riosecco [AR] **105** F2
Rio Secco [FC] **99** CD2-3
Riosecco [PG] **107** C4
Riosecco, Torrente- **65** E2
Riosto [BO] **89** D2
Rio Torsero, Riserva Naturale di- **93** F2
Riotorto [LI] **119** DE1
Rio Torto, Spiaggia di- [ROMA] **145** C3
Riovalle [PC] **71** B3
Riovéggio [BO] **89** C3
Rioverde, Torrente- **53** C3
Riozzo [MI] **39** DE2-3
Ripa [AQ] **135** A3
Ripa [LU] **95** E2-3
Ripa [PG] **115** CD3
Ripa, la- [FI] **105** B2-3
Ripa, Monte- **3** F2
Ripa, Torrente- **51** C3
Ripaberarda [AP] **127** C2
Ripabianca [PG] **123** E2
Ripa Bianca, Oasi- **109** D3-4
Ripacorbária [PE] **135** D3
Ripa dell'Alto **107** CD3
Ripa d'Órcia [SI] **113** C3
Ripa d'Orcia, Oasi- **113** C3
Ripafratta [PI] **103** C2
Ripaioli [PG] **123** E2
Ripaldina [PV] **55** F2
Ripalta [AN] **109** B3
Ripalta [FG] **143** F3
Ripalta [PU] **109** B2
Ripalta, Stazione di- **143** F3
Ripalta Arpina [CR] **57** C2
Ripalta Cremasca [CR] **57** BC1-2
Ripalta Guerina [CR] **57** C2
Ripalta Nuova [CR] **57** C1-2
Ripalta Vecchia [CR] **57** C1-2
Ripalte, Fattoria- [LI] **119** C2
Ripalti, Punta dei- **119** C2
Ripalvella [TR] **123** D2
Ripamassana [PU] **107** E1
Ripapérsico [FE] **75** E3
Riparbella [PI] **111** B1
Riparotonda [RE] **87** C3
Ripa Sottile, Lago di- **133** B1-2
Ripa Teatina [CH] **135** E2
Ripatransone [AP] **127** D1-2
Ripe [AN] **109** C2-3
Ripe [PU] **109** A1-2
Ripe [TE] **127** C3
Ripe, le- [SI] **123** B2
Ripe San Ginésio [MC] **117** D2-3
Ripéscia, Poggio- **121** BC3
Ripettoni [TE] **127** DE3
Ripoira [CN] **65** D2
Ripoli [AR] **107** B4
Ripoli [BO] **97** G1
Ripoli [FI] **103** E2
Ripoli [PI] **103** C2
Ripoli [PI] **103** D3
Risano [UD] **33** C3
Riscone / Reischach [BZ] **3** D3
Riso [BG] **25** AB3
Rissordo [CN] **67** C3-4
Ristonchi [AR] **105** EF2
Ristonchi [FI] **105** DE2
Ristónchia [AR] **113** E1-2
Rite, Monte- **13** E3
Ritóio, Monte- **99** D3
Ritornato [TO] **35** EF2
Ritorto, Fosso- **111** D3
Ritorto, Lago- **27** A1
Ritorto, Monte- **27** A1
Ritorto, Ponte- **111** D3
Ritorto, Torrente- **123** B2
Ritórtolo [RA] **99** D1
Ritrovoli, Poggio- **111** D2-3
Rittana [CN] **79** D1
Ritten / Renon [BZ] **11** E2
Rittner Horn / Renon, Corno di- **11** E2
Ritzeil / Rizzolo [BZ] **3** B2
Riva [BZ] **3** B2
Riva [CN] **67** B2
Riva [MN] **73** C1-2
Riva [PC] **71** B2
Rivà [RO] **77** D2
Riva [SO] **7** E3
Riva [TN] **43** E2
Riva [TO] **51** F3
Riva [VC] **21** D3
Riva, la- [RE] **87** DE1
Riva, Rifugio- **23** E2
Riva, Val di- / Raintal **3** E2
Rivabella [BO] **89** C2
Rivabella [BO] **75** CD3-4
Rivabella [RN] **101** C2
Riva degli Etruschi [LI] **111** B3
Riva dei Tarquini [VT] **129** E3
Riva del Garda [TN] **43** CD1
Riva del Sole [GR] **119** EF2
Riva di Faggeto [CO] **23** C2
Riva di Solto [BG] **41** E2
Riva di Sotto / Unterrain [BZ] **11** D2-3
Riva di Túres / Rain in Taufers [BZ] **3** E2
Riva Faraldi [IM] **93** E3
Rivago [VE] **47** E2
Rivalazzo [PR] **71** E2-3
Rivalba [AL] **55** A2
Rivalba [TO] **53** C2
Rivale [VE] **63** BC1
Rivalgo [BL] **13** EF3
Riva Ligure [IM] **93** D3-4
Rivalpo [UD] **17** B1-2
Rivalta [BI] **37** C1-2
Rivalta [CN] **67** C2-3
Rivalta [PC] **71** B2
Rivalta [PR] **87** B1
Rivalta [RA] **99** E1
Rivalta [RE] **73** B3-4
Rivalta [VI] **45** CD1
Rivalta [VR] **43** D2-3
Rivalta Bórmida [AL] **69** A2
Rivalta di Torino [TO] **51** FG2
Rivalta Scrívia [AL] **55** BC3
Rivalta sul Mincio [MN] **59** BC2
Rivalto [PI] **103** D3-4
Rivalunga [VR] **59** E1
Riva Lunga, Casa- [GO] **49** DE2
Rivamonte Agordino [BL] **29** D1
Rivanazzano [PV] **55** CD3
Riva presso Chieri [TO] **53** C2-3
Rivara [MO] **73** EF2-3
Rivara [TO] **35** F2-3
Rivarolo Canavese [TO] **35** G2-3
Rivarolo del Re [CR] **73** A1
Rivarolo del Re ed Uniti [CR] **73** A1
Rivarolo Ligure [GE] **83** C2
Rivarolo Mantovano [MN] **59** A3
Rivarone [AL] **55** B2-3
Rivarossa [TO] **35** G3
Rivarotta [PN] **47** C1-2
Rivarotta [UD] **49** B2
Rivarotta [VI] **45** CD2
Rivasacco [TO] **51** FG1-2
Rivasco [VB] **5** E1-2
Rivasecca [TO] **51** F3
Rivasso [PC] **71** AB2
Riva Trigoso [GE] **83** F3
Riva Valdobbia [VC] **21** B2-3
Rivaverde [RA] **91** E2
Rivazzurra [RN] **101** C2
Rive [VC] **37** E3
Rive [VI] **45** D2
Rive, Canale di- **37** D3
Rive d'Arcano [UD] **33** B2
Rivella [PD] **61** E2
Rivera [TO] **51** F2
Rivera [TO] **53** C1
Rivera [VB] **5** CD3
Rivere [AL] **67** F3
Rivergaro [PC] **71** B2
Rivetti, Rifugio- **21** B3
Rivetti Carla, Capanna- **21** AB2
Riviano [PR] **71** DE3
Riviera [PR] **37** BC1-2
Riviera [BO] **89** E3
Riviera d'Adda [BG] **41** A2-3
Rivignano [UD] **49** B1
Rivioni [BG] **25** A2-3
Rivis [UD] **31** E2-3
Rivisóndoli [AQ] **141** E3
Rivisóndoli-Pescocostanzo, Stazione di- **141** E3
Rivò [BI] **21** CD3
Rivo [TR] **133** A1
Rivo [UD] **17** AB1
Rivodora [TO] **53** B2
Rivodutri [RI] **133** C1
Rivoira [CN] **79** E1-2
Rivóira [TO] **35** F1-2
Rivoira [TO] **51** E3
Rivola, Valle di- **63** D1
Rivoli [TO] **51** FG2
Rívoli [UD] **17** B3
Rívoli Veronese [VR] **43** C3
Rivolta d'Adda [CR] **41** AB4
Rivoltella [BS] **59** B1
Rivoltella [PV] **37** F3
Rivolto [UD] **33** AB3
Rivotorto [PG] **115** D3
Rivotta [UD] **33** B2
Riziò [BL] **13** F2
Rizo, Monte- **5** E1-2
Rizza [VR] **59** D1
Rizzacorno [CH] **143** A1-2
Rizzardina **45** F2-3
Rizzi [UD] **33** C2
Rizzios [BL] **13** F3
Rizzolaga [TN] **27** D2
Rizzolo [PC] **71** C2
Rizzolo [UD] **33** C2
Rizzolo / Ritzeil [BZ] **3** B2
Ro [FE] **75** E2
Roa [TN] **29** AB2
Roà Marenca [CN] **81** C1-2
Roana [VI] **45** B1
Roapiana [CN] **81** BC1
Roaro [PD] **61** D2
Roaschia [CN] **79** D2
Roascio [CN] **81** D1
Roasco, Torrente- **9** CD3
Roásio [VC] **37** D1
Roata Chiusani [CN] **65** F4
Roata Rossi [CN] **65** F4
Roatta [CN] **81** C1
Roatta Soprana [CN] **81** C1
Roatta Sottana [CN] **81** C1
Roatto [AT] **53** D3
Robarello [VC] **37** D2
Robassomero [TO] **35** F3
Robbiate [LC] **23** E3
Róbbio [PV] **37** F3
Robecchetto con Induno [MI] **39** A1
Robecco [LO] **57** B2
Robecco d'Óglio [CR] **57** E2
Robecco Pavese [PV] **55** DE2
Robecco sul Naviglio [MI] **39** B2
Robegano [VE] **45** F3
Robella [AT] **53** D2
Robella [CN] **65** D2-3
Robella [VC] **37** DE3
Roberso [TO] **51** D3
Robert, Cima- **81** C2
Robilante [CN] **79** DE2
Robini [CN] **67** E2
Roboaro [AL] **67** F3
Roburent [CN] **81** C2
Rocca [AL] **53** G3
Rocca [AT] **53** D2
Rocca [BL] **29** B3
Rocca [IM] **93** E3
Rocca [PC] **71** B3-4
Rocca [PR] **71** F3
Rocca [PR] **71** CD4
Rocca [TO] **51** E1-2
Rocca [TO] **37** B3
Rocca, Eremo di- **43** C3
Rocca, La- [SO] **9** E2
Rocca, la- [VT] **131** B2
Rocca, La- [BO] **89** C2
Rocca, la- [GR] **129** C2
Rocca, la- [PG] **123** E2
Rocca, la- [RE] **73** B3
Rocca, La- [TN] **27** C1-2
Rocca, Monte- **9** D1
Rocca, Monte della- **107** CD2
Rocca, Monte la- **141** G3
Rocca Bernarda [UD] **33** D2
Rocca Bianca **51** D3
Roccabianca [PR] **57** F3-4
Roccabruna [CN] **65** D3-4
Rocca Canavese [TO] **35** F2-3
Rocca Canterano [ROMA] **139** D3
Roccacaramánico [PE] **141** DE2
Roccacasale [AQ] **141** D2
Rocca Cerbaia [PO] **97** F2-3
Roccacerro [AQ] **139** E2
Rocca Ciglié [CN] **67** C4
Rocca Corneta [BO] **97** E1
Rocca d'Anfo [BS] **43** AB2
Rocca d'Arazzo [AT] **53** E3
Rocca de' Baldi [CN] **81** B1
Rocca de' Giorgi [PV] **55** E3
Rocca delle Caminate [FC] **99** EF2
Rocca di Botte [AQ] **139** D2
Rocca di Cámbio [AQ] **139** F1
Rocca di Cave [ROMA] **145** F1
Rocca di Cavour, Parco Naturale della- **65** E2
Rocca di Corno [RI] **133** DE2
Rocca di Fondi [RI] **133** D2
Rocca di Fondi, Stazione di- **133** D2
Rocca di Mezzo [AQ] **141** AB1
Rocca di Monte Vármine [AP] **117** E3
Rocca di Papa [ROMA] **145** E2
Rocca di Roffeno [BO] **89** B3
Rocca d'Órcia [SI] **121** E1-2
Roccaferrara [PR] **85** E2
Roccafinadamo [PE] **135** B2
Roccafluvione [AP] **127** B2
Roccaforte Lígure [AL] **69** D2
Roccaforte Mondovì [CN] **81** B1-2
Roccafranca [BS] **41** D4
Roccagióvine [ROMA] **139** C2
Roccagnano [PG] **115** A1
Roccagrande, Monte- **85** A2-3
Rocca Grimalda [AL] **69** A2-3
Roccalanzona [PR] **71** E3
Roccalbegna [GR] **121** DE3
Roccalberti [LU] **97** AB2
Rocca Leonella [PU] **107** E3
Roccalvecce [VT] **131** C1
Rocca Malatina [MO] **87** F2
Roccamare [GR] **119** E2
Rocca Massima [LT] **145** F2
Roccamontepiano [CH] **141** E1
Roccamorice [PE] **141** DE1
Rocca Moross **35** DE3
Roccamurata [PR] **85** D1
Rocca Nera **65** C2
Roccanolfi [PG] **125** CD2
Roccantica [RI] **133** B2-3
Roccapélago [MO] **97** C1
Rocca Pia [AQ] **141** D3
Roccapiatta [TO] **51** E3
Rocca Piétore [BL] **13** C3
Roccapietra [VC] **21** D3
Rocca Pitigliana [BO] **97** EF1
Roccaporena [PG] **125** C3
Rocca Pratiffi [PU] **107** C1-2
Roccaprebalza [PR] **85** D1
Roccapreturo [AQ] **141** C1
Rocca Priora [AN] **109** E3
Rocca Priora [ROMA] **145** E2
Rocca Pulzana [PC] **55** F3
Roccaranieri [RI] **133** C2-3
Roccaraso [AQ] **141** E3
Roccareonile [AP] **127** B2-3
Rocca Ricciarda [AR] **105** E3
Rocca Ripesena [TR] **123** C3
Rocca Romana, Monte- **131** D3
Roccasalli [RI] **125** E3-4
Rocca San Casciano [FC] **99** DE2
Rocca San Giovanni [CH] **143** A1
Rocca San Giovanni-Saben, Riserva Naturale di- **79** D2
Rocca Santa Maria [MO] **87** E1-2
Rocca Santa Maria [TE] **127** BC3-4
Rocca Sant'Ángelo [PG] **115** D3
Rocca Santo Stefano [ROMA] **139** D3
Rocca San Zenone [TR] **133** AB1
Roccascalegna [CH] **141** F2
Rocca Sigillina [MS] **85** D2
Rocca Sinibalda [RI] **133** C3
Roccasparvera [CN] **79** D1
Roccaspinalveti [CH] **143** A3
Roccassa, Bric- **67** F3-4
Roccastrada [GR] **121** BC1-2
Roccastrada, Stazione di- **121** BC2
Rocca Susella [PV] **55** D3
Roccatagliata [GE] **83** E1-2
Roccatagliata, Monte- **135** C3
Roccatamburo [PG] **125** C3
Roccatederighi [GR] **111** E3
Roccati [TO] **53** C2
Roccaverano [AT] **67** E3
Roccavignale [SV] **81** DE1
Roccavione [CN] **79** D1-2
Roccavivara [CB] **143** B3
Rocche, Bric delle- **81** F1
Rocche, Poggio delle- **105** F3
Rocche di Civitella [TE] **127** CD3
Rocchetta [AL] **53** E1-2
Rocchetta [AN] **109** B4
Rocchetta [AN] **117** A1
Rocchetta [AP] **127** D2
Rocchetta [CN] **65** D2-3
Rocchetta [FC] **99** F3
Rocchetta [MO] **87** F2
Rocchetta [PC] **71** BC3
Rocchetta [PG] **125** C3
Rocchetta [PR] **73** A3
Rocchetta [TN] **27** C1
Rocchetta, La- **27** C1
Rocchetta, la- [FC] **107** B1-2
Rocchetta, la- [LI] **119** D1
Rocchetta, Monte- **71** AB3
Rocchetta, Monte la- **143** BC3
Rocchetta Belbo [CN] **67** DE3
Rocchetta Cairo [SV] **81** E1
Rocchetta di Prendera, la- **13** D3
Rocchetta di Vara [SP] **85** C3
Rocchetta Lígure [AL] **69** D2
Rocchetta Mattei [BO] **97** F1
Rocchetta Nervina [IM] **93** B3
Rocchetta Palafea [AT] **67** EF2
Rocchetta Sandri [MO] **87** EF3
Rocchetta Tánaro [AT] **53** EF3
Rocchetta Tánaro, Parco Naturale di- **53** E3
Rocchette [GR] **121** DE3
Rocchette [RI] **133** A2
Rocchette [TR] **131** E2
Rocchette, Le- [GR] **119** E2
Rocchicciola [MO] **87** D3
Rocchino, Poggio- **111** C3
Rocciamelone **35** C3
Rocciano [TE] **127** CD4
Roccia Viva **35** DE1
Rocciavrè, Monte- **51** DE2
Roccile, Monte- **143** BC3
Roccoli, Rifugio- **7** E4
Roccolo, Monte del- **61** C1
Róccolo Cattagno [VI] **27** F2-3
Roccone, Poggio- **121** EF3
Roces, Bec de- **13** C2
Rochemolles [TO] **51** B2
Rochemolles, Lago di- **51** B2
Rochette, Corne delle- **27** A1
Roco di Sotto [FI] **99** B1
Roda [TN] **27** F1
Roda, La- **27** A2
Roda, Picco di- **13** F3
Roda di Vael / Rotwand **13** A3
Rodallo [TO] **37** B3
Rodano [MI] **39** E2
Roddi [CN] **67** C2
Roddino [CN] **67** D3
Rodeano [UD] **31** E2
Rodella, Cima- / Radel Spitze **1** G2
Rodella, Col- **13** B2-3
Rodello [CN] **67** D3
Rodeneck / Rodengo [BZ] **3** BC3
Rodengo / Rodeneck [BZ] **3** BC3
Rodengo, Castel- **3** BC3
Rodengo-Saiano [BS] **41** E3
Rodero [CO] **23** B2-3
Rodes, Pizzo di- **25** B2
Rodi [BG] **41** B3
Rodiano [BO] **89** B2-3
Rodiano [MO] **87** F2
Rodighieri [VI] **45** BC1
Ródigo [MN] **59** B2
Ro di sopra [BS] **59** A1
Ro di sotto [BS] **59** A1
Rodondone, Monte- **41** E2
Rodoretto [TO] **51** D3
Rodotiglia [AT] **67** E2
Roé [BS] **43** A3
Roe Alte [BL] **29** D2
Roen, Monte- **11** CD3
Roero, Castel- **67** C2
Roé Volciano [BS] **43** AB3
Ròfeno, Abbazia a- **113** BC2
Roffi [PC] **71** B4
Róffia [PI] **103** EF2
Rógeno [LC] **23** D3
Roggera, Cascina- [TO] **65** E1-2
Róggia [BL] **29** E1
Róggia [TO] **37** A3
Roggiano Valtravàglia [VA] **23** A2
Róggio [LU] **97** A2
Roggione [CR] **57** C2
Roggione, Pizzo- **7** D3
Rógio, Canale- **103** D2
Róglio, Torrente- **103** E3
Rognano [PV] **39** C3
Rogno [BG] **25** C3
Rognosa di Sestriere, Punta- **51** C3
Rognosi, Monte- **107** AB3
Rógolo [SO] **7** EF4
Rogorbello [SO] **9** D3
Rogoredo [LC] **23** D3
Roi, Sass di- **13** C3
Roia / Rojen [BZ] **1** A2
Roia, Fiume- **93** B3
Roiano [TE] **127** C3
Roiate [ROMA] **139** D3
Róio del Sangro [CH] **141** G3
Róio Piano [AQ] **133** EF2-3
Roisan [AO] **19** D2
Roite **43** EF2
Roiuzza, la- **31** D2
Rojehtalhütte, Rifugio- **1** A2
Rojen / Roia [BZ] **1** A2
Rola [MO] **87** F1
Rolandi [CN] **67** C1-2
Rolasco [AL] **53** F2
Rolate [VC] **21** D2
Roletto [TO] **51** EF3
Roletto [VB] **21** C1-2
Rolino [BI] **37** D1
Rolle [TV] **29** DE3
Rolle, Passo di- **13** B4
Rollieres [TO] **51** BC3
Rollin, Gobba di- **21** A2
Rollini [AL] **53** F2
Rollspitze / Gallina, Cima- **3** AB2
Rolo [RE] **73** D2
Roma [MO] **73** CD3
Roma [PR] **71** F3
Roma [ROMA] **145** CD1
Roma, Rifugio- / Hochgall-Hütte **3** E2
Roma Campagnola [MO] **73** CD3
Romagna, Casoni di- [BO] **89** D3
Romagnano [TN] **27** C2
Romagnano [VR] **43** E3
Romagnano Sésia [NO] **37** E1
Romagnese [PV] **69** EF1-2
Romallo [TN] **11** C3
Roman, Ca'- [VE] **63** D2
Romanella, Monte- **139** F3
Romanengo [CR] **57** C1
Romani [MC] **117** C3
Romanina [BI] **37** C1
Romano Banco [MI] **39** C2
Romano Brianza [CO] **23** D3
Romano Canavese [TO] **37** B2
Romano d'Ezzelino [VI] **45** D2
Romano di Lombardia [BG] **41** C3
Romanore [MN] **59** C3
Romanoro [MO] **87** D3
Romans [UD] **49** AB1
Romàns d'Isonzo [GO] **49** D1
Romanziol [VE] **47** BC2-3
Roma Urbe, Aeroporto Nazionale di- **145** CD1
Romazzano [PG] **123** E3
Rombaia, Casa- [GR] **121** A3
Rombo, Passo del- **1** E1
Romea, Strada- **63** D3
Romecchio, Monte- **97** C1-2
Roméchio, Passo di- **87** C3
Romeggio [PG] **115** B2
Romena, Castello di- **105** F2
Romeno [TN] **11** C3
Romeno, Malga- **11** D3
Romentino [NO] **39** A2
Rometta [MS] **85** E3
Romezzano [PR] **85** B1
Romita [FI] **105** BC3
Romito, Passo del- **87** AB3
Romito, Ponte del- **105** EF3-4
Romito Magra [SP] **95** C2
Romitório [LU] **97** C3
Romitório [ROMA] **139** A2
Romitório [SI] **113** C3
Rómola [FI] **105** BC2
Rompeggio [PC] **71** A4
Romprezzagno [CR] **59** A3
Ron, Vetta di- **9** B3
Ronago [CO] **23** B2-3
Roncà [VR] **61** B1
Roncáccio, Poggio- **99** B2
Roncade [TV] **47** B3
Roncadella [RE] **73** C3-4
Roncadelle [BS] **41** E3
Roncadelle [TV] **47** B2
Roncadello [CR] **57** B1
Roncadello [CR] **73** A2
Roncadello [FC] **91** D3
Roncagli [IM] **93** E3
Roncáglia [AL] **53** F2
Roncaglia [AT] **53** F3

Roncaglia [CN] **67** C3
Roncaglia [CN] **65** F2
Roncaglia [PC] **57** C3
Roncaglia [PD] **63** B1
Roncáglia [PU] **101** DE3
Roncaglia [SO] **7** F3-4
Roncaglia [TO] **51** FG2
Roncaglie di Sopra [PC] **55** E3
Roncaglio [RE] **87** C1
Roncaiette [PD] **63** B1-2
Roncaiola [SO] **25** CD1
Roncaiolo [PC] **71** A3
Roncala [RO] **75** D2
Roncalceci [RA] **91** D2
Roncan [BL] **29** E2
Roncanova [VR] **59** E3
Roncaro [PV] **39** D3
Roncarolo [PC] **57** CD3
Roncastaldo [BO] **89** C3
Roncegno [TN] **27** E2
Roncegno, Palude di- **27** E2
Roncello [MI] **39** E1
Ronche [PN] **31** BC3
Ronche [PN] **31** C3
Ronche [VE] **47** BC2-3
Ronchelli [MN] **59** B2-3
Rónchena [BL] **29** CD2
Ronchetrino [VR] **59** E3
Ronchi [AT] **53** EF3
Ronchi [BO] **73** E3
Ronchi [CN] **65** F4
Ronchi [MN] **73** C2
Ronchi [MN] **59** BC3
Ronchi [MN] **73** AB1
Ronchi [PD] **45** EF3
Ronchi [PD] **63** B2
Ronchi [PD] **45** EF3
Ronchi [PG] **107** CD4
Ronchi [SV] **81** E1-2
Ronchi [TN] **43** E2
Ronchi [TN] **13** B3
Ronchi [UD] **33** C3
Ronchi [VC] **37** BC3
Ronchi [VC] **21** C2
Ronchi [VI] **43** F2
Ronchi [VI] **45** C1
Ronchi [VR] **59** C1
Ronchi / Rungg [BZ] **11** D3-4
Ronchi, i- [TV] **47** AB2
Ronchi, Val- **43** E2
Ronchi dei Legionari [GO] **49** DE1-2
Ronchi di Campanile [PD] **61** E1
Ronchidós, Cappella di- **97** E1
Ronchiettis [UD] **33** C3
Ronchi Inferiore [TO] **35** F2
Rónchis [UD] **47** EF2
Rónchis [UD] **33** CD2
Ronchi Valsugana [TN] **27** E2
Ronciglione [VT] **131** D3
Roncino, Monte- **107** D4
Roncitelli [AN] **109** C2
Ronco [AL] **69** D2
Ronco [BG] **25** C2
Ronco [BI] **37** D1
Ronco [BO] **89** E2-3
Ronco [BS] **25** D1-2
Ronco [BS] **43** A3
Ronco [BS] **41** E3
Ronco [FC] **99** F1
Ronco [NO] **21** E2-3
Ronco [PC] **71** C2
Ronco [RA] **91** C3
Ronco [TN] **29** B2
Ronco [VB] **21** F2
Ronco, Fiume- **91** D3
Ronco all'Ádige [VR] **61** B1-2
Roncobello [BG] **25** A3
Ronco Biellese [BI] **37** C1
Roncobilaccio [BO] **97** G2
Ronco Briantino [MI] **23** E3-4
Ronco Campo Canneto [PR] **71** F2
Ronco Canavese [TO] **35** F1-2
Roncocesi [RE] **73** B3
Roncodigà [FE] **77** B3
Ronco di Maglio **81** E2
Roncoferraro [MN] **59** D3
Roncofreddo [FC] **101** A2
Roncogennaro [AL] **67** F2
Roncoi [BL] **29** D2
Roncola [BG] **41** B2
Róncole [VC] **21** D3
Roncolevá [VR] **59** D2
Róncole Verdi [PR] **71** E2
Roncolla [PI] **111** D1
Róncolo [RE] **87** CD1
Roncolo, Castel- **11** E2
Roncolongo [PR] **71** E3-4
Roncone [TN] **27** A2-3
Roncone, Monte- **29** B3
Ronconi [VR] **43** D3
Roncopáscolo [PR] **71** F2-3
Roncosambaccio [PU] **101** E3
Roncoscáglia [MO] **97** D1
Ronco Scrívia [GE] **69** C3
Roncotasco [PR] **85** CD1
Roncrio [BO] **89** CD2
Rondanina [GE] **69** E3
Rondelli [GR] **119** E1
Rondello [PU] **109** B1
Rondena, Case- [FE] **75** B2
Rondinaia [FC] **99** E3
Rondinaio, Monte- **97** C2
Rondinara [RE] **87** DE1
Róndine [AR] **105** F3-4
Rondissone [TO] **37** B3
Rondo [VC] **21** D2-3
Róndole [VI] **61** C1
Rondover [PN] **31** C3
Ronsecco [VC] **37** D3
Ronta [FC] **101** A1
Ronta [FI] **99** B2-3
Rontagnano [FC] **101** A3
Rontana, Monte di- **99** D1
Rontano [LU] **97** B2
Ronti [PG] **115** AB1
Ronzano [AR] **113** E2
Ronzano [PR] **87** A1
Ronzano [TE] **135** B1
Ronzo [TN] **43** D1
Ronzo-Chienis [TN] **43** D1
Ronzone [TN] **11** C3
Ropezzano [CO] **7** D4
Roppa [UD] **15** C2
Roppa Buffón, Monte- **15** D2-3
Ròppolo [BI] **37** C2
Rorà [TO] **65** D2
Roracco [CN] **81** B1
Rorai Piccolo [PN] **31** C3
Rore [CN] **65** D3
Roreto [CN] **67** BC2-3
Rosa [PN] **31** E3
Rosa [TO] **51** E2
Rosà [VI] **45** D2
Rosà, Col- **13** D2
Rosa, Monte- [Eur.] **21** B2
Rosa, Monte- [RI] **133** E3
Rosa, Plateau- **19** G1
Rosa, Punta- / Rötel-Spitze **1** E2
Rosa, Rifugio- **25** E3
Rosa dei Banchi **35** F1
Rosalba, Rifugio- **23** E2
Rosano [AL] **55** C3
Rosano [AL] **69** D2-3
Rosano [FI] **105** D2
Rosano [RE] **87** C2
Rosano, Monte- **131** B1
Rosapineta [RO] **63** DE2-3
Rosa Pinnola **141** C3
Rosara [AP] **127** C2-3
Rosara [PD] **63** C2
Rosaro [TR] **123** E3
Rosarolo [VB] **21** D2
Rosasco [PV] **37** F3
Rosate [MI] **39** BC2
Rosazza [BI] **21** B3-4
Rosazzo [UD] **33** D2-3
Rosceto [PG] **123** E3
Roscetti, Fattoria dei- [PG] **115** B1
Rosciano [BG] **41** BC2
Rosciano [PE] **135** D2-3
Rosciano [PU] **109** B1-2
Rosciano [TR] **133** B1
Rosciolo dei Marsi [AQ] **139** EF2
Roseal **13** B3
Roseg, Pizzo- **9** B2
Rosegaferro [VR] **59** C1
Roselle, Rovine di- **121** B2-3
Roselli [PG] **125** A3
Rosello [CH] **141** FG3
Rosengarten / Catinaccio **13** A3
Rosennano [SI] **113** BC1
Roseto degli Abruzzi [TE] **127** F3
Rosetta, Cima della- **29** B1
Rosetta, Monte- **7** EF4
Rosia [SI] **113** A2
Rosignano Maríttimo [LI] **111** A1
Rosignano Monferrato [AL] **53** F2
Rosignano Solvay [LI] **111** A1
Rosingo [AL] **53** E2
Rósio [MI] **39** B2
Rósola [MO] **87** F2-3
Rósola, Rio- **87** F3
Rosolina [RO] **63** D3
Rosolina Mare [RO] **63** D3
Rosone [TO] **35** E2
Rosora [AN] **109** C3-4
Rossa [BS] **57** D1
Rossa [RE] **73** AB2
Rossa [VC] **21** C2-3
Rossa, Cà- [TN] **43** B1
Rossa, Casa- [LI] **111** B3
Rossa, Colla- **81** B3
Rossa, Cresta- **21** B3
Rossa, Croda- / Gaisl, Hohe- **13** D2
Rossa, Croda- / Rote Wand **3** F2
Rossa, Gola della- **109** BC4
Rossa, Isola- **129** B2
Rossa, Lago della- **35** C3
Rossa, Punta- **119** ins.b
Rossa, Punta- / Rotes Beil **3** B2
Rossa, Punta della- **5** D1-2
Rossa, Valle- **41** D2
Rossana [CN] **65** E3
Rossano [MS] **85** C2-3
Rossano Véneto [VI] **45** D2
Rossena [RE] **87** C1
Rossett, Lago- **35** C1-2
Rossetta [RA] **91** CD1-2
Rossetti [BI] **37** C1
Rossi [SV] **93** E2-3
Rossi [SV] **81** E2
Rossi, Casa- [MO] **73** E3
Rossi, Col dei- **13** B3
Rossi Enrico, Rifugio- **97** AB2
Rossiglione [GE] **69** AB3
Rossignago [VE] **45** F3-4
Rossignoli [TO] **35** F3
Rossignolo [PD] **45** D3
Rossi Nuovi, Cima dei- **7** E2
Roßkofl / Campo Cavallo **3** E3
Roßkogel / Cavallo, Monte- **3** F3
Roß-Kogl / Cavallo, Monte- **1** G1
Rosso, Bric- **51** D2-3
Rosso, Cima del- **5** C3
Rosso, Cima di- **9** A3
Rosso, Corno- [It.] **21** B3
Rosso, Corno- [NO] **21** B1
Rosso, Monte- [BZ] **1** G2
Rosso, Monte- [AO] **19** C2
Rosso, Monte- [BI] **21** B3
Rosso, Monte- [PG] **107** D3-4
Rosso, Monte- [ROMA] **137** B2
Rosso, Monte- [SO] **9** A3
Rosso, Sasso- **27** B1
Rosso d'Ala, Monte- **35** D3
Rosso di Predoi, Pizzo- **3** F1
Rossola, Pizzo della- **21** E1
Rosson, Col- **13** FG2
Rossone [PV] **55** E3
Rosta [TO] **51** F2
Rosta [VR] **61** B3
Rosta, la- **27** BC2
Rostolena [FI] **99** BC3
Rota [FI] **105** D2
Rota [ROMA] **137** BC1-2
Rotacesta [PE] **135** C2
Rota Dentro [BG] **41** AB1-2
Rota d'Imagna [BG] **41** AB1-2
Rotafuori [BG] **41** AB1-2
Rotaldo, Torrente- **55** A2
Rotari [MO] **97** C1-2
Rote, le- [MC] **117** A3
Rotecastello [TR] **123** D2
Rotéglia [RE] **87** DE1-2
Rotella [AP] **127** C2
Rotella, Monte- **141** DE3
Rotelle, le- [SI] **113** D2-3
Rötel-Spitze / Rosa, Punta- **1** E2
Roterd-Spitze / Terrarossa, Cima di- **13** A2-3
Rote Riffl / Scoglio Rosso **3** C2
Rotes Beil / Rossa, Punta- **3** B2
Rote Wand / Rossa, Croda- **3** F2
Roti [MC] **117** B3
Rotondo [AN] **109** AB3-4
Rotondo, Lago- [BG] **25** B2
Rotondo, Lago- [TN] **11** A3
Rotondo, Monte- [Abr.] **135** C3
Rotondo, Monte- [AQ] **133** F3
Rotondo, Monte- [FR] **139** F3
Rotondo, Monte- [GR] **111** EF3
Rotondo, Monte- [MC] **125** E2
Rotondo, Monte- [PU] **107** DE2
Rotondo, Monte- [TR] **133** AB1-2
Rotondo, Monte- [VT] **131** BC1
Rotondo, Pizzo- **7** EF4
Rotondo, Poggio- **113** C3
Rötspitze **3** F1
Rotta [FC] **91** D3
Rotta [VE] **47** D2-3
Rotta, la- [FE] **77** B3
Rotta, la- [GR] **123** A3-4
Rotta, la- [MN] **59** C2
Rotta, la- [PI] **103** DE2-3
Rotta dei Cavalli, Passo- **107** A2
Rottanova [VE] **63** BC2-3
Rottenga [TO] **53** C2
Rottofreno [PC] **57** B3
Rotwand / Roda di Vael **13** A3
Rotzo [VI] **45** B1
Roure [TO] **51** D2-3
Rouss, Monte del- **79** AB1-2
Roussa, Colle la- **51** DE2
Rousses, Bec des- **19** AB2
Rovagnate [LC] **23** E3
Rovano, Case- [TE] **127** E3
Rovarè [TV] **47** B2-3
Rovasenda [VC] **37** D1
Rovasenda, Torrente- **37** D1
Rovate [VA] **23** AB3
Rovato [BS] **41** DE3
Roveda [TN] **27** D2
Rovedaro [LO] **57** C2
Rovegliana [VI] **43** F2
Rovegno [GE] **69** E3
Rovegro [VB] **21** EF2
Roveleto [PC] **71** CD2
Roveleto Landi [PC] **71** B2
Rovellasca [CO] **23** C3-4
Rovello Porro [CO] **39** C1
Rovenaud [AO] **19** D3
Rovenna [CO] **23** C2
Rover [TV] **45** E1-2
Roverazza [GE] **83** B2
Roverbasso [TV] **47** B1
Roverbella [MN] **59** C2
Roverchiara [VR] **61** B2
Roverchiaretta [VR] **61** B2
Roverdicrè [RO] **61** E3
Róvere [AQ] **141** AB1-2
Róvere [FC] **99** E1
Róvere, Monte di- **141** CD3
Roverè della Luna [TN] **27** CD1
Roveredo [UD] **47** EF1
Roveredo [UD] **49** B1
Roveredo di Guà [VR] **61** C2
Roveredo in Piano [PN] **31** C2-3
Rovereti [FC] **99** E3
Rovereto [CR] **57** BC2
Rovereto [FE] **77** B3
Rovereto [PC] **69** F3
Rovereto [TN] **43** E1
Rovereto sulla Secchia [MO] **73** D2-3
Roverè Veronese [VR] **43** E3
Roverino [IM] **93** B3-4
Roversano [FC] **101** A2
Roversella [MN] **75** B2
Rovesca [VB] **5** C3
Rovescala [PV] **55** EF2-3
Roveta [FI] **105** B2
Rovetino [AP] **127** C2
Roveto, Val- **141** AB3
Rovetta [BG] **25** BC3
Rovezzano [FI] **105** C2
Roviano [ROMA] **139** CD2
Roviasca [SV] **81** F2
Rovicciano, Fosso- **125** B2
Roviera [CN] **79** B2
Rovigliano [PG] **107** B4
Roviglieto [PG] **125** B2
Rovigo [RO] **61** E3
Rovina [PR] **71** C3
Rovina, Lago della- **79** CD2
Rovina, Vallone della- **79** D2
Rovinaglia [PR] **85** C2
Rovizza [VR] **59** B1
Rovoleit, Monte- **15** E3
Róvolo [MO] **87** CD3
Rovolon [PD] **61** DE1
Roy [VC] **21** CD2
Roya **93** B3
Royères [TO] **51** B2
Rozzámpia [VI] **45** C2-3
Rozzano [MI] **39** C2
Ru [TO] **35** E2
Ruà [TO] **51** C2
Rua [TV] **29** E3
Rua, Éremo di- **61** E2
Rua, Monte- **133** E2
Ruà del Prato [CN] **65** D4
Rua la Cama, Forca- **125** C3
Rualis [UD] **33** D2
Ruata [CN] **65** CD2-3
Ruata [TO] **51** E3
Ruata Eandi [CN] **65** F2-3
Rubano [PD] **61** E1
Rubbianello [AP] **117** F3
Rubbianetta [TO] **51** G1-2
Rubbiano [CR] **57** B2
Rubbiano [PR] **71** E3
Rubbiara [MO] **73** E3-4
Rúbbio [VI] **45** C2
Rubero [PV] **55** E3
Rubiana [TO] **51** F2
Rubiano [AP] **125** E2
Rubicone, Fiume- **101** AB2
Rubiera [RE] **73** C3-4
Rubizzano [BO] **75** C3-4
Rubren, Bric de- → Mongióia **65** B3
Rucas [CN] **65** D2
Rucce [AN] **115** E1
Rucconi [CH] **143** A2
Rucorvo [BL] **13** EF3
Ruda [UD] **49** D1-2
Rudatòs [BL] **13** D3
Rudiano [BS] **41** D3-4
Rudo, Monti- / Rautkofel **13** E2
Rue [TO] **51** E3
Ruéglio [TO] **37** A2
Ruera [CN] **65** D2
Rufeno, Monte- **123** B3
Ruffi, Monti- **139** CD3
Ruffia [CN] **65** F2
Ruffignano [AR] **115** A1-2
Rúffio [FC] **101** A1-2
Ruffrè [TN] **11** CD3
Rúfina [FI] **99** BC3-4
Rufione, Molino di- [PI] **111** C1-2
Rufreddo [BL] **13** D2
Rugarlo [PR] **71** C3-4
Ruggiero, Castello- **99** E2
Ruginello [MI] **39** E1
Rugliana [FI] **105** D3
Rúgolo [TV] **31** B3
Ruina [FE] **75** E2
Ruinas [TO] **51** C2
Ruino [PV] **55** E3
Ruioch, Monte- **27** E1-2
Rullato [FC] **99** F3
Rumianca [VB] **21** D1-2
Rumiod [AO] **19** CD2
Rumo [TN] **11** BC3
Runaz [AO] **19** C2
Rúnchia [UD] **15** E1
Runco [FE] **75** E3
Rungg / Ronchi [BZ] **11** D3-4
Runo [VA] **23** A1
Runzi [RO] **75** CD1-2
Ruora [CN] **81** C3
Ruósina [LU] **95** E2-3
Ruota [LU] **103** D2
Rupa [GO] **49** E1
Rupe, La- **27** C1
Rupecanina [FI] **99** B3
Rupingrande [TS] **49** F2
Rupinpiccolo [TS] **49** F2
Rupo [TE] **127** CD3
Rupoli [PU] **109** B2
Ruscada, Pizzo di- **5** F2-3
Ruscello [AR] **105** F4
Ruscello [FC] **99** F3
Rúscio [PG] **125** C4
Ruscletto [UD] **33** B2
Rusiana, Monte- **13** EF2
Rusino [PR] **87** B1-2
Russenna, Piz- **1** A1-2
Russi [RA] **91** D2
Russi, Masseria- [CH] **143** B2
Rust, Monte- **27** D3
Rustano [MC] **117** B2
Rustega [PD] **45** E3
Rusteghini [PC] **71** C3
Rustica, La- [ROMA] **145** D1
Rustica, Poggio della- **121** C3
Rústici [AP] **125** EF1-2
Rústico [AN] **109** E3-4
Rustigazzo [PC] **71** C3
Rustigne [TV] **47** B2
Ruta [BI] **37** B1
Ruta [GE] **83** DE2
Ruta, Cala della- **119** A3
Ruthner Horn / Nevoso, Monte- **3** E2
Rutor, Cascate del- **19** B2
Rutor, Lago del- **19** B2-3
Rutor, Testa del- **19** BC3
Rutte [CN] **67** D3
Ruzza, la- [FI] **97** G2
Ruzza, Monte- **133** G2
Ruzzano [PR] **87** B1-2

S

Saalen / Sáres [BZ] **3** D3
Saas, Punta di- **21** C1
Sabatina, la- [GR] **121** C3
Sabatini, Monti- **137** DE1-2
Sabatino → Bracciano, Lago di- **137** D2
Sabbia [VC] **21** D2
Sabbia, Val- **43** A2-3
Sabbieta [MC] **117** B2-3
Sábbio Chiese [BS] **43** A2-3
Sabbion [VR] **61** C2
Sabbionara [TN] **43** D2
Sabbioncello [MN] **73** DE1
Sabbioncello San Pietro [FE] **75** E2-3
Sabbioncello San Vittore [FE] **75** EF2-3
Sabbione [PV] **55** D1-2
Sabbione [RE] **87** E1
Sabbione, Ghiacciaio del- **5** D1
Sabbione, Lago del- **5** DE1
Sabbione, Punta del- **5** D1
Sabbioneta [MN] **73** A1-2
Sabbioni [BO] **89** C3
Sabbioni [CR] **57** BC1
Sabbioni [FE] **75** E2
Sabbioni [MN] **73** B1
Sabbioni [RO] **77** C1-2
Sabbioni [RO] **75** B1
Sabbioni [VI] **61** C1-2
Sabbioni [VR] **59** D2
Sabbioni, Punta- **63** E1
Sábbio Sopra [BS] **43** A2-3
Sabbiuno [BO] **89** D1
Sabbiuno di Montagna [BO] **89** C2
Sabina **133** B2-3
Sabina, Via- **133** D2
Sabine, Villa le- [LI] **111** B2
Sabini, Monti- **133** BC3
Sabion, Doss del- **27** A1-2
Sabiona, Monastero di- **11** F2
Sabiossola, Fossa- **75** EF4
Sabotino, Monte- **33** E2-3
Sacca [BS] **25** D3
Sacca [MN] **59** BC2
Sacca [MN] **73** CD1
Sacca [PR] **73** A2
Sacca, la- [VB] **21** F2
Sacca Barbieri [MN] **59** C3
Sacca di Bellocchio II, Riserva Naturale- **91** E1
Sacca di Bellocchio III, Riserva Naturale- **91** E1
Saccarello, Monte- **93** C2
Sacca Séssola **63** D1
Sacchello [PC] **57** AB3
Sacchetta [MN] **73** DE1
Sacchetta, Valle- **77** DE1
Saccione [AR] **113** E1
Sacco [BL] **13** F3
Sacco [SO] **7** F4
Sacco [TN] **43** E1
Sacco / Sack [BZ] **3** B3
Sacco, Monte- **99** D2
Saccol [TV] **45** EF1
Saccolongo [PD] **61** E1
Saccona [TO] **35** E2-3
Sacconago [VA] **39** AB1
Saccone [TN] **43** D2
Saccovéscio [PG] **125** D2
Sacerno [BO] **89** C1
Sachet [BL] **13** C3
Sacile [PN] **31** BC3
Saciletto [UD] **49** D1-2
Sack / Sacco [BZ] **3** B3
Sacra, Isola- **145** B2
Sacra, Valle- **35** G2
Sacra di San Michele **51** EF2
Sacri Cuori **117** F3
Sacrofano [ROMA] **137** E2
Sacrofano, Stazione di- **137** EF2
Sacro Monte **21** D2-3
Sacro Monte Calvario di Domodossola, Riserva Naturale del- **5** D3
Sacro Monte della Santissima Trinità di Ghiffa, Riserva Naturale del- **21** F2
Sacro Monte di Belmonte, Riserva Naturale del- **35** F2
Sacro Monte di Crea **53** E2
Sacro Monte di Varallo, Riserva Naturale del- **21** D2-3
Sacro Monte d'Orta, Riserva Naturale- **21** E3
Sacudello [PN] **47** E1
Sadole, Malga- **27** F1
Sadurano [FC] **99** E1-2
Saette, Dosso delle- **27** B2
Saetti [MO] **73** D2-3
Safari Park **37** F1
Safforze [BL] **29** E1-2
Sagginale [FI] **99** B3
Sagittário, Fiume- **141** C3
Sagliano [PV] **69** DE1-2
Sagliano Micca [BI] **37** C1
Sagneres, Colle delle- **65** BC3
Sagrado [GO] **49** D1
Sagran, Monte- **17** D1
Sagranberg **17** D1
Sagrata **107** E3
Sagro, Monte- **95** D2
Sagron [TN] **29** C1
Sagron, Piz di- **29** C1-2
Sagron Mis [TN] **29** C1
Saguedo [RO] **61** D3
Sáia, Monte- **69** D2-3
Saiáccio [FC] **99** F3
Saiano [BS] **41** E3
Saiano [FC] **101** A2
Sailetto [MN] **73** C1
Saint Anselme [AO] **19** G2
Saint-Barthélemy [AO] **19** E2
Saint-Barthélemy, Torrente- **19** F2
Saint-Christophe [AO] **19** E2
Saint-Denis [AO] **19** F2
Saint-Grée [CN] **81** C2
Saint-Jacques [AO] **19** G1
Saint-Léonard [AO] **19** CD1-2
Saint-Marcel [AO] **19** E2
Saint Martin, Col- **65** BC1-2
Saint-Maurice [AO] **19** D2
Saint-Nicolas [AO] **19** CD2
Saint-Oyen [AO] **19** D1-2
Saint-Pierre [AO] **19** D2
Saint-Rhémy [AO] **19** CD1-2
Saint-Rhémy-en-Bosses [AO] **19** CD1-2
Saint-Veran, Col de- **65** B2
Saint-Vincent [AO] **19** F2
Sairano [PV] **55** D2
Saisera, Malga- **17** D2
Sajonchè, Cima- **21** C2
Sala [AR] **105** F2
Sala [BL] **29** E1-2
Sala [FC] **101** B1-2
Sala [FI] **105** A3
Sala [FI] **105** CD3
Sala [PR] **71** F2
Sala [PV] **55** D3
Sala [PV] **69** E2
Sala [RI] **133** C2
Sala [RI] **133** D1
Sala [TO] **51** F2
Sala [TR] **123** C3
Sala [TV] **45** F2
Sala al Barro [LC] **23** E2-3
Sala Baganza [PR] **71** F3
Sala Biellese [BI] **37** B1
Sala Bolognese [BO] **89** C1
Salabue [AL] **53** E2
Sala Comacina [CO] **23** CD2
Salaiola [GR] **121** DE2
Salaiolo [GR] **121** CD3-4
Sala Mandelli [PC] **55** F3
Sala Monferrato [AL] **53** F2
Saláncia, Monte- **51** E2
Sala Olivo al Popera, Rifugio- **13** F2
Salara [AP] **127** C2
Salara [RO] **75** C1-2
Salaria, Via- (Quinzia Reatina) **137** EF2-3
Salarno, Lago di- **25** E2
Salaro [VC] **21** D2
Salasco [VC] **37** D2-3
Salassa [TO] **35** FG2
Salbertrand [TO] **51** C2

Salbertrand, Rifugio- **51** BC2
Sálboro [PD] **63** B1
Salce [BL] **29** DE2
Salce, Castello di- **131** BC2
Salce, Monte- **115** D2
Salcedo [VI] **45** C2
Salceta, Stazione di- **113** B3
Salcheto [SI] **113** E3
Salci [PG] **123** B2
Salcido [AL] **53** G2-3
Saldur / Saldura, Rio- **1** C2
Saldura, Punta- / Salurn-Spitze **1** C2
Saldura, Rio- / Saldur **1** C2
Sale [AL] **55** B2-3
Sale [BS] **41** E3
Sale, Torre del- **119** D1
Sálea [SV] **93** EF2
Salécchio [FI] **99** C2
Salécchio [VB] **5** E1-2
Sale delle Langhe [CN] **81** D1
Sale Marasino [BS] **41** E2
Salena, Monte- **41** F3
Salera [LU] **97** B1
Salerano Canavese [TO] **37** AB2
Salerano sul Lambro [LO] **39** E3
Salere [AT] **67** E2
Sáles [TS] **49** F2
Sale San Giovanni [CN] **81** D1
Saletta [FE] **75** E2
Saletta [RI] **125** E3-4
Saletta [TO] **35** D3
Saletta [VC] **37** E3
Salette [AP] **117** F2-3
Saletto [BO] **75** C3-4
Saletto [PD] **63** AB1
Saletto [PD] **61** D2
Saletto [PN] **47** E1
Saletto [UD] **17** C2
Saletto [UD] **17** D2
Saletto / Wieden [BZ] **3** AB2
Saletto di Piave [TV] **47** B2
Salettuol [TV] **47** AB2
Salgareda [TV] **47** B2
Sálice, Fonte Minerale di- **25** DE3
Saliceta, Bosco della- **73** E3
Sálice Terme [PV] **55** CD3
Saliceto [CN] **81** DE1
Saliceto [PC] **71** D2
Saliceto Buzzalino [MO] **73** D3
Saliceto Panaro [MO] **87** F1
Salimbeni, Villa- [SI] **113** D2-3
Salina [MN] **73** B2
Salina di Cervia, Riserva Naturale- **91** EF3
Salinchiet, Monte- **17** BC1
Saline [MC] **117** D3
Saline [RO] **63** B3
Saline [SO] **7** E3
Saline [VI] **61** D2
Saline [VT] **137** A1
Saline, Fiume- **135** D1
Saline, Passo delle- **81** B2
Saline di Tarquinia, Riserva Naturale- **137** A1
Saline di Volterra [PI] **111** C1
Salinello, Fiume- **127** E3
Salino [SP] **85** B2-3
Salino [UD] **17** B1-2
Salino, Torrente- **117** D3
Salionze [VR] **59** C1
Salirod [AO] **19** FG2
Salisano [RI] **133** B3
Sali Vercellese [VC] **37** DE2-3
Salívoli [LI] **119** CD1
Salizzole [VR] **59** E2
Salle [PE] **141** D1-2
Salle, La- [AO] **19** C2
Salleret [AO] **19** FG3
Salle Vecchia [PE] **141** D1-2
Salmaregia [PG] **115** F2
Salménega [BL] **29** D2
Salmour [CN] **67** B3
Salò [BS] **43** AB3
Salogni [AL] **69** DE2
Salomino [VC] **37** C2
Salomp, Monte- / Hofbiehl **11** CD2-3
Salonetto / Schlaneid [BZ] **11** D2
Salorno / Salurn [BZ] **27** D1
Salsásio [TO] **53** B3
Salse [IM] **93** C2
Salse di Nirano [MO] **87** E1
Salse di Nirano, Riserva delle- **87** EF1
Salso [PR] **71** E2
Salso, Monte- **71** D3
Salsomaggiore Terme [PR] **71** D2-3
Salsominore [PC] **69** F2-3
Salt [UD] **33** C2
Saltalfabbro [SI] **113** C2
Saltara [PU] **109** B2
Saltaria [TN] **27** C3
Saltaus / Saltúsio [BZ] **1** F2
Sálter [TN] **11** C3
Salterana [SP] **85** B2-3
Salterana [VC] **21** C3
Salti, i- [FI] **99** C2
Saltino [FI] **105** E2
Saltino [MO] **87** D2
Salto [GE] **83** DE2
Salto [MO] **87** F3
Salto [TO] **35** F2
Salto, Fiume- **133** C2
Salto, Giogo del- / Tschaufernock **11** D2
Salto, Lago del- **139** D1
Saltore [TV] **47** A2
Sáltrio [VA] **23** B2
Saltúsio / Saltaus [BZ] **1** F2
Salúbio, Monte- **27** E2
Saludécio [RN] **101** CD3
Salúggia [VC] **37** BC3
Salurn / Salorno [BZ] **27** D1
Salurn-Spitze / Saldura, Punta- **1** C2
Salussola [BI] **37** C2
Salute di Livenza, la- [VE] **47** D2-3
Salutio [AR] **105** F3
Salutio [AR] **107** A2-3
Salutio, Torrente- **105** F3
Saluzzo [CN] **65** E2-3
Salvarano [RE] **87** CD1
Salvaro, Monte- **89** BC3
Salvarola, Terme di- **87** E1
Salvarolo [VE] **47** D1-2
Salvarosa [TV] **45** E2-3
Salvaterra [RE] **87** E1
Salvaterra [RO] **61** D3
Salvatico [PC] **71** D2
Salvatónica [FE] **75** C2
Salvatronda [TV] **45** E2-3
Salvi [AP] **127** B2
Salviano [LI] **103** BC3
Salvirola [CR] **57** C1
Salza di Pinerolo [TO] **51** D3
Salzano [VE] **45** F3
Salzano [VR] **43** CD3
Sálzen [BL] **29** B2
Salzetto [TO] **35** F1
Sam / Ori, Monte- **11** C2-3
Samarate [VA] **39** A1
Sambo [UD] **17** C3
Sambock / Sommo, Monte- **3** D3
Samboseto [PR] **71** E2
Sambro, Torrente- **89** C3
Sambruson [VE] **63** C1
Sambuca [FI] **105** C3
Sambuca, Passo- **99** B2
Sambuca Pistoiese [PT] **97** E2
Sambuceto [CH] **135** DE2
Sambuceto [PR] **85** BC1
Sambucétole [TR] **131** E1
Sambucheto [MC] **117** D1
Sambucheto [TR] **125** B3-4
Sambucheto, Monte- **99** E3
Sambuci [ROMA] **139** C2-3
Sambuco [CN] **79** B1-2
Sambuco, Osteria- **133** E1-2
Sambughè [TV] **47** A3
Sambughetto [VB] **21** D2
Sambuy [TO] **53** B2
Sammardénchia [UD] **17** C3
Sammardénchia [UD] **33** C3
Sammartini [BO] **75** AB3
Samminiatello [FI] **105** AB2
Sammommè [PT] **97** E2
Samoclevo [TN] **11** B3
Samóggia [BO] **89** B2
Samóggia, Torrente- **75** B3
Samólaco [SO] **7** E3
Samone [MO] **87** F2
Samone [TN] **27** EF2
Samone [TO] **37** AB2
Samperone [PV] **39** C2
Sampéyre [CN] **65** D3
Sampéyre, Colle di- **65** C3
Sampierdarena [GE] **83** C2
Sampieri, Casa- [PD] **63** C1-2
Samprogno [BL] **29** D2
San Barbato [CH] **143** B2
San Bárnaba [AP] **127** CD2
San Bárnaba [CN] **65** EF3-4
San Barnaba [RA] **91** C3
San Baronto [PT] **103** F1-2
San Bártolo [FE] **75** E3
San Bártolo [PU] **109** B2
San Bártolo, Monte- **109** A2
San Bartolomeo [AT] **53** C2-3
San Bartolomeo [AT] **67** DE2
San Bartolomeo [BG] **25** A3
San Bartolomeo [CN] **67** C3-4
San Bartolomeo [CN] **67** B3
San Bartolomeo [CN] **79** EF2
San Bartolomeo [CN] **67** C3
San Bartolomeo [CO] **23** B3
San Bartolomeo [GE] **69** C3
San Bartolomeo [IM] **93** C3-4
San Bartolomeo [PG] **115** C1
San Bartolomeo [RA] **91** DE2
San Bartolomeo [RE] **73** B3-4
San Bartolomeo [SI] **113** D3
San Bartolomeo [SO] **25** B2
San Bartolomeo [SV] **93** E2-3
San Bartolomeo [TO] **51** E3
San Bartolomeo [TV] **47** B2
San Bartolomeo [VB] **5** FG3
San Bartolomeo, Colle- **93** D2
San Bartolomeo, Monte- **139** D2-3
San Bartolomeo al Mare [IM] **93** E3
San Bartolomeo de' Fossi **115** B2
San Bartolomeo in Bosco [FE] **75** D3
San Bartolomeo Val Cavargna [CO] **7** C4
San Basilio [RO] **77** CD2
San Basilio [ROMA] **145** D1
San Bassano [CR] **57** C2
San Bassano [LO] **39** E3
San Bavello [FI] **99** C3
San Bellino [RO] **75** D1
San Benedetto [AQ] **133** F3
San Benedetto [BO] **73** E3-4
San Benedetto [BO] **75** C3
San Benedetto [PG] **115** C1-2
San Benedetto [PG] **107** D4
San Benedetto [RI] **133** B3
San Benedetto [ROMA] **139** D3
San Benedetto [SI] **105** B3
San Benedetto [SP] **95** B2
San Benedetto [VR] **59** BC1
San Benedetto / Nauders [BZ] **3** BC3
San Benedetto, Alpe di- **99** CD3
San Benedetto, Grotta di- **139** F2
San Benedetto Belbo [CN] **67** D3-4
San Benedetto dei Marsi [AQ] **141** B2-3
San Benedetto del Tronto [AP] **127** E2
San Benedetto in Alpe [FC] **99** CD3
San Benedetto in Períllis [AQ] **141** C1
San Benedetto Po [MN] **73** D1
San Benedetto Querceto [BO] **89** D3
San Benedetto Val di Sambro [BO] **97** G1
San Benedetto Val di Sambro-Castiglione dei Pépoli, Stazione- **97** FG1
San Benigno [CN] **65** F4
San Benigno, Stazione- **65** F4
San Benigno Canavese [TO] **37** A3
San Bernardino [AN] **109** E3
San Bernardino [CR] **57** C1
San Bernardino [NO] **37** F1
San Bernardino [PC] **71** B3
San Bernardino [RA] **91** C1
San Bernardino [RE] **73** BC2
San Bernardino [TO] **51** F2
San Bernardino [VR] **59** D2
San Bernardino, Stazione di- **73** BC2
San Bernardino, Torrente- **21** EF2
San Bernardino Verbano [VB] **21** EF2
San Bernardo [CN] **67** B2-3
San Bernardo [CN] **79** DE1
San Bernardo [CN] **67** BC3
San Bernardo [CN] **79** E1
San Bernardo [GE] **83** C1-2
San Bernardo [GE] **83** F3
San Bernardo [LO] **57** AB2
San Bernardo [SO] **25** A2
San Bernardo [SO] **25** B1
San Bernardo [SV] **81** F1
San Bernardo [SV] **81** F1
San Bernardo [TN] **11** AB3
San Bernardo [TO] **37** B2
San Bernardo [TO] **53** B3
San Bernardo [TO] **53** D1-2
San Bernardo [UD] **33** C2
San Bernardo [VB] **5** D2-3
San Bernardo, Colla- **93** C2
San Bernardo, Colle- **81** D2
San Bernardo, Monte- **65** E3
San Bernardo, Santuario di- **21** D3
San Bernardo di Conio [IM] **93** D2-3
San Bernolfo [CN] **79** B2
San Biágio [AN] **109** EF3
San Biágio [AN] **109** E4
San Biágio [BL] **13** D2
San Biagio [BS] **43** A3
San Biágio [CN] **65** F3-4
San Biágio [CN] **81** B1
San Biágio [FE] **75** C2
San Biagio [FE] **75** D3
San Biágio [FE] **91** C1
San Biágio [MN] **59** CD3
San Biágio [MO] **73** E2
San Biágio [PD] **61** E1
San Biágio [PV] **55** C1
San Biágio [PV] **55** D2-3
San Biágio [RA] **99** E1
San Biágio [RE] **73** C3
San Biágio [SI] **113** D3
San Biagio [TE] **127** C3
San Biágio [VE] **47** D2
San Biágio, Casa- [VT] **123** B3-4
San Biágio, Isola- **43** B3
San Biágio, Ponte- **123** B3
San Biágio della Cima [IM] **93** B3-4
San Biágio della Valle [PG] **115** B3
San Biágio di Callalta [TV] **47** B2
San Boldo, Passo di- **29** DE2-3
San Bonfiglio **117** C1
San Bonico [PC] **57** BC3
San Bonifácio [VR] **61** B1
San Bononio [BI] **21** D3-4
San Bórtolo [PD] **61** E2
San Bórtolo delle Montagne [VR] **43** EF3
San Bovio [MI] **39** D2
San Bríccio [VR] **59** E1
San Brízio [MN] **59** C2
San Brízio [PG] **125** B3
San Bruzio **129** C1
San Buono [CH] **143** B2-3
San Candido / Innichen [BZ] **3** F3
San Canzian d'Isonzo [GO] **49** D2
San Carlo [AL] **55** C3
San Carlo [AT] **53** F3
San Carlo [AT] **67** E2
San Carlo [FC] **99** FG2
San Carlo [FE] **75** C3
San Carlo [GE] **83** BC2
San Carlo [LI] **111** B3
San Carlo [MI] **39** BC1
San Carlo [SO] **7** F4
San Carlo [SO] **9** D1-2
San Carlo [TR] **131** F2
San Carlo [VB] **21** C1-2
San Carlo, Colle- **19** BC2
San Carlo Canavese [TO] **35** F3
San Carlone **21** F3
San Carlo Terme [MS] **95** D2
San Casciano [MC] **117** C3
San Casciano, Lago di- **123** AB2-3
San Casciano dei Bagni [SI] **123** B2
San Casciano in Val di Pesa [FI] **105** BC2-3
San Cassiano [AN] **115** E1-2
San Cassiano [AR] **107** AB2-3
San Cassiano [AR] **113** E1
San Cassiano [LU] **97** C2
San Cassiano [MC] **115** F2-3
San Cassiano [MN] **59** B1
San Cassiano [MN] **59** B2
San Cassiano [RA] **99** D2
San Cassiano [RO] **77** B1
San Cassiano / Sankt Kassian [BZ] **13** C2
San Cassiano, Cima- / Kassian-Spitze **3** A3
San Cassiano, Rio- / Gaderbach **13** C2
San Cassiano di Livenza [PN] **47** C1
San Cassiano Valchiavenna [SO] **7** E3
San Cataldo [MN] **59** C3
San Centignano **131** D2
San Cesáreo [ROMA] **145** E1-2
San Cesario sul Panaro [MO] **89** B1
San Chiaffredo [CN] **65** EF3-4
San Chiaffredo, Santuario di- **65** CD2
San Chierlo [BO] **89** B2
San Cipriano [BL] **13** D4
San Cipriano [GE] **69** C3-4
San Cipriano [PI] **103** EF4
San Cipriano [PU] **107** E2
San Cipriano [TV] **47** B3
San Cipriano Po [PV] **55** E2
San Cláudio al Chienti **117** DE2
San Clemente [BO] **89** D2-3
San Clemente [FI] **105** D2
San Clemente [RI] **133** CD1
San Clemente [RN] **101** C3
San Clemente [VE] **63** DE1
San Clemente a Casáuria **135** C3
San Clemente al Vomano **127** E4
San Clemente in Valle [AR] **105** E3
San Colombano [BS] **43** A2
San Colombano [FC] **99** F2
San Colombano [FI] **105** B2
San Colombano [GE] **83** EF2
San Colombano [LU] **97** C3
San Colombano [TO] **51** C2
San Colombano, Colle di- **57** A2-3
San Colombano, Corno di- **9** D2
San Colombano al Lambro [MI] **57** A2
San Colombano Belmonte [TO] **35** F2
San Colombano Certénoli [GE] **83** EF2
San Colombo **135** A2-3
San Cósimo, Monte- **141** D2
San Cosma [PD] **61** E2
San Costantino / Sankt Kostantin [BZ] **11** EF2
San Costanzo [PU] **109** C2
San Crescentino **107** E3-4
San Crescenzio [GR] **121** C4
San Cresci [FI] **99** B3
San Cresci [FI] **105** C3
San Cristóforo [AL] **69** B2
San Cristóforo [AR] **107** AB3
San Cristóforo [CH] **143** AB3
San Cristóforo [FC] **99** E1-2
San Cristoforo [PG] **125** C2
San Cristóforo [TR] **123** E4
San Cristóforo [TR] **123** C2
San Cristoforo, Canneti di- **27** D2
San Cristóforo al Lago [TN] **27** D2
San Cristóforo de' Valli [PU] **109** A2
San Cristóforo di Carda **107** D3
Sanda [SV] **83** A2
San Dalmazio [MO] **87** EF2
San Dalmazio [PI] **111** D2
San Dalmazio [SI] **113** A1
San Dámaso [MO] **87** F1
San Damiano [FC] **99** FG3
San Damiano [PC] **71** C2
San Damiano [PG] **115** D3
San Damiano [PG] **123** E3
San Damiano [SV] **93** E2
San Damiano al Colle [PV] **55** EF2
San Damiano d'Asti [AT] **67** D1-2
San Damiano Macra [CN] **65** D3-4
San Daniele [VI] **45** B3
San Daniele del Friuli [UD] **31** EF1-2
San Daniele Po [CR] **57** EF3
San Defendente [CN] **65** EF3-4
San Defendente [CN] **67** D2
San Defendente [CN] **79** D1
San Demétrio ne' Vestini [AQ] **135** A3
San Desiderio [AT] **53** E2-3
San Desiderio [GE] **83** CD2
San Desiderio [PV] **55** D3
Sandétole [FI] **99** C3
San Didero [TO] **51** E2
Sandigliano [BI] **37** C1
Sand in Taufers / Campo Túres [BZ] **3** D2
Sandjöchl **3** A2
Sándolo [FE] **75** E3
San Domenico [AN] **109** E4
San Doménico [AQ] **141** CD3
San Doménico [CH] **141** F1
San Domenico [FC] **99** F2
San Doménico [VB] **5** CD2
San Dómino, Isola- **143** ins.a
San Dómino, Villaggio- [FG] **143** ins.a
Sandon [VE] **63** C1
San Donà di Piave [VE] **47** C3
San Donatino [SI] **105** C4
San Donato [AN] **115** EF1
San Donato [AQ] **139** E2
San Donato [AR] **105** F2
San Donato [AR] **107** C2
San Donato [BL] **29** B2
San Donato [CN] **67** DE2-3
San Donato [FI] **97** FG3
San Donato [FI] **105** B3
San Donato [FI] **105** C3
San Donato [FI] **105** DE2
San Donato [IM] **93** C3
San Donato [PD] **45** D3
San Donato [PU] **99** FG3
San Donato [PU] **107** E2
San Donato [SI] **105** AB4
San Donato, Casa- [SI] **111** DE1-2
San Donato a Livizzano [FI] **105** B2
San Donato Centro [GR] **129** C1
San Donato in Ávane [FI] **105** D3
San Donato in Collina [FI] **105** D2
San Donato in Taviglione [PU] **107** E2
San Donato Milanese [MI] **39** D2
San Donato Vecchio [GR] **129** C1
San Donino [BO] **75** B3-4
San Donino [BO] **89** D1
San Donnino [AN] **109** B4
San Donnino [FI] **105** B3
San Donnino [FI] **105** B2
San Donnino [LU] **97** A1
San Donnino [MO] **87** F1
San Donnino [PI] **103** E4
San Donnino a Maiano **113** E1
San Donnino di Líguria [RE] **87** E1
San Dono [PD] **45** F3
San Dorligo della Valle [TS] **49** FG3
Sandrà [VR] **59** C1
Sandrigo [VI] **45** C2-3
San Fabiano [AR] **107** A4
San Fabrizio, Monte- **139** D2
Sanfatucchio [PG] **115** A3
San Faustino [BS] **43** A2-3
San Faustino [BS] **43** BC2
San Faustino [PG] **115** C1
San Faustino [RE] **73** C3-4
San Faustino [TR] **131** F1
San Faustino [TR] **123** CD3
San Faustino, Monte- **115** C1
San Faustino, Stabilimento- **125** A3
San Fede [PV] **55** D2
San Fede [TO] **53** D1-2
San Fedele [SI] **105** CD4
San Fedele [SO] **7** E3
San Fedele [SV] **93** F2
San Fedele Intelvi [CO] **23** C2
San Fedelino **7** E3
San Felice [AN] **115** E1
San Felice [CR] **57** E2-3
San Felice [PG] **113** F3
San Felice [PG] **125** A2-3
San Felice [PT] **97** E3
San Felice [SI] **113** B1
San Felice [TN] **27** D2
San Felice [TO] **53** B2
San Felice / Sankt Felix [BZ] **11** C2-3
San Felice al Lago [BG] **41** D2
San Felice del Benaco [BS] **43** B3
San Felice del Molise [CB] **143** C3
San Felice d'Ocre [AQ] **133** F3
San Felice sul Panaro [MO] **73** E2-3
San Feliciano [PG] **115** AB3
San Feliciano [VI] **61** C1
San Fermo [AL] **69** D3
San Fermo [BG] **25** C3
San Fermo [BG] **41** D2
San Fermo [BI] **37** BC1
San Fermo [BL] **29** D2
San Fermo [BS] **43** B3
San Fermo [MN] **59** B2
San Fermo [VA] **23** AB2-3
San Fermo, Corna di- **25** CD3
San Fermo della Battáglia [CO] **23** C3
San Fidenzio, Abbazia- **123** EF3
San Filastro [BG] **41** D2-3
San Filippo [FI] **105** BC3
San Filippo [LU] **103** CD1-2
San Filippo [PU] **109** BC2-3
San Filippo [RI] **133** B2
San Filippo [SV] **81** EF2
San Filippo [VE] **47** EF2
San Fiór [TV] **31** B3
San Fiorano [LO] **57** C3
San Fiorano [PU] **107** E3
San Fiór di Sopra [TV] **31** AB3
San Fiór di Sotto [TV] **31** B3
San Firenze [AR] **107** A4
San Firmano [MC] **117** E1
San Firmino [CN] **65** E2
San Floreano [UD] **33** B1
San Floriano [PN] **31** DE3
San Floriano [TV] **45** E2
San Floriano [TV] **47** AB2-3
San Floriano [TV] **29** E2
San Floriano [VI] **61** D2
San Floriano [VR] **43** D3
San Floriano / Obereggen [BZ] **11** EF3
San Floriano / Sankt Florian [BZ] **27** D1
San Floriano, Lago- **129** CD2
San Floriano del Cóllio [GO] **33** E3
San Foca [PN] **31** D2
San Fortunato [AN] **115** F1
San Fortunato [PG] **115** C3
San Fortunato [PG] **123** D2
San Fortunato [PG] **125** A2
San Fortunato [RN] **101** C2
San Fortunato [VI] **45** C2
San Francesco [BI] **37** C1
San Francesco [FI] **105** C2
San Francesco [FI] **105** D2
San Francesco [PN] **15** E3
San Francesco [RI] **133** B2
San Francesco [ROMA] **139** CD3
San Francesco [SI] **113** D3
San Francesco [TN] **27** D2
San Francesco [VR] **43** E3
San Francesco, Convento di- **139** B2
San Francesco, Villaggio- [ROMA] **145** B2
San Francesco al Campo [TO] **35** F3
San Francesco del Deserto **63** E1
San Franco, Acqua di- **133** F2
San Franco, Monte- **133** F2
Sanfrè [CN] **67** B2
San Frediano [PI] **103** D3
Sanfront [CN] **65** D2-3
San Fruttuoso [GE] **83** DE2-3
San Fruttuoso [MI] **39** D1
San Gabriele [BO] **75** D3-4
San Gabriele [PC] **55** F3
San Gabriele [TR] **123** C2
San Gabriele [VR] **59** E2
San Gabriele, Santuario- **135** A1
San Gaetano [TV] **45** F2
San Gaetano [VE] **47** E3
San Gaetano [VI] **45** CD1
San Gaetano [VT] **131** BC2
San Galgano **111** E2-3
San Gallo [BG] **23** FG2
San Gallo [BS] **41** F3
San Gallo, Monte- **25** E3
Sangano [TO] **51** F2
San Gaudénzio [PV] **55** CD2

San Gaudénzio [VI] **61** C1
San Gaudénzio a Càmpoli [FI] **105** C3
San Gaudénzio a Ruballa **105** B3
San Gavino **99** A2
San Gemignano [LU] **97** C2
San Gémini [TR] **125** A4
San Gemini, Stazione di- **125** A4
San Gémini Fonte [TR] **125** A4
San Genésio [LC] **23** E3
San Genesio [PC] **71** C3
San Genésio [PV] **39** CD3
San Genesio [RE] **73** C2
San Genésio [TO] **53** C1
San Genésio Atesino / Jenesien [BZ] **11** D2
San Genésio ed Uniti [PV] **39** CD3
San Gennaro [LU] **97** C3
San Genuário [VC] **37** C3
San Germano [AL] **53** F2
San Germano [AQ] **141** E2
San Germano Chisone [TO] **51** E3
San Germano dei Bérici [VI] **61** C1
San Germano Vercellese [VC] **37** D2
San Gerólamo [AT] **67** E3
San Gerólamo [PG] **115** D1
San Gersolè [FI] **105** C2
San Gervásio [CR] **57** D2
San Gervásio [PI] **103** E3
San Gervásio [PU] **109** A2-3
San Gervásio [UD] **49** BC2
San Gervásio Bresciano [BS] **57** E2
San Giacomo [AL] **69** AB2
San Giacomo [BI] **37** C1
San Giacomo [BS] **43** A3
San Giacomo [CH] **143** B2
San Giacomo [CN] **65** FG2-3
San Giacomo [CN] **79** E2
San Giacomo [CN] **81** C2
San Giacomo [CN] **65** DE2
San Giacomo [CN] **67** B3
San Giacomo [CN] **67** DE3
San Giacomo [CN] **79** D2-3
San Giacomo [CN] **79** C1
San Giacomo [CN] **81** B1-2
San Giacomo [FC] **99** E3
San Giacomo [FI] **99** A2
San Giacomo [LO] **57** B2
San Giacomo [MI] **39** C2
San Giacomo [MN] **59** B1-2
San Giacomo [PE] **141** DE2
San Giacomo [PG] **125** B3
San Giacomo [PV] **55** E2
San Giacomo [RE] **87** D1
San Giacomo [SO] **25** C1-2
San Giacomo [TE] **135** C1
San Giacomo [TN] **11** B3
San Giacomo [TN] **43** D2
San Giacomo [TO] **35** F3
San Giacomo [TO] **35** E2
San Giacomo [TV] **47** B3
San Giacomo [UD] **31** E1-2
San Giacomo [VC] **37** C3
San Giacomo [VI] **45** D2
San Giacomo / Sankt Jakob [BZ] **3** B2
San Giacomo / Sankt Jakob [BZ] **3** DE1
San Giacomo / Sankt Jakob [BZ] **11** DE3
San Giacomo, Cima- / Jakobs-Spitze **3** AB3
San Giacomo, Convento- **133** C1-2
San Giacomo, Lago di- **9** D1
San Giacomo, Passo di- **5** E1
San Giacomo, Valle- **7** DE2
San Giacomo degli Schiavoni [CB] **143** D3
San Giacomo delle Segnate [MN] **73** E2
San Giacomo del Martignone [BO] **89** C1
San Giacomo di Fraele **9** D1
San Giacomo di Musestrelle [TV] **47** AB2
San Giacomo di Véglia [TV] **29** E3
San Giacomo Filippo [SO] **7** E2-3
San Giacomo Lovara [CR] **57** E3
San Giacomo Maggiore [MO] **87** F3
San Giacomo Maggiore [RE] **73** B2
San Giacomo Minore [RE] **73** B2
San Giacomo Po [MN] **59** D3
San Giacomo Róncole [MO] **73** E2
San Giacomo Vercellese [VC] **37** DE1-2
San Gianni [AR] **107** C2
Sangiano [VA] **21** F2
Sangiatto, Monte del- **5** D1-2
San Gillio [TO] **51** G1-2
San Gimignanello [SI] **113** C2
San Gimignano [SI] **105** B4
San Ginese [LU] **103** D2
San Ginésio [MC] **117** C3
San Giobbe [BO] **89** D1
San Giorgio [AL] **69** D1-2
San Giorgio [AT] **53** D2
San Giorgio [BS] **59** A1
San Giorgio [BZ] **11** CD1
San Giorgio [CN] **79** D1
San Giorgio [FC] **91** D3
San Giorgio [FC] **101** A1
San Giorgio [FE] **91** B1
San Giorgio [LC] **23** D2
San Giorgio [PG] **125** CD3
San Giorgio [PT] **97** E3
San Giorgio [PU] **107** EF1-2
San Giorgio [RA] **91** C3
San Giorgio [RE] **73** BC2
San Giorgio [RI] **125** E4
San Giorgio [SV] **81** EF2
San Giorgio [TE] **133** G1
San Giorgio [TE] **135** C1
San Giorgio [TR] **123** C3
San Giorgio [UD] **17** BC3
San Giorgio [UD] **17** C2
San Giorgio [VA] **23** B2-3
San Giorgio [VC] **37** D1
San Giorgio [VI] **45** B2
San Giorgio [VI] **45** C2
San Giorgio [VI] **45** D2
San Giorgio [VR] **43** CD3
San Giorgio [VR] **43** E2
San Giorgio / Sankt Georgen [BZ] **3** D2-3
San Giorgio, Castello- **119** ins.a
San Giorgio, Monte- [SV] **81** F1
San Giorgio, Monte- [TO] **51** F2-3
San Giorgio, Rifugio- **43** E2
San Giorgio a Colónica [PO] **105** B1-2
San Giorgio all'Isola [AP] **127** B2
San Giorgio al Tagliamento [VE] **47** E2
San Giorgio Canavese [TO] **37** A2-3
San Giorgio della Richinvelda [PN] **31** E2
San Giorgio delle Pertiche [PD] **45** E3
San Giorgio di Ceparano [RA] **99** DE1
San Giorgio di Livenza [VE] **47** D3
San Giorgio di Lomellina [PV] **55** B1-2
San Giorgio di Mantova [MN] **59** CD2
San Giorgio di Nogaro [UD] **49** C1-2
San Giorgio di Pésaro [PU] **109** B2
San Giorgio di Piano [BO] **89** D1
San Giorgio in Bosco [PD] **45** D3
San Giorgio in Brenta [PD] **45** D3
San Giorgio in Salici [VR] **59** C1
San Giorgio Monferrato [AL] **53** F2
San Giorgio Piacentino [PC] **71** C2
San Giorgio Scarampi [AT] **67** E3
San Giorgio su Legnano [MI] **39** B1
San Giorio di Susa [TO] **51** DE2
San Giovanni [AL] **53** F2
San Giovanni [AN] **117** B1
San Giovanni [AN] **109** B4
San Giovanni [AP] **127** C2
San Giovanni [AP] **127** B3
San Giovanni [AQ] **133** E2
San Giovanni [AQ] **135** A3
San Giovanni [AQ] **139** E2
San Giovanni [AR] **113** D1-2
San Giovanni [BG] **23** FG1-2
San Giovanni [BS] **41** E2-3
San Giovanni [CH] **143** A3
San Giovanni [CH] **143** A2-3
San Giovanni [CN] **67** BC3
San Giovanni [CN] **67** B3-4
San Giovanni [CN] **67** BC3-4
San Giovanni [CN] **79** E2
San Giovanni [FE] **77** C3
San Giovanni [LI] **119** B2
San Giovanni [MN] **59** D3
San Giovanni [NO] **37** FG1
San Giovanni [PC] **71** B3
San Giovanni [PE] **135** DE1-2
San Giovanni [PG] **125** A1-2
San Giovanni [PG] **115** E3
San Giovanni [PN] **31** D2
San Giovanni [PN] **31** DE3
San Giovanni [PN] **31** BC2
San Giovanni [PU] **107** E1-2
San Giovanni [PV] **55** D3
San Giovanni [RE] **87** C1-2
San Giovanni [RI] **125** E3
San Giovanni [ROMA] **139** D3
San Giovanni [SI] **113** B1
San Giovanni [SV] **81** FG1
San Giovanni [TN] **13** B3
San Giovanni [TN] **27** A2
San Giovanni [TN] **27** B3
San Giovanni [TO] **37** A2
San Giovanni [TO] **51** F2
San Giovanni [TO] **65** D1-2
San Giovanni [TO] **65** E2
San Giovanni [TO] **53** C2
San Giovanni [TO] **67** B1-2
San Giovanni [TV] **45** F1
San Giovanni [TV] **47** C2
San Giovanni [VR] **43** D3
San Giovanni / Sankt Johann [BZ] **11** E2
San Giovanni / Sankt Johann [BZ] **3** D2
San Giovanni, Cala- **119** A3
San Giovanni, Colle- [CH] **143** B2
San Giovanni, Colle- [CH] **143** B3
San Giovanni, Convento di- **135** B3
San Giovanni, Grotta- **141** E1-2
San Giovanni, Ospizio- **21** BC3-4
San Giovanni, Podere- [GR] **129** DE1
San Giovanni, Poggio- [VT] **131** A1
San Giovanni, Rio- **53** B1
San Giovanni, Torrente- **21** F2
San Giovanni a Corazzano [PI] **103** EF3
San Giovanni alla Vena [PI] **103** D2
San Giovanni al Mavone **135** AB1
San Giovanni al Natisone [UD] **33** D3
San Giovanni al Timavo [TS] **49** E2
San Giovanni Battista [MO] **73** D2
San Giovanni Battista [MO] **87** F2
San Giovanni Battista, Terme- **113** C2
San Giovanni Bianco [BG] **25** A3
San Giovanni d'Asso [SI] **113** C2-3
San Giovanni dei Prati **93** C3
San Giovanni del Dosso [MN] **73** E2
San Giovanni della Fossa [RE] **73** C3
San Giovanni delle Contee [GR] **123** A3
San Giovanni del Témpio [PN] **31** C3
San Giovanni di Baiano [PG] **125** AB3
San Giovanni di Livenza [PN] **31** BC3
San Giovanni Govoni [CN] **81** BC1
San Giovanni Ilarione [VR] **43** F3
San Giovanni in Argentella **139** B2
San Giovanni in Croce [CR] **59** A3
San Giovanni in Galilea [FC] **101** AB2-3
San Giovanni in Ghiaiolo **107** E2-3
San Giovanni in Marignano [RN] **101** D3
San Giovanni in Monte **61** CD1
San Giovanni in Offaga **107** EF3
San Giovanni in Persiceto [BO] **89** BC1
San Giovanni in Petra **107** D2-3
San Giovanni in Pozzuolo [PU] **107** E2
San Giovanni in Strada **127** D2
San Giovanni in Triario [BO] **89** DE1
San Giovanni in Vénere **143** AB1
San Giovanni Lipioni [CH] **143** B3
San Giovanni Lupatoto [VR] **59** E1
San Giovanni Maggiore [FI] **99** B3
San Giovanni Pagánica [AQ] **133** E1-2
San Giovanni Profiamma **125** B1-2
San Giovanni Querciola [RE] **87** D1
San Giovanni Reatino [RI] **133** C2
San Giovanni Teatino [CH] **135** DE2
San Giovanni Valdarno [AR] **105** E3
San Giovanni Valle Roveto Inferiore [AQ] **141** B3
San Giovenale [CN] **79** E1-2
San Giovenale [PG] **115** E3
San Giovenale [RI] **125** D4
San Giovenale, Zona Archeologica di- **137** BC1
San Girio [MC] **117** E1
San Girólamo **117** E3
San Girolamo [RE] **73** C2
San Giuliano [GO] **49** C2
San Giuliano [PC] **57** DE3
San Giuliano [VE] **63** D1
San Giuliano [VT] **131** A2
San Giuliano, Convento di- **133** F2
San Giuliano, Zona Archeologica di- **137** C1
San Giuliano a Mare [RN] **101** C2
San Giuliano Milanese [MI] **39** D2
San Giuliano Nuovo [AL] **55** B3
San Giuliano Terme [PI] **95** F4
San Giuliano Vecchio [AL] **55** B3
San Giúlio [AT] **53** D3
San Giulio, Isola- **21** E3
San Giuseppe [AP] **127** DE1-2
San Giuseppe [AP] **117** F3
San Giuseppe [BS] **41** D3
San Giuseppe [CN] **65** E3-4
San Giuseppe [CN] **67** B4
San Giuseppe [FE] **77** D3
San Giuseppe [LI] **111** AB1
San Giuseppe [MC] **117** C2
San Giuseppe [PI] **111** C2
San Giuseppe [PO] **97** F2
San Giuseppe [RI] **133** C1
San Giuseppe [SI] **113** E3
San Giuseppe [SO] **9** AB3
San Giuseppe [SV] **81** E1
San Giuseppe [TO] **51** CD1-2
San Giuseppe [TV] **47** A2-3
San Giuseppe [VC] **21** C2
San Giuseppe / Moos [BZ] **3** G3
San Giuseppe al Lago / Sankt Josef am See [BZ] **11** D3
San Giuseppe della Chiusa [TS] **49** G3
San Giustino [PG] **107** BC3
San Giustino Valdarno [AR] **105** F3
San Giusto [MC] **117** B3
San Giusto [PI] **103** C2
San Giusto [PO] **97** F3
San Giusto [RO] **77** D1
San Giusto [SI] **113** B3
San Giusto [VE] **47** D2
San Giusto [VT] **123** AB3
San Giusto, Abbazia di- **131** B2
San Giusto alle Monache [SI] **113** B1
San Giusto a Montalbino **105** B3
San Giusto Canavese [TO] **37** A2-3
San Giusto in Sálcio **105** D4
San Glisente **25** D3
San Godenzo [FI] **99** C3
San Godenzo, Fosso- **99** C3
Sangone, Torrente- **51** FG2
Sangone, Val- **51** EF2
San Gottardo [GE] **83** C2
San Gottardo [LC] **41** A2
San Gottardo [SO] **9** E2
San Gottardo [UD] **33** C2
San Gottardo [VC] **21** D2
San Gottardo [VI] **61** CD1
San Gratignano [PG] **115** BC2
San Grato [AO] **21** AB3
San Grato [AT] **53** CD3
San Grato [CN] **67** C2
San Grato [LO] **39** E2-3
San Grato [TO] **37** A2
San Grato, Lago di- **19** BC3
San Grato dei Garelli [CN] **81** B1
San Grato Tanaro **67** B3
San Gregorio [AP] **127** B3
San Gregório [AQ] **133** FG2-3
San Gregorio [IM] **93** C3
San Gregório [PC] **71** B4
San Gregório [PG] **115** D3
San Gregório [VR] **61** B1-2
San Gregório da Sássola [ROMA] **145** F1
San Gregório nelle Alpi [BL] **29** D2
San Grisante [VC] **37** C3
San Grisógono **117** DE2
Sangro, Fiume- **141** G2
Sangro, Sorgente del- **141** C3
Sanguarzo [UD] **33** D2
San Guido **111** B2
Sanguigna [PR] **73** A2
Sanguignano [PV] **55** D3
Sanguinaro [PR] **71** E2-3
Sanguinaro, Ponte- **131** EF2
Sanguineto [GE] **83** E2-3
Sanguineto [PG] **115** A2
Sanguinetto [VR] **59** E2
San Gusmé [SI] **113** BC1
San Iacopo [PI] **103** D2
San Iacopo [PI] **103** C2
Sanico [AL] **53** E2
San Iorio, Passo di- **7** C3-4
San Iorio, Valle- **7** D4
Sankt Andrä / Sant'Andrea in Monte [BZ] **13** AB1
Sankt Anna / Sant' Anna **1** B2
Sankt Anton / Sant'Antonio [BZ] **11** D3
Sankt Christina in Gröden / Santa Cristina Valgardena [BZ] **13** B2
Sankt Felix / San Felice [BZ] **11** C2-3
Sankt Florian / San Floriano [BZ] **27** D1
Sankt Georgen / San Giorgio [BZ] **3** D2-3
Sankt Gertraud / Santa Geltrude [BZ] **1** B3
Sankt Gertraud / Santa Gertrude [BZ] **11** B2-3
Sankt Jakob / San Giacomo [BZ] **3** B2
Sankt Jakob / San Giacomo [BZ] **3** DE1
Sankt Jakob / San Giacomo [BZ] **11** DE3
Sankt Johann **1** A2-3
Sankt Johann / San Giovanni [BZ] **3** D2
Sankt Johann / San Giovanni [BZ] **11** E2
Sankt Josef am See / San Giuseppe al Lago [BZ] **11** D3
Sankt Kassian / San Cassiano [BZ] **13** C2
Sankt Kathrein / Santa Caterina [BZ] **11** D2
Sankt Kostantin / San Costantino [BZ] **11** EF2
Sankt Leonhard / San Leonardo [BZ] **3** BC3
Sankt Leonhard / San Leonardo [BZ] **13** C2
Sankt Leonhard in Passeier / San Leonardo in Passiria [BZ] **1** F1-2
Sankt Lorenzen / San Lorenzo di Sebato [BZ] **3** D3
Sankt Lugan / San Lugano [BZ] **11** E4
Sankt Magdalena / Santa Maddalena [BZ] **13** B2
Sankt Magdalena / Santa Maddalena Vallalta [BZ] **3** F2-3
Sankt Maria in der Schmelz / Santa Maria alla Fonderia [BZ] **11** A2
Sankt Martin **1** B2
Sankt Martin / San Martino [BZ] **3** D2
Sankt Martin / San Martino [BZ] **3** F3
Sankt Martin am Schneeberg / San Martino Monteneve [BZ] **1** EF1
Sankt Martin am Vorberg / San Martino al Monte [BZ] **11** AB2
Sankt Martin in Passeier / San Martino in Passiria [BZ] **1** F2
Sankt Martin in Thurn / San Martino in Badía [BZ] **13** C1
Sankt Martius / San Marzio [BZ] **11** C1-2
Sankt Michael / San Michele [BZ] **11** D3
Sankt Nikolaus / San Nicola [BZ] **3** C3
Sankt Nikolaus / San Nicolò [BZ] **11** D3
Sankt Nikolaus / San Nicolò [BZ] **11** B2
Sankt Nikolaus Eggen / San Nicolò d'Ega [BZ] **11** EF3
Sankt Oswald / Sant'Osvaldo **11** EF2
Sankt Pankraz in Ulten / San Pancrázio [BZ] **11** C2
Sankt Pauls / San Pàolo [BZ] **11** D3
Sankt Peter / San Pietro [BZ] **13** AB2
Sankt Peter / San Pietro [BZ] **3** E1
Sankt Peter / San Pietro [BZ] **13** A2
Sankt Sigmund / San Sigismondo [BZ] **3** C3
Sankt Silvester / San Silvestro **3** F3
Sankt Sisinius / San Sisinio **11** A2
Sankt Ulrich in Gröden / Ortisei [BZ] **13** AB2
Sankt Valentin / San Valentino **11** F2
Sankt Valentin auf der Haide / San Valentino alla Muta [BZ] **1** B2
Sankt Veit / San Vito [BZ] **3** E3
Sankt Vigil / San Vigílio [BZ] **13** C1
Sankt Walburg / Santa Valburga [BZ] **11** BC2
San Lanfranco [PV] **55** D1
San Latino [CR] **57** C2
San Lázzaro [AP] **127** D2
San Lázzaro [CN] **65** E2-3
San Lázzaro [FI] **105** B3
San Lazzaro [LO] **57** B2
San Lázzaro [MC] **117** C2
San Lázzaro [MN] **59** B2
San Lázzaro [PG] **125** C2
San Lázzaro [PR] **73** A3
San Lazzaro [PR] **71** E3
San Lázzaro [PU] **109** A2
San Lazzaro [TN] **27** C2
San Lazzaro [VE] **63** E1
San Lázzaro [VI] **45** BC3
San Lázzaro, Casa- [VT] **131** B1
San Lázzaro Alberoni [PC] **57** C3
San Lázzaro di Savena [BO] **89** D2
San Lázzaro Reale [IM] **93** D2-3
San Leo [AR] **107** B3
San Leo [AR] **107** A4
San Leo [PU] **101** AB3
San Leo, Monte- **107** D2
San Leo Bastia [PG] **115** A1-2
San Leolino [AR] **105** E4
San Leolino [FI] **105** E1
San Leolino [FI] **105** C3
San Leonardo [GR] **123** A3
San Leonardo [LU] **103** D2
San Leonardo [PN] **31** CD2
San Leonardo [PR] **73** A3
San Leonardo [PV] **55** E1-2
San Leonardo [TN] **43** D2
San Leonardo [UD] **33** E2
San Leonardo / Sankt Leonhard [BZ] **13** C2
San Leonardo / Sankt Leonhard [BZ] **3** BC3
San Leonardo, Forchetta- **135** AB3
San Leonardo, Monte- **49** F2
San Leonardo, Passo- **141** E2
San Leonardo in Passiria / Sankt Leonhard in Passeier [BZ] **1** F1-2
San Leonardo in Schiova [FC] **99** F1
San Leonino [SI] **113** A1
San Leopardo [MC] **117** DE1
San Leopoldo La Glésie [UD] **17** CD1
San Léucio [CB] **143** C3
San Liberale [VE] **47** AB3
San Liberato [MC] **117** C3
San Liberato [RI] **133** C2
San Liberato [ROMA] **137** CD2
San Liberato [TR] **131** E1-2
San Liberato, Lago di- **131** E2
San Liberatore [RI] **139** E2
San Liberatore [RI] **139** E1
San Libório [AQ] **141** D3
San Litardo **123** B2
San Lorenzo [AL] **55** D3
San Lorenzo [AL] **69** A2-3
San Lorenzo [AL] **35** E2
San Lorenzo [AN] **109** F3
San Lorenzo [AQ] **133** EF2
San Lorenzo [AR] **107** B3
San Lorenzo [AR] **113** E2
San Lorenzo [BG] **25** B3
San Lorenzo [BO] **89** C2
San Lorenzo [BO] **89** E2
San Lorenzo [CH] **143** BC2
San Lorenzo [CN] **67** B3
San Lorenzo [CN] **79** E1
San Lorenzo [CN] **79** D1-2
San Lorenzo [CN] **67** C1-2
San Lorenzo [CN] **65** D2-3
San Lorenzo [CN] **79** D1
San Lorenzo [CN] **79** D2
San Lorenzo [FI] **105** B3
San Lorenzo [GR] **121** E2
San Lorenzo [IM] **93** B4
San Lorenzo [LI] **111** C3
San Lorenzo [MC] **117** D3
San Lorenzo [MC] **117** C1-2
San Lorenzo [MI] **39** B1
San Lorenzo [MN] **59** C3
San Lorenzo [MN] **73** D1-2
San Lorenzo [MO] **87** F1
San Lorenzo [MS] **85** CD2
San Lorenzo [PC] **71** D2
San Lorenzo [PG] **115** D3
San Lorenzo [PG] **125** B2
San Lorenzo [PN] **31** DE3
San Lorenzo [PN] **31** D1
San Lorenzo [RA] **91** C2
San Lorenzo [RI] **139** D1-2
San Lorenzo [SO] **25** C1
San Lorenzo [SV] **81** EF1-2
San Lorenzo [SV] **81** E2
San Lorenzo [TR] **123** C2
San Lorenzo [TR] **131** F2
San Lorenzo [TV] **29** E3
San Lorenzo [UD] **15** CD2
San Lorenzo [UD] **31** EF2-3
San Lorenzo [UD] **33** CD3
San Lorenzo [UD] **49** D2
San Lorenzo [VB] **5** D3
San Lorenzo [VI] **27** F3
San Lorenzo, Casa- [PI] **111** CD1
San Lorenzo, Convento- **139** D3
San Lorenzo, Podere- [GR] **121** B3
San Lorenzo, Torre- **145** D3
San Lorenzo al Lago [MC] **117** BC3
San Lorenzo al Lanzo, Abbazia- **121** C1-2
San Lorenzo alle Corti [PI] **103** C2
San Lorenzo al Mare [IM] **93** D3
San Lorenzo a Merse [SI] **113** A2-3
San Lorenzo a Montalbano **111** D2
San Lorenzo a Pagnático [PI] **103** C2-3

San Lorenzo a Pinaco [RI] **125** E4
San Lorenzo Aroldo [CR] **59** A3
San Lorenzo a Váccoli [LU] **103** C2
San Lorenzo Bossaneto [SV] **93** E2
San Lorenzo della Costa [GE] **83** DE2
San Lorenzo della Pioppa [MO] **73** DE3
San Lorenzo de' Picenardi [CR] **57** F3
San Lorenzo di Rabatta [PG] **115** C2-3
San Lorenzo di Sebato / Sankt Lorenzen [BZ] **3** D3
San Lorenzo Guazzone [CR] **59** A3
San Lorenzo in Banale [TN] **27** B2
San Lorenzo in Campo [PU] **109** B3
San Lorenzo in Collina [BO] **89** BC2
San Lorenzo in Colpolina [MC] **117** B3
San Lorenzo in Correggiano [RN] **101** C2-3
San Lorenzo in Noceto [FC] **99** EF1-2
San Lorenzo Isontino [GO] **33** DE3
San Lorenzo Nuovo [VT] **123** B3
San Lorenzo Vecchio [PG] **125** B1-2
San Luca [AL] **69** A3
San Luca [CH] **143** A2
San Luca [MC] **117** B3
San Luca [MS] **95** D2
San Luca [PD] **63** AB2-3
San Luca [PG] **125** AB2
San Luca [TO] **65** E2
San Luca [TV] **45** F2
San Luca [VI] **45** C2
San Luca, Rio di- **117** B3
San Lucano **29** C1
San Lucano, Monte- **13** C4
San Lucano, Valle di- **29** C1
San Lucchese [SI] **105** B4
San Luciano [AR] **113** D1
San Lucio **25** B3
San Lugano / Sankt Lugan [BZ] **11** E4
San Luigi [IM] **93** D2
San Luigi [RI] **133** AB3
San Macario [VA] **39** A1
San Macario in Monte [LU] **97** B3
San Macario in Piano [LU] **103** C1
San Magno [CN] **79** E1
San Magno, Santuario di- **79** BC1
San Mamante [RA] **99** E1
San Mamete [CO] **23** C1
San Mamiliano [TR] **125** A4
San Marcello [AN] **109** D3
San Marcello [MC] **117** B3
San Marcello [VR] **61** BC1-2
San Marcello Pistoiese [PT] **97** D2
San Marco [AP] **117** F2
San Marco [AQ] **133** E2
San Marco [AR] **105** DE3-4
San Marco [BG] **41** C2
San Marco [BO] **89** D1
San Marco [CH] **143** A2
San Marco [MC] **117** B3
San Marco [PD] **61** E1
San Marco [PG] **115** C3
San Marco [PG] **115** D1-2
San Marco [RA] **91** D2
San Marco [TV] **45** EF2-3
San Marco [UD] **33** B2
San Marco [VB] **5** D3
San Marco [VC] **37** DE2
San Marco [VI] **45** B3
San Marco, Ca'- [BG] **23** F1
San Marco, Casa- [BL] **13** E2
San Marco, Castelloni di- **27** F2-3
San Marco, Passo di- **23** F1
San Marco, Rifugio- **13** E3
San Mariano [PG] **115** B3
San Marino [BO] **89** D1
San Marino [GR] **121** C2
San Marino [MO] **73** D3
San Marino [PU] **107** EF2
San Marino [RSM] **101** B3
San Marino [RSM] **101** B3
San Marino [TR] **123** CD2-3
San Marino [VI] **45** D1
San Marino d'Urbino [PU] **107** EF2
San Martino [AL] **53** F2
San Martino [AL] **69** C2
San Martino [AL] **69** CD2-3
San Martino [AN] **109** C3-4
San Martino [AP] **127** AB2
San Martino [AP] **127** C2
San Martino [AP] **127** B3
San Martino [AQ] **133** G2-3
San Martino [AR] **105** F3
San Martino [AR] **105** D3
San Martino [AR] **113** C1
San Martino [BI] **37** D1
San Martino [BO] **89** EF2
San Martino [BS] **43** AB2
San Martino [CN] **65** DE2
San Martino [CN] **67** E2
San Martino [CO] **23** B3-4
San Martino [FC] **99** F3
San Martino [FE] **75** D3
San Martino [GE] **83** D2
San Martino [LI] **119** B2
San Martino [MC] **125** C2
San Martino [MC] **117** D3
San Martino [MO] **87** E2
San Martino [MO] **73** DE3
San Martino [MO] **87** F3
San Martino [NO] **39** A2
San Martino [PG] **125** B2
San Martino [PG] **123** C1-2
San Martino [PI] **111** B1-2
San Martino [PN] **15** B3
San Martino [PN] **15** B3
San Martino [PR] **85** D1
San Martino [PU] **107** E2
San Martino [PV] **55** B2
San Martino [PV] **69** E2
San Martino [RE] **73** BC2
San Martino [RE] **73** C3
San Martino [RI] **133** CD2-3
San Martino [RI] **125** EF4
San Martino [SO] **7** F3
San Martino [SV] **81** FG1
San Martino [TN] **27** B3
San Martino [TO] **51** D3
San Martino [TO] **51** F3
San Martino [TO] **53** B2
San Martino [TR] **123** E4
San Martino [UD] **31** EF3
San Martino [VA] **23** A2
San Martino [VT] **123** AB4
San Martino / Reinswald [BZ] **11** E1
San Martino / Sankt Martin [BZ] **3** F3
San Martino / Sankt Martin [BZ] **3** D2
San Martino, Abbazia di- **131** C2
San Martino, Capo- **83** AB2
San Martino, Fosso di- **137** F1
San Martino, Monte- [LI] **119** B2
San Martino, Monte- [MO] **87** E2
San Martino, Pala di- **29** BC1
San Martino, Pale di- **29** C1
San Martino, Pizzo- **21** C1
San Martino, Poggio- **111** C3
San Martino, Stazione di- **143** D3
San Martino al Cimino [VT] **131** C2
San Martino al Cimino, Stazione di- **131** C2
San Martino al Fággio [AP] **127** B1-2
San Martino Alfieri [AT] **67** D1-2
San Martino alla Palma [FI] **105** B2
San Martino al Monte / Sankt Martin am Vorberg [BZ] **11** AB2
San Martino al Tagliamento [PN] **31** E2
San Martino al Vento [SI] **105** D4
San Martino a Maiano [FI] **105** B3
San Martino a Scopeto **99** B3
San Martino a Toreggi **105** D3
San Martino a Ulmiano [PI] **103** C2
San Martino Buon Albergo [VR] **59** E1
San Martino Canavese [TO] **37** AB2
San Martino Carano [MO] **73** DE2
San Martino dall'Argine [MN] **59** AB3
San Martino d'Alpago [BL] **31** B1-2
San Martino dei Colli [PG] **115** B3
San Martino dei Mulini [RN] **101** B2
San Martino dei Muri **109** A3
San Martino del Carso [GO] **49** E1
San Martino Délfico [PG] **115** C3
San Martino della Battaglia [BS] **59** B1
San Martino del Lago [CR] **57** F3
San Martino del Piano [PU] **107** D3
San Martino del Piano [PU] **109** A2
San Martino di Campagna [PN] **31** CD2
San Martino di Castrozza [TN] **29** B1
San Martino di Lúpari [PD] **45** DE2-3
San Martino di Mugnano [MO] **87** F1
San Martino di Mugnano [MO] **87** F1
San Martino di Sotto / Unterreinswald [BZ] **3** A3
San Martino di Terzo [UD] **49** C2
San Martino di Venezze [RO] **63** B3
San Martino d'Ocre [AQ] **133** F3
San Martino Gusnago [MN] **59** B2
San Martino in Árgine [BO] **89** E1
San Martino in Badía / Sankt Martin in Thurn [BZ] **13** C1
San Martino in Beliseto [CR] **57** D2
San Martino in Campo [PG] **115** C3
San Martino in Campo [PO] **105** AB2
San Martino in Casola [BO] **89** B1-2
San Martino in Colle [LU] **97** C3
San Martino in Colle [PG] **115** C3
San Martino in Colle [PG] **115** CD1
San Martino in Converseto [FC] **101** AB2
San Martino in Fiume [FC] **101** A1
San Martino in Freddana [LU] **97** B3
San Martino in Gattara [RA] **99** C2
San Martino in Grània **113** B2
San Martino in Olza [PC] **71** D1-2
San Martino in Passiria / Sankt Martin in Passeier [BZ] **1** F2
San Martino in Pedriolo [BO] **89** E2
San Martino in Pénsilis [CB] **143** DE3
San Martino in Poggio **105** F4
San Martino in Rio [RE] **73** C3
San Martino in Selvanera [PU] **107** D2
San Martino in Soverzano [BO] **89** DE1
San Martino in Strada [FC] **99** F1
San Martino in Strada [LO] **57** B2
San Martino in Tremoleto [AR] **105** F2
San Martino in Trignano [PG] **125** AB3
San Martino Monte l'Abate [RN] **101** C2
San Martino Monteneve / Sankt Martin am Schneeberg [BZ] **1** EF1
San Martino Olearo [MI] **39** DE2
San Martino Pizzolano [LO] **57** B2-3
San Martino Siccomário [PV] **55** D1-2
San Martino Sinzano [PR] **71** F3
San Martino Sopr'Arno [AR] **105** FG3
San Martino Spino [MO] **75** B2
San Martino sul Fiora [GR] **121** E3-4
San Martino sulla Marrucína [CH] **141** F1
San Martino Superiore [CN] **65** C3-4
San Marzano [PC] **55** F2
San Marzano Oliveto [AT] **67** E2
San Marzanotto [AT] **53** E3
San Marzio / Sankt Martius [BZ] **11** C1-2
San Massimiliano [LI] **119** B2
San Mássimo [GE] **83** E2
San Mássimo [SV] **67** E3
San Mássimo [TE] **135** B1-2
San Mássimo all'Adige [VR] **59** D1
San Matteo [CN] **79** D1
San Matteo [CN] **67** BC2
San Matteo [FC] **99** F2
San Matteo [SO] **25** BC2
San Matteo, Casa- [FG] **143** F3
San Matteo, Punta- **9** F2
San Matteo della Décima [BO] **75** B3
San Matteo delle Chiáviche [MN] **73** B1
San Maurizio [AL] **53** F2
San Maurizio [CN] **79** C1-2
San Maurizio [CN] **65** D3
San Maurizio [CO] **23** C2-3
San Maurizio [GE] **83** E2
San Maurizio [RE] **73** B3
San Maurizio [VB] **21** F2
San Maurizio [VC] **37** D1
San Maurizio / Sauders [BZ] **11** EF2
San Maurizio Canavese [TO] **35** F3
San Maurizio d'Opaglio [NO] **21** E3
San Mauro [CN] **79** D1
San Mauro [CN] **79** E1
San Mauro [MC] **117** BC2
San Mauro [TE] **127** DE3
San Mauro [TN] **27** D2
San Mauro [VE] **47** E2
San Mauro, Monte- **29** C2
San Mauro a Mare [FC] **101** B1-2
San Mauro a Signa [FI] **105** B2
San Mauro di Saline [VR] **43** E3
San Mauro Pascoli [FC] **101** B2
San Mauro Torinese [TO] **53** B2
Sanmezzano [FI] **105** D2
San Michele [AL] **55** A3
San Michele [AN] **115** F2
San Michele [AQ] **141** E3
San Michele [AT] **53** C3
San Michele [BL] **29** B3
San Michele [BS] **43** BC2
San Michele [CH] **143** B3
San Michele [CN] **79** D1
San Michele [CN] **81** DE1
San Michele [CN] **79** EF1
San Michele [IM] **93** B3
San Michele [PC] **71** C3
San Michele [PU] **109** B2-3
San Michele [RA] **91** D2
San Michele [RE] **73** C3
San Michele [RI] **133** A3
San Michele [ROMA] **139** B2
San Michele [SV] **81** E2-3
San Michele [TO] **65** D1-2
San Michele [TS] **49** F3
San Michele [VA] **23** A2
San Michele [VA] **23** A2-3
San Michele [VB] **5** E1
San Michele [VE] **63** E1
San Michele [VI] **45** D2
San Michele / Sankt Michael [BZ] **11** D3
San Michele, Monte- [FI] **105** D3
San Michele, Monte- [GO] **49** E1
San Michele, Serra- **139** E3
San Michele, Terme di- **111** D2
San Michele all'Ádige [TN] **27** C1
San Michele al Tagliamento [VE] **47** E2
San Michele a Polvereto **105** B3
San Michele a Torri [FI] **105** B2
San Michele Cavana [PR] **87** B1
San Michele de' Gatti [PR] **71** F3
San Michele dei Mucchietti [MO] **87** E1-2
San Michele delle Badesse [PD] **45** E3
San Michele di Moriano [LU] **97** BC3
San Michele di Pagana [GE] **83** E2
San Michele di Piave [TV] **47** AB2
San Michele di Tiorre [PR] **71** F3
San Michele e Grato [TO] **53** B3
San Michele Extra [VR] **59** E1
San Michele in Bosco [MN] **59** B3
San Michele in Quarneto [RA] **99** D1
San Michele in Teverina [VT] **131** CD1
San Michele Mondovì [CN] **81** C1
San Michele Prazzo [CN] **65** C3-4
San Miniato [PI] **103** EF2
San Miniato Basso [PI] **103** EF2
San Miniato in Alpe [FI] **105** E2
San Miro al Monte **23** D2
San Mommè [PT] **97** E2
San More, Monte- **89** CD2
Sannaco [MS] **85** DE3
San Nazario **53** D2
San Nazário [CN] **67** C3
San Nazário [VI] **45** CD1-2
San Nazzário **113** BC2-3
San Nazzaro [AL] **69** D2
San Nazzaro [BS] **57** F1-2
San Nazzaro [PC] **57** D3
San Nazzaro [PC] **55** F3
San Nazzaro [PR] **71** F2
Sannazzaro de' Burgondi [PV] **55** C2
San Nazzaro Sésia [NO] **37** E2
San Nazzaro Val Cavargna [CO] **7** C4
San Nicandro [AQ] **135** A3
San Niccolò [AN] **115** E1
San Niccolò [BO] **89** C3
San Niccolò di Celle [PG] **115** C3
San Nicola [AQ] **133** E2
San Nicola [AQ] **133** E3
San Nicola [RE] **73** C3-4
San Nicola [RI] **133** BC2
San Nicola [ROMA] **137** DE2-3
San Nicola / Sankt Nikolaus [BZ] **3** C3
San Nicola, Isola- **143** ins.a
San Nicola, Monte- **141** B2
San Nicola, Podere- [FG] **143** F3
San Nicola, Ruderi di- **137** C3
San Nicola di Tremiti [FG] **143** ins.a
San Nicolao [PE] **141** DE1-2
San Nicolao [TO] **65** EF1-2
San Nicolò **83** D2-3
San Nicolò [BO] **89** E2
San Nicolò [SO] **9** E2
San Nicolò [TV] **47** BC2
San Nicolò [UD] **49** D2
San Nicolò / Sankt Nikolaus [BZ] **11** D3
San Nicolò / Sankt Nikolaus [BZ] **11** B2
San Nicolò, Valle di- **13** B3
San Nicolò a Tordino [TE] **127** D3
San Nicolò a Trebbia [PC] **57** B3
San Nicolò d'Ega / Sankt Nikolaus Eggen [BZ] **11** EF3
San Nicolò di Comélico [BL] **13** G2
San Nicolò Ferrarese [FE] **75** E3
San Nicolò Po [MN] **73** CD1
San Nilo, Abbazia di- **145** DE2
San Novo [MI] **39** C2
Sanopia, Poggio- **129** E1
San Pacifico **117** BC2
San Pancrázio [AR] **113** C1
San Pancrázio [BS] **41** D3
San Pancrázio [FI] **105** B3
San Pancrázio [IM] **93** B3-4
San Pancrázio [PR] **71** F3
San Pancrázio [RA] **91** D2
San Pancrázio [TO] **51** G2
San Pancrázio [VA] **23** A3
San Pancrázio / Sankt Pankraz in Ulten [BZ] **11** C2
San Pancrázio, Lago- / Kratzberger See **1** F2
San Pancrázio, Monte- **131** F2
San Pánfilo d'Ocre [AQ] **133** F3
San Pantaleo [FI] **103** F2
San Pantaleone **5** E2
San Páolo [AP] **127** B3
San Páolo [AT] **53** C3
San Páolo [BS] **57** E1
San Páolo [CN] **81** C1
San Páolo [PG] **115** B2
San Páolo [PI] **111** B1
San Páolo [PN] **47** E1
San Páolo [PV] **55** A1
San Páolo [RI] **133** D1
San Páolo [RN] **101** B2-3
San Páolo / Sankt Pauls [BZ] **11** D3
San Páolo, Fosso di- **129** F1
San Páolo, Monte- **101** B3
San Páolo, Torre- **99** F2
San Páolo a Mosciano **105** BC2
San Páolo Cervo [BI] **21** BC3-4
San Páolo d'Argon [BG] **41** C2
San Páolo di Jesi [AN] **109** CD4
San Páolo di Peltuino **135** A3
San Páolo in Alpe **99** D3
San Páolo Solbrito [AT] **53** C3
San Pasquale Vallaspra **143** A2
San Paterniano [AN] **109** E3-4
San Patrizio [RA] **91** BC1-2
San Pedrino [MI] **39** E1-2
San Pelágio [PD] **61** E2
San Pelágio [TS] **49** EF2
San Pelágio [TV] **47** A2
San Pelino [AQ] **139** F2
San Pelino [AQ] **141** CD2
San Pelino [AQ] **133** E2
San Pellegrinetto [LU] **97** B2
San Pellegrinetto [MO] **87** E2
San Pellegrino [FI] **99** B2
San Pellegrino [MO] **89** AB1
San Pellegrino [PG] **125** D3
San Pellegrino [PG] **115** E2
San Pellegrino [PT] **97** E2
San Pellegrino [RE] **73** B3-4
San Pellegrino, Alpe- **97** B1
San Pellegrino, Passo di- **13** B3
San Pellegrino, Valle di- **13** B3
San Pellegrino in Alpe [LU] **97** B1
San Pellegrino Terme [BG] **41** BC1-2
San Peretto [VR] **43** D3
San Pier d'Isonzo [GO] **49** D1-2
San Pierino [FI] **103** E2
San Piero a Ema [FI] **105** C2
San Piero a Grado [PI] **103** BC2
San Piero a Ponti [FI] **105** B1-2
San Piero a Sieve [FI] **99** AB3
San Piero in Bagno [FC] **99** E3
San Piero in Campo [LI] **119** B2
San Piero in Campo [SI] **123** A2
San Piero in Frassino [AR] **105** F2
San Pietro [AN] **109** B3
San Pietro [AN] **109** DE4
San Pietro [AQ] **139** EF2
San Pietro [AQ] **133** F2
San Pietro [AT] **53** D3
San Pietro [BO] **89** D2
San Pietro [BS] **41** D3
San Pietro [CH] **135** E3
San Pietro [CN] **67** D2
San Pietro [CO] **23** C1
San Pietro [CR] **57** E2-3
San Pietro [IM] **93** C3-4
San Pietro [LC] **23** D2
San Pietro [LC] **23** D2-3
San Pietro [MN] **59** A2
San Pietro [MO] **73** E3
San Pietro [PR] **85** C1
San Pietro [PV] **55** DE1
San Pietro [RI] **139** C1
San Pietro [RI] **133** D1
San Pietro [SCV] **145** C1
San Pietro [SO] **7** E3
San Pietro [SV] **93** E2-3
San Pietro [TE] **135** AB1-2
San Pietro [TN] **43** DE2
San Pietro [TO] **35** E2-3
San Pietro [TO] **53** B2
San Pietro [TV] **29** D3
San Pietro [UD] **31** E1
San Pietro [UD] **31** E3
San Pietro [VA] **21** FG2
San Pietro [VB] **21** CD1
San Pietro [VE] **63** BC1
San Pietro [VE] **63** D3
San Pietro [VI] **45** D2
San Pietro [VR] **61** B2
San Pietro [VR] **59** E1
San Pietro [VR] **59** E2
San Pietro / Sankt Peter [BZ] **13** A2
San Pietro / Sankt Peter [BZ] **13** AB2
San Pietro / Sankt Peter [BZ] **3** E1
San Pietro, Badía di- **109** F3
San Pietro, Belvedere- [PI] **103** DE3
San Pietro, Canale- **15** F1
San Pietro, Cappella- **23** CD2-3
San Pietro, Colle- **127** D4
San Pietro, Crode- **13** E3
San Pietro, Culmine- **23** E2
San Pietro, Monte- **109** E3-4
San Pietro Acquaeortus [TR] **123** B2-3
San Pietro a Dame **115** A1
San Pietro ad Lacum [TE] **127** D3
San Pietro ad Oratorium **141** C1
San Pietro all'Olmo [MI] **39** BC1-2
San Pietro al Natisone [UD] **33** D2
San Pietro a Monte [PG] **115** AB1-2
San Pietro a Paterna **113** B2
San Pietro a Piano [PI] **103** D3
San Pietro Aprica [SO] **25** C1-2
San Pietro a Strada [FI] **105** D1-2
San Pietro a Vico [LU] **97** C3
San Pietro Capofiume [BO] **89** E1
San Pietro Casasco [PV] **69** E1-2
San Pietro Chiazzacco [UD] **33** DE2
San Pietro Cúsico [MI] **39** C2
San Pietro d'Assarti [CN] **65** DE2
San Pietro del Gallo [CN] **65** EF4
San Pietro di Cadore [BL] **15** C1
San Pietro di Feletto [TV] **29** E3
San Pietro di Morúbio [VR] **61** B2
San Pietro di Novella [GE] **83** E2
San Pietro di Recanati [MC] **117** E1
San Pietro d'Olba [SV] **83** A1-2
San Pietro d'Orzio [BG] **23** FG2
San Pietro Frascati [GE] **85** AB3
San Pietro in Campiano [RA] **91** DE3
San Pietro in Cariano [VR] **43** D3
San Pietro in Caságlia [FI] **97** FG3
San Pietro in Casale [BO] **75** C3
San Pietro in Cerro [PC] **57** D3
San Pietro in Corte [PC] **57** D3
San Pietro in Gu [PD] **45** CD3
San Pietro in Guardiano [FC] **101** A1
San Pietro in Laguna [RA] **91** C2-3
San Pietro in Mavino [BS] **43** B3-4
San Pietro in Mercato [FI] **105** B3
San Pietro in Palazzi [LI] **111** AB1-2
San Pietro in Sylvis **91** C2
San Pietro in Trento [RA] **91** D3
San Pietro Intrigogna [VI] **45** C3-4
San Pietro in Valle [TR] **125** B3-4
San Pietro in Valle [VR] **59** E3
San Pietro in Villa [AR] **107** B3
San Pietro in Vincoli [RA] **91** D3
San Pietro in Volta [VE] **63** D1-2
San Pietro Marcigliano [LU] **97** C3
San Pietro Mosezzo [NO] **37** F2
San Pietro Mussolino [VI] **43** F3
San Pietro Novello [TV] **47** B2-3
San Pietro Polésine [RO] **75** BC1
San Pietro Valdástico [VI] **45** AB1
San Pietro Val Lémina [TO] **51** E3
San Pietro Vara [SP] **85** B2-3
San Pietro Vecchio [VI] **43** F3
San Pietro Viminário [PD] **61** E2
San Pio [AQ] **141** B1
San Pio [ROMA] **139** C3
San Pio delle Cámere [AQ] **135** A3
San Placido **125** D2

San Polo [AR] **107** A3-4
San Polo [BS] **41** F3-4
San Polo [PC] **71** C2
San Polo [PR] **73** A2
San Polo [RI] **131** F2-3
San Polo [SI] **113** E3
San Polo, Fermata- **139** BC2-3
San Polo dei Cavalieri [ROMA] **139** BC2
San Polo d'Enza [RE] **87** C1
San Polo di Piave [TV] **47** B2
San Polo in Chianti [FI] **105** CD2-3
San Polo in Rosso **105** D4
San Ponso [TO] **35** FG2
San Ponzo Semola [PV] **69** D1-2
San Possidonio [MO] **73** D2
San Potito [AQ] **141** AB2
San Potito [RA] **91** C2
San Presto [PG] **115** DE3
San Primo [CO] **23** D2
San Primo, Monte- **23** D2
San Procolo [AP] **117** E3
San Próspero [BO] **75** C3
San Próspero [BO] **89** B2
San Próspero [BO] **91** B2
San Próspero [MN] **73** C1
San Próspero [MO] **73** E3
San Próspero [PR] **73** A3
San Próspero [RE] **73** C3
San Protaso [PC] **71** CD2
San Quintino [CN] **67** C4
San Quintino [PI] **103** F2-3
San Quírico [AL] **69** A2
San Quírico [AL] **69** B1-2
San Quírico [CN] **65** F3-4
San Quírico [GR] **123** A3-4
San Quírico [LU] **103** CD2
San Quírico [PO] **97** F2
San Quírico [PR] **85** BC2
San Quírico [PR] **71** F2
San Quírico [PT] **97** CD3
San Quírico [RI] **133** D2
San Quírico [SI] **105** B3-4
San Quírico [TR] **123** C3
San Quírico [VI] **43** F2-3
San Quírico, Pieve- **115** C2
San Quírico di Moriano [LU] **97** BC3
San Quírico d'Orcia [SI] **113** C3
San Quírico in Collina [FI] **105** B2-3
San Quírico in Val Polcévera [GE] **83** C1-2
San Quirino [PN] **31** CD2
San Rabano, Abbazia di- **121** B4
San Raffaele [TO] **53** C1-2
San Raffaele Cimena [TO] **53** C1-2
San Régolo [PI] **103** C3
San Régolo [SI] **113** B1
San Régolo [SI] **113** D3
San Remo [IM] **93** C3-4
San Remo, Rifugio- **93** C2
San Rocchetto [AN] **109** F3-4
San Rocchino [PC] **71** D2
San Rocco [AL] **67** FG2
San Rocco [AT] **53** E3
San Rocco [AT] **67** E2
San Rocco [AT] **67** EF2
San Rocco [BS] **59** A1
San Rocco [CH] **135** E2-3
San Rocco [CH] **143** A1
San Rocco [CH] **141** E1
San Rocco [CN] **67** D2-3
San Rocco [CN] **67** C2
San Rocco [CN] **67** E3
San Rocco [CN] **53** C3
San Rocco [CN] **65** EF3
San Rocco [CN] **67** D3
San Rocco [CN] **79** D1
San Rocco [CR] **57** B1
San Rocco [GE] **83** D2-3
San Rocco [LU] **97** B3
San Rocco [MN] **73** DE1-2
San Rocco [PR] **71** DE2
San Rocco [PT] **103** F1-2
San Rocco [PV] **55** DE2
San Rocco [RA] **91** C3
San Rocco [RE] **73** B2
San Rocco [RE] **73** B2
San Rocco [RE] **73** BC2
San Rocco [SO] **9** C1
San Rocco [SO] **25** CD1
San Rocco [SO] **9** DE2
San Rocco [TO] **51** F3
San Rocco [TS] **49** F3
San Rocco [UD] **15** EF3
San Rocco [VB] **5** E1-2
San Rocco [VI] **45** B2
San Rocco [VR] **43** D3
San Rocco [VR] **59** C1
San Rocco [VR] **43** E3
San Rocco, Monte- **133** E3
San Rocco al Porto [LO] **57** C3
San Rocco a Pilli [SI] **113** A2
San Rocco Castagnaretta [CN] **79** E1
San Romano [FC] **99** F2-3
San Romano [LU] **97** BC2
San Romano [PI] **103** E2
San Romano [RE] **87** D1
San Romano in Garfagnana [LU] **97** B1-2
San Romédio **11** C3
San Romolo [IM] **93** C3
San Rossore, Tenuta di- **103** B2
San Ruffillo [BO] **89** CD2
San Ruffillo [FC] **99** E2
San Ruffillo [RA] **99** D1
San Ruffillo [RA] **99** C1
San Ruffino [AL] **55** C3
San Ruffino [AP] **127** B1-2
San Ruffino [PI] **103** D3
San Ruffino [PR] **71** F3
San Ruffino [RE] **87** E1
San Rufino di Léivi [GE] **83** E2
San Rústico [AP] **117** E2
San Sabino **109** EF4
San Sabino Basanello [AQ] **133** E2
San Salvaro [PD] **61** C2
San Salvatore [CH] **135** DE2
San Salvatore [CN] **65** F3
San Salvatore [CR] **57** EF3
San Salvatore [GE] **83** F2-3
San Salvatore [LU] **103** DE1
San Salvatore [NO] **21** EF2-3
San Salvatore [PC] **69** F2
San Salvatore [RN] **101** C2-3
San Salvatore → Clitunno, Tempio del- **125** B2-3
San Salvatore a Pilli [SI] **113** A2
San Salvatore di Monte Corona **115** BC2
San Salvatore Monferrato [AL] **55** A2-3
San Salvo [CH] **143** C2
San Salvo Marina [CH] **143** C2
San Sano [SI] **113** B1
San Saturnino [GE] **85** AB3
San Savino [CR] **57** E3
San Savino [FC] **99** DE1-2
San Savino [FC] **99** E2
San Savino [PC] **71** B3
San Savino [PG] **125** A2
San Savino [PG] **115** AB3
San Savino [PU] **109** A3
San Savino [RA] **91** C1-2
San Savino [RE] **73** B3
San Savino [RN] **101** C3
San Savino [SI] **113** E3
San Sebastiano [AQ] **141** C3
San Sebastiano [BS] **41** F2-3
San Sebastiano [CN] **67** B3
San Sebastiano [CN] **67** D3-4
San Sebastiano [PI] **111** C1-2
San Sebastiano [PU] **109** C2
San Sebastiano [RI] **133** B2-3
San Sebastiano [SO] **25** C2
San Sebastiano [TN] **27** D3
San Sebastiano, Cime di- **13** D4
San Sebastiano Curone [AL] **69** D2
San Sebastiano da Po [TO] **53** C1-2
San Secondo [BI] **37** C2
San Secondo [PG] **115** B1
San Secondo di Pinerolo [TO] **51** E3
San Secondo Parmense [PR] **71** F2
Sansepolcro [AR] **107** B3
San Sérvolo **63** E1
San Severino Marche [MC] **117** BC2
San Severo [AR] **107** A4
San Severo [RA] **91** C2
San Sicário [TO] **51** B3
San Sigismondo / Sankt Sigmund [BZ] **3** C3
San Silvestro [AN] **109** D2-3
San Silvestro [BI] **37** D1-2
San Silvestro [BO] **89** C2
San Silvestro [FC] **99** E3
San Silvestro [MN] **59** C3
San Silvestro [PE] **135** E2
San Silvestro [PG] **125** AB3
San Silvestro [PU] **109** A3
San Silvestro [RI] **133** C2-3
San Silvestro [TE] **135** D1
San Silvestro [VC] **53** D1
San Silvestro / Sankt Silvester **3** F3
San Silvestro, Val- / Silvestertal **3** F3
San Silvestro, Colle- **143** AB3
San Silvestro, Rocca di- **111** B3
San Simeone, Monte- **17** B2-3
San Simone [BG] **25** A2
San Siro [GE] **83** CD2
San Siro [MI] **39** C2
San Siro [MN] **73** D1
San Siro [PD] **63** B2
San Siro [PR] **85** D1
San Siro Foce [GE] **85** A2
San Sisinio / Sankt Sisinius **11** A2
San Sisto [PG] **123** E3
San Sisto [PG] **115** BC3
San Sisto [PU] **107** CD2
San Sisto [RE] **73** AB2
San Sisto, Rifugio- **7** D2
Sansóbbia, Torrente- **81** FG1
Sanson, Colla di- **93** BC2
Santa, la- [MN] **59** C3
Santa, Pala di- **11** EF3-4
Santa, Serra- **115** E2
Santa Anna **27** D2
Santa Bárbara [AR] **105** D3
Santa Bárbara [TS] **49** F3
Santa Bárbara, Colle- **117** B3
Santa Bárbara, Parco- **103** E3
Santa Bárbara in Campitelli [PU] **107** E2
Sant'Abbondio [CO] **23** D1
Santa Bianca [FE] **75** C2
Santa Brígida [BG] **23** F2
Santa Brígida [BO] **89** D1
Santa Brígida [FI] **105** D1
Santa Brígida [TV] **45** EF3
Santa Brígida, Colle- **51** EF3
Santa Caterina [AR] **113** E2
Santa Caterina [AT] **53** E3
Santa Caterina [BL] **13** F2
Santa Caterina [GR] **121** D3
Santa Caterina [LI] **119** C1-2
Santa Caterina [MO] **73** D2
Santa Caterina [PR] **71** E2
Santa Caterina [UD] **17** D1-2
Santa Caterina [VI] **45** A2
Santa Caterina [VT] **131** C2
Santa Caterina [VT] **131** C1
Santa Caterina / Katharinaberg [BZ] **11** B1
Santa Caterina / Sankt Kathrein [BZ] **11** D2
Santa Caterina, Lago di- **13** F2
Santa Caterina, Passo- **43** F3
Santa Caterina del Sasso **21** F2
Santa Caterina Valfurva [SO] **9** EF2
Santa Cecilia, Poggio- [SI] **113** C2
Santa Colomba [SI] **113** A1-2
Santa Corona, Villaggio- [SV] **81** E2-3
Santa Cristina [AR] **113** E1
Santa Cristina [NO] **21** EF3
Santa Cristina [PG] **115** D1-2
Santa Cristina [PG] **115** E3
Santa Cristina [PG] **115** C2
Santa Cristina [PV] **55** F1-2
Santa Cristina [PV] **69** E1-2
Santa Cristina [SO] **25** C1-2
Santa Cristina [TV] **45** F3
Santa Cristina, Monte- **71** D3
Santa Cristina a Mezzana [PO] **105** AB2
Santa Cristina e Bissone [PV] **55** F1-2
Santa Cristina Valgardena / Sankt Christina in Gröden [BZ] **13** B2
Santa Croce [AL] **69** AB1-2
Santa Croce [AN] **115** F1
Santa Croce [AP] **117** DE2-3
Santa Croce [AQ] **133** EF3
Santa Croce [AR] **107** B3
Santa Croce [BG] **41** C1-2
Santa Croce [BL] **29** E2
Santa Croce [CN] **79** DE1
Santa Croce [CN] **67** C3
Santa Croce [MC] **117** D1
Santa Croce [MN] **75** B1-2
Santa Croce [MO] **73** D3
Santa Croce [NO] **21** E3
Santa Croce [PD] **61** D2
Santa Croce [PE] **141** DE1-2
Santa Croce [PG] **125** AB3
Santa Croce [RE] **73** B2
Santa Croce [RI] **133** D1
Santa Croce [SO] **7** E2-3
Santa Croce [SV] **93** EF2
Santa Croce [TN] **27** AB2
Santa Croce [TS] **49** EF2
Santa Croce [TV] **45** FG1-2
Santa Croce / Heiligkreuz **13** C2
Santa Croce, Capo- **93** F2
Santa Croce, Forca di- **125** D3
Santa Croce, Lago di- **29** EF2
Santa Croce, Monte- [GR] **111** D3
Santa Croce, Monte- [PU] **109** B3
Santa Croce, Monte- [SP] **95** B2
Santa Croce, Monte- [TR] **131** EF1-2
Santa Croce Bigolina [PD] **45** D2-3
Santa Croce di Marmorta [BO] **89** F1
Santa Croce sull'Arno [PI] **103** E2
Sant'Adele [SI] **113** E3
Santa Donna, Monte- **85** C1
Sant'Adriano [FI] **99** CD2
Santa Elena [PG] **123** D2
Santa Elisabetta **9** B3
Santa Filomena [PE] **135** DE1-2
Santa Filomena [TE] **127** E3
Santa Fiora [AR] **107** A4
Santa Fiora [AR] **107** B3
Santa Fiora [GR] **121** E2-3
Santa Firmina [AR] **107** A4
Santa Fista [PG] **107** B3
Santa Fosca [BL] **13** D3
Santa Fosca [TV] **47** B3
Santa Franca [PR] **57** E3
Santa Franca, Monte- **71** B3
Sant'Agápito **145** F1-2
Sant'Ágata [AR] **113** E2
Sant'Ágata [CH] **141** EF2
Sant'Ágata [FG] **143** F3
Sant'Ágata [FI] **99** AB2
Sant'Ágata [FI] **105** DE2
Sant'Ágata [PC] **71** C2
Sant'Ágata [PC] **71** DE1-2
Sant'Ágata [RE] **73** C3
Sant'Ágata [VB] **5** G3
Sant'Ágata [VR] **59** DE2
Sant'Ágata Bolognese [BO] **73** E3-4
Sant'Ágata delle Terrine [AR] **113** EF1
Sant'Ágata Féltria [PU] **101** A3
Sant'Ágata Fossili [AL] **69** C2
Sant'Ágata in Montalto [FC] **99** D3
Sant'Ágata sul Santerno [RA] **91** C2
Santa Geltrude / Sankt Gertraud [BZ] **9** F1
Santa Gertrude / Sankt Gertraud [BZ] **11** B2-3
Santa Giuletta [PV] **55** E2
Santa Giulia [RE] **73** C2-3
Santa Giúlia [RO] **77** E2-3
Santa Giúlia [SV] **67** E3-4
Santa Giúlia, Monte- **87** D2
Santa Giúlia di Centáura **83** F2-3
Santa Giuliana **115** BC2
Santa Giusta [CB] **143** C3
Santa Giusta [CH] **135** F3
Santa Giusta [RI] **125** E3-4
Santa Giusta [RI] **133** D1
Santa Giustina [BL] **29** D2
Santa Giustina [BS] **41** F4
Santa Giustina [PC] **55** F3
Santa Giustina [PR] **71** B4
Santa Giustina [RN] **101** B2
Santa Giustina [SV] **81** FG1
Santa Giustina [VI] **61** C1
Santa Giustina, Abbazia di- **69** A2
Santa Giustina, Lago di- **11** C3
Santa Giustina in Colle [PD] **45** E3
Santa Giustina Vigona [MO] **73** E2
Sant'Agnese [SI] **105** C3-4
Sant'Agnese [TN] **27** CD2
Sant'Agostino [FE] **75** C3
Sant'Agostino [PC] **71** A3
Sant'Agostino [TE] **135** B1
Sant'Agostino [VT] **129** F3
Sant'Albano [PV] **55** E3
Sant'Albano Stura [CN] **67** B3-4
Sant'Alberto [BO] **75** C3
Sant'Alberto [RA] **91** D1
Sant'Alberto [TV] **45** F3
Sant'Alberto di Bútrio, Abbazia- **55** DE3
Sant'Albino **113** D3
Sant'Albino, Casoni- [PV] **39** A3
Sant'Alessandro [BG] **41** D2-3
Sant'Alessandro [PV] **55** AB1-2
Sant'Alessandro, Catacombe- **145** D1
Sant'Alessandro, Garzaia di- **55** B1
Sant'Aléssio [PV] **39** D3
Sant'Alessio, Oasi di- **39** D3
Sant'Alèssio con Vialone [PV] **39** D3
Santa Liberata [GR] **129** B2
Santa Liberata [MC] **117** DE2
Santa Liberata [RI] **133** E3
Santa Liberata, Torre di- **129** B2
Sant'Alò [VE] **47** D2-3
Sant'Alósio [AL] **69** C2
Santa Luce [AR] **113** D2
Santa Luce [PI] **103** D4
Santa Luce, Lago di- **103** CD4
Santa Luce, Stazione- **103** C4
Santa Lucia [AN] **109** D3
Santa Lucia [AN] **109** D3
Santa Lucia [AQ] **133** E1
Santa Lucia [CH] **143** B3
Santa Lucia [CN] **79** C1
Santa Lucia [CN] **79** D2
Santa Lucia [CN] **81** B1-2
Santa Lucia [CN] **65** E4
Santa Lucia [CN] **67** B3
Santa Lucia [FC] **99** E2
Santa Lucia [FC] **101** A2
Santa Lucia [FI] **99** A2
Santa Lucia [MC] **117** E2
Santa Lucia [MC] **117** D2
Santa Lucia [MN] **59** C2
Santa Lucia [MN] **73** DE1
Santa Lucia [PC] **57** D3
Santa Lucia [PE] **135** D2
Santa Lucia [PG] **115** B1
Santa Lucia [PI] **103** D3
Santa Lucia [PO] **97** F3
Santa Lucia [PR] **71** E3
Santa Lucia [PU] **101** B3
Santa Lucia [RI] **133** D3
Santa Lucia [RI] **133** DE3
Santa Lucia [SI] **105** B4
Santa Lucia [SI] **111** EF1
Santa Lucia [SI] **113** C2
Santa Lucia [SO] **9** DE2
Santa Lucia [TE] **127** DE3-4
Santa Lucia [VR] **61** B2
Santa Lucia [VR] **59** C1
Santa Lucia, Case- [ROMA] **137** A2
Santa Lucia, Monte- [AP] **127** C1-2
Santa Lucia, Monte- [Tosc.] **111** D2
Santa Lucia, Terme di- **87** BC2
Santa Lucia, Ville- [PG] **115** EF2
Santa Lucia delle Spianate [RA] **99** E1
Santa Lucia di Budóia [PN] **31** BC2
Santa Lucia di Piave [TV] **47** A1
Santa Maddalena / Sankt Magdalena [BZ] **13** B2
Santa Maddalena Vallalta / Sankt Magdalena [BZ] **3** F2-3
Santa Mama **107** A3
Santa Margherita [AP] **117** D3
Santa Margherita [AT] **67** DE2
Santa Margherita [BO] **89** E3
Santa Margherita [CN] **79** E1
Santa Margherita [CN] **65** D4
Santa Margherita [CO] **23** C1-2
Santa Margherita [CR] **57** E3
Santa Margherita [FE] **77** B3
Santa Margherita [FI] **97** FG2
Santa Margherita [PD] **63** C2
Santa Margherita [PR] **71** E2-3
Santa Margherita [PV] **55** E2
Santa Margherita [PV] **69** E2
Santa Margherita [TE] **135** C1
Santa Margherita [TN] **43** DE2
Santa Margherita [TO] **53** B2
Santa Margherita [VE] **47** E2
Santa Margherita d'Ádige [PD] **61** D2
Santa Margherita di Stáffora [PV] **69** E2
Santa Margherita Lígure [GE] **83** E2-3
Santa Maria [AN] **115** F1
Santa Maria [AN] **109** D3
Santa Maria [AP] **127** C1-2
Santa Maria [AP] **127** B3
Santa Maria [AT] **53** E2
Santa Maria [BI] **21** D3-4
Santa Maria [BL] **29** C3
Santa Maria [CN] **67** BC3
Santa Maria [CN] **67** C2-3
Santa Maria [CO] **7** D4
Santa Maria [FC] **99** DE3
Santa Maria [PC] **69** EF2
Santa Maria [PD] **45** D3
Santa Maria [PG] **115** CD2
Santa Maria [PU] **101** B3
Santa Maria [RI] **133** AB2
Santa Maria [SI] **113** A2
Santa Maria [SO] **9** C1
Santa Maria [SP] **85** B2
Santa Maria [SP] **85** C3
Santa Maria [SP] **85** CD3
Santa Maria [TE] **135** B1
Santa Maria [TO] **37** A2
Santa Maria [TO] **53** B3
Santa Maria [TR] **121** C3
Santa Maria [TR] **123** C2
Santa Maria [TR] **131** F2
Santa Maria [TV] **29** E3
Santa Maria [TV] **29** E3
Santa Maria [UD] **33** BC3
Santa Maria [VA] **23** B3
Santa Maria [VC] **37** D1
Santa Maria [VC] **21** C2
Santa Maria [VC] **53** DE1
Santa Maria [VI] **45** B2
Santa Maria [VI] **45** D3
Santa Maria [VI] **45** B2
Santa Maria [VR] **59** E1
Santa Maria [VT] **131** C1
Santa Maria, Abbazia- [AL] **55** BC3
Santa Maria, Abbazia- [TO] **65** E2
Santa Maria, Cappella- Rifugio- **35** C3
Santa Maria, Cascina- [VT] **137** B1
Santa Maria, Convento di- **105** D3-4
Santa Maria, Giogo di- **1** A3
Santa Maria, Lago di- **97** F1-2
Santa Maria, Monte- **119** CD1
Santa Maria a Bagnano [FI] **105** B3
Santa Maria a Dófana [SI] **113** B2
Santa Maria alla Fonderia / Sankt Maria in der Schmelz [BZ] **11** A2
Santa Maria alla Rassinata [AR] **115** A1
Santa Maria alle Corti **115** A2
Santa Maria a Mare [AP] **117** F2-3
Santa Maria a Monte [PI] **103** E2
Santa Maria a Pié di Chienti **117** E2
Santa Maria Apparente [MC] **117** EF2
Santa Maria Apparve **109** CD3
Santa Maria Arabona **135** D3
Santa Maria a Vezzano [FI] **99** B2-3
Santa Maria Candelora **117** B1
Santa Maria Codifiume [FE] **75** D3-4
Santa Maria Croce **39** E2
Santa Maria d'Ádige [PD] **61** E3
Santa Maria d'Alto Cielo [MC] **117** C3
Santa Maria d'Arzilla [PU] **101** E3-4
Santa Maria degli Ángeli [BS] **57** F2
Santa Maria degli Ángeli [PG] **115** D3
Santa Maria dei Bisognosi **139** D2
Santa Maria dei Cintorelli **135** AB3
Santa Maria dei Sabbioni [CR] **57** CD2
Santa Maria del Campo [CR] **57** E3
Santa Maria del Campo [GE] **83** DE2
Santa Maria del Colle [AN] **109** D4
Santa Maria del Gisolo [PR] **71** E3
Santa Maria del Giudice [LU] **95** F4
Santa Maria della Croce [CR] **57** C1
Santa Maria della Fede **117** F3
Santa Maria della Fossa [RE] **73** C3
Santa Maria del Lago **135** D2
Santa Maria della Mole [ROMA] **145** D2
Santa Maria della Penna **143** C1-2
Santa Maria della Petrella **127** D1-2
Santa Maria della Portella **141** E3
Santa Maria della Quércia **131** C2
Santa Maria della Valle **109** AB2-3
Santa Maria della Versa [PV] **55** E2-3
Santa Maria della Vittoria **139** F2
Santa Maria delle Grazie [AR] **107** A4
Santa Maria delle Grazie [AR] **105** EF2
Santa Maria delle Grazie [RI] **139** B1-2
Santa Maria delle Vergini **117** D2
Santa Maria delle Vertighe **113** D1-2
Santa Maria del Mare [VE] **63** D1-2
Santa Maria del Monte [PC] **55** EF3
Santa Maria del Monte [RN] **101** CD3
Santa Maria del Monte [VA] **23** A2
Santa Maria del Piano [RN] **101** C3
Santa Maria del Ponte [AQ] **135** A3
Santa Maria del Rivo **71** BC2
Santa Maria del Sasso **21** FG2
Santa Maria del Soccorso [ROMA] **145** D1
Santa Maria del Taro [PR] **85** AB2
Santa Maria del Tempio [AL] **53** FG2
Santa Maria di Barbana **49** D2
Santa Maria di Bressanoro **57** C2
Santa Maria di Campagna [TV] **47** C2
Santa Maria di Cavamonte [ROMA] **145** E1
Santa Maria di Colonnata **115** D2
Santa Maria di Fogliano [CN] **67** E2
Santa Maria di Galeria [ROMA] **137** DE2
Santa Maria di Levola **101** C3
Santa Maria di Lugana **59** B1
Santa Maria di Mugnano **87** F1
Santa Maria di Non [PD] **45** DE3-4
Santa Maria di Paterno [MC] **117** C1-2
Santa Maria di Piave [TV] **47** A2
Santa Maria di Pieca **117** C3
Santa Maria di Portonovo **109** F3
Santa Maria di Propezzano **127** E3-4
Santa Maria di Rambona **117** C2
Santa Maria di Rispéscia [GR] **121** B3
Santa Maria di Ronzano **135** B1
Santa Maria di Sala [VE] **45** F3-4
Santa Maria di Sala [VT] **131** A1

Santa Maria di Sette [PG] **115** B1-2
Santa Maria di Sturla [GE] **83** F2
Santa Maria di Veggiano [PD] **61** DE1
Santa Maria di Zena **89** D2-3
Santa Maria d'Oriente **139** E2
Santa Maria Fabbrecce [PU] **101** E3
Santa Maria Hoè [LC] **23** E3
Santa Maria Imbaro [CH] **135** F3
Santa Maria in Acone **99** B3
Santa Maria in Caláfria **109** A2
Santa Maria in Castello **99** D2
Santa Maria in Costa **109** B3-4
Santa Maria in Duno [BO] **89** D1
Santa Maria in Fabriago [RA] **91** C1-2
Santa Maria in Neve [TR] **131** F2
Santa Maria in Pantano **125** A3
Santa Maria in Piana **117** C2
Santa Maria in Potenza [MC] **117** EF1
Santa Maria in Punta [RO] **77** C2
Santa Maria in Selva, Abbazia- **117** D1-2
Santa Maria in Stelle [VR] **43** E3-4
Santa Maria in Strada **89** B1
Santa Maria in Valle [AR] **105** EF3-4
Santa Maria in Valle [PG] **125** B2
Santa Maria in Valle Porclaneta **139** EF2
Santa Maria in Vescovio [RI] **131** F2-3
Santa Maria la Longa [UD] **33** C3
Santa Maria Lignano **115** E3
Santa Maria Macerata [FI] **105** C3
Santa Maria Maddalena [PG] **115** D3
Santa Maria Maddalena [RO] **75** D2
Santa Maria Maddalena [SO] **9** D3
Santa Maria Maddalena [SO] **9** DE2
Santa Maria Maddalena [TR] **131** F2
Santa Maria Maggiore [VB] **5** E3
Santa Maria Nuova [AN] **109** D3-4
Santa Maria Nuova [FC] **99** FG1
Santa Maria Nuova [ROMA] **145** C1
Santa Maria Pietrafitta [RN] **101** D3
Santa Maria Rezzónico [CO] **7** D4
Santa Maria Riopetra [FC] **101** A2-3
Santa Maria Rocca [CN] **81** AB1
Santa Maria Rossa [PG] **115** C3
Santa Maria Val di Loto [PU] **107** D2
Santa Maria Villiana [BO] **87** FG3
Santa Marina [FC] **99** E2
Santa Marina [PU] **101** E3
Santa Marinella [ROMA] **137** AB2
Santa Marizza [UD] **47** E1
Santa Marta [GE] **69** C3-4
Santa Massenza [TN] **27** B2
Santa Massenza, Lago di- **27** B2
Sant'Amato [CH] **135** F3
Sant'Ambrógio [MO] **87** FG1
Sant'Ambrógio [PD] **45** F3
Sant'Ambrógio [SI] **113** CD3
Sant'Ambrógio [VA] **23** A2
Sant'Ambrógio di Torino [TO] **51** F2
Sant'Ambrógio di Valpolicella [VR] **43** CD3
Sant'Amico [AN] **109** D3
Sant'Amico [CH] **135** F3
Santa Monica [RN] **101** CD3
Santa Monica, Autodromo- **101** CD3
Sant'Ampélio, Capo- **93** BC4
Sant'Anastásio [LU] **85** F3
Sant'Anastásio [MC] **117** C1
Sant'Anastásio [PI] **111** D1
Sant'Anastásio [TV] **47** CD2
Sant'Anatólia [PG] **125** CD3
Sant'Anatólia [RI] **139** E1-2
Sant'Anatólia di Narco [PG] **125** BC3
Santandrà [TV] **47** A2
Sant'Andrat [UD] **49** B1
Sant'Andrat [UD] **33** D2-3
Sant'Andrea [AL] **67** FG2
Sant'Andrea [AQ] **133** E2-3
Sant'Andrea [AR] **107** C2
Sant'Andrea [BG] **25** C2-3
Sant'Andrea [BL] **29** E1
Sant'Andrea [BO] **89** D2
Sant'Andrea [BS] **43** A2-3
Sant'Andrea [BS] **41** D3
Sant'Andrea [FC] **99** F1
Sant'Andrea [FI] **103** F2-3
Sant'Andrea [GO] **33** E3
Sant'Andrea [MC] **117** C2-3
Sant'Andrea [PD] **45** E3-4
Sant'Andrea [PN] **47** C1
Sant'Andrea [PR] **71** DE2
Sant'Andrea [PU] **101** E3
Sant'Andrea [RA] **91** C2-3
Sant'Andrea [RA] **101** AB1
Sant'Andrea [RI] **131** F2
Sant'Andrea [SI] **105** B3-4
Sant'Andrea [SI] **111** E1
Sant'Andrea [SO] **7** E3
Sant'Andrea [TE] **127** E3
Sant'Andrea [TV] **45** E3
Sant'Andrea [VE] **63** E1
Sant'Andrea [VR] **43** E3
Sant'Andrea [VR] **61** C2
Sant'Andrea, Capo- **119** A2
Sant'Andrea, Isola di- **49** C2
Sant'Andrea, Monte- **87** E2
Sant'Andrea, Porto di- **49** C2
Sant'Andrea a Gavignalla [FI] **105** A3
Sant'Andrea a Morgiano [FI] **105** CD2
Sant'Andrea Bagni [PR] **71** E3
Sant'Andrea d'Agliano [PG] **115** C3
Sant'Andrea delle Fratte [PG] **115** BC3
Sant'Andrea di Barbarana [TV] **47** B2
Sant'Andrea di Cómpito [LU] **103** D2
Sant'Andrea di Foggia [GE] **83** E2
Sant'Andrea di Lutano [FI] **105** C2-3
Sant'Andrea di Sorbello [AR] **115** B2
Sant'Andrea di Suasa [PU] **109** B3
Sant'Andrea in Bagnolo [FC] **101** A1
Sant'Andrea in Corona **107** CD3
Sant'Andrea in Monte / Sankt Andrä [BZ] **13** AB1
Sant'Andrea in Percussina [FI] **105** BC2-3
Sant'Andrea in Pescaiola [PI] **95** F4
Sant'Andrea in Proverso **107** D2-3
Sant'Andrea Pélago [MO] **97** C1
Sant'Ángelo [AN] **109** D2-3
Sant'Ángelo [CH] **141** FG2
Sant'Ángelo [FC] **101** B2
Sant'Ángelo [FI] **105** BC3
Sant'Ángelo [GR] **123** A3
Sant'Ángelo [MC] **115** F2
Sant'Ángelo [MC] **117** A2
Sant'Ángelo [MC] **117** CD2
Sant'Ángelo [PG] **125** D2-3
Sant'Ángelo [PU] **109** BC2
Sant'Ángelo [RI] **133** D1
Sant'Ángelo [RI] **125** E3-4
Sant'Ángelo [VE] **45** EF3
Sant'Ángelo [VT] **131** CD1
Sant'Ángelo, Col- **13** E2
Sant'Ángelo, Convento- **131** C2-3
Sant'Ángelo, Grotta- **127** C3
Sant'Ángelo, Lago di- **141** F2
Sant'Ángelo, Monte- [RI] **133** CD3
Sant'Ángelo, Monte- [ROMA] **137** DE2
Sant'Ángelo a Marano [TE] **127** D3
Sant'Ángelo-Cinigiano, Stazione- **121** D2
Sant'Ángelo del Pesco [IS] **141** F3
Sant'Ángelo di Celle [PG] **123** E1-2
Sant'Ángelo di Chieti [PG] **115** C2
Sant'Ángelo di Piove di Sacco [PD] **63** BC1
Sant'Ángelo in Colle [SI] **121** D1-2
Sant'Ángelo in Lizzola [PU] **101** D3-4
Sant'Ángelo in Maiano **107** EF3
Sant'Ángelo in Mercole [PG] **125** AB3
Sant'Ángelo in Pontano [MC] **117** D3
Sant'Ángelo in Vado [PU] **107** D2-3
Sant'Ángelo Lodigiano [LO] **39** E3
Sant'Ángelo Lomellina [PV] **37** F3
Sant'Ángelo Romano [ROMA] **139** B2
Sant'Anna [AT] **67** DE2
Sant'Anna [BL] **13** F2
Sant'Anna [BO] **75** D3-4
Sant'Anna [BS] **41** DE3
Sant'Anna [BZ] **3** F2
Sant'Anna [CN] **79** D1
Sant'Anna [CN] **81** C1-2
Sant'Anna [CN] **65** CD3
Sant'Anna [CN] **79** E1
Sant'Anna [CN] **65** B3
Sant'Anna [CN] **81** B2
Sant'Anna [CN] **79** E1
Sant'Anna [CN] **79** D1
Sant'Anna [MN] **59** AB2
Sant'Anna [RE] **73** B2
Sant'Anna [ROMA] **145** F2
Sant'Anna [SP] **95** B2
Sant'Anna [TE] **127** EF3-4
Sant'Anna [TO] **35** G2-3
Sant'Anna [TO] **35** F3
Sant'Anna [VA] **21** F3
Sant'Anna [VB] **5** FG3
Sant'Anna [VE] **63** D3
Sant'Anna [VI] **45** D2
Sant'Anna / Sankt Anna **1** B2
Sant'Anna, Colle- **135** C1-2
Sant'Anna, Santuario di- **79** B2
Sant'Anna, Vallone di- **79** B2
Sant'Anna d'Alfaedo [VR] **43** D3
Sant'Anna di Boccafossa [VE] **47** D2-3
Sant'Anna di Piossasco [CN] **65** D4
Sant'Anna di Valdieri [CN] **79** C2
Sant'Anna in Camprena **113** C3
Sant'Anna Morosina [PD] **45** DE3
Sant'Anna Pélago [MO] **97** C1
Santanni [TO] **35** G3
Sant'Ansano [FI] **99** B3
Sant'Ansano [FI] **103** F2
Sant'Ansovino [RN] **101** C3
Sant'Ántimo, Abbazia di- **121** DE1-2
Sant'Antonino [AL] **53** D2
Sant'Antonino [CN] **67** BC3
Sant'Antonino [PV] **55** D3
Sant'Antonino [RE] **87** E1
Sant'Antonino [TV] **47** A3
Sant'Antonino [VC] **37** C3
Sant'Antonino di Susa [TO] **51** E2
Sant'Antonino Ticino [VA] **39** A1
Sant'Antonio [AN] **109** C3
Sant'Antonio [AQ] **141** B3
Sant'Antonio [AQ] **141** B3
Sant'Antonio [AQ] **141** EF3
Sant'Antonio [AR] **113** D1-2
Sant'Antonio [AT] **53** D3
Sant'Antonio [AT] **67** D2
Sant'Antonio [AT] **67** E2
Sant'Antonio [BG] **41** B2
Sant'Antonio [BG] **41** D2
Sant'Antonio [BL] **13** F2
Sant'Antonio [BO] **89** F1
Sant'Antonio [BS] **43** A2
Sant'Antonio [CH] **141** FG2
Sant'Antonio [CH] **141** E2-3
Sant'Antonio [CH] **143** BC2
Sant'Antonio [CN] **65** EF2
Sant'Antonio [CN] **67** C2
Sant'Antonio [CN] **79** D1-2
Sant'Antonio [FC] **99** E1-2
Sant'Antonio [GR] **121** C2-3
Sant'Antonio [IM] **93** B3-4
Sant'Antonio [MC] **117** D1
Sant'Antonio [MN] **59** C2
Sant'Antonio [MO] **87** F2
Sant'Antonio [NO] **37** E1
Sant'Antonio [PN] **15** E2-3
Sant'Antonio [PN] **31** DE2-3
Sant'Antonio [PR] **71** D3
Sant'Antonio [RO] **61** D3
Sant'Antonio [SO] **9** E2
Sant'Antonio [SO] **9** C1
Sant'Antonio [TO] **65** E2
Sant'Antonio [UD] **49** D2
Sant'Antonio [VA] **21** D2
Sant'Antonio [VC] **21** B2-3
Sant'Antonio [VE] **63** D2
Sant'Antonio [VI] **61** C1
Sant'Antonio [VI] **27** EF3
Sant'Antonio [VI] **43** F2
Sant'Antonio [VR] **61** C2
Sant'Antonio [VR] **61** B2-3
Sant'Antonio [VT] **131** BC1
Sant'Antonio / Sankt Anton [BZ] **11** D3
Sant'Antonio, Alpe- **95** F2
Sant'Antonio, Baite- [SO] **25** BC1
Sant'Antonio, Bocchetta di- **5** F2-3
Sant'Antonio, Convento di- **143** B3
Sant'Antonio, Éremo di- **141** E3
Sant'Antonio, Monte- **71** DE4
Sant'Antonio, Passo- / Fanesjoch **13** CD2
Sant'Antonio, Serra- **139** F3
Sant'Antonio al Bosco [SI] **111** EF1
Sant'Antonio a Trebbia [PC] **57** BC3
Sant'Antonio Baligio [CN] **65** FG3
Sant'Antonio d'Adda [BG] **41** A2
Sant'Antonio d'Anniata [CR] **57** F2-3
Sant'Antonio di Mavignola [TN] **27** A1
Sant'Antonio di Ranverso **51** F2
Sant'Antonio in Bosco [TS] **49** G3
Sant'Antonio in Gualdo **99** E1-2
Sant'Antonio in Mercadello [MO] **73** D2
Sant'Antonio Morignone [SO] **9** DE2
Sant'Antonio Tortal [BL] **29** DE2
Santa Palomba [ROMA] **145** D2
Santa Paola [FC] **101** A2
Santa Paolina [AN] **109** E4
Santa Petronilla [SI] **113** A1-2
Sant'Apollinare [BO] **89** DE3
Sant'Apollinare [BO] **89** B2
Sant'Apollinare [CH] **135** F3
Sant'Apollinare [RO] **61** EF3
Sant'Apollinare [TV] **45** E2
Sant'Apollinare in Classe **91** E2
Sant'Apollinare in Girfalco [PU] **107** E2
Sant'Apollonia [BS] **9** EF3
Sant'Appiano [FI] **105** B3
Santa Prócula Maggiore [ROMA] **145** D2-3
Sant'Arcángelo [PG] **115** A3
Santarcángelo di Romagna [RN] **101** B2
Santarello, Case- [GR] **121** E3
Santa Reparata **99** D2
Santa Restituta [TR] **123** DE3-4
Santa Rita, Rifugio- **23** E1
Santa Rosa [TV] **47** A1
Santa Rosalia [CN] **67** AB2-3
Santa Rufina [RI] **133** D1
Santa Rufina [RI] **133** C2
Santa Scolastica [PG] **125** D3
Santa Scolastica [ROMA] **139** D3
Santa Severa [ROMA] **137** B2
Santa Sofia [AR] **107** BC2
Santa Sofia [FC] **99** E3
Santa Teresa [PE] **135** D2
Santa Teresa in Valle [VR] **61** B3
Santa Trinitá [PG] **125** D3
Sant'Atto [TE] **127** D3
Santa Valburga / Sankt Walburg [BZ] **11** BC2
Santa Veneranda [AN] **109** D3
Santa Veneranda [PU] **101** E3
Santa Vittoria **133** C3
Santa Vittória [AQ] **133** E1
Santa Vittória [PC] **57** B3
Santa Vittória [RE] **73** B2
Santa Vittória d'Alba [CN] **67** C2
Santa Vittória di Libiola [GE] **85** A3
Santa Vittória in Matenano [AP] **117** D3
Sant'Egidio [CH] **135** F3
Sant'Egidio [FE] **75** D3
Sant'Egidio [MC] **117** D1
Sant'Egidio [PG] **123** C1-2
Sant'Egidio [PG] **115** C3
Sant'Egidio [TR] **123** D3-4
Sant'Egidio [VT] **131** D3
Sant'Egidio, Eremo di- **113** EF1-2
Sant'Egidio, Torrente- **127** D1
Sant'Egidio alla Vibrata [TE] **127** D2-3
Sant'Egidio-Villa Chiaviche [FC] **101** A1-2
Santel [TN] **27** C1-2
Sant'Élena [AQ] **141** F3
Sant'Élena [MC] **117** B2
Sant'Élena [PD] **61** E2
Sant'Élena [TV] **47** AB3
Sant'Élena [VE] **47** D2-3
Sant'Elena, Castello- **61** E2
Sant'Elia [AN] **117** B1
Sant'Elia [AQ] **133** F2-3
Sant'Elia [RI] **133** B2
Sant'Elia, Basilica di- **137** E1
Sant'Elia, Monte- **139** CD2
Sant'Elisabetta **35** FG2
Sant'Eliseo [UD] **33** B1-2
Sant'Ellero [FC] **99** E2-3
Sant'Ellero [FI] **105** D2
Sant'Elpídio [RI] **133** D3
Sant'Elpídio a Mare [AP] **117** EF2
Sant'Elpídio Mórico [AP] **117** E3
Sante Marie [AQ] **139** E2
Sántena [TO] **53** B3
Sántena, Parco Castello di- **53** B3
Sant'Enea [PG] **115** BC3
Sant'Eráclio [PG] **125** B2
Sant'Erasmo [MC] **117** AB3
Sant'Erasmo [TR] **125** A4
Sant'Erasmo [VE] **63** E1
Sant'Erasmo, Chiesa di- **143** D3
Sant'Erasmo, Litorale- **63** E1
San Terenziano [PG] **123** E2
San Terenzo [MS] **95** D1-2
San Terenzo [SP] **95** C2
Sant'Ermete [RN] **101** B2
Sant'Ermete [SV] **81** F2
Sant'Ermo [PI] **103** D3
Santerno [RA] **91** D2
Santerno, Fiume- **91** C1
Sant'Eufémia [FC] **99** DE2-3
Sant'Eufémia [PD] **45** EF3
Sant'Eufémia [RA] **99** CD1-2
Sant'Eufémia a Maiella [PE] **141** E2
Sant'Eufémia della Fonte [BS] **41** F3
Sant'Eugenio **93** F2
Sant'Eulalia [TV] **45** D2
Sant'Eurosia [BI] **37** C1
Sant'Eusánio del Sangro [CH] **135** E3
Sant'Eusánio Forconese [AQ] **133** G3
Sant'Eusebio [BS] **43** A3
Sant'Eusebio [GE] **83** CD2
Sant'Eusebio [MO] **87** F1
Sant'Eusebio [PU] **107** D2-3
Sant'Eusebio [PV] **55** DE3
Sant'Eustáchio, Grotta di- **117** B2
Sant'Eutizio [VT] **131** D2
Sant'Eutizio, Abbazia di- **125** D2
Santhià [VC] **37** CD2
Santi [AQ] **133** E2
Santi, Romitorio dei- **117** AB3
Santicolo [BS] **25** D1-2
Santicolo, Passo del- **3** A2
Sant'Ignázio [AN] **117** C1
Sant'Ignázio [MC] **117** E1-2
Sant'Igne **101** AB3
Sant'Ilario [FI] **99** C2
Sant'Ilario [FI] **105** B2
Sant'Ilario [LI] **119** B2
Sant'Ilario [MC] **117** B3
Sant'Ilario [MI] **39** B1
Sant'Ilario [TN] **27** C3
Sant'Ilario d'Enza [RE] **73** A3
Sant'Ilario di Baganza [PR] **71** F3-4
Sant'Ilario Lígure [GE] **83** D2
Santilli, Colle- **143** B2
Santi Lorenzo e Flaviano [RI] **125** E3-4
Sant'Imento [PC] **57** B3
Santina, La- [PC] **57** D3
Santino [VB] **21** EF2
Santins, Zuc di- **15** DE3
Sant'Ippólito [FI] **105** B2
Sant'Ippólito [PI] **111** CD2
Sant'Ippolito [PO] **97** F2
Sant'Ippólito [PU] **109** B2
Sant'Ippólito [RI] **133** D3
Sant'Isidoro, Podere- [GR] **121** B3
Santissima Annunziata [LU] **97** C3
Santissima Annunziata [MS] **85** D2
Santissima Trinitá, Santuario della- **139** E3
Santissimi Angeli **45** F1-2
Santo, Coàl- **43** C2
Santo, Col- **43** E1-2
Santo, Forcella del- / Bildstöckljoch **1** C2
Santo, il- **113** CD2-3
Santo, Lago- [lt.] **97** C2
Santo, Lago- [PR] **85** DE2
Santo, Lago- [TN] **27** C2
Santo, Lago- [TN] **27** D1
Santo, Monte- [BL] **29** C3
Santo, Monte- [PC] **71** B2-3
Santo, Monte- [PG] **125** BC2-3
Santo, Monte- [ROMA] **137** C2
Sant'Odorico [UD] **31** E2
Santo Iona [AQ] **141** AB2
Sant'Olcese [GE] **83** C1-2
San Tomà [VI] **61** C1
San Tomaso [BS] **43** A3-4
San Tomaso [FC] **101** A2
San Tomaso [LO] **57** AB2
San Tomaso [UD] **33** B1-2
San Tomaso Agordino [BL] **13** C3
Santomato [PT] **97** E3
San Tomè **31** BC2
Sant'Omero [TE] **127** D3
San Tómio [VI] **45** B3
San Tómio [VR] **61** B2
San Tommaso [PE] **135** C3
San Tommaso [RE] **73** BC3
San Tommé [AR] **105** E3-4
Sant'Omobono Imagna [BG] **41** B2
Santomoro [PT] **97** E3
Santona, La- [MO] **87** DE3
Santónio [RE] **87** C2-3
Sant'Onofrio [CH] **143** C2
Sant'Onófrio [CH] **135** F3
Sant'Onófrio [ROMA] **145** C1
Sant'Onófrio [ROMA] **145** C1
Sant'Onófrio [TE] **127** D3
Sant'Onófrio, Monte- **143** A3
Santo Pietro, Podere- [CB] **143** E3
Sant'Oreste [ROMA] **131** F3
Sant'Oreste, Stazione- **137** E1
Santorso [VI] **45** B2
Sant'Órsola Terme [TN] **27** D2
Santo Stéfano [AN] **109** B3-4
Santo Stéfano [AN] **109** E3
Santo Stéfano [AP] **127** BC2
Santo Stéfano [AQ] **139** E2
Santo Stéfano [AR] **107** B3
Santo Stéfano [AT] **53** EF3
Santo Stéfano [BG] **41** CD2-3
Santo Stéfano [CN] **67** BC3
Santo Stéfano [CN] **79** D1
Santo Stéfano [FI] **103** F3
Santo Stéfano [LI] **119** ins.a
Santo Stéfano [LU] **95** F3
Santo Stéfano [MC] **117** BC1-2
Santo Stéfano [PU] **101** D3
Santo Stéfano [RA] **91** DE2-3
Santo Stéfano [RE] **85** G2
Santo Stéfano [RI] **133** E3
Santo Stéfano [RI] **133** DE3
Santo Stéfano [RO] **61** AB3
Santo Stéfano [SI] **113** AB3
Santo Stéfano [SI] **123** B2
Santo Stéfano [SO] **25** B2
Santo Stéfano [TE] **127** C3-4
Santo Stéfano [TN] **27** A1-2
Santo Stéfano [TV] **29** D3
Santo Stéfano [UD] **33** B1
Santo Stéfano [VR] **61** B2
Santo Stéfano [VR] **61** BC1
Santo Stéfano / Stefandorf [BZ] **3** D3
Santo Stéfano, Punta- **25** B2
Santo Stéfano a Cornétole **99** A3
Santo Stéfano al Mare [IM] **93** D3-4
Santo Stéfano a Tizzano [FI] **105** CD2
Santo Stéfano Belbo [CN] **67** E2
Santo Stéfano d'Aveto [GE] **85** A1
Santo Stéfano di Cadore [BL] **15** C1
Santo Stéfano di Magra [SP] **95** C1-2
Santo Stéfano di Sessanio [AQ] **135** A2
Santo Stéfano in Bosco **99** DE2
Santo Stéfano Lodigiano [LO] **57** C3
Santo Stéfano Roéro [CN] **67** C2
Santo Stéfano Ticino [MI] **39** B1-2
Santo Stéfano Udinese [UD] **33** C3
Santo Stino di Livenza [VE] **47** CD2
Sant'Osvaldo [UD] **33** C2
Sant'Osvaldo / Sankt Oswald **11** EF2
Sant'Osvaldo, Passo di- **15** B3
Sant'Ottaviano **103** F4
San Trovaso [TV] **47** A3
Santuario [SV] **81** F1
Sant'Ubaldo [AN] **109** D3
Sant'Ubaldo [PG] **115** D1
Sant'Uberto, Castello- **13** D2
Sant'Ulderico [VI] **45** AB2
Santurario Ronchi [CN] **67** BC3-4
Sant'Urbano [MC] **117** B1
Sant'Urbano [PD] **61** D3
Sant'Urbano [TR] **131** F2
Sant'Urbano [VI] **45** B3
San Valentino [FC] **99** D2
San Valentino [GR] **123** A3
San Valentino [PG] **123** DE2
San Valentino [RE] **87** E1
San Valentino [RI] **133** B3
San Valentino [SI] **113** D3
San Valentino [TN] **43** D2
San Valentino [TN] **43** E2
San Valentino [TR] **133** AB1
San Valentino / Sankt Valentin **11** F2
San Valentino, Valle di- **27** A2
San Valentino alla Muta / Sankt Valentin auf der Haide [BZ] **1** B2
San Valentino di Fiumicello [UD] **49** D2
San Valentino in Abruzzo Citeriore [PE] **135** C3
San Valentino in Campo / Gummer [BZ] **11** E3
San Valeriano [TO] **51** E2
San Varano [FC] **99** EF1
San Varese [PV] **39** C3
Sanvarezzo [SV] **67** E3-4
San Venanzio [BO] **75** C3
San Venanzio [FE] **75** E2
San Venanzio [MO] **87** EF1-2
San Venanzo [AP] **127** C2
San Venanzo [MC] **117** A2
San Venanzo [TR] **123** D2
San Vendemiano [TV] **47** AB1
San Vérolo [VR] **43** C3
San Vettore [VI] **61** C1
San Vicino [RN] **101** B2-3
San Vicino, Monte- **117** B1-2
San Vidotto [UD] **31** E3
San Vigílio [BS] **41** EF3
San Vigílio [BZ] **11** C2
San Vigílio [BZ] **11** F2
San Vigílio [MN] **59** AB1
San Vigílio [TN] **27** A1-2
San Vigílio [TN] **27** A2
San Vigílio [VR] **43** BC3
San Vigílio / Sankt Vigil [BZ] **13** C1
San Vigilio, Abbazia di- **59** B1
San Vigilio, Monte- / Vigiljoch **11** C2
San Vigilio, Rio- / Vigilbach **13** CD2
San Vigilio, Valle di- **13** CD1-2
San Vincenti [SI] **113** C1
San Vincenzo [AN] **109** BC3
San Vincenzo [AQ] **133** F2

San Vincenzo [BO] **75** C3
San Vincenzo [CH] **135** E3
San Vincenzo [LI] **111** B3
San Vincenzo [PE] **135** C2
San Vincenzo [PG] **115** B1-2
San Vincenzo [PN] **15** E3
San Vincenzo [PR] **85** C2
San Vincenzo al Furla **107** F3
San Vincenzo a Torri [FI] **105** B2
San Vincenzo Nuovo [AQ] **141** AB3
San Vincenzo Valle Roveto [AQ] **141** AB3
San Vincenzo Valle Roveto Superiore [AQ] **141** B3
San Vitale [CN] **65** F3
San Vitale [CR] **57** C2
San Vitale [PG] **115** D3
San Vitale [VR] **43** E3
San Vitale, Monte- **87** D2
San Vitale, Pineta- [RA] **91** E1-2
San Vitale, Pineta- [RA] **91** E1
San Vitale di Baganza [PR] **71** EF3-4
San Vitale Grande [BO] **89** C1
San Vito [BS] **43** A3-4
San Vito [CN] **67** C1-2
San Vito [CO] **7** D4
San Vito [FE] **77** B3
San Vito [FG] **143** EF3
San Vito [FI] **105** B2
San Vito [FI] **105** B3
San Vito [MI] **39** BC2
San Vito [MN] **59** A2
San Vito [MO] **87** F1
San Vito [MS] **95** DE2
San Vito [PG] **125** A3
San Vito [PG] **115** AB2
San Vito [RI] **133** D1
San Vito [SI] **113** BC1
San Vito [SI] **113** C2
San Vito [TE] **127** C3
San Vito [TN] **27** D2
San Vito [TR] **131** E2
San Vito [TV] **45** E2
San Vito [TV] **45** E1
San Vito [VR] **61** B2
San Vito [VR] **61** B2
San Vito [VR] **43** D3
San Vito [VT] **131** D2-3
San Vito / Sankt Veit [BZ] **3** E3
San Vito, Lago di- **13** E3
San Vito, Monte- [Abr.] **135** B2
San Vito, Monte- [ROMA] **137** C2
San Vito, Valle di- **13** E2-3
San Vito al Tagliamento [PN] **31** E3
San Vito al Torre [UD] **49** D1
San Vito Arcofiato, Oasi di- **117** B3
San Vito Chietino [CH] **135** F3
San Vito di Cadore [BL] **13** E3
San Vito di Fagagna [UD] **33** B2
San Vito di Leguzzano [VI] **45** B2-3
San Vito di Rimini [RN] **101** B2
San Vito e Modesto [CR] **57** D2
San Vito in Monte [TR] **123** D2
San Vito Romano [ROMA] **139** C3
San Vito sul Cesano [PU] **109** B3
San Vittore [AN] **117** A1
San Vittore [CN] **65** F3
San Vittore [CN] **67** D2
San Vittore [FC] **101** A2
San Vittore [MC] **109** D4
San Vittore [PR] **71** D3
San Vittore [PV] **39** B3
San Vittore [SO] **7** E3
San Vittore [VR] **61** B1
San Vittore Olona [MI] **39** B1
San Vittorino [AQ] **133** E2
San Vittorino [PE] **141** DE1-2
San Vittorino [PG] **115** D2
San Vittorino [ROMA] **145** E1
San Vivaldo [FI] **103** F3
San Zaccaria [RA] **91** E3
Sanzan [BL] **29** C3
San Zeno [AR] **105** FG4
San Zeno [BS] **59** B1
San Zeno [FC] **99** E2
Sanzeno [TN] **11** C3
San Zeno [VI] **45** D2
San Zeno [VR] **61** AB1
San Zeno [VR] **61** B1
San Zeno [VR] **59** CD1-2
San Zeno [VR] **61** B2
San Zeno di Montagna [VR] **43** C3
San Zeno in Volpinara **99** E2
San Zenon [BL] **29** D2
San Zeno Naviglio [BS] **41** F3-4
San Zenone [BS] **41** E3
San Zenone [VR] **61** C2
San Zenone al Lambro [MI] **39** DE2-3
San Zenone al Po [PV] **55** F2
San Zenone degli Ezzelini [TV] **45** DE2
Saonara [PD] **63** B1
Saonda, Torrente- **115** D2
Saone [TN] **27** A2
Saoseo, Cima- **9** C2
Sapè [CN] **79** D1-2
Sapé, Monte- **79** DE2
Sapestra, Torrente- **143** E3
Sapigno [PU] **99** FG3
Sappada [BL] **15** CD1
Sappade [BL] **13** C3
Sappanico [AN] **109** E3
Saps [UD] **17** C1-2
Saputelli [TE] **135** B1
Saquana [AL] **67** F3
Saracchi [AT] **67** D1-2
Saracco-Volante, Rifugio- **81** B2-3
Saracinesco [ROMA] **139** C2
Saragano [PG] **123** E2
Saragiolo [SI] **121** E2-3
Saragozza [CR] **57** C2
Sarano [TV] **47** A1
Sàrbia [SP] **95** BC2
Sarca, Fiume- **43** D1
Sarca di Campiglio, Torrente- **27** A1
Sarca di Val di Genova, Fiume- **27** A1-2
Sarcedo [VI] **45** BC2
Sarche [TN] **27** B2
Sardagna [TN] **27** C2
Sardegnana, Lago di- **25** A2
Sardigliano [AL] **69** C2
Sarea [TO] **51** E3
Sareggio, Pizzo- **9** C3
Sarego [VI] **61** C1
Sarentina, Val- / Sarntal **11** E2
Sarentino / Sarnthein [BZ] **11** DE2
Sarentino, Castel- / Rafenstein **11** E2
Sáres / Saalen [BZ] **3** D3
Saretto [CN] **65** B3-4
Saretto [CN] **79** C1
Sarezzano [AL] **55** C3
Sarezzo [BS] **41** F3
Sarginesco [MN] **59** B2-3
Sariano [PC] **71** C2
Sariano [RO] **75** C1-2
Sarignana [PR] **85** F1-2
Sarissola [GE] **69** C3
Sarizzola [AL] **69** C1-2
Sármata [PC] **71** BC2-3
Sármato [PC] **57** AB3
Sarmazza [VR] **61** B1
Sármede [TV] **31** B3
Sarmego [VI] **45** CD3-4
Sarméola [PD] **61** E1
Sarna [AR] **107** A2
Sarna [RA] **99** DE1
Sarnano [MC] **117** C3
Sarnes / Sarns [BZ] **13** A1
Sárnico [BG] **41** D2-3
Sarnónico [TN] **11** C3
Sarns / Sarnes [BZ] **13** A1
Sarntal / Sarentina, Val- **11** E2
Sarntaler Weißhorn / Bianco, Corno- **3** A3
Sarnthein / Sarentino [BZ] **11** DE2
Saródoli, Monte di- **27** A1
Sarola [IM] **93** DE3
Sarone [PN] **31** B2-3
Saronno [VA] **39** C1
Sarre [AO] **19** D2
Sarriod de la Tour **19** D2
Sarripoli [PT] **97** DE3
Sársina [FC] **99** F3
Sart, Monte- **17** D2
Sarteano [SI] **123** B1-2
Sartiano [PU] **101** A3
Sartirana [LC] **23** E3
Sartirana Lomellina [PV] **55** A2
Sartorona [PV] **57** A3
Sarzana [SP] **95** C2
Sarzano [RO] **61** E3
Sassa [AQ] **133** E2
Sassa [PI] **111** BC2
Sassalbo [MS] **87** B3
Sassalbo, Pizzo- **9** C2-3
Sassara, Cima- **27** B1
Sassatella [MO] **87** D3
Sassatelli [BO] **91** B1
Sassatello, Tombe- **89** D3
Sass de Putia, Rifugio- / Würzjochhaus **13** B1-2
Sassello [SV] **67** FG3-4
Sassello, Dosso- **43** A2
Sasseta [PO] **97** F2
Sasseta [SP] **85** C3
Sassetta [LI] **111** B3
Sassi [LU] **95** F2
Sassi / Saxner **1** F1-2
Sassi Bianchi, Monte dei- **107** B4
Sassicari, Monte- **131** B3
Sassi di Rocca Malatina, Parco Regionale dei- **87** F2
Sassine, le- [VR] **43** D3-4
Sasso [AL] **69** CD2
Sasso [AN] **109** C4
Sasso [BS] **43** B2
Sasso [FC] **99** D3
Sasso [MC] **125** D2
Sasso [PG] **115** E3
Sasso [PR] **87** B1
Sasso [ROMA] **137** C2
Sasso [VB] **5** D3
Sasso [VI] **45** C1
Sasso / Stein [BZ] **3** B1-2
Sasso, il- / Peilstein **11** B2
Sasso Bianco **13** C3
Sasso Canale, Pizzo- **7** E3
Sassocorvaro [PU] **107** DE2
Sasso delle Dódici **13** AB3
Sasso di Bordighera [IM] **93** BC4
Sasso di Bosconero **13** E3-4
Sasso di Mezzodì **13** F3-4
Sasso di San Zanobi [FI] **99** B1
Sasso d'Italia [MC] **117** D2
Sasso d'Ombrone [GR] **121** C2
Sassoféltrio [PU] **101** BC3
Sassoferrato [AN] **109** AB4
Sassoforte **111** E3
Sassofortino [GR] **111** E3
Sasso Fratino, Riserva Naturale Integrale di- **99** D3
Sasso Grande **23** C1
Sassoguidano, Riserva Naturale di- **87** F3
Sassoleone [BO] **89** D3
Sassolungo di Cibiana, Monte- **13** E3
Sasso Lungo di Collalto **3** EF2
Sasso Malascarpa, Riserva Naturale- **23** D2
Sasso Marconi [BO] **89** C2
Sasso Menicante **131** D2
Sassomolare [BO] **87** F3
Sasso Morelli [BO] **89** F2
Sassone, Cima del- **5** F2
Sassonero [BO] **89** D3
Sasso Nero / Schwarzenstein **3** D1
Sassóngher **13** C2
Sasso Piatto, Rifugio- / Plattkofel-Hütte **13** AB2-3
Sasso Pisano [PI] **111** D2-3
Sasso Rosso **29** A2
Sassorosso [LU] **85** G3
Sasso Simone e Simoncello, Parco Regionale del- **107** C2
Sasso Stéfani [VI] **45** CD1
Sassostorno [MO] **87** E3
Sasso Tetto, Monte- **125** E1-2
Sasso Tondo / Ringel-Stein **3** C2
Sassovivo, Abbazia di- **125** B2
Sassovivo, Fontanelle di- **125** B2
Sassuolo [MO] **87** E1
Satúrnia [GR] **121** DE3-4
Satúrnia, Terme di- **121** E4
Sauc, Casera- [PN] **31** C2
Sauders / San Maurizio [BZ] **11** EF2
Saurel, Col- **51** B3
Sàuris [UD] **15** D2
Sàuris, Lago di- **15** D2
Sàuris di sopra [UD] **15** CD2
Sàuris di sotto [UD] **15** D2
Sàuris Field [UD] **15** D2
Sautron, Col de- **65** B4
Sautron, Monte- **65** B3-4
Sauze di Cesana [TO] **51** C3
Sauze d'Oulx [TO] **51** C2
Savagnasco [BI] **37** C1
Savalóns [UD] **33** B2
Savara, Torrente- **19** D3
Savarenche, Val- **19** D3
Savarna [RA] **91** D1
Savassa [TV] **29** E2-3
Savazza [BO] **89** D3
Savelli [PG] **125** D3
Savellon [PD] **61** E2-3
Savena, Navile- **75** D3
Sávena, Torrente- **89** D2
Savenca, Torrente- **35** FG2
Savi [AT] **53** C2-3
Savi, Monte- **79** B1
Savigliano [CN] **65** FG3
Savigliano, Rifugio- **65** BC3
Savignano [PU] **101** D3
Savignano [TN] **27** C3
Savignano di Rigo [FC] **101** A3
Savignano sul Panaro [MO] **89** B2
Savignano sul Rubicone [FC] **101** B2
Savigno [BO] **89** B2
Savignone [GE] **69** C3
Savinaro [VR] **61** BC2
Saviner [BL] **13** CD3
Savini [CH] **135** EF2
Savino, Colle- **143** E3
Sávio [RA] **91** E3
Sávio, Fiume- **91** E3
Savio, Foce del- **91** EF2-3
Saviore, Val di- **25** E2
Saviore dell'Adamello [BS] **25** E2
Savogna [UD] **33** E1-2
Savogna d'Isonzo [GO] **33** E3
Savognática [RE] **87** D2
Savóia, Castello- **21** AB3
Savoia, Rifugio- [AO] **35** C1-2
Savoia, Rifugio- [BI] **37** B1
Savona [SV] **81** FG2
Savona, Rifugio- **81** C2
Savonarolo [RO] **75** D2
Savonera [TO] **53** A2
Savoniero [MO] **87** DE2
Savorgnano [AR] **107** A2
Savorgnano [PN] **47** DE1
Savorgnano del Torre [UD] **33** C1-2
Savoulx [TO] **51** B2
Saxe, La- [AO] **19** B2
Saxner / Sassi **1** F1-2
Sazzo [SO] **25** B1-2
Sbaranzo, lo- [CN] **67** C3-4
Sbarcatello, lo- [GR] **129** BC2
Sbornina, Rio- **81** B2
Scabbiabella [GE] **69** D3
Scabro, Colle- / Rauhe Bühel **11** C2
Scacciano [RN] **101** C3
Scafa [PE] **135** C3
Scafali [PG] **125** AB2
Scaffaiolo, Lago- **97** D2
Scáglia [ROMA] **137** A2
Scagnello [CN] **81** C1-2
Scagni [PV] **55** E3
Scai [RI] **133** E1
Scais, Case di- [SO] **25** B2
Scais, Pizzo di- **25** B2
Scala [AP] **127** B3
Scala [PI] **103** EF2
Scala, la- [SI] **121** EF1-2
Scalambra, Monte- **139** D3
Scaldasole [PV] **55** C2
Scaldasole, Boschetto di- **55** C2
Scalelle [AP] **127** B2-3
Scalenghe [TO] **51** FG3
Scaléres / Schalders [BZ] **3** B3
Scaletta, la- **85** A2
Scaletta, Monte- **79** A1
Scaletta Uzzone [CN] **67** E3-4
Scalette, Cima delle- **69** EF2
Scali, Poggio- **105** F1-2
Scalino, Pizzo- **9** B3
Scalon [BL] **29** C3
Scalorbi, Rifugio- **43** E2
Scalo Teverina **131** E2
Scaltenigo [VE] **63** C1
Scalvaia [SI] **111** E3
Scalve, Valle di- **25** C3
Scálzeri [VI] **27** D3
Scanaiöl, Cima- **29** B1
Scanarello [RO] **77** E1
Scancio-Saletto [TN] **27** D1
Scandarella, Lago di- **125** E4
Scandeluzza [AT] **53** D2
Scandiano [RE] **87** E1
Scandicci [FI] **105** BC2
Scandola, Roda di- **3** E3
Scandolara [TV] **45** F3
Scandolara Ravara [CR] **57** F3
Scandolara Ripa d'Oglio [CR] **57** E2
Scandolaro [PG] **125** B2
Scandole [VR] **43** DE2-3
Scandósio [TO] **35** F1
Scandriglia [RI] **133** BC3
Scanello [BO] **89** CD3
Scannabue [CR] **57** B1
Scanno [AQ] **141** D3
Scanno, Lago di- **141** D3
Scannuppia, Riserva della- **27** CD3
Scano al Brembo [BG] **41** B2
Scansano [GR] **121** CD3
Scanza [PR] **71** DE4
Scanzano [AQ] **139** E2
Scanzano [PG] **125** B1-2
Scanzorosciate [BG] **41** C2
Scaparone [CN] **67** CD2
Scapezzano [AN] **109** C2
Scarabello, Monte- **85** E1
Scarafano [AQ] **135** B3
Scarampi [PR] **71** D3
Scardevara [VR] **61** B1
Scardovari [RO] **77** E2
Scardovari, Sacca degli- **77** E2
Scarenna [CO] **23** D2
Scareno [VB] **21** F1
Scarfiotti, Rifugio- **51** B2
Scaria [CO] **23** C1-2
Scarlino [GR] **121** A2
Scarlino, Riserva Biogenetica di- **119** E1
Scarlino, Stazione di- **119** EF1
Scarmagno [TO] **37** AB2
Scarna [SI] **111** E1
Scarnafigi [CN] **65** F2
Scarpa, La- **119** A3
Scarpello [LU] **97** C2
Scarperia [FI] **99** AB2-3
Scarperia, Giogo di- **99** B2
Scarpignano, Corno di- **21** D1-2
Scarpizzolo [BS] **57** E1
Scárria, Monte- **85** C1
Scarzana [FC] **99** D2
Scarzara [PR] **71** F3
Scassella, Monte- **85** B2
Scavarda, Rifugio- **19** C3
Scavignano [RA] **99** DE1
Scavolino [PU] **101** A3-4
Scazzolino [PV] **55** EF2-3
Scena / Schenna [BZ] **11** CD1
Scerne [TE] **127** F4
Scerni [CH] **143** B2
Scezze / Tschötsch [BZ] **13** A1
Schabs / Sciaves [BZ] **3** B3
Schaldern / Le Laste [BZ] **3** C2
Schalders / Scaléres [BZ] **3** B3
S-charljöch / Crocetta, Passo della- **1** A2
Schaubach-Hütte / Città di Milano, Rifugio- **9** F1-2
Schéggia [PG] **115** DE1
Schéggia, Pizzo la- **5** E2
Scheggia, Valico- **107** A3
Schéggia e Pascelupo [PG] **115** DE1
Scheggiánico [FI] **99** B2
Scheggino [PG] **125** BC3
Schegli [SV] **67** F3-4
Schener, Castel- **29** B2
Schenna / Scena [BZ] **11** CD1
Schenone, Monte- **17** CD2
Schgumshof / Bagni di Sgúmes [BZ] **9** F1
Schia [PR] **85** EF2
Schia, Rifugio- **87** AB2
Schiagni [PG] **115** E3
Schiahorn **7** E2
Schianno [VA] **23** AB3
Schiara [SP] **95** B2
Schiara, Monte- **29** DE1
Schiara Occidentale, Riserva Naturale- **29** DE1
Schiavi [PC] **69** F1-2
Schiavi [VI] **45** B3
Schiavoi [PN] **31** BC3
Schiavon [VI] **45** C2
Schiavónia [PD] **61** E2
Schiazzano [FC] **99** F3
Schiena Cavallo **141** C3
Schieranco [VB] **5** C3
Schierano [AT] **53** CD2
Schieti [PU] **107** E2
Schietti [RE] **73** C3
Schievenin [BL] **29** C3
Schifanóia [PG] **115** DE2
Schifanóia [TR] **131** EF2
Schignano [CO] **23** C2
Schignano [PO] **97** F3
Schigno [PU] **107** B2
Schilla, Scolo- **63** C2
Schilpário [BG] **25** CD2-3
Schio [VI] **45** AB2
Schivenóglia [MN] **73** E1-2
Schizzola [PV] **55** E3
Schlanders / Silandro [BZ] **11** A2
Schlandrauner Tal / Silandro, Val di- **11** A1
Schlaneid / Salonetto [BZ] **11** D2
Schleis / Clúsio [BZ] **1** B2
Schlern / Sciliar **11** F2-3
Schlern / Sciliar, Monte- **13** A2-3
Schlern, Naturpark- / Sciliar, Parco Naturale dello- **11** F2-3
Schlernhäuser / Bolzano, Rifugio- **11** F2-3
Schlinger Tal / Slingia, Val- **1** A2
Schlinig / Slingia [BZ] **1** A2
Schluderbach / Carbonin [BZ] **13** E2
Schluderns / Sluderno [BZ] **9** F1
Schluder-Spitze / Sluder, Punta- **9** F1
Schlüter-Hütte / Gènova, Rifugio- **13** B2
Schmieden / Ferrara [BZ] **3** FG3
Schmieden / Ferrara [BZ] **3** E3
Schnals / Senáles [BZ] **1** D2
Schnalstal / Senáles, Val di- **1** D2
Schneespitzhütte / Cremona, Rifugio- **1** F1
Schönau / Belprato [BZ] **1** E1
Schönberg / Montebello **3** D2
Schönbichl / Bel Colle **3** E2
Schönblick / Bellavista, Rifugio- **13** A2
Schöneben / Belpiano [BZ] **1** A2
Schönrast / Pausabella, Monte- **11** E3
Schörgau, Bad- / Serga, Bagni- **11** DE2
Schreckbichl / Colterenzio [BZ] **11** D3
Schröfwand / Crodarotta **1** D2
Schrummspitze **11** B3
Schwarzenbach / Rionero [BZ] **11** E3
Schwarzenstein / Sasso Nero **3** D1
Schwarzerspitz / Nera, Punta- **3** E1-2
Schwarze Wand / Nera, Croda- **3** E2
Schwarzhorn / Nero, Corno- **11** E3-4
Schwarzkopf / Nera, Cima- **1** E2
Schwarzseehorn **7** E2
Schwarzseespitze / Lago Nero, Cima- **1** F1
Schwarzwand-Spitz / Nera, Croda- **1** EF1
Scianica [BS] **25** DE2
Sciano [FI] **105** B3
Sciarborasca [GE] **83** A2
Sciaves / Schabs [BZ] **3** B3
Sciedi [PG] **125** D3
Sciesa, Monte- **7** F3
Sciliar / Schlern **11** F2-3
Sciliar, Monte- / Schlern **13** A2-3
Sciliar, Parco Naturale dello- / Schlern, Naturpark- **11** F2-3
Scille [AR] **107** A3
Scimmia, Tomba della- **113** E3
Scindarella, Monte della- **135** A2
Sciolze [TO] **53** C2
Sciosi, Col- **31** B2-3
Scipione [PR] **71** D2-3
Scirca [PG] **115** E1
Scirocco, Cala- **119** ins.b
Scisciano [AN] **109** C4
Scit, i- [NO] **37** F1
Sciudri, Monte- **125** C3
Sclaunicco [UD] **33** B3
Sclavons [PN] **31** D3
Scodella, Poggio- **119** E1
Scoffera [GE] **83** D1-2
Scoffera, Passo della- **83** D1-2
Scoglietto **119** B1-2
Scoglione, Lo- **119** ins.a
Scoglio Rosso / Rote Riffl **3** C2
Scóiano [AR] **107** B3-4
Scola, La- **119** A3
Scole, Le- **129** A2
Scolette, Aiguille de- **51** B1-2
Scolmatore, Canale- **103** D3
Scoltenna, Torrente- **87** E3
Scomigo [TV] **29** E3
Sconchíglio [CH] **135** E2
Scopa [VC] **21** C3
Scopelle [VC] **21** D2-3
Scopello [VC] **21** C3
Scopeti [FI] **99** BC3
Scopetone, Foce di- **107** A4
Scopetta [VC] **21** C2-3
Scópoli [PG] **125** B2
Scópolo [PR] **71** B4
Scoppieto [TR] **123** D3
Scóppio [TR] **125** A3
Scoppito [AQ] **133** E2
Scopriminiera **51** D3
Scorano [ROMA] **137** F2
Scorcétoli [MS] **85** D2
Scorciosa [CH] **135** F3
Scorgiano [SI] **111** E1
Scorgnano [VR] **43** E3
Scorrano [TE] **135** B1
Scortichino [FE] **75** B2
Scorzarolo [MN] **73** BC1
Scorzati [VI] **43** F2
Scorzè [VE] **45** F3
Scosito, Fiume- **117** A2-3
Scossicci [MC] **109** F4
Scottini [TN] **43** E1
Scovetta [RO] **77** DE2
Scovola [BS] **57** F1
Scravaion, Colle- **81** D2-3
Scrimignano [AL] **23** BC3-4
Scritto [PG] **115** D2
Scrívia, Torrente- **55** C4
Scrofiano [SI] **113** D2
Scrutto [UD] **33** DE2
Scuole Barisano [FC] **91** D3
Scura, Monte della- **107** C2
Scurano [PR] **85** F1-2
Scurcola Marsicana [AQ] **139** EF2
Scurelle [TN] **27** E2
Scuro, Lago- **85** E2
Scurtabò [SP] **85** B2
Scurzolengo [AT] **53** E2-3
Sdobba, Punta- **49** E2
Sdriscia, la- [LI] **119** D1
Sealza [IM] **93** B3-4
Seano [PO] **97** EF3-4
Seano, Torrente- **115** AB1-2
Sebastiani, Rifugio- **139** F1
Sebino → Iseo, Lago d'- **41** E2
Seborga [IM] **93** BC3-4
Secca, Punta- [GR] **129** B3
Secca, Punta- [LI] **119** A3
Seccante, Poggio- **131** A1
Seccata [CN] **81** BC2
Saccheto [LI] **119** AB2
Secchetta, Giogo- **105** F1-2
Sécchia [RE] **87** E1
Sécchia, Fiume- **73** D2
Secchiano [PU] **101** A3
Secchiano [PU] **107** E3
Secchio [RE] **87** C2-3
Secciano [FI] **97** FG3
Secco, Monte- **25** B3
Secco, Rio- **141** F2
Secinaro [AQ] **141** BC1-2
Sécine, Monte- **141** E3
Seconda [RO] **61** B3
Secugnago [LO] **57** B2
Sécula [VI] **45** C3-4
Sedegliano [UD] **31** E2
Sedena [BS] **43** A3-4
Sedia di Napoleone **119** A2
Sèdico [BL] **29** D2
Sedílis [UD] **17** C3
Sédime [TO] **35** F3
Sedone [PV] **39** BC3
Sedrano [PN] **31** C2
Sedriano [MI] **39** B1-2
Sedrina [BG] **41** B2

Sédrio [RE] **87** D1
Seekofel / Croda del Becco **13** D1-2
Sefiár Spitze / Tavolino, Monte- **1** E2
Sefro [MC] **115** F2-3
Sega [VE] **47** D2
Sega [VR] **43** C3
Sega, la- [TN] **43** D2
Segà, Valle- **63** D3
Segabiello [BS] **41** E3
Sega Digon [BL] **13** FG2
Segagliate [AL] **55** C3
Segalare [FE] **77** D2
Segalari, Torre- [LI] **111** B2-3
Segantini, Baita- **29** B1
Segantini, Rifugio- **27** A1
Segarino, Monte- **85** B1
Sega Vecchia, Rifugio- **97** DE2
Seggiano [GR] **121** E2
Seggiano [PG] **125** A2-3
Seghe [VI] **45** B2
Seghe, le- [TN] **27** C1
Seghébbia [CO] **7** C4
Séglia [IM] **93** B3-4
Segnacco [UD] **33** C1
Segno [SV] **81** F2
Segno [TN] **11** C4
Segonda [MN] **73** E2
Segonzano [TN] **27** D1
Segonzano, Piramidi di- **27** D1
Segrate [MI] **39** D1-2
Segrino, Lago di- **23** D2-3
Segromigno in Monte [LU] **97** C3
Séguret, Monte- **51** BC2
Seguro [MI] **39** C2
Segusino [TV] **29** C3
Seigne, Col de la- **19** A2
Seio [TN] **11** C3
Seirasso, Cima- **81** B2
Seis / Siusi [BZ] **11** F2
Seiser Alm / Alpe di Siusi **13** AB2
Seiser Alm-Hütte / Alpe di Siusi, Rifugio- **13** A2-3
Seissogne [AO] **19** E2
Selape, Cima del- **43** C1-2
Selasca [VB] **21** F2
Selbagnone [FC] **99** F1-2
Selce, la- [ROMA] **145** BC1
Selcetta [ROMA] **145** C2
Selci [PG] **107** BC3
Selci [RI] **133** A2-3
Sella [TN] **27** E2-3
Sella [UD] **49** AB1
Sella / Söll [BZ] **11** D3
Sella, Cima- **13** F3
Sella, Gruppo di- / Sellagruppe **13** BC2
Sella, Laghi della- **79** C2
Sella, Monte- **87** C1
Sella, Passo di- / Sellajoch **13** B2-3
Sella, Rifugio- [AO] **21** A2
Sella, Rifugio- [AO] **19** AB1-2
Sella, Val di- **27** E2
Sella Boera, Punta di- **21** CD3
Sella di Corno [AQ] **133** DE2
Sella di Sénnes, Monte- **13** D1-2
Sella Eugenio, Rifugio- **21** B1-2
Sellagruppe / Sella, Gruppo di- **13** BC2
Sellajoch / Sella, Passo di- **13** B2-3
Sellano [PG] **125** C2
Sella Quintino, Canale- **39** A2
Sella Quintino, Rifugio- **65** C2-3
Sella Quintino-Subdiramatore Destro, Canale- **39** A3
Sella Quintino-Subdiramatore Sinistro, Canale- **39** A3
Sellate, Torrente- **111** D1-2
Sella Vittorio, Rifugio- **35** D1
Sellécchia [RI] **133** B2
Selle di Carnino, Rifugio- **81** B2-3
Sellere [BG] **41** E1-2
Sellero [BS] **25** DE2
Séllero, Monte- **25** CD2
Selle Vecchie, Colle- **81** AB3
Sellustra, Torrente- **89** E3
Selva [BG] **41** D2
Selva [BO] **89** E1
Selva [BZ] **27** F2
Selva [CH] **141** FG2
Selva [FI] **99** A2
Selva [GR] **121** E3
Selva [MO] **87** E2
Selva [PC] **69** F3
Selva [PC] **71** B3
Selva [PC] **71** A4
Selva [PN] **31** C2
Selva [RO] **77** AB1-2
Selva [VI] **61** C1
Selva / Walder [BZ] **3** BC3
Selva, la- [AR] **113** C1
Selva, La- [FC] **99** F1
Selva, la- [SI] **111** E2-3
Selva, la- [SI] **111** E2
Selva, Lago della- / Waldner See **3** E1
Selva, Monte della- [AQ] **135** A2
Selva, Monte della- [AQ] **141** C2
Selva, Poggio- **131** C1
Selva Candida [ROMA] **145** C2
Selva dei Molini / Mühlwald [BZ] **3** CD2
Selva del Bocchetto [PR] **71** D4
Selva del Montello [TV] **45** F2
Selva di Cadore [BL] **13** D3
Selva di Progno [VR] **43** E3
Selva di Tríssino [VI] **45** A3
Selva di Val Gardena / Wolkenstein in Gröden [BZ] **13** B2
Selvaggio [TO] **51** EF2
Selvaggio, Lago- / Wilder See **3** B2
Selva Grossa [PR] **71** DE4
Selva Malvezzi [BO] **89** E1
Selvanizza [PR] **85** F2
Selvapiana [AL] **69** DE2
Selvapiana [FC] **99** F3
Selvapiana [MC] **125** C1-2
Selvapiana [RE] **87** C1
Selvarizzo [MN] **59** B2
Selvatelle [PI] **103** DE3
Selvatorta [AN] **109** D3
Selvavécchia [VR] **43** D2-3
Selvazzano [MC] **117** AB3
Selvazzano Dentro [PD] **61** E1
Selve [VC] **37** D2-3
Selve Marcone [BI] **37** C1
Selvena [GR] **121** E3
Selvetta [SO] **25** A1-2
Selvino [BG] **41** C2
Sélvis [UD] **33** C2
Sélvole [MN] **59** A2
Sélvole [SI] **105** D3-4
S.E.M., Rifugio- **23** E2
Semiago [RE] **87** D1
Semiana [PV] **55** B2
Seminenga [AL] **53** D1-2
Seminiato, Canale- **77** C2
Semino [GE] **69** CD3
Seminò [PC] **55** F2-3
Semivicoli [CH] **135** E3
Semogo [SO] **9** D1-2
Semoigo, Monte- **93** BC3
Semonte [PG] **115** D1
Semonte [VT] **129** F1
Semonzetto [TV] **45** D2
Semonzo [TV] **45** D2
Semorile [GE] **83** E2
Semoriva [PR] **71** E2
Sempione, Galleria del- **5** C2
Semproniáno [GR] **121** E3
Semproniáno, Poggio di- **121** E3
Semurano [CO] **7** D4
Senago [MI] **39** C1
Senaia [AR] **113** E1
Senáiga, Lago del- **29** B2
Senáiga, Torrente- **29** B2
Senale / Unsere Liebe Frau im Walde [BZ] **11** C2-3
Senáles / Schnals [BZ] **1** D2
Senáles, Val di- / Schnalstal **1** D2
Senale-San Felice / Unsere Liebe Frau im Walde-Sankt Felix [BZ] **11** C2
Senárega [GE] **69** D3
Senarica [TE] **133** FG1
Senatello [PU] **107** B2
Séngie, Punta di- **35** E1
Seniga [BS] **57** EF2
Senigállia [AN] **109** D2
Senio, Torrente- **91** D1
Senna, Torrente- **123** A3
Senna Comasco [CO] **23** C3
Senna Lodigiana [LO] **57** B2-3
Sennes, Rifugio- / Sennes Hütte **13** D2
Sennes Hütte / Sennes, Rifugio- **13** D2
Senni [FI] **99** AB3
Sensano **103** F4
Senter [TN] **43** E1
Sentino [MC] **117** B3
Sentino, Torrente- **115** F1
Sentinum **115** EF1
Séo [TN] **27** B2
Seppado [GE] **69** E3
Seppiana [VB] **5** D3
Séppio [MC] **117** AB2-3
Septumian [AO] **19** F2
Sequals [PN] **31** DE1-2
Sera, Cima- **27** A2
Serafini [TN] **29** AB2-3
Serano, Monte- **125** B2
Seráuta, Pizzo- **13** C3
Seravezza [LU] **95** E2-3
Sérchio, Fiume- **85** F3
Sérdes [BL] **13** DE3
Seré, Bec del- **81** EF1
Seregnano [TN] **27** CD2
Seregno [MI] **23** D3-4
Seréna, Testa di- **19** C2
Seren del Grappa [BL] **29** BC2-3
Serga, Bagni- / Schörgau, Bad- **11** DE2
Sergnano [CR] **57** C1
Seriana, Val- **25** B3
Seriate [BG] **41** C2
Seridondo, Monte- **41** F2
Serignana [FI] **99** CD3
Serina [BG] **25** A3
Serio, Cascate del- **25** C2
Sério, Fiume- **57** C2
Serio, Parco del- **41** C3-4
Seriola [BS] **59** A2
Sério Morto **57** C2
Serlate, Torrente- **113** C3
Serle [BS] **43** A3
Sermenza, Torrente- **21** C2
Sermério [BS] **43** C2
Sermezzana [LU] **85** F3
Sérmide [MN] **75** B1-2
Sermória [AL] **69** BC2-3
Sermugnano [VT] **123** CD3-4
Sernáglia della Battáglia [TV] **45** F1
Sérnio [SO] **25** D1
Sérnio, Monte- **17** B2
Serò [SP] **85** C3
Serodine **9** F3
Serole [AT] **67** E3
Serone [SO] **7** F3-4
Serottini, Monte- **9** DE3
Serpiano [MO] **87** D3
Serra [AL] **53** E2
Serra [AL] **69** B2-3
Serra [AR] **107** A2
Serra [AT] **53** F3
Serra [AT] **53** C2
Serra [CN] **81** C2
Serra [FC] **101** A3
Serra [GE] **69** E3
Serra [GE] **83** C2
Serra [GE] **83** E2
Serra [GE] **69** C3
Serra [MO] **87** F2
Serra [PI] **111** C1-2
Serra [RA] **89** F3
Serra [SP] **95** C2
Serra, Alpe di- **107** A2
Serra, La- [Piem.] **37** B1-2
Serra, la- [AQ] **141** B2
Serra, La- [PI] **103** E3
Serra, la- [PO] **105** AB2
Serra, Monte- [Eur.] **9** C1
Serra, Monte- [LI] **119** C1-2
Serra, Monte- [PG] **115** D2
Serra, Monte- [PG] **125** DE3
Serra, Monte- [Tosc.] **103** D2
Serra, Monte della- **99** D2
Serra, Monte la- **135** B2-3
Serra, Passo di- **107** A2
Serra, Pian della- **107** E4
Serra, Torrente- **125** A4
Serrabassa [PT] **97** CD1-2
Serra Brunamonti [PG] **115** D2
Serrada [TN] **43** E1
Serra de' Conti [AN] **109** C3
Serra del Monte [PV] **69** D1-2
Serrádica [AN] **115** EF2
Serra di Genga [PU] **109** A2
Serra di Maiolo [PU] **101** A3
Serradimigni [MO] **87** D3
Serra di Piastra [PU] **107** D2
Serra di Sopra [RN] **101** C3
Serra di Sotto [RN] **101** C3
Serráglio [BO] **97** G2
Serráglio [MN] **59** C3
Serraglio, Cima del- **9** D1
Serraia [TN] **27** D2
Serraia, Lago di- **27** D2
Serralta [MC] **117** BC2
Serralunga d'Alba [CN] **67** CD3
Serralunga di Crea [AL] **53** E2
Serramanno, Masseria- [CB] **143** CD3
Serramazzoni [MO] **87** E2
Serramonacesca [PE] **135** D3
Serrapetrona [MC] **117** BC2
Serra Pistoiese [PT] **97** D3
Serra Riccò [GE] **69** C3
Serra San Marcello [AN] **109** D3
Serra San Quírico [AN] **109** BC4
Serra Sant'Abbondio [PU] **109** A3-4
Serraspinosa [PU] **109** A3
Serrata, la- [GR] **113** A3
Serravalle [AR] **105** FG2
Serravalle [AT] **53** D3
Serravalle [FE] **77** C2
Serravalle [PG] **125** D3
Serravalle [PR] **71** D3
Serravalle [RSM] **101** B3
Serravalle [SI] **113** B2-3
Serravalle, Castello di- [MC] **115** F3
Serravalle, Poggio- **105** CD4
Serravalle, Ponte di- **97** D3
Serravalle, Rocca di- **9** E2
Serravalle all'Adige [TN] **43** E2
Serravalle a Po [MN] **59** E3
Serravalle di Carda [PU] **107** D3
Serravalle di Chienti [MC] **115** F3
Serravalle Langhe [CN] **67** D3
Serravalle Pistoiese [PT] **97** D3
Serravalle Scrivia [AL] **69** BC2
Serravalle Sésia [VC] **21** DE3
Serrazzano [PI] **111** C2
Serrazzone [MO] **97** D1
Serre [CH] **143** A3
Serre [CN] **65** D2
Serre [CN] **65** C3
Serre [CN] **79** D1
Serre [TO] **51** E3
Serre, Cimata delle- **139** C2
Serre, Madonna- **103** E3
Serre, Monte tra le- **133** DE2-3
Serre di Rapolano [SI] **113** C2
Sérres / Zerzer-B. **1** B2
Serreta [IM] **93** E3
Serrintesta, Monte- **107** E3
Serriola, Bocca- **107** CD3
Serrípola [MC] **117** B2
Serristori, Rifugio- / Zaytal-Hütte **1** B3
Serro [CN] **65** DE2-3
Serro [CN] **81** B2
Serrónchia [MC] **117** B1
Serrone [FR] **139** D3
Serrone [MC] **117** B2
Serrone [MC] **117** C3
Serrù, Lago- **35** C2
Serrungarina [PU] **109** B2
Serso [TN] **27** D2
Serva, Monte- **29** E1
Servigliano [AP] **117** D3
Servillo [TE] **127** C4
Servin, Monte- **35** D3
Servino [CN] **79** B1
Servo [BL] **29** B2
Sésia, Fiume- **55** A1
Sesílis, Monte- **15** D2
Sesona [VA] **21** FG3
Sessame [AT] **67** EF2-3
Sessana [AL] **53** E1-2
Sessant [AT] **53** DE3
Sessarego [GE] **83** D2
Séssera, Bocchetta di- **21** C3-4
Séssera, Torrente- **21** C3
Sesso [RE] **73** B3
Sesta [SP] **85** BC3
Sesta, la- [SI] **121** D1-2
Sesta Godano [SP] **85** BC3
Sesta Inferiore [PR] **85** E2
Sestaione, Fiume- **97** D2
Sestano [SI] **113** BC1-2
Sestino [AR] **107** C2
Sesto [LO] **57** B2
Sesto / Sexten [BZ] **3** FG3
Sesto, Val di- / Sextental **3** FG3
Sesto al Réghena [PN] **47** D1
Sesto Calende [VA] **21** F3
Sesto Cremonese [CR] **57** D2-3
Sesto ed Uniti [CR] **57** D2
Sesto Fiorentino [FI] **105** C1-2
Sesto Imolese [BO] **89** F2
Séstola [MO] **97** D1
Sesto San Giovanni [MI] **39** D1
Sesto Ulteriano [MI] **39** D2
Sestriere [TO] **51** C3
Sestri Levante [GE] **83** F3
Sestri Ponente [GE] **83** BC2
Sesvenna, Piz- **1** A2
Seta [RE] **73** B3
Setta [SP] **85** B3
Setta, Torrente- **89** C2-3
Settala [MI] **39** E2
Sette Bagni [ROMA] **137** EF2-3
Settecamini [ROMA] **145** D1
Sette Casoni [VE] **47** D3
Sette Comuni, Altopiano dei- **45** BC2
Sette Fontane [TN] **27** D1
Sette Fontane, Malga- **15** C2-3
Settefonti [BO] **89** D2
Settefrati, Abbazia- **123** CD1-2
Sette Galli [FC] **99** E3
Sette Morti, Valle dei- **63** D2
Settepani, Monte- **81** E2
Settepolesini [FE] **75** C2
Settequerce / Siebeneich [BZ] **11** D2-3
Sette Selle, Cima di- **27** E2
Sette Sorelle, Bonifica delle- **47** D2
Sette Vene [VT] **131** DE3
Settignano [FI] **105** C2
Séttima [PC] **71** B2
Settimana, Torrente- **15** C3
Settimana, Val- **13** G4
Séttime [AT] **53** D3
Settimello [FI] **97** FG3
Séttimo [PV] **39** D3
Séttimo [TV] **45** F3
Séttimo [TV] **47** C1
Séttimo [VE] **47** D1-2
Séttimo [VR] **59** D1
Séttimo Alpini, Rifugio- **29** E1
Séttimo di Gallese [VR] **59** D1-2
Séttimo Milanese [MI] **39** C1-2
Séttimo Persiana [VE] **47** D1-2
Séttimo Rottaro [TO] **37** BC2
Séttimo Torinese [TO] **53** B1-2
Séttimo Vittone [TO] **37** AB1
Settsass **13** C2
Sevegliano [UD] **49** C1
Severiana, Via- **145** C2
Séveso [MI] **39** C1
Séveso, Torrente- **23** C3
Sévice, Monte di- **139** F1-2
Sevignano [TN] **27** D1-2
Sevizzano [PC] **55** F3
Sevo, Pizzo di- **127** AB3-4
Sexten / Sesto [BZ] **3** FG3
Sextener Dolomiten, Naturpark- / Dolomiti di Sesto, Parco Naturale- **13** E1-2
Sextental / Sesto, Val di- **3** FG3
Sezza [UD] **17** AB2
Sezzádio [AL] **69** A2
Sfercia [MC] **117** B3
Sfondo, Lago- **135** B2
Sforniol, Monte- **13** E3
Sforzacosta [MC] **117** D2
Sforzatica [BG] **41** B2-3
Sforzesca [GR] **123** A3
Sforzesca [PV] **39** B3
Sfruz [TN] **11** C3-4
Sgarbina [PV] **55** D2-3
Sgónico [TS] **49** F2
Sgoreà, Rio- **93** B3
Sgrilla, la- [GR] **129** D1
Sgrillozzo [GR] **129** D1
Shöne Aussicht / Bellavista, Rifugio- **1** C2
Siacco [UD] **33** C2
Sibano [BO] **89** BC2-3
Siberia [PI] **103** D3
Siberia [PI] **103** D3
Sibilla, Monte- **125** E2
Sibillini, Monti- **125** E2
Sibolla, Lago- **103** E1-2
Siccomario **55** DE2
Sicelle [FI] **105** C3
Sicille [SI] **113** D2-3
Sicina [TN] **27** DE1
Sídolo [PR] **85** C1
Siebeneich / Settequerce [BZ] **11** D2-3
Sieci [FI] **105** D2
Siele, Torrente- **121** F3
Siena [SI] **113** AB1-2
Siena-Ampugnano, Aeroporto Nazionale- **113** A2
Siena Vécchia, Poggio- **113** A2
Siera, Passo di- **15** CD1
Sieve, Fiume- **105** D1
Sighignola **23** BC2
Sigilletto [UD] **15** D1
Sigillo [PG] **115** E1-2
Sigillo [RI] **133** D1-2
Sigliano [AR] **107** B3
Siglioli [IM] **93** D2
Signa [FI] **105** B2
Signático [PR] **85** E1
Signayes [AO] **19** D2
Signols [TO] **51** B2
Signora, Monte della- **79** A1
Signoressa [TV] **45** F2
Signori, Colle dei- **81** AB2-3
Signorino, il- [PT] **97** E2-3
Sigurta, Parco Giardino- **59** C1
Silandro / Schlanders [BZ] **11** A2
Silandro, Rio- **11** A2
Silandro, Val di- / Schlandrauner Tal **11** A1
Sile [PN] **31** D3
Sile, Fiume- [It.] **47** D1
Sile, Fiume- [Ven.] **47** AB3
Silea [TV] **47** A2-3
Siligata, La- [PU] **101** D3
Silísia, Torrente- **15** D3
Silla [BO] **97** E1
Silla, Torrente- **97** E1
Sillano [LU] **85** F3
Sillano, Monte- **85** FG3
Sillano, Rocca di- **111** D2
Sillara, Monte- **85** E2
Sillaro, Torrente- **91** B1
Sillavengo [NO] **37** E1
Sillicagnana [LU] **95** F1-2
Sillicano [LU] **95** F2
Síllico, Torrente- **97** B1-2
Silva [TO] **37** A2
Silvano d'Orba [AL] **69** AB2
Silvano Pietra [PV] **55** C2
Silvella [TV] **31** B3
Silvella [UD] **33** B2
Silvella, Casera di- [BL] **13** FG1-2
Silvelle [PD] **45** F3
Silvestertal / San Silvestro, Val- **3** F3
Silvi [TE] **135** D1
Silviane [BS] **41** EF3
Silvignano [PG] **125** B2-3
Silvi Marina [TE] **135** D1
Silvi Paese [TE] **135** D1
Simbruini, Monti- **139** DE3
Simignano [SI] **111** EF2
Similáun **1** D2
Similáun, Rifugio del- / Similaunhütte **1** CD2
Similaunhütte / Similáun, Rifugio del- **1** CD2
Simoncello **107** C2
Sinablana / Tanna [BZ] **11** C3
Sinalunga [SI] **113** D2
Sinarca, Torrente- **143** D3
Sinauz, Monte- **17** D1
Sindacale [VE] **47** E2
Sinello, Fiume- **143** B2
Sinich / Sinigo [BZ] **11** CD2
Sinichbach / Sinigo, Rio- **11** D2
Sinigo / Sinich [BZ] **11** CD2
Sinigo, Rio- / Sinichbach **11** D2
Sinio [CN] **67** D3
Sinne [BZ] **3** EF3
Sintigliano [AR] **107** B2
Sintria, Torrente- **89** F3
Sipicciano [VT] **131** D1
Sirena, la- [BO] **89** B2
Sirente, Monte- **141** B1-2
Sirente-Velino, Parco Naturale- **141** B1-2
Siria, Monte- **65** D4
Sirmione [BS] **43** B3-4
Sirmione, Punta di- **43** B3-4
Sirolo [AN] **109** F3
Sirone [LC] **23** DE3
Siror [TN] **29** BC1
Sirta [SO] **7** FG3-4
Sirtori [LC] **23** DE3
Sises, Monte- **51** C3
Sismano [TR] **123** E3
Siso [PR] **71** E3-4
Sisola [AL] **69** D2
Sissa [PR] **71** F2
Sissone, Monte- **9** A3
Sista [VE] **63** C2
Sistiana [TS] **49** E2
Sitran [BL] **29** EF2
Siusi / Seis [BZ] **11** F2
Siusi, Alpe di- / Seiser Alm **13** AB2
Siviano [BS] **41** E2
Siviigliano [UD] **49** B1
Sivignano [AQ] **133** E1
Sivizzano [PR] **87** A1
Sivizzo [PR] **85** E2
Siziano [PV] **39** D2-3
Sizzano [NO] **37** E1
Slingia / Schlinig [BZ] **1** A2
Slingia, Val- / Schlinger Tal **1** A2
Slivia [TS] **49** EF2
Sluder, Punta- / Schluder-Spitze **11** A2
Sluderno / Schluderns [BZ] **9** F1
Smarano [TN] **11** C3-4
Smarlacca [RA] **91** E1
Sméglio [VB] **5** D2
Smergoncino [RO] **77** C1
Smerillo [AP] **127** B1-2
Smirra [PU] **107** EF3
Snive [CN] **79** DE2
Soana, Torrente- **35** F2
Soana, Valle- **35** F2
Soanne [PU] **101** A3
Soara, Torrente- **107** C4
Soarza [PC] **57** DE3
Soave [MN] **59** C2
Soave [VR] **61** B1
Sobretta, Costa- **9** E2
Sobretta, Monte- **9** E2
Soča **33** F2
Soccher [BL] **29** E1
Socchieve [UD] **15** DE2
Socco Madernassa [CN] **67** CD2
Soccorso [MN] **59** E3
Soci [AR] **105** F2
Socol [BL] **13** D2-3
Socrággio [VB] **5** F3
Sodo [AR] **113** E2
Sodolungo, Monte- **107** CD4
Soffiano [FI] **105** C2
Soffranco [BL] **29** E1
Soffratta [TV] **47** B1-2
Sogliano al Rubicone [FC] **101** A2-3
Soglio [AT] **53** D2-3
Soglio [CN] **65** D3-4
Soglio, Monte- **35** F2
Sogno [LC] **41** A2
Sogno, Isola- **43** C2
Soi, Passo di- / Soy Scharte **11** A2
Soiana [PI] **103** D3
Soianella [PI] **103** D3
Soiano del Lago [BS] **43** AB3
Sóis [BL] **29** DE2
Sola [BG] **41** C3-4
Solagna [VI] **45** D1-2
Soláia [SI] **113** A3
Soláio [SI] **111** D2
Solara [MO] **73** E3
Solara, Torrente- **105** EF2
Solare, Monte- **115** A3
Solaro [BS] **57** F1-2
Solaro [GE] **83** E2
Solaro [MI] **39** C1
Solaro [PC] **71** A3-4
Solarolo [BS] **43** B3
Solarolo [CR] **57** F2
Solarolo [MN] **59** B2
Solarolo [NO] **37** F1
Solarolo [RA] **91** BC2
Solarolo, Monte- **29** BC3
Solarolo Monasterolo [CR] **57** F3
Solarolo Rainério [CR] **59** A3
Solärs [UD] **15** E1
Sólata [AR] **105** E4
Solato [BS] **41** E1-2
Solbiate [CO] **23** B3
Solbiate Arno [VA] **23** A3
Solbiate Olona [VA] **23** B3-4
Solbrito [AT] **53** C3
Solcio [NO] **21** F2-3
Solda / Sulden [BZ] **9** F1

Solda, Rio- **1** B3
Solda, Val di- / Suldental **1** B3
Solda di Fuori / Außersulden [BZ] **9** F1
Soldano [IM] **93** BC3-4
Soldano, Monte- **111** D1-2
Sole [RE] **85** FG2
Sole, Monte- [BO] **89** C2-3
Sole, Monte- [RI] **133** C3
Sole, Monte- [TN] **11** A3
Sole, Val di- **11** B3-4
Solere [CN] **65** F3
Solero [AL] **53** FG3
Soleschiano [UD] **33** C3
Solesino [PD] **61** E2
Solfagnano [PG] **115** C2
Solferino [MN] **59** B1
Solferino [VE] **63** C2-3
Sólgia [VB] **5** F3
Soli [SI] **113** C2-3
Soliera [MO] **73** D3
Soliera [MS] **85** E3
Soliera, Stazione di- **73** D3
Solighetto [TV] **29** DE3
Solignano [PR] **71** D4
Solignano Nuovo [MO] **87** F1
Soligo [TV] **29** DE3
Soligo, Fiume- **29** E3
Solimbergo [PN] **31** DE1-2
Soliva [VC] **21** E3
Soliva, Cima- **25** B2
Solivo, Monte- **21** D3-4
Söll / Sella [BZ] **11** D3
Sollazzetto [VE] **47** EF2
Soller [TV] **29** E3
Sologno [NO] **37** F1
Sologno [RE] **85** G2
Solomeo [PG] **115** B3
Solomiac [TO] **51** B2-3
Solonghello [AL] **53** E2
Soltárico [LO] **57** B2
Solto Collina [BG] **41** E2
Solva [SV] **93** EF2
Solvia, Monte- **27** A2-3
Solza [BG] **41** AB2-3
Somadida, Riserva Naturale- **13** E2
Somadino [LC] **7** E4
Somággia [SO] **7** E3
Somáglia [LO] **57** B3
Somana [LC] **23** DE2
Somano [CN] **67** CD3
Sombreno [BG] **41** B2
Someda [TN] **13** AB3
Someraro [VB] **21** EF2
Somma, Valico della- **125** B3-4
Sommacampagna [VR] **59** CD1
Somma Lombardo [VA] **21** G3
Somma Lombardo, Rifugio- **5** E1
Sommaprada [BS] **25** D2-3
Sommarese [AO] **19** G2
Sommariva [BL] **13** E3
Sommariva del Bosco [CN] **67** B2
Sommariva Perno [CN] **67** C2
Sommarovina [SO] **7** E2-3
Sommati [RI] **125** E4
Sommeiller, Punta- **51** BC2
Sommo [PV] **55** D2
Sommo, Monte- / Sambock **3** D3
Sommo, Passo del- **27** D3
Sommocolónia [LU] **97** BC2
Sommo con Porto [CR] **57** EF3
Somole [PU] **107** D3
Sompdogna, Sella di- **17** D2
Sompiano [PU] **107** C3
Somplago [UD] **17** B2-3
Somprade [BL] **13** EF2
Somprado-Villotta [PN] **31** C2
Sompunt [BZ] **13** C2
Somrabbi [TN] **11** A3
Somtiolo [SO] **9** D3
Sona [VR] **59** CD1
Sonareto [RE] **87** C2
Soncino [CR] **57** D1
Soncino [PV] **39** C3
Sonclivo, Corno di- **41** F2
Sóndalo [SO] **9** D2-3
Sondrio [SO] **25** B1-2
Sónego [TV] **29** EF2
Songavazzo [BG] **25** B3
Sónico [BS] **25** DE1-2
Sonnino, Rifugio- **13** D3
Sonvigo / Aberstückl [BZ] **1** FG2
Sopra, Casoni di- [MO] **73** EF3
Soprabolzano / Oberbozen [BZ] **11** E2
Sopracastello [TV] **45** DE2
Sopra Conella **27** E2
Sopracornola [LC] **41** AB2
Sopramonte [TN] **27** C2
Soprana [BI] **37** D1
Soprana [CN] **67** E3-4
Sopranes, Rio- / Spronser-Bach **11** C1
Sopranico [BS] **43** A3
Soprapiana [TV] **45** F1
Sopraponte [BS] **43** A3
Sopra Tierra, Monte- **13** D3
Sora [CO] **7** C4
Soraga [TN] **13** AB3
Soragna [PR] **71** E2
Sorana [PT] **97** D3
Sorano [CN] **67** CD3
Sorano [GR] **123** A3
Soranzen [BL] **29** C2
Sorapis, Lago di- **13** E2
Sorapiss, Punta- **13** E2-3
Soras [BL] **29** B2-3
Soratte, Monte- **131** EF3
Sorba, Torrente- **21** C3
Sorbano [FC] **99** F3
Sorbara [MN] **59** A2
Sorbara [MO] **73** DE3
Sorbello, Castello- **115** B2
Sorbétolo [PU] **107** D2
Sorbo [AQ] **139** E2
Sorbo [MC] **125** D2
Sorbo [PI] **103** CD3
Sorbo [ROMA] **137** E2
Sorbo, Monte- **143** AB2-3
Sórbolo [PR] **73** A2
Sórbolo [SP] **95** BC1-2
Sorbolongo [PU] **109** B2-3
Sordevolo [BI] **37** B1
Sordíglio [RE] **87** C1
Sórdio [LO] **39** E2-3
Sordo, Fiume- **125** D3
Soresina [CR] **57** CD2
Sorgà [VR] **59** D2
Sorgente [FI] **105** B2
Sorgente Funtani, Riserva Naturale- **43** AB2-3
Sorgente Resenzuola, Riserva Naturale- **29** B2
Sorgenti del Belbo, Riserva Naturale delle- **81** D1
Sorgenti del Fiume Vera, Parco- **133** F2
Sorgenti del Pescara, Riserva Naturale- **141** C1
Sorgenti Sulfuree sul Fiume Lavino, Parco delle- **141** E1
Sorgnano [MS] **95** D2
Sori [GE] **83** D2
Soriano [MI] **39** B2
Soriano nel Cimino [VT] **131** D2
Soriasco [PV] **55** E3
Sórico [CO] **7** E3-4
Sorifa [MC] **115** EF3
Sorifa [PG] **115** E3
Sorina [AL] **53** D2
Sorio [VI] **61** BC1
Soriso [NO] **21** E3
Sorísole [BG] **41** BC2
Sormano [CO] **23** D2
Sormazzana [CO] **23** CD2
Sorna, Torrente- **43** D2
Sornadello, Monte- **23** F2
Sorra, Torrente- **113** B2
Sorreley [AO] **19** E2
Sorrezzana [PI] **103** E2-3
Sorrícchio [PE] **135** CD1
Sorriva [BL] **29** B2
Sorrivi [GE] **69** CD3
Sorrívoli [FC] **101** A2
Sorti [MC] **125** D1-2
Sorti [MC] **115** F3
Sorzana [BS] **43** A3
Sorzento [UD] **33** DE2
Sospiri, Monte dei- **107** D3
Sospiro [CR] **57** E3
Sospirolo [BL] **29** D2
Sossai [BL] **29** E2
Sossano [VI] **61** CD1
Sossasso [AP] **125** E2
Sostasio [UD] **15** DE1
Sostegno [BI] **21** D3-4
Sostegno [PV] **55** EF2
Sostino [PG] **125** B1-2
Sotta, Monte- **81** D2
Sottana [CN] **67** DE3-4
Sottile, Punta- **49** F3
Sottili [PI] **103** DE2
Sotto, Casoni di- [MO] **73** EF3
Sottocastello [BL] **13** F3
Sotto Castello [BS] **43** A2-3
Sottochiesa [BG] **23** F2
Sottoguda [BL] **13** C3
Sotto il Monte Giovanni XXIII [BG] **41** AB2
Sotto la Frua [VB] **5** E1
Sottomarina [VE] **63** D2
Sottomonte [PN] **31** D1
Sottoripa [AL] **53** E2
Sottoselva [UD] **33** C3
Sottovalle [AL] **69** C2-3
Sottrù [BZ] **13** C2
Souchères Basses [TO] **51** C2
Souchères Hautes [TO] **51** C2
Sovana [GR] **121** E3-4
Sovara [AR] **107** B3
Sovara, Torrente- **107** B3
Sovata, Torrente- **121** B2-3
Sovazza [NO] **21** E2-3
Sover [TN] **27** D1
Sóvere [BG] **41** DE1-2
Sovernigo [TV] **45** FG2
Sovérzene [BL] **29** E1
Sovicille [SI] **113** A2
Sovico [MI] **39** D1
Sovilla [TV] **47** A2
Sovizzo [VI] **45** B3
Sovramonte [BL] **29** B2
Soy Scharte / Soi, Passo di- **11** A2
Sozzago [NO] **39** A2
Sozzigalli [MO] **73** D3
Spaccabellezze, Monte- **129** B2
Spaccarelli [CH] **135** EF3
Spaccato, Colle- **135** DE3
Spaccato, Poggio- **123** D2
Spacco della Regina **129** C2
Spada [PG] **115** D2
Spada, Poggio- **121** A2
Spadacenta [VE] **47** CD2
Spadarolo [RN] **101** BC2
Spadolazzo, Pizzo- **7** E1-2
Spagna, Piano di- **7** E4
Spalavera, Monte- **21** F1
Spalla, Forcella della- **13** F3-4
Spanna, Rifugio- **21** D3
Spante [TR] **123** CD2-3
Sparavero, Cima- **43** C3
Sparavieri, Monte- **43** E2
Sparone [TO] **35** F2
Sparvera, Serra- **141** D3
Sparviero, Scoglio dello- **119** E2
Sparvo [BO] **97** FG1
Spaventa, Masseria- [CH] **143** A1-2
Spazzate [BO] **91** B1
Spazzavento [PT] **97** DE3
Spazzona [AL] **67** FG2
Spéccheri, Lago di- **43** E2
Spécchio [PR] **71** D3-4
Spedaletto [PI] **103** E4
Spedaletto [PT] **97** E2
Spedaletto [SI] **113** CD3
Spedino [RI] **133** E3
Speikboden / Spico, Monte- **3** CD2
Spello [PG] **125** AB1-2
Spelonga [AP] **125** E3
Spera [TN] **27** EF2
Spera, La- [RI] **133** B1-2
Speranza [RE] **87** D1
Spercenigo [TV] **47** B2-3
Sperella, Vetta- **9** C2
Spergoláia [GR] **121** B3
Sperone [AQ] **141** C3
Sperongia [PC] **71** C3
Spert [BL] **31** B2
Sperticaro [BO] **89** BC2-3
Spervara [MO] **87** D3
Spéscia [FC] **99** DE3
Spessa [PD] **45** CD3
Spessa [PV] **55** EF2
Spessa [UD] **33** D2
Spessa [VR] **61** C1-2
Spessa, Cima- **43** B1-2
Spessa, Forcella- **15** D3
Spessa, Val di- / Wengental **13** C2
Spettine [PC] **71** B2-3
Spettoleria [BO] **89** D1
Spézia, La- [SP] **95** BC2
Spezzano [MO] **87** EF1
Spiaggi, Monte- **85** C2
Spiaggio [PR] **71** DE3-4
Spianate [LU] **103** E2
Spiano [TE] **135** AB1
Spiazzi [BG] **25** B3
Spiazzi [VR] **43** CD3
Spiazzo [TN] **27** A2
Spicchiaiola [PI] **111** D1
Spícchio [PT] **97** E3-4
Spícchio, Monte- **107** C3
Spícchio-Sovigliana [FI] **103** F2
Spicciano [FI] **105** BC3
Spicciano [MS] **85** E3
Spicciano [VT] **131** D1
Spico, Monte- / Speikboden **3** CD2
Spiel, Dosso- **11** B2-3
Spigarolo [PR] **71** E2
Spignana [PT] **97** D2
Spigno Monferrato [AL] **67** EF3
Spignon [UD] **33** D2
Spigno Stazione **67** EF3
Spigolo, Punta- **49** E2
Spigone [RE] **85** G2
Spilamberto [MO] **89** B1
Spilimbergo [PN] **31** E2
Spillo, Poggio allo- **107** A1-2
Spina [BS] **41** D3
Spina [PG] **123** D1-2
Spina, Lago di- **53** C3
Spina, Monte- **13** FG2
Spina, Necrópoli di- **77** C3
Spina, Torrente- **125** B3
Spinacceto [RI] **133** B2
Spinaceta [ROMA] **145** C2
Spina del Lupo / Wolfendorn **3** B2
Spinadesco [CR] **57** D3
Spináia, Poggio- **121** C3-4
Spinale, Monte- **27** AB1
Spina Nuova [PG] **125** BC2
Spinarda, Monte- **81** D2
Spina Santa **145** F1
Spina Vecchia [PG] **125** BC2
Spinazzino [FE] **75** D3
Spíndoli [MC] **115** F2
Spinea [VE] **45** FG3-4
Spinea-Orgnano [VE] **45** F3-4
Spineda [CR] **73** AB1
Spineda [TV] **45** E2
Spinelli [BG] **25** B3
Spinelli [PI] **103** D3
Spinello [FC] **99** E3
Spinello [PC] **71** B3
Spineta [SI] **123** AB2
Spineto [TO] **35** G2
Spinétoli [AP] **127** D2
Spineto Scrivia [AL] **55** C3
Spinetta [CN] **79** E1
Spinetta Marengo [AL] **55** AB3
Spinga / Spinges [BZ] **3** B3
Spinges / Spinga [BZ] **3** B3
Spinimbecco [VR] **61** C2-3
Spino [MO] **87** F2
Spino, Monte- **43** B2
Spino, Valico dello- **107** A2
Spino d'Adda [CR] **57** AB1
Spínola, Castello- [AL] **69** C3
Spínola, Castello- [GE] **69** B3
Spínola, Fattoria- [PG] **115** C3
Spinone al Lago [BG] **41** D2
Spinosa, Casa- [GR] **129** B2
Spinti, Torrente- **69** C2-3
Spirago [PV] **39** D3
Spirano [BG] **41** BC3
Spitz, Monte- [VI] **43** F2
Spitz, Monte- [VI] **45** CD1
Spiz di Mezzodì **13** E4
Spizom, Monte- **27** C3
Splaza, Monte- **41** F1-2
Spluga, Monte- **7** F3
Spluga, Passo dello- **7** DE1-2
Spóccia [VB] **5** F3
Spöl, Torrente- **9** C2
Spoleto [PG] **125** B3
Spoltore [PE] **135** D2
Spolverino, Rifugio- **11** AB4
Spondigna / Spondinig [BZ] **1** B3
Spondinig / Spondigna [BZ] **1** B3
Spora [PR] **85** B1-2
Spormaggiore [TN] **27** C1
Sporminore [TN] **27** C1
Sporno, Monte- **71** EF4
Sportelle, Forcella delle- **133** C1
Sportinia [TO] **51** C2-3
Spotorno [SV] **81** F2
Sprè [TN] **27** C2
Sprea [VR] **43** EF3
Spresiano [TV] **47** A2
Spriana [SO] **25** B1
Sprina [CN] **67** B2
Spronser-Bach / Sopranes, Rio- **11** C1
Sprugnano [AR] **105** F2
Spugna, Passo della- **107** C2
Squadretto [BS] **57** F1-2
Squaneto [AL] **67** F3-4
Squaranto, Valle di- **43** E3
Squarci [PR] **85** BC2
Squarciarelli, Ponte- **145** DE2
Squarzanella [MN] **73** B1
Sruer, Lago- **5** E1
Stabbia [FI] **103** E2
Staben / Stava [BZ] **11** B1-2
Stabet **17** D1
Stabia, Osteria di- **137** EF1
Stabiata, Monte- **133** F2
Stabiazoni [PT] **97** E2
Stábie [BL] **29** CD2-3
Stábie [BL] **13** G3
Stabina, Torrente- **23** F2
Stabiuzzo [TV] **47** B2
Stabiziane [BL] **13** E2
Stacciola [PU] **109** C2
Stadera [PC] **55** E3
Stadirano [PR] **87** B1
Stadolina [BS] **9** E3
Staffa [VB] **21** B2
Staffarda [CN] **65** E2
Staffarda, Abbazia di- **65** E2
Stáffola [RE] **73** C2
Stáffoli [PI] **103** E2
Stáffoli [RI] **133** D2-3
Stáffolo [AN] **109** CD4
Stáffolo [CR] **73** A2
Stáffolo [MN] **59** B1
Stáffolo [VE] **47** D2-3
Staffora, Torrente- **55** D3
Stággia [MO] **73** E3
Stággia [SI] **111** EF1
Stággia, Fiume- **105** F2
Staggiano [AR] **107** A4
Staghiglione [PV] **55** DE3
Staglieno [GE] **83** C2
Stagnedo [SP] **85** C3
Stagno [PI] **103** BC3
Stagno [PR] **57** F3
Stagno di Holay, Riserva Naturale- **37** A1
Stagno Lombardo [CR] **57** E3
Stagno Urbani, Oasi- **109** C2
Stális [UD] **15** E1
Stallavena [VR] **43** DE3
Stalle, Passo di- **3** F2
Staller Sattel **3** F2
Stallone **25** F2
Stanco, Monte- **89** B3
Stanga [PD] **63** B1
Stanga, Colle della- **27** E2-3
Stanga, La- [BL] **29** D1
Stanga, la- [VI] **45** C3
Stanga, Monte- **11** B3
Stange / Stanghe [BZ] **1** G1
Stanghe / Stange [BZ] **1** G1
Stanghella [PD] **61** E3
Staranzano [GO] **49** DE2
Starda [SI] **105** DE4
Starléggia [SO] **7** DE2
Starlex, Piz- **1** A2-3
Staro [VI] **43** F2
Statale [GE] **85** A2
Statte [MC] **117** B3
Statto [PC] **71** B2
Statua [ROMA] **137** C3
Staulanza, Forcella- **13** D3
Stava [TN] **11** EF3-4
Stava / Staben [BZ] **11** B1-2
Stavei, Cima di- **27** A1
Stavèl [TN] **9** F3
Stávoli Gnivizza [UD] **17** CD2-3
Stazzano [AL] **69** C2
Stazzano [ROMA] **139** B2
Stazzema [LU] **97** A2-3
Stazzona [CO] **7** D4
Stazzona [SO] **25** C1
Stedro-Sabion [TN] **27** D1
Stefanago [PV] **55** DE3
Stefandorf / Santo Stéfano [BZ] **3** D3
Stein / Sasso [BZ] **3** B1-2
Steinegg / Collepietra [BZ] **11** E2-3
Steinhaus / Cadipietra [BZ] **3** D1-2
Steinwand / Verde, Creta- **15** D1
Steliere, Monte le- **79** B2
Stella [AP] **127** D2
Stella [RO] **77** B1
Stella [SV] **81** FG1
Stella [TO] **51** F3
Stella [UD] **17** C3
Stella, Capo della- **119** B2
Stella, Fiume- **49** B2
Stella, Golfo- **119** BC2
Stella, la- [MO] **87** E2
Stella, la- [RE] **87** C1
Stella, Pizzo- **7** E2
Stella, Torrente- **97** E3
Stella Alpina, Rifugio- **25** F1
Stella d'Italia, Rifugio- **43** EF1
Stellanello [SV] **93** E2-3
Stellata [FE] **75** C2
Stelle, Baita di- **81** B2
Stellina [BO] **89** D1-2
Stellina di Novalese, Rifugio- **35** BC3
Stellone, Rio- **53** B3
Stellune, Lago delle- **27** E1
Stélvio / Stilfs [BZ] **9** F1
Stélvio, Parco Nazionale dello- / Stilfserjoch Nationalpark **11** A2-3
Stélvio, Passo dello- / Stilfser Joch **1** A3
Stemigliano [AL] **69** D2
Stenico [TN] **27** B2
Stephanskapelle **11** AB2
Stern / La Villa [BZ] **13** C2
Sternai, Cime- / Hinter Eggen-Spitze **11** A3
Sternigo, Paludi di- **27** D2
Sterpaia [PI] **103** BC2
Sterpete [PG] **125** B2
Sterpeti [VT] **131** C1
Sterpeto [PG] **115** D3
Sterpeto [PG] **125** A3-4
Sterpeto, Podere- [GR] **121** B3
Sterpo [UD] **33** B3
Sterro, su- **95** AB2-3
Sterza, La- [PI] **103** E3-4
Sterza, Torrente- [PI] **103** E4
Sterza, Torrente- [Tosc.] **111** C2
Sterzing / Vipiteno [BZ] **3** A2
Stevani [AL] **53** F2
Stevenà [PN] **31** B3
Stezzano [BG] **41** BC3
Stia [AR] **105** F2
Stia, Cimon della- **13** C3-4
Stiago [VE] **47** E2
Stiappa [PT] **97** D2-3
Stiatico [BO] **89** D1
Stiava [LU] **97** A3
Stiavola [AR] **107** C2
Stibbio [PI] **103** E2-3
Sticciano [GR] **121** B2
Sticciano Scalo **121** B2
Stien, Torrente- **29** C2
Stienta [RO] **75** D2
Stiffe [AQ] **141** B1
Stiffe, Grotta di- **133** G3
Stifone [TR] **131** EF1-2
Stigliano [MC] **117** B2
Stigliano [SI] **113** A2
Stigliano [VE] **45** F3
Stígolo, Monte- **25** F3
Stilfes / Stilves [BZ] **3** A2
Stilfs / Stélvio [BZ] **1** B3
Stilfser Joch / Stélvio, Passo dello- **1** A3
Stilfserjoch Nationalpark / Stélvio, Parco Nazionale dello- **11** A2-3
Stilo de' Mariani [CR] **57** F2-3
Stilves / Stilfes [BZ] **3** A2
Stilves, Cima di- / Zinseler **3** A2-3
Stimigliano [RI] **131** F2-3
Stimigliano Scalo [RI] **131** F3
Stinco [MC] **117** C3
Stine [SI] **113** A2
Stino, Monte- **43** B2
Stiolo [BO] **89** C3
Stiolo [RE] **73** C3
Stipes [RI] **139** C1
Stirone, Parco Fluviale dello- **71** D2-3
Stirone, Torrente- **71** E2
Stivo, Monte- **27** B3
Stizzon, Torrente- **29** BC3
Stoccareddo [VI] **45** C1
Stolvizza [UD] **17** CD2
Stóner [VI] **29** AB3
Stoppiaro [MN] **75** AB2
Stóraco [AN] **109** D4
Storaia, la- [PO] **97** FG2
Storile, Monte- **9** D2-3
Storlo [RE] **87** B2
Stornade, Cima dello- **29** D1
Storo [TN] **43** B1
Storta, La- [ROMA] **137** E2-3
Storti [VI] **43** F2
Stoveno [SO] **7** E3
Stra [PC] **55** F3
Stra [VE] **63** BC1
Strà [VR] **61** BC2
Strabatenza [FC] **99** E3
Stracciola, Creper di- **25** F2
Stráccis [UD] **47** E1
Straciugo, Pizzo- **5** C3
Stracóncolo [CR] **57** E3
Strada [AR] **105** F2
Strada [MC] **117** B3
Strada [MC] **117** C1
Strada [PI] **103** DE3
Strada [SI] **105** AB4
Strada [SV] **81** DE1
Strada [SV] **81** D2
Strada [TN] **25** F3
Strada, la- [PR] **87** AB1
Strada, la- [RA] **99** D1
Strada, Podere- [FI] **103** EF3
Strada-Fabbrica [RE] **87** D1
Strada in Chianti [FI] **105** C2-3
Strada San Zeno [FC] **99** E2
Stradella [MN] **59** D2-3
Stradella [PR] **71** F3
Stradella [PV] **39** B3
Stradella [PV] **55** E2
Stradelle [PD] **45** E3-4
Stradone [VE] **63** C1
Stradone [VR] **61** C2
Stráling, Punta- **21** B2
Stramare [TV] **29** C3
Strambinello [TO] **37** A2
Strambino [TO] **37** B2
Strambo, Casa- [FI] **103** EF3
Stramentizzo [TN] **27** E1
Stramentizzo, Lago di- **27** E1
Straniger / Cordin, Monte- **17** B1
Strassera [GE] **69** D3
Strassoldo [UD] **49** C1
Stravignino [BS] **41** F2
Stravino [TN] **27** B2-3
Strega, Monte della- **109** A4
Stregna [UD] **33** E2
Strela [PR] **85** BC1
Strella [VC] **37** D2
Strembo [TN] **27** A2
Strémiz [UD] **33** D1-2
Strepeto [PR] **85** B2
Stresa [VB] **21** F2
Stretta, La- **9** C2
Stretta, Pizzo La- **9** C2
Stretta, Valle- **133** DE3
Strette, le- [AR] **107** AB3
Stretti [UD] **17** D2
Stretti [VE] **47** D3
Stréttoia [LU] **95** E2-3
Strettura [PG] **125** B4
Strevi [AL] **67** FG2
Stria, Sasso di- **13** C2
Striano [FI] **99** B2-3
Stribugliano [GR] **121** D2
Stridone, Torrente- **123** A3
Strigara [FC] **101** A2-3
Strigno [TN] **27** EF2
Strognano [PR] **87** B1
Strona [BI] **37** CD1
Strona [VB] **21** DE2
Strona, Fiume- **21** E2
Strona, Torrente- [Piem.] **21** D2
Strona, Torrente- [Piem.] **21** D3
Stroncone [TR] **133** AB1-2
Stroncone, Stazione di- **133** A1
Stroppare [PD] **61** E3
Stroppari [VI] **45** D2
Stroppia, Rifugio- **65** B3-4
Stroppiana [VC] **37** E3
Stroppo [CN] **65** C3-4
Stróve [SI] **111** EF1
Strozza [BG] **41** B2

Strozzavolpe, Castello- **105** BC4
Strozzavolpe, Fosso- **129** F1-2
Struppa [GE] **83** CD2
Stua, Lago della- **29** C2
Stubèle **11** B3
Stúdena Alta [UD] **17** C1-2
Stúdena Bassa [UD] **17** C1
Stue Alte, Malga- **27** E1
Stuerda [TO] **53** BC3
Stuetta [SO] **7** DE2
Stuffione [MO] **73** E3
Stúlles / Stuls [BZ] **1** F1-2
Stuls / Stúlles [BZ] **1** F1-2
Stumiaga [TN] **27** AB2-3
Stuparich, Bivacco- **17** D2
Stupinigi [TO] **53** A2-3
Stupinigi, Parco Naturale di- **51** G3
Stupizza [UD] **33** D1
Stura, Torrente- [FI] **99** A2
Stura, Torrente- [It.] **69** B3
Stura, Torrente- [Piem.] **53** D2
Stura di Ala, Fiume- **35** D3
Stura di Demonte, Fiume- **67** B3
Stura di Lanzo, Fiume- **53** A1-2
Stura di Lanzo, Zona di Salvaguardia della- **35** F3
Stura di Vallegrande, Fiume- **35** DE2
Stura di Viù, Fiume- **35** DE3
Sturla [GE] **83** C2
Sturla, Torrente- **83** F2
Sualdin [PN] **15** E3
Suardi [PV] **55** B2
Suasa **109** B3
Subásio, Monte- **115** DE3
Subbiano [AR] **107** A3
Subiaco [ROMA] **139** D3
Subît [UD] **33** CD1
Succhi [CN] **67** B4
Succiano [AQ] **141** BC1
Succinto [TO] **35** G1
Succisa [MS] **85** D2
Succiso [RE] **87** B2
Succiso, Alpe di- **85** EF2-3
Suchello, Monte- **41** C1-2
Sucinva [BS] **25** D3
Sud Milano, Parco Agricolo- **39** C2
Suéglio [LC] **7** DE4
Suello [LC] **23** D2-3
Suessa, Becca di- **35** B1
Súgame, Passo del- **105** D3
Sugana, Val- **27** EF2
Sugano [TR] **123** C3
Sugello, Poggio- **121** C2
Súghera [FI] **103** EF3
Suisio [BG] **41** AB2-3
Sulbiate [MI] **39** E1
Sulbiate Inferiore [MI] **39** E1
Sulbiate Superiore [MI] **39** E1
Sulden / Solda [BZ] **9** F1
Suldental / Solda, Val di- **1** B3
Sulè [VR] **61** C1-2
Sulmona [AQ] **141** D2
Sulpiano [TO] **53** D1-2
Sulzano [BS] **41** E2
Sumbra, Monte- **95** E2
Sumbráida, Monte- **9** DE1
Sumirago [VA] **23** A3
Summaga [VE] **47** D2
Summano, Monte- **45** B2
Suna [VB] **21** F2
Suniglia [CN] **65** F3
Suno [NO] **37** F1
Suola, Val di- **15** C2
Suora, la- [MO] **73** E2
Superga [TO] **53** B2
Superiore, Lago- [AO] **19** E2-3
Superiore, Lago- [MN] **59** C2-3
Superiore, Lago- [VB] **5** E1-2
Supiani [SO] **9** D3
Surier [AO] **35** C1
Suringar, Bivacco- **17** D2
Susa [TN] **27** D2
Susa [TO] **51** D2
Susa, Valle di- **51** CD2
Susano [BO] **89** B3
Susano [MN] **59** D2
Susano [MO] **87** DE2
Susans [UD] **33** B1
Susegana [TV] **47** A1
Susella [PV] **55** D3
Suseneo [IM] **93** BC3
Susin [BL] **29** D2
Susinelli, Monte- **99** CD2-3
Susino [CO] **23** D1-2
Sussisa [GE] **83** D2
Sustinente [MN] **59** DE3
Sustinenza [VR] **61** AB2-3
Sutri [VT] **137** D1
Sútrio [UD] **15** E1-2
Suvereto [LI] **111** BC3
Súvero [SP] **85** C3
Suviana [BO] **97** F2
Suviana, Lago di- **97** F2
Suvignano [SI] **113** B2
Suzzano [PC] **71** B2
Suzzara [MN] **73** C1-2
Suzzi [PC] **69** E3
Suzzolins [PN] **47** E1-2
Svarchi [AN] **109** F3-4
Svolta, la- [RE] **87** C1-2

T

Tabaccaia [GR] **113** AB3
Tabano [AN] **109** D3
Tabbiano [PR] **87** B1
Tabellano [MN] **73** C1
Tabernacolo, Colle- **135** C2
Tabiano [PR] **71** E3
Tabiano Bagni [PR] **71** DE3
Tablà / Tabland [BZ] **11** B2
Tabland / Tablà [BZ] **11** B2
Tabor, Monte- **7** CD4
Taborba, Torrente- **67** E3
Tacco, Monte- **69** B3
Taceno [LC] **23** DE1
Tâche [AO] **19** CD2-3
Tádega, Passo- / Tadega-Joch **13** CD2
Tadega-Joch / Tádega, Passo- **13** CD2
Taena [AR] **107** A2-3
Taf, Monte- **21** AB3
Tafone, Cantoniera del- [VT] **129** E2
Tafone, Fosso- **129** E2
Tagewaldhorn / Tramin, Corno di- **3** A3
Tággia [IM] **93** CD3
Taggi di Sopra [PD] **61** E1
Taggi di Sotto [PD] **61** E1
Taggio [VE] **63** C1
Tagliacozzo [AQ] **139** E2
Tagliaferro [FI] **99** A3
Tagliaferro, Monte- **21** B2
Tagliamento, Fiume- **49** B2
Tagliamento, Foce del- **49** B3
Tagliaretto [TO] **51** E3
Tagliata [CN] **67** B2
Tagliata [CN] **67** B3
Tagliata [MO] **87** F2
Tagliata [RE] **73** BC2
Tagliata, Monte la- **85** C1
Tagliate, le- [SV] **81** EF2
Tagliente, Cascina- [ROMA] **145** EF2
Taglieto [SP] **85** B2
Táglio [PD] **63** B2-3
Taglio [RO] **77** D1
Taglio, Fiume- **49** B1
Táglio Corelli [RA] **91** CD1
Táglio della Falce [FE] **77** D2-3
Táglio di Po [RO] **77** D1-2
Tagliole [MO] **97** C1-2
Tagliole, le- [MO] **97** C1-2
Tagliolo Monferrato [AL] **69** AB3
Tagliuno [BG] **41** D3
Táibo [FC] **99** FG2-3
Taibon Agordino [BL] **29** CD1
Tai di Cadore [BL] **13** F3
Taiedo [PN] **47** D1
Taiêt, Monte- **15** E3
Tainate [MI] **39** C2
Taino [VA] **21** F3
Táio [TN] **11** C3-4
Taio di Nomi **27** C3
Taioli [VR] **43** E3
Taion [RO] **63** B3
Taipana [UD] **17** CD3
Tairano di qua [VC] **21** D3
Taisten / Tesido [BZ] **3** E3
Taizzano [TR] **131** EF1-2
Tal / la Valle [BZ] **11** A2
Talácchio [PU] **107** F1-2
Talamello [PU] **101** A3
Talamini G., Rifugio- **13** E3
Talamona [SO] **7** F4
Talamone [GR] **129** B1
Talamone, Golfo di- **129** B1
Talamone, Stazione di- **129** B1
Talarico all'Ubac, Rifugio- **79** A1-2
Talavorno [MS] **85** D3
Talbignano [MO] **87** E2
Talciona [SI] **105** BC4
Talèfre, Aiguille de- **19** BC1
Taleggio [BG] **23** F2
Taleggio, Val- **23** F2
Talente [FI] **105** B2-3
Talfer / Talvera, Torrente- **3** A3
Talla [AR] **105** F3
Tallacano [AP] **127** B3
Talle di Sopra / Obertall [BZ] **1** F2
Tallone Grande, Monte- / Hohe Ferse **1** F1
Tallorno [TO] **35** F1
Talmassons [PN] **31** C3
Talmassons [UD] **33** B3
Talocci [RI] **139** B1
Talonno [NO] **21** EF3
Talósio [TO] **35** E2
Talponada [TV] **47** BC2
Talponedo [PN] **31** C3
Taltbühel / Montalto di Nova **11** EF3
Talucco [TO] **51** E3
Talvacchia [AP] **127** BC3
Talvena, Monte- **29** D1
Talvera, Torrente- / Talfer **3** A3
Tamai [PN] **31** C3
Támara [FE] **75** E2
Tamaroz [UD] **17** D2
Tambò, Pizzo- **7** D1-2
Tambone, Monte- **119** B2
Tambre [BL] **31** B2
Tambruz [BL] **31** B2
Tambura, Monte- **95** E2
Tamburino [FI] **99** B3
Tamburo, Casa- [VT] **123** B3
Tamer, Monte- **13** D3-4
Tamers / Tamóres [BZ] **13** CD2
Tamone, Monte- **79** D1
Tamóres / Tamers [BZ] **13** CD2
Tana [AT] **67** E1-2
Tanai / Thanai [BZ] **1** BC2
Tanamea, Passo di- **17** CD3
Tanarello, Passo di- **93** C2
Tanarello, Torrente- **81** B3
Tánaro, Fiume- **55** B3
Tanaro, Fosso- **121** A3
Tánaro, Valle- **81** D2
Tanas / Tannas [BZ] **9** F01
Táncia, Monte- **133** B2-3
Tane, Monte delle- **69** F2-3
Taneto [RE] **73** A3
Tanna / Sinablana [BZ] **11** C3
Tannas / Tanas [BZ] **9** F01
Tantanè, Monte- **19** F1-2
Tanzbach / Danza, Rio- **11** E2
Tanze-Vallone [TO] **51** D2
Tanzlhof / Danza, Maso- [BZ] **3** C3
Tanzonia, Punta di- **5** DE1
Tapa, Motto della- **7** C4
Tapigliano [NO] **21** EF3
Tapogliano [UD] **49** D1
Taponecco [MS] **85** E3
Táppia [VB] **5** D3
Tappi Rosa [BI] **37** C1
Tarabina [RA] **89** F1
Taramelli, Rifugio- **13** B3
Tarano [RI] **131** F2
Taranta Peligna [CH] **141** EF2
Tarantasca [CN] **65** F3-4
Taranto, Castello- / Tarantsberg, Schloß- **11** BC2
Tarantsberg, Schloß- / Taranto, Castello- **11** BC2
Tarcento [UD] **17** C3
Tárces / Tartsch [BZ] **1** B2
Tarcetta [UD] **33** D1-2
Tarignano [AQ] **133** E2
Tarino, Monte- **139** E3
Tarlapini [CN] **67** BC2
Tarmassia [VR] **59** E2
Taro [MC] **117** B3
Taro, Fiume- **71** F2
Taro, Parco Fluviale del- **71** F3
Taródine, Torrente- **85** C2
Tarquínia [VT] **131** A3
Tarquínia [VT] **131** A3
Tarquínia, Stazione di- **129** F3
Tarquínia Lido [VT] **129** F3
Tárres / Tarsch [BZ] **11** B2
Tárres, Passo di- / Tarscher-Paß **11** B2
Tarsch / Tárres [BZ] **11** B2
Tarscher-Paß / Tárres, Passo di- **11** B2
Tarsignano [AR] **107** B4
Tarsogno [PR] **85** B2
Tartago [PC] **69** E2-3
Tártano [SO] **25** A2
Tártano, Val- **7** F4
Tártaro, Fiume- **61** B3
Tartaro, Scolo- **63** C3
Tartavalle, Terme di- [LC] **23** DE1
Tartíglia [AR] **105** EF2
Tartogni [GE] **69** E3
Tartsch / Tárces [BZ] **1** B2
Tarugo [PU] **109** A3
Tarugo, Torrente- **109** A3
Tarvisio [UD] **17** E1-2
Tarvisio, Foresta di- **17** D1-2
Tarzo [TV] **29** E3
Tasa di Sopra / Ober Taser **1** F2
Tasca, Giogo- / Tascheljöchl **1** C2
Tascheljöchl / Tasca, Giogo- **1** C2
Tásola [PR] **85** B1
Tassáia **99** A3
Tassani [GE] **85** A3
Tassara [PC] **55** EF3
Tassarolo [AL] **69** B2
Tassè [TN] **11** AB3
Tassei [BL] **29** E2
Tassere, le- [BS] **59** B1
Tassina [RO] **61** E3
Tasso [AR] **105** E3
Tasso [GE] **83** D2
Tasso, Castello- / Reifenstein **3** A2
Tassullo [TN] **11** C3-4
Tatsch Spitz / Montaccio di Pénnes **3** A3
Tattarena, Fosso- **125** AB3
Tatti [GR] **111** E3
Tatti, Dispensa di- [PI] **111** D1
Tauferer Tal / Túres, Val di- **3** D2-3
Taufers / Túres [BZ] **3** D2
Taufers im Münstertal / Tubre [BZ] **1** A2-3
Taugine, Monte- **25** C3
Tauriano [PN] **31** E2
Taurine, Terme- **137** AB2
Táusia [UD] **17** B1
Tavagnacco [UD] **33** C2
Tavagnasco [TO] **37** AB1
Tavaiano, Torrente- **99** A2
Tavarnelle Val di Pesa [FI] **105** BC3
Tavarnuzze [FI] **105** C2
Tavarone [SP] **85** B2-3
Tavazzano [LO] **39** E2-3
Tavazzano con Villavesco [LO] **39** E2-3
Tavenna [CB] **143** C3
Taverna [RN] **101** C3
Taverna di Mezzo [AP] **127** BC2-3
Tavernago [PC] **71** AB1-2
Taverna Piccinini [AP] **127** BC2-3
Taverne [AT] **53** D3
Taverne [MC] **115** F3
Taverne [PC] **71** C3
Taverne d'Árbia [SI] **113** B2
Tavernelle [AN] **109** EF3
Tavernelle [AR] **107** AB3
Tavernelle [MO] **87** F2
Tavernelle [MS] **85** E3
Tavernelle [PG] **123** C1-2
Tavernelle [PU] **109** B2
Tavernelle [SI] **113** B3
Tavernelle [VI] **45** B3-4
Tavernelle d'Emilia [BO] **89** C1
Tavernerio [CO] **23** C3
Tavernette [TO] **51** F3
Tavérnola [CO] **23** C2-3
Tavérnola Bergamasca [BG] **41** E2
Tavérnole [VR] **43** E3
Tavérnole sul Mella [BS] **41** F2
Tavernuzze [FI] **105** CD2
Taverone, Torrente- **85** E3
Taviano [PT] **97** EF2
Tavigliano [BI] **37** C1
Tavignano [AN] **109** D4
Tavo [PD] **45** DE3-4
Tavo, Fiume- **135** D2
Tavodo [TN] **27** B2
Távola [PO] **105** B1-2
Távola, Cima la- **133** C1
Távola, Colle- **133** B1-2
Tavoláia [PI] **103** DE2
Távola Rotonda **141** E2
Tavole [IM] **93** D3
Tavoleto [PU] **101** C3-4
Tavolicci [FC] **107** B1-2
Tavolin, Bric- **69** BC3
Tavolino, Monte- / Sefiár Spitze **1** E2
Tavon [TN] **11** C3
Tavúllia [PU] **101** D3
Tazza [MC] **125** D2
Tazzetti, Rifugio- **35** C3
Tazzo [PG] **125** D3
Tea Fondada, Piz- **9** D1
Tebaldi [VR] **43** E3
Tebano [RA] **91** B3
Técchia Rossa [MS] **85** C2
Tecchio, Torrente- **143** CD2-3
Tedeschi, Rifugio- **23** E2
Teggiate, Cantoniera di- [SO] **7** DE2
Téggiolo, Monte- **5** CD2
Tegli [AL] **69** C3
Téglia [AP] **127** B2
Téglia [MS] **85** D2-3
Teglia, Lago di- **85** CD2-3
Téglia, Monte- **127** B3
Téglia, Passo di- **93** CD2-3
Teglia, Punta della- **119** ins.a
Téglie [BS] **43** A2-3
Téglio [SO] **25** C1-2
Téglio Véneto [VE] **47** E1-2
Tegnas, Torrente- **29** C1
Tegóia [SI] **113** A2
Tegoleto [AR] **113** D1
Tegorzo, Torrente- **29** C3
Tei, Becca di- **35** C1
Teiolo, Bec di- **83** C2
Téiro, Torrente- **83** A2
Teis / Tiso [BZ] **13** A1-2
Tel / Töll [BZ] **11** C1-2
Teleccio, Lago di- **35** E1-2
Telegrafo, il- **129** BC2
Telegrafo, Monte- / Telegraph **3** C3
Telegrafo, Rifugio- **43** CD2
Telegraph / Telegrafo, Monte- **3** C3
Telenek, Monte- **25** CD2
Telfer Weißen / Bianche di Telves, Cime- **1** FG1
Telfes / Télves [BZ] **1** G1
Telgate [BG] **41** D3
Tella, Cima di- **1** A2
Tellaro [SP] **95** C2
Tellenæ **145** D2
Telles, Rio di- / Zielbach **11** C1
Telve [TN] **27** E2
Telve di sopra [TN] **27** E2
Télves / Telfes [BZ] **1** G1
Temossi [GE] **83** F2
Tempera [AQ] **133** F2
Témpio [TV] **47** B2
Temù [BS] **9** E3
Tenáglie [TR] **123** D3-4
Tenarda, Lago di- **93** C2-3
Tencarola [PD] **61** E1
Tenchia, Monte- **15** E1
Tencione, Bric- **81** D2
Tenda, Colle- **133** F1-2
Tenda, Colle di- **79** E2-3
Tenerano [MS] **95** D1-2
Téneri, Lago di- **63** D1
Ténibre, Mont- **79** AB2
Tenna [TN] **27** D2
Tenna, Fiume- **117** F2
Tennácola, Fiume- **117** D3
Tenno [TN] **27** AB3
Tenno, Lago di- **27** A3
Tenuta Franzona [VE] **47** DE2
Teodone / Dietenheim [BZ] **3** D3
Teodorano [FC] **99** F2
Teódulo, Colle del- **19** G1
Teódulo, Corno del- **19** G1
Teolo [PD] **61** DE1
Teonghio [VI] **61** C1-2
Teor [UD] **49** B1
Téora [AQ] **133** E2
Téppia, Fosso- **145** F3
Tera di Casso [CR] **57** C2
Teramo [TE] **127** D3-4
Tercesi [GE] **83** D1-2
Terdobbiate [NO] **37** G2
Terdóppio, Torrente- **55** C2
Teréglio [LU] **97** C2
Terenten / Terento [BZ] **3** C2-3
Terento / Terenten [BZ] **3** C2-3
Terenza [PC] **71** CD3
Terenzano [MS] **87** A3
Terenzo [PR] **71** E4
Terenzone, Torrente- **69** E3
Teriasca [GE] **83** D2
Terlago [TN] **27** C2
Terlago, Lago di- **27** C2
Terlan / Terlano [BZ] **11** D2
Terlano / Terlan [BZ] **11** D2
Terma, Bric del- **69** B3-4
Terme dei Gracchi [VT] **137** DE1
Terme di Brénnero / Brennerbad **3** AB1-2
Terme di Cotilia **133** CD2
Terme di Firenze [FI] **105** C2
Terme di Lurisia **81** B2
Terme di Miradolo **55** F1
Terme di Panighina [FC] **99** FG1-2
Terme di Valdieri **79** C2
Termenago [TN] **11** A3-4
Terme Neroniane **61** E1-2
Termeno sulla Strada del Vino / Tramin an der Weinstrasse [BZ] **11** D3-4
Terme Santa Lucia [MC] **117** C2
Términe [AQ] **133** E2
Termine [BL] **29** EF1
Términe [SP] **85** B3
Términe [VE] **47** D3
Términe, Colle del- **81** EF2
Términe, Osteria del- **27** E3
Términe, Passo di- **115** EF2-3
Términi, Colla dei- **81** C2
Terminillo [RI] **133** C2
Terminillo, Monte- **133** C2
Termo [SP] **95** C2
Térmoli [CB] **143** DE2-3
Termon [TN] **27** C1
Ternano [GE] **69** D3
Ternate [VA] **21** G3
Ternavasso [TO] **53** BC3
Ternavasso, Lago di- **53** C3
Ternengo [BI] **37** C1
Terni [TR] **131** F1
Ternini, I- [MS] **85** E2
Terno d'Isola [BG] **41** B2
Ternova Piccola [TS] **49** F2
Teróntola [AR] **113** F2
Terra [RI] **133** D1
Terra Amara [CR] **57** DE2-3
Terracino [RI] **125** E3-4
Terra del Sole [FC] **99** E1
Terradura [PD] **61** E1-2
Terragnolo [TN] **43** E1
Terráia [PG] **125** B3
Terralba [GE] **83** AB2
Terranegra [VR] **61** B2
Terranera [AQ] **141** B1
Terranova [AL] **53** G1-2
Terranova [CH] **135** D3
Terranova [CH] **141** F2
Terranova [PD] **63** C2
Terranova dei Passerini [LO] **57** B2
Terranuova Bracciolini [AR] **105** E3
Terrarossa [GE] **83** F2
Terrarossa [GR] **129** C2
Terrarossa [MS] **85** D3
Terrarossa, Cima di- / Roterd-Spitze **13** A2-3
Terrarossa, Foce di- **97** B1
Terrasa [PV] **55** A1
Terrassa Padovana [PD] **63** B2
Terratta, Serra di- **141** CD3
Terraverde [LO] **57** B1-2
Terrazze [AT] **53** C2-3
Terrazzo [VR] **61** C2-3
Térres [TN] **11** BC4
Térria [RI] **133** B2
Térria [TR] **125** BC3-4
Terríccio [PI] **111** B1
Terricciola [PI] **103** DE3
Terrícoli [MC] **117** A2
Terrile [GE] **83** D2
Terrinca [LU] **95** E2
Terro [MC] **117** C3
Terrossa [VR] **61** B1
Terróssola [AR] **105** F2-3
Terrúggia [AL] **53** F2
Tersádia, Monte- **17** B1
Tersiva, Punta- **19** E3
Terza grande, Monte- **15** C1
Terzano [FI] **105** D2
Terza piccola, Monte- **15** C1
Terzo [AL] **67** F2-3
Terzo [GR] **121** BC1-2
Terzo [UD] **17** AB2
Terzo [VE] **47** AB3
Terzo, Casoni del- [GR] **121** B2-3
Terzo, Monte- **15** E1
Terzo d'Aquileia [UD] **49** CD2
Terzóglio [BI] **37** D1
Terzo la Pieve [PG] **125** A3
Terzolás [TN] **11** B3
Terzone San Pietro [RI] **133** D1
Terzorio [IM] **93** D3
Terzo San Severo [PG] **125** A3
Tesa, Monte- **87** C1
Tescino, Torrente- **133** B1
Téscio, Fiume- **115** E3
Tese [TO] **35** E3
Tesero [TN] **27** EF1
Tesido / Taisten [BZ] **3** E3
Tésimo / Tisens [BZ] **11** CD2
Tesina, Fiume- **45** C3
Tesino, Fiume- **127** C2
Tesino, Val- **127** D2
Tesis [PN] **31** D2
Tesoro, Bec del- **81** F1
Tesoro, Poggio- **105** E2
Tessa, Cima- **1** D2
Tessa, Giogáia di- / Texelgruppe **1** E2
Tessello [FC] **99** F2
Tessennano [VT] **131** A1-2
Tessera [VE] **63** DE1
Testa [RE] **73** C2
Testáccio, il- [TR] **131** F1-2
Testa del Ban **51** B2
Testa Grigia [AO] **19** G1
Testi, Casa- [GR] **121** E3
Téstico [SV] **93** E2-3
Testo, Monte **43** E2
Testona [TO] **53** B2-3
Tetti [CN] **67** C3-4
Tetti [CN] **81** D1
Tetti [CN] **65** D4
Tetti [TO] **35** F2
Tetti [VC] **21** C3
Tetti Bagnolo [TO] **53** AB3
Tetti Cavalloni [TO] **53** A3
Tetti Falchi [CN] **65** F3
Tetti Fasano [TO] **53** B2-3
Tetti Giro [TO] **53** B3
Tetti Grandi [TO] **53** B3
Tetti Grella [TO] **53** A3
Tetti Maigre [CN] **79** D1-2
Tetti Mauriti [TO] **53** B3
Tetti Merlet [CN] **79** E2
Tetti Milanesi [CN] **67** B2
Tetti Neirotti [TO] **51** G2
Tetti Pésio [CN] **79** E1
Tetti Roccia [CN] **65** F3
Tetti Rolle [TO] **53** A2-3
Tetti Sacchero [TO] **53** C2
Tetti Sapini [TO] **53** B3
Tetto Chiappello [CN] **79** DE2
Tetto Chiotti [CN] **79** D2
Tetto Grosso [CN] **79** E2
Tetto Piano [CN] **79** D1-2
Tettorosso [CN] **65** DE3-4
Tetto San Bernardo [CN] **79** D2
Teveno [BG] **25** C2-3
Tevere, Fiume- **145** C2
Tevere, le Vene del- **107** B2
Tevere, Parco Fluviale del- **123** D3-4
Teverina [AR] **115** A1-2
Teverone, Fiume- **125** A2
Teviggio [SP] **85** B2
Texelgruppe / Tessa, Giogáia di- **1** E2
Texelgruppe, Naturpark- / Gruppo di Tessa, Parco Naturale- **1** E2
Tézio, Monte- **115** BC2
Tezze [BS] **43** A3-4
Tezze [BS] **59** A1
Tezze [BS] **41** D4
Tezze [MN] **59** B2
Tezze [TN] **29** A2-3
Tezze [TV] **47** AB2
Tezze [VE] **47** D2

Tezze [VI] **45** B3
Tezze sul Brenta [VI] **45** D2
Tezzo [FC] **99** F3
Tezzoli [MN] **59** C2
Tezzon [VE] **47** D3
Thanai / Tanai [BZ] **1** BC2
Thiene [VI] **45** B2
Thoules di Sopra [AO] **19** DE1-2
Thovex [AO] **19** B2
Thuile, La- [AO] **19** B2
Thuins / Túnes [BZ] **3** A2
Thumel [AO] **35** C1
Thun, Castello- **27** C1
Thuras [TO] **51** BC3
Thuras, Torrente- **51** C3
Thures [TO] **51** BC3
Thures Gorlier [TO] **51** BC3
Tiago [BL] **29** D2
Tiarfin, Monte- **15** C2
Tiarno di Sopra [TN] **25** F3
Tiarno di Sotto [TN] **25** F03
Tiberina, Val- **107** BC3-4
Tiberina, Via- **137** EF2-3
Tibert, Monte- **65** CD4
Tiburtína, Via- **145** D1
Tiburtini, Monti- **145** EF1
Ticchiano, Passo di- **87** A2
Ticengo [CR] **57** CD1
Ticineto [AL] **55** A2
Ticino, Fiume- **39** AB2
Tídolo [CR] **57** EF3
Tidoncello, Torrente- **55** F3
Tidone, Torrente- **55** F3
Tiédoli [PR] **85** C1
Tieni [FE] **77** C2-3
Tiepido, Torrente- **87** F2
Tierno [TN] **43** D1-2
Tierra, Monte sopra- **13** DE3
Tiers / Tíres [BZ] **11** EF3
Tierser Tal / Tíres, Val di- **11** EF3
Tiezzo [PN] **47** CD1
Tighet, Torre del- **19** C2
Tigliano [FI] **103** F2
Tigliano [FI] **105** D1-2
Taglieto [GE] **69** A3
Tiglio [LU] **97** BC2
Tiglio [PR] **71** B4
Tiglio [UD] **33** DE1-2
Tíglio, Ponte del- **103** D2
Tigliole [AT] **53** D3
Tigliolo [GE] **83** EF2
Tiglione [AT] **67** E1-2
Tiglione, Torrente- **53** FC4
Tignaga, Pizzo- **21** C2
Tignai [TO] **51** D2
Tignale [BS] **43** C2
Tignamica [PO] **97** F3
Tignana, Torrente- **107** B3
Tignano [BO] **89** C2
Tignano [FI] **105** BC3
Tignes [BL] **31** AB1-2
Tignet [AO] **35** D1
Tignolino, Pizzo- **5** E3
Tignoso, Monte- **127** C3
Tignoso, Sasso- **97** C1
Tigullio, Golfo del- **83** E2-3
Tilia, Monte- **133** C1
Timau [UD] **15** EF1
Timavo, Fiume- **49** E2
Timmelsjoch **1** E1
Timogno, Cima di- **25** BC3
Timoline [BS] **41** DE3
Timónchio [VI] **45** B2
Timone, Fosso- **129** EF2
Timun, Pizzo- **7** E2
Tina [TO] **37** B2
Tinella, Torrente- **67** E2
Tinetto, Isola del- **95** BC2
Tinisa, Monte- **15** D2
Tinna, Torrente- / Tinnebach **11** EF2
Tinnebach / Tinna, Torrente- **11** EF2
Tino [RI] **125** E3
Tino, Isola del- **95** BC2
Tinterosse, Monte- **139** E2-3
Tinti dei Mori [FI] **103** F3
Tintoría [BO] **89** DE1
Tiola [BO] **89** B2
Tiolo [SO] **9** D3
Tione, Fiume- **59** E3
Tione degli Abruzzi [AQ] **135** A3
Tione di Trento [TN] **27** A2
Tiorre [PR] **71** F3-4
Tirano [SO] **25** CD1
Tíres / Tiers [BZ] **11** EF3
Tíres, Val di- / Tierser Tal **11** EF3
Tirino, Fiume- **141** C1
Tirli [FI] **99** B1-2
Tirli [GR] **121** A2
Tirol / Tirolo [BZ] **11** C1
Tirolle, Rio- **123** B3
Tirolo [MN] **59** B2
Tirolo / Tirol [BZ] **11** C1
Tirrénia [PI] **103** B3
Tisana / Tisens [BZ] **11** F2
Tisdel, Punta- **41** E2
Tisens / Tésimo [BZ] **11** CD2
Tisens / Tisana [BZ] **11** F2
Tiser [BL] **29** CD1
Tiso / Teis [BZ] **13** A1-2
Tisoi [BL] **29** DE1-2
Tissano [UD] **33** C3
Tissi, Rifugio- **13** D3
Tissino, Fosso- **125** C3
Titano, Monte- **101** B3
Titele [BL] **29** CD1
Titiano [UD] **49** B2
Titignano [TR] **123** D3
Tito, Monte- **125** C2
Tivegna [SP] **85** CD3
Tivo [FC] **99** F3
Tívoli [BO] **89** B1
Tívoli [ROMA] **145** E1
Tiziano, Bivacco- **13** E2
Tizzana [PT] **105** AB1-2
Tizzano [AR] **107** B3
Tizzano, Éremo di- **89** C2
Tizzano Val Parma [PR] **85** F1
Tizzola [RE] **87** C2
Toano [RE] **87** D2
Toara [VI] **61** CD1
Tobbiana [PO] **97** F3
Tobbiana [PT] **97** F3
Tóbbio, Monte- **69** B3
Tobia [VT] **131** C2
Toblach / Dobbiaco [BZ] **3** F3
Toblacher See / Dobbiaco, Lago di- **3** F3
Toblin, Forcella di- **13** E2
Toblino, Lago di- **27** B2
Toc, Col del- **29** B2
Toc, Monte- **29** EF1
Toccalmatto [PR] **71** E2
Tocchi [SI] **113** A3
Tocchi, Castello di- [SI] **113** A3
Tocchi, Riserva Naturale- **113** A3
Tocco [AT] **67** E1-2
Tocco, Monte- **141** E3
Tocco da Casáuria [PE] **135** C3
Tóccol [BL] **29** D1
Toce, Cascata del- **5** E1
Toce, Fiume- **21** E2
Toceno [VB] **5** E3
Todi [PG] **123** E3
Todiano [PG] **125** D2-3
Todocco [CN] **67** E3
Toesca, Rifugio- **51** D2
Tofana di Mezzo **13** D2
Tofana di Rozes **13** D2
Tofane, Le- **13** D2
Tofe [AP] **125** E2
Toff, Monte- **27** A2
Tóffia [RI] **139** B1
Toffol [BL] **13** D3
Toffol [BL] **13** C3
Toffoz [AO] **19** G2
Tofino **27** A3
Tógano, Monte- **5** E3
Toggia, Lago del- **5** E1
Toggia, Val- **5** E1
Togliano [UD] **33** D2
Tóglie [TO] **35** E3
Tognana [PD] **63** C2
Togno, Val di- **9** B3
Tognola **29** B1
Tognola, Alpe- **29** B1
Tognola, Cima- **29** B1
Tognola, Malga- **29** B1
Tognoni [PR] **71** CD3-4
Toiano [FI] **103** F2
Toiano [PI] **103** E3
Toiano [SI] **113** A2
Toillies, Tête des- **65** B2
Toirano [SV] **81** E3
Toirano, Giogo di- **81** DE2-3
Toirano, Grotte di- **81** E2-3
Tolagna, Monte- **125** C1-2
Tolcinasco [MI] **39** C2
Tolè [BO] **89** B2-3
Tole [MO] **87** E3
Tolentino [MC] **117** C2
Tolentino, Colle- **117** CD2
Tolentino, Monte- **133** CD1
Toleto [AL] **67** FG3
Tölf / Tel [BZ] **11** C1-2
Tolfa [ROMA] **137** B1-2
Tolfa, Monti della- **131** B4
Tolfaccia, Monte- **137** B2
Tolfe, le- [SI] **113** AB1-2
Toline [BS] **41** E2
Tollara [PC] **71** C2
Tolle [RO] **77** E2
Tollegno [BI] **37** C1
Tolli, Villa a- [SI] **113** BC3
Tollo [CH] **135** E2-3
Tollo-Canosa Sannita, Stazione di- **135** EF2
Tolmezzo [UD] **17** AB2
Tolosano [CN] **65** C4
Tolva, Monte- **29** A2
Tolva, Val- **29** A2
Tomarlo, Monte- **85** AB1
Tomassucci [MC] **117** CD3
Tomatico, Monte- **29** C3
Tomba [UD] **17** B3
Tomba [UD] **33** B2
Tomba, Monte- **45** E1
Tombáccia [RN] **101** CD3
Tomba della Regina, Necrópoli- **131** B2
Tomba di Nerone **145** C1
Tomba di Sotto [VR] **61** B2
Tombara, Casa- [GR] **121** CD4
Tombazosana [VR] **61** B2
Tombe [BO] **89** EF2
Tombe, Punta le- **119** A2
Tombe, Valli delle- **75** C3
Tombelle [VE] **63** B1
Tómboli di Follónica, Riserva Biogenetica- **119** E1
Tombolino [VE] **47** C3
Tómbolo [PD] **45** DE3
Tómbolo, Pineta del- **121** A3
Tómbolo, Stazione di- **103** BC3
Tómbolo, Tenuta di- **103** B3
Tómbolo di Cécina, Riserva Naturale- **111** A2
Tommaselle [RO] **75** CD2
Tomo [BL] **29** C2-3
Ton [TN] **27** C1
Ton, Pizzo del- **21** C1
Tonadico [TN] **29** BC1-2
Tonale, Cima- **25** A2
Tonale, Monte- **9** F3
Tonale, Passo del- **9** F3
Toncina, Torrente- **71** C4
Tonco [AT] **53** E2
Tonda [FI] **103** EF3
Tondi, Rifugio- **13** DE2
Tondo, Monte- [LU] **85** F3
Tondo, Monte- [VR] **43** D3
Tondo, Poggio- [FI] **105** D3
Tondo, Poggio- [GR] **121** A1-2
Tonengo [AT] **53** CD2
Tonengo [TO] **37** B3
Tonezza del Cimone [VI] **45** AB1
Tónfano [LU] **95** E3
Toni, Croda dei- / Zwölferkofel **13** EF2
Toninelli, Casa- [GR] **121** A2-3
Tonini [BL] **29** B3
Tonini [VI] **43** F3
Tonini, Rifugio- **27** E1-2
Tonni [SI] **111** EF2
Tonnicoda [RI] **139** D1
Tonno [GE] **69** D3
Tonolini, Rifugio- **25** E1-2
Tóntola [FC] **99** E2
Topaligo [PN] **31** BC3
Topi, Isola dei- **119** C1
Topino, Fiume- **125** A2
Toppo [PN] **31** DE1
Tóppole [AR] **107** AB3-4
Toraggio, Monte- **93** BC4
Toranello [RA] **89** EF3
Torano [MS] **95** D2
Torano [RI] **139** E1-2
Torano Nuovo [TE] **127** D2-3
Toraro, Monte- **43** F1
Torassi [TO] **37** B3
Torbiato [BS] **41** D3
Torbido, Rio- **131** C1
Torbiera [FE] **77** C2
Torbiere di Marcaria, Riserva Naturale- **59** B3
Torbiere d'Iseo, Riserva Naturale- **41** E3
Torbo, Lago- / Trüber See **1** F1
Tórbole [BS] **41** E3-4
Tórbole [TN] **43** D1
Tórbole Caságlia [BS] **41** E3-4
Torcegno [TN] **27** E2
Torcello [VE] **47** B3-4
Torch [BL] **31** AB2
Torchiagina [PG] **115** D3
Torchiaro [AP] **117** EF3
Torchiera [BS] **57** E2
Torchio [TN] **27** D2
Torchio-Sagliasco [NO] **21** E3
Torcigliano [LU] **97** AB3
Torcigliano [LU] **97** B3
Tor d'Andrea [PG] **115** D3
Tor de' Cenci [ROMA] **145** C2
Tordello [PV] **39** C3
Tordenaso [PR] **87** B1
Tordibetto [PG] **115** D3
Tordimonte [TR] **123** CD3
Tordinia [TE] **127** CD4
Tordino, Fiume- **127** D3
Tor di Valle, Ippódromo- **145** C1-2
Torelli [CN] **81** D1
Torena, Monte- **25** C2
Torgiano [PG] **115** C3
Torgnon [AO] **19** F2
Torino [TO] **53** AB2
Torino, Rifugio- **19** B1-2
Torino-Caselle, Aeroporto Internazionale di- **35** FG3
Torino di Sangro [CH] **143** B1
Torlano [UD] **17** C3
Torlano di Sopra [UD] **17** C3
Torlino Vimercati [CR] **57** B1
Tórmeno [VI] **45** C3-4
Tórmeno, Monte- **45** A1
Tórmine [VR] **59** C2
Tórnaco [NO] **39** A2
Tornadri-Vetto [SO] **9** B3
Tornalla **19** E1
Tornano [FC] **101** A3
Tornaréccio [CH] **143** A2
Tornarezza [PC] **71** A4
Tornata [CR] **59** A3
Tornavento [VA] **39** A1
Tornazzano [AN] **109** E4
Tornello [PV] **55** E2
Tornello, Pizzo- **25** C2
Tornetti [TO] **35** DE3
Tórnia [AR] **113** EF2
Torniano, Tenuta- [FE] **75** CD3
Torniella [GR] **111** E3
Tornimparte [AQ] **133** E3
Torno [CO] **23** C3
Tórnolo [PR] **85** B2
Tornova [RO] **63** D3
Tor Paterno [ROMA] **145** C2
Torpiana [SP] **85** C3
Torráccia, la- [LI] **111** AB3
Torraccia, Monte della- **97** E1
Torrani, Rifugio- **13** D3
Torrano [MS] **85** CD2
Torrate [PN] **47** D1
Torrazza [CN] **65** EF2
Torrazza [PV] **39** B3
Torrazza Clavi [IM] **93** D3
Torrazza Coste [PV] **55** D3
Torrazza Piemonte [TO] **37** B3
Torrazzo [AT] **67** D1-2
Torrazzo [BI] **37** B1-2
Torre [AN] **109** B3
Torre [AQ] **133** E2
Torre [AR] **105** E4
Torre [BG] **25** BC2
Torre [FI] **103** E2
Torre [GE] **69** D3
Torre [LU] **97** B3
Torre [MC] **117** C1
Torre [MN] **59** BC2
Torre [PD] **61** D2
Torre [PR] **87** BC1
Torre [VR] **59** DE2
Torre, La- [FC] **101** A3
Torre, la- [FI] **105** B3
Torre, la- [MO] **87** F2
Torre, la- [PU] **107** F2
Torre, la- [PV] **37** F2-3
Torre, La- [VE] **47** E3
Torre, Podere- [PG] **123** E2
Torre, Rio- **99** F2
Torre, Torrente- **33** C2
Torre, Villa- [SI] **113** B3
Torre a Castello [SI] **113** BC2
Torre Acceglio Sottano [CN] **79** E1
Torre a Cona [FI] **105** D2
Torre Alfina [VT] **123** B3
Torreano [UD] **33** D2
Torreano [UD] **33** B2
Torre Balfredo [TO] **37** B2
Torre Bèccati Questo [PG] **113** E3
Torrebelvicino [VI] **45** A2
Torre Beretti [PV] **55** AB2
Torre Beretti e Castellaro [PV] **55** AB2
Torre Boldone [BG] **41** C2
Torre Bormida [CN] **67** DE3
Torrebruna [CH] **143** B3
Torre Calzolari [PG] **115** DE2
Torre Canavese [TO] **37** A2
Torrecane, Monte- **133** D2
Torrececcona [PG] **123** E3
Torre Cervara [ROMA] **145** D1
Torrechiara [PR] **71** F3-4
Torre Ciana, Punta di- **129** B2
Torredaniele [TO] **37** AB1
Torre Dardani [PR] **71** E3
Torre d'Arese [PV] **39** D3
Torre de' Busi [LC] **23** E3
Torre degli Alberi [PV] **55** E3
Torre dei Frati [CN] **79** E1
Torre dei Nolfi [AQ] **141** D2
Torre del Colle [PG] **125** A2
Torre della Fossa [FE] **75** D3
Torre del Lago, Marina di- [LU] **103** B1-2
Torre del Lago Puccini [LU] **97** A3-4
Torre del Mangano [PV] **39** C3
Torre del Moro [FC] **101** A2
Torre del Padiglione [LT] **145** E3
Torre de' Negri [PV] **55** EF1-2
Torre de' Passèri [PE] **141** D1
Torre de' Picenardi [CR] **57** F2-3
Torre de' Róveri [BG] **41** C2
Torre de Torti [PV] **55** D2
Torre di Fine [VE] **47** D3
Torre di Fraele, Passo- **9** D1
Torre di Masino [VR] **59** D2
Torre di Mosto [VE] **47** D2
Torre di Palme [AP] **117** F3
Torre di Pisa, Rifugio- **11** F3
Torre di Ramitelli [CB] **143** E3
Torre di Santa Maria [SO] **25** AB1
Torre d'Isola [PV] **39** C3
Torre di Táglio [RI] **133** E3
Torre Fortore [FG] **143** F3
Torre Gáia [ROMA] **145** D1
Torre Garofoli [AL] **55** B3
Torre Gentile [PG] **123** E3
Torreggio, Torrente- **9** A3
Toréglia [PD] **61** E1-2
Torre Iano [BO] **89** C2
Torre Lupara [ROMA] **139** A2-3
Torre Maccarese [ROMA] **145** B1
Torre Maggiore, Monte- **125** A4
Torre Máina [MO] **87** F1-2
Torre Mancina [ROMA] **139** A2
Torre Mandelli [NO] **39** A2
Torremenapace [PV] **55** CD2
Torre Metola [PU] **107** D3
Torre Mondovì [CN] **81** C1
Torremontanara [CH] **135** E2
Torre Mozza [LI] **119** E1
Torrenieri [SI] **113** C3
Torre Nócciola **87** A3
Torrenova [ROMA] **145** D1
Torrent [AO] **19** B2
Torrente Farma, Riserva Naturale- **113** A3
Torrente Orba, Riserva Naturale del- **69** AB2
Torrente Sangone, Area Attrezzata- **51** F2
Torre Nuova [LI] **103** ins.a
Torreone [AR] **113** EF2
Torreorsina [TR] **133** B1
Torre Pallavicina [BG] **41** D4
Torre Palu [FE] **77** D2
Torre Papone [IM] **93** D3
Torre Pedrera [RN] **101** BC2
Torre Péllice [TO] **65** D1-2
Torre Ratti [AL] **69** C2
Torrerossa [GE] **83** AB2
Tórres [BL] **31** B1-2
Torre San Giorgio [CN] **65** F2
Torre San Marco [PU] **109** B3
Torre San Patrizio [AP] **117** E2-3
Torre San Severo [TR] **123** C3-4
Torre Santa Lucia [AP] **127** B3
Torre Saracena [CB] **143** D2-3
Torresella [VE] **47** E2
Torresella, Monte- **7** D3-4
Torreselle [PD] **45** EF3
Torreselle [VI] **45** B3
Torresina [CN] **81** D1
Torre Spada [FE] **75** B3
Torretta [AT] **53** E3
Torretta [LI] **103** C3
Torretta [LO] **57** AB1-2
Torretta [LO] **57** A1-2
Torretta [MO] **73** E2-3
Torretta, la- [CH] **143** B2-3
Torretta, la- [RO] **61** B3
Torretta, Poggio la- **113** A2-3
Torrette [AN] **109** E3
Torrette [CN] **65** C3
Torrette di Fano [PU] **109** C2
Torrettina [GR] **129** C1-2
Torre Valgorrera [TO] **53** C3
Torrevécchia [ROMA] **145** C1
Torrevécchia Pia [PV] **39** D3
Torrevécchia Teatina [CH] **135** E2
Torri [IM] **93** B3-4
Torri [PG] **125** A2
Torri [PT] **97** F2
Torri [RA] **91** D1-2
Torri [SI] **113** A2
Torri [VI] **45** C3-4
Torri, Grotta di- **139** AB1
Torria [IM] **93** D2-3
Torriana [MN] **59** E3
Torriana [RN] **101** B2-3
Torriano [PV] **39** C3
Torricchio [CH] **143** A2
Torricchio [MC] **125** D1-2
Torricchio, Riserva Naturale di- **125** CD2
Torricella [MN] **73** C1
Torricella [PG] **115** AB2-3
Torricella [PN] **31** E3
Torricella [PR] **71** F1-2
Torricella [PU] **101** A3
Torricella [PU] **109** A3
Torricella [PU] **109** A3
Torricella [RO] **75** B1
Torricella [SI] **123** A3
Torricella, la- [PG] **115** B3
Torricella, Monte- **125** A4
Torricella, Punta- **129** A2-3
Torricella del Pizzo [CR] **57** F3
Torricella in Sabina [RI] **133** C3
Torricella Peligna [CH] **141** F2
Torricella Sicura [TE] **127** C3-4
Torricella Verzate [PV] **55** DE2
Torricello [PC] **55** F3
Torri del Benaco [VR] **43** BC3
Torri di Confine [VI] **61** BC1
Torri di Quartesolo [VI] **45** C3
Torriggia [CO] **23** C2
Torriggia, Monte- **5** F3
Torriglia [GE] **69** DE3
Torri in Sabina [RI] **133** A2
Torrimpietra [ROMA] **145** B1
Torrinara, Monte- **133** BC1
Torrini, Monte dei- **107** DE3
Torrino [PV] **39** C3
Torriola [PU] **107** CD2
Torrione [NO] **37** E2-3
Torrione [VC] **53** F1
Torrione, il- [SI] **113** DE2-3
Torrione, Monte- **5** EF3
Torrion Quartara [NO] **37** F2
Torrita [RI] **125** E4
Torrita di Siena [SI] **113** D2-3
Torrita Tiberina [ROMA] **139** A1
Torrite [LU] **97** B2
Torrone [MC] **117** B2-3
Torrone, Monte- **125** E2
Torrone, Poggio del- **123** B3-4
Torsa [UD] **49** B1
Torsana [MS] **87** AB3
Tor San Lorenzo [ROMA] **145** D3
Tor Sapienza [ROMA] **145** D1
Torsolazzo, Palone del- **25** D2
Torsoleto, Monte- **25** D2
Tórsoli [FI] **105** D3
Torta, Dosso della- **27** A3
Tortiano [PR] **73** A3
Tortigliano [AR] **107** B3-4
Tórtima [VI] **45** C2
Torto, Rio- [ROMA] **145** D3
Torto, Rio- [TO] **51** FG3
Tortona [AL] **55** C3
Tortoreto [TE] **127** E3
Tortoreto Lido [TE] **127** E3
Tortorolo [PV] **55** B2
Torvaianica [ROMA] **145** C2-3
Torviscosa [UD] **49** C1-2
Torwand / Porta, Croda della- **3** B2
Torza [SP] **85** B3
Tos, Becca di- **19** C3
Tosa, Cima- **27** B1-2
Tosca [PR] **71** C4
Tosca, la- [RA] **91** CD1
Toscanella [BO] **89** E2
Toscano [SI] **113** C3
Toscano, Arcipelago- **119** AB2
Toschian [BL] **29** C2
Toscolano, Valle- **43** B2
Toscolano-Maderno [BS] **43** B3
Tosi [FI] **105** E2
Toss di Ton [TN] **27** C1
Tosse [SV] **81** F2
Tossícia [TE] **135** A1
Tossignano [BO] **89** E3
Tossino [FC] **99** D1
Totoga, Cimon di- **27** A2
Totoga, Monte- **27** A2
Tottéa [TE] **133** F1
Tour, Aiguille du- **19** BC1
Tour, Mont- **35** C3
Tour d'Héréraz [AO] **37** AB1
Tout Blanc, Mont- **35** C1
Tovale, Croda del- **11** B1
Tovazza [PV] **55** E3
Tóvel, Lago di- **27** B1
Tóvel, Val di- **27** B1
Tovena [TV] **29** DE3
Tovio [BL] **29** B2-3
Tovo, Monte- [BI] **21** D3
Tovo, Monte- [TO] **21** B3-4
Tovo di Sant'Ágata [SO] **9** D3
Tovo Faraldi [IM] **93** E3
Tovo San Giacomo [SV] **81** E2-3
Trabária, Bocca- **107** C3
Trabocchi, Costa dei- **143** BC1-2
Trabucco, Monte- **25** E3
Trabuchello [BG] **25** A3
Tracchi [VR] **43** E2-3
Tracciora di Cervatto, Pizzo di- **21** C2
Tradate [VA] **23** B3
Trafficanti [BG] **41** C1-2
Traffiume [VB] **5** G3
Trafoi [BZ] **1** AB3
Trafoi, Cima di- / Trafoier Eiswand **9** F1-2
Trafoi, Val di- / Trafoiertal **1** B3
Trafoier Eiswand / Trafoi, Cima di- **9** F1-2
Trafoiertal / Trafoi, Val di- **1** B3
Traghetto [FE] **89** EF1
Tragiaia [AR] **105** E3
Tragliata [ROMA] **137** D2-3
Tragliatella [ROMA] **137** D2
Tragónia, Casera- [UD] **15** C2
Trai [PR] **73** A2
Traiana [AR] **105** EF3
Traiano, Lago- **145** B2
Traino, Torrente- **87** F2
Tramazzo, Torrente- **99** D2
Trambacche [PD] **61** E1
Trambesère [AO] **19** FG3
Trambileno [TN] **43** E1-2
Tramin, Corno di- / Tagewaldhorn **3** A3
Tramin an der Weinstrasse / Termeno sulla Strada del Vino [BZ] **11** D3-4
Tramoggiano [AR] **107** A2
Tramontana [AL] **69** B2-3
Tramonte [PD] **61** E1
Tramonti, Lago dei- **15** D3
Tramonti di Mezzo [PN] **15** D3
Tramonti di Sopra [PN] **15** D2-3
Tramonti di Sotto [PN] **15** D3
Tramúschio [MO] **73** E2
Trana [TO] **51** F2
Tranego, Monte- **13** EF3
Transácqua [TN] **29** BC1-2
Transácqua / Ennewasser [BZ] **11** A2
Traona [SO] **7** F4
Trappa [CN] **81** CD2
Trappa, la- [BI] **37** B1
Tráppola [AR] **105** E3
Tráppola, Casa- [GR] **121** B3

Tráppola, la- [PR] **89** AB2-3
Tráppola, Palude della- **121** AB3-4
Trappola, Torre della- **121** B3
Trárego Viggiona [VB] **21** FG1
Trarivi [RN] **101** C3
Trasacco [AQ] **141** B3
Trasághis [UD] **17** B3
Trasanni [PU] **107** E2
Trasasso [BO] **89** C3
Tráschio [PC] **69** EF2-3
Trasimeno, Lago- **115** A2-3
Traso [GE] **83** D2
Trasquera [VB] **5** D2
Trasserra [BO] **97** F1-2
Trassílico [LU] **97** B2
Trastulli [CH] **141** FG1
Trasúbbie, Torrente- **121** C3
Trausella [TO] **37** A1-2
Trauzzolo, Poggio- **121** E2
Trava [UD] **15** E2
Trava, Case- [FE] **77** B3-4
Travacò Siccomário [PV] **55** DE1-2
Travagliato [BS] **41** E3
Travale [GR] **111** DE2-3
Travalle [FI] **97** F3
Travazzano [PC] **71** C2
Trave, Scoglio del- **109** F3
Travedona Monate [VA] **21** FG3
Travenánzes, Rio- **13** D2
Travenánzes, Val- **13** D2
Traverde [MS] **85** D2
Traversa [FI] **99** A2
Traversa, Croda- / Lorenz-Spitze **1** F1
Traversara [RA] **91** D2
Traversella [TO] **37** A1-2
Traverses [TO] **51** C2-3
Traversétolo [PR] **87** C1
Traversette, Col de la- **65** C2
Traversole, Monte- **43** C1-2
Tráves [TO] **35** E3
Travésio [PN] **31** E1
Travettore [VI] **45** D2
Travignolo, Torrente- **29** B1
Travignolo, Valle- **29** AB1
Travo [PC] **71** B2
Tre Abati, Monte- **71** A3
Tre Archi [AP] **117** F2
Trebaséleghe [PD] **45** F3
Trebbia, Fiume- **57** B3
Trebbiantico [PU] **101** E3
Trébbio [AR] **107** B3
Trebbio [BS] **43** A3
Trébbio [BS] **43** A2
Trébbio [FC] **99** DE2
Trébbio [FI] **99** A3
Trébbio [MC] **117** D2
Trébbio [MC] **117** B3
Trébbio [PV] **55** D3
Trébbio, Foce del- **97** C3
Trebbiola [PC] **71** BC2
Trebbo [BO] **89** C1
Trebecco [PC] **55** E3
Trebecco, Lago di- **55** E3
Trebiano [SP] **95** C2
Trebiano [VT] **131** C1
Trebiciano [TS] **49** FG2-3
Tre Canne [PD] **61** D2-3
Trecasali [PR] **71** F2
Tre Case [SI] **121** E2-3
Trecate [NO] **39** A2
Treccione [CO] **7** D4
Trecella [MI] **41** A3
Trecenta [RO] **75** C1
Tre Cerri [GR] **129** C1
Tre Chiese / Bad Dreikirchen [BZ] **11** EF2
Tre Cime del Monte Bondone, Riserva Naturale- **27** C2-3
Tre Cime di Lavaredo / Drei Zinnen **13** E2
Trecine **115** B2
Tre Colli [PI] **103** CD2
Tre Confini, Foce dei- **85** BC2
Tre Croci [BO] **97** E2
Tre Croci [VT] **131** C2-3
Tre Croci, Cappella- **69** E3
Tre Croci, Monte delle- **127** C3
Tre Croci, Passo- **13** E2
Tre Denti-Freidour, Parco Montano dei- **51** E2-3
Trédenus, Torrente- **25** E2
Tredici Laghi [TO] **51** D3
Tredózio [FC] **99** D2
Trefiumi [PR] **87** A2
Trefontane [GE] **69** D3-4
Tregasio [MI] **23** D3-4
Treggiaia [PI] **103** DE3
Tregiovo [TN] **11** C3
Tréglio [CH] **135** F3
Tregnago [VR] **43** EF3
Trégole [SI] **105** C4
Tregozzano [AR] **107** A3
Treia, Alpe- **9** D1
Treia, Monte- **9** D1
Tréia, Torrente- **131** E3
Tréiso [CN] **67** D2
Tréja [MC] **117** C1-2
Tre Laghetti, i- **21** BC3
Tré-la Tête **19** A2
Trelli [UD] **17** B1-2
Tremalzo, Monte- **43** C1-2
Tremalzo, Passo di- **43** BC1-2
Tremea [BL] **29** D2
Tremeacque, Ponti di- **47** C1-2
Tremenesca, Cima- **11** A3
Tremenico [LC] **7** DE4
Tremezzo [CO] **23** D2
Tremezzo, Monte di- **23** CD1-2
Tremignon [PD] **45** D3
Trémiti, Isole- [FG] **143** ins.a
Tremoggia, Pizzo- **9** A2
Tremole, Palù- **11** C3
Tremoleto [PI] **103** CD3
Tremonti [AQ] **139** E2
Tremósine [BS] **43** C2
Trenno [MI] **39** C1-2
Trens [BZ] **3** A2
Trens, Giogo di- / Höllenkragen **3** AB2
Trenta, Cima- **11** B3
Trenta Miglia [VT] **137** D1
Trentapassi, Corna- **41** E2
Trentino [MO] **97** D1
Trento [RO] **75** C2
Trento [TN] **27** C2
Tréntola [BO] **89** EF2
Trenzanésio [MI] **39** DE1-2
Trenzano [BS] **41** DE3-4
Trepalade [VE] **47** B3
Trepalle [SO] **9** CD1
Trepéllice [TO] **65** EF1-2
Tre Piere [TV] **47** B2
Tre Pietre, Monte- **29** C2
Tre Piscine [GR] **129** C1
Tre Pizzi **115** F2
Tre Pizzi, I- **25** A3
Tre Ponti [PD] **61** E2-3
Treponti [PD] **61** E1
Treponti [PD] **63** C2
Tre Ponti [RO] **75** D1
Treporti [VE] **63** E1
Tre Potenze, Alpe- **97** C2
Tréppio [PT] **97** F2
Treppo Cárnico [UD] **17** B1
Treppo Grande [UD] **33** B1
Trequanda [SI] **113** CD2
Tre Re, Valle dei- **81** E2
Tre Re-Mezzana Corti [PV] **55** D2
Tre Rii [PR] **87** AB1
Trerio [RA] **99** C1
Tres [TN] **11** C3-4
Tres, Corno di- **27** CD1
Tresa, Fiume- **23** A2
Tresa, Torrente- [PG] **115** A3
Tresa, Torrente- [SI] **113** D3
Tresana [MS] **85** D3
Tresanti [FI] **105** B3
Tresca, La- **11** F3-4
Tresca, Monte- **97** E2
Tre Scarperi, Cima- / Dreischusterspitze **13** E1-2
Treschè Conca [VI] **45** B1-2
Treschietto [MS] **85** DE2-3
Trescore Balneario [BG] **41** CD2
Trescore Cremasco [CR] **57** B1
Tresenda [SO] **9** C1-2
Tresenda [SO] **25** C1-2
Tresenda, Torrente- **9** C2
Tresenta, la- **35** D1
Tresero, Pizzo- **9** F2
Tresigallo [FE] **77** B2-3
Tre Signori, Corno dei- **9** EF2
Tre Signori, Picco dei- **3** F1
Tre Signori, Pizzo dei- **7** F4
Tresinaro, Torrente- **87** D2
Tresívio [SO] **25** B1-2
Trespiano [FI] **105** C1-2
Tressano [RE] **87** E1
Tressi [TO] **35** EF1
Tressi, Punta- **35** EF1
Treste, Fiume- **143** BC2
Tréstina [PG] **115** B1
Tresto [PD] **61** D2
Tre Strade, le- [RI] **133** C2
Tret [TN] **11** C3
Tre Termini, Passo- **41** E2-3
Trévane [AR] **105** E3
Trevenzuolo [VR] **59** D2
Tre Vescovi, Pizzo- **125** E2
Tre Vescovi, Poggio- **107** A2
Tre Véscovi, Poggio dei- **107** B2
Tre Vescovi, Punta- **21** B3
Trevesina, Pizzo- **9** C3
Trevi [PG] **125** B2
Trevi [TR] **133** AB1
Tre Vie [BZ] **11** E2
Trevíglio [BG] **41** B3
Trevignano [PR] **87** AB2
Trevignano [TV] **45** F2
Trevignano [TV] **45** F2
Trevignano Romano [ROMA] **137** D1-2
Treville [AL] **53** F2
Treville [TV] **45** E3
Trevinano [VT] **123** B2-3
Trevine [PG] **115** AB1
Trevi nel Lazio [FR] **139** E3
Treviolo [BG] **41** B2-3
Treviso [TV] **47** A2-3
Treviso, Rifugio- **29** C1
Treviso Bresciano [BS] **43** A2
Treviso-Sant'Angelo, Aeroporto Internazionale di- **47** A3
Trevozzo [PC] **55** F3
Trezzano Rosa [MI] **41** A3
Trezzano sul Naviglio [MI] **39** C2
Trezzolano [VR] **43** E3-4
Trezzone [CO] **7** DE3-4
Trezzo sull'Adda [MI] **41** AB3
Trezzo Tinella [CN] **67** D2
Tri, Piz- **25** D2
Triana [GR] **121** E3
Triangia [SO] **25** AB1-2
Triangolo, Corno- **25** EF2
Triangolo di Riva **3** E2
Triatel [AO] **19** F1-2
Tribano [PD] **61** EF2
Tribbio [AN] **109** B4
Tribiano [MI] **39** E2
Tríbil Inferiore [UD] **33** E2
Tríbil Superiore [UD] **33** E2
Tribogna [GE] **83** E2
Tribola [FC] **101** B2
Tribolina [BG] **41** C2
Tribuláun **1** FG1
Tricella, Monte- **141** C2-3
Tricerro [VC] **37** DE3
Tricésimo [UD] **33** C1-2
Triches [BL] **29** DE2
Trichiana [BL] **29** D2
Trieste [TS] **49** F2-3
Trieste, Golfo di- **49** E3
Trieste-Ronchi dei Legionari, Aeroporto Internazionale di- **49** D1-2
Triginto [MI] **39** D2
Triglia, Scoglio della- **119** B2
Trignano [MO] **97** DE1
Trignano [TE] **135** AB1
Trigno, Fiume- **143** C2-3
Trígolo [CR] **57** C1-2
Trigória Alta [ROMA] **145** C2
Trimelone, Isola- **43** C2
Trimezzo [RI] **125** D4
Trinità [BO] **89** B2
Trinità [CN] **79** C1
Trinità [CN] **79** D2
Trinità [CN] **67** B3-4
Trinità [RE] **87** C1
Trinità, Convento della- **123** C3
Trinità, La- [PC] **71** D3
Trinkstein / Fonte della Róccia [BZ] **3** E1
Trino [VC] **53** E1
Triolet, Aiguille de- **19** C1
Triora [IM] **93** C2-3
Tripalle [PI] **103** D3
Triponzio, Fosso- **109** D3
Triponzo [PG] **125** C2-3
Trischiamps [UD] **15** E2
Trisóbbio [AL] **69** A2-3
Trisolla, Torrente- **121** D2
Tríssino [VI] **45** B3
Trisungo [AP] **125** E3
Triúggio [MI] **23** D3-4
Triulza [LO] **57** BC2-3
Triulza [PC] **71** CD1-2
Triulzo [MI] **39** D2
Trivella, Forcella- **141** B3
Trivellano [MN] **73** D1-2
Trivena, Rifugio- **25** F2
Trivero [BI] **37** C1
Trivero [BI] **21** CD3-4
Triversa, Torrente- **53** D3
Trivignano [VE] **47** A3
Trivignano Udinese [UD] **33** CD3
Trivigno [SO] **25** CD1
Trívio [PG] **125** C3-4
Trívio, il- [AN] **109** BC4
Trivólzio [PV] **39** C3
Trobaso [VB] **21** F2
Trocchetti, Casale- [VT] **131** A2
Tródena / Truden [BZ] **11** DE3-4
Tródica [MC] **117** E2
Trodica, Fosso- **117** E2
Trofarello [TO] **53** B2-3
Troghi [FI] **105** D2
Trogkofel / Aip, Creta di- **17** C1
Trognano [PG] **125** D4
Trognano [PV] **39** D3
Troiano [TE] **135** B1
Trois-Villes [AO] **19** E2
Tromello [PV] **55** C1
Trompia, Val- **41** F2-3
Trona, Bocchetta di- **23** F1
Trona, Lago di- **23** F1
Trona di Sopra [RO] **63** B3
Trona di Sotto [RO] **63** B3
Troncone, Torrente- **21** C1
Trontano [VB] **5** DE3
Tronto, Fiume- **127** E2
Tronzano Lago Maggiore [VA] **7** A4
Tronzano Vercellese [VC] **37** CD2-3
Troppola [PG] **115** D1
Troscia [PG] **123** E1-2
Trossa, Torrente- **111** CD2
Trossieri [TO] **51** D3
Trovasta [IM] **93** D2
Troviggiano [MC] **117** C1
Trovo [PV] **39** C3
Trüber See / Torbo, Lago- **1** F1
Trubinasca, Passo- **7** F3
Truccazzano [MI] **39** E2
Trucchi [CN] **79** E1
Trucco [IM] **93** B3
Trucco [TO] **35** E1-2
Truc di Miola [TO] **35** EF3
Truden / Tródena [BZ] **11** DE3-4
Trudner Horn / Corno, Monte- **27** DE1
Trudner Horn, Naturpark- / Monte Corno, Parco Naturale- **27** DE1
Trúia [UD] **15** D1
Trullo Magliana [ROMA] **145** C1-2
Trúmes, Punta di- / Trumser-Spitze **11** B1-2
Trumser-Spitze / Trúmes, Punta di- **11** B1-2
Truzzo, Lago di- **7** D2
Truzzo, Pizzo- **7** D2
Tsaat à l'etsena (La Gran Becca) **19** E2
Tschars / Ciárdes [BZ] **11** B2
Tschaufernock / Salto, Giogo del- **11** D2
Tschengls / Cengles [BZ] **9** F1
Tschenglser Hochwand / Cengles, Croda di- **1** B3
Tscherms / Cérmes [BZ] **11** C2
Tschirland / Cirlano [BZ] **11** B2
Tschneiner-Hütte / Duca di Pistoia, Rifugio- **11** F3
Tschöfs / Céves [BZ] **3** A2
Tschötsch / Scezze [BZ] **13** A1
Tshoren / Cora **3** BC2
Tuális [UD] **15** E1
Tubre / Taufers im Münstertal [BZ] **1** A2-3
Tucci [PT] **97** E3
Tudaio di Razzo, Monte- **15** C2
Tuenno [TN] **11** BC3-4
Tuenno, Palù di- **11** C3-4
Tufello [ROMA] **145** D1
Tuffo [AT] **53** D2
Tufillo [CH] **143** B3
Tufo [AP] **125** E3
Tufo Alto [AQ] **139** D1-2
Tufo Basso [AQ] **139** D1-2
Tufone, Monte- **99** D3-4
Túglia, Casera- [UD] **15** D1
Tulfer / Tulve [BZ] **3** AB2
Tullen / Tullo, Monte- **13** B1-2
Tulliano [AR] **105** F3
Tullo, Monte- / Tullen **13** B1-2
Tulve / Tulfer [BZ] **3** AB2
Tuna [PC] **71** B1-2
Túnes / Thuins [BZ] **3** A2
Tuninetti [TO] **53** B3
Tuoma, Torrente- **113** C3
Tuómaz [UD] **33** DE1-2
Tuóri [AR] **113** D1
Tuorlo [SI] **113** B1-2
Tuoro sul Trasimeno [PG] **115** A2
Turago Bordone [PV] **39** CD3
Turánia [RI] **139** CD1-2
Turano [BS] **43** B2
Turano [MS] **95** D2
Turano [VR] **59** E1
Turano, Lago del- **139** C1
Turano, Torrente- **133** C3
Turano Lodigiano [LO] **57** B2
Turate [CO] **23** BC3-4
Turbigo [MI] **39** A1
Turbigo, Ponte di- **39** A1
Turbone [FI] **105** AB2
Turchetto [LU] **103** D1-2
Turchia, la- [RA] **91** C1
Turchia, La- [RN] **101** BC2
Turchina, Casa della- [VT] **137** AB1
Turchino, Passo del- **83** B1-2
Túrchio, Monte- **141** C3
Túrcio [VI] **45** C1
Turco, Monte- **137** B1-2
Túres / Taufers [BZ] **3** D2
Túres, Val di- / Tauferer Tal **3** D2-3
Turiggia, Punta- **5** C3
Turlo, Massa del- **21** D2
Turlon, Monte- **13** FG3-4
Turnerkamp **3** C1-2
Turpino [AL] **67** F3
Turri [PD] **61** E2
Turriaco [GO] **49** D2
Turrida [UD] **31** E2
Turripiano [SO] **9** DE1-2
Turrita [PG] **125** A2
Turrite Cava, Torrente- **97** B2
Túrrite di Garfagnana, Torrente- **97** B2
Túrrite Secca, Torrente- **97** B2
Turrito [FC] **99** F3
Turrivalignani [PE] **135** D3
Turro [PC] **71** C1-2
Tuscánia [VT] **131** B2
Tusculum **145** E2
Tussillo [AQ] **133** FG3
Tússio [AQ] **135** A3
Tussui [BL] **29** C2
Tutto il Mondo, Poggio- **129** D1
Tzatelet, Riserva Naturale- **19** DE2

U

Ubaga [IM] **93** DE2
Ubaghetta [IM] **93** DE2
Ubiale [BG] **41** B2
Ubiale Clanezzo [BG] **41** B2
Uboldo [VA] **39** BC1
Uccea [UD] **17** D3
Uccelliera, l'- **97** BC2
Uccellina, Monti dell'- **121** B4
Uccellina, Torre dell'- **121** B4
Uccello, Monte- **121** E2
Uccello, Pizzo d'- **95** DE2
Učeja **17** D3
Ucerano [AR] **105** DE4
Úcia, Monte- **43** A3
Udine [UD] **33** C2
Uffogliano [PU] **101** AB3
Uggia [PT] **103** EF1-2
Uggiate-Trévano [CO] **23** B2-3
Ugliano [MC] **117** B2
Ugnano [FI] **105** B2
Ugovizza [UD] **17** D1-2
Ugovizza, Valle di- **17** D1
Ugozzolo [PR] **73** A2-3
Ugrigno [PU] **101** A3
Uguzzolo [PR] **73** A2-3
Ülfas / Ulfaß [BZ] **1** EF2
Ulfaß / Ülfas [BZ] **1** EF2
Ulignano [PI] **111** D1
Ulignano [SI] **105** B3-4
Uliveto Terme [PI] **103** CD2
Ulten / Ultimo [BZ] **11** B2
Ultental / Ultimo, Val d'- **11** BC2
Ultimo / Ulten [BZ] **11** B2
Ultimo, Val d'- / Ultental **11** BC2
Umbértide [PG] **115** BC2
Umbrail, Piz- **1** A3
Umbriana, Monte- **95** E2
Umes / Ums [BZ] **11** EF2-3
Umin [BL] **29** C2
Umito [AP] **127** B3
Ums / Umes [BZ] **11** EF2-3
Únchio [VB] **21** F2
Uncinano [PG] **125** AB3
Undici, Cima- **27** E2-3
Undici, Cima- / Elferkofel **13** F2
Undici, Cima- / Elfer-Spitze **1** A2
Unerzio, Vallone- **65** BC4
Unghiasse, Gran Lago di- **35** D2
Unghiasse, Monte- **35** D2
Ungiasca [VB] **21** EF2
Uniti, Fiumi- **91** E2
Unsere Liebe Frau im Walde / Senale [BZ] **11** C2-3
Unsere Liebe Frau im Walde-Sankt Felix / Senale-San Felice [BZ] **11** C2
Unser Frau in Schnals / Madonna [BZ] **1** D2
Unterinn / Áuna di Sotto [BZ] **11** E2-3
Untermais / Maia Bassa [BZ] **11** CD1-2
Untermoi / Antermóia [BZ] **13** BC1
Unter-Planitzing / Pianizza di Sotto [BZ] **11** D3
Unterplanken / Planca di Sotto [BZ] **3** F3
Unterrain / Riva di Sotto [BZ] **11** D2-3
Unterreinswald / San Martino di Sotto [BZ] **3** A3
Unter Vierschach / Versciaco di Sotto [BZ] **3** F3
Unter Wielenbach / Villa di Sotto [BZ] **3** DE3
Uomo **13** B3
Uomo, Capo d'- **129** B2
Uomo, Cima- **27** B1
Uomo di Sasso, Poggio- **105** E2
Uópini [SI] **113** A1
Upachi [AR] **107** A3-4
Úpega [CN] **81** B3
Uppiano [PG] **107** C4
Urago [BS] **41** F3
Urago d'Óglio [BS] **41** D3
Urano, Monte- **141** C2
Urbana [PD] **61** C2
Urbani [VI] **45** A3
Urbánia [PU] **107** DE2-3
Urbano, Parco- **145** BC2
Urbe [SV] **69** A3-4
Urbiano [RA] **99** E1
Urbignacco [UD] **17** B3
Urbino [PU] **107** E2
Urbino, Monte- **115** CD2
Urbiságlia [MC] **117** D2
Urbiságlia, Stazione di- **117** D2
Urbs Salvia **117** D2
Urgnano [BG] **41** C3
Uriezzo, Orridi di- **5** DE2
Ursinis [UD] **33** B1
Urvinum Hortense **125** A1-2
Urzano [PR] **87** B1
Usago [PN] **31** E1
Uscerno [AP] **127** B2
Uschione [SO] **7** E3
Uscio [GE] **83** DE2
Usciolo, Punta dell'- **21** D2
Usella [PO] **97** F2-3
Uselle [PG] **107** C3
Userna [PG] **107** C3-4
Usi [GR] **121** D3
Usigliano [PI] **103** D3
Usigliano [PI] **103** E3
Usigni [PG] **125** C3
Usmate [MI] **23** E3-4
Usmate Velate [MI] **39** E1
Uso, Fiume- **101** B2
Uso, Ponte dell'- **101** A3
Usseaux [TO] **51** D2
Usséglio [TO] **35** D3
Ussel, Castello d'- **19** F2
Ussin [AO] **19** F1
Ussita [MC] **125** D2
Ussolo [CN] **65** C3-4
Usurana [SP] **85** CD3
Útero, Monte- **125** DE3
Uttenheim / Villa Ottone [BZ] **3** D3
Uzza, la- **25** F2
Uzzano [FI] **105** C3
Uzzano [PT] **97** D3

V

Vacalizza, Monte- **13** F4
Vacca, Lago della- **25** E3
Vaccara [PG] **115** E2
Vaccareccia [MS] **85** DE3
Vaccareccia [RI] **133** C3
Vaccaréccia, la- [RE] **87** B2-3
Vaccaregio, Monte- **25** A3
Vaccarezza [PC] **69** F2
Vaccari, I- [PC] **71** C1-2
Vaccarile [AN] **109** C3
Vaccarino [PD] **45** DE3-4
Vaccarizza [PV] **55** E1-2
Vaccaro, Poggio- **129** D2
Vaccarolo [BS] **59** B1
Vaccarone, Rifugio- **51** C1-2
Vaccera, Rifugio- **51** E3
Vacchelli, Canale- **57** CD1
Vaccherecce, Poggio- **121** C2
Vacchetta, Casa- [VI] **45** B2-3
Vacci [TO] **65** E2
Vaccia, Monte- **79** B1-2
Vacciago [NO] **21** E3
Vaccolino [FE] **77** CD3
Vacheres [AO] **21** A3-4
Vacíglio [MO] **87** F1
Vacil [TV] **47** A2
Vacile [PN] **31** E2
Vacone [RI] **133** A2
Vacri [CH] **135** E3
Vada [LI] **111** A1
Vadá, Monte- **21** F1
Vada, Secche di- **111** A1-2
Vadarengo [AL] **53** DE2
Vadena / Pfatten [BZ] **11** D3
Vadiglione, Monte- **99** C3
Vado [AN] **109** B3-4
Vado [BO] **89** C3
Vado [LU] **97** A3
Vado [VE] **47** E2
Vado, Capo di- **81** F2
Vado Lígure [SV] **81** F2
Vado Lúcoli [AQ] **133** EF3
Vadopiano, Casa- [GR] **111** E3
Vadossi [SI] **113** B3
Vaestano [PR] **87** B2
Vagabunden Hütte / Berg, Rifugio- **13** B3
Vagandizza, Abbazia di- **61** C3
Vaggimal [VR] **43** D3
Vággio [FI] **105** DE3
Vagli [TR] **123** E3
Vagli, Lago di- **97** A2
Váglia [FI] **99** A3
Vagliagli [SI] **113** AB1
Vagliagli, Oasi- **113** B1
Vagliano [FI] **99** B2-3
Váglie [AR] **115** A1-2
Váglie [RE] **87** B2-3
Vaglierano [AT] **53** D3
Váglio [MO] **87** E3
Váglio Serra [AT] **67** EF2
Vagli Sopra [LU] **95** E2
Vagli Sotto [LU] **95** E2
Vagliumina [BI] **37** B1
Vagna [VB] **5** D3
Vago [VR] **59** E1
Vago, Monte- **9** C2
Vahrn / Varna [BZ] **3** B3
Vaia, Torrente- **43** A1
Vaiale [BS] **43** A2
Vaiano [LO] **39** E2
Vaiano [LO] **39** E2
Vaiano [PG] **113** E3
Vaiano [PO] **97** F3
Vaiano [VT] **123** CD4
Vaiano Cremasco [CR] **57** B1
Váie [TO] **51** E2
Vailate [CR] **41** B4
Vaiolet, Rifugio- **13** A3
Vaiont, Lago del- **15** B3
Vairano [PV] **39** D3
Váiro [PR] **87** B2
Vaizurio, Valle- **25** C3
Vajont [PN] **31** D2
Val [BL] **13** C3

Val [UD] **15** E2
Valagnesi [AR] **105** F2
Valaisan, Monte- **19** B2-3
Valas / Flaas [BZ] **11** D2
Valbella, Cima- / Valvel-Spitze **1** BC2
Valbella Inferiore [VC] **21** D2
Val Benair, Punta di- / Falbanairspitze **1** B2
Valbiano [FC] **99** F3
Valbione [BS] **9** EF3
Valbiore [SO] **7** FG3
Valbona [PD] **61** D2
Valbona [PR] **85** D1-2
Valbona [RE] **87** B2-3
Valbona [SO] **25** B1-2
Valbona [TN] **13** AB3
Valbona, Cima di- **25** F2
Valbona, Monte- **25** A3
Valbona, Passo- **15** B3
Valbondione [BG] **25** BC2
Valbrembo [BG] **41** B2
Valbrevenna [GE] **69** D3
Valbrona [CO] **23** D2
Valbruna [AR] **17** DE2
Valbruna [UD] **17** D1-2
Valbrutta [SO] **9** B3
Valbuóna [PU] **107** C3
Valcadara [MC] **117** A3
Valcaira, Rifugio- **81** BC2-3
Valcalda, Bric- **69** B3
Valcalda, Monte- **15** E2-3
Valcalda, Sella- **15** E1
Valcaldara [PG] **125** D3
Valcanale [BG] **25** B3
Valcarecce [MC] **117** BC1
Valcasotto [CN] **81** C2
Valcava [LC] **41** AB2
Valcava [TN] **27** D1
Valcavera, Colle- **79** B1
Valcérere [VE] **63** D3
Valceresio **23** B2
Valcesura [FE] **77** B3
Valchiusella [TO] **35** G1
Valchiusella [TO] **35** G1
Valcieca [PR] **87** AB2
Valcigolera, Malga- **29** B1
Valcimarra [MC] **117** BC3
Valconasso [PC] **71** C2
Valda [TN] **27** D1
Valdagno [VI] **45** A2-3
Valdaier, Castello di- **17** B1
Valdamonte [PV] **55** E2-3
Valdáora / Olang [BZ] **3** DE3
Valdáora di Mezzo / Mitterolang [BZ] **3** E3
Valdáora di Sopra / Oberolang [BZ] **3** E3
Valdáora di Sotto / Niederolang [BZ] **3** DE3
Valdarena [PG] **125** B3-4
Valdarmella [CN] **81** C2-3
Valdarno **105** DE2
Valdaro [MN] **59** CD3
Val d'Asso [SI] **113** C2
Valdástico [VI] **45** B1
Val dei Frati, Lago- **25** AB2
Val della Meda [FI] **99** C2
Val della Torre [TO] **51** F1-2
Valdena [PR] **85** C2
Valdengo [BI] **37** C1
Valdenogher [BL] **31** B2
Valderia, Giardino Botanico Alpino di- **79** C2
Valdeserta, Cima di- **5** D1
Valdibrana [PT] **97** E3
Valdicastello Carducci [LU] **95** E3
Val di Cava [SI] **113** BC3
Valdichiesa [AT] **53** C3
Val di Clapa, Passo di- **11** B3
Valdidentro [SO] **9** D1-2
Valdiea [MC] **117** B3
Valdieri [CN] **79** D2
Val di Fibbia, Monte- **125** D1-2
Val di Fumo, Rifugio- **25** F2
Val di Lei, Lago di- **7** E2
Val di Mezzo / Mitterthal [BZ] **3** A2
Val di Mezzo, Monte- / Fallmetzer **3** BC2
Valdimolino [VI] **45** B3
Valdimonte [PG] **107** C3
Val di Mora [FI] **99** C2
Valdinferno [CN] **81** C2
Valdinferno [CN] **81** C2
Val di Nizza [PV] **55** DE3
Valdinoce [FC] **99** F2
Valdiperga [PI] **111** AB1
Valdipino [SP] **95** B1-2
Valdiporro [VR] **43** E3
Val di Rosa [PG] **115** AB2
Val di Rua [VR] **61** B2-3
Val di Sasso [MO] **87** EF3
Val di Sogno **43** C2
Valdisotto [SO] **9** DE2
Valditacca [PR] **85** E2
Val di Vesta **43** B2
Val di Villa [CN] **67** E2
Val di Vizze / Pfitsch [BZ] **3** AB2
Valdo [VB] **5** E1
Valdóbbia [AO] **21** AB3
Valdóbbia, Colle- **21** B3
Valdobbiádene [TV] **29** CD3
Val Dolce, Sella di- **17** BC1
Valdolmo [AN] **109** A4
Valdomino [VA] **23** A1-2
Valdórbia [PG] **115** E1
Valdottavo [LU] **97** B3
Valdragone [RSM] **101** B3
Valdritta, Cima- **43** CD2
Valduga [TN] **43** E1
Valdúggia [VC] **21** DE3
Valdurna / Durnholz [BZ] **3** A3
Valdurna, Lago- / Durnholzer See **3** A3
Valdurna, Rio- **11** E1
Valéggio [PV] **55** C1-2
Valéggio sul Mincio [VR] **59** C1
Valentano [VT] **131** A1
Valentina, Casa- [GR] **129** B1
Valentino [TO] **53** D1-2
Valenza [AL] **55** A2
Valenzani [AT] **53** E3
Valenzano [AR] **107** A3
Valenzano [AR] **107** C2
Valenzatico [PT] **97** E3
Valera [MI] **39** C1
Valera Fratta [LO] **39** DE3
Valeria, Via- **139** D2
Valeriano [PN] **31** E1-2
Valeriano [SP] **95** BC2
Valesso [PC] **71** BC3
Valestra [RE] **87** D2
Valfábbrica [PG] **115** D2-3
Valfenera [AT] **53** C3
Valfloriana [TN] **27** DE1
Valfredda, Punta- **51** B1-2
Val Fredda, Rio di- **51** B2
Valfredda, Sasso di- **13** BC3
Valfurva [SO] **9** E2
Valfurva [SO] **9** E2
Val Gallina, Lago di- **29** EF1
Valganna [VA] **23** A2
Valganna [VA] **23** AB2
Valgardabach / Valgarola, Rio- **9** E1
Valgarola, Rio- / Valgardabach **1** A3
Valgella [SO] **25** C1-2
Valgiano [LU] **97** C3
Valgióie [TO] **51** EF2
Valgiovo / Jaufental **1** G1
Valgóglio [BG] **25** B3
Valgrana [CN] **79** D1
Valgrande **21** C3
Valgrande, Bagni di- [BL] **13** F2
Val Grande, Parco Nazionale della- **21** E1
Valgrande, Punta- **5** C2
Valgrande, Rio di- **21** E1
Valgreghentino [LC] **23** E3
Valgreit [BZ] **13** C2
Valgrisenche [AO] **19** C3
Valiano [SI] **113** E2-3
Valinis, Monte- **15** D3
Val in Pozzo, Casone- [VE] **63** D2
Vallà [TV] **45** E2
Valla, Bric- **67** EF3
Valla, Torrente- **67** F4
Valláccia **13** B3
Vallaccia, Rifugio- **13** B3
Vallaccia, Torrente- **115** AB2
Vallada Agordina [BL] **13** C3
Vallaga, Rio- / Flagger-Bach **3** B3
Vall'Alta [BG] **41** CD2
Vallalta [BL] **29** C1
Vallalta [MO] **73** DE2
Vallancon [PD] **61** D2
Vallandro, Picco di- / Dürrenstein **13** DE1-2
Vallanzengo [BI] **37** CD1
Vallare [AL] **53** FG2
Vallarga / Weitental [BZ] **3** C2
Vallarsa [TN] **43** E2
Vallascia [SO] **9** B3
Vallassina **23** D2
Vallato [MC] **117** C3
Vallazza [MC] **125** D2
Vallazza, Monte- **29** B2
Valle [BL] **15** C1
Valle [BO] **97** G1
Valle [BS] **41** E3
Valle [BS] **25** E2
Valle [CN] **67** C3
Valle [CN] **67** E3
Valle [CN] **67** E4
Valle [FI] **105** D1-2
Valle [FI] **103** F2
Valle [LU] **103** CD2
Valle [MS] **85** CD2
Valle [MS] **85** DE2
Valle [PC] **71** C2-3
Valle [PN] **31** C3
Valle [PV] **55** C3
Valle [SO] **7** F4
Valle [SO] **25** A1-2
Valle [SO] **25** A2
Valle [SV] **81** D1-2
Valle [TN] **27** DE1
Valle [UD] **33** C1-2
Valle [UD] **33** D1-2
Valle [UD] **17** B2
Valle [VI] **45** A1
Valle [VI] **61** C1
Valle, Badía della- **99** CD2
Valle, Bocca di- **111** B3
Valle, Fosso la- **121** A3
Valle, la- [PC] **69** F2
Valle, la- / Tal [BZ] **11** A2
Valle, La- / Wengen [BZ] **13** C1-2
Valle, Pizzo della- **9** CD2
Valle, Punta di- / Wollbach-Spitz **3** D1
Valle, Torrente della- **99** D2
Valle Agordina, la- [BL] **29** D1
Valleandona [AT] **53** D3
Valleandona e Val Botto, Riserva Naturale della- **53** D3
Valle Aurina / Ahrntal [BZ] **3** D1-2
Valle Avellana [PU] **107** DE1-2
Valle Averto, Oasi di- **63** CD1
Valle Baroni [PE] **135** C3
Valle Benedetta [LI] **103** C3
Vallebona [IM] **93** BC3-4
Vallebona [VT] **131** D1
Vallebuono [RI] **139** C2
Vallecalda [AR] **107** B3
Valle Canal Novo, Riserva Naturale- **49** BC2
Valle Canzano [TE] **127** D3-4
Valle Castellana [TE] **127** B3
Valle Castellone [VT] **131** C2
Valle Cavanata, Riserva Naturale della- **49** D2
Vallécchia [LU] **95** E2-3
Vallécchio [FI] **105** AB3
Vallécchio [PG] **115** C1
Vallécchio [RN] **101** BC3
Valleceppi, Ponte- **115** C3
Valle Cerrina [AL] **53** E2
Vallecetta, Monte- **9** E2
Vallecrósia [IM] **93** B4
Vallecrósia Alta [IM] **93** BC4
Vallecupa [AQ] **135** A3
Vallecupa [CH] **141** FG2
Vallecupola [RI] **139** CD1
Valle Dame [AR] **115** A1-2
Valle dei Ronchi [VI] **45** C1
Valle del Foro, Riserva Naturale- **141** EF1
Valle del Freddo, Riserva Naturale- **41** DE2
Valle del Lambro, Parco Naturale della- **23** D3-4
Valle dell'Orfento, Riserva Naturale- **141** E2
Valle dell'Orte, Riserva Naturale della- **141** D1
Valle del Mezzano, Bonifica- **77** BC3-4
Valle del Ticino, Parco Naturale della- **39** A1
Valle del Treja, Parco- **137** E1
Valle di Bondo, Riserva Naturale- **43** C2
Valle di Cadore [BL] **13** EF3
Valle di Cadore, Lago di- **13** E3
Valle di Casíes / Gsies [BZ] **3** F3
Valle di Ginestreto [PU] **109** AB1-2
Valle di Millecampi **63** CD2
Valle di Nizza [PT] **67** E2
Valle di Sopra [CN] **67** B2
Valle di sopra / Oberthal [BZ] **1** FG1-2
Valle di Teva [PU] **107** DE1-2
Valle d'Ocre [AQ] **133** F3
Valle Dorizzo [BS] **25** E3
Valle e Castello [MC] **117** B3
Valle Gallare, Bonifica- **77** C3
Valléggia [SV] **81** F2
Vallegioliti [AL] **53** D1-2
Vallegrássica [AP] **125** E2
Valle Imperina, Riserva Naturale- **29** D1
Valle Isola, Bonifica- **77** CD3
Valle Lomellina [PV] **55** AB1-2
Vallelunga, Autódromo di- **137** E1-2
Vallelunga, Cima- **125** E2
Valle Maggiore [GR] **121** B3
Vallemara [GE] **69** D3
Vallemare [PE] **135** D2
Vallemare [RI] **133** D1-2
Vallemontagna [AN] **115** F1
Vallemontana [UD] **17** C3
Vallemora [AQ] **141** BC3
Valle Mosso [BI] **37** C1
Vallene [VR] **43** D2-3
Vallenoncello [PN] **31** C3
Vallenzona [GE] **69** D3
Valle Orsara [AP] **125** E2-3
Vallepietra [ROMA] **139** E3
Vallera [PC] **57** B3
Vallerana [PD] **61** CD2-3
Valleranello [ROMA] **145** C2
Vallerano [PR] **87** AB1
Vallerano [SI] **113** A3
Vallerano [VT] **131** D2
Valleremita [AN] **115** F2
Vallerenzo [PC] **55** F3
Valle Rice, Casa- [VT] **131** C1-2
Vallerona [GR] **121** D3
Vàlles / Vals [BZ] **3** B2-3
Valles, Passo di- **13** B3-4
Valles, Passo di- / Valser Joch **3** B2
Vàlles, Val di- / Valser Tal **3** B2-3
Valle Salimbene [PV] **55** E1-2
Vallesana [VR] **43** C3-4
Valle San Bartolomeo [AL] **55** A3
Valle San Felice [TN] **43** D1
Valle San Floriano [VI] **45** CD2
Valle San Giorgio [PD] **61** DE2
Valle San Giovanni [AT] **67** EF2
Valle San Giovanni [TE] **127** C4
Valle San Martino [MC] **117** AB2-3
Valle San Martino [MN] **73** D2
Valle San Martino [PG] **125** B4
Valle San Nicolao [BI] **37** C1
Valle San Silvestro / Wahlen [BZ] **3** F3
Valle Santa [ROMA] **145** B1
Vallesanta, Rifugio Faunistico di- **91** C1
Valle Sauglio [TO] **53** B2-3
Vallescura [GE] **69** E3
Valle Scura, Cima di- **69** E2
Valle Scura, Riserva Naturale- **29** CD2
Valle Scuropasso [PV] **55** E2
Vallese [VR] **59** E1-2
Vallesella [BL] **13** E3
Vallesella [BL] **13** F3
Valle Senzana [AP] **127** C2
Vallesina [BL] **13** E3
Vallesinella, Rifugio- **27** AB1
Vallestretta [MC] **125** D2
Vallestura [AL] **53** DE2
Valle Trebbia, Bonifica- **77** C3
Valletta [VR] **61** BC3
Valletta, la- [BO] **89** E1
Valletta, Punta- **19** D3
Valletta, Punta della- **19** DE2-3
Valletta, Vallone della- **79** C2
Valletti [SP] **85** B2
Valleve [BG] **25** A2
Valle Vegenana [MC] **117** B2-3
Valleversa [AT] **53** E2-3
Valle Volta, Bonifica- **77** C2-3
Vallevona, Cima di- **139** DE2
Valli [AP] **127** C2-3
Valli [MN] **59** A2-3
Valli [SI] **113** B2
Valli [TV] **45** F3
Valli [VE] **63** CD2
Valli, Bivacco- **7** EF3
Valli, Le- [CR] **57** C1-2
Valli, le- [FI] **99** AB2
Vallíbbia [MC] **115** F2
Vallicchio [MC] **117** B3
Vallicella [RO] **75** C2
Vallicello, Torrente- **125** D1-2
Valli Comuni, le- **73** EF2
Vallico Sopra [LU] **97** B2
Vallico Sotto [LU] **97** B2-3
Valli del Mincio, Riserva Naturale- **59** C2
Valli del Pasúbio [VI] **43** F2
Valli di Sant'Antonio, Riserva Naturale- **25** D2
Valliera [RO] **63** C3
Valliera [RO] **63** CD3
Valli Grandi Veronesi **61** BC3
Valli Mocenighe [PD] **61** D2-3
Vallina [AN] **115** E1-2
Vallina [FI] **105** D2
Vallinfante [MC] **125** DE2
Vallinfreda [ROMA] **139** CD2
Vallingegno, Abbazia di- **115** D2
Vallinotto, Santuario di- **53** A3
Vállio [TV] **47** B3
Vállio Terme [BS] **43** A3
Vallisnera [RE] **87** B2
Valllming / Valmigna [BZ] **3** A2
Vallo [TO] **37** B3
Vallócchia [PG] **125** B3
Vallocci, Cima- **25** A2
Vallo di Nera [PG] **125** C3
Val Loga, Cima de- **7** D2
Vallombrosa [FI] **105** E2
Vallombrosa, Riserva Naturale- **105** E2
Vallon, Cima di- **27** AB2
Vallona [RO] **63** B3
Vallona, la- [BO] **89** EF1
Vallona, la- [FE] **75** EF2
Vallona, la- [RO] **77** E1
Vallona, la- [RO] **77** E1
Vallonara [VI] **45** C2
Vallone [AN] **109** CD2
Vallone [CN] **65** C3-4
Vallone / Pflung [BZ] **3** E3
Vallone, il- [FE] **75** C2
Vallonetto, Cima- **51** BC2
Vallonga [PD] **63** C2
Vallonga [TN] **13** A3
Vallongo [TO] **53** B3
Valloni [CH] **143** A3
Valloni [LO] **57** C3
Vallonina, Bosco- **133** C1
Vallonto [TV] **47** B1-2
Vallorch [TV] **31** B2
Valloria [IM] **93** D3
Valloria [LO] **57** B3
Valloriate [CN] **79** D1-2
Vallosio [AL] **69** A3
Vallo Torinese [TO] **35** EF3
Vallúcciole [AR] **105** E1-2
Vallugana [VI] **45** B3
Vallumida [AT] **67** E1-2
Vallunga [RI] **133** CD1
Vallurbana [PG] **107** C3
Valmacca [AL] **55** A2
Valmadonna [AL] **55** A3
Valmadre, Val- **25** A2
Valmadrera [LC] **23** E2
Valmaggia [VC] **21** D2-3
Valmaggiore [BG] **41** D2
Valmairone [AT] **53** DE3
Valmala [CN] **65** DE3
Valmala, Cima- / Würmaulspitze **3** B2
Valmala, Colle della- **65** DE3
Valmala, Santuario di- **65** DE3
Valmarana [VE] **63** C1
Valmarana [VI] **45** B3-4
Valmareno [TV] **29** D3
Val Másino [SO] **7** F3
Valmazzone [BS] **25** E1
Val Melaina [ROMA] **145** CD1
Valmeronte, Monte- **107** C3
Valmesta [TN] **29** B1
Valmiana [AO] **35** D1
Valmiana, Punta di- **35** DE1
Valmigna / Vallming [BZ] **3** A2
Val Moena, Cimon di- **27** E1
Valmontone [ROMA] **145** F2
Valmorbia [TN] **43** E2
Valmorea [CO] **23** B2-3
Valmorel [BL] **29** E2
Valmoresca [BG] **23** F1-2
Valmosca [BI] **21** B3-4
Valmózzola [PR] **85** CD1
Valmózzola Stazione **71** D4
Valnegra [BG] **25** A3
Val Nera, Monte- **9** C2
Val Noana, Lago di- **29** BC2
Val Noci, Lago di- **69** D3-4
Valnogaredo [PD] **61** D2
Valnontey [AO] **35** DE1
Valnuvola [BL] **29** AB2
Valparola, Malghe di- **13** C2
Valparola, Passo di- **13** CD2
Valpegara [VI] **45** AB1
Valpelina [VE] **47** EF2-3
Valpelline [AO] **19** DE1-2
Valpelline [AO] **19** E1-2
Valpelline, Tête de- **19** F1
Valperga [TO] **35** F2
Valperna, Cima- / Knapphenne **3** D2
Valperosa [AT] **53** D3
Valpiana [BG] **25** A3
Valpiana [GR] **121** A1-2
Valpiana [VB] **21** C2
Valpiana [VC] **21** DE3
Val Piana, Monte- **27** E1-2
Valpicetto [UD] **15** E1
Valpolicella **43** D3
Valpone [CN] **67** CD2
Valprato Soana [TO] **35** F1
Valpredina, Riserva Naturale- **41** C2
Valpromaro [LU] **97** B3
Valproto [VI] **45** C3
Val Rezzo [CO] **7** C4
Val Rosandra, Riserva Naturale della- **49** G3
Val Rossara [AL] **69** B2
Valrovina [VI] **45** D2
Vals [PN] **31** D1
Vals / Vàlles [BZ] **3** B2-3
Valsalva [BO] **99** BC1
Valsanzibio [PD] **61** E2
Val Sarmassa, Riserva Naturale della- **67** EF2
Valsássina **23** E2
Valsavarenche [AO] **19** D3
Valsavignone [AR] **107** AB2
Valschauerbach / Valsura **11** C2
Val Scura, Cima di- **27** B1
Valscura, Lago di- **79** C2
Valsecca [BG] **41** AB1-2
Valsecca, Monte- **15** E1
Valsénio [RA] **99** C1
Valseresino [CR] **57** C2
Valser Joch / Valles, Passo di- **3** B2
Valser Tal / Vàlles, Val di- **3** B2-3
Valsésia **21** CD3
Valsésia, Rifugio- **21** B2
Valsigiara [PC] **69** E2-3
Valsoera, Lago di- **35** E1-2
Valsolda [CO] **23** C1
Valsolda [CO] **23** C1
Valsorda [TN] **27** C2-3
Valsorda, Cima di- **11** F3
Valsorda, Forcella di- **27** EF1
Valsorda, Rifugio- **115** E2
Valsorda, Rio- **29** B1
Valstagna [VI] **45** C1
Valstrona [VB] **21** DE2
Valstrona [VB] **21** D2
Valsura / Valschauerbach **11** C2
Valsura, Rio- **11** B2
Valtellina **25** BC1
Valtendra, Passo di- **5** D2
Váltero, Monte- **25** C3
Valtieri, Casa- [VT] **123** AB3
Valtina / Walten [BZ] **1** F1-2
Valtopina [PG] **115** E3
Valtorta [BG] **23** F2
Valtorta [BG] **23** F2
Valtournenche [AO] **19** F1-2
Valtournenche [AO] **19** F1
Val Tovanella, Riserva Naturale- **13** E4
Valtravaglia Montegrino [VA] **23** A2
Valtreara [AN] **117** A1
Val Trela, Passo di- **9** D1
Valtriano [PI] **103** CD3
Val Troncea, Parco Naturale della- **51** C3
Valvasone [PN] **31** E2-3
Valvel-Spitze / Valbella, Cima- **1** BC2
Valverde [FC] **101** B1
Valverde [PV] **55** E3
Valvestino [BS] **43** B2
Valvestino, Lago di- **43** B2
Valvinera [AT] **53** E3
Val Viola, Case- [SO] **9** CD2
Val Viola, Lago di- **9** CD2
Val Viola, Passo di- **9** C2
Valzanca, Rio di- **29** B1
Valzangona [PU] **109** A2
Valzemola [SV] **81** E1
Valzúrio [BG] **25** B3
Vancimúglio [VI] **45** C3-4
Vancomune, Monte- **15** CD1
Vandalino, Monte- **65** CD1-2
Vandelli, Rifugio- **13** E2
Vandóies / Vintl [BZ] **3** C2-3
Vandóies di Sopra / Obervintl [BZ] **3** C3
Vandóies di Sotto / Niedervintl [BZ] **3** C3
Vaneze [TN] **27** C2
Vanga / Wangen [BZ] **11** E2
Vangadizza [VR] **61** B2-3
Vaninetti, Bivacco- **7** F3
Vannino, Lago- **5** E1
Vanoi, Torrente- **29** B2
Vanoi, Val del- **29** B1
Vanoni [VR] **59** C1-2
Vantaggio [TR] **123** C3
Vantone [BS] **43** AB2
Vanza [TN] **43** E1
Vanzaghello [MI] **39** A1
Vanzago [MI] **39** BC1
Vanzago, Bosco di- **39** B1
Vanzo [PD] **61** E2
Vanzone [VB] **21** C1-2
Vanzone [VC] **21** D3
Vanzone con San Carlo [VB] **21** C1-2
Vaprio d'Adda [MI] **41** B3
Vaprio d'Agogna [NO] **37** F1
Vara, Fiume- **85** C3
Varadega, Passo di- **9** D3
Varago [TV] **47** A2
Vara Inferiore [SV] **83** A2
Varáita [CN] **65** D3
Varaita, Torrente- **65** F2
Varáita, Valle- **65** CD3
Varallo [VC] **21** D2-3
Varallo Pómbia [NO] **21** F3-4
Varano [AN] **109** F3
Varano [AN] **115** EF1-2
Varano [MS] **85** E3
Varano [TE] **127** D3
Varano [TN] **43** D1
Varano, Rocca di- **117** B3
Varano Borghi [VA] **21** G3
Varano de'Marchesi [PR] **71** E3
Varano de' Melegari [PR] **71** DE3
Vararo [VA] **21** FG2
Vara Superiore [SV] **83** A1-2
Varavo Superiore [SV] **93** E2
Varazze [SV] **83** A2
Varco [MC] **117** D2
Varco di Castelfranco, Poggio- **105** E2-3
Varco Sabino [RI] **133** D3
Varda [BL] **13** C2-3
Varda [BZ] **13** C2
Varda [PN] **47** C1
Varda, Col de- **13** E2
Varedo [MI] **39** CD1
Varella, la- **13** C2
Varella, Rifugio la- **13** CD2
Varena [TN] **11** E4
Varengo [AL] **53** E2
Varenna [LC] **23** D1
Varese [VA] **23** AB3
Varese, Lago di- **23** A2-3
Varese Lígure [SP] **85** B2
Vargo [AL] **69** C2
Vari [MC] **125** D1-2
Variala [AT] **53** E3
Variana [AL] **69** C2
Variano [AL] **69** C2
Variano [UD] **33** B2
Variglie [AT] **53** DE3
Varignana [BO] **89** DE2

Varignano [TN] **27** AB3
Varignara, Stazione di- **89** DE2
Varigotti [SV] **81** F2
Varinella [AL] **69** C2
Variney [AO] **19** D2
Varise, Monte la- **19** C2
Varisella [TO] **35** EF3
Varliano [LU] **87** B3
Varmo [UD] **47** E1
Varmost, Monte- **15** C2
Varna [FI] **105** A3
Varna / Vahrn [BZ] **3** B3
Varni [GE] **69** E3
Varone [TN] **27** AB3
Varone, Cascata del- **27** A3
Varoni [RI] **133** E1
Varri, Val di- **139** DE1-2
Varrone, Torrente- **23** E1
Varrone, Valle- **23** E1
Varsi [PR] **71** CD3-4
Vartone [PR] **71** D3
Varzi [PV] **69** E1-2
Varzo [VB] **5** D2
Vas [BL] **29** C3
Vas, Monte- **15** E2
Vasanello [VT] **131** DE2
Vasari [AN] **109** D2-3
Vasca, la- [TR] **131** D1
Vascagliana [AT] **53** D3
Vasche [RI] **133** D2
Vasciano [PG] **123** E3
Vasciano [TR] **131** F2
Vasco [CN] **81** BC1
Vascon [TV] **47** A2
Vasconi [MC] **117** A2
Vásia [IM] **93** D3
Vaso [BS] **59** A1
Vaso, Monte- **103** D4
Vassena [LC] **23** D2
Vastalla [TO] **35** F3
Vasto [CH] **143** C2
Vasto [MN] **59** B2
Vasto, Golfo di- **143** C2
Vätles, Monte- / Watles **1** A2
Vattaro [TN] **27** D2-3
Vaud [AO] **19** D1
Vauda [TO] **35** F3
Vauda, Riserva Naturale della- **35** FG3
Váuda Canavese [TO] **35** F3
Váuda Canavese Inferiore [TO] **35** F3
Váuda Canavese Superiore [TO] **35** F3
Vaudet, Col di- **35** BC1
Váuro, Santuario di- **21** B3
Vázia [RI] **133** C2
Vazzola [TV] **47** B1-2
Vazzoler, Rifugio- **13** D3
Vè, Monte- **95** A1-2
Veano [PC] **71** B2
Vecchia, Colle della- **21** B3
Vecchia, la- [BI] **37** B1
Vecchia, la- [RE] **87** D1
Vecchia, Lago della- **21** B3
Vecchia, Monte della- **99** C1
Vecchia, Rifugio della- **21** B3
Vecchiano [PI] **103** C2
Vecchiarelli [AN] **109** D4
Vecchiazzano [FC] **99** EF1
Vecchietto [MS] **85** D3
Vecchio, Monte- [CN] **79** E2
Vecchio, Monte- [CH] **141** FG3
Vecchio, Monte- [It.] **97** B1
Vecchio, Porto- **119** D1
Vecciano [RN] **101** C3
Vecciática [PR] **87** AB2
Vecciola [MC] **117** C3
Vecersio [SV] **81** D3
Vedana, Certosa di- **29** D1-2
Vedano al Lambro [MI] **39** D1
Vedano Olona [VA] **23** B3
Veddasca [VA] **7** A4
Vedegheto [BO] **89** B2-3
Vedelago [TV] **45** EF2
Vederna, Monte- **29** B2
Vedeseta [BG] **23** F2
Vedetta, la- [RE] **87** D1
Vedetta Alta / Hochwart **11** BC2-3
Védole [PR] **73** A2
Vedra, Val- **25** A3
Vedrana [BO] **89** E1
Vedretta, Lago- **27** A1
Vedretta, Punta della- **1** C2
Vedrette di Ries-Aurina, Parco Naturale- / Rieserfernerppe, Naturpark- **3** E2
Vedriano [BO] **89** DE2
Vedriano [MS] **87** AB3
Vedriano [RE] **87** C1-2
Vedronza [UD] **17** C3
Vedúggio con Colzano [MI] **23** D3
Veduro [BO] **89** D1
Vedute, le- [FI] **103** E2
Vegaia, Cima- **11** A3
Véggia [RE] **87** E1
Veggiano [PD] **61** E1
Veggio [BO] **89** BC3
Veggiola [PC] **71** C2
Vegli [UD] **17** B3
Véglia [CN] **67** B2
Vegliasco [SV] **93** EF2
Véglio [BI] **21** C3-4
Véglio [CO] **23** C2
Vegna [CO] **7** C4
Vegni [AL] **69** D3
Vegno [LC] **23** E1
Vegno [VB] **5** CD2
Vegri [RO] **75** C2
Vegri [VI] **45** A2-3
Veio **137** E2
Veirera [SV] **83** A2
Vejano [VT] **137** C1
Vélan, Monte- **19** D1
Velate [VA] **23** A2
Véleso [CO] **23** CD2
Velezzo Lomellina [PV] **55** B1-2
Velino, Fiume- **133** B2
Velino, Gole del- **133** D2
Velino, Monte- **139** F1-2
Vella, Fiume- **141** D2
Vella, la- [PR] **71** E1-2
Vellai [BL] **29** C2
Vellano [PT] **97** D3
Vellau / Velloi [BZ] **11** C1
Vellego [SV] **93** DE2
Velleia **71** C3
Velletri [ROMA] **145** E2
Vellezzo Bellini [PV] **39** C3
Vello [BS] **41** E2
Velloi / Vellau [BZ] **11** C1
Véllora, Torrente- **121** EF1
Velmaio [VA] **23** B2-3
Velo d'Astico [VI] **45** AB2
Velo Veronese [VR] **43** E3
Velturno / Feldthurns [BZ] **11** F1-2
Velucciana [RE] **87** CD2
Velva [GE] **85** B3
Velva, Colle di- **85** B3
Vena [TO] **35** F2
Vena, Passo della- **45** A1
Vena, Rio- / Winnebach **3** C2
Venagrande [AP] **127** C2
Venale, Monte- **31** B1
Venanzi, Podere- [AR] **113** DE2
Venaria Reale [TO] **53** A2
Venarotta [AP] **127** B2
Venasca [CN] **65** E3
Venas di Cadore [BL] **13** E3
Venatura [AN] **109** A4
Venáus [TO] **51** CD1-2
Vencò [GO] **33** D2-3
Venda, Monte- **61** DE2
Vendaso [MS] **87** AB3
Vendaso, Giogo di- **87** B3
Vendersi [AL] **69** D2
Vendóglio [UD] **33** B1-2
Vendone [SV] **93** E2
Vendri [VR] **43** E3-4
Vendrogno [LC] **23** DE1
Vene [PG] **125** BC2
Vene [SV] **81** E2
Venegazzù [TV] **45** F2
Venegiotta, Malga- **13** B4
Venegono Inferiore [VA] **23** B3
Venegono Superiore [VA] **23** B3
Venenta [BO] **89** C1
Vénere [AQ] **141** B2-3
Vénere, Monte- [BO] **89** C3
Vénere, Monte- [VT] **131** CD2
Veneria [VC] **37** D3
Venerócolo, Lago del- **25** E1-2
Venerócolo, Monte- **25** CD2
Venerócolo, Punta del- **25** F1
Véneta, Laguna- **63** DE1
Véneto, Scolo- **77** C1-2
Venezia [VE] **63** DE1
Venezia, Cima- / Venezia-Spitze **11** A3
Venezia, Dosso di- **9** F2
Venezia, Golfo di- **63** EF2
Venezia, Rifugio- **13** DE3
Venezia-Spitze / Venezia, Cima- **11** A3
Venezzano [BO] **75** BC3
Vengore [AT] **67** E3
Veniano [CO] **23** B3
Venina, Lago di- **25** B2
Venina, Passo- **25** B2
Venina, Torrente di- **25** B2
Venini, Rifugio- **23** CD1-2
Venna, Torrente- **135** E2-3
Venosta, Val- / Vinschgau **11** AB2
Vens [AO] **19** C2
Ventarola [GE] **83** E2
Ventarola, la- **85** B2
Ventasso, Monte- **85** F2
Ventena [AR] **105** DE3-4
Venti, Poggio dei- **129** C2
Ventia, Torrente- **115** CD2
Ventimíglia [IM] **93** B4
Vento, Grotta del- **97** B2
Vento, Grotta Grande del- **117** A1
Vento Grande, Cima del- / Große Windschar **3** DE2
Ventolone, Monte- **61** E2
Ventoso [RE] **87** DE1
Ventósola, Monte- **125** DE3
Ventrino, Monte- **141** C2
Venturelli [VR] **59** C1
Venturi, Fattoria- [GR] **121** B2
Venturina [LI] **111** B3
Venturosa, Monte- **23** F2
Veny, Val- **19** B2
Venzi, Case- [FC] **99** F2
Venzonassa, Torrente- **17** C3
Venzone [UD] **17** B2-3
Veppo [SP] **85** C3
Verampio [VB] **5** DE2
Veran [BL] **29** D1
Verano [PC] **71** BC2
Verano / Vöran [BZ] **11** D2
Verano, Monte di- / Vöraner Joch **11** D2
Verano Brianza [MI] **23** D3
Veratica [RO] **75** C1-2
Veratto [PC] **57** AB3
Veravo [SV] **81** D3
Verazzano [AR] **107** AB3-4
Verbánia [VB] **21** F2
Verbano → Maggiore, Lago- **21** FG2
Vercana [CO] **7** DE3-4
Vercéia [SO] **7** E3
Vercelli [VC] **37** E2-3
Verchiano [PG] **125** C2
Verciano [LU] **103** CD1-2
Vercoche, Lago- **19** F3
Vercurago [LC] **23** E3
Verde, Creta- / Steinwand **15** D1
Verde, Lago- **85** E2
Verde, Lago- / Grünsee **11** A2-3
Verdeggia [IM] **93** C2
Verdellino [BG] **41** B3
Verdello [BG] **41** B3
Verde o Punta d'Arma, Capo- **93** CD3-4
Verderio Inferiore [LC] **23** E3-4
Verderio Superiore [LC] **23** E3-4
Verdesina [TN] **27** A2
Verdeto [PC] **71** A2
Verdi Giuseppe, Aeroporto Nazionale- **71** F2-3
Verdignana, Cima- **11** A3
Verdignes / Verdings [BZ] **11** F1-2
Verdings / Verdignes [BZ] **11** F1-2
Verdins [BZ] **1** F2
Verdonda [MN] **73** E2
Verduno [CN] **67** C2
Verécchie [AQ] **139** E2
Verena, Monte- **27** E3
Verezzi [SV] **81** E2-3
Verezzo [IM] **93** C3
Vergagni [AL] **69** D2-3
Vergano [LC] **23** E3
Vergano, Lago- **21** B3-4
Vergano Novarese [NO] **21** E3
Vergante **21** EF3
Vergari [MN] **73** C2
Vergatello, Torrente- **89** B3
Vergato [BO] **89** B3
Vergelle [SI] **113** C3
Vergémoli [LU] **97** B2
Verghera [VA] **39** A1
Verghereto [FC] **107** AB2
Verghereto [PO] **105** AB2
Vergheria Biazzi [GR] **129** C1
Vergia, Punta- **51** D3
Vergiano [BO] **99** A1
Vergiano [RN] **101** BC2
Vergiate [VA] **23** A3
Vergine, la- [PT] **97** DE3
Vergineto [PU] **109** B2
Vergnacco [UD] **33** C1-2
Vergnano, Monte- **123** D2
Vergnasco [BI] **37** C1-2
Vergne [CN] **67** C3
Vergobbio [VA] **23** A2
Veri, Monte- **69** F3
Verica [MO] **87** F2-3
Verigo [VB] **5** E3
Verla [TN] **27** C1-2
Verlucca [TO] **35** EF2
Vermegliano [GO] **49** DE1-2
Vermenagna, Torrente- **79** E2
Vermenagna, Valle- **79** E2
Vermenone, Monte- **115** F3
Vermezzo [MI] **39** B2
Vermiglio [TN] **27** A1
Vermiglio, Val- **27** A1
Verminesca, Garzaia della- **37** F3
Vermogno [BI] **37** C1-2
Vermoi Spitze / il Marzolo **11** B1-2
Vermongoi [TN] **25** F3
Verna [CO] **23** C1-2
Verna [TO] **51** F1-2
Verna [TO] **51** EF2-3
Verna, la- [MO] **87** D2-3
Vernacchi, Casa- [GR] **121** C3-4
Vernagli [CN] **81** BC2
Vernago / Vernagt [BZ] **1** CD2
Vernago, Lago di- / Vernagt Stausee **1** CD2
Vernagt / Vernago [BZ] **1** CD2
Vernagt Stausee / Vernago, Lago di- **1** CD2
Vernante [CN] **79** E2
Vernasca [PC] **71** CD3
Vernasso [UD] **33** D2
Vernate [MI] **39** C3
Vernazza [SP] **95** AB2
Vernazzano [PG] **115** A2
Vernetti [CN] **65** C4
Vernetto [CN] **65** F2
Verney, Lago- **19** B2
Verni [LU] **97** B2
Verniana [AR] **113** CD1
Vernine [SI] **113** C3
Vérnio [PO] **97** F2
Vernone [TO] **53** C2
Vernuga [SO] **9** D3
Verola, Monte- **85** F1
Verolanuova [BS] **57** E1-2
Verolavécchia [BS] **57** E1-2
Verolengo [TO] **53** C1
Verona [VR] **59** DE1
Verona, Pizzo- **9** BC2
Verona-Villafranca, Aeroporto Internazionale- **59** D1
Veronella [VR] **61** B1-2
Verosso, Cima- **5** CD2-3
Verra, Rocca di- **21** A2
Verrand [AO] **19** B2
Verratti [CH] **141** FG1-2
Verrayes [AO] **19** F2
Verrazzano, Castello di- **105** C3
Verrès [AO] **19** G2-3
Verretto [PV] **55** D2
Vérrico [AQ] **133** E1
Verrone [BI] **37** C1-2
Verrua Po [PV] **55** DE2
Verrua Savóia [TO] **53** D1-2
Verruca, Castello- / Fragsburg, Schloß- **11** D2
Verrucchiella, Monte- **95** F1-2
Verrucola [MS] **85** E3
Verrucolette [LU] **95** E1-2
Versa [GO] **49** D1
Versa, Rio- **47** E1
Versa, Torrente- [AT] **53** E2
Versa, Torrente- [Eur.] **33** E3
Verschneid / Frassineto [BZ] **11** D2
Versciaco di Sopra / Ober Vierschach [BZ] **3** FG3
Versciaco di Sotto / Unter Vierschach [BZ] **3** F3
Versilia **95** E3
Versino-Fucine [TO] **35** E3
Versola [MS] **85** D2
Versutta [PN] **31** E3
Vertainspitze / Vertana, Cima- **1** B3
Vertana, Cima- / Vertainspitze **1** B3
Vertemate con Minóprio [CO] **23** C3
Vertine [SI] **105** D4
Vertosan, Comba di- **19** C2
Vertova [BG] **41** D2
Verúcchio [RN] **101** B3
Veruno [NO] **21** F3
Vérvio [SO] **9** D3
Vervò [TN] **11** C4
Verza [PC] **57** BC3
Verzáglia [FC] **101** B2
Verzago [CO] **23** CD3
Verzedo [SO] **9** DE2
Verzégnis [UD] **15** E2
Verzégnis, Lago di- **15** E2
Verzégnis, Monte- **15** E2
Verzel, Punta- **35** F1-2
Verzi [GE] **83** E2
Verzi [SV] **81** F2
Verzi [SV] **81** E2-3
Verziano [BS] **41** EF3-4
Verzuno [BO] **97** F1
Verzuolo [CN] **65** E3
Vesale [MO] **87** E3
Vesallo [RE] **87** D2
Vesallo [SV] **81** D3
Véscia [PG] **125** B1-2
Vescona [SI] **113** BC2
Vescovado [SI] **113** B2-3
Vescovana [PD] **61** E3
Vescovato [CR] **57** EF2
Vesetto [CO] **23** C1
Vesignano [TO] **35** G2
Vésima [GE] **83** B2
Vésime [AT] **67** E3
Vesina, Alpe- **7** E4
Vesio [BS] **43** C2
Vespolate [NO] **37** FG2
Vespolo, Monte- **25** A2
Vessa [FC] **99** EF3
Vessálico [IM] **93** D2
Vesta [BS] **43** AB2
Vestea [PE] **135** C2
Vestenanova [VR] **43** F3
Vestenavécchia [VR] **43** F3
Vestignano [MC] **117** C3
Vestignè [TO] **37** B2
Vestito, Passo del- **95** E2
Véstola [PR] **87** A1
Vestone [BS] **43** A2
Vestreno [LC] **7** D4
Vetan [AO] **19** D2
Veternigo [VE] **45** F3-4
Vetralla [VT] **131** C2-3
Vetralla, Rocca- **125** C4
Vetralla, Stazione di- **131** C3
Vetrego [VE] **63** C1
Vétria [SV] **81** D2
Vetriolo [VT] **131** C1
Vetriolo Terme [TN] **27** D2
Vetta [PD] **61** E2
Vetta d'Italia **3** EF1
Vette, Le- **29** BC2
Vette Feltrine, Riserva Naturale- **29** C2
Vettignè [VC] **37** D2
Vetto [RE] **85** FG1-2
Vetto [SO] **9** B3
Vettola, la- [PI] **103** BC2
Vettore, Monte- **125** E2-3
Vetulónia [GR] **121** A2
Vetzan / Vezzano [BZ] **11** A2
Véveri [NO] **37** F2
Vézimo [PC] **69** E2-3
Vezza [AR] **105** F3
Vezza, Col di- **13** EF2
Vezza, Torrente- **131** D1
Vezza d'Alba [CN] **67** CD2
Vezza d'Óglio [BS] **9** E3
Vezzana, Cima della- **29** BC1
Vezzanello [MS] **95** D1-2
Vezzano [AP] **125** E3
Vezzano [BL] **29** E2
Vezzano [PR] **85** F1
Vezzano [RI] **133** D1
Vezzano [TN] **27** BC2
Vezzano / Vetzan [BZ] **11** A2
Vezzano Lígure [SP] **95** C2
Vezzano sul Crostolo [RE] **87** D1
Vèzzena, Cima di- **27** DE3
Vèzzena, Passo di- **27** DE3
Vezzi Pórtio [SV] **81** F2
Vezzo [VB] **21** F2
Vezzola [SO] **9** D1-2
Vezzola, Fiume- **127** C3-4
Vezzolacca [PC] **71** C3
Vezzolano, Abbazia di- **53** C2
Vho [AL] **55** C3
Vho [CR] **59** A3
Via, La- [BZ] **1** F1
Via Bassa, Case- [RO] **75** D2
Viacce [AN] **115** E1
Viadágola [BO] **89** D1
Viadana [MN] **73** AB2
Viadana Bresciana [BS] **59** A1
Viadánica [BG] **41** D2
Via dei Romani [CN] **65** E2
Viaiano [CN] **67** C3
Viáio [AR] **107** B3
Vialarda [AL] **53** F1-2
Via Larga [MO] **73** E3-4
Viale [AT] **53** D2-3
Vialfrè [TO] **37** AB2
Vialone [PV] **39** D3
Viamággio [AR] **107** B2
Viamággio, Passo di- **107** B2
Viana, Torrente- **35** F3
Viancino [VC] **37** D2-3
Vianino [PR] **71** D3
Viano [CH] **141** F1
Viano [RE] **87** D1
Vianoce [AT] **67** E2
Vianova [LU] **97** A2
Vianova [PC] **57** D3
Via Nuova, Casa- [AQ] **139** F2
Via Piana [PU] **107** F2
Viarago [TN] **27** D2
Viareggio [LU] **95** E3
Viarelle, Masseria- [FG] **143** EF3
Viarigi [AT] **53** F2-3
Viarolo [PR] **71** F2
Viaróvere [MO] **75** B2
Viaso [UD] **15** DE2
Via Tagliata [RA] **91** D2
Viate, Rifugio- **27** C2
Via Vecchia [TO] **51** G3
Viazza [FE] **75** E2
Viazzano [PR] **71** E3
Viboldone [MI] **39** D2
Vibrata, Torrente- **127** E3
Vicanino [PC] **71** C3
Vicano, Rio- **131** E3
Vicano, Torrente- **105** DE2
Vicarello [LI] **103** C3
Vicarello [PI] **103** EF4
Vicarello [ROMA] **137** D1-2
Vícchio [FI] **99** B3
Vicchiomaggio [FI] **105** C3
Viceno [NO] **5** D2
Viceno [TR] **123** BC3
Vicenza [VI] **45** C3
Vicenza, Rifugio- **13** B2
Vich [BL] **29** EF2
Vicino, Monte- **107** D3
Viciomággio [AR] **105** F4
Vico [BS] **43** A2
Vico [BS] **43** B2
Vico [PT] **97** D3
Vico [RE] **87** C1
Vico [UD] **15** CD2
Vico [UD] **15** C2
Vico [VC] **21** D3
Vico, Lago di- (Cimino) **131** CD2-3
Vicobarone [PC] **55** F2-3
Vicobellignano [CR] **73** A1-2
Vicoboneghísio [CR] **73** A1
Vico Canavese [TO] **37** A1-2
Vico d'Árbia [SI] **113** B1-2
Vico d'Elsa [FI] **105** B3
Vicoferaldi [FI] **99** B3
Vicofértile [PR] **71** F3
Vicoforte [CN] **81** C1
Vicoforte, Santuario di- **81** C1
Vicoli [PE] **135** C2-3
Vícoli, Parco di- **135** C2
Vicoli Vecchio [PE] **135** C2-3
Vicolungo [NO] **37** E1-2
Vicomarino [PC] **55** F2-3
Vico-Matrino, Stazione di- **131** C3
Vicomoscano [CR] **73** A2
Vicomune [PV] **55** E2
Viconago [VA] **23** AB2
Viconovo [FE] **75** E2-3
Vico Pancellorum [LU] **97** D2
Vicopisano [PI] **103** D2
Vicosoprano [GE] **69** F3
Vicovaro [ROMA] **139** C2
Vidal, Col- **13** F2
Vidalengo [BG] **41** B3
Vidalenzo [PR] **57** E3-4
Vidali [UD] **17** C2
Vidardo [LO] **39** E3
Vidiana [PR] **87** B1
Vidiano [PC] **55** F3
Vidiceto [CR] **57** F3
Vidiciático [BO] **97** E1-2
Vidigulfo [PV] **39** D3
Vidiuno [BO] **89** F2
Vidolasco [CR] **41** C4
Vidoni [AP] **125** E1-2
Vidòr [TV] **45** F1
Vidracco [TO] **37** A2
Vidulis [UD] **31** E2
Viè [BS] **43** AB2
Vielle, Monte di- **105** D4
Viepri [PG] **125** A2-3
Viering [AO] **19** FG2
Vierle [FI] **105** E1-2
Viesca [FI] **105** DE3
Viesci [RI] **133** D1
Vietti [TO] **35** E2-3
Vieux [AO] **19** CD3
Vieyes [AO] **19** D2-3
Viezze [RO] **75** E2
Viézzena **13** AB3-4
Vigalfo [PV] **55** E1
Vigalzano [TN] **27** D2
Viganego [GE] **83** D2
Viganella [VB] **5** D3
Viganó [LC] **23** DE3
Vigano [MI] **39** C2
Vigano San Martino [BG] **41** D2
Vigarano Mainarda [FE] **75** C2
Vigarano Pieve [FE] **75** CD2
Vigarolo [LO] **57** A2
Vigásio [VR] **59** D1-2
Vigatto [PR] **73** A3
Vigéllio [BI] **37** C2
Vigentina [FE] **77** B2
Vigese, Monte- **97** F1
Vigevano [PV] **39** AB2-3
Vigezzo, Val- **5** EF3
Viggiú [VA] **23** B2
Vigheffio [PR] **71** F3
Vighén, Case- [PR] **85** C2
Vighignolo [MI] **39** C1-2
Vighizzolo [BS] **59** A1
Vighizzolo [CO] **23** C3
Vighizzolo [CR] **57** F3
Vighizzolo d'Este [PD] **61** D2-3
Vigilbach / San Vigilio, Rio- **13** CD2
Vigiljoch / San Vigilio, Monte- **11** C2
Vigliano [AQ] **133** E2
Vigliano Biellese [BI] **37** C1
Vigliano d'Asti [AT] **53** E3
Viglierchi [CN] **81** D1
Viglio, Colle- **139** E3
Viglio, Monte- **139** F3
Vigna [CN] **79** EF2
Vignaccia, Poggio- **121** E4
Vigna di Valle [ROMA] **137** D2
Vignaglia [PG] **115** B3
Vignago [IM] **93** C2
Vigna Grande [ROMA] **137** CD2
Vignai [IM] **93** C3
Vignale [LI] **119** DE1
Vignale [NO] **37** F1-2
Vignale [PR] **87** C1
Vignale Monferrato [AL] **53** F2-3
Vignale-Riotorto, Stazione- **119** D1
Vignana [SP] **85** B3
Vignanello [VT] **131** D2
Vignano [SI] **113** B1-2
Vignarca, Casa- [LI] **119** D1
Vignarello [NO] **39** A2
Vigna Soliva, Monte- **25** BC2-3
Vignate [MI] **39** E1-2
Vigne [AN] **117** B1
Vigne [TN] **27** AB3
Vigne [TR] **131** EF2
Vigne, le- [GR] **121** DE2
Vigne, le- [SI] **111** E2
Vigne Nuove [GR] **121** D2

Vigneta [MS] **85** EF3
Vignola [MO] **87** FG1-2
Vignola [MS] **85** CD2
Vignola [PC] **71** D2
Vignola [TN] **27** D2
Vignola, Monte- [BO] **89** B2
Vignola, Monte- [RE] **87** C2
Vignola, Monte- [TN] **43** D2
Vignola-Falesina [TN] **27** D2
Vignole [BL] **29** D2
Vignole [PT] **97** E3
Vignole [TN] **27** B3
Vignole, le- [VE] **63** E1
Vignole Borbera [AL] **69** C2
Vignolo [CN] **79** D1
Vignolo [SV] **81** D3
Vignone [VB] **21** F2
Vignui [BL] **29** C2
Vigo [BO] **97** F1
Vigo [TN] **27** B3
Vigo [VR] **61** B2-3
Vigo [VR] **43** D3
Vigo, Monte- **27** A1
Vigo Anáunia [TN] **27** C1
Vigodàrzere [PD] **63** B1
Vigo di Cadore [BL] **13** F2-3
Vigo di Fassa [TN] **13** AB3
Vigogna [GE] **69** D3
Vigolante [PR] **71** F3
Vigoleno [PC] **71** D3
Vigolo [BG] **41** E2
Vigolo [PC] **71** B3
Vigolo Baselga [TN] **27** C2
Vigolo Marchese [PC] **71** CD2
Vigo Lomaso [TN] **27** B2
Vigolone [PR] **85** E1
Vigolo Vattaro [TN] **27** CD2-3
Vigolzone [PC] **71** BC2
Vigo Meano [TN] **27** C2
Vigone [TO] **51** FG3
Vigonovo [PN] **31** C2-3
Vigonovo [VE] **63** BC1
Vigonza [PD] **63** B1
Vigonzone [PV] **39** D3
Vigoponzo [AL] **69** D2
Vigo Rendena [TN] **27** A2
Vigoreto [MN] **73** A1-2
Vigorovea [PD] **63** BC1-2
Vigorso [BO] **89** DE1
Vigostano [PC] **71** CD2
Viguzzolo [AL] **55** C3
Vila di Sopra / Oberwielenbach [BZ] **3** DE3
Vill / Villa [BZ] **3** BC3
Vill / Villa [BZ] **11** D3-4
Villa [AN] **109** E3-4
Villa [AR] **105** E2
Villa [AT] **67** F2
Villa [BL] **13** D3
Villa [BL] **29** D2
Villa [BS] **41** E3
Villa [BS] **41** EF3
Villa [BS] **43** A3
Villa [BS] **43** AB3
Villa [BS] **41** F3
Villa [BS] **43** B2-3
Villa [BS] **41** F2
Villa [BS] **25** D2-3
Villa [CN] **67** C2
Villa [CN] **67** C2
Villa [CN] **65** C2
Villa [CN] **65** CD2
Villa [CN] **81** D1
Villa [CN] **81** CD1
Villa [CN] **81** D1
Villa [LC] **23** E3
Villa [LU] **97** AB1
Villa [MN] **59** A2
Villa [MO] **73** DE2-3
Villa [PC] **71** C3
Villa [PD] **61** DE1
Villa [PG] **115** BC3
Villa [PG] **115** A3
Villa [PG] **125** A2
Villa [PG] **115** B3
Villa [RE] **87** C2
Villa [SI] **105** D3-4
Villa [SV] **67** E3-4
Villa [TN] **27** EF2
Villa [TO] **35** D3
Villa [TO] **51** F2
Villa [TO] **35** E3
Villa [TO] **51** D3
Villa [TO] **67** E1-2
Villa [TO] **35** D2
Villa [UD] **15** E2
Villa [VC] **21** C3
Villa [VE] **47** D2
Villa [VE] **47** E2
Villa [VI] **45** D1-2
Villa [VI] **45** C3-4
Villa [VR] **43** D3
Villa [VR] **61** AB1
Villa / Dorfer [BZ] **11** EF3
Villa / Dörfl [BZ] **3** F2-3
Villa / Nordheim [BZ] **11** DE1-2
Villa / Vill [BZ] **11** D3-4
Villa / Vill [BZ] **3** BC3
Villa, Cascinotti di- [AL] **69** B2
Villa, la- [ROMA] **137** E2
Villa, la- [AQ] **141** C1-2
Villa, la- [AR] **107** BC3
Villa, la- [AR] **105** F3
Villa, la- [BO] **89** BC1
Villa, la- [FI] **105** CD3
Villa, la- [GE] **85** A1
Villa, la- [MC] **117** C3
Villa, la- [PC] **57** D3
Villa, la- [PR] **87** C1
Villa, la- [RE] **73** BC3
Villa, la- [SI] **113** B3
Villa, La- [SP] **85** C3
Villa, la- [SV] **67** E4
Villa, La- / Stern [BZ] **13** C2
Villa Agnedo [TN] **27** EF2
Villa al Poggio [LI] **111** B2
Villa Andreoli [CH] **143** A1
Villa a Sesta [SI] **113** B1
Villa Aspreta [TR] **131** E1
Villa Badessa [PE] **135** D2
Villabalzana [VI] **61** D1
Villa Banale [TN] **27** B2
Villa Barbaro [TV] **45** E2
Villa Barone [PO] **97** F3
Villa Bartolomea [VR] **61** BC2-3
Villa Basilica [LU] **97** C3
Villabassa / Niederdorf [BZ] **3** EF3
Villa Bastogi [SI] **75** EF3-4
Villabella [AL] **55** A2
Villabella [VR] **61** B1
Villa Bentivóglio [MC] **125** E1-2
Villa Berarde [AP] **117** D2-3
Villabianca [MO] **87** F2
Villa Bibone [MO] **87** F2
Villa Biscossi [PV] **55** B2
Villa Biscossi, Garzaia di- **55** B2
Villabona [MN] **59** C2
Villa-Borgo [CN] **67** C2
Villa Bótteri [AL] **69** A2-3
Villa Bozza [TE] **135** C1
Villabruna [BL] **29** C2
Villa Bruna [UD] **49** C2
Villabuona [BS] **57** D1
Villabuona [LU] **97** B3
Villacáccia [UD] **33** B3
Villa Caldari [CH] **135** F3
Villacampagna [CR] **57** CD1
Villa Cappella [MN] **59** B2
Villa Carcina [BS] **41** F3
Villa Catena [ROMA] **139** C2-3
Villa Cattanietta [AL] **69** B2
Villa Celiera [PE] **135** BC2
Villa Ceppi [TO] **53** B2
Villa Cheloni [LI] **103** C3
Villachiara [BS] **57** D1
Villa Chiarini [AP] **127** CD2
Villa Col de' Canali [PG] **115** E1
Villa Collemandina [LU] **97** B1-2
Villa Cortese [MI] **39** B1
Villacríccola [PN] **47** CD1-2
Villa Curta [RE] **73** BC3
Villa d'Adda [BG] **23** E3
Villa d'Ádige [RO] **61** C3
Villa d'Aiano [BO] **87** F3
Villa d'Allegno [BS] **9** E3
Villa d'Almè [BG] **41** B2
Villa d'Arceno [SI] **113** BC1
Villadarco [PN] **31** C2-3
Villadeati [AL] **53** DE2
Villa dei Boschi [SI] **113** C2
Villa dei Cavalieri [PV] **55** E3
Villa del Bosco [BI] **37** D1
Villa del Bosco [PD] **63** C2
Villa del Cerreto [PG] **115** B1
Villa del Conte [PD] **45** E3
Villa del Ferro [VI] **61** C1
Villa del Foro [AL] **53** G3
Villa delle Fontane [VT] **131** AB1
Villa del Monte [PU] **109** B2
Villa del Monte [SI] **105** AB3
Villa del Romito [LI] **103** BC4
Villa del Seminario [AR] **113** EF2
Villa di Bággio [PT] **97** E2-3
Villa di Chiavenna [SO] **7** E2-3
Villa di Piazzano [PG] **115** A2
Villa di Postignano [PG] **115** E3
Villa di Sant' Alessio [FC] **107** B1
Villa di Sério [BG] **41** C2
Villa di Sotto / Unter Wielenbach [BZ] **3** DE3
Villa di Su [RE] **73** C2
Villa di Tirano [SO] **25** C1
Villa di Villa [TV] **31** B3
Villa d'Ogna [BG] **25** B3
Villadolt [PN] **31** C3
Villadose [RO] **63** B3
Villadósia [VA] **23** A3
Villadossola [VB] **5** D3
Villa Elce [CH] **143** A1
Villa Estense [PD] **61** DE2-3
Villa Faggeto [PG] **115** B2
Villafalletto [CN] **65** F3
Villafalletto, Stazione di- **65** F3
Villa Faraldi [IM] **93** E2-3
Villa Fastiggi [PU] **101** E3
Villa Ferrano [SI] **113** C2-3
Villa Fiorentini [ROMA] **145** F1
Villa Fontana [BO] **89** E1-2
Villafontana [VR] **59** E2
Villafora [RO] **61** D3
Villa Fornace [PV] **55** E3
Villa Fornaci [MI] **39** E1
Villaforuna [NO] **39** A1-2
Villafranca [MO] **73** E2-3
Villafranca [SV] **93** E2
Villafranca d'Asti [AT] **53** CD3
Villafranca di Forlì [FC] **91** CD3
Villafranca di Verona [VR] **59** CD1
Villafranca in Lunigiana [MS] **85** D3
Villafranca Padovana [PD] **45** D3-4
Villafranca Piemonte [TO] **65** F2
Villaga [VI] **61** D1
Villagana [BS] **57** D1-2
Villaganzerla [VI] **61** D1
Villa Gardè [MO] **73** E2
Villa Garibaldi [MN] **59** D3
Villa Garzoni [PT] **97** C3
Villa Gatti [AL] **67** F3
Villaggio Aniene [LI] **111** A1
Villaggio Belvedere [BS] **57** F1
Villaggio Busonera [VE] **63** C2-3
Villaggio Mare Pineta [RA] **91** E1
Villaggio Roma [UD] **49** C1-2
Villaggio SAT [TN] **29** A2
Villaggio Sisma [VB] **5** D3
Villaggio Snia [MI] **39** C1
Villa Giovannina [BO] **75** B3
Villa Grande [AQ] **141** BC1
Villagrande [AQ] **133** E3
Villagrande [BL] **29** D1
Villa Grande [CH] **135** F2-3
Villagrande [PU] **107** CD1-2
Villagrande [PU] **109** B2
Villagrappa [FC] **99** E1
Villa Grimalda [AL] **69** B2
Villagrossa [MN] **59** D2-3
Villagrossa [SP] **85** CD3
Villa Guardia [CO] **23** C3
Villa Inferiore [MN] **73** C2
Villa Inferno [RA] **101** A1
Villair [AO] **19** C2
Villa Lagarina [TN] **27** C3
Villalago [AQ] **141** CD3
Villalba [AR] **107** B3
Villalba [ROMA] **145** E1
Vill'Albese [CO] **23** D3
Villa Lempa [TE] **127** C3
Villalfonsina [CH] **143** B1-2
Villalta [FC] **101** B1-2
Villalta [PD] **45** CD3
Villalta [PN] **47** D1-2
Villalta [UD] **33** B2
Villa Luisa [GO] **49** D2
Villalunga [PV] **39** C3
Villalunga [SV] **93** E2
Villalvernia [AL] **69** C1-2
Villa Maggiore [TE] **135** AB1
Villamágina [PG] **125** C2
Villamagna [CH] **135** E2-3
Villamagna [FI] **105** D2
Villamagna [PG] **115** D1
Villamagna [PI] **103** EF3-4
Villa Malvezzi [MC] **125** E1-2
Villa Mansi [PT] **97** C3
Villa Marescalchi [BO] **89** C2
Villa Mariani [VT] **131** DE2
Villamarina [FC] **101** B1
Villa Martelli [CH] **143** A1
Villamarzana [RO] **75** E1
Villamezzo [UD] **17** B1
Villa Minozzo [RE] **87** C2
Villamiróglio [AL] **53** DE2
Villa Molvena [VI] **45** C2
Villa Montagna [TN] **27** CD2
Villa Montaltuzzo [AR] **113** C1
Villa-Nabian [AO] **19** G2
Villanderberg / Villandro, Monte- **11** E1-2
Villanders / Villandro [BZ] **11** F2
Villandersalm / Villanders Alpe [BZ] **11** E1-2
Villanders Alpe / Villandersalm [BZ] **11** E1-2
Villandro / Villanders [BZ] **11** F2
Villandro, Monte- / Villanderberg **11** E1-2
Villa Ninci [AR] **113** D1
Villanoce [GE] **69** F3
Villanova [BL] **13** E3
Villanova [BO] **89** D1-2
Villanova [CR] **73** A1
Villanova [FE] **75** E2-3
Villanova [FI] **105** A2
Villanova [MC] **117** B1-2
Villanova [MI] **39** E1
Villanova [MO] **73** D3
Villanova [PC] **71** AB3
Villanova [PE] **135** D2
Villanova [PG] **123** D1-2
Villanova [PN] **31** CD3
Villanova [PN] **31** D3
Villanova [PN] **47** C1
Villanova [PU] **109** B2
Villanova [PU] **101** B3
Villanova [PV] **39** A2
Villanova [RA] **91** D2
Villanova [RA] **91** D2
Villanova [RE] **73** D2
Villanova [RI] **125** E3
Villanova [ROMA] **145** E1
Villanova [TO] **65** C2
Villanova [TV] **45** EF1
Villanova [TV] **45** F1
Villanova [TV] **45** F2-3
Villanova [TV] **47** C2
Villanova [UD] **31** E2
Villanova [UD] **17** C2
Villanova [UD] **17** C3
Villanova [UD] **49** C1-2
Villanova [VE] **47** E2
Villanova [VE] **47** E1-2
Villanova [VR] **43** C2-3
Villanova Biellese [BI] **37** D1-2
Villanova Canavese [TO] **35** F3
Villanova d'Albenga [SV] **93** E2
Villanova d'Ardenghi [PV] **55** D1-2
Villanova d'Asti [AT] **53** C3
Villanova de Bellis [MN] **59** D3
Villanova del Ghebbo [RO] **75** D1
Villanova dello Iúdrio [UD] **33** D3
Villanova del Sìllaro [LO] **57** A2
Villanova di Camposampiero [PD] **45** E3-4
Villanova Maiardina [MN] **59** CD2
Villanova Marchesana [RO] **77** B1-2
Villanova Mondovì [CN] **81** B1
Villanova Monferrato [AL] **53** F1
Villanova Solaro [CN] **65** F2
Villanova sull'Arda [PC] **57** DE3
Villanovetta [CN] **65** E3
Villantério [PV] **55** F1
Villanuova [BG] **41** D4
Villanuova [BS] **41** D4
Villanuova [BS] **57** E2
Villanuova [TO] **35** F1-2
Villanuova sul Clisi [BS] **43** A3
Villa Oliveti [PE] **135** D2
Villa Opicina [TS] **49** F2
Villaorba [UD] **33** B2-3
Villa Ottone / Uttenheim [BZ] **3** D3
Villapaiera [BL] **29** C2
Villa Pasquali [MN] **73** AB1-2
Villa Passo [TE] **127** C3
Villa Penna [TE] **127** D3
Villa Pépoli [MC] **125** E1-2
Villa Petto [TE] **135** B1
Villapia [MI] **39** B1
Villapiana [BL] **29** D2
Villa Piano [SI] **111** E1
Villapiccola [BL] **13** F2
Villa Pieri [VT] **131** B2
Villa Pietrafitta [SI] **105** B4
Villapinta [SO] **25** A1-2
Villa Pitignano [PG] **115** C2-3
Villa Poma [MN] **73** E1-2
Villa Pompeiana [LO] **39** E2
Villa Pópolo [TE] **127** C3-4
Villa Potenza [MC] **117** D1-2
Villaprara [RE] **87** CD2
Villa Prima [BL] **29** DE2
Villa Puccini [LU] **103** B1-2
Villa Pulcini [RI] **133** C1
Villar [AO] **19** B2
Villar [CN] **65** C3
Villar [TO] **35** D2-3
Villa Rangoni [FE] **75** BC2
Villarasca [PV] **39** C3
Villaraspa [VI] **45** C2
Villaraspa [VR] **61** B2
Villa Raverio [MI] **23** D3
Villarazzo [TV] **45** E2-3
Villarbasse [TO] **51** F2
Villarboit [VC] **37** DE2
Villarchiosso [CN] **81** CD2
Villar Dora [TO] **51** E2
Villareale [PV] **39** AB2
Villareggia [TO] **37** B3
Villaréggio [PV] **39** CD3
Villarégia [RO] **77** D2
Villareia [PE] **135** D2
Villarelli [SV] **93** E2-3
Villa Rendena [TN] **27** A2
Villaret [AO] **19** C2
Villaretto [CN] **65** D2
Villaretto [CN] **65** C3
Villaretto [TO] **35** D3
Villaretto [TO] **51** D2
Villaretto [TO] **53** AB2
Villaretto [TO] **51** CD1-2
Villaretto Superiore [TO] **51** D2
Villar Focchiardo [TO] **51** E2
Villa Ripa [TE] **127** C4
Villaro [CN] **65** D2
Villaro [CN] **65** B4
Villaro [CN] **81** CD1
Villarocca [CR] **57** F2
Villa Rogatti [CH] **135** F3
Villaromagnano [AL] **55** C3
Villa Romagnoli [CH] **143** A1
Villa Romana [AQ] **139** D2
Villa Rosa [TE] **127** E2
Villa Rosavita [PI] **103** D4
Villa Rossi [TE] **135** B1-2
Villarotta [RE] **73** C2
Villar Péllice [TO] **65** C2
Villar Perosa [TO] **51** E3
Villar San Costanzo [CN] **65** E3-4
Villa Saletta [PI] **103** E3
Villa San Benedetto [PG] **113** EF3
Villa San Faustino [PG] **125** A3
Villa San Filippo [MC] **117** E2
Villa San Giorgio in Vezzano [RA] **89** F3
Villa San Giovanni [CH] **135** E3
Villa San Giovanni [PE] **135** CD2
Villa San Giovanni in Tuscia [VT] **131** C3
Villa San Leonardo [CH] **135** F2-3
Villa San Martino [RA] **91** C2
Villa San Nicola [CH] **135** F2
Villa San Pietro [CN] **79** C1
Villa San Romualdo [TE] **135** C1
Villa San Sebastiano [AQ] **139** E2
Villa San Sebastiano, Stazione di- **139** E2
Villa San Secondo [AT] **53** D2
Villa San Silvestro [PG] **125** D4
Villasanta [MI] **39** D1
Villa Santa Caterina / Aufhofen [BZ] **3** D2-3
Villa Santa Chimento [SI] **111** E1
Villa Santa Lucia degli Abruzzi [AQ] **135** B2-3
Villa Santa Maria [AQ] **141** C2-3
Villa Santa Maria [CH] **141** FG3
Villa Santa Maria [PE] **135** D2
Villa Sant'Andrea [BL] **29** C1
Villa Sant'Angelo [AQ] **133** G3
Villa Sant'Apollinare [PG] **115** CD1-2
Villa Santi [AP] **117** F3
Villa Santina [UD] **15** E2
Villa San Tommaso [CH] **135** F2
Villa Saviola [MN] **73** C1
Villa Scapoli [TE] **127** E3-4
Villasco [CR] **57** E2
Villa Serraglio [RA] **91** B1-2
Villa Soche, Rifugio- **81** AB2
Villa Spada [MC] **117** CD2
Villassio [BG] **25** AB3
Villa Stanazzo [CH] **143** A1
Villastanza [MI] **39** B1
Villastellone [TO] **53** B3
Villastrada [MN] **73** B2
Villastrada [PG] **113** EF3
Villa Superiore [MN] **73** C1-2
Villata [AT] **53** C3
Villata [CN] **65** EF4
Villata [VC] **37** E2
Villatalla [IM] **93** D3
Villate [TO] **37** AB2
Villatella [IM] **93** AB3-4
Villatico [LC] **7** E4
Villatora [PD] **63** B1
Villa Torre [CH] **135** F3
Villa Torrigiani [PT] **97** C3
Villa Tucci [CH] **135** E3
Villavallelonga [AQ] **141** B3
Villa Vallucci [TE] **135** A1
Villa Vecchia [MS] **85** D2
Villa Verdi [PC] **57** E3-4
Villaverla [VI] **45** BC2-3
Villa Verúcchio [RN] **101** B2-3
Villavesco [LO] **39** E2-3
Villa Viani [IM] **93** DE3
Villa Vicentina [UD] **49** D1-2
Villaviera [VE] **47** E2
Villa Vomano [TE] **127** D4
Villa Zaccheo [TE] **127** DE3
Villazzano [TN] **27** C2
Ville [AL] **55** C3
Ville [BS] **41** F2
Ville [PU] **109** B2
Ville [SV] **81** E1
Ville [TN] **27** C1-2
Ville, le- [AR] **107** B3-4
Ville, le- [FC] **107** AB2
Ville, le- [FC] **99** FG2-3
Ville, le- [RE] **87** E1
Villécchia [MS] **85** D3
Ville del Monte [TN] **27** A3
Ville di Corsano [SI] **113** AB2
Ville di Fano [AQ] **133** E1
Ville di Roti [AR] **107** B2
Ville di Sasso [AN] **109** C4
Villefranche [AO] **19** E2
Villeneuve [AO] **19** D2
Villerose [RI] **139** E1
Ville San Pietro [IM] **93** D2-3
Ville San Sebastiano [IM] **93** D2-3
Villes Dessous [AO] **19** CD2
Villesse [GO] **49** D1
Ville-sur-Sarre [AO] **19** D2
Villetta [CN] **79** B1-2
Villetta / Dörf [BZ] **3** C3
Villette [VB] **5** F3
Villimpenta [MN] **59** E3
Villnöss / Funes [BZ] **13** B2
Villnösstal / Funes, Val di- **13** AB2
Villò [PC] **71** B2
Villongo [BG] **41** D2-3
Villora [PR] **71** C3-4
Villorba [TV] **47** A2
Villore [FI] **99** C3
Villoresi, Canale- **41** AB3
Villotta [PN] **31** C2
Villotta [PN] **47** C1
Villotta [PN] **47** D1
Villula [PR] **87** A2
Villutta [PN] **47** D1
Villuzza [UD] **31** E1-2
Vilmaggiore [BG] **25** C2-3
Vilmezzano [VR] **43** C3
Vilminore di Scalve [BG] **25** C2-3
Vilpian / Vilpiano [BZ] **11** D2
Vilpiano / Vilpian [BZ] **11** D2
Vimanone [PV] **55** E1
Vimercate [MI] **39** E1
Vimodrone [MI] **39** D1
Vimogno [LC] **23** E1-2
Vinacciano [PT] **97** E3
Vinádio [CN] **79** BC2
Vinago [VA] **23** A3
Vinaio [UD] **15** E2
Vinca [MS] **95** DE2
Vincent, Piramide- **21** B2
Vinchiana [LU] **97** C3
Vinchio [AT] **67** E2
Vinci [FI] **103** F2
Vincio, Torrente- **97** DE3
Vindola [AP] **127** B2
Víndoli [RI] **133** D1
Vinigo [BL] **13** E3
Vinovo [TO] **53** A3
Vinschgau / Venosta, Val- **11** AB2
Vintebbio [VC] **21** DE3-4
Vintl / Vandóies [BZ] **3** C2-3
Vinzáglio [NO] **37** EF2-3
Vio [PG] **125** C2
Viola [CN] **81** C2
Viola [MN] **73** CD1-2
Viola [PR] **71** E4
Viola [RA] **91** CD2
Viola, Cima- **9** D2
Viola, Torrente- **9** D2
Viola, Val- **9** D2
Violette [CN] **67** DE3
Violla [FI] **99** B2
Viona, Torrente- **37** B1
Vione [BS] **9** E3
Vione [SO] **9** D3
Viosa, Val- **29** AB1-2
Viotto [TO] **51** F3
Viou, Becca di- **19** DE2
Vioz, Monte- **9** F2
Vioz, Rifugio- **9** F2
Viozene [CN] **81** B3
Vipava **33** F3
Viperella, Monte- **139** EF3
Vipiteno / Sterzing [BZ] **3** A2
Virago [TV] **45** E1
Virani [CN] **67** C1-2
Virano [FC] **99** E1-2
Virco [UD] **33** B3
Virgiliana [MN] **59** CD3
Virgílio [MN] **59** C3
Virgini, Torrente- **105** B3
Virgl / Virgolo [BZ] **11** DE3
Virgolo / Virgl [BZ] **11** DE3
Viribianc, Colle- **79** BC1
Viridio, Monte- **79** B1
Viridio, Rifugio- **79** BC1
Virle [BS] **43** A3-4
Virle Piemonte [TO] **51** G3
Virle-Treponti [BS] **43** A3
Virti [TN] **27** D3
Visaille, la- [AO] **19** B2
Visano [BS] **59** A1-2
Visano [FI] **99** BC2
Viscarda [AL] **55** BC3
Vische [TO] **37** B2-3
Vischeto [PR] **71** C4
Visciano [TR] **131** EF2
Visco [UD] **49** CD1
Viscone [UD] **33** D3
Visdende, Valle- **15** C1
Visentin, Col- **29** E2
Viserano, Monte- **71** B2-3
Viserba [RN] **101** C2
Viserbella [RN] **101** BC2
Visgnola [CO] **23** D2
Visiano [PR] **71** DE3
Visignano [FI] **99** B1
Visignano [PI] **103** C2
Visigno, Monte- **41** F2
Visinale [PN] **47** C1
Visinale [UD] **33** D3
Visinale di Sopra [PN] **47** C1
Visino [CO] **23** D2
Visintini [GO] **49** E1
Visitazione, Santuario della- **93** BC3
Visnà [TV] **47** B1-2
Visnadello [TV] **47** A2
Viso, Case di- [BS] **9** F3
Visoka Ponca **17** F2
Visome [BL] **29** E2
Visone [AL] **67** FG2-3
Vissandone [UD] **33** B2
Vissani [MC] **117** D1
Vissignano [PN] **47** DE1
Visso [MC] **125** D2

Vistarino [PV] **55** E1
Vistorta [PN] **31** B3
Vistrório [TO] **37** A2
Vit [UD] **15** EF2
Vita, Capo della- **119** C1
Vitalba, Podere- [PI] **111** B1
Vitalba, Poggio- **111** B1
Vitarolo [VI] **45** C2
Vite, Bric della- **67** F3
Vitello, Corno- **21** A2-3
Vitello, Monte- **85** E1
Viterbo [VT] **131** C2
Viterbo, Bagni di- [VT] **131** C2
Vitereta [AR] **105** EF3
Vitiano [AR] **113** E1
Vitiano Vecchio [AR] **113** E1
Viticcio [LI] **119** B1-2
Vitigliano [FI] **105** C3
Vitigliano, Alpe di- **99** BC2-3
Vitignano [FC] **99** EF2
Vitinia [ROMA] **145** C2
Vito d'Ásio [PN] **15** E3
Vitolini [FI] **103** F2
Vitorchiano [VT] **131** CD1-2
Vitriola [MO] **87** D2
Vittadone [LO] **57** B2
Vittore, Canton- [BI] **37** CD1
Vittória [GE] **69** C3
Vittoria, Bonifica della- **49** D2
Vittoria, Casa- [RE] **73** C2
Vittoria, Faro della- [TO] **53** B2
Vittoria, Faro della- [TS] **49** F2-3
Vittória, la- [SI] **123** A1-2
Vittoria, Rifugio- **23** DE1
Vittória Apuana [LU] **95** DE3
Vittoriale, il- **43** B3
Vittorio Emanuele II, Rifugio- **35** D1
Vittório Véneto [TV] **29** E2-3
Vittorito [AQ] **141** C2
Vittuone [MI] **39** B1-2
Viù [TO] **35** E3
Viù, Val di- **35** D3
Viustino [PC] **71** C2
Viváio [AR] **113** C1
Vivaio, Fiume- **121** D3-4
Vivário, Case- [TO] **35** G2
Vivaro [BI] **21** D3-4
Vivaro [PN] **31** D2
Vivaro [VI] **45** C3
Vivaro Romano [ROMA] **139** CD2
Vivente [PV] **39** D3
Viverone [BI] **37** C2
Viverone, Lago di- **37** C2
Viviere [CN] **79** A1
Vivione, Passo del- **25** D2
Vivo, Torrente- **121** E2
Vivo d'Órcia [SI] **121** E2
Vizzaneta [PT] **97** D2
Vizzano [BO] **89** C2
Vizze, Passo di- / Pfitscher Joch **3** B1-2
Vizze, Val di- / Pfitscher Tal **3** B2
Vizzero [PT] **97** E2
Vizzola Ticino [VA] **37** G1
Vizzolo Predabissi [MI] **39** DE2
Vlou, Becca di- **21** A3
Vó [PD] **61** D1-2
Vo [VI] **61** C1
Vo [VR] **59** D2
Vo, Punta del- **43** B3-4
Vobarno [BS] **43** AB2-3
Vóbbia [GE] **69** D3
Vóbbia, Torrente- **69** CD3
Vobbietta [GE] **69** CD3
Vocca [VC] **21** D2-3
Vocémola [AL] **69** C2
Vocogno [VB] **5** EF2-3
Vodo, Lago di- **13** E3
Vodo Cadore [BL] **13** E3
Voga [SO] **7** DE3
Voghenza [FE] **75** E3
Voghera [PV] **55** CD2-3
Voghiera [FE] **75** E3
Vóglia, Villa- [MC] **117** C2
Vogna, Torrente- **21** B3
Vogna, Val- **21** B3
Vogno [RE] **87** CD2
Vogogna [VB] **21** D1
Vogognano [AR] **107** A3
Vogu, Monte- **33** D1
Volacra, Monte- **85** C2
Volánia [FE] **77** C3
Volano [FE] **77** D3
Volano [TN] **27** C3
Volano, Lago di- **77** D3
Volargne [VR] **43** C3
Volastra [SP] **95** B2
Volciano [BS] **43** AB3
Volegno [LU] **97** A2-3
Völlan / Foiana [BZ] **11** C2
Vollon [AO] **19** G2
Volmiano [FI] **97** G3
Volognano [FI] **105** D2
Vologno di Sotto [RE] **87** C2
Volon [VR] **59** E1-2
Volongo [CR] **57** F2
Volongo [MN] **59** A2
Volpago del Montello [TV] **45** F2
Volpaia [SI] **105** D3
Volpaio, Poggio- **113** A3
Volpara [AL] **69** D2
Volpara [PV] **55** E3
Volparo [PD] **63** B1-2
Volpe, Case- [MO] **87** D2
Volpedo [AL] **55** C3
Volpeglino [AL] **55** C3
Volperino [PG] **125** C1-2
Volpetta [TO] **35** E2
Volpi, Rifugio- **13** BC4
Volpiano [TO] **53** B1
Volpino [VR] **61** BC1
Volpreto [AL] **69** B2-3
Völs am Schlern / Fiè allo Sciliar [BZ] **11** EF2
Volsci, Monte- **95** EF2
Volsini, Monti- **123** B4
Volta [BS] **41** F3
Volta [VI] **61** C1-2
Volta, Rifugio- **7** F3
Volta Barozzo [PD] **63** B1
Volta Brusegana [PD] **61** EF1
Voltaggio [AL] **69** BC3
Voltago Agordino [BL] **29** D1
Volta Mantovana [MN] **59** B1-2
Voltana [RA] **91** C1
Volta Reno [BO] **75** BC3-4
Volte, le- [CN] **81** D2-3
Volterra [PI] **111** CD1
Volterraio **119** C2
Volterrano [PG] **115** A1
Voltido [CR] **59** A3
Voltigiano [FI] **105** AB3
Voltigno e della Valle d'Angri, Riserva Naturale del- **135** BC2
Voltino [BS] **43** C2
Volto [RO] **63** D3
Voltóis [UD] **15** D2
Vóltole [PG] **115** E2
Voltone, il- [GR] **123** A4
Voltráio, Monte- **111** D1
Voltre [FC] **99** F2
Voltre, Badía di- **99** F2
Voltre, Torrente- **99** F2
Voltri [GE] **83** B2
Volumni, Ipogeo dei- **115** C3
Volvera [TO] **51** FG3
Vomano, Fiume- **127** EF4
Voragno [TO] **35** E2-3
Vöran / Verano [BZ] **11** D2
Vöraner Joch / Verano, Monte di- **11** D2
Vorderkaser / Casera di Fuori [BZ] **1** D2
Vórno [LU] **103** CD2
Vò Sinistro [TN] **43** D2
Vottero [CN] **65** D2
Vottignasco [CN] **65** F3
Vò Vecchio [PD] **61** D1-2
Voze [SV] **81** F2
Vrù [TO] **35** E2
Vuillermoz-Perucca, Rifugio- **19** F1
Vulci **129** E2
Vulsino → Bolsena, Lago di- **131** B1

W

Wahlen / Valle San Silvestro [BZ] **3** F3
Waidbruck / Ponte Gardena [BZ] **11** F2
Walder / Selva [BZ] **3** BC3
Waldner See / Selva, Lago della- **3** E1
Walten / Valtina [BZ] **1** F1-2
Wandspitze **1** FG1
Wangen / Vanga [BZ] **11** E2
Wasserfalle / Cascate [BZ] **3** D2
Wasserfall-Spitze / Cascata, Punta della- **9** F1
Wasserkopf Spitz / Acqua, Cima dell'- **3** E2
Watles / Vátles, Monte- **1** A2
Weißbrunnsee / Fontana Bianca, Lago di- **11** A2-3
Weiße, Hohe- / Grande Bianca, Cima- **1** E2
Weissenbach / Riobianco [BZ] **3** D2
Weißenbach / Riobianco [BZ] **1** G2
Weißenstein / Pietralba [BZ] **11** E3
Weiße R. / Bianca, Costa- **11** A1
Weißhorn / Bianco, Corno- **11** E3
Weißkugel / Palla Bianca **1** C2
Weißkugel-Hütte / Pio XI, Rifugio- **1** BC1-2
Weißlahnbad / Bagni di Lavinia Bianca [BZ] **11** F2-3
Weißseejoch **1** BC1
Weißsee-Spitze / Lago Bianco, Punta- **1** C1-2
Weissthor **21** B1-2
Weisswand-Spitze / Parete Bianca **1** F1
Weitental / Vallarga [BZ] **3** C2
Welsberg / Monguelfo [BZ] **3** E3
Welschellen / Rina [BZ] **3** D3
Welschmontal / Mantena [BZ] **3** D3
Welschnofen / Nova Levante [BZ] **11** F3
Wengen / La Valle [BZ] **13** C1-2
Wengental / Spessa, Val di- **13** C2
Westlicher Zwillingkopf **3** EF1
Wieden / Saletto [BZ] **3** AB2
Wielenberg / Montevila [BZ] **3** D3
Wiesen / Prati [BZ] **3** A2
Wiesjagglskops **1** C1
Wilde Kreuzspitze / Croce, Picco della- **3** B2
Wilder Freiger **1** EF1
Wilder See / Selvaggio, Lago- **3** B2
Winkelbad / Bagni di Cantúccio [BZ] **3** D2
Winnebach / Prato alla Drava [BZ] **3** FG3
Winnebach / Vena, Rio- **3** C2
Wolfendorn / Spina del Lupo **3** B2
Wölfl / Lupicino [BZ] **11** E3
Wolfseruben / Costalovara [BZ] **11** E2
Wolkenstein in Gröden / Selva di Val Gardena [BZ] **13** B2
Wollbach-Spitz / Valle, Punta di- **3** D1
Würmaulspitze / Valmala, Cima- **3** B2
Wurzenpaß **17** F1
Würzjochhaus / Sass de Putia, Rifugio- **13** B1-2

X

Xomo, Passo di- **43** F2
Xon, Passo- **43** F2

Z

Zábus, Monte- **17** D2
Zaccanesca [BO] **99** A1
Zaccaria [SI] **121** EF2
Zadina [RA] **101** B1
Zaffignano [PC] **71** BC2
Zagarolo [ROMA] **145** EF1-2
Zagarolo, Stazione di- **145** EF1-2
Zagonara [RA] **91** C2
Zaiama [UD] **17** C3
Zaiaur, Monte- **17** CD2-3
Zambana [TN] **27** C1-2
Zambana Vecchia [TN] **27** C1-2
Zamberlini [VR] **43** E2-3
Zambla [BG] **25** A3
Zambla, Colle di- **25** A3
Zambone [MN] **73** D2
Zamboni, Rifugio- **87** C3
Zamboni-Zappa, Rifugio- **21** B2
Zampin, Monte- **15** D2
Zampine [RO] **75** D2
Zampis [UD] **33** C2
Zanano [BS] **41** F2-3
Zanca [LI] **119** A2
Zancan [PN] **31** E1
Zanco [AL] **53** DE2
Zancona [GR] **121** DE2
Zandóbbio [BG] **41** D2
Zanè [VI] **45** B2
Zanengo [CR] **57** CD2
Zanetta [MN] **73** C1
Zanga, Cascinali- [BI] **37** C1-2
Zanghi, Colle dei- **29** B3
Zánica [BG] **41** C3
Zannes, Rifugio- / Zanser Alm-Hütte **13** B2
Zanon [TN] **27** F1
Zanon [VR] **59** E2
Zanotti [VI] **45** B3
Zanotti Ervedo, Rifugio- **79** AB2
Zanser Alm-Hütte / Zannes, Rifugio- **13** B2
Zapparola [PC] **71** D2
Zappello [CR] **57** BC1-2
Zappellone [MN] **75** B1-2
Zappi, Monte- **139** B2
Zappolino [BO] **89** B2
Zara [MN] **73** D1
Zatta, Monte- **85** A2
Zattáglia [RA] **99** D1
Zavanasco [PV] **39** D2-3
Zavattarello [PV] **55** E3
Zaytal-Hütte / Serristori, Rifugio- **9** F1
Zebedassi [AL] **69** D2
Zebedo [PV] **55** DE3
Zebio, Monte- **27** EF3
Zebrù, Baite del- [SO] **9** E1-2
Zebrù, Valle dello- **9** E2
Zecca [CR] **57** B1
Zecchini [MN] **59** A2
Zeccone [PV] **39** D3
Zeda, Monte- **21** F1
Zedebassi [AL] **55** CD3
Zeglianutto [UD] **33** BC1
Zegna, Oasi- **21** C3-4
Zehner-Spitze / Dieci, Cima- **13** C2
Zelant, Osteria di- **29** D2
Zelarino [VE] **47** A3-4
Zelata [PV] **39** BC3
Zelbio [CO] **23** CD2
Zellina [UD] **49** BC1-2
Zellina, Fiume- **49** C2
Zello [BO] **91** B2
Zello [MN] **73** E1
Zelo [RO] **75** C1
Zelo Buon Pérsico [LO] **39** E2
Zelo Surrigone [MI] **39** B2
Zeme [PV] **55** AB1
Zeminiana [PD] **45** F3
Zena [BO] **89** D2
Zena, Torrente- **89** D2
Zendri [TN] **43** EF2
Zenerígolo [BO] **89** C1
Zenevredo [PV] **55** EF2
Zenevreto [AL] **53** E2
Zenich [BL] **29** D1
Zenna [AR] **105** FG3
Zenna [VA] **7** A4
Zeno, Corna- **43** A2
Zenobito, Punta dello- **119** ins.a
Zenódis [UD] **17** B1
Zenone, Monte- [BS] **43** C2
Zenone, Monte- [Lig.] **85** AB2-3
Zenson di Piave [TV] **47** BC2-3
Zenzalino [FE] **77** B2
Zeppa [RA] **91** BC1-2
Zeppa Nuova [RA] **91** BC2
Zepponami [VT] **131** C1
Zerba [MN] **73** B2
Zerba [PC] **69** E2-3
Zerbé [AL] **69** BC2
Zerbinate [FE] **75** C2
Zérbio [PC] **57** D3
Zerbion, Monte- **19** FG2
Zerbo [PV] **55** F2
Zerbolò [PV] **55** CD1
Zeri [MS] **85** C2
Zerli [GE] **85** A2-3
Zerman [TV] **47** A3
Zermeghedo [VI] **61** C1
Zermen [BL] **29** C2
Zerminger Spitz / Cermigna, Monte- **11** A1-2
Zermula, Monte- **17** B1
Zero, Fiume- **47** A3
Zero Branco [TV] **45** FG3
Zerzer-B. / Sérres **1** B2
Zévio [VR] **59** E1
Zévola, Monte- **43** E2
Zianigo [VE] **45** F3-4
Ziano di Fiemme [TN] **27** F1
Ziano Piacentino [PC] **55** F2-3
Zibana [PR] **87** AB2
Zibello [PR] **57** E3
Zíbido al Lambro [PV] **39** D3
Zíbido San Giacomo [MI] **39** C2
Zielbach / Telles, Rio di- **11** C1
Zielkofel **17** CD1
Zignago [SP] **85** C3
Zignago, Valle- **47** E2
Zillertaler Alpen **3** CD1
Zimella [VR] **61** C1-2
Zimone [BI] **37** C2
Zinasco [PV] **55** D2
Zinasco Nuovo [PV] **55** D2
Zinasco Vecchio [PV] **55** D2
Zingarella, Casera- [VI] **27** EF3
Zingarini [ROMA] **145** C2-3
Zinghera [GR] **121** A2
Zingla, Monte- **43** B2
Zingonia [BG] **41** B3
Zinola [SV] **81** F2
Zinseler / Stilves, Cima di- **3** A2-3
Ziolera, Monte- **27** E1-2
Ziona [SP] **85** B3
Ziracco [UD] **33** CD2
Zirogalm / Malga Zirago [BZ] **3** A2
Zívido [MI] **39** D2
Zoagli [GE] **83** E2-3
Zoanno [BS] **9** EF3
Zocca [FE] **75** E2
Zocca [MN] **73** D2
Zocca [MO] **87** F2
Zocca, Cima della- **25** A2
Zoccada [SO] **25** A2
Zoccadello [RE] **87** D1-2
Zocchetta [MO] **87** F2
Zocco [BS] **41** D3
Zocco [PG] **115** AB3
Zoccolanti **107** C4
Zoccolino, Poggio- **121** EF2
Zóccolo, Cima- **11** B3
Zóccolo, Lago dello- / Zoggler Stausee **11** B2
Zoccorino [MI] **23** D3
Zoggler Stausee / Zóccolo, Lago dello- **11** B2
Zogno [BG] **41** BC2
Zoia, Rifugio- **9** B3
Zola Predosa [BO] **89** C1-2
Zoldo, Val di- **13** E4
Zoldo Alto [BL] **13** D3
Zolforata [ROMA] **145** D2
Zolla [TS] **49** F2
Zomeais [UD] **17** C3
Zompícchia [UD] **31** EF3
Zompitta [UD] **33** C1-2
Zona IV Casale [ROMA] **137** E2
Zoncolan, Monte- **15** E1-2
Zone [BS] **41** E2
Zone [LU] **103** D1
Zoo La Rupe **135** C2
Zoppé [TV] **47** B1
Zoppé di Cadore [BL] **13** DE3
Zóppola [PN] **31** D3
Zóreri [TN] **43** EF1
Zorlesco [LO] **57** B2
Zornasco [VB] **5** EF3
Zortea [TN] **29** B1-2
Zorzoi [BL] **29** B2
Zorzone [BG] **25** A3
Zottier [BL] **29** D2
Zouf Plan **15** E1
Zovello [UD] **15** E1
Zovencedo [VI] **61** CD1
Zovo [MN] **73** D1-2
Zovo [VI] **45** A2
Zovo [VR] **43** F3
Zovo, Forcella- **15** C1
Zovo, Monte- **15** C1
Zovo, Passo del- **13** F2
Zovon [PD] **61** D1-2
Zuane [VR] **43** C3
Zuanes [PN] **15** E3
Zubiena [BI] **37** BC1-2
Zucca, Monte della- **107** B2
Zuccaia, Riserva Naturale- **107** A2-3
Zuccarello [SV] **81** D3
Zuccaro [VC] **21** DE3
Zuccaro, Monte- [It.] **69** C2-3
Zuccaro, Monte- [VB] **5** F3
Zucchea [TO] **65** E1-2
Zucco, Monte- **41** B2
Zucco, Punta dello- **81** B2
Zuccola, Monte- **99** FG3
Zuccone [MN] **75** AB1
Zuccone, Corno- **23** F2
Zuccone, Monte- **85** B2
Zuccone Campelli **23** F2
Zuchello, Monte- **69** E3
Zúchero, Monte- **21** E2
Zuckerhütl **1** E1
Zuclo [TN] **27** A2
Zuel [BL] **13** D2
Zufall-Hütte / Corsi, Rifugio- **9** F1-2
Zufallspitze / Cevedale, Monte- **9** F2
Zuffolone, Poggio- **129** A2
Zufritt-Hütte / Gioveretto, Rifugio- **11** A2-3
Zufrittsee / Gioveretto, Lago di- **11** A2-3
Zufritt-Spitze / Gioveretto **11** A2-3
Zugliano [VI] **45** BC2
Zugliano-Terenzano [UD] **33** C2-3
Zúglio [UD] **17** B2
Zugna, Monte- **43** E2
Zugna Torta **43** E1-2
Zugo, Monte- **29** CD3
Zuino [BS] **43** B2-3
Zula [BO] **89** CD2
Zumaglia [BI] **37** C1
Zumelle, Castello di- **29** D2
Zumié [BS] **43** B2
Zum Zeri [MS] **85** C2
Zunderspitze / Incendio, Cima dell'- **1** F1
Zupò, Pizzo- **9** B2
Zurco [RE] **73** B3
Zurlengo [BS] **57** D1
Zwischenwasser / Longega [BZ] **3** D3
Zwölferkofel / Toni, Croda dei- **13** EF2

Segni convenzionali 1: 200 000

Legend - Légende - Zeichenerklärung

	Autostrade	Motorways	Autoroutes	Autobahnen
CORMANO	Caselli d'ingresso; caselli d'accesso agli interporti	Access points; access to freight villages	Points d'accès; accès aux centres logistiques de fret	AB-Zufahrten; Zufahrten zu Güterverkehrszentren
	Barriere di pedaggio	Toll barriers	Barrières de péage	Mautstellen
LAMBRO P	Aree di servizio; aree di parcheggio	Service areas; parking areas	Stations-service; parcs de stationnement	Tankstellen; Parkplätze
	Gallerie; svincoli	Tunnels; junctions	Tunnels; échangeurs	Tunnels; Anschlussstellen
AP. 2005	Autostrade in costruzione (anno di apertura prevista)	Motorways under construction (scheduled opening year)	Autoroutes en construction (année d'ouverture prévue)	Autobahnen in Bau (voraussichtliches Fertigstellungsjahr)
A1 T1	Numeri di autostrada e traforo	Numbers of motorway and tunnel	Numéro d'autoroute et tunnel	Autobahn- und Tunnelnummer
2.5 1 1.5	Distanze in km	Distances in kilometres	Distances en kilomètres	Entfernungsangaben in Kilometern
	Strade a doppia carreggiata	Dual carriageway roads	Routes à chaussées séparées	Zweibahnige Schnellstraßen
	Gallerie; svincoli	Tunnels; junctions	Tunnels; échangeurs	Tunnels; Anschlussstellen
	Strade di grande comunicazione	Highways	Routes de liaison principale	Hauptverbindungsstraßen
	Strade d'interesse locale	Secondary roads	Routes de liaison locale	Nebenstraßen
	Strade soggette a possibile chiusura invernale	Roads with possible winter closure	Routes avec possible fermeture d'hiver	Straßen mit möglicher Wintersperre
	Strade a traffico limitato	Roads with traffic restriction	Routes à trafic limité	Straßen mit Verkehrsbeschränkung
	Strade a pedaggio	Toll roads	Routes à péage	Straßen mit Gebühr
	Strade praticabili con difficoltà	Roads practicable with difficulty	Routes praticables avec difficulté	Schwierig befahrbare Straßen
	Pendenze (7-12%; oltre 12%)	Gradients (7-12%; over 12%)	Pentes (7-12%; plus de 12%)	Steigungen (7-12%; über 12%)
Pso. dei Giovi 472	Valico, quota altimetrica in metri	Pass, height in metres	Col, altitude en mètres	Pass, Höhe in Metern
AP. 2005 AP. 2007	Strade in progetto e in costruzione (anno di apertura prevista)	Roads projected and under construction (scheduled opening year)	Routes en projet et en construction (année d'ouverture prévue)	Straßen in Planung und in Bau (voraussichtliches Fertigstellungsjahr)
E 62 33 211	Numero di strada europea, statale e regionale	Number of european, national and regional road	Numéro de route européenne, nationale et régionale	Europastraßennummer, Staatsstraßennummer, Regionalstraßennummer
2.5 1 1.5	Distanze in km	Distances in kilometres	Distances en kilomètres	Entfernungsangaben in Kilometern
	Ferrovia con stazione e galleria	Railway with station and tunnel	Chemin de fer avec gare et tunnel	Eisenbahn mit Bahnhof und Tunnel
	Trasporto auto per ferrovia	Railway ferry for cars	Transport des autos par voie ferrée	Autoverladung per Bahn
	Funivia; seggiovia	Cableway; chair-lift	Téléphérique; télésiège	Seilbahn; Sessellift
	Funicolare, tramvia, cremagliera	Funicular, tramway, rack-railway	Funiculaire, tramway, crémaillère	Schwebe-, Straßen-, Zahnradbahn
	Tratti fluviali navigabili (naviglio da trasporto e turistico oltre 300 t)	Navigable rivers (transport and passenger ships over 300 t)	Voies navigables (navires de fret et passagers supérieurs à 300 t)	Schiffbare Flusswege (Fracht- und Passagierschiffe über 300 T)
2h 30'	Traghetto; traghetto con trasporto auto e tempo di percorrenza	Ferry; car ferry and crossing time	Bac; bac pour automobiles et temps de traversée	Fähre; Autofähre und Fahrzeit
	Confine di Stato	State boundary	Limite d'État	Staatsgrenze
	Confine di Regione	Regional boundary	Limite de Région	Regionsgrenze
	Confine di Provincia	Provincial boundary	Limite de Province	Provinzgrenze
	Parco nazionale; Parco naturale	National park; Natural park	Parc national; Parc naturel	Nationalpark; Naturpark
*	Riserve, oasi, biotopi protetti	Nature reserves, oasis, protected areas	Réserves naturelles, oasis, espaces protégés	Naturschutzgebiete, Oasen, Schutzbiotope
V i	Centro Visita; Punto Informazioni	Visit Centre; Information Point	Centre-Visite; Point Informations	Besuchzentrum; Auskunftsstelle
	Strade panoramiche	Panoramic routes	Routes panoramiques	Panoramastraßen
GRANDE TRAVERSATA DELLE ALPI	Grandi percorsi escursionistici	Great hiking trails	Sentiers de grandes randonnées	Große Wanderwege